聚焦黄冈

◆ 1978年11月，交通部命名罗田县公路段为大庆式企业并授予"发展交通，当好先行"锦旗

◆ 1990年10月，湖北省交通厅厅长王连东为黄界公路通车剪彩

◆ 1993年5月7日，湖北省交通厅副厅长章德麟（右一）、地区交通局局长张庆胜（右二）视察九江长江大桥建设工地

◆ 1996年4月，地委书记田震亚（右一）视察三里畈至杨眉河公路

◆ 1997年1月，市长刘友凡（右二）出席全市交通工作会

◆ 2004年12月,湖北省交通厅厅长林志慧(右二)在市委书记段远明(右一)局长万章热(左一)陪同下视察建设中的江北一级公路

◆ 2009年9月,市长刘雪荣(右一)在局长刘新华(左二)陪同下视察黄冈大别山红色旅游公路建设

◆ 2011年11月19日,黄冈市大别山红色旅游交通示范区公路通车仪式

◆ 2012年3月29—30日，全国农村公路建设与管理养护现场会在黄冈召开，交通运输部部长李盛霖（前左二）在湖北省常务副省长王晓东（左一）、市长刘雪荣（右一）陪同下视察大别山红色旅游公路

◆ 2012年12月13日，交通运输部副部长冯正霖（左二）、湖北省交通运输厅厅长尤习贵（左一）参加在黄冈英山县举行的2012年度全国公路交通联合应急演练

◆ 2014年9月17日，市长陈安丽（中）在局长刘新华（右三）陪同下视察黄冈大道

◆ 2015年3月31日，市委书记刘雪荣（右三）在局长周银芝（右二）陪同下督办交通重点工程建设

公　路

◆ 2000年1月，黄（石）黄（梅）高速公路建成通车

◆ 2005年8月8日，江北一级公路（大巴线）建成通车

◆ 2009年4月16日，大（庆）广（州）高速公路湖北北段建成通车

◆ 2009年12月24日，武（汉）英（山）高速公路建成通车

◆ 2011年1月12日，武（汉）麻（城）高速公路建成通车

◆ 2011年12月19日，黄冈大别山红色旅游公路建成通车

◆ 2014年6月16日，黄（冈）鄂（州）高速公路建成通车

◆ 2014年12月31日，黄（冈）鄂（州）高速公路团风段建成通车

◆ S309 胜（利）麻（城）线麻城段（2015 年 10 月摄）

◆ 2015 年 1 月 1 日，黄冈大道建成通车

◆ G318 黄冈段（2015 年 10 月摄）

◆ S201中（界岭）大（冶）线英山段（2015年10月摄）

◆ 2015年9月30日，S109浠水段改造工程完工

◆ S201中（界岭）大（冶）线浠水段（2015年10月摄）

◆ 大崎山旅游支线公路

◆ 红山镇金盆村循环路

◆ 农村公路通村达户

桥 梁

◆ 1995 年 12 月,黄石长江大桥建成通车

◆ 1993 年 1 月,九江长江大桥建成通车

◆ 2010 年 9 月 28 日,鄂东长江大桥建成通车

◆ 2013年10月28日，九江长江公路大桥建成通车

◆ 2002年9月26日，鄂（州）黄（冈）长江公路大桥竣工通车

◆ 黄冈长江大桥鸟瞰图

公路养护

◆ 20世纪90年代，宜林公路管理站

◆ 公路养护施工

◆ 1998年，养护人员在暴风雪中奋力除雪排障保畅通

◆ 大别山红色旅游路铺筑现场

◆ 公路路面机械化施工

◆ 桥梁建设施工

道路运输

◆ 2010年3月26日,黄冈东华客运站正式运营

◆ 2016年1月1日,大别山客运中心正式运营

◆ 1993年,罗田客运站

◆ 2015年,黄冈实现"村村通客车"目标

◆ 村村通候车亭

◆ 武穴市农村公路文明示范线

◆ 黄冈市"文明进公交"活动

◆ 汉口至黄州客运班线新车上路

◆ 黄冈城区出租车宏达雷锋车队

港 航

◆ 小池综合码头

◆ 黄梅小池综合码头

◆ 武汉新港唐家渡港区临港新城综合码头功能区划示意图

◆ 临港新城综合码头平台钢廊道

◆ 黄州轮渡

◆ 2005年6月,武穴市地方海事局执法趸船

◆ 2007年10月,巴河航道及运输船舶

◆ 2008年2月,巴河航道疏浚

◆ 双沟渡口

铁 路

◆ 武(汉)(黄)冈城际铁路黄冈站

◆ 武(汉)(黄)冈城际铁路黄冈西站

◆ 2014年6月18日，武（汉）（黄）冈城际铁路正式通车

◆ 武（汉）（黄）冈城际铁路黄冈站站台

黄冈交通运输志

《黄冈交通运输志》编纂委员会 编

人民交通出版社股份有限公司

北 京

内 容 提 要

本书属地方交通专业志。主要记述黄冈交通运输事物的历史沿革、发展和现状,详今略古,突出展现中华人民共和国成立以来,黄冈交通运输系统在交通建设、交通运输、精神文明等领域发生的巨大变化和成就。本书集知识性、史料性和工具性于一体,可供交通运输行业相关人员阅读、学习与查询参考,是开展交通科学研究、总结交通发展规律、提供交通信息咨询的重要文献,对黄冈经济发展可起到资政、教育和存史的作用。

图书在版编目(CIP)数据

黄冈交通运输志 /《黄冈交通运输志》编纂委员会编.—北京：人民交通出版社股份有限公司,2020.12
ISBN 978-7-114-16900-7

Ⅰ.①黄… Ⅱ.①黄… Ⅲ.①交通运输史—黄冈 Ⅳ.①F512.9

中国版本图书馆 CIP 数据核字(2020)第 200117 号

Huanggang Jiaotong Yunshuzhi

书　　名：	黄冈交通运输志
著 作 者：	《黄冈交通运输志》编纂委员会
责任编辑：	赵瑞琴
责任校对：	席少楠
责任印制：	张　凯
出版发行：	人民交通出版社股份有限公司
地　　址：	(100011)北京市朝阳区安定门外外馆斜街 3 号
网　　址：	http://www.ccpcl.com.cn
销售电话：	(010)59757973
总 经 销：	人民交通出版社股份有限公司发行部
经　　销：	各地新华书店
印　　刷：	北京印匠彩色印刷有限公司
开　　本：	889×1194　1/16
印　　张：	45
插　　页：	10
字　　数：	1259 千
版　　次：	2020 年 12 月　第 1 版
印　　次：	2020 年 12 月　第 1 次印刷
书　　号：	ISBN 978-7-114-16900-7
定　　价：	180.00 元

(有印刷、装订质量问题的图书由本公司负责调换)

《黄冈交通运输志》编纂委员会

顾　　　问：	刘新华　　陈　新
主　　　任：	周银芝
副 主 任：	秦龙志　　万焱元　　王正高　　郑志武　　金晓耕
	鲍克宏　　柯平飞　　邵百坤
委　　　员：	赵瑞群　　丰　群　　龙卫斌　　冯兴潮　　陈　林
	方光明　　冯矫正　　李学友　　陈中华　　刘志勇
	杨　帆　　徐先军　　张　阳　　倪红玲　　王习潮
	李　剑　　陈　雄　　周奇志　　叶建国　　余建强
	何黎明　　李绍友　　许　磊　　田小勇　　张文英
	曾　波　　刘文敏　　王春红　　黄萍红

《黄冈交通运输志》编纂办公室

主　　　编：	周银芝
执行主编：	郑志武　　鲍克宏
副 主 编：	王汉荣　　李绍友
编　　　辑：	吴新华　　罗先进　　周本和　　夏　彬
参编人员：	张定习　　杜　炜　　贡文彬　　张　明　　田雨河
	杨晓东　　罗保华　　吴　超　　蔡小威　　夏　祥
	张汉元　　李　潇　　李兴名　　马小双　　潘国东
	黄金文　　黄　俊　　丁雄杰　　叶仕祥　　阮　超
	孙红斌　　王　敏　　陈惠芳　　黄　河　　石　慧
	岳启富　　王昌福

序

　　黄冈位于大别山南麓、长江中游北岸,南与鄂州、黄石、九江隔长江相望,东连安徽,北接河南,依傍长江黄金水道,具有"承东启西、纵贯南北、得'中'独厚、通江达海"的独特交通区位优势。然而在旧中国,黄冈交通闭塞,运输不畅,运输工具主要以畜力车和木帆船等为主。新中国成立后,黄冈交通基础设施不断完善,公路、铁路、航道通行里程迅速增加,运输能力显著增强。特别是改革开放以来,黄冈交通运输事业迎来了发展的春天。截至2017年年底,全市公路通车里程达30494公里,铁路营运里程429.5公里,内河航道通航里程698公里,实现县县通高速、县县通国道、乡乡镇镇通省道、村村通公路和通客车,初步形成了"干支成网、有机衔接、畅通高效、支撑鄂东、服务全国"的现代综合交通网络,成为黄冈经济社会发展的助推器、脱贫攻坚的生力军。当下,黄冈已成为全省重要区域增长极的硬支撑。

　　盛世修志,志载盛世。一部志书记载着一个行业、一方水土的人和事,打造着一个行业的精神家园。黄冈交通的飞速发展,既是习近平新时代中国特色社会主义思想的实践缩影,也是市委、市政府"双强双兴"新战略的结晶。交通物质发展的突飞猛进需要交通文化发展相协调匹配,交通重大事件的辉煌成就需要留下浓墨重彩的历史印证。为顺应时代需要,黄冈市交通运输局组织编纂了《黄冈交通运输志》,志书记载了各个历史时期的交通运输发展成就、重大事件、典型模范人物等,再现了黄冈交通运输干部职工工作业绩和精神风貌,以真实的资料和生动的事实激励着全体干部职工热爱祖国、热爱交通的情怀。《黄冈交通运输志》面世后,必将为弘扬"克难攻坚、不胜不休"的黄冈交通精神提供生动素材和典型案例,必将在认识过去、服务现在、开创未来方面发挥积极作用,也必将激励全市交通运输系统干部职工奋力推进交通强市建设,努力为实现中华民族伟大复兴的中国梦添砖加瓦。

　　志书虽简,编纂不易。《黄冈交通运输志》全书120余万字,详今略古,图文并茂,前以大事记为经,后用附录补遗,博而不杂,记事简明,是一部集知识性、资料性和工具性于一体的志书。自2012年6月启动《黄冈交通运输志》编纂工作,至付梓面世,历时数载。全体编纂人员孜孜不倦、寒暑不辍、集思广益、精益求精,付出了艰辛劳动,洒下了辛劳汗水。本志书编写得到了湖北省交通历史文化学会、黄冈市地方志办公室等单位的大力支持和倾力相助。在此,谨向为志书出版付出了艰辛劳动的全体编写人员致以崇高的敬意!向为志书编写提供资料和支持帮助的社会各界人士表示衷心的感谢!

黄冈市交通运输局党组书记、局长

凡　　例

一、《黄冈交通运输志》以习近平新时代中国特色社会主义思想为指导，运用辩证唯物主义和历史唯物主义观点，坚持实事求是的原则，力求思想性、科学性和实用性相统一，秉笔直书、去伪存真，力求客观全面地反映全市交通运输不断进步和服务经济社会发展的历史。

二、本志属地方交通专业志。主要记述黄冈交通运输的历史沿革、发展和现状，是贯通古今、综览史料的工具书；是系统记叙黄冈综合交通运输史情的重要载体；是开展交通科学研究、总结交通发展规律、提供交通信息咨询的重要文献。

三、本志上起交通运输事物的发端，下迄2015年。少数事项根据具体情况下延。

四、本志突出综合大交通格局，不局限于行政隶属关系，凡属辖区内（含先后划出的鄂州、新洲）的事物，不论是省属、市属还是区属一并入志，做到横不缺项、纵不断线。

五、本志体例采用记、述、志、传、图、表、录。采用分类系事、事以类从、横排纵述、纵横结合的方法设置篇目，按篇、章、节、目、子目五个层次编排。

六、本志采用现代汉语规范语体文编写；所用数据以黄冈经济资料和交通统计数据为准；计量单位按《中华人民共和国法定计量单位》使用。

七、本志纪年民国以前先冠朝代名，再括注公历纪年；民国元年后，直书公元年号。括号内的公元某年重复出现省去"公元"。

八、本志专用名词首次出现用全称，重复出现用简称，如"中华人民共和国"首次出现用全称，后简称"新中国"；"黄冈市交通运输局"首次出现用全称，后简称"市交通运输局"。

九、本志根据"生不立传"的原则，断限内属"盖棺定论"的人物入志；部省级以上劳动模范、中级以上职称技术人员采用简介或表录形式入志。

十、本志附录选载领导讲话、调研论文及文学作品。

目　　录

大事记 …………………………………………………………………………………（ 1 ）
概述 ……………………………………………………………………………………（ 21 ）

第一篇　道　　路

第一章　古代道路 ……………………………………………………………（ 35 ）
　第一节　先秦道路 ……………………………………………………………（ 35 ）
　　一、人行干道 ………………………………………………………………（ 35 ）
　　二、鄂君启建商道 …………………………………………………………（ 35 ）
　　三、楚国东行道 ……………………………………………………………（ 36 ）
　　四、秦汉驰道 ………………………………………………………………（ 36 ）
　第二节　驿道 …………………………………………………………………（ 37 ）
　　一、黄州府主要驿道 ………………………………………………………（ 37 ）
　　二、清初各县主要驿道 ……………………………………………………（ 37 ）

第二章　公路 …………………………………………………………………（ 39 ）
　第一节　高速公路 ……………………………………………………………（ 39 ）
　　一、G50 沪（上海）渝（重庆）高速公路黄冈段 …………………………（ 39 ）
　　二、G42S 武（汉）英（山）高速公路黄冈段 ……………………………（ 39 ）
　　三、G45 大（庆）广（州）北高速公路黄冈段 ……………………………（ 40 ）
　　四、G42 武（汉）麻（城）高速公路黄冈段 ………………………………（ 40 ）
　　五、G70 福（州）银（川）高速公路黄冈段 ………………………………（ 40 ）
　　六、G4213 麻（城）安（康）高速公路黄冈段 ……………………………（ 41 ）
　　七、S29 麻（城）阳（新）高速公路麻城至武穴段 ………………………（ 41 ）
　　八、S31 黄（石）咸（宁）高速公路黄冈段 ………………………………（ 42 ）
　第二节　国道 …………………………………………………………………（ 42 ）
　　一、105 国道（北京至澳门）黄冈段 ………………………………………（ 42 ）
　　二、106 国道（北京至广州）黄冈段 ………………………………………（ 44 ）
　　三、318 国道（上海至西藏）黄冈段 ………………………………………（ 46 ）
　第三节　省道 …………………………………………………………………（ 47 ）
　　一、黄土线（黄陂至土岗村）………………………………………………（ 47 ）
　　二、阳福线（阳龙口至福田口）……………………………………………（ 48 ）

三、阳枫线(团风镇举水河桥至鄂黄长江大桥) …………………………………………… (49)
四、中大线(中界岭北至黄石大冶) ……………………………………………………… (50)
五、罗兰线(罗田县界河大桥至浠水县兰溪) …………………………………………… (51)
六、长三线(长岭关至三里畈) …………………………………………………………… (52)
七、梅武线(梅川至武穴) ………………………………………………………………… (53)
八、下蕲线(碾下村至蕲州) ……………………………………………………………… (54)
九、麻新线(麻城至新桥) ………………………………………………………………… (54)
十、上砂线(上巴河至砂子岗) …………………………………………………………… (55)
十一、熊许线(熊家垸至许家桥) ………………………………………………………… (56)
十二、蕲龙线(蕲州至龙感湖管理区) …………………………………………………… (56)
十三、方团线(方高坪至团风) …………………………………………………………… (58)
十四、宋长线(宋埠至河口) ……………………………………………………………… (59)
十五、黄界线(黄梅至界标) ……………………………………………………………… (60)
十六、胜麻线(胜利至麻城) ……………………………………………………………… (62)
十七、大巴线(大埠街至巴河) …………………………………………………………… (62)
十八、蕲州至刘佐沿江一级公路 …………………………………………………………… (63)

第四节　县道 ……………………………………………………………………………………… (63)
一、中项公路(中馆驿至项家河) ………………………………………………………… (63)
二、张胜公路(张家咀至胜利) …………………………………………………………… (64)
三、白小公路(白马石至小岐岭) ………………………………………………………… (64)
四、红熊公路(红安至熊河) ……………………………………………………………… (64)
五、马天公路(马蹄山至天台山) ………………………………………………………… (65)
六、七黄公路(七里坪至黄陂站) ………………………………………………………… (65)
七、茅横公路(茅山至横车) ……………………………………………………………… (65)
八、黄挪公路(黄梅至挪步园) …………………………………………………………… (65)
九、桃白公路(桃树至白莲河) …………………………………………………………… (66)
十、莲龙公路(莲花桥至龙坪) …………………………………………………………… (66)
十一、芦总公路(芦柴坳至总路咀) ……………………………………………………… (66)

第五节　旅游公路 ………………………………………………………………………………… (71)
一、大别山旅游公路主线 …………………………………………………………………… (71)
二、旅游公路支线 …………………………………………………………………………… (73)

第六节　乡村及专用公路 ………………………………………………………………………… (74)
一、乡道公路 ………………………………………………………………………………… (74)
二、农村公路 ………………………………………………………………………………… (74)
三、专用公路 ………………………………………………………………………………… (77)

第三章　桥隧渡 …………………………………………………………………………………… (79)

第一节　古桥 ……………………………………………………………………………………… (79)
一、建桥技术 ………………………………………………………………………………… (79)
二、建桥资金 ………………………………………………………………………………… (79)

三、古桥选介 …………………………………………………………………………（ 80 ）
第二节　长江大桥 …………………………………………………………………………（ 87 ）
　　一、九江长江大桥 ………………………………………………………………………（ 87 ）
　　二、黄石长江大桥 ………………………………………………………………………（ 87 ）
　　三、鄂黄长江大桥 ………………………………………………………………………（ 88 ）
　　四、鄂东长江公路大桥 …………………………………………………………………（ 89 ）
　　五、九江长江公路大桥 …………………………………………………………………（ 89 ）
　　六、黄冈长江大桥 ………………………………………………………………………（ 90 ）
　　七、武穴长江公路大桥 …………………………………………………………………（ 91 ）
第三节　高速公路桥梁 ……………………………………………………………………（ 91 ）
　　一、特大桥 ………………………………………………………………………………（ 91 ）
　　二、大桥 …………………………………………………………………………………（ 93 ）
第四节　普通公路桥梁 ……………………………………………………………………（ 97 ）
　　一、特大桥 ………………………………………………………………………………（ 97 ）
　　二、大桥 …………………………………………………………………………………（ 97 ）
　　三、中小桥 ………………………………………………………………………………（110）
第五节　隧道 ………………………………………………………………………………（112）
　　一、高速公路隧道 ………………………………………………………………………（112）
　　二、普通公路隧道 ………………………………………………………………………（112）
第六节　汽车渡口 …………………………………………………………………………（112）
　　一、渡口设置 ……………………………………………………………………………（112）
　　二、渡口选介 ……………………………………………………………………………（113）
　　三、渡运费 ………………………………………………………………………………（114）

第四章　公路养护 ……………………………………………………………………………（116）
第一节　公路管养体制 ……………………………………………………………………（116）
　　一、干支分养 ……………………………………………………………………………（116）
　　二、干支合一管理 ………………………………………………………………………（117）
　　三、列养公路管理 ………………………………………………………………………（117）
　　四、非列养公路管理 ……………………………………………………………………（118）
　　五、高速公路管养 ………………………………………………………………………（120）
第二节　路面养护 …………………………………………………………………………（121）
　　一、泥结碎石路面 ………………………………………………………………………（121）
　　二、渣油路面 ……………………………………………………………………………（122）
　　三、沥青路面 ……………………………………………………………………………（123）
　　四、养护机械 ……………………………………………………………………………（124）
第三节　全面养护 …………………………………………………………………………（125）
　　一、GBM 工程 …………………………………………………………………………（125）
　　二、公路绿化 ……………………………………………………………………………（126）
　　三、水毁修复与防治 ……………………………………………………………………（127）

四、安保工程 ……………………………………………………………………………………………… (129)

第二篇 道 路 运 输

第一章 古代传统运输 …………………………………………………………………………… (133)
第一节 运输方式 ………………………………………………………………………………… (133)
一、人力运输 …………………………………………………………………………………… (133)
二、人畜驮运 …………………………………………………………………………………… (134)
三、畜力车运 …………………………………………………………………………………… (134)
第二节 运输形式 ………………………………………………………………………………… (134)
一、军事运输 …………………………………………………………………………………… (134)
二、官道运输 …………………………………………………………………………………… (134)
三、古代驿运 …………………………………………………………………………………… (135)

第二章 现代民间运输 …………………………………………………………………………… (137)
第一节 运输工具 ………………………………………………………………………………… (137)
一、非机动车 …………………………………………………………………………………… (137)
二、机动车 ……………………………………………………………………………………… (138)
第二节 支前运输 ………………………………………………………………………………… (139)
一、苏区支前运输 ……………………………………………………………………………… (139)
二、抗日战争期间运输 ………………………………………………………………………… (139)
三、挺进大别山运输 …………………………………………………………………………… (140)
四、支援渡江运输 ……………………………………………………………………………… (140)
第三节 营运管理 ………………………………………………………………………………… (141)
一、非机动车营运管理 ………………………………………………………………………… (141)
二、机动车营运管理 …………………………………………………………………………… (142)
三、装卸搬运管理 ……………………………………………………………………………… (142)

第三章 公路客运 …………………………………………………………………………………… (144)
第一节 班车客运 ………………………………………………………………………………… (144)
一、班车线路 …………………………………………………………………………………… (144)
二、客运站 ……………………………………………………………………………………… (162)
三、客运车辆 …………………………………………………………………………………… (169)
四、客运量 ……………………………………………………………………………………… (172)
五、客运价格 …………………………………………………………………………………… (173)
第二节 专项客运 ………………………………………………………………………………… (175)
一、节假日运输 ………………………………………………………………………………… (175)
二、特殊客运 …………………………………………………………………………………… (177)

第四章 货物运输 (179)
第一节 普通货运 (179)
一、货运车辆 (179)
二、货运站场 (181)
三、货源流向 (183)
四、跨省货运线路 (184)
五、货运量 (186)
六、货运价格 (188)

第二节 专项货运 (190)
一、大办钢铁运输 (190)
二、水利工程运输 (190)
三、抗洪抢险运输 (191)
四、煤炭运输 (192)

第三节 特殊货运 (192)
一、零担运输 (192)
二、摩托车运输 (193)
三、危险货物运输 (193)

第五章 城市客运 (196)
第一节 公交客运 (196)
一、公交线路 (196)
二、公交设施 (208)

第二节 出租客运 (210)
一、出租车客运 (210)
二、简易机动车客运 (213)
三、出租车管理 (213)

第六章 运输辅助业 (216)
第一节 机动车维修 (216)
一、修理能力 (216)
二、汽车维修行业管理 (217)

第二节 机动车性能检测 (218)
一、检测站设置 (218)
二、机动车检测管理 (218)

第三节 驾培管理 (220)
一、管理职责 (220)
二、驾培收费 (221)

第四节 货运站及物流服务 (221)
一、货运站 (221)
二、物流服务 (222)

第三篇 水路运输

第一章 航道 (227)
第一节 长江干流航道 (227)
- 一、阳逻至西塞山河段 (227)
- 二、西塞山至武穴河段 (228)
- 三、武穴至湖口河段 (228)
- 四、主要航道 (228)

第二节 长江支流航道 (231)
- 一、倒水航道 (231)
- 二、举水航道 (232)
- 三、巴水航道 (233)
- 四、浠水航道 (234)
- 五、蕲水航道 (235)

第三节 华阳河水系内河航道 (236)
- 一、广济内河航道 (236)
- 二、黄梅内河航道 (237)
- 三、内湖航道 (238)
- 四、水库航线 (239)

第四节 航道整治 (239)
- 一、长江干流航道整治 (239)
- 二、支流航道整治 (240)

第五节 航道设施 (245)
- 一、助航设施 (245)
- 二、船闸建设 (248)
- 三、跨江建筑 (250)

第二章 港口 (251)
第一节 港口历史沿革 (251)
- 一、黄州港 (251)
- 二、武穴港 (254)
- 三、团风港 (258)
- 四、浠水港 (260)
- 五、蕲春港 (262)
- 六、黄梅港 (265)
- 七、支流、内湖港口 (267)

第二节 港口生产 (269)
- 一、装卸搬运 (269)

二、港口装卸量 ……………………………………………………………………………………（275）

第三章　客货运输 …………………………………………………………………………………（278）
　第一节　运输工具 ……………………………………………………………………………………（278）
　　一、传统工具 …………………………………………………………………………………………（278）
　　二、现代客轮 …………………………………………………………………………………………（280）
　　三、现代货轮 …………………………………………………………………………………………（282）
　　四、特种专用船 ………………………………………………………………………………………（284）
　第二节　旅客运输 ……………………………………………………………………………………（285）
　　一、长江客运航线 ……………………………………………………………………………………（285）
　　二、湖泊、支流、水库航线 …………………………………………………………………………（289）
　　三、客运基础设施 ……………………………………………………………………………………（291）
　　四、客运票价 …………………………………………………………………………………………（292）
　第三节　货物运输 ……………………………………………………………………………………（293）
　　一、普通货运 …………………………………………………………………………………………（293）
　　二、江海直达运输 ……………………………………………………………………………………（296）
　　三、大件运输 …………………………………………………………………………………………（297）
　　四、专项运输 …………………………………………………………………………………………（298）
　　五、货物运价 …………………………………………………………………………………………（301）
　第四节　渡运 …………………………………………………………………………………………（304）
　　一、古代人行渡运 ……………………………………………………………………………………（304）
　　二、现代旅客渡运 ……………………………………………………………………………………（306）
　　三、军事渡运 …………………………………………………………………………………………（312）

第四篇　铁路运输

第一章　路线桥隧 …………………………………………………………………………………（315）
　第一节　路线 …………………………………………………………………………………………（315）
　　一、京九铁路黄冈段 …………………………………………………………………………………（315）
　　二、京九铁路麻武联络线 ……………………………………………………………………………（315）
　　三、合九铁路黄冈段 …………………………………………………………………………………（316）
　　四、合武铁路黄冈段 …………………………………………………………………………………（316）
　　五、武冈城际铁路 ……………………………………………………………………………………（316）
　　六、江北铁路黄冈段 …………………………………………………………………………………（317）
　　七、黄冈至黄梅铁路 …………………………………………………………………………………（318）
　第二节　桥隧 …………………………………………………………………………………………（318）
　　一、特大桥 ……………………………………………………………………………………………（318）
　　二、大桥 ………………………………………………………………………………………………（321）
　　三、隧道 ………………………………………………………………………………………………（321）

第二章　客货运输 (323)
第一节　站点 (323)
一、京九铁路站点 (323)
二、麻武联络线站点 (325)
三、合九铁路站点 (326)
四、合武铁路站点 (326)
五、武冈城际铁路站点 (327)

第二节　运输 (327)
一、客运 (327)
二、货运 (329)

第三章　铁路管养 (332)
第一节　运营管理 (332)
一、麻城车务段 (332)
二、武昌东车务段 (333)
三、合肥车务段 (334)
四、武汉动车段 (334)

第二节　养护机电管理 (334)
一、麻城工务段 (334)
二、武汉高铁工务段 (337)
三、麻城电务段 (337)
四、江岸机务段麻城折返段 (337)
五、麻城通信段 (338)
六、麻城给水电力段 (339)
七、江岸车辆段 (340)

第三节　安全与房产管理 (340)
一、安全管理 (340)
二、房产管理 (342)
三、规划管理 (343)

第四节　建设单位 (343)
一、湖北城际铁路有限责任公司 (343)
二、武汉新港江北铁路有限责任公司 (344)

第五篇　改革与机构设置

第一章　交通机构改革 (347)
第一节　交通体制机制改革 (347)
一、投融资体制改革 (347)

二、交通管理体制改革 …………………………………………………………（348）
　　三、行政管理机构改革 …………………………………………………………（349）
　第二节　交通行业管理机构改革 ……………………………………………………（350）
　　一、公路管理机构改革 …………………………………………………………（350）
　　二、道路运输管理机构改革 ……………………………………………………（352）
　　三、水路运输管理机构改革 ……………………………………………………（353）
　　四、车辆监理及公路规费机构变革 ……………………………………………（355）

第二章　交通行政管理机构 …………………………………………………………（356）
　第一节　市级交通行政管理机构 ……………………………………………………（356）
　　一、黄冈专员公署交通局 ………………………………………………………（356）
　　二、黄冈地区革命委员会交通邮政管理局 ……………………………………（356）
　　三、黄冈地区行政公署交通局(黄冈地区交通局) ……………………………（356）
　　四、黄冈市交通运输局(黄冈市交通局) ………………………………………（356）
　　五、黄冈市铁路经济建设办公室 ………………………………………………（359）
　第二节　县(市、区)交通行政管理机构 ……………………………………………（359）
　　一、黄州区交通行政管理机构 …………………………………………………（359）
　　二、团风县交通行政管理机构 …………………………………………………（362）
　　三、红安县交通行政管理机构 …………………………………………………（363）
　　四、麻城市交通行政管理机构 …………………………………………………（364）
　　五、罗田县交通行政管理机构 …………………………………………………（366）
　　六、英山县交通行政管理机构 …………………………………………………（368）
　　七、浠水县交通行政管理机构 …………………………………………………（371）
　　八、蕲春县交通行政管理机构 …………………………………………………（373）
　　九、武穴市交通行政管理机构 …………………………………………………（375）
　　十、黄梅县交通行政管理机构 …………………………………………………（377）
　　十一、黄冈市交通运输局龙感湖分局 …………………………………………（380）
　第三节　乡镇交通管理站 ……………………………………………………………（381）
　　一、交通管理站历史沿革 ………………………………………………………（381）
　　二、乡镇交通管理站设置 ………………………………………………………（382）

第三章　行业管理单位 ………………………………………………………………（386）
　第一节　公路管理机构 ………………………………………………………………（386）
　　一、鄂东公路管理机构 …………………………………………………………（386）
　　二、黄冈市公路管理局 …………………………………………………………（387）
　　三、黄冈市汽车战备渡口管理处 ………………………………………………（389）
　　四、湖北省交通运输厅黄黄高速公路管理处 …………………………………（390）
　　五、各县(市、区)公路管理机构 ………………………………………………（390）
　第二节　道路运输管理机构 …………………………………………………………（394）
　　一、运输指挥部 …………………………………………………………………（394）

二、运输市场管理办公室 …………………………………………………………………（394）
　　三、公路运输管理局(处) ………………………………………………………………（394）
　　四、各县(市、区)道路运输管理机构 …………………………………………………（396）

第三节　水路运输管理机构 ………………………………………………………………（399）
　　一、新中国成立前的水运管理机构 ……………………………………………………（399）
　　二、新中国成立后的民间运输管理机构 ………………………………………………（399）
　　三、黄冈市港航管理局、地方海事局 …………………………………………………（400）
　　四、各县(市、区)水路交通管理机构 …………………………………………………（403）

第四节　公路费征收稽查与交通物流发展机构 …………………………………………（406）
　　一、车辆监理机构 ………………………………………………………………………（406）
　　二、黄冈公路规费征收稽查机构 ………………………………………………………（408）
　　三、各县(市、区)公路规费征收稽查所 ………………………………………………（409）
　　四、黄冈市交通物流发展局 ……………………………………………………………（410）
　　五、各县(市、区)交通物流发展局 ……………………………………………………（411）

第五节　其他局直单位 ……………………………………………………………………（413）
　　一、鄂黄长江公路大桥管理局 …………………………………………………………（413）
　　二、黄冈客运管理机构 …………………………………………………………………（414）
　　三、黄冈市交通基本建设质量监督站 …………………………………………………（415）
　　四、湖北省黄冈交通学校 ………………………………………………………………（415）
　　五、鄂黄长江公路大桥路政安全管理处 ………………………………………………（416）
　　六、鄂黄长江公路大桥超限检测站 ……………………………………………………（416）

第六篇　交　通　管　理

第一章　交通建设与路政管理 …………………………………………………………（421）
第一节　建设管理 …………………………………………………………………………（421）
　　一、建设规划 ……………………………………………………………………………（421）
　　二、市场管理 ……………………………………………………………………………（422）
　　三、质量管理 ……………………………………………………………………………（423）
第二节　公路路政管理 ……………………………………………………………………（424）
　　一、管理体制 ……………………………………………………………………………（424）
　　二、管理机构 ……………………………………………………………………………（425）
　　三、管理措施 ……………………………………………………………………………（426）

第二章　道路运输管理 …………………………………………………………………（429）
第一节　行政许可管理 ……………………………………………………………………（429）
　　一、经营许可证管理 ……………………………………………………………………（429）
　　二、开停业管理 …………………………………………………………………………（430）
　　三、从业资格证管理 ……………………………………………………………………（433）

第二节　客货运输管理 …………………………………………………………（433）
　　　一、客运管理 ……………………………………………………………………（433）
　　　二、货运管理 ……………………………………………………………………（435）
　　第三节　安全监理 …………………………………………………………………（435）
　　　一、安全监理措施 ………………………………………………………………（435）
　　　二、车辆监理 ……………………………………………………………………（436）
　　　三、道路安全事故管理 …………………………………………………………（438）

第三章　水路运输管理 …………………………………………………………………（440）
　　第一节　航道管理 …………………………………………………………………（440）
　　　一、长江航道管理 ………………………………………………………………（440）
　　　二、地方航道管理 ………………………………………………………………（440）
　　第二节　营运管理 …………………………………………………………………（444）
　　　一、计划管理 ……………………………………………………………………（444）
　　　二、市场管理 ……………………………………………………………………（445）
　　第三节　航政海事管理 ……………………………………………………………（446）
　　　一、船舶管理 ……………………………………………………………………（446）
　　　二、船员管理 ……………………………………………………………………（448）
　　　三、港航安全管理 ………………………………………………………………（449）
　　　四、渡口安全管理 ………………………………………………………………（452）
　　　五、海损事故 ……………………………………………………………………（454）
　　第四节　港口管理 …………………………………………………………………（455）
　　　一、长江干线港口管理 …………………………………………………………（455）
　　　二、地方港口管理 ………………………………………………………………（457）
　　　三、港口岸线管理 ………………………………………………………………（458）
　　　四、港口普查 ……………………………………………………………………（459）

第四章　交通规费征收 …………………………………………………………………（460）
　　第一节　公路规费征稽 ……………………………………………………………（460）
　　　一、公路养路费 …………………………………………………………………（460）
　　　二、车辆购置附加费 ……………………………………………………………（463）
　　　三、公路客运附加费 ……………………………………………………………（463）
　　　四、货运附加费 …………………………………………………………………（465）
　　　五、运输管理费 …………………………………………………………………（465）
　　第二节　公路通行费 ………………………………………………………………（467）
　　　一、车辆通行费 …………………………………………………………………（468）
　　　二、高速公路收费站 ……………………………………………………………（469）
　　　三、一级公路收费站 ……………………………………………………………（471）
　　　四、二级公路收费站 ……………………………………………………………（472）
　　第三节　水运规费征稽 ……………………………………………………………（475）

一、水路运输管理费 (475)
二、航道养护费 (476)
三、港务费 (477)
四、航政费 (478)
五、水路客、货运附加费 (478)

第七篇　交通科技与教育

第一章　交通科技 (483)
第一节　科技成果 (483)
一、公路工程技术 (483)
二、公路科研项目 (485)
三、水运技术成果研究 (491)
四、交通工业新技术 (492)
第二节　信息化建设 (496)
一、交通信息网络工程 (496)
二、公路信息化建设 (497)
三、道路运输管理和公路规费征稽部门信息化建设 (497)
四、港航信息化建设 (498)
五、技术监督 (499)
六、交通环境保护 (500)

第二章　职工教育 (501)
第一节　人才培养 (501)
一、职称评定 (501)
二、普法教育 (503)
三、岗位培训 (504)
四、交通教育扶贫 (506)
第二节　工人技术培训 (506)
一、工人技术考核 (506)
二、工人技术培训 (507)
三、船员培训 (508)
四、驾校培训 (510)
第三节　学校教育 (515)
一、黄冈地区航务管理局船员培训中心 (515)
二、黄冈交通学校 (515)
三、普通中专学历教育 (517)
四、交通部电视中专黄冈工作站与定向中专班 (518)
五、成人教育 (518)

第八篇 党群工作及精神文明建设

第一章 党务工作 …………………………………………………………………………………… (521)
第一节 党的组织建设 ……………………………………………………………………………… (521)
一、黄冈市直交通系统基层党组织建设概况 ……………………………………………………… (521)
二、交通局机关党组织沿革 ………………………………………………………………………… (521)
三、直属单位党组织沿革 …………………………………………………………………………… (523)
四、思想建设 ………………………………………………………………………………………… (525)
五、职工队伍建设 …………………………………………………………………………………… (527)
第二节 纪检监察工作 ……………………………………………………………………………… (528)
一、工作机构与职责 ………………………………………………………………………………… (528)
二、廉政建设 ………………………………………………………………………………………… (528)
三、廉政教育 ………………………………………………………………………………………… (529)
四、"廉政阳光交通"建设 …………………………………………………………………………… (531)

第二章 群团组织 …………………………………………………………………………………… (532)
第一节 工会 ………………………………………………………………………………………… (532)
一、黄冈地区交通局工会工作委员会 ……………………………………………………………… (532)
二、交通基层工会 …………………………………………………………………………………… (532)
三、工会活动 ………………………………………………………………………………………… (534)
第二节 共青团 ……………………………………………………………………………………… (540)
一、组织机构 ………………………………………………………………………………………… (540)
二、共青团活动 ……………………………………………………………………………………… (541)
第三节 学术团体 …………………………………………………………………………………… (545)
一、交通职工思想政治工作研究会 ………………………………………………………………… (545)
二、公路学会 ………………………………………………………………………………………… (545)
三、道路运输协会 …………………………………………………………………………………… (545)
四、会计学会 ………………………………………………………………………………………… (546)
五、黄冈市交通局直属单位老年人体育协会 ……………………………………………………… (546)

第三章 精神文明建设 ……………………………………………………………………………… (548)
第一节 组织机构 …………………………………………………………………………………… (548)
一、"五讲四美三热爱"活动委员会 ………………………………………………………………… (548)
二、交通系统精神文明建设协调委员会 …………………………………………………………… (548)
三、交通局精神文明建设领导小组 ………………………………………………………………… (548)
四、创建全国文明单位工作领导小组 ……………………………………………………………… (549)
第二节 精神文明活动 ……………………………………………………………………………… (549)
一、工业学大庆活动 ………………………………………………………………………………… (549)

二、"文明礼貌月"活动 …………………………………………………………………………… (549)

三、文明创建活动 ………………………………………………………………………………… (550)

第九篇 交 通 企 业

第一章 企业改革 ……………………………………………………………………………… (569)
第一节 运输企业改革 ………………………………………………………………………… (569)
一、企业管理体制改革 …………………………………………………………………………… (569)

二、经营机制改革 ………………………………………………………………………………… (570)

三、产权制度改革 ………………………………………………………………………………… (572)

第二节 公路建养企业改革 …………………………………………………………………… (577)
一、推行养护经济责任制 ………………………………………………………………………… (577)

二、培育养护市场主体 …………………………………………………………………………… (577)

三、推行"事企分离" ……………………………………………………………………………… (577)

四、抓好改革配套 ………………………………………………………………………………… (578)

第二章 道路运输企业 ………………………………………………………………………… (579)
第一节 国有汽车运输企业 …………………………………………………………………… (579)
一、车务段 ………………………………………………………………………………………… (579)

二、湖北省交通厅汽车运输管理局黄冈分局 …………………………………………………… (579)

三、黄冈市汽车运输总公司 ……………………………………………………………………… (580)

四、县属国有运输企业 …………………………………………………………………………… (581)

第二节 行业车队及集体运输企业 …………………………………………………………… (583)
一、行业车队 ……………………………………………………………………………………… (583)

二、集体企业 ……………………………………………………………………………………… (584)

第三节 合资及民营运输企业 ………………………………………………………………… (585)
一、合资企业 ……………………………………………………………………………………… (585)

二、民营企业及个体户 …………………………………………………………………………… (585)

第四节 商办及股份制运输企业 ……………………………………………………………… (586)
一、民国商办企业 ………………………………………………………………………………… (586)

二、现代股份制企业 ……………………………………………………………………………… (586)

第五节 出租车及公交企业 …………………………………………………………………… (588)
一、市属出租客运企业 …………………………………………………………………………… (588)

二、县市出租客运企业 …………………………………………………………………………… (589)

三、公交企业 ……………………………………………………………………………………… (591)

第六节 汽车修理企业 ………………………………………………………………………… (593)
一、国营汽车修理厂 ……………………………………………………………………………… (593)

二、民营企业及个体户修理厂 …………………………………………………………………… (594)

三、集体企业修理厂 ……………………………………………………………………………… (594)

四、合资及股份制企业 ……………………………………………………………………（595）

第三章　水运企业 …………………………………………………………………………（596）
第一节　港埠企业 …………………………………………………………………………（596）
一、地方港口企业 ……………………………………………………………………（596）
二、长航企业 …………………………………………………………………………（608）
第二节　运输企业 …………………………………………………………………………（609）
一、地市级水运企业 …………………………………………………………………（609）
二、县级水运企业 ……………………………………………………………………（609）
三、现代民营企业 ……………………………………………………………………（612）
第三节　造船企业 …………………………………………………………………………（612）
一、修造船型种类 ……………………………………………………………………（612）
二、地区直属船厂 ……………………………………………………………………（614）
三、县属船厂 …………………………………………………………………………（615）
四、水运企业附属船厂 ………………………………………………………………（616）
五、现代民营企业 ……………………………………………………………………（616）

第四章　公路企业 …………………………………………………………………………（620）
第一节　设计施工企业 ……………………………………………………………………（620）
一、黄冈市公路规划勘测设计院 ……………………………………………………（620）
二、黄冈市楚通路桥工程建设有限公司 ……………………………………………（620）
第二节　公路建设企业 ……………………………………………………………………（621）
一、湖北黄黄高速公路经营有限公司 ………………………………………………（621）
二、湖北大广北高速公路有限责任公司 ……………………………………………（622）
三、湖北黄鄂高速公路有限公司 ……………………………………………………（622）
四、湖北鄂东长江公路大桥有限公司 ………………………………………………（622）
五、湖北交投鄂黄长江公路大桥有限公司 …………………………………………（622）
六、湖北高发楚东高速公路有限公司 ………………………………………………（623）
七、湖北交投高速公路黄冈服务区管理中心 ………………………………………（623）
第三节　公路经营企业 ……………………………………………………………………（623）
一、武汉通世达公路物资有限公司 …………………………………………………（623）
二、黄冈国力公路发展有限公司 ……………………………………………………（624）

人物 ……………………………………………………………………………………………（626）

附录 ……………………………………………………………………………………………（649）

索引 ……………………………………………………………………………………………（685）

后记 ……………………………………………………………………………………………（693）

大 事 记

远古

约公元前22世纪

禹奉帝舜命,至于大别山,疏浚九江。

殷商

约公元前13世纪

殷武丁复兴,出兵南击荆楚,至舆(举水一带)。

西周

周夷王元年(公元前869年)

今南阳北五十里的鄂国遭到周、虢联军沉重打击后,遗族沿汉水南迁。远徙今鄂州市。

春秋时期(公元前770至前476年)

楚都纪郢与楚国东部地区间已有道路。

周灵王二十三年(公元前549年)

楚康王十一年,以舟师伐吴国,是为长江水军之始,以后楚吴之间多次利用水师攻伐。

周景王二十年(公元前525年)

吴楚舟师战于长岸(今武穴附近),楚获吴先王之舟"馀皇",吴人夜袭夺"馀皇"以归。

楚昭王十年(公元前506年)

楚与吴大战柏举(今麻城东北),各诸侯由于军事上的征伐和兼并,攻战和驻守,兵马战车的运动,辎重粮秣的运输都得靠道路进行,因而开拓和发展了黄冈的道路交通。

楚

楚怀王六年(公元前323年)

楚怀王颁给鄂君启以铜质金节,舟节铭文规定鄂君启的一个商船队有船150艘,自"鄂"(今鄂州)为起点,东至安徽,西至江陵,南至洞庭诸水,北至汉江腹地。

秦

秦始皇二十八年(公元前219年)

秦始皇第一次南巡经衡山郡(今黄州),浮江西上。秦始皇沿驰道东巡齐鲁,过彭城后西渡淮水,前往衡山郡(郡治朱城,今黄州区西北)。

汉

西汉建元元年(公元前140年)

汉武帝建元年间。闽越人一度攻入寻阳(今黄梅县城西南),大批朝廷楼船毁于战火。

西汉元封五年(公元前106年)

汉武帝南巡至寻阳(今黄梅县城西南),登楼船东下至安徽枞阳,寻阳为西汉楼船水军基地。

东汉建安十三年(208年)

刘备屯兵樊口,遣诸葛亮东结孙权(此时孙权驻军柴桑口,今江西省九江市附近),孙刘联军樊口会师,大败曹操水军于赤壁。

三国魏黄初二年(221年)

孙权迁都鄂,改名武昌(今鄂州市)。在此建造大楼船,取名"长安",试航钓台圻,遇大风,驶入樊口避险。

晋

西晋太康元年(280年)

晋将王濬率"产船连舫,方百二十步,载两千余人"的楼船水师顺长江东下讨伐东吴。

东晋(317年)

蕲阳县设置蕲阳驿,这是见之文字记载的黄冈地区最早的驿站。

东晋元兴三年(404年)

桓玄称帝的第二年(国号楚)挟晋安帝(在寻阳)西奔江陵,大修舟师后率战舰200艘东下,与刘毅大战于峥嵘洲。

南北朝

南朝梁太清四年(550年)

梁邵陵王萧伦讨侯景,伦弟萧绎遣舟师袭纶,伦与左右轻舟奔武昌(今鄂州市),收散卒屯齐昌(今浠水县),侯景将领任约攻西阳(今黄州区治所)、武昌(今鄂州市),伦移营距西阳80里之马栅(今团风县北)。

隋

隋开皇十八年(598年)

隋文帝下令取缔江南吴越之人私造大船,江南诸州,人间有船长三丈以上,悉括入官。

唐

唐永徽元年(650年)

蕲州江津渡口,时设渡船以事过江渡运。

唐建中四年(783年)

李皋出狩江汉,曾与淮西李希烈大小战事32次,取州县25处,建中四年,水战于蔡山。李皋曾于西塞山上游大洲屯军,以近县为军市,商货毕至。德宗西幸,又令包佶自督江淮赋江经蕲口而上。

唐元和三年(808年)

据《元和郡县图志》载:唐代自京城通东南的重要驿道经过黄州。其路线顺序是:1200里至襄州,350里至随州,155里至安州,290里至沔州,7里至鄂州,200里至黄州,230里至蕲州,250里至江州,320里至洪州。

宋

北宋淳化四年(993年)

宋废沿江榷货八务,听商人买贩。置诸路茶盐置使。蕲州的蕲口是宋代六个茶叶专卖的榷货务之一。淮南六州13处山场中有黄梅、蕲州、麻城、黄州茶场,茶叶是水运中最大宗的货物。

北宋元丰元年(1078年)

全国驿道划分为23路,从汴京到黄州、蕲州的路线由信阳向东经光州、麻城、黄州、蕲春至江州。

北宋元丰五年(1082年)

苏轼与友人两次泛舟黄州赤鼻矶江面,写下《前赤壁赋》《后赤壁赋》不朽篇章。

南宋淳熙四年(1177年)

范成大《吴船录》载:"黄冈岸下素号不可泊舟,行旅患之,余舟亦移泊一湾渚中"。

元

元世祖至元二十九年(1292年)

蕲州、黄州运粮,下水千舢(斤)百里脚价"中统"钞6钱,后增为1两2钱。

元至正二十一年(1361年)

八月,朱元璋部战败陈友谅,占领蕲、黄。先是黄梅沿江湖区车马行走不便,朱命都水营田使康茂才(蕲州人)筑堤,后遂名驿路堤,又称康公堤。

明

明洪武五年(1372年)

蕲州大西门、小西门江边有商人修建码头,供船舶装卸货物。

明洪武七年(1374年)

浠水港设立巴河、兰溪巡检司,成为鄂皖山区进出物资的转运港。

明永乐二年(1404年)

武穴筑青林堤,切断长江与北江的通道,广济水道从此有外江内湖之分。

武穴港建成5处码头,有搬运工达数百人。

明永乐八年(1410年)

朱棣皇帝封赐小池口萧姓农民"御箩"24担。

明成化二十三年(1487年)

罗田知县徐泰用竹篺试运漕粮至巴河镇成功。

明泓治十三年(1500年)

据明泓治版《黄州府志》载:黄州府领1州7县,计有驿站8座,即齐安水马驿、阳逻水马驿、李坪驿、浠川驿、兰溪驿、蕲阳驿、西河驿、停前驿。

清

清乾隆十九年(1754年)

据本年版的《湖北驿递》载:黄州府驿站有黄

冈、团风、歧亭、阳逻、蕲水、巴水驿、巴河镇、兰溪、蕲州、西河驿、茅山镇、大同镇、广济、双城驿、武穴、马口镇、黄梅、停前驿、孔垄驿、清江镇、新开镇、黄安、中和镇、双城镇、黄陂、麻城、鹅龙、虎头关、罗田、多云镇。

清咸丰六年（1856年）

长江戴家州水道西江航道水枯，人可徒涉。

清咸丰七年（1857年）

湖北巡抚胡林翼奏清帝称："粤贼倡乱，军书络驿。而铺司坐拥虚名。胥吏徒冒库款，并无专设铺兵接递文报。"故奏汰全省铺递，获准，全区铺递裁汰。此后公文有驿归驿，无驿派专差递送。

清同治元年（1862年）

江汉关在武穴设总卡，派一英国人任扦子手（即检查员）。

清同治八年（1869年）

江汉关在罗湖洲水道七矶洪（碛矶港）西角设单桅灯船一艘，此为长江中游第一座航行灯标。

因裁汰铺司，使州县文报稽延。上司驳诘，则以铺司被裁不敷资送为由搪塞。湖广总督李鸿章、湖北巡抚郭柏荫奏请废专差，仍复铺递之旧章。至此，府内停办12年之铺递又恢复运行。

清同治十三年（1874年）

鄂城港备红船两只，巡船一只，担任救助江面遇险船舶。

清光绪二年（1876年）

中英签订《烟台条约》，武穴港被暂准外轮停泊上下客货，成为外国货物输入、国内货物输出的码头。

清光绪十五年（1889年）

清军提督、黄冈县人刘维桢从上海购回一艘80客位木质小客轮，船名"东成"，航行于黄州至汉口间。是为黄冈地区私人经营的第一艘客轮。

清光绪十七年（1891年）

江汉关武穴总卡升为武穴分关。同年1月11日发生武穴教案后，改由中国人任扦子手。

光绪二十三年（1897年）

清政府创办"大清邮政"。汉口成立邮政总局，黄州府的武穴、蕲州、黄州设立邮政局。驿运的历史使命亦随之结束。

清光绪二十五年（1899年）

清廷与各国驻京公使签订《修改长江通航章程》，并另订专章准许外轮在武穴上下货物，在蕲州、黄州上下旅客。

清光绪二十七年（1901年）

广济绅士郭鼎存倡导并主持疏浚广济内河西港，便利舟楫航行。

清光绪三十三年（1907年）

日商日清公司以两艘轮船开辟武穴经上海至日本神户的江海直达运输航线。

中华民国

1912年（民国元年）

秋，广济绅士郭鼎存从上海购回70米长大趸船一艘，设在武穴港，名为"太古"趸船。此为鄂东第一艘趸船。

1915年（民国4年）

黄冈县仓子埠商人王家崇租轮船一艘，开辟汉口经武湖至仓子埠航线。

1916年（民国5年）

汉口佑渊轮船公司以"寰泰"轮开辟汉口经梁子湖至金牛的客运航线。

1918年（民国7年）

小池"徽广会馆"在九江设"义渡局"，备渡船3只，开办九江、小池间渡运。

1923年（民国12年）

4月，湖北省政务厅厅长郑振玑首次提出以武汉为中心，修建7条干线公路，其中途经黄冈地区的有武昌至安徽霍山、武昌至安徽宿松、汉口至河南光山等3条公路。

是年，易孝珊、游圾山等人倡修阳（逻）宋（埠）汽车路。

1924年（民国13年）

鄂城樊口修建"民信闸""民生闸"，截断了长江至梁子湖的直达运输。湖北省督军兼省长萧耀南屈服于英国驻汉领事馆的压力，下令开放团风为外轮停靠口岸。

1925年（民国14年）

11月12日，阳宋汽车路筹备处在汉口玛琳街16号召开公司成立大会,阳(逻)宋(埠)汽车路筹备处成立。

1926年(民国15年)

秋,黄冈地区第一条商办汽车路——孔(垄)清(江口)汽车路竣工。

是年,鄂城金牛镇商会董事长贺庸仆创办金樊小轮公司,经营梁子湖水系金牛至樊口的客运。

1927年(民国16年)

1月11日,英国两艘军舰驶经武穴,开足马力,浪高数丈,激沉盐船、货船数百只,死人甚多。

冬,"鄂豫皖三省边区绥靖督办公署",为便利其"清剿"军运,在鄂东大规模地兴筑了汉(口)小(界岭)、柳(子港)界(子墩)、兰(溪)滕(家堡)、麻(城)太(湖)、宋(埠)河(口)、罗(田)英(山)、广(济)武(穴)、蕲(州)塝(张塝)、中(馆驿)项(家河)、宋(埠)阳(逻)等干支军事公路。

是年,湖北省航政局设武穴派出所,办理帆船登记、给照事务(次年改称办事处,兼司小轮查验)。

是年,黄梅孔(垄)清(江口)公路开工建设,此为黄冈第一条商办汽车路。

1928年(民国17年)

10月,湖北省建设厅在鄂东设立鄂东省道工程处,这是湖北省在鄂东设立的第一个负责公路兴建和勘察的公路机构。

11月26日,居正在广济(今梅川镇)举行广(济)武(穴)汽车路开工仪式。

是年,开始筑广武公路(梅川至武穴)和仓水窑公路,分别购回汽车营运,均乃至鄂东最早的商办公路运输。

黄梅小池商营"同济轮渡股份公司"以"新光"轮开办小池至九江轮渡。

1929年(民国18年)

4月1日,国民党军第二路刘峙部攻占黄州,桂系罗霖旅降。蒋介石乘舰抵黄州。

1930年(民国19年)

2月,江汉关江务部门配备一艘巡轮驻泊樊口,负责该航段浅水道航标维护。

1931年(民国20年)

4月,宋(埠)河(口)公路宋埠至黄安段草率竣工,试车勉强通过。

6月,汉(口)小(界岭)公路黄陂至麻城段建成通车。

是年,柳(子港)界(子墩)公路广济(今梅川)至界子墩段竣工。

新洲仓子埠人、国民党第10军军长徐源泉创办"仓汉轮船局",经营仓子埠至汉口客运。

1932年(民国21年)

4月,湖北省建设厅在鄂东设立汉(口)黄安(今红安)工程处,负责修建黄陂、麻城、黄安、罗田等县干支新建及已通车公路的改建工程。

8月,湖北省建设厅在蕲水组建武(穴)英(山)工程处,负责新建黄梅、广济、蕲水、蕲春、英山等县公路,兼管已通车公路的改建任务。

9月,柳界公路蕲水至广济段完工。

11月1日,立(煌)蕲(水)公路蕲水至罗田段破土动工。

11月底,立(煌)蕲(水)公路蕲(水)罗(田)段和汉(口)小(界岭)公路麻城至小界岭相继竣工。

12月,宋埠至黄安公路竣工。

是年,戴生昌轮船公司、汇源轮船局在鄂城小北门各设趸船和票房,经营客货运业务。

1933年(民国22年)

2月,宋(埠)河(口)公路全线通车。

4月,汉(口)小(界岭)公路黄陂至麻城段归并汉宜路管理局管理。

6月,汉宜、鄂东路管理局合并,成立汉宜鄂东路管理局,并在鄂东设立鄂东养路工程处,负责改善汉口至麻城公路。

7月27日,麻城至小界岭公路竣工通车。

9月,广济县(今武穴市)成立筑路委员会,由县长周朗秋负责对广(济)武(穴)路进改建。

10月,罗田县征派民工修建麻(城)太(湖)公路境内路段。

1934年(民国23年)

2月,柳(子港)界(子墩)公路蕲水至广济段正式通车。

秋,立(煌)蕲(水)公路罗田至滕家堡路段动工兴建。

是年,利兴公司开通浠水至兰溪、浠水至罗田客运班车线。

1935年(民国24年)

10月,江汉工程局派员查勘举水、倒水,报告谓其"消泄吐纳系于萧公闸,江水倒灌略小,但溃潦难除",建议拆闸。

是月,湖北省内河航轮管理局在武穴设立东区营业所。

是年,湖北省公路工程处在鄂东设浠团、黄广等工程段,负责浠水—团风、黄梅—广济等公路的新建和改善工程。

1936年(民国25年)

10月,立(煌)蕲(水)、罗(田)滕(家堡)公路建成通车。

是年,湖北省公路工程处在鄂东增设阳蕲工程段负责阳新至蕲春公路的新建工程。

1937年(民国26年)

2月,湖北省公路管理局在宋埠设立第一养路区,管理长江以北、平汉以东的通车线路。

9月,上巴河大桥由湖北省建设厅公路工程处筹划,采取招商投标,由汉口盛瑞承包公司承包修建。

12月,上巴河大桥竣工,桥面为木板,桥高10米,宽3.5米。

是年,柳(子港)界(子墩)公路方(高坪)蕲(水)、广(济)界(子墩)段相继竣工。

1938年(民国27年)

1月10日,蕲春县县长万廉主持成立蕲春县筑路委员会,决定在抢修阳(新)蕲(州)路的同时,修筑蕲榜公路。

5月,柳(子港)界(子墩)公路全线竣工通车。

7月2日,日本飞机投弹炸沉武穴大陂、太古趸船及"长宁""咸宁"号兵舰。7日,湖北省航业局派"万泰""大东"两轮船至武穴,疏散难民。此后,武穴停泊轮船。

7月28日,日军因江堤决口九江机场进水,选择黄梅境内二套口附近组建新机场。

是月,国民政府军某部损坏长江黄冈地区航段大部分航标,在田家镇设钢筋条网封锁线,并在阳逻、团风、黄冈、黄石、蕲春等水道布雷,以阻止日军西进。

是年,汉(口)小(界岭)、广(济)武(穴)、宋(埠)河(口)等公路严遭破坏,西河驿、浠水东门河、上巴河大桥被炸毁。

1943年(民国32年)

8月,日伪蕲春县政府县长黄河清筹款购置"蕲春丸"经营汉(口)九(江)线客货运输。

1944年(民国33年)

1月29日,美国飞机2架在武穴江面袭击日军两艘油轮,炸沉1艘,重创1艘。

11月4日,美国飞机空袭日踞汉口,两架迫降麻城阎家河,当地护送驾驶员安全转移,飞机随后拆散运走。

1945年(民国34年)

2月18—23日,中国共产党领导的八路军120师359旅南下支队及新四军5师14旅两个团,分别从黄冈县长圻蓼和蕲春县新塘、扎营港等处乘木帆船渡江。

8月下旬,湖北省公路局在黄陂设立鄂东北工务总段,负责汉(口)小(界岭)干线公路的修复。鄂东北工务总段在麻城宋埠设立分段,主要负责靠山店至麻城路段的修复。

1946年(民国35年)

1月,湖北省公路局设立鄂东北工务总段,负责修复和改善汉(口)小(界岭)、柳(子港)界(子墩)等公路。

11月,汉(口)小(界岭)公路移交交通部公路总局第二区公路管理局接管。江汉关江务部门在戴家洲水道试用从美国进口的第一批电子航标灯。

1947年(民国36年)

8月7日,汉口至小界岭、柳子港至界子墩两公路,经武汉行辕定为国道。

是年,麻城至汉口、宋埠至河口等公路修复通车,利兴公司开通阳逻至宋埠客运班车线路。

1948年(民国37年)

年初,武汉行营召集交通部公路总局第二区公路管理局及鄂、豫、皖3省公路局长在汉口召开会议,督修通往大别山区"清乡"公路。

上半年,黄梅县政府奉省主席手令,强派新开等乡民义务修建二套口飞机场,到庐山避暑的官吏名流,均在此机场乘飞机。

1949年(民国38年)

年初,汉(口)小(界岭)、柳(子港)界(子墩)等公路遭国民党溃军破坏。

5月14日晨,四野四三军一五六师攻克团风,解放黄州。当天,自团风至武穴间强渡长江。全区沿江上自团风下至小池口,先后集结大小民船(簰)2000多只(吊),船簰民工3120余人在13处主要渡江点支援中国人民解放军渡江南下。

中华人民共和国

1950年

春,中南公路局在汉(口)麻(城)公路设立汉(口)李(家集)、李(家集)麻(城)两个工务段。

6月,湖北省帆船运输公司设黄(冈)鄂(城)分公司,下按港口设站组。

黄梅县修建百里大堤横截梅济港,新建梅济闸,该闸仅一孔可过船。

是年,黄冈专署应群众要求,废萧公闸,指挥挖开鹅公颈口,导举水、倒水入江。

1951年

1月25日,专署布告:为便利城乡物资交流,维护农村秩序,各地检查路条通行制度一律撤销。

6月,黄冈行署以武穴港为试点开展码头搬运业民主改革工作。

9月3日,黄冈专员公署召开第一次交通会议,这是新中国成立后黄冈第一次交通工作会议,会议为期5天。会议决定黄冈县修通团风至胜利公路。

10月9日,武穴港中心站正式营业,翌日首由江顺轮试泊成功。

是月,新洲县组建第一个养路道班——毕铺道班,负责仓子埠至阳逻公路的养护。

是月,长江区航务局在武穴设立中心营业站,在原太古码头置趸船两艘。10日,"江顺"轮首靠武穴港。

11月,湖北省民船联合运输社黄冈专区分社成立。

1952年

1月,专区财经委员会及专区工会办事处共同制订《全区统一搬运力资暂行办法》和《全区支流竹簰、划船货物运价》。

5月,黄州至鄂城渡口开始使用轮船渡运。

12月,黄冈专署主持召开黄冈、罗田、胜利三县负责人参加的联席会议,研究修建团风至胜利公路。

是年,举水河修筑举东、举西大堤,切断倒水、涨渡湖流向举水汇入长江的通道,改由挖沟入江。

专署交通科以"联达""胜利"两轮开辟黄州至团风不定期客运航线。年底,柳子港至竹林岗、仓埠至阳逻、兰溪至罗田、黄梅至小池、广济至武穴、宋埠至红安、红安至七里坪、罗田至胜利、英山至落令河等9条线路均得到修复和局部改善,维持通车。

1953年

3月,全区民船运输业开展民主改革,9月结束。

5月,湖北省公路管理局成立鄂城养路工程段。

12月,黄冈专署设立交通科。

1954年

7月,黄冈专区普降暴雨,山洪暴发,江堤多处溃口,内湖大量溃水,全区除汉小路靠麻段外,其他各线路交通中断。各县政府拨出专款组织群众对水毁公路进行抢修。

10月2日,长江航道局汉口航道工程区组织航道爆破清障组,在蕲州港外浅滩进行清障爆破试验。

1955年

2月,专区财经委员会调查全区内河民船运价,规定以固定基价加吨公里单价办法计算运费。全区以樊口、巴河、小池口为试点开展民船社会主义改造工作。年底,共建成12个互助组、7个运输合作社。

6月,地区民船管理处、公安处联合换发专业木帆船航行证,首次划分专业和副业运输船。与此同时全区开始实行船舶进出港口签证制度。

9月,黄梅小池东港先进运输社建造"先进"

轮(78客位,24马力×2),是黄冈地区自新中国成立后自建的第一艘客轮。

冬,黄冈专员公署加快公路建设步伐,一年时间,全区修建公路达531公里。

1956年

3月8日,全区23个港口实现民船合作化。年底有合作社101个。

4月1日,民船管理机构与轮船业务机构合并成立湖北省内河航运管理局黄冈区管理处。

7月,黄冈地区开始建立船舶航行安全风讯传递制度。

9月,小池东方红运输社建造24马力×2拖轮一艘。是全区自建的第一艘拖轮。

10月,成立武穴港务局。自此武穴港被列为长江航线25个港口之一。

12月,七里坪至檀树岗、檀树岗至福田口公路竣工;英山县城关至石镇公路建成通车;麻城至夫子河公路开始动工修建。

1957年

2月,罗田县交通科对尤河咀、龙门桥及县城西门心水岩等28处碍航礁石进行爆破,清除礁石约860立方米。

黄冈专区管理处在浠水河"百里险"处进行百里险航道清障爆炸工程,历时51天,炸石989.6立方米。

8月,湖北省航运管理局黄冈专区轮船办事处、湖北省航运管理局黄冈专区木帆船管理处成立。

是年,举水河因兴建柳子港漫水公路桥而碍航,导致河床逐渐淤高(年平均淤高0.5米)。

1958年

3月,黄冈专署决定将交通科、地区轮船办事处、地区木帆船管理处三个单位合并成立湖北黄冈专员公署交通局,机关成立党支部隶属黄冈地直机关工交总支部委员会。

9月,全区57个高级水运合作社合并为17个公司(公社)。

是月,全区从沿江八县11个港口抽调木船98只1970吨,船员475人前往汉江支援丹江口水利枢纽建设工程运输。

是月,专署交通局以巴河港为试点,开展木帆船(簰)技术革新和技术革命运动。

是月,专署交通局筹建鄂城造船厂,为黄冈地区地方国营船舶修造业创建之始。

是年,公路管理体制下放,湖北省管干线和主要支线下放给各县,由各县管养。

1959年

1月,黄冈专署决定将交通局分开设立黄冈专署交通运输管理局和黄冈专署交通建设管理局。

8月,湖北省交通厅黄冈养路总段成立。实行行政属地方、业务属湖北省交通厅的双重领导,下辖黄冈、新洲、宋埠、罗田、英山、浠水、鄂城、阳新等8个养路分段,各分段下设固定道班。

9月,黄冈专署决定将黄冈专署交通运输管理局和黄冈专署交通建设管理局合并成立黄冈专署交通局。

10月,浠水县兰溪搬运站站长赵可法荣获"全国先进生产者"称号,出席在北京召开的全国群英会和国庆10周年观礼。

是年,湖北省管干线和主要支线收回省管。

1960年

3月,全区第一批机动船技术船员培训班在浠水县溪潭坳举办。

5月,专署交通局公布试行《湖北省黄冈专区港航监督工作简则》。

9月,湖北省公路管理局、黄冈养路总段在鄂城县试铺黑色路面。

1961年

6月,恢复木帆船运输合作社体制,对在成立公社或公司期间"一平二调"的财物进行全面清理和退赔。

11月,罗田大桥竣工通车;是年1月动工。

1962年

春,国家副主席董必武在麻城、红安等地视察工作时,对公路绿化和植树造林做了指示。

是年,黄冈专区贯彻支农转轨方针,开辟水陆短途运输。浠水开通浠水至巴河、浠水至胡河两条客运班线。

1963年

6月1日,黄冈专署颁发《农副渡船安全管理办法(草案)》。

8月,根据《湖北省征收养河费暂行办法》全区正式向支流航线物资托运部门征收养河费。

11月,全区首次举行机动船员考试。

12月,武汉军区提出修建黄州至鄂州汽车轮渡码头,湖北省局测量队进驻黄冈专区,并对长江南北两岸码头、引道和接线工程进行测设。

是月,黄梅小池东方红运输社在全区率先实现运输机动化、拖带化。

1964年

2月,全区专业木帆船换发航行证书。

春,湖北省公路管理局率先在汉(口)小(界岭)公路麻城宋埠试铺松散保护层路面。

8月31日,根据中共黄冈地直党委指示,原专署交通局支部和专署交通局船队支部合并为专署交通局支部委员会。

9月23日,湖北省交通厅将蕲春、黄梅、广济3县自收自养的公路移交给省公路管理局统一养护管理。

1965年

1月,湖北省交通厅黄冈养路总段更名为湖北省交通厅公路管理局黄冈养路总段。

是月,交通部民间运输局以民组〔65〕字第2号函,向各省、自治区、直辖市交通(航运)厅(局)发送《湖北省浠水县兰溪港第二运输合作社办社的几点经验》。

8月26日,时任湖北省省长张体学率省公路管理局局长谭振彪、总工程师徐锡光到黄冈专区,并在麻城召开会议,决定以黄冈专区为全省的试点,大打木桥、危桥歼灭战。

9月,黄冈专署成立了专署副专员马友才为指挥长的建桥指挥部。

10月,阳新、鄂城两县划入咸宁专区,两县交通局划属咸宁专区交通局。

是月,黄冈专署批准湖北省交通厅公路管理局黄冈养路总段成立工程队,并正式接管黄州汽车渡码头。

11月,新洲县李集大桥率先开工,拉开木桥、危桥歼灭战序幕。

1966年

4月,黄州至鄂州汽车轮渡码头竣工,并交付使用。该工程于1964年4月28日破土动工。

是月,黄冈专区公路系统率先在全省实行"干支合一、统一计划、分级管理"的管养体制试点。

是月,黄冈专区组织英山、罗田两县沿线广大社员新建上海至武汉国防公路三里畈至曹家岭公路。

6—10月,李集大桥、三里畈大桥、红安南门大桥、刘河大桥、浠水大桥、团风但店大桥、罗田溉鱼嘴大桥、麻城东门大桥相继竣工通车。

10月,长航武穴、阳逻两港务站升格为港务局。

1967年

3—5月,麻城白塔河大桥、七里坪至黄陂公路、英山杨柳大桥、新洲大桥、柳子港大桥相继竣工通车。

6月,黄梅县东方红水运社自建挖泥船投产。

9—10月,上海至武汉国防公路三里畈至曹家岭路段、张嘴至中界岭公路、女(儿丘)中(界岭)公路、麻城东门大桥相继建成通车。

下半年,鄂城造船厂建造一艘钢质渡轮,命名"黄州轮渡2号",是黄冈地区自造的第一艘钢质船。

1968年

夏,黄冈养路总段成立机械队,下设行车、机械、修理3个班,推进养路工具革新工作。

12月,松子关至蔡店河公路全线竣工通车。

是年,黄冈县革委会集中各个事业单位汽车23辆,成立县革委会汽车队。

1969年

9月,地区组织民兵师,各县为民兵团,先后参加江汉油田会战和焦(焦作)枝(枝城)铁路、鄂西北公路、襄(襄樊)渝(重庆)铁路工程建设,历时6年,投入民兵18.9万人次。

是年,黄梅小池轮渡站新建一艘钢质双体渡轮,定额828客位,是黄冈地区最大的渡轮。

1970年

4月,黄冈县地区革委会交通邮政局成立。

6月,经黄冈地区革命委员会机关整党建党领导小组同意,建立黄冈地区革命委员会交通邮政管理局临时党支部委员会。

9月,巴河船厂率先试制成功85吨水泥驳船。

兰溪水运二社安排六名女青年担任1艘20马力小拖轮的船员,该船为黄冈地区首次出现的"三八"机动船。

是年,黄冈专区开始引进渣油路面铺筑技术,并率先在汉(口)小(界岭)线余(家寨)小(界岭)路段进行试铺。

1971年

1月2日,黄冈地区江北造船厂在黄冈县长圻蓼白潭湖排水站处动工兴建,边建设边生产,当年建成135马力钢质拖轮一艘。

举水大埠至辛冲航段设置简易航标,配备3马力航标船一只。

4—8月,白(马石)小(岐岭)公路、新洲四合庄大桥、麻城宋铁大桥相继竣工通车。

9月,黄冈地区革委会交通局与邮政局分设。

1972年

3月15日,新洲倒水改道工程竣工。

7月,经中共黄冈地委同意,建立中共黄冈地区交通局委员会。

11月,黄冈地区民间运输管理处和黄冈地区港航监督所相继成立。

11月17日,湖北省黄冈地区革命委员会批准,将黄冈地区养路总段更名为黄冈地区公路总段。

12月中旬,全省建造水泥船工艺经验交流会在黄州召开。黄冈地区自1970年至此,已建各种水泥船87艘。

是年,继1969年试铺靠山店至麻城段油渣路面后,又铺麻城至小界岭段油渣路面。全区主要公路相继铺筑油渣路面。

1973年

8月,全区水运企业开展"热油进缸"节能活动。

9月,浠水兰溪港制成第一艘链斗式挖砂船投产,是黄冈地区第一艘机械挖砂船。

12月21日,九江至小池长江大桥动工兴建。

1974年

6月,黄冈地区革委会根据《湖北省装卸搬运和陆路民间运输运价规则》制定《黄冈地区力资调整实施细则》。

7月,中共黄冈地委组织部批准建立中共黄冈地区公路总段总支委员会,下设三个支部委员会。

是年,黄冈地区革委会组织10余辆汽车到云南玉龙山转运木材。

1975年

4月,地区交通局派工作组在蕲州、兰溪港协助开展港口装卸机械化试点工作。

6月23日,地区交通运输指挥部颁发《水路运输市场管理几项规定》试行办法。

9月,地区革命委员会颁布《黄冈地区农副渡船安全管理实施细则》。

1976年

7月,英山县交通局组建国营船队(1984年12月,因经济效益差撤销)。

9月,全区首批19名女性机动船员取得技术证书。

11月,浠水兰溪大桥指挥部成立。兰溪大桥全长187.1米,为3孔净跨50米空腹式双曲拱桥,在黄冈地区属首建。

1977年

3月,全区开展船舶、船员检审工作。

4月,各县(市)交通局先后组织129人对102个民间水陆运输专副业单位的运价执行情况进行检查整顿。

6月,成立鄂、皖、赣三省毗邻地区沿江水上安全联防管理委员会,开展水上安全联合检查活动。

是月,黄梅河苗竹林至新县河口长8.5公里人工开挖的新航道工程完工。

1978年

4月,黄梅河20吨级严新船闸建成投产,并成立船闸管理所。

10月,汉口航道区"航浚2号"在长江碛矶港浅水道进行基建性挖槽,使航道保持4米通航水深。

1979年

5月1日,地区港航监督所及各县港船监督站与民管系统分署办公。港航监督人员开始着统一服装上岗工作。

6月,湖北省公路管理局将武昌油池移交给黄冈地区公路总段代管。

8月,根据湖北省交通局关于开展内河航道普查的通知,地区组成航道普查办公室,对全区内河、湖泊进行普查。

是月,全区最后两吊运输竹簰在浠水河报废,竹簰运输宣告结束。

12月,国务院批准设立鄂城市,鄂城市与鄂城县同时由咸宁地区回归黄冈地区。并增鄂城市,与县并治。鄂城县、市分别设立了县、市公路段,一并属黄冈地区公路总段管辖。

1980年

3月,地区民间运输管理处与地区港航监督所合并组建湖北省航运管理局黄冈地区分局。

4月,经黄冈地委组织部研究决定,撤销地区交通局党委,建立地区交通局党组。

11月,黄(梅)小(池口)二级路改造工程破土动工。麻城黄土岗大桥竣工通车。

1981年

4月27日,湖北省人大常委会副主任陶述曾视察倒水改道工程。

12月,经黄冈地委组织部门同意,成立地区交通局纪律检查组。

是年,黄冈各县相继设立区乡公路管理段,负责非国家列养公路养护管理。

是年,黄冈地区公路总段开始进行太阳能远红外线加热沥青技术应用试验。

1982年

2月,黄冈地区交通局在黄州召开全区公路科技会议。

是年,全区选送30名造船技术人员和6名船舶检验人员到武汉水运工程学院进修学习。

1983年

7月,黄冈地区公路总段成立路政绿化科,加强公路路政绿化管理。

10月,经国务院批准,撤销鄂城县和鄂城市建制,将黄州镇与原鄂城县、市合并为鄂州市,由湖北省直接领导。新洲县划属武汉市。

1984年

2月9日,广济县航运公司船队在武穴东4公里江中,挖出春秋早期青铜剑甬种23件,青铜句鑃2件,交给国家,该县政府通报表扬,并颁发嘉奖令。经专家鉴定为越文化遗物。

7月1日,沟通梁子湖长港与长江的樊口船闸正式投入使用。

11月,广济内湖"综合治理"第一期工程开工(至1985年1月完工,共疏浚航道13.8公里)。

12月29日,江北造船厂建造90米锚地工作趸船竣工。

1985年

3月,黄冈地区航运分局组建挖泥船队。蕲春县港航管理站首次组织浙江海船进港装运水泥1.05万吨运往温州、巷南、象山、宁波等地。

7月,武汉长江轮船公司在鄂城港设立鄂东轮船站。汉口至南京线和宜昌至南京线客轮于7月1日起开始停靠该港。

1986年

1月31日,交通部授予武穴轮船公司为1985年度"全国交通系统经济效益先进单位"称号。

2月10日,黄冈地区主要干线柳界公路二级公路工程改造全线开工。黄冈地区行署决定成立黄冈地区柳(子港)界(子墩)公路改建工程领导小组。

4月,黄冈地区汽车运输公司实行企业改革。对所属分公司实行改革措施,改原来统收统支一级核算为三级核算,各分公司独立行使生产经营权、管理权、核算权,各分公司按期向公司上交汽车大修费、固定资产折旧费、利润、税金、客运附加费。

1987年

7月,根据鄂政发〔87〕69和87号文精神,交通监理工作移交公安部门,成立了地、县(市)、乡(镇)三级费收征稽机构。

8月,鄂州市交通局所属黄州轮渡公司成建制移交给黄冈地区局。

10月,经黄冈地委、行署批准同意,地区汽车运输公司、地区汽车修造厂、地区黄州轮渡公司、江北船厂四家地直交通企业实行面向社会,公开招标选聘厂长(经理),至年底全区交通59家企业,有31家实行招标承包经营责任制,占企业总数的52.5%。

11月5日,105国道黄梅段(黄梅县黄梅镇至小池镇)改建为二级公路,路基桥涵工程竣工。

11月,黄冈地委决定,张庆胜同志任地区交通局党组书记、局长,戴友志同志任党组副书记、副局长,彭声均、刘品刚两位同志为党组成员、副局长;余炳章同志任纪律检查组组长、党组成员。

12月15日,黄冈地区行署专员漆林、张海景、陈秀泓主持召开黄冈、浠水、蕲春3县的县长、工程指挥长、公路段长参加的柳(子港)界(子墩)公路改建工程会议,布置柳界公路改建任务。

是月,巴水航道疏浚工程开工,武穴市官桥船闸破土动工。

1988年

3月14日,由武穴轮船公司船舶修造厂设计建造的500吨级浮船坞在长江调试成功。

11月29日,巴水航道疏浚工程竣工。

12月9日,交通部授予黄州汽车站为"全国文明车站"。

是年,黄冈地区开始在黄(梅)小(池口)、兰(溪)罗(田)、106国道、318国道等主要干线公路上实施GBM工程。

1989年

3月,沿江的五县市(黄冈、浠水、蕲春、黄梅、武穴)港航、港监分设工作基本就绪。

5月20—21日,由湖北省交通厅组织的地方船舶修造厂等级认可评审委员会,对江北船厂进行认真考核评定,在总分为1200分的考核项目中,江北船厂得分1083分,被确认为一级船厂。

11月1日,武穴市轮船公司被湖北省企业升级领导小组批准为省级先进企业,这是湖北省一百多家专业航运企业中第一批被评为省级先进企业的单位。

1990年

5月1日,新建黄州汽车站投入营运。

7月6日,黄州科技经济开发区新港路和黄州港一期工程竣工,结束黄州无深港码头的历史。

10月18日,黄冈地区公安处与黄冈县交通局联合成立新港路过境收费站。

10月20日,全长102公里的黄界二级公路改建工程竣工。项目段自黄州至蕲春县东界岭,于1986年动工。

11月29日,湖北省水运建设重点工程项目武穴市童司牌船闸动工新建。

1991年

1月,撤黄冈县建黄州市,黄冈县交通局更名为黄州市交通局。

4月9—16日,湖北省交通厅厅长王连东在黄冈地区行署副专员张海景等陪同下,察看了大别山腹地公路走向。

7月,黄石长江大桥破土动工。

夏,黄冈地区连遭暴雨袭击,全区3条过境国道(105、106、318)有两条(106、318)一度中断交通,11条省道和39条县道处于瘫痪状态,直接经济损失达2202.75万元。

8—12月,蕲(州)太(湖)漕河三家店至下界岭路段二级公路改造工程,武梅线梅川至石佛寺,武韩线武穴至盘塘,黄州至团风,106国道宋埠至白塔河,浠英线浠水至关堰口,三下线三家店至檀林,宋大线宋埠至河口,大别山腹地公路白塔河至王福店等公路改建工程相继开工。

12月3日,黄冈地区举办安菱客车卖方信贷订货会。黄冈和孝感地区10家汽车运输公司,采取卖方信贷方式,购买"安菱"客车40辆,金额达324万元。

1992年

3月13日,黄冈地委、行署领导带领有关部门负责人到地区交通局现场办公,决定全区实行"民工建勤"无偿投劳;"三杆"自迁,不予补偿;公房自拆,私房每平方米补助10~15元;青苗每亩补助30~50元;划拨荒山坡地用作公路建养料场;低息或贴息贷款修建经济干线公路等。

4月11日,湖北省财政厅批复同意黄冈地区交通局借贷修建九江大桥湖北岸黄梅小池接线工程项目。

4月20日,黄冈地区新港货物综合码头项目总体初步设计通过省级鉴定,设计总投资约800

万元,预计建成后投资回收期为13年。

6月,黄冈地区江北船厂与香港太元公司签订总造价1260万元的造船合同,建造8艘填海工程船舶,周期为6个月,11月底分别在上海吴淞和张家港交船。

8月下旬,香港亿方有限公司与红安县汽车运输公司合资兴建"红港运输市场"。

9月3日,湖北省"七五"交通重点建设工程之一的武穴市童司牌船闸工程通过省验收。

9月24日,黄冈地区江北船厂800吨化工品运输驳通过省级鉴定。10月,英(山)浠(水)公路英山路段破土动工。

11月18日,麻(城)新(桥)线麻城至白果,蕲(州)太(湖)、蕲(州)漕(河)一级公路改建工程,兰(溪)罗(田)公路罗田境内路段二级公路改建工程,红安县城南门河大桥新建工程相继动工。

11月,黄冈地区交通局批准香港翠广轮渡有限公司独立兴建黄州唐家墩至鄂州黄柏山汽车渡口。

是月,武穴市造船厂设计建造沿海集装箱货轮投入使用。时为国内装载集装箱数量最小全集装箱船。

1993年

1月16日,九江长江公路大桥竣工通车。

3月8日,黄冈地区行政公署批复,"黄冈地区汽车运输公司"更名为"黄冈地区汽车运输总公司"。

3月27日,黄冈地区交通局与红安、麻城、英山、罗田、黄梅、浠水、蕲春、武穴等八个县市交通局分别签订"关于地区汽运公司所属县市分公司,车站下放交接协议书"。

5月20日,沿江公路上重要的配套工程团风举水河特大公路桥梁破土动工兴建。

7月5日,湖北省教育委员会、湖北省计划委员会批复同意成立湖北省黄冈地区交通学校。

8月,中共浠水县委成立浠散公路建设工程指挥部,按一级公路标准新改(扩)建中大线浠(水)散(花)公路。

11月,九江长江大桥北岸一级公路接线工程路面工程全线竣工。

黄冈地区公路总段被湖北省总工会、经委授予300万职工技能比武先进单位。

1994年

2月1日,黄冈地区行政公署经济委员会批复湖北安菱汽车公司新增变截面钢板弹簧生产线项目可行性研究报告,同意该公司在现有生产钢板弹簧的基础上新增变截面钢板弹簧生产线项目,形成系统钢板弹簧500吨的生产能力。

4月23日,黄冈地区江北造船厂建成200吨起重打捞船"救捞6号"交付使用。

5月10日,湖北省交通厅、黄冈地区行署在黄州市召开沪蓉国道主干线黄石黄梅公路前期工作方案协调会。会议就两黄公路起点、黄石大桥北岸接线及线路方案等有关问题达成一致意见。

8月10日,蕲春县江海航运总公司投资596万元,购一艘2200吨级海轮,该轮装有国际上较先进的电子导航仪和雷达系统等设备,可在全国各大港口及远东太平洋地区航运。

8月22日,湖北省省长贾志杰率省直有关部门的负责同志,在黄梅、武穴、蕲春三县市考察沿江港口码头建设情况。

8月27日,黄州轮渡客运码头动工。

8月29日,黄冈地区汽运总公司黄州客运站开通黄州至北京卧铺客运线路。全线里程1350公里,沿途停靠18座大中城市。

9月22日,黄冈地区航务局牵头组织编制的湖北省交通"八五"重点科研项目"铁砂分离装置"在黄州通过省级专家技术鉴定。

12月5日,黄冈地区轮渡公司、黄冈地区昌泰实业发展公司、黄冈地区航务管理局合资在原"江鸿车渡联营公司"基础上组建黄冈鄂东车渡有限责任公司。

12月,黄梅县汽车配件公司与国家科委投资中心达成联合开发异型胶管项目协议。

1995年

1月26日,经湖北省人民政府批准,黄冈地区设立麻城市闵集、麻城市官田畈、黄梅县小池、蕲春县城关、红安县金沙、武穴市石佛寺、黄州市禹王、浠水县浠水大桥等车辆通行费收费站。

6月1日,九江长江公路大桥铁路桥正式开

通运营,成为京九铁路的枢纽。

8月10日,中共黄冈地委决定,操尚银任地区交通局局长,党组副书记,免去张庆胜地区交通局局长职务。

11月9—10日,交通部计划司副司长曹佑安、规划处处长夏越超一行到黄冈地区视察沪蓉国道主干线黄石至黄梅段、福银国道主干线黄梅至小池段走向、鄂黄长江大桥桥址及黄标公路、105国道建设情况。

11月18—23日,黄冈地区交通局组织有关部门工程技术人员对"八五"期责任目标(核定八个)港口码头项目进行竣工验收。浠水兰溪铁砂、武穴龙王庙、龙坪八一闸码头、黄梅清江口矿石、蕲春小西门、八里湖码头验收为合格工程;武穴田镇东风建材码头、黄州轮渡客运码头评定为优良工程。

11月28日,湖北省政府在浠水县召开黄(石)黄(梅)高速公路建设协调动员会,湖北交通基础建设第一个"龙头"工程——黄石至黄梅高速公路工程建设正式拉开序幕。

12月,黄石长江大桥建成通车。刘杰士大桥竣工通车。

1996年

1月26日,鄂(州)黄(冈)长江大桥初步设计合同签字仪式在赤壁宾馆举行。

3月26日,湖北省政府正式批准撤销黄冈地区,设立地级黄冈市,同时撤销黄州市,设立黄州区和团风县,实行市管县的体制。

4月11日,专员倪德新、副专员罗爱德等领导与香港中银集团、金鹰集团、集利实业有限公司就黄冈火电厂、鄂黄长江大桥、三杨公路、精炼油厂等项目进行谈判,并签订5个项目意向书。

5月8日,根据中共黄冈地委办公室函[1996]11号文件精神,黄冈地区改为地级黄冈市,从即日起"湖北省黄冈地区行政公署交通局"改为"黄冈市交通局"。

6月1日,鄂(州)黄(冈)大桥筹建办公室和交通部长江航务管理局在武汉共同主持召开《鄂(州)黄(冈)大桥通航净空尺度和技术要求报告》评审会。

6月14日,黄冈市委、市政府转发《黄冈市铁路经济发展规划暨1996年实施方案》。同时批复黄州区委、区政府《关于加快黄州火车站经济开发区建设的请示报告》。

6月27日,国务院总理李鹏为"鄂黄长江大桥"题写桥名。

7月10日,湖北省交通厅在黄州主持召开鄂黄长江大桥桥位分析座谈会,与会代表和专家现场观察大桥Ⅲ、Ⅳ桥位及桥位两岸的建设环境。

8月4日,鄂黄长江大桥环境影响评价在北京通过预审。

8月9日,黄冈市公路工程建设总公司与香港金鹰集团有限公司合作建设黄州至上巴河高等级公路协议在黄州正式签字,该项目总投资6500万元。

8月28日,黄州火车站举行开站典礼,正式投入运营,这是京九铁路湖北段内第一个投入运营的火车站。

9月20日,交通部正式批准湖北省交通厅上报的《关于报送鄂(州)黄(冈)长江公路大桥通航净空尺度和技术要求专题报告》。

10月11—12日,湖北省计委、省交通厅在黄冈市共同主持召开鄂(州)黄(冈)长江大桥工程可行性研究报告预审会,有关单位的60多名专家代表参加评审会。鄂(州)黄(冈)长江大桥工程可行性研究报告通过专家预审。

11月8日,湖北省政府在武穴大金镇举行黄黄高速公路开工仪式。

同日,由黄冈市商业银行组织银团贷款修建鄂(州)黄(冈)长江大桥协议正式签字。

11月14日,由市公路总段、香港金鹰集团股份有限公司合作投资1566万美元,改造扩建黄州至上巴河公路首期黄州至杨鹰岭扩建工程竣工通车。

12月8日,鄂黄长江大桥开发公司与泰国亚泰冶金工业有限公司在武汉举行合资建桥签字仪式。

1997年

1月3日,黄州多用途码头工程可行性研究

报告评审会在黄州举行。

1月8日,总投资800多万元的黄州一级汽车站投入营运。

3月14日,黄冈市市长刘友凡主持召开理顺黄州新港管理体制会议。4月8日,黄冈市政协常委、黄梅五祖寺僧人见忍大师为鄂黄长江大桥建设捐第一笔款5977.10元。

6月18日,湖北省鄂黄长江大桥建设领导小组办公室、湖北省鄂黄长江大桥开发公司正式挂牌。

8月19日,黄冈市政府主持召开有政府办、经贸委、交通局、工商、物价、交警、运管等部门参加的会议,明确机动车驾驶员培训行业管理由公安部门移交交通部门管理。

9月10日,黄州至上巴河公路路面改造扩建工程全线竣工通车。

11月18日,106国道麻城小界岭至白塔河、柳界公路团风上巴河至方高坪二级公路改建破土动工。

12月25—29日,国家计委委托中国国际工程咨询公司主持的鄂黄长江大桥可行性研究报告评估会在黄州召开。

1998年

3月8日,湖北省航务管理局在武汉市主持召开武穴市盘塘化工码头竣工验收会,经验收组严格考核,被评为优良工程。

6月3—5日,由湖北省计委、湖北省交通厅主持召开鄂黄长江大桥初步设计预审会,来自省内外专家、领导100多人参加预审会,与会专家一致通过预审意见。

7月30日,黄冈市公路局路桥工程建设公司与香港国力有限公司共同建设经营黄上公路合作项目举行正式签字仪式。

11月11日,鄂黄长江公路大桥工程可行性研究报告经朱镕基总理主持召开的国务院总理办公会议正式批准。

12月30日,沪蓉国道黄石至黄海段110公里主体工程竣工,投入试运行。这是黄冈市境内的第一条高速公路。

1999年

3月23日,国家开发银行就鄂黄长江公路大桥4.2亿元人民币贷款担保予以批复。

4月14日,鄂黄长江公路大桥初步设计正式获交通部批复。

5月8—9日,黄(石)黄(梅)高速公路主线工程通过交工验收。

10月10日,经国务院同意,国家发展计划委员会批准鄂黄长江公路大桥开工报告。大桥总投资9.1亿元,建设期限为1999年到2003年,由中港第二港务工程局和四川公路桥梁建设集团公司承建。

2000年

1月22日,黄(梅)小(池)32公里联络线正式投入运行。至此,黄黄高速公路全线142公里全部建成通车。

2月,《黄冈公路史》荣获黄冈市人民政府首届社会科学成果三等奖。

是月,经湖北省人民政府批准,黄冈国力公路发展有限公司依法取得黄上公路经营权,经营期限为20年。

3月21日,由黄冈市路桥建设总公司与香港国力有限公司合资组建的黄冈国力公路发展有限公司正式挂牌,双方合资经营"黄上公路",黄冈市首次转让部分经营权期限为20年。

4月19日,鄂州汽车渡口移交黄冈市交通部门管理。

7月19日,黄冈市人民政府召开会议,研究黄冈市出租车更新问题。

11月27日,江北高等级公路奠基仪式在浠水县散花镇红莲村举行。该路全长64.6公里,总投资6.8亿元。

2001年

9月26日,106国道团风段改建工程全线竣工试通车,改建工程总里程34.786公里,设计标准为平丘二级公路。

10月18日,鄂黄长江大桥南岸连接线工程正式动工建设。

2002年

7月29日,黄州开发区客货运站动工兴建。

9月26日,鄂黄长江大桥竣工通车。1999年10月动工,2001年12月全桥合龙,工期4年。

10月10日,经湖北省政府批准,鄂黄长江公路大桥设立收费站开始收费,投入运营。

12月,中共黄冈市委决定万章热同志任黄冈市交通局党组书记,同月,市人大常委会决定任命为市交通局局长。

2003年

1月24日,江苏扬州人周幸华出资3000余万元,整体购买市区公交线路经营权,组建黄冈市华兴公交有限公司正式成立。黄冈市区首次有偿出让公交线路经营权,是黄冈市推进城市公益性事业民营化、市场化改革的大胆尝试。

同日,黄冈市华兴公交有限公司无人售票车正式开通,市区无人售票大巴正式上线运行。

2月8日,交通部正式批复同意"湖北省交通厅转让黄黄高速公路部分收费经营权"。

4月18日,湖北省交通厅与香港福德路桥投资有限公司正式签订转让黄黄高速公路部分收费经营权合同。

4月30日,鄂港合作湖北黄黄高速公路经营有限公司正式挂牌,标志着湖北省高速公路系统首家鄂港合作公司正式成立运行。

5月31日,江北一级公路开工典礼在黄州区路口镇举行。

10月10日,麻城至上海西L285次旅客列车首发仪式在麻城火车站举行。

2004年

4月,湖北大广北高速公路有限责任公司正式成立。

8月12日,黄冈市人民政府办公室印发《黄冈市市属交通事业单位机构改革方案》。

9月7—8日,《忠武输气管道武汉——黄石支线鄂州至黄州穿越长江工程防洪评价报告》评审会在汉召开。

10月26日,湖北省人民政府重新核定,黄冈设有政府还贷性公路收费站:黄梅小池、麻城官田畈、罗田栗子坳、红安金沙、红安祠堂口、浠水白水井、浠水麻桥、武穴余川、蕲春城关、黄州禹王、团风方高坪等11个政府还贷性公路通行费收费站;经营性公路通行费站:黄州东门。

10月,全长2600米的下巴河特大桥建成通车。于2001年10月开工建设。

12月15日,市区黄州大道至罗家沟段一级公路改建工程设计在武汉通过评审,该路全长11.92公里,投资总额7944万元。

2005年

4月14日,"川气入黄"长江穿越工程开钻,该工程全长1500多米,管道通过江底最低处13米以下岩石层穿越敷设,工程总投资3100万元。

4月26日,黄冈市政府召开专题会议研究市汽运公司改制问题。

5月10日,阳枫公路黄州段改扩建工程正式启动。该公路途经黄州区禹王、堵城,一期工程建设路基宽15米、路面宽12米,沥青路面结构,总投资7944万元。

7月6日,黄冈海事处挂牌成立,该机构主要对长江干线鄂黄长江大桥上界至回风矶26公里水域行使安全监督管理。

7月11日,鄂黄长江公路大桥通过交通部的竣工验收,并评为优良等级工程建设项目。

7月12日,沪汉蓉快速铁路大别山隧道在麻城市木子店镇和三河口镇同时开工,该隧道全长13.256公里,长度排名亚洲第三,全国第一,建设工期为2年10个月。

7月20日,黄冈市首次实行客运班线经营权招投标,黄州至浠水巴河客运线列入此次招投标线路。

8月8日,江北一级公路(大巴线)建成通车。

9月21日,《黄冈市黄州港口总体规划》通过专家评审,黄州港上起三江口,下至边河口,岸线全长30公里,包括唐家渡港区、汪家墩港区、新港港区。

10月11日,105国道黄冈段路面改善工程启动,105国道在黄冈市境内长58.92公里,工程总投资约1亿元,路面采用沥青铺层方案。

10月22日,沪汉蓉(合武)铁路麻城段工程开工。

10月26日,武汉城市圈"8+1"交通发展联席会暨黄冈江北一级公路通车新闻发布会在黄州举行。

11月8日,《武穴港口总体规划》通过专家评审。

12月28日,大庆至广州高速公路湖北段麻城至浠水段试验路段在麻城市乘马岗镇四口塘村动工,该路穿越黄冈市境内147公里,设计速度100公里/小时,工程总投资47.5亿元。

2006年

1月1日,黄冈市东运集团有限公司挂牌和客运站启动仪式在黄州客运站广场举行。

4月8日,武麻高速公路红安连接线工程开工,该工程全长24.95公里,工程总投资1.86亿元。

7月15日,中国第一艘3500立方米液化气船在市江北源汉造船公司下水,该船造价6000万元。

8月18日,鄂东长江公路大桥建设正式动工。

10月9日,武英高速公路开工暨揭牌仪式在罗田县凤山镇票林嘴村举行。

11月2日,鄂黄长江公路大桥评定为国家优质工程银质奖。

12月15日,上海黄浦江第一艘双龙体豪华游览船在黄州下水,该船系市江北源汉造船有限公司建造,长57米,宽17米,可载千名游客。

2007年

1月6日,巴河航道整治工程开工,该工程全长23.1公里,按三级航道标准建设,通航1000吨级双排单列一顶二驳船队,航道尺度为2.4米深、60米宽、480米弯曲半径,工程概算投资4251.2万元,建设工期二年。

1月7日,赛洛天然气1536米管道第二次穿越长江成功。

4月3日,武穴件杂货码头工程可行性研究报告通过审查,该工程新建3000吨级(兼顾5000吨级)件杂泊位2个,设计年吞吐量70万吨。

6月22日,黄州唐家渡码头工程可行性研究报告获湖北省交通厅批复,该码头将新建2个3000吨级泊位,工程估算总投资19029万元,建设工期为两年。

8月27日,武穴件杂货码头工程可行性研究报告通过湖北省发改委评审。

9月2日,大庆至广州高速公路黄冈段(麻城至浠水)获国家发改委批准建设,该段全长147.5公里,总投资45亿元。

9月,全长450米的上巴河大桥试通车;全长864.72米的江北一级公路举水河大桥加宽工程通过验收。

10月21日,黄冈市金丰海运有限公司在黄州挂牌成立。该公司在黄冈注册海船6艘,6310总吨,10358载重吨。

12月23日,武汉铁路局局长余卓成、党委书记张友松带队到黄冈市,与市委、市政府商议黄州火车站改扩建项目方案。

2008年

4月14日,渡江战役纪念碑在团风县举水桥江北公路与阳枫线交界处奠基。

4月15日,"西气东输二线"管道将穿越黄冈,全市境内总长133.4公里,途经黄州区、浠水县、蕲春县、武穴市,并境内设黄州分输站和武穴压气站。

4月21日,由中铁电气化集团承建的沪汉蓉快速铁路麻城北站站房开工。

5月30日,黄冈市东华客运有限公司开发区客运站及黄冈市东运集团有限公司东汽技术服务站建设在黄州开发区奠基。

6月30日,黄冈市委决定,刘新华任黄冈市交通局局长,免去万章热黄冈市交通局局长。

7月1日,麻武高速公路控制性工程开工。

8月4日,西气东输二线管道武穴穿江工程洪评报告通过评审。

8月6日,京九铁路武汉铁路局管段电气化改造工程开工仪式在麻城火车站举行。该工程涉及黄冈市境内铁路正线及麻武联络线274.4公里,投资约20亿元。

8月18日,由星光(香港)集团、旭辉(香港)发展有限公司、长沙尚诚地产有限公司联合投资开发的金通湾项目建设开工庆典仪式在麻城经济开发区举行。该项目是沪汉蓉高速铁路麻城客运站配套项目,占地面积3000亩,协议投资额达20亿元人民币。

9月23日,黄冈长江大桥项目列入国家中长期铁路网规划调整方案。

10月18日,湖北鄂海造船有限公司船厂项目在黄州区长江外滩奠基,设项目拟投资6亿元,年造船20万载重吨。

10月27—28日,武汉城市圈黄冈长江大桥及相关工程咨询评审会在黄冈市召开。

11月18日,武汉新港黄冈唐家渡综合码头开工建设。

12月6日,沪汉蓉快速铁路动车组进入麻城境内。首列动车组从武汉和安徽对开,时速分别达180公里和220公里。

12月,湖北大广北高速公路全线竣工。

2009年

2月24日,麻城至竹溪高速公路黄冈段工程可行性研究报告通过专家咨询。该高速公路黄冈段全长42.91公里,估算总投资19.61亿元。

3月22日,黄冈城际铁路正式动工。武汉至黄冈城际铁路全长66公里,总投资93亿元,建设工期4年。

4月16日,湖北大广北高速公路正式通车运营。

4月24日,黄州区东湖村至唐家渡和南湖村至黄州新港区两条疏港一级公路工程可研报告在武汉通过专家评审。

4月30日,黄冈市境内10个政府还贷二级公路收费站撤销。

6月3日,湖北省交通运输厅在英山召开黄冈大别山旅游公路建设现场办公会。指出要迅速启动"大别山红色旅游交通示范区"建设,争取2010年全线贯通。

7月13日,黄冈长江公铁两用大桥通航论证报告通过专家初审。

7月25日,铁道部和湖北省政府对新建武汉至黄冈城际铁路工程项目建议书进行了批复,标志着该项目正式立项。

9月27日,连接黄梅与江西九江新九江长江公路大桥开工建设,该项目总投资44.78亿元。

9月29日,武(汉)至英(山)高速公路黄冈段建成通车。

11月8日,武穴件杂货码头工程项目在武穴港区动工兴建。

12月24日,武(汉)至英(山)高速公路通车典礼暨九江长江公路大桥北引道工程开工仪式在总路咀举行。

2010年

1月21日,长江航道规划设计研究院编制的《武汉新港团风港区罗霍州作业区一期工程航道影响报告书》在武汉通过专家评审。

2月3日,武汉城市圈鄂东组合港武穴港件杂货码头工程、黄州港国盛综合码头工程项目同时举行开工仪式。

2月8日,黄冈长江大桥开工建设。大桥全长4.01公里,主跨567米,为目前世界上已建和在建跨度最大的公铁两用大桥。

4月7日,黄冈市委、市政府召开武汉至黄冈城际铁路建设动员大会。

4月29日,黄冈市委、市政府在黄州区路口镇黄州工业园举行武汉至黄冈城际铁路路口特大桥开工仪式。

5月6日,《武汉新港团风罗霍州作业区一期工程环境影响报告书》通过湖北省环保厅专家评审。

7月12日,黄冈市交通局与湖北联交投公司签订黄冈至鄂州高速公路投资协议,黄鄂高速公路起于团风县回龙山镇大广北高速公路,止于鄂州市华容镇汉鄂高速公路,总投资27.5亿元。

7月27日,麻武高速公路麻城至武汉段建成通车。

8月6日,黄冈市交通运输局成立并举行揭牌仪式。

9月10日,全省第一艘4700DWT沥青海船在武汉南华黄冈江北造船有限公司下水。是该公司承建的第一艘出口海船。

9月28日,鄂东长江大桥全面建成通车。

9月29日,黄冈大别山红色旅游公路建设现场会在蕲春召开。

10月28日,湖北省发改委、省交通运输厅联合在武汉市主持召开黄冈至鄂州高速公路初步设计审查会,形成专家审查意见。

11月11日,鄂海造船厂承建的5000吨级标准化船型散装货船"华顺78号"在长江黄州段下水。

12月22日,湖北华海船舶重工有限公司64000吨散货船在黄冈市正式开工建造。这艘散货船是目前湖北省最大吨位散货船。

12月26日,黄冈至鄂州高速公路开工建设。

2011年

1月22日,长江内河最大吨位船舶"天和"666万吨级多用途散集两用船在黄州下水,并交付使用。

2月18日,黄冈市成立"黄冈市麻阳高速公路及武穴长江公路大桥建设协调领导小组"刘雪荣任组长。

2月25日,麻城至阳新高速公路、武穴长江公路大桥、黄鄂高速公路延长线投资意向协议签约仪式在武汉举行。

3月13日,武穴、瑞昌两地人民政府共同签订了《武穴长江大桥前期工作协议书》。

3月21日,黄鄂高速公路建设动员大会在黄州召开。

7月20日,湖北省人民政府办公厅批准同意采用BOT方式建设麻阳高速公路、武穴长江公路大桥和黄鄂高速公路延长线等3个项目,并确定湖北省交通投资有限公司作为3个项目的投资人。

8月8日,总投资约133.7亿元的麻阳高速公路、武穴长江大桥、黄鄂高速公路延长线项目投资协议在黄州签约。

8月13日,黄鄂高速公路延长线工程可行性研究报告咨询会专家组意见获湖北省发改委和省交通运输厅联合发文批复。

8月19日,黄冈市机构编制委员会批复黄冈市汽车战备渡口管理处正式成立。

9月21日,黄冈市机构编制委员会对各县市区公路管理机构主要职责内设机构和人员编制进行批复,同意各县市区公路段统一更名为公路管理局。

11月23日,湖北黄冈至鄂州高速公路延长线团风段举行开工仪式。

12月19日,湖北省委书记李鸿忠出席在红安举行的大别山红色旅游公路通车庆典仪式。

2012年

2月15日,市区赤壁大道跨三台河桥开工,标志着黄冈城东新区建设启动。

2月17日,湖北省发改委正式批复武汉新港团风港区集疏运通道罗霍洲大桥工程可行性研究报告。

3月29—30日,全国农村公路建设与管理养护现场会在黄冈召开。

3月31日,鄂东地区船舶吨位复核工作会议在黄冈召开,黄石长江海事局与CCS黄石处,鄂州、黄石、黄冈三市地方海事局签订了《鄂东地区船舶吨位丈量联合工作机制》。

4月20日,鄂豫皖赣四省10市县交通运输部门负责人齐聚黄州,共商大别山试验区交通运输发展合作计划,并签订试验区交通运输共建协议。

4月25日,大广北高速公路麻城至浠水段竣工通过验收。

6月13日,黄冈市政府行文回良玉副总理和交通运输部,要求将麻阳高速公路项目列入集中连片特困地区交通扶贫开发规划建设,并加大项目建设支持力度。15日,回良玉副总理对市政府黄冈政文〔2012〕47号文签署了有关意见,并转国务院扶贫办、交通运输部研究。

6月18日,湖北省发展改革委批复同意建设麻城至武穴高速公路项目。

7月14日,《黄冈交通运输志》编纂工作会议在麻城召开,正式启动《黄冈交通运输志》编纂工作。

8月4日,黄冈大道工程可研报告通过专家评审。该项目起于黄鄂高速公路黄冈互通(堵城芦冲村),止于黄州大道(112省道阳枫线),全长6.43千米,投资估算5.71亿元。

8月23日,麻城至武穴高速公路跨越浠水、巴河、胜利河、长河、蕲水等8座大桥工程《防洪评价报告》通过专家评审。

8月28日,堵城至鄂黄大桥段公路工可报告通过审查。该路起于禹王收费站以北,止于黄州城区胜利街路口,线路全长27.255千米,路基宽

24.5米，按双向四车道一级公路标准建设，项目估算投资4.95亿元。

8月，湖北黄冈至鄂州高速公路延长线团风段正式动工建设。

9月4—5日，由黄冈、鄂州、咸宁、武汉四市政府主办、武汉新港管委会承办的"武汉新港临港经济投资说明会"在新加坡成功举行。

9月16日，黄冈长江大桥主跨钢梁合龙。湖北省委书记李鸿忠、省长王国生致电祝贺，省政府资政段轮一宣布合龙。

10月10—11日，交通运输部水运局在北京主持召开《武穴长江公路大桥通航安全影响论证报告》审查会。

11月8日，麻城至武穴高速公路举行开工仪式，从而标志麻武高速公路破土动工。

11月29—30日，受交通运输部海事局的委托，湖北省地方海事局会同长江海事局组成核验组对黄冈交通学校内河船员教育（船舶驾驶、轮机管理专业）办学资质进行了现场核验并获通过。

12月12日，黄梅县率先拉开沿江一级公路蕲州至刘佐公路建设帷幕，随后，蕲春、武穴相继开工建设。

12月13日，交通运输部在英山县举办2012年全国公路交通应急演练。

12月26日，武冈城际铁路黄冈段全线贯通。

2013年

1月5日，湖北省科技信息研究院查新检索中心对"黄冈长江大桥主跨567米为世界已建成公铁两用斜拉桥中跨径最大"等"四项世界第一"予以正式确认。

6月13日上午，湖北省副省长许克振率领省政府副秘书长陈新武、省交通运输厅厅长尤习贵、省安监局局长刘旭辉一行来团风县客运站检查安全工作，要求全面加强和改进安全生产工作，坚决遏制重特大事故的发生，完善车辆检测线，提高道路运输车辆检测能力，确保行车安全。

10月28日，九江长江公路大桥建成通车。于2009年9月开工建设。

11月18日，总投资5.9亿元的武汉新港唐家渡港区临港新城综合码头项目正式开工建设。

12月3日，黄冈市政府组织召开《黄冈市综合交通运输体系发展规划》评审会。

2014年

1月16日，江北一级公路南湖收费站禹王收费点撤除。

4月22日，武冈城铁动车组"和谐号"首次驶入老区黄冈，正式开始试车。

5月19日，武汉至黄冈城际铁路联调联试圆满结束，同时进入试运行阶段。

6月16日，黄冈长江大桥和黄鄂高速公路建成通车。

6月18日，武汉至黄冈城际铁路正式开通运营。

同日，黄州区城乡公交全线运营，在全市率先实现城乡公交一体化。

8月15日，随着连接大广北高速公路的重要交通枢纽——黄州北互通全部工程顺利完成，黄鄂高速连通大广北路段正式开通，这标志着黄鄂高速公路全线通车。

8月18日，麻武高速项目控制性工程下巴河特大桥全幅顺利架通。该桥全长1147米，其工程规模及施工难度为"麻武之最"。

9月27日，武穴长江大桥项目申请报告通过专家评估。

10月15日，副省长许克振到红安县调研农村客运工作。

12月8日，黄冈市委决定周银芝任黄冈市交通运输局党组书记，免去刘新华黄冈市交通运输局党组书记职务。

12月19日，武汉新港江北铁路黄冈段建设动员会在黄州召开。

12月31日，黄冈市人大常委会决定，周银芝任黄冈市交通运输局局长，免去刘新华黄冈市交通运输局局长的职务。

同日，湖北黄冈至鄂州高速公路延长线团风段建成通车。

2015年

1月1日，全长6.43公里，被誉为黄冈"门户主干道、城市快速路"的黄冈大道全线建成通车。

1月19日，黄冈市政府成立市武汉新港江北铁路建设协调领导小组,市长陈安丽任组长,市交通运输局局长周银芝兼任办公室主任。

2月17日,武穴长江公路大桥项目建设用地通过国土资源部预审。

5月4日,湖北省政府出台《关于扩大有效投资促进经济稳定增长的若干意见》要求将武汉至杭州铁路黄冈至安庆段项目争取纳入国家铁路"十三五"发展规划。

5月11日,黄冈市委、市政府在红安县召开"三万"活动现场推进会,加快推进"村村通客车"工作。

5月20日,武汉铁路局调整客运列车运行图,武冈城际动车延伸至湖北省内襄阳、宜昌、利川等地。

6月2日,国家发改委以发改基础〔2015〕1214号文,核准武穴长江公路大桥项目。

7月25日,黄冈市党政代表团赴安庆市考察,考察期间黄冈市交通运输局局长周银芝与安庆市交通运输局签订了包括公路、铁路项目在内的《大别山革命老区交通运输发展合作协议》。

8月3—5日,黄冈市委书记刘雪荣、市长陈安丽率党政代表团赴安徽省六安市、河南省信阳市考察。市交通运输局分别与两市交通运输局签订《大别山革命老区交通运输发展合作协议》。

8月6日,黄冈市铁路经济建设办公室在黄冈市交通运输局挂牌。

8月26日,湖北省发改委召开专题会议研究江北铁路建设筹资工作,会议确定江北铁路黄冈境内建设由湖北省铁路投资公司和黄冈市按照各出资50%的建设模式。

9月30日,国家发改委以发改基础〔2015〕2294号文批复同意棋盘洲长江公路大桥项目核准立项。

10月13日,鄂豫皖大别山革命老区交通扶贫攻坚首次省际联系会在黄冈召开。

10月25日,黄冈市4314个行政村全部实现通车,全市通车覆盖率达到100%。

10月28日,国务院总理李克强对湖北省呈报支持京九客专阜九段项目纳入国家规划的信函签批重要批示,要求国家有关部委给予研究支持。

12月25日,麻城至武穴高速公路工程项目交工验收。

概　　述

　　黄冈地处湖北省东部、大别山南麓、长江中游北岸、京九铁路中段，北接河南，东连安徽，南与鄂州、黄石、九江隔江相望，西距省会武汉78公里，素有湖北东大门之称，具有"承东启西、纵贯南北、得'中'独厚、通江达海"的区位优势。

　　黄冈国土面积17446平方公里，占湖北省总面积9.4%。总面积中平原占12.2%，岗地占10.3%，丘陵占43.3%，山地占34.2%。东西最长距离为168公里，南北最宽跨度为208公里。

　　黄冈地形自北向南逐渐倾斜。东北部与豫皖交界为大别山脉，主脉呈西北—东南走向，境内蜿蜒500余公里，山岭连绵，有海拔1000米以上山峰96座，位于罗田、英山的天堂寨主峰海拔1729米，为黄冈市最高点。中部为丘陵区，海拔多在300米以下，高低起伏，谷宽丘广，冲、垄、塝、畈交错。南部为狭长的平原湖区，海拔高度在10~30米之间。

　　黄冈境内水系丰富，河网密布。长江是流经黄冈的最大河流，岸线全长215.5公里。发源于大别山脉的倒水、举水、巴水、浠水、蕲水和华阳河六大水系，均自北向南汇入长江。境内湖泊星罗棋布，现有大小湖泊280个，总面积69.02万亩（含新洲之湖泊），多为江河冲击型和浅平宽广型，湖底平坦，湖盆坡度较小，岸线曲折，港湾多。

　　黄冈属亚热带大陆性季风气候，江淮小气候区。四季光热界线分明。年平均降雨量1223~1493毫米，年降水总量222.37亿立方米，降雨日数（≥0.1毫米日数）在115~147天之间。大别山脉乃天然屏障，既阻挡和减弱冷空气南侵，又有对南来暖湿气流的抬升作用，使罗田、英山成为长江流域暴雨区之一。

　　黄冈历史悠久。夏商时代，即有行政建置。秦汉之际，为郡国之属。自东晋以后，形成大体完整的郡州。隋唐五代直至明初，黄冈基本处于黄州、蕲州两郡（府、路）并治状况。此后，蕲州归属黄州府管辖，黄州成为本区域唯一的政治中心。

　　民国时期，各县先后属湖北省武汉黄德道、鄂东道、江汉道。1926年，废道后直属湖北省政府。1932年，划为湖北省三、四行政督察区，各设专署，为省政府辅助机关。1947年，刘邓大军挺进大别山，成立鄂豫行署第四、五专署，各县也先后成立人民民主政府。

　　1949年3—5月，黄冈各县相继解放。5月初，第四、五专署在浠水合并为黄冈行政区专员公署。6月更名为黄冈区行政公署，7月迁黄州。1951年5月，黄冈区行政公署更名为黄冈区专员公署，为湖北省人民政府派出机构。1955年5月，专署更名为黄冈专员公署。1968年1月，黄冈地区革命委员会成立。1978年11月撤销，设黄冈地区行政公署，为省政府派出机构。1979年12月，鄂城县划归黄冈地区，并划出一部分成立鄂城市。1983年10月，划鄂城县、鄂城市及黄冈县的黄州镇，建地区级鄂州市，直属省政府管辖。同时，划新洲县属武汉市。1986年7月，撤销麻城县，设麻城市。1987年5月，撤销鄂州市黄州区，恢复为黄州镇，复归黄冈县。12月，撤销广济县，设武穴市。1990年12月，撤销黄冈县，设黄州市。黄冈地区行署辖黄州、麻城、武穴3市和红安、罗田、英山、浠水、蕲春、黄梅6县。1995年12月23日国务院批准，撤销黄冈地区和黄州市，设立地级黄冈市，治所驻黄州，辖七县（红安、罗田、英山、浠水、蕲春、黄梅、团风）、二市（武穴、麻城）、黄州区、龙感湖管理区和黄冈经济开发区。2018年末，黄冈市总人口750万人。

黄冈交通运输志

黄冈人杰地灵,名贤胜迹如云。李白、杜牧等历代骚人在此吟咏千古名篇,苏轼因此地成就其文学巅峰,黄梅戏在此发源。近现代还诞生了董必武、李先念两位国家主席,林彪、王树生、陈再道、秦基伟等200多位开国将帅。

一

考古发掘表明,在新石器时代鄂东境内就有人类生息繁衍。人们在渔猎、樵采和相互交往中,开辟了适合通行的道路。从红安、蕲春、黄梅一线出土的西周文化遗存,印证在西周时黄冈境内的小国在与周王朝的交往过程中形成了一条通往周王朝的陆路交通线路。春秋战国时期,诸侯相争,楚人利用这条道路组织"陵军"从陆上进攻吴越。楚昭王十年(公元前506年),楚与吴大战于柏举(今麻城东北)。各诸侯由于军事上的征伐和兼并,攻战和驻守,兵马战车的运动,辎重粮秣的运输都得靠一定的道路进行,因而开拓和发展了黄冈的道路交通。

秦统一中国后,实施车同轨、书同文,修建了咸阳向南直达吴、楚地区的驰道。公元前106年,汉武帝南巡,途经浔阳(今黄梅县西南),登船浮长江,舳舻千里,薄枞阳(安徽境)而出。汉末,群雄割据,兼并攻守,酿成三国鼎足之局。魏黄初二年(221年),吴王孙权自公安迁都武昌(今鄂州市),江夏、黄州逐渐发展成长江中游的重镇。两晋南北朝时期,先后在鄂东设若干左郡、左县,与汉人杂居,开辟了大别山区通向长江之滨的陆路交通。

隋唐时期,分设黄州、蕲州总管府。据唐代杜佑《通典》载,以江夏为中心通往黄冈境内的驿道有蕲州驿和黄州驿。南宋时期,大规模移民入境,在开发山、水、林、田的过程中加快了道路建设和运输发展。元末,红巾军南方首领罗田人徐寿辉转战江淮数省,拥兵百万,建都蕲水(今浠水县),国号"天完",拓展了道路交通。明代,蕲州、黄州曾为长江中下游的重要茶市、药市,陆路交通有了相应的发展。据《钦定大清会典事例》记载,明、清时,江西广东官路经由安徽省宿松县枫香驿进入黄冈境内,过黄梅县亭前驿,再至江西省德化县(今江西九江)浔阳驿。清末,黄州府1州7县有驿道31条,里程达1815里,基本形成了以府、县为中心向四周辐射的驿道网络。

1912年,中华民国建立后,积极倡导修建公路,黄冈公路遂代驿运而兴。1923年,湖北省政务厅首次提出以武汉为中心,修建全省干支公路规划,规划全省修建7条干线公路,其中向黄冈辐射的有3条:第一条由武昌东行渡江,经黄冈、蕲水,出翁门或青台关入安徽省霍山县;第二条由武昌南行经鄂城、大冶,北渡长江入蕲春县,并由此进入安徽的宿松;第三条由汉口北兼东行,经黄安、麻城等县,出黄土关入河南省的光山县。1927年,第一次国共合作破裂后,一部分共产党人转入鄂东开展武装斗争,建立鄂豫皖革命根据地。国民政府为消灭革命根据地,便利其"清剿"军运,在鄂东兴筑汉(口)小(界岭)、柳(子港)界(子墩)、兰(溪)滕(家堡)、麻(城)太(湖)、宋(埠)河(口)、罗(田)英(山)、广(济)武(穴)、蕲(州)塝(张塝)、中(馆驿)项(家河)、宋(埠)阳(逻)等干支军事公路。

1937年,日本发动"卢沟桥事变""上海事变"。11月,国民政府由南京迁往武汉。1938年6月,国民政府军事委员会后方勤务部再次召开整修公路会议,在湖北抢修鄂东北、鄂东南通往江西、安徽各地的干支线公路。7月,日军向鄂东侵犯。鄂东沦陷后,日军大肆破坏公路交通设施,鄂东境内除汉口—麻城公路勉强维持通车外,其余尽毁。

1941—1944年,日本为配合其"扫荡"军事需要,强征民工,毁田为路,拆屋架桥,在鄂东地区先后修筑了3条计122.7公里简易公路;对汉口经黄陂—中馆驿和柳子港—新洲等公路也进行了修葺。这些简易公路和略加修葺的公路修筑仓促,既没有任何测设程序,也无施工规范可言,路基大多就地略加整修,线路上的桥梁绝大多数是便桥并随战事需要时修时毁。

1945年抗日战争结束后,鄂东地区抢修了团风—黄州、仓子埠—阳逻、新洲—团风等公路的路基和桥涵。1946年,又先后对汉小、柳界等干线进行了修复和局部整改。1946年6月,蒋介石撕毁"双十协定",挑起内战,致使鄂东公路不得不随着战事的需要时修时毁。1949年5月,鄂东全境解放,残存公路仅254.1公里。这些公路不仅等级低,路况差,而且分布很不平衡,绝大多数集中在沿江一带,公路上没有一座永久性的桥梁。

1949年5月,黄冈各县相继解放。为支援中国人民解放军渡江南下,解放全中国,各县人民政府纷纷成立县支前委员会(或大队),组织人民群众对公路和桥梁进行抢修和恢复,保证了中国人民解放军兵力、辎重和粮秣的顺利通过。

中华人民共和国成立后,黄冈公路历史掀开了新的一页,截至2015年历经公路的恢复和初步发展(1949—1957年)、公路的普及与曲折发展(1958—1978年)、公路全面协调发展(1979—2000年)、公路升级达标与联网配套(2001—2015年)四个阶段。

公路的恢复和初步发展阶段。该阶段,公路建设的主要任务是集中一切力量,重点恢复改善原有公路。各县人民政府动员和组织人民群众,采取民工建勤、以工代赈的方式对公路、桥梁进行了全面修复,以维持通车。至1952年,通车公路里程达到360.3公里。1953年开始,由国家扶持,各级人民政府发动群众修公路,相继建成黄冈县标云岗新桥路段、浠水—上巴河等13条干线公路,计531公里。至1956年,黄冈地区公路里程达到1163.5公里。

公路的普及与曲折发展阶段。本阶段,公路建设按照有利开发新的资源、改善闭塞地区交通条件、发展落后地区经济、促进生产布局日趋合理的原则确定。1958年,黄冈专员公署根据交通部制定的"地、群、普"公路建设方针,在全区掀起大办公路热潮。1960年,全区共修建公路1379.5公里(含鄂州、阳新、大冶),通车里程达3009.7公里(含鄂州、阳新、大冶)。三年调整时期,黄冈地区的公路工作根据"切实整顿、加强养护、积极恢复、逐步改善"的方针,广泛开展以养好路面为主,积极推广普及松散保护层路面,引进渣油路面表处的新技术、新工艺,整修路基,改造危桥,调整公路养护管理体制。1965年8月26日,湖北省省长张体学率队到黄冈考察,在麻城召开了公路桥梁建设会议,决定以黄冈为试点,在湖北省大打一场木桥歼灭战,并制定"依靠群众,勤俭建桥修路,国家给予必要扶助"的建桥方针。至1970年,全区共建成永久式桥梁443座计13810米,其中:大桥28座计5731米,中小桥405座计8079米。1973年,在全国新乡油路会议的推动下,黄冈在汉小线、柳界线开展油路建设大会战,这是黄冈公路路面由低级向次高级的一个历史转折。至1978年底,全区公路总里程达到5475.95公里,其中铺设油路812.26公里,建成永久性桥梁765座。

公路全面协调发展阶段。1978年12月,中国共产党十一届三中全会召开,全党工作重点转移到社会主义现代化建设上来,黄冈公路建设呈现前所未有的全面协调发展的大好局面。20世纪80年代初,对所有木桥和木面桥进行彻底改造,消灭了木桥和木面桥。"六五"期间(1981—1985年),根据中共黄冈地委振兴鄂东经济战略布置,黄冈公路部门按二级、三级公路技术标准,对柳(子港)界(子墩)线和通往沿江13镇的黄(梅)小(池)路、武(穴)梅(川)路、巴(河)麻(桥)路、横(车)茅(山)路、团(风)方(高坪)路以及浠团路、红靠路、蔡杨路、走竹路等9条223.7公里主要经济线路进行技术改造和扩宽。同时采取群众投劳、国家扶持的办法,建成区乡公路1600多公里、桥梁90座计2953米,解决了113个乡276个村的交通出行难的问题。"七五"期间(1986—1990年),黄冈公路建设以加快黄界公路等高等级公路建设为主轴,改善和联通主要山区经济线路为重点,率先在105国道和一些城镇过境、出口公路铺筑水泥混凝土路面,结束了黄冈地区没有高等级公路路面的历史,实现了全区乡乡通公路。"八五"期间(1991—1995年),黄冈地区高等级公路建设实现了历史性的突破。全区一级公路实现了零的突破,建成一、二级公路463.8公里和三、四级公路126.2公里,建成团风举水大桥等大桥9座。"九五"期间(1996—2000

年),黄冈按照"抓骨架、建网络、上等级、强管理、大发展"的原则,加快一、二级公路建设步伐。至"九五"期末,全市一、二级公路达982.89公里,位居全省第二名;1998年12月,黄石至黄梅高速公路建成通车,结束了黄冈境内没有高速公路的历史。

公路升级达标与联网配套阶段。"十五"时期(2001—2005年)以来,黄冈公路建设转入公路升级达标与联网配套阶段。2000—2005年,黄冈连续开展"前后两个三年"路网建设,先后对国道105、106、318和省道罗兰线、蕲龙线、中大线、长三线、阳福线、黄土线、熊许线、胜麻线、麻新线、下蕲线、宋大线、阳枫线等公路进行了改建和改善。至2005年,全市11个县市区全部连通二级以上公路,各县市区到黄冈城区的车程均在一个半小时之内。"十一五"至"十二五"期间(2006—2015年),全市构建起以黄黄、武英、武麻、大广等高速公路为主骨架的"三横一纵"高速公路网,境内高速公路总里程达699.99公里。全市建成以高速公路和国道为主骨架、省道为辅助、其他县乡道路为扩展的公路运输网,形成了县市城区上高速、到火车站、到港口码头"半小时快车道",县市到黄州、到武汉、到机场"90分钟交通圈"。建成黄冈大别山红色旅游公路主线和罗(田)九(资河)支线462公里,初步形成了干支相连、景区互通的大别山红色旅游公路网。至2015年底,黄冈市公路通车里程28554.909公里。在27834.94公里等级公路中,有一级公路520.3公里,二级公路2135.94公里。黄冈实现了所有县市通高速,建制乡镇基本通国道、省道,并达到二级以上公路技术标准,所有行政村通沥青水泥路,农村公路向自然村延伸和联网,通村公路可循环的目标。

二

道路运输是一种在公共道路上进行旅客或货物位移最快捷的方式。从人行小路到驿运道,乃至车马大道,传统的陆路运输依靠人力、畜力。古代人力客运的主要工具为轿子和滑竿,这种方式在现代旅游和黄冈山区还可见到。古代货运主要靠人力挑抬背运,现代的车站码头装卸作业中仍可见。装卸搬运史称"笋行"。相传明永乐皇帝朱棣路过黄梅小池,封赐24名箫姓农民为"御笋",自此,他们专揽小池港搬运业务。畜力车运输历史久远。相传,在黄帝时代,车已被制造出来,夏禹时已有以马为动力的车具。春秋战国时期,楚国不断开拓道路交通,逐步形成了以郢都为中心的道路运输网络。当时车的使用已较普遍,而且数量和类别也比较多。1978年3月,在湖北省随县发掘的战国早期曾侯乙墓中,可知车的类别有:路车、戎车、大路、广车、乘车、游车、安车、鱼轩、墨乘及叩车等。驾车马有二马、三马、四马及六马,驾二马叫骊,驾三马叫骖。驾二马时所用的马称为左服、右服,用于遣使、会盟和商业运输等。古代驿运在漫长的历史过程中逐步完善。至唐代实行邮、传合一。清代,邮驿形成了一整套完备的制度。光绪二十三年(1897年),清政府创办"大清邮政"。汉口成立邮政总局,黄州府的武穴、蕲州、黄州设立邮政局。加之火车、轮船等现代化的水陆运输工具的兴起,驿传的运输任务被逐步取代,驿运的历史使命亦随之结束。

1928年,黄冈境开始兴办汽车运输,但人力、畜力车等传统运输方式仍是陆路主要运输方式。1938年10月,国民政府召开全国水陆交通会议,决定利用全国人力畜力运输,补充汽车运输的不足。1949年,黄冈各县成立支前运输队,用手推车、板车、畜力车及人力肩挑、牲畜驮运支援解放战争。

新中国成立初期,土车、手推车、马车是黄冈民间短途运输的主要运输工具。1956年,交通部倡导民间运输工具改良,黄冈出现比传统木轮车先进适用的胶轮板车,又称"钢丝车"。1959年,黄冈民间短途运输实现车子化。1955年,黄冈县有了1台美国制造的25马力轻式拖拉机。

随着公路的发展,汽车运输兴起。1932年,汉口—麻城公路通车,鄂东公路管理局有客货车15辆。至1949年,黄冈地方有"万国牌"汽车4辆。1958年,湖北省交通厅运输管理局将其直属的宋埠汽车中心站移交给黄冈专署交通局,专署交通运输管理局宋埠中心站下放黄冈的客货车辆62辆。1964年,黄冈县汽车队将一辆"解放"牌旧货车改装成40吨位的客车。20世纪60—70年代的客车以小型车辆为主,不少为拼装车和改造车。20世纪80年代,客货车车辆以国产为主,车型大多为东风车型。20世纪90年代,运力结构不断调整。1998年,黄冈市汽车总公司一次购买扬州产柴油卧铺大客车6辆,投入黄州—中山长途客运。武穴市汽运公司从广西桂林客车厂购回2辆大宇豪华大巴客车,填补了黄冈无豪华大巴客车的空白。车辆结构由单一的普通型大客车发展到中低配套、大中小兼有的全新运力格局。高级车、卧铺车、出租车、旅游车从无到有,从少到多,为旅客出行提供了多种选择。

1949年,黄冈仅有班车营运线路3条,其中跨地区线路1条、跨县线路2条,仅有麻城、宋埠、黄安、歧亭、新洲、柳子港、李家集等7个车站。1951年,随着南溪—罗田等公路客运线路开通,境内又先后设立南溪、浠水、罗田、红安、武穴、梅川等站。1965年,省运输管理局开通黄梅县—安徽宿松班车,为第一条跨省客运班线。1965年末,黄冈有客车站72个,包括宋埠、浠水、梅川、鄂城4个中心站,另有47个委办站、21个代办站。1981年,黄冈11个县实现县县社社通客车。全区设有11个县级客运站、2个重点汽车队、60个区间站、19个代办站。至1986年,黄冈有旅客营运线路196条892个班次,其中:跨省线路38条,计158个班次;跨地区线路38条,计158个班次;跨县线路31条,计83个班次;县内线路111条,计616个班次。1992年,跨省线路通达全国9个省会城市。至2015年,黄冈有道路客运线路1150条,其中:200公里以上的855条、200～400公里的204条、400～800公里的48条、800公里以上的43条;跨省线路109条,跨地(市)线路211条,跨县线路98条,县内线路732条。客运线路平均日发11015班次,其中:跨省线路238班次/日,跨地(市)线路594班次/日,跨县线路758班次/日,县内线路9425班次/日。全市有1个一级客运站、12个二级客运站、9个三级客运站、10个四级客运站、53个五级客运站,有候车亭3629个、招呼站4525个。全年完成公路客运量1.02亿人次,客运周转量49亿人公里,公路货运量0.75亿吨,货运周转量156.2亿吨公里。

新中国成立后,黄冈城市公共交通事业从无到有,快速发展。1976年,组建黄州公共汽车公司,开通以黄州沙街为起点,途经黄冈县造纸厂、化肥厂、潘家垸,达轮渡码头的首条公汽线路。经过40年的发展,公交路线增多,里程延长,客运量增加,服务得到优化。至2015年,黄冈有市区线路、城乡线路、城铁线路、微循环公交、微循环城铁公交等公交线路,其中黄州城区公交线路15条、城郊线路8条。有8条公交线路对接城铁三站,5条公交线路途经城铁站,实现了公交与城铁全面无缝对接。开通黄梅小池—江西九江火车站全国首条跨省公共汽车客运,浠水县散花—黄石市陈家垸全省第一条跨地市公共汽车客运。跨县域公交线路——团风—黄州106路公交的出现,结束了黄州、团风两地20多年无班线客运的历史。黄州区实现全区116个行政村客运公交化全覆盖,票价同比下降30%。

黄冈市出租汽车客运始于20世纪90年代初期。此后经历了从国有、集体、个体多种经营结构向多元化、社会化、个体发展,再向规模化经营转换的历程,经营规模、经营水平不断提高。1993年末,全地区有出租车530辆。至2015年,发展至2412辆,年完成客运量3915.3万人次、旅客周转量15853.2万人公里。

至2015年,全市有三类以上专业客运企业28家,百辆车以上货运企业45家,旅游运输企业3家,公交车运输企业17家,危险货物运输企业21家。全市有一类汽车维修企业30家、二类汽车维修企业146家、机动车性能检测站9个、机动车驾驶员学校44所。

三

黄冈北倚大别山脉,南襟浩浩长江,境内航道主要有长江和六大水系。长江自新洲县水口入境,至黄梅县段窑出境,全长215.5公里。倒水、举水、巴水、浠水、蕲水及华阳水系的黄梅、武穴内河分布其间,沿江湖泊成群,水运资源丰富。

黄冈水运历史悠久。早在新石器时期,滨水地区就有水运活动。1957年,在安徽寿县出土的"鄂君启节",据铭文记载铸于楚怀王六年(公元前323年),规定鄂君启的商船队航线以今鄂州为起点,东至安徽,西至江陵,南至洞庭诸水,北至汉江腹地,可见春秋战国时期黄冈水运已有一定规模。秦始皇二十八年(公元前219年),秦始皇第一次南巡,渡淮河,至长江北之衡山郡(郡治邾城,黄冈西北禹王城),然后沿江西进至岳阳入洞庭湖(见《史记·秦始皇本纪》)。西汉元封五年(公元前106年),汉武帝南巡,途经寻阳(今黄梅县西南)登船浮长江,"舳舻千里,薄枞阳(安徽境)而出"(《汉书·武帝纪》)。宋元时期黄冈辖区长江三江口形成,上行有夹江上通三江口。明清时期,明永乐二年(1404年)武穴筑青林堤断北江之水,广济内湖、黄梅内河始与长江分道。清同治八年(1869年),长江罗湖洲水道七矶洪设长江中游第一座航标。

自隋唐开始,漕运在黄冈日益兴盛。境内长江沿线港口往来船舶日趋繁忙。唐代,富贾巨商都自备货船,自运自销,中小商贾则雇船运货。清代分南北两漕,"南漕"运往荆州(江陵)供驻军耗费,"北漕"沿江而下经大运河北上天津交兑。除漕粮外,食盐、苎麻、茶叶、棉花、布匹、木材、药材、百杂货等也主要依靠水路运输。黄州港是历代淮盐转运要地,清道光年间列为湖北省四大淮盐口岸(汉口、黄州、沙市、襄阳)集散地之一。武穴港于明永乐二年(1404年)已建有5处码头,有搬运工数百人。清末,团凤港成为鄂东北长江重要港口之一,清政府设巡检司。黄梅港明代定名为小池口,是历史上著名临江古驿。明洪武五年(1372年),蕲州大西门、小西门江边有商人修建码头,供船舶装卸货物。明洪武七年(1374年),浠水港设立有巴河、兰溪巡检司,成为鄂皖山区进出物资的转运港。明成化二十三年(1487年),罗田知县徐泰用竹簰试运漕粮至巴河镇成功。清光绪二年(1876年),中英《烟台条约》开放武穴为外轮停泊揽载客货码头。后蕲州、黄州也相继成为外轮停泊口岸。

清光绪十六年(1890年)起,黄冈境内出现自办的商营小轮,行驶长江黄州—汉口航线。民国时期,湖北轮船运输一度发展较快,黄冈境内的武穴、蕲州、黄州、阳逻、龙口、葛店、泥矶、叶家洲、鄂城、团凤、西河铺、燕矶、巴河、兰溪均为轮船停靠港口,支流航线有汉口—仓子埠、汉口经樊口入梁子湖—金牛、武穴经富池入富水—辛潭铺等。1912年,武穴绅士郭鼎存在武穴港设置鄂东第一艘趸船,并成立"利济趸船公司"。1915年,黄冈县仓子埠商人王家崇租轮船一艘,开辟汉口经武湖至仓子埠航线。1916年,汉口佑渊轮船公司以"寰泰"轮开辟汉口经梁子湖至金牛的客运航线。1918年,小池"徽广会馆"开办九江、小池间渡运。至抗日战争前,先后有16家中外公司的78艘大小轮船停靠本区沿江港口,形成长江长途干线客货运输以轮船为主,短途运输以木帆船为主,支流以竹簰运输为主的格局。

1949年5月,黄冈全区解放,黄冈水运翻开了新的篇章。1950—1953年,码头搬运业和木帆船运输业相继完成了民主改革,废除了封建把持制度。各港码头搬运业建立了搬运站,木帆船运输业建立了船民协会。1955年,开始对木帆船(竹簰)运输业进行社会主义改造,建立运输合作社,次年全面实现了合作化。地方木帆船运输业合作化后,开始向机动化、拖带化发展。20世纪60年代,先后形成了专署直属、县属、水运企业附属的3个层次的8个船厂。20世纪70年代,以"江北船厂"为骨干的地、县两级船厂将全区造船能力推上新的台阶,能制造机动船和水泥船、钢质船。交通系统水运企业实现了运输机动化、拖带化。港口装卸搬运业开展技术革新、技术革命活动,主要港口由原来"一条扁担两只箩"发展到半机械化作业。

新中国成立以来,航运条件大幅改善。长江航道先后清除沉船、排除水雷和增设航标,主要支流湖泊侧重清障疏航。1984年,经湖北省计划委员会、省交通厅批准,黄冈提出了广济内湖航道复航整治方案。同年12月,广济内湖治理工程动工,36000名民工仅用23天时间疏浚干流一条、支流两条总计长13.8公里航道。疏浚后的主副航道能航行20～50吨船舶。结合水利建设,同年改造了武山湖堆石坝、万丈湖排灌闸等碍航闸坝。1986年，省交通厅将巴水疏浚工程列为"七五"航道建设重点项目之一。巴水航道通过疏浚整治，裁弯取直1公里，通航里程缩短3公里，航宽由原30米扩至50米，最小曲度半径由原174米增至300米，通航期由原来6个月延长至9个月，通航保证率由50%提高到75%，通航条件得到较大提高。1987年12月，动工兴建官桥船闸，次年6月竣工投入运行。该闸能安全顺利通过100吨级船舶。1987年12月25日，治理巴水航道工程开始，1988年4月27日完成。在整个工程中，改善航道4.16公里。1992年6月，位于广济内河下段的童司牌船闸竣工，成为连接黄梅河复航华阳水系的重要设施。2006年6月，对巴河航道河段上起京九铁路桥，下至巴河河口，全长23.1公里进行了疏浚。疏浚后的巴河航道达到国家3级航道标准，通航保证率达98%。2006年11月7日，交通部批准以武穴水道南槽为主通航槽的整治项目，建设一条长5988米的顺坝和一条400米护滩尾坝，以减少漫滩水流，增加南槽进口流量、流速，减少淤积，维护航槽相对稳定，提高航道尺度，以改善枯水期航道条件。该航道整治工程于2007年2月11日开工，2009年2月17日完工。通过专家进行竣工验收后认为，长江中游武穴水道航道整治工程已按批准的建设规模、内容和标准全面建成，工程质量合格，满足使用要求。至2015年，除长江境内段215.5公里外，全市其他内河航道里程497.5公里，通航里程461.7公里，其中三级航道20公里，四级航道13.7公里，五级航道23.7公里，六级航道14公里，七级航道108.7公里，等外级航道281.6公里。

水运工具不断进步。20世纪50年代的运输船舶，绝大部分为烧煤蒸汽机船，20世纪60年代的改烧渣油，20世纪70年代后期向内燃机船舶过渡。20世纪80年代以来，船舶发展开始由数量向质量转变。船舶运力从小"小船木船"向"大型多样化"跨越。1985年船舶总吨位比1978年增长3倍，拥有500吨级、800吨级机动驳船和530客位客轮。至2015年，黄冈市全社会拥有内河航运机动船舶581艘（1020客位，756904吨位），全年完成货运量3706万吨、货运周转量1858069万吨公里。

港口设施建设加快。新中国成立初期，港口建设重点是改变全靠人力肩挑背驮的原始生产方式，采取"以土为主，土洋结合、两条腿走路"的方针，进行工具改革。兰溪、黄州、小池等港口基本实现装卸起重吊车化、上坡链板缆车化、平地运输车子化、下坡溜具化，基本消灭了人力肩挑背驮。20世纪60—70年代，增建扩建码头，增置趸船、驳船。至1975年，全区新投产机械化作业线23条，建成综合码头1个、简易码头9个，重点港口装卸机械化程度提高到80%。1985年，中共黄冈地委和黄冈地区行署提出"发展沿江十三城镇"，以沿江13城镇为龙头，走外引内扩、振兴黄冈地区经济的新路子。沿江13个城镇都是本地区的主要港口，港口基础设施建设加快。"九五"时期，先后新建、改扩建码头工程7个，投资总额1583万元，新增年吞吐能力130万吨。"十五"时期，全市有两个码头工程开工建设，投资总额1500万元。"十一五"时期，有6个码头工程开工建设，投资总额7.1亿元。"十二五"时期，以武汉新港规划建设和开发长江岸线资源为契机，以建设唐家渡港口群和大别山港口群为重点，以临港新城综合码头、小池综合码头等重点项目为载体，大力促进黄冈现代化港口建设，致力打造"鄂东组合港"，全市16个码头先后动工兴建，投资总额42.7亿元。至2015年底累计完成港航项目建设投资31.44亿元，建成码头9座、23个泊位，其中最大靠泊能力5000吨级，新增港口货物吞吐能力1100万吨。至2015年年底，全市7个临江的县市区共有航道674.1公里、港口岸线总长28.2公里，港区21个、泊位135个。

改革开放前，长江黄冈段长途客运由长航局经营，先后有汉申、宜汉宁、汉黄（石）武（穴）、汉团（风）等客运航线，仅黄石—黄梅区段有地方航运部门经营的长江短途客运航线。改革开放以来，黄冈水运企业改变过去单一的公有制形式，呈现国营、集体、股份制、民营、个体等多种经济成分并存的水运格局。水路运输客运改变了过去长江干流由长航独家经营的局面。2001年，长航集团武汉客运公司、长江轮船公司武汉公司相继退出长江普通客运市场。随着改革的深入，国有、集体水运企业有进有退，逐步向民营经济转变，民营企业及个体运输业成为地方水运的重要力量。

四

黄冈紧邻两座客运机场和货运机场(武汉天河机场、九江机场),有四条铁路(京九铁路、合九铁路、京广连接线、沪汉蓉快速铁路)贯通,民航铁路运输方便快捷。

黄冈境内的铁路始于1958年。当年的11月,蕲春县采取国家投资、集体摊派、民工建勤方式动工修筑双沟—高新铺铁路。该铁路沿赤东大堤北上,全长26公里,经过一年多的建设,于1960年"下马"。

1991年,合肥—九江铁路开工建设,途经黄梅县,1995年建成通车,当年7月1日开始货物分流。1993年,京九铁路及武麻联络线开工建设,途经境内8个县、市、区,1996年建成,当年9月1日在麻城站举行通车仪式,结束了黄冈市无铁路客运的历史。

2005年,合武铁路开工建设,途经麻城、红安两县市,2008年建成通车。2009年,为推进武汉城市圈建设,武汉—黄冈城际铁路开工建设,途经黄州区,又称"1+8"城市圈。武汉经鄂州—黄石、武汉—咸宁、武汉—黄冈、武汉—孝感4条城际铁路共同构成武汉城市圈城际铁路。武黄城际铁路是武汉城市圈内一条连接武汉市与黄石市、黄冈市的快速城际铁路。其中至黄冈段线路从武汉—黄石城际铁路葛店南站引出,在鄂州市段店镇三江口附近跨黄冈长江大桥后进入黄州区,经黄冈站,最终抵达黄冈东站。2014年建成通车。2014年1月28日,西起武汉京广线滠口站、东至黄冈京九线黄州站全长80.39公里的江北铁路通过《中国铁路总公司、湖北省人民政府关于新建武汉新港江北铁路林四房—黄州段初步设计的批复》,其中黄冈境内长20.678公里。至2015年,黄冈境内正式运营的铁路五条,运营线路全长473公里。其中合九铁路境内长41.8公里、京九铁路境内长229.1公里、京九铁路武麻联络线境内长45.3公里、合武铁路境内长95.7公里、武汉—黄冈城际铁路境内长61.1公里。合九铁路设黄梅站、灌港站、水码站3个站点。京九铁路境内设张店站、罗家铺站、麻城站、周铁岗站、淋山河站、黄州站、朱店站、浠水站、横车站、蕲春站、栗木站、武穴站、蔡山站、孔垄站、小池口站15个站点。京九铁路武麻联络线在红安、麻城各设1个站点。合武铁路境内设麻城北站、三河站、红安西站3个站点。铁路对黄冈经济的拉动作用开始显现。特别是随着武冈城际铁路的开通运营,客货运输快速发展,客运量增加。2015年,黄冈境内各站共完成客运量1226.6万人次,货运量331.4万吨,其中电厂专线217.5万吨,货运组织改革、现代物流建设稳步推进,安全基础建设不断深化、铁路建设和科技创新取得新进展,代表世界一流先进水平的新型动车组、大功率机车、通信信号、无砟道等技术大量应用。黄冈铁路在综合运输中的地位和作用进一步提升。

黄冈紧邻武汉天河机场、九江机场,从黄州到武汉天河机场或从黄梅到九江机场都很便捷。武汉天河机场所在的中南地区,颁证运输机场达到31个,机场总数在全国7个地区中位列第三位。随着"要开放,修机场""要想强,上民航"理念的深入人心。从2011年起,黄冈机场项目就备受关注。2013年4月,经湖北省发改委和市政府同意,市发改委、蕲春县政府召开黄冈机场选址论证座谈会,广泛征求省相关部门、军方及周边地市对黄冈机场筹建工作的意见。当年8月,中国民用航空局在"十二五"规划中期评估工作中,将黄冈机场正式纳入前期研究工作的项目清单之中。此外,黄冈市县两级机场项目工作专班抓好选址论证工作,多次到广州与设计部门联系并签订委托设计合同。经过一年多时间的努力,设计单位已完成机场场址预选和编制选址报告工作,三个预选场址分别位于蕲春县彭思镇康桥村、株林镇石板岩村和蕲州镇邵垄村,其中彭思镇场址为首选场址。

2015年6月12日,由中国民用机场协会和中建三局等单位联办的"2015中国民用机场建设年度峰会"传出消息,面对长江经济带国家战略,将做大武汉和长沙两大机场。同时,将在"十三五"期间,即2016—2020年,在中南地区建成18个机场。其中,湖北将新建2个,即黄冈和荆州。

随着国家"西气东输"项目和江苏仪征原油管道工程的启动,黄冈市管道运输迅速发展。2007年底,建成油气管道 181 公里,其中仪长原油管道境内干线全长 74 公里(黄梅 28 公里、武穴 41 公里、蕲春 5 公里),支线全长 42 公里(黄梅 32 公里,龙感湖 10 公里);河南淮滨—武汉西气东输连接线境内 65 公里(红安);管道网密度为 1.04 公里/百平方公里,低于城市圈平均水平 1.8 公里/百平方公里 0.76 个百分点。

至 2015 年,黄冈市形成了以公、铁、水、管道等多种运输方式并存发展的格局;交通运输方式中,客运以公路为主,铁路、水运为辅;货运以水运公路为主,铁路为辅。

五

中国早在周朝时就设有司检(即交通监督官)管理交通。楚国道路运输管理上使用符节,有关驿运的"王命传"又称"铜龙"和有关货物运输的"鄂君启节"中的"车节"。这些都是交通管理的雏形。相传明永乐皇帝朱棣路过黄梅小池,封赐专揽小池港搬运业务的 24 名箫姓农民为"御箩"。

民国时期,公路运输兴起。1926 年,黄梅县城关—小池口公路的孔(垄)清(江口)段建成,成为黄冈的第一条商办汽车路。1928 年 10 月,湖北省建设厅鉴于省道的修筑与管理,在鄂东设立了鄂东省道工程处,这是湖北省在鄂东设立的第一个负责公路兴建和勘察的公路机构,标志着鄂东公路建设管理机构初步建立。

1949 年 5 月,黄冈地区全境解放并成立黄冈专员公署,同年 6 月,专署设立实业科。1951 年 1 月改为建设科,内设有交通股。1953 年 12 月,专署设立交通科,主管全区交通行政管理和运输业务工作。1958 年 3 月,专署决定将交通科、轮船办事处和木帆船管理处合并为专署交通局。1959 年 1 月,专署交通局分置为专署交通运输管理局和专署交通建设管理局。同年 9 月,两局合并恢复为专署交通局。设行政科、运输科、工程科、民管科。1966 年"文化大革命"开展后,先后成立地区"抓促办"工交组、地区革委会筹备处工交组、地区革委会生产指挥部工交组,主管全区交通工作。1970 年 4 月,黄冈地区革命委员会交通邮政管理局成立,同年 9 月改称黄冈地区革命委员会交通局。

1978 年 11 月,黄冈地区革命委员会交通局撤销,同时设立黄冈地区交通局,1980 年 7 月改称为黄冈地区行政公署交通局,先后设有办公室、计财科、运输科、安全科、企业管理科、审计科、政工科、纪检监察室等科室。1996 年 5 月撤地建市,黄冈地区行政公署交通局更名为黄冈市交通局。2010 年 7 月黄冈市交通局更名为黄冈市交通运输局,设有办公室、财务科、计划科、政工科、运输科、安全科、审计科、政策法规科、纪检监察室等内设机构。

新中国成立以来,随着交通事业的发展,公路路政、运输市场、安全、港口、航政、码头及城市客运市场等各项管理相继产生,交通行业管理机构逐步建立健全。1978 年以来,交通管理实行简政放权,政企分开和加强行业管理,多渠道筹集交通建设资金和实行投入产出目标责任制,放开运输市场和支持多家办交通;1983 年,国家经委、交通部和省交通厅等上级部门,曾多次针对加强交通管理制发一系列管理规章,交通行政管理和行业管理机构在改革中不断完善,形成较完善的交通管理体系。进入 21 世纪,交通管理开始迈入规范化、制度化、科学化、法制化轨道,并由粗放管理向依法管理方向转变,形成以交通运输局为主导,相关管理单位为支点,覆盖全市水陆交通运输业的管理体系。黄冈市交通局直单位几经变革,至 2015 年黄冈市交通运输局下属 11 个县市区交通运输局,9 个局直单位,即:黄冈市公路管理局、黄冈市港航管理局(地方海事局)、黄冈市道路运输管理局、黄冈市交通物流发展局、黄冈市城市交通客运管理处、黄冈交通学校、黄冈市交通基本建设质量建设监督站、鄂黄长江公路大桥超限监测站、鄂黄长江公路大桥路政安全管理处。

科技创新是转变交通运输发展方式的必然要求,是实现可持续发展的内在需要,更是引领交通科学发展的支撑保障。20 世纪 50 年代初,黄冈交通科技的重点是工具改革。20 世纪 60—70 年代,各类运输工具基本实现了机械化和电器化。20世纪80年代，随着公路路面技术的改造，渣油、沥青、水泥混凝土路面的铺筑，先后开展了对路面基层结构的研究和试验。20世纪90年代以来，交通科技整体意识增强：公路部门进行半刚性基层沥青路面典型结构的试验研究；运输部门合理调整大、中、小及中低档客车构成比例，货车向系列化、专用化发展；船舶交通工程建设引进新技术新工艺，专用船舶比重、江海直达运输能力提高；交通通信、计算机技术全方位应用于交通建设管理。进入21世纪，在交通重点工程建设中，工程设计、施工、检测评定的技术含量不断提高，工程质量逐年稳步提升。在水路公路运输中，积极推广新技术、新工艺，大力引进、开发、推动运输设备、搬运装卸设备、机具的标准化建设，适应物流服务、联合运输、集装箱运输的需要。大力推进信息化进程，推广使用全球定位系统（GPS）等各种先进技术和设备，加强对车辆调度技术的研究。实现了联网售票、异地售票，管理信息化网络化。

黄冈历来重视交通人才的培养。建立交通专业人才培养基地，黄冈交通学校建校以来，共为社会培养适用型交通专业技术人才近万人。地市交通运输局出台学习奖励政策，鼓励在职工接受再教育。有计划对在职职工进行各类岗位培训，实现了重要专业技术岗位持证上岗。

黄冈市交通运输系统"两个文明建设"协调发展。自1986年黄冈地区交通局获地区文明单位以来；相继获得"示范文明单位""省级最佳文明单位""全国文明单位""全国精神文明建设工作先进单位"荣誉称号。2015年，黄冈市交通运输局经复查合格，继续保留"全国文明单位"荣誉称号，并获得党建、党风廉政建设等5个专项工作优胜单位。

无数致力于交通运输发展的仁人志士，艰苦奋斗，前仆后继，用智慧、心血和汗水，在黄冈这片充满活力和希望的热土上，创造了无愧于时代、无愧于历史的光辉业绩，谱写了气势磅礴、可歌可泣的辉煌篇章。有的为交通建设发展献出了自己宝贵的生命，有的为交通事业的发展默默工作，无私奉献。新中国成立以来，交通职工有8人次获国家级奖励、48人次获省部级奖励、40人次获地厅级奖励。交通历届领导班子和交通干部群众呕心沥血，殚精竭虑，洒下了辛勤的汗水，留下了坚实的脚印。

六

黄冈交通凭借"承东启西、纵贯南北、得'中'独厚、通江达海"的区位优势，依傍一条黄金水道（长江），紧邻两座机场（武汉天河机场、九江机场），有四条铁路（京九铁路、合九铁路、京广连接线、沪汉蓉快速铁路）贯通，飞架起七座长江大桥（鄂黄大桥、黄石大桥、九江大桥一桥、二桥、鄂东大桥、黄冈大桥、武穴大桥），纵横八条高速公路（黄黄高速、武英高速、大广北高速、武麻高速、福银高速、麻竹高速、麻武高速、黄鄂高速），建成以21条国省道为骨架，以近百条县道和密如织网的乡村公路为脉络，构建起四通八达、通江达海、贯通九州，进村入户的立体交通运输网络。全市实现了县县通高速、县县通国道、镇镇通省道、村村通客车；境内长江通航里程215.5公里，其他内河通航里程461.7公里。港口6个，生产用码头泊位275个；客运站85个，货运站6个。交通基础设施逐步完善，城市公共交通能力不断增强。交通助推黄冈经济更快更好发展。

展望未来，黄冈将实现经济与生态总体协调，成为武汉城市圈经济发展主轴和新的经济增长带；特色鲜明、竞争力强、国内一流的沿江产业（新型工业、现代农业、现代服务业）聚集带；努力实现沿江与武汉城市圈一体化，把黄冈建设成为湖北省长江沿线的经济强市、现代化大城市。

经济发展，交通先行。黄冈将以推进新型工业化、港口现代化、城乡一体化为重点，抢抓发展机遇，加快港口码头建设，以铁路和公路为骨架，规划建设鄂东江北机场，不断优化布局，完善网络，尽快提升陆运、空运、水运、内河航运及管道运输能力，建设便捷通畅、高效安全的立体化、网络化、现代化的综合运输体系。

全市将建成四大快速便捷交通圈,以及两大高水准交通网,形成黄冈—长株潭城市群、环鄱阳湖经济圈、江淮城市群的 2 小时城际交通圈;黄冈市至各县市的 1 小时市域交通圈;各县市至县(市)域乡镇的 1 小时城乡交通圈;干线公路至 AAA 级以上景区的 20 分钟交通圈;市区城区至周围 25 公里范围公交化的公共交通网;280 公里高等级航道的水运交通网。在交通建设领域重点实施"八大工程"即重大铁路扩网加密工程、干线公路提等升级工程、港航事业振兴崛起工程、客货枢纽优化衔接工程、革命老区交通扶贫工程、运输服务竞进提升工程、支撑系统全面升级工程、交通行业改革深化工程。

到 2020 年,公路网总规模达到 30000 公里(不含城区道路),高速公路 791 公里,二级以上公路比重达到 85%;铁路网总规模 638 公里;复线率和电气化率分别达到 98% 和 100%,其中铁路客运专线 301 公里;高等级航道(四级以上,含长江)276 公里,港口吞吐能力达到 6000 万吨以上,其中集装箱吞吐能力达到 10 万~15 万标箱。实现所有市县城郊 25 公里范围通公交,所有县市区通铁路、所有乡镇能通高速,村村通快递,组组通公路。基本实现综合交通发展与经济发展的关系由"总体适应"向"全面适应"或"适度超前"跨越;形成各种运输方式布局合理,衔接紧密,辐射周边,畅达全国,便捷畅通、安全高效的一体化综合交通体系,实现客运快速化、货运物流化、管理智能化。

追古观今,沧桑巨变;展望未来,任重道远。黄冈交通人将以锐意改革、开拓进取、继往开来的时代风貌,弘扬黄冈交通精神,抢抓机遇,奋力拼搏,通过各种交通方式的优化衔接,形成安全便捷、公平有序、低耗高效、舒适环保的综合交通体系,为黄冈经济发展插上了腾飞的翅膀。

第一篇　道　路

自古以来，生活在黄冈这块土地上的人们，为了生存和繁衍开辟了适合自己的道路交通。至清末，黄州府1州7县有驿道31条，里程达1815里，基本形成了以府、县为中心向四周辐射的驿道网络，与之配套的津梁设施也得到完善。

1927年春，黄冈市境内的第一条商办汽车路——孔(垄)清(江口)汽车路修建完工。后因战事频繁，公路时修时毁。至1949年5月，黄冈全境只有254.1公里公路勉强维持通车，且标准低、路况差，其他公路破坏惨重。

中华人民共和国成立初期，各级人民政府为帮助人民群众重建家园，救济灾荒，发展生产，动员和组织人民群众采取民工建勤，以工代赈的方式对公路、桥梁进行了全面修复，以维持通车。1958年，黄冈专员公署根据交通部制定的"地、群、普"公路建设方针，在全区掀起轰轰烈烈的大办公路热潮，有力促进了全区公路事业的发展。1976年，全区公路通车里程达4817公里，有公路路面里程达2780公里，其中高级、次高级路面里程达为490公里。

1978年以来，伴随改革开放的春风，黄冈地区公路事业跨入了由普及转向提高的历史新时期。公路建设从"普及为主"转向"普及与提高相结合，以提高为主"。一方面对境内主要经济线路进行技术改造和扩宽，对柳界线、黄小线等公路按二、三级公路标准进行改造，以黄界公路为主轴进行公路提等升级，全区一级公路实现零的突破。在105国道、黄上公路和一些城镇过境、出口公路铺筑水泥混凝土路面，结束了黄冈地区没有高等级公路路面的历史；1998年12月，黄石至黄梅高速公路建成通车，结束了黄冈境内没有高速公路的历史；另一方面采取群众投劳、国家扶持的办法，以改善和联通主要山区经济线路为重点，大力开展区乡村公路建设，实现了乡乡通公路。进入21世纪，黄冈交通部门充分利用国家政策，加快村级公路建设步伐，实现了全市4615个行政村全部通沥青(水泥路)；建成了"一路穿七线、一线连三区"的大别山红色旅游公路，形成干支相连、景区互通的大别山红色旅游公路网。

至2015年底，黄冈公路通车里程达到28554.91公里。27834.94公里等级公路中，按技术等级有一级公路520.3公里、二级公路2135.94公里等，按行政等级有国道336.18公里、省道960.54公里、县道2501.17公里等。全市构建起以黄黄、武英、武麻、大广等高速公路为主骨架的"三横一纵"高速公路网，境内高速公路总里程达699.99公里。黄冈公路建设项目标准化程度、公路养护水平和质量寿命周期、公路机械化装备现代化程度、公路管理规范化法治化程度、公路安全应急保障能力和公路综合服务水平均得到提高。

第一章 古代道路

第一节 先秦道路

一、人行干道

早在新石器时代，人们在渔猎、樵采和相互交往中，开辟了适合通行的道路。约公元前22世纪，大禹奉帝舜之命治水，至于大别山浚九江（指今黄梅、广济、宿松、望江扇形冲击区的九条河流），大别山东南的主要道路亦因此开始修建。周代黄冈是古代南北交通动脉重要地段之一。从红安、蕲春、黄梅一线出土的西周文化遗存可以看出，这是一条西周时代的重要交通线路。据文献记载，周代，黄冈境内的各小国向周王朝贡献赋物，形成了一条通往周王朝的陆路交通线路。大别山西北麓及其南麓有鸠兹、弦子、黄国。位于今浠水以西的弦子国有南通鄂国（今鄂州），北通鸠兹（今罗田九资河东北），西达楚都郢（今江陵西北），西北至黄国都城（今潢城）的道路。1958年8月，考古工作者在蕲春毛家嘴发掘的一组大型木构建筑遗址，总面积达5000平方米以上，有280余根木柱纵横分布，成行排列。遗址中有木板墙，平铺木板和木梯的痕迹和堆存粮食的遗迹，并出土了一批陶器、铜器、骨器、漆木器及卜甲、卜骨等。从建筑规模和现存遗物看，属西周早期奴隶主占有的一处建筑群，与江南黄石、大冶、鄂城等地西周文化遗址遥相对应。可见"京九"铁路黄冈段是一条西周文化的走廊，以及周王朝通向江南产铜区的运输干线。

历史文献也多次记载周王沿着这条道路南征"俘金（冶炼青铜的原料）"，周康王十六年，王南巡至于九江庐山；周穆王三十七年，王南巡至于九江，遂伐越，比鼋鼍为梁，"九江"在今黄梅广济一带，周人为获取"南金"，多次利用这条道路南征。春秋战国时期，楚人也经常利用这条道路，组织"陵军"从陆上进攻吴越。周王南巡"俘金"，楚王"陵军"东征，以车为主要交通工具，这条道路是黄冈市境内一条最早的"车道"。研究人员模拟该路线从河南信阳穿过大别山，出豫鄂之间的武胜关，途经武汉（以上基本为今北京到武汉的高铁线路走向），一路向东抵达江西的瑞昌、铜岭等矿区。

二、鄂君启建商道

鄂君启是战国中期楚怀王的一个封君，封地在鄂（今湖北鄂州市）。启在鄂既享受封君待遇，又竭力从事商业活动。节是古代帝王颁发的用于水陆交通的凭证。1957年和1960年，安徽寿县先后出土鄂君启节等文物。鄂君启节铸造于楚怀王六年（公元前323年），是楚怀王颁发给鄂君启于水陆两路运输的免税通行证。其中车节铭文载："自鄂往，庚易丘、庚象禾、庚畐焚、庚高丘、庚下蔡、庚居巢、庚郢"，对启的经商活动范围、往返时间、载运物资所走路线均有明确规定。车节路线主要是联系长江、汉江与淮河之间的交通线。从当时所用交通工具来看，船的载重量远远大于车的载重量，凡能用船的地方无需用车，车仅用于不能通船的地方。由于境内水多陆少，加之船的载重量大，水路运费较陆路低廉，鄂君启在鄂境所行商路以水路为主，水陆联运。其线路有：

(1) 自鄂州出发向西北,经吴塘、梁子、牛山、汤孙湖后,自今鲇鱼口过长江,溯江北上。

(2) 自鄂州出发向东,顺长江而下,经彭泽(今江西九江市湖口县),至安徽枞阳,折入赣江,至鄱阳湖东岸,鄱阳县北。

(3) 自鄂州出发,溯长江西行,再溯荆江至楚之郢都(纪南城)。

(4) 自鄂济江至邾城(今湖北黄冈市黄州区禹王城)后,一路经柏举(今湖北麻城市东北)至黄(今河南潢川县西);一路由邾城北折向西,至蒲骚(今安徽应城县西北)。

三、楚国东行道

楚国是先秦时期位于长江流域的诸侯国。春秋时,楚兼并周围小国,不断扩疆略地争霸,楚庄王时成为当时五霸之一。随着政治军事和经济发展的需要,它进一步开拓道路交通,形成以郢都为中心的道路运输网络。弦国是春秋时的隗姓子爵封国,位置在今湖北浠水县西北。《读史方舆纪要》卷七十六湖广二,黄州府蕲水县蕲水城下注:"车大县城在县西北四十里,故弦子国,为楚所灭。"《左传·僖公五年》载:"楚子灭弦,弦子奔黄。"黄国的位置,据《史记·楚世家》记,"汝南戈阳县,故黄国",应在今河南潢川县西。弦子奔黄的路线当由浠水经新洲、麻城、河南新县至潢川。又据楚成王二十二年(公元前650年)伐潢,二十六年(公元前646年)灭英(今安徽六安县西)的史实,说明春秋时楚都纪郢与楚国的东部地区间已有道路。不仅如此,这条道路还向北延伸至今河南省境内。周灵王二年(公元前570年),楚子重伐吴,克鸠兹(国都在今罗田九资河),行进路线自西向东,翻越大别山主峰天堂寨右侧至吴地。阖闾九年(公元前506年),吴王阖闾率师伐楚,楚与吴大战柏举(今麻城市东北),楚军败退,吴军沿今汉麻、汉荆线路追击,直捣楚都郢。

四、秦汉驰道

秦始皇二十六年(公元前221年),战国纷争的混乱局面结束,秦国建立了统一的多民族中央集权制国家。秦始皇统一后,便致力于水陆交通的建设,"堕毁城郭""决通川防""夷去险阻"。据《史记》记载,秦始皇二十七年(公元前220年)"修建驰道"。《汉书》载:"秦为驰道于天下,东穷燕齐,南极吴楚,江湖之上,滨海之观毕至。"秦始皇实行"车同轨",建立全国统一的驰道修筑标准,"道广五十步(每步6尺),三丈而树,厚筑其外,隐以金椎,树以青松"。黄冈腹地为秦衡山郡,郡治邾城(今黄州市西北)。"南极吴楚"的驰道横贯境内,西接南郡安陆(今云梦县),东接九江郡,进入今安徽省境内,大致走向即与今境内的"京九"和"合九"铁路线相近。

驰道以秦都咸阳为中心通向全国各地,正中一条三丈宽的为御道,两旁各植松柏一行为界,作为皇帝行车的专用道路,专用线两侧供庶民使用。秦始皇先后五次外出巡游。据《史记》记载,秦始皇二十八年(公元前219年),秦王东巡齐鲁,过彭城(今徐州)后西渡淮水,前往衡山,至南郡境内沿江西上,船队到达湘江岸边的湘山,然后"自南郡由武关归"。

秦始皇沿驰道东巡、南巡,时值下令全国修驰道后的第二年。出巡途经衡山郡,因衡山郡内无水路,驰道发挥了重要作用。秦驰道的修筑,不仅摒除了战国时期障碍交通的城垒,而且使封闭的经济得以疏通,对于文化的传播、物资的交流和生产的发展都起到了积极的促进作用。

考汉代道路的兴建,以汉武帝最为重视。汉武帝曾"巡荆、扬"。据《汉书》载:西汉元封五年(公元前106年)冬,汉武帝"巡南郡,自江陵而东",经云梦,"狩于盛唐(今随州境)""望祭虞舜九嶷",然后继续车驾东行,直至寻阳(今黄梅境内)登舟,"自寻阳浮江""薄枞阳"而出。汉武帝南巡,一路激情满怀,留下了《盛唐枞阳之歌》,内含对沿线道路的赞美之情。

第二节 驿　　道

一、黄州府主要驿道

唐代，驰道演变为驿道。据唐代李吉甫撰《元和郡县图志》载，时有1条南北向主干驿道从襄阳经武昌进入黄冈，再经今浠水、蕲春、武穴、黄梅，由小池口出九江，境内全长480里（华里，下同）。

宋神宗元丰元年（1078年），全国驿道划分为23路，以都城汴京（今河南开封市）为中心，贯通全国。从汴京到黄州、蕲州的路线由信阳向东经光州、麻城、黄州、蕲春至江州。明弘治十三年（1500年）《黄州府志》载，时黄州府属1州7县，计有驿站8个，即齐安水马驿、阳逻水马驿、李坪驿、浠川驿、兰溪驿、蕲阳驿、西河驿、停前驿。

明后期至清初，驿传线路有所调整。黄州府属1州7县（不含英山，时英山隶属安徽）有跨省主驿道两条：一条由江夏县至安徽太湖枫香驿，全长620里，其中60里至土桥站，60里至武昌华容站，60里至黄冈齐安驿，70里至蕲水巴水驿，50里至蕲水县驿，80里至蕲州西河驿，60里至广济县驿，60里至双城驿，60里至黄梅停前驿，60里至枫香驿，通安徽、江苏、浙江、福建。另一条从江夏县至江西德化县，全长630里。其走向首段同上线，至广济双城驿分道，30里至黄梅县驿，50里至孔垄驿，50里至江西德化县，再南出广东。以上两线原从江夏县长山铺经华容站入黄冈阳逻驿，向北50里至靠山店，50里至西馆驿，40里至中馆驿，30里至麻城县驿，东向70里至东馆驿，前出安徽；北向经福田河至小界岭，前出河南。向南经李坪驿至齐安驿。乾隆二十九年（1764年），湖北巡抚常钧以阳逻、李坪地势低洼，遇木道淹需改船载，以致延误，乃奏准江夏长山铺改设土桥站，经华容由三江口渡江入黄冈齐安驿而归入原道。向北之驿道废。

二、清初各县主要驿道

（一）黄冈县

县前铺至三山铺，全长60里，西北走向，经粉壁铺、曹冲铺、毕家铺、周山铺、陶山铺至三山铺。三山铺至高林铺，全长20里，向北，至黄安县高林铺。三山铺至甘棠铺，全长10里，西北走向，至黄陂县甘棠铺。团风铺至沙河铺，全长80里，向北经花园铺、竹瓦铺、淋山铺、丁家垱铺、黄山铺、久长铺、道观铺至麻城县（今麻城市）沙河铺。

县前铺至蕲水县七里铺，全长50里，东南走向，经长蕲铺、杨林铺、桑林铺、乌柏铺至蕲水县七里铺。县前铺至江夏县官屯铺，全长130里，西北走向，经长坡铺、枫香铺、松杨铺、临江铺、团风铺、马驿铺、烂泥铺、矮流铺、汪家铺、双柳铺、城林铺、阳逻铺、渡江至江夏县官屯铺。

县前铺至武昌县县前铺，全长10里，走向南，至县前铺。县前铺至武昌县浒黄铺，全长10里，西南走向，至浒黄铺。

（二）黄安县

县前铺至黄冈县三山铺，全长120里，南走向，经十里铺、周坳铺、桃花铺、栗林铺、柿林铺、中和铺、八里铺、马头铺、太平铺、高林铺至黄冈县三山铺。高林铺至黄陂县刘家铺，全长30里，西走向，至黄陂县刘家铺。

（三）蕲水县

县前吉利铺至罗田县严家铺，全长80里，东北走向，经滑石铺、株林铺、三店铺、白沙铺、三望铺、樊家铺、歇塘铺至罗田县严家铺。

县前吉利铺至女儿街铺,全长50里,东南走向,经石牛铺、分牛铺、李店铺、六庙铺至女儿街铺。县前吉利铺至兰溪巡检衙门,全长40里,西南走向,经遇客岭铺、竹林铺至兰溪巡检衙门。

县前吉利铺至黄冈县乌柏铺,全长70里,西走向,经钟师铺、松林铺、孟山铺、何庙铺、刘店铺、七里铺至黄国兴乌柏铺。六庙铺至茅山镇,全长50里,南走向,至蕲州茅山镇。六庙铺至道士洑,西南走向,至大冶县道士洑。

(四)罗田县

县前铺至英山县,全长70里,东走向,经凤凰铺、石桥铺至英山县。县前铺至僧塔寺千总衙门,全长145里,北走向,经大河岸铺、跨马墩铺至僧塔寺千总衙门。县前铺至歇塘铺,全长40里,南走向,经十里铺、长林铺、严家铺、至蕲水县歇塘铺。

(五)麻城县

县前铺至道观铺,全长60里,南走向,经十里铺、白棠铺、白果铺、望花山铺、沙河铺至黄冈县道观铺。县前铺至长潭铺,全长130里,北走向,经黄福铺、王家楼铺至河南光山县长潭铺。

(六)蕲州

州前铺至广济县杨林铺,全长50里,南走向,经黄颡铺、两路口铺、石家塘铺、菩提坝铺至广济县杨林铺。州前铺至固城铺,全长60里,东北走向,经高山铺至广济县固城铺。高山铺至六庙铺,全长70里,西北走向,经十里山铺、三家店铺、西河驿铺、火炉铺、横车桥铺、女儿街铺至蕲水县六庙铺。

(七)广济县

县前铺至大河铺,全长70里,东北走向,经万车铺、青蒿铺、荆竹铺、车坊铺、石垒铺、双城铺、黄梅县大河铺。县前铺至高山铺,全长30里,西走向,经十里铺、固城铺至蕲州高山铺。县前铺至蕲州菩提坝铺,全长40里,西南走向,经许家铺、周源铺、杨林铺至蕲州菩提坝铺。县前铺至武穴同知衙门,全长70里,南走向,经大京铺至武穴同知衙门。

(八)黄梅县

县前铺至宿松县寨子铺,全长50里,东走向,经柘林铺、土桥铺、三渠铺、毕家铺至宿松县寨子铺。县前铺至双城铺,全长30里,西走向,经金钟铺、大河铺至双城县前铺至江西德化县,全长90里,南走向,经谷塘铺、濯港铺、白湖铺、孔垄铺、深沟铺、塘穴铺、老夹铺、清江铺至德化县。

第二章 公 路

第一节 高 速 公 路

一、G50 沪(上海)渝(重庆)高速公路黄冈段

沪渝高速公路黄冈段,又称黄(石)黄(梅)(以下简称黄黄)高速公路,是国家"71118"高速公路网中沪渝高速(G50)、福银高速(G70)的重要组成部分。

黄黄高速公路主线西起于鄂东长江公路大桥北引线,途经浠水、蕲春、武穴、黄梅4个县(市),止于鄂皖交界的界子墩,与安徽省高界高速公路相接,全长110.544公里。

黄黄高速公路主体工程由湖北省交通规划设计院设计,湖北省路桥公司等60家工程公司施工,湖北省公路工程咨询监理中心等4家单位负责监理。其主要技术标准为:黄梅至界子墩路基宽度26.5米,余者24.5米,双向四车道,中央分隔带宽1.5米,设计荷载汽车—20级、挂车—120级,设计速度100公里/小时。工程总投资(决算数)24.2亿元。全线设7处互通式立交、3处服务区、8个管理所(收费站)、1个信息监控中心,另有湖北省交通运输厅派驻的路政支队。黄黄高速公路主

黄黄高速公路入口

线(属G50、G70)于1996年11月8日开工建设,1998年12月30日竣工通车试运行。黄梅至九江长江公路大桥(北岸黄梅—小池口)支线(属G70)于1997年12月8日开工建设,2000年1月22日竣工。自此,黄黄高速公路全线贯通。

二、G42S 武(汉)英(山)高速公路黄冈段

湖北省武汉市至英山县的高速公路是国家"71118"高速的重要组成部分。

武英高速公路起于武汉市新洲区周铺,与武汉绕城高速东北段和汉英公路谌周段相接,在黄冈市团风县境内与大(庆)广(州)北高速公路麻城至浠水段相交,经团风、浠水、罗田和英山等4县,止于鄂皖交界处的英山县大枫树岭,与安徽省规划建设的岳西至英山高速公路相接,全长131.141公里。其中,新洲区26.423公里、团风县31.755公里、浠水县16.94公里、罗田县29.915公里、英山县26.108公里。全线采用高速公路标准建设,双向四车道,全封闭,全立交,设计速度采用100公里/小时和80公里/小时两种,其中,K0+986.567~K121+500段设计速度为100公里/小时,路基宽度26米,K121+500~K132+248段设计速度为80公里/小时,路基宽度24.5米。全线有特大桥5座7162米、大桥64座19359延米、中小桥46座1097延米、涵洞248座、隧道4座3290米、互通式立交9处、分离式立交10处、通道及天桥238座,设服务区3处、停车区1处、养护区1处、养护工区2处、管理中心1处,设7个匝道收费站、1个主线

收费站(分别为汪集匝道收费站、总路咀匝道收费站、团陂匝道收费站、罗田匝道收费站、大别山匝道收费站、英山匝道收费站、杨柳匝道收费站和鄂皖主线收费站)。该工程于2006年10月9日开工,2009年12月24日全线通车。

武英高速公路项目设有4条连接线,共计19.487公里。其中,罗田连接线2.568公里、英山连接线4.804公里,按一级公路标准设计;团陂连接线6.22公里、大河岸连接线5.896公里,按二级公路标准设计。

三、G45 大(庆)广(州)北高速公路黄冈段

大庆至广州高速公路是一条贯穿我国南北的重要通道。其中,湖北段全长272公里,分南北两段。北段麻城至浠水段称为湖北大广北高速公路。北起于鄂豫交界处的周家湾(与河南大广高速公路相接),南止于浠水(与武汉至黄石高速公路相交),途经麻城市、武汉市的新洲区、团风县、黄州区、浠水县,主线全长147.5公里。另建团风和浠水连接线共19.8公里。主线采用双向四车道高速公路标准建设,设计速度采用100公里/小时,路基宽度26米。团风、浠水连接线采用一级公路标准建设,设计速度60公里/小时,路基宽度23米。全线在乘马岗、麻城、铁门、新洲、淋山河、团风、黄州、巴驿、兰溪设置9处互通式立交桥,设服务区2处、停车区2处、通信监控管理中心1处,共有8个匝道收费站(分别是乘马岗站、麻城站、铁门站、新洲站、团风站、黄州站、巴河站和兰溪站)。

湖北大广北高速公路投资概算47.25亿元,由葛洲坝集团股份公司独家投资建设,2006年8月15日开工建设,2008年12月底全线建成,2009年4月16日正式通车运营。

四、G42 武(汉)麻(城)高速公路黄冈段

武汉至麻城高速公路是国家"71118"网上海至成都高速公路的一段。东起麻城市木子店长岭关(与安徽金寨相接),向西经木子店、麻城市、宋埠、永佳河、红安县,止于武汉市黄陂区和红安县交界的长岭岗,全长101.378公里。主线采用四车道高速公路标准建设,设计速度100公里/小时,整体式路基宽26米,分离式单幅路基宽13米,道路全封闭、全立交。汽车荷载等级为公路—Ⅰ级。全线有特大桥、大桥82座15138延米,隧道5座7705米,桥隧比22.5%;沿线木子店、麻城东、麻城北、永佳河和红安等5处设置互通式立交,服务区2处,停车区1处,管理中心1处;麻城东互通立交连接线采用二级公路标准建设,红安互通立交连接线采用一级公路标准建设。沿线桥涵与路基同宽。整个路段总投资43.6238亿元人民币。

2008年7月,麻城至武汉高速公路控制性工程在麻城市中馆驿镇邓家榜互通口开工建设,2011年1月12日正式通车运营。

五、G70 福(州)银(川)高速公路黄冈段

福州至银川高速公路是国家"71118"高速公路网中一条承东启西、贯穿南北的运输大动脉。其在黄冈境内包括九江长江大桥北岸连接线和黄(梅)小(池)高速公路两段。

(一)九江长江大桥北岸连接线

九江长江大桥北岸连接线工程起于九江长江公路大桥北岸引桥终点,依次经过小池镇汪垾村、彭家桥、桥下村、杨家墩、泥池村,终点接黄(梅)小(池)高速公路小池收费站北侧,全长8.189公里。其中,起点至分路互通段为双向六车道,路基宽度33米;分路互通至终点段为双向四车道,路基宽度26米,设计速度100公里/小时,全封闭、全立交。全线有特大桥3座计3546米,大中桥2座,涵洞16道,通道10道,互通式立交2处,服务区1处。该工程于2009年12月开工,2013年10月28日通车。

(二)黄(梅)小(池)高速公路

黄(梅)小(池)高速公路既是国家高速公路网福银高速公路(G70)的重要组成部分,也是沪渝高速公路(G50)黄梅—黄石段的支线,起于黄梅互通立交(与主线相连),向南经龙感湖农场,止于九江长江大桥北岸小池镇,全长30.76公里,路基宽度24.5米,双向四车道,中央分隔带宽1.5米,设计速度100公里/小时,桥涵荷载汽车—超20、挂车—120,桥涵与路基同宽。全线有桥涵构造物122座(道、处),其中特大桥1座、大桥1座、中桥8座、小桥17座、涵洞61道、通道29处、分离式立交4处、互通式立交1处。全线设置收费站2处,配套设施机电工程同步建成。

该项目与G50沪渝高速公路黄黄段在建设期为同一项目主体。1997年5月,黄梅至小池联络线征地动迁工作启动。1997年12月8日,工程全面开工。2000年1月22日,全线通车营运。

六、G4213麻(城)安(康)高速公路黄冈段

麻(城)竹(溪)高速公路国家"71118"高速公路网麻城至安康高速公路的重要组成部分,也是G42沪蓉高速公路的一条联络线。

麻竹高速公路麻城至红安段全长约43公里,贯穿红安、麻城2县市7个乡镇,项目估算总投资18.61亿元,起于麻城宋埠镇以东,在宋埠镇以东周德与麻武高速公路(K73+900处)相接,在黄家岗跨滠水河后进入孝感市大悟县河口镇境内。设计速度100公里/小时,路基宽26米,双向四车道。

2009年12月28日,麻城至红安段控制性工程开工。此为黄冈市第一条以市州为主建设的高速公路项目。至2015年底,累计完成投资16.54亿元,占总投资的76%。

七、S29麻(城)阳(新)高速公路麻城至武穴段

麻城至武穴高速公路是湖北省高速公路网麻(城)阳(新)高速公路的重要组成部分。麻(城)阳(新)高速公路全长171.374公里,其中麻城至武穴段为139.757公里。

麻武高速公路起于麻城市木子店镇以北,接沪蓉高速公路麻武段,途经黄冈市麻城、罗田、浠水、蕲春、武穴等5县(市)15个乡镇,止于武穴市四望镇以南,上跨沪渝高速公路黄黄段,与武穴长江公路大桥对接。

麻武高速公路总投资约91.91亿元,采用一级公路标准建设,设计速度100公里/小时,路基宽度为26米。全线建设桥梁21801.58米/75座,其中特大桥1147米/1座、大中桥20654.58米/74座;设隧道1860米/3座,其中长隧道1280米/1座、短隧道580米/2座;设互通

麻武高速公路黄冈段

式立交11处,其中枢纽互通3处、一般互通8处;设匝道收费站7处、服务区3处、养护工区2处、管理监控分中心1处、交警营房2处。另建连接线2条:浠水连接线8.06公里,蕲春连接线8.65公里。主线采用设计速度为100公里/小时的双向四车道高速公路标准,建设工期39个月。

麻城至武穴高速公路项目建设法人为湖北省交通投资有限公司。2012年11月8日,项目破土动工。沿线拆迁建设创造"六个最":投资规模最大。麻武高速公路是黄冈有史以来一次性投资规模最大的交通项目,为93.9亿元。高速公路里程最长。麻武高速项目全长140.46公里,为黄冈已建最长的高速公路。连接高速公路最多。麻武高速公路接沪蓉高速公路(武麻高速公路)、武英高速公路、沪渝高速公路(黄黄高速公路)及经武穴长江大桥连接杭瑞高速公路等4条高速公路,穿越京九铁路。带动县市最广。麻武高速公路穿行黄冈大别山地区麻城、罗田、浠水、蕲春、武穴5县市、15个乡镇、113个村,直接惠及沿

线230万人。拆迁协调任务最重。麻武高速公路沿线拆迁1235户,约32万平方米;三杆迁改约1000处,移坟1.4万余座。建设速度最快。麻武高速公路项目计划工期为39个月,通过创新管理方式、运用先进技术工艺,只用了33个月,提前半年建成。2015年12月25日项目交工验收,2016年2月6日正式通车。

八、S31黄(石)咸(宁)高速公路黄冈段

黄(石)咸(宁)高速公路是连接武鄂、大广、武英3条高速公路的纽带,起点接大广北高速公路,终点接武汉至鄂州高速公路,全长105.54公里。其中,黄鄂高速公路团风段长13.285公里,黄鄂高速公路(含长江大桥)长29.243公里。

(一)黄(冈)鄂(州)高速公路(含长江大桥)

黄冈至鄂州高速公路是湖北省高速公路黄咸高速公路的重要组成部分。起点连接大广高速公路,经黄州区陶店乡、堵城镇、禹王办事处,跨越长江,经鄂州市华容区段店镇,止于华容区华容镇,终点连接武鄂高速公路,项目总投资32.14亿元。该路设计速度100公里/小时,路基宽度26米,双向四车道,全长29.222公里,其中长江两岸高速公路26.656公里、黄冈公铁长江大桥共建部分长2.566公里。全线设互通式立交6处(其中枢纽互通2处)、收费站4处(禹王收费站、黄冈收费站、三江港收费站、华容收费站)、管理及监控分中心1处、服务区1处、养护工区1处。2010年12月26日,黄(冈)鄂(州)高速公路正式开工,2014年6月16日正式通车。

(二)黄(冈)鄂(州)高速公路团风段

湖北黄冈至鄂州高速公路团风段,是黄鄂高速公路在大广高速公路与武英高速公路之间的延伸段,

黄鄂高速公路黄冈段

位于团风县境内。其起点与黄鄂高速公路黄州北枢纽互通与大广高速公路交叉,经京九铁路、武汉新港江北铁路及联络线,至马曹庙镇下穿G318,终点接武英高速公路(总路咀互通以西)。路线全长13.285公里,项目概算投资9.74亿元。全线采用双向四车道高速公路标准建设,设计速度100公里/小时,路基宽度26米;设桥梁1639.96米/9座,桥梁占路线长度的12.6%;设互通式立交3处(黄州北枢纽互通、马槽庙互通、黄冈北枢纽互通)、匝道收费站1处、养护工区1处(与匝道收费站合建)、监控管理分中心1处;桥涵设计汽车荷载等级采用公路—I级;路基及桥梁、涵洞等设计洪水频率为1/100;地震动峰值加速度0.05g。该项目是湖北省政府授权黄冈市承建的一条地方高速公路项目,2012年8月正式动工建设,2014年12月31日建成通车。

第二节 国 道

一、105国道(北京至澳门)黄冈段

105国道是北京通往广东的交通要道。黄冈境内路段自安徽省宿松县与湖北省黄梅县接壤的界子墩进入鄂境,经黄梅县城关、濯港、孔垄、小池口与九江长江大桥北岸接线衔接,全长67.034公里。

(一) 105 国道黄(梅)小(池)段

黄梅县城关至小池口系黄(梅)小(池口)公路,起自黄梅县城关西门,途经郭林桥、十里铺、濯港、中路庵、白湖渡、付渡桥、张河、分路口,讫于小池口。该路北连黄(梅)标(云岗)公路,南至天堑长江,与江西省九江市隔江相望。

黄梅县城关至小池口公路的孔(垄)清(江口)段始建于1927年,是黄冈的第一条商办汽车路。其修建和营运结束了黄冈没有现代公路交通的历史。

1949年至1959年,中共黄梅县委对该路进行抢修、恢复改线,使之达到四级公路标准。

1980年6月,黄(梅)小(池口)公路改建工程列为全省重点建设项目,1981年10月完成第一期工程黄梅至付渡段,1982年12完成付渡至小池段。1985年开始试铺水泥混凝土路面,至1987年建成26.3公里,整修了全线路肩和安装了现代化反光标志,1989年完成近20公里的GBM工程,成为黄冈地区最长的一条二级公路。

1992年3月,湖北省交通厅批准立项贷款修建九江长江大桥北岸公路接线工程,全长10公里,总投资1020万元。由武汉城建学院道交系协助联合组成测量队按平丘区一级公路标准设计,路基宽19米,路面与大桥行车道同宽14米,桥涵设计荷载汽车—20、挂车—100,桥面与路基同宽。年底,路基土石方和简易路面完工。1993年3月,开始水泥混凝土路面施工。11月,路面工程全线竣工,长3.03公里。该路段是黄冈最早建成的一级公路,结束了黄冈没有一级公路的历史。

1997年,黄梅县城至九江长江大桥一级公路改造工程完工,路基宽度为18米,路面宽度为14米。路面结构为水泥混凝土。其中,对郭林桥、十里桥、濯港桥、平行港桥及付渡桥进行了加宽,加宽后总宽度为21米。

2005年,黄冈市公路管理局对105国道进行路面改建。路面改建分两段实施。第一段起点为黄梅县与安徽省交界处的界子墩,止于白湖,共计29.65公里;第二段起于黄梅县境内白湖镇梅济二桥桥头,止于小池镇,计29.24公里。合计改建里程58.89公路,工程总投资9131万元,按二级公里标准进行路面改造,路面类型沥青路面。改建工程由黄冈市公路规划勘测设计院设计,黄冈楚通路桥建设有限公司施工,湖北省博达公路工程咨询监理公司监理。路面改建工程于2005年10月开工,2006年10月完工,经交通部验收组验收,达到交通部文明样板路标准。

(二) 105 国道黄梅段

界子墩至黄梅县城关为柳(子港)界(子墩)公路的东端,由安徽省宿松县进入黄梅境内,1931年修竣。1932年11月,七省公路会议将柳(子港)界(子墩)公路列入京川干线。1938年7月,日军开始从小池口、武穴、田镇等港口登陆,柳(子港)界(子墩)公路遭到惨重破坏。

新中国成立初期,中共黄梅县委发动群众,及时抢修了西河公路桥和黄梅至宿松公路。1960年,再次对黄梅至界子墩路段进行了恢复改善,柳(子港)界(子墩)公路全线贯通。1965年,黄梅县以民办公助方式对境内路段进行了全面整修,使其达到晴雨通车。

20世纪70年代,该路分期分段铺设渣油路面,路面实现双车道。1985年,湖北省计委将黄(州)界(子墩)公路列为改造计划。1987年,由黄冈地区公路总段和黄梅县公路段按三级公路的标准进行改建,于1989年11月5日竣工。2005—2006年,由黄冈市公路管理局组织对界子墩至黄梅县城区段按二级公路技术标准改造。2015年春,黄冈市公路管理局再次组织黄梅县公路管理局、黄冈楚通路桥建设有限公司对界子墩至黄梅县城区段路面按二级公路技术标准大修,2015年10月完工,路面行车道宽度为9米,硬路肩宽度为2×1.5米,路面结构为8厘米沥青混凝土。

二、106国道(北京至广州)黄冈段

106国道(北京至广州)湖北黄冈境内路段自鄂豫交界的小界岭进入黄冈,经麻城市团风县、黄州区至鄂黄长江大桥。黄冈境内全长141.195公里,其中,麻城市境内89.453公里,团风县境内28.537公里,黄州区境内23.205公里。

(一)106国道麻城境内路段

106国道麻城境内小界岭至余家寨路段系原汴粤干线公路汉(口)小(界岭)公路的一段。1928年10月,由湖北省鄂东省道工程处查勘,国民政府第30师施工。1931年6月,黄(陂)麻(城)段建成通车,路宽8米。麻(城)小(界岭)公路1932年11月1日破土动工,月底完工。1938年秋,汉(口)小(界岭)公路遭到日军毁坏。

1945年8月下旬,湖北省公路管理局鄂东北工务总段在麻城宋埠设立分段,负责靠山店至麻城路段的修复。1946年6月,交通部公路总局将汉(口)小(界岭)公路划为国道,并由交通部公路总局第二区公路管理局接管。7月4日,国民政府军事委员会武汉行营决定加紧抢修汉(口)小(界岭)公路。8月,湖北省公路管理局奉命开始抢修。1947年4月,抢修靠山店、刘杰士河、郭三屋等中小桥,整修路基,铺筑简易路面,汉(口)小(界岭)公路麻城至汉口方可通车。

1949年,麻城县人民政府组织动员群众配合部队修复该路,维持通车。1950年,中南公路局在汉(口)麻(城)公路上设立汉(口)李(家集)、李(家集)麻(城)两个工务段,负责路面的铺设及其养护。1951年,中南公路局又专门设立汉潢公路处,下辖麻(城)小(界岭)和小潢两个工务段,完成麻(城)小(界岭)路段路基工程27.74公里、石砌桥台12座、石箱涵131道。1953年、1954年,汉(口)小(界岭)公路靠麻段被洪水冲毁多处。年底,省公路管理局通过以工代赈方式修复通车。1959年4月,改建40孔木架桥,长191米。1960年,对汉(口)小(界岭)公路余家寨至小界岭路段铺筑级配碎石路面。1970年2月27日,余(家寨)小(界岭)路段铺筑渣油路面,1978年建成。

1987年11月25日浮桥河大桥新建工程和桥头接线9.2公里二级公路改建工程破土动工,1990年7月基本完工。1991年,浮桥河路段2.3公里建成沥青碎石路面,实现了麻城市高等级路面零的突破。1992年11月,宋埠至新洲余家寨的路基按平丘二级公路标准改建。至1994年底,白塔河至宋埠路段全部铺筑了沥青碎石路面。1997年,小界岭至白塔河段按二级公路技术标准设计,以民工建勤方式实施路基土石方改建工程,路面工程由麻城市公路段路桥工程处、机械处施工,黄冈市公路工程检测站负责工程监理,1999年10月竣工。

2001—2010年,黄冈公路部门先后多次对白塔河至余家寨、小界岭至黄土岗段路面按二级公路技术标准进行改建和大修。2010年湖北省交通运输厅、湖北省公路管理局决定对106国道全线路面进行改造,2011年4月竣工。

(二)106国道团风境内路段

106国道(北京至广州)团风境内路段系京川干线的一段,也是七省公路会议规划的干线之一。

该路段1928年10月至1932年8月由湖北省建设厅派测量队测量,1936年夏开工,1937年夏竣工,路基宽9米,最大纵坡7%,弯道视距等基本达到标准。1945年冬,为适应当时的"复员运输"的需要,柳界公路团风县境内路段被列为重点修复公路之一,并分两期进行,第一期工程路基修复工程利用日俘抢修。1946年4月,国民政府交通部拨专款进行第二期工程的抢修,但收效甚微。8月,交通部公路总局将柳界公路划为国道。1947年12月,"鄂豫皖三省边区清乡指挥部"将柳(子港)界(子墩)公路作为重点抢修工程之一,调遣工兵抢修。交通部第二区公路管理局组建第四工程队赶赴工地负责施工,民工由地

方保甲强征上路,力图抢修通车,但修复计划始终未能实现。

1954年因特大洪水灾害,柳(子港)界(子墩)团风县境公路桥梁尽毁。经抢修,至1955年底基本修通。1958年,该路铺设简易路面,达到晴雨通车。1960年,该路再次恢复改善,路基宽7.5米,路面宽3.5米,铺设简易碎石路面。1964年7月,淋山河和宋墙两座永久性桥竣工。1973年,该路铺设渣油路面。1975年、1976年,通过加宽、降坡、裁弯等手段对该路线型进行了较大的改善,路基一般宽10米。至1978年,该路段全部铺筑了渣油路面,宽7米,厚2.5厘米。

1996年,黄州区、团风县分设,中共团风县委、县人民政府将106国道(318国道)方高坪至淋山河路段改建提上议事日程。1997年12月,湖北省林业勘测设计院完成工可报告和初步设计。1997年11月18日,路基土石方工程由团风县组织乡镇民工和民车建勤动工建设,1999年7月完工。马曹庙桥、宋墙中桥,分别由二航局五公司和团风县公路段路桥公司中标,由黄冈市衡兴咨询监理中心监理。全线小桥涵由县指挥部委托团风公路段路桥公司代管承建。1999年8月路面工程建设开始,2002年5月完工。

2000年,106国道团风汤(铺岭)沙(子岗)段10.5公里的改建工程被湖北省交通厅纳入路网改造项目。2001年5月,由交通部第二航务工程勘察设计院完成设计施工图纸,按平原微丘二级改建。2002年6月,由团风县组织乡镇民工和民车以建勤方式进行路基土石方工程建设,2003年初,工程完工。2002年11月,中小桥梁由团风县指挥部委托县养管中心和其他施工队伍承建,2003年2月完工。2002年10月,路面工程由团风县公路段路桥公司动工建设,由武汉华通工程建设监理站负责监理,2003年12月完工。

(三)106国道黄州境内路段

106国道黄州境内路段系黄州至上巴河公路(以下简称黄上公路)的一段,南起黄州镇,向北经三台河、路口、陶店、砂子岗,全长14.734公里。

黄州至上巴河公路始建于1946年冬。1947年5月,湖北省建设厅应黄冈县政府电,令鄂东工务总段派工程技术人员到黄冈县指导协助修建。同年冬,路基和桥涵工程基本完竣,路基宽6米。

新中国成立后,该路经过多次改善,1960年达到晴雨通车。1970年冬,结合农田水利基本建设,改建黄上公路。1971年12月,开始铺筑渣油路面底面。1972年,渣油路面铺筑全部竣工。1985年,黄冈地区公路总段对黄(州)砂(子岗)公路按一级公路标准改建。1986年2月25日,控制性工程三台河大桥动工。11月25日,黄州至砂子岗段路基以民工建勤方式破土动工。1987年9月,黄州至砂子岗段路基工程竣工。1988年开始修建水泥混凝土路面,1989年竣工,成为黄冈县(今黄州区)第一条高等级水泥公路。1994年,黄州市(今黄州区)城建部门对黄(州)砂(子岗)公路的路基以路面为中心向两边各扩宽了15米,使该路段路基宽达到60米。

2005年5月,经湖北省交通厅批复,内地与香港协商,公司董事会同意,黄冈国力公路发展有限公司成立黄上公路改建工程项目部,负责对黄上公路黄州到沙子岗路面段计13.425公里进行改建,改建工程分两期,一期修补破损路面,二期对路面进行"刷黑",概算投资2158.299万元。由于内地与香港对黄上公路改建工程施工技术方案分歧较大,106国道黄冈市黄州到砂子岗路段路面改建工程项目完成一期路面修补后,二期"刷黑"工程停止建设,实际仅完成货币工程量548.86万元。

2007年9月,黄冈国力公路发展有限公司启动黄上经营公路路面改建一期工程项目,全长13.425公里。2008年1月,一期路面改建工程完工,实际总投资为2950.53万元。7月,黄冈国力公路发展有限公司启动黄上公路改建工程二期项目,起于砂子岗,止于江北一级公路丁甲立交桥,全长6.665公里,公路等级为一级,路面为沥青混凝土,概算投资4139.5534万元。该项目于2008年12月完工,实际总投资为5021.51万元。

2012年9月,黄冈国力公路发展有限公司启动106国道江北公路立交桥至三台河桥段5.38公里路面拓宽工程,并于年底完工。

三、318国道(上海至西藏)黄冈段

318国道起于上海,止于西藏日喀则市聂拉木县。湖北段起于安徽岳西与湖北英山交界的蔡家,止于利川市苏拉口,全长985.877公里。黄冈境自东而西横贯英山、罗田、团风3个县,路线自英山县蔡家岭,途经杨柳湾镇、温泉镇、匡河乡、骆驼坳镇、三里畈镇、但店镇、总路咀镇、马曹庙镇、方高坪镇、淋山河镇,止于团风县竹林岗,全长127.737公里(其中:英山县33.834公里,罗田61.069公里,团风县32.834公里)。

(一)318国道团风县境路段

318国道沪聂线团风县境路段一部分与柳(子港)界(子墩)公路(106国道)重合,一部分与团(风)胜(利)公路(318国道)重合。

1931年,鄂东省道工程处对团(风)胜(利)公路进行勘测,然湖北省建设厅以"省库支绌,颇难筹集"为由,一直未动工。

1951年9月3日,黄冈专员公署第一次交通会议决定黄冈县在5天内修通团风至胜利公路。1952年12月,黄冈专署成立团(风)胜(利)公路建设委员会,采取以工代赈方式动工。1953年4月工程完成,路基宽7米,路面宽约4米。

1954年7月中旬,因山洪暴发,团(风)胜(利)路路基、路面、桥涵均遭毁坏。黄冈专署交通科指令沿线各县抢修水毁公路,至1955年3月底恢复通车。1958年,黄冈县(今团风县、黄州区)组织群众加宽路基、裁弯、降坡,并将土路铺筑为泥结碎石路面。1964年7月,淋山河和宋墙两座永久性桥竣工。1973年,该路铺设渣油路面。1975年至1976年,通过加宽、降坡、裁弯等手段对该路线型进行了较大的改善,路基宽一般10米。1978年,全部铺筑了渣油路面,路面宽7米,厚度2.5厘米。1978年11月,黄冈县采取民办公助方式,对标云岗至新桥路段25.93公里按三级公路标准改善,1980年竣工。

21世纪,该路段被列入路网改造项目。2000年,团风县成立了318国道改建指挥部。同年11月底,路基土石方工程由团风县组织乡镇民工和民车建勤破土动工。2002年,但店至溢流河路基土石方和小桥涵工程完工。2005年,溢流河至标云岗和新桥至但店的路基土石方、小桥涵工程完工。路面工程于2002年4月动工,2003年2月竣工。2014年1月16日,318国道团风段改扩建工程开工,全长14.6公里,起点为318国道标云岗交叉口,终点与团方公路相接。该项目按国家一级公路标准建设,路基宽24.5米,双向四车道,设计速度为80公里/小时。

(二)318国道三里畈至曹家岭路段

318国道三里畈至曹家岭路段系上海至武汉公路的一段。该路由罗田县三里畈大桥头起经罗田县城、石桥铺、汪家河大桥进入英山县境,经儿女丘至白马石,再由白马石经杨柳湾大桥至曹家岭与安徽省岳西县路段相接。1966年3月,由交通部第一公路勘察设计院测设,实际施工线路长70.867公里,其中:石桥铺至女儿丘8.513公里及白马石至曹家岭15.215公里两段为新建,三里畈至石桥铺段47.139公里为改建。工程标准为公路技术六级,桥涵按汽车—13、拖车—60。路基宽除白(马石)曹(家岭)段按6.5米外,其余均为7.5米。路面宽5.5米,采用碎(砾)石铺筑。工程于1966年4月开工,1967年9月竣工,历时1年零5个月。1975年,开始铺渣油路面。至1978年全线铺筑了渣油路面,路基宽8米,路面宽6.5米,标志齐全,全程实现绿化。

(三)318国道罗田县境内路段

1983年,罗田县将县酒厂至南门大桥3公里三级路面改为二级路面,路基扩宽到16米,有效路面达

12米,改黑色渣油路面为沥青路面。1988年至1990年,对南门大桥以西的4公里按二级公路标准进行改善,抬高路基,使路基宽达14米。

1990年,完善318国道罗田县境内路段GBM工程,对重点险要地段增设部分护栏。1991年,罗田县三里畈农民集资60多万元,对318国道三里畈镇过境路段1.5公里进行改造,使路基宽达到40米。1994年,罗田县对县酒厂至栗子坳路段进行扩宽改善。1996年12月,罗田县鸟雀林至新桥16.5公里二级路改造动工,并利用航空选线,避开原线路的高山陡坡,裁弯取直,缩短1.6公里。1997年,全程实现美化,标志齐全。1999年10月,路面沥青铺设任务完成。至此,318国道罗田县西线县城至新桥达到二级路标准。

318国道罗田县境内路段

2000年,318国道列为湖北省干线路网改造计划,为避让规划中的武英高速公路,罗田县境线路改走栗子坳、骆驼坳、香木河经匡河进入英山,原318国道罗田县城至英山段更名为县道蔡界线。同年10月,罗田县以民工建勤方式对318国道罗田县境内东段路基进行改造,2001年底完工。2002年3月,318国道罗田县境内东段全长38.184公里路面工程开工,设计标准为山岭重丘二级公路,路基宽12米,路面宽7米,于2003年6月完工。2006年6月初,318国道罗田县境内栗子坳收费站至三里畈新桥路段部分路面改善工程动工,计改善里程9.5公里,总投资480万元。2009—2011年,由罗田县大别山养护工程建设有限公司施工,湖北科成监理公司监理,对该路段路面进行大修。

(四)318国道英山县段

318国道英山县境内路段(蔡家岭至罗田县隔山坳),长33.834公里。其中张家畈至鸭掌树段1.6公里,1994年10月由英山县以民工建勤方式按二级公路标准进行改建,1995年6月路基改建工程竣工,路基宽14米。路面工程建设由英山县公路段工程处进行施工,1995年9月竣工,为沥青碎石路面路面,宽9米。

2000年10月,318国道英山段改建工程开工,2003年10月竣工,全长33.875公里。该路段分两段实施。第一段为隔山坳至六西冲段,全长26.375公里,由中港二航勘察设计院按山岭重丘二级公路标准设计,蕲春县路桥公司、黄冈市路桥工程建设总公司、武穴诚信路桥公司、英山县安顺路桥公司承担施工任务,黄冈市衡兴公路工程咨询监理中心承担工程监理。第二段为蔡家岭至六西冲段,全长7.5公里,由中港二航勘察设计院按山岭重丘二级公路标准设计,项目施工经招投标,优选英山县安顺路桥公司为施工单位,黄冈市衡兴公路工程咨询监理中心为工程监理。

第三节 省 道

一、黄土线(黄陂至土岗村)

黄陂至土岗村公路(编号:S108)起自黄陂,止于湖北与河南两省交界的土岗村。经大悟县烟墩茶场进入红安县境内,在李氏畈村接上老路经过韭菜园村、王家店村后在凉亭岗进入大悟县,红安境内长7.704公里。至2015年,技术等级为二级路,路面结构为沥青混凝土路面。

2000年,该线被列为湖北省干线二级路改建项目之一。由中交第二公路勘察设计研究院勘察设计,路基宽12米,路面宽9米,设计速度80公里/小时。红安境内的改建工程由红安县组织实施,由红安县鄂东路桥有限责任公司中标承建,2002年11月12日开工,2003年12月全线竣工。

2010年8月,红安县鄂东公路工程有限责任公司根据设计标准建设沥青混凝土路面,2010年11月30日竣工。

二、阳福线(阳龙口至福田口)

阳龙口至福田口公路(编号:S109)南起阳逻长江下游4.3公里处的龙口汽渡码头,途经施岗、毕铺、仓埠、靠山店,自仙人坟(新洲与红安交界处)进入红安县境,经太平桥、八里湾、觅儿、高桥、占店、红安县城关、七里坪、檀树岗,北至红安与河南省新县交界的福田口,全长121.282公里,其中新洲县境38.886公里、红安县境82.396公里。

(一)龙口至仙人坟路段

龙口至仙人坟路段系阳(逻)宋(埠)汽车路的一段。1923年,易孝珊、游幼山等人倡修阳逻向北通往河南光州(今潢川)固始的阳(逻)宋(埠)汽车路,北京大学毕业生陶翌圣带人对黄冈西部(今武汉新洲区)、麻城、黄安南部等地进行实地踏勘,并拟定线路和修筑方案,但未动工兴建。

1925年,湖北省参议员游幼山再次倡修阳宋汽车路。各县绅商先后两次讨论阳宋汽车路修筑事宜,议定:线路按北京大学毕业生陶翌圣勘测结果办理,其走向为阳逻、三山铺、毕家铺、宋埠,再从宋埠分支,向南修一路至新洲,向西修一路至黄安八里湾;全长120里,分10段修筑,以工代赈,同时施工。1925年11月12日,阳宋汽车路筹备处成立,着手修筑阳(逻)宋(埠)汽车路。后因时局动荡,修筑中断。日军侵占武汉后,强征民工,修筑简易公路。

1953年冬,新洲县人民政府组织沿线群众对该路进行整修,达到晴雨通车。1954年,遇特大水毁。1955年春,新洲县交通科采取以工代赈方式,组织群众修复路基路面,恢复通车。

1978年,阳(龙口)靠(山店)路段开始按二级公路标准改建。1979年,采用民办公助方式,分配给5个公社和阳逻镇分段包干施工。1980年,改建工程全部完成。1982年,开始新建沥青渣油路面。至1985年,该路段路面全部实现黑色化,路面宽9米。

自此,红安县仙人坟至福田口路段长84.20公里,分段建设完成。

(二)红安至靠山店路段

红(安)靠(山店)路段贯穿红安县南部,全长43.5公里。1949年,为支援中国人民解放军渡江,红安县组织沿线群众抢修红安到官木堂路段21公里。1953年春,为利于马鞍山水库兴修,开始修复红安至官木堂公路,同年秋竣工通车。1954年,遇特大暴雨袭击,公路路基水毁严重。1955年初,红安县交通科加紧修复施工,7月底竣工通车,路基宽7米,路面宽3.5米。

1986年,红安县人民政府以民办公助的形式对红安城关至熊家湾路段按二级公路标准改建,同年底以简易路面通车。1989年,红安城关至熊家湾新改线路段完成次高级路面铺筑。1991年,红安县二桥工程指挥部对红安城关二桥接线的3.29公里按二级公路标准进行改建,采用民工建勤、车辆建勤与义务劳动相结合的方式施工,年底完成桥西的路基工程,桥东的填方路段至1992年5月完成,1993年完成路面工程。1994年,中共红安县委、县人民政府把改建仙熊公路列为全县基础设施建设的重点工程,与京九铁路、麻汉铁路联络线的建设同步进行。11月15日开工,采取民工建勤方式施工,路基宽18米,沿线乡镇过境路基宽50米,1997年完成沥青路面的改建。1998年,开始对阳福线红(安)熊(家湾)段长24.405公里进行路面改造,在原油路上直接铺筑混凝土面板,板厚22厘米。这是红安县第一条由沥青路面改造为混凝土路面的公路。

2008年,湖北省交通厅将阳福线仙人坟至福田口列入大修计划,分两期进行。2008年10月开工,由红安鄂东公路工程有限责任公司、黄冈市楚通路桥工程建设有限公司施工,湖北博达公路工程咨询监理有限公司、武汉广益工程咨询公司监理,2009年6月,大修工程竣工。2010年4月30日,红安县鄂东公路工程有限责任公司开始对阳福线红安县城关至福田口24.5公里路段进行路面大修,在原水泥混凝土路面上加铺沥青混凝土路面。2010年10月10日,大修工程竣工。

(三)红安至福田口路段

红安至福田口路段由红安县城向北偏东,经七里坪、檀树岗至福田口,长38.84公里。

1949年支前时,红安县动员沿线群众修复红(安)坪(七里坪)路。1952年,红安县人民政府发动群众再次修复红安至七里坪公路。1955年,红安县沿人行大道扩宽改造七里坪至檀树岗公路,建桥5座计72.5米、涵洞19道,1956年11月正式通车。

河南省新县与檀树岗相距6公里,为沟通湖北省与河南省的联系,1962年10月中旬,经红安、新县两县协商,共同修建该路红安县境内长2.14公里,走向起自檀树岗,跨过倪家河(河宽70米),再沿倒水河岸伸展,最

红安至福田口路段

后一段傍山沿河开路与福田口相接。12月底,檀树岗至福田口路段竣工,次年元月正式通车。至此,阳福公路全线贯通。

1978年4月,湖北省交通局决定对该路段进行改建,并派省公路管理局第二勘测队测量设计。11月,红安县委组织民工采取民工建勤、民办公助的方式,按三级公路技术标准改建。1981年初,红安至福田口路段改善工程基本完工,红安至七里坪23公里路基宽10米,七里坪至福田口15.3公里路基宽8.5米,其中新建路段14公里。全路段共新建中小桥5座计106米,加宽小桥7座计35米,新修涵洞261道。1981年开始油路建设,并于当年完成7.33公里。至1984年底,红安至七里坪路段铺筑完成渣油路面。

三、阳枫线(团风镇举水河桥至鄂黄长江大桥)

阳枫公路黄冈段(团风镇举水河桥至鄂黄长江大桥)(编号:S112)起于鄂黄长江大桥,途经禹王、堵城至团风镇举水河桥,与武汉市新洲区相接,全长32.02公里。其中,团风镇举水河桥至罗家沟桥为大埠街至巴河公路的一段,罗家沟桥至鄂黄长江大桥26.6公里为黄州区管辖路段。

该路始建于20世纪50年代。1954年,黄冈县结合水利建设,修通黄州至团风公路,长32公里。1971年,汽渡至南湖公路建成通车,长12.6公里,路基宽7.5米,为四级公路技术等级。

1991年,黄冈地区交通局制定修建沿江公路规划,其线路历经黄州、浠水、蕲春、武穴、黄梅5县市的13个镇,全长208公里,阳枫公路为其中的一段。

1991年12月,黄州市(今黄州区、团风县)组织10万余人上路,率先拉开修筑沿江公路的工程。其中团风至黄州段按二级公路标准建设,路基宽15米,路面宽9米,中小桥3座,涵洞234道。1994年12月,沿江公路金锣港至黄州路段32公里水泥混凝土路面全面竣工。1995年,团黄公路2.6公里水泥路面的扫尾工程和路肩工程完成。团风、堵城、禹王还配合路肩工程建设,分别修建长1000米、宽50米的街道。1996年5月,黄州区、团风县分设后,团风至黄州公路在黄州区境内15.84公里,起于黄州城北转盘,止于团风县罗家沟大桥,名为"省道阳黄线黄州段",后改为"省道阳枫线黄州段(新洲阳逻至大冶枫岭镇)"。

1999年9月,团风县以民工建勤和以资代劳的方式对团风境内路段的路基进行加宽,按一级公路标准施工,路基宽25米(城区路基宽33米),路面宽18米(城区路面宽21米),2000年9月完工。2006年

底,阳枫路面改善指挥部成立,团风县金锣港至罗家沟段路面改建工程动工,建设标准为二级,路基宽12米(城区宽33米),路面宽9米(城区宽21米),由罗田县易通路桥建设工程处和鄂州市路桥工程公司施工,2007年7月完工。

2004年8月18日,湖北省发改委批准阳枫线黄州段11.92公里改扩建工程按一级公路标准建设。2005年5月30日,阳枫线黄州段改建工程正式开工,由黄冈市交通局组织建设,公路技术标准由一级更改为二级,碎石沥青路面。2006年11月,工程竣工通车。

2008年6月,根据公路养护需要,黄冈市公路管理局批准对阳枫线(禹王—丰衣桥)段8.90公里路面进行中修罩面。2011年5月,阳枫线路面大修改造工程由黄州市志鹏监理公司负责项目监管,鄂州市路桥公司负责具体实施,7月竣工通车。

四、中大线(中界岭北至黄石大冶)

中界岭北至黄石大冶公路(编号:S201)起于英山县中界岭北,途经石头咀、金家铺、孔家坊、红山、温泉、方家咀、南河、绿杨、洗马、清泉、六神、马垄,止于浠水县散花镇黄石大桥头,全长147.199公里,其中英山县境83.034公里、浠水县境64.165公里。

中界岭北至黄石大冶公路分期修筑,分段通车。1952年冬,英山县人民政府组织群众在原人行大道基础上裁弯加宽,初步完成了英山县城关至石镇30余公里的路基雏形。1955年,英山县人民政府成立了公路桥梁修建指挥部,重新上马施工,12月底完成土方工程,路基宽4~5米,勉强通行汽车。1956年,英山县交通科组织建桥专班突击建桥,同时组织沿线群众对路基进行不断加固和改善。10月,英山县城至石镇路段正式通车。

石镇至张家嘴一段土方工程因五显庙、饼子铺几处峭壁悬岩工程巨大,于1959年才建成通车。1965年至1966年,湖北省公路管理局投资对石镇至张家嘴路段进行新改建。1967年,女(儿丘)中(界岭)公路全线竣工通车。1987年,英山县对金铺9公里路段按二级公路标准改建,于1988年建成沥青路面。1996年11月,中共英山县委、县人民政府组织4个乡镇4万劳动力对中大线英山境内路段进行改建,使路基达到山区二级公路技术标准。1997年6月28日,改建工程竣工。

2010年,湖北省交通运输厅、省公路管理局将中大线英山石头咀至大畈河路段46.5公里列为大别山红色旅游交通示范区公路建设二期工程计划,进行路面大修。该工程自2010年4月1日正式开工,2010年9月30日主体工程建成并试通车,2011年6月30日全部工程完工。

(一)中大线浠(水)英(山)段

1951年,黄冈专署交通科委派浠水第二工程队对浠(水)英(山)公路进行勘测。1957年春,黄冈专署交通科会同英山、浠水县交通科再次对该路进行复测,浠水、英山县均成立了浠(水)英(山)公路修建委员会。9月、11月,浠(水)英(山)公路浠水、英山境内路段相继开工,至年底全线土石方工程全部完成,路基宽6.5~7米,路面宽3米,均为简易路面,临时性桥采用汽—6级,永久性和半永久性桥采用汽—8级。1958年春,继续修建浠(水)英(山)公路,改善路面和加固桥梁涵洞等。6月,英山县城关南门临时性木构大桥竣工。9月,浠水县完成路面改善。12月,浠(水)英(山)公路全线通车。

1965年2月,东干渠下游段,北起柳(子港)界(子墩)线上的丁(司垱),经方角、快活、马垄、红莲至散花

中大线浠(水)英(山)段

洲江边江北农场,全长29.42公里,按照干渠工程所需器材运输需要,首先抢筑丁司垱至快活段,再修筑快活至江北农场各段。全线于1966年底竣工通车。

1991年,中大线英浠路浠水县境内清泉镇至查儿山路段按二级公路标准进行新改(扩)建,同年11月开工,1995年10月建成通车。2004年,湖北省公路管理局批准中大线浠水县英浠段进行路面改善,按二级公路标准建设,设计速度80公里/小时,路基宽12米,沥青路面宽9米,设计荷载汽车—20级、挂车—100,同年5月开工,10月完工,完成境内改善工程39公里。

2009年,中大线关堰口到洗马羊角路段列为黄冈市大别山红色旅游交通示范区公路的利用路段。2010年4月,浠水境利用路段19.505公里大修动工,同年底完工。

(二)中大线散(花)丁(司垱)路段

散(花)丁(司垱)公路由干渠工程指挥部投资修建。1968年移交浠水县公路段后曾多次投资对该路进行改善。1968年秋,首先将终点延至散花港,与汽车渡口衔接。1970年6月,又优选散花港汽渡码头以北5.55公里,建桥3座,涵洞34道。1971年上半年,修建永久性桥梁4座,涵洞11道。1973年5—12月,对禹山至农场7公里机耕路,进行裁弯、扩宽并新建部分涵洞,全线实现晴雨通车。

1978年,浠水县对散(花)丁(司垱)公路进行扩宽、裁弯、降坡等改善,并新铺渣油路面。

1993年8月,浠水县委成立浠散公路建设工程指挥部,对中大线浠(水)散(花)段28.34公里按一级公路标准进行新改(扩)建,1994年1月开工,1996年10月建成通车。

2006年至2007年,中大线浠散段5.5公里路面大修工程完成。2009年6月至2011年,分二期对浠散公路23.27公里路面进行大修(沿线马桥港桥、木马畈桥、六神港桥3座危桥加固改造同时进行),其中一期工程18.03公里、二期工程5.24公里,2011年6月底完工。

五、罗兰线(罗田县界河大桥至浠水县兰溪)

罗田县界河大桥至浠水县兰溪公路(编号:S202)北起罗田县界河大桥,途经胡河、关口、清泉、三台,止于浠水县兰溪码头,全长62.435公里,其中浠水县境内50.92公里、罗田县境内11.84公里。

该路原系立(煌)蕲(水)公路一段,起于安徽立煌县(今金寨),横跨大别山,过罗田县松子关、滕家堡、新昌河、河铺、平湖和罗田县城关,经骆驼坳进入浠水,抵长江北岸兰溪。1932年3月22日,湖北省建设厅筹备处拟建。10月中旬,成立蕲(水)罗(田)公路修建指挥部。是年11月16日,长55公里的蕲(水)罗(田)全线通车。

罗田县界河大桥至浠水县兰溪公路

1934年,为适应军运,报呈湖北省政府修筑罗田至松子关公路。1935年,湖北省公路管理局成立兰滕公路工程总队,专司兰溪至滕家堡公路的修筑和日常养护,并设站办理民间运输,工程事宜由兰滕工程队承担。1938年10月中旬,因阻击日军的侵入,罗(田)兰(溪)公路被破坏,交通中断。1946年初,湖北省公路管理局在浠水设立鄂东南工程总队,负责抢修兰(溪)滕(家堡)等公路。1948年2月,抢修通车。1949年4月,国民党军队为阻击中国人民解放军南下,对该路进行严重破坏,交通中断。

1950年,湖北省公路管理局接管兰(溪)罗(田)公路,并成立湖北省公路管理局第二工程队浠水分队,配合当地政府,组织沿线群众进行修复和季节性改善,抢修南门木便桥,修复罗(田)滕(家堡)、兰(溪)罗(田)公路,并于当年通车。1954年,兰(溪)罗(田)公路遭洪水袭击,交通中断。1955年春,经过整修,兰(溪)罗(田)公路路面由丁等九级提高到八级。1956年,经过整修,该路基本实现晴雨通车。1958年冬、1959年春,浠水县人民政府组织民工上路,进行了大规模的改善,增加了防护设施。

  1960年,浠水县成立浠水公路改善指挥部,对浠水县城关至兰溪进行改善,路基达到9米。1963年春,浠水县交通局成立重件运输指挥部,并对兰溪至白莲河沿线桥梁进行加固和改建。1964年,罗田、浠水对该路铺筑松散保护层路面。

  1980年,湖北省公路管理局将该路列为全省主要经济干线公路改建,派省公路管理局第二测量队对兰(溪)罗(田)公路的兰溪至土桥路段进行测量设计,其中:兰溪至浠水县城22.632公里按平丘三级设计,路基宽10米,路面宽7米;浠水至土桥28.164公里按重丘三级技术标准设计,路基宽8.5米,路面宽7米。1981年2月,浠水县组织民工采取分段修筑方式进行路基土石方工程建设。12月,路基和桥涵改建工程全面竣工,并铺筑了简易路面。1986年9月,开始渣油路面建设,至1993年除浠水县一砖厂路段外,罗兰公路全线实现路面黑化。1999年至2001年浠水县对罗兰线部分路段的路面进行技术改造。2003年,该线列入全省"十五"规划后3年路网改造计划,分两期实施,按二级公路标准设计。同年4月,第一期工程浠水县城至土桥段开工建设,12月完工。2004年11月,第二期工程浠水县城至兰溪段开工建设,2005年12月完工。

  罗田县界至土桥路段自1976年铺筑渣油路面后,一直没进行大的技术改造。1992年,罗田县公路段按平丘二级公路标准改建,改建路段起于三里桥三岔路口,经城关南门大桥、栗子坳、三港至土桥接浠水县界,全长20.48公里,路基宽16米,路面宽9米,1994年1月完成路基工程。1994年3月,路面建设由罗田县公路段施工,同年10月18日全线正式通车,从而结束了罗田县无高等级公路的历史。2000年,在罗田县城往南开始铺设混凝土路面。至2002年,栗子坳大桥至朱家河3公里硬化路面铺筑完工。2005年,罗田县公路段再次对罗兰线境内路段按照二级公路标准进行全面改造。2006年8月,列入罗田县国省道安全保障工程的湖北省道罗兰线、麻新线与318国道3条线路开工,罗田大别山养护工程建设有限公司中标承建,湖北博达公路工程咨询监理有限公司监理,历时两个月,对示警墩、示警桩、挡土墙进行加固维修。

六、长三线(长岭关至三里畈)

  长岭关至三里畈公路(编号:S203)起于鄂皖交界处的长岭关,自北向南,途经祠堂铺、丁家坳、木梓店、杨眉河、蔡店河等地至牌坊岗进入罗田境内,复经黄冈庙、七道河,止于三里畈与318国道相接,全长61.951公里,其中麻城境长岭关至牌坊岗46.294公里、罗田境牌坊岗至三里畈15.657公里。1979年黄冈地区普查时该路定名三松公路,1988年普查时重新划分,更名为长(岭关)三(里畈)线。该线北通皖豫,南连318国道,中途与胜麻、新蔡等诸线相连,是大别山腹地南出长江的一条重要公路。

  麻城辖境杨眉河至蔡店河是1958年修建的一条简易公路。1965年开始按四级公路标准修建,1966年1月竣工通车。1978年,以民办公助形式,对佛头山路段进行降坡改造。

  2000年10月、2001年1月,长(岭关)三(里畈)公路K0+000~K19+202.85、K19+202.85~K46+284先后由长沙交通学院交通设计研究所和湖北省林业勘察设计院设计,设计标准为山岭重丘区二级公路技术标准。后通过招投标由麻城市公路段路桥处中标施工,黄冈市衡兴公路工程咨询监理中心监理,2007年路面改善工程竣工。

  罗田县境内三里畈至蔡店河路段系团风至胜利公路的一段,1952年因赈救荒灾而新建。1958年,罗田县组织群众进行加宽路基、裁弯、降坡,并将土路铺筑为泥结碎石路面。1969年该路段遭水毁后,罗田县采取民工建勤方式分段改建,至1979年全段达四级技术标准。2002年,罗田县公路段对该线上的千家堰中桥进行加固。2004年初,该路段列入路网改造计划。罗田县交通局投入资金158万元,由大别山路桥公司和英山安顺路桥公司承担路面改建工程施工,将全段改为二级公路,对黄岗庙过境处改线0.78公里,改建黄岗庙和千家堰中桥两座,当年7月底交付使用。2009年11月6日,由黄冈市公路规划勘测设计院设计、罗田县大别山公路养护工程有限公司承建,对长三线安保工程项目正式施工,同年12月31日完工,重点实施标志牌、示警桩、钢护栏、挡土墙及其相应附属工程。

七、梅武线(梅川至武穴)

梅川至武穴公路(编号:S204)起于武穴市梅川镇,经大金镇、石佛寺镇,止于武穴市下关镇,全长38.686公里,路面宽度为9~24米,技术等级为一级至二级路。梅川至武穴公路是连接黄(梅)标(云岗)公路、黄黄高速、蕲龙公路的重要省道干线公路,也是武穴市向外辐射的重要出口路和主要经济动脉。

1928年6月,广济县(今武穴市)梅川、武穴、龙坪3镇的商会,倡议在驿道基础上筹修广济(今梅川镇)至武穴的汽车路,兼办汽车公司。6月23日,广武汽车路的筹备会议在武穴镇正式召开,议定修筑广(济)武(穴)路。8月,湖北省建设厅按省政府令,委派技士刘琮率测工2人到广济进行测设。11月26日,广(济)武(穴)汽车路建设工程开工。1929年1月,广(济)武(穴)汽车路全线竣工通车,全长37.5公里。

1949年,为支援中国人民解放军渡江南下,广济县(今武穴市)人民政府发动梅(川)武(穴)公路沿线群众,仅用3天时间就修通梅(川)武(穴)公路。1950年,广济县(今武穴市)人民政府组织劳力进行再次抢修,对路基进行填坑补缺,铺筑砂石路面,架设桥梁。1952年1月2日,全线再次通车。

1954年,江堤溃口,梅(川)武(穴)公路遭遇水毁,广济县(今武穴市)交通科组织县车站、梅川搬运工会50人,出动3辆货车进行抢修。1955年2月2日,官桥(南桥与北桥)正式开工,5月24日竣工通车,恢复了运输。年末,广济县对梅(川)武(穴)公路进行改善,当年12月开工,次年春季结束,为晴雨畅通奠定了基础。1956年至1966年,利用冬闲,通过7次民工建勤,该路路基由宽不足7米加宽到7米,并清理边沟,铺筑碎石路面和磨耗层。20世纪70年代中期,广济县公路部门对梅(川)武(穴)公路全线进行渣油路面表处。1982年10月,广济县政府专门组织有关技术人员对武穴至石佛寺段按二级公路标准进行改线,路基宽16米,路面宽9米。

1985年1月13日,广济县成立"梅武线石武段公路改建工程指挥部",组织17个乡、镇、场的近10万民工上路,对武梅公路进行改建。1987年10月,新桥建成通车,投入资金70万元。1986年武穴出口路段至百米港一桥7公里按40米扩宽,并于1988年底建成水泥混凝土路面。1989年,梅武线石武路段路面改建工程全面完工。

石佛寺至梅川是武穴市连接黄标线向外辐射的一条重要的公路。1990年初,黄冈地区公路总段组织测量队对该路段按二级公路标准进行测设。10月,武穴市成立梅石公路改建工程指挥部,组织10个乡镇的民工,采用民工建勤方式动工修建路基土石方。1993年,武穴市交通局会同公路段,采用贷款和补助方式,修筑水泥混凝土路面。1994年2月,路面工程全部竣工,投资2000万元。1995年,武穴市政府通过招商引资的方式,由福建福清叶成荣老板出资1500万元,按二级公路标准对石佛寺火车站至武穴段(全长17.2公里)进行改建。1996年底建成通车,路面宽9米,路面结构为水泥混凝土路面。

2002年,武穴市对百米港一桥进行加宽,由红安县路桥公司施工,投资230多万元。2004年,蕲春县通兴路桥公司及武穴市诚信路桥公司中标施工,对石佛寺到官桥段(全长7公里)按二级公路技术标准进行升级改建,拼宽加铺沥青碎石路面,投入资金1000万元,使路面宽度达到14米。2006年,武穴市交通局投入资金180万元,加宽官桥大桥。2009年1月,武穴市交通局对石佛寺火车站至武穴东磁段路面进行刷黑,由黄冈市楚通路桥公司、武穴市诚信路桥公司中标施工,由黄冈博达监理公司监理,投入资金2480万元。同年5月,武穴市对石佛寺火车站至大金高速口(4.6公里)按一级公路标准进行改建,由黄冈市楚通路桥公司中标施工,投入资金7000余万元,2010年建成通车。2012年5月,梅川至大金高速口段15公里进行沥青混凝土路面大修,武穴市路桥公司中标,黄冈志鹏监理公司监理,投入资金2055万元。

八、下蕲线(碾下村至蕲州)

蕲春县碾下村至蕲州公路(编号:S205)起于蕲春县碾下村,途经檀林镇、张塝镇、青石镇、刘河镇、漕河镇、赤东镇,止于蕲春县蕲州镇,全长89.064公里,路面宽度为9~28米,技术等级为一级到二级路。

蕲(州)漕(河)公路

下蕲线原系蕲(州)太(湖)公路的一段,称蕲(州)塝(张塝)公路,始建于1932年,由湖北省第三行政区专员兼蕲春县县长宰前提议征工修筑。蕲漕段由牛皮坳,过八里湖,接野塘咀,经三渡至漕河,从张塝动工,修筑至三渡工程遂致中止,所筑部分仅具路基雏形。1938年4月,为适应军运,蕲春县政府征派民工4万余人,经近1个月的抢修,5月初草草收工,勉强通行军车。

1951年,蕲春县人民政府组织人力抢修蕲(州)塝(张塝)公路的蕲(州)漕(河)段,其走向由恒丰堤、清水河、三家店至漕河,全长40公里。1954年底及1955年12月,蕲春县分别改建恢复蕲(州)塝(张塝)公路的漕刘(漕河—刘河)段和刘张(刘河—张塝)段,使车辆可以由蕲州到达张塝,蕲(州)张(塝)公路的贯通。1956年2月,蕲春县交通科组织人力对蕲漕路段进行改线,由蕲州经冷水井、土台庙、八里湖、三渡达漕河。1956年夏,改建工程竣工通车,缩短里程13公里。1959年7月,蕲(州)塝(张塝)公路开始铺筑碎石和麻骨石简易路面。1960年3月,全线铺筑简易路面完工,基本上实现晴雨通车。

1991年初,中共蕲春县委、县人民政府决定改造三(家店)下(界岭)公路,并确定蕲(州)漕(河)公路按一级公路标准改建。

(一)三(家店)下(界岭)公路的改建

1991年7月,蕲春县公路段对三(家店)下(界岭)公路按部颁二级公路标准测设。中共蕲春县委成立"三下公路改建工程指挥部",动员11个乡镇近8万人上路分段包干完成路基土石方工程。1993年10月,路基已基本成形。1993年2月,组建6个施工队,分别负责三家店、长林岗、胡海、刘河、胡凉亭、张塝等路段的施工,当年建成沥青碎石路面18公里、水泥混凝土路面3公里,完成面层21公里。至1994年底,该路段完成沥青碎石路面和水泥混凝土路面共计35公里。

(二)蕲(州)漕(河)公路的改建

1992年7月5日,蕲春县公路段按一级公路标准对蕲(州)漕(河)公路进行实地测量,9月完成内业设计。其主要技术标准为:线型按一级公路标准改建,路基宽30米,路面宽27米,设计概算4382.68万元,平均每公里造价为168.15万元。11月20日,蕲(州)漕(河)公路路基改建工程全线动工。1993年12月,路基改建工程全面竣工。1994年开始水泥混凝土路面工程建设,1995年底竣工。

改建后的蕲(州)漕(河)公路,北接柳(子港)界(子墩)线,南接蕲州二里湖大道,为平交一级公路,设计速度为100公里/小时。

九、麻新线(麻城至新桥)

麻城至新桥公路(编号:S206)起于麻城市老车站,途经闵集、白果、夫子河、芦家河等地,在黄麻坳处进入罗田县境,经溢流河、李婆墩、双庙等地,止于罗田县新桥,全长56.313公里,其中麻城市40.861公里、罗田县境15.452公里,路面宽度为7~12米,技术等级为二级路。

麻(城)新(桥)公路麻城境内路段夫子河至黄麻坳12.72公里为山岭重丘地带,始建于20世纪30年代。后由于战争频繁,路基基本无存。1956年开始动工修建,至1958年主体工程基本竣工可以通车。1972年夫子河至黄麻坳段动工修建,1973年建成通车。1976年麻城至白果段16.56公里铺筑渣油路面,并对线形进行了改善。

1992年9月,黄冈地区公路总段与麻城市公路段组成联合测量队对麻(城)新(桥)公路按二级公路平丘标准进行测量设计。11月18日,组织民工采取民工建勤破土动工,至年底完成路基土石方并铺筑简易路面。1994年,使用银行贷款660.4万元,开始铺沥青碎石路面,年底竣工。1995年12月,以民工建勤方式组织沿线乡镇群众对白果镇大桥至夫子河镇三岔路口按二级公路技术标准进行路基土方建设。1996年,麻城市公路段路桥处对白果至夫子河段进行铺筑沥青碎石路面施工。

自2003年10月开始,麻城市先后对麻城至白果15.5公里、白果至黄麻坳23.84公里分别进行改建,改建工程由黄冈市公路规划勘测设计院按平原微丘二级公路标准设计,路面主要为沥青碎石路面,投资5632万元。

2012年4月,麻新线白果至夫子河段路面改建工程列入湖北省2012年国省干线公路改造计划。麻城市公路管理局委托黄冈市公路规划勘测设计院对本项目进行施工图设计,工程总预算1858.6797万元,平均每公里218.6682万元。

麻(城)新(桥)线罗田县境内路段。1961年冬,史家凉亭至李婆墩公路8公里,由三里畈、大崎两公社的民工建勤修建,由于李婆墩大河阻隔未及时通车。1970年,中共罗田县委决定修建李婆墩至乱石窠公路,由罗田县养路队测设,大崎区组织民工建勤修筑,1971年竣工通车。1973年,中共罗田县委又决定修复李婆墩至乱石窠公路,并延伸至黄麻坳,由大崎公社的民工建勤开始修筑,1974年建成。此外,还修建了李婆墩永久性大桥。1976年,全线竣工通车。1978年,双庙公社又将史家凉亭至双庙改线走新桥至双庙,提升路况,路基宽8米,路面宽5米,晴雨通车。

2004年,罗田县对罗田大崎15.5公里路段按山岭重丘二级公路标准进行改建,路面主要为沥青碎石,投资2173万元。

十、上砂线(上巴河至砂子岗)

上巴河至砂子岗公路(编号:S207)起于团风县上巴河转盘,经上巴河镇、陈策楼镇,止于黄州区砂子岗村,全长14.592公里,路面宽16米,为二级公路,沥青混凝土路面。

上巴河至砂子岗公路始建于1946年冬,是民国时期黄冈最后修筑的一条重要公路。1947年5月,湖北省建设厅令鄂东工务总段派工程师石先纪率工程技术人员到黄冈县指导协助修建黄上公路。全线走向基本依人行大道修筑。在修筑过程中,为方便国民党军师长林逸圣回总路咀探亲,在上巴河入柳界公路向西至标云岗,折而向北延伸至总路咀。是年冬,路基和桥涵工程基本完竣,路基宽6米,但由于战事频繁,工程草率简易,勉强维持通车。

新中国成立后,上巴河至砂子岗公路经多次改善,1960年达到晴雨通车。1970年冬,中共黄冈县委决定结合农田水利基本建设,对该路进行改建。1971年12月,铺筑渣油面层。1973年10月,渣油路面铺筑全部竣工,平均每公里造价2.8万元。1978年,上巴河至砂子岗公路路基宽达到8米,路面宽为6米,定为四级标准,设有沙子岗、程德岗养护道班养护。

1985年,湖北省计委将黄州至界子墩公路改造任务列为省交通重点建设项目。同年,由湖北省交通学校和黄冈地区公路总段设计室联合对该路进行勘测设计,其技术标准为平丘区二级公路。1987年3

月,砂子岗至上巴河段开工。砂上段按二级标准改建,路基宽16米,路面宽12米,占用土地556.2亩。路基由上巴河、淋山河、马曹庙、回龙山镇和王家店、陶店、王家坊乡安排民工修筑,上路民工高峰时达1.4万人。1988年底,路基工程竣工。1989年2月,路面工程开始动工,全线铺筑沥青路面。1990年6月18日,黄上公路第三期工程(防护美化工程)开始建设。10月1日,全线工程完工。1996年底,黄冈市公路部门对砂子岗至上巴河段进行水泥路面改造。至此,黄上公路全线为混凝土路面。

2000年2月,经湖北省人民政府文批准,黄冈国力公路发展有限公司依法取得黄上公路经营权,经营期限为20年。2009年4月,黄冈国力公路发展有限公司启动上砂公路改建工程。该项目起于杨鹰岭京九铁路桥处,止于砂子岗,全长3.4公里,公路等级一级,路面为沥青混凝土,项目总概算为2446万元,2009年11月份竣工通车,实际总投入2295.4万元。

2010年3月,黄冈国力公路发展有限公司启动上砂公路改建工程。该项目起于上巴河,止于杨鹰岭,全长11.149公里,公路等级为二级公路,路面为沥青混凝土,总概算为4607万元。该项目于2010年11月建成通车,实际总投入4673.92万元。

十一、熊许线(熊家垱至许家桥)

熊家垱至许家桥线(编号:S234)起于红安县熊家垱,经觅儿镇,止于红安县黄陂区界点。至2015年,黄冈境内均为二级公路,其中沥青混凝土路面8.879公里、水泥混凝土路面1.297公里。

熊许公路是红安至武汉的一条捷径。该路20世纪70年代末改造为三级公路,后又经多次路面改善。

2002年,熊许线列入湖北省2002—2005年干线公路网建设规划。2004年4月,黄冈市公路规划勘测设计院完成对熊许线测设,按平原微丘二级公路标准设计,设计速度80公里/小时,路基宽12米,路面宽9米,有中桥两座106.08米、小桥一座18米、涵洞39道597米。7月,由红安县鄂东路桥有限责任公司承担路基路面工程改造建设,湖北省公路工程咨询监理中心对全线的工程质量进行监理。2005年12月,熊许线路基路面工程改造完工。2010年5月1日,红安县鄂东公路工程有限责任公司开始对熊许线按二级公路设计要求铺筑沥青碎石路面,2010年10月竣工。

十二、蕲龙线(蕲州至龙感湖管理区)

蕲州至龙感湖管理区公路(编号:S240)起于蕲春县蕲州,途经龙坪、蔡山、孔垄,止于市辖区龙感湖管理区,连通沿江蕲春县、武穴市、黄梅县、龙感湖管理区4个县市区,全长84.428公里,路面宽度7~24米,技术等级为二级路,其中蕲春县8.706公里、武穴市44.829公里、黄梅县16.819公里、龙感湖管理区14.074公里。该路与黄(梅)黄(石)高速公路和105国道相连,是沿江重要经济干线公路。

1988年3月,湖北省委、省人民政府正式批准位于长江沿线的黄州、散花、蕲州、武穴、水池为经济开发小特区(以下简称五小特区)。1991年,中共黄冈地委和行署制订"一心三带"的战略部署,以黄州为中心,发展沿江经济带、中部丘陵带、北部大别山区带,五小特区经济发展迅猛。黄冈地区交通局制订修建黄冈地区沿江公路(刘华新至滨江段)规划,蕲州至龙感湖管理区公路系黄冈地区沿江公路规划的一段。1991年3月,由黄冈地区公路总段组成测量队对黄冈沿江公路(刘华新至滨江段)进行勘测设计,其中团风至黄州按一级标准测设,黄州至刘佐按二级标准测设,全线路基宽15米,路面宽9米。

1991年11月,黄州市(今黄州区、团风县)人民政府成立沿江公路境内路段建设指挥部,并于12月组织10万余人上路,率先拉开沿江公路新建工程。接着武穴、蕲春、黄梅、龙感湖等级县市区也相继拉开了黄冈地区沿江公路境内路段的建设。其中,黄冈沿江公路,西起新洲县大埠街,向东顺长江而下,经团风、堵城、黄州、巴河、兰溪、散花、茅山、管窑、蕲州、田镇、武穴、龙坪、小池、刘佐,入安徽省宿松县境,历经黄州、浠水、蕲春、武穴、黄梅5县(市)的13个乡镇,全长208公里。1993年5月,沿江公路上重要的配套工程、团风举水河特大公路桥梁动工兴建。1994年底,沿江公路黄州市境金锣港至黄州路段32公里全面竣工,路基宽15米,路面宽9米,为水泥混凝土路面。至"八五"期末,其他各县市境内路段亦相继完工。

(一)蕲龙线蕲春县路段

蕲龙线蕲春县境路段起于蕲州镇玻璃厂(即南门居委会),途经王宣、横坝、新塘,止于扎营港居委会,全长8.076公里,为二级技术等级,双车道,水泥混凝土路面,是蕲春县连接武穴市的重要交通要道。

1976年,为开辟蕲春至广济(武穴市前称)的交通通道,在县委、县人民政府的号召下,蕲春人采用肩挑和板车拉的方式修建了蕲扎公路(现为蕲龙线),全长9.1公里,路基宽6.5米,路面宽4米,系县道,土质路面。

1991年,湖北省公路管理局将黄冈沿江公路蕲春、武穴、黄梅、龙感湖段升级为省道,更名为蕲龙线。1992年春,蕲春县公路段投资484.61万元,对蕲龙线蕲春境内路段按二级公路标准建设。1994年10月,蕲龙线蕲春境内路段二级公路建成通车,路面结构为渣油路面。1998年,蕲春县公路段成立蕲龙线油路改建工程队,对该路段又进行改建扩宽,路基宽15米,路面宽9米,沥青碎石路面。

进入21世纪后,县域经济飞速发展,沿线物资文化交流日益频繁,交通量迅速增长,蕲龙线的物资运输通道的重要性凸显,已有道路不能满足市场经济发展和人民群众的需求。有鉴于此,蕲春县公路段积极向省、市争取路面大修项目,将蕲龙线蕲春段裁弯改直。2008年6月,蕲龙线蕲春路段路面大修动工。该工程由黄冈市公路规划勘测设计院进行设计,由蕲春县通兴路桥工程建设有限责任公司中标承建,黄石颐阳公路工程咨询监理有限责任公司监理。2008年12月,蕲龙线蕲春县境路段大修工程完工。

(二)蕲龙线武穴市路段

蕲龙线武穴市境路段西起武穴市与蕲春县交界处武穴市田镇韩垸村,途经马口、田镇、盘塘、武穴城区、下冯村、龙坪镇,止于龙坪镇向文村,全长42.952公里。该路设计技术等级为二级,除武穴市区过境路段为双向四车道、双向六车道沥青混凝土路面外,其余均为双车道水泥混凝土路面,有百米港二桥、小桥5座和涵洞238道,最大纵坡6.8%,最小平曲半径400米。

1990年前,蕲龙线武穴市境路段名为武韩线,属县道。1991年,湖北省公路管理局将蕲春、武穴、黄梅、龙感湖4县区沿江公路连接升级为省道,设计技术等级为二级,更名为蕲龙线。蕲龙线改扩建工程属于先建后批工程。2001年,蕲龙线经湖北省发展计划委批复可行性研究报告,湖北省公路管理局批复第一阶段施工图设计。该项目由武汉市建筑学院设计研究院设计,设计等级按平原微丘二级公路标准。

1991年冬,武穴市成立沿江公路改扩建工程指挥部,采取民工建勤方式对蕲龙线武穴境路段进行二级公路改建,1992年3月基本完成涵洞和土石方工程。路面工程采取招商引资、路网建设贷款资金等方式建设。1992年4月,由武穴公路改建指挥部发包,投入资金180万元,武穴市市政公司承建,率先将武穴城区至中商业塑厂段3.2公里道路硬化。1994年,武穴市人民政府通过招商引资的方式对盘塘至田镇段13公里进行水泥混凝土路面建设,投入资金700余万元(后列入路网计划)。1996年4月,武穴市公路段将韩垸至马口建材厂6公里沥青表处路面承包给武穴路桥工程队,1997年8月建成通车,投入资金180万元。1997年秋,下冯至黄梅李英段8公里水泥混凝土路面全线开工,1998年11月竣工,投入资金480万元。2003年1月,百米港二桥竣工,投入资金200万元。至此,蕲龙线武穴段改建工程全线竣工通车。

蕲龙线武穴段属于先建后批工程,地质复杂,施工技术难度大,资金投入严重不足,竣工通车不久随即转入工程大中修,历经多次整修,才达到二级公路技术标准。

蕲龙线武穴市境路段紧临长江,串联着武穴市几个支柱产业——建材业(华新集团)、化工业(祥云集团)和黄冈市龙头企业(广济药业),担负着大量的产品物资运输,是武穴市极为重要的经济纽带。

(三)蕲龙线黄梅县路段

省道蔡费线(原蕲龙线)黄梅县境内段于1973年建成通车。线路西起于黄梅县蔡山镇章兴村,途经蔡山镇胡四房村、翁家墩村,止于孔垄镇,起讫点桩号为K55+535、K74+598,全长21.063公里(其中K70+354~K74+598段为G105利用段)。2008年,K61+000~K63+700段路面大修,全长2.7公里,原有路面加铺18厘米水泥稳定基层及22厘米水泥混凝土面层,总造价约249万元。2011年K53+535~K57+685段路面大修,全长4.15公里,原有路面加铺18厘米水泥稳定基层及22厘米水泥混凝土面层,总造价约415万元。蕲龙线黄梅县境内16.819公里(不含G105利用段),至2015年,全线达到二级公路技术标准,路基宽12米,路面宽9米(水泥混凝土路面)。

(四)蕲龙线龙感湖路段

蕲龙线龙感湖路段由黄梅县白湖乡进入龙感湖,经芦柴湖办事处、沙湖办事处、龙感湖城区,止于春港办事处,全长14.074公里。

1974年,龙感湖农场在机耕路的基础上修建黄梅孔垄镇五里村至黄梅小池镇费垸公路,1976年建成,为四级沙石路面,命名为五费线。1992年,五费线被列入国家养护计划,升级为县道。1993年,龙感湖农场自筹资金1600余万元,发动民工建勤,历时3年将该路改建为水泥混凝土路面。2003年,黄梅县孔垄镇五里村至龙感湖春港办事处升级为省道,为S240蕲黄线的延伸段,更名为S240蕲龙线。鉴于交通量猛增,路面老化、破损严重,该路段被列入黄冈市2003—2005年干线公路路网升级改造工程,由湖北省林勘院按二级公路标准进行设计,设计路基宽12米,路面宽9米,改建工程长14.015公里。2004年5月22日,由黄冈市政总公司、龙感湖建筑安装总公司开工建设,2004年12月10日改建工程竣工。

2010年5月,龙感湖管理区交通分局、公路局通过多方筹措资金对蕲龙线龙感湖境内进行分段改造。黄梅孔垄镇五里村至龙感湖沙湖办事处大桥新村段,按公路技术等级二级路面改造;龙感湖沙湖办事处大桥新村段至龙感湖春港办事处,按公路技术等级一级路面改造。2010年5月,蕲龙线龙感湖段黄梅孔垄镇五里村至龙感湖沙湖办事处大桥新村段大修工程由黄冈市楚通路桥有限公司中标施工,12月完工,路面宽9米,实际投资总额901万元。蕲龙线龙感湖沙湖办事处大桥新村段至龙感湖春港办事处段按一级公路标准进行设计,2010年9月由江西南昌路桥公司和黄冈市楚通路桥有限公司通过工程招投标中标施工,2012年10月竣工,投资6000万元。

十三、方团线(方高坪至团风)

方高坪至团风公路(编号:S241)起于团风县方高坪镇,止于团风县团风镇,为一级公路技术标准,全长9.022公里,其中沥青混凝土路面4.024公里、水泥混凝土路面4.998公里。方高坪至团风公路东连大广高速公路和106国道(318国道重复线),西接大巴线,是团风县的重要出口公路。

1951年9月3日,黄冈专员公署召开第一次交通会议,决定在5天内修通团风至胜利公路。黄冈县人民政府成立了公路修建委员会,任务分配到乡,划段包干。9月26日,全线正式通车。由于没施工技术标准,工程草率,该路段建成不久,又陷于阻滞状态。1952年12月,黄冈专署采取以工代赈方式再次施工建设,1953年4月全线正式通车。20世纪70年代,结合农田水利基本建设,对该路进行改建。1973年10月,开始铺筑渣油路面,路基宽8米,路面宽6米。

1996年11月,团风县采取民工建勤办法改建方团线,1997年2月完成路基扩建。1997年4月,全线划为8个标段进行路面工程招投标,方高坪房地产、黄州区路桥、黄州人达公司、市路桥公司、浠水路桥、黄州华昌公司、福建南方建安公司、团风路桥公司等多家施工单位中标施工,8月18日竣工通车,路基宽12米,路面宽9.0米,全长9.13公里。工程总投资704.67万元,比预算节约126.65万元。该路成为该县建县后的第一条高等级公路。

2007年6月,团风县开始按一级公路标准对方团线与大庆至广州重合段(长3.68公里)进行改建,2009年10月路面工程完工,路基宽31米,路面宽21米,沥青碎石路面,总投资3200万元。与此同时,堆臼垱至方高坪与106国道平交3.1公里也开始改建,并于2009年同时完工,路基宽21米,路面宽15米。

十四、宋长线(宋埠至河口)

宋埠至河口公路(编号:S304)南起麻城市宋埠良种场与106国道相连,途经蝴蝶河、付桥、永河、桃花、十里、红安县城关、二程、上新集,止于红安县与大悟县交界点河口,全长54.66公里,其中红安县境49.468公里、麻城市境5.192公里。

该路始建于1929年3月。1931年4月,宋河公路草率竣工,试车勉强通过。1932年8月,湖北省建设厅令汉安工程处处长何远经修复永佳河至桃花被阻隔的路段。9月,路基和桥涵及开山工程相继开工。12月底,宋埠至黄安路段竣工,路基宽4米,无路面,桥涵均为临时木结构。

1933年2月,湖北省建设厅派员协助兵工、保卫团,修筑黄安至河口公路。经20天的兵工督修,宋(埠)河(口)公路全线通车。

1949年4月下旬,为支援人民解放军南下,黄安县(今红安县)发动群众迅速修复宋(埠)河(口)路。但由于时间紧,抢修质量差,完成支前任务后,8月该路遭水毁,仅宋(埠)黄(安)段勉强通车,成为当时黄安(红安县)唯一能通车的公路。1950年和1951年,黄安县(今红安县)政府两次拨款9000元,对该路上的危桥和涵洞进行加固,对部分路段进行加宽和重点裁弯取直。1954年,该路遇百年未有的大雨袭击,致路基冲毁多处,桥涵毁坏严重。汛后,经日夜抢修才维持通车。1956年6月,红安县财政投资对该路上陡埠河桥进行加固,由养路工程队负责施工。同时,发动永河区12个乡的群众对水毁路段进行修复。1958年,红安县财政再投资7400元,发动民工建勤,分别对水毁后的蝴蝶河及十里漫水道进行改建和加固。

1959年2月,姑嫂树、新寨、严家田和河口桥先后新建和改建,桥梁结构除河口桥采用木排架木面桥外,其余均系石台木面桥,另建造石箱涵洞67道。同年底,全段工程结束,宋(埠)河(口)路全线再度通车。1959年2月,湖北省公路工程局第二测量队对宋(埠)河(口)路进行测设,分红(安)宋(埠)、红河两段设计。1960年春,中共红安县委统一安排在春节期间进行突击改善,除对望家湖、余潮益、下坳、县城关等地段进行裁弯降坡外,还对新寨水库段进行改线。

1962年4月,宋(埠)河(口)路红(安)宋(埠)段调整为甲等,红(安)河(口)段调整为乙等。1964年,湖北省交通厅投资对宋(埠)河(口)路路基普遍进行加宽,使路基达到7米以上,路面铺筑级配磨耗层。

1965年,红安县组织技术人员先后对宋长线的陡埠河、南门河、上新集3座大桥进行测量,并按照同一载重等级分别设计新建3种不同结构的公路大桥。

宋(埠)河(口)公路虽于1965年和1975年两次以民工建勤方式进行改造,完成桥涵的配套工程,但仍属等外砂石路面公路,最小平曲半径15米,最大纵坡30%,不能适应经济社会发展的需要。1991年11月,红安县交通局组织县公路段和县乡村公路段的工程技术人员,对宋埠至河口公路进行测量,设计路面宽9米,路基宽15米,桥涵设计汽车—20、挂车—100。1992年,湖北省交通厅批复对宋埠至河口公路红安境内进行改建。1991年12月14日,中共红安县委、县人民政府成立红安县宋河公路改建工程指挥部,采取民工建勤、民办公助形式按二级公路标准改建,路基土石方由沿线8个镇组织施工,同年底完成路基土石方1428万立方米,建成小桥12座计258.8米、涵洞358道计4890.5米。1993年,开始沥青路面工程建设,1994年完工,利用银行贷款800万元。

2002年,红安至大悟河口公路作为世行扶助的农村道路升级项目被列入京珠高速公路联络线之一。该路西起京珠国道主干线互通,东至红安三桥西岸桥头(倒水大桥),其中红安境内21.449公里。该路改线长2.74公里,利用宋河线老路18.71公里,工程分两个部分实施。2012年7月,红安县鄂东红安公路工程有限公司对红安至桃花13公里路段进行大修,投资1500万元。

1992年11月,麻城市组织民工对宋埠良种场至蝴蝶河路段5.192公里按二级公路进行改建,并于当年底竣工,完成路基土石方16.9万立方米,修建涵洞37道计680米。1994年开始铺筑沥青路面,并于当年完工,路面宽9米。

2003年,麻城市公路段对宋埠良种场至蝴蝶河路段进行改善,由麻城市公路段路桥处施工,黄冈衡兴公路工程咨询监理中心监理,于2003年年底完工,总投资420万元。

2012年,宋埠良种场至蝴蝶河路段沥青碎石路面分别出现大面积的网裂、沉陷、坑槽、麻面等病害。麻城市公路管理局决定对该段路面进行技术改善。改善工程由黄冈市公路规划勘测设计院设计,路线全长5.327公里,设计速度80公里/小时,路基宽12米,路面宽9米,路面为沥青混凝土,项目总预算1082.32万元,平均每公里203.18万元。改善工程由麻城市宏远路桥工程有限公司施工,安徽省高等级公路工程监理有限公司监理,2012年4月动工,2012年11月完工。

十五、黄界线(黄梅至界标)

黄梅至界标公路(编号:S308)起于黄梅县公路段,途经黄梅镇、大河镇、梅川镇、漕河镇、横车镇、丁司垱镇、清泉镇、竹瓦镇、上巴河镇,止于团风县标云岗三岔路口,连接黄梅、武穴、蕲春、浠水、团风县4县(市),全长119.378公里,其中黄梅段11.654公里、武穴段36.083公里、蕲春段22.603公里、浠水段43.748公里、团风段5.09公里。

黄(梅)界(标)公路原系京川干线(柳子港至界子墩)公路的一段,也是国民政府7省公路会议规划的干线之一。1928年10月,省建设厅派测量队开始对该路进行测量。1932年8月,省建设厅组建武英工程处,主修广济(今武穴市)、蕲春、蕲水(今浠水)干线。1933年4月,蕲水(今浠水)至广济(今梅川)路段再次动工修建,1934年元月工程完成,并与武穴至广济(今梅川)公路衔接。同年2月,该段正式通车。

1931年,广济至界子墩修竣。1932年1月,7省公路会议将该路段列为京川干线。1933年7月,行政院令鄂皖两省兴修皖鄂边区汽车路。省建设厅令武英工程处勘估,派兵守护查勘,并编具黄(梅)界(子墩)段桥涵预算。1936年夏开工,1937年完竣。方高坪至蕲水段于1933年冬征工修筑。1937年春桥涵工程竣工。至此,方高坪蕲水路段全线贯通。

1928年,柳子港至方高坪段开始测量,次年夏开工修筑。路基筑成后,因经费支绌,停修桥梁工程13座、涵洞1道、涵管53道、便桥14座,故未通车。1937年4月,省建设厅责令省公路管理局等备兴工。桥涵工程由汪曜记营造厂承包兴建,1938年5月完竣。至此,京川干线公路黄冈辖境路段路基和桥涵全部建成,前后共达8年又6个月。竣工后,路基宽9米,最大纵坡7%,弯道视距等基本达到工程设计标准。

1949年3—5月,为支援人民解放军渡江南下,各县人民政府成立了县支前委员会(或大队)对沿线公路和桥梁进行抢修,恢复通车。1953年春,新洲县人民政府贷款修建柳子港至竹林岗路段的范冲、巴铺、四合庄、走马岗、铁屋等5座桥梁,修复拓宽部分路基,在部分路段上铺垫碎石。年底,柳(子港)界(子墩)公路新洲境路段基本恢复通车。1954年,因特大洪水灾害,柳(子港)界(子墩)公路桥梁尽毁,经沿线各县人民政府几经抢修,至1955年底新洲至淋山河17公里和浠水至上巴河35公里两段基本修通。

1956年，各县人民政府组织大批民工对所辖路段进行恢复，并先后修通淋山河至上巴河24公里、浠水至石头咀12.5公里、石头咀至界岭42.4公里、界岭至双城驿（莲花）14.5公里、双城驿至黄梅10公里。1958年，对该路又开展恢复和改善工作，柳子港至上巴河、浠水至界岭铺两段均铺设简易路面，达到晴雨通车；上巴河至浠水、界岭铺至黄梅两段路仍为晴通雨阻。1959年，广济县（今武穴市）修筑荆竹水库，梅川至松山咀路段被淹没，汽车被迫绕道武穴至梅川公路，即从梅川迂回石佛寺至松山咀入原有公路，使里程增加24.13公里。

1960年，该路恢复改善，竹林岗至梅川、周国政至黄梅两路段路基恢复到宽7.5米，路面宽3.5米，铺设了简易碎石路面。与此同时，黄梅至界子墩15公里路段得到恢复改善。至此，柳（子港）界（子墩）公路全线贯通。1961年，西河驿大桥得到维修加固。1962年10月，该桥改建为石墩台钢筋混凝土板桥。1963年5月，黄梅大河永久性桥修建竣工。1964年7月，淋山河和宋墙两座永久性桥竣工。1965年，黄梅县以民办公助方式对境内路段进行全面整修。至此，黄梅境内路段达到了晴雨通车。1973年，沿线各段开始分期分段铺设渣油路面。1978年，柳（子港）界（子墩）公路渣油路面全线铺设完成。

1985年，湖北省计委将该路改造任务列为省交通重点建设项目，按平丘区二级公路技术标准改建，路基宽15～23米，路面9～14米，其中85%的路段为新建。1985年冬破土动工，1986年冬路基土石方工程完成。1987年桥涵、路面和GBM工程建设开始，由湖北省路桥公司、黄冈地区公路总段工程队以及黄冈（今团风县、黄州区）、浠水、蕲春、黄梅4县公路段工程队等6个专业队实施。1990年，标云岗至东界岭和井塘弯至界子墩路段改造全部完成，但武穴东界岭至井塘弯路段未完成。1990年12月，武穴市成立黄标线改建工程建设指挥部，并于1991年元月开工，至1991年底除石门山外，基本完成二级公路路基土石方任务。1993年底，全线路面贯通。1995年10月，全线初级防护工程完成。1995年11月，武穴东界岭至井塘弯路段的改建工程全线竣工通车。

1996年，上巴河至方高坪路段按平原微丘二级公路技术标准改建，路基宽15米，路面宽9米。1997年12月，团风县组织乡镇民工和民车建勤进行路基土石方建设，1998年12月完工。2001年，沥青路面建成。2009年，由黄冈市楚通路桥公司重新改善，加厚水泥稳定碎石基层，补铺筑沥青混凝土面层，2010年9月完成。

1998年，黄标公路丁（司垱）麻（桥）复线开工建设。丁麻复线起于丁司垱镇，经火车站、国家粮食储备库，止于麻桥乡，全长11.4公里，按二级公路标准新建，分两阶段实施。2000年底，火车站至麻桥段完成。2006年底，火车站至丁司垱段完成。2007年10月，沥青混凝土路面完工。

2011年7月，丁麻一级公路路基工程开工建设，起于省道中大线洪山铁路桥处，沿丁麻老路过浠水宝塔大桥，连接省道黄标线，止于麻桥葛洲坝大道出口，全长9.68公里，设计路基宽30米，主路面机动车道宽16.5米，同年底完工。2012年，全线路面工程完工。

2003年，黄标线浠水段列入全省"十五"时期后3年路网改造计划，分3段进行路面改造，改善里程24.602公里，全部为水泥混凝土路面。设计按二级公路标准，设计速度80公里/小时，路基宽12米，路面宽9米。建设工程于2003年8月开工，2004年1月完工，全线建成水泥混凝土路面。

武穴市东界岭至井塘弯路段全长36公里，1991年1月按二级公路标准完成路基土石方。1992年5月，梅川至松阳场段路面开始施工。1993年底，梅川孝子段路面水稳基层和水泥混凝土路面工程相继开工。1995年，全线通车。1998年6月，武穴市委市政府招商引资，对梅川至蕲春东界岭10公里路面进行大修。

2005年5月，黄梅大河到周国段6公里改造。2009年，周国至干仕段9.2公里大修。同年，大国桥、田庆二桥进行危桥加固改造。2007年，黄梅县境内10.188公里路面改造为沥青混凝土。2011年，干仕村至蕲春界岭段20.3公里大修，由武穴市路桥公司中标施工，湖北广益、湖北科成监理公司监理。

十六、胜麻线（胜利至麻城）

胜利至麻城公路（编号：S309）起于罗田县胜利镇，途经固基河，自罗田县与麻城市交界的古龙山进入麻城境内，经天井山、月形塘、熊家铺、矮桥、牛占鼻、佛塔山，止于麻城市汽车站，全长62.971公里，其中罗田县境内胜利镇至古龙山8.611公里、麻城市境内54.36公里。该路与武（汉）麻（城）高速公路、麻（城）阳（新）高速公路和106国道相连，是麻城东部山区和罗田北部山区的重要经济干线公路。

胜麻线罗田段二级公路改建通车

1958年，麻城至木子店公路动工兴修。1958年底，麻城至矮桥路段竣工通车。1959年冬，矮桥至木子店段分段同时施工，1961年5月1日竣工通车。

1963年，湖北省委副书记、省长张体学决定修建大别山腹地公路，将杨（眉河）麻（城）公路延伸至胜利。1965年8月，麻城县在黄冈专区建桥指挥部领导下，将麻（城）木（子店）段公路上木桥先后改为永久性桥梁。1966年，麻城杨眉河至石龙山和石龙山至胜利段相继开工修建，于1968年1月竣工通车。竣工后，罗田县境内路基宽8米，路面宽6米，最大坡度12%，最小半径18米，建永久性桥梁2座长176.86米、涵洞34道、挡土墙24处，昼夜车辆通行量平均为285车次，绿化率达100%。1975年，湖北省公路绿化现场会在罗田召开，与会代表赴现场参观，给予胜利至麻城路绿化以高度评价，使该路一度成为境内绿化样板路。

2002年，胜麻线杨湄河至三里岗漫水桥段改建，全长15.226公里，设计速度30公里/小时，路基宽7.5米，路面宽6.0米，路面为热拌沥青碎石。2004年，胜麻公路麻城城关至矮桥段改建由湖北省林业勘察设计院设计，第一段由麻城市公路段路桥处施工，黄冈衡兴公路工程咨询监理中心监理。2005年，胜麻公路第二段矮桥至杨湄河段由蕲春通兴路桥公司、红安鄂东路桥建设有限公司、英山安顺路桥公司、麻城路桥工程处施工，湖北博达公路工程咨询监理有限公司监理。

2005年12月，胜麻线胜利至杨湄河段改建工程进行设计。路线全长17公里，设计速度40公里/小时，路基宽8.5米，路面宽7.0米，路面为水泥混凝土。新建杨湄河大桥和固基河中桥、K9+761中桥、K15+240.7中桥3座中桥及K7+008小桥、K7+561.5小桥、K11+191小桥3座小桥，由麻城宏远路桥工程有限公司施工，湖北博达公路工程咨询监理有限公司监理。

2006年初，武（汉）合（肥）高速公路麻城段动工兴建，胜麻线罗田县境路段按二级公路改建设计施工，由黄冈市公路勘测设计院设计，罗田县大别山路桥公司施工。2006年4月27日，该项目正式动工，全路段设计小桥涵50道，改建后形成路基宽10米、路面宽7米的水泥混凝土路面，12月底完工。2009年11月6日，胜麻线罗田县段安保工程由罗田县大别山公路养护工程有限公司施工建设，12月31日完工。完工后，胜麻线罗田县段标志牌、示警桩、钢护栏、挡土墙及其相应附属工程进行完善配套。

十七、大巴线（大埠街至巴河）

大埠街至巴河公路（编号：S343）起于团风县渡江纪念碑，途经团风镇、路口镇，止于浠水县巴河，为一级公路，其中沥青混凝土路面26.943公里、水泥混凝土路面2.606公里。

大巴线（新洲大埠街至浠水巴河）是黄冈江北一级公路的一段，是黄冈兴建的第一条高等级公路。项目由湖北省交通规划设计院按平原微丘区一级公路标准设计建设，设计速度100公里/小时，路基宽25.5米，路面宽16米，路面为沥青混凝土，设路口互通式立交1处。

2003年5月31日，江北一级公路（大巴线）正式动工修建，2005年8月8日建成通车。

十八、蕲州至刘佐沿江一级公路

黄冈市蕲州至刘佐沿江一级公路起于蕲春县蕲州（黄黄高速公路蕲春互通附近），与 S205 蕲春县碾下村至蕲州公路平交，经龙坪镇、分路镇、小池镇，止于黄梅县刘佐乡，接安徽省境内北沿江一级路，全长 106.090 公里，其中新建 76.402 公里、沿老路（蕲龙线）改扩建 29.688 公里。全线建设大桥 7 座 1354.88 米、中桥 20 座 984.16 米、小桥 19 座 393 米、涵洞 343 道、平面交叉 113 处、养护工区 2 处、利用分离式立体交叉 2 处；采用设计速度 80 公里/小时、路基宽度 24.5 米的双向四车道一级公路标准，汽车荷载等级公路—Ⅰ级，设计洪水频率 1/100。2012 年 4 月，该项目由中国市政工程中南设计研究总院有限公司、武汉市公路勘察设计院完成设计。2012 年 12 月，开工建设。2014 年 7 月 7 日，湖北省交通运输厅正式批复蕲州至刘佐公路工程初步设计，总概算核定为 217886.74 万元。其资金按相关投资政策申请部省补助，其余由沿线地方人民政府自筹解决。蕲春县交通运输局为蕲春境段项目法人，武穴市交通运输局为武穴境段项目法人、黄梅县交通运输局为黄梅境段项目法人，分别负责各段项目的建设和管理，建设工期 36 个月。全线新建桥梁 46 座（其中大桥 7 座），设涵洞 343 道。

蕲州至刘佐沿江一级公路

沿江一级公路黄梅段全长 50.613 公里，2014 年 6 月完成路基及桥涵工程并启动路面建设，2015 年 12 月完成路面及配套工程。沿江一级公路蕲春段 2014 年 7 月 20 日开工建设，2015 续建中。蕲州至刘佐一级公路武穴段 25 公里采用 BT 模式，由中交第三航务工程局承建，2014 年 6 月施工单位进场施工，2015 年一期工程路基全线贯通。

第四节 县　　道

一、中项公路（中馆驿至项家河）

中馆驿至项家河公路，起自汉（口）小（界岭）公路的中馆驿，止于鄂、豫两省交界处项家河，途经顺河集、湾店、朝阳店、西张店，往北延伸可至河南新县，西南与汉（口）小（界岭）公路衔接，全程 46.14 公里。

中项公路沿途在清末时是麻城县西部的主要驿道。1932 年夏，麻城县中馆驿至项家河公路列为军用公路，由国民党军 31 师工兵修筑路基。抗日战争期间，中项公路破坏严重，中断通车达 8 年之久。

1955 年，中项公路修复工程以民办公助方式破土动工，1956 年 10 月竣工。1957 年 3 月中旬，全线进行扩建、改造，12 月 17 日告竣，路基宽扩至 7 米，全部铺筑简易路面。1959 年秋，因浮桥河水库动工兴建，陈大至料棚段被水库淹没，中项公路成为断头路。1976 年 11 月 7 日，麻城成立中项公路工程指挥部，接通中项断头路，路基宽 8 米，路面宽 3.5 米。1977 年 5 月，中项公路全线再度通车。

2002 年，黄冈市公路规划勘测设计院对中项线中驿至顺河段改建工程进行勘测设计，设计标准为山岭重丘三级公路，路线全长 23.45 公里。2002 年 3 月，改建工程由红安公路段、蕲春公路段、黄梅公路段共同施工，黄冈衡兴公路工程咨询监理中心监理，2002 年底竣工。2007 年 5 月，麻城市中项线顺河集至项家河段改建工程，路线全长 23.0 公里，由麻城市宏远路桥公司机械处施工，湖北博达公路工程咨询监理有限公司监理，2008 年 10 月竣工。

2011 年 7 月，麻城市中项线中馆驿至王正山段改建工程动工，路线全长 15 公里，由黄冈市公路规划勘测设计院设计,麻城市宏远路桥工程有限公司施工,武汉广益工程咨询有限公司监理,11月竣工。

二、张胜公路(张家咀至胜利)

张胜公路东起罗田与英山交界处的杨家坳,途经老寺庙、千基坪、河西畈、九资河、罗家畈、献旗岭、邮亭寺等地,至胜利与松(子关)蔡(店河)公路相连,全长75.886公里。

老(寺庙)胜(利)公路分多期修筑而成。1958年至1959年,以民工建勤方式分别修建河西畈至圣人堂和河西畈至罗家畈公路。1962年,由县公路段测设施工,林业部门投资,将圣人堂延伸至千基坪。1963年,以民工建勤方式修建胜利至铁岭坳路段。

1975年,中共罗田县委规划,贯通鄂豫皖三省,连通团胜、麻胜、天蜂、罗九四线,9月1日动工建设。1976年元月19日,胜(利)天(堂山)公路路基土石方工程基本完成,填平龙潭沟、鹰愁涧等326道深沟断涧,劈开兰草花岩、豹龙岩等44道峭壁悬崖,修建3座中型临时木桥、13处过水路面、180道涵洞,初步建成一条8米宽的公路。

2009年,该路被列入大别山红色旅游交通示范区公路开工建设,线路走向调整,由铁岭坳进入薄刀峰景区,经天堂湖水库、九资河镇、河西畈、天堂寨至与英山交界的吴家山景区,2011年9月竣工通车。建成的公路为沥青混凝土路面,达到二级公路技术标准。

三、白小公路(白马石至小岐岭)

白马石至小岐岭公路,南起318国道杨柳镇境内白马石处,途经杨柳、雷店、过滩、草盘等乡镇,北上过东界岭、岩河岭,止于鄂皖交界的小岐岭,全长56.88公里。

1955年,英山县成立"东河公路工程指挥部",修建英山至草盘路段,分为两段进行施工,当年通车,全长30公里。1958年,英山县决定利用白莲河水库下马的民工,对该路进行全面改善,并成立"公路改善工程指挥部",组织民工突击,重点解决肖家坳、槐树坪路段的降坡。草盘地至桃花冲段,长16.5公里,路基宽度5米,1963年至1964年由湖北省林业厅投资,县林业局主持修建。

1969年,桃花冲至小岐岭被列入修建计划。1970年初春,英山县组织全县8个区的民工施工。1971年4月,全线竣工通车。此后,白(马石)小(岐岭)公路历经十几年的修建和改善,1978年已达到三至四级公路的标准,路面由土路改善为砂石路面,公路两旁栽植了法桐、小杉等,并设立了专业养护道班。

2011年,白小公路按山岭重丘二级公路标准进行升级改造,由黄冈市公路规划勘测设计院设计,武穴市路桥工程建设有限公司、安徽省丰林工程建设有限公司、黄冈市安顺路桥建设有限公司中标承建,湖北博达公路工程咨询监理有限公司中标监理。改造工程分两期进行。一期工程自红花水库以下至杨柳高速公路出口,长33.412公里,2011年7月开工,10月完工。二期工程由红花水库以上至桃花冲小岐岭,长23公里,2011年10月开工,12月完工。沿线23座大中桥梁工程与二期工程同时开工。2012年12月,白(马石)小(岐岭)公路路面及安保工程全面完工。

四、红熊公路(红安至熊河)

红安至熊河公路,起于红安县城金沙村岔路,偏西北上,途经贺家河、石嘴铺、华家河等地,止于熊河,与七(里坪)黄(陂)线平交,全长28.7公里。

1956年2月,该路破土动工。1959年4月25日,红安到石嘴铺矿山17公里通车。10月底,石嘴铺至华家河6公里的路基工程已基本完成。11月,铺筑路面。12月初,红(安)华(家河)段23公里通车,路基一般宽为7米,路面宽3.7米。

1961年,专区交通运输管理局经实地调查,将红(安)华(家河)路段的一段红安至石嘴矿山17公里从乙等支线提高为县养甲等线路,并配备9人担任经常养护工作。1961年冬,省林业厅投资20万元,计划新辟林业公路21公里,从华家河的北头,经老君山林场再逐步与河南公路连接。该路由养路工程队负责测设和指导施工。1962年4月,华家河至老君山林场段8.2公里竣工通车。

五、马天公路(马蹄山至天台山)

马蹄山至天台山公路,起自马蹄山,经烟宝地水库的山腰,绕过20个山头,跨越39道沟壑,至天台山主峰,全长17.9公里。

1973年春,红安县按四级公路设计马蹄山至天台山公路。1974年11月,破土动工,全线分三期施工。马蹄山至桐梓冲4公里为第一期工程,1974年12月中旬正式破土动工。至1975年10月底,路基尚未成形。1975年11月,撤区并社后,一边完成马蹄山至桐梓冲4公里的剩余工程,一边着手第二期工程桐梓至溜石板6.37公里的开工。1976年元旦,马蹄山至桐梓冲建成通车。1976年11月底,第二期工程接近完成。12月初,第三期工程溜板至高山岗5.54公里开始动工,仅7个月时间竣工通车。1977年7月,马蹄山至天台山公路全线竣工通车,路基宽6米,路面宽2.4米,低级路面。通车不久,沿线水毁。红安县随即又对全线进行整修、加固和局部改善。1978年5月1日,马蹄山至天台山公路正式通行客运班车。2004年,大修,由砂石路面升为三级沥青混凝土路面。2009年,对阮岗至康岗段进行中修。2012年,对马蹄山至石料场段进行升级改造,升为二级公路。

六、七黄公路(七里坪至黄陂站)

七里坪至黄陂站公路,是沟通红安县北部东西交通,衔接大悟县宣化店的公路之一。该路起自七里坪,途经烟宝地、熊河等地,止于红安与大悟县交界的刘畈,全长22.74公里。

1957年冬,烟宝地水库兴建,省水利局自行投资,新建七(里坪)烟(宝地)公路。1957年秋,省公路管理局派员会同县交通局,对该路进行测设。1958年6月初,红安县组织民工上路开工,并由县养路工程队指导施工。工程历经3个月,至8月底彻底结束,完成土石方7810立方米,修建涵洞7道、漫水堤路1处,新建临时便桥3座计83延米。随后,配备道工进行经常性养护。1962年该路下放到区社时,交水利部门自养。

1965年,省公路管理局决定将七里坪至烟宝地水库公路延伸,与大悟县黄陂站接通。同年10月中旬,红安县交通局完成勘测设计工作。年底,工程基本竣工,路基一般宽接近7米。1967年初,七黄公路正式通车。2009年,该路被列入大别山红色旅游交通示范区公路,开工建设。2011年9月,竣工通车,为沥青混凝土路面,达到二级公路技术标准。

七、茅横公路(茅山至横车)

茅山至横车公路,起于长江北岸茅山港,途经黄柏城、彭思、王铺、瓮堑等几个乡镇,止于横车,是柳(子港)界(子墩)公路上的一条重要支线,全长22.428公里。

1958年,蕲春县人民政府组织民工,在人行大道基础上扩宽、兴建公路,晴通雨阻。1959年冬季,蕲春县成立修路指挥部,对茅横公路不合标准路段及兔儿岭、得胜山、何家垴等大坡进行改建和降坡,铺筑路基路面21.5公里,改3座计17米公路临时桥为永久性桥,使路基基本得到稳固,路面有所改善。1964年8月,蕲春县交通局对该路进行进一步改善,达到晴雨通车。

八、黄挪公路(黄梅至挪步园)

黄(梅)挪(步园)公路与蕲春县太平相接,纵贯黄梅县境北部山区,起自黄梅城关北门,向北途经许铺、苦竹口、油铺、程晃岭、红苏、大古岭、三七种植场至挪步园茶场,全长28.64公里,是黄梅县山区人民出入中界岭唯一的交通要道。

黄挪公路系分期分段修成。1958年,为适应大办钢铁运输柴炭之急需,黄梅县动员群众以民工建勤方式修建苦竹口至油铺简易公路。1966年,城关至油铺路段新建和改善,全长13公里。1967年,由油铺延伸至大古岭,长7公里。1971年11月,再延伸大古岭至挪步园路段,经过1个月的施工,基本完成路基。1978年9月1日,挪步园至界岭断头路由大河公社组织200民工破土动工,突击2个月完成。

2009年,该路大河镇部分路段被列入大别山红色旅游交通示范区公路建设计划,并于当年开工建设,2011年9月竣工通车,沥青混凝土路面,达到二级公路技术标准。

九、桃白公路(桃树至白莲河)

桃树至白莲河公路,起自余堰乡桃树,途经官塘、蔡河,至白莲镇,全长14.84公里。该公路始建于1958年,是白莲河水电站运输建材、机械设备的专用公路。1962年白莲河电站成功后,该路交县公路段养护管理。后几经改造,1988年纵坡8%计15处,其中最大达11%,路基宽度一般为5.5~7米,属等外级公路。1988年,白莲河大桥建成通车。由于桃(树窝)白(莲河)公路纵坡大,远远不能满足交通量日益增长的需要。1992年11月18日至12月3日,浠水县交通局组织人员对桃(树窝)白(莲河)公路进行勘测设计,路基宽12米,路面宽9米,最大纵坡7%,最小平曲线半径250米,桥涵设计荷载汽—20、挂—100。1992年12月,公路改造工程指挥部成立,动员沿线白莲、蔡河两乡镇民工义务投劳完成路基土石方和桥涵工程的土石方,其余工程均由专业队伍施工。1995年12月,全线改建,1996年竣工,总投资359万元。1997年5月,桃白路全线铺设油路,1998年7月15日竣工,路面宽7米。2011年,桃白公路14.45公里路面再次进行改造,铺筑水泥混凝土路面,当年完工。

十、莲龙公路(莲花桥至龙坪)

武穴市莲花桥龙坪公路,起点在余川镇莲花村,途经花桥镇童司牌、龙坪镇牛车村,穿越万丈湖农场,终点在龙坪镇马路口编号X230,全长35.89公里。

2005年以前,莲龙公路是一条简易公路,公路等级四级。2006年,黄冈市公路局按二级公路标准对其进行设计(路基宽10米,路面宽7米)。9月底,市政府组织余川、花桥、龙坪、万丈湖农场(三镇一场)进行路基、涵洞土石方施工,于2007年完成。2007年,新建童司牌中桥、新港中桥和余家湖桥,港下流两座小桥,以及象桥涵洞1道。2008年,市交通局委托余川镇、花桥镇为业主,对辖区内的莲龙线进行招标。余川镇分为两个标段,分别由鄂州市市政工程公司和黄冈楚通路桥工程建设有限公司中标并施工。花桥镇境内长16.4公里分为5个标段,分别由江西华星公路工程建设有限公司、抚州市阳光路桥工程有限公司、湖北花桥建筑安装工程有限公司、襄樊市彩虹公路建设有限公司、罗田县大别山工程建设有限公司中标承建。罗成中学至万丈湖农场段11.3公里,由武穴诚信路桥公司中标修建。以上各段监理单位均为湖北博达公路工程咨询监理有限公司。所有工程都于2009年春完工,2009年7月举行通车典礼。

十一、芦总公路(芦柴坳至总路咀)

团风县芦柴坳至总路咀公路,起于芦柴坳,经胡家山、甘家岭、金鸡、贾庙二级电站、蔡家河、贾庙、漆柱山、杨四、牛车河水库,至总路咀,全长41.25公里。

1995年,芦总公路改建为渣油路面,路基宽7米,路面宽5米。2006年,又重新改建,路基裁弯降坡,路基宽9米。2007年,贾庙—总咀段为水泥混凝土路面,路基宽7米,路面宽6米。2004年6月,芦柴坳至总路咀、芦柴坳至贾庙改建为沥青路面,长18.42公里,由蕲春通兴路桥公司承建,路基土石方10502

立方米,次坚石 16525 立方米,防护工程 6000 立方米,建涵洞 637.4 米、基层(水泥稳定土)123400 平方米、沥青面层 110508 平方米,由黄冈市衡兴公路监理,2004 年 6 月至 2004 年 11 月底完工,工期 123 天,总投资 5154372 元,实际完成 5461078 元。完工后交由金鸡、漆柱山两个养管站养护。

表 1-2-4-1 为黄冈地区各县(市、区)县道明细表。

黄冈地区各县(市、区)县道明细表 表 1-2-4-1

序号	单位	编号	线路、名称	里程(公里)	起讫地点	修建年份	改建年份	通车日期	变更日期
1	市辖区公路管理局	X201421101	五费线	14.097	市辖区龙感湖城区至市辖区费家湾	1978、2004	2009	19781008	20150722
2	市辖区公路管理局	X244421101	佗沙线	8.398	市辖区沙湖办事处蕲龙线岔口至市辖区新圩小学	2004	2009	20041008	20091111
3	市辖区公路管理局	X331421101	青塞线	13.78	市辖区塞湖高墩至市辖区青泥湖办事处出点	2005	2009	20051008	20091111
4	黄州区公路管理局	X249421102	杨南线	17.327	黄州区杨鹰岭至黄州区孙镇	1980	1997	19801111	19971008
5	黄州区公路管理局	X302421102	黄南线	18.481	黄州区黄州至黄州区二砖	1980	1989	19801111	19891008
6	黄州区公路管理局	X301421102	南堵线	37.21	黄州区南湖至黄州区堵城加油站	1990	2004	19901111	20041008
7	黄州区公路管理局	X303421102	禹叶线	23.00	黄州区禹王办	2007		20071111	
8	黄州区公路管理局	X304421102	环湖路	20.00	黄州区白潭湖至黄州区白潭湖出口	2006、2007		20071111	
9	黄州区公路管理局	X333421102	河孙线	12.957	黄州区河家桥至黄州区三砂线岔口	1980	2011	19801111	20111111
10	团风县公路管理局	X236421121	贾大线	19.446	团风县贾庙桥至团风县黑岩队入点	1965	2015	19651008	20151111
11	团风县公路管理局	X202421181	芦总线	41.245	麻城市芦家河至团风县总路咀街	1968	2008	19681008	20081008
12	团风县公路管理局	X203421121	王金线	8.863	团风县王家坊至团风县街南	1968	2004	19681008	20041008
13	团风县公路管理局	X238421121	樟上线	22.414	团风县樟树湾至团风县西街口	1982	2009	19821008	20091111
14	团风县公路管理局	X302421121	漆宋线	31.789	团风县漆柱山至团风县宋墙	1968	1995	19681008	19951008
15	团风县公路管理局	X317421121	杨罗线	13.078	团风县杨鹰岭至团风县汤家墩	1976	2011	19761008	20111111
16	红安县公路管理局	X102421122	红永线	35.445	红安县红安至红安县鄂家湾	1988	2011	19881008	20111111
17	红安县公路管理局	X101421122	红熊线	28.697	红安县红安至红安县黄山	1988	2011	19881008	20111111
18	红安县公路管理局	X204421122	界七线	9.503	红安县七里坪至红安县九家湾	1988	2007	19881008	20071108
19	红安县公路管理局	X205421122	桃八线	22.738	红安县桃花至红安县八里湾村出点	1988	2007	19881008	20071108
20	红安县公路管理局	X235421122	桐八线	37.371	红安县桐柏集至红安县邱家湾	1988	2009	19881008	20091111
21	红安县公路管理局	X245421122	王姚线	30.089	红安县王家咀至红安县王家塝村出点	1988	2009	19881008	20091111
22	红安县公路管理局	X239421122	檀两线	22.651	红安县檀术岗至红安县曹家湾	1988	2015	19881008	20151111
23	红安县公路管理局	X303421122	柳土线	23.311	红安县柳树坪	1987	2011	19871008	20111111
24	红安县公路管理局	X304421181	白王线	68.704	麻城市白塔河至红安县古峰岭	1988	2011	19881008	2011
25	红安县公路管理局	X206421122	天马线	17.733	红安县马蹄山至红安县康岗	1988	2012	19881008	20121008
26	罗田县公路管理局	X106421123	罗河线	60.796	罗田县罗田城关至罗田县黄石河	1962	1998	19621008	19981008

续上表

序号	单 位	编号	线路、名称	里程（公里）	起讫地点	修建年份	改建年份	通车日期	变更日期
27	罗田县公路管理局	X215421123	松宜线	56.903	罗田县松子关至罗田县车潭畈村	2006	2008	20061008	20081008
28	罗田县公路管理局	X240421123	八两线	29.7	罗田县八迪河至罗田县李家楼	1973	2009	19730508	20091111
29	罗田县公路管理局	X307421124	张胜线	75.886	英山县张家咀至罗田县铁林坳	1978	2015	19781008	20151111
30	罗田县公路管理局	X308421124	过黄线	38.06	英山县过路滩至罗田县黄石河入点	1969		19691208	
31	罗田县公路管理局	X107421123	三圻线	35.204	罗田县三里桥至浠水县蕲阳坪村出点	1964	2003	19641008	20031008
32	罗田县公路管理局	X309421124	蔡界线	65.107	英山县三门河至罗田县土门坳	1965	2012	19650908	20121008
33	罗田县公路管理局	X322421123	青九线	10.738	罗田县青苔关至罗田县九资河街头	1984	2015	19841008	20151111
34	罗田县公路管理局	X306421123	干河线	37.457	罗田县干塘角至罗田县乡界	1968	2015	19681008	20151111
35	罗田县公路管理局	X209421181	矮李线	45.216	罗田县县界至麻城市管驿河桥	1956、1979	2009	19790108	20091111
36	罗田县公路管理局	X216421123	石白线	33.292	罗田县石桥铺至罗田县月山村出点	1976	2004	19761008	20041008
37	罗田县公路管理局	X217421123	骆土线	5.279	罗田县骆驼坳至罗田县夏家坳入点	1964	1997	19641008	19971008
38	罗田县公路管理局	X214421123	新蔡线	10.793	罗田县新昌河至麻城市激鱼咀	1966		19661008	
39	英山县公路管理局	X108421124	英檀线	46.192	英山县英山车站至蕲春县朱家坳	1975、2005	2003	20011008	20031008
40	英山县公路管理局	X218421124	小白线	56.88	英山县小歧岭至英山县施家湖村出点	2002、2005	2006	20051008	20150717
41	英山县公路管理局	X220421124	长南线	20.41	英山县长冲至英山县二分垸村出点	2003	2004	20031008	20041008
42	英山县公路管理局	X319421124	雷孔线	20.599	英山县过黄线岔口至英山县林家冲村出口	2005	2009	20051008	20091111
43	英山县公路管理局	X324421124	草太线	8.186	英山县草盘	2005	2009	20051008	20091111
44	英山县公路管理局	X325421124	长张线	16.24	英山县张家咀至英山县栗树咀村出口	2003、2005	2009	20031008	20091111
45	英山县公路管理局	X219421124	红杨线	44.081	英山县红花至英山县杨柳G318接线油路	2002、2004	2005	20041008	20051008
46	浠水县公路管理局	X222421125	松巴线	29.923	浠水县松山至浠水县长江村出点	1966	2015	19660409	20151111
47	浠水县公路管理局	X310421125	丁兰线	15.234	浠水县丁司垱至浠水县三泉村出点	1971	2015	19711206	20151111
48	浠水县公路管理局	X247421125	冷三线	9.281	浠水县冷水至浠水县李宕	1980	2009	19800408	20091111
49	浠水县公路管理局	X312421125	太三线	22.313	浠水县太平至浠水县豹龙出点	1963	2009	19631206	20091111
50	浠水县公路管理局	X313421125	丁麻线	11.358	浠水县丁司垱	2007	2008	20070725	20081111
51	浠水县公路管理局	X318421125	洗桃线	20.505	浠水县洗马街至浠水县桃树村出点	1973	2009	19730410	20091111

续上表

序号	单位	编号	线路、名称	里程（公里）	起讫地点	修建年份	改建年份	通车日期	变更日期
52	浠水县公路管理局	X326421125	轴兰线	17.296	浠水县轴承厂至浠水县延寿庵村出点	1973	2009	19730410	20091111
53	浠水县公路管理局	X311421125	桃白线	14.84	浠水县桃树至浠水县下石港出点	1998	2011	19980813	20111111
54	浠水县公路管理局	X109421125	麻巴线	22.216	浠水县麻桥至浠水县渡口入点	1992、2006	2006	19920806	20061111
55	浠水县公路管理局	X110421125	浠华线	43.758	浠水县清泉至浠水县团陂街出口	1993、2002	2013	19930806	20131111
56	浠水县公路管理局	X221421125	红散线	12.622	浠水县红莲中学至浠水县禹山出点	1989	1995	19890806	19951111
57	浠水县公路管理局	X329421125	浠水连接线	15.744	浠水县巴河	2015		20151111	
58	蕲春县公路管理局	X113421127	黄青线	51.909	黄梅县黄梅至蕲春县黄土堰	1980、2004	2003	20021008	20031008
59	蕲春县公路管理局	X112421182	郑席线	29.227	武穴市师范南门至黄梅县黄梅	1971、1989	2010	19721008	20101111
60	蕲春县公路管理局	X223421126	洗岚线	47.623	蕲春县许山村入口至蕲春县赤西湖	2000、2005	2011	20041008	20111111
61	蕲春县公路管理局	X225421126	清圻线	29.571	蕲春县清水河至蕲春县东门	1988	2011	19881008	20111111
62	蕲春县公路管理局	X224421126	横茅线	22.428	蕲春县横车街至蕲春县方港村	2004	2005	20041008	20051008
63	蕲春县公路管理局	X226421126	黄刘线	33.929	蕲春县碉楼至蕲春县刘河村	1970、2000	2015	20001008	20150909
64	蕲春县公路管理局	X227421126	青两线	24.632	蕲春县清草坪至蕲春县两河口进水闸	1980、1990	1990	19891008	19901008
65	蕲春县公路管理局	X313421127	烟张线	73.901	黄梅县烟铺至蕲春县张塝居委会入口	1980、2004	2008	19871008	20081008
66	蕲春县公路管理局	X315421126	刘芳线	21.667	蕲春县刘河桥南至蕲春县冲里	1980、2005	2011	19801008	20111111
67	蕲春县公路管理局	X111421126	漕赤线	11.842	蕲春县小转盘至蕲春县范铺入口	1983、2005	1984	19831008	19841008
68	蕲春县公路管理局	X316421126	马罗线	10.733	蕲春县马畈街至蕲春县铺咀街出口	2000、2003	2014	20031008	20141111
69	蕲春县公路管理局	X314421126	刘康线	5.861	蕲春县刘堑至蕲春县黄柏城出口	1998	2006	19981008	20061008
70	黄梅县公路管理局	X114421127	黄界线	24.131	黄梅县民政局至黄梅县界岭村入点	1980	2011	19801008	20111111
71	黄梅县公路管理局	X232421127	潘停线	9.616	黄梅县潘铺村至黄梅县金星	1980	2002	19801008	20021111
72	黄梅县公路管理局	X233421127	四王线	11.274	黄梅县四祖至黄梅县王老屋村出点	1980	2011	19801008	20111111
73	黄梅县公路管理局	X234421127	下停线	13.132	黄梅县下河村至黄梅县周塘村出点	1980	2002	19801008	20021111

续上表

序号	单位	编号	线路、名称	里程（公里）	起讫地点	修建年份	改建年份	通车日期	变更日期
74	黄梅县公路管理局	X248421127	大团线	18.145	黄梅县大河桥村入点至黄梅县团山村入点	1980	2009	19801008	20091111
75	黄梅县公路管理局	X316421127	滨汪线	53.57	黄梅县滨江至黄梅县刘王村出点	1980		19801008	
76	黄梅县公路管理局	X321421127	五四线	18.752	黄梅县渡河至黄梅县赵畈村出点	1980	2015	19801111	20150808
77	黄梅县公路管理局	X327421127	孔严线	10.479	黄梅县孔垄至黄梅县严闸村出点	1980	2009	19801008	20091111
78	黄梅县公路管理局	X249421127	分新线	10.283	黄梅县分路至黄梅县新开村入点	1980	2009	19801008	20091111
79	黄梅县公路管理局	X231421127	城下线	15.309	黄梅县城关至黄梅县下新村入点	1980	1996	19801008	19961111
80	麻城市公路管理局	X103421181	麻顺线	26.509	麻城市麻城商场至麻城市顺河乡镇政府入点	1968	2013	19680106	20130909
81	麻城市公路管理局	X207421181	项中线	46.141	麻城市项家河至麻城市京广线岔口	1931、1974	2011	19740619	2011
82	麻城市公路管理局	X104421181	麻张线	41.594	麻城市麻城老车站至麻城市张广河村入点	1965	2002	19650111	20021008
83	麻城市公路管理局	X213421181	小王线	20.387	麻城市小寨村部至麻城市邱家畈	1976、1978	2007	19780813	20071108
84	麻城市公路管理局	X210421181	夫土线	4.548	麻城市夫子河	1986	2000	19860308	20001008
85	麻城市公路管理局	X211421181	铺风线	7.531	麻城市铺头坳至麻城市大块地村出点	1960	2001	19600221	20011008
86	麻城市公路管理局	X212421181	三浮线	5.927	麻城市电站主坝至麻城市彭田畈村入点	1978	2011	19781018	2011
87	麻城市公路管理局	X242421181	三石线	18.181	麻城市童家河村入点至麻城市何家畈村出点	1985	2009	19851017	20091111
88	麻城市公路管理局	X320421181	蔡白线	45.926	麻城市蔡店河至麻城市吉利巷	1967、1986	2009	19840225	20091111
89	麻城市公路管理局	X401420117	柳明线	20.029	麻城市毛草山至麻城市白果街入口	1967、1970	2004	19670303	20041008
90	麻城市公路管理局	X208421181	宋新线	10.639	麻城市中山台居委会入点至麻城市芦家河	1960	1999	19600303	19991008
91	武穴市公路管理局	X115421182	武新线	20.487	武穴市武穴磁材厂至武穴市与国道G055交点	1989	2009	19891008	20091111
92	武穴市公路管理局	X228421182	横马线	47.706	武穴市吴大村入点至武穴市马口村入点	1989	2008	19891008	20081008
93	武穴市公路管理局	X229421182	松石线	19.055	武穴市孙弄小学至武穴市鸡公岭	1989	1995	19891008	19951008
94	武穴市公路管理局	X230421182	莲龙线	35.897	武穴市莲花塘至武穴市龙坪渡口	1989	2008	19891008	20081008
95	武穴市公路管理局	X237421182	刘荆线	9.2	武穴市荆横线至武穴市大坝村出点	1989	2009	19891008	20091111
96	武穴市公路管理局	X241421182	石万线	11.813	武穴市石佛寺至武穴市王胜祖	1989	2009	19891008	20091111
97	武穴市公路管理局	X314421182	松梅线	10.059	武穴市松山咀至武穴市交点2	1989	2015	19891111	20151111
98	武穴市公路管理局	X315421182	塔南线	7.425	武穴市塔水桥至武穴市与梅马线交点	1989		19891008	

第五节 旅游公路

一、大别山旅游公路主线

21世纪初,黄冈旅游业发展迅猛。2009年8月6日,黄冈市人民政府召开黄冈大别山红色旅游公路建设动员大会,拉开黄冈旅游公路建设序幕。2011年9月,大别山红色旅游公路主线和罗九公路支线建设工程竣工。12月19日,湖北省委书记李鸿忠出席在红安举行的大别山红色旅游公路建设通车庆典仪式。仪式以黄冈大别山红色旅游公路建设为主题,重点推介了黄冈市积极推进农村公路建设向集中连片特困地区转移的重大举措。时任交通运输部部长李盛霖等领导实地考察了黄冈大别山红色旅游公路,肯定了红旅路是全国交通扶贫的示范典型和靓丽名片。为拓展大别山红色旅游公路品牌效应,延伸大别山红色旅游公路品牌,进一步优化黄冈路网布局,改善大别山区交通状况,开发大别山旅游资源,黄冈市与各县(市)积极谋划,先后启动以黄梅禅宗文化旅游路、横岗山旅游公路、三角山旅游公路、罗田核心景区旅游公路、麻城龟峰山旅游公路、红安天台山旅游公路、团风大崎山旅游公路等10条计396公里的大别山红色旅游公路支线工程建设。2015年底,团风大崎山、麻城龟峰山、浠水三角山、蕲春、武穴横岗山等旅游公路支线建成,初步形成干支相连、景区互通的大别山红色旅游公路网,进一步放大了红旅路的品牌效应。

2012年3月29日,全国农村公路建设与管理养护现场会在黄冈召开

新改扩建的旅游主线

大别山红色旅游公路主线"一路穿七县、一线连三区",西起于红安与大悟交界的土库,途经七里坪、古峰岭、石板坳、四口塘、乘马岗、白塔河、麻城市城关,经武麻高速公路至木子店镇、杨眉河、胜利镇、铁林坳、薄刀峰、九资河、河西畈、天堂寨、吴家山、张家咀、石头咀、英山县城、南河、洗马、株林、刘河、桐梓、界岭,止于黄梅县大河镇,沿途横贯红色遗迹、绿色生态、禅宗文化三大旅游区的38个景点、23个乡镇,全长462.107公里,其中主线长414.107公里,与主线同步建设的支线罗九线河西畈至大河岸长48公里。该路利用老路改扩建238.139公里,新建49.563公里,利用国省道进行路面改造80.25公里,完全利用国省52.155公里,完全利用高速公路及连接线42公里。地形、地质等自然条件复杂的困难路段,技术标准适当降低,但保障大型旅游客车安全通行。项目新改建路段路面结构采用沥青混凝土,国省道干线利用路段原则上保持原路面结构。总投资13.89亿元,其中省补助5.67亿元、地方自筹8.22亿元。

2004年10月,湖北省省长罗清泉在罗田召开旅游现场办公会,提出要把黄冈建成全国红色旅游基地。2008年3月,黄冈市市长刘雪荣在参加十一届全国人大二次会议时向新华社记者介绍说,黄冈山好水好,旅游资源丰富,但因为交通条件差,只能养在深闺人未识,如一颗颗散落的珍珠,没有成串,不能抱团形成产业群,资源优势不能得到充分发挥,需要更多的人关注。8月6日,市长刘雪荣率领黄冈市政府办、市交通运输局、市公路管理局主要负责人专程到麻城、罗田、英山等县市调研,首次提出建设大别山红色旅游公路,并要求黄冈市交通运输局扎实做好项目的规划与前期工作。9月28日,《人民日报内参》发表《为带动老区人民脱贫致富专家建议修建大别山红色旅游干线公路》,引起湖北省委书记罗清泉高度关注并亲自作出批示,对项目建设起到了十分重要的推动作用。

2009年6月,湖北省交通规划设计院历经一年时间组织完成《黄冈大别山红色旅游公路布局及建设规划》,并牵头完成项目的勘测设计工作。

2009年6月3日,湖北省人民政府在英山召开大别山旅游经济开发现场会,全力支持修通黄冈大别山红色旅游公路,并以红色旅游示范区的概念,勾画黄冈旅游大发展的宏伟蓝图。在会上,副省长田承忠说,老区黄冈在战争年代作出了巨大贡献和牺牲,我们对她怎么支持都不为过。在英山现场会开完后不到两个小时,湖北省交通运输厅厅长林志慧紧接着召开会议进行部署安排,给予政策支持。7月2日,湖北省政府印发专题会议纪要,为黄冈红色旅游公路建设项目的审批开设"绿色通道"。

2009年8月6日,黄冈市人民政府召开大别山红色旅游公路建设动员大会后,各县市不等不靠、相继动工。在工程建设中,黄冈市人民政府成立以市长刘雪荣为指挥长的黄冈大别山红色旅游交通示范区公路建设领导小组,出台《加快大别山红色旅游交通示范区公路建设的意见》等一批支持政策,全面推行"一线工作法"(坚持"决策在一线制定、工作在一线落实、问题在一线解决、创新在一线体现、成效在一线检验"),先后开展"百日攻坚""百日大会战""四比一创"和"奋战四个月、通车迎国庆"等劳动竞赛活动,充分发挥"精心组织、精细管理、精准施工、精雕细刻、精益求精"的典型示范作用。

市委、市政府、市人大、市政协主要领导亲自指挥,亲自部署,亲自督办。市四大主要领导先后牵头,组织开展19次大型检查督办活动,做到一月一督办,半月一通报,定期不定期召开专题会、督办会,现场指导、督办,努力推进项目建设。沿线7个县市主要领导既当指挥员,又当战斗员,多次实地调查研究,就地解决具体问题,尤其是对征地、拆迁、协调服务一包到底,全力推进项目建设具体落实。

在项目建设中,黄冈大别山红色旅游公路全线路面及安保工程通过招投标程序共优选8个施工单位,分别是红安县鄂东公路工程有限责任公司、麻城市宏远路桥工程有限公司、罗田大别山路桥工程建设有限公司、湖北中南路桥有限责任公司、黄冈市安顺路桥工程建设有限公司、浠水县迅达路桥工程建设有限公司、蕲春县通兴路桥工程公司、黄梅县时通路桥公司;3个监理单位,分别是湖北博达公路工程咨询监理有限公司、武汉广益工程咨询有限公司、中交二航院工程咨询监理有限公司,其中湖北博达公路工程咨询监理有限公司为总监理单位。

全市交通公路部门发挥行业技术、设备、人员优势,集中人力、物力、财力,以争分夺秒、只争朝夕的精神抓前期,以超常规、超常态的举措抓管理,以克难攻坚、敢打必胜、不胜不休的优良作风抓建设。施工中,没有电,翻山越岭自己拉电网;没有路,披荆斩棘先修施工便道,便道修不上去,材料靠人肩挑背驮;在悬崖峭壁上,工人们腰系安全绳,悬在半空中劈山凿石。全市交通公路系统有300多名工程技术人员奋斗在工地一线,指导工程建设。在建设高峰期,全线参建人员达6000多人,作业面50多个。

在项目建设中,湖北省交通运输厅、省公路管理局和黄冈市委、市政府对项目建设高度重视,经共同商定项目建设要按照"统一领导、统一规划、统一标准,分县建设、县市为主、包干负责"的要求推进。公路沿线县(市)人民政府是境内公路建设的责任主体,负责项目的具体实施、配套资金筹措和工程建设协调,做好征地、拆迁、林业、环评、水土保持等工作和一期路基土石方、桥涵工程。各县市人民政府为其辖区内大别山红色旅游交通示范区公路新改建路段路基、路面、桥涵、安保等工程的建设责任主体,负责组建公路建设项目法人,履行行业主职责。为破解筹资难题,黄冈市交通公路部门抢抓国家特困地区连片扶贫交通开发的机遇,争取交通运输部从车购税中安排6.5亿元补助资金,支持黄冈大别山红色旅游公路建设。有路基新、改建任务的6个县市,整合发改、移民、扶贫等部门资金支持项目建设。在地方财政极端困难的情况下,沿线7个县市自筹资金8.22亿元用于大别山红色旅游公路建设。

二、旅游公路支线

罗田至九资河公路,起自罗田城关,向北途经两河口、大河岸、月山庙、肖家坳、白庙河、枫树铺、黄石河、滥泥畈,在河西畈处接张胜公路,止于九资河镇,全长62.79公里。

1951年1月15日,罗田县人民政府报请黄冈专员公署修建罗(田)九(资河)公路。9月,黄冈专署批复同意修筑,由浠水工区工程队第二分队勘测设计。翌年春,罗(田)九(资河)公路部分地段开工修筑。1954年,罗田遇上洪水灾害,建设搁置。

1955年9月,中共罗田县委再次报请黄冈专署,按照"既修路,又筑河堤,同时又开农田"的指导原则,决定再度修筑罗(田)九(资河)公路。12月20日,罗田至枫树铺路段破土动工,全县组织6个区计35000人上路,采用先筑路基后建桥涵的步骤,总计填挖土石方42万立方米,建临时性简支中小木桥54座计404米、涵洞58道。1956年5月4日,罗田至枫树铺路段竣工通车。6月,该路段遭遇水毁,毁桥1座、涵洞32道,路基冲断31处。同年8月8日,中共罗田县委又动员1.6万人工日上路抢修,8月15日修复通车。

1957年,为沟通天堂区公路交通,开发林木资源,中共罗田县委又报请黄冈专署,将罗田至枫树铺公路向北延伸至滥泥畈。12月25日项目动工。全县组织建勤民工9.3万个工日完成土石方12.7万立方米,建小桥6座计36米,修建过水路面2处计47米,省林业厅投资4.5万元,1958年1月26日竣工,5月26日正式通车。

1958年7月,罗田县将罗(田)至九(资河)公路从滥泥畈延伸到九资河,并折路东行,过河西畈,终至圣人堂。该工程由罗田县养路工程队测设,林业部门编造工预算和施工,投资系枫天公路节余款。12月,罗(田)河(西畈)公路全线建成。1959年,罗(田)河(西畈)公路由国家列养,九资河至河西畈为林业公路,并定名为罗(田)九(资河)公路。1958年冬,全线进行两次以路面建设为中心的改善,铺筑单车道泥结碎石路面。1960年和1961年冬,罗田县又对全线路基进行改善,完成路基土石方79.6万立方米,降坡59处,改线17处,裁弯102处。至1961年底,该路达到晴雨通车。

1996年冬,中共罗田县委、县人民政府成立罗河公路改建工程指挥部,对罗田县城至白庙河段38.6公里进行改造。

1999年12月,罗田县公路段采用"老路滚、达标准"的方案,对白庙河至河西畈22.9公里进行设计,并进行路基施工改造,新线走向以降坡、加宽为重点,总投资105万元,使该段路面达到三级公路标准,整个工程于2000年底竣工。2000年,罗田县交通部门将城关东门至县灰砂砖厂2公里沥青路面改建为混凝土高级路面,灰砂砖厂至凉水井、肖家坳至白庙河32.9公里路段铺设为次高级沥青路面。2001年,罗田县交通公路部门组织罗田县公路段工程队、易通路桥工程处分别将白庙河至徐凤冲14公里、徐凤冲至河西畈6.2公里改造为次高级路面。2008年,罗田县对县城至大河岸段18公里线路进行路面升级改造,由大别山路桥公司施工,改建后的路面为水泥混凝土。

2009年,中共罗田县委、县人民政府决定对罗九公路大河岸至河西畈段进行改建,并定名为罗九生态路工程建设。该工程途经大河岸、白庙河、九资河3个乡镇,全长44.239公里,按照二级公路标准施工,总投资1.7亿元,路基宽12米,路面宽7米。4月9日,罗九线干塘角至河西畈段18公里生态二级公路率先动工。同年,罗九公路被列入大别山红色旅游公路专线建设计划。2011年9月,罗九公路大河岸至九资河全线竣工。还修通了一批到罗田天堂寨、薄刀峰、英山的南武当、浠水县的三角山、蕲春的太平、麻城的龟山等景观公路。

2015年11月,团风大崎山旅游支线公路建成。该路起于贾庙,与芦总公路相接,全长15.6公里。

第六节 乡村及专用公路

一、乡道公路

乡道是连接乡镇、行政村及农、林、牧、副、渔生产基地、资源开发区、厂矿企业、学校、集贸市场等农村政治、经济、文化中心、交通集散点间主要供机动车行驶并达到一定技术标准的公路。2015年底,黄冈有乡道6759.723公里。

乡道建设始于1958年"大办交通"时期,在"社社公路化"的号召下,各地发动群众修筑公路,各公社之间公路称为"公社公路"。1958年4月,交通部在武汉召开南方交通工作座谈会,提出"依靠地方、依靠群众、普及为主"发展地方公路建设方针。黄冈专员公署根据交通部制订的建设方针,拟定公路交通规划,要求区区有干线、乡乡通汽车、社社通大车,边远山区修建马车道,并在3年内建成专区、县、区、乡、社四通八达的公路交通网络;拟定了具体措施,要求县委书记挂帅,县长亲自出马,成立公路工程指挥部,区成立修路大队,因地制宜,有计划地发动群众,在全区掀起轰轰烈烈的大办公路热潮。1958年至1960年,黄冈新增公路1379.5公里(大部分为县社公路),全区通车里程达3009.7公里,基本上实现县区通汽车、乡社通大车。

20世纪70年代,在"山水田林路"综合治理过程中,黄冈专区各县利用冬春农闲,采取"民工建勤"方式开展县社公路建设大会战,促进县社乡公路的发展。至1978年,黄冈全区县乡社公路达4173公里,占通车总里程的74%。

1984年,国家下达"以工代赈"帮助贫困地区修建道路和水利工程任务后,中共湖北省委决定从1985年起,用3年时间,帮助全省37个贫困县(市)修建县乡公路。5年间,黄冈建成区乡公路1600多公里,桥梁90座计2953米,解决了113个乡276个村的交通出行难的问题,为山区群众脱贫致富起到了积极作用。至2000年,黄冈乡道里程达2625.32公里。

进入21世纪,黄冈的县乡公路不仅里程增加,公路技术等级亦有提高,路面从低级向高级发展。2015年,黄冈乡道总里程达6759.723公里。其中,等级公路6661.361公里,占98.55%;高级路面5759.027公里,占85.20%(表1-2-6-1)。

黄冈市各县(市、区)乡道公路情况变化表(单位:公里) 表1-2-6-1

年度(年)	通车总里程	乡道里程	等级公路	比例(%)	高级路面	比例(%)
2000	5458.83	2625.32	1766.74	67.30	127.85	4.9
2005	8470.454	4119.691	3133.205	76.06	283.521	6.8
2010	21341.029	6227.206	6104.677	98.02	5803.694	93.99
2015	28554.909	6759.723	6661.361	98.55	5759.027	85.20

二、农村公路

2001年10月,湖北省交通厅下发《湖北省"十五"农村公路建设计划》,决定继续调剂部分资金对通乡(镇)和通村公路建设给予适当扶持。2002年,黄冈市交通部门充分利用国家政策,采取部门(交通、财政、发改委、扶贫办等)支持以及群众筹资和民工建勤等形式,加快村级公路建设步伐。至2005年,黄冈完成通村油路855公里,实现99%的行政村通公路、32%的行政村通油路。

2007年5月15日,黄冈市政府召开农村公路建设养护管理现场会后,当年黄冈全市农村公路完成路面硬化3316公里,全市71%的行政村通油(水泥)路。2008年,黄冈市政府公开承诺建成农村公路2000公里,实际硬化农村公路2583公里,实现82.3%的行政村通油路。2012年,黄冈4615个行政村全部通沥青(水泥)路。至2015年底,黄冈市有村道11151条计17090.847公里,占通车总里程的59.51%(表1-2-6-2)。

2015年黄冈市各县(市、区)村道通达通畅情况表 表1-2-6-2

单位	通车总里程(公里)	村道里程(公里)	行政村总数(个)	通达率(%)	通畅率(%)
黄冈市	28554.909	17090.847	4615	100	100
黄州区	1584.003	990.086	133	100	100
团风县	2390.206	1630.405	356	100	100
红安县	2778.615	1659.118	410	100	100
麻城市	4325.189	2417.86	748	100	100
罗田县	2956.807	867.601	458	100	100
英山县	2409.953	515.632	334	100	100
浠水县	3085.442	707.41	673	100	100
蕲春县	3472.359	807.129	599	100	100
武穴市	2245.464	1358.481	334	100	100
黄梅县	2961.13	715.586	514	100	100
龙感湖区	345.741	208.419	56	100	100

(一)黄州区村道

20世纪80年代初,黄冈县以"民工建勤、民办公助"的办法,基本实现社社通公路(砂石路面)的目标。20世纪80年代中后期,黄冈县颁发《县乡公路管理试行办法》,加快县乡公路的建设步伐。至1990年底,新建和改建农村公路200公里,总数达188条(近700公里)。

1992年,黄州市人民政府确定,对全市境内所有的社会客货车辆(包括地直各单位的货车)、民用运输车、拖拉机、三轮机动车等,每辆车每年按两个车日(即两个台班)收取建勤费。1996年民工建勤集资扩大到船舶,用于县乡公路等级化、黑色化联网建设。乡村公路建设,则采取"谁收益、谁出资"的办法,由交通部门统一规划,受益的乡村组负责修建。

1996年5月黄州区成立后,农村公路建设加快,相继完成水泥路面改造、硬化公路和改造沿江公路等工程。2002年,以区长为指挥长的农村公路建设指挥部成立,出台《农村公路建设实施方案》,全区农村公路建设实现新的突破。至2015年,完成通村公路80.84公里,黄州区村道总里程达到990.086公里,133个行政村全部实现公路通达通畅。

(二)团风县乡村公路

2004年,团风县完成通村公路101公里。2005年,完成通村公路80公里硬化,通达公路完成30公里。2006年,全县75个村实际完成公路硬化204.275公里,超计划建设44.275公里。全县通村公路硬化达387.5公里,285个行政有145个已通油路或水泥路。2007年,完成通村公路硬化里程152公里,新建通村公路总里程达到525公里,87%的行政村实现村村畅通。2015年,完成通村公路建设120公里,村道公路总里程达1630.405公里,356个行政村全部实现公路通达通畅。

(三)红安县村道

2001年,红安县大力开始村级公路建设。2004年,完成通村公路路基120公里、路面60公里,完成投资1300万元。2005年,投资2000万元用于通村公路建设,新开工村道200公里,年底县级以上验收硬化路面170公里,其中通过省市验收97公里。2006年,通村公路投资8000万元,完成通村公路硬化里程382公里。乡村公路段成立工作专班,对全县农村公路进行全方位GPS卫星定位,为实施交通信息化管理创造条件。2008年出台《红安县农村公路养护管理办法》,初步建立农村建、养、管一体化机制。至2015年,村道公路总里程达1659.118公里,410个行政村全部实现公路通达通畅。

(四)麻城市乡村公路

2001年,麻城19个乡镇办参加公路改建大会战,其中改造乡村公路63公里。2004年,麻城完成通村油(水泥)路58个村,共计108公里。2005年,完成通村公路建设79公里。2006年,完成通村公路建设380公里,实现120个行政村公路畅通。2007年,完成通村公路建设里程550公里。2008年,投入通村公路建设补助资金600万元,建设通村公路352公里。2015年,完成通村公路建设150公里,村道公路总里程达2417.189公里,748个行政村全部实现公路通达通畅。

(五)罗田县村道

1975年至1979年,罗田县共新建乡村公路29条155公里。1985年至1990年,县交通部门充分利用国家"以工代赈"扶持贫困地区交通建设的优惠政策,积极修建乡村公路。至1990年,县境内共有乡村公路70条403公里,占通车总里程的43%。

"十五"时期,罗田通过国家扶贫、部门(交通、财政、发改委、扶贫办等)支持以及群众筹资和民工建勤等形式,新建村公路153公里,411个行政村实现村村通公路。2003年,该县匡河乡九房冲村修筑全县第一条通村混凝土公路,实现村级公路硬化。2004年,全县有28个行政村自行修建混凝土路面44.4公里。2005年,罗田县完成路面硬化80.28公里,涉及10个乡镇和2个国营农场共45个行政村,其中通油路28个村,通水泥路22个村。至2015年,全县完成通村公路路面硬化136.08公里,村道公路总里程达2956.807公里。

(六)英山县乡村公路

2004年,英山县完成通村油路141条。2005年,建成通村油路、水泥路110.3公里。2006年,完成通村公路硬化工程227.03公里。2007年,完成通村公路硬化里程216公里。2008年,通村公路硬化路面达266.94公里,占年计划的121.1%,实现90%行政村通油(水泥)路。2015年,完成通村公路170公里,村道公路总里程达515.632公里,334个行政村全部实现公路通达通畅。

(七)浠水县乡村公路

1971年初,中共浠水县委提出"年底社社通车"的要求,县交通部门筹资,扶助巴河、兰溪、团陂、汪岗、蔡河5区中的9个公社修建5条简易公路,新建和维修桥梁15座131米,年底实现社社通汽车。1985年末,全县72个乡镇全部通汽车,其中福主乡实现村村通汽车。

2004年,浠水县动工建设通乡通村公路105条478.74公里,硬化通乡通村公路11.6公里,实现100%行政村通公路。2005年,全县新改建乡村公路29条计94.1公里,其中新建水泥沥青路3条计2.255公里。2007年,县人民政府出台政策,每公里补助1万元,以奖代补,全力推进公路建设,全年完成通村公路180公里,村道公路总里程达707.41公里,673个行政村全部实现公路通达通畅。

(八)蕲春县乡村公路

2004年,蕲春县新建通村公路102公里,占计划的340%,新增54个通村硬化路面。2005年,启动通村公路建设小康工程,开工村级公路150.3公里,其中建成水泥路面102.9公里,占计划的250%。2006年,完成通村公路建设349.94公里,其中通过验收287.38公里。2007年,完成通村公路硬化里程480公里,新增24个行政村通硬化路面,全市行政村硬化率达80%。2008年,投资1.2亿元,硬化通村公路路面500公里。2015年,完成连村通组公路100公里,村道公路总里程达807.129公里,599个行政村全部实现公路通达通畅。

（九）武穴市乡村公路

武穴市乡村公路建设始于1958年"大办交通"时期。在"社社公路化"的号召下，广济县（今武穴市）各地发动群众修筑公路。1978年，广济县（今武穴市）各公社实现"区区"通公路，"社社"公路化。1980年后大部分机耕路扩建为简易公路。至1987年，全市311个行政村中有247个村通公路。

2001年，国家实施"村村通公路"政策后，农村公路建设投入资金逐年增加。2001—2012年，全市完成通乡、通村（行政村）、通塆（自然村）水泥公路项目1176.38公里，总投资达25525.48万元。2015年，完成通村公路建设106.8公里，村道公路总里程达1358.481公里，334个行政村实现村村公路通达通畅。

（十）黄梅县乡村公路

2004年，黄梅县动工兴建通乡通村路面硬化公路58.8.公里，其中通村路面硬化公路29公里，通达工程28公里。2005年，投资1600万元，完成通村公路硬化工程52.9公里；投资2200万元，完成通村公路路基110公里和土石方298万立方米。2006年，通村公路建设投资4200万元，建设通村水泥路210公里。2007年，完成通村公路硬化里程325.74公里，占年计划的162.9%，已有420个行政村通油（水泥）路，占全市行政村的80%。2008年，完成通村公路硬化路面217.6公里，全县483个行政村修通水泥路，占行政村的92.7%。2015年，完成通村公路172公里，村道公路总里程达715.586公里，514个行政村全部实现公路通达通畅。

（十一）龙感湖区乡村公路

2004年，龙感湖区完成公路建设计划20.015公里，其中通村公路7条16.9公里，即高中路、渔庄路、万头猪场路、深圳村路、百家路、友谊路、龙埠路等。2005年，落实通乡油路21公里的国债资金补助建设项目，其中沙沱线9公里、塞青线12公里，建成通村公路7条15.6公里，实现18个村通水泥路。2006年，完成通村公路24条26.06公里。2007年，完成通村公路硬化里程20.4公里，通村公路通达工程6.1公里。2008年，完成通村公路硬化里程9.5公里，2015年，完成通村公路路基18公里、路面33.5公里，村道公路总里程达208.419公里，56个行政村实现公路村村通达通畅。

三、专用公路

专用公路是为具有一定规模的林场、茶场、果园、药材场及旅游等相关行业（企业）修建的。20世纪60—70年代，以民办公助形式修建的专用公路，多为简陋修建，急修急用，等级低，路面差，桥涵不配套，但在促进产业开发等方面起到积极作用。

至2015年，黄冈公路部门列养的专用公路119.385公里，其中达到二级公路技术标准的17.672公里，达到四级公路技术标准的85.672公里。等外公路16.1公里；按路面类型，有水泥混凝土路面88.985公里、简易路面8.1公里、无路面22.3公里。

（一）团风县专用公路

20世纪70年代初，黄冈县开采贾庙铁矿，运送矿石到武汉钢铁公司冶炼厂。为加速铁矿开发，贾庙公社和县革委会申请投资修建一条贾庙山区的内腹线——宋铁公路。宋铁公路东从漆李线的李家大湾起，经楂树坳、三庙河、马鞍山、张家山、眠龙、河铺，与柳界公路的宋墙桥头相接，全长27.7公里。武汉钢铁公司审核后，承担了全部30万元的工程投资经费。1973年12月底，宋铁公路破土动工。1975年5月，除少数路段未达到设计标准外，工程竣工通车。1976年，宋铁公路经地区公路总段验收后，正式列为国家养护。至2015年，团风县公路局管养的专用公路2条，其中大崎山林场白林线4.625公里，1979年10月通车，2010年11月纳入专用公路养护；大金线6公里，1979年10月通车，2011年11月列养。

(二)罗田县专用公路

1958年,罗田县由县公路部门测设施工、林业部门投资修建河西畈至圣仁堂5.2公里公路,通车后交林业部门管养。1973年6月,罗田县委以民工建勤方式修建大地坳至薄刀峰林区公路,全长16公里,宽6.5米。尔后又陆续修建了大弧坪至吴家冲、洪家沟至麻栗坪、大弧坪至小弧坪、场部至铁林坳等4条公路,共计50公里。1975年,全长20公里穿越林区的胜天公路开修。1999年12月—2005年11月,交通部门投资,先后对河西畈至千基坪、铁岭坳至薄刀峰、薄刀峰至大地坳等专用公路进行改造升级。2015年,由罗田县公路局管养的专用公路共有4条。其中,薄刀峰林场二黄线14.1公里,1975年10月通车,2007年11月纳入专用公路养护;胜利镇香松县4.9公里,1978年10月通车,2007年11月纳入专用公路养护。

(三)黄梅县专用公路

2015年,黄梅县公路局管养的专用公路共有11条。其中,蔡山镇胡庙线9.6公里,1980年10月通车,2007年11月纳入专用公路养护;苦竹乡一土线5.5公里,1980年10月通车,2011年11月纳入专用公路养护;柳林乡徐杨线5公里,1980年10月通车,2015年8月纳入专用公路养护。

2015年黄冈市普通公路里程情况按技术等级分见表1-2-6-3,按路面类型、绿化养护情况分见表1-2-6-4。

2015年黄冈市普通公路里程情况(按技术等级分)(单位:公里) 表1-2-6-3

项目	总计	等级公路					等外公路
		合计	一级	二级	三级	四级	
总计	27834.94	26916.51	520.30	2135.94	1802.24	22458.03	918.44
国道	336.18	336.18	82.83	253.35	0.00	0.00	0.00
省道	960.54	960.54	249.35	711.19	0.00	0.00	0.00
县道	2501.17	2501.17	53.75	819.41	1035.13	592.88	0.00
乡道	6759.72	6661.36	23.85	160.30	653.86	5823.35	98.36
专用公路	119.39	103.29	0.00	17.67	0.00	85.61	16.10
村道	17157.95	16353.97	110.52	174.02	113.25	15956.19	803.98

2015年黄冈市普通公路里程情况(按路面类型、绿化养护情况分) 表1-2-6-4

项目	总计(公里)	有铺装路面(高级)			简易铺装路面(次高级)(公里)	未铺装路面(中级、低级、无路面)(公里)	可绿化里程(公里)	已绿化里程(公里)	养护里程(公里)
		合计(公里)	沥青混凝土(立方米)	水泥混凝土(立方米)					
总计	27834.94	24439.44	1623.23	22816.21	1304.58	2090.93	26734.17	10641.03	27834.94
国道	336.18	336.18	289.89	46.28	0.00	0.00	327.27	326.90	336.18
省道	960.54	908.73	638.37	270.36	51.81	0.00	944.51	943.28	960.54
县道	2501.17	1943.05	398.67	1544.38	496.16	61.96	2479.62	2103.54	2501.17
乡道	6759.72	5759.03	103.16	5655.87	521.04	479.66	6595.34	2743.83	6759.72
专用公路	119.39	88.99	0.00	88.99	8.10	22.30	118.97	68.43	119.39
村道	17157.95	15403.47	193.13	15210.34	227.47	1527.01	16268.47	4455.04	17157.95

第三章 桥 隧 渡

第一节 古 桥

一、建桥技术

古代,鄂东地区的人们除在水网地区设置津渡外,也极为重视桥梁的建设,因而使这里成为一个多桥的地区。

战国时期,楚宣王灭邾(位于今山东邹县),徙其君于邾城(今黄州市禹王城),为保证城内的交通,在城内建有中和桥。这是见诸文字记载的鄂东地区最早的石桥。

隋朝至元代,在木桥不断发展的同时,石桥建设技术不断提高。石桥形态由单孔逐步发展出两孔或者多孔;石桥结构有石平桥和石拱桥,其中拱桥只限于单孔拱桥。在石桥建造方面,逐渐讲求工艺,讲求美观。在桥面上建有长廊,并雕刻有飞禽走兽,雄伟壮丽,别具一格,令香客游人流连忘返。经实地考察,黄梅县四祖寺的灵润桥、麻城县(今麻城市)的相公桥、黄冈县(今团风镇)的永清桥,均按这种风格建造。

明代,建桥技术发展迅速。桥的式样繁多,工艺高超,主要结构形式有石拱桥、板木桥、石墩木面桥、浮桥等。桥梁的艺术风格亦有很大的进步。经实地考察,麻城县治南门所建的南门桥,在桥头上建有古亭,既点缀了桥容,又方便行人休息。蕲水县(今浠水县)所建的六神港桥,在桥面石栏上雕刻着明朝货币的印纹图案。黄冈县修建的永清桥(又名蟠石桥),刻有八卦图案。这一时期的桥梁在技术工艺和使用的材料等方面也不断提高。麻城县在修建相公桥时,用糯米浆汁作为浆砌材料,使结构更严密牢固。

清代为发展陆路交通,一方面对原有的古桥进行修缮,另一方面多方集资建设新桥,建造了高桥、永河桥等各有特色的古桥。新建桥梁在继承和发展传统技术工艺的同时吸收新的技术工艺。这些古桥在石砌和青砖砌桥全部用糯米浆汁拌合石灰作为浆砌材料。

二、建桥资金

鄂东地区(今黄冈市)桥的新建和维修资金来源有官府的拨款、军队的资助、名人捐资、义民的捐资和募捐等渠道。

唐、宋以前,民间的一些简易桥是由族人作主安排,交通要道上的桥基本上是由当地官员和守军拨给资金。其中,黄冈县安国寺前的相隐桥,是宋朝时黄州司理参军,因受到宰相的器重,而拨款修建的;蕲州州前的石桥,是宋朝安抚使王益拨款修建。

元代,除官、军拨款建桥外,还有个人捐资建桥。其中,黄冈县的太平桥,就是由隐士吴应澍个人捐资修建的;麻城县的桃林桥,是由里人捐资修建。

明代,黄州府建立后,驿道的设置和陆路交通发展甚快,桥梁亦有相应的发展,完全依赖官方和军方的拨款已不能满足需要,因而向民众动员财力,人力和物力,以补充资源之不足,并采用表彰之办法,鼓励捐资的积极性,或以捐资人之姓名定为桥名,也有在桥头立碑。全府以上述形式为资金来源修建的桥梁较多。黄冈县的清济桥和清平桥,是义民陶容捐资修建的;贺婆桥是民间贺婆婆捐资修建的;橙林桥则是由义民万谥和魏宗智二人捐资修建的。罗田县人氏、医官张善,一人捐资修建了河口桥、剪刀山桥、花石桥和关口桥。

清末,经济萧条,建桥资金主要靠动员民间捐资。黄安县吴之和与吴中理二人捐资修建了高桥;孟道源和孟道生等人捐资修建了永河桥。

唐、宋、元时期,凡驿道上的桥梁基本是由官方管理;其他陆路上的桥基本是由百姓自愿管理,不计工本,因工程量大,邀乡里共同修补,如需资金亦共同捐献。风景桥,基本由该处的寺庙管理。这些管理没有明确责任,亦无具体的办法。特别是驿道上的桥,只要不中断交通,平时是无人问津的。有的桥遭山洪冲毁后,长期无人过问,亦无力修复。

明代,黄州府州县对桥的治理较严。为交通联络的需要,在驿道上增设了驿站和急递铺,对桥亦有相应的管理办法。全府(今黄冈市)的 91 座桥中,重建和修缮的有 11 座,占全部桥梁的 12%。陆路上的其他桥则完全由民间管理。风景桥的修缮资金,由寺庙的和尚、尼姑等化缘或从香火费中解决。

清代,桥的发展较快,管理亦随之加强。特别是对民间的秋冬架设、春夏拆除的板木桥,采用公田管理办法,即提取一定数量的公田,由架桥人(可 1 人,亦可多人)耕种,所需添置和更换的材料在公田中开支,由种田人置办;拆桥后材料,由架桥人管理;架桥时所需众多劳力,由架桥人组织,只管办酒食,不付酬金。

三、古桥选介

(一) 团风县

玉带河石拱桥 位于但店镇拱桥村玉带河上,单孔,建于清同治年间。1993 年因洪水垮塌,1995 年修复。桥长 16 米,高 5 米,宽 5 米,拱径 6 米。

盘石桥 原名蟠石桥,位于团风镇城区北 2.5 公里处,横跨长河,坐落于黄草湖与淋波湖之间。始建年代不详,清光绪二十五年(1899 年)重建。全桥 3 孔,其中主孔 11 米,两侧各 9 米。桥长 57.5 米,宽 9.7 米,高 8 米。该桥式样古朴美观。其结构上部为浆砌料石实腹拱,填土夯实,桥面铺有青石块,保护石拱少受震损,下部为浆砌料石台墩。盘石桥四周地势低洼,桥身突起于地平线上,系原团方公路线上的重要桥梁。1983 年,因桥石拱圈破裂,不能通行 8 吨以上汽车。1984 年春,在该桥上游 580 米处重建钢筋混凝土结构公路桥,仍称盘石桥。

(二) 浠水县

尽街桥 又名生生桥、长寿桥,位于清泉镇十月村。明成化年间知县潘珏始建,清康熙年间知县李振宗重修。南北向跨尽街河港。三孔石拱桥,长 24 米,宽 7 米,孔跨 5 米。拱券纵联砌置,桥面两侧设石护栏。

夫妻桥 位于六神港乡六神港村南 100 米,建于清顺治七年(1650 年),由"节妇"李瑆之妻程氏捐资修建,康熙、乾隆年间多次维修。东西向跨六神港。三孔石拱桥,长 29 米,宽 7.6 米,孔跨 7 米。拱券纵联砌置,桥面两侧设石护栏。

青蒿港桥 位于兰溪镇兰溪村,建于清雍正年间,由当地居民捐建。清乾隆二十二年(1757 年)知县邵应龙倡邑民捐资移基重建。三孔石拱桥,南北跨青蒿港,长 38.9 米,宽 7.6 米,高 11.2 米,主孔跨 8.7 米。两端砌有石墙,拱券纵联石砌。桥上原建有亭,今废。

闵家新桥 位于蔡河镇闵新桥村,县文物保护单位,建于清乾隆三十年(1765 年)。桥南北向跨倒水河,为三孔石拱桥,长 34 米,宽 3.8 米,主孔跨 5.7 米,次孔跨 4.5 米。拱券纵联砌置,桥面两侧设石护栏。

石碌桥　位于胡河乡官桥畈村堰岸湾东 50 米,建于清光绪三年(1877 年)。单孔石拱桥,长 6 米,宽 2.9 米,孔跨 3 米。桥基两侧皆设石碌,故名。

和平桥　又名万寿桥,位于巴河镇和平村,建于清光绪五年(1879 年)。东西跨河坪港。三孔石拱桥,长 23 米,宽 5 米,净高 5 米,主孔跨 16 米。拱券纵联砌置,桥面两侧设石护栏。

沙大桥　又名沙街头大桥,位于竹瓦镇双路村,建于清光绪二十八年(1902 年)。南北跨大沙港,三孔石拱桥,长 26 米,宽 5 米,单孔跨 13.5 米,净高 5 米,拱券纵联砌置,桥面两侧设石护栏。桥上原建有亭,今废。

黄泥咀桥　位于团陂镇黄泥咀村东,建于清代。西北至东南向跨黄河港。三孔石梁桥,长 22 米,宽 5.4 米。桥面两侧设石护栏。

苦竹港桥　位于巴驿镇苦竹港村东 50 米,建于清代。南北向跨苦竹港。三孔石拱桥,长 36 米,宽 5 米,主孔跨 5 米,次孔跨 4 米。拱券纵联砌置,桥面两侧设石护栏。

立木桥　位于散花镇花园铺村,建于清代。东南至西北跨策湖湖汊,单孔石拱桥,长 20 米,宽 5 米,净高 5 米,主孔跨 18 米。

道人桥　位于清泉镇河东街村,建于 1932 年,由大仙庙道人段志德募资修建。三孔石板桥,长 14.4 米,宽 2.03 米,高 4 米。主孔跨 4.2 米。桥两端建有石墙护坡。桥面因水损毁,石墩仍存。

上麻桥　位于清泉镇月山村,始建年代不详,为古代上巴河至浠水驿道桥梁。东西跨麻桥港,五孔石板桥,长 20 米,宽 1.5 米,净高 4 米,主孔跨 4 米。

七孔桥　位于巴河镇枣岭村与竹瓦镇千亩山村之间,连接两村道路,始建年代不详。南北跨苦竹港。七孔石板桥,长 25 米,宽 2 米,净高 4 米,主孔宽 3.5 米。

(三)蕲春县

长寿桥　位于赤东镇童畈村境内,横跨清水河下游。条石盖板桥,浆砌块 4 石墩台,3 孔,长 20 米,宽 1.5 米,高 2.5 米。清康熙年间由田瑞芝重修,清道光十八年(1838 年)徐才华补修,桥西端碑文记载捐建桥款者名单清晰。今该桥桥墩和桥面完好,仍有行人来往。

转篷桥　位于北檀林镇田桥龙井河上游,为单孔石拱桥,长 15 米,宽 3 米,拱高 4.5 米,桥身上部两侧镌刻有铜钱花纹。清康熙二十四年(1685 年)由陈惟执捐建,清同治十三年(1874 年)仲冬由州人合伙捐资重修。该桥原为鄂皖边界英山、蕲春、浠水、安徽太湖等 4 县要冲,今桥虽整体保持完好,但因道路变迁,很少有人通行。

(四)黄梅县

二天门桥　位于五祖镇东山,在东山古道中段一天然巨石上,为长 8.2 米、宽 5.9 米南北走向的长廊式凉亭,北宋宣和四年(1122 年)初建,清光绪十一年(1885 年)长春庵住持慧真募资重修。凉亭南、北两面均为砖砌牌坊,分别题有"二天门""此间乐",亭内脊檩上题"长春庵住持慧真捐修皇清光绪己酉年仲夏谷旦",东、西两侧立有石柱,砌有半高石墙。凉亭下自然岩石凿有桥孔,山泉自西经桥孔流入东边涧沟。行人至此憩息,山风习习,泉水潺潺,顿觉神清气爽、心旷神怡。

望云桥　俗称南山花桥,位于柳林乡南北山村、南山灵峰禅寺前,建于元延祐元年到至治三年间(1314—1323 年)。每遇大旱,百姓在桥面望南山云气,占测雨候,故名。桥为花岗石砌单拱桥,长 18 米,宽 4.8 米,拱高 9 米。桥面中间刻有一米见方围棋盘。相传当年圆震祖师常在涧石上与南山仙人对弈,故后人在桥面刻棋盘,以示纪念。

明月桥　位于大河镇四祖寺,横跨玉带河,建于元顺帝至元六年(1340 年),是全国重点文物保护单位。单孔石桥,长 10 米,宽 3.5 米,高 3.3 米。桥孔高 2.1 米,跨度 6 米,桥孔顶石上刻有"大元至元六年庚辰五月一日立"。桥至今仍保存完好。

灵润桥（四祖寺花桥）

灵润桥 又名四祖寺花桥、过路桥,位于大河镇四祖寺前石矶上,元至正十年(1350 年)募修,是全国重点文物保护单位。单孔石拱桥,东西走向,长 20 米,宽 4 米。拱跨 7.35 米,高 3.5 米。桥上建有木构架廊屋 5 间,廊屋两端为牌楼门,桥上绘有各种花鸟图案。桥拱内侧麻石上刻载建桥时间和功德主名录。桥下石矶上为湖北省重点文物保护单位——"碧玉流"摩崖石刻群。1997 年,省文物局拨款对灵润桥及桥下石刻群进行保护。

五祖寺花桥 又名道源桥、飞虹桥,位于五祖镇五祖寺,始建于元代,重建于清乾隆五十八年(1793 年)冬,是全国重点文物保护单位。石砌单拱桥,长 33.65 米,宽 5.16 米,高 8.45 米,拱跨 12.5 米。横跨山涧,桥下泉流不断。桥面盖有青瓦长廊,纵深 7 间。长廊两端为砖砌牌坊,由清代人题写"放下着""莫错过"横额。长廊内北墙有石砌佛座,供奉三尊佛像,观音乘鳌居中,文殊乘狮居左,普贤乘象居右。每逢雨后,桥下瀑布飞挂,奔流不息,响声如雷。

北山花桥 位于柳林乡北山村,距北山宝相寺前 100 米山坳中,建于元代,为古代连通北山古道之桥。桥呈东西走向,由麻石构筑,单拱,全长 11 米,宽 3.9 米,跨度 3.2 米,拱高 2.5 米。

袁山桥 又名双城驿桥。位于大河镇袁山村,横跨袁山村与武穴市双城驿村之间的县界河,明洪武年间乡绅袁少泉捐建。单拱石桥,长 25 米,宽 8 米,拱跨 15 米。该桥是明清时期京川大驿道的重要桥梁,今主体保存尚可,桥身风化严重。

胡六桥 又名胡禄桥,位于濯港镇胡六桥村十组,始建于明洪武年间,横跨考田河,石砌。相传叫胡六的人为建桥而丧生,因以得名。明代黄梅籍进士张铭曾写有:"饲牛已去朝金阙,沽酒依然过石桥。"清康熙四十七年(1708 年)桥被洪水冲垮,夏九岸在旧址建木桥。清乾隆十七年(1752 年)募建石桥,长 8 米,宽 4 米。1949 年后,桥被洪水冲垮,两端各存高约 1 米石桥墩,遗址旁今新建钢筋混凝土桥梁一座。

飞虹桥 位于大河镇吴箭楼村,建于明正统十二年(1447 年)。此桥位于高山寺前右侧,东西走向,为麻石砌筑的单孔圆拱桥,长 17 米,宽 5.2 米,跨度 6 米,拱高 8 米,上置廊房五间,横跨深涧。桥楣上刻有"黄梅第一家"五字。桥北东侧有通往桥下的石阶,长约 10 米。

白湖渡桥 位于濯港镇白湖村、105 国道与梅济港交叉处,始建于明成化二十一年(1485 年)冬。石砌,长二十丈,阔一丈八尺,高一丈八尺,下设三孔,桥下可通小船。该桥是明代全国南北驿路上连接停前驿、孔垄驿的著名桥梁。明崇祯年间,流寇作乱,当地民众撤毁桥梁,清顺治十年(1653 年)重建。其后,屡毁屡建。1983 年,在旧址建成 T 梁钢构桥,全长 84 米,跨径总长 80 米,净宽 12 延米,单孔最大跨径 16 延米,是 105 国道重要桥梁。

仁寿桥 位于杉木乡项仁村项大屋墩,明正德年间由当地人项仁寿捐建。双孔石桥,长 8 米,宽 4 米。桥墩为方形,桥面为石板。道光八年(1828 年)被水冲垮,由桂灿庚募款重建。1990 年维修时,桥面扩宽,上铺水泥,是连通土桥、桂畈的公路桥。

南山岭桥 位于柳林乡南北山村南山岭出水口处,建于明代,由当地何姓居民修建。桥面长 17.5 米、宽 3 米,由石梁、石板构筑。桥墩呈八字形,拱高 3 米,净跨 9 米。桥西 3 米处有古樟树一棵,为建桥时所种。

刘桥 位于孔垄镇刘桥村五祖,建于明代,由当地刘姓居民修建。桥横跨冷列港,为石墩、石梁、木板桥面单孔桥,长5米,宽3米,拱高1.2米,净跨2.4米。1982年,村民集资重修,改木板桥面为预制板桥面。

独山桥 位于独山镇大坝村三组,建于清代之前。横跨独山河,单拱,石墩,青石条桥面,长16米,宽6米,高2.5米,净跨8米。清代《黄梅县志》记载:"独山桥,在独山镇,桥久废。康熙年间僧千龄募化重建。雍正十三年(1735年)李显周募众重修。道光年间,监生何廷森重建石栏杆。"该桥至今整体保存较好,桥栏杆原为石质,局部破损,后改为钢筋混凝土结构。

龙锡桥 位于停前镇三渠村,建于清代,陈龙锡初建,清乾隆十七年(1752年)由白象彩重修。1966年,在旧址重建简支梁桥,全长28延米,跨径总长25米,净宽6延米,是黄梅镇至安徽省宿松县二郎镇公路的重要桥梁。

清江桥 位于停前镇停前村(老停前街附近),横跨古角河,石砌桥墩,木制桥面,长17丈多,始建于清顺治元年(1644年),是清代全国驿路中停前驿上的著名桥梁。东西驿路自安徽太湖枫香驿经此至广济双城驿,西行入川;南北驿路自安徽桐城、太湖、宿松等地驿站经此往孔垄、小池,到江西、广东等地。清代《黄梅县志》称清江桥为"七省通衢"。清嘉庆十五年(1810年)清江桥被洪水冲毁,经半年修复。其后,屡毁屡建。1971年,在旧址建成钢筋混凝土双曲拱桥,全长68米,跨径总长66米,净宽5延米,是停前镇至安徽省宿松县二郎镇公路的重要桥梁。

德化桥 又名滩湖桥,位于孔垄镇万年台社区,建于清顺治七年(1650年),同治元年(1862年)重建。横跨东港,石墩、石板桥面,长10米余,共有桥墩3座,中间桥墩迎水面建有锥形防撞墩,两排水孔建有闸槽。民国初期,桥南属德化县(1914年1月后更名为九江县),桥北属黄梅县。1936年7月,原九江县所辖长江以北地区统一划入黄梅县。1963年,德化桥翻修扩建,石板桥面改为为钢筋混凝土桥面,建有水泥护杆。今桥长20.6米,宽5.8米,桥上可通行汽车,桥下可通行木船。

念塘桥 位于小池镇港岸上社区,由当地王姓居民始建于清嘉庆五年(1800年)。桥横跨赛港,为石梁、石板单拱桥,长4.2米,宽2.4米,高3米,净跨2.8米。桥面原有7根铺面石条,现存5根。桥整体至今保存较好。

罗家桥 位于孔垄镇七里村,始建于清同治九年(1870年)前。桥横跨罗家港,为条石砌筑单拱石桥,长8.4米,宽6.3米,净跨2.6米。桥拱上刻有"罗家桥",今桥墩完好。1973年,石桥面改为水泥预制板桥面。

新河桥 原名普渡桥,位于小池镇新河桥社区茅屋街,始建于清代,横跨新河。叠涩条石砌墩单孔石梁桥,长4.2米,宽2.4米,高3米,净跨3米。1958年,桥面加铺水泥,桥西建有闸门。

佛母寺桥 位于孔垄镇树林村,因桥为当地居民朝拜佛母寺的必经之路,故名。佛母寺桥建于清代,为条石结构多孔石拱桥,横跨西港。桥面略呈弧形,全长32米,宽7.2米,拱高2.8米。1954年,长江黄梅段江堤溃口,桥被冲毁,仅存桥墩。20世纪80年代在原桥墩上重修,主孔两侧各建9个小孔泄洪。

凤栖桥 位于大河镇天门村天门街附近,建于清代。横跨玉带河,是清代黄梅停前驿通往广济双城驿的必经之路。桥为单孔石拱桥,长11米,宽4.3米,跨度5.5米,拱高2.2米。1991年,对桥南栏杆裂缝进行维修,桥体今保存较好。

袁祖一闸桥 位于濯港镇高桥村袁祖一墩东南,建于清代。横跨排灌港,为条石砌成的双孔桥闸合一建筑,由当地袁姓居民修建。桥长4.5米,高1.8米。闸高1.4米,宽1.7米,闸两侧砌有块石护坡。闸门原为木板,后换成水泥板。

(五)英山县

李公桥 又称花桥,位于杨柳湾镇杨树堰村,建于清代。单孔石拱桥,长30米,宽1.5米,方石砌成单拱,跨度20米,填土桥面,桥上盖有长廊,桥头有茶亭。

(六) 罗田县

安乐桥 位于骆驼坳镇界河村北200米,建于清代。西北至东南向跨界河。五孔石梁桥,长26米,宽1.2米,由15根长5.2米、宽0.4米的石条平铺桥面。

庙儿桥 位于骆驼坳镇芦家坳村西南200米,建于清代。南北向跨山间小溪。三孔石梁桥,长13米,宽1.1米,由9根长4.5米、宽0.35米的石条平铺桥面。

三里桥 位于凤山镇三里桥村,建于清代。南北向跨塔山河。单孔石拱桥,长6米,宽2米,孔跨3米。拱券纵联砌置。1966年改建为公路桥。

石山桥 又名马家桥。位于北丰乡百杨冲村东200米,建于清代。东西向跨百杨冲山涧。三孔石梁桥,长10.5米,宽1.5米,由15根长3.5米、宽0.3米的石条平铺桥面。桥尚存,桥面部分损毁。

(七) 红安县

放牛山桥 位于永佳河镇,传说建于清乾隆年间,系条石梁桥。1954年北台和两墩被洪水冲毁,1955年修复加固。1976年修建桃花至李家公路,在原桥墩台上筑钢筋混凝土横梁,装预制钢筋混凝土矩形板,作为公路桥。

永寿桥 位于上新集镇李氏畈村,明嘉靖元年(1522年)由当地李氏家族兴建。东北至西南向跨滠水中游支流。单孔石拱桥,长33米,宽6米,孔跨8米。拱券纵联砌置,桥面两侧设石望柱栏板。

福德桥 位于七里坪镇福德桥村,始建于明嘉靖十六年(1537年)。东西向跨倒水上游支流。三孔石梁桥,长14.1米,宽1.5米。三列石板平铺桥面。

闵家湾桥 位于紫云乡闵家湾村,建于明嘉靖三十年(1551年)。南北向跨倒水上游小支流。三孔石梁桥,长10.5米,宽1.2米。三列青石板平铺桥面。

熊家田桥 位于上新集镇桥店村熊家田,建于明嘉靖年间。东北至西南向跨滠水中游支流。七孔石梁桥,长20米,宽1.75米。三列石板平铺桥面。桥两端砌筑八字墙。

周家林桥 位于二程乡詹程家村,建于明嘉靖年间。东西向跨倒水中游支流。五孔石梁桥,长21米,宽1.3米。三列石板平铺桥面。桥两端砌筑八字墙。

袁家湾桥 位于高桥河乡高桥河村袁家湾,建于明嘉靖年间。东北至西南向跨倒水中游支流。四孔石梁桥,长30米,宽2米。四列青石板平铺桥面。

下杨家山桥 位于七里坪镇杨家山村下杨家山湾,建于明嘉靖年间。东西向跨倒水上游支流。五孔石梁桥,长16米,宽1.5米。三列石板平铺桥面。

南门堰桥 位于七里坪镇红坪村周家墩湾,建于明嘉靖年间。东西向跨倒水支流。单孔石拱桥,长12米,宽4.2米,孔跨7米。拱券纵联砌置,八列石条平铺桥面。

柳林河桥 位于七里坪镇柳林河村柳林河湾,建于明嘉靖年间。东西向跨檀树岗河。二孔石梁桥,长8.5米,宽1.4米。三列青石条平铺桥面。

寿星桥 位于八里湾镇向家桥村毛家田,建于明嘉靖年间。东北至西南向跨倒水中游支流。单孔石拱桥,长11.5米,桥面宽3.8米,孔跨4米。拱券纵联砌置,三列青石板平铺桥面。1954年修仙人坟至红安公路,被利用为公路桥。1967年10月加宽至7.5米。

合心桥 位于檀树岗乡长冲村方家湾,建于明嘉靖年间。因该桥为当地戴姓、方姓、姜姓合建,故名合心桥。西北至东南向跨倒水上游支流。单孔石拱桥,长12米,宽3.3米,孔跨5.4米。拱券纵联砌置,石块平铺桥面。

宝剑桥 位于八里湾镇宝剑桥村,始建于明嘉靖年间,清光绪年间重修。相传因该桥屡建屡毁,后悬两把宝剑于拱顶,寓意斩龙,故名。为单孔石拱桥,长30米,宽3.52米,孔跨4.8米

万家河桥　位于紫云乡方家垱村万家河湾,建于明隆庆五年(1571年),清光绪二年(1876年)重修。东西向跨倒水上游支流。单孔石拱桥,长12米,宽3.2米,孔跨3.85米。拱券纵联砌置,桥两端有石砌护坡。

石堰嘴桥　位于檀树岗乡余家畈村张家湾,始建于明隆庆年间。西北至东南向跨倒水上游支流。三孔石梁桥,长9.5米,宽1米。二列条石平铺桥面。

涂家桥　位于觅儿寺镇尚古山村夏家岗,始建于明万历八年(1580年)。东北至西南向跨倒水中游支流。六孔石梁桥,长34.5米,宽1.5米。三列青石板平铺桥面。

黄石桥　位于杏花乡李西一村秦家墩湾,建于明万历四十五年(1617年),为秦氏四世祖黄氏夫人守节捐款兴修,西北至东南向跨倒水上游支流。二孔石梁桥,长6米,宽1.8米。梭形墩,墩上方两端各雕一龙头。二列石板平铺桥面。桥旁立青石碑1通,高1.5米,宽0.9米,厚0.3米,楷书"黄石桥",款署"明万历四十五年六月十日"。

新桥　位于高桥河乡栗林嘴村,建于明万历年间。东西向跨倒水中游支流。单孔圆弧石拱桥,长28.85米,宽5.31米,孔跨4米。拱券纵联砌置,桥面两侧设石护栏。

券明桥　位于桥檀树岗乡熊家咀村十丈山庙,明万历年间由十丈山庙僧人捐资修建。东西向跨倒水上游支流。单孔石拱桥,长16.5米,宽4.2米,孔跨6.2米。拱券纵联砌置,石块平铺桥面。

卷朋桥　位于紫云乡七家畈村,建于明天启年间。南北向跨倒水上游支流。单孔石拱桥,长10米,宽3.4米,孔跨5米。拱券纵联砌置,条石平铺桥面。

河堰桥　位于七里坪镇盐店河村罗庄,建于明天启年间。南北向跨倒水上游支流。三孔石梁桥,长10.5米,宽1.5米。三列石条平铺桥面,两端设石砌护坡。

普安桥　位于觅儿寺镇普安村,建于明崇祯八年(1635年)。东北至西南向跨倒水中游支流。单孔石拱桥,长20米,宽3.1米,孔跨6.3米。拱券纵联砌置,石块平铺桥面。

姚八斗桥　位于太平桥乡栋津桥村姚八斗湾,建于明崇祯年间。南北向跨倒水中游小支流。六孔石梁桥,长35米,宽1.75米。两列青石板平铺桥面。

栋津桥　原名冻子桥,位于太平桥乡栋津桥村漂洗岔,建于明崇祯年间,清光绪十四年(1888年)整修。南北向跨倒水。五孔石梁桥,长33米,宽1.7米。清末秀才刘紫溪题名"栋津桥",并释之曰"栋者大也,津者路也,此桥一成,大路通矣"。

周博士桥　位于二程乡詹程家村,建于明代,东西向跨倒水上游支流。单孔石拱桥,长9米,宽5米,孔跨5.8米。拱券纵联砌置,桥面两侧设石护栏,两端有护坡。

程家大湾桥　位于永佳河镇程大村程家大湾,建于明代,东北至西南向跨尾斗河。单孔石拱桥,长25米,宽3米,孔跨8米。拱券纵联砌置,桥面两侧设石护栏。

郑家冲桥　位于上新集镇郑家冲村西200米,建于明代,东西向跨㵐水上游支流。四孔石梁桥,长15米,宽2米。三列石板平铺桥面。

桥岗桥　位于高桥河乡桥岗村,建于明代,东西向跨倒水中游支流。单孔石拱桥,长24米,宽6米,孔跨8.8米。拱券纵联砌置,桥面两侧设石护栏。

曾贵湾桥　位于八里湾镇陡山村曾贵湾,建于清顺治十年(1653年),东北至西南向跨倒水中游小支流。三孔石梁桥,长15米,宽0.8米。两列青石板平铺桥面。

下畈桥　位于八里湾镇陡山村石头咀湾,建于清康熙元年(1662年),西北至东南向跨倒水中游支流。四孔石梁桥,长29.6米,宽1.2米。两列石板平铺桥面。

下郑家岗桥　位于觅儿寺镇郑家岗村下郑家岗,建于清康熙三年(1664年),东北至西南向跨倒水中游小支流。七孔石梁桥,长54米,宽1.6米。三列石板平铺桥面。

陡山湾桥　位于八里湾镇中和村陡山湾,建于清乾隆三年(1738年),东北至西南向跨倒水中游小支流。四孔石梁桥,长30.5米,宽1.2米。三列石板平铺桥面。

夏家墩桥　位于太平桥乡新桥村铁匠湾,建于清乾隆五年(1740年),道光元年(1821年)重修,南北向跨倒水中游小支流。三孔石梁桥,长26米,宽1米。两列石板平铺桥面。

兴桥　位于八里湾镇中和村谢家湾,建于清乾隆二十七年(1762年),东北至西南向跨倒水中游支流。四孔石梁桥,长31米,宽1.5米。三列石板平铺桥面。

万寿桥　又名永河桥。位于永佳河镇刘金书湾西,建于清代乾隆五十三年(1788年),东西向跨举水上游支流。单孔石拱桥,长21.3米,宽5.1米,孔跨9.35米。拱券纵联砌置,三列石板平铺桥面。

肖家田桥　位于八里湾镇陡山村肖家田,建于清乾隆年间,东北至西南向跨倒水中游支流。四孔石梁桥,长18.4米,宽1.08米,高3.45米,条石平铺桥面。

罗堰畈桥　位于七里坪镇盐店河村罗堰畈湾,建于清乾隆年间,东西向跨倒水上游支流。两孔石梁桥,长19.6米,宽0.7米。二列石板平铺桥面。

熊河桥　位于叶河乡张店村熊河湾,建于清乾隆年间,东西向跨举水上游支流。单孔石拱桥,长15.55米,宽4.1米,孔跨7.05米,高4.7米。拱券纵联砌置,桥面两侧设石护栏。

高桥河桥　位于红安县高桥河乡高桥河村,建于清乾隆年间,为县内最大石拱桥,东北至西南向跨倒水中游支流。三孔石拱桥,长44.2米,宽5.35米,每孔净跨8.65米,拱矢高3.7米,拱圈厚0.5米,桥高10.65米,墩高8.41米。拱券纵联砌置,桥面两侧设石柱石榫栏杆。

涧山湾桥　位于八里湾镇陡山村涧山湾,建于清嘉庆三年(1798年),西北至东南向跨倒水中游支流。两孔石梁桥,长10.4米,宽0.9米。两列石板平铺桥面。

回龙寨桥　位于太平桥乡回龙寨村石头湾,建于清道光三年(1823年),南北向跨倒水中游支流。三孔石梁桥,长26.3米,宽1.5米。三列青石板平铺桥面,两端有石砌护坡。

龙桥　位于华家河镇龙桥村,建于清道光二十年(1840年),南北向跨滠水上游支流。三孔石梁桥,长10.5米,宽1米。三列石板平铺桥面。桥墩两侧雕龙头。

土桥　位于八里湾镇许家田柯彭后湾,建于清道光年间,南北向跨倒水中游支流。三孔石梁桥,长9米,宽2.2米。三列青石板平铺桥面。

下刘茂桥　位于八里湾镇袁岗村旺家田,建于清同治二年(1863年),东北至西南向跨倒水中游支流。三孔石梁桥,长11.5米,宽1.5米。三列青石板平铺桥面。

姚家桥　位于八里湾镇许家田村姚家咀,建于清同治二年(1863年)。八孔石梁桥,长39米,宽1.2米。三列青石板平铺桥面。

杨家冲桥　位于赵河乡杨家冲村,建于清同治八年(1869年)。三孔石梁桥,长10.5米,宽1.5米。三列石板平铺桥面。

谢家大湾桥　位于八里湾镇中和村谢家大湾,建于清乾隆二十七年(1762年),光绪二十七年(1901年)重修,东北至西南向跨倒水中游支流。六孔石梁桥,长27米,宽1.6米。三列青石板平铺桥面。

王家冲桥　位于赵河乡王家冲村,建于清光绪年间。单孔石拱桥,长10.5米,宽3.5米,孔跨5.8米。桥体用不规则石条砌成。

(八) 麻城市

碌子桥　位于鼓楼街道办事处马箭厂村与枫树村交界处,建于明代,东西向跨举水支流。双孔石梁桥,长10米,宽3米,桥墩由三组各三个石碌竖立组成,三列石条平铺桥面。

楚北桥　位于福田河镇小界岭村喻家湾东南300米,建于清代,西北至东南向跨举水上游支流。三孔石梁桥,长15.6米,宽1.2米。三列石板平铺桥面。

万石桥 位于宋埠镇郝铺村刘家兔湾西北200米,建于清代,东西向跨浮桥河支流。单孔石拱桥,长12米,宽3米,孔跨6米。拱券纵联砌置。

裴家墩桥 位于罗家铺乡新桥村裴家墩西200米,建于清代,东西向跨举水支流。八孔石梁桥,长40米,宽1.4米。三列石板平铺桥面。

枫树湾桥 位于阎家河镇万家湾村枫树湾南500米,建于清代,西北至东南向跨举水上游支流。单孔石拱桥,长12米,宽4.8米,孔跨6米。拱券纵联砌置,石板平铺桥面。

粉壁墙桥 位于王福店镇四口塘村粉壁墙湾南50米,建于清代,东西向跨举水上游支流。七孔石梁桥,长25米,宽1.5米。三列石条平铺桥面。

铁牛桥 位于南湖街道办事处水寨村杨梅湾南100米,建于清代,桥身西侧石缝中嵌一铸铁牛首探于桥石外,故名"铁牛桥"。东西向跨举水支流。单孔石拱桥,长14米,宽4.2米,孔跨8.9米。拱券纵联砌置,石板平铺桥面。

陡坡山桥 位于浮桥河镇官田畈村陡坡山东150米,建于清代,南北向跨浮桥河支流。单孔石拱桥,长7米,宽3.4米,孔跨4米。拱券纵联砌置,花岗石板平铺桥面。

河西桥 位于三河口镇河西村西100米,建于清代,东西向跨一小河沟。单孔石拱桥,长8米,宽5.6米,孔跨4.8米。拱券纵联砌置。

(九) 武穴市

功德桥 位于武穴市余川镇双城驿村东1公里,又名双城驿桥,建于明代,居民袁某捐资修建,东西向跨袁山河。单孔石拱桥,长25.7米,宽7.3米,孔跨6.25米。拱券纵联砌置。2005年,双城村民陈某和胡某带头筹资维修。

第二节 长江大桥

一、九江长江大桥

九江长江大桥位于赣、鄂、皖三省交界的长江上,南岸引桥横跨白水湖,北岸与湖北黄梅县的小池口镇相接。大桥是双层式公路铁路两用桥,钢桁架结构。上层是汽车20级的4车道公路桥,桥长4460米,宽18米,其中行车道宽14米,两侧人行道各宽2米;下层为中载重的双线铁路桥,长7675.4米。

九江长江大桥始建于1973年12月,由铁道部大桥工程局勘察设计院设计,第215桥梁工程处组织施工。它是继武汉长江大桥之后,我国在长江上建造的第八座大桥,也是我国当时最长、工程量最大的铁路、公路两用桥。无论是桥的设计、施工工艺,还是新型建筑材料的使用等,都反映了我国当时最先进的建桥水平。

1994年10月,九江长江大桥全线建成通车

1993年1月,九江大桥公路桥正式建成通车。1994年10月全线建成通车。铁路大桥全线通车后,成为京九铁路的枢纽,对加强我国南北交通运输,促进华东、中南经济建设、文化交流和旅游事业都具有重要的战略意义。

二、黄石长江大桥

黄石长江大桥位于长江中游的湖北省黄石市,是国家公路干线上海至成都312国道上的特大型桥梁,是一座预应力混凝土连续刚构桥。

1995年12月,黄石长江大桥建成通车

黄石长江大桥由交通部公路规划设计院设计,桥长2580.08米,主桥长1060米,分跨为(162.5+3×245+162.5)米,跨径与联孔长度均很大。桥宽20米,其中机动车道宽15米,两侧非机动车道各宽2.5米。黄石岸引桥长840.7米,由连续箱梁桥和桥面连续简支T形梁桥组成;浠水岸引桥长679.21米,由桥面连续简支T形梁桥组成。

主桥墩采用28米直径双壁钢围堰加16根φ3米钻孔灌注桩基础,具有较高的防船舶撞击能力。通航净空200×24米,可容5000吨单体轮船或32000吨大型船队上下通航。

该桥由中国公路桥梁建设总公司施工总承包,1991年7月开工建设,1995年12月建成通车,2002年12月19日进行了通车以后的第一次整修。黄石长江大桥改扩建工程是省级重点工程,总投资额5000多万元。改扩后的大桥为宽18米的双向道公路桥,桥中增设隔离带,基本与黄黄高速公路对接。大桥日通车量由原来的2.5万辆上升至4.8万辆,达到原设计水平。

为保证交通畅通,黄石市大桥管理局经上级主管部门批准,特别作出规定:在大桥改扩过程中,四轮机动车仍保持通行,行人、非机动车、摩托车改乘轮渡过江。

三、鄂黄长江大桥

鄂黄长江大桥位于鄂州市城区与黄冈市黄州区之间,是北京至广州106国道跨越长江的一座特大桥,全长3245米。其中主桥长2670米,为五跨连续双塔双索面预应力混凝土斜拉桥,主塔高172.3米。桥面宽24.5米(不含布索区宽度),设计为双向四车道。荷载标准为汽车—超20级、挂车—120。设有先进的交通工程及沿线设施、供电照明工程、收费、通信、监控三大系统及景观工程。概算总投资9.108亿元,实际投资为65786.13万元;建设工期4年,提前一年建成通车。

1995年11月29日,国务院批准同意修建鄂黄长江大桥。12月7日,国家计委批准立项。1998年11月,经国务院批准,国家计委批复大桥工程可

2002年9月26日,鄂黄长江大桥建成通车

行性研究报告。1999年4月14日,交通部批复鄂黄长江大桥初步设计文件。10月10日,国家计委批复开工报告。10月15日,正式动工建设。鄂黄长江公路大桥由中交第二公路勘察设计研究院设计,设计监理是西安方舟工程监理咨询有限公司,施工单位为中交第二船务工程局、四川公路桥梁建设集团等。湖北省鄂黄长江大桥开发公司为鄂黄长江公路大桥项目的建设单位,鄂黄长江公路大桥管理局负责鄂黄长江公路大桥通车后的营运管理。2002年9月26日竣工通车,10月10日,经湖北省政府批准,鄂黄长江公路大桥设立收费站,开始收费,投入运营。2006年11月2日,鄂黄长江公路大桥被评定为国家优质工程银质奖、交通部优秀设计一等奖。

2013年4月3日,黄冈市人民政府与湖北省交通投资公司签订资产移交协议,鄂黄长江大桥交由湖北交投鄂黄长江大桥有限公司管理。

四、鄂东长江公路大桥

鄂东长江公路大桥起自黄冈浠水县,接黄梅至黄石高速公路,于浠水唐家湾附近跨越长江(即艾家湾桥位),止于黄石,接黄石至武汉高速公路。路线全长约15.149公里,桥梁全长15149.55米,主桥长5885.55米,结构为926米双塔混合梁斜拉桥。

湖北鄂东长江大桥由湖北省交通规划设计院、中交公路规划设计院有限公司联合体设计。大桥采用六车道高速公路标准,设计速度100公里/小时;设计基本风速30.1米/秒;通航净空高度不小于24米,净宽为一跨跨过有效通航水域。鄂东长江大桥主桥跨径布置为(3×67.5+72.5+926+72.5+3×67.5)米,为9跨连续半漂浮双塔混合梁斜拉桥,边跨设置3个辅助墩和1个过渡墩,桥面全宽38米。主梁中跨采取分离23.25米、厚8米。桩基采取7×4共28根钻孔桩,桩径2.5米,桩长76米。该桥建设单位是湖北鄂东长江公路大桥建设开发公司,施工单位为中交第二公路工程局、中港第二航务工程局等。

2010年9月28日,鄂东长江大桥建成通车

2005年,湖北鄂东长江公路大桥(亦称黄石长江二桥)经国家发展和改革委员会批准建设,列为国家和湖北省交通重点建设项目。2006年8月18日,正式动工。2010年4月17日,正式合龙。2010年9月28日建成通车,总投资近30亿元。

鄂东长江大桥主桥主跨926米,居当时世界斜拉桥第三、混合梁斜拉桥第二,被誉为"湖北第一桥"。它是湖北省首个以社会资本为主,国家、民营等多元化投资管理体制下的特大型桥梁。该桥获中国公路学会科技进步特等奖、中国公路交通优秀设计一等奖。

五、九江长江公路大桥

九江长江公路大桥位于九江长江公铁两用长江大桥上游10.8公里处,起点位于江西省南九高速公路七里湖路段(起点桩号K7+840),经江西省九江市的九江县和经济技术开发区,于九江市阎家渡码头上游约1公里处跨越长江至湖北省黄梅县,终点接黄小高速公路小池收费站北侧(终点桩号K33+032.61),全长25.19公里,主要由南岸引道工程、跨江大桥工程、北岸引道工程三部分组成。项目总投资约44.78亿元。其中,跨江大桥和南岸引道工程由江西省投资建设,概算投资37.61亿元;8.19公里的北岸引道工程,由湖北省投资建设。

九江长江公路大桥(江西段)2009年9月27日开工建设。项目全长17.004公里,由南岸引道工程及跨江大桥工程组成。桥梁比例为74.8%。跨江大桥工程全长8501米(桥长8462米,路基长39米),由南往北依次由南引桥(赛湖桥、九瑞大道桥、城西港区桥)、主桥、副孔、北引桥(黄广大堤桥、分路高架桥、105国道跨线桥)组成。南引桥长3591米;主桥为主跨818米的双塔双索面斜拉桥;副孔长1300米;北引桥长2166米。南岸引道工程长8503米,主要包括七里湖特大桥(2936.8米)、九江京九跨线桥(1100.5米)。北岸接线长8.301公里,由湖北省负责建设。

九江长江公路大桥主桥采用双塔单侧混合梁斜拉桥,桥跨布置为(70+75+84+818+233.5+124.5)米,全长1405米。其中818米的斜拉桥跨径,位列苏通大桥(1088米)、昂船洲大桥(1018米)、鄂东长江公路大桥(926米)、多多罗大桥(890米)和诺曼底大桥(856米)之后,为当时世界第六。大桥主塔高度为南索塔230.854米,北索塔为242.308米,桥面以上塔高均为201.6米,塔高与桥跨比为1:4.058。主梁高3.6米,宽38.9米,由260.6米预应力混凝土梁+7.5米钢混结合段+1135.1米钢箱梁(80节段)组成,梁高与中跨比为1∶227.22,梁宽与中跨比为1∶21.03。南塔承台(混凝土方量为7110.18立方)采用两个边长为22.5米×22.5米×8米分离式设计,各接14根长86米、直径2.8米的灌注桩;北塔承台(混凝土方量为13900立方)由两个直径为30米的圆形和系梁组成,横桥向长82米,顺桥向长30米,基础采用43根直径2.5米、长88米的灌注桩。

2013年10月,九江长江大桥建成通车

九江长江公路大桥按双向六车道高速公路设计,设计速度100公里/小时,桥梁结构设计基准期100年,路基宽度33.5米。桥面宽度,主桥38.9米(含风嘴),副孔、引桥33.5米。设计荷载公路—Ⅰ级。设计单位为江西省交通设计院、湖北省交通规划设计院联合体;施工单位为中交第二公路工程局、中交第二航务工程局等;建设单位为江西交通运输厅福银高速九江长江公路大桥项目办公室。该桥于2013年10月28日建成通车,获2014—2015年中国建设工程鲁班奖、第十四届中国土木工程詹天佑奖、中国公路交通优秀设计一等奖。

六、黄冈长江大桥

黄冈长江大桥,位于长江上的湖北黄冈市黄州区唐家渡上游位置,上距阳逻长江大桥约37公里,下距鄂黄长江大桥约17公里。桥的东岸是黄冈市黄州区唐家渡开发区西,西岸是鄂州市华容区和武汉洪山葛店。该桥是集城铁、国铁、高速公路三位为一体的公路铁路两用长江大桥,也是当时(2014年)世界上主跨最长的公路铁路两用跨江大桥。

黄冈长江大桥长4.01公里,其中公铁合建段长2.567公里,设计为双层桥面,下层桥面通行双线高速铁路,上层桥面通行四车道高速公路。主桥为双塔钢桁梁斜拉桥,跨径1215米,主跨径为567米,跨径组合为(81+243+567+243+81)米,桁梁全宽29.5米。其主跨长度、主桁钢梁腹杆倾斜角度、主桥最大斜拉索破断力、主桥辅助墩拉压支座抗拉吨位四项指标,均创造了当时已建和在建同类型桥梁的世界新纪录。施工中,中铁大桥局取得10项国家发明专利、5项国家实用新型专利,创造了3项国内施工新纪录。

黄冈公铁长江大桥总投资24.93亿元,大桥铁路部分由铁道部和湖北省共同投资,公路部分及大桥公路分摊部分的投资由地方招商引资。设计单位为中铁大桥勘测设计院、中铁第四勘察设计院、湖北省交通规划设计院;施工单位为中铁大桥局集团、湖北路桥集团等;建设单位为湖北城际铁路有限公司、湖北省联合投资集团有限公司。2008年3月25日,黄冈市成立了由市长刘雪荣任组长的大桥筹建领导小组。2008年8月18日,黄冈市人民政府组建以市交通运输局为主的大桥项目前期专班,正式启动大桥前期工作。2008年10月28日,铁路和公路及有关部门专家对《武汉城市圈黄冈长江公铁大桥及相关工程预可行性研究》进行了评审。2009年7月,铁道部、湖北省政府作出《关于新建武汉至黄冈铁路项目建议书的批复》。2009年12月,湖北省联发投公司与黄冈市人民政府签署了黄冈至鄂州高速公路投资框架性协议。

2010年2月8日,黄冈长江大桥正式开工建设。

2014年6月16日,黄冈公铁长江大桥建成通车

2012年9月16日,主跨钢梁合龙。2012年10月14日,152根斜拉索全部成功挂设到位。其中,规格最大的24根斜拉索均由475根平行钢丝组成,为当时世界同类型桥梁之最。2013年5月13日晨6时56分,南岸公路引桥最后一跨现浇梁浇筑完毕,2014年6月16日建成通车。

该桥是当时世界上最大跨度的公铁两用斜拉桥,集城轨、铁路、高速公路三位为一体。主桥钢桁采用N形桁架、倒梯形截面,主要杆件截面形式为平行四边形,对接拼装、制造精度要求高,建设难度大。上弦公路桥面结构采用正交异形板纵横梁结构体系,下弦铁路桥面结构采用密横梁结构体系。该桥获中国铁路总公司科技进步特等奖、全国绿色工程施工及节能减排达标竞赛优胜工程奖、2016—2017年度国家优质工程奖。

七、武穴长江公路大桥

武穴长江公路大桥位于黄冈武穴市与黄石阳新县之间,是G220线(东营至深圳)和湖北省"九纵五横三环"高速公路网中麻(城)至阳(新)高速公路跨越长江的控制性工程。路线起点接麻城至阳新高速公路麻城至武穴段,终点接杭(州)瑞(丽)高速公路,全长30.993公里。其中,跨江主桥长1403米,为(80+290+808+75+75+75)米双塔双索面非对称混合梁斜拉桥。

全线采用高速公路技术标准建设,设计速度100千米/小时。长江大桥段采用双向六车道标准,宽33.5米;其余路段采用双向四车道标准,路基宽度26米。全线桥隧比45.7%,共设置互通式立交5处、分离式立交6处、匝道收费站3处、服务区1处、监控管理分中心1处、养护工区1处、超限超载检测站3处,改移省界收费站1处。项目由湖北省交通投资集团有限公司投资建设,湖北路桥集团、中铁建大桥局承建。项目采用"BOT+EPC"模式,批复总工期48个月。2016年12月30日正式开工,计划2020年建成通车。

创新特点:南边跨宽幅混凝土箱梁采用大节段跳仓法现浇施工,并根据箱梁节段浇筑时序和运营期受力特性进行预应力钢束无齿块布置,使混凝土箱梁始终处于三向受压状态,降低混合梁斜拉桥宽幅混凝土箱梁开裂风险。对主桥15号主墩双壁钢围堰制造采用巨量皂膜比拟,总结出钢围堰制造新方法,比同类型结构节约25%~35%用钢量。省内首次大规模采用装配式钢筋混凝土通道和涵洞,促进公路建设转型升级、提质增效,推动公路通道工业化建造的全面实现。

2004年,武穴长江公路大桥被规划确定为70座长江过江通道之一。2008年被湖北省列入《武汉城市圈综合交通规划纲要》。2011年,麻阳高速公路和武穴长江公路大桥列入湖北交通"十二五"规划。2012年,以通航安全论证为代表的19个专题项目的研究全面展开。2013年,项目建设书上报国家发改委和交通运输部。2014年8月,项目招投标完成,9月26日,国家发改委委托中交公路规划设计院有限公司对项目申请报告的核准评估工作完成,10月,交通运输部又组织专家进行了评审。2015年2月9日,交通运输部出台武穴长江公路大桥建设项目的核准意见,同意建设武穴长江公路大桥。2015年2月10日,武穴长江公路大桥通过初测初勘外业验收工作。2015年6月2日,国家发改委正式批复武穴长江公路大桥项目核准立项,10月正式动工建设,建设工期4年。

第三节 高速公路桥梁

一、特大桥

(一)巴河特大桥

巴河特大桥位于大广北高速公路(G45),桥梁中心桩号K2430+486,桥梁全长1149.36米,跨径总长1140米,单孔最大跨径80米,跨径布置为(16×30+2×80+2×50+80×80)米;桥梁全宽26米,桥面净宽

22.5米。主桥上部结构为预应力钢筋混凝土箱形梁,双柱式桥墩;跨越巴河,三级通航,桥墩防撞设施硬防护。建设单位湖北大广北高速公路建设有限责任公司;设计单位湖南省交通规划设计院有限公司;施工单位福建省第二公路工程有限公司;监理单位湖北顺达公路工程咨询监理有限公司。于2008年12月30日建成通车;管养单位为湖北大广北高速公路有限责任公司。

(二)东河特大桥

东河特大桥位于武英高速公路(G42S),沪武向K618+207,武沪向K618+215,桥梁全长1310.250米,跨径总长1310米,单孔最大跨径40米,跨径布置为(20+2×40+8×30+4×40+8×30+2×40+19×30)米;桥梁全宽26米,桥面净宽23米。主桥上部结构为钢筋混凝土T形钢构,H形桥墩;跨越鹿东河,不通航,无桥墩防撞设施。

建设单位武英高速公路项目建设部;设计单位中交第二公路勘察设计研究院有限公司;施工单位中铁十一局集团第一工程有限公司;监理单位湖北省高路公路工程监理咨询有限公司。于2009年12月24日建成通车;管养单位为黄黄高速公路管理处。

(三)石桥铺特大桥

石桥铺特大桥位于武英高速公路(G42S),桥梁中心桩号K636+216,桥梁全长1076.03米,跨径总长1070米,单孔最大跨径30米;桥梁全宽26米,桥面净宽23米。主桥上部结构为钢筋混凝土T形刚构,Y形桥墩;左幅跨径布置为(24×20+4×30+19×20+3×30)米,右幅跨径布置为(24×20+4×30+20×20+2×30)米;20米跨径为预应力混凝土宽幅空心板,先简支后连续;30米跨径为预应力混凝土T梁。下部结构:20米跨径采用单排双圆柱式桥墩,钻孔灌注桩基础,柱径1.1米,桩径1.3米;30米跨径采用Y形薄壁式桥墩,钻孔灌注桩基础,桩径1.5米。武汉岸桥台为承台分离式桥台,钻孔灌注桩基础,桩径1.0米;英山岸桥台为U形重力式桥台,扩大基础。跨越石桥铺沟,不通航,无桥墩防撞设施。

建设单位武英高速公路项目建设部;设计单位中交第二公路勘察设计研究院有限公司;施工单位中铁一局集团有限公司;监理单位湖北省公路水路工程咨询监理有限公司。于2009年12月24日建成通车;管养单位为黄黄高速公路管理处。

(四)沙河特大桥

沙河特大桥位于武英高速公路(G42S),桥梁中心桩号K105+012,桥梁全长1206.08米,跨径总长1200米,单孔最大跨径30米,跨径布置为40×30米;桥梁全宽26米,桥面净宽23米;桥面铺装C50混凝土,厚度12厘米。主桥上部结构为预应力钢筋混凝土T形刚构,双柱式桥墩;跨越沙河,不通航,无桥墩防撞设施。设计荷载等级为公路—Ⅰ级,设计洪水频率1/300,上下行分离,无通航要求。下部结构采用钻孔灌注桩基础、桩柱式桥墩;桥台采用肋板式桥台,钻孔灌注桩基础。

建设单位武英高速公路项目建设部;设计单位湖北省交通规划设计院股份有限公司;施工单位天津第三市政公路工程有限公司;监理单位湖北省公路工程咨询监理中心。于2009年12月24日建成通车;管养单位为黄黄高速公路管理处。

(五)举水河特大桥

举水河特大桥位于武英高速公路(G42S),桥梁中心桩号K109+266,桥梁全长1645.58米,跨径总长1639米,单孔最大跨径30米,跨径布置为(23×40+42+65+42+19×30)米;桥梁全宽26米,桥面净宽23米。主桥上部结构为预应力钢筋混凝土T形刚构,双柱式桥墩;跨越举水河,五级通航,无桥墩防撞设施。

全桥由两幅完全分离的平行桥梁组成。主桥上部结构由三跨一联双幅预应力混凝土变截面连续箱梁组成,桥孔布置为(42+65+42)米,主桥长149米,梁底设$R=245.753$米的圆曲线,桥面横坡2%。武汉方向引桥为40米先简支后连续预应力混凝土T形梁桥,英山方向为30米先简支后连续预应力混凝土T

形梁桥,30米T形梁梁高1.8米,40米T形梁梁高2.4米。武汉方向桥跨布置为[5×(4×40)+3×40]米,共6联,起点桩号为K22+038.96;英山方向桥跨布置为[3×(5×30)+4×30]米,共4联,终点桩号为K23+684.54;大桥起终点桩号为K22+038.96—K23+684.54。举水河特大桥上部结构采用预应力混凝土变截面连续箱梁,为三向预应力结构,在纵、横、竖向配有预应力钢束。箱梁为分离的单箱单室截面,顶宽12.75米,底宽7.0米,两侧翼缘宽2.875米。中跨墩顶支点处梁高4.0米,跨中最小梁高为2.1米,跨中梁高与跨径之比为1/30.95,支点处厚为65厘米,跨中厚为30厘米。底板上缘曲线也为单圆曲线,圆曲线半径$R=300.856$米,顶板厚度均为30厘米;腹板厚度从支点向跨中由65厘米到40厘米渐次变化。为提高边跨端部抗剪能力,腹板由跨中间向边支点处加大到55厘米。下部结构:0号桥台为分离式肋板桥台,钻孔灌注桩基础;45号桥台为桩式桥台,30米T梁、40米T梁引桥墩为分离式双柱式桥墩,分简支墩和连续墩两种,钻孔灌注桩基础;主桥墩墩身为实体矩形墩身,承台尺寸(850×830×300)厘米,钻孔灌注桩基础,墩身为分离式实体墩,钻孔灌注桩基础。

建设单位武英高速公路项目建设部;设计单位湖北省交通规划设计院股份有限公司;施工单位中铁电气化集团西安铁路工程有限责任公司;监理单位湖北省公路工程咨询监理中心。于2009年12月24日建成通车;管养单位为黄黄高速公路管理处。

二、大桥

(一)大广高速公路黄冈段桥梁

朱家垱大桥 位于大广北高速公路(G45),桥梁中心桩号K2402+276,桥梁全长104.88米,跨径总长100米,单孔最大跨径20米,跨径组合为7×20米;桥梁全宽12.75米,桥面净宽11.75米。主桥上部结构为预应力钢筋混凝土空心板梁,双柱式桥墩;跨越朱家垱村道旱地,不通航,无桥墩防撞设施。建设单位湖北大广北高速公路建设有限责任公司;设计单位湖南省交通规划勘察设计院有限公司;施工单位中铁三局集团第二工程有限公司;监理单位湖北顺达公路工程咨询监理有限公司。于2008年12月30日建成通车;管养单位为湖北大广北高速公路有限责任公司。

高湖咀大桥 位于大广北高速公路(G45),桥梁中心桩号K411+496,桥梁全长425.58米,跨径总长226米,单孔最大跨径220米,跨径组合为11×20米;桥梁全宽12.75米,桥面净宽11.75米。主桥上部结构为预应力钢筋混凝土空心板梁,双柱式桥墩;跨越张家塝灌溉水渠,不通航,无桥墩防撞设施。建设单位湖北大广北高速公路建设有限责任公司;设计单位湖南省交通规划勘察设计院有限公司;施工单位中国中铁股份有限公司;监理单位湖北顺达公路工程咨询监理有限公司。于2008年12月30日建成通车;管养单位为湖北大广北高速公路有限责任公司。

何家墩大桥 位于大广北高速公路(G45),桥梁中心桩号K2413+071,桥梁全长104.88米,跨径总长100米,单孔最大跨径20米,跨径组合为5×20米;桥梁全宽26米,桥面净宽22.5米。主桥上部结构为预应力钢筋混凝土空心板梁,双柱式桥墩;跨越何家墩水渠,不通航,无桥墩防撞设施。建设单位湖北大广北高速公路建设有限责任公司;设计单位湖南省交通规划勘察设计院有限公司;施工单位中国中铁股份有限公司;监理单位湖北顺达公路工程咨询监理有限公司。于2008年12月30日建成通车;管养单位为湖北大广北高速公路有限责任公司。

麦婆桥大桥 位于大广北高速公路(G45),桥梁中心桩号K2417+781,桥梁全长244.69米,跨径总长240米,单孔最大跨径20米,跨径组合为12×20米;桥梁全宽26米,桥面净宽22.5米。主桥上部结构为预应力钢筋混凝土空心板梁,无桥墩;跨越沙子岗冲沟,不通航,无桥墩防撞设施。建设单位湖北大广北高速公路建设有限责任公司;设计单位湖南省交通规划勘察设计院有限公司;施工单位中国中铁股份有限公司;监理单位湖北顺达公路工程咨询监理有限公司。于2008年12月30日建成通车;管养单位为湖北大广北高速公路有限责任公司。

许家外塝大桥 位于大广北高速公路(G45),桥梁中心桩号 K2422.055,桥梁全长 284.96 米,跨径总长 280 米,单孔最大跨径 20 米,跨径组合为 14×20 米;桥梁全宽 26 米,桥面净宽 22.5 米。主桥上部结构为预应力钢筋混凝土空心板梁,无桥墩;跨越 106 国道,不通航,无桥墩防撞设施。建设单位湖北大广北高速公路建设有限责任公司;设计单位湖南省交通规划勘察设计院有限公司;施工单位福建省第二公路工程有限公司;监理单位湖北顺达公路工程咨询监理有限公司。于 2008 年 12 月 30 日建成通车;管养单位为湖北大广北高速公路有限责任公司。

万家寨高架桥(上行) 位于大广北高速公路(G45),桥梁中心桩号 K2425+867,桥梁全长 126.16 米,跨径总长 120 米,单孔最大跨径 30 米,跨径组合为 4×30 米;桥梁全宽 26 米,桥面净宽 22.5 米。主桥上部结构为预应力钢筋混凝土空心板梁,双柱式桥墩;跨越万义河干河槽,不通航,无桥墩防撞设施。建设单位湖北大广北高速公路建设有限责任公司;设计单位湖南省交通规划勘察设计院有限公司;施工单位福建省第二公路工程有限公司;监理单位湖北顺达公路工程咨询监理有限公司。于 2008 年 12 月 30 日建成通车;管养单位为湖北大广北高速公路有限责任公司。

大广北高速公路兰溪河大桥

兰溪河大桥 位于大广北高速公路(G45),桥梁中心桩号 K2454+858,桥梁全长 597 米,跨径总长 590 米,单孔最大跨径 60 米,跨径组合为(6×30+40+2×60+40+7×30)米;桥梁全宽 26 米,桥面净宽 23 米。主桥上部结构为预应力钢筋混凝土 T 梁,重力式桥墩;跨越兰溪河,四级通航,桥墩防撞设施硬防护。建设单位湖北大广北高速公路建设有限责任公司;设计单位湖南省交通规划勘察设计院有限公司;施工单位中铁十九局集团有限公司;监理单位武汉市公路工程咨询监理有限公司。于 2008 年 12 月 30 日建成通车;管养单位为湖北大广北高速公路有限责任公司。

朱家咀大桥 位于大广北高速公路(G45),桥梁中心桩号 K2460+342,桥梁全长 226.04 米,跨径总长 220 米,单孔最大跨径 20 米,跨径组合为 11×20 米;桥梁全宽 26 米,桥面净宽 23 米。主桥上部结构为预应力钢筋混凝土空心板梁,双柱式桥墩;跨越朱家咀村水渠,不通航,桥墩防撞设施硬防护。建设单位湖北大广北高速公路建设有限责任公司;设计单位湖南省交通规划勘察设计院有限公司;施工单位中铁十九局集团有限公司;监理单位武汉市公路工程咨询监理有限公司。于 2008 年 12 月 30 日建成通车;管养单位为湖北大广北高速公路有限责任公司。

(二)黄黄高速公路黄冈段桥梁

八一港大桥 位于沪渝高速公路(G50),桥梁中心桩号 K695+033,桥梁全长 186.26 米,跨径总长 180 米,单孔最大跨径 30 米,跨径组合为 6×30 米;桥梁全宽 24.5 米,桥面净宽 22 米。主桥上部结构为预应力钢筋混凝土箱形梁,双柱式桥墩;跨越八一港,不通航,无桥墩防撞设施。建设单位湖北省交通厅;设计单位湖北省交通规划设计院股份有限公司;施工单位湖北省路桥集团有限公司;监理单位湖北省公路水运工程咨询监理有限公司。于 1998 年 12 月 30 日建成通车;管养单位为黄黄高速公路管理处。

陈家墩大桥 位于沪渝高速公路(G50),桥梁中心桩号 K697+750,桥梁全长 185.21 米,跨径总长 180 米,单孔最大跨径 30 米,跨径组合为 6×30 米;桥梁全宽 24.5 米,桥面净宽 22 米。主桥上部结构为预应力钢筋混凝土箱形梁,双柱式桥墩;跨越旱地,不通航,无桥墩防撞设施。建设单位湖北省交通厅;设计单位湖北省交通规划设计院股份有限公司;施工单位湖北省路桥集团有限公司;监理单位湖北省公路水运工程咨询监理有限公司。于 1998 年 12 月 30 日建成通车;管养单位为黄黄高速公路管理处。

团山河大桥 位于沪渝高速公路(G50),桥梁中心桩号 K714+243,桥梁全长 247.02 米,跨径总长 240 米,单孔最大跨径 30 米,跨径组合为 8×30 米;桥梁全宽 24.5 米,桥面净宽 22 米。主桥上部结构为预应力钢筋混凝土箱形梁,多柱式桥墩;跨越团山,不通航,无桥墩防撞设施。建设单位湖北省交通厅;设计单位湖北省交通规划设计院股份有限公司;施工单位湖北省路桥集团有限公司;监理单位湖北省公路水运工程咨询监理有限公司。于 1998 年 12 月 30 日建成通车;管养单位为黄黄高速公路管理处。

蕲河大桥 位于沪渝高速公路(G50),桥梁中心桩号 K761+458,桥梁全长 715.7 米,跨径总长 710 米,单孔最大跨径 60 米,跨径组合为(8×30+40+2×60+40+9×30)米;桥梁全宽 24.5 米,桥面净宽 22 米。主桥上部结构为钢筋混凝土空心板梁,双柱式桥墩;跨越蕲河,不通航,无桥墩防撞设施。建设单位湖北省交通厅;设计单位湖北省交通规划设计院股份有限公司;施工单位湖北省路桥集团有限公司;监理单位湖北省公路水运工程咨询监理有限公司。于 1998 年 12 月 30 日建成通车;管养单位为黄黄高速公路管理处。

梅子湖 2 号大桥 位于沪渝高速公路(G50),桥梁中心桩号 K777+978,桥梁全长 386.46 米,跨径总长 380 米,单孔最大跨径 20 米,跨径组合为 19×20 米;桥梁全宽 24.5 米,桥面净宽 22 米。主桥上部结构为钢筋混凝土空心板梁,双柱式桥墩;跨越梅子湖,不通航,无桥墩防撞设施。建设单位湖北省交通厅;设计单位湖北省交通规划设计院股份有限公司;施工单位湖北省路桥集团有限公司;监理单位湖北省公路水运工程咨询监理有限公司。于 1998 年 12 月 30 日建成通车;管养单位为黄黄高速公路管理处。

(三)武英高速公路黄冈段桥梁

鹿溪冲高架桥 位于武英高速公路(G42S),桥梁中心桩号 K2+618,桥梁全长 665 米,跨径总长 600 米,单孔最大跨径 30 米,跨径组合为 20×30 米;桥梁全宽 26 米,桥面净宽 23 米。主桥上部结构为钢筋混凝土 T 形刚构,Y 形桥墩;跨越鹿溪冲河,不通航,无桥墩防撞设施。建设单位武英高速公路项目建设部;设计单位中交第二公路勘察设计研究院有限公司;施工单位福建路桥建设有限公司;监理单位湖北省高路公路工程监理咨询有限公司。于 2009 年 12 月 24 日建成通车;管养单位为黄黄高速公路管理处。

丝茅岭 1 号高架桥 位于武英高速公路(G42S),桥梁中心桩号 K12+078,桥梁全长 270 米,跨径总长 270 米,单孔最大跨径 30 米,跨径组合为 9×30 米;桥梁全宽 26 米,桥面净宽 23 米。主桥上部结构为钢筋混凝土 T 形刚构,双柱式桥墩;跨越丝茅岭,不通航,无桥墩防撞设施。建设单位武英高速公路项目建设部;设计单位中交第二公路勘察设计研究院有限公司;施工单位福建路桥建设有限公司;监理单位湖北省高路公路工程监理咨询有限公司。于 2009 年 12 月 24 日建成通车;管养单位为黄黄高速公路管理处。

螺蛳壳高架桥 位于武英高速公路(G42S),桥梁中心桩号 K16+388,桥梁全长 387 米,跨径总长 360 米,单孔最大跨径 30 米,跨径组合为 12×30 米;桥梁全宽 26 米,桥面净宽 23 米。主桥上部结构为钢筋混凝土 T 形刚构,Y 形桥墩;跨越螺蛳壳沟,不通航,无桥墩防撞设施。建设单位武英高速公路项目建设部;设计单位中交第二公路勘察设计研究院有限公司;施工单位中铁四局集团有限公司;监理单位湖北省高路公路工程监理咨询有限公司。于 2009 年 12 月 24 日建成通车;管养单位为黄黄高速公路管理处。

西河桥 位于武英高速公路(G42S),桥梁中心桩号 K26+348,桥梁全长 427.04 米,跨径总长 420 米,单孔最大跨径 30 米,跨径组合为 14×30 米;桥梁全宽 26 米,桥面净宽 23 米。主桥上部结构为钢筋混凝土 T 形刚构,Y 形桥墩;跨越西河沟,不通航,无桥墩防撞设施。建设单位武英高速公路项目建设部;设计单位中交第二公路勘察设计研究院有限公司;施工单位中铁一局集团有限公司;监理单位湖北省高路公路工程监理咨询有限公司。于 2009 年 12 月 24 日建成通车;管养单位为黄黄高速公路管理处。

凤凰关水库大桥(右幅) 位于武英高速公路(G42S),桥梁中心桩号 K34+890,桥梁全长 800 米,跨径总长560米,单孔最大跨径40米,跨径组合为14×40米;桥梁全宽26米,桥面净宽23米。主桥上部结构为钢筋混凝土T形刚构,H形桥墩;跨越凤凰关水库,不通航,无桥墩防撞设施。建设单位武英高速公路项目建设部;设计单位中交第二公路勘察设计研究院有限公司;施工单位中铁十七局集团有限公司;监理单位湖北省公路水路工程咨询监理有限公司。于2009年12月24日建成通车;管养单位为黄黄高速公路管理处。

深水湾大桥(右幅)　位于武英高速公路(G42S),桥梁中心桩号K36+353,桥梁全长760米,跨径总长760米,单孔最大跨径40米,跨径组合为19×40米;桥梁全宽26米,桥面净宽23米。主桥上部结构为钢筋混凝土T形刚构,H形桥墩;跨越深水湾,不通航,无桥墩防撞设施。建设单位武英高速公路项目建设部;设计单位中交第二公路勘察设计研究院有限公司;施工单位中铁十七局集团有限公司;监理单位湖北省公路水运工程咨询监理有限公司。于2009年12月24日建成通车;管养单位为黄黄高速公路管理处。

汪家湾高架桥　位于武英高速公路(G42S),桥梁中心桩号K40+480,桥梁全长737.54米,跨径总长730米,单孔最大跨径40米,跨径组合为(13×40+7×30)米;桥梁全宽26米,桥面净宽23米。主桥上部结构为钢筋混凝土T形刚构,双柱式桥墩;跨越汪家湾,不通航,无桥墩防撞设施。建设单位武英高速公路项目建设部;设计单位中交第二公路勘察设计研究院有限公司;施工单位中铁十七局集团有限公司;监理单位湖北省公路水运工程咨询监理有限公司。于2009年12月24日建成通车;管养单位为黄黄高速公路管理处。

上界河大桥　位于武英高速公路(G42S),桥梁中心桩号K51+803,桥梁全长408.06米,跨径总长400米,单孔最大跨径40米,跨径组合为10×40米;桥梁全宽26米,桥面净宽23米。主桥上部结构为钢筋混凝土T形刚构,双柱式桥墩;跨越上界河,不通航,无桥墩防撞设施。建设单位武英高速公路项目建设部;设计单位中交第二公路勘察设计研究院有限公司;施工单位中铁十三局集团有限公司;监理单位云南省公路工程监理咨询有限公司。于2009年12月24日建成通车;管养单位为黄黄高速公路管理处。

王家湾高架桥　位于武英高速公路(G42S),桥梁中心桩号K61+087,桥梁全长532米,跨径总长510米,单孔最大跨径30米,跨径组合为17×30米;桥梁全宽26米,桥面净宽23米。主桥上部结构为钢筋混凝土T形刚构,双柱式桥墩;跨越王家湾,不通航,无桥墩防撞设施。建设单位武英高速公路项目建设部;设计单位湖北省交通规划设计院股份有限公司;施工单位中建路桥集团有限公司;监理单位云南省公路工程监理咨询有限公司。于2009年12月24日建成通车;管养单位为黄黄高速公路管理处。

巴河大桥　位于武英高速公路(G42S),桥梁中心桩号K73+138,桥梁全长742米,跨径总长720米,单孔最大跨径30米,跨径组合为24×30米;桥梁全宽26米,桥面净宽23米。主桥上部结构为钢筋混凝土T形刚构,双柱式桥墩;跨越巴河,不通航,无桥墩防撞设施。建设单位武英高速公路项目建设部;设计单位湖北省交通规划设计院股份有限公司;施工单位辽宁省路桥建设总公司;监理单位云南省公路工程监理咨询有限公司。于2009年12月24日建成通车;管养单位为黄黄高速公路管理处。

白庙河大桥　位于武英高速公路(G42S),桥梁中心桩号K89+195,桥梁全长322米,跨径总长300米,单孔最大跨径25米,跨径组合为12×25米;桥梁全宽26米,桥面净宽23米。主桥上部结构为钢筋混凝土空心板梁,双柱式桥墩;跨越白庙河,不通航,无桥墩防撞设施。建设单位武英高速公路项目建设部;设计单位湖北省交通规划设计院股份有限公司;施工单位吉林省交通建设集团有限公司;监理单位云南省公路工程监理咨询有限公司。于2009年12月24日建成通车;管养单位为黄黄高速公路管理处。

第四节　普通公路桥梁

一、特大桥

下巴河特大桥　位于省道S343线大(埠街)巴(河)公路K31+013公里处,是连接浠水县下巴河与黄州区南湖的重要配套工程。

该桥由湖北省林业勘察设计院设计,全长2600米,其中主桥长186米,引桥长2408米,桥跨为四级通航河道。该桥为4车道公路桥,设计速度为80公里/小时,设计荷载等级为汽车—超20级,桥梁全宽15米。主桥上部结构为钢筋混凝土连续刚构,桥跨组合为(1×30+1×35+23×30+1×52+1×80+1×52+13×30+1×35+41×30)米。

该桥于2001年10月开工建设,由中交第二航务工程局、中铁十九局负责施工,北京育才交通工程咨询监理公司华中公司监理,2004年10月建成通车,工期3年,工程总造价8942.3万元。

鄂黄长江大桥　见本章第二节。

二、大桥

(一) 黄州区

师专桥　位于黄冈市黄州区白游公路,2004年8月开工建设,2005年10月建成通车。桥梁总长130米,其中主桥长100米;设计速度40公里/小时,设计荷载等级为汽车—15级,桥面宽7米,双车道公路桥梁;主桥结构采用双曲拱,跨径组合为2×50米,全宽7米。设计单位黄冈市公路规划勘测设计院;施工单位黄冈师范学院;建设单位黄冈师范学院;管理单位黄冈师范学院。

三台河大桥　位于黄冈市黄州城区东大门和路口镇花园村之间的长河上,1984年3月开工建设,1985年9月建成通车。桥梁总长77.89米,其中主桥长50米,引道长27.89米;设计速度为80公里/小时,设计荷载等级为汽车—15级,桥面宽12米,双车道公路桥梁;主桥结构采用双曲拱,全宽15米。设计单位湖北交通学校;施工单位黄州市公路段(现黄冈市黄州区公路段);建设单位为黄州市交通局;管理单位黄冈市公路管理局。

黄州互通　位于黄冈市黄州区路口镇谢家小湾村,2005年1月开工建设,2005年12月建成通车。桥梁总长123.2米,其中主桥长116米,引道长7.2米;设计速度为80公里/小时,设计荷载等级为公路—Ⅱ级,桥面宽24.5米,为双向4车道公路桥梁;主桥结构采用空心板梁,跨径组合为(25+33+33+25)米,全宽24.5米。设计单位为交通部第二公路勘察设计院(现中交第二公路勘察设计研究院有限公司);施工单位为中国建筑第八工程局有限公司;建设单位为黄州区交通局;管理单位为黄冈市公路管理局。

王家坊大桥　位于黄冈市黄州区王家坊,跨举水河支流沙河,与武汉市新洲区涨渡湖相连。该桥为双曲拱桥,两台两墩,三孔,每孔净跨30米,桥长116.70米,桥面宽7.5米,设计荷载等级为汽车—15级、挂车—80。

1966年,由省拨款修建了一座两台梁板式钢筋水泥结构永久式大桥,长69米,8墩7孔,墩高7~14米,桥面宽7米,荷载重30吨。1979年6月下旬,王家坊连降暴雨,山洪暴发,河水猛涨。王家坊桥中墩墩基淘空、移位、冲垮,桥面下塌两跨,交通中断。黄冈县交通局亦向省、地交通局专题报告,拟将桥身延长6孔,桥长改为104.6米,以增大泄洪面积。

经黄冈地区公路总段和县水利部门测量,建议易址重修。采用双曲拱桥,两台两墩,三孔,每孔净跨30米,桥长116.7米,桥面宽7.5米,设计荷载等级为汽车—15级、挂车—80。该桥于1981年春基本完工,审定计划投资为26.4万余元,属社办性质,按"民办公助"的原则,每个标工给予补助0.4元。

(二)团风县

举水河大桥 位于黄冈市团风县金锣港处,跨举水河。该桥全长864.72米,桥宽24米,设计荷载等级为汽车—20级、挂车—100。该桥采取跨径组合为(22×20+3×40+15×20)米的装配式钢筋混凝土(20米跨径)T梁和装配式预应力混凝土(40米跨径)T梁的桥型结构;下部结构为双柱式圆墩和肋形埋置式桥台,基础为直径1.2米和1.6米的钻孔灌注桩,桥面以主孔为中心,东岸和西岸分别为1.1%和1.6%的纵坡。是沿江公路黄州至施岗公路上的重要桥梁。

团风举水河大桥

1991年12月,黄冈交通局委托交通部第二公路勘察设计院进行工程可行性研究,1992年4月完成可行性报告。1993年2月8日,黄冈地区公路总段根据湖北省交通厅批复,将该桥委托湖北省林业勘察设计院进行测量设计。1993年4月24日,黄冈地区行署成立了以行署常务副专员李天汉为指挥长的黄冈地区团风举水河大桥建设指挥部,指挥部下设办公室。由地区公路总段具体负责施工。

大桥于1993年5月20日举行开工典礼,以经济质量承包责任制的方式将桩基、下构、上构、小件预制分别承包给中南地质勘察基础工程公司601队、浠水县水电工程处、总段路桥工程处和黄州市团风二建等单位施工。1993年7月13日,由于举东子堤缺口,整个工地被洪水淹没,钻机被迫停工,因此自开工至9月30日,整个施工只能在准备中求进度。9月30日,洪水退后钻机恢复施工,到年底累计完成桩基60根,完成承台4座、桥墩4根、帽梁1座。1994年11月13日开始安装大梁。1995年10月25日竣工通车,总造价3200万元。

2004年12月31日,黄冈市江北一级公路竣工通车后,为加快与武汉阳(逻)大(埠街)一级公路的对接,黄冈市江北一级公路建设指挥部决定在原大桥并排扩建同一规模大桥,桥长864米,桥面净宽9米,桥下净宽8米,墩石高6.5~18米,跨径组合为(37×20+3×40)米。上部结构为装配式钢筋混凝土T梁和装配式预应力T梁结合,下部结构为双柱式圆形桥墩2字承台,钻孔灌注桩基础,肋形埋置式桥台。2005年10月18日动工,总投资3000万元。2007年12月30日,举水河大桥加宽工程竣工通车。团风县举水河大桥加宽工程完工后,新老桥总宽25.5米,为黄冈境内最宽的特大型桥梁,使黄冈市江北一级公路与新洲区阳大一级公路实现全面对接,使黄冈加速融入武汉经济圈。

上巴河大桥 位于省道黄(梅)标(云岗)公路K116+870处,全长466米,为双车道公路桥,设计速度为80公里/小时,桥梁全宽12米,桥梁主桥为空心板梁结构,跨径组合为23×20米,设计荷载等级为公路—Ⅱ级。该桥横跨巴河两岸,是连通浠水、团风两地,连接黄冈沿江7个县(市、区)的经济主干线——黄标线上的重要桥梁。该桥原为木质桥,建于1937年9月,由湖北省建设厅公路工程处筹划,采取招商投标,由汉口盛瑞承包公司承包修建,于当年底竣工,桥面为木板,桥高10米,宽3.5米。1938年10月,日军侵犯鄂东,并用飞机将大桥炸毁,致使交通中断。1948年4月,国民党军队沿柳界线北进南逃,为配合其军运,鄂东北段工务总段会同国民党军工兵,在原高架木桥旧址修建木质漫水桥,桥高出水面1米,桥面宽5米,中间有空隙,木桥墩、木桥面,只能单向行驶汽车。1948年9月,刘邓大军南下,国民党军溃退时又将该桥烧毁,致使交通中断。其后历经多次抢修,维持通车。1965年8月26日,湖北省省长张体学在麻城召开大办桥梁会议后,省公路管理局决定将上巴河高架木质桥改建为钢筋混凝土大型公路桥,并派省局第二勘测队勘测设计,由省局第二工程队负责施工。1965年12月7日,上巴河大桥破土动工。1966年5月22日,上巴河大桥竣工。该桥全长458.7米,净宽7.36米,无人行道,高5.8米,上部为工字梁与微弯板结构,下部为双柱式钻孔灌注桩桥墩,框架桥台,全桥27孔,孔径15米,设计荷载等级为汽车—13、挂车—60。该桥施工工期短,从开工到竣工历时159天。上巴河大桥以进度快、造价低、质量好而受到上级表扬,竣工后,副省长王海山亲自到黄冈主持召开了由全省各地、市(县)干部参加的现场会,江西省公路厅和北京铁路局亦先后组织干部到现场参观。

2004年,湖北省发改委批复兴建上巴河大桥,并列入"十五"干线路网和黄冈出口公路的改造工程。上巴河大桥由湖北省林业勘察设计院设计,浠水县公路段和黄冈市楚通路桥工程建设有限公司共同负责施工,湖北省林业勘察设计院负责监理。2005年4月,上巴河大桥开工建设,历经20个月后,于2006年12月建成通车,总造价为1500万元。原老桥亦于2007年春拆除。

上巴河大桥运行7年后出现桥底支座和桥面破坏,桩基外围混凝土脱落。为保护上巴河大桥,该危桥改建项目于2013年10月立项,经省交通部门批准,同年12月25日动工进行维修加固:采取聚合物水泥基材修补大桥结构缺损部位;更换大桥部分桥墩支座;更换大桥部分桥面钢筋;增设伸缩缝;采用钢筋混凝土加固冲刷严重的桩基。2014年6月20日,历时6个月进行维修加固,项目顺利完工并通车,投资1100万元。

但店大桥 位于318国道但店镇,跨巴河,是318国道重要的控制性工程之一。该桥由交通部第二航务勘察设计院设计,全长166米,上部为8孔20米预应力空心板梁,下部为钻孔灌注桩。

1953年修建团(风)胜(利)公路时,在但店架设了长为152.9米的木台木面大桥,36孔,孔径4米,桥高2.4米,桥宽4米。1954年,该桥被水毁。1955年进行维修时,抽换了桥面。1965年,湖北省省长张体学在麻城召开建桥会议后,该桥被列入改建为钢筋混凝土大桥计划。1966年8月8日,但店大桥竣工,仅用54个工作日。竣工后的但店大桥,桥长152.46米,桥面净宽7.15米,花板式栏杆,无人行道,13孔,孔径14.4米,14个台墩,上部结构为工字梁与微弯板组合,基础工程全部采用火箭锥钻孔灌注桩基础,设计荷载等级为汽车—13、挂车—60。该桥计划总投资139428元,实际开支115704元,每米造价758.92元,比原计划节约23723.51元。

2000年,随着318国道的改建,但店大桥被列入全省路网改造计划。2001年,湖北省计委批复工程可行性研究报告;2002年,湖北省公路管理局批复施工图设计;2002年4月,经黄冈市公路管理局公开招标,由蕲春县公路路桥公司中标施工,由黄冈市衡兴公路工程咨询监理中心监理。2003年9月20日,大桥竣工通车,竣工决算430万元。

(三)红安县

南门河大桥 位于红安县城关南端,横跨倒水河,为4孔跨径25米的空腹式混凝土拱桥。该桥全长126.3米,桥面净宽为7米,两边各设0.75米的人行道,设计荷载等级为汽车—13、拖车—60。

新中国成立初期,红安南门河大桥是阳逻至福田口、宋埠至河口、红安至熊河3条公路的必经之地。1949年4月为支援中国人民解放军南下,建成简易大桥。同年秋,该桥被水溃毁,交通中断。1953年3月,对该桥进行较全面维修,更换了全部桥面的木料。1965年,红安南门河大桥被列入永久性公路桥修建计划。同年9月,湖北省公路管理局第二勘测设计队对该桥进行勘测,设计为5孔跨径25米的空腹式混凝土拱桥,桥长148.92米,桥面净宽为(7+2×0.75)米,设计荷载等级为汽车—13、拖车—60。10月23日,红安南门河大桥正式破土动工,由湖北省公路管理局第四工程队进行施工。在施工过程中,施工单位根据实际情况,经报请设计单位核实认可后,同意改为4孔,桥长缩短为126.3米,其余均按原设计施工。1966年5月,主体工程全部竣工,8月1日通车。该桥计划投资22万元,平均每米造价为1691元,耗用钢材28.35吨、水泥1058吨、木材187.5立方米,投工21万工日。

城关南门二桥 跨倒水河,全长174.86米,是阳(逻)福(田口)公路的重要桥梁之一。1986年,红安县被列为国家重点扶持贫困县后,红安县委、县政府决定修建红安县南门二桥。1988年6月,红安县交通局委托湖北交通学校进行设计。设计桥长174.86米,上部结构为8×20米普通钢筋混凝土T梁。1990年3月,红安县委、县政府成立红安二桥建设指挥部,由红安县交通局承担施工。同年4月破土动工,1992年5月竣工通车并交付使用。竣工后的红安南门二桥为8孔20米钢筋混凝T形梁桥,设计荷载等级为汽车—20、挂车—100,桥面净宽(9+2×1.5)米,投资232万元。

红安三桥 位于红安县城关镇,1990年1月开工建设,1992年12月建成通车。桥梁总长163.7米,其中主桥长142.5米;设计速度为80公里/小时;设计荷载等级为汽车—20,桥面宽12米,为双车道公路桥梁。主桥结构采用钢筋混凝土桁架拱,跨径组合为3×47.5米,全宽15.4米。设计单位湖北省林业勘察设计院,施工单位红安县交通局。

八里湾大桥 是红安县境倒水河上最大的桥梁,北距红安县南门河大桥36公里,南距新洲境内汉小线李家集大桥20公里,桥长298.4米,17孔,跨径16米,工字梁微弯板,设计荷载等级为汽车—15、挂车—60。

1977年2月,红安县初步决定在八里湾东北1公里处的叶家河,修建一座13孔,宽7米、高11米、长312米的公路桥,以沟通在筹建的八里至永河、八里至麻城歧亭两路段。4月22—29日,湖北省公路管理局派人员到当地测量,桥位选在八里湾至戴家河处,河面宽238米,拟建300米的平桥。1978年该桥设计为14孔,净跨20米,长284.0米,下部基础采取钻孔灌注桩施工,计划投资60万元。但由于设备差,施工不宜钻孔灌注。为保证施工正常,1979年9月,经报请省、地交通局同意,变更原设计,将跨径缩至16米,增加3孔,基础采用明挖。

1980年9月,成立建桥指挥部,10月5日,正式开工。12月,墩柱浇灌基本完工。经省、地有关技术人员的测算、验收,有两个墩柱不符合规格,14号、15号墩柱移位应力超过0.5厘米,为此,把原基础加宽29厘米,柱直径由1.2米增加到1.5米,加固了基础。该桥由省公路管理局工程处负责吊装,1982年元月吊装完毕。1984年建成通车。设计单位红安县交通局,施工单位红安县公路段,建设单位红安县交通局。

㵐水大桥 是红安县新改建的大悟至红安公路中的一座新建大桥,桥梁全长167.2米。该桥设计荷载等级为汽车—20级、挂车—100;设计洪水频率1/100;桥面宽度为(9+2×1.75)米;桥面纵坡0%,横坡2%(单向);地震烈度按6度设防。桥梁上部结构采用标准跨径20米的后张法预应力混凝土空心板,全桥共8孔一联,仅在两侧桥台处设置伸缩缝。㵐水大桥由武汉华中科大建筑设计研究院设计,由红安县鄂东路桥工程有限公司施工,黄冈市衡兴公路工程监理咨询中心监理。2002年10月8日开工,为加强建桥的组织领导,中共红安县委、县政府成立了改建指挥部。大桥于2004年3月建成通车。该项目是路网改造项目,桥梁建设资金400万由路网建设资金投入。

叶家畈大桥 是红安县北部新改建的阳福公路红福段中的一座新建大桥,属全国路网改造工程之一。桥面宽度为(9+2×1.5)米;设计荷载等级为汽车—20级、挂车—100;地震烈度按6度设防。桥梁上部结构采用标准跨径20米的后张法预应力混凝土空心板,桥面连续,全桥共6孔一联,仅在两侧桥台处设置伸缩缝,空心板中板宽度为1.25米。下部结构采用桩柱式桥墩,墩柱直径为1.1米,基桩直径为1.2米,基桩按柱桩设计;0号桥台采用桩柱式台,基桩为3φ1.2米钻孔灌注桩,按柱桩设计;6号台采用重力式U台,扩大基础。台后设置8米长的搭板。叶家畈大桥由武汉城市建设学院建筑设计研究院设计,由红安县鄂东路桥工程有限公司施工,黄冈市衡兴公路工程监理咨询中心监理。2000年12月开工建设,2003年12月竣工,桥梁建设资金300万由路网建设资金投入。

古峰岭大桥 位于大别山腹地公路龙紫线古峰岭段,大桥桥长196.04米,桥面宽度为(7+2×0.71)米,设计荷载等级为汽车—15级,8孔13米空心板梁。由湖北交通学校设计,计委拨款,红安县乡村公路段施工,1996年开工,1997年竣工,工程投资208万元。

(四)麻城市

刘杰士大桥 位于106国道京广线K1155+156处,北距麻城市30公里,东离历史商城宋埠镇约2公里,跨举水河支流刘杰士河,是106国道重要配套工程之一。该桥全长304.72米,跨径组合为15×20米,桥面宽度为(9+2×1.5)米;设计荷载等级为汽车—20级。主桥上部结构为上承式钢筋混凝土连续T形梁;下部结构为钢筋混凝土实心双柱式墩,钻孔式灌注桩基础,双柱式埋置式桥台。

1929年6月,湖北省建设厅在汉(口)麻(城)公路首次发出修建刘杰士河木桥招标告示后,利济公司中标承包,湖北省建设厅限利济公司90个晴天建成。1931年11月,因暴雨袭击,刘杰士河木桥被洪水冲去40孔,致使交通中断。南京国民政府为适应军运之急,令速抢修,湖北省建设厅当即派鄂东省道工程处勘估大修,因陋就简仅在河床上筑一便道临时维持通车。1932年8月,刘杰士河桥再次被洪水冲垮,交通中断。驻鄂特派、绥靖主任以"剿匪"为由,电令从速修复通车,经湖北省建设厅厅长李书诚提议,由财政厅预拨4950.14元(银元),改修为20孔的临时便桥,长53.33米,并在河沙滩筑便道130米,加铺蛮石以避水冲毁。1946年6月,连降大雨,山洪暴发,年久失修的刘杰士河木桥被洪水冲毁9孔。

1965年,湖北省公路管理局第二工程处派出测量队对该桥进行测设。拟建钢筋混凝土梁式桥,该桥下部结构为4根钢筋混凝土灌注桩,上部结构为钢筋混凝土空心梁,全长142.60米,11孔,跨径12.60米,桥面净宽7米,无人行道,设有栏杆,桥高4.3米,设计荷载等级为汽车—13、拖车—60。1965年12月7日,刘杰士大桥破土动工,1966年4月20日竣工通车。

20世纪90年代,刘杰士大桥已多处出现不同程度的病害。1993年9月21日,黄冈地区交通局批复同意进行施工设计。1995年,由湖北省黄冈地区公路总段设计室设计,麻城市交通局施工,1995年竣工通车。2013年10月—2014年1月,麻城市公路管理局对该桥进行了危桥加固改造,加固改造主要采用外包钢筋混凝土形式对裸露钢筋的桩基进行加固处理;对桥梁两侧的T形梁及全桥隔板外露钢筋进行除锈,采用环氧树脂砂浆封闭T梁及横隔板裂缝并修补缺损;对绞缝凿开30厘米,焊钢筋重新浇筑C30混凝土加固;拆除并重新浇筑桥面铺装及搭板;对桥台及桥墩混凝土表面进行防碳化处理,同时采用环氧树脂砂浆封闭其裂缝并修补缺损;拆除并更换人行道及栏杆,增设桥面排水设施;更换桥面全部伸缩缝。

东门大桥 位于麻城镇东门,跨举水河,是麻(城)长(岭关)公路上的重要桥梁。该桥全长341.24米,由20孔16.8米的工字梁加钢筋混凝土微弯板组成,桥面行车道净宽7.0米,人行道两侧各1.0米。设计荷载等级为汽车—13、拖车—60,人群300公斤/平方米。

1958年12月底,为使麻城至矮桥段尽快通车,由刘中峰等人组织民工因地制宜,架设了木质便桥。1960年重建该桥,为多孔木质桥,并在桥东台加接漫水道。1962年6月上旬,麻城大雨,山洪暴发,东门多孔木质便桥被洪水全部冲毁。交通部门组织三百余人抢修,驻龟山某部队给予了大力协助,仅2个月,就抢修竣工。9月,由副县长赵庚章亲自带队,对东门木桥进行半永久性桥梁改建。1963年3月,工程告竣。

20世纪60年代中后期,麻城东门大桥被列入黄冈地区桥梁永久化大会战建设项目,1967年建成通车。经过近40年的运营,该桥存在许多安全病害,为提高该桥承载能力,改造工程由湖北省交通规划设计院、湖北交科道桥技术咨询有限责任公司联合设计。2006年5月,该桥加固改造由麻城市宏远路桥工程有限公司负责施工,主要采用局部钢筋混凝土护套、粘贴碳纤维等措施,并结合桥面伸缩缝维修,对桥面系作适当的美观处理。2006年11月,该桥加固改造竣工通车。

白塔河大桥 位于106国道K1117+528处,距离市区10公里,跨举水河支流白塔河。该桥全长387.04米,跨径组合为19×20米,桥面行车道净宽12.0米,防撞护栏两侧各0.5米;设计荷载等级为汽车—20级。主桥上部结构为上承式钢筋混凝土连续空心板梁;下部结构为钢筋混凝土实心双柱式墩,钻孔式灌注桩基础,双柱式埋置式桥台。

1965年11月,经湖北省公路管理局第二勘测队勘测后,黄冈专署建桥指挥部研究决定,修建白塔河钢筋混凝土大桥。上部结构为工字梁微弯板,下部结构为钢筋混凝土灌注桩,双柱墩身,墩台的桩底高程根据桥位下游约50米的漫水桥桥位钻孔资料拟定,墩基为间隔双柱桩基,台身为钢筋混凝土框架,四柱桩基;桥面净宽7.1米,无人行道,设计荷载等级为汽车—13、拖车—60,梁底至河床高6米,全长358.47米。1966年8月30日,白塔河大桥破土动工,采取民办公助方式进行。运用了系梁加固桥墩,使基础与墩身连成一体,增强了桥梁的稳定性。但是,由于在测量选定桥位时没有全面掌握地质勘探的资料,造成钻孔困难,基桩均未达到设计高程,以致产生了基础的钳制深度,不符合规范要求。在施工中,改变了设计方案,改四柱式基础为双柱桩基,又给桥梁的安全造成了严重威胁,为确保该桥的安全行车,不得不对1~5号及14~16号桥墩进行加固。1967年3月27日,白塔河大桥竣工通车。

进入21世纪后,随着106国道车流量的急剧增长,该桥大梁两端头多处有混凝土脱落、露筋;微弯板纵向端头处有裂缝,缝宽超限;边梁的工字梁处有混凝土脱落、露筋;桥面多处有纵向裂缝,伸缩缝两端的桥面有多处沉陷和网裂,已无法满足设计荷载汽车—20、挂车—100要求。该桥被列入湖北省后三年路网规划。为避开原长岭乡街道,在原大桥下游800米处新建白塔河大桥,并对原大桥不利的两处桥头接线进行裁弯改线。该桥由湖北省交通规划设计院设计,2004年3月开工,麻城市路桥工程处负责施工,黄冈市衡兴公路工程监理咨询中心监理,2005年9月竣工,总投资1298万元。白塔河新大桥建成后,其上游800米处老白塔河大桥于2011年拆除。

白果二桥 位于麻城市白果镇镇区麻新线K14+800处。该桥全长126.12米,跨径组合为6×20米,桥面行车道净宽9.0米,人行道两侧各1.5米;设计荷载等级为汽车—20级。主桥上部结构为上承式钢筋混凝土连续空心板梁;下部结构为钢筋混凝土实心双柱式墩,钻孔式灌注桩基础,双柱框架式桥台。总投资295.34万元。

白果二桥属湖北省后三年路网规划,原下游老桥(白果双曲拱大桥)不能满足通车需要,经有关单位人员现场勘察,在原老桥下游700米处修建第二座大桥,与改建后的麻新线接通。该桥由襄樊路桥建设有限责任公司负责施工,麻城市蓝天建设工程监理有限公司负责监理。2000年10月,白果二桥开工建设,2003年3月竣工通车。

举水二桥 是省道胜麻公路重要配套工程,也是麻城市城区举水河上的第二座大桥,该桥位于麻城市城区南环路出口处,距东门大桥下游1.5公里。该桥全长286.2米,跨径组合为14×20米,桥面行车道净宽9.0米,人行道两侧各1.5米;设计荷载等级为汽车—20级。主桥上部结构为上承式钢筋混凝土连续空心板梁;下部结构为钢筋混凝土实心双柱式墩,钻孔式灌注桩基础,双柱式埋置式桥台。

因麻城市省道胜麻线路面改建工程列入湖北省后三年路网规划,该大桥于2000年利用黄冈市大别山腹地公路项目补助国债资金500万元进行修建。项目施工图设计由湖北省交通厅鄂交基〔1999〕779号行文批复,随后由于桥址变更省厅又以鄂交基〔2002〕63号文对举水河大桥变更设计进行批复。麻城市政府特成立举水二桥建设工程指挥部,2001年3月开工,2002年9月竣工。由荆州市公路勘察设计院测量设计,黄冈市衡兴公路工程监理咨询中心监理,中国铁路大桥局施工。总投资909.6801万元。

闵集大桥 位于麻城市南湖街道办事处麻新公路。桥梁总长350米,其中主桥长336米,设计速度60公里/小时,设计荷载等级为汽车—15级,桥面净宽7米,全宽9.5米,双车道公路桥梁。主桥结构采用钢筋混凝土工字梁与微弯板组合,跨径组合为15×22.4米。于1969年7月开工建设,1970年7月建成通车。

黄土岗大桥 位于黄土岗,跨举水河支流西门河。桥梁总长228米,其中主桥长186米。上部为6孔组合式结构,其中有5孔为空腹式石拱,有1孔为钢筋混凝土板,跨径有4孔为40米,1孔为16米,1孔为9米,桥面净宽7米,两边各设有0.75米宽的人行道;下部为重力式墩台;设计荷载等级为汽车—13

级、拖车—60。1976年12月,麻城县(今麻城市)成立黄土岗大桥工程指挥部,采取民办公助方式动工兴建,湖北省公路管理局投资6万元。于1980年11月竣工通车。

宋铁大桥 位于宋(埠)潘(塘)公路的宋埠,是宋埠至潘塘公路上跨越举水河的一座大桥。1970年,由麻城县(今麻城市)公路段设计修建钻孔桩工字梁微弯板钢筋混凝土大桥。8月,麻城县(今麻城市)革命委员会成立宋铁大桥指挥部。1970年10月1日,宋铁大桥破土动工,1971年8月竣工。全长439.5米,跨径组合为19×22.2米,桥面行车道净宽8.0米,人行道两侧各0.8米;设计荷载等级为汽车—13级。主桥上部结构为上承式钢筋混凝土工字梁与微弯板组合简支梁;下部结构为钢筋混凝土实心双柱式墩,钻孔式灌注桩基础;重力式U形桥台及双柱式埋置式桥台。

2006年,经中交第二公路勘察设计研究院有限公司试验检测中心检测,该桥定为危桥。为确保桥梁行车安全,由湖北省公路工程咨询监理中心进行危桥加固设计。2008年9—12月,麻城市公路段组织麻城市宏远路桥工程有限公司进行危桥加固施工,加固项目主要是混凝土裂缝修补、工字梁粘钢、桥面混凝土铺装,总投资157.57万元。

宋铁二桥 位于铁门岗乡中份湾村与宋埠镇之间的举水河上,大桥起点位于铁门岗乡中份湾村,终点位于宋埠河堤,距下游宋铁大桥2.5公里。设计中心里程桩号K14+048。该桥上部结构为13×30米先简支后连续T梁。考虑到该桥位于镇区繁华地段,桥面须满足河两岸居民通行,因此在桥面两侧设置人行道。该桥下部结构桥墩均为柱式墩、桩基础,桥台为肋台身、桩基础。该桥由黄冈市公路规划勘测设计院设计,麻城市宏远路桥工程有限公司施工,2013年7月正式开工建设,2014年10月30日竣工。桥长415米,桥面总宽12米。

沈家庄大桥 位于麻城市鼓楼街道办事处,桥总长264米,其中主桥长256.2米;设计速度为20公里/小时,设计荷载等级为汽车—15级,桥面宽4米,为单车道公路桥梁。主桥结构采用钢筋混凝土空心板,跨径组合为21×12.2米,全宽4.6米。于1994年5月开工建设,1995年建成通车。设计单位麻城市交通局,施工单位鼓楼街办事处,管理单位麻城市交通运输局。

浮桥河大桥 是106国道的重要配套工程,位于麻城市以西7公里处,距浮桥河水库5公里,在原浮桥河漫水桥上游50米处,跨浮桥河。全长246.94米,桥面宽12米,设计荷载等级为汽车—20级、挂车—100。上部结构为12孔跨径20米预制钢筋混凝土简支T梁,下部结构为钻孔灌注桩(直径1.2米,每墩2桩),双柱式墩身桥墩,桥台采用双排钻孔灌注桩(直径1米,每台4桩),框架式轻型台身桥台。

1987年7月下旬,麻城市交通局根据湖北省交通厅《关于麻城市浮桥河桥改建工程设计任务书的批复》,委托长沙交通学院公路桥梁设计研究所设计,并于同年8月中旬完成全部设计。麻城市成立了浮桥河大桥建设指挥部。1987年11月25日,浮桥河大桥正式开工,1990年7月30日竣工。2009年8月,中交第二公路勘察设计研究院有限公司试验检测中心对该桥进行检测,该桥病害严重,定为危桥,由湖北省公路工程咨询监理中心进行危桥加固设计。2010年,由麻城市宏远路桥工程有限公司进行危桥加固施工,对桥面铺装、人行道板及栏杆等,均采用拆除原结构,对部分老化或损坏的支座采取拆除重换,将砌块石U形桥面采取灌浆加表面修补方法进行加固;对T梁、立柱及横系梁粘贴6厘米厚的钢板,立柱采用碳纤维箍带加钢丝网水泥砂浆面层,桥面混凝土铺装。总投资365.48万元。

桃林河大桥 位于省道胜麻线K56+238处,跨桃林河。该桥全长245.04米,桥跨20米,12孔,桥面净宽9.0米,两边各设1.5米行车道;设计荷载等级为汽车—20级。主桥上部结构为上承式钢筋混凝土连续空心板梁;下部结构为钢筋混凝土实心双柱式墩,钻孔式灌注桩基础,桥台为双柱框架式桥台。

因原老桃林河大桥为20世纪70年代修建,17孔12.6米工字梁微弯板、桩柱式墩台老桥系四类危桥。2004年7月20日,湖北省公路管理局批复胜麻线麻城城关至矮桥段改建工程初步设计(含桃林河大桥),决定在原桥位下游40米处新建桃林河大桥。

该桥由湖北省交通规划设计院设计,2004年12月,由黄冈楚通工程有限公司施工建设,由湖北博达公路工程咨询监理有限公司监理。2005年12月,桃林河大桥竣工,总投资413万元。

(五) 罗田县

南门城关大桥 位于罗田县城关南门,横跨罗田河,全桥长148.3米,高12.4米,宽15米,其中行车道宽9米,人行道两侧各3米,为黄冈地区的第一座石拱大桥。

1932年,蒋介石为"围剿"大别山革命根据地,急令驻军修筑罗(田)兰(溪)公路。1934年11月,经鄂东省道工程处测设架设了一座木桩木面桥。1934年11月,湖北省投资6619.98元(银元),始修建52孔共260米长的木桩木面桥,但年余遭水毁,交通中断。1936年,罗田县驻军电呈鄂豫皖清剿区公路督修委员会调集工兵将其重新改建为40孔共160米长的木桩木架木面桥,但不满2年,1938年10月,日军侵犯罗田,驻军奉命将其烧毁。抗日战争胜利后,兰(溪)滕(家堡)公路工程总队又重新架设,但仍为临时木便桥,主河槽3孔12.7米,两边筑漫水堤路计84.55米。1948年8月,该桥又由地方征集木材,兰滕公路工程总队第二分队施工,修筑了一座长16米3孔的木便桥与原有的一孔便桥相连,两端砌蛮石堤路,投资2.482亿元(旧国币),直到新中国成立前夕,尚存残余桥,不能通车。

1949年4月,为支援解放军渡江南下,罗田县人民政府在该桥两端铺筑蛮石漫水堤路,维持通行军车。1951年,湖北省公路管理局派第一工程队对该桥进行实地勘测。1952年,由湖北省公路管理局第一工程队第二分队负责修筑事宜,罗田县政府负责建桥木料,将该桥改建为40孔共160米长的木台木面漫水桥。1959年,中共罗田县委决定改建永久性公路大桥。1960年11月,湖北省公路管理局同意改建6孔、跨径20米的石拱桥。12月底设计完毕,桥型设计方案仍采用具有民族特色的石拱桥,6孔、跨径20米,上部结构为条石拱,拱度1/5,下部基础为实腹灌注沉井;桥长148.3米,宽9米,其中行车道7米,两侧人行道各1米,设计荷载等级为汽车—13、挂车—60,预算投资6万元。1961年1月,按设计标准破土动工,同年11月竣工通车。该桥共用标工15.3万个,耗用钢材0.7吨,木材100立方米,水泥1098吨,资金72656元,平均每米造价496.67元。

1995年元月对该桥进行改造,改造工程由罗田县交通局设计,罗田县公路段工程队施工,总投资145万元,当年7月工程竣工通车。大桥采取挑梁式向两边延伸,每边的人行道扩宽,并将大桥护栏由原水泥小方墩改为铸铁穿花,增添了大桥的美观性。2004年底,罗田县交通局投资40万元进行维修养护。

三里畈大桥 位于318国道773.5公里处的三里畈镇,横跨巴水干流,东与318国道顺接,西与三里畈镇温泉大道相汇。大桥全长406.1米,桥面宽12米,两边各设1.5米人行道,全桥共4联,钻孔灌注桩42根,跨径20米。桥梁上部结构采用20米预应力空心板简支安装;桥面连续5孔一联,设计速度为80公里/小时,桥面采用3厘米细粒式沥青混凝土和10厘米C40防水混凝土;桥涵设计荷载等级为汽车—20级、挂车—100,设计洪水频率1/100。

该处原木质桥始建于1958年,罗田县修筑宜林至三里畈公路,因碍于无桥,未能通车。1959年4月5日,罗田县人大常委会呈文湖北省计委、交通厅及黄冈专署,要求修建该桥。11月,黄冈专署批复同意,并拨款10万元。12月23日动工修建,1960年2月7日,三里畈大桥竣工。该桥为木桩木架木面桥,71孔,长203米,桥面宽4米,两端为块石混凝土过水路面,设计荷载等级为汽车—5级。但由于桥面高程过低,每遇洪水季节,漂浮物堵塞桥孔,故屡遭水毁。

1964年,鉴于木桥后患甚多,中共罗田县委向湖北省委呈送《关于改建三里畈大桥的报告》,但未获批准。1965年11月,根据时任湖北省省长张体学在麻城召开全省公路桥梁建设会议精神,省公路管理局第二勘测队至罗田会同县政府和交通局进行勘察,桥梁设计为钻孔灌注桩空腹微弯板平面桥,31孔,每孔跨径12.6米,全长396.64米,桥面宽7米,不设人行道,桥高5.933米,设计荷载等级为汽车—13

级、挂车—60,概算 457486 元。12 月,三里畈大桥破土动工,罗田县组建罗田县桥梁建设指挥部,负责施工事宜。施工劳力由罗田县统一分配各区社,以民兵建制组成专班,采取民工建勤方式施工。1966 年 7月 1 日,大桥竣工通车。

现三里畈大桥为 2004 年开工建设,2006 年 2 月建成通车。由黄冈市公路勘测设计院设计,罗田大别山路桥工程建设有限公司承建施工,建设管理单位罗田县公路段。

栗子坳大桥 位于罗田县城西的栗子坳,跨巴水河支流罗田河。桥型为 4 孔 35 米等截面悬链线空腹式石拱桥及南岸 1 孔 8 米石拱引桥,桥长 171.4 米,高 14 米,桥面宽 12.5 米,其中行车道 9 米,两侧各设人行道 1.5 米,设计荷载等级为汽车—20、挂车—100。

1986 年,湖北省计划委员会在下达超收能源、交通基金安排时安排建设罗田县栗子坳大桥计划。由湖北交通学校工程设计室设计,桥梁概算总投资为 121.687 万元。1986 年 12 月,罗田县成立了栗子坳大桥工程指挥部,组织施工。罗田县公路段负责工程施工,采取专业施工队与民工队协同进行作业。河床整治、引道、基础、桥面铺装、人行道栏杆系的预制安装及一般辅助工程等由民工队担任;拱座、拱圈料石加工、拱盘、支架的制作安装及墩台拱圈砌筑工作由专业施工队担任。为确保施工质量,还配有专职测量人员负责施放样及施工中各项监测工作。但在基础处理结束后,砌拱出现疑难,如用支架难度太大,筑土中无法取出且难于排洪,用木架支撑造价过大等。于是请示省有关部门同意,更改设计为双曲拱桥。经过 2 年多的努力,1989 年元月大桥竣工,桥长 171.4 米,高 14 米,实际投资 118 万元,平均每米造价为 6884.48 元。

2007 年 10 月,罗田县公路段依据华中科技大学建筑设计院对栗子坳大桥加固改造设计对大桥进行加固,总投资 76.56 万元。2009 年,由于大桥出现桥面破损、台后出现沉降、横系梁破损严重,罗田县公路段组织人员对大桥进行加固,总投资 253.2 万元,于当年 12 月底完工。

城西大桥 横跨罗田河,东连县绿化广场,西接菜界公路(即县制泵厂处)。全桥长 163.13 米,最大跨径 50 米,桥面宽 12.5 米,其中行车道 10 米,人行道两侧各 1.25 米,桥高 10 米。桥梁下部结构为钻孔灌注桩基础 V 形台,上部结构为双箱应力箱梁加挂孔,挂孔为 20 米预应力空心板。精巧的桥梁结构设计为黄冈市首座。全桥共 3 孔,设计荷载等级为汽车—20 级、挂车—100,总投资 430 万元。

该桥由华中科技大学设计院设计,武汉交通监理中心监理,县交通局为业主单位以招投标形式发包。初由山东威海集团有限公司中标,2002 年元月底动工,但因工程进程慢、拖延时间长,到 2002 年底才接近完成桩基部分。大桥指挥部果断采取措施,立即中止建设协议,余下工程由罗田县交通局自建,于 2003 年 9 月 20 日正式通车。

东门大桥 位于罗田县城东门口,东连县卫校,西接县体育广场,横跨罗天河。大桥全长 172 米,桥面宽 12.5 米,其中人行道两侧各 1.75 米,高 6 米。该桥由华中科技大学设计院设计,武汉交通监理中心监理,黄冈市楚通路桥工程建设有限公司承建,水下基础工程由湖北省地质勘察基础工程公司施工。上部结构为 3 孔一联变截面轻型刚构现浇板梁,全桥 9 跨共 3 联 33 根支持桩,下部为单排柱墩台嵌岩桩基础,设计荷载等级为汽车—20 级、

罗田东门大桥

挂车—100。大桥于 2002 年 9 月 18 日破土动工,2003 年 9 月 20 日竣工通车,总耗资 450 万元。

平湖大桥 位于平湖乡政府东南 1000 米处的丁家套,横跨新昌河,东接松宜公路,西连丁家套村,是境内最长的一座通村公路桥。大桥上部为 T 形梁,下部桩式石砌墩台,全桥长 258.8 米,共 12 孔,单孔跨径 20 米,引桥长 18.8 米,桥高 7.2 米,宽 4.5 米;设计荷载等级为汽车—20 级、挂车—100。

平湖大桥建设得到了时任国家计委投资司副司长王平生的大力支持。王平生于20世纪70年代上山下乡,在丁家套生活期间,目睹隔岸百姓涉水之苦。他任副司长后有"结草衔环"之愿,故竭诚尽力,多方奔走,争取列项投资。

大桥由黄冈市公路管理局设计,经省交通设计院审核,罗田县易通路桥工程处中标承担施工,水下基础由湖北省地质勘察基础工程公司完成,总投资240万元。1999年1月1日,平湖大桥正式破土动工,其间因设计方案变故,停滞10月有余。2000年7月1日投入使用。竣工典礼时,王平生亲笔为大桥题写桥名"平湖大桥"。

新昌河大桥 位于罗田县河铺镇境内,1992年8月开工建设,1993年8月建成通车。桥梁总长265.4米,设计速度为40公里/小时,设计荷载等级为汽车—20级,桥面全宽9米,双车道公路桥梁;主桥结构采用T梁简支架,跨径组合为15×16米。设计单位黄冈地区公路总段设计室,施工单位罗田县交通局。

潋鱼嘴大桥 位于西北罗田、麻城交界的蔡店河出口处的新蔡公路上。桥型设计为钻孔灌注桩空腹微弯桥平面孔,上部结构为铝工梁微弯板,下部为钻孔灌注双桩板。大桥全长231.42米,高8.1米,宽8.5米,无人行道,13孔,单孔跨径16.8米,设计荷载等级为汽车—13级、挂车—60。

1952年胜利设县,修建团胜公路时,始建木质大桥一座,后因洪水冲毁。1965年,黄冈地区专署批准修建潋鱼嘴永久性大桥,并按每米1000元造价拨款。当年1月经湖北省公路管理局第二勘测设计队进行实地勘测,湖北省公路管理局第三工程队负责施工,于1966年8月破土动工,当年11月交付使用,总投资24.85万元。该桥创造了罗田县两个桥梁之最,一是工期时间,从施工到交付只用了112天,为境内桥梁建设速度之最;二是使用年限,大桥建成后,延用近40年,中途未经整修,质量使用年限也为境内之最。

2009年6月30日,罗田县发生大暴雨,上游6条铁砂船撞击上部桩基,致使大桥栏杆撞断、拱筋、桥墩撞裂,出现严重安全隐患,不能通行。湖北省公路管理局科研所检测鉴定为五类危桥,县公路段将其列入危桥整改计划,采取部分交通封闭的措施,在大桥高端建造固定安全墩。2012年,潋鱼嘴大桥维修改造工程正式动工,由罗田县公路段投资337.1万元对大桥进行大规模加固整改,通过新增桩基、新设承台、新建桥面系、栏杆复原等措施确保了大桥的安全质量和使用年限。

(六)英山县

杨柳大桥 位于英山县杨柳镇的下街头,跨英山县东河。该桥不仅是标(云岗)蔡(家岭)公路上的重要桥梁之一,也是英山县最长的一座大桥。该桥全长341米,按汽车—13级、拖车—60荷载标准设计,桥面宽7.5米,15孔,净跨20米,桥台每座四柱式,桥墩为双柱式,桥下坝顶设有人行道。

20世纪60年代初,标蔡公路作为南京军区后勤补给线列入国家建设项目,由交通部投资修建。1965年5月,湖北省公路管理局第一勘测队对杨柳大桥进行了实地勘察。1966年3月,交通部第一公路勘探设计院根据湖北省公路管理局提供的资料,本着"四边"原则(边测、边设、边检查、边施工)陆续将资料提交中南公路工程处第二施工处第二施工队施工。在杨柳大桥的施工中,首先在杨柳镇成立了建桥指挥部,按民工建勤组织施工民工按一级工工资标准(1.20元/工日)付给劳动报酬。1966年9月开始全面钻孔,1967年4月竣工。经湖北省交通厅、武汉军区及有关专、县交通部门和施工单位验收,质量达到了设计要求,该桥实耗劳动工日5万个、钢材257吨、水泥803吨、木材270立方米,耗资94.2万元,每米造价2378.5元。

东门大桥 位于英山县温泉镇东门,跨东河流域下游。由黄冈地区水利规划设计院和英山县水电局设计室联合设计,由英山县水电局水利公司施工。1986年10月20日动工兴建,1989年5月1日竣工,总投资205万元,投入标工25.3万个。竣工后的英山县东门大桥由5跨净跨40米的钢筋混凝土拱桥和

1跨石拱桥引桥组成，总长约240米，其中钢筋钢架混凝土主桥长226.51米，单幅布置，全宽9米（桥面布置为1.0米人行道+7.0米行车道+1.0米人行道）。横桥向由3片主拱片组成；引桥上部结构为腹式拱桥。下部结构为混凝土重力式墩台，沉井基础。设计荷载等级为汽车—15级、挂车—80，设计速度为40公里/小时，单车道公路桥梁。

2013年，武汉马房山理工工程结构检测有限公司对该桥桥面铺装进行全面检查，发现桥面铺装整体技术状况较差，出现多处病害，被列入危桥。2014年初，中共英山县委、县政府将东门大桥的加固改造列为全县2014年"十个六工程"中"推进六项惠民工程"之一。5月，东门大桥改造工程由黄冈市安顺路桥工程建设有限公司进行施工，2015年1月8日正式竣工通车，总投资408万元。

改造后的东门大桥由5跨净跨40米的钢架拱桥和1跨石拱引桥组成，总长约240米，主桥上部结构为刚架拱桥，桥面净宽9.5米，其中行车道宽7.0米，人行道与栏杆两侧各1.25米；下部结构为混凝土重力式墩台，沉井基础。

毕升大桥 位于南门河毕升大道与金石路连接处，是跨越东河流域顺接省道英浠公路上的一座大型桥梁。该桥由湖北省公路管理局科研所设计，上部结构为8×30米的预应力T梁，下部结构为钻孔桩墩台基础。按一级公路4车道标准设计，桥长246.04米，宽16.5米，其中行车道宽12米，两侧人行道各2.25米，设计荷载等级为汽车—20级、挂车—100，设计洪水频率1/100。该桥具有高墩、远跨、轻型、新颖等特点，采取微拱跨越，可谓技术新、造型美、标准高，是英山县建桥史上第一座新型桥梁。

毕升大桥由英山县交通局组织建设，英山县公路段承建。该桥桩基工程由冶金部604队施工。中共英山县委、县政府成立了毕升大桥建设指挥部。1996年2月8日，毕升大桥正式动工建设，当年完成桥基桩及墩台，1997年至1998年4月完成大梁预制及吊装，1998年8月底完成桥面及人行道、栏杆等工程，1998年9月25日完工，10月8日建成通车。

两河口大桥 位于英山县温泉镇城南1.5公里的南冲畈村，该桥全长366米，设计速度为60公里/小时，设计荷载等级为汽车—20级、挂车—100，桥宽9米，全宽12米，双车道公路桥梁。主桥为预应力钢筋混凝土空心板桥，跨径组合为18×20米。大桥由交通部第二航务工程勘察设计院设计，2002年1月，由黄冈市路桥工程建设集团公司英山分公司开工建设，2003年4月建成通车。

南冲畈老桥 位于英山县温泉镇南冲畈村，于1989年12月开工建设，1990年12月建成通车。桥梁总长106米，设计速度为20公里/小时，设计荷载等级为汽车—20级、挂车—100，桥面宽8米，全宽8.6米；主桥结构采用钢架拱，跨径组合为1×78.5米。设计单位湖北民盟设计研究院，施工单位英山县公路段，建设单位英山县交通局，管理单位英山县交通运输局。该桥结构先进、造型美观、跨径大，是省内第一座大跨径钢架拱桥，获英山科技进步二等奖。

南冲畈大桥 位于英山县温泉镇南冲畈村东侧，于2002年1月开工建设，2003年4月建成通车。桥梁总长106米，设计速度为60公里/小时，设计荷载等级为汽车—20级、挂车—100，桥面宽9米，全宽12米，双车道公路桥梁。主桥为预应力钢筋混凝土空心板桥，跨径组合为5×20米。由交通部第二航务工程勘察设计院设计，黄冈市楚通路桥工程建设有限公司施工。

汪家河大桥 位于英山县红山镇，跨西河，是县道蔡界线石桥铺至女儿丘公路上的一座重要桥梁。于1966年7月开工建设，1967年10月建成通车。桥梁总长142.8米，设计速度为40公里/小时，设计荷载等级为汽车—13级、拖车—60，桥面宽6.8米，全宽7.5米，双车道公路桥梁。主桥为钢筋混凝土微弯板组合工字梁桥，跨径组合为8×15米。由交通部第一公路勘察设计院设计，交通部中南公路工程处施工。

2013年10月，湖北江汉工程咨询有限公司对该桥进行检测，评定为四类桥梁。2014年1月7日，汪家河大桥拆除重建。蔡界线汪家河大桥危桥改造工程桥长143.7米，宽7.5米，总投资额约470万元，项目建设资金为政府拨款。由黄冈市英山县公路管理局公开招标,计划工期不超过480日历天,开标时间为2014年10月10日。2015年5月已开始拆除。

古城村桥 位于英山县石头咀镇中古公路,于2008年3月开工建设,2008年10月建成通车。桥梁总长180米,设计速度为20公里/小时,设计荷载等级为汽车—15级、挂车—80,桥面全宽6米,单车道公路桥梁。主桥为现浇板桥,跨径组合为8×20米。设计单位英山县交通局,施工单位英山县公路段,建设单位英山县交通局,管理单位英山县交通运输局。

石油转盘桥 位于英山县温泉镇城关南门,在原老桥上游87米处,于1970年10月开工建设,1972年10月建成通车。桥梁总长236.8米,设计速度为20公里/小时,设计荷载等级为汽车—13级、拖车—60,桥面宽7米,全宽9米,单车道公路桥梁。主桥为工字梁少筋微弯板桥,跨径组合为10×22.2米。设计单位湖北省公路管理局第二测量队,施工单位英山县公路段,建设单位英山县革命委员会,管理单位英山县交通运输局。

(七)浠水县

浠水大桥 位于浠水县城清泉镇,横跨浠水。该桥上部结构采用33米预应力钢筋混凝土T梁,下部结构采用直径1.5米双柱式中墩、灌注基础,U形桥台。大桥全长172米,宽18米,设计荷载等级为汽车—20级、挂车—100,是柳(子港)界(子墩)公路上的重要配套工程之一。

1932年,为使柳(子港)界(子墩)公路尽快通车,湖北省建设厅投资24万银元,由武英工程处修建木架木面主桥,全长268米,共49孔,维持柳界公路通车。大桥于1934年竣工通车。1938年11月,为阻击日军沿柳界线进攻武汉,驻浠水县第21集团军撤离时奉令将主桥中部墩炸毁。1965年8月,湖北省省长张体学在麻城召开公路桥梁会议时,议定修建浠水大桥。大桥由湖北省公路管理局第四测量队测设,设计荷载等级为汽车—13级、挂车—60,下部结构墩身为钢筋混凝土沉井基础。上部结构采用交通部公路设计院1963年12月编制的27.6米和33米装配式钢筋混凝土T梁标准图设计,6片主梁,桥面两侧设人行道、灯柱和栏杆。1965年冬,浠水县政府组建大桥修建指挥部,土石方工程以民工建勤完成。大桥于1966年7月竣工,同年8月1日通车。

1988年,该桥载重等级、通过能力因病害均不能满足现有交通要求,由黄冈地区交通局委托湖北省交通规划设计院进行扩建测量、设计。该桥上部结构采用33米预应力混凝土T梁,下部结构采用直径1.5米双柱式中墩、灌注基础,U形桥台。大桥桥面净宽9米,两侧各设1.5米人行道,设计荷载等级为汽车—20级、挂车—100,人群3.5公斤/平方米。接线按二级公路平丘区标准,路基宽15米,路面宽12米。为加强对扩建工程的领导,浠水县成立了浠水大桥建设指挥部,采取对外承包。于1990年12月破土动工,1992年12月竣工通车,总投资272万元。

浠水二桥 位于浠水县清泉镇城区,于1994年3月开工建设,1995年10月建成通车。桥梁总长250米,主桥长240米;设计速度为40公里/小时,设计荷载等级为汽车—20级、挂车—100;桥面宽10.5米,全宽12.5米,4车道公路桥梁。主桥结构采用钢筋混凝土T形梁,跨径组合为12×20米。设计单位黄冈市公路总段设计院,施工单位浠水县水利局工程处,建设单位浠水县交通局,管理单位浠水县建设局。

兰溪大桥 位于兰溪,跨浠水河下游,距长江3公里处。该桥东接散花公路,西接兰溪至罗田公路,是浠水县横跨浠水河上的第二座永久性公路桥梁。

1976年,地区交通局批准在兰溪利用民办公助的办法修建兰溪大桥。由湖北省公路管理局勘探队对该桥桥基进行了勘探,商定修建3孔每孔净跨50米的空腹式双曲拱桥,具体由浠水县交通局和公路段负责设计和施工。该桥上部结构按荆州地区过渡湾大桥施工方案选定,下部结构为重力式墩,基础采用扩大式基础,全桥长187.1米,两边各设0.75米的人行道,设计荷载等级为汽车—13级、拖车—60。同时,考虑到长江水涨之后的顶托和挖沙船的通过,桥高为19.1米,通航净跨为50米,净跨高为8.33米。该桥工程按民办公助的计划,不考虑民工标工报酬,工程预算为49万元。

1976年11月19日,浠水兰溪大桥指挥部成立,分别从县直各有关单位抽调50余人设办公室和政保、工程、器材、财务、机电、总务等科室,负责大桥建设事宜,施工所需的劳动力则由兰溪区组织。50米跨径的双曲拱大桥,在黄冈地区尚属首建,2个桥台和2个桥墩均采用围堰抽水、扩大明挖的施工方法。上部结构系借用湖北省公路管理局50米的钢拱架拼装。大桥于1978年5月完工。

新兰溪大桥 位于浠水县兰溪镇城区,于2008年10月开工建设,2009年10月建成通车。桥梁总长188.16米,主桥长176米。

白莲河大桥 白莲河水库溢洪道长约2公里,1958年在入河处的内口首建临时性汽车漫水道,不久即被溢洪冲毁,于是改在内口上游约500米处,另建临时性便道便桥,此后20多年中屡毁屡修。1986年秋,湖北省交通厅、水利厅和电力局决定在原漫水道下游约100米处,新建钢筋混凝土公路桥。浠水县成立了白莲河大桥指挥部,并委托县水利局设计与施工,其中桥墩基础施工转包给中南冶勘609钻探队,1988年底基本竣工。该桥桥墩为钢筋混凝土双柱式桥墩,墩身高4米,上部为钢筋混凝土平板梁,共9孔,每孔跨径20米,正桥长196米,引桥长53米,为实心立交式,设计荷载等级为汽车—20级。总计投工(义务)4.5万个,投资123.35万元。其中湖北省交通厅、水利厅、电力局各投资40万元,白莲镇地方集资3.35万元。

宝塔大桥 为浠水城区跨越浠河的第三座大桥,位于麻桥至丁司垱公路(复线)。全长433.34米,桥面宽15米,设计荷载等级为汽车—20级、挂车—100,设计洪水频率1/100。1999年,湖北省交通厅批准建设宝塔大桥,为预应力空心板梁桥,跨径组合为(9×20+2×30+9×20)米。项目总投资1442.991万元,资金来源为银行贷款,设收费站偿还。1999年10月,大桥正式动工建设;2001年11月竣工通车。设计单位湖北林业勘察设计院,施工单位中国核工业集团有限公司,建设单位浠水县交通局,管理单位浠水县公路管理局。

(八)蕲春县

西河驿大桥 位于蕲春县西河驿镇,跨漕河,是黄(梅)标(云岗)公路重要配套工程之一。该桥全长484.04米,跨径组合为(20×24+2.02×2)米,桥宽(9+1×1.5)米,设计荷载等级为汽车—20级、挂车—100。上部结构为20米跨径T梁,每孔由7根T形梁组成,板式橡胶支座,防水混凝土桥面铺装,下墩台结构为1.2米双柱式墩台身,一字形盖梁,1.5米钻孔(或冲孔)桩基础。

1932年,七省公路会议拟定京川干线公路时拟修,并列为第一期工程。1933年,武英工程处在查勘京川干线时拟定了该桥的位置和修建方案,设计70孔,长434.8米,下部结构为浆砌块石重力式台墩,上部结构为木梁木面。1934年春,西河驿大桥竣工。1938年7月,为阻击日军,国民党军队在撤退时,炸毁了该桥2个桥墩。1949年4月,为支援解放军南下,抢修了被毁坏的桥墩,并铺设了木面,勉强恢复了通车。

1953年,蕲春县暴发洪水,该桥西岸的18个墩台被冲毁,交通中断。1958年初,黄冈专署交通科将该桥列入修复计划。同年,湖北省公路工程局投资10万元,将木桥面全部更新,并在修复后的桥面上铺筑7厘米厚的磨耗层。1962年冬,湖北省交通厅工程养护处投资37万元,并派该处测量队进行勘测设计,上部结构改为钢筋混凝土预制板,下部结构仍以浆砌块石加固,桥面两边加修水泥栏杆。改建工程由该处第一工程队负责施工,1963年8月竣工通车。改建后,西河驿大桥全长451.15米,桥面净宽6米,无人行道,设计荷载等级为汽车—10级、挂车—60。

1985年,湖北省计委将柳界公路的改造列入省交通重点建设项目,作为柳界公路主要配套工程的西河驿大桥被列入兴建项目之一。1986年,由湖北交通学校设计室勘测设计,由省属的桥梁工程处第二工程队专业队伍施工。1987年12月6日,正式破土动工。1988年5月,因河水猛涨,基础施工无法进行,被迫停工。1988年9月恢复施工。1989年7月20日全桥完工,历时20个月,比上级要求的三年计划工期提前完成。8月1日,西河驿大桥正式交付使用。设计单位湖北交通学院,施工单位湖北省路桥集团有限公司,建设及管理单位蕲春县公路管理局。

刘河大桥 位于蕲春县刘河集南侧,跨越蕲河,是沟通蕲春县北部山区人们行旅和生产生活物资运输的重要设施。1964年8月,蕲春县交通局计划将原有木质桥改为钢筋混凝土永久性大桥,并呈报黄冈专署,时值1965年黄冈专区开始"歼灭"木桥和危桥大会战,刘河永久性大桥修建计划被列为会战项目之一。该桥由湖北省公路管理局计划投资34.6万元,湖北省公路管理局第二勘测队勘测。下部结构为钻孔灌注桩基础,双柱式墩台,上部结构为工字梁微弯板组合,设计17孔,每孔净跨15米,全长290.46米,桥面宽7米,无人行道,设计荷载等级为汽车—13级、拖车—60。蕲春县成立刘河大桥建桥指挥部。1966年1月破土动工,同年8月1日竣工通车,历时7个月,投资35.247万元。

刘河大桥于2004年8月开工建设,2005年12月建成通车。桥梁总长290.5米,主桥长285.6米;设计速度为60公里/小时,设计荷载等级为公路—Ⅱ级;桥面宽12米,全宽15米,4车道公路桥梁。主桥结构采用钢筋混凝土空心板梁,跨径组合为17×16.8米。设计单位黄冈市公路规划勘测设计院,施工单位蕲春县通兴路桥工程有限责任公司,建设单位蕲春县公路段,管理单位蕲春县公路管理局。

青石大桥 位于蕲春县青石镇,于1979年1月开工建设,1980年1月建成通车,工期1年。桥梁总长197.14米,主桥长192米;设计荷载等级为公路—Ⅱ级,设计速度为60公里/小时;桥梁全宽8米,为双车道公路桥。主桥为梁式结构,跨径组合为12×16米。造价为394.2万元。设计单位和监理单位蕲春县交通局,施工单位蕲春县公路段,建设单位蕲春县公路段,管理单位蕲春县公路管理局。

(九)武穴市

百米港二桥 位于省道蕲龙线K42+168处,是武穴市境内唯一的一座大桥,于2003年1月建成通车,2012年12月进行了危桥加固改造。该桥设计荷载等级为汽车—20级,桥梁全长105.48米,跨径组合为(10+5×16+10)米,全宽12.5米。上部结构为预应力钢筋混凝土简支空心板梁,下部结构为钢筋混凝土实心多柱式桥墩(台)。建设单位黄冈市公路管理局,设计单位武汉城市建设学院建筑设计研究院,施工单位浠水县水电工程处工程二队,监理单位黄冈市衡兴公路工程咨询监理中心。投入建设资金约243万元。

(十)黄梅县

徐港桥 位于黄梅县小池镇,于2011年8月开工建设,2012年10月建成通车。桥梁总长110米,主桥长100米,跨径组合为5×20米;设计速度为30公里/小时,设计荷载等级为公路—Ⅱ级;桥面全宽4.5米,单车道公路桥梁;主桥采用板梁结构。设计单位黄冈市公路规划勘测设计院,施工单位黄梅县时通路桥工程建设有限公司,建设单位黄梅县交通运输局,管理单位黄梅县交通运输局。

马林桥 位于黄梅县黄梅镇,于1970年8月开工建设,1972年8月建成通车。桥梁总长140米,主桥长130米,跨径组合为13×10米;设计速度为30公里/小时,设计荷载等级为公路—Ⅱ级;桥面全宽6米,双车道公路桥梁;主桥结构采用钢筋混凝土简支空心板梁。设计单位黄梅县水利局,施工单位黄梅县水利局工程队,建设单位黄梅县水利局,管理单位黄梅县公路管理局。

三、中小桥

2015年,黄冈市普通公路有中小桥合计3967座/85294.25延米。其中,中桥705座/35101.47延米,分布在国省干线上 106 座 5599.89 延米,在农村公路上 599 座 29501.58 延米;小桥 3262 座 50192.78 延米,分布在国省干线上 310 座 5671.25 延米。

熊家畈桥 位于黄冈市红安县境内阳福线上。于 2007 年 10 月开工,2008 年 5 月建成通车。桥梁总长 86.06 米,跨径总长 80 米,跨径组合为 5×16 米;设计速度为 80 公里/小时,设计荷载等级为公路—Ⅰ级;桥面宽 24.5 米,桥梁全宽 24.5 米,双向 4 车道普通公路桥梁。主桥为预应力空心板梁桥。该桥由武汉市公路勘察设计院设计,红安县鄂东公路工程有限责任公司施工。

麻白果双曲拱桥 位于麻城市白果镇,是麻(城)新(桥)公路的重要桥梁之一。

1971 年 10 月,麻城县(今麻城市)公路段根据地区计委和地区交通局的安排,边申请投资,边组织力量测量设计。经过比较,该桥设计为净跨 35 米的双曲拱大桥,桥高 13.87 米,桥面宽(7+2×0.75)米,设计荷载等级为汽车—13 级、拖车—60,总预算额为 17.9 万元。麻城县成立了麻白果双曲拱桥建设指挥部。1971 年 11 月 28 日,麻白果双曲拱桥破土动工,在明挖基础时,采用突击式施工,仅 11 天完成全部水下工程。浆砌工程开始时采取了"以民代技"的自力更生措施,大胆运用了土模预制法预制拱波,并在拱波安装时,成功地运用了扒杆吊装。麻白果双曲拱桥工程历时 6 个月,于 1972 年 5 月 28 日全部竣工。

黄沙河桥 位于黄冈市英山县境内红杨线上,于 1991 年 3 月开工建设,1991 年 10 月建成通车。桥梁总长 51 米,主桥长 24 米,跨径组合为 1×24 米;设计速度为 40 公里/小时,设计荷载等级为汽车—15 级;桥面宽 8 米,全宽 8.5 米,双车道普通公路桥梁;主桥为实腹式圬工板拱桥。该桥由英山县公路段设计施工。

周家畈桥 位于黄冈市英山县境内中周线上,于 1994 年 3 月开工建设,1994 年 10 月建成通车。桥梁总长 100 米,主桥长 96 米,跨径组合为 8×12 米;设计速度为 40 公里/小时,设计荷载等级为汽车—15 级;桥面全宽 6 米,双车道普通公路桥梁;主桥结构采用钢筋混凝土 T 形梁。

中周线英山县境内周家畈桥

表 1-3-4-1 为 2015 年黄冈市普通公路桥梁、渡口情况。

2015 年黄冈市普通公路桥梁、渡口情况 表 1-3-4-1

项目	总计		按跨径长度分										渡口	机动渡口
			互通式立交桥		特大桥		大桥		中桥		小桥			
	座	延米	座	延米	座	延米	座	延米	座	延米	座	延米	处	处
总计	4110	116257.22	1	123.15	2	5845	141	25117.97	705	35101.47	3262	50192.78	7	7
国道	128	8913.8	0	0	1	3245	11	2483.91	29	1569.1	87	1615.79	0	0
省道	324	16030.94	1	123.15	1	2600	23	5344.69	77	4030.79	223	4055.46	0	0
县道	665	21545.13	0	0	0	0	32	5887.41	131	6904.69	502	8753.03	1	1
乡道	1284	30458.79	0	0	0	0	29	4806.38	206	10291.21	1049	15361.2	2	2
专用公路	16	419	0	0	0	0	1	90	1	46	14	283	0	0
村道	1693	38889.56	0	0	0	0	45	6505.58	261	12259.68	1387	20124.3	4	4

第五节 隧　　道

一、高速公路隧道

沪蓉高速公路大别山隧道　大别山特长隧道是沪蓉高速公路（G42）麻城至武汉段重点控制性工程，为上下行分离的双洞隧道，进口位于麻城市木子店镇槐树村细台子湾，出口位于麻城市龟峰山乡边店村叶家河。隧道右幅全长4901米，中心桩号K707+744，左幅全长4908米，中心桩号K707+825，按4车道高速公路标准建设，隧道净宽18米，净高5.2米，设计速度为80公里/小时。为国家公路主架"7918网"沪蓉高速公路穿越大别山的第一长隧。于2008年8月9日开工建设，2010年12月30日正式通车。

建设单位湖北省麻武高速公路建设指挥部，设计单位湖北省交通规划设计院股份有限公司，施工单位中铁七局集团第三工程有限公司，监理单位湖北高路公路工程监理咨询有限公司，管养单位湖北省交通运输厅黄黄高速公路管理处。

二、普通公路隧道

至2015年底，黄冈普通公路中有隧道4座，计1018延米。按技术等级划分，其中中型隧道1座，820延米；短隧道3座，计198延米。按路线行政等级划分，位于乡道上的隧道2座，计888延米；位于村道的2座，计130延米。

第六节 汽车渡口

一、渡口设置

20世纪60年代中期，黄冈地区建设第一个汽车渡口——黄州至鄂城汽车轮渡，主要以战备为目的，1966年5月10日建成正式通航。该处汽车渡口为鄂东最大汽车渡口。

1985—1986年，黄梅、蕲春、广济（今武穴市）相继开办5处长江汽车渡口。有小池轮渡站和九江市航运公司经营的长江浔梅汽车渡口（行驶清江口至九江砂石站），黄梅县硫酸厂与九江大桥船管处经营的浔梅长江汽车渡口（行驶刘佐至大桥船管处），蕲州镇汽渡公司与阳新县黄颡口镇经营的蕲州汽车渡口（新港至黄颡口），蕲春八里湖农场与黄颡口三洲大队经营的八里至三洲汽车渡口，武穴轮船公司与阳新县富池口船厂经营的盘塘至富池口汽车渡口。1993年，黄冈地区港航工程处、黄冈地区轮渡公司联合组建鄂东江鸿车渡联营公司，经营黄州至鄂州之间长江汽车渡运。据2004年出版的《黄冈市志》载：至2000年，黄冈境内先后开通的汽车渡口鄂黄、散花、岚头矶、八里湖、蕲州、盘塘、小池、刘佐等7处。随着公路桥梁的建设发展，渡口逐渐被横跨江河的桥梁所取代。至2015年，黄冈境内连接国省道的公路专业汽车渡口先后停运，仅保留县乡道上7处社会汽车渡口（表1-3-6-1）。

2015年黄冈境内县乡道社会汽车渡口　　　　　　　　　　　表1-3-6-1

渡口名称	所在县市	所在路线	公路行政等级	所在河流	渡运形式
黄冈市汽车渡口	禹王街道办	C290421102	村道	长江	机动
唐家渡汽车渡口	禹王街道办	C177421102	村道	长江	机动
管窑汽车渡口	八里湖农场	Y027421126	乡道	长江	机动

续上表

渡 口 名 称	所在县市	所在路线	公路行政等级	所在河流	渡运形式
武穴汽车渡口	武穴办事处	C430421182	村道	长江	机动
盘塘汽车渡口	田镇办事处	Y118421182	乡道	长江	机动
巴河汽车渡口	巴河镇	X109421125	县道	巴河	机动
坝城山渡口	陶家店	C114421102	村道	巴河	机动

二、渡口选介

(一)鄂(州)黄(州)战备汽车渡口

鄂(州)黄(州)汽车渡口是湖北省境内长江上大型汽车渡口之一。1963年,中国人民解放军武汉军区提出修建鄂(州)黄(州)汽车渡口议案,经湖北省交通厅报交通部同意后,纳入1964年湖北省战备交通基建项目。1964年1月,湖北省公路局勘测队完成两岸码头和接线工程勘测设计,选定黄州岸的汪家墩、鄂州岸的寒溪塘为汽渡码头。汪家墩码头低水位为19米,高水位为25米,引道长78米;鄂州岸寒溪塘码头低水位为10.60米,高水位为25米,引道长160米。两岸码头引道均为水泥混凝土路面,纵坡为9%~10%,引道宽8.5米,设计荷载等级为汽车—13级、拖车—60,两岸接线公路路基宽7.5米,路面采用宽5.5米的泥结碎石,最大纵坡为7%,最小平曲半径为50米。鄂城岸接线公路由码头折向南行,沿西山东面山脚伸展,与武(昌)全(家源)公路相接,长1.3公里。

1964年10月9日,两岸同时正式动工。1965年3月16日,码头主体工程完成;6月,全部工程告竣,实际支出工程费为57.45万元,较预算节支5.5万元。6月20日,由黄冈专署、武汉军区、黄冈军分区、湖北省交通厅、湖北省建设银行及湖北省公路管理局、黄冈专区交通局、黄冈县交通局、黄冈养路总段派员组成验收小组,对工程进行检查验收,认为符合设计标准和技术要求。7月,黄州码头因遭水毁被迫重修,在重修时,根据水文情况,改变了原码头一端的引道线路,缩小了引道与水流向之间的夹角,使渡船由原垂水停靠变为逆水停靠,缩短了渡船停靠时间,减少了驾驶操作难度。

1966年5月8日,湖北省交通厅造船厂建造的7车渡船(鄂路224号)驶抵黄州,交付汽车渡口管理所使用,10日汽车渡口正式通航。1967年后转为民用,由湖北省公路管理局管辖业务。日渡运量100车次。1980年渡船增至4艘(组),日渡运量达600车次。1985年拥有8车渡船1组,16车渡驳4组,渡运量达72辆/次,日渡运量1200车次。2001年停止渡运业务,渡口作为战备渡口保留。2005年经省交通战备办公室批复,利用部分设备异地渡运,在黄州区禹王办杨家湾设置新渡口。

(二)唐家渡汽车渡口

唐家渡汽车渡口由香港亚洲太平洋基建投资公司经营。在唐家渡处建有汽车渡口码头,租用渡驳一套,于1992年正式投入运营,与杨家湾渡口相距1公里。

(三)武穴至瑞昌汽车渡口

武穴至瑞昌码头汽车轮渡是湖北省武穴市和江西省瑞昌市在长江上合建的中型汽车渡口,渡口位于图注里程838公里处(长江航道局坐标)。武穴汽车轮渡码头南岸接线长250米,路面为水泥混凝土路面,宽10米,最大纵坡为5%,最小平曲半径为40米;过江堤接瑞昌码头街道再向南22公里上瑞杭高速公路。北岸接线长150米,路面为水泥混凝土路面,宽10米,最大纵坡10%,最小平曲半径为80米;过江堤接蕲龙线连梅武线再向北25公里上黄黄高速公路。

1988年,根据湖北省水利厅《关于武穴市轮船公司修建汽渡码头的复函》的批复,由武穴市轮船公司负责修建和使用。当年底,两岸码头和接线工程的测设及施工顺利完成。1989年9月5日,黄冈公署交通局行文指出："武穴至江西省瑞昌县码头开设汽车轮渡的条件已基本具备。"12月,渡口投入营运,武穴汽车轮渡码头渡驳载车量为标准货车16车位。日车流量长年稳定在300台左右。1991年6月,经瑞昌市人民政府同意,汽车渡口向马头矶上方迁移,至港尾村下匡口货场,重建渡口码头。瑞昌市的汽车渡口停靠地点在瑞昌县航运公司李家石船厂,广济县的汽车渡口停靠在武穴轮船公司船厂。

2004年4月11日,武穴市海铭星集团有限责任公司成立后,将从事长江水路客运和汽车渡运两大运输线,划归武穴市天璇星渡运公司,实行经营目标责任制。海铭星集团先后对渡口进行了多项重大技术改造,2010年新建渡轮和16车位渡驳,配备了先进的雷达导航系统,扩建了车辆停放场地,翻新了汽车专用公路,更换了节能高效的照明路灯,提高了渡运通行能力,增强了渡运安全系数,改善了渡运环境,实现了年渡运车流量达到17万多车次,成为湖北省境内设施较全、环境较美、通行能力较强的渡口之一。

(四)盘塘公路渡口

武穴市盘塘至阳新造船厂汽车轮渡,位于长江中下游北岸(航道里程851公里处)武穴市田镇办事处盘塘村,始建于1986年7月,由广济轮船公司、广济磷肥厂、富池船厂联营。渡口拥有"武穴319"拖轮和顶推式16车位渡驳作为专用汽车渡船,年渡运量3万辆车次,周转量6万车公里。

1992年,经武穴市政府同意,根据湖北省黄冈地区行政公署黄地交〔1992〕149号《关于同意盘塘公路渡口由磷肥厂迁址盘塘村的批复》,向下游迁移680米,迁至盘塘港闸口上游,位于长江鲤鱼山水道北岸航道里程851公里处,由武穴市轮船总公司负责迁建和使用。同年底,两岸码头连线工程的测设及施工顺利完成。两岸接线长250米,2012年"刷黑"为混凝土沥青路面,路面宽10米,最大纵坡5%,最小平面半径60米;穿厂区,过江堤,向南24公里上瑞杭高速公路。北岸接线长150米,自引道斜坡码头,最低水位水沫线以下0.5米处,路面为水泥混凝土路面,宽12米;最大纵坡为7%,最小平曲半径为80米;过江堤200米,接蕲龙线向西北25公里上黄黄高速公路。公路渡口汽车渡驳载车量为标准货车18车位,日车流量长年稳定在250台次左右。

(五)蕲州汽车渡口

蕲州新港至阳新黄颡口,1985年8月15日开航,由蕲州镇水运公司、蕲州镇南门村与阳新县黄颡口镇联合经营,有钢质渡船1艘,一次可渡运车辆4辆,日渡运量100车次。

(六)散花汽车渡口

散花汽车渡口由黄石市经营,浠水散花至黄石石灰窑。1968年开通,每日渡运量400车次。

(七)鄂东江鸿车渡

1993年5月12日,鄂东江鸿车渡联营公司正式开张渡运。该公司由黄冈地区港航工程处发起创建,共有黄冈地区港航工程处、黄冈地区轮渡公司、黄州市港务局、鄂州市装卸公司、鄂州市航务处、鄂州市第二航运公司6个企事业单位联合经营,开办黄州至鄂州之间长江车辆渡口。车渡开通后,社会效益和经济效益明显,缓解了鄂黄之间汽渡压力。1994年10月,港航工程处因资金短缺,抽回投资,退出车渡公司。

三、渡运费

1985年前,公路专业渡口过渡车辆免收过渡费。1985年1月1日起,全省公路渡口开始征收车辆过渡费。长江和汉江每吨1.5元,其他支流、小河每吨1元。实行过渡车辆收费后,各地办渡积极性高涨,社会公路渡口也迅速增加。

随着渡运车辆的逐年增加,渡口经费日益增大,收不抵支,难以实现"以渡养渡"。1990年,湖北省交通厅调整车辆过渡费收费标准。调整后的车辆过渡费收费标准为:长江、汉江渡口每车吨次5元,其他渡口每车吨次3.5元。调整车辆过渡费收费标准后,增加的过渡费收入作为宜黄等公路建设专项资金,专户存储,专款专用,不参与分成,不提取公安交通经费,免交能源交通建设基金和预算调节基金。同年,湖北省交通厅对车辆过渡费征收标准进行了新的调整。调整后的征收标准为:长江、汉江(丹江口以下)渡口每车吨次4元,其他渡口每车吨次2元,并从1990年7月1日起在全省公路汽车渡口实行。各地公路渡口过渡费收入,按时全部上交湖北省公路管理局公路渡口管理处,渡口支出按计划分期下拨。

1990年6月15日,湖北省交通厅下发《关于调整车辆过渡费收费标准的实施办法》(以下简称《办法》),明确规定湖北省交通厅授权湖北省公路管理局主管全省公路渡口车辆过渡费征收管理事宜。根据《办法》,地、市、州交通局可分别制定专业公路渡口和社会公路渡口管理的具体细则。

1992年7月,全省渡口车辆过渡费再次调整。湖北省物价局规定从1992年7月10日起,全省省管专业公路渡口过渡费收费标准调整为:长江、汉江(丹江口以下)公路渡口每车吨次5元,其他公路渡口每车吨次3.5元,客运班车减半征收。

2000年10月,湖北省物价局、省财政厅、省交通厅联合下发《关于调整费收渡口过渡费收费标准的通知》,对专业渡口过渡费进行调整,并于2000年11月8日正式实施。调整后的过渡费标准如表1-3-6-2所示。

湖北省专业渡口过渡费收费标准　　　　　　　　　　表1-3-6-2

车　类	计量单位	调整标准	
		长江	内河
各类客货车及挂车	元/吨次	10	7
各种履带式及机动胶轮车	元/吨次	10	7
四轮拖拉机	元/吨次	10	7
手扶拖拉机	元/辆次	7	5
小轿车、吉普车	元/辆次	10	7
二、三轮摩托车	元/辆次	5	3

第四章 公路养护

第一节 公路管养体制

一、干支分养

1928年,湖北省政府将商办汽车路改为省道,湖北的公路养护组织开始建立,先后分路设局负责建养事宜,直属省建设厅。1935年7月,将各路局撤销,设湖北省公路管理局。其中第一养路区设于宋埠,管理大江以北及平汉铁路以东地区的公路。1945年8月下旬,湖北省公路管理局在黄陂设立鄂东北工务总段,并在麻城宋埠设立分段。

1949年5月16日,武汉解放后,中国人民解放军武汉军事管制委员会交通接管部接管了国民政府驻汉的交通部第二区公路工程管理局和湖北省公路管理局。8月,经过改组,成立湖北省人民政府交通厅公路局。同年冬,中南公路局成立。

1950年,中南公路局在汉(口)麻(城)公路上设立汉(口)李(家集)、李(家集)麻(城)2个工务段,并分别配技术人员3~5人、养路工人50人,负责路面的铺设及其养护。1951年10月,新洲县组建第一个养路道班——毕铺道班,负责仓子埠至阳逻公路的养护。

1953年,中南公路局和湖北省公路管理局遵照国务院颁发的《公路养护暂行办法》和湖北省人民政府对公路工作的要求,从组建机构着手,在干线公路上建立公路养护机构,开展有关业务。5月,湖北省公路管理局成立鄂城养路工程段,段长张昌藩,下辖浠水、葛店、鄂城、盛洪卿、大冶、金牛、保安等7个工区,其中在浠水工区设2个养路道班,负责管养兰(溪)罗(田)公路、柳(子港)界(子墩)公路的浠水县境内路段的养护,其他6个工区各设1个道班,负责管养武(昌)全(家源)、铁(山)贺(胜桥)等公路境内路段的养护。柳子港、宋埠、福田口工区属黄陂养路工程段管辖,负责管养汉(口)小(界岭)公路的靠山店至小界岭和柳(子港)界(子墩)公路的柳子港至竹林湾等路(段)的养护。这些养路工区和道班组织的建立,标志着黄冈专区正式启动了公路正规化专业养护。

新中国成立之初,一般支线公路的管养,由各县人民政府通过动员民工建勤,采取道群共养,并以群众养护为主,实行季节性养护,县级未设单独的管养机构,养护业务只是附设在各县有关科(室)管理。1954年后,随着公路水毁的修复和农业合作化高潮的到来,为有效地支援生产,繁荣城乡经济,改变公路交通闭塞面貌,各县相继成立县养路段(养路队),设立道班负责管理县支线公路的养护。

1958年,公路管养体制下放给地方。但由于湖北省交通厅只负责规章制度、养路方针和任务等项工作的制订以及重大工程技术问题,专区公路管理机构尚未单独设立,只是由专署交通局负责指导。各县虽将下放管养干线和主要支线的工区(养路段)和县养支线公路机构进行了合并,成立县养路工程段,由于地方工作复杂,养路职工抽调频繁,组织机构没有得到健全,不仅各项管理制度松弛,而且养路经费、材料机具都不能得到专用,因此,不少公路严重存在只修不养,路况明显下降的情况。鉴于此,1959年5月,中共湖北省委决定将下放的部分体制权力收回由省集中管理。5月25日,《湖北省交通厅关于改进当前交通运输体制的初步方案(草案)》,拟将原下放给黄冈专区的汉(口)小(界岭)、武(昌)浮(屠街)、武(昌)界(首)、兰(溪)罗(田)、盛(洪卿)贺(胜桥)、浠(水)英(山)、红(安)阳(逻)、柳(子港)明(山)等公路收回,由湖北省交通厅直接管养。8月,湖北省交通厅黄冈养路总段成立,实行行政属地方、技术业务属湖北省交通厅的双重领导,负责管养黄冈专区辖境干线和主要支线公路,并按县和线路设立了黄冈(今团风县、黄州区)、新洲、宋埠、罗田、英山、浠水、鄂城(今鄂州市)和阳新8个养路分段,下设固定道班。

1962年5月12日,根据《湖北省公路养护组织编制方案》,黄冈养路总段撤销黄冈分段和罗田分段,设新洲、宋埠、英山、浠水、鄂城、阳新6个分段,对各县管养线路、等级和人员进行调整。甲等、乙等支线由国家管养,实行道班和群众共同养护,丙等支线由国家扶持,技术上辅导,将其下放到区或公社,实行"谁用路谁养路",把道工充实到干线公路,加强干线公路养护力量。

随着公路管养机构的建立,各段建立和健全了各项管理制度。1963年,宋埠养路段在总结小修保养"三包一奖五定"(包成本、包养护里程、包养护质量,推行季度综合奖,实行定投资、定里程、定人员、定料具消耗和定出勤工日的定额管理制度)的基础上,探索出定投资、定人员、定里程、定工日和工效、定质量标准,保证不超计划投资、保证完成小修保养计划、保证路况达到质量标准、保证达到工分定额、保证主要工具达到使用期限的"五定五保"制度,并在黄冈地区乃至湖北省推广。

二、干支合一管理

1964年9月23日,湖北省交通厅决定将蕲春、黄梅、广济3县自收自养的公路收回由湖北省交通厅公路管理局统一养护管理,其人员、机具、房屋、设备等移交给黄冈养路总段接管,分县设段、设站,实行干支合一领导。

1965年8月26日,湖北省省长张体学在麻城召开公路桥梁会议,部署以黄冈专区为试点在全省大办公路桥梁建设,并与黄冈专区、各有关县委和湖北省公路管理局的负责人交换意见,研究在黄冈专区试行公路行业机构改革,实行统一领导、分级管理模式。

1966年2月11日,中共湖北省交通厅政治部根据麻城公路桥梁会议精神,下达了《关于在黄冈专区试行公路干、支机构合一的函》。该函规定:专区一级公路养护总段仍保留不变,对干、支线公路实行统一管理;县一级干、支养路机构合并,人员力求精干,行政工作以地方为主,业务、技术以湖北省公路管理局为主。养路费实行统收统支,养路大中修工程计划由省公路管理局审定;其他费用开支,按财务规定执行;小修保养费,按干、支定额拨支,分线核算,在保证国防、经济干线养护质量的前提下,结余资金可调剂使用,但不能用于公路基本建设和其他非公路事业。该函还规定黄冈专区自4月1日起,对全区10个县管养的1777.35公里(其中干线690.22公里,支线1087.13公里)全面实行干、支养路机构合一,分级管理。

三、列养公路管理

黄冈专区试行公路干、支机构合一后,被列入公路部门专业养护的公路称为列养公路,由湖北省公路管理局逐级拨付资金,由专业道班负责养护管理。

新中国成立后,随着公路的发展,黄冈的公路养护基层组织,历经从小道班、大道班到公路养护管理站的变迁。20世纪60—70年代,黄冈公路养护道班用房绝大部分是不超过当地人民居住水平的土墙瓦盖的简陋平房。历经20多年的风雨,许多道班房屋破旧不堪。中共十一届三中全会后,道班房的建设成为改善道班工人生活条件的当务之急。黄冈地区公路总段和各县公路段把道班建设列入重要议事日程,投入大量人力、物力和财力用于道班房的建设。1980年,湖北省公路管理局提出为改善养路工人生活条件,规划办七件实事;道班工人实现"四个一"(一房一床一桌一凳);道班设置地点要有利于生产,又要便利生活,有条件的地方要解决好"三电一水"(电灯、电话、电视机和自来水);发展副业生产,养猪种菜,改善生活,美化环境;配备小型养护机械;建立公路职工疗养所;统一养路工工作服。至1982年,在黄冈地区328个道班中,绝大部分道班做到了蔬菜自给,有45个道班配置了电视机,207个道班安装了电灯,106个道班打有水井。

1986年,湖北省公路管理局提出开展创建文明道班的群众活动后,黄冈地区公路总段和各县市公路段在文明道班的创建中,进一步加强了道班基础设施建设。1987年春,黄冈地区公路总段组织专人对全区公路养护道班进行了全面调查,在此基础上,制订出"立足自力更生,以公路管理局为后盾,全面规划,从道班基础建设抓起,稳步发展"的工作方针,采取"省公路管理局补一点,总段拿一点,县段贴一点"的办法,解决道班工人的住房问题。与此同时,各县市公路段加强了道班内部设施建设,至1989年,黄冈地区298个道班全都实现了"每个职工有一间房、一张床、一张桌子、一把椅子"四个一标准,凡有安装自来水条件的道班,均用上了自来水,凡没有安装自来水条件的道班均实现水井化。

"七五"期间,黄冈地区用于道班房建设的投资达326.19万元,建成道班房52栋,其中,在干线上建成二层或三层楼的道班房36栋;完成道班房维修14栋。有284个道班通了电,占道班总数的97.2%;有275个道班配置了电视机,占道班总数的94.2%;有176个道班装有电风扇,占道班总数的60.3%。除边远山区的道班外,有90%的道班实现了庭院化。道班有菜园、猪栏、羊圈、小花园及活动场所,道班生活居住条件有了一定保障。

"八五"期间,公路养护道班基础设施建设实现了突破。黄冈地区公路总段明确提出把建设的基点放在道班,并逐年安排计划推进道班的规范化管理和建设,各级采取上级补助一点、自己拿一点的办法,改善道班生产生活环境。5年间,投资240万元用于道班房维修和水电安装,解决了8个道班无道班房和47个道班的用电问题;投资370万元用于道班房新建,新建成三层以上楼房道班房21栋,道班工人的生活居住条件明显改善。与此同时,积极推行道班规范化管理,各县市公路段挤出资金为道班购置书籍和文体用品,丰富职工的业余文化生活。各道班建立和完善出工出勤、休假、三定六包、奖惩、路况检查、学习、会议、安全、卫生等方面的规章制度,使职工各负其责,各司其职,提高了工作效率。

"九五"期间,为改善工作和生活条件,黄冈市公路管理局和团风、麻城、罗田、英山4个县市公路段新建了综合办公大楼,有27个道班新建了道班楼房,极大地改善了职工的居住和办公条件。

"十五"期间,随着公路养护机械化程度的提高,公路养护改革全面深化,各县市公路段将人事、用工、分配"三项制度"改革落实到"目标到人、合同管理",并积极开始探索组建公路养护公司,实行公司与机关剥离。

"十一五"期间,根据《公路养护管理站达标建设标准》,重点规范养护管理站建设,完成了全市干线公路部分养护管理站达标建设,养护管理站形象焕然一新。

"十二五"期间,黄冈市公路管理局进一步加强站点建设。2014年,黄冈市公路管理局制定了《养护管理站改造补助资金实施方案》,拿出部分养护资金启动全市41个养护管理站危房改造、修缮工作,并稳步推进养护(应急)中心建设。

四、非列养公路管理

(一)非列养公路管养

未列入公路部门专业养护的公路为非列养公路,由地方政府负责养护管理。

1981年以前,黄冈大多数县乡村公路为非国家列养公路,由县交通局所设工程股采用民工建勤方式组织养护。1981年后,黄冈各县相继设立区乡公路管理段,负责非国家列养公路养护管理。1983年1月

1日,浠水县设立公社公路管理机构,配干部、技工7名,专司全县社队公路修建的全面规划、技术指导、扶资安排和养护管理。

2001年10月18日,湖北省交通厅正式印发《湖北省农村公路建设管理办法(试行)》,农村公路建设和养护以县乡人民政府为主,由县乡人民政府本着"农民出力、社会筹资、乡镇统筹、国家补贴"和"谁受益,谁负担"的原则,依法采取多方筹资和群众投劳的方式实施。实行以"民办"为主,"公助"为辅,公助资金来源包括地方自筹、农业税转移支付及省补助,主要用来解决部分材料费。各级政府保证每年财政预算有一定比例用于农村公路建设。交通部门设立专项资金作为宏观调控资金,主要用于贫困地区和边远山区农村公路的建设。2005年,湖北省公路管理局重新修订了《湖北省农村公路建设管理办法》,建立健全了农村公路"政府监督、建设单位负责、工程监理、企业自检"的质量保证体系。2007年6月27日,湖北省人民政府办公厅发布《湖北省农村公路管理养护体制改革实施方案》,明确农村公路管理养护应按照"统一领导,分级负责,以县为主,乡村配合"的原则,理顺体制,落实责任。市(州)人民政府主要负责制定本地区农村公路管理养护政策,建立农村公路养护资金筹集机制,监督农村公路管理养护工作。县(市、区)人民政府是本地区农村公路管理养护的责任主体,负责贯彻执行农村公路管理养护的政策法规,筹集和落实农村公路管理养护资金,监督公路管理机构的管理养护工作,检查养护质量,组织协调乡(镇)人民政府和有关部门做好农村公路管理养护工作。乡(镇)人民政府在县(市、区)人民政府确定的职责范围内负责乡道的管理养护工作,并指导、协调村道的日常养护工作。村民委员会在县、乡人民政府及交通主管部门、公路管理机构的指导帮助下,具体做好村道的日常养护工作。2010年,黄冈公路通车总里程达到21341.029公里,其中列养公路里程3249.779公里,仅占通车里程的15.22%,非列养公路占84.78%。非列养公路中列入省补助养护里程的共18091公里。为了用好养护补助资金,部分县市在原交通管理站基础上成立农村公路管理局,其主要职能是贯彻执行国家、省、市有关农村公路管理的方针政策和法规,监督农村公路日常养护和路政管理;编制农村公路发展规划;指导公路建设及工程质量管理等。

(二)民工建勤

新中国成立初期,国家以法令的形式确定民工建勤制度。随着公路建设的发展,为解决公路养护力量不足,20世纪60年代形成民工建勤代表工制度,由社队推荐的民工代表参加道班养护,形成道群共养的机制。

1951年5月31日,政务院颁发《关于1951年民工整修公路的暂行规定》,规定每个农村劳动力全年修路的负担不超过10个工作日,自愿参加或变工者不在此限,一般地区对修路民工不给口粮补助为原则,情况特殊地区或从较远地区动员时,可酌予补助。修路所用普通工具由民工自带。规定虽限于1951年适用,但事实上一直在沿用。1954年,湖北省政府颁发《湖北省公路民工建勤试行实施办法》,规定每个劳动力每年负担不超过3个工作日的建勤义务。1955年11月,国务院对《关于1951年民工整修公路的暂行规定》作了修正,颁发了《关于改进民工建勤养护公路和修建地方道路的指示》,规定每年每个劳动力的义务建勤由过去的10个工作日改为至多不超过5个工作日,车、船等运输工具及兽力的义务建勤为每年2个工作日。民工建勤所需工具由农民自带,并规定建勤义务对象为18岁至45岁的男性农民和18岁至40岁的女性农民,因病不能劳动的,或妇女怀孕的,在动员民工建勤时给予免除。从此,民工建勤养路修路的制度以国家法令的形式确定下来。

黄冈专区公路民工建勤,从1949年初支援中国人民解放军渡江南下就开始施行,随后遵照国务院、省政府的有关规定和指示精神逐步形成了以工代赈、义务修路和代表工为主要内容的民工建勤制度。

1960年,为便于管理建勤民工,合理使用民工建勤的劳力,加强公路养护,黄冈养路总段开始在麻城宋埠办试点,将建勤的民工组成12人的养路小组,参加道班的常年养护工作,将民工建勤突击备料养护转变为常年性的住班养护,并逐步形成制度。其后,各县也开始以公社或大队为单位,委派建勤民工参加道班的常年养护,改变了民工建勤的盲目性。

代表工仍属大队社员,由大队管理,其轮换时间由大队决定,一年一换或多年一换,劳动报酬由大队承担,一般给予相当于本大队中等劳力的工分,参加社、队年终分配。社、队乐于接受代表工形式的民工建勤,这不但可减少生产队经常派工上路和大批民工集中管理上的麻烦,而且大队或生产队每年负担代表工的报酬较少,生产队能够接受。公路部门也乐于代表工形式的民工建勤方式,把代表工作为养路工编入道班,在生活上根据当地条件给予适当补贴。由于代表工有固定的生产岗位,对公路养护事业有一定的责任感和进取心,而且在完成了定额指标后享受稍低于正式工人的奖金待遇,因此这种民工建勤形式也易于被代表工所接受。

20世纪60年代中期,随着干线和主要支线公路的新建和改建,以及大办永久性桥梁运动的展开,不少从事公路养护的技术干部和工人纷纷被抽调到干线和主要支线公路的新建、改建以及桥梁建设工地,公路养护力量严重不足。1968年,广济县革委会发出《关于迅速执行民工建勤和常年代表工养护公路的通知》,规定每公社选派政治思想、出身成分、身体好的人员参加常年公路养护、建设,民工建勤"代表工"由此产生。各县养路段相继推行民工建勤代表工制度,充实道班力量,至1969年底全区代表工达1600余人。

20世纪70年代初,随着渣油路面的铺筑,为解决养护资金和劳力的不足,民工建勤代表工不断增加。在1972年的全区公路系统先进生产(工作)者代表大会中,与会代表达200余人,其中代表工占1/3,不少代表工被评为全区公路系统先进生产者。1975年,全区公路民工建勤代表工达2600余人,超过了正式职工人数。他们在养路和施工中,服从分配、工作积极、吃苦耐劳,不少人担任了班组长,成为养路工作中的骨干力量。1978年,农村实行"联产计酬"生产责任制,有的代表工因家庭缺乏劳力,要求回去或提出执行临时工工资。对此,公路部门采取"走留自由"办法,代表工人数因此锐减。

民工建勤代表工制度,在机械养护程度不高和养护资金、劳力不足的情况下,对全区的公路养护起到了重大作用。1990年后,随着公路养护体制改革的发展,各县(市、区)公路管理部门逐步清退代表工,列养公路不再征调民工建勤突击性季节性养护。

五、高速公路管养

黄冈境内高速公路由湖北省交通运输厅所属各高速公路管理处或路段公司统一管理。1998年11月,经省编委批准成立湖北省黄黄高速公路管理处(黄黄管理处),主要职责是负责黄(石)黄(梅)高速公路收费、养护、路政管理和经营开发工作,管辖位于鄂东境内的G50/70黄黄高速公路、G42S武英高速公路、G42武麻高速公路、G45大广北高速公路、S38黄鄂高速公路、九江二桥北接线、九江二桥湖北段和鄂东大桥散花所,管养总里程558公里。

2003年,湖北省交通厅以鄂交基〔2003〕608号文件印发《湖北省高速公路养护管理办法(试行)》,进一步明确由省交通厅主管全省高速公路养护行业管理工作,各高速公路和长江公路大桥的经营管理单位负责所辖路段和长江公路大桥的养护管理。

高速公路养护工程按其工程性质、复杂程度、规模大小划分为小修保养、中修、大修和改建工程;养护范围包括路基、路面、桥梁、涵洞、隧道、沿线设施及绿化等。连续20公里以上或者小于20公里的整条路段的小修保养、投资100万元以上的养护大中修工程项目,通过公开招标或邀请招标选择承包商;改建工程项目按照新建工程的规定执行;因突发事件、紧急抢险或战备需要而安排的特殊公路养护工程项目采取指定养护工程施工单位的方式进行。

2011年,黄黄管理处下设3个养护管理站,针对辖段3条高速公路不同养护管理情况,对养护工作实行统一领导,并设工程养护科负责道路养护业务的归口管理。分路段成立路段养护管理站,负责日常养护工作的现场监督和日常管理。根据养护资金渠道不同,针对黄黄、武英、武麻高速公路,按严格的社会化招标程序,分别引进监理单位和承包人。监理单位根据相关监理规范对养护工程进行监理工作,承包人为养护施工的主体和具体实施者。黄黄管理处出台完善《黄黄高速公路管理处养护管理办法(试行)》和《黄黄高速公路管理处养护管理站养护工作管理制度(试行)》。黄黄高速公路养护水泥混凝土路面施工采用滑模摊铺新技术,采用小型滑模摊铺机悬臂式施工,硬路肩并连体一次铺筑路缘石和桥面连续摊铺技术。建立了养护工程管理、小修保养、突发应急工程管理、养护施工安全管理、养护管理目标责任制考核、养护工程变更管理、养护工程计量支付、养护工程质量保证体系、养护工程验收流程等12项工作流程,做到养路护路通畅服务、施工规范、路上无病害、绿化优美。加强预防性养护,加大养护巡查力度,提高养护时效,切实做到及时消除路面病害,路面清扫及时,无堆放抛弃物、特大型障碍物,施工管理规范,提示牌齐全。提升道路的容貌形象,实施绿化、亮化、美化基础设施工程,在路面、路基、桥涵、绿化等方面做到路面整洁、路基完好、绿化美观,沿线设施修复及时。加强施工现场管理,以方便驾乘、快捷通行为前提,尽量少改道、长改道,着力加强施工现场管理,建立封道改道审批制度,严格现场安全责任制度、安全责任处罚制度和现场督导制度,切实做到安全施工、文明施工。

第二节 路面养护

一、泥结碎石路面

民国时期,湖北省政务厅在规划修建全省干线公路走向的同时,拟定了公路养护技术标准和要求,公路路面用石子铺垫,厚约2寸(6.67厘米),石子上封盖半寸(约1.67厘米)厚的黄土和细砂;路肩种植槐树、柳树和梧桐;凡路基低下之处,填土加宽,以防水患,并用砖石砌筑涵洞,以利排水;在公路管理方面,通令沿途地保和当地团保负责保护公路;规定公路竣工后由政府部门组织汽车公司或由私人负责经营,养路和护路款项由政府部门从汽车公司或私人经营收入中抽取路捐解决。

新中国成立初期,刚刚抢修和恢复的公路多为土路,养护简单,只要在路边取土填补坑槽,保持路面平整即可。遇雨时,一般采取控制交通,减少雨中、雨后行车对公路的破坏,并利用当地砂石料在土路上铺筑泥结碎石路面。一般为天然级配料或风化麻集料,操作规程为:清底、平浪、拉毛、清除残料、洒水、洒土、搓浆洒料拌和,利用行车碾压。20世纪50年代中期,养路工人开始在泥结碎石路面基础上,加铺级配磨耗层和保护层,初步改善了泥结碎石路面的使用效果,使路面达到平整、耐久,雨天不泥泞、晴天灰尘少的要求,行车时速普遍提高,运输成本相应下降。磨耗层和保护层路面的铺筑对延长养护周期、保持行车平稳舒适起到了较好的作用。

1964年初,在湖北省省长张体学的倡议下,湖北省公路管理局在宋埠召开铺筑松散保护层路面技术现场会,开始引进和推广广东公路松散保护层路面技术经验,并率先在汉(口)小(界岭)公路进行试铺。黄冈养路总段利用现场会的机会,组织所属各县派员现场学习。为全面推广这项技术成果,1965年黄冈专署交通局专门成立了以刘文龙为首,由肖桂森、邓林、张昌藩等人组成的黄冈专区公路路面建设松散保护层领导小组,并在红安、英山办试点,向全区各县推广。各县在铺筑松散保护层路面过程中,根据不同季节、不同气候、不同地质条件和不同的交通量,总结出及时洒水,注意拦车碾压,及时整平车辙,注意雨后翻浆,及时清理飞石,注意均匀扫砂和勤回砂、勤补修、勤加砂、勤清砂的"三及时、三注意"和"四勤"操作方法。到1965年底,全区干线公路铺筑松散保护层路面达225公里。全区2116公里的通车里程中,晴雨通车达1217公里,绿化里程达526公里。

松散保护层路面技术的引进和推广,解决了长期难以根治的坑槽密布、颠簸不平的现象,使好路率普遍提高,简化了工人的养护操作工序,延长了磨耗层的使用周期。养路成本由1963年每公里的795元下降到633元。减轻了养路工人的劳动强度,提高了公路的通过能力,使汽车行车时速比原来快15公里,油耗降低30%。

20世纪80年代,县乡道多为砂石路面。1983年前后,公路养护工艺主要利用手拉车运输砂石修补砂石路面坑槽,人工扫回沙。1985年购置手扶拖拉机用于养护运料。

二、渣油路面

20世纪60年代初,随着我国石油资源的发展,拉开了用国产沥青筑路的序幕。早期的沥青路面主要是铺设在已有中级路面上的薄层表面处治层。

(一)黑色路面铺筑试验

1960年,交通部交通科学院邀请上海等12个省市代表到湖北举行南方地区黑色路面铺筑技术座谈会,并决定在武(昌)黄(石)公路铺筑几段试验路面,以促进各地铺筑黑色路面的经验相互交流推广。试验路用黏结材料全部采用当地生产的沥青和煤焦油,以便更好地探讨新的路用材料和有关技术指标。

鄂城县(今鄂州市)境内黑色路面试验工程选择武(昌)全(家源)公路鄂城县城至鄂钢俱乐部段,长1.4公里,由湖北省公路管理局、黄冈养路总段派出技术人员和鄂城县公路段职工及当地少数民工共同进行。

1960年9月,试验路动工铺筑,底层采用手摆块石,厚20厘米,中层为厚6~8厘米的泥结碎石,油层厚度为2厘米,沥青炒砂封面厚1厘米,黏结料是大冶钢厂所产硬煤沥青掺配鄂城钢厂生产的煤焦油,油温控制在110℃左右,每百平方米耗油量近80公斤。从当时的路况看,此次黑色路面的试验是成功的,但因所用黏结料脆点低、毒性大,没有推广。

(二)渣油路面的养护

20世纪70年代,由于初次铺修渣油路面,对其技术要求掌握不够,加之受"土路就能行车,何须加铺油层"的错误思想的影响,致使铺筑竣工后,渣油路面过早地出现了松散、拥包、坑槽、网裂、啃边、路堑和翻浆等病害,加大了公路养护量。为了加强渣油路面养护,1975年黄冈地区公路总段在麻城县(今麻城市)试办科研室试点,由地区公路总段谭干成、县公路段郭章清、刘成勤等人组成,对病害路段进行了详细调查,认真研究,科学分析,反复试验,总结了渣油路面养护方法,对各种病害根治也摸索出了一些成功的处治措施。

20世纪70年代初期,对于坑槽,一律采用搭"牛屎耙"或"贴膏药"的办法,把拌和油石往坑槽里一撒就了事,结果年年补,年年坏,导致产生好路补坏、坏路补垮的情况。1975年以后,经长期试验和科学分析,改变了"贴膏药"的不当方法,对于油路坑槽病害,采取"挖盒子"的办法进行,将坑槽处挖成四壁垂直的矩形盒子(挖抵路面底层),然后再按新铺油路的方法将拌和好的油石料铺上,整平、碾压成型。油包、发软的油路病害,主要是用油量过大、细料过多所致。在1975年以前,对于夏天泛油,只知用撒细料的办法来解决,致使造成油路发软等病害,针对产生油包、发软的病因,经多年试验和不断积累有效方法,铲除油包,重新级配铺筑路面,消除病害。油路面发生啃边现象主要是路肩未及时填补、排除积水不及时、机动车破坏后未及时修补所致,因此,只有加强日常养护,搞好路面、路肩的紧密结合,才能根治啃边现象。1975年后,逐步用渣油路面养护技术"对症下药",在炎热季节重点进行防泛油,根据泛油程度轻重,对严重泛油地带采用粗料处治,对稍轻的地段用细料处治,沿纵向撒铺和碾压的方法,改变以前一味用细料处治的做法。在雨水季节,着重排除路面、路肩积水,疏通边沟,铲除减小路面滑力的障碍,确保行车安全,真正做到日常养护"勤"工"细"作,减少了油路病害,保证了养护质量。

1975—1978年,经多次重点化验与综合分析,渣油路面病害主要是松散、网裂、油包、软弱、坑槽及啃边。这些病害产生的原因,主要是在铺筑的过程中,未严格按设计要求办事,基层强度差,油石比配合不当等。随后几年,在翻修中,严格选材用料,根据季节气候进行施工,坚持手摆块石底层,用河沙灌缝,泥结碎石调平,以增加底层强度,面层为渣油碎石,注意路拱度、平整度、密实度和粗糙度,切实做到结构紧密、厚度适宜。对于基层强度较好而出现松散、网裂地段,采取罩面处治,罩面处治施工中严格按照"筛备矿料—清底放样—分堆配料—干拌矿料—掺油拌和—摊铺整理—碾压—初期养护成型"的程序进行,而且还注意老油层必须要清扫干净,保持干燥,矿料必须干燥,油石拌和要均匀,温度要适宜,才能根除病害,保证行车舒适、安全。沉陷、坑槽问题,应在弄清土壤性能和产生坑槽原因的基础上,因病开方,对症下药,消灭坑槽再生。到1978年,对于啃边现象的处治,黄冈养路工人基本能达到"手到病除"的效果。

三、沥青路面

20世纪70年代,黄冈开始简易铺装次高级路面。"六五"至"七五"期间(1981—1990年),公路系统发挥科技先导作用,把科研与生产相结合,重点围绕改善渣油(沥青)路面基层结构、再生利用旧有沥青(渣油)路面、推广应用阳离子乳化沥青及远红外线、太阳能加热沥青装置等筑养路技术,不断提高养护水平,降低养护成本。针对交通量增大、油路病害加剧、大中修周期相对缩短的实际情况,在油路新建和大中修工程中因地制宜、就地取材,结合本地实际情况,经济合理选用密实、水稳、高强度的基层结构,大力推行水泥石灰稳定基层。在油路面层上,采用上封式双层沥青表处结构,提高油路层平整度和摩擦因数,有效防止单层结构因压实不够,路表水下渗,造成油路早期病害问题。1981年,黄冈地区公路总段开始进行太阳能和远红外线加热沥青技术应用试验,成功研制了太阳能和远红外线加热沥青技术。1984年,罗田三里畈油池采用太阳能远红外线加热沥青新工艺。为了解决冬季严寒及多雨季节沥青路面坑槽病害清除施工困难问题,开始推广应用阳离子乳化沥青筑养路技术。1987年,黄冈地区公路总段在318国道新桥路段试验用麻骨石灰土铺筑沥青路基层,使表水不下渗,地下水不上翻,延长沥青路使用寿命。

20世纪90年代,黄冈开始推广橡胶沥青乳液新材料,不仅有效处理路面裂缝、坑槽、脱皮等病害,而且提高了路面的防滑和耐磨性能,延长了大修周期。

"九五"期间(1996—2000年),黄冈公路系统积极探索应用新技术、新工艺、新材料、新结构,主要有钢纤维混凝土、乳化沥青、稀浆封层、水泥稳定基层、缩短半刚性路面基层养生期、公路路基浅层软基处理、水泥混凝土路面病害修补、旧混凝土路面改建、微膨胀道路水泥处治混凝土路面病害、高等级公路防治桥头跳车综合处理等技术及优化优质沥青、聚氨酯新型灌缝材料等,全面提高养护工程质量和公路通行能力。5年间,黄冈完成油路大修163.1公里,完成油路中修141公里。

"十五"期间(2001—2005年),缩短半刚性路面基层养生期、乳化沥青、稀浆封层、橡胶沥青、水泥稳定和水泥灰土综合稳定基层结构、旧水泥混凝土路面加铺层结构研究、沥青导热油装置等新技术、新工艺得到推广与应用。为提高沥青路面黑色混合料强度,公路部门着重增强混合料摩阻力和黏结力,优选高质量矿料,严格要求沥青指标符合标准,搞好矿料级配组成和油石科学配比,提高矿料裹油能力,努力铺出好的油面层。各养护单位在推广应用新技术、新工艺、新材料的同时,配套购置新型养护机械,如水泥混凝土搅拌机、沥青混凝土搅拌机、沥青混凝土摊铺机、沥青洒布机等,运用大型摊铺机进行机械摊铺基层和油层的施工方法,使路面结构、强度和路面平整度得到明显提升。

"十一五"期间(2006—2010年),全市公路系统牢固树立全寿命周期养护成本理念,加大养护投入和预防性养护力度。5年中,全市公路养护累计投入12亿元,完成路面大修579公里、中修239公里,全市公路路况明显改善,干线公路综合服务水平得到全面提升。

"十二五"期间(2011—2015年),黄冈市对不同的大修线路、路段采用大粒径沥青碎石基层、橡胶沥青同步碎石封层、水泥路面碎石化等多种养护技术,先后在英山318国道、中大线、麻城胜麻线、麻新线、红安宋长线、黄梅105国道和团风106国道等国省干线实施新技术、新工艺,提高了公路养护整体科技含量。

四、养护机械

新中国成立初期,公路养护工具还很落后,主要以十字镐、铁锨、齿耙、扫帚作为生产工具。20世纪50年代中后期,各县大搞养护工具技术革新,并试制成功多种装有球轴承的先进工具和车辆,从运料、挖料到拌和、碎土、铺砂、碾压、洒水,基本实现半机械化。随着干线和主要支线养护机构的建立和健全,为加强对路面的养护,黄冈各养路段从1954年开始,大搞养护工具技术革新,改良养护工具,改进操作方法。麻城工区铁木加工厂的铁工大胆革新,仅凭斧头砍、铁锤打、锉子锉,用钢铁、木料自制了1台能够生产车轴、弹壁、内外挡、钢丝等板车配件的木车床和能做各种规格螺栓的"全能扳手"以及市场上买不到而革新又急用的麻花钻、钢锯弓、平锉、圆锉等工具。与此同时,还自制了牛拉回沙车、推砂车、碎土车、分筛车。经过1年的摸索,还掌握了弹子淬火技术,受到省公路管理局工作检查团的好评,获"双革双化"生产两丰收红旗和"红星"牌载重汽车1辆。浠水工区试制成功土起重机1部、两用车3辆以及土钳床、钻床、电锯等。

20世纪60年代以后,公路筑养机具逐步开始向机械化作业迈进。60年代末70年代初,公路机械设备在数量上有较大幅度增长。1968年夏,黄冈养路总段成立机械队,下设行车、机械和修理3个班,并购置了车、刨、钻等全套修理设备。随后,各县公路段也相继建立机械组(队)。经过革新,养路工具从人力操作发展到半机械化,改进了原有的扫砂车、洒水车,创造和推广木轮空斗压路滚、滚筒筛、碾土器等养路工具,不仅减轻了道班工人的劳动量,而且提高了工效。

1975年,经黄冈地区交通局批准,黄冈地区公路总段设立机料股,成为管理全区公路机械和材料的职能机构,各县也相应配备了专职机料管理人员。在管理上,对机械设备采取由总段和各县段分级平衡调配,按"大集中、小分散"的办法,大型机械设备分别由黄冈地区公路总段和各县公路段集中管理,小型机械设备分散到道班直接管理使用。与此同时,积极开展机械设备技术革新,1976—1981年全区公路系统革新各种机械设备302台(件),其中,革新小翻斗车(1吨)41台、冬季油路养护炒拌车32台、东风20拖拉机拖车改自卸72台。随着公路机械化程度的提高,1980年黄冈地区行署编制委员会批准黄冈地区公路总段机料股更名为机料科,其业务管理范围较过去有了新的扩展。

"七五"期间,随着公路部门自身的改革,黄冈地区公路总段和各县市公路段对部分公路机械进行了单车承包,实行经济承包责任制,提高了公路机械的利用效率,基本做到了"以机养路,以机促路"。与此同时,随着公路的技术改造,大规模高等级公路新建,大型、新型公路机械逐年增加。"七五"期间,全区用于添置公路机械设备总投资达5564731.25元,添置机械设备204台(件),以路面施工为重点的机械设备逐步完善配套,修建高等级公路的运输、碾压、拌和、摊铺等关键工序实现了机构化作业。

"八五"期间,黄冈地区公路总段和各县市公路段在进一步完善公路机械经济承包责任制的同时,加强了公路机械的管理,制定了《黄冈地区公路机械管理办法》,并据此对全区机械设备进行了全面清理,重新编号、建卡、建档,对所有机械设备输入计算机管理,使机械管理初步迈进科学化和规范化的管理程序。"八五"期间,更新公路机械109台(套),总投资达1140万元。

"九五"时期,随着公路高级路面的发展,对公路养护机械化程度的要求提高。1996年,交通部在安徽省合肥市召开全国公路养护管理工作会议,提出到20世纪末要使全国筑(养)路机械装备达到标准化、系列化。各地、市本着缺什么机械就配套什么机械的原则,有计划地配备灰土拌和机、装载机、黑色粒料拌和机、水泥混凝土拌和机、切（灌）缝机、路面摊铺机、中型重型压路机（包括轮胎式和振动式压路机）、自卸汽车和拖拉机等，迅速建立一整套机械化作业线。并研制引进一批性能先进、功能齐全的新型筑养路机械（LY-10型沥青路面综合养护车、SDW70-Ⅰ型水泥混凝土路面多功能维修车等）。2000年末，黄冈拥有筑养路机械559台，初步形成了适应国省道、县乡道多等级以及混凝土、沥青等多种类型路面养护管理的筑养路机械体系。

"十五"期间，湖北省公路系统针对公路养护管理步入"养护转型、管理升级、改革加速、服务提高"新阶段实际，加快中小型养护机械发展和配置，在小段路面修复、坑槽修补等方面，能有效地使用日常养护机械进行作业，保证每个县级公路养护部门基本上做到从混合料拌和、材料运输、路基路面压实，到基层、面层材料摊铺等主要工序实现机械化。从2001年起，湖北省公路管理局为适应养护市场发展需要，以国省干线为重点，加快实施养护专业重组，启动全省机械化公路管理站建设，并确定湖北省公路管理局每年投入1000万元，每个机械化中心管理站补助100万元，市、州补助50万元，县、市自筹部分资金，每个县市组建1个规模较大的机械化中心管理站。2002年，武穴公路段成立养护机械作业组，将所有养护类机械划归作业组管理，并承担武穴市所有列养路面的小修作业。通过养护分工，将小修和保养划分更专业，养护作业组专业维修路面病害，主要承担路面小修作业，各管理站主要从事保养工作。是年，武穴市公路段第一次购进1台沥青综合养护车，沥青混合料配比达到设计要求，混合料拌和均匀。同时，上级业务主管部门下拨1台沥青综合养护车，大大提高公路养护质量，降低养护成本，减轻工人的劳动强度，快速高效地修复病损路面，效率质量都得到了很大提高。2004年，撤销了养护机械队。随着路面的改善和路况的提高，一般养护量不大的土石方，由养护公司直接调运养护材料，由道班组织养护。2005年，随着新技术、新设备的不断涌现，武穴市公路段为适应新形势的养护要求，在两路乡设立机械化养护管理站。黄冈蕲春县公路段利用省局补助资金及自筹资金配置机械设备，建成机械化管理站，并结合实际，制定了机械化管理站设备管理办法。

"十一五"期间，黄冈市公路总段先后投入资金4000余万元，招标采购沥青混凝土、稳定土搅拌设备、全液压多功能摊铺机和清灌缝机等机械设备109台（套），机械化养护、低碳养护、生态养护的理念得到明显提升。

"十二五"时期，在配套发展养护机械的同时，注重应急保障机械的配置。至2015年，黄冈公路系统应急保障机具包括挖掘机16台、推土机5台、装卸机23台、抽水机9台、发电机组14套和除雪除冰设备4台。

第三节　全　面　养　护

一、GBM工程

GBM工程是实施具有中国特色的公路标准化、美化建设工程的简称，是交通部为改善和提高现有公路技术状况，推进公路标准化、美化建设进程的一项重要措施，于1987年3月首次提出，被称为公路发展的"第三次飞跃"。

1988年，黄冈地区首先在黄（梅）小（池口）、兰（溪）罗（田）等主要干线公路上实施GBM工程，并于当年建成95公里；以后每年以50公里左右的速度递增。

1991年6月，湖北省公路管理局在"七五"期间实施GBM工程建设的基础上，结合实际情况，制定实施了《湖北省公路养护标准化、美化GBM工程实施办法》。黄冈公路系统采取养护手段与基建手段相结合、行政措施与经济措施相结合、有计划的安排与职工自觉行动相结合、指令性计划与指导性计划相结合的手段,GBM 工程实现了新突破。至 1994 年底,全区共建成 GBM 工程标准美化路 500 公里。

"十五"时期,文明样板路从市级向省部级跨越发展。2003 年 8 月,黄冈市委宣传部、市文明办、市交通局联合发文,在全市国省道干线公路和县乡以上列养公路全面开展创建文明路活动,确定 2003—2006 年全市创建 9 条文明路:江北一级公路、黄(州)—上(巴河)线、106 国道麻城段(小界岭—余家寨)、武(穴)—梅(川)线、黄(梅)—标(云岗)线、318 国道团风标云岗—英山蔡家岭段、阳(逻)—福(田口)线红安段、宋(埠)—长(岭)线宋埠至上新集段、中大线英(山)—浠(水)段。2005 年,黄冈在省道建成文明样板路 293.304 公里,其中阳福线 25.6 公里,长三线 47.817 公里,梅武线 28.5 公里,麻新线 41.75 公里,上砂线 14.837 公里,宋长线 5.32 公里,黄标线 73.645 公里,胜麻线 15.45 公里,大巴线 40.38 公里;另在县道黄南线建成文明样板路 6.2 公里。

2005 年,105 国道黄梅段被交通部确定列入创建部级文明样板路,路面改善工程投资 1 亿元。至 2006 年 9 月底,全线 63.61 公里路面改善、沿线 GBM 工程、13 座危桥加固等全面完成。创建后的 105 国道黄梅段行车速度比创建前平均提高约 20 公里/小时。2006 年 11 月 27 日,交通部 105 国道文明样板路创建工作检查验收组进行现场检测,评定 105 国道黄梅段为部级文明样板路。

"十二五"期间,突出"畅安舒美"路创建,通过 GBM 工程的实施,黄冈市公路技术标准、通行能力和抗灾能力以及公路的规范化管理水平得到了显著提高,公路本身特有的建筑美和景观美得到充分展现。

二、公路绿化

公路绿化是绿化祖国大地的重要组成部分。民国时期,湖北省政务厅在修建全省干支公路规划中明确规定,路肩种植槐树、柳树和梧桐。新中国成立初期,黄冈专区公路绿化以省道干线和主要支线公路为主,但株距远近不一,挖坑、栽植技术要求不严,所植树苗多从林业部门购进白杨、刺槐或利用河柳,且大部分采取扦插。

1956 年,黄冈在基本完成公路水毁修复后,为稳定新修复的路基和美化新改善线路路容,黄冈专区开展了大规模的植树活动,时值交通部《公路绿化暂行办法》颁发,促进了黄冈专区公路绿化的发展。

1962 年春,中华人民共和国副主席董必武在麻城、红安等地视察工作时,对公路绿化和植树造林作出指示,麻城、红安等各县委和区、社党委分别成立了公路绿化委员会和领导小组,并先后将公路沿线生产大队种植条件较好的耕地调给公路部门,开办种植苗圃,为公路绿化创造了条件。

1963 年,为加强绿化工作,黄冈召开了全区公路绿化会议,中共黄冈地委书记姜一在全区公路绿化会上明确指出,公路绿化要把紧三关——凼子关、树苗关、栽植关。各县在抓公路绿化时以养路班为单位,分段包干,责任到队到人,栽树以养路工人为主,吸收有经验的老农参加,发动当地群众挖凼子,这一措施收到了良好的公路绿化效果。仅这年春天,黄冈专区公路新植行道树 400 余公里,全区干、支线公路行道树达 2300 公里,其中干线 700 公里,树种以速生用材林为主,普遍栽植法桐、刺槐、加拿大白杨等。在绿化管理上,各县段做到栽管并重,制定了公路管理制度,每 10 公里由当地抽一名社员担任护林员,巡回护管,并实行三包制度,公路部门对社队专职护林员给以适当的生活补贴。与此同时,积极建设公路苗圃。1963 年,全区干、支线苗圃面积达 230 余亩(1 亩=666.67 平方米),其中干线达 20 余亩,为公路绿化奠定了基础。

20 世纪 70 年代初,随着渣油路面的修筑,公路行道树不断得到更新,为了保证公路植树有足够的树苗,各县公路段加强了公路苗圃建设。在各县人民政府和当地社队的支持下,扩大了育苗面积,至 1973 年,全区公路苗圃达 300 余亩,各苗圃均建有自流灌溉,开辟肥源,育苗品种不断增多,苗圃管理开始讲求科学,根据各树种的技术要求,分下种、移栽、追肥和出圃等工序,每道工序都有技术和时间要求。

在公路的绿化管理上,从黄冈地区公路总段到各县公路段,均有领导分管,配有专职绿化工作人员和技术人员,道班还配有专职护林员,密切配合沿线社队护林员共同管理。1973年,湖北省革命委员会发布《关于加强公路路政管理的通知》,进一步向广大群众宣传公路沿线设施的重要性,任何人不得任意侵占和破坏,严禁履带车和铁轮车辆在公路上行驶,禁止乱砍滥伐公路行道树,加强了路树的管理。全区社队护林员达140余人,通过护林员的努力,逐步落实了"损一、栽三、罚五"的绿化措施,提高了行道树的成活率和保存率。但由于"左倾"思想的干扰,公路绿化和路政管理也遭到不同程度的破坏,不仅措施不能得到落实,管理也时紧时松,乱砍滥伐现象在各地普遍存在。

为加强公路绿化管理,1983年7月,黄冈地区公路总段成立了路政绿化科,随后各县公路段也相继设立了路政绿化股。"七五"期间,为提高苗圃出圃率,加强了对全区457亩苗圃的管理。1988年新植公路行道树110公里,计71766株,补植(乔灌结合)199公里,计21.17万株;1990年新植路树112.75公里,计54352株,补植42183株,路树成活率和保存率始终保持在85%以上。"九五"期间,黄冈公路绿化完成1622公里。"十一五"期间,公路绿化的重点是完善,先后完成了阳福线、106国道等约96公里的多层次绿化带,形成了景观效应,并对全市干线公路的空白路段绿化进行补植,全市干线公路合格率100%。"十二五"期间,交通运输部门积极争取支持,抢抓有利季节,力推四个重点(大别山红色旅游公路、城市出口路、新改建公路、农村公路示范线),进一步美化路域环境。全市仅2013—2015年3年间,共投入绿化资金达1亿元,植树350公里,形成了一批令人赏心悦目的绿化景观路。

三、水毁修复与防治

(一)1954年特大洪水灾害

1954年春、夏、秋三季大雨,特别是6—7月,全区普降大雨,平均雨量达1048毫米,山区暴发山洪,平地一片汪洋,同时,江水猛涨,长江高水位持续90天不见消退。为确保武汉、黄石两大城市安全,省防汛指挥部决定在粑铺大堤、黄柏山等堤段分洪,武全公路路基被全部冲毁,丁桥、黄柏山桥、碧石渡桥、长虹桥、五眼桥等被洪水淹没;盛(洪卿)贺(胜桥)公路的保安、金牛、太和、高家河、湖泗等桥均遭严重水毁;汉(口)小(界岭)、柳(子港)界(子墩)公路被洪水冲毁多处,桥梁绝大部分被冲毁;武(穴)梅(川)公路路基毁坏、坍塌达15%以上,桥梁冲毁10座;黄(州)上(巴河)公路冲毁桥梁13座、涵洞58道;团(风)胜(利)公路冲毁桥梁12座,毁坏跳板桥和涵洞28处;兰(溪)罗(田)公路大段的路基被冲毁,桥梁被冲毁的座数达50%;正在修建的英(山)罗(田)公路毁于一旦;全区除汉(口)小(界岭)公路的靠山店至麻城路段勉强维持通车外,其他各条线路的交通基本中断。

1954年秋,黄冈专署在领导人民群众抗洪救灾、重建家园、恢复生产的同时,各县人民政府拨出巨款,组织大批群众,对公路水毁迅速进行抢修恢复,公路交通部门更是上下动员,全力以赴,日夜奋战在公路上。

黄冈县(今团风县、黄州区)在修复黄(州)上(巴河)、团(风)胜(利)公路县境内路段水毁中,黄冈专署共核批给2条线路水毁修复工程资金1.2亿元(旧币),其中,黄(州)上(巴河)公路5000万元(旧币),团(风)胜(利)公路7000万元(旧币);2条线路共投入民工4000人,完成土石方4.2万立方米。

同年冬,浠水县完成了兰(溪)罗(田)公路的县境内路段和柳(子港)界(子墩)公路的上巴河至浠水路段的修复,共用标工13000个,完成土石方5000立方米。广济县组织车站、梅川镇搬运工会共50余人和县内的货车3辆,配合民工,完成了武(穴)梅(川)公路的水毁修复。新洲县人民政府领导人民群众,完成柳子港至潘塘、阳逻至靠山店和汉口至小界岭境内路段的恢复,修复李集等4座桥梁。在对柳(子港)界(子墩)公路的柳子港至竹林岗路段的修复中,湖北省公路管理局工程队鉴于叶家桥、范冲、粑铺、四合庄等桥梁水毁严重,修复工程艰巨,为解决救灾之急,修筑便桥、便道,勉强维持通车。蕲春县人民政府集资153万元(旧币),修复了漕河至刘河路段27公里。在对漕河至蕲州路段的修复中,将原线改经付畈、三渡、赤东、八里湖、冷水井等地,比原线路缩短里程13公里。

为改善汉(口)小(界岭)公路余家寨至麻城路段,修复麻城至小界岭路段的水毁工程,湖北省公路管理局投资7790万元(旧币),动员宋埠工区的全部力量,依靠民工以工代赈修复水毁工程。麻城县人民政府为修复宋埠至白果公路,拨款475万元(旧币),动员民工3000余人,完成土石方1500立方米,修复桥梁6座。英山县人民政府从地方公益经费中拨款6000万元(旧币),动员民工上路,完成土石方19.3万立方米,修复平桥和跳板桥24座,更换落令河木架桥的桥面板,使英(山)罗(田)公路通车。

在修复水毁工程中,黄冈专区各县采取以工代赈为主,坚持"重灾重赈,轻灾轻赈"的原则,以民工建勤为辅,动员组织大量民工上路,全区共投入抢修水毁修复工程达44.7万人工日。

为加强对水毁防治和抢修的技术指导,1955年5月,黄冈专区组织汇集全区公路技术干部,研究公路、桥梁的水毁修复和防治措施,并对各工区有关人员水毁修复进行现场培训,发动沿线群众组成护桥、护路小组。8月,黄冈专区鉴于柳(子港)界(子墩)公路新洲至淋山河17公里、上巴河至浠水35公里两路段的水毁修复完竣,为使柳(子港)界(子墩)公路全线贯通,黄冈专区组织黄冈(今黄州市)、浠水两县共同组织4000余名民工建勤修复了上巴河大桥。与此同时,湖北省公路管理局为加强武(穴)梅(川)公路水毁修复工程,投资240万元(旧币),广济县(今武穴市)在利用民工建勤恢复路基的同时,组织人力、物力,重建官桥,修复游家塪和周煜两座桥梁。黄梅县人民政府组织公路修建委员会,加强对境内公路桥梁的修复,在修复黄(梅)小(池口)公路中,组织民工建勤1.2万余工日,整修路基,填补坑槽,疏通边沟。至1955年底,黄冈专区公路、桥梁水毁修复工程基本结束,全区完成修复水毁公路17条(段)计408.5公里,在全区1163.5公里公路中已有通车线路达28条(段)计698.1公里,占总里程的60.1%,在通车里程中部分路段得到改善,基本上达到晴雨通车。

(二)1983年特大洪水灾害

1983年6—10月,黄冈地区持续遭到特大暴雨袭击,山区暴发山洪,蕲河、浠水、巴河、举水、倒水诸河流先后出现特大洪水,洪峰不断,因长江下游高水位顶托,黄冈地区河、湖水持续高位,形成倒灌,内涝严重。黄冈地区5000多公里通车公路均遭到不同程度的水毁,有86条线路交通中断,公路水毁损失达1053万元。

水毁发生后,黄冈地区公路干部职工全力投入水毁修复,基本做到路基毁一段恢复一段,路面冲毁一次再铺一次。至年底,除麻城的蔡店河至张家畈、英山的过路滩至石镇两路段水毁公路未抢通外,其他线路全部恢复通车,完成路基修复工程53975米、路面164550平方米,修建挡土墙、驳岸39332立方米,整修桥梁11座、涵洞225道,基本上保证了公路交通的畅通。

(三)1991年特大洪水灾害

1991年开春后,黄冈境内连遭暴雨袭击,与正常年份比较,具有降雨范围广、强度大、雨量集中的特点,由于暴雨持续时间长,来势凶猛,受灾面积较广。6月30日晚至7月12日,黄冈地区各县市每天都有暴雨、大暴雨。12天内,黄冈地区有5个县市的降雨量超过600毫米,其中罗田883毫米,居全省之首,麻城三河口、英山桃花冲、罗田黄石河等局部地区降雨分别高达1017.8、1152.2、1457.6毫米,全区12天大面积连续降雨总量达100多亿立方米,占全省的1/6,水利设施全面处于饱和状态。特大暴雨的袭击,造成了山体滑坡,水库大量泄洪,黄冈境内47座大型水库,10天入水量达24.3亿立方米,28座水库溢洪,出库量3.79亿立方米。五大水系(浠水、蕲河、巴河、举水、倒水)最大洪峰流量高达6400立方米/秒,强急的暴雨给公路造成了巨大损失。黄冈地区3条过境国道(105、106、318)有2条(106、318)一度中断交通,11条省道和39条县道处于瘫痪状态。截至7月21日,黄冈地区列养公路冲毁路基共8.75公里,桥梁全毁3座计87米,局部毁坏43座计1017米,涵洞全毁150道,局部毁坏540道,直接经济损失达

2202.75万元;未列养公路的损失更为惨重;全区公路损失金额2900余万元。

在特大洪灾面前,交通部、湖北省和黄冈地区的各级领导先后30余人次视察公路灾情,指导抢修,研究制订水毁抢修方案和措施,把公路交通作为抗洪救灾的重点来抓,黄冈地区和县市政府、市委、常委、政协主要领导上路巡查,指挥抗洪抢险,保桥护路,慰问道班工人。黄冈地区交通局在整个抢修期间,把握重点,积极组织,调剂资金,加强对抗洪抢险、修复公路的指导。黄冈地区公路总段及时成立了以总段长袁希炎为组长的抗洪抢险领导小组,并决定总段领导分片包县市,科室定点,动员全体干部职工投入公路水毁防治、防洪抢险、护路抢修的战斗。各县市公路段把抗洪救灾和护路抢修结合起来,成立了领导小组,麻城、罗田、英山等县市公路段还成立了抗洪突击队,在上级水毁资金没有及时下拨的情况下,不等不靠,积极抢修便道,恢复路面。没有石料做驳岸就用路树、树枝代替;没有资金建桥就用木料搭便桥;有的利用当地退沙还田复堤的机会修复路堤;劳力不足,机关干部全员上阵。截至8月20日,共投入劳力20.15万人工日,其中民工建勤12.55万工日,机关干部1.35万工日,道工6.25万工日,机动车辆400多车次,炸药8.30吨,汽油和柴油250吨,草袋13.73万条,木桩2.13万根,共投入资金106万元。完成清除塌方土石方6.7万立方米,完成挡土墙2131立方米,完成便道土方20.4万立方米,修复涵洞299道。

为落实黄冈行署提出的"当年受灾,当年恢复"的精神,保证公路全部畅通,保证工农业生产及时恢复和发展,9月,黄冈地区公路总段制定《黄冈地区水毁修复工程暂行办法》。年底黄冈地区完成水毁恢复路基土石方1817752立方米/87739米,修复渣油路面100738平方米/63204米,修复砂石路面2854695平方米/440555米,修建防护工程140721.44立方米/605处,维修桥梁44座计644米,新建、维修涵洞249道,新建、维修道班房8093平方米/33栋,累计完成水毁修复货币工作量780.08万元,公路路况基本恢复到灾前水平,有的路段还超过了灾前水平。

(四)1998年特大洪水灾害

1998年,黄冈市遭受百年未遇的特大洪涝灾害。5月1日—8月30日相继发生9场暴雨,总降雨量达1280毫米,相当于正常年份同期降雨量的2倍,仅次于1954年特大洪水,黄冈市因灾直接经济损失达59.23亿元。强急的大暴雨造成山体滑坡,江河湖水水位猛涨,水库溢洪,公路水毁,损失严重,318国道、105国道及罗兰、下蕲等100多条公路被洪水淹没,863座桥涵被冲毁,罗九、松蔡等337条县乡公路中断交通,公路直接经济损失达4800多万元。

灾情发生后,黄冈市和各县市党委、政府迅速启动了水毁灾害应急措施,开展抗洪救灾全面部署。黄冈市公路总段成立了公路水毁抢修领导小组,组织资金,检查督促,指导各县市公路水毁修复工作,并实行24小时值班制度。各县市公路段亦成立公路水毁抢修领导小组和公路抢险救灾突击队,组织人员、机械和应急抢险物资储备,对已发生塌方、滑坡、水毁路段进行及时抢修,疏通边沟,使一度中断的17条主要线路及时恢复通车。为确保防汛抗洪救灾车辆优先通过,黄冈市各收费站设立了防汛抗洪救灾车辆免费通道,并热情地做好服务。与此同时,黄冈市公路总段和各县市公路段加强对公路的巡查、排险力度,对易发生塌方、滑坡、水毁路段,尤其是高填深挖方山区公路加强监控,防止因强降雨引起的山洪暴发、山体滑坡导致次生安全事故发生。对危险路段进行全面排查,并按规范设立警示标志标牌,提醒过往车辆小心安全驾驶,必要时设专人进行引导。加强对公路的管养力度,尤其是及时处治路面病害,修复路基坍塌,完善标志标线,确保边沟畅通,提升公路服务质量,为人民群众安全便捷出行提供可靠保障。广泛动员干部职工开展赈灾捐献活动,黄冈市公路总段先后三次组织机关干部职工捐款共计28800元,向灾区人民奉献爱心,看望和慰问战斗在抗洪救灾第一线的人民解放军官兵。

四、安保工程

安保工程是安全保障工程的简称。1999年,湖北省人民政府省长办公会议决定对湖北省道路交通事故多发路段进行整治。为落实会议精神，湖北省公安厅编印《湖北省道路交通事故多发路段整改建议册》，湖北省公路管理局重点对199处交通事故多发路段进行了整治。黄冈市交通公路部门投入资金，对部分公路进行了裁弯取直改善，并设置了防撞墙、钢板护栏、分隔带和路面防滑设施。2005年6月，湖北省公路管理局印发《湖北省公路安全保障工程管理办法》后，推动了黄冈公路安保工程建设。当年完成106国道团风段钢护栏1000米和黄标线武穴段钢护栏800米建设。2010年，黄冈安保工程完成投资1403万元，其中专属资金240万元、地方自筹1163万元。

"十一五"期间，黄冈全市完成安保设施钢护栏101489米、钢筋混凝土护栏46966米，危桥改造9351.83延米/164座。

"十二五"期间，为了进一步推动民生工程，安保工程从国省干线向农村公路推进。2014年，黄冈市公路管理局印发了《2014全市农村公路安保工程示范实施方案》。2015年，全市新建错车台9147个，完成安保工程2024.3公里；完善各类标志30块、大型平交口渠化7处、农村公路交叉口改造234处，安设示警桩、道口桩1056根；完成全市中桥以上241座桥梁信息公开牌和桥梁限载标志设置，落实"一桥一牌"；完成危桥改造45座。

第二篇　道路运输

黄冈陆路运输历史悠久。从人行小路到车马大道，从官商运输到军事运输，从官办驿运到民间运输，古代陆路客货运输主要依靠人力、畜力进行。

民国时期，随着新式筑路方法和汽车制造技术的发展，黄冈公路运输遂代驿运而兴。

中华人民共和国成立后，道路运输开始恢复发展，运输工具不断进步。1956年底，全国基本完成了对农业、手工业和资本主义工商业的社会主义改造，公路运输行业取消了个体运输，道路运输业的主体是国有运输公司。1958年，随着"大跃进"运动的发展，客货运量猛增，陆路运输全面紧张，国家实行统一客货源、统一调度、统一运价的"三统"政策，实行严格管制，人们乘车难、货物运输难的问题普遍存在。

1966—1976年，受"文化大革命"的冲击，黄冈道路运输受到干扰。由于"三线建设"的需要，大型建设项目上马，公路建设呈现发展势态，陆路货源大量增加。至1972年，汽车货运量开始超过人畜力车货运量，现代运输工具与民间运输工具的货运量比重发生了具有历史意义的转变。到1981年，全区汽车保有量达到5491辆，其中客车435辆(交通专业客车369辆，占客车总量的84.8%)。黄冈当年完成公路客运量1801万人次、旅客周转量54558万人公里，完成货运量118万吨、货物周转量9738万吨公里。

1984年，黄冈公路运输管理部门成立后，道路运输行业管理全面加强。按照"企业下放，管理集中，面向社会，搞活交通"的指导思想，运输市场逐步开放，国家、集体、个体一起上，道路运输由交通部门独家办转变为主体多元化的新型运输市场，形成多种经营成分并存的发展格局。汽车客货运量直线增长，跨省长途运输兴起。1992年，黄冈全区新辟14条跨省客运线路，连接江苏、浙江、江西、广东、安徽、河南、湖南、福建、上海9个省(直辖市)的20多个大中城市和商品集散地。新增跨省长途营运里程14.2万公里，与全国各地互通班车220多个班次，日发客运班次1237个、旅客运输量完成14万人次。全年共新增车辆423辆，其中客车152辆、货车271辆。

进入21世纪，随着运输市场全面开放和高速公路的建设，道路运输进入全面发展的新时期。黄冈高速公路客运、旅游客运兴起；车辆结构由单一的普通型大客车发展到高中低配套、大中小兼有的全新运力格局。高级车、卧铺车、出租车、旅游车从无到有，从少到多，为旅客出行提供了多种选择。随着公路网络功能的提升，客运线路网络日趋完善，客运班线继续向省外扩展，辐射全国各大城市，跨地市客运线路覆盖全省；县市内外班线密织成网。至"十二五"期末的2015年，黄冈市有营运客车5856辆，货车28969辆，旅游车106辆，公交车928辆；有省际客运线路81条，市际客运线路130条，市内县际客运线路71条，农村客运线路857条。全年完成公路客运量1.02亿人次、旅客周转量49亿人公里，公路货运量0.75亿吨、货物周转量156.2亿吨公里。

第一章　古代传统运输

第一节　运　输　方　式

一、人力运输

人力运输是民间古老而传统的运输方式,伴随着人类的生产、生活走过了漫长的岁月。从人畜的自身负载运输到人畜力的荷载运输,经历了萌芽、兴起、发展、鼎盛和衰退5个阶段,对生产力的发展和社会的进步起着重要的推动作用。

(一) 人力客运

黄冈人力客运的主要工具为轿子和滑竿。轿子有官轿、民轿之分。

官轿　轿身呈长方形,圆顶,四周罩上绣有龙凤等装饰精美的轿衣。官轿有绿呢轿、兰呢轿,又分为4人抬或8人抬,根据官员的官职高低,轿夫数量不同。官轿显示官员的地位等级和特权。

民轿　分为大轿和小轿。坐大轿的为达官贵人、大商巨贾、洋行买办,或是大户人家娶亲所用,8人抬;小轿称为彩轿,为民间小户人家婚娶专用,华彩雅致,4人抬。小轿有木质、篾质,常用红、黑漆刷饰。

清末民初,黄冈出现轿行。1921年,浠水县巴兰及城关镇各有专业轿行1家,各有马头轿20多乘,主要用于民间客运。1933年,麻城县城关轿行发展到8家,轿夫都为穷人,轿夫力资按比例分红,老板得二三成,运价当面商议,麻城至宋埠一趟,付银元2元,麻城至中驿一般1元(银元)左右。1938年,宋埠也出现轿行,宋埠到新洲,运价1.5元(银元)左右,麻埠到红安因山路运,运价在2元(银元)以上。

滑竿　用两根竹竿夹一张竹椅制成,滑竿构成简易,多用于山区客运。乘客在椅子上可坐可躺。滑竿分有遮盖与无遮盖两种,有遮盖的滑竿可避日晒雨淋;无遮盖的滑竿,需乘客自己(或佣人)打伞。黄冈县但店、贾庙山区偶见。

(二) 人力货运

挑运　是以人体肩臂负担的肩挑运输。挑运借助扁担、绳索、箩筐构成运输工具,承担运输能力,俗称"挑八根系"。挑运是民间短途转运货物的重要形式,有时也用于长途贩运和物资位移。1918年,鄂城县从城关挑杂货120斤到大山寺,路途30里,运费641文(铜钱,下同)。1922年,由商会议定:从长江起坡40文,进城60文,夫头每担抽厘头钱3文。1926年,改为起坡70文,进城60文,夫头每担抽厘头钱16文,挑百斤杂货至大峡为一串铜钱。1935年,杂货起坡每50公斤,运费90文铜钱。抗日战争时期,蕲春进安徽的挑夫每日有200余人。

背运　是用臂肩直接负重的背物运输。在城市多用于车站、码头、仓库和装卸作业,俗称"扛码头"。在农村,特别是山区,背运还需借助背篓、背架等工具。本境山区较为普遍,因山区多为羊肠小道,行进艰难,有的山道只能"扶岩而过、背运而行"。

抬运　是由人体单肩负重,两人(或两人以上)借助杠子、绳索构成运输,多用于短距离的笨重货物运输。抬运方式的运输多在车站、码头的上车或起船搬运货物时出现。

二、人畜驮运

驮运为畜力负载运输,是以人体或牲畜自身负重物资的运输,是人类最原始的运输形式之一。黄冈境内驮运以马、骡、驴较为常见。春秋战国时期,楚国为了争霸称雄的需要,大力开拓道路运输,运输路线初步形成网络。长途商业贩运也开始兴起,各部落之间已有固定的行走路线。这一时期,人们掌握了驯养牲畜的方法,并使用牛、马运送所获的物资,每匹驮运牲口备有鞍架和长布口袋,能负重百余斤,1人1畜或1人多畜,开始有了驮运。在道路运输方式的演变中,由人类自身负重运行到使用牲畜驮运,是一个很大的进步。

三、畜力车运

畜力车运输历史久远。相传,在黄帝时代,车已被制造出来。夏禹时,已有以马为动力的车具。到了商汤之际,又有马车、牛车出现。车的出现改变了人畜力自身负重的原始运行方式。据《礼记·曲礼》记载,春秋战国时期,就以车数和牲畜的多少来衡量一个人的财富,有"问士之富,以车数对,问庶人之富,数畜以对"之说。车的出现和使用,是运输史上的一次革命,改变了道路运输完全依靠人体或牲畜自身负重的原始运行方式,使道路运输进入了一个新的发展阶段。

春秋战国时期,在楚国,车的使用已较为普遍,而且数量和类别也比较多。1978年3月,在湖北省随县发掘的战国早期曾侯乙墓出土的竹简中,记述车的类别有路车、戎车、大路、广车、乘车、游车、安车、鱼轩、墨乘及叩车等。

楚怀王六年(前323年),怀王赐给鄂君启的车节,限定每次运输量为50车,每车载20担。这说明战国中期以后,通过道路运输的物资数量已较大,从事商业运输的车辆已相当多。畜力车运输有用于城市客运的马车,有用于城市之间货运的骡马大车和农村自货自运为主的牛车。此外,畜力车也有官用、民用之分。

第二节 运输形式

一、军事运输

春秋战国时期,楚国是中国南方最强盛的一个诸侯国。为政治、军事和经济的需要,楚国不断开拓道路交通,逐步形成了以郢都为中心的道路运输网络。

楚武王四十年(前701年),武王子屈瑕打败鄀国与蒲骚,走的就是经雍澨(今荆门市沙洋镇)、鄢(今应城市)、柏举(今麻城市东北)通向河南的路线。楚昭王十年(前506年),吴王阖庐与唐侯、蔡侯联军伐楚,从淮河上岸,经河南潢川进入湖北,在柏举与楚会战,并于雍澨打败楚军,攻入郢都,走的也是这条路线。

据《读史方舆纪要》卷七十六湖广二,黄州府蕲水县蕲水城下注:"轪县城,在县西北四十里,故弦子国,为楚所灭。"据《左传》载:"楚子灭弦,弦子奔黄。"据《史记·楚世家》载:"汝南弋阳县,故黄国",证实黄国的位置在今河南潢川县西,弦国是春秋时的隗姓子爵封地,位置在今浠水西北,弦子奔黄的路线,就是由黄冈浠水经新洲、麻城、河南新县至潢川黄国。又据,楚成王二十二年(前650年),楚伐黄,楚成王二十六年(前646年)灭英(安徽省六安市西)。

二、官道运输

唐代,道路运输发展较快,黄冈境内有驿道,传递羽檄军书及公文邸报。唐太宗贞观元年(627年)将全国划分为10道,到唐玄宗开元二十一年(733年),全国共有15道。今湖北省境分属山南东道、淮南道、江南道和黔中道,四道之中有1府、14州、63县。当时各州通往外地的道路运输均能"四至"(至东、南、西、北)、"四到"(到东南、西南、西北、东北)、"二去"(去西京长安、去东都洛阳),并形成了以襄州、鄂州、江陵三城为枢纽的道路运输格局。

两宋时期,宋神宗元丰元年(1078年)将全国划分为23路,湖北分属东西南路、淮南西路、江南西路、荆湖北路和夔州路。北宋的道路干线以都城汴京(今河南省开封市)为中心贯通全国,从汴京到本市的线路有:由信阳军向东经光州、麻城、蕲春至江州。两宋时期,襄阳、江陵和鄂州(武昌)三城市仍然在道路干线上,在政治、军事和经济上仍占有主要地位。

三、古代驿运

清康熙三年(1664年),湖广分治,始设湖北省,省署在江夏县城(今武汉市武昌区),江夏遂成为全省政治、军事、经济和文化的中心。驿道路线也由此辐射全省。由北京通往各省的干线称为官马大道;湖北省通往邻省的驿道称为大路;以江夏为中心,通往各府、州、县的驿运路线叫驿道;各县通向省辖区境内的驿道称为铺路。这些官马大道、大路、铺路互相衔接,形成驿运网络。

驿道上的驿站是主要供传递公文人员或往来官员中途歇宿或者换马的处所。驿站设有驿丞、驿司、驿卒和兽医等人员,配有一定数量的马匹。其驿站间的距离,一般置60里到120里。在靠近江湖河滨边,设置水陆兼用的水马驿,除配有马匹外,还配有渡船和船夫。

急递铺,是配合和辅助驿站的传递和联络机构,铺距有10里、20里、30里,但少数地方亦有50里的铺距,每铺的编制有铺司和铺兵徭役等。

鄂东地区(今黄冈市)的驿站和急递铺的设置与发展,经历了相当长的历史过程才逐步得以完善,见之文字记载的最早驿站有东晋蕲阳县的蕲阳驿和县治北部的西河驿。

南朝萧齐时,在郡治(今黄州)设置齐安驿,在郡治北部的李坪处置李坪驿,郡治西部的阳逻堡处置阳逻驿。为加强与蕲水县的联络,在县治南20里处置希川驿,在县治西的巴水畔置巴水驿。唐代,在此基础上又置兰溪驿。

唐代驿站的设置和管理承袭隋制,实行邮、传合一,驿站分陆驿、水驿和水陆兼办驿站3种。

宋代驿站承袭唐制,《宋代驿站制度》称:"六十里有驿,驿有食宿及乘传钱米之供应,以待四方宾客,即侯饶之遗事也。"据《夷坚乙志》卷五载:"周勉仲为蕲州司法时,以驿舍为官廨。"说明当时驿兼有馆的性质。

元代,全国遍设驿站,每隔60里设一驿,与驿站相辅而设的有急递铺,每隔10里、15里或25里设一铺。

明代,中央高度集权,朝廷很重视驿站运输和邮政传递。一面巩固和发展了原设置的驿站,将原齐安驿和阳逻驿分别改置为齐安水马驿和阳逻水马驿,将团风北部20里处的原李坪驿迁至团风镇附近,将蕲水县治南20里处的原希川驿迁至县治的东侧。与此同时,积极设置新的驿站,先后又增设了麻城县(今麻城市)的县驿、西馆驿、中馆驿和东馆驿,广济县(今武穴市梅川)县驿和双城驿,黄梅县驿和亭前驿,其驿站均配置了驿丞、驿司、驿卒和兽医等,并配有马匹。凡是水马驿,除按陆路驿站配置外,还配有船只和船夫。

在加强驿站建设的同时,在驿站间设置急递铺。明代,在黄州府所辖的驿道上,共设置急递铺101个,每铺大致配有厅屋3间,东西厢房各3间,邮亭1座,照壁屏墙1座,铺门1间,碑门1座,墙垣1围,桌椅什物具全,每铺铺司1名,并添设驿司、铺兵1~5名,要冲路则添置8~12名不等。

清代,鄂东地区在明代的基础上对驿道的布局进行了局部的调整。据《湖北通志》1921年版记载,湖

黄冈交通运输志

北驿路以武昌府江夏县为中心,贯穿全省各府、州、县。主要驿路有7条,经鄂东地区的2条:一条自江夏县(今武汉市武昌区)经武昌(今鄂州)华容站、黄冈、巴水驿、蕲水(今浠水)、蕲州(今蕲春)、西河驿、广济(今武穴)、双城驿、黄梅亭前驿至安徽太湖县;另一条自江夏循以上路线至双城驿后,经黄梅、孔垄驿至江西德化(今九江市)。为加强北部大别山区的驿路交通,在罗田县增置了罗田县驿。由于驿道布局的调整和驿站的增置,急递铺亦有明显增加,全府由明代时的101座(含黄陂区11座)急递铺,增加到135座(含黄陂区11座、英山县8座)。

1896年3月20日,清光绪皇帝批准开办大清邮政官局,1897年汉口成立邮界总局。黄州府的武穴、蕲州、黄州设立邮政局。随着火车、轮船等现代化的水陆运输工具的兴起,驿传的运输任务被逐步取代,驿运的历史使命亦随之结束。

第二章 现代民间运输

第一节 运输工具

一、非机动车

(一) 独轮车

独轮车也叫狗头车、推线车,多为木质结构,车型独特,在车轮的上方及两侧置木架和底板,便于装货物,载重100公斤左右,一般一人推行,也有人力在前用绳索助拉。多为分散农民自货自运,或受雇于人,用来推车赚取力资费。解放战争期间,麻城县有手推车160辆,人民群众成群结队用以支援人民解放军作战运输。新中国成立初期,各级乡政府组织手推车搞短途运输或农田水利建设。1951年1月,罗田肖家坳区成立土车工会,有土车60辆。1954年,红安县各区乡组织临时运输队,共有手推车69辆、板车12部,完成粮食运输2431.5吨。1957年,该县在手推车居多的八里、觅儿两区组织6个副业大队,计77个中队,有手推车2119辆。副业大队的领导由乡主要干部兼任,副业中队的领导由农村社干部兼任。1958年,土车运输不断发展,罗田县新塝土车运输队312个,有土车运输人员4284人。黄冈县用于参加运输的手推车有2792辆。

1960年5月,罗田县人民委员会发出全县短途运输实现"车子化"的指示,并集中技术较好的铁匠、木匠艺人,成立区、公社、大队车子化工厂,改良土车,安装球轴承。是年,全县人力车增加到2.94万辆,其中,专业运输车8077辆,货运量占当年货物运输总量的50%,并持续10年而不衰。

1962年,黄冈地区有专业运输队112个,从业人员3626人,副业运输队(组)1059个,从业劳动力10782人。20世纪70年代后,人力车逐步由机动车替代,土车逐步减少。

(二) 骡马车

据《浠水县交通志》称:1956年,浠水县马车队率先购置4套马车营运,每车荷载量1.2~1.5吨,主要在浠水的蕲州、漕河、刘河、横车、张塝、青石6个地方从事马车运输。1958年秋,浠水县商业系统和十月区相继成立马车运输队。至年末,全县共计有5家马车运输队,有马159匹,车60辆。

1958年,蕲春县交通局报请县人委决定,以县商业局马车队为基础,由县商业局垫付人民币28万元,先后派人从外地购回一批骡马,并将全县骡马、马车及驾驶人员纳入县交通局管理范围。同年9月,成立蕲春县马车运输团,团部设在漕河镇付家畈,下辖蕲州、漕河、刘河、横车、张塝、青石6个马车运输营,计有骡马198匹、马车57辆、载重吨位57吨、从业人员329人。1959年1—6月,马车运输团完成货运量1.03万吨、货物周转量13.47万吨公里。由于从北方购回的骡马不适应当地气候,加之饲料紧张,造成骡马生病,并大量死亡。1959年11月,该县人民政府决定撤销马车运输团,骡马和车辆无偿移交给县商业局。

(三)胶轮板车

胶轮板车又称钢丝车,比传统木轮车更先进适用,载重量一般为500~650公斤,人力推拉。1956年,交通部在贵阳、南京、保定召开三个片区会议,研究民间运输工具改良工作,总的原则是"改制为主,新制为辅"。湖北省公路厅于1957年10月向各专区交通系统发出函件,并附发《关于湖北省专副业民间陆路运输工具进行技术改良的意见》,提出工具改革的具体办法是:改良旧车时,应重点考虑车轮、车轴、制动设备这几个方面的问题,以解决车轮与地面、车轮与车轴的摩擦阻力,加强滚动性能,提高载重量。独轮车的车轴部分可将木轴两端加上铁套,木耳孔中镶以半圆形铁瓦,铁木轮逐步改为硬胶皮,在山区、丘陵地带行驶的独轮车可加装制动装置。牛车,则首先将车轮与车轴分开,车轴固定在车架上改为绕轴转动,再在木轴两端装铁套,在轮鼓内镶装铁圈,留出稍大空隙,注射润滑油,便于灵活转动运行。1958年,黄冈专区将全区拥有的手推车(独轮车)30488辆、板车354辆、牛车400辆陆续进行技术改良,改良后的牛车载重量由原来的400公斤提高到600公斤,板车也逐步改为硬胶皮车轮。至1959年,黄冈专区民间运输工具基本改装完毕。浠水县开展310项民间工具改革活动,实现了短途运输车子化、车子球轴承化。

二、机动车

(一)简易机动车

简易机动车是以普通柴油机或汽油机作为动力的一种非定型小型运输机动车,主要包括革新机动车(土汽车)、三轮汽车、机器脚踏车等。车速一般为每小时25~30公里,车型复杂,载重量小,装配简单,操作简便,适宜作平原短途运输用。

1958年10月,交通部在南京召开全国民间运输工作会议,提出深入开展民间运输业技术革新和技术革命运动,以土为主、土洋结合、土中出洋,大搞车子机械化、自动化。1962年,黄冈县团风搬运站自制一辆载重2吨的四轮帆布篷"土汽车"。1965年,黄冈地区有3辆30吨位三轮汽车。1972年,黄冈地区有陆运简易机动车7辆、70吨,革新机动土汽车49辆、62吨。

1981年,随着全国封车节油措施的贯彻,部分噪声大、耗油高、污染严重、配件缺乏的简易机动车逐渐被淘汰,各种类型的汽车大量涌入公路运输市场,简易机动车亦纳入公路运输管理范畴。

(二)拖拉机

1955年,黄冈县拥有1台美国制造的25马力(约18.4千瓦)轻式拖拉机。1956年12月20日,黄冈县白潭湖拖拉机站成立,有拖拉机10台,374马力。1957年1月,白潭湖拖拉机站改名为白衣拖拉机站,有拖拉机12台。此后,拖拉机数量逐年增加,到1982年黄冈县的拖拉机数量发展到2717台。1958年,湖北省政府奖励罗田三里畈三里桥灯塔社捷克25马力(约18.4千瓦)大型拖拉机1台。

1958年,蕲春县拖拉机数量增至19台,至1976年发展到867台,至1985年末,蕲春县拥有各式拖拉机2109台,计34095马力(约25077千瓦)。其中,个体运输专业户有拖拉机1288台,年实现货运量42.98万吨、货物周转量2318.4万吨公里。

1970年12月,黄冈地区革命委员会规定:工农七型手扶拖拉机系列农田机械,应以农田作业为主,空闲可以搞一些短途运输。1971年,黄冈地区有胶轮拖拉机683台,履带式拖拉机339台,手扶拖拉机1338台。1976—1980年,黄冈地区浠水、黄冈、英山、红安等县拖拉机数量增长较快。浠水县大中型拖拉机 1980 年比 1976 年增长 77.93%,手扶拖拉机增长 101.07%;黄冈县大中型拖拉机 1980 年比 1976 年增长 45.54%,手扶拖拉机增长 103.56%;英山县大中型拖拉机 1980 年比 1976 年增长 100.64%,手扶拖拉机增长 46.15%;红安县大中型拖拉机 1980 年比 1976 年增长 77.82%,手扶拖拉机增长 86.88%。1984 年,黄冈地区拖拉机拥有量达 19214 辆,分别是 1957 年和 1978 年的 57.48 倍和 2.44 倍,全区拖拉机完成货运量 481 万吨、货物周转量 17088.6 万吨公里。1985 年,全区有运输用拖拉机 20247 辆,其中交通部门 7 辆、非交通部门 8267 辆、个体 11973 辆。1987 年,全区有轻式拖拉机 21116 辆,其中交通部门 58 辆、个体 18444 辆;全区有手扶拖拉机 14155 辆,其中交通部门 28 辆、个体 11871 辆。拖拉机成为黄冈民间短途运输的主要工具之一。

1992 年 8 月 15 日,黄冈地区召开各县市运输管理所运输股长会议,统计黄冈地区拖拉机拥有数量为 17130 辆,其中黄州 2350 辆、红安 1450 辆、麻城 2750 辆、浠水 2710 辆、罗田 922 辆、黄山 778 辆、蕲春 1550 辆、武穴 1760 辆、黄梅 2860 辆。1992 年以后,随着乡镇通客运班车的运输迅速发展,拖拉机运输市场逐步萎缩。

第二节 支前运输

一、苏区支前运输

1927 年大革命失败后,鄂东地区建立了苏区政府,湖北省苏维埃政府在龙港设立了鄂东转运总局,管辖阳新、通山、大冶、咸宁及鄂东各县局。鄂东南在大幕山区成立了 3 个转运局。杨林桥转运局于 1929 年成立,受中共鄂城县委领导。飞机墩转运局于 1930 年成立,受中共"咸通蒲"县委领导。舒窦转运局于 1930 年成立,受中共"咸崇通"县委领导。1931 年,又在大冶海螺山设一个转运站。转运局主要是靠人力肩挑背驮,穿山越岭转运物资。各苏区政府设立交通委员会,县政府设立交通局,县下面设分局(交通站)。

1930 年,黄梅县北区第四乡苏维埃政府成立运输大队,也称扁担队,是由苏区农民协会组织起来的。运输大队有 90 多人,归赤巴队领导,跟赤巴队一起行动,专给赤巴队运粮食、挑柴火、抬伤员、帮助苏区政府红军运送各种物资。同年 8 月初,中国工农红军第八军第四、第五两个纵队攻打黄梅宿松,黄梅的赤卫队、少先队、运输队、担架队共 1000 多人助战。运输队队员们挑着箩筐,拿着绳索扁担,浩浩荡荡向宿松进发。红军到达宿松城下就开始攻城,经过半天的激烈战斗,攻下宿松县城。这次战斗缴获国民党军枪支和日用品不计其数,运输队运了三天两夜还没有运完。

1931 年,在鄂豫皖苏区,为了运输粮食,英山苏区农民协会成立了运输队。1931 年,《英山县苏维埃政府、县苏维埃联席会议决议案》决定:须组织成强劲的运输队,利用时间到国民党统治区搬运豪绅地主的粮食。同年 7 月,英山县苏维埃政府设立县交通局,下设石头咀、余家铺、石桥铺、大坂河、石丈河、瓦寺前、杨柳湾 7 个分局。县交通局局长为石里成,有工作人员 22 人,分成 7 个班,主要任务是送递英山县委、苏维埃政府、红军的公文,为支前送信。

二、抗日战争期间运输

抗日战争爆发后,由于主要铁路、公路交通线被日军控制,山区地带成了抗日后方。公路汽车运输因油料、配件来源困难,仅靠山区汽车运输无法担负起战争的运输需要,在此种情况下,已废止的驿运制度又恢复使用。

1939年,南京国民政府交通部成立驿运管理所,着手策办全国驿运。1940年10月22日,湖北省正式成立驿运管理处,行政院任命湖北省建设厅厅长林逸圣兼任驿运管理处处长。当时的驿运管理工作主要是组织大批运输工具和人畜参与运输,发挥驿运效能,坚持持久抗战。1942年12月,省政府决定撤销驿运办理。之后随着战局好转,汽车增加,官办的驿运业务逐步减少。1944年,交通部撤销驿运总管理处。抗日战争胜利后,行政院通令各省停办驿运,由民间自由运输,不加管制,抗日战争时期一度恢复的驿运便告结束。

三、挺进大别山运输

1947年6月30日,刘伯承、邓小平率领晋冀鲁豫野战军主力一、二、三、六4个纵队计12.4万余人,在鲁西南寿张县以东300余里的河段全线强渡黄河,揭开了人民解放军全国战略性进攻的序幕。8月7日,刘邓野战军主力兵分三路向南急驰,具体行进路线是:第一纵队为西路,沿曹县、宁陵、柘城、上蔡之线,向豫南;第三纵队为东路,沿城武、鹿邑、界首之线,直奔皖西;中原局、野战军指挥部率二、六纵队居中,沿沈丘、项城、息县之线南进。8月11日,刘邓大军跨过陇海路进入黄泛区,黄泛区宽达30余里,遍地积水淤泥,没有道路,没有人烟,行走极为困难。为了同国民党军抢时间,刘邓大军指战员不顾疲劳,奋勇跋涉前进,重炮和辎重车辆改用牛拉人推,部队动员精简笨重武器和车辆,提出"走到大别山就是胜利"的口号。8月26日夜,野战军总部和六纵队行进到淮河北岸息县临河一线,终于胜利完成了千里跃进大别山的战略任务。刘邓大军进入大别山后,9月初六纵队主力兵分两路,一路十八旅乘虚东进,另一路十七旅则自黄安出黄陂威逼武汉。9月4—11日,十七旅走黄安(今红安),下罗田,占英山,出浠水,14日和15日攻克广济、黄梅。

四、支援渡江运输

1949年1月1日,毛泽东在《将革命进行到底》的新年献词里,向中外宣告我军将渡江南进,把解放战争进行到底。为了支援渡江战役,中原局发出了全心全意、全力全面地保证支前的指示。鄂豫区党委于1月29日发出为切实保证南下大军供给,加强支前工作的紧急指示,要求动员起来,集中力量突击征收钱粮,并迅速成立了以王树声为司令、段君毅为政委的鄂豫区支前司令部,负责指挥全区的人力、物力、财力,运转伤病员,接收与保管资材,修桥补路等支前工作。2月16日,司令部以第一号命令发布了《支前工作条例》,鄂东地区迅速成立各支前指挥部或支前供应站,从上到下形成了一个支前工作网络。

1949年2月27日,鄂豫军区独立师成立,师长张体学、政委寇庆廷。蕲春县成立支前委员会,全力以赴投入支前战斗,组织民工数千人,修复西河驿大桥和英山至武穴公路。黄梅县委及时发动万名群众,组成支前运输队,为大军运送粮食1万多斤、食油3万多斤、食盐6.4万斤、柴草3万多担。麻城县人民群众主动配合工兵部队,日夜抢修汉小公路,并组织手推车160余辆、板车340部、畜力车210辆,以及大量人力肩挑、牲畜驮运,将军需物资送到车站和码头。3月中旬,南下大军前锋二野四兵团(司令员兼政委陈赓)率先自潢川、光山一线进入大别山区。紧接着二野总部和三兵团(司令员陈锡联)、五兵团(司令员杨勇)跨越淮河,重返离别一年多的皖西根据地。在三支大军途经和即将经过的路段,数以万计的群众主动修路架桥,搬运军需粮草。从5月14日起,四野战军又在团风至武穴100多公里的地段强渡长江。鄂东人民为支援人民解放军渡江作战做出了不可估量的贡献。

第三节 营运管理

一、非机动车营运管理

1956年4月,湖北省人民委员会颁布《湖北省兽力车管理办法》。1958年,人民公社成立。各人民公社都有生产队、生产大队和公社三级运输队,并纳入了各级运输计划管理。人民公社办运输的组织管理机构是交通管理站。交通管理站是交通部门最基层的一级行政管理机构,代表当地政府对农村运输队进行组织管理,实行"车有证、人有照、货有票",执行统一运价,代个体运输业统一结存运费。人民公社运输队分专业和副业两种,专业运输队的特点是亦运亦农、以运为主,运输任务不忙时参加农业生产;副业运输队特点是亦农亦运、以农为主,在农闲季节有突击运输任务时参加运输。1959年,黄冈专区有126个分社,成立91个短途运输指挥所、40个运输站,有专业副业运输队1026个,其中属于社有社营的运输队148个、队有社营的10个、队有队营的861个、国营的7个。民间运输分为三线:生产队到公社为一线运输,公社到县城为二线运输,出县为三线运输。三线运输由专业运输队承担,专业运输队为集体所有制性质。

1960年11月,湖北省交通厅转发全省交通工作会议有关民间运输问题的纪要:恢复民间运输网和正常的商品流转方向,使城乡物资正常流通;允许生产队(大队)、生产小队、社员利用农事间隙和假日参加短途运输;集体参加运输收入"三七开",即70%归小队,30%归生产队;个人利用假日参加运输的收入自运自得,任何人不得干涉;民间运输队的运价必须合理,百里公开运价一般2～3元,免征税收,以刺激其发展;县的骡马大车一律参加短途运输,纳入国家运输计划;公社的骡马大车根据情况参加短途运输。县交通部门要配置一批骡马大车,根据不同情况,配备10辆、20辆、30辆不等。新增骡马大车所需人员,由交通部门从精简的人员中解决,不得在农村私自招收,投资由交通部门利润中支列。骡马饲料每头日供4～7斤,由粮食部门供应;牛车采取亦农亦交的办法,由生产队负责。

1961年3月25日,湖北省交通厅发出《关于人民公社办运输的八项规定》,明确指出:公社直接管理社有社营的运输队,对生产队经营的专业和副业运输队实行"三统",帮助他们改进经营管理。并强调陆路短途运输的主要任务是:短途物资集散,农闲多搞、农忙少搞,实现经常性和突击性相结合。黄冈专区从5月开始,在全区范围内开展运输检查,发现问题,就地解决,同时还对民间运输工具的运价执行情况进行检查,强调短途运输组织必须严格遵守国家规定的运价政策。

1962年,黄冈县在总路咀区办了民间运输试点。总路咀区民间短途运输采取4种方式:一是队有区管。由11个生产队抽调12个劳动力,集中在总路咀,由国家贷款2700元购买板车18辆,以运输为主,承担区、社之间的日常运输,是全区短途运输的骨干。二是队有社管。由百福寺公社在各生产队抽调10个劳动力,集中在公社所在地,有板车2辆、肩挑2人,运输工具归生产队所有,运输生产由供销社协同安排,人员调配由公社负责。三是大队办,由大队安排一定人数搞运输。全区搞民间运输的10个大队,固定67人,有板车27辆、手推车32辆、肩挑8人,作为大队的常年副业队。四是生产队办,属亦工亦农、农运结合,农忙务农、农闲运输。一个队安排2～5人不等,最多10人。全区49个生产队,安排197人,有板车28辆、手推车62辆、肩挑87人。民间运输队分配有4种形式:一是按收入比例扣除伙食津贴,交钱记工分,按同等劳动力工分照靠。二是交钱记工分,多交多记,少交少记,按参加农业生产工分分配。三是交积累,按生产队上交大队积累和本队投资的分摊比例交款,最低4元,最高8元,一般为5～7元,按月交钱,拿钱买口粮,不参加农业生产分配。四是按月包干,根据运输淡、旺季分月审定,按定额指标交钱,按农业劳动力最高工分照靠。1962年9月7日,黄冈县人委以冈会字237号文件,向专署并省人委写了报告,肯定了总路咀区的民间短途运输经验。

20世纪70年代之后,汽车数量继续增加,人力、畜力车相对减少,现代运输工具与民间运输工具的货运量比重发生转变。1972年,汽车货运量开始超过人畜力车货运量。

二、机动车营运管理

中共十一届三中全会后,随着机动车的大量增加,以拖拉机、简易机动车为运输工具的乡镇运输业逐渐兴起,人畜力短途运输被淘汰,只在农村和沿边山区还有少量零星分散的民间短途运输。

1983年7月21日,国家经委、交通部发布的经交〔1983〕594号《关于改进公路运输管理的通知》规定:公路运输要坚持计划经济为主、市场调节为辅的方针,实行多家经营,发展多种经济形式,允许城乡个人或联户购置机动车辆、拖拉机从事运输。凡参加营业运输的国营企业、集体单位和个人,都要申请办理工商登记;经交通部门签注意见,车辆、驾驶员要经过交通或公安部门检验、考试领取牌证,再由工商行政管理部门批准,发给营业执照后方准开业;机动车、拖拉机都要遵守国家的政策和法令。

1984年2月27日,国务院印发国发〔1984〕27号《关于农民个人或联户购置机动车船和拖拉机经营运输业的若干规定》,规定:农民个人或联户用购置的机动车船和拖拉机从事营业性运输,须持生产大队或村民委员会的证明,向所在地工商行政管理部门申请登记,经县市工商管理部门审查核准,发给营业执照后方可经营。常年经营的,发经营执照;临时经营的,发给临时营业执照。

1984年7月21日,湖北省人民政府印发鄂政发〔1984〕71号《关于农村拖拉机的管理和经营运输业有关问题的暂行规定》,其主要内容:一是要充分发挥拖拉机在农村运输业中的重要作用,合法经营受到法律保护。二是常年从事营业性运输企业,需到县以上交通公安管理部门取得合格证。三是应按工商部门规定办理营业执照。四是必须在人民保险公司办理第三责任保险。五是农用拖拉机从事非营运性运输免征养路费;从事营业性运输的,按汽车费额的40%征收养路费。同时规定:拖拉机参加营业性运输,按营业运输收入的1%收取公路运输管理费,按营业运输收入的0.5%收取工商行政管理费。

随着改革开放政策的贯彻,特别是中央关于发展农村交通运输政策的推动,一些规定陆续被突破。1981年,湖北省人民政府和交通厅先后有针对性地发布一系列文件和规章,促进水陆客货运输,规范经营行为,加强宏观管理。

三、装卸搬运管理

清末民初,装卸搬运并无统一运价,搬运力资由货主与搬运工议定。新中国成立初期,黄冈地区搬运装卸仍沿袭议价形式。1952—1958年间,黄冈地区对搬运力资进行了较大的改革与调整,使搬运力资标准和计算方式逐步达到统一合理。

1974年6月,黄冈地区革命委员会根据《湖北省装卸搬运和陆路民间运输运价规则》,制订了黄冈地区力资调整实施细则。除货级按全省规定由原两个等级恢复为三个等级外,考虑到城镇道路均已改善,将板车运输的4个计费标准合并为一个计费标准;并调整了不合理的计费规定,轻泡货物由按实重计费改为衡量换算计费;此外,对每个作业项目的作业内容都有具体说明,避免理解不清,执行各异;简化计费项目,原来16个计费项目43个收费标准改为14个项目19个收费标准。此次力资总水平经测算,与调整前比较上升了1.85%。

1985年2月,黄冈地区物价局、交通局制定《黄冈地区装卸搬运和陆路货物运输运价实施细则》。细则共4章17条,规定装卸搬运和陆运运价计费项目和货物运价等级均按湖北省统一规定执行,运价费率、特定运价以及在规定范围内的运价加(减)成由地区交通局提出,经地区物价局审核后颁发执行,并报省物价局和省交通厅备查;道路运价等级标准及城镇搬运范围由地区交通局制定颁布执行。在计算搬运运价费率时,搬运和陆运的划分是:凡区乡镇的城镇范围的运输为搬运,城镇范围以外的运输为陆运。杂项作业是指装卸搬运过程中连续或由托方单位申请的其他作业。码堆是指将包、件货物堆齐码好,按实际作业吨位计收码堆费。装卸搬运、陆运的各种车辆装载货物的长宽高标准,按监理部门的有关规定执行。

第三章 公路客运

第一节 班车客运

一、班车线路

1928年,广武汽车公司首开县内班车。1934年,利兴汽车公司开通浠水至兰溪诸线客运。至1949年,黄冈仅有班车营运线路3条,其中跨地区线路1条、县际线路2条。

新中国成立以后,公路客运线路不断延伸扩展。1962年,湖北省人民委员会批准发布《湖北省公路汽车客运业务管理暂行办法》,黄冈据此实行班车"四定",即定线、定班、定点、定车。定线指班车开行线路固定,公布起讫站与沿途停靠车站站名;定班是对班次统一编号,黄冈总站编号为101~199次;定点是定发车时间,每年依季节变化分为夏季和冬季时间进行调整,保证正常运行;定车是定车型,长途班车可安排软席,以照顾旅客长途旅行,区间短途利用代客车。1965年,黄冈首开第一条跨省客运班线。1986年,全区共有营运线路196条,计962个班次,其中跨省线路16条,计35个班次,跨地线路38条,计158个班次,跨县线路31条,计83个班次,县内线路111条,计616个班次。

1992年,跨省线路通达全国9个省会城市。1993年,开通黄州至北京的客运班线。至2015年,黄冈市有道路客运线路1150条,其中200公里以上的855条、200~400公里的204条、400~800公里的48条、800公里以上的43条;其中跨省线路109条,跨地(市)线路211条,跨县线路98条,县内线路732条。客运线路平均发送11015班次/日,其中跨省线路238班次/日、跨地(市)线路594班次/日、跨县线路758班次/日、县内线路9425班次/日。

(一)跨省线路

1965年6月1日,黄梅县开通至安徽宿松班车,每日一班,这是黄冈地区第一条跨省客运班线,由湖北省运输管理局承运。

1979年7月,湖北省交通厅与河南省签订省际班车协议,宋埠开通至河南新县的客运班车。

1987年6月11日,湖北省运输管理局以〔1987〕06022、06023号文审批开通湖北阳逻至河南光山线路,沿途停靠红安、新县,全程190公里,由黄冈地区汽车运输公司与河南信阳汽车运输公司营运,每日对开一班。湖北阳逻至河南息县线路,沿途停靠麻城、潢川,全程276公里,由黄冈地区汽车运输公司与河南信阳汽车运输公司营运,每日对开一班。

1987年7月11日,黄冈地区汽车运输公司黄梅分公司与安徽省合肥市汽车运输公司、江西省汽车运输总公司南昌公司联合经营黄梅至合肥至南昌路线,三家各投入大客车一台,每天分别开合肥至南昌、南昌至黄梅、黄梅至合肥,全程564公里。

1992年,黄冈新开辟客运线路46条,全区公路客运线路达到467条,比上年增加110条。其中新辟跨省线路15条,通达江苏、浙江、江西、广东、安徽、湖南、河南、福建、上海9个省(直辖市)20多个大中城市,全区日发班次1237个,其中日发跨省班次220个,跨省营运里程达14.2万公里。

1993年,黄冈地区汽车运输总公司开通黄州至北京的客运班线。是年,全区新开跨省客运线路11条,新辟跨地客运线路31条,跨县市客运线路19条,新辟县内客运线路220条。

1995年,因客流减少,跨省线路黄州至北京、黄梅至合肥停开,增开了黄州至深圳、黄州至中山、漕河至珠海、漕河至石狮、麻城至南京、麻城至太仓、英山至泉州的跨省线路。

2000年,蕲春县新开蕲春至西安、蕲春至海南、蕲春至汕头的省际客运班线,麻城市开通麻城至广东常平、麻城至福建慈溪省际客运班线,英山县开通英山至广东中山客运班线。至2015年,全区已开通跨省线路109条,营运里程72433公里。

表2-3-1-1为黄冈交通专业运输公司省际汽车客运班线开班表(1965—1994年),表2-3-1-2为黄冈主要省际线路里程表(2015年)。

黄冈交通专业运输公司省际汽车客运班线开班表(1965—1994年) 表2-3-1-1

开班时间	起　点	止　点	公　里	班　次	承运单位
1965.6.1	黄梅	安徽宿松	25	每日一班往返	省运输局
1972.12.9	英山	安徽霍山	135	每日对开一班	省运输局
1979.7.23	七里坪	河南新县	35	每日往返一班	地区汽运公司
1979.7.23	宋埠	河南新县	141	每日对开二班	地区汽运公司
1983.12	团风	安徽金寨	227	每日对开一班	地区汽运公司
1983.12	浠水	安徽岳西	184	每日对开一班	地区汽运公司
1983.12	散花	安徽六安		每日对开一班	地区汽运公司
1983.12	广济	安徽太湖	68	每日对开一班	地区汽运公司
1983.12	蕲春	安徽太湖	103	每日对开一班	地区汽运公司
1984.12	黄梅小池	安徽复兴	54	每日往返两班	地区汽运公司
1985.1.15	麻城	河南光山	109	每日对开两班	地区汽运公司
1985.1.15	红安	河南光山	107	每日对开两班	地区汽运公司
1987.4	黄州	河南信阳	305	每日对开一班	地区汽运公司
1987.4	英山	安徽合肥	266	隔日一班	英山县汽运公司与合肥服务公司对开
1987.4	英山	安徽淮南		隔日一班	英山县汽运公司与淮南汽运公司对开
1987.6	阳逻	河南光山	190	每日对开一班	黄冈与信阳汽运公司对开
1987.6	阳逻	河南息山	276	每日对开一班	黄冈与信阳汽运公司对开
1987.6	黄梅	合肥南昌	560	每日一班	黄冈与合肥南昌汽运公司联合经营
1987.10	黄州	安徽太湖	224	隔日对开一班	黄冈与安庆汽运公司对开
1987.10	黄梅小池	安徽六安	257	隔日一班	黄冈与六安汽运公司对开
1987.10	浠水	安徽六安	394	隔日一班	黄冈与六安汽运公司对开
1987.11	黄冈	安徽阜阳	394	隔日一班	黄冈与阜阳汽运公司对开
1987.11	黄州	河南罗山	253	隔日对开一班	黄冈与信阳汽运公司对开
1987.12	宋埠	河南新店	93	隔日对开一班	黄冈与安庆汽运公司对开
1987.12	宋埠	河南光山	151	隔日对开一班	黄冈与信阳汽运公司对开
1987.12	麻城	安徽合肥	314	每日一班	黄冈与合肥汽运公司对开
1987.12	黄梅	安徽合肥	300	每日一班	黄冈与合肥汽运公司对开

续上表

开班时间	起 点	止 点	公 里	班 次	承运单位
1987.12	黄梅	安徽安庆	188	每日对开一班	黄冈与合肥汽运公司对开
1988.9	浠水	安徽合肥	337	隔日一班	黄冈与合肥汽运公司对开
1988.9	黄梅小池	安徽桐城	252	隔日一班	黄梅交服与桐城汽运公司对开
1988.10	英山	安徽六安	188	隔日对开一班	英山与六安汽运公司对开
1990	黄州	安徽阜阳	381	隔日一班	地区汽运黄州分公司
1990	黄州	河南潢州	244	隔日一班	地区汽运黄州分公司
1990	黄州	安徽六安	319	隔日一班	地区汽运黄州分公司
1990	武穴	太湖	116	每日一班	地区汽运武穴分公司
1990	罗田	安徽金寨	231	隔日一班	地区汽运罗田分公司
1990	小池	桐城	235	隔日一班	黄梅县客运公司
1991	红安	信阳	168	每日一班	地区汽运红安分公司
1991	浠水	南昌	355	隔日一班	地区汽运浠水分公司
1991	黄梅	南东	451	每日一班	黄梅县客运公司
1992	黄州	南京	608	隔日一班	地区汽运黄州分公司
1992	黄州	义乌	955	隔日一班	黄州市汽运公司
1992	黄梅	杭州	652	隔日一班	黄梅县客运公司
1992	英山	南京	450	每日一班	英山县客运公司
1992	蕲春	义乌	863	隔日一班	蕲春县汽运公司
1993	黄梅	上海		隔日一班	地区汽运黄梅分公司
1993	蕲春	广州		第日一班	蕲春县汽运公司
1993	黄州	广州		第日一班	黄州通达公司
1993	黄梅	广州		隔日一班	黄州通达公司
1994	黄州	北京		每日一班	地区汽运公司
1994	黄州	深圳		隔日一班	地区汽运公司
1994	白果	南京		隔日一班	麻城汽运公司
1994	英山	上海		每日一班	英山客运公司
1994	武穴	上海		每日一班	武穴客运公司

黄冈主要省际线路里程表（2015年） 表2-3-1-2

经营业户	线路名称	班次	里程	始发站	终点站	途径主要地点	状态
东方运输集团开发区有限公司	黄冈—广州	0.5	1500	黄州汽车客运站	广州罗冲围	武黄高速公路（泽林）、京珠高速公路	营运
	黄冈—龙岗	2	1540	黄州汽车客运站	龙岗汽车站	G106、S207、S308、黄小高速公路、昌九高速公路、粤赣高速公路、G105、广深高速公路	营运
	黄冈—宁波	0.5	818	黄州汽车客运站	宁波中心站	S308、合界高速公路、合桐高速公路、G318、广宣高速公路、杭宁高速公路	营运

续上表

经营业户	线路名称	班次	里程	始发站	终点站	途径主要地点	状态
东方运输集团龙感湖旭龙有限公司	龙感湖—九江	5	55	黄冈龙感湖汽车客运站	九江车站	黄小高速公路	营运
东方运输集团蕲春晨光有限公司	蕲春—东莞	1.5	1244	蕲春县汽车客运站	东莞南站	S308、黄小高速公路、昌九高速公路、粤赣高速公路、G105、S353、S244、G205、广惠高速公路	营运
	蕲春—海口	1	1591	蕲春县汽车客运站	海口省际站	黄黄高速公路（八里）、京珠高速公路、广开高速公路、电湛高速公路、G207	营运
	蕲春—杭州	1	664	蕲春县汽车客运站	杭州汽车北站	S308、G105、G318、广宣、杭宁高速公路	营运
	蕲春—九江	2	114	蕲春县汽车客运站	九江长途站	S308、黄小高速公路	营运
	蕲春—龙岗	1.5	1200	蕲春县汽车客运站	龙岗客运站	S308、黄小高速公路、昌九高速公路、粤赣高速公路、G105、S244、G205	营运
	蕲春—南京	1	487	昌泰客运总站	南京中央门车站	S308、G50（沪渝高速公路）、G4212（合安高速公路）、G42（沪蓉高速公路）	营运
	蕲春—上海	4	840	蕲春县汽车客运站	武宁长途汽车站	S308、沪蓉高速公路（黄梅）	营运
	蕲春—深圳	2.5	1310	蕲春县汽车客运站	深圳福田站	S308、黄小高速公路、昌九高速公路、粤赣高速公路、G105、S353、S244、G205、惠深高速公路	营运
	蕲春—石狮	2.5	898	蕲春县汽车客运站	石狮客运站	S308、黄小高速公路、福银高速公路、G316、G324	营运
	蕲春—温岭	1	897	蕲春县汽车客运站	温岭客运站	柳界线、九景高速公路、衢金高速公路、金台高速公路	营运
	蕲春—温州	1	867	蕲春县汽车客运站	中山北路汽车站	S308、黄小高速公路、九景高速公路、S308、金衢高速公路、金丽温高速公路	营运
	蕲春—西安	0.5	864	蕲春县汽车客运站	西安客运站	S205、福银高速公路	营运
	蕲春—向阳	2	75	蕲春县汽车客运站	太湖向阳客运站	S205、S211、G318	营运
	蕲春—珠海	1.5	1134	蕲春县汽车客运站	珠海上冲长途汽车客运站	黄小高速公路、昌九高速公路、粤赣高速公路、广佛高速公路、S272、中江高速公路、G105	营运

续上表

经营业户	线路名称	班次	里程	始发站	终点站	途径主要地点	状态
红安县通达客运有限公司	红安—光山	1	100	红安县汽车客运站	光山站	S109、S213	营运
	红安—上海	1	775	红安县汽车客运站	上海交通大众客运站	S109、S213、沪蓉高速公路	营运
湖北明珠运输集团宏欣客运有限公司	黄梅—九江	10	45	黄梅县汽车客运站	九江长途汽车站	G105	营运
湖北明珠运输集团有限公司	黄梅—海口	1	1527	黄梅汽车客运站	海口省际总站	福银高速公路、沪昆高速公路、大广高速公路、沈海高速公路、G207	营运
	黄梅—杭州	1	1287	黄梅客运站	杭州客运北站	合界高速公路、合铜高速公路、G318、广宣高速公路、杭宁高速公路	营运
	黄梅—宁波	1	816	黄梅客运站	宁波站	合界高速公路、合铜高速公路、G318、广宣高速公路、杭宁高速公路、杭甬高速公路	营运
	黄梅—上海	1.5	711	黄梅客运站	上海沪太路车站	沪蓉高速公路(黄梅)	营运
	黄梅—深圳	1.5	1215	黄梅客运站	福田南山站	黄小高速公路、昌九高速公路、粤赣高速公路、G105、广深高速公路	营运
	黄梅—温州	0.5	882	黄梅客运站	温州站	黄小高速公路、九景高速公路、S308、金衢高速公路、金丽温高速公路	营运
	黄梅—芜湖	0.5	362	黄梅县汽车客运站	芜湖长途汽车站	G50、S321	营运
	黄梅—烟台	1	1301	黄梅客运站	烟台站	合宿高速公路、合徐高速公路、日竹高速公路、维烟高速公路	营运
	黄梅—中山	1	1063	黄梅县汽车客运站	中山市三乡镇平安车站	黄小高速公路、昌九高速公路、粤赣高速公路、G105	营运
黄冈市东方运输集团罗田连通有限公司	罗田—常德	0.5	516	罗田客运站	常南汽车站	G318、汉施公路、武汉外环公路、沪渝高速公路、二广高速公路	营运
	罗田—东莞	1	1500	罗田县汽车客运站	厚街车站	S202、S308、黄小高速公路、昌九高速公路、粤赣高速公路、G105、G107	营运
	罗田—金寨	1	231	罗田县汽车客运站	金寨站	S203、S210	营运
	罗田—晋江	1.5	1280	罗田县汽车客运站	晋江客运站	S202、S308、黄小高速公路、京福高速公路、福厦高速公路	营运

续上表

经营业户	线路名称	班次	里程	始发站	终点站	途径主要地点	状态
黄冈市东方运输集团罗田连通有限公司	罗田—六安	1	227	罗田县汽车客运站	六安站	G318、S242、S318、G105	营运
	罗田—路桥	0.5	815	罗田县汽车客运站	路桥站	S202、S308、黄小高速公路、九景高速公路、金衢高速公路、S35、G104	营运
	罗田—浦东新区	1	690	罗田县汽车客运站	浦东客运站	G318、X215、S210、G42（斑竹园道口）	营运
	罗田—上海	1.5	780	罗田县汽车客运站	沪太路车站	G318、S242、S318、沪蓉高速公路	营运
	罗田—深圳	1	1400	罗田县汽车客运站	宝安龙华汽车站	S202、S308、黄小高速公路、昌九高速公路、粤赣高速公路、G105、广深高速公路	营运
	罗田—温州	0.5	1300	罗田县汽车客运站	温州客运中心站	S202、S308、黄小高速公路、九景高速公路、S308、金衢高速公路、金丽温高速公路	营运
	罗田—张家港	0.5	641	罗田客运站	港城汽车站	G318、合安高速公路、合宁高速公路、南京三桥、沪宁高速公路、沿江高速公路	营运
	罗田—珠海	1.5	1255	罗田县汽车客运站	珠海市上冲长途汽车客运站	G318、S207、G106、武黄高速公路（泽林）、京珠高速公路	营运
黄冈市东方运输集团麻城宇通有限公司	麻城—慈溪	1	1000	麻城市宇通公司长途汽车站	淞浦站	G106、S339、合宁高速公路、杭宁高速公路、杭甬高速公路	营运
	麻城—东莞	2	1315	麻城市宇通公司长途汽车站	常平站	G106、G318、京珠高速公路	营运
	麻城—合肥	1	306	麻城市宇通公司长途汽车站	合肥一站	G106、S339、G312	营运
	麻城—河南陈店	1	88	麻城长途汽车站	新县陈店乡客运站	G45、泗店、箭河	营运
	麻城—潢川	1	122	麻城市宇通公司长途汽车站	潢川站	G106	营运
	麻城—厦门	1	1056	麻城长途客运站	厦门枋湖客运中心	大广高速公路、福银高速公路、沈海高速公路	营运
	麻城—商城	0.5	1315	麻城市宇通公司长途汽车站	商城客运站	G106、S339	营运
	麻城—上海	0.5	810	麻城市宇通公司长途汽车站	武宁站	G106、S339、G312、沪蓉高速公路	营运
	麻城—太仓	1.5	675	麻城市宇通公司长途汽车站	太仓站	G106、S339、沪蓉高速公路	营运
	麻城—温州	1	1050	麻城市宇通公司长途汽车站	温州中心客运站	G106、黄黄高速公路、九景高速公路、金丽温高速公路	营运
	麻城—珠海	1	1216	麻城长途客运站	珠海上冲长途汽车站	G318、京珠高速公路、G105	营运

续上表

经营业户	线路名称	班次	里程	始发站	终点站	途径主要地点	状态
黄冈市东方运输集团武穴宏森有限公司	武穴—东莞	1.5	1370	武穴市汽车客运站	东莞市虎门汽车客运站	S204、黄黄高速公路(大金)、黄小高速公路、昌九高速公路、昌樟高速公路、G105、G107	营运
	武穴—杭州	0.5	680	武穴市汽车客运站	杭州汽车北站	S204、黄黄高速公路、合界高速公路、合铜高速公路、G318、广宣高速公路、杭宁高速公路	营运
	武穴—九江	6	74	武穴市汽车客运站	九江汽车站	S240、G105	营运
	武穴—南京	1	570	武穴市汽车客运站	南京桥北车站	S204、黄黄高速公路、合界高速公路、合宁高速公路	营运
	武穴—上海	1	728	武穴市汽车客运站	上海沪太路车站	S204、沪蓉高速公路(大金)	营运
	武穴—深圳	1.5	1270	武穴市汽车客运站	深圳汽车客运站	S204、黄黄高速公路(大金)、黄小高速公路、昌九高速公路、粤赣高速公路、G105、广深高速公路	营运
	武穴—石狮	1	1035	武穴市汽车客运站	石狮客运站	S204、黄黄高速公路(大金)、黄小高速公路、京福高速公路、G316、G324	营运
	武穴—温州	2.5	859	武穴市汽车客运站	温州客运中心车站	S204、黄黄高速公路(大金)、黄小高速公路、九景高速公路、S308、金衢高速公路、金丽温高速公路	营运
	武穴—无锡	0.5	615	武穴市汽车客运站	无锡汽车客运站	S204、G50(沪渝高速公路)、G4212(合安高速公路)、G42(沪蓉高速公路)	营运
	武穴—宿松	1	78	武穴市汽车客运站	宿松站	S204、沪蓉高速公路(大金)	营运
黄冈市东方运输集团浠水环通有限公司	浠水—龙岗	1	997	浠水县汽车客运站	龙岗汽车总站	S308、S204、沪渝高速公路(大金)、黄小高速公路、昌九高速公路、粤赣高速公路、G105、广深高速公路	营运
	浠水—上海	1	747	浠水县汽车客运站	上海白莲泾站	S308、S204、沪渝高速公路(大金)、沪蓉高速公路	营运
	浠水—深圳	1.5	997	浠水县汽车客运站	龙岗汽车总站	S308、S204、沪渝高速公路(大金)、黄小高速公路、昌九高速公路、粤赣高速公路、G105、广深高速公路	营运
	浠水—天津	1	1200	浠水客运站	天津津宇汽车站	G106(待大广高速公路开通后,由沪陕高速公路转行大广高速公路不再途经G106)、沪陕高速公路、京珠高速公路、津保高速公路	营运

续上表

经营业户	线路名称	班次	里程	始发站	终点站	途径主要地点	状态
黄冈市东方运输集团英山全顺有限公司	英山—东莞	1	1298	英山县汽车客运站	东莞南城车站	S201、S308、黄小高速公路、昌九高速公路、粤赣高速公路、G105、G107	营运
	英山—杭州	1	798	英山县汽车客运站	杭州客运北站	G42S、S18、G35、G50、G25	营运
	英山—合肥	2	300	英山县汽车客运站	省汽车客运站	G42S、S18、G35、G42	营运
	英山—霍山	1	135	英山县汽车客运站	霍山车站	S242、S318	营运
	英山—晋江	1.5	1200	英山县汽车客运站	晋江长途汽车站	S201、S308、京福高速公路、昌九高速公路、福厦高速公路	营运
	英山—六安	1	184	英山县汽车客运站	六安汽车客运站	S242、S318、G105	营运
	英山—上海	5	721	英山县汽车客运站	上海武宁汽车客运站	S242、S318、G105、G312、沪蓉高速公路	营运
	英山—深圳	1	1126	英山县汽车客运站	深圳汽车客运站	S201、S308、黄小高速公路、昌九高速公路、粤赣高速公路、G105、广深高速公路	营运
	英山—温州	1	960	英山县汽车客运站	温州汽车客运站	S201、S206、黄黄高速公路(散花)、黄小高速公路、九景高速公路、S308、金衢高速公路、金丽温高速公路	营运
	英山—岳西	1	112	英山县汽车客运站	岳西车站	G318	营运
黄冈市东方运输集团有限公司	黄冈—杭州	1	809	黄州汽车客运站	杭州客运北站	G106、S207、S308、G105、合界高速公路、合铜高速公路、G318、广宣高速公路、杭宁高速公路	营运
	黄冈—九江	1	226	黄州汽车客运站	九江长途客运站	武黄(梅)高速公路(泽林)、黄小高速公路	营运
	黄冈—南宁	1	1011	黄州汽车客运站	埌东汽车站	G106、S308、S315、S314、京港澳高速公路、泉南高速公路	营运
	黄冈—上海	2.5	884	黄州汽车客运站	上海沪太路车站	G106、S207、S308、沪蓉高速公路(黄梅)	营运
	黄冈—深圳	0.5	1400	黄州汽车客运站	深圳布吉站	G106、S207、S308、黄小高速公路、昌九高速公路、粤赣高速公路、G105、广深高速公路	营运
	黄冈—温州	1	810	黄州汽车客运站	温州汽车客运中心	G106、S207、S308、黄小高速公路、九景高速公路、S308、金衢高速公路、金丽温高速公路	营运
	黄冈—西安	0.5	801	黄州汽车客运站	三府湾客运站	G70	营运

续上表

经营业户	线路名称	班次	里程	始发站	终点站	途径主要地点	状态
黄冈市东方运输集团有限公司	黄冈—义乌	1	850	黄州汽车客运站	义乌长途汽车站	G106、S207、S308、G105、G318、杭金高速公路	停班
	黄冈—长沙	1	393	黄州汽车客运站	长沙汽车东站	武黄高速公路、武汉外环、京珠高速公路	营运
	黄冈—中山	1.5	1400	黄州汽车客运站	中山市三乡镇平安车站	G106、S207、S308、黄小高速公路、昌九高速公路、粤赣高速公路、G105	营运
黄梅县轮渡公交汽车有限责任公司	小池—九江	5	25	小池客运站	九江客运站	九江大桥	营运
蕲春县运通旅游运输有限公司	彭思—黄石	3	68	彭思客运站	武汉路客运站	横茅路、沿江路、黄石大桥	营运
	蕲春—汉口	9	144	蕲春二级站	青年路汽车客运站	S205、黄黄高速公路（八里）、武黄高速公路	营运
温泉客运有限公司	英山—汉口	2	233	英山县汽车客运站	金家墩客运站	S201、S206、武黄高速公路（散花）	营运

(二) 跨地市线路

1934年，国民革命军47师师长上官云相兴办利兴汽车公司，经营浠水至兰溪、浠水至罗田诸线。1947年，阳逻至宋埠两站对开班车线路，每日一班，同年7月加开汉口至麻城特别快车。

1951年，湖北省建设厅设鄂东路管理局，营运路线：由汉口经岱家山、滠口、横店、黄陂、普安寨、靠山店、李家塆、柳子巷、宋埠、中馆驿至麻城，全长116公里。麻城至汉口实行双日由汉口开麻城、单日由麻城开汉口客运班线。1961年，红安县、麻城宋埠、红安七里坪分别开通至汉口的班线，均为当日往返，当年黄冈共有客运线路13条，班次31个。

1966年9月1日，英山县汽车站与汉口客运站每日对开一班客车，客运线路途经鸡鸣河、洗马、浠水、竹瓦、上巴河、黄州、鄂城、樊口、段家店、华容、葛店、大东门，全程223公里，票价6.8元。同年，黄冈还开通了麻城县福田河至汉口的班车，恢复黄坡县姚家集至汉口、麻城至汉口2条客运线路，延伸红安至七里坪、七里坪至红安、红安到汉口的班车，改当日班为隔日返程班车。

1972年4月，湖北省交通厅发出通知，凡未经批准停开的客运班车，要于年底前一律恢复。9月13日，黄冈增开黄梅县至汉口的班车，调整了红安县、占店、觅儿至汉口的班车，9月底恢复黄州至汉口、黄梅至汉口、红安至汉口的客运班车。

1993年，黄冈地区汽车运输总公司新辟跨地市客运线路31条。1995年，新开黄州至十堰、黄州至宜昌等跨地线路。2010年3月26日零时，正式启用黄冈经济开发区东华客运站，黄冈市东方运输集团有限公司对黄州新老客运站发班线路进行调整。

开发区东华客运站（位于明珠大道98号）发出的主要客运班次有：城区内所有发出的省际班车，即黄冈往返广州、深圳、中山、龙岗、长沙、上海、温州、宁波、九江等方向的班车；城区内所有途经上巴河方向的县际班车，即黄州往返浠水、蕲春、武穴、黄梅、龙感湖、罗田、英山、上巴河、大崎、总路咀、贺坳、贾庙、盐田河、三里畈等地的班车；城区部分黄州至武昌的班车。

黄冈市汽车客运站（宝塔大道90号）发出的主要客运班次有：经鄂黄长江大桥发出的市际班车，即黄冈往返武昌、孝感、黄石、大冶、咸宁、阳新、宜昌等地的班车；经黄州大道发出的市际、县际及区内短途班车,即黄州往返汉口、阳逻、团风、堵城、麻城、红安、八里等地的班车;经南湖路往返黄州至巴河的班车;经东门路发出的县际、区内短途班车,即黄州往返淋山河、三庙河、杜皮、河铺、回龙、马曹庙、黄州火车站、陶店、孙镇、长岭、王岗、万寿园的班车。

表 2-3-1-3 为黄冈跨地区客运班线线路里程表。

黄冈跨地区客运班线线路里程表　　　　　　表 2-3-1-3

经营业户	线路名称	班次	里程	始发站	终点站	途径主要地点	状态
东方运输集团开发区有限公司	黄冈—汉口	1	99	黄州汽车客运站	武汉古田客运站	S112、S109、S111	营运
	黄冈—黄石	1	42	黄州汽车客运站	黄石市汽车客运中心站	鄂黄大桥、鄂州葛山大道、鄂州大道、汉鄂高速公路(S7)	营运
	黄冈—武昌	6	112	黄州客运站	付家坡汽车客运站	武黄高速公路(泽林)	营运
东方运输集团龙感湖旭龙有限公司	龙感湖—武昌	2	230	黄冈龙感湖汽车客运站	付家坡汽车客运站	G105、黄黄高速公路(黄梅)、武黄高速公路	营运
东方运输集团蕲春晨光有限公司	黄冈—武汉火车站	1	61	黄冈市各县市区城区客运站	杨春湖客运换乘中心	黄冈市境内各县市径直运输至武汉火车站	营运
	蕲春—大冶	1	100	蕲春县汽车客运站	大冶市城关中心客运站	S205、黄黄高速公路(八里)、S206	营运
	蕲春—鄂州	4	82	蕲春县东昌汽运公司客运站	鄂州市中心汽车客运站	黄黄高速公路、泽林高速公路路口下	营运
	蕲春—汉口	20	144	蕲春县汽车客运站	杨春湖客运换乘中心	S205、黄黄高速公路(八里)、武鄂高速公路	营运
	蕲春—黄陂	1	179	蕲春昌泰客运总站	武汉市黄陂区汽车客运中心	S308、G318	营运
	蕲春—黄石	9	70	蕲春县汽车客运站	黄石市汽车客运中心站	S308(丁司垱)、S206	营运
	蕲春—青山	2	149	蕲春县汽车客运站	青山区汽车客运站	S205、黄黄高速公路(八里)、武黄高速公路	营运
	蕲春—武昌	7	133	蕲春县汽车客运站	付家坡汽车客运站	S205、黄黄高速公路(八里)、武黄高速公路	营运
	蕲春—武汉火车站	1	137	蕲春县汽车客运站	杨春湖客运换乘中心	S205、黄黄高速公路(八里)、武鄂高速公路	营运
	蕲春—咸宁	1	152	蕲春昌泰客运总站	咸宁市温泉汽车客运中心	S205、G50、G4	营运
	蕲州—黄石	1	67	蕲州汽车客运站	黄石市武汉路客运站	黄黄高速公路(八里)	营运
	檀林—汉口	5	204	檀林客运站	湖北公路客运(集团)有限公司金家墩站务分公司	S205、黄黄高速公路、武鄂高速公路	营运
	檀林—武昌	1	203	檀林客运站	付家坡汽车客运站	S205、S308、G318、S241、S112、S109、S111	营运

续上表

经营业户	线路名称	班次	里程	始发站	终点站	途径主要地点	状态
红安县通达客运有限公司	八里—汉口	3	60	八里客运站	新荣村客运站	S109、S234、S3、S5	营运
	红安—安陆	1	155	红安县汽车客运站	安陆市长途汽车客运站	S109、G318、S310、G107、G316	营运
	红安—大冶	1	179	红安县汽车客运站	大冶城关中心站	S109、G42、G45（黄石西下）	营运
	红安—汉口	30	99	红安县汽车客运站	新荣村客运站	S109、S234、武麻高速公路（S3）、武英高速公路（S5）	营运
	红安—黄石	1	185	红安县汽车客运站	黄石市汽车客运中心站	S304、G106、武黄高速公路(泽林)	营运
	红安—十堰	0.5	491	红安县汽车客运站	十堰高速汽车客运站	S304、汉十与G316连接线、汉十高速公路	营运
	红安—随州	1	241	红安县汽车客运站	随州市汽车客运南站	麻竹高速公路	营运
	红安—武昌	4	123	红安县汽车客运站	武昌付家坡汽车客运站	S109、S234、武麻高速公路（S3）、武英高速公路（S5）	营运
	红安—阳逻	1	88	红安县汽车客运站	阳逻汽车客（货）运站	S109、S111	营运
	红安—宜昌	0.5	388	红安县汽车客运站	宜昌汽车客运中心站	S109、G318、武麻高速公路、武汉三环、汉宜高速公路	营运
	华河—汉口	2	113	华河汽车客运站	新荣村客运站	S109、S234、武麻高速公路（S3）、武英高速公路（S5）	营运
	华河—武昌	1	124	华河汽车站	武昌宏基客运站	S109、S234、武麻高速公路（S3）、武英高速公路（S5）	营运
	七里—汉口	3	95	红安七里坪汽车客运站	新荣村客运站	S109、S234、武麻高速公路（S3）、武英高速公路（S5）	营运
	上新集—汉口	2	99	上新集车站	新荣村客运站	S109、S234、武麻高速公路（S3）、武英高速公路（S5）	营运
	桐柏—汉口	4	95	桐柏汽车站	新荣村客运站	S108、G318	营运
	杏花村—汉口	1	95	杏花客运站	汉口新荣站	S109、S234、武麻高速公路（S3）、武英高速公路（S5）	营运
	永河—汉口	5	113	永河汽车站	新荣村客运站	S109、S234、武麻高速公路（S3）、武英高速公路（S5）	营运
	占店—汉口	3	81	占店客运站	新荣村客运站	S109、S234、武麻高速公路（S3）、武英高速公路（S5）	营运
湖北明珠运输集团有限公司	黄梅—大冶	1	131	黄梅县汽车客运站	大冶城关中心客运站	G50、S206	营运
	黄梅—鄂州	1	151	黄梅县汽车客运站	鄂州市西山客运站	黄黄高速公路（黄梅）、武黄高速公路(泽林)	营运
	黄梅—汉口	9	240	黄梅客运站	金家墩客运站	黄黄高速公路、武黄高速公路、武鄂高速公路	营运

续上表

经营业户	线路名称	班次	里程	始发站	终点站	途径主要地点	状态
湖北明珠运输集团有限公司	黄梅—黄石	6	128	黄梅客运站	黄石市汽车客运中心站	黄小高速公路、黄黄高速公路（黄梅）	营运
	黄梅—武昌	24	240	黄梅客运站	付家坡汽车客运站	黄黄高速公路（黄梅）、武黄高速公路	营运
	黄梅—襄阳	0.5	486	黄梅县汽车客运站	襄阳市汽车客运中心站	G70	营运
	黄梅—宜昌	1	364	黄梅县汽车客运站	宜昌汽车客运中心站	黄黄高速公路（黄梅）、宜黄高速公路	营运
	小池—汉口	3	198	小池客运站	金家墩客运站	G105、黄小高速公路、黄黄高速公路、武黄高速公路、武鄂高速公路	营运
黄冈市东方运输集团罗田连通有限公司	九资河—武昌	4	188	罗田县九资河汽车客运站	付家坡汽车客运站	武英高速公路（罗田）	营运
	匡河—武昌	4	199	石桥铺客运站	付家坡汽车客运站	G318、S241、S112、S109、S111	营运
	罗田—大冶	1	126	罗田县汽车客运站	大悟县中心客运站	S202、S206、S313、G316	营运
	罗田—汉口	15	190	罗田县汽车客运站	新荣村客运站	G318、武英高速公路（总路咀）	营运
	罗田—黄石	2	90	罗田县汽车客运站	黄石市汽车客运中心站	S202、S206	营运
	罗田胜利—汉口	2	157	胜利车站	新荣村客运站	S203、G318、S241、S112、S109、S111	营运
	罗田胜利—武昌	5	180	胜利车站	付家坡汽车客运站	G318、武英高速公路（总路咀）	营运
	罗田胜利—下陆	1	142	罗田县胜利车站	黄石市武汉路客运站	S203、G318、G106、G45、S313	营运
	罗田—武昌	13	129	罗田县汽车客运站	付家坡汽车客运站	武英高速公路（罗田）	营运
	三里畈—汉口	1	119	罗田县汽车客运站	新荣村客运站	G318、武英高速公路	营运
	三里畈—武昌	1	143	罗田县三里畈汽车客运站	付家坡汽车客运站	G318、武英高速公路（总路咀入口）	营运
黄冈市东方运输集团麻城宇通有限公司	白果—汉口	5	130	麻城市白果汽车客运站	新荣村客运站	G106、G318、S109、S111	营运
	乘马岗—武昌	1	135	乘马岗客运站	付家坡汽车客运站	G106、G318、S109、S111	营运
	夫子河—汉口	1	111	麻城市夫子河汽车客运站	新荣村客运站	G106、G318、S109、S111	营运

续上表

经营业户	线路名称	班次	里程	始发站	终点站	途径主要地点	状态
黄冈市东方运输集团麻城宇通有限公司	夫子河—武昌	2	120	夫子河客运站	付家坡汽车客运站	G106、G318、S109、S111	营运
	福田河—汉口	2	120	福田河客运站	新荣村客运站	G106、G318、S109、S111	营运
	福田河—武昌	1	120	福田河客运站	付家坡汽车客运站	G106、G318、S109、S111	营运
	麻城—大悟	1	143	麻城市宇通公司长途汽车站	大悟县中心客运站	G106、S304	营运
	麻城—大冶	1	181	麻城站	大冶中心站	G106	营运
	麻城—汉口	39	110	麻城市宇通公司长途汽车站	新荣村客运站	G106、G318、S109、S111	营运
	麻城—黄陂	1	86	麻城站	黄陂站	G106、G318	营运
	麻城—黄石	1	172	麻城市宇通公司长途汽车站	黄石市汽车客运中心站	G106、武黄高速公路(泽林)	营运
	麻城—铁山	1	179	麻城市宇通公司长途汽车站	黄石铁山汽车客运站	G106	营运
	麻城—武昌	6	140	麻城市宇通公司长途汽车站	付家坡汽车客运站	G106、G318、S109、S111	营运
	麻城—襄阳	0.5	367	麻城长途汽车站	襄阳汽车客运中心站	麻竹高速公路、G70	营运
	麻城—孝感	1	153	麻城长途客运站	孝感中心客运站	G106、G318、汉十高速公路	营运
	麻城—宜昌	0.5	430	麻城长途客运站	宜昌长途客运站	G106、G318、京珠高速公路、汉宜高速公路	停班
	木子店—武昌	1	156	麻城市木子店站汽车客运站	宏基汽车客运站	G318、武英高速公路(总路咀入口)	营运
	三河口—武昌	1	111	麻城市三河汽车客运站	付家坡汽车客运站	G106、G318、S109、S111	营运
黄冈市东方运输集团团风长安有限公司	但店—汉口	5	112	但店客运站	新荣村客运站	G318、武英高速公路(总路咀入口)	营运
	但店—武昌	6	100	但店客运站	宏基客运站	G318、武英高速公路(总路咀入口)	营运
	河铺镇—武昌	1	108	河铺客运站	付家坡汽车客运站	G318、S241、S112、S109、S111	营运
	河浦—武昌	1	98	碾子河客运站	付家坡汽车客运站	G318、S241、S112、S109、S111	营运
	贾庙—武昌	1	116	贾庙客运站	宏基汽车客运站	G318、武英高速公路(总路咀入口)	营运
	淋山河—汉口	5	60	淋山河客运站	金家墩客运站	G106、S111	营运
	淋山河—青山	1	108	淋山河客运站	武昌航海汽车客运站	G318、S241、S112、S109、S111	营运
	淋山河—武昌	8	108	淋山河客运站	武昌航海汽车客运站	G106、S111	营运

续上表

经营业户	线路名称	班次	里程	始发站	终点站	途径主要地点	状态
黄冈市东方运输集团团风长安有限公司	三庙—汉口	1	100	三庙站	新荣村客运站	G318、S241、S112、S109、S111	营运
	团风—汉口	9	72	团风县汽车客运站	新荣村客运站	S112、S109、S111	营运
	团风—武昌	9	98	团风县汽车客运站	付家坡汽车客运站	S112、S109、S111	营运
	张家畈—武昌	3	181	张家畈客运站	宏基汽车客运站	G318、武英高速公路(总路咀入口)	营运
黄冈市东方运输集团武穴宏森有限公司	龙坪—汉口	1.5	240	龙坪站	金家墩客运站	黄黄高速公路(大金)、武黄高速公路	营运
	武穴—鄂州	1	156	武穴市汽车客运站	鄂州市西山客运站	S204、黄黄高速公路(大金)、武黄高速公路	营运
	武穴—汉口	30	237	武穴市汽车客运站	金家墩客运站	黄黄高速公路(大金)、武黄高速公路	营运
	武穴—黄石	4	126	武穴市汽车客运站	黄石市汽车客运中心站	S204、黄黄高速公路(大金)	营运
	武穴—青山	3	223	武穴市汽车客运站	青山区汽车客运站	S204、黄黄高速公路(大金)、武黄高速公路	营运
	武穴—武昌	15	182	武穴市汽车客运站	宏基汽车客运站	黄黄高速公路(大金)、武黄高速公路	营运
	武穴—阳新	1	59	武穴市汽车客运站	阳新县汽车客运站	武盘线、S237	营运
黄冈市东方运输集团浠水环通有限公司	巴河—武昌	3	164	浠水巴河汽车客运站	付家坡汽车客运站	江北公路、鄂黄大桥、武黄高速公路(泽林)	营运
	白莲—武昌	1	166	白莲站	付家坡汽车客运站	S206、武黄高速公路(散花)	营运
	团陂—汉口	6	112	浠水团陂汽车客运站	金家墩客运站	S308、G318、武英高速公路、武汉三环	营运
	团陂—武昌	6	112	浠水团陂汽车客运站	武昌航海汽车客运站	S308、S207、大广高速公路、武鄂高速公路	营运
	浠水—大冶	1	62	浠水县汽车客运站	大冶顺通汽车客运公司城关中心	S206、黄大线	营运
	浠水—汉口	11	118	浠水县汽车客运站	新荣村客运站	S308、大广高速公路、武英高速公路	营运
	浠水—黄石	16	32	浠水县汽车客运站	黄石市汽车客运中心站	S206	营运
	浠水—青山	4	102	浠水县汽车客运站	武汉杨春湖客运换乘中心有限公司	S206、武黄高速公路(散花)、武鄂高速公路	营运
	浠水—十堰	1	560	浠水县汽车客运站	十堰市汽车客运中心站	S206、武黄高速公路、汉十高速公路	营运

续上表

经营业户	线路名称	班次	里程	始发站	终点站	途径主要地点	状态
黄冈市东方运输集团浠水环通有限公司	浠水—武昌	22	133	浠水县汽车客运站	武昌航海汽车客运站	S206、武黄高速公路(散花)	营运
	浠水—武汉火车站	1	102	浠水县汽车客运站	杨春湖客运换乘中心	武黄高速公路、武鄂高速公路	营运
	浠水—新洲	1	131	浠水县汽车客运站	新洲区汽车客运站	S308、G318	营运
	浠水—宜昌	1	429	浠水县汽车客运站	宜昌汽车客运中心站	S206、武黄高速公路、武汉外环、汉宜高速公路	营运
黄冈市东方运输集团英山全顺有限公司	英山—大冶	1	150	英山县汽车客运站	大冶县中心客运站	S201、S206	营运
	英山—鄂州	1	145	英山县汽车客运站	鄂州市西山客运站	S201、S308、S207、G106	营运
	英山—汉口	9	233	英山县汽车客运站	金家墩客运站	S201、S206、武黄高速公路(散花)	营运
	英山—黄石	5	103	英山县汽车客运站	黄石市汽车客运中心站	S201、S206	营运
	英山—武昌	10	159	英山县汽车客运站	付家坡长途站	武英高速公路	营运
	英山—孝感	1	208	英山县汽车客运站	孝感汽车客运中心站	S5、G70、G4	营运
	英山—新洲	1	148	英山县汽车客运站	新洲区汽车客运站	G318	营运
黄冈市东方运输集团有限公司	黄冈—大冶	1	59	黄州客运总站	大冶城关中心客运站	G106	营运
	黄冈—鄂州	11	15	黄冈市汽车客运站	鄂州市西山客运站	鄂黄大桥	停班
	黄冈—荆门	1	310	黄州汽车客运站	荆门市汽车客运中心站	G106、G45（团风上）、S5、G4201、G42	营运
	黄冈—十堰	0.5	515	黄州汽车客运站	湖北十堰亨运集团十堰客运中心站	S112、武汉外环、汉十高速公路	营运
	黄冈—随州	1	243	黄州汽车客运站	随州汽车客运东站	S112、武汉外环、汉十高速公路	营运
	黄冈—仙桃	1	184	黄州汽车客运站	仙桃汽车客运总站	G106、武黄高速公路、沪渝高速公路	营运
	黄冈—咸宁	1	128	黄州汽车客运站	温泉客运中心	武黄高速公路、武汉外环、京珠高速公路咸安下	营运
	黄冈—孝感	1	149	黄州汽车客运站	孝客集团客运中心站	武黄高速公路、武汉外环、京珠高速公路孝感下	营运
	黄冈—阳新	1	87	黄冈市汽车客运站	阳新汽车客运站	G106、S316	营运

续上表

经营业户	线路名称	班次	里程	始发站	终点站	途径主要地点	状态
黄冈市东方运输集团有限公司	黄冈—宜昌	1	389	黄冈市汽车客运站	宜昌汽车客运中心站	宜黄高速公路(泽林)	营运
	麻城—下陆	1	184	麻城市宇通公司长途汽车站	下陆站	G106	营运
蕲春县运通旅游运输有限公司	彭思—黄石	3	68	彭思客运站	武汉路客运站	横茅路、沿江路、黄石大桥	营运

(三) 跨县及县内线路

1928年6月，由国民党元老广济人居正倡议，兴办广武长途汽车股份有限公司，经营广济县(今武穴市)梅川至刘元、大金、石佛寺和官桥至武穴的线路，线路全程37.5公里，有汽车6辆。同年冬，乡绅陶翌圣、林育梅等人，组织黄冈、黄安(今红安)两县商民集股创办仓水窑汽车股份有限公司，经营仓子埠经水尾咀、高尾咀、高坡咀、杨家咀、泥埠至窑头的线路，线路全长28.8公里。

1951年，湖北省建设厅设鄂东路管理局，开通浠水至兰溪、兰溪至罗田班线。浠水至兰溪全程25公里，当日往返；兰溪至罗田全程78公里，隔日对开一班。

1953年，宋埠汽车中心站1辆客位30座的客车经团风沿江东下黄州。

1954年，湖北省运输管理局调入浠水硬席客车2辆，并增加营运线路和班次。

1956年5月1日，浠水县开通浠水至黄州、浠水至罗田班线。

1958年，浠水县开通浠水至英山班线。同年，省交通厅运输管理局将其直属的宋埠汽车中心站移交给黄冈专署交通局，黄冈专署又将宋埠汽车中心站部分汽车分别下放到黄冈、新洲、麻城、红安等县，每县10辆，剩余37辆成立地区直属车队。

1959年，团风至胜利、团风至总路咀、团风至黄州、黄州至总路咀4条公路全线通车，当年黄冈县客运量猛增至6634人次，旅客周转量完成19.23人公里。同年，省交通厅运输管理局将浠水汽车中心站下放到黄冈地区，交与浠水、罗田、英山三县管理，并陆续开辟了客运路线。

1961年12月，浠水开通浠水至团陂、浠水至汪岗2条客运班线。

1962年，黄冈深入贯彻支农转轨方针，开辟支线和干线短途运输，浠水县开通浠水至巴河港、浠水至胡河2条客运班线。

1963年，浠水县将浠水至团陂客运班线延伸至与罗田县接壤的华桔公社，浠水至散花港也同时开班。

1977年4月，黄冈县基本建设局的4辆大型客车开办了黄州至南湖、黄州至汽渡码头的客运，开往南湖每日往返4次，汽渡码头每日往返13次或14次。

1978年8月，蕲春县一辆跨县客车开始运行在蕲漕线上，是该地区第一辆跨县客车。

1979年，黄冈县车队开通黄州至但店、黄州至总路咀、黄州至马曹庙共18条客运路线，营运线路总计为3020公里。

1989年，黄冈地区有跨县线路50条，其中交通专业47条、社会和个体运输各2条；县内线路237条，其中交通专业200条、社会运输企业29条、个体运输16条。跨县线路102.5班次/日，县内线路755班次/日。

1993年，黄冈地区汽车运输总公司新辟县内客运线路220条，新辟跨县市客运线路19条。

至2005年，黄冈市内有跨县线路98条，营运里程10454公里，平均发班522班次/日；县内线路242

条,营运里程11698公里,平均发班3730班次/日。表2-3-1-4为2005年黄冈市跨县及县内线路汇总表。

至2015年黄冈市跨县线路仍为98条,而县内线路增长至732条。跨县线路发班758班次/日,县内线路发班3683班次/日。

2005年黄冈市跨县及县内线路汇总表　　　　　　　　　　　　　　　　　表2-3-1-4

地　区	市内跨县线路			县(市)内线路		
	条	公里	日发班次	条	公里	日发班次
黄州区	23	1853	245	6	95	196
团风县	7	1381	21	22	892	43
红安县	4	360	27	50	447	270
麻城市	14	1327	60	16	4848	408
浠水县	6	869	40	34	1261	738
罗田县	13	1400	31	22	1096	96
英山县	7	662	22	19	687	37
蕲春县	13	1516	38	23	645	1100
武穴市	4	398	8	22	698	367
黄梅县	5	455	10	26	998	378
龙感湖区	2	233	20	2	31	50
合计	98	10454	522	242	11698	3683

(四)村村通客车

2005年,随着农村公路通达通畅工程建设,农村客运市场迅速发展。至2015年,黄冈加快对农村客运站点和客运网络的投入,多条农村客运班线相继开通,行政村通车覆盖率达到100%,实现全市"村村通客车"目标。

黄州区　"十二五"以来,黄州区发挥政府和市场"两只手"的作用,通过"资产评估、公开招标、政府补偿、特许经营"的方式引入新的市场主体,完成全区短途道路客运公司、班线和车辆的征收,优化开通11条城乡公交线路,新购、整合投入公交车85台,累计投入改造资金3000余万元,票价同比下降30%。2015年共建港湾式候车亭25个、不锈钢候车亭15个、招呼牌90个,发放燃油补贴费252万元,"村村通客车"实现全覆盖,通车率达100%。5月14日,黄州至团风公交线正式开通运营,该线路投入LNG公交车辆21台。

团风县　团风县是大别山南麓典型的山区县,因地形限制,路窄、坡陡始终是困扰团风县"村村通客车"的一个难题。团风县因地制宜,对原有山区农村公路路段修建错车台,方便农村客运车辆会车;完善安保措施,按照《团风县农村公路客运"村村通"达标示范工程施工技术标准及检查验收办法》对其"依标验收",同时制定"以奖代补"资金管理措施,发放"村村通客车"补助资金,全县290个行政村实现了"村村通客车"。至2015年底,共开通农村客运班线64条,其中县城到乡镇客运班线22条125台车,镇到镇客运班线11条31台车,乡镇到村客运班线31条65台车,农村客运班车221辆3175座位,平均日发班车780个班次,营运里程1200公里。

红安县　红安县作为全省"村村通客车"6个试点之一,对农村客运车辆保险、购车、营运亏损给予补贴,积极探索农村客运发展机制;着力构建县、乡、村三级客运货运网络。在运营上,采取班车加包车、加约租车方式,实现了农村客运经营方式互补;对农村经营业户实行"两个一万"补助,落实农村客运燃油补贴与城市公交相同标准补助。全县开通农村客运班线286条,农村客运班车达到550辆,形成了以城区为中心、乡镇为节点、覆盖村组的三级农村客运网络,在全省率先实现"村村通客车"。至2015年底,共开通农村客运班线286条,其中县城到乡镇客运班线34条141台车,镇到镇客运班线17条31台车,乡镇到村客运班线235条378台车,平均日发班车1200个班次,营运里程2100公里。乡镇(场)班车通行率100%,396个行政村通车率100%,形成以城区为中心、乡镇为节点、覆盖乡村的三级农村道路客运网络。

麻城市 2014年12月28日,麻城市农村公路管理局挂牌,原麻城市交通管理站人员整体转岗。为进一步提高农村客运班线辐射能力,2015年对所有行政村、通塆公路进行调查摸底。以城区、宋埠、白果、龟山、乘马岗5个站为试点,对所辖区域"村村通客车"示范线路进行养护,推动农村公路养护,促进"村村通客车"工程。全年延伸客运线路53条,涉及122个行政村,通客车率达到100%。

罗田县 罗田县以"村村通客车"为契机,开展"文明客运线路"创建活动,制定下发了《罗田县客运行业开展"文明客运线路"创建活动实施方案》,成立了全县农村客运文明示范线创建活动领导小组,并抽调人员组成专班,在全县掀起了"文明客运线路"创建活动高潮。确定争创市级文明线路1条,县级文明线路2条,以线带面,推进全县客运发展水平和服务能力的整体提升,使人民群众享受到安全、文明、优质、便捷的客运服务。2015年,全县新建错车台2005个、修车亭77个,新增通村客运班线36条,全县所有行政村通客车率达到100%。

英山县 2013年,完成110个候车亭和杨柳五级客运站选址。2014年完成通村公路160公里。2015年,全县新建错车台777个、候车亭54个,实施安保工程376公里,按照集约式经营、"不新增车辆、实行连片运营"方式,对不通客车的村确定运行车辆,公示联系方式,通村客车安装北斗卫星452辆,全县所有行政村通客车率达到100%。

浠水县 浠水县高度重视"村村通客车"工作,出台优惠政策,吸引民间资本投资通村客运公司。在线路规划和运力投入上,做到干支搭配、冷热均衡,科学调减运力;强力推进,着力补齐发展短板。2015年新增通客车行政村92个,新建连通循环路17公里,实施安保工程386公里,新建错车台1102个、候车亭8个、招呼站198个,维修候车亭21个,新增许可线路30余条,新增村村通客车110余台。全县649个行政村,实现"村村通客车"。

蕲春县 2014年,新建农村客运站5个、候车亭101个、招呼站320个。2015年,全县完成农村公路生态文明示范线2条16.86公里,新建错车台1223个,实施安保工程567公里,全县新发展农村客运班线58条,客运车辆93台,新建招呼亭322个、招呼站208个,狮子、大同、横车3个五级客运站竣工,全县所有行政村通客车率达到100%。

武穴市 武穴市农村客运采取集约化、多元化等多种方法并存的经营模式,由武穴市宏森汽车运输集团有限公司在重点线路、重点乡镇组建农村客运分公司,打造城乡公共交通一体化。全市137台公交车辆的营运线路已覆盖新老城区,并已延伸到县城20公里范围内的乡镇和部分行政村,公交通车率53%;开通客运班线28条,客运车辆公车公营率达88%,城乡客运网络建设已实现乡镇(办)全覆盖,城乡客运一体的四级网络已初具规模。2015年,全市投入资金500万元,新发展农村客运班线41条,更新客运车辆31台,新建候车亭45个、招呼站200个,新增通客车行政村83个,全市308个行政村通客车率达到100%。

黄梅县 黄梅县依托省级"开放开发"小池镇的战略机遇,加大农村公路提档升级力度,先行开通小池镇—长圩村—杨泗村502公交线路,串起沿线8个行政村,解决了近5万名群众的出行难问题。随后,将可行性经验推广到全县辖区,对汤大至洪碾、长湖至郭湖等20条连村公路共70公里全部扩宽至6.5~8米,20条通村线路串起96个行政村,打通了"断头路",实现了乡内小循环、县内大循环。

2015年积极推进城乡客运一体化,新增农村客运班车20辆,全县485个行政村全部实现"村村通客车"目标。

龙感湖管理区 龙感湖管理区作为全市最小的行政区划,在没有省专项补助资金的情况下,采取"政府主导、部门参与、社会共建"的方式,向外借力,向内聚力,积极主动多方面筹措资金。区财政专项安排资金57万元,整合社会资金87万元,专款用于"村村通客车"基础设施建设;引导市场主体积极投资参与,公交公司新投资350万元对原有老式公交车进行全部更新;发动村、组集体和农民投资筹工,全区55个行政村筹资金额达140万元,投工投劳2万多个。2015年,"村村通客车"完成投资22.6万元,新建港湾式候车亭2个、普通候车亭10个、招呼站80个、错车台99个,行政村通客车率达到100%。

二、客运站

客运站是旅客运输网络中重要的交通基础设施。新中国成立初期,黄冈境内仅7个车站;到2015年,黄冈市拥有道路等级客运站119个(含在建未纳入统计年报的),其中一级客运站1个、二级客运站15个、三级客运站10个、四级客运站3个、五级客运站90个。

(一)客运站设置

1935年7月,国民政府湖北省公路局在黄冈设鄂东车务段宋埠车站,管辖原鄂东路面至潢川、经今河南新县、广水、黄陂等线。宋埠车站是黄冈第一个汽车客运站。

1949年,湖北省人民政府接管交通时,黄冈境区有麻城、宋埠、黄安、歧亭、新洲、柳子港、李家集7个车站。

1950年3月,湖北省汽运公司浠水分公司开通兰溪至罗田客运线,设立兰溪站、浠水站、罗田站。同年开通麻城至宋埠客运线,设宋埠站、麻城站。

1951年,广济县(今武穴市)汽车运输站创建。

1952年,汉口至红安客运开通,设红安车站。同年,广济县开通梅川至武穴客运,设梅川、武穴两站。

1953年,鄂东分公司开通宋埠至团风、黄州客运,设团风、黄州车站。同年,蕲春县开通蕲州至漕河客运,设蕲州站、漕河站。同年,黄冈县在团风至胜利这条线路上设立了总路咀代办站。

1955年,蕲春县开通漕河至刘河、张塝不定期客运班车,设刘河、张塝两站。

1956年,开通黄州至三里畈、团风至胜利客运,设三里畈、胜利两站。同年,隶属湖北省运输部门车站23个,其中直隶汉口管理处的有阳逻、新洲、黄冈、胜利、浠水、罗田、仓子埠、白果、黄州、三里畈、兰溪、英山共12个车站,隶属宋埠中心站的有李家集、麻城、两路口、柳子港、福田河、永佳河、七里坪等站和中驿、歧亭代办站。

1957年,浠水中心站开通至英山客运,设英山站。同年设黄梅车站。

1958年7月1日,湖北省交通厅下放汽车运输企业,宋埠中心站下放到黄冈专区管辖,黄冈县总路咀始设车站。4月,黄冈专区将下放各县的汽车收回,集中由专区交通运输管理局管理。运输管理局设立阳新、浠水、宋埠3个汽车中心站,经省交通厅同意,黄冈专区的黄梅县、蕲春县、广济县自办汽车站,按省颁规章办理运输业务。9月22日,宋埠中心站收归省公路运输管理局管辖,改名为湖北省交通厅公路运输管理局宋埠汽车中心站。

1961年,湖北省公路运输管理局在黄冈专区所在地黄州增设黄冈汽车总站,黄冈汽车总站下辖宋埠22汽车队、浠水23汽车队、大冶24车队、宋埠中心站和各保养场。黄冈汽车总站时有客运班次31个、营运线路13条。黄冈县、浠水县、罗田县、英山县、蕲春县、黄梅县、广济县的旅客习惯乘汽车至长江边的团风、黄州、兰溪、茅山、蕲州、武穴、小池口等港口,再转乘轮船去武汉、黄石、九江。

1964年2月27日,黄冈汽车总站改为湖北省交通厅汽车运输管理局黄冈分局。5月23日,省交通厅汽车运输管理局在广济县设立梅川中心站,时有汽车56辆。

1965年末,黄冈有客车站72个,其中宋埠、浠水、梅川、鄂城4个中心站,另有47个委办站、21个代办站。

1966年,"文化大革命"开始,黄冈客运站的建设、经营受到冲击。1969年7月14日,罗田县城关汽车站被洪水冲毁,重建800平方米砖木结构站房和宿舍。1971年,湖北省驻黄冈地区交通企业移交黄冈地区,车站随之移交。同年5月5日,黄冈地区汽车分局改为黄冈地区革命委员会交通邮政管理局汽车运输团,同时,撤销宋埠、浠水、梅川3个汽车中心站,各地的代办站一律改为正式站。

1981年,全区有11个县级客运站、2个重点汽车队、60个区间站和19个代办站。各县在县辖沿公路乡镇还设有临时委办站,仅黄冈县就有百福寺站、三庙站、马庙站、方高坪站、淋山河站、河铺站、杜皮站、贾庙站、盐田河站、李婆墩站、但店站、溢流河站、贺坳站、下铺河站、总路咀站、熊坳站、上巴河站、程德岗站、范岗站、王家店站等20多个。

1986年,为加快站场基础设施建设,湖北省交通厅、省财政厅和省物价局联合颁发《开征公路客运附加费的通知》,要求从1986年6月1日起,在全省范围内开征公路客运附加费,作为公路客运站建设的专项资金。为方便群众乘车,各乡镇及公路沿线集镇设立客运站点和候车棚。1987年,湖北省交通厅、省计委鄂计交字〔1987〕第261号文件批准建立武穴汽车客运站。1988年,在黄梅至小池、武穴至白果、漕河至蕲春、浠水至散花、麻城至白果、黄州至上巴河等旅客流量大的地段建立候车棚。

20世纪90年代,境区对车站建设的资金投入不断加大,建成一批等级车站。1990年,黄州一级汽车客运站竣工投入使用;红安、武穴二级客运站通过竣工验收;麻城二级客运站动工,新修建的21个乡镇站发挥作用。全区用客运附加费建设的站点占地面积达8.19万平方米,建筑面积19534平方米,停车站(道)面积23629平方米。1992年,麻城、黄梅、英山、浠水二级客运站相继竣工;1993—1994年,英山南河、武穴郑公塔等8个乡镇客运站,蕲春、罗田二级客运站、麻城市盐田河车站及黄州市团风三级车站竣工。至2005年,全市有车站52个,其中一级客运站1个、二级客运站8个、其他等级客运站43个。

"十一五"时期,黄冈客运站建设从数量型向质量型转变,不仅注重站场数量的增加和能力的扩充,还注重站场功能的增加和管理的强化,提高站场综合服务水平。2006—2010年,黄冈市新改建五级客运站60个,完成候车棚1280个、招呼站2790个。2010年末,全市客运站总数达到75个。

2011年,黄冈市站场建设完成投资2930万元,启动蕲春客运站、麻城金通湾客运站、英山长途客运站、罗田货运站前期工作,开工建设武穴客运站;新建农村五级站9个、候车亭331个,改建农村综合服务站3个。截至2011年底,全市拥有客运站103个。

2012年,黄冈市站场建设完成投资8551万元,完成蕲春客运站、麻城金通湾客运站、英山长途客运站、罗田货运站前期主体工程,加快武穴客运站、罗田客运站主体工程建设;新建农村五级站5个、港湾式候车亭23个、一般式候车亭50个。

2013年,武穴客运站、罗田县大别山客运站、红安县客运总站、龙感湖客运站等项目加快推进,启动黄冈汽车客运站改扩建和黄冈城东客站建设;新建农村五级站6个、一般式候车亭800个,全市实现98%的行政村通客车。

2014年,麻城金通湾客运站竣工运营,武穴客运站、罗田县大别山客运站、红安县客运总站、龙感湖客运站主体工程基本完成。黄梅县孔垄、黄梅县五祖、龙感湖严家闸、武穴市余川、武穴市龙坪、武穴市大法寺、黄州区堵城等13个农村综合运输服务站建成。至2015年,黄冈共有等级客运站116个(不含未纳入年报的),其中一级1个、二级15个、三级10个、四级5个、五级85个,具体情况如表2-3-1-5所示。

2015年黄冈市拥有道路等级客运站情况表　　　　　　　　　　表2-3-1-5

地　　区	等级客运站(个)						候车亭招呼站
	合计	一级	二级	三级	四级	五级	
黄州区	9	1	1	1		6	458
团风县	9		1			8	790
红安县	14		2			12	1022
麻城市	19		2	1		16	1190
浠水县	7		1	1	2	3	655
罗田县	9		1	3	2	3	765
英山县	7		1			6	740
蕲春县	13		2	1		10	997
武穴市	12		2	1		9	789
黄梅县	11		2	1		8	669
龙感湖区	6			1	1	4	79
合计	116	1	15	10	5	85	8154

注:根据《湖北交通运输年鉴(2016)》黄冈各县市交通概况整理。

(二)等级客运站选介

黄州汽车客运站　位于黄州区宝塔大道与西湖二路交叉处,即黄州新车站,是用公路客运附加费投资兴建的黄冈首座一级汽车客运站。由黄冈市建筑勘察设计院设计,1986年8月1日动工,1989年12月竣工,建筑面积9541平方米,占地面积1.2万平方米,站前广场4800平方米,停车场面积8500平方米,设计日发送旅客能力8000~10000人次,总投资795万元,是鄂东地区规模最大的汽车客运站。新车站建成后,曾前后3次启用,前2次(1990年5月及1990年12月)均因车站离老城区较远而停运。1995年12月23日,国务院批准撤销黄冈地区和黄州市,设立黄冈市。1996年3月6日,黄冈地区汽运总公司向地区交通局提交专题报告《关于地区汽运总公司与黄州市汽车运输公司成建制合并的方案》,黄冈市委于1996年5月14日发出〔1996〕1号文件,将黄州市汽车运输公司上划与黄冈地区汽运总公司合并,组建黄冈市汽车运输总公司,隶属市交通局领导。1996年5月18日,黄冈市宣布成立。6月10日,黄冈市人民政府黄政文〔1996〕4号函发出《原有黄州市汽运公司与黄冈地区汽运总公司合并的专题会议纪要》。10月24日,市交通局向市人民政府报告"启用黄州一级汽车站",市人民政府黄政办发〔1996〕53号文件批转市交通局《关于启用黄州一级汽车站的有关问题的报告》。12月8日,黄冈市交通局、市公安局、市城乡建设委员会联合发出:整顿黄州城区客运经营秩序,规范车辆进站经营行为的公告。12月20日,黄冈市汽车运输总公司迅速成立黄冈市汽车运输总公司黄州汽车客运总站,车站人员由黄州客运一公司、黄州客运二公司1995年底在册名单中调配,客运总站开业时共有干部职工248人,黄冈市汽运总公司副总经理张四维兼任黄州汽车客运总站站长。这次开业,黄冈市汽车运输总公司吸取了第一次开业的教训,在总站成立了黄冈市黄州汽车客运总站协调管理委员会,该委员会由市运管处、黄州运管所、汽运总公司及各有车单位、个体联户的代表参加。

1997年1月,新车站第三次启用,凡市内经营旅客运输的国营、集体、个体车辆,一律进站,实行统一票证运价、统一凭票、统一排班、统一结算。客运站自第三次使用以来,客运量逐步递增,经济效益不断上升,年均增长率为29%,成为黄州城区最大的旅客聚散中心。2000年被湖北省交通厅、省物价局检查验收通过,获"湖北省公路客运站评定一级AAA"荣誉称号。

2005年6月,原址重建新站。黄州汽车客运站占地总面积4.76万平方米,总投资8000万元,其中主站楼建筑面积5000平方米,站前广场面积5400平方米,阶梯式停车场面积1.9万平方米,综合性能检测站面积2200平方米,门检线面积400平方米,候车厅面积980平方米。新站拥有停车位560个,日可发450班次,接待旅客1万人次,满足了客车进站发班的需要。新站采用计算机联网售票系统和大屏幕LED电子显示系统,并配备了中央空调、X射线安全检查仪、计算机同步自动广播站、检票门显示系统,形成了现代化管理体系。新站提供的出租车、公交车等换乘交通工具,实现了新站与老城区的无缝对接。新站集旅客乘候车、旅游综合服务、停车、购物、休闲、食宿及车辆检测于一体,是一座功能齐全、设施先进、造型美观、环境优美的一级汽车客运站。2006年1月1日,黄州汽车客运站实行了民营化重组,属黄冈市东方运输集团有限公司所有。

黄州汽车北站　位于黄州区八一路西端,靠近江堤。其前身为隶属于黄冈地区汽车运输公司的黄冈地区黄州汽车站。1955年,湖北省交通厅运输管理局在黄州沙街建立黄冈汽车总站,由于旅客日益增多,车站窄小,不能适应客运需要,1957年车站迁到十字街。随着旅客流量增大,车站仍然不能适应人民群众乘车候车的需要,1966年8月,车站又迁到黄州江堤附近。这时,车站新建了500平方米的站房,有宽敞的候车室和停车场。1975年改名为黄州车站,属地区交通局领导。1977年7月1日,黄州车站与黄冈地区汽车运输公司汽车一队合并。当时车站有职工140人,有客车40辆、货车4辆,有通往武汉、黄石及各县客运线路8条,年完成客运量62.7万人次,完成货运量1.2万吨。

黄州汽车东站　其前身为黄冈县汽车运输公司在黄州大礼堂设立的简易汽车站,属黄冈县汽运公司企业自办站。1985年由县汽车运输公司向银行借款,购买位于黄州胜利街与青去街交会处的县印刷厂厂址,改建为黄冈县黄州车站,总面积2100平方米,可停靠汽车10辆,有职工47人。1986年7月1日,车站开始营业,1987年,经省市县主管部门验收合格核定站级为二级客运站,是当时黄冈县唯一有等级的客运汽车站。

1990年,黄冈县黄州汽车站与黄冈地区汽车运输公司黄州车站合并,同年又返回原地经营。1990年12月,撤销黄冈县,设黄州市。1996年黄冈地区汽车运输总公司与黄州市汽车运输公司合并,黄州市汽车站于1997年1月1日停止使用。1999年,站址改造成商、住两用土屋楼房。

黄州东华汽车客运站　黄冈经济开发区东华客运站位于明珠大道98号,于2010年3月26日正式启用。同时,关停城区原有的黄州幸福车站、浙江商城站、机械厂站,并调整城区客运班车起讫点。东华客运站发出的主要客运班次有:城区内所有发出的省际班车,即黄冈往返广州、深圳、中山、龙岗、长沙、上海、温州、宁波、九江等方向的班车;城区内所有途经上巴河方向的县际班车,即黄州往返浠水、蕲春、武穴、黄梅、龙感湖、罗田、英山、上巴河、大崎、总路咀、贺坳、贾庙、盐田河、三里畈等地的班车。

杨鹰岭客运站　位于黄州火车站经济开发区,离黄州城中心20公里,东出巴河与318国道相接,西过砂子岗与106国道相接,紧邻京九铁路,为黄州准二级客运站。该站经湖北省交通厅鄂交计〔1998〕610号文件批复建设,站址在黄上公路黄州火车站南侧,谭秋大道与将军大道交会处,1999年11月初动工,由黄州区公路运输管理所负责建设,黄冈市春辉建筑设计院设计,黄冈第一建安公司中标承建。于2000年6月竣工投入使用,客运站总占地面积1038平方米,其中主站楼998平方米,门房40平方米,另建有站前广场、停车场及场内混凝土道路3030平方米,工程总投资276万元,其中省补助投资166万元。杨鹰岭客运站与之前建成的货运站为一体,是黄州发挥铁路经济、实现公铁联运的一个里程碑。

团风县汽车客运站　其前身为团风汽车站,建于1951年,位于团风粮道街,是黄冈县建立的第一个汽车站,因团风地名而得名,属黄冈县交通局领导。车站设备不齐,站房简陋,1954年,因连降暴雨,江堤决口,站房被江洪淹没,车站迁往团风人民闸。1961年改属湖北省交通厅公路运输管理局黄冈办事处领导。1968年,该站迁往团风上寨,新建站房,车站初具规模,经营趋于正轨,车站隶属黄冈地区汽车运输团。1979年,团风汽车站与黄冈地区汽车运输公司第七汽车队合并。

1992年10月,在团风镇普济路与得胜大道交会处,新建汽车客运站。占地面积1万平方米,总建筑面积2030平方米，站前广场660平方米。1992年3月7日，由黄州市人民政府批复，同意工程总投资210.9万元。

1995年4月12日，原黄州市人民政府体改办以黄州体改〔1995〕8号文件批复同意设立黄州市团风汽车客运站，该站为全民所有制企业，实行独立核算、自主经营、自负盈亏，具有法人资格，隶属黄州市交通局领导。客运站于1995年4月28日开业，面向社会、独立经营、自负盈亏，开业时就实行站运分离，为黄州市交通局的二级单位。1996年5月，黄冈地改市后，建置团风县，2003年，经湖北省道路运输管理局核定为团风县汽车客运站，站级为二级。

红安县汽车客运站 根据黄冈地区计委、地区交通局请示，省计委于1987年批准红安县在城关镇南门大桥西头250米处新建红安县客运站。由红安县交通局具体负责建设，红安县建筑工程公司施工。1990年5月整个工程基本完工，12月竣工通过验收。该工程总投资215.5万元，总建筑面积3308平方米，站前广场1600平方米，停车场5368平方米，候车大厅同时可容纳800人候车，1995年投入使用，可同时始发客运班车10辆。1992年4月5日，县交通局决定实行站运分离，独立设立红安县汽车客运站，实行企业化管理，独立核算、自负盈亏。

红安县客运总站 2012年12月13日，红安县客运总站获湖北省交通运输厅工可批复。2013年7月31日获省运管局初步设计批复，红安县客运总站按交通运输部颁发标准确定为二级站，征地约5.3万平方米，预计投资3460万元，总建筑规模8781.29平方米，其中主站楼建筑面积5821.29平方米，安检车间360平方米，维修车间250平方米，站前广场9937.52平方米，停车场12803.02平方米，综合预测2014年、2024年、2034年适站量分别为217.6万人、365万人、438万人。该项目于2013年8月28日开工，经过施工单位的精心施工，合理安排时间，2014年5月8日主站楼封顶。2015年，红安县客运总站进行了室外装修，当年底站前广场建设完成。

麻城二级客运站 即麻城新汽车站，位于麻城市将军路与市区南环大道交会处，即金桥大道头的大转盘加油站对面。1991年建成投入使用，占地面积2万平方米，建筑面积3600平方米，站前广场1500平方米，停车场和行车通道5355平方米，日发送旅客能力4000人次，总投资246万元。1993年4月28日开业，车站产权归麻城市交通局，实行独立建制、独立核算、自负盈亏，为交通局的二级事业单位，实行企业化管理，面向社会开放经营，实行站运分离。于2013年通过黄冈二级客运站验收。

麻城黄金桥客运站 经湖北省交通厅鄂交计〔2004〕110号文件批复，同意黄金桥汽车客运站按二级站规模进行配套完善，2004年建成投入使用，总占地面积1254.5平方米，总投资296.1万元，站级为准二级。

罗田二级客运站 位于原县汽运公司客运站与黄冈地区汽运公司罗田分公司工业品市场会合处。1992年落实站址，完成征地拆迁和设计方案，1995年建成，1996年6月18日正式开业。总建筑面积4500平方米，站前广场、停车场和行车通道5725平方米，日发送旅客能力5000人次，总投资349万元。

罗田县城东民营汽车客运站 2004年4月6日，经湖北省交通厅道路运输管理局鄂运管计基〔2004〕87号文件批准，在罗田县城东部的凤山镇蔬菜村建罗田县城东民营汽车客运站，建设资金全部由村自筹，这是黄冈市第一个民建的汽车客运站。该站占地面积3000平方米，总投资120万元，2004年5月1日开工，同年12月25日竣工，站级为三级。竣工后，罗田县蔬菜村通过拍卖30年的经营权，将车站整体转让，村民方袖珍以330万元拍得经营权。方袖珍在罗田县工商行政管理局注册登记为有限责任公司，注册资本50万元，以登记的资产独立承担有限责任。2004年12月28日，方袖珍取得罗田县万得达客运有限责任公司的企业名称，使该站成为全省第一家个人注册的民有民营车站。管理体制实行独立经营、自负盈亏。车站设有主管机关，内部实行董事会负责制，经营实行人合、资合股权责任制，实现了所有权与经营权的彻底分离，管理权和站运分离。车站日发班次40个，日发送旅客500人次，实行微型计算机售票。罗田县运管所在车站成立运政执行室。车站接纳20台发往乡镇的车辆，完全实行开放的市场化管理体制。

罗田县大别山客运中心　大别山客运中心坐落在栗子坳工业园区,位于武英高速公路罗田出口处,占地面积4.28万平方米,建筑面积3万多平方米,总投资6000万元,按照国家二级客运站标准设计建造。客运中心内可容纳300多辆长短途客车,满足日发送旅客能力8000人次,年发送旅客能力292万人次。新客运中心启用全新的全省联网售票系统,旅客可根据需要购买其他不同地方、不同区域的车票,同时旅客也可以通过官方网站、微信公众号等多种途径购票。车站运用全套高端智能控制系统,旅客刷票进站、客车读卡进站,较好地执行了"三不进站、六不出站"的安全管理制度,杜绝了安全生产隐患。客运中心于2012年3月动工,2015年竣工验收并投入试运营。

英山二级客运站　位于英山县客运公司和黄冈地区汽运公司英山车站原址,建筑面积2948平方米,站前广场1500平方米,停车场和行车通道5250平方米,总投资279万元,其中客货附费补助投资239万元。由英山县交通局负责建设,湖北省冶金建筑设计院设计,英山县建筑安装公司施工。工程于1992年4月15日破土动工,1993年9月19日竣工投入使用,日发送旅客能力5000人次。

浠水县客运站　位于浠水县城丽文路,为二级客运站,隶属原国有企业浠水县客运公司,经省计委、省交通厅鄂交计字〔1991〕38号文件批准建设。工程总投资295万元,其中客附费补助投资239万元。由浠水县交通局负责建设,武汉市建筑材料工业设计研究院设计,浠水县第二建筑公司施工。于1991年11月16日动工,1993年2月竣工。1993年12月25日,黄冈地区交通局主持召开竣工验收评审会,该工程质量综合评定为合格工程。于1994年10月投入使用,建筑面积4408平方米,站前广场1500平方米,日发送旅客能力4000人次。

1993年,浠水县客运站与国有企业县货运公司、老三队货运公司合并,组建国有企业浠水县汽运总公司。至2001年12月23日,浠水县汽运总公司破产,面向社会公开拍卖,夏长林等6名个人股东在拍卖中获得民营股份经营权,成立浠水县汽总运输有限责任公司,并依托既有基础设施组建浠水县汽总运输有限责任公司浠水县客运站。这是湖北省第一个私人合资组建的民营客运站。

蕲春二级客运站　位于蕲阳大道北侧,距漕河闹市中心200米处。于1997年11月动工建设,1995年12月竣工,占地面积1万平方米,总建筑面积4500平方米,站前广场1500平方米,停车场和行车通道6225平方米,日发送旅客能力5000人次,总投资337万元。

武穴市二级客运站　其前身为广济县企业自办的小站,初办时占地约2000平方米,可停车30台,候车室容客不足200人。1985年县城扩建,车站候车室被拆除,客车只能停在公路上。1987年,湖北省交通厅、省计委鄂计交字〔1987〕261号文件批准同意,在武穴市钟荣伍3号路与北川路交叉处新建武穴汽车客运站。1988年2月动工建设。该工程由中南建筑设计院设计,武穴市钟荣武建筑安装公司施工。候车大厅采用后张法预应力钢筋混凝土钢架和钢筋混凝土柱组成排架结构,综合楼采用钢筋混凝土框架结构。总占地面积1.25万平方米,建筑面积3643平方米,停车场8500平方米,候车厅1121平方米,办公楼957平方米,行车通道4800平方米;服务配套设施有售票室、广播室、电子监控室、寄存室、驾驶员休息室、修车台、洗车处、咨询室等;日发送旅客能力4700人次。实际投资420万元,其中湖北省交通厅投资320万元,武穴市减免各种税费100万元。1992年4月30日正式投入使用。2000年,武穴市汽车客运站被中华人民共和国交通部授予"二级AAA客运站"称号。

武穴市客运中心站　位于武穴市刊江大道北侧,为武穴宏森汽车运输有限公司按一级站标准兴建的一座二级客运站,由主站楼、安检车间、维修车间、宾馆、办公楼、站前广场6个部分组成。项目规划用地面积57262平方米,总建筑面积32716平方米,其中主站楼6776平方米,维修及安检用房1345.4平方米,建筑高度12米,站前广场19566.6平方米,停车场及行车通道25813平方米,发车位23个,大客车停车位159个,设计年发送旅客流量400万人次。

2011年9月,该客站建设被纳入湖北长江经济带项目和湖北省交通运输厅"十二五"规划项目。于2011年12月27日开工建设,2012年投入1373万元完成前期各项报批手续及桩基础施工;2013年完成客运中心框架楼建设;2014年项目建设基本完成;2015年完成主站楼和站前广场建设,公交调度中心投入使用。

黄梅小池客运站　依据鄂计交〔1996〕35号文件批准建设,占地面积11880平方米,建筑面积4600平方米,投资总额465万元,其中省客附费资金投入330万元,其余自筹,产权归黄梅县运管所,日发送旅客能力5000人次,站级为准二级。

黄梅县二级客运站　位于黄桥镇柳界公路与105国道黄小公路的交会处。1989年经湖北省计交字〔1989〕第561号文件批准建设。占地面积2万平方米,总建筑面积5500平方米,站前广场1500平方米,停车场和行车通道5100平方米;工程总投资308万元,其中客货附费补助投资228万元。由黄梅县交通局负责建设,湖北省交通规划设计院设计,黄梅县建筑安装公司施工。工程于1991年9月10日破土动工,1993年10月6日验收,工程质量评定为合格。2006年,黄梅客运站投资200多万元对车站进行改造,车站面貌焕然一新。

龙感湖客运站　位于龙感湖长青路。经湖北省交通厅〔2002〕429号文件批复,同意按三级客运站规模进行完善配套。客运站于2003年投入使用,建筑面积1333.98平方米,其中主站楼996平方米,站前广场及停车场2600平方米,总投资213.24万元。

乡镇客运站　1990年,黄冈县在王家坊、杜皮、王家店修建3个乡镇客运站。1992年投资13.72万元,开工建设滚子河乡客运站。1996年5月18日,投资48万元的罗田骆驼坳客运站正式竣工开业,投资80万元建设罗田三里畈客运站,投资76万元建设的罗田河铺客运站主体工程完工。

进入21世纪,黄冈加快推进"路站运一体化"进程,建设乡镇客运站、农村候车棚和招呼站。2005年,第一个乡镇五级客运站——堵城客运站动工,投资60万元,由湖北省运管征稽局统一设计站式和规模。客运站占地面积2600平方米,停车场500平方米,设计日发班100个,日发送旅客1000人次。2006年,黄冈共建成乡镇五级客运站9个。陶店五级客运站动工,投资50万元,客运站占地面积2000平方米,主站楼137.2平方米,停车场500平方米,设计日发班100个,日发送旅客1200人次。武穴市建成五级客运站7个(田镇、大金、新庙、石佛寺、龙坪、大法寺、花桥)。大部分五级客运站发展起点高,均按三级或四级客运站规划超前建设。2007年,投资50万元建成南湖客运站;投资60万元建成黄梅县蔡山五级客站;团风、武穴各建成2个五级客运站。"十一五"期间,黄冈建设完成五级客运站60个、候车棚1280个、招呼站2790个。

至2012年,武穴已建成梅川四级客运站,以及余川、石佛寺、花桥、大法寺、龙坪、大金、新庙、铁石、田镇9个五级客运站。2013年,红安县新建乡镇五级客运站5个;英山县在建和建成杨柳、巴河、青鲜、堰桥、竹瓦5个五级客运站和散花简易汽车客运站1个。2014—2015年,英山红山、陶河2个五级客运站;龙感湖区工业园四级客运站、塞湖五级客运站主体工程相继完成。2015年10月20日,黄冈市道路运输管理局组织相关专家对麻城市木子店客运站进行竣工验收,认为该站基本达到五级客运站要求。

(三)乡村汽车站点

1983年,黄冈境内公路沿线集镇设立汽车客运站、代办站或停靠点、候车棚。

1988年,黄冈地区交通局为实现湖北省交通厅提出的50%村通客运班车的要求,安排9个调查组对全区乡(镇)村公路客运基本情况进行了调查。全区共有9个县(市)、202个乡(镇)、4194个行政村,已通客车的乡镇有198个,占通车乡镇98%,已通车的行政村1968个,占行政村总数的46.9%。全区有客运站91个,其中乡村汽车站75个,候车室面积共6169平方米,停车场面积共78.921平方米。

2000年以来,为推进"路站运一体化"进程,在建设乡镇客运站的同时,兴建大批农村候车棚、招呼站。2006年5月12日,黄冈市交通局以黄交计〔2006〕12号文件下达候车亭、招呼站建设计划,候车亭每个补助1万元,招呼站每个补助500元。2006—2007年共完成30个农村候车棚和60个招呼站牌建设,由湖北省运管征稽局统一设计式样和规模。2006年,黄冈共建成农村候车棚266个、招呼站560个。

2010年,黄冈市农村公路网基本形成。黄冈市实现100%的行政村通油路(或水泥路)。5年新增3638个行政村通油路,新改建五级客运站60个,建成候车棚1280个、招呼站2790个,全市95%的行政村通客车。

2013年,红安县新建公路沿线招呼站389个;英山县建成候车亭110个、简易汽车客站1个。

2014年,维修、改造候车亭437个,新建候车亭801个、招呼站1102个。至10月25日,黄冈市全部行政村均已开通客车,提前完成"村村通客车"目标。

2015年,新建农村五级客运站16个、一般式候车亭830个、港湾式候车亭106个。

新建农村候车亭

三、客运车辆

1932年,汉口至麻城全线通车,鄂东公路管理局有客货运输车辆15辆。

1949年,黄冈地方只有4辆万国牌汽车,其中麻城2辆、英山1辆、浠水1辆。新中国成立后,交通运输业发展加快,黄冈各地纷纷购买汽车从事客货运输。20世纪50年代的客车均为外国生产,以小型车为主,不少为拼装车和改装车。

1953年,广济县从上海购进道奇牌客车1辆,是新中国成立后黄冈境内的首辆客车。1953年,武汉公私联营处派驻团风汽车站6辆柴油车,共18吨,分别在团风至胜利、团风至新洲、团风至麻城公路上营运。当年,英山县将1辆日产伊式子货车改装成客车。1957年,蕲春县将1辆道奇牌货车改装为客车。

1958年7月1日,湖北省交通厅下放汽车运输企业,黄冈专区交通运输管理局接收武汉公路运输管理局宋埠中心站下放黄冈的客货车辆62辆,其中客车2辆、货车60辆;接收武汉公路运输管理局浠水中心站客货车辆66辆,其中客车2辆、货车64辆;接收武汉公路运输管理局大冶中心站客货车辆62辆,其中客车3辆、货车59辆。

汽车运输企业下放后,黄冈专区交通运输管理局根据中共黄冈地委交通工作会议精神,在接收湖北省下放汽车中抽调汽车30辆成立专区汽车大队,作为全区的机动运力。根据鄂城、阳新、大冶、新洲、红安、麻城、黄冈、浠水、罗田、英山、蕲春、黄梅、广济各县的运输能力,将接收的车辆按每县10~12辆下放到县,由各县自行组织汽车运输,汽车驾驶员和车站人员则随站由所在县接管,原汽车中心站及汽车队均撤销。1958年,黄冈县接受下放车辆18辆,共42.5吨,挂车12辆,共21吨。

1959年,黄冈县成立黄冈县交通局汽车队,拥有汽车11辆,挂车5辆,共51吨。加上县商业、粮食等单位的车辆,全县共有车32辆。1959年4月,黄冈专区根据中共黄冈地委召开的各县工业书记会议精神,将下放各县的汽车收回集中,由专区交通运输管理局编为4个汽车队,并设立阳新、浠水、宋埠3个中心站,具体负责各地区的车辆调度和客货运输业务。

由于20世纪60年代初客运汽车较难购买,浠水县汽车队修理工刘银堂于1961年秋成功拼装35座的客车(解放牌发动机),并于12月1日投入客运,次年盈利万元。

1964年,黄冈县汽车队将一辆解放牌旧货车改装成40座的客车,开始在黄冈县团风至黄州、团风至总路咀道路上营运。1968年,黄冈县革命委员会集中各企业、事业单位的汽车,成立黄冈县革命委员会汽车队,拥有汽车23辆。由于供车单位向县革委会要汽车作价付款,因此,县革委会于1970年8月行文解散车队,恢复车辆原来供车单位建制。

1971年,黄冈县汽车队又将县汽车修配厂一辆破旧的嘎斯货车拼装成30座的小型客车,在团风至上巴河、团风至新洲之间的道路上营运。至20世纪70年代末,国产客车占主导地位,大型客车数量占客车总数的63%。

20世纪80年代,中巴、小巴大量涌进客运市场。面包车成为城镇公共交通的主要车型,四轮摩托车(俗称"电麻木")也广泛用于城镇客运。两轮摩托数量增长很快,除用于个人代步外,也用于客运。1981年,全区实有载重汽车5491辆,其中客车435辆;地县专业运输车辆1025辆,其中客车369辆;社会车辆4466辆,其中客车66辆;地区汽车运输公司有营运汽车471辆,其中客车178辆。1985年全地区汽车密度为每万人拥有客车2.7辆,每百平方公里拥有货车26.9辆。1985年末,全地区共有汽车6232辆,其中货车4415辆、客车1651辆、特种车166辆。1988年,黄冈有乘座客车2329辆,其中大客车699辆、小客车510辆、小轿车471辆、吉普车649辆。

1988年1月26日,交通部发布《汽车旅客运输规则》,并从8月1日起在全国范围实施。该规则规定:营运客车必须经车辆管理部门审验合格,保持良好的技术状况,制动、转向系统以及灯光、喇叭、刮水器齐全有效,保持车容整洁、卫生,门窗座椅、行李架、绳网、雨布符合使用要求,车内备有票价表和旅客意见簿,车外装置与营运方式、种类相符的标志,客运班车悬挂班车线路牌、旅游车悬挂旅游标志牌、出租车安装出租标志灯。营运客车分普通客车、中级客车、高级客车三类,每类分为大型、中型、小型三种。普通客车是指无特殊舒适装备的客车;中级客车是指比同类普通客车座位减少,舒适性提高,备有宽、软座椅,寒冷地区有暖气设备的客车;高级客车是指舒适性高、密封性好,具有高级软座椅、空调等设备的客车。小型客车是指横排最多只能装置3个座位,座位总数为15座以下的客车;中型客车是指横排最多只能装置4个座位,座位总数为16~30座的客车;大型客车是指横排可以装置4个及4个以上座位,且座位总数为31座及以上的客车。

20世纪90年代,长途客车向豪华型双层卧铺带空调大客车和豪华型带空调大巴发展。

1990年,黄冈境区有客车870辆34337个座位,解放661型、东风662型占多数,中巴客车以华西、万山、杨子车型为主。麻城市汽运公司增加中巴44辆,地区汽运公司黄州、蕲春、武穴、罗田、红安等分公司共新购中巴27辆。

客运车辆由普通型向中高档型发展

1991年2月,交通部出台《汽车运价规则》,将客车计费等级分为普通客车、中级客车、高级客车三类,每类按等级分为大型、中型、小型三种,实行分类分型计价。1992年3月15日,湖北省交通厅、省物价局颁发《湖北省汽车运价规则实施细则》,规定:普通中型客车的票价高于基本运价的30%,中级大型客车票价高于基本运价的40%,中级中型客车票价高于基本运价的60%,高级大型客车票价高于基本运价的80%,高级中型客车票价高于基本运价的170%。6~15座的普通小型客车的票价高于基本运价的100%,中级小型客车的票价高于基本运价的200%,高级小型客车的票价高于基本运价的300%。客车等级越高,票价越高,也促使客运车辆更新换代。

1992年9—11月,黄梅县汽校客车队和蕲春县汽运公司分别从河南郑州购进宇通牌和扬州大客卧铺车5辆,填补了鄂东地区道路汽车客运无卧铺的空白。先行提货的2台卧铺车于10月1日开通黄梅至广州的客运线路,客车从黄梅出发,沿105国道经江西直达广州,营运里程1200多公里,旅客长途乘车可坐可卧。当年,蕲春县又开通至深圳的卧铺客车。至1992年,黄冈全年共新增车辆423辆,其中客车152辆、货车271辆。全区客车实现高、中、普,大、中、小成龙配套的运力结构。

1993年4月26日,黄冈地区公路运输管理处请示湖北省道路运输管理局,利用汽车货附费资金渠道,更新改造黄冈地区各专业运输企业的客货车辆136辆,其中更新71辆、新增65辆。

1994年,黄冈新增和更新营运客车224辆,其中高级车型95辆,占比为42.4%。黄州市汽运公司从扬州购进卧铺大客车2辆,投入黄州至北京的线路营运。黄州开发区通达公司从湖北麻城购回安菱卧铺大客车2辆,投入黄州至广州的长途营运。

1995年,全区公路运输深化改革,运输经济持续增长,营运汽车达82343辆,比1994年增长30.7%,尤其是客车发展较快,达到2153辆,比1994年增长67.03%。公路运输行业从业人员达到46900人,经营业户达到3859家,运输经济渗透到各地区各部门各行业。同年,黄冈原有的解放牌661型客车全部淘汰,黄冈地区公路运输管理处对当年新增营运车辆数及异动、报废车辆进行调查,各地区新增客车户数为649户,其中国营44户、集体21户、个体582户、其他2户;新增货车户数为869户,其中国营309户、集体210户、个体333户、其他17户;新增客车863辆计12179个座位,新增货车1076辆计4319.8吨位,异动222辆,报废15辆,其中客车5辆、货车10辆。

1997年,黄冈市新增与更新客车482辆,其中高级车58辆,占比为12%。黄冈的客运车辆由普通型向豪华型转变,由中低档层次向高档卧铺型发展。

1998年,黄冈市汽运总公司一次购入扬州产柴油卧铺大客车6辆,投入黄州至中山长途客运;红安县汽运公司分批从合肥客车厂购回柴油大客车42辆,投入县内红安至八里、红安至上新集、红安至永河、红安至七里坪4条主干线营运;武穴市汽运公司从广西桂林客车厂购回2辆大宇豪华大巴客车,填补了黄冈市无豪华大巴客车的空白。

2000年,蕲春四方公司购进凯斯鲍尔高级豪华大型客车2辆,投入黄州至上海专线营运,是鄂东第一台高级豪华车型。武穴市客运车辆更新较快,2000年更新高级客车27辆、卧铺客车10辆、豪华大客17辆。至2002年,黄冈有高级中型客车16辆、高级大型客车147辆、中级卧铺客车149辆、高级卧铺客车10辆。2005年,黄冈有高级中型客车34辆、高级大型客车181辆、中级卧铺客车199辆、高级卧铺客车10辆。

2004年,武穴市汽运公司更新中高级客车62辆,其中高级豪华卧铺客车12辆、中级中巴客车50辆,全部用于市境区乡镇各线路营运,武穴市客运车辆实现了跨省线路卧铺化、跨地线路豪华化、跨县市线路中级化、县内线路空调化。2006年,黄冈市更新中高级客车190辆;英山县80%以上的县内客车实现进站经营、大部分车辆实现更新换代,英山至武汉线所有客车实现上档升级。2013年,黄冈全市新增LNG(液化天然气)公交车113辆、GNG(压缩天然气)公交车55辆,新增出租车280辆,更新出租车280辆。

2015年,黄冈市公路运力大幅提高,有载客汽车5856辆,客位111683座。表2-3-1-6为1991—2015年黄冈客运车辆分类统计表。

1991—2015年黄冈客运车辆分类统计表　　　　表2-3-1-6

年份（年）	数量（辆）	按标记客位分（辆）			按等级分（辆）		
		大型	中型	小型	高级	中级	普通
1991	914	124	396	394	189	351	374
1995	3016	411	1304	1301	623	1158	1235
2000	4115	561	1779	1775	850	1581	1684
2005	5218	459	2499	2260	215	2481	2522
2010	6501	548	2947	3006	767	2500	3234
2015	5856	619	2683	2554	1000	2289	2567

四、客运量

1957年,全区客运量28万人次、旅客周转量889万人公里。1958—1970年客运量和旅客周转量随线路的开通有所增加。1970年,全区客运量558万人次、旅客周转量20613万人公里,分别是1957年的19.93倍和23.19倍。

20世纪70年代,公路已延伸至广大农村,大多数县已实现社社通车。因此,客运量快速增长。1980年,客运量及旅客周转量分别是1970年的2.94倍和2.40倍。

20世纪80年代后,交通体制改革,国营交通专业运输企业独家经营客运的格局被打破,客运车辆、客运线路迅速增加,加之人员流动量不断扩大,客运业务发展很快。2015年,黄冈市客运量为10200万人次,旅客周转量为490220万人公里,分别是1950年的3400倍和30638倍。表2-3-1-7为1949—2015年黄冈公路客运量、旅客周转量统计表。

1949—2015年黄冈公路客运量、旅客周转量统计表 表2-3-1-7

年份(年)	客运量(万人次)	旅客周转量(万人公里)	年份(年)	客运量(万人次)	旅客周转量(万人公里)
1949	2		1983	2399	72845
1950	3	16	1984	2669	88383
1951	3	46	1985	2705	103596
1952	6	148	1986	3063	120049
1953	4	104	1987	3348	134977
1954	6	127	1988	3544	145420
1955	10	235	1989	3960	155332
1956	18	434	1990	4387	195955
1957	28	889	1991	3184	150262
1958	55	1575	1992	3383	154892
1959	98	3078	1993	4846	215434
1960	116	3586	1994	4619	248157
1961	154	3730	1995	5161	266768
1962	156	4441	1996	5509	290068
1963	147	4550	1997	6735	338000
1964	199	4886	1998	6763	329400
1965	374	9445	1999	6964	349418
1966	40	13131	2000	7146	359860
1967	385	14309	2001	4870	253095
1968	441	14283	2002	4448	362590
1969	452	15437	2003	4518	368290
1970	558	20613	2004	4245	258202
1971	719	24950	2005	4419	266826
1972	853	27964	2006	4896	292649
1973	592	19677	2007	5611	340978
1974	648	21891	2008	4662	284500
1975	709	23217	2009	8129	540123
1976	747	25024	2010	9096	656170
1977	817	27418	2011	10649	767056
1978	968	31162	2012	12299	886762
1979	1214	36888	2013	12959	936970
1980	1644	49405	2014	9593	482690
1981	1801	54558	2015	10200	490220
1982	2112	63415			

五、客运价格

1934年冬,省鄂东公路管理局改华里计数为公里计数。

1946年起,境内汽车运价实行自行定价。

1949年12月,湖北省公路管理局确定汽车运价,客运每人公里230元(旧人民币)。1950年2月,因养路费、营业税、印花税等间接成本增加,汽车运价提高30%,客运每人公里300元(旧人民币)。1951年,汽车运价再次提高,客运每人568元(旧人民币)。1952年运价开始下降,客运每人公里降为540元(旧人民币)。

1956年5月,黄冈执行湖北省公路厅制定新的运价计费办法,客运分软席、硬席、代客三种,费率分别定为每人公里0.03元、0.027元、0.025元。表2-3-1-8为1956年黄冈执行湖北省公路厅汽车客货运价表。

1956年黄冈执行湖北省公路厅汽车客货运价表　　　　　　　　　　　表2-3-1-8

项　目			运价(元)	
			油车	炭车
客车	软席	每人公里	0.030	
	硬席	每人公里	0.027	
	代客车	每人公里	0.025	0.024
	行李	每公斤公里	0.0002430	0.0002309
	包裹	每公斤公里	0.0003600	0.0003420

1966年,汽车运价进行重大改革,客货运价不分长途和短途,不分路线和车型,采取一刀切的运价。客运每人公里0.03元,代客车每人公里0.027元,客运废除了旅客补票罚金。

1980年,随着公路运输市场的进一步开放搞活,原来制定的一些运价已不能适应汽车运输业发展的要求。1983年2月16日,交通部颁布新的《汽车运价规则》。

1983年9月5日,湖北省交通厅印发鄂交运〔1983〕50号《湖北省汽车旅客运输规则实施细则》,细则附件规定了汽车客运运价表、汽车客运杂费表、计件物品重量换算表、旅客携带家禽、家畜限量和计费表。1984年12月17日,湖北省物价局、省交通厅联合印发《湖北省汽车运价规则实施细则》,改变了原来的运价结构,实行差别运价,改革后的客运基价为每人公里0.024元。1987年9月21日,交通部颁布《公路运价管理暂行规定》,这是中国第一部公路运价管理法规,为公路运价的正确实施提供了法律依据。

1989年12月24日,湖北省物价局、省交通厅决定对公路客运价进行调整,由1984年的每人公里0.024元上调至每人公里0.038元。这是自1966年运价改革后,首次上调客运基本运价。

1991年2月22日,交通部发布《汽车运价规则》,湖北省交通厅、省物价局于1992年2月29日制定《湖北省汽车运价规则实施细则》,从1992年3月15日起执行。交通部颁布的《汽车运价规则》和省交通厅、省物价局制定的新《湖北省汽车运价规则实施细则》统一了客票计算方法,每张票价由运价、旅客保险费、客运附加费三部分组成,计算公式为:票价=运价+旅客保险费+客运附加费。运价部分,旅客基本运价每人公里0.038元;旅客保险费部分,运价在1.50元/人(不含1.50元)以下的,每一旅客收保险费0.03元,运价在1.50元以上的按运价的2%计算保险费;客运附加费部分,即旅客运距在30公里以内(含30公里)的,每票收客运附加费0.2元,运距在30公里以上的,按每人公里0.007元计算。

1992年8月24日,湖北省物价局、省交通厅印发鄂价重字〔1992〕169号《关于改进湖北省公路水路运输价格管理的通知》,规定:根据各种运价影响情况,客运基本由国家定价,季节性运输和少部分线路实行国家指导价,高级(豪华)客车实行市场调节价,货运大部分实行国家指导价,少部分由国家定价和实行市场调节,运输服务收费仍由国家定价,装卸搬运原则上实行指导价。干线及41公里以上的支线价格管理权限由省定;清明节前后、暑期和春运期间,在不超过规定运价的25%幅度内,由经营者自主确定浮动,学生探亲票价格不上浮。运距在40公里及以内的短途支线,由市县确定价格。通知的执行进一步深化了运价改革,扩大了运输企业的定价自主权,下放了运价管理权,改变了价格形式单一、运价管理高度集中的弊端,提高了运输企业的效益。

1995年11月30日,湖北省物价局、省交通厅印发鄂价重字〔1995〕217号《关于整顿公路运价有关问题的通知》,并从1996年1月1日零时起执行。该《通知》规定,公路运价由省物价局会同省交通厅管理,汽车旅客运输中的高级客车、包车运输实行市场调节价,其他旅客运输均实行国家指导价,允许经营者在基准价的基础上上下浮动20%。

1996年9月19日,湖北省物价局、省交通厅印发鄂价重字〔1996〕281号《关于加强道路客运价格管理的通知》,规定:道路旅客运输取消浮动价,春运期间,可在规定的运价基础上上浮30%;营运客车通过经批准的收费公路、渡口、桥梁、隧道所发生的通过费用,均由旅客负担,由承运人计入票价内代收代付,收费标准由物价部门(今当地运管部门)按线路来去一致原则确定;保证同线路、同里程、同车型、同票价;该通知于1996年10月15日零时整执行。

1996年11月3日,黄冈市交通局、黄冈市物价局印发黄价字〔1996〕135号《关于加强道路运价管理的通知》,规定:黄冈市道路旅客运输取消浮动价,除B型高级车(指购车价格平均每个座位为2万元以上)和包车运输实行市场调节外,一律实行国家定价。营运客车通过经省政府批准收费的公路、渡口、桥梁等所发生的通过费用,均由旅客负担,由承运人计入票价内代收代付。全市统一确定公路过境收费每次每人加收0.50元,过桥、过渡口和高速公路均按有关规定据实计入票价内。交通部规定的春运期间,可在规定的运价基础上上浮30%。取消夜班车和600公里以上超长线路运价加价。新规定从1996年11月20日零时起执行。

1998年9月28日,湖北省物价局、省交通厅印发鄂价重字〔1998〕345号文件,由于国家发展计划委员会、财政部、交通部将公路客运附加费收费标准在现行基础上每人公里提高0.01元,即费率标准由0.015元/人公里提高至0.025元/人公里。客运附加费是客运票价的组成部分,因此必须相应地调整客运票价。

1998年10月4日,黄冈市公路运输管理处黄运管〔1998〕74号《关于调整公路客运票价的通知》,对黄冈市客运票价中客运附加费组成部分上调有关事项做出通知:客运票价由运价、旅客保险费、客运附加费、通过费及旅客站务费五部分组成;客运附加费征收标准由原来每月每座60~100元上升至每月每座85~130元;运距在25公里以内的短途客运票价,其他附费定额统一按0.5元征收计算。

1999年12月21日,湖北省交通厅、省物价局印发鄂价重字〔1999〕346号文件《关于规范高级客车运价的通知》,对B型高级客车道路运输价格实行政府定价,包车和旅游车旅客运价实行政府指导价,并相应调整A型高级客车价目比差率。

2000年10月9日,湖北省物价局、省交通厅印发鄂价能交字〔2000〕315号《关于调整道路客运价格的通知》。由于燃油价格多次上调,道路客运成本大幅度上升,将汽车客运基本运价由0.07元/人公里调整为0.08元/人公里,通知规定:春运、国庆节、劳动节期间,可在规定运价的基础上上浮30%。2000年10月17日,黄冈市物价局、市交通局黄价重字〔2000〕228号转发《湖北省物价局 省交通厅关于调整道路客运价格的通知》,规定从2000年10月15日零时起执行。

2002年1月24日,经湖北省政府同意,湖北省物价局、省交通厅印发鄂价能交〔2002〕16号文件,通知春运公路客运价格上浮方案:高速公路、200公里及以上国道、省道干线运输,运价上浮不得超过30%;县(市)内乡镇区间运输运价上浮不得超过15%;省级确定的贫困县内的乡镇区间运输,运价上浮不得超过10%;其他地区和线路的运价上浮不得超过20%。

第二节 专项客运

一、节假日运输

(一)春节运输

每年春运,黄冈春运指挥部负责领导本地区的春运工作,将春节运输作为一项政治性任务。1966年,交通部、公安部、商业部联合发出通知,自当年1月11日起至1月30日止,为期20天为全国春运时期。春运是以春节这一天为临界点,春节前和春节后的运输时间为春运时间。国家根据预测全国旅客流量,发布每年一次的春运时间,有20天春运、30天春运、40天春运和50天春运。1966—1980年的春运期为20天,1981—1983年的春运期为30天,1984—1995年的春运期为40天,1996—1998年的春运期为50天,1999—2015年的春运期为40天。

春运期间,黄冈各县市人民政府都要成立专门的春运领导专班,组织人力,投入运力,对车辆进行严格审验检查,对合格车辆发给春运证,不合格车辆不准参与春运。1986年春运,全区投入客车600辆、代客车100辆,完成客运量246万人次。1988年,全区投入春运客车740辆,其中专业运输企业666辆、社会单位56辆、个体联户18辆,安全运送旅客306.15万人次,完成旅客周转量13298.85万人公里。

1992年,黄冈地区各县市累计发送车辆78137班次,其中加班1373班次,共运送旅客404万人次。1995年,全区投入春运运力54442辆次,安全运送旅客525.3万人次,其中疏运民工17.3万人次。

春运客车发班

1999年春运40天,全区投入跨省运力6580辆次,加班3381班次,临时包车1615班次,运送、疏散突发性阻滞跨省旅客4000人次。

黄冈是农业大市,为寻求致富之路,农村富余劳动力大多奔向沿海发达地区打工经商。据1996年统计,全市共有100多万人外出打工。春节前后是民工往返高峰,被称为"民工潮"。其特点是:时间集中,择双日出行,图出门打工的吉利;方向集中,往返于广东、上海、江苏、浙江、福建的人较多;人员集中,黄冈境内外出打工者主要集中在蕲春、黄梅、麻城、罗田、英山等县市;车辆集中,黄冈疏运民工做到哪里有民工,哪里就有客车。各县市区相应成立疏运联系处,负责调运车辆,解决民工乘车的困难。1999年,全市安全运送跨省民工24.1万人,组织跨省运力6580班次,处理和疏运区域突发性民工潮4000人次。全市运输企业实现跨省运输营收3400万元。

2005年,黄冈市道路运输管理处被湖北省交通厅评为"春运先进单位",受到省交通厅通报表彰。道路运输人员在历年的春运期间,为阖家团圆、喜庆佳节做出了不懈努力。

2015春运期间,为确保旅客和返乡进城务工人员走得早、走得好、走得安全,黄州汽车客运站和东华客运站积极备战春运。客流高峰短途的大多在初二开始,长途的或跨省的客流高峰一般在初三开始,长途车一般2~3班。各个县际的班车多往黄梅、武穴、浠水、罗田、英山;跨省的则是去往上海、深圳、温州、杭州等地。为保证旅客方便快捷地买到车票,东华客运站提前进行了售票窗口调整,根据学生放假客流逐渐增多的情况,窗口也从原来的3个增加到6个,客流继续增加后,窗口增加到8个;以前发班的时间是30分钟一班,春运期间也缩减至约20分钟一班。

为应对旅客高峰期及特殊天气影响,东华客运站与黄州汽车客运站都做了应急预案,为每一辆车配备防滑链、三角木;在安全方面做全面部署,开门开机对每一位旅客的行李逐包必检,对可疑的物品采取闻、看、试等方式进行辨别,对每一台进站车辆的每一个部件进行安全检查,并对防滑链、三角木等特殊工具的配备情况进行检查。

为深入落实好春运安全工作,黄冈市道路运输管理局坚持做好"三关一监督",着力打造平安春运环境,即严把春运市场准入关,通过严格审核资质条件,把运输经营者的安全生产条件作为市场准入和确定经营范围的首要依据;严把春运车辆技术状况关,严格执行车辆技术等级评定制度,加强营运车辆定期维护和综合性能检测,确保车辆技术状况良好,并对所有客运车辆安装GPS(全球定位系统)动态监控系统;严把春运车辆驾驶员从业资格关,通过严格实行营运驾驶员从业资格制度,进一步加强营运驾驶员职业道德、安全意识教育和运输法规、业务等知识的继续教育,确保营运驾驶员素质符合要求;做好汽车客运站的安全监督,督促汽车客运站严格落实"三不进站六不出站"和"五不两确保"制度。

此外,市道路运输管理局春运期间还加大站查、路检力度,及时发现非法营运、甩客、宰客等各类违法、违规行为,及时督促相关企业整改,监督客运企业严格执行"落地休息"制度和避开三级以下山区路段行驶规定,落实好道路运输接续接驳工作;进一步落实运政人员驻站督岗管理制度,并将办证发牌等运政业务的办理设置在客运站,便利群众,提高效率;严格落实春运期间24小时值班工作制度,针对恶劣天气、恐怖事件等紧急突发情况,第一时间与公安、消防、交警、安监等相关部门一起按照预案迅速展开应急响应。春运期间,运管局工作人员不定期到县、市、区各客运站开展春运安全生产检查,对车站监控室、调度室、候车大厅、车辆安检处、发车位、进出站口进行详细检查,针对检查的情况下达隐患整改通知书,督促企业迅速整改。

(二)黄金周客运

1999年9月18日,国务院修订发布《全国年节及纪念日放假办法》,规定"五一""十一"全体公民放假3天,加上两个双休日调至假期,共计7天,称为"黄金周"。人们利用黄金周观光旅游,黄冈市旅客运输繁忙。2000年"五一"期间,黄冈市公路运输管理处抽调8名运政人员组成督导组,分赴黄州客运站、蕲春客运站、黄梅客运站、麻城客运站,组织协调指挥旅客运输加班。这年,"五一"黄金周全市安全运输旅客110万人次,完成旅客周转量1987.8万人公里。2004年"十一"黄金周全市共加班408个,包车107台次,运送旅客131.7万人次,完成旅客周转量2197.7万人公里。

黄金周期间,人民群众出行相对集中,而此期间也是客运车辆违规揽客、超载等违章现象的高发期。为确保广大人民群众出行安全,维护全市道路运输安全形势稳定,运管部门认真早安排、早部署、早落实,采取多项措施切实做好节日期间道路运输安全生产工作。

交通部门和各级领导对黄金周客运高度重视,加强领导,周密安排,认真分析客流情况和节日运输特点,制订保障节日期间安全生产稳定的方案和详细措施,明确分工,并抓好落实,采取有效措施切实落实监管责任。督促各运输企业、汽车客运站认真落实安全生产主体责任,运管部门各相关职能科股室,下到各运输企业开展安全生产大检查,查纠安全生产隐患,加强营运车辆特别是农村营运客车的检查和维护,强化节日期间运输车辆及消防设施的安全检查,严禁整改不合格、安全无保障的车辆参加营运。要求各运输企业、汽车客运站克服安全工作麻痹的思想,树立"安全就是政治、安全就是稳定、安全就是效益"的意识,树立"以人为本、旅客至上、安全第一"的理念,对所有从业人员进行一次安全教育培训,提高安全意识和应变能力;加强场站的安全源头管理,严格车辆安全门检制度,杜绝超载、超速和疲劳驾驶现象,并配合相关部门做好易燃易爆等危险品的查堵工作。督促客运站强化站场秩序管理,严禁危险品进站上车,重点做好"三不进站六不出站"工作。同时根据节日的客流特点,对客流集中的线路调整班次密度,适时增设加班车辆,确保乘客走得及时、走得安全。督促各运输企业、汽车客运站把握道路运输安全工作的规律和特点,完善应急预案,做好应急演练,切实提高应对突发事件的能力。并密切关注天气变化,及时发布气象和道路运输安全信息,确保恶劣天气情况下的道路运输安全。严格执行领导同志24小时带班值班制度,保证通信畅通,及时掌握道路运输安全动态。确保一旦发生突发事件,能立即启动应急救援预案,妥善处理上报。

二、特殊客运

(一)"非典"客运

2003年4月20日,黄冈市接上级紧急通知:曾到红安、黄州的北京居民李远敏被确诊为非典型肺炎(以下称为"非典")病例。当日,查清与李远敏有过接触的共44人,晚上分别在红安、黄州隔离。次日,曾与李远敏直接接触的黄州区人民医院医生张宏,被省专家确诊为全省首例非典病人。市委市政府成立市防治非典指挥部,部署抗击非典。至4月23日,全市设立发热门诊229处,确定定点医院14家,在车站、码头、宾馆设立留验站153个,对进出黄冈的车辆、人员进行严格消毒和监测,并连续4天时间在街头设立咨询点。黄冈市道路运输管理处成立了以主任汪建国为组长的非典防治领导小组,实行首问责任、登记责任、留验责任、举报责任、一把手责任的"五制"工作专班,确保黄冈市在"非典"期间道路运输"客流不断、货流不断、病源切断"的工作目标。黄冈市运管系统筹集47.5万元资金,抽调177人,在全市11个车站设立了强制消毒点,建立留验站,配备告示牌,公布举报电话,落实消毒药品,在13个重点路段设立了检查站。黄冈市道路运输公共场所消毒面积达8.444万平方米,消毒车辆32.2万辆次,登记进出车辆17.2万辆次,登记来往旅客138.5万人次,妥善处理发热旅客132万人次。4月29日,中共中央政治局委员、湖北省委书记俞正声,在市委书记段远明的陪同下,专程视察黄州车站抗击非典工作情况。5月12日,全国防治非典指挥部防治督查组到黄冈检查非典防治工作,对黄州防治非典工作给予了高度评价。黄冈市运管处、麻城市运管所、蕲春县运管所、罗田县运管所、黄州区运管所、英山县运管所被评为"防治非典先进单位"。5月29日,湖北省道路运输管理局发出43号《关于加强"非典"防控期间公路规费减免优惠的通知》传真,明确规定:自2003年5月1日起,对公路客运行业(含旅游客运车辆)和出租汽车行业的营运客车,以及餐饮、旅店、娱乐、旅游业的生产经营性车辆公路规费实行按月减免优惠。减免幅度为:凡在运管征稽部门按规定办理报停手续的,其公路养路费、客运附加费、运输管理费一律全免;正常运行的车辆,公路养路费按现行规定标准减征20%,客运附加费按现行规定标准减征25%,运输管理费按现行规定标准减征30%,其中,旅游车的公路养路费减征60%,公路运输管理费全免。

(二)支边青年运输

1959年2月,农垦部召开18个省(自治区)及中央有关部门参加的会议,讨论研究动员内地青年参加边疆社会主义建设的问题。同年4月,农垦部对汽车驾驶员的政治条件和技术水平作了具体要求。黄冈专区各县青年踊跃报名参加新疆社会主义建设,仅罗田一个县就有合格青年3000名,安排汽车101辆运送,其中省专业运输汽车84辆、机关企业汽车17辆。

(三)社会主义教育人员运输

1963年下半年,湖北省的社会主义教育运动在黄冈专区麻城县试点,国务院派的工作人员在麻城福田河区蹲点。1964年10月,全省各县相继抽派社会主义教育工作人员共万人,用汽车送至麻城县各区社开展社会主义教育工作。

(四)新兵入伍、老兵退伍运输

黄冈境内驻扎人民解放军部队,新兵入伍和老兵退伍都由专业运输公司承担运送。专业运输公司选派最好的车辆和驾驶人员,按政治任务来完成。运送新兵入伍的车身两旁贴有"一人参军,全家光荣"等大红标语,运送老兵退伍的车身两旁则贴有"光荣退伍"等大红标语,并都在车前扎缀大红花。

(五)科技下乡运输

1999年11月20—21日,由国务院扶贫开发领导小组、科技部、农业部、湖北省政府和中央电视台联合主办的"1999·科技下乡"活动在罗田三里畈举行。来自全国各地的参展企业共200多家,并有知名专家500多人参加活动。湖北、河南、安徽、江西等省各县市近20万农民来到现场。黄冈市运管处为了服务好科技下乡,成立以市处主任周勇为组长的车辆保障组,运输科科长喻绿化负责现场调度,调集专业运输企业车辆58辆,组织社会车辆20辆。车辆从三里畈到罗田、从三里畈到黄州,在道路上往返,运送赶集人员。科技下乡运输繁忙,并取得丰硕成果:农业部副部长路明亲自签约5个项目,签约资金达1840万元;黄冈市500多个招商项目有五分之一在现场找到合作单位;农业部参展团在现场出售科技图书25000册;科技部发放科技资料3万余份。科技下乡运输沟通了城乡物质与文化交流,给农民带来信息、信心和希望。

第四章　货物运输

第一节　普通货运

一、货运车辆

1949年,英山县城关南门私商陈定山从武汉购回一辆日本利山牌汽车,从武汉汽车私营管理处请来驾驶员陈兴和驾驶。1950年,陈定山将汽车作价交给县建设科。1952年,该车又转交县属地方运输公司。1954年,该车又转交给县供销合作社。1954年末,全区共有货车4辆,12吨位,分布在黄冈县、浠水县及英山县。

1950年,湖北省交通监理部门开始执行交通部颁布的《汽车管理暂行办法实施细则》。1950年下半年,黄冈县上巴河工商联熊楚五、熊玉林用200多块银元从李香国手里买了一辆日本伊式子牌3吨装有集成式木炭代油炉客货兼运汽车,并请汉口驾驶员刘文清驾驶。用船将这辆汽车运到团风后,沿江堤开往黄州,抵达上巴河。1951年初,该车上交黄冈县供销合作社。1952年下半年,又转交黄冈县建设科。同年修建总路咀锥子河大桥时,这辆汽车运载建筑材料到工地,当地群众争相围观。

1950年10月,罗田地方国营黎明米电厂在武汉向私营车商老板高国民购买一辆美国产道奇牌3吨载重汽车,价格3750万元(旧人民币),并由老板高国民和助手董北金送到罗田。同年,广济县人民政府从南昌购回日产旧货车1辆;蕲春县从汉口购回道奇牌载重旧汽车2辆,以木炭作燃料。1951年,罗田、红安两县各购回旧货车1辆,黄梅县购回货车2辆。1951年末,全区有货车12辆、36吨位。

1953年,黄冈县白潭湖养殖场购置红星20型3.5吨柴油车1辆,黄冈县供销社购置红星3.5吨汽油车1辆,均自货自运。同年,国防部从广州军区划拨给黄冈县苏联吉斯—5型、吉斯—6型汽车8辆和美国道奇牌汽车2辆,共10辆。

1954年3月,英山县供销社购置捷克布拉格牌汽车1辆,同年购回波兰红星20牌汽车1辆,开始组建县供销社汽车组,汽车组地址在城关东门体育场。

1955年,湖北省交通厅运输局派驻团风汽车站货车4辆,武汉公司联营处又增派团风汽车站货车8辆;英山县购回民主德国依法牌汽车2辆。

1956年,英山县从青海购回却贝尔牌汽车2辆,是年,英山县共有汽车7辆。1957年,黄冈境区有挂车11辆。此后,挂车有所发展,单车载重量增加到4~8吨。

1958年,湖北省辖宋埠中心站及驻黄冈专区汽车下放给黄冈专署,汽车拥有量增加。次年,湖北省将下放机构及汽车收回省管,因公路里程的增加、经济发展快,黄冈专区汽车拥有量增长较快。

1959年9月14日,浠水县交通局组织第一次汽车状况调查,县商业局有车3辆,其中吉尔、金刚、依法牌汽车各1辆;县交通局有车7辆210吨位,其中福特、利山牌汽车各2辆,雪佛兰汽车3辆;县粮食局有车3辆9.5吨位,其中小羊毛牌汽车2辆、却贝尔牌汽车1辆;县林业局有依司元牌汽车7辆3吨位;县

黄冈交通运输志

糖厂有利山牌汽车1辆3吨位;城关搬运站有中吉普改装车1辆2吨位;十月人民公社有解放牌汽车1辆4吨位。

1960年8月24日,经调查,浠水汽车中心站有货车62辆。其中,1941年出厂的伊式子牌汽车27辆计81吨位,1938年制造的雪佛兰牌汽车6辆18吨位、利山牌汽车18辆30吨位、福特牌汽车3辆9吨位,1960年制造的解放牌汽车1辆40吨位,1958年制造的吉尔牌汽车3辆120吨位,1941年制造的福特牌汽车2辆60座位,1943年制造的道奇牌汽车1辆30座位、奇姆西牌汽车1辆30座位。1965年达到398辆,1970年达到597辆。地区交通局对1963—1972年公路运输货车运用技术经济指标进行了调查统计,车辆完好率为80%,实载率为79%。

20世纪70年代,黄冈地区一批交通运输企业迅速发展,非交通专业运输车队建立,货车大量增加,至1975年达到1902辆。

20世纪80年代,客货车辆以国产为主,大多为东风车型。1984年,湖北省人民政府下发进一步搞活运输市场的文件,黄冈道路运输个体运输户如雨后春笋般发展起来。据地区统计局统计数据显示,1985年,全区有货车4415辆、特种车166辆;1987年7月,湖北省政府发出《关于禁止出售破旧汽车的通知》,规定报废汽车一律交废旧物资回收部门,凡购买报废汽车者不得办理车辆过户手续。1988年全区有大型货运汽车146辆、中型货运汽车3106辆、小型货运汽车1107辆,有半挂车53辆、罐车71辆、散装水泥车10辆、厢式零担车4辆、冷藏车8辆。

1990年,交通部门加强运力计划管理,控制货运车辆的盲目发展。地区运管处按省交通厅〔1990〕2号文件精神,制定颁发了《黄冈地区道路营运机动车辆管理暂行办法》,对营运机动车辆的增减作了明确规定。罗田、武穴、麻城、英山等县(市)政府明确发文,规定凡新增运力必须经交通管理部门批准后方可购买车辆,否则公安交警部门不办牌照,工商、交通部门不办企业营运营业执照。这种做法有效控制了全区运力盲目发展的势头,全年营运汽车从平均年递增15.2%降至4.3%,比上年同期下降10%。1990年,本行政区内有10个交通专业汽车运输企业,共有营运货车574辆计3173吨位,有挂车483辆计952吨位,占全区货车拥有总数4665辆的12.3%。

1993年2月22日,黄冈地区汽车运输公司体制变更,将设立在红安、麻城、宋埠、罗田、英山、浠水、蕲春、武穴、黄梅等9个分公司和英山车站成建制移交所属县(市),共移交货车166辆计878吨位、挂车133辆计532吨位。1994年,黄冈地区更新改造货车442辆,其中国有专业货运单位122辆、社会有车单位77辆、个体联户227辆、独资合资16辆,而且新增的车辆吨位较大,特种车厢式货车多为个体联户购买。1995年,黄冈地区公路运输管理处通过调查,全区新增营运货车1057辆,其中国有企业新增408辆、集体单位新增270辆、个体户新增379辆。至2000年,黄冈市货车总数达到4634辆计17313吨位。

"十五"期间,货运车辆增长放缓。至2005年,全市有汽车运输营运车辆9517辆,其中客车2714辆、出租车2296辆、货车4507辆,货车拥有量比2000年略有下降。

"十一五"期间,货运市场回暖,货运企业、货运车辆增加较快。2010年货运车辆达到25624辆,是2005年的5.68倍。

"十二五"期间,车辆数量增加,且车辆结构进一步优化,运输企业货运车辆高、中、低档和大、中、小型配套发展,既有普通货车又有厢式、罐式等专用货车。参营企业车辆结构向专业化、多元化、大型化、集约化、智能化方向发展。如武穴市春盛汽车运输公司,就拥有牵引货车4辆、重型仓栅货车8辆168吨位、重型自卸货车60辆、中型自卸货车196台940.9吨位、小型货车50辆85吨位。至2015年,全市载货汽车拥有28969辆计146292吨位。

表2-4-1-1为1985—2015年黄冈营运货车拥有数统计表。

1985—2015年黄冈营运货车拥有数 表2-4-1-1

年份(年)	货车数量(辆)	年份(年)	货车数量(辆)	年份(年)	货车数量(辆)	年份(年)	货车数量(辆)
1985	1595	1993	3946	2001	3391	2009	16390
1986	2518	1994	4588	2002	3391	2010	25624
1987	2600	1995	5048	2003	3773	2011	27971
1988	4407	1996	5048	2004	4510	2012	22457
1989	4977	1997	5048	2005	4507	2013	24790
1990	4665	1998	6182	2006	7608	2014	28638
1991	4114	1999	4361	2007	13355	2015	28969
1992	4376	2000	4634	2008	14878		

二、货运站场

中共十一届三中全会后,道路运输部门为培育统一、开放、竞争、有序的道路运输市场,寓货运管理于主动服务之中,循序渐进地将货运站场规划建设、经营管理纳入行业管理与监督之中。1993年4月2日,湖北省交通厅印发鄂交计〔1993〕113号《湖北省汽车站场建设管理办法》。该办法第四条第1款规定:客运站建设征地、拆迁、劳动力安置及青苗补偿、三通一平及水、电源开发、用地红线外的配套工程及地方的各种抽头税费,均由地方自筹。必需的站务设施的建筑工程内容,由公路附加费投资定额补助。站内服务设施及设备、工器具购置由站自筹。同时,该办法第三条规定:公路客运附加费实行全省统收统支、收支挂钩、定比安排、分级管理、专款专用、超收返回的办法。定比安排的比例黄冈为80%。货运站建设采取省定额补助投资包干的办法。补助投资主要用于补助库房、营业用房、货物堆场等生产性设施建设,其不足部分的投资和前期工程,装卸、运输机具购置,辅助生产及生活设施的投资,由地方政府、部门和企事业单位自筹。

汽车站场建设投入产出承包责任制的主要目标为对公路客运附加费投资实行"三个包干":一是责任总目标包干,二是实行单位目标定额补助包干,三是按确定的定额补助投资包干。

地市级汽车站场建设的项目可行性研究报告由湖北省公路运输管理局审查,代湖北省交通厅拟稿履行可行性研究报告的审批手续,方案设计由省公路运输管理局负责审查,初步设计由省公路运输管理局审批,报省交通厅核备。开工报告由省公路运输管理局审批,施工中的全面管理由地市州交通局组织建设单位实施。省公路运输管理局按工程的施工质量、进度和工程投资完成额、用款计划等拨付工程款。竣工验收由省公路运输管理局主持。

县、市、区、乡、镇级汽车站建设的项目管理可行性研究报告由地市交通局审批,报湖北省交通厅、公路运输管理局核备。方案设计由地市交通局审定。县市级汽车站初步设计由省公路运输管理局派员参加审查,由各地市交通局负责审批,初步设计的批文均报省公路运输管理局核备。开工报告由地市交通局审批,施工中的全面管理由地市交通局组织建设单位实施。省公路运输管理局按批准的年度、投资计划和地市客附费上解进度及按定比安排的比例分期拨款。竣工验收时,县市级车站由地市交通局主持,省公路运输管理局派员参加;乡镇级汽车站由地市交通局负责,竣工验收资料均报省公路运输管理局核备。

1994年6月28日,黄冈市货运站开工;1998年3月,浠水县货运站开工;1997年11月,黄冈市杨鹰岭货运站动工;1997年10月6日,麻城市货运站开工;2001年,武穴市货运站批准建设;2004年,英山货运站建成。

黄冈交通运输志

2004年6月14日,湖北省交通厅道路运输管理局印发鄂运管计基〔2004〕111号《湖北省道路运输站场建设管理规定(试行)的通知》。文件规定,站场建设项目实行项目法人制、招投标制、合同管理制和廉政责任制等"五制",为规范道路运输站场建设、强化站场建设程序管理提供了政策操作依据。通知规定了重点工程全程介入、一般工程重点介入、拟建工程提前介入的"三介入"制度。站场建设管理事权分工明确,管理规定从制度上落实了站场建设的责任主体。

"十一五"期间,推进客运站配套建设,打造以黄州、麻城、武穴为枢纽,全面辐射各县市区的快速客货运网。重点改建黄州西站、黄州杨鹰岭、麻城3个铁路货运站;重点建设武穴、英山、浠水3个汽车枢纽站和黄州、龙感湖、麻城、团风4个汽车货运站。基本形成以黄州汽车客运站为枢纽,全面辐射圈内各城市的快速客货运网。

2015年,黄冈市中部商贸物流产业园建设完成并投入运营,武汉新港楚江物流园、黄冈安必达冷链物流中心顺利推进,改造完成5个农村综合运输服务站。

黄冈市货运站 原名为黄冈地区汽车货运站,经湖北省计委批复,站址在黄州大道与团风大道交会处,由原地区交通局负责建设,武汉建筑材料工业设计研究院设计,浠水县巴驿建安公司负责施工,工程总投资420万元,其中省补助资金200万元。建筑面积3311平方米,另建站前广场280平方米,简易通道280平方米,于1994年6月28日开工,1996年7月25日竣工,年货物吞吐量25万吨。该工程立体造型简洁,平面布置合理,货运生产功能基本齐全。根据建筑工程质量评定标准,综合楼及货运仓库被评为合格工程。

杨鹰岭货运站 经湖北省交通厅批准,站址位于黄州火车站经济开发区内,黄上公路西侧,谭秋大道和将军大道交会处。建筑面积1791平方米,其中货运营业楼1166平方米,货场仓库605平方米,另建混凝土货场1880平方米,站内道路1698平方米,工程总投资235万元,其中省补助资金150万元,由黄州区交通局负责建设,黄冈市水利水电规划设计院设计,黄州区陈策楼建筑安装工程二公司施工,于1997年11月动工,1998年10月竣工,年货物吞吐量20万吨。杨鹰岭货运站与配套建设的客运站为一体,东出上巴河与318国道相连,西过砂子岗与106国道相接,紧邻京九铁路黄州火车站,是鄂东地区公铁运输的交通枢纽,是黄州发挥铁路经济、实现公铁联运的一个里程碑。

麻城市货运站 经湖北省交通厅批准,站址在麻城市黄金桥,总占地面积2万平方米,建筑面积5900平方米,总投资500万元,于1997年10月6日开工,1999年12月完工投入使用,年货物吞吐量40万吨,与麻城市火车站相互配套。

英山货运站 2004年建成,站址在英山县毕升大道,建筑面积1200平方米,站前广场1300平方米,停车场2600平方米,总投资422万元,其中省补助资金100万元,年货物吞吐量20万吨。

浠水货运站 经湖北省交通厅批准,站址在浠水县南城经济开发区浠英路一侧,总建筑面积3420平方米,批准总投资365万元,其中省补助资金180万元,于1998年3月6日开工,2000年12月完工投入使用,年货物吞吐量30万吨。由浠水县公路运输管理所负责建设,中南建筑设计院设计,浙江省富阳市第六建筑工程公司施工。

武穴市货运站 该站经湖北省交通厅批准,站址位于武穴市刊江大道。建筑面积1672平方米,站前广场1500平方米,停车场5000平方米,年货运量20万吨。2003年通过初步设计;2004年工程获批复,总投资415万元,其中省厅拨款200万元、地方自筹215万元,武穴市政府批准该项目征用土地约1.33万平方米,于2005年完成招标等前期准备工作和土建工程。2005年4月动工建设,2006年4月竣工,实际总投资499.35万元,2006年6月16日正式投入使用。货运服务以货运中心站为依托,兼顾发展货运代理、委托配载、仓储、停车场、洗车服务等业务,逐步在全市形成功能齐全、信息畅通、方便快捷、服务规范的有形货物运输市场体系。

龙感湖货运站 2006年建成,站址位于龙感湖管理区雷池大道。建筑面积800平方米,站前广场1000平方米,停车场4800平方米,总投资380万元,年货物吞吐量25万吨。2010年移交城建部门管理,作为货车停车场地使用。

三、货源流向

黄冈属农业大市,盛产粮食、油料、棉花、水产品等。出口货物有粮食、食油、花生、烟叶、茶叶、板栗、鲜鱼、莲藕,以及服装、轻工纺织品、建材、黄沙、水泥、木材、楠竹、木地板、机电产品、汽车离合器、轴瓦、制动泵、化油器、铝锭、型材、管材、线材、棒材、石英砂、凡石、非金属矿业产品、燃料材料等。进口货物有种子、化肥、农膜、农药、食盐、粮食、肥皂、洗衣粉、化妆品、煤炭、石化、石灰、钢材、木材、建材、成品酒等生产生活物资。年出口货物约3000万吨。

1957年春夏季,英山县先后遭遇暴雨和干旱,当地百姓口粮紧张,浠水中心站于7月9日投入货车24辆,历时18天,抢运浠水、罗田至英山的粮食657吨。1959年9月,重建白莲河水库大坝时,驻浠水县的省汽运23、27车队,投入汽车20辆,承担生活、器材及民工运送工作,浠水县交通部门则承担组织与调度及公路修建工程,至1960年5月结束。

1960年,黄冈专区交通专业运输货物大多由中转站进行转运,浠水县商业驻兰溪中转站直接向各区分配到港物资,从港口运至各点的货物物资为2274吨,日杂、食盐和化肥占52.5%;从各点运至港口的货物物资为17870吨,粮食和土特产占98%。公路运输的发展促使物资流转加快,浠水县与武汉对流物资专由公路运输,黄冈经公路直达运输货物日益增多。是年,公路运输部门贯彻省委"以农业为纲,各行各业都来支持农业"的方针,对支农物资优先管理、优先安排、优先派车,对抢收、抢种的紧急物资随到随运,不受计划限制。为保证武汉、黄石两地人民的口粮供应,湖北省运输指挥部多次组织车辆到黄冈、蕲春等县运输粮食。1961年春,浠水中心站承担全区粮食调运任务,历时3个月共抢运粮食1000余吨。

1964年3月,湖北省统一领导专业汽车运输,实行三统管理,提出"面向山区、面向支线、面向短途"的运输方针。

1966年10月7日,为确保钢铁生产需要,湖北省汽车运输局通知黄冈抽调10辆带挂汽车,参加铁山的大小矿山矿区和艾家庄矿区的运铁矿石任务。11月,根据湖北省经委、省交通厅"增拨载货汽车200辆,支援农业生产,归由湖北省汽车运输局直接调度使用"的指示,湖北省汽车运输局将200辆汽车分成5个车队,每个车队定车40辆,配齐驾驶员及3名车队干部。黄冈运输局代管1个车队,安排蕲春、黄梅两县汽车各20辆,负责蕲春县蛇纹石和黄梅县磷矿石的运输工作。

1973年1月5—8日,蕲春县运输指挥部组织全县物资部门及有车单位参加以农业物资运输为主的运输大会战,运输大会战采取定人、定车、定点和集中领导、集中劳力、集中工具的"三定""三集中"办法,解决了蕲州码头货物压港、压船问题。1974—1977年,黄冈地区先后组织汽车前往山西、云南、江西等省转运调进本地区的木材。1977年3月1日—7月16日,浠水县投入138辆汽车,投入治山、治水、治路工地。

1984年11月,湖北省人民政府发出《关于进一步搞活公路运输的通知》,要求缩小指令性计划范围,扩大指导性计划和市场调节范围,鼓励国家、集体、个人一齐上。1985年1—9月,浠水县汽运公司派出汽车7辆80吨运力,第二次赴山西晋城,共计转运煤炭8170吨。

1986年,广济县(今武穴市)对全县货物运输情况进行了走访调查,全县1985年货物总运量为136.13万吨,其中进口62.7吨、出口73.43万吨。进口物资以建材、化工、煤炭、石油大宗计算为40.3万吨,占进口货物的64.2%;出口物资有砖瓦、水泥、粮食等计54吨,占出口货物的73.5%。

1988年,客货运输由内向外拓展,外向型经营的企业数量逐步增多,跨省营运线路里程达17544公里,增开跨省线路10条,核发跨省线路牌10块,全区"东进西出、北上南下"的运输辐射功能得到增强。红安县汽运公司与香港红方有限公司共同投资创办红港运输有限公司,直通香港过境车10台,获广东省、湖北省人民政府口岸办批准。

1994年6月,湖北省交通厅发布《道路货物运输管理规定》,道路货物运输在国家产业政策的指导下,坚持各种经济成分并存、平等竞争、共同发展的原则。所有货源向社会开放,由承托双方自由成交。

1995年,交通部门取消车货计划配额,道路货运由计划运输步入市场运输,营运结构由以交通专业为主转向以社会运输为主。物流运输由承托双方自行协商,择优成交。市场推动道路货运企业转变经营方式,开展灵活多样的货物包干运输业务,其货运流向遍及全国。

四、跨省货运线路

黄冈市黄州区到北京市的货运线路:黄州到北京。

黄冈市黄州区到重庆市的货运线路:黄州到重庆。

黄冈市黄州区到广东省的货运线路:黄州到潮州、黄州到东莞、黄州到广州、黄州到河源、黄州到惠州、黄州到江门、黄州到揭阳、黄州到茂名、黄州到梅州、黄州到佛山、黄州到清远、黄州到汕头、黄州到汕尾、黄州到韶关、黄州到深圳、黄州到阳江、黄州到云浮、黄州到湛江、黄州到肇庆、黄州到中山、黄州到珠海。

黄冈市黄州区到澳门特别行政区的货运线路:黄州到澳门半岛、黄州到离岛。

黄冈市黄州区到天津市的货运线路:黄州到天津。

黄冈市黄州区到陕西省的货运线路:黄州到安康、黄州到宝鸡、黄州到汉中、黄州到商洛、黄州到铜川、黄州到渭南、黄州到西安、黄州到咸阳、黄州到延安、黄州到榆林。

黄冈市黄州区到河南省的货运线路:黄州到安阳、黄州到鹤壁、黄州到焦作、黄州到济源、黄州到开封、黄州到漯河、黄州到洛阳、黄州到南阳、黄州到平顶山、黄州到濮阳、黄州到三门峡、黄州到商丘、黄州到新乡、黄州到信阳、黄州到许昌、黄州到郑州、黄州到周口、黄州到驻马店。

黄冈市黄州区到江西省的货运线路:黄州到抚州、黄州到赣州、黄州到吉安、黄州到景德镇、黄州到九江、黄州到南昌、黄州到萍乡、黄州到上饶、黄州到新余、黄州到宜春、黄州到鹰潭。

黄冈市黄州区到海南省的货运线路:黄州到白沙、黄州到保亭、黄州到昌江、黄州到澄迈、黄州到儋州、黄州到定安、黄州到东方、黄州到海口、黄州到乐东、黄州到临高、黄州到陵水、黄州到南沙群岛、黄州到琼海、黄州到琼中、黄州到三沙、黄州到三亚、黄州到屯昌、黄州到万宁、黄州到文昌、黄州到五指山、黄州到西沙群岛、黄州到中沙群岛的岛礁及其海域。

黄冈市黄州区到吉林省的货运线路:黄州到白城、黄州到白山、黄州到长春、黄州到吉林、黄州到辽源、黄州到四平、黄州到松原、黄州到通化、黄州到延边。

黄冈市黄州区到安徽省的货运线路:黄州到安庆、黄州到蚌埠、黄州到亳州、黄州到池州、黄州到滁州、黄州到阜阳、黄州到合肥、黄州到淮北、黄州到淮南、黄州到黄山、黄州到六安、黄州到马鞍山、黄州到宿州、黄州到铜陵、黄州到芜湖、黄州到宣城。

黄冈市黄州区到河北省的货运线路:黄州到保定、黄州到沧州、黄州到承德、黄州到邯郸、黄州到衡水、黄州到廊坊、黄州到秦皇岛、黄州到石家庄、黄州到唐山、黄州到邢台、黄州到张家口。

黄冈市黄州区到甘肃省的货运线路:黄州到白银、黄州到定西、黄州到甘南、黄州到嘉峪关、黄州到金昌、黄州到酒泉、黄州到兰州、黄州到临夏、黄州到陇南、黄州到平凉、黄州到庆阳、黄州到天水、黄州到武威、黄州到张掖。

黄冈市黄州区到宁夏回族自治区的货运线路：黄州到固原、黄州到石嘴山、黄州到吴忠、黄州到银川、黄州到中卫。

黄冈市黄州区到山西省的货运线路：黄州到长治、黄州到大同、黄州到晋城、黄州到晋中、黄州到临汾、黄州到吕梁、黄州到朔州、黄州到太原、黄州到忻州、黄州到阳泉、黄州到运城。

黄冈市黄州区到江苏省的货运线路：黄州到常州、黄州到淮安、黄州到连云港、黄州到南京、黄州到南通、黄州到宿迁、黄州到苏州、黄州到泰州、黄州到无锡、黄州到徐州、黄州到盐城、黄州到扬州、黄州到镇江。

黄冈市黄州区到四川省的货运线：黄州到巴中、黄州到成都、州到达州、黄州到德阳、黄州到甘孜、黄州到广安、黄州到广元、黄州到乐山、黄州到凉山、黄州到泸州、黄州到眉山、黄州到绵阳、黄州到南充、黄州到内江、黄州到攀枝花、黄州到遂宁、黄州到雅安、黄州到宜宾、黄州到自贡、黄州到资阳。

黄冈市黄州区到福建省的货运线路：黄州到福州、黄州到龙岩、黄州到南平、黄州到宁德、黄州到莆田、黄州到泉州、黄州到三明、黄州到厦门、黄州到漳州。

黄冈市黄州区到湖南省的货运线路：黄州到常德、黄州到长沙、黄州到郴州、黄州到衡阳、黄州到怀化、黄州到娄底、黄州到邵阳、黄州到湘潭、黄州到湘西、黄州到益阳、黄州到永州、黄州到岳阳、黄州到张家界、黄州到株洲。

黄冈市黄州区到浙江省的货运线路：黄州到杭州、黄州到湖州、黄州到嘉兴、黄州到金华、黄州到丽水、黄州到宁波、黄州到衢州、黄州到绍兴、黄州到台州、黄州到温州、黄州到舟山。

黄冈市黄州区到贵州省的货运线路：黄州到安顺、黄州到毕节、黄州到贵阳、黄州到六盘水、黄州到黔东南、黄州到黔南、黄州到黔西南、黄州到铜仁、黄州到遵义。

黄冈市黄州区到台湾地区的货运线路：黄州到高雄、黄州到花莲、黄州到嘉义、黄州到基隆、黄州到金门、黄州到连江、黄州到苗栗、黄州到南投、黄州到澎湖、黄州到屏东、黄州到台北、黄州到台东、黄州到台南、黄州到台中、黄州到桃园、黄州到新北、黄州到新竹、黄州到宜兰、黄州到云林、黄州到彰化。

黄冈市黄州区到辽宁省的货运线路：黄州到鞍山、黄州到本溪、黄州到朝阳、黄州到大连、黄州到丹东、黄州到抚顺、黄州到阜新、黄州到葫芦岛、黄州到锦州、黄州到辽阳、黄州到盘锦、黄州到沈阳、黄州到铁岭、黄州到营口。

黄冈市黄州区到山东省的货运线路：黄州到滨州、黄州到德州、黄州到东营、黄州到菏泽、黄州到济南、黄州到济宁、黄州到莱芜、黄州到聊城、黄州到临沂、黄州到青岛、黄州到日照、黄州到泰安、黄州到潍坊、黄州到威海、黄州到烟台、黄州到枣庄、黄州到淄博。

黄冈市黄州区到上海市的货运线路：黄州到上海。

黄冈市黄州区到新疆维吾尔自治区的货运线路：黄州到阿克苏、黄州到阿拉尔、黄州到阿勒泰、黄州到巴音郭楞蒙古、黄州到博尔塔拉蒙古、黄州到昌吉、黄州到哈密、黄州到和田、黄州到喀什、黄州到克拉玛依、黄州到克孜勒苏柯尔克孜、黄州到石河子、黄州到塔城、黄州到吐鲁番、黄州到图木舒克、黄州到五家渠、黄州到乌鲁木齐、黄州到伊犁哈萨克。

黄冈市黄州区到内蒙古自治区的货运线路：黄州到阿拉善盟、黄州到包头、黄州到巴彦淖尔、黄州到赤峰、黄州到鄂尔多斯、黄州到呼和浩特、黄州到呼伦贝尔、黄州到通辽、黄州到乌海、黄州到乌兰察布、黄州到锡林郭勒盟、黄州到兴安盟。

黄冈市黄州区到西藏自治区的货运线路：黄州到阿里、黄州到昌都、黄州到拉萨、黄州到林芝、黄州到那曲、黄州到日喀则、黄州到山南。

黄冈市黄州区到香港特别行政区的货运线路：黄州到九龙、黄州到香港岛、黄州到新界。

黄冈市黄州区到广西壮族自治区的货运线路：黄州到百色、黄州到北海、黄州到崇左、黄州到防城港、黄州到贵港、黄州到桂林、黄州到河池、黄州到贺州、黄州到来宾、黄州到柳州、黄州到南宁、黄州到钦州、黄州到梧州、黄州到玉林。

黄冈市黄州区到黑龙江省的货运线路：黄州到大庆、黄州到大兴安岭、黄州到哈尔滨、黄州到鹤岗、黄州到黑河、黄州到佳木斯、黄州到鸡西、黄州到牡丹江、黄州到齐齐哈尔、黄州到七台河、黄州到双鸭山、黄州到绥化、黄州到伊春。

黄冈市黄州区到云南省的货运线路：黄州到保山、黄州到楚雄、黄州到大理、黄州到德宏、黄州到迪庆、黄州到红河、黄州到昆明、黄州到丽江、黄州到临沧、黄州到怒江、黄州到普洱、黄州到曲靖、黄州到文山、黄州到西双版纳、黄州到玉溪、黄州到昭通。

黄冈市黄州区到青海省的货运线路：黄州到果洛、黄州到海北、黄州到海东、黄州到海南、黄州到海西、黄州到黄南、黄州到西宁、黄州到玉树。

黄冈市黄州区到湖北省内市州的货运线路：黄州到恩施、黄州到鄂州、黄州到黄石、黄州到荆门、黄州到荆州、黄州到潜江、黄州到神农架、黄州到十堰、黄州到随州、黄州到天门、黄州到武汉、黄州到襄阳、黄州到咸宁、黄州到仙桃、黄州到孝感、黄州到宜昌。

黄冈市内货物流向红安、黄梅、黄州、罗田、麻城、蕲春、龙感湖、团风、武穴、浠水、英山11个县市区及乡镇村头。

五、货运量

1958年以前，因路少车少，货运量虽在不断增长但总量不大。1957年，货运量19万吨，货物周转量301万吨公里。

20世纪60—70年代，货运量变化无常，甚至呈现负增长。1967年货运量为89万吨，1968年下降到66万吨，1970年货运量上升至187万吨，1974年又下降至85万吨，1979年又上升至114万吨。

1980年后，货运车辆不断增长，路况不断改善，而经济的快速发展又为运输提供了充足的货源，货运车辆实现"多装快跑"，货运量和货物周转量均大幅度增长。1990年全区完成货运量1038万吨、货物周转量70005.8万吨公里。

1991—1999年，货运量和货物周转量有升有降，1991年完成货运量1322万吨，比1990年增加282万吨；1992年下降至603万吨，比1991年减少719万吨。1993年货运量又猛增至2768万吨，比上年增加2162万吨；1994年完成货运量1286万吨，比上年减少1482万吨。1999年完成货运量1044万吨。2000年，黄冈完成货运量增至2212万吨，货物周转量137751万吨公里，其中国有专业运输企业完成货运量为4.34万吨，货物周转量为2741.24万吨公里，分别占总数的1.86%和1.99%；社会行业车队完成货运量为99.23万吨，货物周转量为5923.3万吨公里，分别占总数的4.3%和10.03%；个体联户完成货运量为2071.43万吨，货物周转量129086.46万吨公里，分别占总数的93.84和87.98%。

2001—2010年，黄冈货运量和货物周转量有仍维持上下浮动态势。其间最高为2001年，完成货运量2278万吨，货物周转量达到140506万吨公里。最低为2004年完成货运量476万吨、货物周转量44376万吨公里。至"十一五"期末的2010年，全市完成货运量2206万吨、货物周转量314875万吨公里，实现从十万到三十万的跨越。

"十二五"时期，黄冈公路货运量、货物周转量持续增长。2011年完成货运量2586万吨、货物周转量367099万吨公里；至2015年，完成货运量7462万吨、货物周转量1562375万吨公里，实现从三十万到百万的跨越。

表2-4-1-2为黄冈1949—2015年公路货运量、货物周转量表。

黄冈1949—2015年公路货运量、货物周转量表

表 2-4-1-2

年份(年)	货运量(万吨)	货物周转量(万吨公里)	年份(年)	货运量(万吨)	货物周转量(万吨公里)
1949	3	2	1983	156	14571
1950	3	37	1984	134	13597
1951	4	49	1985	100	10570
1952	8	273	1986	101	10478
1953	9	141	1987	111	12176
1954	8	152	1988	89	11665
1955	12	174	1989	1256	54992
1956	14	221	1990	1038	70005
1957	19	301	1991	1322	106079
1958	41	906	1992	603	75009
1959	61	1958	1993	2768	91169
1960	87	2539	1994	1286	94001
1961	60	1649	1995	1667	115752
1962	53	1355	1996	1576	118819
1963	50	1428	1997	425	43350
1964	74	2694	1998	518	53450
1965	110	4537	1999	1004	203550
1966	101	4035	2000	2212	137751
1967	89	4519	2001	2278	140506
1968	66	3330	2002	2110	78951
1969	95	5123	2003	1816	67950
1970	187	11514	2004	476	44376
1971	150	10404	2005	720	52018
1972	172	10559	2006	789	57534
1973	92	6044	2007	879	63126
1974	85	5799	2008	1000	116192
1975	93	6739	2009	1978	279318
1976	96	7105	2010	2206	314875
1977	98	8083	2011	2586	367099
1978	114	8203	2012	3096	438765
1979	114	8091	2013	3597	512546
1980	123	9477	2014	6897	1415180
1981	118	9738	2015	7462	1562375
1982	161	13724			

六、货运价格

自 1946 年起,黄冈境内汽车运价实行自行定价。

1949 年 12 月,湖北省公路管理局确定货运每吨公里 2761 元。1950 年 2 月因养路费、营业税、印花税等间接成本增加,汽车运价提高,货运每吨公里 3500 元。由于汽油猛涨,1951 年汽车运价再次提高,货运每吨公里 7185 元。1952 年 9 月经过 5 次调低,货运每吨公里降为 4000 元。

表 2-4-1-3 为 1940—1945 年黄冈参照执行湖北省公路管理局货物运价表,表 2-4-1-4 为 1947—1948 年黄冈参照执行湖北省公路管理局货物运价表。

1940—1945 年黄冈参照执行湖北省公路管理局货物运价表　　表 2-4-1-3

区　分	等　级	计算标准	基本运价(法币元) 1940 年 12 月	基本运价(法币元) 1945 年 1 月
零担运输	一	每 10 公斤/公里	0.014	1.397
	二	每 10 公斤/公里	0.012	1.24
	三	每 10 公斤/公里	0.010	1.082
整车运输	一	每吨公里	1.40	127.32
	二	每吨公里	1.20	113.01
	三	每吨公里	1.00	98.70
调车接送费(又称出场费)			3.60	74.85
空车补贴费				74.85
延期费		1940 年按每车每小时,1945 年按货物每吨每小时	2.00	135.00
寄存费		1940 年按每件每 24 小时,1945 年按每 10 公斤每 24 小时	0.05	4.50
装卸费(一装或一卸)		每 10 公斤		4.50
		每吨		135.00
变更费		每一托运单		90.00

1947—1948 年黄冈参照执行湖北省公路管理局货物运价表　　表 2-4-1-4

时　间	基本运价(每吨公里)(法币元)	时　间	基本运价(每吨公里)(法币元)
1947.1.16	875.00	1948.2.1	20000.00
1947.3.1	2000.00	1948.4.1	40000.00
1947.8.16	3500.00	1948.8.8	360000.00
1947.11.1	10000.00		

1956 年 5 月,黄冈专区执行湖北省公路厅制定新的运价计费办法,货运由 3 个等级改为 5 个等级,以五等品每吨公里 0.24 元为基价,按等依次提高费率 10%、20%、50%、80%。25 公里以下为短途运输,实行不同费率;支线加成 10%~25%。表 2-4-1-5 为 1956 年黄冈专区执行湖北省公路厅汽车客货运价表,表 2-4-1-6 为 1956 年黄冈专区执行湖北省公路厅汽车支线货运加成运价表。

1956年黄冈专区执行湖北省公路厅汽车客货运价表　　　　表2-4-1-5

项　目				运价(元)	
				油车	炭车
货运	整车	每吨公里	一等品	0.432	0.410
		每吨公里	二等品	0.360	0.343
		每吨公里	三等品	0.288	0.274
		每吨公里	四等品	0.264	0.251
		每吨公里	五等品	0.240	0.288
	零担	每公斤公里	一等品	0.0004968	0.0004720
		每公斤公里	二等品	0.0004140	0.0003933
		每公斤公里	三等品	0.0003312	0.0003146
		每公斤公里	四等品	0.0003036	0.0002884
		每公斤公里	五等品	0.0002760	0.0002622

1956年黄冈专区执行湖北省公路厅汽车支线货运加成运价表　　　　表2-4-1-6

整车或零担	单　位	品　等	运价(元)	
			支线	非正常营运路线
整车	每吨公里	一等品	0.456	0.492
	每吨公里	二等品	0.384	0.420
	每吨公里	三等品	0.312	0.348
	每吨公里	四等品	0.288	0.324
	每吨公里	五等品	0.264	0.300
零担	每公斤公里	一等品	0.0005208	0.0005568
	每公斤公里	二等品	0.0004380	0.0004740
	每公斤公里	三等品	0.0003552	0.0003912
	每公斤公里	四等品	0.0003276	0.0003636
	每公斤公里	五等品	0.0003000	0.0003360

1958—1963年,运输企业均按国家规定的运价执行。

1966年,汽车运价进行重大改革,客货运价不分长途和短途,不分路线和车型,不分货物等级,采取一刀切方式确定运价。10月21日,根据湖北省人民委员会批准《关于降低汽车货运运价和调整客货运杂费的报告》,黄冈对运价结构和费率做了重大改变和调整。货运每吨公里0.2元,支农物资和部分低值农产品实行特价,每吨公里0.19元,包车费每吨小时3.00元,厂矿企业、机关团体和自备汽车参加营业性运输的业务代理费,按运费收取1%。新运价取消了车辆空驶等费用,缩小了地区运价差价,改变过去城市和平原汽车运价低、农村山区和边远地区运价高的差别。客运废除了旅客补票罚金,货运废除了车辆延期费、保管费等8项运杂费。

1972年10月15日,为支援农业生产,支农运价由原来每吨公里0.19元降至0.18元。

1974年8月1日,黄冈地区根据湖北省计委的通知,对部分汽车货运运价做了调整,支农物资运价由原来每吨公里0.18元降为0.17元。

1980年,随着公路运输市场的进一步开放搞活,原来制定的一些运价已不能适应汽车运输业发展的要求。1983年2月16日,交通部颁布新的《汽车运价规则》。

1983年9月5日,湖北省交通厅以鄂交运〔1983〕50号文发布《湖北省汽车旅客运输规则实施细则》,细则附件规定了汽车客运运价表、汽车客运杂费表、计件物品重量换算表、旅客携带家禽、家畜限量和计费表。1984年12月17日,湖北省物价局、省交通厅联合颁发《湖北省汽车运价规则实施细则》,改变了原来的运价结构,实行差别运价,调整后的客运基价为每人公里0.024元,货运基价为每吨公里0.18元。1985年2月,黄冈地区物价局、交通局联合颁布《湖北省黄冈地区装卸搬运和陆路货物运输运价实施细则》,共四章17条,有运价管理、运价计算、货物、道路运价等级内容,附则附有运价等级表、运价费率表、运输费率表、附加率计算规定、货物重量换算表等8个附表。

1987年9月21日,交通部颁布《公路运价管理暂行规定》,这是我国第一部公路运价管理法规,为公路运价的正确实施提供了法律依据。按职责划分,湖北省公路运输管理局以及各地(市、州)、县的运输管理部门为全省公路汽车运价的组织实施单位。公路运输管理部门有义务协助物价检查机关纠正和处理违反运价法规和纪律的行为。国家定价是统一性的运价;国家指导价是统一性和灵活性相结合的价格形式;市场调节运价是在国家定价和指导价之外,允许随运输市场灵活变动的运价和收费,包括边远山区、农村道路条件很差的支线运价,市场调节价一般可由承托双方协议定价。

1988年,黄冈地区运输企业开始实行第一轮承包经营。由于汽油供应紧张,运输市场运价较为混乱,乱提价、乱收费现象严重。1989年12月24日,湖北省物价局、省交通厅决定对公路客运运价进行调整,由1984年的每人公里0.024元上调至0.038元,这是自1966年运价改革后,首次上调客运基本运价。1990年8月6日,湖北省物价局、省交通厅以鄂交运[1990]223号文发布《关于整顿湖北省公路汽车货物运价的通知》,自1990年9月1日起执行。该通知将货物基本运价由现行的每吨公里0.18元,调整为每吨公里0.28元;确定平原丘陵地区支线运价高于基本运价15%,山区干线运价高于基本运价10%,支线运价高于基本运价20%。

1992年,湖北省交通厅、省物价局颁发《湖北省汽车运价规则实施细则》,1992年8月又联合下发《关于改进湖北省公路水路运价价格管理的通知》,放开了部分运价,规定了客运经营者可在中准价基础上上下浮动20%,普通货运由指令性运价改为指导性运价,经营者可以在一定幅度内自主浮动。

第二节 专 项 货 运

一、大办钢铁运输

1958年1月30日,为调运麻东的木子店、张家畈2个公社的生铁,中共麻城县委决定由副县长赵庚章带队指挥,县运输指挥部调派县汽车队货车10辆5挂(其中解放牌货车5辆、老式3吨货车5辆、带2吨挂车5挂),总载重45吨。木子店至团风运距为94公里,张家畈至团风运距为74公里,10辆货车抢运1个月,共运生铁1000余吨。11月18日,湖北省运输指挥部根据中共湖北省委召开的地、市委第一书记会议精神,安排24辆车到黄冈专区的麻城、红安运生铁至阳逻,然后交湖北省航运局用船运至黄石冶钢。同时,武汉市公路运输管理局派48辆汽车带挂车支援浠水、罗田、英山三县运生铁,还争取了武汉军区汽校派教练车70辆支援,由汽车运至兰溪,再转船至黄石。

二、水利工程运输

黄冈专区是湖北省水利水电工程建设的重点,在区内建设的中型水利水电工程有明山水库、白莲河水电站、浮桥河水电站、富水水库、天堂三级电站和金沙河水库、三河水库、尾斗山水库、鲇鱼坎水库等。1958年,明山水库工程和浮桥河工程开始施工,由专员田裕如任指挥长,麻城县交通局局长李召福住在工地,负责汽车运输工作。在三河水库土坝建设阶段,工地没有碾压机械,湖北省汽车大队经验丰富的驾驶员张经贵带着女徒弟,用汽车碾压核心墙土方,较好地完成了任务,受到水库指挥长的表扬。1958年,全地区共完成运输8座大型水库的钢材84446.2吨、水泥63894吨、木材47989立方米,为21座中型水库运送钢材1726.9吨、水泥24255吨、木材9733.3立方米,同时还为兴修水利建设运送其他器材和机具。

三、抗洪抢险运输

1954年、1969年、1991年、1996年、1998年,黄冈境内曾发生大洪涝灾害,灾害期间抢险救灾人员都由专业运输公司的客运车辆或代客车运送抢险人员,车辆由抗洪救灾指挥部统一安排,24小时待命。

1954年6月,长江出现百年未遇的特大洪水,黄冈汽车总站调集汽车116辆、职工578人投入防洪运输。后又从外地调集货车增加运力,共有456辆货车投入防洪运输,运送防汛物资538739吨,调用私营汽车585辆,抢运防汛器材378901吨,其中黄土、块石261364吨,其他物资117537吨。防汛抢险结束后评出防洪一等功臣4人、二等功臣9人、三等功臣33人、先进车户11人。8—12月,黄冈专署10个县共完成运送灾粮144558吨、食盐18442吨、土产145980吨、百货等日用品19620吨。

1961年4月2日,风雹袭击浠水县30多个生产队,全县汽车连续3天抢运种子及建材近200吨,同时从官塘倒塌仓库中抢运粮食200多吨。同年6月24—26日,长江因暴雨导致洪泛,全县水陆交通工具夜以继日抢运港口仓储物资及堤防器材。

1969年,罗田县遭遇特大洪灾,淹没农田约146.67平方公里,冲走粮食1100吨。湖北省革委会从浠水、黄冈调拨1500吨粮食支援罗田灾区。罗田县汽车队组织车辆人员分驻两县突击调运,保证了全县受灾农户的粮食供应。

1980年6月,长江汛期洪水泛滥,浠水县车队投入汽车12辆,抢运兰溪港至浠水、罗田、英山三县物资1300吨。

1991年7月,黄冈地区发生百年未遇的暴雨,地区所属9个县市公路水毁严重,麻城、罗田、英山三县公路运输全部中断,全地区客运线路停驶357条,停班908个,造成客货运输收入损失422.5万元,其中货运损失175万元。7月7—15日,黄冈地区公路运输管理处共调防汛抢险车160车次,抢运物资1300多吨。7月11日,南湖农场3000多头种猪被洪水围困,市运管处带领80辆货车赶到,将种猪抢运至安全地带。抢运砂石3350立方米,煤炭60吨,石油175吨。武穴市货运公司、粮食车队、供销车队、装卸运输公司抢运武穴市生产资料公司800吨化肥,万丈湖农场350公斤油菜籽。

1996年6—7月,黄冈市共调派客车2336辆次、货车15237辆次,运送抢险救灾人员12.19万人,运送防汛物资4.45万吨。7月21日,湖北省公路运输管理局紧急通知黄冈市公路运输管理处,一次性调集防汛车辆100辆,紧急援助浠水、蕲春两县,共投入货车300辆,紧急转运粮食11000吨。黄梅县公路运输管理所10天调派抢险救灾货车4559辆次,抢运筑堤砂石料21355.5立方米,编织袋2万多条、雨布30床。黄州区公路运输管理所先后调车357辆,运送抢险救灾民工20400人次,运送救灾物资6590吨,全市公路运输部门共投入人力7193人次,调动运力2336辆,转运国家和民用物资8万余吨,运送抢险救灾人员12.19万人,运送救灾器材、石料、竹木、设备等工具4.49万吨,同时还投入防洪抢险救灾经费353.91万元。黄梅县交通局组织车辆4561辆次、船舶18艘次,运送砂石料21355立方米,草袋2万条、帆布30床,恢复路面12万平方米,清除坍方4522立方米,修便桥1座,投入防汛抗洪资金230万元。灾后全市交通职工发挥连续作战作风进行水毁修复工作,一度中断的357条客运线、908个班次恢复正常交通,保证了抗洪救灾物资和人民群众生产生活物资的运送。

1998年,黄冈市再次遭受严重水灾,经济损失达6000多万元。全市交通部门及时调运防洪救险人员及物资,完成市防汛指挥部下达的调车任务396辆,全市共计调车4560辆次、调船860艘次,运送防汛物资4.6万吨,运送灾民6万人次。8月15—16日,湖北省防汛指挥部命令组织1000辆汽车,为公安县抢运12.18万根楠竹。黄冈按时完成任务,经公安县防汛指挥部实际清点楠竹数量为12.18万根,受到市防汛指挥部的表彰。10月5日,黄梅县为固守滨江大坝52米险要堤段,及时运送抗洪救灾抢险人员3956人次,紧急调度运输车辆2865辆次,运送抢险物资26245吨。罗田县组织交通、公安、水利、物资供应部门通力配合,紧急调运楠竹、编织袋等抗灾物资500余吨。全市公路运输部门为防汛救灾出动干部职工3100人次,调集客货车辆2450辆次,运送抢险人员11980人次,运送编织袋、砂石料、楠竹、树木、钢材、方便面、纯净水等抢险救灾物资31.88万吨。

四、煤炭运输

1972年5月,黄冈地区调派地区汽运公司汽车18辆,在山西晋城运煤8000吨,另有600吨由新洲、红安、麻城、黄冈、罗田、浠水、蕲春7县共同派车完成。此后,山西运煤任务由黄冈地区汽运公司承担,直至1979年2月。

1975年3月,地区汽运公司驻浠水三队赶赴山西转运煤炭,以晋城高庄为起点,翻越太行山将煤运至河南省新乡地区沁阳县火车站,250天共完成3.42万吨转运任务。

1977年,黄冈县工业交通办公室组织汽车队和县化肥厂的汽车13辆,抽调25名职工,到山西省高平县转运煤炭,奋战3个月完成了1万吨煤的转运计划。1978年8月8—13日,黄冈地区革命委员会组成慰问团,赴山西运煤工地慰问赴山西运煤车队职工。全体运煤职工在慰问大会上表决心:"不完成运煤任务,绝不回江南。"地区运输公司共有2个车队赴山西运煤,地区七队于3月15日赴晋运煤,地区六队于5月28日赴晋运煤,计有职工220人、汽车63辆。地委指示,总运煤任务80万吨,七队分配任务55万吨,六队分配任务25万吨。地区七队担任高平至乔家沟的运煤任务,高平至乔家沟全长130公里;地区六队在晋城附近的小煤矿,由于山高路险,车辆实行日行夜保,车辆完好率保持在80%以上。1979年2月19日,浠水县12辆汽车计100吨位,赶赴山西省阳泉地区盂县路家村转煤至火车站,历时4个月,突击抢运3万多吨。

第三节　特殊货运

一、零担运输

1963年4月,汉口汽车货运站试开汉口至七里坪零担货运班车,全程145公里,方便了汉麻线、宋七线沿途各地社员的需要。

1986年,黄冈地区汽车运输公司成立零担货物运输分公司,在黄州、麻城、红安、浠水、英山、蕲春、武穴、黄梅设置零担货运站,将零散的货物集中起来,派专车运送。

1987年,黄冈地区汽车运输公司零担货物运输分公司成为中南18省市零担货物运输协会成员单位,分公司时有东风140型货车16辆、定做厢式零担货车2辆,共计154吨位,有从业人员87人,实行独立核算、自主经营、自负盈亏。

1990年,零担货物运输分公司实行专线营运,以黄州为起点,货物凑足一车就运送,线路延伸至河南信阳、河南潢川、安徽宿松、湖南长沙,以及武汉、咸宁、鄂州、红安、麻城等地。零担运输常年为黄冈地区黄州印染厂、丝绸厂、烟草公司等厂矿企业的商品运输。1990年运送零担货物82.78万吨,完成货物周转量576.44万吨公里,分公司盈利5万余元。

1991年,分公司又定做厢式零担货车1辆,用662型客车改装零担车1辆,专供安徽太湖至湖北汉口、安徽宿松至湖北武汉汉正街的商贩从事进销货、运送。公司采取"三上门"服务方式,即上门走访、上门接送货物、上门结算运费;采取"八代办"经营方式,即代开提单、代提货物、代装货物、代卸货物、代垫力资费、代填托运单、代整理包装、代办铁路水运中转业务;实行一次托运、一票到达、全程跟踪、全程负责的运输服务。

1994年夏天,分公司一辆厢式零担货车被湖南骗扣,胜诉但车未讨回,公司遭受经济损失,分公司人员工资无着,公司亏损后卖车还债,零担运输结束。

表2-4-3-1为1986—1992年黄冈地区零担货物运输统计表。

1986—1992年黄冈地区零担货物运输统计表　　　　　表2-4-3-1

项目 年份(年)	运力		运输量		利税	
	车辆	吨位	运量(万吨)	货物周转量(万吨公里)	利润(万元)	税金(万元)
1986	1	5	0.0050	0.2250	0.817	0.188
1987	2	10	0.015	2.0225	1.55	0.387
1988	18	154	80.11	516.18	5.44	3.133
1989	18	154	80.21	536.71	6.64	3.32
1990	20	164	101.77	556.31	5.00	4.01
1991	21	169	99.87	576.44	4.31	3.37
1992	20	164	87.87	543.01	5.55	4.03

二、摩托车运输

20世纪90年代,黄冈先后有2家摩托车厂。一家为湖北摩托车厂,厂址在黄州城区小东门外,东门路与黄州大道交会处,1990年投产,生产乘载3人的轻型扬子江牌边三轮摩托车及两轮轻便摩托车,年均生产商品车2160辆,摩托车主要销售到山东、安徽、河南、江西、江苏等地。另一家为台商合资的彤鑫摩托车发动机公司,厂址在黄州经济技术开发区新港路,1995年建厂,次年6月投产,生产摩托车发动机及相关零部件,产品销往台湾、江苏、浙江、福建、广东等地,年生产零部件21.89万台套,摩托车和摩托车发动机销售均由公路运输。两个厂家分别定购了运输摩托车整车和发动机及零部件的特种商品车发送。运送摩托车整车的车型为东风140型加长车,车身特制上下两层车架,车架均为(1+1)×15排列,一次可装载商品整车60辆,车架灵活,可装可卸,卸下车架可装运钢板、钢管等货物,车身荷重5吨,共有3辆东风140型加长车,共完成运送150吨位,完成货物周转量4.5万吨公里,运输货物总价值约7480万元。1999—2000年,2个摩托车厂分别停产,黄冈特种商品运输也随即停止。

三、危险货物运输

危险货物运输伴随着社会的发展而形成。早期的危险货物运输有油罐车,如煤油运输、柴油运输、汽油运输、农药运输及硫酸、盐酸、硝酸、烧碱等危险货物运输。20世纪80年代后,石油液化气运输逐年增加。危险货物包括10类,即爆炸品、氧化剂、压缩气体和液化气体、自燃物品、遇水燃烧物品、易燃固体、易燃液体、毒害品、腐蚀性物品、放射性物品。

1991年,黄州城区有4辆专运液化气的车和4辆油罐车,全市有危货运输车辆70辆,计350吨位。1993年12月,交通部发布《道路危险货物运输管理规定》:从事营业性道路危险货物运输的单位,必须具有10辆以上专用车辆的规模和5年以上从事运输经营的管理经验。业务管理人员必须掌握危货运输的有关知识,经当地地级以上道路运政管理机关考核合格,发给道路危险货物运输操作证,方可上岗作业。从事一次性危货运输的,须报经县级道路运政管理机关审查核准,发给道路危险货物临时运输证,方可进行运输作业。至2000年末,全市有危货运输车辆190余辆、从业人员650余人,年货运量15万吨。2005年,全市有从事危货运输企业9家。

为了确保危货运输安全,黄冈市道路运输管理局、黄冈市公安局交通警察支队联合采取明察暗访、突击检查形式,查企业基础档案管理、车辆动态监控、从业人员安全教育培训、企业日常安全检查、车辆调度管理、安全生产例会等落实情况。还在黄冈大桥、鄂黄大桥等执法点进行稽查,主要检查异常停车、超速行驶、疲劳驾驶、不按规定线路行驶、夜间违规行驶、从业人员资质、危险品运输车辆技术性能标准、车辆紧急切断装置、安全设施设备配备、车辆营运手续、普通厢式货车夹带危险品运输等相关情况。

2015年,黄冈市道路危险货物运输业经营户有22户,其中有运输1类爆炸品7户,运输2类气体12户,运输3类易燃液体12户,运输4类易燃固体、易于自燃的物质和遇水放出易燃气体的物质6户,运输5类氧化性物质和有机过氧化物7户,运输6类毒件物质和感染性物质4户,运输7类放射性物质的没有,运输8类腐蚀性物质10户,运输9类杂类危险物质和物品主要是运输剧毒化学品2户。

蕲春县兴发危险品汽车运输有限公司 公司位于蕲春县城关南门路23号,前身为蕲州镇农药厂汽运公司,原有化学危险货物运输车5辆计25吨位。2001年,经危货运输专项整治清理后,公司以股份合作的方式,兼并了蕲春县里的液化气站3家和县石油公司危货运输车队。2003年5月组建危险品汽车运输公司,有危货运输车10辆计81吨位,固定资产180万元,从业人员48人,法定代表人为张建国。2005年公司投资100万元,新增危货运输车5辆计44.8吨位,当年完成危货运量1500吨,实现利润15万元,上缴税金7.5万元。

浠水县危险货物汽车运输公司 于2003年7月31日组建,位于浠水县清泉镇丽北路,拥有危货运输车辆5辆,其中普通危货车4辆、专用罐车1辆;有从业人员21人,其中驾驶员5人、押运员5人、装卸人员5人、管理人员6人。主要运输石油,2003年完成各种成品油运输1500吨,危货周转量15万吨公里,创利1.5万元,上缴税金0.65万元。2004年完成危货运输量2500吨、危货周转量25吨万公里,创利2.5万元,上缴税金1.25万元。2005年完成危货运输量2800吨、危货周转量28万吨公里,创利2.8万元,上缴税金1.4万元。

罗田县宏源危险货物运输公司 该公司拥有危货运输车辆16辆,其中普通危货运输车7辆、专用罐车9辆,计130吨位;有从业人员46人,其中驾驶员8人、押运员16人、装卸人员3人、管理人员3人。运输危货种类有甲醛、乙醛、硫酸、石油等。2002—2005年,共运送化学危险货物3.45万吨,危货周转量430.5万吨公里,共创利15万元,上缴税金7.5万元。

武穴市陆顺危险货物运输公司 该公司于2001年组建,位于武穴市民主路,拥有危险货物运输车辆27辆,其中普通危货车22辆、专用罐车5台,计160吨位;从业人员68人,其中驾驶员30人、押运员30人、装卸和管理人员8人。主要运输危货种类有氯气、盐酸、石油、液化气。年均危货运量2.7万吨、危货周转量28万吨公里,年均创利15万元,上缴税金8万元。

黄冈市黄民危险货物运输有限责任公司 2001年由团风县叶家湾个体经营户黄文化收购,由团风、黄州、英山、红安、麻城零散危货运输个体业户组建而成,为民营危货运输企业,位于黄州区八一路35号,黄文化任董事长兼总经理。公司拥有危货运输车108辆,其中普通危货运输车14辆、大型专用罐车94辆;有从业人员334人,其中专业驾驶员180人、押运员90人、装卸人员60人、专业管理人员4人。运输危货种类有石油、化工、液化气,当年实现危货运输量9.5万吨、危货周转量95万吨公里,年创利95万元,上缴税金48万元。

黄冈市隽豪危货运输公司 组建于2001年,公司地址在黄州沙街38号,民营股份制企业。公司拥有危货运输车9辆,其中货车7辆、专用罐车2辆,计45吨位;有从业人员27人,其中驾驶员11人、专业押运员10人、装卸人员1人、管理人员5人。运输危货种类有硫酸、液碱、石油,平均运输危货运输量1.3

万吨,危货周转量12万吨公里,年创利润10万元,年上缴税金5万元。

永嘉三江危货运输公司黄冈运输部 于2001年组建,位于黄州区西湖新村9号,民营企业。拥有危货运输车16辆,其中普通货车10辆、罐车6辆;有从业人员31人,其中驾驶员16人、押运员6人、装卸人员4人、管理人员5人。运输危货种类有石油、化工等。公司年均实现利润15万元,上缴税金7万元。

黄冈市石油公司汽车队 于2001年组建,位于黄州沙街13号,国有经济性质。拥有危货运输车22辆,全部为油罐车;有从业人员69人,其中驾驶员25人、押运员20人、安全保卫人员15人、专业管理人员9人。运输危货种类为汽油、柴油,年均危货运输量2.2万吨、危货周转量220万吨公里,创利18万元,上缴税金9万元。

黄冈市如峰汽车咨询服务有限公司 于2005年成立,民营股份制企业。公司拥有危货运输车7辆,全部为专用油罐车;有从业人员18人,其中驾驶员7人、押运员7人、装卸及管理人员4人。运输危货种类为石油,年均创利4.5万元,上缴税金2.5万元。

第五章 城市客运

第一节 公交客运

一、公交线路

(一)城区公交线路

1976年组建黄州公共汽车公司,由地区汽运公司抽调2台661型解放牌客车,4名驾售人员,开通了以黄州沙街为起点,途经黄冈县造纸厂、化肥厂、潘家垸至轮渡码头的公共汽车,全程5公里,从早上6时至晚上6时30分,实行公车公营,每人票价3角。1978年3月,又投入8台车辆,配备16名驾售人员,开通了黄州清源门沿胜利街至八一路到南湖的公共汽车,全程18公里,每天早上6时15分至晚上6时30分,实行梯行票价,每人最高不超过1元。1989年,公司开通了轮渡至开发区、轮渡至禹王中学、轮渡至三台河等的线路共9条。2003年1月24日,黄冈华兴公交公司正式成立,有公交线路12条,日均营运班次达到1200多趟,日均客运量达8万人次。线路营运时间延长20~30分钟,增加20多个便民换零站点,车内服务设施齐全,营运线路总长度达167公里,线网覆盖率达到90%,公交站点覆盖率提高40%,工作车率达到90%以上。

2004年10月,华兴公汽公司又开通黄州开发区至南湖、黄冈师专至七一路的公共汽车客运线路。

2012年8月12日,为了方便市民和外地乘客游玩遗爱湖公园风景区,及时解决环遗爱湖周边单位员工及居民的交通出行难问题,经黄冈市主管部门批准,华兴公交公司经过线路勘察和调整,于2012年8月18日上午8时18分,正式开通6路环遗爱湖双向对开循环旅游线路。

(二)黄冈新增公交线路无缝对接城际铁路

2010年3月26日,黄州开发区华东客运站开通,黄冈市公共汽车公司新增、调整4条途经开发区东华客运站的公共汽车线路。

新开1条18路公汽线路沙街口—新黄高,途经八一路、东门路、东方广场、明珠大道。

调整3条公汽线路:9路(大桥—车管所,途经新港大道、宝塔路、沿江路、八一路、赤壁大道、明珠大道、东方广场、东门路)、12路(南湖桃园街—开发区客运站,途经沿江路、种畜场、南湖路、明珠大道)、15路(轮渡—新黄高西门,途经沿江路、西湖三路、青砖湖路、赤壁大道、明珠大道)。为方便广大旅客转乘,开发区东华客运站与黄冈市汽车客运站之间对开免费通勤车,凡需要从甲站到乙站乘车的旅客,可在甲站站前广场免费乘坐通勤车到乙站。通勤车开车时间从上午7时至下午5时,滚动发班。

2014年12月29日上午,黄冈城区新开通的1条公交线路——21路迷你巴士公交线,全程23公里,共停靠30个站点,途经主要路段包括明珠大道、新港大道南段、青砖湖路、八一路、沙街、胜利街、七一路、涵晖路、黄州大道、东门路等。营运时间为每天6时20分至19时10分。除21路公交线外,华兴公交公司还开通22路迷你巴士公交线:黄州大道至武冈城际铁路黄冈西站。

2014年6月,为更好地服务广大市民,促使公交无缝对接城际铁路,拟定7条公交线路开往城际铁路3站(黄冈东站、黄冈西站、黄冈站)、4条公交线路途经城际铁路站,并且调整黄州至鄂州城际公交线路(107路、108路)。这意味着有14条公交线路全线投入使用,城区覆盖面积进一步扩大,满足更多市民出行需求。在7条开往城际铁路三站的公交线路中,从主城区至黄冈站站前广场的有15路、19路、23路。其中,15路起点为黄州客运站,终点为黄冈站,途经宝塔大道、西湖二路、黄州大道、赤壁大道,发收班时间为早6时晚19时。19路起点为黄冈站,终点为沙街口,途经106国道、东门路、八一路,发收班时间为早6时晚19时。23路起点为黄冈站,终点为沙街口,途经106国道、东门路、明珠大道、赤壁大道、八一路,发收班时间为早6时晚19时。

从主城区至黄冈西站站前广场的公交线路有1路、6路、7路、22路。其中,1路起点为轮渡,终点为黄冈西站,上行途经西湖四路、青砖湖路、西湖三路、宝塔大道、八一路、沙街、胜利街、体育路、涵晖路、团黄大道;下行途经团黄大道、涵晖路、体育路、胜利街、八一路、宝塔大道、西湖三路、青砖湖路、西湖四路,发收班时间为早6时晚19时。6路起点为黄冈师院,终点为黄冈西站,途经新港大道、明珠大道、赤壁大道、东门路、团黄大道,发收班时间为早6时晚19时。7路起点为黄州客运站,终点为黄冈西站,途经宝塔大道、西湖一路、东坡大道、中环路、团黄大道,发收班时间为早6时晚19时。22路起点为东湖国际城,终点为黄冈西站,途经黄州大道、团黄大道(返程途经团黄大道、涵晖路、七一路、胜利街、东门路、黄州大道),发收班时间为早6时晚19时。

另外4条公交线路(101、102、103、106路)途经城铁黄冈站、黄冈西站试运行票价为2元/人,黄冈东站试运行票价为3元/人。其中,101路起点为黄州汽车客运站,终点为黄州火车站,途经西湖二路、团黄大道、赤壁大道、东方广场、106国道,发收班时间为早6时晚19时。102路起点为黄州汽车客运站,终点为张新湾村,途经西湖二路、黄州大道、东门路、106国道,发收班时间为早6时晚19时。103路起点为黄州客运站,终点为王岗村,途经西湖二路、黄州大道、东门路、106国道,发收班时间为早7时晚17时。106路起点为黄州汽车客运站,终点为罗家沟,途经西湖二路、黄州大道、团黄大道,发收班时间为早6时晚19时。

为方便开发区区域市民就近乘坐城际铁路,解决南湖学区、开发区、黄冈师院至城际铁路黄冈站等处市民乘车难的问题,经华兴公交公司申请,黄冈市运管局研究同意从2015年9月26日起城区12路公交车在保持原有线路的基础上,将终点站从开发区(二砖)延伸到城铁黄冈站。该线路将投放公交车8台,其中3台为延伸调整后增加车辆。线路走向及站点为:城铁黄冈站—106国道(路口镇政府、城东指挥部、车管所、花园村、广电中心、市公安局)—明珠大道(东方广场、贸易广场、东华客运站、杉树湾、职院西门)—新港二路(学生街、三能超市)—新港大道(师院员工楼、菱湖中学)—开发区(二砖)—南湖变电站—七队—八队—南湖场部—收费站—队—畜牧场—南湖职院。发班间隔时间为15~20分钟,早6:05发班,晚18:35收班。

试调整运营的12路因路线运距延长、运行间隔时间加大,导致南湖至开发区沿线居民上下班高峰不能及时乘上公交车,两片区居民反应强烈。2015年10月28日,经华兴公交公司申请,市运管局研究同意从2015年11月4日起新开通一条开发区至城铁黄冈站的23路线,12路线恢复原起讫点不变。表2-5-1-1和表2-5-1-2分别为2015年黄冈城区公交线路与城郊公交线路运行明细表。

2015年黄冈城区公交线路运行明细表

表 2-5-1-1

线路	首末站	运行方式	停靠站点	发收班时间
1路	轮渡—城铁黄冈西站	上行	轮渡—水岸公馆—国通物流—市经济适用房—太华国际大润发—谭家咀—西湖中学(新车站)—交警一大队—市运管局—爱尔眼科医院(宝塔公园)—十字街—启黄中学—老车站—沙街—赤壁影院—黄州商场—副一商场—市电信局—市文化宫—三博中学(市体育馆)—市检察院—市人民银行—惠民医院—理工中专—区国税局—禹王办事处—驾考中心(禹王派出所)—王家林村—联升中专—明天公司—刘家大屋村—黄冈西站	上行：6:00—19:50
1路	轮渡—城铁黄冈西站	下行	黄冈西站—刘家大屋村—明天公司—联升中专—王家林村—驾考中心(禹王派出所)—禹王办事处—区国税局—理工中专—惠民医院—市人民银行—市检察院—三博中学(市体育馆)—市文化宫—黄州中学—东门—步行街—金属—十字街—爱尔眼科医院(宝塔公园)—市运管局—交警一大队—西湖中学(新车站)—谭家咀—太华国际大润发—市经济适用房—国通物流—水岸公馆—轮渡	下行：6:48—20:55
2路	黄冈师院—龙王山(画线部分暂时饶行)	上行	黄冈师院—明珠大道—三能超市—师院员工楼—菱湖中学—开发区(二砖)—汇源公司—东湖国际城—精窑铸钢—伊利公司—纽宾凯格兰道—市教育局小区—市规划局(园林局)—太华国际大润发—谭家咀—西湖中学(新车站)—交警一大队—市运管局—爱尔眼科医院(宝塔公园)—十字街—金属—步行街—东门—锦绣星城—市妇幼保健院—市人民银行—市检察院—龙王山老年公寓—黄冈实验中学—中环路立交桥—戒毒所—消防一中队—龙王山	6:00—18:30
2路	黄冈师院—龙王山(画线部分暂时饶行)	下行	龙王山—消防一中队—戒毒所—中环路立交桥—黄冈实验中学—龙王山老年公寓—三博中学(市体育馆)—文化宫—黄州中学—东门—步行街—金属—十字街—爱尔眼科医院(宝塔公园)—市运管局—交警一大队—西湖中学(新车站)—谭家咀—太华国际大润发—市规划局(园林局)—市教育局小区—纽宾凯格兰道—伊利公司—精窑铸钢—东湖国际城—汇源公司—开发区(二砖)—菱湖中学—师院员工楼—三能超市—明珠大道—黄冈师院	6:00—18:30
3路	轮渡—黄冈职院	往返复线	黄冈职院—桃园街—土司闸—六福湾—军分区农场——码头—江北船厂—制杆厂—大桥—振大集团—宏达驾校—怡阳驾校—华窑—(宝塔变电站—博爱医院)—轮渡	6:30—18:00
5路	轮渡—开发区(二砖)	往返复线	轮渡—关山—建新社区—西湖中学(新车站)—交警一大队—市运管局—爱尔眼科医院(宝塔公园)—十字街—金属—步行街—东门—锦绣星城—黄冈市中医院—商城—东门小区—嘉晟大厦—鸿发东门华府(微波楼)—市康泰医院—东方京城—交警支队—利达木业—东坡小学—西湖村—黄冈外校—开发区建行—师院员工楼—菱湖中学—开发区(二砖)	上行：5:30—21:30 下行：5:30—21:35
6路	黄冈师院—城铁黄冈西站	往返复线	黄冈师院—新港二路—鄂东职院—杉树塆—东华客运站—东方驾校—贵宾楼—升华翡翠一品(市教育局)—市中级法院—遗爱湖公园—幸福建材城—西湖花园—幼树湾—东门学校(皓清齿科)—中商百货—东门—锦绣星城—市妇幼保健院—惠民医院—理工中专—区国税局—禹王办事处—驾考中心(禹王派出所)—王家林村—广佳驾校(联升中专)—明天公司—刘家大屋村—城铁黄冈西站	上行：6:06—19:55 下行：6:54—20:55

续上表

线路	首末站	运行方式	停靠站点	发收班时间
7路	市经济适用房—城铁黄冈西站（调整中）	往返复线	市经济适用房—太华国际大润发—谭家咀—西湖中学（新车站）—交警一大队—市运管局—宝塔中学—文峰宝邸—青砖湖公园—青砖湖小区—市劳动保障局—红卫小区—黄冈宾馆（东坡外滩）—科技职业学院—经济园—嘉晟大厦—鸿发东门华府（微波楼）—市康泰医院—东方名都—区人民医院—三清家具城—君佳康乐园（老年大学）—市母婴健康中心—理工中专—区国税局—禹王办事处—驾考中心（禹王派出所）—王家林村—广佳驾校（联升中专）—明天公司—刘家大屋村—城铁黄冈西站	6:40—18:20
8路	市高级技校—区人民医院	上行	市高级技校—赤壁中学—赤壁桥—赤壁公园—五甲街—黄冈商场—副一商场—市电信局—市人民医院—三医院—十字街—爱尔眼科医院（宝塔公园）—市运管局—交警一大队—武商—海军招待所—西湖安居小区—育英学校—市劳动保障局—红卫小区—黄冈宾馆（东坡外滩）—科技职业学院—经济园—三清建材城—三清家具城—区人民医院	6:00—18:30
		下行	区人民医院—三清家具城—三清建材城—经济园—科技职业学院—黄冈宾馆（东坡外滩）—红卫小区—市劳动保障局—育英学校—西湖安居小区—海军招待所—武商—交警一大队—市运管局—爱尔眼科医院（宝塔公园）—十字街—启黄中学—老车站—赤壁影剧院—五甲街—赤壁公园—赤壁桥—赤壁中学—市高级技校	
9路	大桥公园—城铁黄冈站	往返复线	大桥公园—振大集团—宏达驾校—怡阳驾校—华窑—（宝塔变电站—博爱医院）—（洪家沟—新华印刷厂）—西湖中学（新车站）—区检察院（结核医院）—国税局—水利工程队—长江花园—江山如画—市化建公司—老车站—启黄中学—金属—步行街—中商百货—东门学校—幼树湾—西湖花园—幸福建材城—遗爱湖公园—市中级法院—升华翡翠一品（市教育局）—贵宾楼—东方驾校—贸易广场—东方广场—市公安局—广电中心—花园村—市车管所—城东新区指挥部—路口镇政府—城铁黄冈站	6:00—18:30
10路	大码头—堵城白衣	往返复线	大码头—赤壁小学—万福村—新河—新河中学—蔡吴廖村—唐家渡—杨家湾—江咀—刘湾村—堵城白衣	上行：6:00—18:00 下行：6:48—18:35
12路	开发区（二砖）—黄冈职院	往返复线	开发区（二砖）—南湖变电站—七队—八队—南湖场部—收费站——队—畜牧场—下金家咀—黄冈职院	上行：6:20—18:30 下行：6:55—18:55
18路	经济适用房—新黄高西门	往返复线	市经济适用房—太华国际大润发—谭家咀—西湖中学（新车站）—交警一大队—市运管局—爱尔眼科医院（宝塔公园）—十字街—金属—步行街—东门—锦绣星城—黄冈市中医院—商城—东门小区—嘉晟大厦—鸿发东门华府（微波楼）—市康泰医院—东方京城—市公路局—东方广场—贸易广场—东华客运站—杉树塆—鄂东职院—新港二路—师院西门—新黄高西门	6:00—18:30

续上表

线路	首末站	运行方式	停靠站点	发收班时间
19路	大码头—城铁黄冈站	往返复线	大码头—老车站—启黄中学—金属—步行街—东门—锦绣星城—市中医院—商城—东门小区—嘉晟大厦—鸿发东门广府(微波楼)—市康泰医院—东方京城—市公路局—市公安局—市广电局—花园村—市车管所—城东新区指挥部—路口镇政府—城铁黄冈站	上行：6:00—19:30 下行：6:00—20:00
21路	黄冈师院	环城线	黄冈师院—新港二路—师院西门—新黄高西门—汇源公司—东湖国际城—钰丰阀门—深港纺织—康友药业—奥特姆公司—市经济适用房—太华国际大润发—西湖华庭—君湖现代城—代代红幼儿园—中商百货—步行街—金属—启黄中学—老车站—沙街—影剧院—黄州商场—军分区—市政府—李四光纪念馆—市检察院—市人民银行—市妇幼保健院—锦绣星城—东门—中商百货—代代红幼儿园—君湖现代城—西湖华庭—市经济适用房—奥特姆公司—康友药业—深港纺织—钰丰阀门—东湖国际城—汇源公司—新黄高西门—师院西门—黄冈师院	6:18—19:00
22路	开发区(二砖)—城铁黄冈西站	上行	开发区(二砖)—汇源公司—东湖国际城—精密机械厂—卫尔康—伊利公司—纽宾凯格兰道—市教育局小区—安居小区—育英学校—市人才市场(宇济一号)—阳光酒店—黄商购物中心(太保)—锦绣星城—黄州中学—市文化宫—三博中学(市体育馆)—市检察院—市人民银行—惠民医院—理工中专—区国税局—禹王办事处—驾考中心(禹王派出所)—王家林村—广佳驾校(联升中专)—明天公司—刘家大屋村—城铁黄冈西站	上行：6:01—19:50
		下行	城铁黄冈西站—刘家大屋村—明天公司—广佳驾校(联升中专)—王家林村—驾考中心(禹王派出所)—禹王办事处—区国税局—理工中专—惠民医院—市人民银行—市检察院—李四光纪念馆—市政府—市军分区—市电信公司—黄州中学—锦绣星城—黄商购物中心(太保)—阳光酒店—市人才市场(宇济一号)—育英学校—安居小区—市教育局小区—纽宾凯格兰道—伊利公司—卫尔康—精密机械厂—东湖国际城—汇源公司—开发区(二砖)	下行：6:51—20:55
23路	开发区—城铁黄冈站		开发区(虹桥社区)—新港大道(菱湖中学、师院员工楼)—新港二路(三能超市、市工商局)—明珠大道(新港二路、师院西二门、杉树湾、东华客运站、贸易广场、东方广场)—东门路(市公安局、广电中心、花园村、车管所、城东新区指挥部、路口镇政府)—城铁黄冈站	6:00—18:30
26路	黄冈职院—城铁黄冈东站	往返复线	黄冈职院—砖厂—下金家咀—李家寨五队—李家寨村委会—南湖村—六房湾—吕家大湾—河头屋基—孙镇—新华路站—城铁黄冈东站	6:40—19:10

2015年黄冈城郊公交线路运行明细表　　表2-5-1-2

线路	首末站	运行方式	停靠站点	发收班时间
101路	黄州客运站—黄州火车站	往返复线	黄州客运站—安居小区—人才市场—黄商购物中心—嘉晟大厦—市公安局—市车管所—城东新区指挥部—路口镇政府—百丈咀村—谢家小湾村—新华路(丁甲)—竹凉屋—陶店街—华家湾—沙子岗—万家寨村—杨鹰岭迎宾路—黄州火车站	4:30—20:50

续上表

线路	首末站	运行方式	停 靠 站 点	发收班时间
102路	黄州客运站—上巴河镇	往返复线	黄州客运站—安居小区—人才市场—幸福建材城—升华·翡翠一品—东方驾校—市车管所—城东新区指挥部—路口镇政府—百丈咀村—谢家小湾村—新华路（丁甲）—竹凉屋—陶店街—华家湾—沙子岗—万家寨村—杨鹰岭迎宾路—黄州火车站—昆仑能源—王福湾村—陈策楼客运站—汪家学村—雨山寺村—张新湾村—柳家大湾村—马家潭村—上巴河镇	5:40—18:00
103路	黄州客运站—王岗村	往返复线	黄州客运站—安居小区—人才市场—黄商购物中心—嘉晟大厦—市公安局—市车管所—城东新区指挥部—路口镇政府—百丈咀村—谢家小湾村—新华路（丁甲）—竹凉屋—陶店街—华家湾—沙子岗—万家寨村—杨鹰岭迎宾路—黄州火车站—昆仑能源—王福湾村—范岗村—王岗村	6:00—17:00
105路	黄州客运站—孙镇	往返复线	黄州客运站—安居小区—黄商购物中心—嘉晟大厦—市公安局—市车管所—城东新区指挥部—路口镇政府—百丈咀村—谢家小湾村—新华路（丁甲）—丁甲四队—丁甲二队—黄冈东站—新华村—孙镇	6:00—17:30
106路	黄州客运站—团风客运站	往返复线	黄州客运站—安居小区—人才市场—市妇幼保健院—黄州理工中专—王家林村—高新大道—刘家大屋村—五星菜场—还建小区—太平寺—任家咀—沿江路口—堵城黄商—堵城公路站—堵城村部—梅家墩—马猇小区—马猇村部—罗家沟—上寨街—团风黄商—团风客运站	6:00—19:30
107路	市中心血站—汇源公司	往返复线	市中心血站—惠民医院—黄商购物中心—人才市场—安居小区—海军招待所—黄州客运站—市规划局—伊利公司—汇源公司	6:00—19:00
108路	沙街口—汇源公司	往返复线	沙街口—启黄中学—中商百货—商城—东方京城—东方广场—东华客运站—师院西门—黄高西门—汇源公司	6:00—19:00

（三）跨县域公交线路

2002年，黄州星火运输有限公司成立，有64台豪华中巴车经营区内乡镇和团风县部分乡镇至黄州的客运线路，年均客运量110万人次。同期成立的黄州超富运输发展公司有客运中巴车26台，经营堵城至黄州线路。黄州安泰公司有34辆车经营黄州至武穴、英山、罗田线路。

2015年5月13日下午，团风发往黄州的班线客车在运输完最后一批乘客后，全部停止营运进行公交改造。黄州至团风班线客车完成公交改造，实现了团风县与黄冈市区公交无缝对接。

原由团风县富达公司经营的团风至黄州班线客车改造工作是按照政府主导、企业主体、部门协作、适当补贴的原则，对团风县富达公司28台班线客车实行有偿征收，并于5月13日下午全部收购完毕，同时，该公司提交撤销道路客运经营许可。黄冈公交106路开始加密班次，接棒服务团黄两地群众，此举标志着团风至黄州客运线全面完成公交化改造。至此，服务黄州、团风两地市民20多年的班线客运车辆退出历史舞台，取代它的是服务规范、安全便捷、票价更低的公交。

（四）跨地市公交线路

2001—2002年，黄冈先后开通2条跨地市公共汽车客运线路。

浠水散花至黄石陈家湾 浠水县散花镇连城公汽公司至黄石市陈家垸，全长20公里，沿途停靠20个站，是湖北省首条跨市公共交通营运线路。于2001年7月1日正式开通，由黄石市公交集团投入中巴车6辆、浠水县散花镇连城公汽公司投入中巴8辆、散花镇龙洲公汽公司投入中巴车2辆，共计16辆车经营。

黄州至鄂州 2002年2月15日开通的黄州至鄂州公汽线路,从黄州东门起,经黄州大道、西湖二路、新车站,过鄂黄长江大桥,经鄂州武昌大道,至西山长途汽车站,全长25公里。2002年10月1日再开通的线路走向从黄州老车站起,经西湖一路、赤壁大道、新港路,过鄂黄长江大桥,经凤凰路、鄂州市政府至莲花山,全长25公里。鄂州、黄州两地双方各投入17座中巴车和24座中巴车各10辆,2条线路营运时间为每日早6时至晚8时,每班间隔10分钟,票价3元/人次,实行1人1票制,日均运送旅客6100人次。

2002年11月20日,黄冈市政府专题研究开通黄州至鄂州专线公共汽车有关问题,会议确定根据"总量控制、有序发展"的原则,按照城市公共客运事业的优惠政策办理相关手续,减免有关行政事业性收费。具体线路走向如下:①市建设局公汽公司大巴车辆营运线路:职高—黄州大道—东门路—东方广场—鄂州(走大桥)。②市交通局东方运输集团公司中巴车辆营运线路:大修厂—黄州大道—西湖二路—新车站—宝塔大道—西湖三路—黄州大道—鄂州(走大桥)。③市交通局东方运输集团公司大巴车辆的营运线路:老车站—沿江路—西湖一路—黄州大道南端—鄂州(走大桥)。会议确定以上3条线路各投入10台车运营,参营车辆实行统一票价,依线依站运行,实行全程一票制。

(五)跨省公交线路

湖北省黄梅县小池镇公汽公司至江西省九江市火车站,由黄梅县小池镇公汽公司和九江市公汽公司联合经营,双方各投入车辆10台,实行无人售票,过江乘客每人次2元,不过江每人次1元,经营线路为黄梅县小池镇凯旋门至江西省九江市火车站,在九江市被称为17路公共汽车。线路全长21公里,其中黄梅县小池镇境内4公里,江西省九江市境内11公里,九江长江大桥6公里,沿途停靠30个站点,实行滚动式发班,每班间隔7分钟,日均运送旅客3600~4000人次,年均完成客运量276.4万人次、旅客周转量2874.8万人公里,为全国首条跨省公共汽车营运线路。2000年3月1日,举行开通仪式当日便发生纷争,后因管理权属发生跨世纪的行政诉讼,直至2001年4月3日才获准运行。

(六)县市内公交线路

团风县 1996年9月成立团风县环城客运有限公司,经营线路有3条:县政府至上寨中学、华兴厂至临江码头、开发区至鲜鱼巷。2015年末,有专营公共汽车线路3条,设置站点42个。

红安县 1997年,红安县汽车运输总公司公共汽车公司开通公交线路4条。至2015年末,有专营公共汽车线路6条,设置站点147个。

麻城市 2005年,麻城市金达公交汽车有限公司开通公交线路5条。至2015年末,有专营公共汽车线路9条,设置站点196个。

罗田县 1997年11月,成立罗田县交通公共汽车公司和通达城市公共汽车公司,共同营运4条线路。2000年12月,两家公司合并为一家共同经营。至2015年,该公司有职工74人,拥有客车42辆,客运线路5条,设置站点45个。

英山县 2012年开通,至2015年末,有专营公共汽车线路3条,设置站点45个。

浠水县 2002—2006年,浠水三家公共汽车公司相继开通公交线路6条。至2015年末,三家公司有专营公共汽车线路10条,设置站点250个。

蕲春县 2004年开通,至2015年末,有专营公共汽车线路8条,设置站点110个。

武穴市 1997年3月,开通市内环线客运线路。至2015年末,有专营公共汽车线路12条,设置站点140个。

黄梅县 1998年开通,至2015年末,三家公司共有专营公共汽车线路6条,设置站点123个。

龙感湖区 2003年开通,至2015年末,有专营公共汽车线路9条,设置站点32个。

表2-5-1-3为黄冈市各公共汽车公司经营情况统计表。

黄冈市各公共汽车公司经营情况统计表

表 2-5-1-3

县市区	经营单位	年份（年）	职工人数	运营车辆（台）	线路（条）	站点（个）	备 注
黄州	黄冈市华兴公交公司	2003	220	110	10	312	2003年开通
		2004	230	110	10	312	
		2005	230	110	10	312	
		2006	230	110	10	312	
		2007	248	110	10	312	
		2008	248	110	10	312	
		2009	250	112	11	312	
		2010	260	112	11	312	
		2011	260	112	11	312	
		2012	270	132	13	350	
		2013	270	132	13	350	
		2014	275	142	15	360	
		2015	280	142	16	360	
	黄冈市东方运输集团有限公司	2014	178	77	7	362	2014年4月开通
		2015	226	111	7	378	
		2016	226	131	7	378	
团风	团风县公共汽车公司	1998	15	7	1	11	1998年开通
		1999	21	9	1	11	
		2000	21	9	1	11	
		2001	21	9	1	11	
		2002	21	9	1	11	
		2003	23	10	1	11	
		2004	23	10	1	11	
		2005	37	17	2	25	
		2006	37	17	2	25	
		2007	51	24	3	42	
		2008	59	27	3	42	
		2009	70	33	3	42	
		2010	75	35	3	42	
		2011	75	35	3	42	
		2012	75	35	3	42	
		2013	75	35	3	42	
		2014	75	35	3	42	
		2015	43	37	3	42	
浠水	浠水县公共汽车公司	2002	100	45	4	120	2002年开通
		2003	100	45	4	120	
		2004	100	45	6	120	
		2005	100	45	6	120	

续上表

县市区	经营单位	年份（年）	职工人数	运营车辆（台）	线路（条）	站点（个）	备 注
浠水	浠水县公共汽车公司	2006	104	46	8	200	
		2007	148	68	8	200	
		2008	162	75	8	200	
		2009	164	75	8	200	
		2010	162	75	8	200	
		2011	162	75	8	200	
		2012	162	75	8	200	
		2013	93	81	8	200	
		2014	99	81	8	200	
		2015	89	77	8	200	
	浠水县散花镇连城公汽有限责任公司	2002	18	9	1	19	2002年开通
		2003	18	9	1	19	
		2004	18	11	1	19	
		2005	22	11	1	19	
		2006	22	11	1	19	
		2007	22	11	1	19	
		2008	22	11	1	19	
		2009	22	11	1	19	
		2010	22	11	1	19	
		2011	22	11	1	25	
		2012	22	11	1	25	
		2013	22	11	1	25	
		2014	22	11	1	25	
		2015	22	11	1	25	
	浠水县散花镇龙州公汽公司	2002	16	8	1	19	2002年开通
		2003	16	8	1	19	
		2004	16	8	1	19	
		2005	16	8	1	19	
		2006	16	8	1	19	
		2007	16	8	1	19	
		2008	16	8	1	19	
		2009	16	8	1	19	
		2010	16	8	1	19	
		2011	16	8	1	25	
		2012	16	8	1	25	
		2013	16	8	1	25	
		2014	16	8	1	25	
		2015	16	8	1	25	

续上表

县市区	经营单位	年份（年）	职工人数	运营车辆（台）	线路（条）	站点（个）	备 注
蕲春	蕲春县公汽公司	1997	85	17	4	20	
		1998	30	20	4	22	
		1999	40	30	4	22	
		2000	133	46	6	22	
		2001	52	72	6	22	
		2002	52	72	6	22	
		2003	52	72	6	22	
		2015	102	71	8	22	
	蕲春县东昌汽车运输有限公司	2004	52	68	4	22	2004年开通
		2005	60	52	4	22	
		2006	60	46	4	22	
		2007	60	31	4	36	
		2008	60	42	4	36	
		2009	60	42	4	36	
		2010	60	42	4	36	
		2011	60	42	4	36	
		2012	70	60	4	36	
		2013	289	69	8	110	
		2014	289	69	8	110	
		2015	289	69	8	110	
武穴	武穴市公共汽车公司	1994	12	3	3	60	1994年开通
		1995	18	9	3	60	
		1996	44	22	3	60	
		1997	108	54	6	60	
		1998	140	70	6	60	
		1999	140	70	6	60	
		2000	140	70	6	70	
		2001	140	70	6	80	
		2002	152	70	6	90	
		2003	152	70	6	90	
		2004	154	71	8	100	
		2005	154	76	8	100	
		2006	164	76	8	100	
		2007	168	78	8	100	
		2008	164	76	8	100	
		2009	162	75	8	115	
		2010	186	108	8	128	
		2011	204	120	10	132	
		2012	218	127	10	132	

续上表

县市区	经营单位	年份（年）	职工人数	运营车辆（台）	线路（条）	站点（个）	备 注
武穴	武穴市公共汽车公司	2013	208	122	12	132	
		2014	228	132	12	140	
		2015	194	132	12	140	
黄梅	黄梅县公交客运有限公司	1998	22	10	1	15	1998年开通
		1999	22	10	1	15	
		2000	22	10	1	15	
		2001	22	10	1	15	
		2002	22	10	1	15	
		2003	42	20	2	37	股份制
		2004	42	20	2	37	
		2005	42	20	2	37	
		2006	42	20	2	37	
		2007	42	20	2	37	
		2008	42	20	2	37	
		2009	46	22	2	37	
		2010	46	22	2	37	
		2011	46	22	2	37	经营权到期、车辆报废无新增车辆，线路取消
		2012	46	22	2	37	
		2013	46	22	2	37	
		2014	46	22	2	37	
		2015	46	22	2	37	
	黄梅县昌达汽车运输有限责任公司	2007	28	10	1	19	2007年开通
		2008	28	10	1	19	
		2009	28	10	1	19	
		2010	28	10	1	19	
		2011	28	10	1	19	
		2012	28	10	1	19	
		2013	28	10	1	19	
		2014	28	10	1	19	
		2015	0	报废	0	0	
	黄梅县公共汽车有限责任公司	2000	40	16	2	22	2000年开通
		2001	40	16	2	22	
		2002	40	16	2	22	
		2003	40	16	2	22	
		2004	40	16	2	22	国营独资
		2005	40	16	2	22	
		2006	40	16	2	22	

续上表

县市区	经营单位	年份（年）	职工人数	运营车辆（台）	线路（条）	站点（个）	备注
黄梅	黄梅县公共汽车有限责任公司	2007	40	16	2	22	
		2008	40	16	2	22	
		2009	40	16	2	22	
		2010	40	16	2	22	
		2011	40	16	2	22	
		2012	68	27	2	49	
		2013	68	27	2	49	
		2014	68	27	2	49	
		2015	68	27	2	49	
	黄梅县交投公交客运有限公司	2013	18	10	1	28	2013年开通
		2014	18	10	1	28	
		2015	28	22	2	37	
英山	英山县温泉公交客运有限公司	2012	60	20	3	45	2012年开通
		2013	80	30	3	45	
		2014	110	45	3	45	
		2015	112	45	3	45	
罗田	罗田县通达城市公共汽车客运站	2010	74	47	3	45	2000年由两家公司合并
		2011	74	47	3	45	
		2012	74	47	3	45	
		2013	74	47	3	45	
		2014	74	47	3	45	
		2015	74	47	3	45	
麻城	麻城市公共汽车公司	1997	82	24	3	28	
		1998	82	24	3	28	
		1999	82	24	3	28	
		2000	82	24	3	28	
		2001	82	24	3	28	
		2002	82	24	3	28	
		2003	82	24	3	28	
		2004	82	24	3	28	
	麻城市金达公交汽车有限公司	2005	58	36	5	42	
		2006	52	36	5	64	
		2007	52	36	5	76	
		2008	52	36	5	92	
		2009	56	40	5	94	
		2010	131	127	10	158	
		2011	102	104	9	134	
		2012	98	89	7	156	
		2013	110	97	8	176	

续上表

县市区	经营单位	年份(年)	职工人数	运营车辆(台)	线路(条)	站点(个)	备 注
麻城	麻城市金达公交汽车有限公司	2014	108	94	8	176	
		2015	84	64	9	196	
红安	红安县汽车运输总公司公共汽车公司	1997	80	32	4	0	1997年开通
		1998	82	32	4	0	
		1999	82	32	4	0	
		2000	82	32	4	0	
		2001	82	32	4	0	
		2002	82	32	4	0	另有100个指路牌
		2003	82	32	4	0	
		2004	82	32	4	8	
		2005	106	40	5	12	
		2006	106	40	5	12	
		2007	109	40	5	12	
		2008	109	40	5	12	
		2009	109	40	5	12	
		2010	109	40	5	12	
		2011	132	51	6	12	
		2012	132	51	6	12	
		2013	132	51	6	12	
		2014	132	51	6	12	
		2015	132	51	6	147	
龙感湖	龙感湖公交有限公司	2003	10	5	1	5	
		2004	14	8	2	10	
		2005	18	10	4	16	
		2006	20	13	4	16	
		2007	24	15	6	20	
		2008	27	18	8	28	
		2009	30	21	8	28	
		2010	32	24	8	28	
		2011	35	26	9	32	
		2012	37	29	9	32	
		2013	37	29	9	32	
		2014	37	29	9	32	
		2015	32	29	9	32	

二、公交设施

1976年,黄冈开始组建黄州公共汽车公司,当时仅有2台661型解放牌客车和4名驾售人员。1978年3月新投入8台客车,配备16名驾售人员。至1989年,黄州公共汽车公司有营运车辆16辆,路线总长为88公里,年客运量41万人次。黄州公共汽车公司划归市城建委管辖后,新购大型公共汽车58辆,公司拥有驾售、修理、管理人员200人。2002年末,黄冈市政府决定,市公共汽车公司改制为民营,更名为华兴公交公司。

2002年,华兴公交公司一次性投资2000万元,购置了110台无人售票大巴,于2003年1月24日正式交接经营,实行1人1元一票制,投币乘车,无人售票。

2010年10月,华兴公交公司进行第二次全面更新公交车辆和转换经营模式工作,共计投资3000多万元,购置了100多台豪华空调大巴,实行公车公营,同时又投资近百万元实行IC卡刷卡服务。

为了彻底改善公交基础设施落后局面,公司先后投资2000余万元,在西湖三路新增土地约3.3万平方米,新建综合调度楼及维修中心2000多平方米,新建成的公交车辆修理厂达到国家二类修理资质规模。2005年又自筹资金近百万元,建成6000平方米的混凝土停车场,同时投资近30万元,在综合停车场内进行了绿化建设,形成了环境优美、设施齐全的公交站场新格局。2014年,新购置燃料为天然气的绿色低碳无污染迷你巴士。

为了方便检查各条线路上的公交车运营情况,公交公司引进智能车载集中管理监控系统、公交调度控制系统。这些系统的使用,使得公交车具备GPRS定位功能。系统启用后,每台公交车上会配备3个高清摄像头,安有手机卡,监管人员只需在办公室打开系统,车前、车后、车内情况便可一目了然。系统同时具有定位和报警功能,可以了解公交车在不在线路上行驶或有没有超速,如果超速系统会自动报警,并语音提示驾驶员;两车之间车距不合理,监管人员也可以通过系统发出指令,进行科学合理调度。

2011年7月25日,黄冈市区的所有公交线路开始推行IC卡刷卡乘车优惠。公交IC卡分为普通卡、小学生卡、老年卡和爱心卡4种。

普通卡不粘贴照片,面向社会发行,不可挂失。用户可到公交IC卡服务中心申领公交IC卡。持卡人可带人刷卡,不限次数,可跨年月使用,乘坐公交车消费享受一定的折扣优惠。用户初次购卡须一次性交纳卡片押金10元,卡内余额最高不超过500元。

小学生卡的发行对象仅限黄冈市教育局核准的全日制城区小学生,学生携带本人户口簿、入学交款发票、本学期注册学生证、大一寸免冠标准彩色近照1张到公交IC卡服务中心办理,经审核后填写《黄冈市华兴公交公司学生IC卡申领登记表》申购。持该卡乘坐公交车消费享受半价优惠,学生初次购卡须一次性交纳卡片押金10元,卡内余额最高不超过500元。本卡需年审,每年8月1—30日应到黄冈华兴公交公司IC卡服务中心进行年审。年审时须携带办理IC卡时的相关证件。逾期未年审的学生IC卡将不能继续使用,不符合年审要求的卡停止使用。本卡只限本人使用,不得带人,不得伪造、冒用或转借他人使用。

老年卡的发行对象仅限是黄冈市行政辖区内,具有黄冈市常住户口(含在黄冈市居住1年以上其他人员,依据为黄冈市各级公安部门签发的居住证)的65周岁以上80周岁以下的老年人。符合条件的老年人凭本人身份证或户口簿、老年人优待证,根据鄂建〔2007〕29号文第五项第3条"享受免费乘车的老年人办理乘车证之前,应由企业为其代办意外伤害保险",每年需交纳乘车意外伤害保险30元,符合办理条件的可直接到华兴公交公司IC卡服务中心填写《黄冈市华兴公交公司老年卡申领登记表》申购。持该卡乘坐公交车免费,每年限乘720次,一年之内乘车次数超过720次的,IC卡将不能继续使用,须主动投币乘车;一年之内乘车次数没有超过720次的,剩余次数将过期作废。本卡需年审,年审日期为领卡之日起的第12个月。逾期未年审的老年卡将不能继续使用,不符合年审要求的卡停止使用。本卡只限本人使用,不得伪造、冒用或转借他人使用。

爱心卡的发行对象仅限是黄冈市行政辖区内,具有黄冈市常住户口(含在黄冈市居住1年以上其他人员,依据为黄冈市各级公安部门签发的居住证)的盲人、下肢残疾人(下肢残疾10厘米以上者)、残疾军人。残疾人凭本人身份证、残疾证、户口簿、残联出具的相关证明、大一寸免冠标准彩色近照1张、乘车意外伤害保险单办理。符合办理条件的残疾人可直接到华兴公交公司IC卡服务中心填写《黄冈市华兴公交公司爱心卡申领登记表》申购。持该卡乘坐公交车免费。用户首次购卡需一次性交纳卡片押金20元。本卡需年审,年审日期为领卡之日起的第12个月。逾期未年审的爱心卡将不能继续使用,不符合年审要求的卡停止使用。本卡只限本人使用,不得伪造、冒用或转借他人使用。

为方便市民办卡,华兴公交公司在西湖三路公交总公司设立IC卡客户服务中心。2011年7月25日,公交IC卡客户服务中心正式开业。市区服务网点主要分布在公交公司、轮渡站、十字街公交站、金属站、师院站、新黄高站、三清站、惠民小区站、大码头站、大桥公园站、望月堤站、市车管所站、龙王山六营站、二砖站等服务网点。充值服务点设在华兴公交公司IC卡客服中心、金属站、十字街、黄冈中医院门卫室等站。

第二节　出　租　客　运

一、出租车客运

(一)营运方式

出租客运实行区域性经营、属地化管理模式。1986年10月8日,湖北省车辆监理处发出《关于出租汽车应设置专用标志的通知》文件。通知规定:座位数在5座和5座以上、车长在5米和5米以上的出租车,均应在车身前两侧门上喷印车属单位名称及"出租"字样。出租车均应在车身前顶部安装有"出租"或"TAXI"字样的顶灯。凡出租汽车未按以上规定设置专用标志行驶在公路上经营的,按违章论处。此规定从1987年1月1日起执行。初期,出租车经营实行主体为企业与个体并存,有的挂靠公司经营,有的为单车承包、租赁承包、融资承包等方式。2000年后,出租车经营方式逐步向规模化、公司化方向发展,公司内部实行单车核算、自

出租车客运

负盈亏、统一管理。2015年,全市出租车经营企业共28家,无个体经营。

(二)营运车辆

1993年,黄州城区第一家出租汽车公司——黄州明天出租车汽车公司一次性购买回桑塔纳牌汽车10辆,从事出租客运。后相继成立的出租车公司初期营运车辆基本为天津大发、柳州五菱、江西昌河、重庆长安4个型号面包车。1996年后,黄州列入中等城市,适时更新出租车成为改善城市形象的迫切需要。2000年7月19日,市政府召开会议研究市区出租车更新问题。至2002年,城区出租车全部更新为富康轿车。2015年,黄冈全市共有各类出租车2412辆,其中城区593辆。城区出租车车型结构逐步从面包车升级为神龙富康轿车,并逐步向标准型、环保型、豪华型发展;县市出租车车型也不断更新提高。表2-5-2-1为黄冈市全市出租汽车分布表,表2-5-2-2为黄冈出租汽车基本情况表。

黄冈市全市出租汽车分布表　　　　　表2-5-2-1

县市区	2005年		2015年	
	企业(个体)	车辆(辆)	企业(个体)	车辆(辆)
中心城区	6(35)	593	4	593
团风县	1(28)	38	0	0

续上表

县市区	2005年		2015年	
	企业(个体)	车辆(辆)	企业(个体)	车辆(辆)
红安县	4	167	4	200
麻城市	3	200	5	352
罗田县	2	120	2	150
英山县	1	63	1	120
浠水县	3	90	2	299
蕲春县	2	86	2	262
武穴市	3	201	3	201
黄梅县	2	196	4	220
合计	27(63)	1754	27	2397

黄冈出租车基本情况表　　　　　　　　　　表2-5-2-2

年份(年)	出租公司(家)	从业人员(人)	出租车数(辆)	运量(第万人节)	周转量(第万人公里节)
1993	1	29	20	3.85	4.85
1994	2	72	63	21.87	39.15
1995	4	408	351	227.78	418.60
1996	6	549	479	489.06	892.7
1997	9	938	812	1363.24	1510.32
1998	11	1090	912	1698.77	4669.28
1999	12	1987	1722	3285.31	6779.91
2000	11	2148	1833	3891.66	8831.77
2001	12	2350	1989	3999.71	9947.51
2002	14	2270	2087	4125.55	13111.64
2003	16	2560	2189	4238.72	14217.81
2004	17	2470	2254	4401.60	16577.73
2005	18	3069	2788	4724.83	17669.27
2006	21	1967	1494	2390.4	9412.2
2007	24	2386	1847	2955.2	11636.1
2008	25	2567	1989	3182.4	12530.7
2009	25	2627	2020	3292.6	12726
2010	25	2657	2024	3328.4	12751.2
2011	26	2818	2174	3478.4	13696.2
2012	27	2908	2253	3604.8	14193.9
2013	27	3007	2319	3710.4	15305.4
2014	26	3088	2339	3812.6	15437.4
2015	28	3217	2412	3915.3	15853.2
说明	1.本表自本市区有第一辆出租车起。 2.本表系本市各县市区出租车之总和。 3.本表1998年数据包括麻城市电力机动三轮载客出租车300辆的运力和运量、周转量				

(三)营运定价

出租车营运价格实行政府定价。2013年9月,黄冈市物价局黄价费规〔2013〕96号文件《黄冈市物价局关于调整黄冈城区出租车营运价格的通知》规定,黄冈城区运价为:①起步价格。早上6:00(含)至夜间23:00起步价为5元,起步公里2公里;夜间23:00(含)至次日早上6:00出租车起步价为6元,起步公里1.5公里。②公里租价。早上6:00(含)至夜间23:00公里租价为,超过2公里(含)至7.5公里的租价为每公里1.4元,每公里分二段计,即每500米为0.7元;夜间23:00(含)至次日早上6:00公里租价为,超过1.5公里(含)至7.5公里的租价为每公里1.6元,每公里分二段计,即每500米为0.8元。③空驶费。早上6:00(含)至夜间23:00,载客7.5公里(含)以上公里租价为2元,每公里分二段计,即每500米为1元;夜间23:00(含)至次日早上6:00,载客超过7.5公里(含)后公里租价为2.2元,每公里分二段计,即每500米为1.1元。④等候收费。乘客每次用车等候3分钟以内免收等候费,之后每等候3分钟加收1元,不足3分钟按3分钟收费,依此类推。⑤取消原来每车次的燃油附加费0.5元,出租车通过经省政府批准的收费公路、桥梁等所发生的通行费用,由乘客承担。

表2-5-2-3和表2-5-2-4分别为2005年和2015年黄冈市出租车经营起步价运价表。

2005年黄冈市出租车经营起步价运价表　　　　　　表2-5-2-3

市 县 名 称	营运车型号	起步价 公里	起步价 元	运价标准（元/公里）
黄冈城区	富康	2	3	1.5
团风县	昌河微型面包	2	3	1
红安县	富康、吉利	1.5	2	1.2
麻城市	富康、柳州五菱、面包	3	3	1
罗田县	夏利、富康	2	3	1
英山县	福莱尔	2	2	1
浠水县	富康、吉利	1.5	2	1.2
蕲春县	柳州五菱、面包	3	3	1
武穴市	富康、神龙	2	3	1.5
黄梅县	富康、吉利	1.5	2	1.2

2015年黄冈市出租车经营起步价运价表　　　　　　表2-5-2-4

市 县 名 称	营运车型号	起步价 公里	起步价 元	运价标准（元/公里）
黄冈城区	爱丽舍	2	5	(2~7.5公里) 0.7元/0.5公里
红安县	东风雪铁龙、东风悦达起亚	2	5	2
麻城市	东风雪铁龙、北京现代	2	5	1.4
罗田县	东风风神、爱丽舍、北京现代	2	5	1.3
英山县	东风悦达起亚、东风风神、东风雪铁龙	1.5	4	(1.5~3公里) 0.6元/0.5公里

续上表

市县名称	营运车型号	起步价		运价标准（元/公里）
		公里	元	
浠水县	东风雪铁龙	2	5	（2~6公里） 1元/0.6公里
蕲春县	东风风神、东风雪铁龙	2	5	（2~6公里） 1元/0.6公里
武穴市	东风雪铁龙	2	4.5	1
黄梅县	爱丽舍、东风标致	2	4.5	1.4

二、简易机动车客运

1984年以后，简易机动车不断增加，特别是小三轮、小四轮载客有增无减。1986—1987年，以浠水为例，"三马车""摩的"先后垄断了兰溪至城关、鸟垄至城关、三店至城关、关口至城关、巴驿至城关、夏凉至城关等的短途客运。

1992年，全市拥有简易机动车2523辆，其中黄州300辆、红安316辆、麻城207辆、浠水183辆、罗田200辆、黄山250辆、蕲春100辆、武穴209辆、黄梅758辆。

1996年后，黄冈城市建设步伐加快，黄冈城区出租车市场兴起的同时，简易机动车也大量涌入城市客运市场。它们走街串巷、招手即停，与出租车、公共汽车争抢生意。2002年，由于大批企业职工下岗，简易机动车成为下岗职工谋生的手段，全市小三轮、小四轮简易机动车成倍增加。小三轮达到6152辆，小四轮达到1043辆，年客运量达到3171万人次、旅客周转量1497万人公里。

2003年，全市简易机动车数量有增无减，简易机动车达到17380辆，其中小三轮有6641辆、小四轮有10739辆，年均增幅小三轮为4.86%、小四轮为85%，增长率为90%，简易机动车主要用于载客。由于简易机动车载客安全系数低，道路交通事故不断发生。

2003年11月20日，黄冈市委、市政府做出统一安排，成立黄冈城区取缔非法营运车辆指挥部，印发黄指部〔2003〕1号《关于取缔黄州城区麻木、摩的、人力三轮车及黑的非法营运联合执行统一行动方案》的通知，由公安局牵头，交通局、工商局、建设局、市运管处、市客运办、市残联等部门组成联合执法行动工作领导小组。黄冈市人民政府发布取缔城区麻木、摩的、黑的等非法载客营运的通知。取缔对象包括机动三轮摩托车（麻木）、两轮摩托车（摩的）、未经政府职能部门许可而擅自运营的出租汽车（黑的）和人力三轮车。取缔措施：经批准运营的68台残疾人麻木，由中介评估机构评估定价，由政府收购处理；其他麻木，由车主自行处理，自行处理不掉的，政府按每辆不高于1000元的价格收购处理；两轮摩托车不准带人行驶，因接送子女上学需要，由车主自备全家福照片一张，以利执法人员验证检查；从事货运的机动三轮摩托车必须证照齐全，并不得装有固定棚子。通过3个月的整治，黄冈城区共销毁载客三轮麻木1470辆，收缴两轮载客摩的8000余辆。通过整顿整治，麻木车运营从城区转向县城乡村。

三、出租车管理

1997年以前，黄冈城区出租车管理归属于城市建设主管部门。1997年以来，湖北省政府出台相关法律法规和文件，将出租汽车客运划归为交通部门管理。1997年7月19日，黄冈市交通局拟订《黄冈市出租车汽车、旅游汽车客运管理办法》，报市政府颁布施行。办法规定：凡申请从事出租汽车客运业务的单位和个人，必须办理以下手续。到当地运管部门咨询，并完成可行性报告；申请者持当地乡镇以上人民政府或主管单位的证明、本人身份证明、可行性报告、资信证明或担保书向当地运管部门提出书面申请;运管部门在收到书面申请20日内,对其经营条件和经营资格进行审核,符合资质条件和发展规划的,准予购买车辆,发给道路运输经营许可证;申请者持道路运输经营许可证向工商行政管理机关申请办理工商登记,由工商行政管理机关核发营业执照;经营者持营业执照向所在地税务机关办理税务登记,向保险机构投保,办理意外伤害保险和第三者责任保险,由技术监督部门安装铅封的出租车计程计费装置;运管部门对办完上述手续的经营者进行岗前培训,经考试合格由运管部门发给道路运输证和出租汽车驾驶员服务资格证,领取客运票证运价表和交通规费缴讫证后即可投入营运。

2000年12月6日,黄冈市政府以黄政发[2000]33号文发布《关于更新黄冈市区部分出租车的报告》,决定将车型更新为红色富康车,对出租车总量实行控制。2001年,经省政府批准,黄冈市区实行出租汽车第二轮经营权有偿出让,出让汽车总量为593辆,有偿出让金为每车8000元/年,期限为5年(2001年1月1日—2005年12月31日),经营模式为"两权分离"(产权与经营权分开),由市政府将经营权分配到出租汽车公司(宏达、宏富、宏运、正富、明天、天安),经营业主每月向公司缴纳一定的管理费,实行挂靠经营。

2009年10月15日,黄冈市人民政府以黄政发[2009]41号文发布《关于黄冈城区出租汽车第三轮经营有偿出让的通告》,出租车第三轮经营权有偿出让实行"两权合一"(产权与经营权合一),出让对象是依法取得黄冈城区出租汽车第三轮经营权有偿使用资格的出租车公司(宏达、明天、正富、天安),出让总量为593辆,经营权出让期限为4年(2009年10月1日—2013年9月30日),出让金为每车8000元/年,车型为东风雪铁龙新爱丽舍(三厢),车身颜色为薄荷青。

2010年9月2日,黄冈市人民政府召开协调会议,研究城市客运管理移交事宜,明确由原市建委管理的市城市交通客运管理处整体移交市交通运输局管理,移交后所有涉及市区交通客运管理的所有事务及责任,由交通运输部门承担。城区出租汽车客运由城市建设部门移交交通运输部门管理后,下辖各县市都陆续进行了移交,全市出租汽车都统一纳入交通运输部门管理。

为理顺管理体制,2010年12月,黄冈市交通运输局召开专题会议研究了理顺黄冈市城市公共交通管理职能有关问题,明确市城市交通客运管理处负责指导全市城市公共汽车、出租车的行业发展;负责全市出租车驾驶员从业资格证的培训考试、发证、年审、监督管理工作;负责全市出租车经营许可(道路运输证);管理黄冈市城区公共汽车、出租车经营许可、车辆技术等级评定、二级维护签章、市场经营行为监管、经营服务质量投诉、查处非法营运行为;负责城区出租车经营权有偿出让工作并办理出租车出租期满的续标及其他有关事项;负责城区公交线路规划、站点设置审批的前期准备和公路客运车辆进城停靠站点及行驶路线的管理工作。各县市公交涉及需要黄冈市审核审批的事项及相关工作,均由市城市交通客运管理处负责。

2011年3月16日,黄冈市交通运输局发布《关于理顺黄冈市城市公共交通管理职能的意见》,进一步明确移交后出租车的管理及黄冈市城市交通客运管理处的职能职责。2011年11月23日,黄冈市城市交通客运管理处拟定了《黄冈城区出租车打顶司机管理办法》,办法规定:①打顶司机的条件:必须具有三年以上驾龄;必须办理《出租汽车从业人员资格证》;思想上进,没有违法、违规等不良行为或记录;身体健康,精力充沛。②打顶司机的聘用要求:打顶司机由租赁车主自行选择,必须报公司审查合格后方可签订协议书;租赁车主选好打顶对象后,要向公司报告并签订《打顶司机聘用协议书》,租赁车主、打顶司机、公司各一份;公司要将打顶司机相关资料留存、备案。③打顶司机管理:打顶司机由租赁人所属公司负责管理;打顶司机需向租赁人交纳安全保证金5000元,并开出收据;公司将打顶司机的相关资料,如驾驶证、《出租汽车从业人员资格证》《打顶司机聘用协议书》和安全保证金收据、打顶车的车牌号送交市城市交通客运管理处,办理《服务质量监督卡》。同时,办法也规定了打顶司机的奖罚办法。

2012年6月,黄冈市交通运输局出台《黄冈市出租汽车企业服务质量信誉考核办法》和《黄冈市出租汽车客运驾驶员服务质量信誉考核办法》,规定各级出租车管理机构对所在辖区出租车企业及出租车驾驶员开展质量信誉考核工作。

2015年12月15日,黄冈市人民政府办公室以黄政办函〔2015〕34号文转发市交通运输局《关于黄冈城区第四轮出租汽车客运经营权有偿出让方案》,规定出让数量为693辆,经营权为4年,有偿出让金为每车4900元/年。

第六章　运输辅助业

第一节　机动车维修

一、修理能力

新中国成立以前,黄冈境内无汽车修理厂家。新中国成立初期亦无专门的汽车修理企业,汽车保养全由驾驶员兼作,或送武汉修理。1957年,湖北省鄂东分公司驻扎浠水县时,随车队来浠水的有1个保养班,计3人,修理工具非常简陋,轮胎采用人工打气。黄冈境内汽车修理由此起步。到1986年,黄冈的汽车修理厂多为国营运输公司内设修理厂,在工商行政管理局登记为企业的分支机构,领取营业执照,不具有法人资格,属汽车运输公司的二级单位。汽车运输公司对修理厂实行内部单独核算,实行运修合一的企业管理体制。1986年,全地区修理汽车1144辆,完成产值181.91万元,其中大修251辆,产值100万元。

1987年,黄冈地区有10个县(包括新洲),地区汽运公司下辖10个县的分公司,有修理工人1391人,修理设备352台(套),年大修车辆463辆、中修车辆663辆、保养车辆4211辆。1988年,修理企业实行承包经营责任制,有修理厂22个、修理工人1745人,其中技工725人,共可年大修车辆583辆、中修车辆1534辆、保养车辆13734辆。1990年,黄冈地区宋埠大修厂年大修汽车能力为60辆。

1990年,黄冈地区汽车运输公司修理厂年大修车辆200辆,一保货车9799辆、客车6110辆;二保货车3148辆、客车1436辆;小修货车42729辆、客车29486辆。

1991年,黄冈地区汽车运输公司大修东风662型客车36辆、东风661型客车18辆、东风140型货车43辆、挂车57辆;一保货车2790辆、客车9195辆;二保货车9290辆、客车3059辆;小修货车5023辆、客车16554辆。大修车辆在厂总车日为30天,平均在厂车日28天,修竣工合格率99%,返修率1%。二级保养工时大客车110小时、小客车98小时、大货车85小时、小货车75小时,合格率为98%,返修率2%。客车发动机大修在厂车日20天、底部10天,货车发动机大修在厂车日18天、底部15天。大修间隔里程,从新车到大修30万公里,从第一次大修到第二次大修25万公里,从第二次大修到报废20万公里。

1993年以后,车辆发展、更新较快,整车大修减少。1996年之后,汽车运输公司纷纷改制,有的修理厂逐步与汽车运输公司实行运修分离,成为独立的修理企业,随后又出现以合资、股份形式经营的修理厂。2001年,武穴市汽车修理行业整车大修110辆,总成大修236辆,二级维护2800辆。2003年,武穴市汽车修理行业整车大修110辆,总成大修265辆,二级维护6200辆,专项维护10700辆。2004年,武穴市汽车修理行业整车大修50辆,总成大修98辆,二级维护2500辆,专项维修3500辆。2005年,黄冈市汽车维修年完成整车大修1221辆次、总成大修1792辆次,二级维护21173辆次,专项修理236745辆次。

2015年,完成主要工作量312523辆次,其中整车修理14649辆、总成修理35709辆次、二级维修88319辆次、专项修理112530辆次、维修救援8359辆次。

二、汽车维修行业管理

1986年,湖北省交通厅颁布《湖北省汽车维修行业管理暂行办法》。办法规定:凡在本省经营汽车维修业务的企业、城乡个体及合伙维修户,均为办法管理的范围;维修行业由交通部门归口管理,汽车维修企业分为三类,一类为汽车大修、总成修理、三级维护企业,二类为汽车维护、小修企业,三类为汽车专项修理企业,专门从事汽车车身修理和喷漆、电器设备修理、蓄电池修理、篷布坐垫修理、水箱修理、轮胎修理等。同年10月20日,省交通厅颁发《湖北省汽车运输修理行业技术经济定额》,要求运输企业建立健全机务管理制度,机务的管理日常工作由公路运输管理科技科(股)负责。

1987年7月1日,黄冈地区交通局与地区工商行政管理局、物价局、标准计量局联合制定印发《黄冈地区汽车维修行业管理实施办法》,与地区税务局联合印发《关于使用黄冈地区汽车维修行业统一发票的通知》,与地区物价局联合印发《黄冈地区汽车维修行业统一工时定额统一收费标准的通知》,与地区工商行政管理局联合印发《关于加强汽车维修行业管理补充通知》,为全区开展汽车维修行业管理打下了基础。通过整顿清理,取缔了20个不符合开业技术条件的厂家,有102家自动放弃经营,对符合条件的233家确定经营范围并划类发证。行署副专员陈秀泓多次听取有关维修企业整顿的情况汇报。英山、麻城、罗田、浠水、武穴等县市和地直成立了汽车维修管理办公室,配备业务人员21人。黄梅县、麻城市与保险部门联合发布《关于加强事故车辆维修管理的通知》,为事故车辆定损维修工作提供了有益经验。10月22—25日,全区开展首届汽车大修竣工质量评比,共有21家修理厂参评。黄冈地区汽运公司浠水分公司修理厂和黄冈地区汽运公司修理厂分别夺得质量评比金杯和银杯,这两个修理厂于11月6—15日代表黄冈地区参加湖北省道路运输局在武汉举行的全省汽车大修竣工质量比赛,均获得三等奖。全区各维修厂把评比工作作为动力,狠抓质量管理,蕲春县大修厂选送青年修理工到省委小汽车修理厂培训,从中南汽修厂请来2位工程师,现场传授上海760轿车维修技术,蕲春县汽车维修质量明显提高,车辆返修率比上年下降7.6%。

1988年,黄冈地区汽车修理实现了开业技术条件、工时定额、收费标准、报表制度、结算凭证和管理费征收六个统一。全区有汽车修理厂233家,其中一类修理厂19家、二类修理厂96家、三类修理厂118家,从业人数达4612人。全区汽车修理厂共增加设备579台套,投资151.5万元。这一年,黄冈地区被评为全省"汽车维修先进单位"。

1989年,黄冈市公路运输管理处设立湖北省道路运输协会机动车维修联络处。1989年3月10日,黄冈地区行政公署交通局、工商行政管理局联合发文,加强汽车维修行业分类冠名管理,文件规定一类汽车维修业户冠名称谓为"厂",二类称谓为"部",三类称谓为"点"。凡在黄冈境内从事汽车修理的单位和个人,都要到辖区的工商行政管理机关办理《企业法人营业执照》或《营业执照》,各类汽车维修企业须登记领取《技术合格证》。

1989年6月,交通部颁布《汽车大修企业开业技术条件》。黄冈运管部门认真贯彻执行部颁标准,要求国营、集体和个体维修业户,必须遵守国家有关汽车维修的法规、规章,汽车维修企业发展较快。

1990年,黄冈地区机动车维修企业总数为217家,其中一类21家、二类111家、三类85家。

2002年,黄冈市对汽车修理企业进行多次行业管理整顿。有的修理厂从属于汽车运输公司,为汽车运输公司的二级单位,有的修理厂单独在工商行政管理部门注册登记,为自负盈亏、自主经营、面向市场的独立经济实体。汽车修理厂从业人员、厂牌名称发生变化,经济性质由国营、集体、个体、合资、股份制等多种形式组成,有的修理厂兼营配件或其他项目。

2015年,黄冈市机动车维修企业总数为1112家,其中一类30家、二类147家、三类935家。

第二节 机动车性能检测

一、检测站设置

1990年8月,黄冈地区行政公署交通局根据黄梅地处三省交界和车辆流动大的特点,同意在黄梅县兴建汽车综合性能检测站。黄梅县汽车综合性能检测站是黄冈地区第一个检测站,也是湖北省第一个检测站。

2005年,黄冈市共有汽车综合性能A级检测站4个,有检测机具设备84台(套)。

2015年,黄冈市拥有汽车综合性能检测站8个(表2-6-2-1),分别是蕲春县机动车综合性能检测站、武穴市机动车综合性能检测站、罗田县机动车综合性能检测站、浠水广源汽车服务有限责任公司、麻城市金桥机动车综合性能检测有限公司、英山县安顺机动车检测有限公司、红安县城南机动车综合性能检测有限公司、黄冈市运华机动车综合性能检测有限公司(其前身为黄冈市机动车综合性能检测站)。完成检测合计126113辆次,其中维修竣工检测1049091辆次、等级评定检测29847辆次、维修质量监督检测4622辆次、其他检测27053辆次、排放检测13300辆次。

黄冈市拥有汽车综合性能检测站统计表　　　　表2-6-2-1

站　名	成立时间	站级	人数	固定资产（万元）	2015年完成检测数(辆)
黄冈市运华机动车综合性能检测有限公司	2012年4月	A	13	450	8581
红安县城南机动车综合性能检测有限公司	2012年12月	A	14	300	1850
麻城市金桥机动车综合性能检测有限公司	2009年1月	A	11	290	3028
罗田县机动车综合性能检测站	2005年10月	A	11	230	1500
英山县安顺机动车检测有限公司	2012年12月	A	15	320	2812
浠水广源汽车服务有限责任公司	2008年10月	A	12	440	5950
蕲春县机动车综合性能检测站	1999年10月	A	12	370	7280
武穴市机动车综合性能检测站	2001年3月	A	10	350	2401

二、机动车检测管理

1988年5月,黄冈地区公路运输管理局向地区交通局提交《关于建立黄州汽车检测站》的报告。报告称:随着汽车维修行业的发展,汽车维修质量问题日益突出,我国现行汽车保修制度是50年代从苏联学来的,对保持车辆维修起了很大作用,但也存在很大的缺陷,传统的人工手摸、耳听、眼观的检测方法已不适应现代化汽车技术发展的要求,采用先进的汽车检测技术,建立黄州汽车检测站,可以有效实施管理,还可以收到明显的经济和社会效果。

1989年2月22日,公安部发布《机动车安全技术检测站管理办法》。该办法第三条规定,机动车安全技术检测承担机动车申请注册登记时的初次检验、机动车定期检验、机动车临时检验、机动车特殊检验(包括肇事车辆、改装车辆和报废车辆等技术检验)任务。由于车辆监理权由交通移交公安后,交通部门没有建立专门的汽车综合性能检测站,公安部门负责机动车辆安全技术检测的任务。但在当时,由于国家没有相应的法规规定交通部门可以建立汽车综合性能检测站,此报告搁置。

1990年3月7日,交通部颁布《汽车运输业车辆技术管理规定》,规定"综合技术性能检测的结果证明作为交通运输管理部门发放、吊扣和审核《道路运输证》的依据"。明确了交通部、交通厅(局)车辆技术管理的主要职责,规定了车辆检测、诊断的主要内容,要求交通厅(局)建立运输业车辆检测制度,强调了对汽车进行综合性能检测是加强车辆技术管理的重要措施,授权交通厅(局)是汽车综合性能检测站的主管部门,要求交通厅(局)设立汽车综合性能检测站的主管机构,要求交通厅(局)建设汽车综合性能检测站,规定汽车综合性能检测站具有五项职责,即对车辆的技术状况进行检测诊断,对汽车维修行业的维修车辆进行质量检测,对车辆改装、改造、报废和有关新工艺、新技术、新产品以及节能、科研项目等进行检测、鉴定,在环保部门统一监督管理下对汽车污染进行监督、监测,接受公安、商检、超高频量和保险等部门的委托,进行有关项目检测。

1997年9月28日,湖北省人大常委会第30次会议通过并发布了《湖北省道路运输管理条例》,地方性法规规定了"机动车维护和检测"是道路运输管理机构五大管理职责之一。1998年6月24日,省交通厅公路运输管理局以鄂运管技字〔1998〕145号文印发《湖北省汽车综合性能检测站检测许可证管理办法》。9月25日,省交通厅以鄂交技〔1998〕511号文印发《湖北省汽车检测站计量认证管理办法》,规定:湖北省技术监督局是计量的主管部门,负责湖北省汽车检测站计量的监督管理和发证工作;湖北省交通厅是汽车检测站的行业主管部门,负责汽车检测站计量管理工作;凡评审通过的汽车检测站,由交通评审组写出评审报告,连同计量认证申请、《质量管理手册》、文件汇编等材料,一并报省技术监督局审批,审查批准后,发给《计量认证合格证》,并由发证部门向社会公布后,汽车检测站方可有权向社会提供公正数据。

2001年2月15日,湖北省交通厅公路运输管理局以鄂运管技字〔2001〕36号文发布《关于加强全省机动车综合性能检测站行业管理的通知》,要求新建检测站审批工作严格按照市场准入条件程序办理,对《检测许可证》的管理和检测质量监督做了详细规定。2001年9月7日,湖北省交通厅公路运输管理局以鄂运管维字〔2001〕230号文发布并实施《湖北省机动车性能检测规范》。该规范采用了最新的国家标准,要求检测站要按照新国标的方法和要求检测、评定,过期标准一律停止使用。11月21日,湖北省交通厅公路运输管理局以鄂运管维字〔2001〕294号文印发《湖北省机动车性能检测站工作标准》。12月31日,湖北省交通厅以鄂交运安〔2001〕849号文印发《湖北省机动车综合性能检测站管理办法(试行)》,对检测站开业、歇业、停业、经营管理、质量管理、法律责任做了具体规定。

2003年1月10日,湖北省交通厅道路运输管理局以鄂运管维〔2003〕14号文发布《关于进一步加强和规范汽车综合性能检测工作的通知》,规定从事机动车综合性能检测的检测站必须办理三证一照,即《道路运输经营许可证》《计量认证合格证》《物价监审证》和《工商营业执照》,独立承担法律责任。3月12日,省交通厅道路运输管理局以鄂运管维〔2003〕53号文发布《关于规范机动车维修检测管理的通知》。5月12日,省交通厅道路运输管理局以鄂运管函〔2003〕16号文发布《关于进一步规范机动车维修检测管理的通知》。8月11日,湖北省物价局以鄂价房服〔2003〕209号文发布《关于湖北省机动车综合性能检测收费项目和标准的通知》,通知明确机动车综合性能检测收费属经营服务性收费,必须遵循"自愿有偿"的原则,不得强行检测、强制收费。9月8日,省交通厅道路运输管理局以鄂运管维〔2003〕205号文转发省物价局《关于湖北省机动车综合性能检测收费项目和标准的通知》,规定机动车综合性能整车检测分为道路运输营运客货车技术等级评定检测、道路运输营运客车春运检测、维修车辆维修质量监督抽查检测和维修车辆竣工出厂检测4类。12月22日,省交通厅道路运输管理局印发鄂运管函〔2003〕59号《关于下发机动车综合性能检测收费项目和标准补充说明的通知》。

2004年4月30日,国务院公布《中华人民共和国道路运输条例》(国务院令第406号),将机动车检测纳入道路运输管理。第六章第七十一条规定:"违反本条例的规定,客运经营者、货运经营者不按规定维护和检测运输车辆的,由县级以上道路运输管理机构责令改正,处1000元以上5000元以下的罚款。"

2006年9月29日,《湖北省道路运输条例》经省人大常委会会议通过,第一章第二条规定:"道路运输相关业务包括站场经营、机动车维修经营、机动车驾驶员培训、机动车综合性能检测、汽车租赁、装卸搬运、道路运输代理、货运配载信息服务、仓储理货、商品车发送等。"明确自 2006 年 12 月 1 日起,将机动车综合性能检测纳入湖北省道路运输管理,并在第二章第二十六条加以明确:"从事营运的车辆应当按照国家规定定期进行综合性能检测。"第二十七条明确了从事机动车综合性能检测经营应当具备的条件:有与其经营类别及项目相适应的场地;有必要的设备、设施和技术人员;有健全的机动车综合性能检测管理制度;有必要的环境保护措施;经省级质量技术监督部门或者其授权的机构计量认证考核合格。机动车综合性能检测实行社会化,任何国家机关以及车辆管理部门不得经营或者参与经营机动车综合性能检测业务。

第三节 驾培管理

一、管理职责

1985 年至 1997 年 8 月,驾校归公安部门管理。1993—1994 年,国务院颁发〔1993〕204 号《关于研究道路交通管理分工和地方交通公安机构干警评授警衔问题的会议纪要》,国务院办公厅颁发国办发〔1994〕29 号《关于印发交通部职能配置、内设机构和人员编制方案的通知》,规定汽车驾驶员培训工作由交通部门归口管理。

1994 年 8 月 2 日,交通部交公路发〔1994〕623 号《关于开展汽车驾驶学校和驾驶员培训行业管理工作的补充通知》指出:由于公安部门函复表示,根据国务院办公厅国阅〔1993〕204 号文件的规定,"公安机关今后将不再审批驾校,交通部可以制定相应的规章发布施行";交通部〔1994〕441 号《关于尽快开展汽车驾驶学校和驾驶员培训行业管理工作的通知》明确规定,驾校应具有独立法人地位,为社会提供有偿服务,按平等竞争原则,驾驶员培训实行社会化;为体现政企分开和公平竞争原则,负责驾校、驾驶员培训行业管理的部门和负责驾校考核发证的管理部门均不得开办驾校和参与驾驶员培训,并不得与驾校有任何经济上的关系。

1994 年 10 月 27 日,湖北省交通厅鄂交教〔1994〕305 号《关于认真做好汽车驾驶学校和驾驶员培训行业管理工作的紧急通知》指出"汽车驾驶员学校和驾驶员培训的行业管理归口由交通部门负责"。《紧急通知》要求对现有驾驶学校和驾驶员培训情况进行调查并重新登记,将驾驶学校和驾驶员培训纳入交通行业统一管理。

1996 年 12 月 23 日,交通部发布第 11 号令《中华人民共和国机动车驾驶员培训管理规定》,明确各级交通行政主管部门是机动车驾驶员培训行业的主管部门,其所属的各级道路运输管理机构具体负责机动车驾驶员培训行业管理工作。

1997 年 11 月 9 日,黄冈市人民政府办公室黄政办发〔1997〕182 号《关于加强全市机动车驾驶培训行业管理工作的通知》规定:交通主管部门是全市机动车驾驶员培训学校、培训班(以下简称驾校)的行业管理机关。交通部门要在行业管理中切实履行"规划、协调、监督、服务"的职能,其主要职责是制定行业管理规定和规章、发展规划、培训标准、开业标准、开业审批程序并负责开业审批;制订教学计划、教学大纲;检查监督驾驶员培训质量,协调机动车驾驶员培训的有关工作,总结先进经验,推广新技术,为驾驶员培训提供服务。申办机动车驾驶培训学校(班)必须向市交通主管部门提出申请,经初审后《培训证》到交通部门登记注册,办理《培训许可证》换证手续;交通部门在实施行业管理的过程中,要听取公安部门的意见。公安部门负责驾驶员的考试发证工作。双方要在各自的职责范围内互相支持,密切配合,共同搞好行业管理工作。对报考《机动车驾驶证》的学员,公安交警部门应支持和引导其到持有《培训许可证》的驾校学习驾驶,并须凭交通部门核发的《结业证》办理同类《机动车驾驶证》的考试手续。公安、机构编制、物价、劳动、工商等部门要积极支持交通部门的工作,作到各司其职,配合协调,以保证全市驾驶员培训行业管理工作正常有序地开展。

1998年,黄冈驾驶员培训工作由公安交警部门归口交通部门管理,交通部门对时有驾校和驾驶员培训情况重新调查摸底登记,纳入道路交通运输行业统一管理。

2002年,中共黄冈市委、市人民政府信访办公室黄信文〔2000〕8号《关于停止交警部门开办机动车驾驶员培训学校(班)的通知》,就罗田、浠水、英山三县交警部门以各种名义继续开办机动车驾驶员培训学校(班)和三县由此引发的集体上访问题,经市信访办与市公安局、市交警大队等有关单位研究,形成统一意见,坚持执行国务院、省政府、市政府文件精神和规定,坚持培训、管理与考核、发证分离的原则,三县交警部门开办的驾校(班)未经批准,应一律停止开办,从2000年10月1日起执行。2004年,驾校与主管部门脱钩,机动车驾驶员培训实现社会化。

2015年7月9日,武穴市交通运输局、公安局针对当前驾培市场存在的违法违规培训现象,联合召开了全市驾培行业违法违规专项整治会议,在加强驾校安全管理、明确责任主体、严格证照查处、强化资质查验、有效控制车辆、指定培训路线、限定培训时间,以及对无牌无照无证经营、无教练证从事培训、未经许可擅自从事驾培活动等非法行为进行严厉查处等方面,做出统一部署。通过专项整治,促使驾培市场有序发展。

二、驾培收费

1999年7月5日,湖北省物价局、湖北省财政厅鄂价费字〔1999〕193号《关于规范汽车驾驶员培训工作中有关收费问题的通知》规定:A照每驾驶操作小时40元(每期最高3000元),B照每驾驶操作小时40元(每期最高2800元),C照每驾驶操作小时20元(每期最高2600元),D、E、L照每驾驶操作小时20元(每期最高2600元),G、J照每驾驶操作小时15元(每期最高2500元);同时废止了鄂价费字〔1998〕231号文件。

2015年8月7日,平安驾校、宏达驾校、蓝天驾校、东方驾校、君行驾校、怡阳驾校、智兴驾校、广佳驾校共同协商后签署了《黄州区驾培协会公约》。公约要求小型汽车C照报名费标准为2500~3830元,其中,本地户籍学生报名价最低不得低于2500元、社会人员报名价最低不得低于2600元;外地户籍学生报名价最低不得低于2800元、社会人员报名价最低不得低于3000元。为保证公约有效执行,8所驾校交纳3万~5万元公约保证金,各驾校互相监督,发现违反规定者,凭收费收据、录音录像资料,经核实后除退还全部报名费外,按每人次扣除5000元违约金。

第四节　货运站及物流服务

一、货运站

(一) 货运信息配载

黄冈市共有4个货物信息配载站、1个公路联运中心和11个货运信息服务业户。

英山县公路货运信息服务中心和各乡镇信息服务站　1990年9月15日,英山县公路货运信息服务中心和各乡镇信息服务站成立。货运信息服务中心由英山县运管所运输股负责日常工作,下设温泉、南河、草盘、杨柳、石头咀5个信息服务站。信息服务中心实行自负盈亏的企业化管理模式,主要是为减少货车空驶,联系货源,统一调度、统一票证、统一运价,实行合同制服务。

蕲春县公路货运漕河服务站 于1990年11月18日正式挂牌营业,主要为货运经营者提供组货配载、裁票、修理等有偿服务。

蕲春县公铁货物联运中心 于1996年9月8日投入使用,是黄冈市第一个公铁货物联运中心。

黄梅水陆运输公司货运信息服务中心 1995年成立,主要业务是为车主找货,为货主找车,代结运费,合理配载。1995年共组织货源2500吨,实现货运收入240万元。

(二) 货物运输代理

黄冈从事货物运输代理由信息服务开始。黄冈地区第一家汽车运输信息服务部是黄州汽车运输信息服务部,成立于1989年1月17日,由退休职工包法舜开办。1990年1月8日,黄州汽车运输信息服务部更名为黄冈县广夏汽车运输联营处。1994年9月26日,湖北省交通厅以鄂交运〔1994〕371号文件,印发《湖北省道路运输服务业管理办法(试行)》。该《办法》第三条第二款规定"为货运经营者提供货源组织等货运代理服务";第四款规定"为货运承、托双方提供货源、运力信息等货运信息服务";第五条规定"道路运输服务业坚持多种经济成分并举、公平竞争、协调发展的原则,允许跨部门和行业兴办道路运输服务业"。政策的导向作用为黄冈运输代理业的发展提供了依据。随着经济的快速发展,货运结构不断变化,货源组织化程度大幅度提高。1994年,黄冈共有货运配载业务部13个,年配载货物配载量为3.5万吨。货物运输配载业务以黄州城区为中心,以各县市城关为节点,运输代理单位分别为黄州广夏联营处、黄冈地区货物运输零担站、浠水县汽运公司货运站、武穴市新车站停车场、武穴市货运公司货运服务部、广济动力货运服务站、黄梅孔龙货运服务站、小池货运调度站。代理业务从收取每台车每月20元的信息费到接纳挂靠车辆,每月收取200元挂靠费;从接纳货车挂靠代理服务到接纳客运车辆挂靠服务,从最初的10台车发展到40台车;从接纳个人的私车代理服务到接纳公司及有关单位的车辆代理服务;从零散的客户发展到缫丝厂、工业公司、轻纺织局、毛纺织厂、烟草局等10多家固定客户。长年为客户代理货物运输的网络辐射全国各地,北到黑龙江、内蒙古,西到新疆、重庆,南到广东、海南,东到上海、浙江、江苏等地。社会效益和经济效益较好,每年向国家缴纳各种税费10万余元。

货物运输代理单位都办理了工商、税务行业经营许可证照,管理上有一套完整的制度和程序,运输代理业务实行合同化,收费实行协议制,经营方式灵活,所接纳的挂靠车辆都办理了保险,有效防止了运输安全风险。

二、物流服务

(一) 物流节点

黄冈市在"十二五"规划中提出:围绕建设鄂东物流基地,以长江黄金水道、高速公路和铁路为依托,以黄州、麻城、黄梅、武穴、蕲春、浠水、团风等物流节点城市为重点,加快发展现代仓储、配送加工、多式联运、商品批发和信息服务"五位一体"的现代物流业。重点建设鄂东(稻花香)物流产业园、武汉新港唐家渡港区楚江物流园、蕲春华龙国际港口物流园、湖北蕲春李时珍国际医药港、黄梅中部商贸物流园、黄梅濯港关山物流中心、麻城金通湾中国户外用品城、麻城孝感街中部商贸物流城、红安新型产业物流园、罗田大别山农副产品物流中心、团风钢结构物流配送中心、武汉新港团风钢材大市场、浠水散花物流配送中心和龙感湖物流中心等重大物流项目。

2007年9月26日,黄商物流加工产业园生鲜食品加工厂工程在黄州东湖办汪家墩奠基。市领导杨元寿、杨智出席奠基仪式,该项目占地约14万平方米,一期工程投资6488万元。

2012年,黄冈市交通物流发展工作会议规划,将大力建设一批物流基础设施项目。将力争开工建设大别山现代综合物流园、武汉新港黄冈楚江物流园,分别完成2000万元、2150万元的投资计划。做好黄州城东新区物流园、黄梅县物流中心、浠水县物流中心3个建设项目的前期工作。改扩建英山石咀、黄梅蔡山、浠水团陂3个农村综合运输服务站。继续做好大别山贫困地区"十二五"物流基础设施发展规划,力争将更多物流项目纳入规划。2013年,启动黄冈城东物流中心,黄州临港新城交通物流园项目完成工可,列入全省"十二五"规划中期调整物流项目库,黄冈安必达冷链物流中心、中部商贸物流产业园开工。2014年,这些项目顺利推进,建设改造麻城白果、武穴花桥、红安城东、蕲春彭思、红安永河、英山草盘、蕲春檀林、团风回龙山、罗田九资河、武穴龙坪、武穴大法寺、黄州区堵城12个农村综合运输服务站;团风县建成集客运、货运、小件快运为一体的综合运输服务站1个。2015年,中部商贸物流产业园建设完成并投入运营,武汉新港黄冈楚江物流园、黄冈安必达冷链物流中心顺利推进,覆盖全市的交通物流基础设施节点开始形成。

（二）物流企业

湖北宇阔物流有限公司 位于黄冈市黄州区,是一家拥有千余台各种车辆的大型交通运输企业,经营范围覆盖道路运输、货代信息服务、危货运输等业务。但长期以来,该公司由于信息化建设滞后,导致管理手段落后,主要靠电话和传真等方式联系货物运输业务,信息处理不快不畅,无法对挂靠车辆及社会承运车辆进行适时跟踪管理,对危货车辆的安全管理也是鞭长莫及,不仅安全生产管理存在极大隐患,而且公司车辆、货物调度手段有限,造成车辆实载率低,物流成本居高不下,运费结算困难,影响了企业的发展。

针对该公司信息系统与客户无对接的标准EDI接口,数据传输不顺畅和服务流程非标准化,客户无法对货物实时追踪,以及条码管理混乱,错发、漏发率高,远程监管缺失等突出问题,黄冈市交通物流发展局主动当好企业"保姆",派驻工作专班驻点服务,和企业共同分析发展中遇到的困难,及时调整策略,抓住关键环节,明确着力在企业信息化建设上寻求突破。在黄冈市交通物流发展局、宇阔物流和黄冈市电信部门共同努力下,结合企业运营管理特点,以顺丰快递管理信息系统为基础,研发了适合宇阔物流公司运营和管理特点的ERP(企业管理软件)解决方案。该管理系统具有集成"一站式"解决运单管理、结算、货物跟踪、客户服务、报表等业务功能,覆盖运输业务关键环节。其最大特色在于能够通过配发给每辆车、每个驾驶员的智能终端App(应用软件)和微信平台,与条码打印机、蓝牙结合,同时与总公司的ERP系统对接,实现运单的业务数据快速采集和智能比对、实时的货物配载、跟踪和短信通知等,极大地提高了业务处理的效率。该管理系统技术通用性强、扩展性好、性能优异、操作界面友好、方便快捷,不仅满足了本公司、生产企业、个体运输户和银行等部门的不同需求,而且从根本上解决了企业管控能力差、业务流程非标准化、异地配载困难、货损货差以及由此引起的法律纠纷等问题。公司管理效率显著提升,车辆运输成本明显下降。该公司由于智慧物流信息技术的运用,其服务领域正由单纯公路运输业向现代物流服务业转型发展,其信息服务空间正由黄冈市逐步扩展至周边省市,其先进服务理念正引领宇阔物流创新融合发展。

黄冈市交通物流发展局在服务黄冈安必达冷链物流配送中心项目建设中,帮助企业调整发展思路,完善园区配套功能,优化组织配送体系,积极引导企业拓展服务领域,做强做实冷链物流配送企业,成为鄂东地区基础设施最先进、配送体系最完善的最大的冷链物流配送企业。黄冈市交通物流发展局全程指导企业积极参与湖北省物流园区项目竞争性资金分配,准确把握政策,精心组织安排,确保该项目获得2014年省物流专项资金补助300万。在各方积极努力下,专项补助资金及时拨付到安必达物流公司,解决了当下企业融资的实际困难,推动了项目建设如期完工并投入运营。

武汉新港黄冈楚江物流园 2012年4月12日,在荆州举行的全省运管物流站场项目推进会宣布,全省将投资72.7亿元的开建十大运管物流站场。建成后,人们既可享受"零换乘"的便利,又可享受货物无缝衔接的快捷。此次集中开工的项目共有10个，武汉新港黄冈楚江物流园列入其中。2013年，武汉新港黄冈楚江物流园被省交通运输厅列入第一批物流开工项目，楚江物流产业园完成征地约15万平方米，启动办公楼项目的建设，对完善综合运输体系、构筑现代物流基地、助推"两圈一带"战略具有重要意义。

红安智能物流园　黄冈市交通物流发展局在推进交通企业智慧物流发展过程中，抓住交通物流企业转型发展中的关键环节，精准帮扶企业通过信息化建设，提高企业信息化运用管理水平，促进企业由传统运输企业向现代物流企业转型发展。

2014年11月，阿里巴巴红安产业带启动，首批进驻企业达百余家，"红安造"将通过全球采购网络买全球、卖全球。在电商的推动下，未来红安或成湖北省的"淘宝县"。阿里巴巴红安产业带报名商户达260家，具备上线资格的有100家，主要分布在农副特色产品、服装、家居家纺、建材等行业。阿里巴巴红安产业带作为湖北省首个上线的县级产业带，上线后将帮助红安把湖北省的特色产品销往全国，带动其他地方经济发展。同时，在互联网及电子商务领域打造"红安品牌"乃至"湖北品牌"。红安经济开发区距沪蓉高速公路出入口仅3公里，紧邻红安火车站，距天河国际机场、阳逻港码头、武汉北编组站均在50公里以内，车程仅约半小时。在高铁"米"字网络格局中，红安地处高铁中心，5小时辐射半径1500公里范围内20多个省份，辐射人群达10亿，是高铁"五小时大物流圈"的中心枢纽。正是基于巨大的区位优势，红安的智能化物流配套建设也提上日程。佰昌集团将谋划牵手全球知名物流公司，合作在红安建华中最大智能物流园。在园区的整体规划设计中，园区将打造智能物流高新配套产业集群，如物流自动化、仓配一体化、卫星监控、货品智能装配等产业，最终形成以电子商务、智能物流为核心的综合性产业园区。

第三篇　水路运输

黄冈北倚大别山脉，南襟浩浩长江，倒水、举水、巴水、浠水、蕲水五大水系及华阳水系的黄梅、武穴内河分布其间，沿江湖泊成群，水运资源丰富。

黄冈水路交通具有悠久的历史，早在新石器时代，滨水地区就有原始的水运活动。

自隋唐以来，漕运日益兴盛，黄冈境内长江沿线港口往来船舶日趋繁忙。1876年，中英《烟台条约》开放武穴为外轮停泊港口。清光绪十六年（1890年）起，长江黄冈境内出现自办的商营小轮，行驶黄州至汉口航线。

民国时期，黄冈境内的武穴、蕲州、黄州、阳逻、龙口、葛店、泥矶、叶家洲、鄂城、团风、西河铺、燕矶、巴河、兰溪均为轮船停靠港口，支流航线有汉口至仓子埠、汉口经樊口入梁子湖至金牛、武穴经富池入富水至辛潭铺等。

1949年5月，黄冈全区解放后，在中国共产党和人民政府领导下，对船簰运输业进行定港定线。民主改革和社会主义改造使船簰民工政治上翻身，经济生活安定，客货运输稳步发展。20世纪50年代末，水运合作社开始进行技术革新和技术革命。20世纪60—70年代，运输机械化、拖带化比重逐步增长，同时竹簰和木帆船逐渐被淘汰，运输效率逐渐提高。港口装卸搬运开展技术革新和技术革命运动，港口作业由传统的"一条扁担两只箩"发展到半机械化。

中共十一届三中全会以后，"改革、开放、搞活"政策使全区水运事业进入发展最快的时期。为扭转航道状况恶化的局面，湖北省交通主管部门推行重点航道整治工程。港口设施建设加强，装卸机械化水平大大提高；长江港口下放属地管理，形成"一城一港"的经营管理体制；水路运输市场放宽搞活，出现外资、合资、股份、个体等水运企业（户），形成多层次、多成分运输"百舸争流"的繁荣景象；船舶发展开始由数量的增加转向质量和技术水平的提高，船舶运力从"小船木船"向"大型多样化"跨越。虽然水路客运逐渐被高速公路客运取代，但水路货运市场日渐繁荣，在黄砂、矿建、水泥、矿石、件杂等大宗货物运输中起到了不可替代的作用。

"十二五"时期，黄冈港航项目完成投资32亿元，是"十一五"时期的10倍。武穴件杂货码头、楚江综合物流码头、小池综合码头等一批现代化码头竣工运营，临江新城综合码头等项目顺利推进，黄州港经国务院批准为一类水运口岸。至2015年，除长江境内240公里外，全市其他内河航道里程497.5公里，通航里程461.7公里，其中三级航道20公里、四级航道13.7公里、五级航道23.7公里、六级航道14公里、七级航道108.7公里、等外级航道281.6公里。黄冈市拥有运输船舶631艘，运力达90.1万吨，完成水路货运量3409万吨，货物周转量207.62亿吨公里，港口吞吐量5058.5万吨。

第一章 航 道

第一节 长江干流航道

一、阳逻至西塞山河段

阳逻河段,据《水经注》记载,魏晋南北朝时,江中就有"武洲"存在,右汊为长江主流所经,现在的北湖即当初长江老河槽的残迹。南北朝以后,由于上游滠口边滩外涨,下游阳逻左汊扩展,右汊上口逐渐淤塞,在两宋时淤死不通舟楫,在宋元之际武洲靠岸成陆,阳逻分汊道消失,呈弯曲单一型的河道,长江河面大为束狭,至今不见沙洲出现。据《资治通鉴》记载,阳逻堡以下左有峥嵘洲,右有白虎矶(白浒矶),分汊弯道形成。峥嵘洲即今牧鹅洲,白虎矶(白浒矶)即今白浒山。

团风至黄州间三江口河段,江面宽阔,冬季水落则出现洲滩、汊道。《水经注》载:"江水径黎矶(泥矶)北,又东径七矶(磔矶)北,北岸有烽火洲,即举洲也,北对举(水)口。"举洲偏靠北岸,而右汊为主流。北宋以前,举洲下移并不断扩展,江水沿北岸而下,直逼赤鼻矶,即北宋苏轼《前赤壁赋》所称"赤壁",其在《赤壁怀古》的著名词章中描写为"乱石穿空,惊涛拍岸,卷起千堆雪"之景象。到南宋乾道六年(1170年)陆游乘舟溯江入蜀,在黄州竟无港湾可泊船,只好移舟三里以外菜园埠;游赤壁已不见"惊涛拍岸",只能在高埠上远眺江面。离开黄州从夹江上行到团风附近的三江口,此时三江口仍一望无际。明代中后期,团风河心数片沙洲日益扩展,团风鹅头形汊道初具雏形,至清代中后期,由于弯道下游赤鼻矶支汊(鸡窝湖)演变成牛轭湖而使鹅头汊道成型。此时,黄州赤壁矶远距长江数里,矶下滩地渐成阡陌纵横的农田。

团风河段中的李家洲近百年来东崩西淤,面积由39平方公里缩小到19平方公里,1949年新中国成立后环洲筑堤,成为黄冈县主要产棉区之一。樊口上游有古洲,名芦洲,相传伍子胥逃楚在此求渡于渔夫,歌曰"与子期乎芦之漪",故名。此洲现名得胜洲,已与南岸并为一体。鄂城小东门外有龙蟠矶和接渡石。龙蟠矶屹立江心,蜿蜒似龙,枯水期矶尾与南岸相距仅数米。宋代在矶上建有观音阁,被誉为"万里长江第一阁"。

巴河至兰溪间,魏晋南北朝时有5个沙洲,首尾相望,至明代均已连靠北岸,至今北岸仍有五洲地名。五洲下游有此段最大沙洲——戴家洲。始载于清咸丰六年(1856年)《浠水县志》:"浠水四至六月不雨,大旱,戴家洲右侧西江水枯,人可徒涉。"戴家洲将江流分为东西两支,西支即戴家洲直水道,枯水不通航;东支即戴家洲圆水道,又名为冬港,北与兰溪港相对,枯水期水深只3~4米,而且沙脊游离不定,对航行不利。洪水时全洲尽没,茫然一片,航道界限全靠航标指引。兰溪以东约10公里有散花洲,与西塞山隔江相望。两宋时,散花洲左汊夹尚可通航,陆游乘船入蜀经此,是循夹江而上。明清时,散花洲左汊淤成边滩而与北岸连壤。西塞山壁立大江右侧,历来是长江军事要塞之一。

长江浠水段位于长江中游,河道蜿蜒曲折,局部河段主流摆动频繁,航槽演变剧烈,遇特殊水文年时极易发生碍航、断航情况。由戴家洲水道、黄石水道和部分牯牛沙水道组成。

二、西塞山至武穴河段

蕲州江中有古洲,《水经注》所说石穴洲,又名金沙洲。因秋冬季节有鸿雁集宿于此,故又名鸿宿洲,洪水期半没于江中。据《宋史·地理志》载:南宋时蕲春县治自宋嘉熙至景定年间(1237—1264 年),27 年间先后四迁县治:一迁鸿宿洲,二迁龙眼矶,三迁泰和门外,四迁麒麟山下(今蕲州城北)。鸿宿洲和龙眼矶当时均在江中。

蕲州港下 10 公里处有积布山,江中有积布矶,自北岸斜插江心,呈半矶半礁阻束江水,历来有搁排毁船之说,因又称搁排矶。沿积布矶而下则是牛肝矶,今称牛关矶,暗礁横卧江心,江水涡旋翻腾。相传三国时期刘备乘船去东吴,在此遇风,船在江中回旋些时始脱险,后在岸矶上建庙立碑,因又称刘官矶。明天启年间(1621—1627 年)洪水漫患,庙毁碑损,碑文已不可辨,今竖有"谨防暗礁"石碑一块。

田家镇(古又称钓童山)与半壁山构成的紧束江流要塞,两岸间距仅 600 米左右,水深超过 100 米。

三、武穴至湖口河段

长江武穴以东,先秦时期以今武穴为顶点呈扇面展开,分汊水系发达,广济、黄梅以及安徽望江、宿松等县湖滨地区为彭蠡古泽,东晋至明代又称大雷池。夏季水盈,江水浩荡东下,冬春则水落归槽。东汉时,"《禹贡》九江在南,皆东合为大江",主泓南移至现长江河道上,原彭蠡水道又称北江(华阳水系)。明永乐二年(1404 年)武穴筑青林堤(今黄广大堤),切断了北江与主泓的通道,宽则为湖,窄则为汊,自武山湖、太白湖、万丈湖、龙感湖至宿松、安庆间上下五百里水道,现仍可略见其概。

武穴至段窑(原称杨家镇,又称段姚)间有龙坪(原称鸿脑洲)鹅头形汊道和张家洲汊道,龙坪鹅头形汊道下迤至小池口。北汊龙坪经胡世柏、蔡山、扁担大埠、北池口、吴河墩、王家埠至小池口,此汊道在唐代以前为主道。南汊经蔡山、刘湾、新开、汪曹坊、分路口、孔垄、王家埠至小池口,与北汊会合。唐代以前北汊为大江正流,唐代正流转至南汊。概约今黄梅河东西两港首尾相连贯的水道,由大江汊道环抱的洲即为"封郭洲"。其后,上游鸿脑洲(龙坪)渐淤靠北岸。新开以下汊道南移,从陆家咀注入长江。分路口断流,今西港南端与大江被隔离。南唐时,封郭洲被划为江西省德化县,1935 年才划归黄梅县。

张家洲汊道分布于小池口至湖口之间,汉代此段有暗沙桑落洲分江水为南北两支,南支为主流,明永乐年间(1403—1424 年)该洲才从南侧航道渐露水面。明天启年间(1621—1627 年),桑落洲南缘被主泓冲刷,北缘渐淤,向下游左岸靠拢。据清同治年间(1862—1874 年)《德化县志》载,该洲是"崩岸十里,环居民无数,迁徙不定"。原与段窑相对的桑落洲至此与北岸安徽省宿松县程营并为一体。在桑落洲南崩淤渐靠北岸期间,以张家洲为首的数洲相继出现和发育,主支频繁易位,至清代末期形成复杂的弯曲分汊河道。

四、主要航道

黄冈辖区内长江航道上起团风县举水河口,下至黄梅县段窑,从上而下依次为罗霍洲水道、沙洲水道、巴河水道、戴家洲水道、黄石水道、牯牛沙水道、蕲春水道、搁排矶水道、鲤鱼山水道、武穴水道、新洲水道、九江水道、张家洲水道。

(一)搁排矶航道

搁排矶航道上起黄颡口,下迄半边山,长约 16 公里。由于沿程岩性不同,河道平面形态呈宽窄相间变化。该河段具有江窄、水深、流急特性。黄颡口以下有猴儿矶伸出,过猴儿矶,河道向左微弯,江面收缩。往下左岸有搁排矶、江中礁石,最开处距岸约 500 米,主流为大片礁石和武林矶所致,随弯道向右岸过渡。右岸有矶头山突出,承受水流顶冲,又将主流挑向左岸。右岸黄颡口下首有猴儿矶礁群,最开礁石距右岸350米,礁石最高点为零上5.5米。右岸岸形较陡,但枯水期岸边有暗滩;左岸则有大片礁群,称搁排矶,礁石最高点为零上1.2米。搁排矶上有沉船,距岸500米,高为零上0.9米。搁排矶以下右岸有矶头山突出江中,矶头山下方距右岸250米处有洞庭礁,高为零下3.6米。右岸掀棚嘴为一硬质岸嘴,外伸凸突,其左岸有牛关矶,矶头伸出岸边约150米,高为零上5.1米,两矶隔江相对。该处江中形成大片漩涡,最大水深达124米,是长江下游河床最深处。牛关矶以下航道右弯,右岸上三矶以下至郝礼堂一带有边滩。矶头山下有洞庭礁,过矶头山为1800米长的较顺直河段,河宽900米,至掀棚咀,两岸山咀突出,河道向右作50°转折,往下900米左岸有牛关矶与之对峙,主流从掀棚咀将水流挑向牛关矶,形成强烈的泡漩,淘刷河床,水深达100米左右,牛关矶至田家镇河段长2公里,右岸是郝矶边滩,长2200米,宽约350米,田家镇的斜对岸有半边山矗立江边,该处枯水期河宽仅600米,素有"楚天锁钥"之称,以示险要。

搁排矶航道由于受两岸山矶及河床地质等特定边界条件的控制,河势比较稳定。尽管个别河段、个别年份河床出现大冲大淤现象,但没有单向发展的迹象,年际冲淤总体上是平衡的,而且水深较大,航道条件良好。

(二) 鲤鱼山航道

鲤鱼山航道上起半边山,下迄仙姑山,全长13.5公里。该水道为向右弯曲的水道,江面狭窄,最窄处宽度不到700米。左右两岸有边滩,河槽居中,该水道在盘塘至黄连洲一带出浅;近年来黄连洲冲刷萎缩,水流切割右边滩滩咀,在张树柏对开江中出现心滩,分水道为南北两槽。南槽相对窄深,北槽相对宽浅,北槽与上下游航道平顺衔接,航行条件较好,在实际水深可满足航道要求时,航道走北槽,仅在2003—2004年枯水期,航道改至南槽。北槽浅区位于盘家湾至张树柏一带,且有枯水初期冲淤变化大,航槽有所摆动,槽中有时会形成零星小沙包,下段河道顺直,自王家湾以下至仙姑山深槽靠右岸一侧。自半边山而下江面逐渐展宽,江流顺直。左岸大矶头上下有数处矶头伸出江岸。盘塘以下至中洲和右岸富池口以下至高莲洲,泥沙沉积,均有大片沙滩,江面虽宽,航道相对较窄。1986年以前,靠近右岸的心滩较为稳定,并且缓慢向右岸靠拢,1986—2003年龙王庙附近心滩受水流冲刷作用,滩体萎缩,渐与右岸相连,并在右岸形成完整的边滩,由于两岸均有相对完整的边滩,此段水流集中,河槽单一。右岸边滩在水流切割作用和采砂作用下,形成心滩。2003—2004年枯水期,心滩大幅左摆,北槽淤积使心滩与左岸库家湾边滩几乎连为一体,北槽因水深不足而被迫改走南槽,航道条件变差。2005—2006年枯水期,北槽5米等深线仍然中断约800米,南槽等深线宽度也仅90米左右,航道条件仍较差。因此心滩的左右摆动是形成碍航的决定因素,心滩右摆,航槽单一,主槽过流集中,航道较好;心滩南北槽分流,北槽易淤积,航道条件变差。

鲤鱼山航道由于受两岸多出节点的控制,多年来河势相对稳定,主要的变化表现为主流局部摆动,洲滩随不同水文年的冲淤而变化。龙王庙附近的无序采砂对航道、航标和运输船舶形成诸多安全隐患。2011—2012年枯水期,个别采砂船在鲤鱼山水道采砂时,没有按照均匀采砂的方式开采,致使河床内出现深达140米的大坑,严重影响该段航道条件和河势稳定。

(三) 武穴航道

武穴航道是长江下游浅窄航道之一,上起仙姑山,下至葫芦山,全长14.5公里。该水道平面形态为顺直、放宽、水下分汊河型,狗头矶以上为鲤鱼山弯道出口,河道向右限制性单一微弯,宽约1.1公里;狗头矶以下至葫芦山为沿程放宽的水下分汊段,狗头矶处1.35公里,至泥湾放宽到2.1公里,葫芦山处约2.2公里,泥湾以下由纵卧江心偏右侧的条形鸭儿洲心滩将河道分成南北两槽。北槽宽浅,中洪水期通行地方小型船舶,出口接新洲左汊和新洲头横槽;南槽为主航道,中下段宽且深。上段,尤其是口门窄且浅,几乎每年靠挖泥维护,是中游著名的限制性浅区。枯水期不少年份需设信号台,控制单向航行。受上游弯道的影响,该水道上段主流大部分进入北槽,促使北槽中上段发育;由于狗头矶以下岸线的凹进,进入北槽的水流沿程散失,以漫滩的方式进入南槽,南槽沿程加深,北槽沿程抬高,两槽之间为纵向水流与斜向漫滩水流的结合部,成为泥沙的堆积区,形成鸭儿洲心滩。右岸有仙姑山、马头矶、狗头矶数处矶头突出江中。左岸武穴市城区以上江岸外中洪水期无边滩,枯水期受上游边滩尾部影响,水渐变浅。狗头矶以下约3公里的江心偏右出现狭长心滩,称鸭儿洲,此滩与下游新洲滩头相连,分河床成左右两槽,左槽经龙坪入新洲北水道,为副航道;右槽是主航道,此段三尾山一带,为长江下游著名浅水航道之一,枯水期深约4米,航宽约100余米,当航宽接近100米时,改为单行航道,在狗头矶上设有通行信号台,控制单线通航。

长期以来,武穴航道这种两槽一滩(北槽、南槽、鸭儿洲心滩)的格局基本不变。漫滩水流既是鸭儿洲心滩形成条件之一,为心滩的淤积提供大量的底沙,又对心滩滩顶的堆积进行限制,从狗头矶到葫芦山对开的鸭儿洲心滩因此发育低平。由于横向漫滩水流的存在,在鸭儿洲心滩上曾先后出现过4个主要的缺口,但除南槽上口可作为船舶常年过往通道外,其余3个缺口随水文条件不同而时隐时现,均不具备通航条件。

武穴航道多年来一直保持两槽一滩的格局,由于漫滩水流的存在,北槽流量沿程衰减,南槽沿程发展,北、南槽逐渐完成主副槽的转化,这种稳定的河势格局是由水道自身特殊的边界条件所决定的。虽然采砂在一定程度上改变了局部河床形态和水流结构,但整个河势格局未受太大影响。其左岸岸线由于河道放宽,水流放缓,武穴大闸附近岸线呈淤涨趋势,幅度不大,李祖场至龙坪段受鸭儿洲的影响,水深较浅,主要呈淤积状态。

(四)新洲航道

新洲将河道分为左右两汊。左汊为鹅头形支汊,河道弯曲,称为新洲北水道,航道条件较差;右汊称为新洲水道,为主航道,航道顺直,航行条件较好。1986—1995年,新洲水道5米等深线始终贯通,最小宽度均在150米以上;1995—2000年,由于受新洲北水道出流顶托的影响,迫使主航道水流流速减缓,泥沙沉积,在汇流区形成浅区。近年来,主流右摆,右岸许家村边滩冲刷后退,浅区发展,航道条件渐趋恶化,一半以上航道水深在4.5米以下。

(五)九江航道

九江航道,上段河道顺直,主航道在右岸一侧,自右岸徐家湾以下至官湖港因岸陡易崩坍,抛有护岸石坝多处,洪水期石坝处水流湍急。位于九琳地至高六房之间的江心滩,时称鳊鱼滩,将河道分汊。主航道在右汊,此段航道束窄,洲头滩与上游左岸边滩相连,洲尾下是一片暗滩伸向左岸边滩,边滩延伸至二套口;左汊水浅。九江航道下段河道微弯,官湖港以下深槽趋向江心,九江港区至九江大桥段深槽居中偏右,左岸自上游鳊鱼滩往下延续边滩直至小池口上,右岸过锁江楼即进入九江大桥航行区域。

地处鄂赣皖三省交界处,张家洲横亘江中,将长江一分为二,其右汊又称南港。20世纪80年代末,南港由于水深严重不足,仅为中洪水主航道。北港为枯水期主航道,北港连接鄂皖,黄梅县的段窑即处于该北港中段且与安徽省宿松县接壤,河道弯曲,浅区点多线长,变化复杂,航道维护困难。20世纪80年代末期后,南港航道条件有了较大的改善,遂辟为全年通航的主航道;北港则逐渐沦为缓流航道。

长江张家洲水道

第二节　长江支流航道

一、倒水航道

倒水河发源于河南省新县庆儿寺,主流自北向南进入黄冈市境内,经新店、七里坪、红安城关、天井寺、八里湾、水口寺、李家集、李家咀、涨渡湖,于武汉市新洲区龙口注入长江,全长170公里(黄冈境内长150.8公里),河床平均坡降为0.43‰,流域面积1793平方公里,长度5公里以上支流有72条,其中20公里以上的支流6条。

倒水河自发源地至七里坪为上游,长39公里,两岸山势较高,右岸尤为陡峻,河床底质为岩石、卵石,杂有少数粗砂,河宽100~300米。七里坪至李家集为中游,长90.5公里,属丘陵地带,河岸起伏不一,河床底质为粗、细砂,河宽200米左右;李家集至龙口为下游,长40.5公里,河床底质多为泥沙,两岸筑有堤防,河面宽约400~500米。

倒水属"五水蛮"中五水之一。"五水蛮"为古族名,古代巴人的一支,因居在巴水、蕲水、浠水、倒水、举水五水流域,故以此为名。《水经注》中称倒水为乌石水,杨守敬的《水经注图》又称倒水为西归水。清光绪二十年(1894年)《光绪湖北舆地记》载:"倒水即西阳五水之西归水,源出河南光山县南境之白沙关。……经西界河(西界即西归转音)始入黄安县(今红安县)。"1912年《湖北通志》载:"倒水下游自李家集南经孔家埠、桑树咀后,纳涨渡湖、感化湖,至此分两支,一支南至龙口入江,一支连举水。"

民国初期,倒水自红安县七里坪以下至龙口131公里常年通竹簰(竹簰长10.8米,宽1.8~3.6米,载重量约为3吨),红安县八里湾以下洪水期还能通行小木帆船。据民国时期湖北省第四水利工程勘测队勘察,涨渡湖及举水、倒水两水淹没田亩等报告书称:倒水洪水期大船可通至李家集,小船可通至黄安(今红安县)之八里湾,再用竹簰可至七里坪。1923年,倒水下游鹅公颈处修建萧公闸,阻隔了船簰通行。

1952年,举水河两岸修筑举东、举西大堤,切断了倒水、涨渡湖与举水的通道。为排泄倒水、涨渡湖之积水,另在挖沟建闸一座。由于闸底较高,涨渡湖洪水期水深可达12米,平均为2~2.5米,船舶在湖区可四通八达,主要航线有李家咀至挖沟和李家咀至大埠街2条。每年倒水上游山洪暴发时,大量泥沙裹挟而下,中下游河床逐年淤高,1949年、1954年、1955年特大洪水期为甚。据1957年湖北省航运管理局航道处普查资料显示,枯水期倒水挖沟至水口寺平均水深0.75米,航道平均宽度25米;水口寺至红安,平均水深0.34米,航道宽25米;红安至七里坪,平均水深0.20米,航道宽15米,竹簰须筑坝蓄水方可行驶,每天只能行驶8公里。航道中有8处石质滩险,均为河湾处的山脚基岩,极易搁浅毁船。航道沿途小木板桥颇多,竹簰遇此须拆桥而过;红安县城关桥桥孔宽6米,高0.6米;叶家畈桥桥孔宽5米,高0.8米,洪水期均不能通簰,中、枯水时须拆掉一根簰竹才能勉强通行。

20世纪50年代,倒水流域的货物总运量中水运占50%。之后随着河道变迁、淤高,障碍物增多,运量逐年减少。1968—1969年,倒水中游红安县南门河处拦河筑坝,建水电站一座。1971年5月,群力竹簰运输合作社解散,倒水竹簰运输亦随之消失。

1972年,倒水下游进行改道工程,在桑树咀以下开辟新河道,直通龙口出长江。1975年,龙口修建水闸一座,因未同时修建船闸,倒水至长江水运被阻隔。闸内龙口至桑树咀16公里,枯水期水深0.4米,航宽30米,可以通航10吨木帆船;桑树咀以上水浅不能通船,只有少数渡船和捕鱼划子。

倒水下游的涨渡湖自1970年围垦以后,水域范围缩小,船舶运输逐渐减少。1975年后,运输完全断绝。

红安倒水河段位于红安县中部,从北至南纵贯红安全境,北部起源于河南新县,向南于红安县太平桥镇林家集出黄冈境入武汉市新洲区阳逻进入长江,在红安境内全长102.8公里。红安县境倒水河因处河流源头,水流季节性强,平常河道窄、水流小;洪水季节暴雨山洪致河水暴涨,水流汹涌。倒水在1923年前的洪水期,小船可通八里垮。据1957年湖北省航运管理局航道处普查,倒水航道最小曲度半径42米;涸水期七里坪至红安县城平均水深0.20米,航道宽15米,县城至李家集平均水深0.34米,航道宽28米;境内原通航里程96公里。1969年,在红安县城南门河建水轮泵站(后改建为水电站)后,县城以北河段,不再航行竹簰。

2010年下半年以来,红安县投入10余亿元打造防洪、生态、休闲河道,依托倒水建设"一河二岸",开通县城上游二桥至周家畈渡口,县城下游红安一桥至六桥旅游观光通航河道15公里,为红安县城区水上游乐景观。

二、举水航道

举水河发源于大别山中段南麓鄂豫交界的界岭村,流经黄冈市、麻城市、团风县和武汉市新洲区,在团风镇张家湾大埠街鹅公颈处,注入长江。举水是鄂东北地区跨行政区域的一条较大水系,主流自北向南经两路口、福田河、黄土岗、徐家咀、麻城城关、中馆驿、宋埠、柳子港、新洲城关、辛家冲、徐家楼,全长165.7公里,河床平均坡降为0.63‰,流域面积4061平方公里。

举水河流域5公里以上的支流有135条,其中汇水面积在30平方公里以上的支流有40条,分布于麻城市、红安县、团风县、武汉市新洲区。其主要支流,左有阎家河、白果河、东河、沙河,右有跳石河、浮桥河、鄢家河。举水河干流天然落差为767米,平均比降为0.45%。

自举水河河源至麻城城关,长70.8公里,为上游,河床坡降为0.17%,属山区河流,河床窄,河宽由10米渐增至300米左右;枯水期水面宽7~8米,平均水深0.1米,洪水期平均水深1.2米。此段较大支流有跳石河,大中型水库有大旗山、大河铺、芭茅河3座。麻城市至武汉市新洲区柳子港为中游,长51.4公里,河宽200~350米,河床坡降为0.055%。柳子港至举水河河口为下游,长43.5公里,河床坡降为0.03%。

1957年,举水河柳子港处修建漫水公路桥,造成船簰碍航。1958年以后,举水上的浮桥河、明山、三河、大坳等大中型水库相继建成,库区通航里程共计67公里,但终因地处偏僻,客货难于集散,形成不了经常性的运输线。1979年,举水干支流通航里程由1957年的193公里缩短为下游的34.5公里。1982年以后,举水河河道继续淤高。1985年,50吨以下船舶在中水季节也只能航行至河口以上215公里处的辛家冲,洪水时才可上溯至新洲城关。

团风县境内举水南起团风镇张家湾,与堵龙堤衔接,经金罗港、徐家楼至六房湾后山港,全长18公里,航道平均宽度180米,平均水深4米,流速1.5米/秒。中洪水期时条件较好,但由于河道分汊,进入团风境内河道束窄,河底淤积,枯水期严重影响船舶进出团风港。

举水河流域共有水库288座,其中大中型水库7座。通航里程34.5公里,其中26公里属季节性通航,下游8.5公里常年通航。1996年全国内河航道定级,举水河团风至新洲境内32公里定为五级航道。

举水大埠街至新洲城关航道现状等级为五级航道。受长江中洪水顶托,年平均通航天数为200天。举水河河口大埠街至四道沟航段,航宽80~200米,最小弯曲半径580米,航道水深为1.6米,航段里程14.7公里,为新洲区与黄冈市团风县的界河。此航段在中洪水期可通航300吨级驳船及船队,枯水期仅有小船航行。此航段为重点航标配布,设重点标,每年定期检查15天,每年测报1次。四道沟至新洲城关航段,航宽80~150米,最小弯曲半径440米,航道水深为1.6米,航段里程17.3公里。新洲城关至分子街河段不通航。

举水河下游两岸均有堤防设施。左岸为举东堤,起自新洲区辛冲镇胡仁湾,止于三店街份子闸,全长28.25公里;右岸为举西堤,起于大埠街,止于郑家堤,全长38.55公里。举水河上除新洲城关及大埠街有少数浮码头外,其余港区泊位均为自然坡岸形式。

2000年,新洲区水利局建举水河橡胶坝,距举水河口里程31公里,回水里程为3.8~5.1公里,设计水级5.80米。枯水期时,拦河蓄水,碍航;洪水期时,坝体下降,可通航;中洪水期时,因新洲城关老桥、柳子港大桥的净空所限,船舶无法上行,加之举水河上渔民拦河设网,船舶很难航行,举水航运萧条。

三、巴水航道

巴水是黄冈市主要长江支流,又称巴河,古称西流水,发源于豫皖交界的大别山南麓的毕家山(亦名笔架山)。主流自北向南,流经麻城木子店入罗田县境内木栖河、平湖、三里畈及浠水县境内团陂、团风县境内上巴河,于下巴河口注入长江,全长151公里。流域地跨麻城、罗田、团风、黄州、浠水五县(市、区),总河床平均坡降为1.0‰,流域面积5900平方公里。罗田县三里畈以上84公里为上游,河宽200~300米,河床底质为卵石、粗砂;罗田县三里畈至团风县上巴河31公里为中游丘陵区,河宽由300米渐增至500米左右,河床底质为砂;团风县上巴河至浠水县下巴河口36公里为下游平原区,河宽渐增至1500米,河床底质为中细砂。巴河流域共有5公里以上的支流148条,其中15公里以上的支流8条。胜利河(木栖河)、新昌河、罗田河(枫树河)3条主要支流,均从上游大别山脉自东北向西南汇入干流。

巴河上游通航竹篙,中、下游通航木帆船。清光绪二年(1876年)《罗田县志》载:"惟罗田接壤英(今英山县)、霍(今安徽省霍山县),盘绕崇山,隔大江数百里,舟楫不通,既不可以船装,又不能以担负,仓廒远寄蕲水(今浠水县)巴镇,转运全仗山涧竹篙。"1919年《大中华地理志·湖北》载"巴河通民船"。1935年《湖北省境内扬子江两岸支流航行概况表》载:"巴水流域内下巴河至滕家堡(今胜利镇)和大河岸,常年可通航载重120担(每担合130市斤)的竹篙,春夏水满时曾有每只载重10余担的小木帆船50余只航行于下巴河至尤河咀之间。"

1958—1972年,上游连续修建9座水库,水源被截流。加之河流沿岸植被破坏,水土流失严重,航道日益淤浅。据1957年和1979年的两次航道普查资料比较显示:枯水期下游上巴河至西河段21公里水深由0.45米降至0.3米;1957年洪水期10~15吨木帆船能上溯到罗田三里畈,竹篙可达上游一些支流;1979年船舶在洪水期才能进入15公里的西河。

1986年9月,湖北省交通规划设计院对巴河口至郭家咀河段进行了地质钻探。钻探表明,该段河床自上而下分别为黏土(亚黏土)、粗砂和卵石层。各层层面高程不一致,其中郭家咀边滩砂层的顶面高程为12.2~13.8米,郭家咀至巴河口为6~11.4米,河口土司港12米,砂层下的卵石层顶面高程8米。又据资料记载,1966年,上巴河修建公路桥,据钻孔探测,砂层最厚19米,最浅8.3米,平均厚度13米以上。

1996年对巴河航道进行定级,巴河河口至上巴河镇段32.5公里是为四级航道标准,其中巴河河口至上巴河铁路桥24公里航道受长江水位顶托可季节通航,上巴河铁路桥至上巴河镇8.5公里为天然航道。巴河河口至上巴河铁路桥航段宽度为50米,航道水深1.9米,最小弯曲半径为330米,年平均通航天数为270天,通航保证率为75%。上巴河铁路桥至上巴河镇航段宽度为50米,航道水深0.8米,弯曲半径为1000米以上,通航保证率为12%。中、洪水季节,上巴河铁路桥至河口段,水面宽100~2500米,航宽80~500米,水深3~9米,可航行500~2000吨级船,枯水期因河口出现吊坎而断航。

2006年6月,对巴河航道河段京九铁路桥至巴河河口段全长24公里航道进行了疏浚。疏浚后的巴河航道达到国家三级航道标准,通航保证率达98%。

2010年,巴河航道疏浚主体工程全线建成,建设完成三级航道20公里,通航保证率提升为98%。至2015年,巴河河口至上巴河段通航,总通航里程32.5公里。其中河口至京九铁路桥段24公里航道在

2006年疏浚后达到三级航道标准,航道水深达到2.4米以上,航宽60米,航道最小弯曲半径在480米以上,能常年通航1000吨级船舶和船队;京九铁路桥至上巴河镇段8.5公里航道处于自然状态,枯水期因上游来水量少,航道水深不足1.2米,航宽不足50米,只能在中高水期季节性通航500吨级船舶,通航保证率仅30%,为季节性四级航道。巴河河口至上巴河大桥通航河段内有跨河桥梁4座、过河水下通信线缆1道、跨河高压线3道,均基本满足三级航道通航要求。

四、浠水航道

浠水是长江北岸一条支流,发源于大别山南麓英山县境内桃花冲上的仰天锅,流域地跨英山、罗田、浠水三县,全长157公里。干流自东北向西南,流经草盘、雷店、杨柳湾、芭茅街、英山城关、两河口、白莲河水库、蔡河、关口、浠水县城关、六神港,于兰溪河口汇入长江,流域面积2670平方公里,整个水系有大小支流74条,有大中小型水库26座。

浠水航道

浠水流域狭长,山地、丘陵、平原各类地形兼备。自北向南依次为高山区、丘陵区、河谷小平原区。英山县城以上河宽100~200米,河床底质为粗砂、卵石;英山县城以上57公里为上游山区,海拔高程500~1000米,个别山峰在1000米以上,该段河谷割切较深,山坡陡峭怪石林立,森林茂盛。英山县城至白莲河水库40公里为中游低山区,属库区;白莲河水库位于浠水、罗田、英山三县交界处,库区汇水面积达1800平方公里,库容11.4亿立方米,为全市区水库之冠,水库最窄处250米,最宽处1000米,平均450米,常年通航100吨级船舶,洪水期自水库大坝可通航40公里至英山城关,枯水期自大坝通航33公里至长冲。白莲河水库至兰溪河口60公里为下游低丘陵和滨江平原,坝下至浠水城关一段蜿蜒于丘陵区,河宽70~200米,底质为岩石、卵石、黄砂。浠水城关至兰溪河口25公里,六神港以上14公里为丘陵区,六神港以下至兰溪江口以下11公里为平原区,河床底质均为黄砂。洪水期最大河宽达500米,枯水时水归河槽,窄处只有20~90米。此段有6处大沙滩,水流温滩而过,船簰航行困难。

浠水流域地层属震旦纪以前的太古界地质,后经多次变动和改造,主要岩层为片岩、片麻岩等,在风化雨水作用下形成了浠水的砂质河床,蔡河以上岩层南北走向的断层较多,河口沿长江北岩有一断裂带,属襄樊——武穴大断裂带在东南方向的延伸,蔡河以上为第三纪盆地沉积层,河床多为黄砂覆盖,岩层主要由变质片麻岩组成。地震烈度为6度。据20世纪60年代水利部门钻探测定,白莲至兰溪河段,新老河床分界鲜明,冲淤覆盖层(中粗砂夹有砾石)均在10米以上。1966年浠水一桥钻探资料表明,城关平均砂层14米。1976年兰溪大桥钻探资料表明,鲇鱼尾以上砂层厚达12米。

浠水流域内气候温和,雨量较充沛。多年平均降雨量在1380毫米左右,最大暴雨在200毫米以上,降雨多发生在5—7月,浠水5公里以下支流34条,流域内降雨量集中,河水暴涨暴落,洪、中、枯水期径流量差别大。1960年前,年平均径流总量19.5亿立方米,枯水期基本水量不足,甚至有时断流。根据白莲河水文站资料记载统计,白莲河水库修建前,1955年6月29日,实测最大流量7440立方米/秒,推算百年一遇洪水流量为7350立方米/秒,50年一遇流量为6464立方米/秒,又以洪水痕迹推算,1927年洪水最大流量达7760立方米/秒。1960年白莲河修建水库以来,水库控制了浠水中上游流域约70%的径流,加之白莲河水库以下修建的蔡河、裴河两座水电站的滞洪作用,洪水下泄流量较以前大为减少。近30年来,仅1969年7月15日出现过最大下泄量3262立方米/秒,其他年份的最大下泄量一般为120~720立方米/秒。

浠水最低通航水位、最高通航水位是指河口处的长江水位。长江浠水口 10 年一遇最高洪水位的确定是以蕲河口 10 年一遇洪水位为基准,按相应保证率时水位平均比降推算而得。浠水口 10 年一遇洪水位为 22.83 米(黄海高程,下同);浠水口 50%保证率水位为 14.68 米,60%保证率水位为 13.06 米,95%保证率水位为 8.27 米。六神港以下至兰溪江口 11 公里,洪水期受江水顶托,河床水面宽 300~500 米,水深 1.5~7 米,千吨级轮驳船可以进入;枯水期间,长江水下降,兰溪河口形成吊坎,出河口因泥沙淤塞而出现滩岗,上游来水只能沿一条 10 米左右宽的河沟汇入长江。

明清时期,中游有长达 10 余里的"百里险",巨石横亘,狭窄险峻(因急流激石水花飞溅似白莲花开,又称"白莲险",即为白莲河名称由来)。据 1920 年《英山县志》载:浠水河床比降大,不能行舟,只能靠竹簰运输。上游东河竹簰可上行至杨柳湾,涨水时可抵雷店;西河可上行至金铺,涨水时可至石头咀。1934 年,湖北省政府建设厅江汉工程局长江勘察队队长兼工程师陈彰琯的《查勘浠水河报告》称,"尾闾附近约十里可以行船",此外,则仅能通行竹簰;夏季江水泛涨,则船可达六神港,山水发则可抵浠水城。

1966 年以后,白莲河以下长流湾和胡家坪也修建了拦河电站,竹簰通航里程再次缩短。1979 年,浠水竹簰运输历史结束。1996 年 12 月,湖北省浠水航道等级评定为:下游白莲河至六神 49 公里航道中断;六神至兰溪通航航道 10.5 公里,水深 1.80 米,航道宽 100 米,通航保证率 45%。至 2015 年,浠水河仅兰溪河口至浠水城关段 20.5 公里航道季节性通航,关口镇至四级电站封闭水域全年通航。浠水河枯水期上游来水量非常小,有时甚至出现断流现象,通航河段主要靠长江回水维持航道水深。根据航道特点,通航河段可分为 2 段,其中河口至三台 14.5 公里航道因多年河道内采砂,河道底高程降低,长江回水后航道水深达 1.9 米,航宽 50 米,航道最小弯曲半径达 130 米,基本达到四级航道标准,能季节性通航 500 吨级船舶和船队,通航保证率 55%;三台至浠水城关 6 公里航道处于自然状态,河床较高,只有在高水期时才能通航 500 吨级船舶,通航时间短,通航保证率仅 15%。

五、蕲水航道

蕲水,又称蕲河、白马河。《水经注》概指"蕲水出江夏蕲春县北山"。1981 年《蕲春县简志》载:蕲水发源于大别山南麓英山、蕲春两县交界的四流山蕲子洞(燕子洞)。主流南流经何铺、大同、两河口会合檀林河后,西南流经张塝、青石、刘河、西河驿、白池,至双沟注入长江,纵贯蕲春县境。蕲水全长 118 公里,干流河床平均坡降 1.15‰,流域面积 1973 平方公里,年平均降水量 1397 毫米。流域内 5 公里以上支流 74 条,其中 15 公里以上支流 10 条,流域建有大中小型水库 33 座,总蓄水量 4.3 亿立方米。蕲水属山区性河流,具有暴涨暴落的特点。据西河驿水文站记载,历年最高水位 27.35 米(发生于 1998 年 8 月 3 日,黄海高程,下同),最低水位零(标尺处)。全年随季节通航水位变化幅度在 10 米左右,4—9 月均会出现洪峰周期,平均年最大流量 3670 立方米/秒,平均流量 1202 立方米/秒,最小流量为 0。五十年一遇最大流量 5120 立方米/秒,百年一遇最大流量 6100 立方米/秒。

张塝以上 46.5 公里为上游,属山区河流,河床底质为卵石夹砂。两河口以上建有大同水库。何铺以上河宽约 40 米,常水位深 2.86 米,枯水期水深仅 0.05 米;何铺以下的大同水库库区可以通航;水库坝下至张塝,常水期河宽 130~180 米。

张塝至西河驿为中游,长 48.5 公里,两岸为丘陵地带,刘河、株林河、许家河等支流自北向南汇入,白水河、桐梓河、莲花河等支流自南向西北汇入。此段河床为砂质,河道曲折多弯,最小弯曲半径 56 米,常水期河面宽 180~600 米,枯水期水深 0.18~0.23 米,洪枯水位差 3.05~3.9 米。

西河驿至双沟为下游,长 23 公里,属平原滨江地带,河床底质为细砂,河口附近为泥沙。洪水期河宽 600~1100 米,水深 2~4.5 米,可行驶 500~1000 吨级轮驳船;枯水期水面宽 30~60 米,平均水深 0.2 米,入江河口处形成吊坎高达 2.5 米,船舶不能行驶。

蕲水自古即通行木帆船和竹簰。明万历二年(1574年),赤东湖中修筑3墩(亦称永安坝),供洪水期船舶暂泊。1919年《大中华地理志·湖北》载:民船可由长江经赤东湖通至漕河、白池湖,竹簰可上溯张家垮。1934年《湖北县政概况》载:蕲春县交通方面各区虽均有河流,而砂多水浅,平时只能用小竹簰运货,每簰载重不过六七担,涨水时可通小船。

20世纪50年代初,蕲水下游尚与赤东、赤西两湖相连,水运四通八达,赤东湖有黄通八、白虎山、马堰、栗木桥4处码头。1953—1956年相继修筑赤东、赤西大堤,将蕲水与赤东湖、赤西湖隔开,入江口由挂口改至上游6公里处的双沟,两湖成为封闭性航区。赤东湖有5条分汊航道共长56.5公里,赤西湖有3条分汊航道共长12公里,均可通航5吨以下小船。

1957年,蕲水洪水期20吨木船可上溯至漕河,常水期1.5吨木船可航至白池,枯水期竹簰可上溯至两河口,9条主要支流官沙河、雷溪河、泥河、许家河、株林河、刘河、桐梓河、樟树河、檀林河均可通竹簰,通航里程共计54.2公里,其中全年通木船22.9公里。1958年后,因航道失修淤浅,通航里程不断缩短,运量下降。1960年,蕲水上游建成大同水库,库区有机动客船航行于大同至何铺之间。1981年11月,大同水库库区内机动船运输结束。

蕲水为天然河流,航道为季节性通航航道。双沟至杨潭9公里,航道等级五级,通航300吨级船舶,通航保证率50%,航道水深1.6米,航宽42米,最小弯曲半径330米。每年5—9月,受长江水位顶托,蕲水航道杨潭至西河驿13公里,可通航时,航务港监部门即进河设置航标(简易)14处,在出口双沟设临时工作站检查进出船舶,维护航道正常航行。1996年12月,湖北省蕲水航道技术等级评定为:杨潭至白池6公里,因河道宽窄悬殊,航线弯曲,仍为等外级航道。

第三节　华阳河水系内河航道

一、广济内河航道

广济内河也称广济内湖,为华阳水系的上源河段,其主流梅川,发源于蕲春县与武穴市(原广济县)交界的横岗山南麓,南流经梅川镇、仓头埠、紫石头入武山湖,又东流经官桥、丰收圩、大港、连城湖、太白湖、梅济闸至黄梅县境,全长97.5公里,流域面积1100平方公里,河床底质多为淤泥,河床平均比降为0.43‰。流域内年平均降水量1350毫米,最大流量103立方米/秒。

广济内河主要由"四河两湖两港"组成:梅川为主流,自发源地至紫石头处入武山湖,全长27.9公里,主流上游建有梅川水库,大坝以下至仓头埠已呈断流状态,船只均不能上溯航行。紫石头以下为武山湖,湖面宽阔,洪水期湖区面积为34.02平方公里,水深2米,枯水期水深0.5米左右,从武山湖经官桥大港、丰收圩、太白湖至梅济闸一段,为广济内河主要干流,也是目前主要通航水道,沿途接纳大金河(大金水库)、戴文义河(仙人坝水库)、荆竹河(荆竹水库)之来水,太白湖一般水深0.5米,洪水期水深也可达2~3米。官桥大港(也称百米大港)自1974年扩宽取直,港底宽55米,面宽100米,枯水期水深0.7米。西港,也称青林水,是通江故道,从武山湖南下经团山、郭任十六至武穴,全长11.9公里,团山至武穴段,枯水期河床干涸,常水期水深0.2米,水面宽10~20米,可供3吨以下小机船航行。另有一分支航道,从团山、郭任十六转西北,可达九牛山、下郑,此段只可航行1~2吨小船。

据清同治十年(1871年)《长江图志》载:"北江未疏之先,其地盖亦水草蒙昧之区。禹因浚而深广之,自武山导江水入之,因号曰北江。"北江自武穴青林咀引长江水入之,水流基本与长江平行东去,至安徽望江分两支,一支由华阳出口,另一支至怀宁境,借道皖河入江。明永乐二年(1404年)武穴筑青林堤,北江主水源被截断。自此,逶迤五百里的北江渐形成大小湖泊港汊,散布于长江北岸,后以政区界限划分河段,武穴市境内河段(习惯以梅济堤口为界)称广济内河,黄梅县境内河段称黄梅河,安徽省境内河段称华阳河,实乃数源一水,统称华阳水系。

北江与大江水源被切断后,内河航道渐有淤浅。《明史河渠志》载:明正统九年(1444年),广济县与邻县黄梅岁运粮三万担于望江墩,小车盘拨,不堪其劳,连城湖廖家口有沟,抵墩前淤浅不能行船,与黄梅合力浚通,以便水运。

清光绪二十七年(1901年),广济县绅士郭鼎存倡导并主持疏浚西港,航道自武穴月塘(青林埠口)、新桥、大桥边经朱木桥、纳马湖、桂玉湖、郭任十六至黄泥湖,全长9.5公里,使西港内舟楫往来畅通。

1949—1957年,干支流通航总里程为225.5公里,其中常年通航89.2公里,季节通航136.3公里。主要航线为武穴至梅济闸63.6公里,枯水期水深0.2米,湖区可达2米。自广济与黄梅交界处的梅济水闸建成后,航道被阻隔,每当开闸放水后,河道水浅干涸,航行困难。该水系架设的25座桥梁,其中碍航的有9座。

1957年后,梅川河、大金河、戴文义河、荆竹河4条主要河流的上游相继修建了水库,拦蓄上游来水。同时,围湖造田使得连城湖、黄泥湖、城塘湖以及太白湖、武山湖的一部分水域改为农田,其他湖泊的水域面积也减少三分之二。该水系大部分航道逐年淤塞,通航里程逐年减少,1962年底为152公里,1979年为94公里,其中干流计43.6公里。支流8条航线均只能季节性通航或分段通航。

1995年西港天宝桥建成后,航道缩短200米。1996年12月,湖北省华阳水系湖北段航道技术评定为:干线航道中武穴至官桥闸13.8公里为五级航道;童司牌至梅济堤口12公里为六级航道;支线航道中仓头埠至团山13公里为六级航道;其他航道为等外级。

二、黄梅内河航道

黄梅河发源于黄梅县境内的望江山,以古角河为正源,流经新县河、龙感湖、东港至小池口,全长93公里,流域面积1552平方公里,年平均降雨量为1600毫米,河床平均比降为0.13‰。

苗竹林以上为上游河段,长54.5公里,具有山区河流特征,古角河建有古角水库,支流龙坪河建有龙坪水库,与小溪河、悠悠河相继汇入干流。

苗竹林至严新闸为中游河段,长21.5公里,其中苗竹林至新县河河口8.5公里,系1977年废除老县河段后,人工开挖的一段新河,河道较直,两岸筑有堤防,县河河口至小港口10公里系龙感湖湖区(亦称后湖),槽口宽10米,水深0.5米;小港口至严新闸3公里,河道亦直,枯水期水深0.7米,宽20~40米,自苗竹林至严新闸常年均可通航25吨级以下船舶。

严新闸至小池为下游段,习惯称东港,全长17公里,河床底宽20~40米,面宽40~60米,水深一般约为1.9米,常年可通航30吨级以下船舶。小池口为黄梅河通往长江的入口,因长江大堤横截,运输不能直达,须在小池中转。支流航道有西港和梅济港:西港,由孔垄至分路全长12公里,水深0.7米;梅济港,连接太白湖、龙感湖及东、西港,全长33.5公里。黄梅河西经梅济闸接广济河、太白湖;东经龙感湖至安徽杨湾闸、华阳闸通长江,以龙感湖为中心呈辐射状水网,将鄂皖交界之内河水路,跨省连县,纵串横联结为一体,称华阳水系。黄梅河支流港汊较多,共有4条支流、21条分支流,其中古角、龙坪、考田3座水库库区通航里程41公里,常年均可通航20吨级以下船舶。黄梅河通航总里程达249公里。

1934年《湖北县政概况》载:"黄梅河水路:由县河入湖直达孔垅(孔垄)循港水直抵小池口以达九江,港水常年可行舟,县河则时盈时枯。"此处所说县河,时为老县河,即从黄梅县城附近河道正南直下经张家店、黄连咀分支,东支入张家湖、龙湖(现统称龙感湖);南支经白湖渡至孔垄再分两支,一支为东港主流,港水常年可行舟,另一支为西港。1950年,黄梅县修建百里大堤,横截梅济港,新建梅济闸,只1孔可过船,老县河与东、西港仍被隔断,后建五里闸,又将五里闸至梅济闸间航道封闭。五里闸以上,梅济港西连广济河、太白湖,东接龙感湖;五里闸以下,东、西港之水改由严家闸入龙感湖,水位均受严家闸控制。据1957年航道普查报告载:通航里程215.4公里,其中通轮船212公里,通木帆船148.1公里,季节通竹簰43.1公里。但关闸后,河水干涸,最枯时水深只有0.2米,5吨以下的木帆船都要减载方能通航,有时还须在黑色淤泥上靠人推滑行。

1976年,为了使船舶能畅通于东港和龙感湖,同年10月黄冈地区民间运输管理处根据黄梅严新排水闸严重碍航情况,报请省民间运输管理局在东港与龙感湖交汇处新建严新船闸1座。1978年水利部门还在陀湖墩处动工修建陀湖大闸,以调节太白湖、老县河、王大圩港的水位。黄梅河现已属一条人工控制的河流,形成了3个区域:即龙感湖区,水位受华阳、杨湾、八一3座水闸的控制,与东港有严新船闸作为船舶通道,与梅济港有陀湖大闸(包括船闸)作为通道;东、西港水位受龙感湖影响;梅济港区及太白湖区水位则受梅济闸控制。20世纪70年代,水利部门在通航湖港河口建碍航闸8座,由于没有建船闸,船舶只能分段航行。

三、内湖航道

涨渡湖航道 1952年举东、举西大堤修建后,涨渡湖湖水同倒水隔离。为排积水而修建的挖沟水闸,闸底较高,使涨渡湖洪水期水深可达12米,平均为2~2.5米,船舶在湖区可四通八达,主要航线有李家咀至挖沟、李家咀至大埠街2条。1970年后,湖泊周围被围垦,水面缩小,船运渐减。1975年后运输中止。1983年,随同新洲县划属武汉市。

策湖航道 1962年普查,在梅子湖有21公里常年可通行划船,汛期可通行木帆船。

赤西湖航道 1952年赤西大堤建成后,湖水同江水隔断,湖水改由同年竣工的赤西闸出长江,江湖自此不能直航。1954年赤东大堤建成后,湖水同赤东湖湖水隔断,自此彼此不能通航。1958年后,因周围围垦,湖水面积一度减少三分之二,后经退田还湖,湖水面积依然减少200余万平方米,航行之利下降。1958年后,只余岚头矶至胡铺、岚头矶至曲尺、岚头矶至管窑3条航线,总里程12公里。

赤东湖航道 东部八里湖于1957年被围垦后,西部湖区又于20世纪60—70年代被大量围垦,致湖区面积最小时不足2000万平方米。后退田还湖,1985年湖区面积为2367万平方米。有金牛洞至广济栗木桥、洪湖塘至三渡、洪湖塘至白虎山、恒丰堤至菩提、青龙咀至西角湖5条季节性航线,总里程56.5公里。

武山湖航道 同武穴内河航道连为一体。由于围垦,湖区面积由20世纪50年代的20.6平方公里减少到20世纪80年代的15.4平方公里。正常水深1.2米,汛期最大水深3.7米,四季通航,其中以西港至仓头埠、仓头埠至官桥两线最为重要。

太白湖航道 太白湖为武穴市和黄梅县所共有。由于围垦,湖区面积由20世纪50年代的69.33平方公里减至20世纪80年代的42.57平方公里。正常水位1.2米,汛期水深可达4.5米,四季通航。20世纪80年代,黄梅县在太白湖有航线5条,总长25公里。

龙感湖航道 龙感湖是黄梅县境最大的湖泊。龙感湖航道由龙感湖、大源湖、小源湖组成,水域总面积175平方公里。龙感湖最高水位为14.56米,最低枯水位10.16米。设计最高通航水位13.33米,最低通航水位10.13米。龙感湖水域航道属华阳水系,其中上风埂为安徽、湖北两省分界点。龙感湖航道有8条航线,主要有:上风埂至喜鹊墩,航道里程5.4公里,水深1米以上,航道宽度50米以上,弯曲半径均在1000米以上,最低通航保证率为90%;喇叭湖口闸至喜鹊墩,航道里程7.3公里,水深1米以上,航道宽度50米以上,弯曲半径均在1000米以上,最低通航保证率为90%;喇叭湖口闸至小港口闸6.3公里,水深1米以上,航道宽度50米以上,弯曲半径均在1000米以上,最低通航保证率为90%;六墩至大口闸,航道里程7.2公里,水深1米以上,航道宽度50米以上,弯曲半径均在1000米以上,最低通航保证率为90%;喜鹄墩至独山,航道里程 17.6 公里,水深 1 米以上,航道宽度 50 米以上,弯曲半径均在 1000 米以上,最低通航保证率为 90%;下新至大源湖桥,航道里程 5.2 公里,航道水深 1 米以上,航道宽度 50 米以上,弯曲半径均在 1000 米以上,最低通航保证率为 90%;庙墩至陈圩,航道里程 5 公里,航道水深 1 米以上,航道宽度 50 米以上,弯曲半径均在 1000 米以上,最低通航保证率为 90%;庙墩至潘汊,航道里程 5.5 公里,航道水深 1 米以上,航道宽度 50 米以上,弯曲半径均在 1000 米以上,最低通航保证率为 90%;上述航线全年均可通航。在"九五"期间,县航务管理所投资在湖区设置过简易浮筒,多年来因缺乏资金和人力的维护,现已漂失移位,所剩无几,造成船舶航行困难。

四、水库航线

大坳水库航线 位于麻城市境内,有航线 2 条:卢家河至大场岗,长 8 公里;邱家畈至对岸,长 0.5 公里;均长年通行木船。

明山水库航线 位于麻城市境内,有大坝至青鱼港航线 1 条,长 19 公里,长年通行木船。

浮桥河水库航线 位于麻城市境内,有湾店至副坝航线 1 条,长 24 公里;有对渡线 9 条,里程均在 1 公里左右,长年通行木船。

三河水库航线 位于麻城市境内,有航线 2 条:陈家坳至燕子岩,长 8 公里;陈家坳至李家湾,长 8 公里。另有渡口 5 处。均常年通行木船。

白莲河水库航线 位于浠水、罗田、英山三县边境,主要航线有 2 条:白莲至英山,长 38 公里;白莲至白河,长 12 公里。

大同水库航线 位于蕲春县境内,共有航线 6 条:大坝至何铺,10.5 公里,一度用轮船运输,现废;太原山至小竹冲,1.5 公里,木船;何铺至王街,1 公里,木船;何铺至大桴,3 公里,木船;牛鼻孔至转蓬桥,4 公里,木船;马冲至玉蛤蟆,3 公里,木船。

花园水库航线 位于蕲春县境内,共有航线 4 条:大坝至转蓬桥,55 公里;花园场至小冲粮站,2 公里;花园场至龙泉寺,2 公里;鲇鱼地至康冲,2 公里。

第四节　航道整治

一、长江干流航道整治

抗日战争胜利后,长江航道上的隐患是沉船,长江黄冈境内航段共有 50 余艘舰船沉于江底。据国民政府交通部长江区航政局 1945 年 12 月公布的《沉没船只的调查表》,在黄冈航段沉没的大中型客货轮、拖轮就有 8 艘。其后,交通部颁布了《打捞沉船实施办法》,实行招商打捞。1947 年 12 月 4 日,厚记轮船局在田家镇马口北岸打捞起一艘铁驳。1948 年 2 月 5 日,华兴打捞公司在九江小池河段打捞"江西丸"号船;同月 18 日,厚记轮船局在武穴北岸打捞"海安"3 号拖轮,后均因春汛期过早而中止。

1954 年 10 月 2 日,长江航道局汉口航道工程区组织航道爆破清障组,在蕲州港外浅滩进行清障爆破试验。

1978 年 10 月 10 日,汉口航道区"疏浚 2"号在碛矶港进行基建性挖槽,持续到翌年 1 月初,挖泥 30 多万立方米,最终挖通了碛矶港中段浅区,保持了 4 米通航水深。

2004 年,长江航道局对主江洲滩岸线整治护理后,罗霍洲滩河势稳定,地形稳固,水流流态好,且深水近岸,不但长年可停靠 5000 吨级船舶,而且还适宜万吨船队编队作业,成为四季通航的长江主航道江段。

武穴水道历史上常常只能单向通航,需动用大型挖泥船疏浚才能保证足够航道水深。为改善该段水道航道条件,交通部于 2006 年 11 月 7 日批准实施整治项目。工程以武穴水道南槽为主通航槽,建设一条长 5988 米的顺坝工程及 4000 米坝尾护滩工程,以减少漫滩水流,增加南槽进口流量、流速,减少淤积,维持航槽相对稳定,提高航道尺度,以改善枯水期航道条件。

武穴航道整治顺坝工程施工

长江浠水段位于长江中游,河道蜿蜒曲折,局部河段主流摆动频繁,航槽演变剧烈,遇特殊水文年时极易发生碍航、断航情况。2008 年底,戴家洲水道实施一期整治工程,1 道脊坝、4 道刺坝、脊坝尾左右侧护滩带以及戴园水道左岸望天湖至江家地一带和截直水道右岸观音港以上一带岸滩护脚组成,两岸岸脚同时加固抛石方。2008 年底,牯牛沙水道实施一期治理工程,主要包括右岸三道护滩和左岸岸滩加固工程。

武穴水道整治工程于 2007 年 2 月 11 日开工,2009 年 2 月 17 日完工。该整治工程中,顺坝工程总长 5988 米,是当时长江航道整治工程中单个坝体最长的整治建筑物。该工程首次采用沙枕填心——模袋混凝土盖面、直立式箱体坝以及赛克格宾坝等新结构,为后续的航道整治工程新结构的应用积累了宝贵的经验。经过整治后,武穴水道南槽水深条件良好,整治工程通过拦截漫滩水流增加南槽进口的单宽流量,促进了南槽进口浅区的冲刷,工程实施后南槽航行基面下 5 米等深线全线贯通,进口段航槽冲宽,南槽成为全年通航的稳定航槽。航道水深 4.5 米,航宽 200 米,弯曲半径 1050 米,通航保证率达 98%。2010 年 3 月 10 日,长江中游武穴水道成功举行万吨级船队适航试验,"长江 22027"轮顶推 8 艘 1500 吨级驳船,载货 1.2 万吨顺利通过了该水道。此举表明:经过 3 年的航道建设,长江中游又一个碍航浅水道被成功整治,万吨级船队枯水期可以顺利驶抵武汉。2012 年 10 月,交通运输部水运局组织有关部门、单位和专家组成工程竣工验收委员会对该工程进行竣工验收。验收委员会认为,长江中游武穴水道航道整治工程已按批准的建设规模、内容和标准全面建成,工程质量合格。经试运行,满足使用要求,同意通过竣工验收,自竣工验收之日起正式交付使用。

二、支流航道整治

(一)蕲水航道整治工程

1985 年,黄冈地区航务局组织对蕲水下游进行勘测设计,计划对河口至白池间 14 公里进行人工疏挖,包括杨潭 300 米弯道裁弯取直,航道拓宽到 30 米,加深到 2.1 米,通航标准达到 300 吨级。1986 年,湖北省交通厅鄂交计〔1985〕373 号文批复,同意疏浚蕲水白池至双沟 14 公里航道。工程规模按 300 吨级五级航道标准设计,其河底宽 30 米,航深 2.1 米,弯曲半径 280 米,河底高度 14.4 米,设计水位 16.5 米,工程设计总土方量 148 万立方米,总投资 135.3 万元,省补助投资 75 万元,蕲春县自筹和民工投劳计 60.8 万元,设计施工排水流量为 128 立方米/秒。工程分为二期,第一期工程杨潭渡口至双沟段 10 公里,土方量 62 万立方米,于 1986 年 1 月 18 日全线动工,到 1986 年 4 月 18 日,历时施工 92 天,第一期工程实际完成开挖 38 万立方米(其中 3 座拦水坝 1.3 万立方米在内)占计划 62 万立方米的 61%,未完成 24 万立方米占计划的 39%,第一期工程省补助投资 36.5 万元,实拨款 21 万元。第二期工程于 1986 年 12 月 27 日全线开工,从开工到 1987 年 2 月 20 日止,共完成标工 20.1 万个,共计完成土方 41.85 万立方米。两期共开支资金 37.5 万元,占补助 75 万元的 50%。两期工程施工中共开挖排水明沟 2 条,沟宽 30 米,长 4000 米,过水断面按 60 个流量设计,共筑拦水坝 15 座。2015 年,蕲水疏浚工程全面启动建设。

(二)广济内河航道养护

广济内河航道属华阳水系。清道光年间(1821—1850年),武穴、龙坪江堤屡决,航道淤浅。清光绪十七年(1891年)郭鼎存发起疏通西港。1936年,居正提议武穴商界再次疏浚西港,未果。至1948年,广济大桥边、小桥边、上庙以及周笃、下郑等处常用码头变为季节性码头。另外,县境西部栗木桥码头,因蕲春修筑赤东大堤,内湖水位降低而废止。

为改变内湖的通航条件,1984年5月,广济县人民政府提出了"综合治理,先干后支,分期实施"的疏浚治理方案。第一期工程于1984年11月下旬全线开工,主要对武穴至武山湖口、武山湖至仓头埠、郭任十六至九牛山3段航道的疏浚、裁弯取直、护坡护岸、桥梁改造等工程项目进行了施工。1985年1月完成第一期疏浚工程,共疏浚干支航道13.8公里,完成土石方45.3万立方米,投入劳力52万标工,总投资114.8万元,除省补助48.6万元外,其余由县自筹。竣工后干流通航达到50吨级标准,支流通航均达到20吨级标准。至此,航行于武穴至仓头埠、武穴至武山湖内的最大船舶为20吨、20马力(约14.7千瓦)小型机动船。

1994年9月,武穴城关西港至童司牌段,共计31.5公里,因年久雨水浸蚀,加之抗旱引水,使大量泥沙淤塞航道,部分堤岸坍塌,航道通航条件恶化。1994年9月经地区航务局投资20万元,由武穴市航务所组织实施,对该航段航道进行了疏浚。

(三)浠水航道养护

浠水河兰溪大桥鲇鱼尾航段河床礁石林立,特别是枯水期,易引发船舶触礁翻沉事故,是事故多发河段。20世纪50年代初,黄冈专署航运管理部门组织浠水百里险航道整治工程,历时51天,投资4266.51元,清障总长度10公里,炸礁石689.5立方米,使此段航道条件有了明显改善。整治前洪水期每吊簰上水需10～12人拉纤,2～3天才能通过;整治后水深达到0.8米,航道宽10米,洪水期竹簰通过只需1～1.5天,枯水期也只需2天,并且所需劳动力减少一半。

1958年,黄冈专署航运管理部门准备继续对鲤鱼龙段进行炸礁整治,因白莲河水库工程动工而作罢。1960年白莲河水库建成,因没有过船设施,以致航道被大坝横截,影响航运。后经黄冈专署交通、水利部门商定,1962年11月,水利电力部长沙勘测设计院设计了20吨级斜面干运升船机(亦称过船驳道),建成后试运转时,因卷扬机卷筒破裂而被废弃,后一直未修复使用。

1963年12月18日,黄冈专署交通局下拨养河费2000元疏浚浠水和巴水航道,次年又拨款疏浚浠水城关南门小桥航道。

1984年12月,湖北省航运局航道处对浠水河口3.5公里航道进行了勘测和疏浚设计。

1995年上半年,浠水县港航管理站组织对兰溪大桥至兰溪船厂段8处暗礁进行炸礁清障,共清除礁石1250立方米。1999年3—4月,浠水县交通局、浠水县航务管理所投资28.5万元,与港监所组成工作专班,清除兰溪段碍航礁石36处,分别采取爆破炸礁、手工凿岩(由于兰溪大桥区域不宜爆破)的办法,进行施工。至1999年4月18日,共爆破放炮3400响,投入民工劳力2800个,义务劳动180个,共炸礁计8000立方米,使碍航礁石均已降低到通航水位以下,最高处降幅达1.8米,共计投资28.5万元。通过清障,航道得以养护,浠水河通航时间每年可延长1个月。

(四)巴水航道整治工程

巴水(又称巴河)是鄂东南最大的长江支流,盛产优质黄砂,是长江中游著名的黄砂生产基地。1962年以后,挖砂量逐年增加,巴水航道未进行过根本治理,至1984年,巴河流域的山区、丘陵系风化岩石地层,林木稀疏,水土流失严重,河床淤高,航槽摆动加剧。1984年10月,黄冈地区航务局在下游巴河至西河段15公里的航道上增设一等航标10个,并下拨航标养护费2万元进行常年维护。

1988年,巴河航道改善工程施工

1985年下半年,地区航运分局批准在巴水河口上2公里处对600米红石矶进行炸礁消障,共炸礁石815立方米,平水季节航行条件有所改善。下巴河至西河段15公里可季节通航100吨级以下轮驳船,其中下巴河到郭家咀段洪水期可通航千吨级轮驳船。

1986年,湖北省交通厅决定对巴水河口至金家嘴段长4.3公里的航道进行疏浚治理。补助投资200万元,采用"民办公助、民工建勤"的方法,由浠水、黄冈两县共建。湖北省交通厅规划设计院于1986年8月完成测量和地质勘察。1987年12月,浠水县首先组织民工施工。次年1月,黄冈县的路口、王家店、陶店、黄州四乡镇民工进入工地,两县上民工4000人。1988年11月工程竣工,共疏浚航道4.16公里,土石方工程量148.7万立方米,其中人工开挖109.3万立方米,机械开挖39.4万立方米,新航道较原航道缩短3.44公里,最低通航水位为黄海基面10.9米,通航期由原来6个月延至9个月。河口至西河15公里航道达到四级航道标准。

黄冈地区交通局从1992年航养费切块资金中列支14.9万元工程资金用于航道疏浚,地区航务局组织挖泥船队对巴河航道河口段和新河道部分地段进行了多次疏浚。6月,由黄冈地区交通局建设,湖北省交通规划设计院设计,武穴市交通局总承包的童司牌船闸建成,沟通华阳水系、广济内河货物运输。随着黄冈内河疏浚及梅济船闸等航道工程建设,效益得到进一步发挥。

2000年,黄冈市航务管理局开始启动巴河航道整治工程申报工作,本工程河段上起京九铁路桥,下至巴河河口,全长23.1公里。巴河河口至京九铁路桥段航道工程主要工程内容包括:疏浚巴河河口至叶家湾21.6公里的航道,疏挖叶家湾至京九铁路桥段1.5公里航道;全线设置助航标志,配套建设航道维护码头1座、配备航标艇及趸船各1艘,同时在下巴河公路大桥上游右岸堤内建设400平方米航道管理站房1处,配置相应的管理维护设施。工程总投资4251.2万元。

2006年9月30日,巴河航道整治工程初步设计在武汉通过湖北省交通厅等有关单位评审。省交通厅将巴河航道整治工程列入湖北省"十一五"水上交通基础设施重点工程项目,由黄冈市交通局组织实施。该工程是黄冈水上交通历史上投资规模最大、技术等级最高的航道整治工程。该工程上起京九铁路桥上500米,下至巴河河口,全长23.1公里,按三级航道标准建设,通航1000吨级双排单列一顶二驳船队,航道尺度为2.4米深,60米宽,480米弯曲半径。该工程概算投资4251.2万元,共分3个合同段。

第一合同段工程范围为巴河河口至下巴河公路大桥,总长度为5.96公里,工程内容包括航道疏浚工程和围堰工程。工程于2007年6月6日开工,2008年6月25日完工,实际完成疏浚工程量531416.24平方米,完成工程总额5961614.4元。建设单位为黄冈市巴河航道工程处,设计单位为湖北省港路勘测设计咨询有限公司,监理单位为湖北省水运工程咨询监理公司,施工单位为湖北省航道工程公司,质量监督单位为黄冈市交通运输局质量监督站。

第二合同段工程范围为下巴河公路大桥至京九铁路桥,航道里程13.94公里,设计开挖工程量53.7万平方米。工程于2009年1月10日开工,2009年7月30日完工,实际完成疏浚工程量39.59平方米,完成工程总额3899634.79元。建设单位为黄冈市巴河航道工程处,设计单位为湖北省港路勘测设计咨询有限公司,监理单位为湖北省水运工程咨询监理公司,施工单位为湖北省港路交通工程有限公司,质量监督单位为黄冈市交通运输局质量监督站。

第三合同段工程内容航道维护码头工程为新建工程,包括1个泊位,建设内容包括水工建筑物、

1条进港道路及航标艇、趸船等的购置。航标工程根据航标设置规范,按航行要求对巴河河口至京九铁路桥段23.1公里布设航标。航道维护码头工程于2010年3月3日开工,2011年3月10日完工,较施工合同要求滞后6个月完工。趸船及航标工程于2010年3月3日开工。本期工程完成工程总额合计1933826.50元。建设单位为黄冈市巴河航道工程处,设计单位为湖北省港路勘测设计咨询有限公司,监理单位为湖北省水运工程咨询监理公司,施工单位为黄州长城土木建筑安装工程有限公司、湖北海通船业有限公司。2010年,巴河航道疏浚主体工程全线建成,建设完成三级航道20公里,通航保证率提升为98%。

(五)举水等航道整治工程

20世纪50年代前,麻城宋埠以下仍能全年通航。1957年,举水的柳子港修建漫水公路桥,造成碍航,加之河床逐年淤积增高,通航里程逐年缩短。1965年,黄冈专署交通局拨给黄梅县养河费1.5万元,用于东港航道疏浚工程。2月上旬,梁子湖航道疏浚工程动工,黄冈专署交通局先后3次拨款2.7万元。

1965年2月,湖北省航道测量设计大队"浚河3"号吸扬式挖泥船进入梁子湖开始疏浚航道,在梁子湖3条主航道上设置三角形航标21座。较大规模的内河支流航道整治工程在20世纪80年代后开始实施,先后对巴水、蕲水等航道进行疏浚工程。"文化大革命"初期,航道养护工作一度中断。1973年,开始对主要粮食和经济作物产区的航道进行了重点维护。1973年冬到1974年,黄冈地区交通局先后拨出3.5万元和2万元,整治疏浚黄梅东港航道和举水河大埠至新洲段航道的15处险要障碍。

"七五"和"八五"时期,武穴市按六级航道标准对华阳水系西港进行了规划和疏浚,航道通过能力由原来的20吨级提高到50吨级。

表3-1-4-1为黄冈市内河航道里程明细表。

黄冈市内河航道里程明细表　　　　　表3-1-4-1

区划	航道名称	部省公布里程		航道起终点名称		航道现状等级					等外级航道	等级航道	
		航道里程	通航里程	航道起点	航道终点	三级航道	四级航道	五级航道	六级航道	七级航道	合计	合计	占比
浠水县	巴河航道	24	78.8	巴河口	上巴河镇	20	4				45.1	33.7	42.77%
	白莲河水库干流	40		白莲大坝	温泉镇								
	白莲河水库A	5.1		石板冲	古庙河								
	浠水航道	9.7		兰溪河口	清泉镇			9.7					
团风县	牛车河水库航道	6.5	37.2	峰子垴	马鞍山						22.5	14.7	39.52%
	金沙河水库干流	12		郑家岗	陈家河								
	金沙河A航道	4		三里岗	畈上李家								
	举水河航道	14.7		举水河口	王家坊			14.7					
罗田县	天堂水库干流	6.5	10.2	大地坳	九资河						10.2	0	0
	天堂水库A航道	3.7		龙潭河	滥泥畈								
蕲春县	蕲水航道	9	27	双沟	西河驿			9			18	9	33.33%
	花园水库航道	5		黄家湾	流水								
	大同水库航道	7		操家山	河铺								
	赤西湖航道	3		管窑	李窑								
	赤东湖航道	3		红湖口	赵伯山								

续上表

区划	航道名称	部省公布里程		航道起终点名称		航道现状等级					等外级航道	等级航道	
		航道里程	通航里程	航道起点	航道终点	三级航道	四级航道	五级航道	六级航道	七级航道	合计	合计	占比
黄梅县	黄梅河航道	38.9	85.4	小池口	马岭桥					38.9	46.5	38.9	45.55%
	西岗航道	18		邓渡	分路								
	王大迁港航道	14		五里闸	砣湖墩								
	永安水库航道	6.5		李咀	香炉山								
	古角水库航道	2		黄牯岭	姜岭								
	龙坪水库	6		鬼洼	卢福垄								
龙感湖	龙感湖A航道	5.4	59.5	上风埂	喜鹊墩						59.5	0	0
	龙感湖B航道	7.3		喇叭湖口闸	喜鹊墩								
	龙感湖C航道	6.3		喇叭湖口闸	小港口闸								
	龙感湖D航道	7.2		六墩	大口闸								
	龙感湖E航道	17.6		喜鹊墩	独山								
	龙感湖F航道	5.2		下新	大源湖桥								
	龙感湖H航道	5		庙墩	陈圩								
	龙感湖G航道	5.5		庙墩	潘汉								
麻城市	浮桥河水库	2.2	34.5	料棚	南岗						34.5	0	0
	三河口水库干流	4.9		陈家坳	陈家河								
	三河口水库A	4.8		陈家坳	夏家冲								
	三河口水库B	5.3		陈家坳	喻家畈								
	大坳水库航道	4		大坳岗	邱家畈								
	明山水库航道	7.8		袁家垴	新屋咀								
	铁石河航道	5.5		狮子头	周笃								
武穴市	武山湖航道	13	108.8	团山	仓头埠					13	25	83.8	77.02%
	下郑河航道	9		郭任十六	李德升								
	太白湖干流			丰收围	雷公咀								
	太白湖A航道			白神墩	郑公塔								
	百米港航道	4		武穴大闸	官桥								
	截流港航道	3		城塘桥	苏天一								
	新港航道	4.5		南港头	龙坪办事处								
	东河口航道	4.5		丰收围	张河口								
	华阳河—广济内河	43		上风埂	童司牌船闸					43			
		14		童司牌船闸	官桥船闸				14				
		13.8		官桥船闸	武穴办事处					13.8			
占比						4.53%	3.10%	5.37%	3.17%	24.63%			
合计		441.4	441.4			20	13.7	23.7	14	108.7	261.3	180.1	40.80%

第五节 航道设施

一、助航设施

(一) 长江黄冈段航道标志

长江航道黄冈段近代以前没有航道标志，唯武穴水道冯家山大矶头上立有一石碑，镌刻"谨防回风"以为标识。清同治元年(1862年)，清政府设江汉关并兼理航政、航道事务，长江黄冈航段属江汉关辖区。清同治八年(1869年)，江汉关在黄冈县罗湖洲水道"七矶洪(碛矶港)西南设有单桅灯船一只，桅上有篾条扁圆球悬挂，配有六等透镜，四面白光常明灯，灯火距水面二丈七尺，晴照三十一里，船随水势移泊"。这是长江中游近代第一座灯标。1873年，江汉关先后在湖北的阳新、蕲春、黄冈3县的沿江一带设置岸标和浮标各4座。之后还在若干滩险河段也抛设了一些临时性的标志(如浮鼓、棒形标)，夜间均不发光。至1900年，汉口至广济间设灯标10座，均为煤油定光灯，其设标地址、灯标名称、设置年份序列如下：广济县新洲灯船，1871年；黄冈县叶家洲灯桩，1871年；浠水县戴家洲下角灯船，1871年；鄂城县牧鹅洲灯船，1871年；黄冈县大脚石灯船，1873年；蕲春县钓鱼台灯塔，1873年；阳新县掀棚咀灯桩，1874年；大冶县陡城矶灯亭，1882年；黄冈县阳逻灯桩，1892年；黄陂县桂家洲灯桩，1894年。当时所设航标不能标示河流左右岸，航标系煤油灯，所发光易与岸灯、轮船灯光混淆。清光绪三十二年(1906年)三月，海关总署在总巡工司之下设立长江下游巡江事务处(黄冈地区航段此时属下游巡江事务处管辖)，负责视察辖区航标、测量航道等事宜，以及航标的日常保养、增撤移位等具体事宜。

1923年，长江中游巡江事务段与长江下游巡江事务处合并，设立江汉关巡江事务局，下辖九关，本航段航道管理属九江、江汉两关。此时航标设置仍不连贯，疏密不均，深水航道以岸标为主，如鸭蛋洲湾灯桩就是用来指示船只驶向和离开鸭蛋洲堤岸地点的固定航标；浅水航道则设置以浮标和灯船为主的航标，如巴河水道所设置的灯船。海关江务部门还不定期发布《航行通告》以公布航道尺度、水位、滩浅变化情况。1921年5月，针对团风水道江心洲多、分汊多和罗湖洲捷水道淤积严重情况，适时调整航标，探摸新主泓，开放了关闭9年的团风直水道。航标工人由海关雇用，称为灯守。灯守的工作生活条件极为艰苦，"日伴孤洲，夜守河坡"，遇有恶劣天气或意外的海损事故，灯守生命亦无保障。1928年8月26日，一艘日籍拖轮拖带两艘驳船在戴家洲撞沉第10号铁灯船，灯守黄钱荣当即丧生。1930年2月，正值枯水期，江汉关江务部门在本航段专配一艘巡轮，由巡江事务长带领驻泊樊口，专门探测本段浅水道情况，相机设置航标，维护通航。

抗日战争爆发后，国民党军队为阻滞日舰沿江上溯进犯，于1938年上半年撤除了本段大部分航标，并在沿江险要之处沉船和布设水雷。日军为了转运军用物资，在黄冈境内航段设置航标，多为铁质浮鼓，岸标则竖直标杆，就地雇用灯守维护。1945年，日本政府宣布无条件投降以前，其海军第五舰队派出炮舰炸毁航标，汉口至湖口间航道上只剩下灯船5只、浮鼓2只。同年10月上旬，海关江务部门开始恢复本段航标。国民党军队督促已投降的日军派扫雷队在宜昌至上海间扫雷。截至11月底，本航段阳逻、牧鹅洲(叶家洲)、三江口、巴河、蕲春、九江水道的水雷基本被清除。1946年9月初，一艘美籍运油船在蕲春水道源口处触碰两枚磁性水雷，船体受损。同年3月中旬，长江航标基本恢复。4月18日，民生公司"民族"轮首航上海至汉口线，经过黄冈境内航段，其《航行日志》载："20日夜8时15分抵武穴……船靠武穴暂停，21日凌晨2时续航前进，于清晨抵蕲州，经鲤鱼山、田家镇、钓鱼台各处灯桩均有灯光，此段夜航亦属畅达。"1946年下半年，江务部门在戴家洲水道安装试用了从美国进口的第一批电航标灯。但由于灯标密度小，夜航时开时禁。1949年初，国民党军队妄图防止中国人民解放军渡江南进，再次禁止夜航。

1949年5月,武汉以下长江沿线解放后,江汉关派出人员修复、整治航标,6月底境内长江航标恢复,1950年开放夜航。当年10月,汉口关(原江汉关)江务部门移交给长江航务管理局,局下专设航道部门。

新中国成立以来,长江航标灯按光源分经历了煤油灯光源航标灯——白炽灯光源航标灯——发光二极管(LED)光源航标灯——集成光源太阳能一体化航标灯——太阳能一体化智能航标灯5个发展阶段,且航标灯发生了质的变化。

岸标 20世纪60—70年代,长江下游航道使用杆形岸标和锥形岸标;20世纪80—90年代,使用塔形钢筋混凝土侧面岸标;21世纪开始采用风力发电系统供电的岸标;2012年,南京航道局启用的龙潭示位标,参考沿海灯塔标设计,为钢筋混凝土灯塔标。

航标 1952年起,借鉴苏联内河航标工作经验改革长江航标。新标志分左右岸,左岸标志为白色灯光、白色浮标和白色标杆,右岸为红色灯光、红色浮标和红色标杆,并提高了配布密度,在危险水域则配以醒目标志。同年,南京航道工程区学习苏联经验,以"建江"轮使用拖耙疏浚戴家洲圆水道,使其航道水深达3.9米,保证了汉口—九江线航行的畅通。1953年,长江全线设立了锁链式航标,标志密度达每公里2.61座。1954年10月2日至3日,汉口航道工程区组织航道爆破清障组,在蕲州外浅滩进行首次爆破试验。1954年底,在极端困难情况下,汉口航道工程区完成了汉口—武穴间190余公里河段标位勘测工作,1955年4月该段移交南京航道工程区管辖。同年底,本航段航标改革由南京航道工程区实施完毕,正式开放使用,自此彻底废除了沿用80多年的旧式航标。改革后的新式航标分成两大类,即航行标志和信号标志,共计16种,划分3个等级,但航标发光仍沿用煤油灯。1956年开始试验电气灯。

1958年,毛泽东视察长江,提出航标实现电气化的号召。1959年9月,黄冈境内航段实现了航标电气化,同年11月29日,又实现了航标灯开关自动化。

"文化大革命"初期,在极"左"思潮影响下,"过河标"曾改为三面红旗,"沿岸标"改为红五星,"浮标"改为灯塔,黄冈境内航段还出现了将红灯错点绿灯的严重失误。"文化大革命"后期逐步恢复原貌。

三河口库区航标

1980年以来,航标技术进一步发展,制式、规格统一,灯标采用半导体电子设备,航标维护正常率达到999.92‰。

为了加强管理和维护航标,1980年7月,汉口航道区组织了航标技术流动观摩,在燕矶至蕲州间进行夜航查灯。此后,该区每年组织一次观摩检查。至1985年底,黄冈境内航段全部配置一等航标,航标灯器有半导体白炽灯和半导体霓虹灯,第一类航行标志9种,第二类通行信号标志6种,设岸标195个、浮标923个、信号标4个。

2009年,基本实现太阳能一体化航标灯在长江干线航道全线推广使用,不但可延长航标灯的维护周期,还能大量节约能源和使用成本,同时绿色环保,航道工人的劳动强度大大减轻。2015年,太阳能一体化智能航标灯开始在长江航道上使用。

浮标 长江搁排矶水道内有洞庭礁横驶区、掀棚咀单向通航限制水域、田家镇横驶区,掀棚咀下回流较强,牛关矶附近泡漩、回流和乱水激烈,通航情况复杂。黄石航道处在此水道设通济白浮、新塘白浮、猴儿矶红灯船、搁排矶白灯船、搁排矶上过河标、搁排矶下过河标、马口港白浮、洞庭礁红灯船、马口港过河标、掀棚咀过河标、牛关矶锥形岸标、沙村红浮、田镇过河标、半边山罐形岸标、田镇下白浮(共计15个,南岸7个、北岸8个,其中岸标7个)。枯水期航道部门在搁排矶白灯船以南设一座红浮。航道部门规定搁排矶白灯船处下行船舶,应严格遵守《长江下游分道航行规则》,不得占据上行分道航行,上行深吃水船舶不得在航道外航行,以防触礁;五里港至马口港过河标之间的北岸水域禁止锚泊。

长江鲤鱼山水道设富池锚地黄浮4个、大矶头锥形岸标1个、黄连洲红浮4个,鲤鱼山缓流白浮5个,共计14个,南岸8个、北岸6个,其中岸标1个、专用标4个。据2009年6月黄石航道处公告:长江下游鲤鱼山航道有河心改走沿岸,调整鲤鱼山1~5号白浮、黄连洲1~5号红浮,方位距离依次为:69.8°、3.59公里,51.7°、3.07公里,31.5°、2.75公里,10°、3.12公里,355.5°、3.92公里,67.2°、3.17公里,50.9°、2.67公里,23.6°、2.46公里,355°、3.13公里,345.2°、4.14公里,灯质不变。增设尖山罐形岸标,方位距离为81°、4.03公里,灯质红单闪,以上测点均为大岭山点。

鲤鱼山水道设有锚地。2012年,武穴津鑫港务有限公司申请设置武穴港富池锚地,行政许可决定书文号:(汉道)许准字〔2012〕第(20)号,自批准之日起至2012年12月31日,同意在长江下游鲤鱼山水道(航道里程约850.2~852.2公里间)专设浮标4座,专设黄浮1号(3307078,638563,北京54坐标,下同),专设黄浮2号(3308131,638242),专设红浮1号(3307244,639035),专设红浮2号(3308367,638543)。

武穴水道航标 长江南京航道局是武穴水道的主管机关。长江航道建设了航标、信号台等助航设施,逐步实现了航标电气化、制式化。

据九江航道处2009年6月12日通告:武穴水道撤销火焰山白浮、火焰山红浮。增设武穴5号红浮、灯光红单闪,武穴6号白浮、灯光绿双闪,位置自泥湾测点起,方位距离分别为武穴5号红浮方位286.5°、距离1.78公里,武穴6号白浮方位286.5°、距离4.18公里。调整武穴1~4号红浮、1~5号白浮,位置自泥湾测点起,方位距离分别为武穴1号红浮方位263.5°、距离1.82公里;武穴2号红浮方位0.63°、距离2.43公里,武穴3号红浮方位056.5°、距离0.99公里,武穴4号红浮方位347.0°、距离0.57公里;武穴1号白浮方位278.0°、距离1.66公里,武穴2号白浮方位059.5°、距离2.82公里,武穴3号白浮方位045.5°、距离1.46公里,武穴4号白浮方位355.5°、距离0.99公里,武穴5号白浮方位306.5°、距离1.74公里;以上调整标志灯光均不变。2009年10月9日,下游武穴水道调整武穴2号白浮,自凤凰山点起,方位279.5°、距离5.29公里,灯光不变。2009年11月4日,下游武穴水道调整武穴6号白浮,自泥湾测点起,方位283.5°、距离4.14公里;调整武穴港1号白浮,自凤凰山点起,方位283.0°、距离2.65公里;以上航标灯质均不变。

(二)支流航道标志

1964年,黄冈专署交通局批准在浠水航道白莲河水库大坝至英山间设置16个三角浮标、2个横流浮标,后因无人维护管理而逐渐损坏。1971年,举水航道下游大埠至辛家冲21公里航道设置简易航标,共用178根楠竹标杆分布于航道两侧,左岸标杆涂白色油漆,顶端挂黑色篾球,右岸标杆涂红色油漆,顶端挂三角红旗,雇请2名退休船员,配备一只3马力(约2.2千瓦)小机船为航标船,以维护和管理航标设施。1972年9月,黄冈地区交通局又下拨养护费1055元,增设航标,疏浚浅滩,清除暗礁、暗桩,维护小型轮船季节通航。1980年后,举河下游航标改为每年中、洪水季节设置,最高水位时曾设至新洲县城关桥,设标时间最长为8个月,航标费用开支约2000元。1981年,鉴于竹竿航标容易丢失,地区航运分局下拨养护费2500元,由大埠航管分站购买39根长7.5米的水泥杆作岸标,左岸标杆顶端设黑色圆形牌,右岸标杆顶端设红色三角旗,自鹅公颈至沐家泾设标,里程为6公里;沐家泾以上仍根据水位情况设竹竿航标。1973年7月,经黄冈地区交通局批准,下巴河至赵家河段设置50个陶瓷缸以代替航标。由于陶瓷缸易被船舶碰损,1978年浠水县航管站新建6座钢质船形浮标,设置在下巴河以上3公里左右的航道上,夜间由驻巴河港监员用煤油马灯缚于浮标上作为夜航标志。1979年,浠水县港航监督站在河口段设置6个航标,之后每年的中、洪水期都要设标以维护航行安全。

1979年以后,鉴于中、枯水期航道狭窄,岸形明显,无须导航,洪水期间河口水流湍急,浮标流失不易管理,航标设置时断时续,船舶在洪水期才能进入 15 公里的西河。1982 年以后,黄砂销售日趋兴旺,30 多艘挖砂船集聚于此。地区航运分局于 1984 年 10 月批准在下巴河至西河段 15 公里航段上增设一等航标 10 个,并下拨航标养护费 2 万元。

2004 年,团风县与新洲区对举水河张家湾至四道沟 17 公里范围内的黄砂资源进行综合开发,投入资金在河道上设航标,以利进出船舶航行安全。

二、船闸建设

(一)严新船闸

1976 年,为了使船舶能畅通于东港、龙感湖,同年 10 月,黄冈地区民间运输管理处根据黄梅严新排水闸严重碍航情况,报请湖北省民间运输管理局在东港与龙感湖交汇处新建严新船闸一座,由黄梅县交通局负责施工,1978 年 4 月建成投入使用。严新船闸为单室船闸,通过能力 20 吨级,工程造价 27.13 万元。为加强对船闸的管理,1978 年 4 月 15 日,黄梅县革命委员会批准成立严新船闸管理所,并制定安全通航管理暂行规定和收取过闸费标准。此闸投入使用后,加快了船舶周转,提高了运输效率,每年可节省过驳费 6.6 万元。1978 年,水利部门还在陀湖墩处动工修建陀湖大闸,以调节太白湖、老县河、王大圩港的水位,船闸宽 6 米,以保证进出梅济港船舶过闸。由于船闸的启闭机未安装,一直没有使用。

(二)官桥船闸

广济内河官桥船闸位于华阳水系武穴内河上段,地处武穴市刊江办事处郭应龙村。该工程上可控制武山湖网络通道,下与官桥大港直接通连,是广济内湖连接和沟通华阳水系的枢纽之一,对于恢复和沟通华阳水系干支流直达江运具有十分重要的意义。工程预决算 270 万元,是武穴内河第二座大型船闸。建设单位为黄冈市交通局,承建单位为武穴市交通局。

官桥船闸建设工程是湖北省航务部门"七五"期间重点复航项目。自 1985 年起,广济县交通局、航务站在湖北省航务局、黄冈地区交通局、航务局积极支持下,对官桥船闸进行了认真的选址测量,并做了详细的地质钻探、水文分析,以及经济腹地调查、客货运量测算等大量的前期工作。随后委托湖北省交通规划设计院于 1987 年 5 月主持编制了《广济县武山湖官桥船闸工程设计任务书》,提交上级领导审查。

官桥船闸

1987 年 8 月 18 日,湖北省计委鄂计交字〔1987〕594 号文件批复了官桥船闸设计任务书,同意修建官桥船闸。1987 年 5 月至 9 月底,在湖北省交通规划设计院主持下完成了《官桥船闸工程初步设计》的编制工作,提交了初步设计资料。同年 10 月,湖北省航务管理局主持召开了官桥船闸初步设计审查会。1987 年 11 月 26 日,湖北省交通厅鄂交计〔1987〕401 号文件批复了初步设计,船闸工程概算总投资为 270 万元,并确定了黄冈地区交通局为本工程建设单位,负责组织建设。

船闸建设规模为 100 吨级,闸室有效尺度为 80×8×1.5 米。重力式结构,提升平板门。投资 270 万元(其中交通部补助 130 万元,省统筹 95 万元,省航道养护费 45 万元),湖北省交通规划设计院设计,建设单位为黄冈地区交通局,采用概算包干办法交由武穴市政府、交通局承建。于 1987 年 12 月开工,1989 年竣工验收并交付使用。设计年过闸量 31 万吨,沟通童司牌以上航道,解决沿途群众买卖难、出行难问题。1990 年过闸量为 0.9 万吨。至 1992 年,官桥船闸运行 2276 次,接纳船舶 9994 艘次,运量 36675 吨,收取过闸费 20711.3 元。1996—1998 年,湖北省航务管理局拨款 9.15 万元,对船闸进行维修保养。2002—

2005年,过闸量分别为2、2.5、3.3万吨。

1995年,官桥船闸运行7214次,接纳船舶16531艘次,运量32150吨,收取过闸费36311.10元,发挥了一定的社会效益,也取得了一定的经济效益。2005年,湖北省港航管理局拨款20.7万元,对船闸闸阀门、启闸等主设备进行维修。至2012年,因武山湖至太白湖的唯一航道(大港)干涸,加之公路四通八达,船闸常年处于关闭状态。

官桥船闸由武穴市交通局管理。1989年4月7日,武穴市交通局批准,武穴市航务管理站在官桥船闸设置了武穴市官桥船闸管理所,负责管理官桥船闸。官桥船闸管理所编制为8人,实有5人,实行有限责任承包,经济独立、经营自主、定比补贴、自负盈亏。官桥船闸管理所还开办了副业,例如养鱼、养猪、养鸡、种植橘园等。

(三)童司牌船闸

童司牌介于武山湖与太白湖之间,是武穴至黄梅的必经之道。童司牌船闸属地方永久性工程,主要为武穴内河及华阳河(包括黄梅县及安徽省宿松、太湖、望江等地)提供水上运输服务。该闸始建于1905年,1923年重修,为2孔半圆形影式排水闸。

新中国成立后,1958年第一次疏港,在北端靠童司牌街头又增建了2孔敞式排水闸。因为这4孔闸排水量小,仍不能满足湖区围垦后调蓄水面大量减少、泄洪水流量相应增大的要求,且因叠梁闸门,启闭极不方便。广济县人民政府于1972年10月动工重建,1973年春季建成,共完成土石方12万立方米,标工28万个,国家投资(补助材料费)18万元。1973年,水利部门改建童司牌节制闸为8孔,每孔净宽4米,其中一孔为船闸,枯水季节可通过10吨船。由于缺乏资金,上闸首仍采用叠梁闸门,灌溉季节不能通航。1977年对船闸进行配套建设,因资金不足,又无系统电源,只得采用人工启闭闸门。因操作不便,来往船只过闸甚难,遂逐渐弃船运,童司牌节制闸成了一座碍航建筑物。

1989年建成了官桥船闸,1990年7月解决了童司牌节制闸碍航状况,武穴市35.8公里的干流航道全线贯通,也为恢复华阳河航道、开发华阳河水运事业创造了有利条件。经反复论证,认为有必要在童司牌建一座船闸。童司牌船闸新建为100吨级,闸室为连拱空箱结构,钢弧形门,闸室有效长度80米,闸首口宽8米,门坎保证水深1.5米,设计年过闸运量为30万吨。概算总投资为310万元。1990年7月,在省、地主管部门验收会上通过工可,总投资600万元;由交通部投资300万元,鄂交计〔1991〕82号文件下达;省航道养护费投资150万元,鄂交计〔1991〕79号文件下达。当年11月,童司牌船闸新建工程开工,1992年竣工。该船闸的建成使华阳水系中上段广济内河全线通航条件大大改善,同时为黄梅河复航打下良好的基础。该闸南侧2孔是老港湾边曲线排泄,北端后建的2孔闸身短,闸上仅建人行桥,不适应农村机械化的发展和排灌两用的需要,故而拆除老闸。老闸拆除后,利用原有的条石在新港直线上重建孔径宽4米、高6.5~7米的8孔大闸,其中过船闸孔,闸底板用块石混凝土浇灌,厚度1.2米,闸墩用条石和水泥预制块砌筑填实,底板高程海拔12米,安装钢筋混凝土平板闸门,因资金不足,未制钢板闸门,用螺杆手摇和机动启闭。

童司牌船闸建设单位为黄冈市交通局,设计单位为湖北省交通规划设计院、武穴市交通局,承建单位为武穴市水利局施工队。完成投资600万元(其中船闸310万元,还建农用桥81.5万元,航道疏浚208.5万元),船闸建设国家非经营性基金200万元,省统筹60万元,省航道养护费50万元。1992年9月通过验收并投入试运行。

童司牌船闸建成后,武穴至黄梅白渡湖54.3公里航道重新通航,由武穴市交通局管理。1993年,湖北省航务管理局安排10万元,改造碍航桥梁1座。1996—1998年,湖北省航务管理局拨款9.28万元,对该船闸进行维修保养。2002年,过闸量0.7万吨。2003年起,因航道淤塞,加上公路运输便捷,船闸一直处于闲置状态。

武穴市港航局是童司牌船闸的主管机关,下设童司牌船闸管理所。编制为8人,实有4人,实行有限责任承包,经济独立、经营自主、定比补贴、自负盈亏。其副业有小商店出租与橘园收入,每年收入约4000余元。

三、跨江建筑

随着公路事业的发展,一座座桥梁横跨江河之上,至2015年,黄冈境内长江上建成7座大桥,全市普通公路桥梁有4110座116257.22延米,其中特大桥2座5845延米、大桥141座25117.97延米。

黄石长江大桥施工

(一)长江跨江建筑

长江跨江建筑物主要有:九江长江公路铁路两用桥、鄂黄长江大桥、鄂东长江大桥、九江长江公路大桥、黄冈长江大桥、武穴长江公路大桥等。1998年,沪蓉高速公路两河口蕲河桥交付使用,该桥高度仅6米,低于8米的四级航道设计标准,成为碍航桥梁。

(二)罗霍洲大桥

罗霍洲是长江中游最大的江心洲,该桥是武汉新港团风港区公路水运联运的重要集疏运通道。大桥全长5.2公里,全线设计速度为80公里/小时,路基宽度24.5米,按双向4车道一级公路标准设计。概算总投资5.964亿元,于2013年6月8日开工,至2015年,完成货币工程量4.6亿元,完成项目总投资的90%。

(三)支流跨江建筑

巴水通航航道 主要工程设施有跨河大桥3座、跨河高压线2处、跨河通信线1处、跨河电缆2处。3座跨河大桥为上巴河公路桥、下巴河公路桥和京九铁路上巴河铁路桥。

蕲水通航航道 左岸为赤东大堤,右岸为赤西大堤,堤顶高程27.5米;两堤抗洪能力较差,特别是双沟以上的长约6公里堤段属软基础,不稳定,是汛期防洪抢险的重点。航道上有跨河高压电线路4条,分别为管窑线净高18米、板催线净高16米、候湾线净高16米、叶湾线净高16米,均不碍航。距河口3.8公里处建有黄黄高速公路桥1座,航道左岸建有夏坳泵站、龚大圩泵站、丁家屋角泵站、白池泵站,航道右岸建有双沟电排站、鲇鱼塘电排站、南征泵站,所有排灌泵站均不碍航。航道上双沟、两河口、杨潭、杨细港、白池5处分别设有过河人渡,渡口均为自然坡岸。

举水航道 跨河建筑有团风举水河大桥、王家坊大桥、麻城东门大桥、举水二桥、宋铁大桥等。

倒水航道 跨河建筑有红安南门河大桥、红安县城关南门二桥、八里湾大桥、浠水大桥、兰溪大桥、宝塔大桥等。

第二章 港　　口

第一节　港口历史沿革

一、黄州港

(一)地理位置

黄州港位于长江中游北岸黄冈市政府所在地黄州区。与鄂州市隔江相望,西距武汉市70公里,东距黄石市30公里,有黄(州)鄂(城)轮渡和汽车轮渡与其连接,2002年建成鄂黄长江公路大桥连接长江两岸,水陆交通便利。

(二)港口沿革

黄州港是历代漕粮和淮盐转运要地。清康熙至乾隆年间(1662—1795年)湖北省漕运"五卫一所",黄州卫为其中之一,设有通判督粮交兑,设领运千总一名,领兵卒负责督押漕运,拱卫粮仓。清道光年间(1821—1850年),黄州为湖北省四大淮盐口岸(汉口、黄州、沙市、襄阳)集散地之一。清光绪年间(1875—1908年),黄州港有4处码头,上码头设新河,中码头位于黄州大码头,下码头在东岳(今县造纸厂处),关上码头在潘家湾伸向江心的沙洲咀上,洲上有一条棚户小街,有客找、茶馆、肉店、杂货店等30余家,枯水期站在洲咀可听见鄂城人语声,中外客轮都在此停靠。

1931年6月,黄州航商王少卿等设聚兴联合票局,安置趸船、跳板等设施,以供上下水客货轮船停靠。有5艘客货轮每日或隔日停靠黄州,客货年收入达1.3万元银元左右。1947年2月,航商王少卿经湖北省航业局批准仍在黄州码头置趸船供客轮停靠。因轮船较多,经常发生争挡抢靠现象,省航业局在黄州港增设"鄂建18"号木驳作为趸船,专靠该局轮船。是年,汉口至蕲州线的"瑞安""建鹤"与"楚英"3轮也停靠黄州。

1949年5月14日,黄州港船民和搬运工人为协助中国人民解放军南渡长江,恢复了关上等处渡运,历时三昼夜完成渡运任务。1954年长江发生特大洪水后,大码头外沙滩扩展,港区水域淤积日盛,枯水期已难停靠客轮。从此,每年10月至次年4月,大码头趸船需移至关上,至汛期再返回大码头。

1958—1960年,港口兴建了粮食码头和关上码头2处固定码头,疏浚粮食码头的前沿河道1000平方米,铺路1.2万平方米;添置皮带机(50米)和转扬机、缆车、板车牵引机等设备,装卸运输机械作业程度有所提高。1960年10月,交通部门组织了黄州港水道勘察,提出对黄州港口河滩4种整治方案,终不见批复文件,整治工程方案未能实施。1964年4月,中国人民解放军武汉军区在黄州汪家墩处建设汽车渡口码头,设计通车能力为500辆/日,于1965年6月建成,1966年5月4日交付使用(后转为民用)。至1966年底,黄州港共建8处码头,其中3处为半机械作业码头,并在大码头和关上码头分别修建2000平方米和2万平方米的货场。

1984年10月,由于行政区划变更(黄州镇并入鄂州市),黄州港划归鄂州市管辖。黄州港由于泥沙淤积日益严重,1985年港区枯水期自然坡地缩小长度至350米。1986年后交通部门开始拟定规划,准备将黄州港区下延至江北船厂一带,利用该地江宽水深、岸形顺直等自然优势,重建黄州港区。

1989年11月—1995年底,黄州新港新建黄州综合码头1号、2号泊位,新建黄冈地区燃料公司煤炭泊位。1992年5月18日,湖北省交通厅受省计委委托,批准黄州港区综合码头修建项目,在黄州徐家湾处(江北造船厂下游)修建1000吨级泊位2个:一是件杂货泊位,称为新港一码头,二是袋装货泊位,称为新港二码头。2条作业线,年吞吐量可达50万吨。码头长度为450米,港区建筑面积4626平方米,按三类码头确定水位设计高水位。新港一码头水工建设物布置在堤内。件杂货泊位水工建筑下段为架空简支梁斜桥,上段为实体斜坡道结构,采用汽车直接上趸船,双浮式起重机起装船工艺;袋装货泊位水工建筑为实体斜坡道加钢引桥浮码头方案,采用高架皮带机输送装卸工艺。

在国家开发长江黄金水道的大好形势下,2003年,黄冈市交通局、港航局开始着手谋划黄州港的建设和发展,组织编制《黄州港总体规划》,委托黄冈市规划设计研究院进行总体设计。9月获省交通厅组织的专家评审会通过,并由市政府转呈省政府批复。是年10月,在原唐家渡渡口基础上先后建成唐家渡港区、汪家墩港区、新港港区3个港区。

(三)设施与生产能力

至2005年,黄州港岸线自三江口至巴河口,全长33公里,黄州港河段中有7.5公里河段为深水岸线,可以泊靠5000吨级船舶;黄州港主要包括唐家渡港区、汪家墩港区、新港港区。有综合码头、杂货码头、货主码头、专用码头(取水、石油)、军用码头、轮(汽)渡码头等。港口有各类码头泊位26个,除海事、航道、取水等公用泊位外,有经营性泊位22个,其中3000吨级泊位6个、5000吨级泊位2个。港口年吞吐量能力突破600万吨。港口库场面积5.2万平方米,其中仓库1.8万平方米,港口装卸机械34台套,输送机械1400米,起重机械6台,最大起重能力27吨。港区交通配置发达,货物集疏运便捷,各种运输方式的转换替代方便;港口主要承担黄州至鄂州过江轮渡和煤炭、石油、矿建材料出口的客货运输业务。具有一定规模并获得行业主管部门经营许可的码头企业有8家。

2007年11月30日,省政府以鄂政函〔2007〕364号文件批复《黄州港总体规划》,黄州港被列入全省19个重要港口之一。当年,省交通厅批准立项建设唐家渡50万吨级综合码头项目,计划投资1900万元。

2012年,新建黄州国盛综合码头等项目。民营造船工业港埠企业发展较快,以华海造船集团公司为首的一批大中型企业相继入驻黄州港,港区岸线得以充分利用。

唐家渡港区 唐家渡港区位于黄州港的上游,岸线为深水岸线,但基本处于天然状态,岸线利用率较低。港区现有水域面积45万平方米,陆域面积23万平方米。目前有3个货运码头泊位和1个汽渡码头泊位,占用岸线长度为700米,堆场总面积1.2万平方米。唐家渡港区机械化程度不高,机械设备少,主要装卸设备为浮式起重机和皮带机,主要装卸工艺流程为:驳船—浮式起重机—皮带机—堆场。

汪家墩港区 汪家墩港区位于黄州港的中游,处于长江的弯曲河段,深泓偏右。港区现有水域面积15万平方米,陆域面积5万平方米。港区现有1个客运码头泊位,主要用于与鄂州的客运轮渡,客运站设施面积500平方米,候船面积300平方米;有1个汽渡码头泊位,主要用于与江对面鄂州的汽车渡运,鄂黄长江大桥通车后,该汽渡码头已闲置;有1个军用码头泊位。全港区共利用岸线600米。

新港港区 新港港区位于黄州港的下游江段。港区现有水域面积30万平方米,陆域面积18万平方米。目前港区拥有2个货主码头泊位(电力制杆厂码头、江北船厂码头)、1个黄砂专用码头泊位、1个油库码头泊位、1个中长燃水上加油站泊位、1个中石化黄冈水上加油站泊位、2个综合码头泊位(新港一码头、新港二码头,其中新港二码头已经闲置),以及海事码头、航道码头和取水码头,共占用岸线长度1350米。

武汉新港唐家渡港区禹杰综合码头 于2013年9月18日正式开工建设。新建停靠5000吨级货船的件杂货泊位1个,年设计吞吐量为60万吨;停靠5000吨级货轮的散货泊位2个,年设计吞吐量为散货335万吨。码头占用长江岸线474米,总投资29000万元。

武汉新港唐家渡港区临港新城综合码头 临港新城综合码头位于武汉新港唐家渡港区,距黄冈长江大桥下游1300米,利用岸线496米,占地约17万平方米,总投资概算为5.9亿元,新建5000吨级高桩泊位4个,设计年吞吐量为440万吨,有相应的道路、堆场、仓库等生产、辅助生产建筑,配备相应的装卸、运输机械设备和供水、供电等设施,建设周期为24个月。

黄州唐家渡港区禹杰综合码头在建设中

该项目由中国铁建港航局集团有限公司投资建设。2013年4月28日,黄冈市政府与中国铁建港航局集团签订投资合作框架协议,10月18日正式签订投资建设合同,2014年1月正式动工兴建。项目已完成码头平台主体施工,临时堆场、引桥下构等施工、设备招标采购等稳步推进。2015年计划完成固定资产投资4000万元,实际完成固定资产投资8000万元,在市发改委组织的全市"双百工程"投资考核中,排名第九。至2015年底已累计完成投资2.778亿元,争取上级交通和港航部门、武汉新港委项目建设补助到位资金共计6230万元。

武汉新港唐家渡港区中粮码头 该码头位于武汉新港唐家渡港区。新建5000吨级码头泊位2个(自上游起,1号为件杂货泊位,2号为散货进口泊位),年设计吞吐量160万吨。

黄州国盛综合码头 新建停靠3000吨级(兼顾5000吨级)散货泊位4个,其中危险品泊位1个,年设计吞吐量235万吨。使用岸线639米。

楚江综合物流码头 新建停靠5000吨级泊位4个,其中件杂货泊位、散货泊位各2个,年货物通过能力255万吨。建设场地岸线长539米,总投资3.8亿元人民币。

2015年,楚江综合物流码头竣工,临港新城综合码头等项目顺利推进。黄州港经国务院批准为一类水运港口。表3-2-1-1为2007年黄州港港口普查数据情况一览表。

2007年黄州港港口普查数据情况一览表 表3-2-1-1

港区名称	港口经营人名称	泊位代码	泊位名称	泊位主要用途	设计靠泊能力(吨级)	码头机械化程度	2007年吞吐量(万吨)	通过能力(万吨)	备注
唐家渡港区	黄冈市唐家渡装卸有限公司	001-00	唐家渡装卸码头1号泊位	通用散货	1000.00		30.00	30.00	
	杨家湾码头	001-00	杨家湾码头	通用散货	1000.00		5.00	5.00	
	杨家湾码头	002-00	杨家湾恒通汽渡	专业化	300.00		9.00	8.00	停用1年
	黄冈市唐家渡装卸有限公司	002-00	唐家渡装卸码头2号泊位	通用散货	1000.00		15.00	15.00	
汪家墩港区	宏达轮渡有限公司	001-00	宏达轮渡码头	客货	1000.00		0.00	0.00	
	黄冈市中振港埠公司	001-00	中振码头	通用散货	1000.00		30.00	25.00	
	刘家湾砂厂码头	001-00	刘家湾砂厂码头	通用散货	1000.00		20.00	20.00	
	中石化股份黄冈石油分公司水上加油站	001-00	金源油库码头1号泊位	专业化	1500.00		8.00	8.00	
新港港区	黄冈市煤炭码头	001-00	煤炭码头	专业化	2000.00		30.00	30.00	

二、武穴港

(一) 地理位置

武穴港地处长江中下游北岸的武穴市,与蕲春县、黄梅县、阳新县和江西省的九江市、瑞昌市等地毗邻,沿江上溯219公里可达武汉港,顺江东下48公里抵达九江港,是湖北省19个重要港口之一。

武穴港辖区内现有田镇、盘塘、武穴、龙坪4个港区,形成了以武穴港区为中心的港口群落。港口岸线资源丰富,水深条件好,为长江北岸武汉—安庆433公里之间为数不多的深水良港。武穴港辖区长江自然岸线总长49.9公里,含洲滩岸线5.9公里。

(二) 港口沿革

明代初期,武穴仅20余家渔棚茶户,乃水陆行人停憩之所。明永乐二年(1404年)筑青林堤,断青林(通北江)之水,始分内湖与外江,渐发展成上码头、下码头、镇码头、塘门口、青龙咀5处码头,搬运工达数百人。每逢春夏信风季节,贾商云集贸易兴盛。明末,该港已是广济三市(武穴、盘塘、马口)之一。

清乾隆元年(1736年),武穴成为广济漕运要地,设有储粮仓库;又是鄂东十数县食盐供应中心。清咸丰三年(1853年)青林堤溃口后,当地绅士组织民众兴工复堤与长江黄广大堤相衔接,至清咸丰十年(1860年)竣工,武穴街巷从此围在堤内,此时内湖增设码头1处(礓礤下),外江、内湖共有7处码头,港埠已具规模。清咸丰六年(1856年),清政府在武穴设厘金局(即征收货物通过税的水陆关卡机构)(后改名统捐局),专征外江进口货水厘及起坡厘。清咸丰十一年(1861年),江汉关设武穴分关(一名总卡),由英国人把持,并控制港政。清光绪二年(1876年),中英《烟台条约》将武穴辟为外轮上下客货的暂停口岸后,外轮竞相停泊武穴港。当时无趸船设施,轮船只能锚泊岸外,太古、怡和、大阪、麦边以及本国招商局5家公司在港口设置"洋棚",备"洋划"往来接送客货。

1912年,武穴绅士郭鼎存在武穴港河街口三喜桥边(今港三码头)设立第一艘趸船,成立利济趸船公司,承靠太古、三北、鸿安、宁绍、大通等公司大轮。之后,日清公司(前身为大阪公司)及招商局在武穴设专用码头,由利济趸船公司兼营业务。利济公司雇工120人,代客装卸、囤货、过挡。后泰昌、戴生昌、汉黄鄂公司均在武穴港设置小趸船。1926年6月,郭鼎存再置办招商局木质趸船1艘,设于河街致祥巷江边(今江洲船厂轮渡码头)。此时,武穴街商店达900户,钱庄11家,典当2家,大中型米厂7家,是湖北省八大镇(汉口、武穴、新堤、宜昌、沙市、沙洋、樊城、老河口)之一。1927年1月11日,2艘英舰冲击停泊在武穴港的百余艘木帆船,淹死数人,武穴民众愤而举行反英示威大会。此后,武汉国民政府收回部分航权,设立湖北省航政局武穴设办事处,次年11月改称小轮检验事务所。有16家轮船公司的船舶在武穴停靠,办理客货业务,外轮公司有太古、怡和、日清、美最时、亚细亚、美孚,中国轮船公司有招商局、三北以及泰昌、戴生昌、汉黄鄂等。

1937年,武穴商店发展到4941户2.35万人,其中工商业(含手工业)有1083户,行业齐全,市场兴旺,被列为湖北省七大商埠(宜昌、沙市、黄石、武穴、新堤、樊城、老河口)之一。全面抗战爆发后,武穴港屡遭日机轰炸,港口败落,客货营业中止。

1946年,湖北省航业局恢复武穴营业所,武穴—九江、武穴—汉口、武穴—辛潭铺等航线复航,有"建鹤""建嘉""建随"与"建应"4艘小轮往返。至1949年初,武穴全镇商店有341户,港口吞吐量远未恢复到抗日战争前的水平。

1949年5月,武穴—瑞昌码头首先恢复渡运。1950年,湖北省航政局在武穴设营业组,帆船运输公司在武穴设运输组。1951年10月,长江航务局在武穴设中心营业站,在原太古码头(今港三码头)置钢质趸船2艘,并置100吨木驳1艘作水上仓库。10月10日,"江顺"轮首靠武穴港,此后汉口—上海大班轮隔日靠港一次,汉口—九江小型班轮靠上关的汉武江新趸船。1954年,新建候船室1座(206.5平方米),仓库2座,平整货场7000平方米,修筑石坡岸200米。1964年修建渡口候船室。

1965年,武穴港移交长江航务管理局。1966年,武穴港务站升格为武穴港务局,随后又扩建小轮码头(今港二码头)配置木趸船、木跳板,铺筑水泥坡道,供汉口—九江航线等小轮靠泊作业。20世纪70年代,武穴港共增建码头3座,扩建码头8座,增置水泥趸船8艘,钢质驳船2艘,钢引桥8座。其中,1973年建成一石砌驳岸码头(原县生资公司),建货场1129平方米,可堆存1500吨货物。1976—1979年,武穴港务局在三八闸江边增建港四、港五码头2座,建货场5000平方米,新置栈桥式皮带装卸作业线1条。武穴装卸公司(原武穴搬运站)设计修建第一座框架式码头(今装卸二码头),计有2个泊位,2台3~5吨吊车,货场4500平方米,货场内建2条地面作业线,使用双机双轨同时作业,8小时能卸完1000吨驳。

1988年,长江航务管理局武穴港务局对港口布局进行总体规划。次年1月,武穴市委、市政府召开武穴港总体布局规划研讨会,审查了由长江航运规划设计院设计的《武穴港总体布局规划》。1989年,《武穴港总体布局规划》获得通过。由于"一城两港、多头管理"的体制,这部规划并没有得到实施。

1999年,《武穴港总体布局规划》再获长江航务管理局和武穴市政府批复通过,武穴港得到了空前发展。1999年4月中旬,武穴港投资2万余元建设江海轮锚地,锚地长1200米,宽250米,昼夜吞吐量达1万余吨。12月20日,武穴港一码头扩建工程进入审查工可阶段,该工程总投资为1073万元,扩建1000吨级件杂货泊位1个。当年,港口货物通过能力达到379万吨,港口货物吞吐量达到310万吨。港口装卸设备的机械化、现代化,标志着肩挑背驮时代的结束,现代化的城市港口已显雏形。

随着国家对长江黄金水道以及内河航运的逐步重视,武穴港先后对原公用码头进行了大规模的改造,2012年武穴件杂货码头建设完成;华新水泥、亚东水泥、祥云化工等一批水泥、建材、化工产业沿江布局,武穴港建设了一大批成规模、专业化的企业专用码头。

(三)设施与生产能力

1954年,武穴港兴建一栋206.5平方米的全区最大的候船室。20世纪70年代,武穴各物资单位纷纷建立专用码头。1970—1985年,全港码头泊位增加22个,其中武穴港务局和广济县交通部门12个,物资部门专用码头泊位10个。新增泊位中有轮渡码头2个,即江洲船厂轮渡(原6214厂,1970年设立)和黄砂轮渡(1974年设立),专用泊位2个,锚地2处。1981年在盘塘锚地设置江中趸船。1985年,武穴港货物吞吐量为163.34万吨,客运量达337.6万人次。

1988—2001年,武穴先后投资903.25万元建成了龙坪八一闸500吨级码头和武穴龙王庙码头、盘塘化工一码头、化工二码头、田镇东风码头等1000吨级码头。

武穴港生产作业

年新增港口吞吐能力110万吨,形成机械化作业线4条,港口机械化作业程度由过去的16.8%提升至54.7%,港口装卸成本由以往的每吨2.76元降至2.2元。1999年,武穴港辖区上起蕲春县钓鱼台,下至黄梅县小池口,设7个港站(含田家镇港),岸线长113公里,成为鄂赣皖三省七县市的物流枢纽;拥有各类码头22个、泊位22个、1584总延米长,最大靠泊能力3000吨级。

2003年10月10日,武穴市政府办公室发文成立了港口规划编制工作领导小组,武穴市交通局成立了港口规划工作领导小组,下设办公室,地点设在武穴市港航管理所。同时,确定了规划完成时序:在2003年11月底前完成年吞吐量100万吨以上港口规划,2004年完成100万吨以下的港口规划。2005年11月,武穴市港口总体规划通过评审,其后进入实施阶段。

2009—2012年,全市港口累计投资2亿元人民币,建成黄冈市唯一的高桩式码头——亚东水泥专用码头,通过招商引资建设了鄂东地区最大的水运项目——武穴件杂货码头(该码头总投资1.63亿元人民币)。华新水泥码头二期工程、祥云新区、田镇牛关矶建材码头等建设工作都在有序展开。

武穴港在整个"十一五"期间建设各类码头9个、新增泊位13个,先后建成华新水泥码头、兴航码头、盘塘化工二码头、盘塘磷矿码头、田镇矿资码头、华新水泥码头二期、亚东水泥码头、武穴件杂货码头。至2012年末,武穴港有3处锚地,从上游至下游依次为盘塘锚地、武穴锚地、龙坪锚地(临时锚地)。现有田镇、盘塘、武穴、龙坪4个港区。已建成码头泊位110个,占用岸线长度12153米,通过能力1202万吨,旅客通过能力50万人次,最大靠泊能力5000吨级。

田镇港区 田镇港隶属于武穴港管辖,位于长江中游左岸的武穴市田家镇,与阳新县富池口隔江相望,上到武汉187公里,下到九江64公里,距吴淞口889公里,以盛产石灰石、冶金辅料石、非金属矿石及水泥而闻名,素有鄂东建材料仓之称。该港历来是鄂东地区的重要建材基地,以出口石灰、石料、水泥为主,也出口地方出产的煤炭。该港区上起黄家山的六爷庙,下至象山回风矶,岸线全长13.5公里,是武穴港水深条件最好的港区。港口水域面积525万平方米,陆域面积182万平方米。现有泊位41个,泊位岸线长5375米,货物通过能力880万吨,最大靠泊能力3500吨级。港口为适应散货装船的需要,配置了18台装卸机械。港区建筑仓库2200平方米,堆场28245平方米,客运服务站房530平方米。田镇港区主要为煤炭、矿建材料、化肥、水泥等原材料进口的产品出口服务。

盘塘港区 盘塘港区位于武穴市田镇办事处盘塘地段,介于田镇港区与武穴港区之间,是近年开辟的新港区,港区依厂而设,大部分码头为国家二级企业祥云(集团)化工股份有限公司服务。港区上起象山回风矶,下至龚龙洲,岸线全长4.1公里,水域面积350万平方米,陆域面积120万平方米。码头作业区集中分布在湖北祥云(集团)化工股份有限公司厂区附近。现有泊位24个,泊位岸线长2294米,货物通过能力70万吨。在地区采石厂码头、汽渡码头、轮渡码头、磷肥码头、磷矿厂码头5个泊位中,千吨级泊位3个、500吨级泊位1个、300吨级泊位1个。港区仓库面积2340平方米,总容量8.3万吨,堆场总面积2740平方米;有钢质囤船2艘,装卸机械7台,其中起重机2台,最大起吊能力5吨。

武穴港区 武穴港区上起龚龙洲,下至武穴大闸,是武穴市区乃至鄂东地区对外交通联系的南大门。港区岸线全长14.9公里,水域面积705万平方米,陆域面积250万平方米。现有泊位37个,泊位岸线长3405米,库场面积4047平方米,仓库5200平方米,候船室1200平方米。全港有装卸机械69台,最大起重能力5吨;囤船13艘,其中钢质4艘。货物通过能力217万吨,旅客通过能力50万人次。2009年11月8日开工建设武穴件杂货码头,新建停靠3000吨级(兼顾5000吨级)江海货轮的件杂货泊位2个,年设计吞吐量为件杂货70万吨(其中含集装箱2万),占用长江岸线222米,总投资16200万元。2015年,武穴件杂货码头建设竣工。

龙坪港区 龙坪港区位于武穴市龙坪镇,港区上起武穴大闸,下至龙坪镇与黄梅县交界的徐家窑,岸线全长11.5公里,水域面积420万平方米,陆域面积150万平方米。现有泊位8个,泊位岸线长1079米,货物通过能力35万吨。港区仓库面积250平方米,堆场7570平方米,其中水泥堆场3310平方米,客运站房230平方米。全港有40米水泥囤船2艘,吊车1台,起重能力为3吨,专业装卸队为龙坪镇搬运站,以出口磷矿石、铁矿石为主。

表3-2-1-2为2007年武穴港港口普查数据情况一览表。

第三篇 水路运输·第二章 港口

2007年武穴港港口普查数据情况一览表　　　　表3-2-1-2

港区名称	港口经营人名称	泊位代码	泊位名称	泊位主要用途	设计靠泊能力(吨级)	码头机械化程度	2007年吞吐量(万吨)	通过能力(万吨)	备注
田镇港区	武汉鑫鑫伟业建材有限公司	001-00	鑫鑫建材码头	通用散货	500.00		4.00	5.00	
	武穴市田镇黄家山搬运站	001-00	黄家山磁材码头	通用散货	500.00		0.50	1.00	
	武穴市田镇钱炉建材厂	001-00	黄家山碎石码头	通用散货	500.00		4.85	5.00	
	武穴市喜梅碎石厂	001-00	喜梅碎石码头	通用散货	1000.00		8.60	10.00	
	武穴市大法寺镇采石厂	001-00	阳城石料码头	通用散货	500.00		5.26	5.00	
	武穴市田镇马口石材厂	001-00	马口石材码头	通用散货	500.00		3.94	5.00	
	武穴市创兴建材化工有限公司	001-00	上窑建材码头	通用散货	1000.00		8.94	10.00	
	武穴市创兴建材化工有限公司	002-00	下窑建材码头	通用散货	500.00		10.80	10.00	
	武穴市田镇华利石材厂	001-00	华利采石码头	通用散货	500.00		9.76	10.00	
	武穴市宏兴建材有限公司	001-00	宏兴建材码头	通用散货	500.00		2.70	5.00	
	武穴市兰丰水泥有限公司	001-00	水泥一码头1号泊位	通用散货	1000.00		5.00	5.00	
	武穴市兰丰水泥有限公司	002-00	水泥一码头2号泊位	通用散货	500.00		5.00	5.00	
	武穴市田镇福利石材厂	001-00	黄锦华码头	通用散货	500.00		4.86	5.00	
	武穴市洪阳湖敏良沙石码头	001-00	曹中敏码头	通用散货	500.00		8.93	10.00	
	武穴市兴航船务有限公司	001-00	兴航一码头	通用散货	1000.00		19.54	15.00	
盘塘港区	武穴市象山建材公司	001-00	象山建材码头	通用散货	500.00		5.00	5.00	
	湖北祥云(集团)化工股份有限公司	001-00	盘塘磷石膏码头	通用散货	500.00		5.00	5.00	
	湖北祥云(集团)化工股份有限公司	002-00	盘塘硫酸码头	专业化	300.00		1.00	1.00	
	湖北祥云(集团)化工股份有限公司	003-00	盘塘磷肥出口码头	通用件杂货	1000.00		10.00	10.00	
	湖北祥云(集团)化工股份有限公司	004-00	盘塘硫精砂码头	通用散货	1000.00		10.00	10.00	
	武穴市田镇盘塘搬运站	001-00	盘塘红砂码头	通用散货	1000.00		9.465	10.00	
	武穴市兴航船务有限公司	003-00	盘塘磷矿一码头	通用散货	1000.00		21.60	20.00	
	武穴市兴航船务有限公司	005-00	盘塘化工二码头	通用散货	1000.00		18.00	15.00	
	武穴市海铭星(集团)有限责任公司	001-00	盘塘汽渡码头	专业化	500.00		57.83	50.00	

·257·

续上表

港区名称	港口经营人名称	泊位代码	泊位名称	泊位主要用途	设计靠泊能力（吨级）	码头机械化程度	2007年吞吐量（万吨）	通过能力（万吨）	备注
武穴港区	武穴市长江矿业有限责任公司	001-00	武龙碎石码头	通用散货	500.00		5.00	5.00	
	武穴市东楚实业有限公司码头装卸分公司	001-00	企管局码头	通用散货	500.00		7.50	5.00	
	黄冈配送中心武穴油库	001-00	临时石油码头	专业化	1000.00		4.50	5.00	
	武穴市海铭星（集团）有限责任公司	002-00	武穴轮渡码头	客货	500.00				
	武穴市海铭星（集团）有限责任公司	003-00	武穴汽渡码头	专业化	500.00		79.67	80.00	
	武穴市城东装卸运输公司	001-00	城东装卸码头	通用件杂货	1000.00		7.00	5.00	
龙坪港区	武穴市龙坪八一闸装卸运输公司	001-00	兴航九码头1号泊位	通用件杂货	500.00		1.90	2.00	
	武穴市龙坪八一闸装卸运输公司	002-00	兴航九码头2号泊位	通用散货	500.00		1.75	2.00	
	武穴市龙坪搬运站	001-00	五一闸码头1号泊位	通用散货	500.00		1.40	2.00	
	武穴市龙坪搬运站	002-00	五一闸码头2号泊位	通用件杂货	500.00		2.69	3.00	

三、团风港

（一）地理位置

团风港位于长江中游北岸团风县，举水入江口东侧，岸线长1500米，水域面积45万平方米，陆域面积18万平方米。溯江而上72.5公里抵达武汉，顺江而下22公里可达黄州港，距上海1003.5公里。长江园港水道位于长江罗霍洲与团风港之间，属长江支流航道，是团风县从事长江水路运输的唯一通道。团风港各港区均无铁路，集疏运主要依托公路和水运。集疏运道路有团方线、阳枫线、江北一级公路、318国道、106国道等公路；港口水路集疏运主要为长江及巴河、举水河、长河。团风港未划定港区锚地。

（二）港口沿革

清代，团风是鄂东北长江重要港口之一，清政府在此设巡检司。清末团风港有小轮船停靠，至民国初年，团风港码头由团风司衙门和商会管辖。1923年，英商亚细亚公司呈请湖北省政府开放团风港，次年湖北省督军兼省长萧耀南下令开放团风，英商轮船首先停泊该港。1928年，团风陈氏三房（陈佐臣、陈佩三、陈在天）创办陈日新商号。1935年又购一艘"安平"客货轮，改名"志远"号（该船1937年在汉口被日军飞机炸毁）。随着轮船航线的开辟，经营轮船售票机构有团风商会、团风公票局、团风协记商轮票局。最初，港口无趸船设施，客货轮停泊江中以划船接送客货上下岸，但屡遭倾覆，客货均不安全。后由团风商会筹资建造趸船2艘供客班轮靠泊，客票附加趸船费，每张100~300文。1931年，趸船被洪水冲毁，又贷款5000银元重建2艘，趸船费每客加收1角（银元辅币，10角等于1银元）。1934年，湖北省建设厅指令"团风趸船由该厅航政处备价购买"，并停止向乘客收取趸船费。

1936年后，客班轮次增多，汉口中心轮船局的"太平"轮开行汉口至团风隔日航班，鸿记轮船局的"新鸿源"轮、恒兴轮船局的"恒德"轮每日或隔日停靠团风。1947年,招商局的"江华""江新""江大""江天"等大轮船也靠泊团风,票局和票棚相继恢复。

1951年,设立团风轮船站,置趸船一艘,有湖北省航运局汉口至九江、汉口至黄石班轮停靠。1954年长江发生特大洪水,团风镇被淹没,水退后黄冈县人民政府组织固堤加坝,兴修电排站,港口生产恢复并继续发展。1956年,节假日每天客轮有10班次,乘客日进出3000人左右,全年港口客运量达14.1万人次。团风港此时有鲜鱼巷、粮道街、司门口、大码头(现长航港务站客运码头)、煤建、竹子牌6处码头,总长1300米。

1996年,团风港由黄州区移交团风县管辖。随着国家对长江黄金水道的重视,港口部分货主投资改造码头,改善装卸条件,公路过境实行计重收费,一部分货物改陆就水,加上团风县招商引资力度加大,一大批企业落户团风,港口货物吞吐量有较大的增长。

2015年底,团风长江港口岸线上起举水河道中心线,经罗家沟,下止黄州区堵城镇马垄村,岸线全长8.224公里。团风港共有码头5个,泊位5个,其中简易码头3个,斜坡码头2个,占用岸线长度450米,码头通过能力约40万吨,靠泊能力1000吨级码头2个(得胜码头和鲜鱼巷码头)。港口机械2台,最大起重能力3吨,港口水域面积118万平方米,陆域面积59万平方米,库场面积12万平方米。

(三)设施与生产能力

新中国成立初期,团风港港口基本上是自然岸坡、肩挑背扛的原始状况,生产效率低,装卸工人劳动强度大。"八五"和"九五"时期,为适应客货运量增长的需要,在上级交通部门的领导和支持下,因地制宜地建设了2座码头。但港口设施、设备简陋,装卸作业机械化程度不高,效率低下,而境内京九铁路的贯通、公路的快速发展,又使一部分货物弃水就陆,港口一度萧条,货物吞吐量逐年下降。

团风综合码头 团风综合码头工程位于长江中游北岸的团风县团风镇得胜村。该工程主要是为了加快改变团风港口基础设施落后状况,发挥水运优势,满足团风县境内及周边地区进出口货物装卸作业,支援各地经济建设作业。工程建设前属自然坡岸码头。

1996年9月16日,团风县交通局提出立项报告,1997年11月15日,委托扬子江港航建筑设计事务所进行工程可行性研究和初步设计工作,然后按照鄂交航计〔1997〕179号文《省航务局关于建设团风县综合码头工程意见的报告》批准兴建。整个工程于1998年3月31日破土动工,由团风县港航管理所组织施工,施工单位为团风县第一建设安装工程公司;1999年12月24日竣工,总体质量评为优良。2000年12月,竣工并验收,因交通企业困难,地方自筹资金无法到位,实际投入资金仅75.31万元。

团风县综合码头设计规模为年吞吐量能力30万吨,千吨级泊位1个,采取汽车上囤船工艺流程,计划投资294.15万元。因交通企业困难,水工工程部分按设计要求完成,其他部分由于投入的资金严重不足,有关设备设施没有到位,设计的工艺流程无法操作,验收为简易投产方案。该码头建成至今,还存在许多问题,停留在原始装卸作业方式,没有发挥其应有功能。2015年团风罗霍洲综合码头项目加快推进。

鲜鱼巷码头 鲜鱼巷码头由团风县装卸公司(1977年之前名为团风搬运站)经营,团风搬运站于1955年自制150米滑板,1956年安装皮带运输机3台,随后又安置3台板牵引机,装卸运输逐渐转化为半机械化作业。

1977年,添置3艘趸船(1艘钢质趸船、2艘水泥趸船),安置吊车3台,起重能力为3~5吨。进入20世纪80年代,港口建设以扩大堆场、货物、仓库为主。进入20世纪90年代,由于港口业务量下降,鲜鱼巷码头只保留了1艘钢质趸船,安置吊车1台,起重能力2吨。鲜鱼巷码头一直是自然坡岸码头,没有进行改扩建。每年汛期过后,由装卸运输公司对道路进行清淤并使用。

表3-2-1-3为2007年团风港港口普查数据情况一览表。

2007年团风港港口普查数据情况一览表

表 3-2-1-3

港区名称	港口经营人名称	泊位代码	泊位名称	泊位主要用途	设计靠泊能力（吨级）	码头机械化程度	2007年吞吐量（万吨）	通过能力（万吨）	备注
团风港区	团风县装卸运输公司	001-00	得胜综合码头	通用散货	1000.00		14.00	12.00	
	团风县装卸运输公司	002-00	鲜鱼巷码头	通用件杂货	1000.00		16.00	15.00	

四、浠水港

（一）地理位置

浠水港位于长江中游北岸，距吴淞口965.5公里。浠水港口境内巴水、浠水2条内河三级航道21公里，四级航道15公里。京九铁路穿境而过，沪蓉、大（庆）广（州）、合（肥）（武）汉高速公路横贯其间，港口至武汉天河国际机场约100公里，交通优势、区位优势明显。

（二）港口沿革

浠水县内河水运历史悠久，建港条件良好，早在明洪武七年（1374年）就设立了巴河、兰溪巡检司，巴河港、兰溪港成为鄂皖山区数县进出物资转运港。巴河于明初开港，始建固定码头2座，到新中国成立前夕，有固定码头11座。兰溪港于清嘉庆年间（1796—1820年）开港，当时码头2座，民国初年增至5座，新中国成立前夕6座。散花港于新中国成立初期建港，主要以长江客渡为主。1986年，巴河、兰溪、散花镇被列为黄冈地区开发长江沿线13镇范畴。经过多年的建设和发展，分为巴河港区、兰溪港区和散花港区。

巴河港区所在的巴河镇，早在春秋战国时代称弦城，因公元前655年楚灭弦国后，弦族人一部分迁此而得名。明代巴河港已成为鄂皖山区数县进出物资转运港，清代设巴河巡检司。清光绪二年（1876年）《罗田县志》载："惟罗田接壤英（山）霍（山），盘绕崇山，隔大江数百里，舟楫不通，既不可以船装，又不能以担负，仓廒远寄蕲水巴镇，转运全仗山涧竹篺。"其时，港区属砂质土层，港岸线长约2000余米，洪水期水泽茫茫。巴水河航程百余里，沿途35个集镇，多以竹篺承运货物，在巴河港集散转运。清末，长江主泓南移，巴水河口渐淤浅，至20世纪30年代，原镇市中心槐家巷码头（今巴河高中）涸植桑榆，下街道遂成为港区腹地，余家巷和桥口码头（今搬运站左右两侧）则是船篺过载货物的主要集中地，设有吉泰船行、陶凤祥船行及罗田公所，建有仓库一座（容量500立方米），承揽"七县一州"（英山、霍山、黄梅、广济、黄冈、浠水、罗田县和蕲州）货物进出业务，巴河篺行发展到200余人。

兰溪港区是二省（鄂、皖）七县（浠水、罗田、英山、霍山、金寨、岳西、太湖）物资的吞吐咽喉，水陆连贯，交通便利。唐代，曾以兰溪置县，宋元时兰溪为蕲水（今浠水）县治所在地。明清时期，兰溪设有巡检司、水驿，建有粮仓以囤积29个乡的粮食，以水路转运漕粮。清光绪年间（1875—1908年），兰溪为浠水县五镇（城关、巴河、关口、兰溪、团陂）之一，浠水河东岸有上、下两主街，下街靠江（长江），为木帆船靠泊处，上街临河（浠水），为竹篺集结处。每年春夏，江水倒灌浠水河，船篺均可抵达街口店前装卸货物；枯水期间，上街出口货由篺行从竹篺转上木帆船，航行长江，进口货物仍赖篺行从船转篺，再沿浠水运往山区。短途运输则有车行、轿行，也须在此进行水陆转换。兰溪港成为浠（水）、罗（田）、英（山）3县物资中转枢纽。1914年后，汉口至黄石、汉口至武穴航线相继有"利湘""源璧"和"云汉"3艘轮船停靠兰溪。1932年，修建罗田至兰溪公路（直通至兰溪河西）。在此之前，一片荒凉的河西滩地开始出现了临时码头。1947年，汉口至九江、汉口至蕲州航线相继复航，有"瑞安""瑞鹤""楚英"等客轮停靠兰溪。

1953年，兰溪始建候船室，置60吨趸船1只，汉口至黄石航线上的"沙洋"和"岳口"两轮，每日上下对开，"瑞安"轮隔日一班停靠本港。当时码头设施简陋，以1只民船作趸船，另加2副跳板供客货上下。此时水运重点在河东，陆运重点在河西。1955年冬至1956年秋，河东轮船站（即原兰溪趸船码头）、县民船管理站及主要码头先后迁移至河西,黄冈地区粮食、盐业及浠水、罗田、英山3县商业部门,在河西相继兴建仓库、货场,河西逐渐成为兰溪港区中心。为了预防特大洪水,各物资单位又先后在鲇鱼尾(浠水河口上溯2.5公里处)修建码头、仓库和货场,成为兰溪港区中心。

(三)设施与生产能力

巴河港区 新中国成立后,巴河港分长江作业区和巴河作业区,岸线总长4000米,水域面积140万平方米,陆域面积32.5万平方米。1985年,港区码头泊位20个(简易码头3个),最大靠泊能力1500吨级,共有仓库6座计2400平方米,堆场19处计10.10万平方米。巴河作业区距长江作业区2000米,只能在中、洪水期通航船舶。至2015年,巴河港区上起巴水河口河道中心线(与黄州区界碑处),下至巴河镇伍洲新港闸,岸线全长9.9公里;已被利用岸线长度2.68公里,未被利用岸线长度7.22公里;码头16个,泊位17个。

兰溪港区 港区范围由长江港区与浠水河港区组成。长江港区上起陈家港,下至江中渡口,岸线长1700米;浠水河港区上起兰溪大桥,下至浠水河入江口,岸线长2500米。陆域面积46.4万平方米,水域面积386.4万平方米。到1985年,港区共有31个泊位,其中长江港区泊位25个,最大靠泊能力3000吨级,码头前沿平均水深5米;浠水河港区泊位只能在中、洪水期通航靠泊。港区共有仓库109座(其中货主仓库108座),面积3.76万平方米;堆场41处,面积7.95万平方米;候船室2座,1250平方米;港口装卸作业区2个(长江作业区、浠水河鲇鱼尾作业区);装卸运输机械30台套,最大起吊能力4吨;专业装卸人员260人,1985年完成货物装卸量43万吨,占全港货物吞吐量的16.8%。至2015年,兰溪港区上起巴河镇伍洲村新港闸,下至回风矶,岸线全长12.2公里;已被利用岸线长度1.9公里,未被利用岸线长度10.3公里;码头12个,泊位15个。

散花港区 散花港位于浠水县长江下游区段,上起回风矶,下至茅山闸,岸线全长18.5公里。1958年,黄石市开发散花,设有散花镇和江北农场,形成小型港口,有过江汽车渡口1处、轮渡2处、客班轮码头1处,主要以长江客渡为主。1986年,巴河、兰溪、散花镇被列为黄冈地区开发长江沿线13镇范畴。经过多年的建设和发展,散花港区已被利用岸线长度2.49公里,未被利用岸线长度16.28公里;码头12座,泊位10个。

表3-2-1-4为2007年浠水港港口普查数据情况一览表。

2007年浠水港港口普查数据情况一览表　　　　　表3-2-1-4

港区名称	港口经营人名称	泊位代码	泊位名称	泊位主要用途	设计靠泊能力(吨级)	码头机械化程度	2007年吞吐量(万吨)	通过能力(万吨)	备注
巴河港区	刘贤港码头	001-00	刘贤港码头	通用散货	2000.00		8.00	5.00	停用1年
	浠水县富华货船运输经营部	001-00	富华望天湖码头	通用散货	2000.00		16.00	15.00	
	浠水县巴河装卸运输公司	001-00	巴河综合码头1号泊位	通用件杂货	2000.00		7.50	7.00	
	浠水县巴河装卸运输公司	002-00	巴河综合码头2号泊位	通用件杂货	1500.00		6.70	6.00	
	浠水县巴河装卸运输公司	003-00	巴河装卸外江码头	通用件杂货	2000.00		6.30	5.00	
	浠水县武顺货物港口有限公司	001-00	武顺货运码头	通用散货	2000.00		22.00	20.00	
	刘贤桂码头	001-00	刘贤桂码头	通用散货	2000.00		0.50	1.00	
	洪锋砂库码头	001-00	洪锋沙库码头	通用散货	2000.00		2.00	2.00	停用1年
	浠水县佳一阳光建筑材料销售公司	001-00	佳一阳光货运码头	通用散货	3000.00		30.00	25.00	

续上表

港区名称	港口经营人名称	泊位代码	泊位名称	泊位主要用途	设计靠泊能力（吨级）	码头机械化程度	2007年吞吐量(万吨)	通过能力（万吨）	备注
兰溪港区	浠水县兰溪装卸运输公司	003-00	兰溪化肥码头	通用散货	2000.00		8.00	8.00	
	浠水县华海货运有限公司	001-00	兰溪长航客运码头	通用散货	2000.00		5.00	5.00	
	黄冈配送中心兰溪油库	001-00	兰溪石油码头	专业化	1000.00		7.00	7.00	
	浠水顺达矿业开发有限公司	001-00	金属矿石码头	通用散货	2000.00		3.00	3.00	
	斜坡路综合码头	001-00	斜坡路综合码头1号泊位	通用件杂货	2000.00		4.00	4.00	
	斜坡路综合码头	002-00	斜坡路综合码头2号泊位	通用散货	2000.00		6.00	5.00	
	浠水县兰溪装卸运输公司	001-00	兰溪矿石码头	通用散货	2000.00		6.00	5.00	
	浠水县兰溪装卸运输公司	002-00	兰溪煤炭码头	通用散货	2000.00			0.00	停用4年
	浠水县兰溪装卸运输公司	004-00	兰溪铁砂码头	通用件杂货	2000.00		6.50	6.00	
	浠水县兰溪航运有限责任公司	001-00	兰溪镇航客运码头	专业化	2000.00			0.00	停用6年
	浠水县粮油中转运销公司	001-00	兰溪粮食码头	通用件杂货	2000.00		5.00	5.00	
	河东黄砂码头	001-00	河东黄砂码头	通用散货	2000.00		5.00	5.00	
散花港区	浠水县港航管理所	001-00	散花综合（件杂货）码头	通用件杂货	2000.00			0.00	停用4年
	黄石轮渡码头	001-00	黄石轮渡散花码头	专业化	2000.00			0.00	
	散花轮渡码头	001-00	散花轮渡码头	专业化	2000.00			0.00	停用1年

五、蕲春港

(一)地理位置

蕲春港位于长江北岸，上起与浠水县交界的远堰，下至与武穴市交界的鲍家林，岸线长32.5公里，主要港区有蕲州、茅山、岚头矶、八里、扎营港5个港区，建成码头20个，占用岸线长度4482米，其中浮式码头11个、斜坡码头9个，共有泊位23个，最大靠泊能力5000吨级，其中1000吨级泊位19个、500吨级泊位4个，港口装卸机械设备98台套，最大起重能力3吨。

蕲春港内集疏运通道主要依托公路和水路，主要集疏运通道为蕲扎、下蕲、横茅、洗岚、黄标公路。蕲春港出口量占比大的矿建材料矿源大多分布于沿江一带，港口水路集疏运通道主要为长江，出口货物主要有石英石(砂)、长石、滑石、蛇纹石、铁矿石、粮食、日用品等，进口货物主要有煤炭、化肥、日用工业品等，其中非金属矿石占全港吞吐量一半以上。

(二)港口沿革

蕲春的港口发展经历了4个阶段。

第一阶段(新中国成立以前—1977年):蕲春县长江港口自隋唐时即已建立,民国初期日趋繁荣。1938年日军入侵,蕲州港屡遭轰炸,港口败落。抗日战争胜利后,港口开始恢复生产,但一直未能恢复到全面抗战前的景况。新中国成立后,蕲州经济发生翻天覆地的变化,1949—1959年港口恢复业务;1966—1976年港区一度处于停滞状况;1975—1977年蕲州港港口机械化程度较前大幅度提高,建立综合码头5座,物资部门另建码头6座,自制钢质及水泥趸船3艘。

第二阶段(1978—1996年):1978—1987年初步发展,建成粮食码头,扩建二里湖码头,新建玻璃厂码头和汽车轮渡码头。1990年前后,全国停建一批楼、堂、馆、所和违规建设项目,港口水运市场暂处于低谷。1993年开始,长江中下游原材料需求量大增,港口建设迎来又一个小高峰。1995—1997年先后建成蕲州小西门综合码头、南门货运码头和八里矿石码头,并在茅山、管窑、八里、蕲州南门等地征收货场总面积58亩(约3.87万平方米),在蕲州蜈蚣矶建客运码头和有形市场货场各1处。经过20年波浪式的发展,蕲春港形成一定规模。

第三阶段(1997—2003年):1996年后,国家实行产业结构调整,对工业企业"抓大放小",对全县一批小型地方工业产生较大冲击,多数企业处于停产或半停产状态。交通运输方面异军突起,跨越蕲春县的京九铁路和黄黄高速公路相继通车,形成了水路、公路、铁路客货运竞争的局面。加之1998年发生百年难遇的洪水,长江黄砂被迫禁采。水运市场又经受了严峻挑战,客货运量急剧下降。多数码头停产,无新建码头项目。

建设中的港口码头

第四阶段(2003—2013年):21世纪开始,蕲春港口在原有基础上逐渐复苏,处于小幅稳步发展状态,相继建设了蕲州鸿明加油站码头、蕲州水运加油站码头、银山银飞建材码头(现为湖北鑫龙源矿业有限公司码头)、扎营磐发建材厂码头、鸿运达码头。2013年船舶拥有量为61艘计93047吨,吨位比1986年上升了8倍。

蕲州港区隋唐时为蕲口镇,宋代蕲口镇已是"居民繁错,蜀舟泊岸下甚众"的名镇。明洪武二年(1369年),蕲州城南江边(大西门、小东门之间)始建水驿,设驿丞、驿吏1人。明洪武五年(1372年),大西门、小西门之间江边有商人筑建码头供船舶装卸货物。明洪武十一年(1378年)在此建蕲州卫,漕粮由蕲水河入江口至此港运至南京。清康熙年间(1662—1722年),蕲州仍为漕船集中港口之一,设千总1人,在此督运各县漕粮。

清光绪二十二年(1896年)后,航行于汉口至上海间的外商轮船常停靠蕲州港;华资轮船企业泰昌、戴生昌轮船局的小轮也开始定期停靠蕲州港,开辟了九江至蕲州航线。清光绪三十年(1904年),英国太古、怡和与日本大阪等外轮公司先后在蕲州港设置"洋棚",备"洋划"送客接货,港区当时有大码头、四官殿、石牌楼、小西门、轮蓬5处码头,有码头工人百余人。

1937年3月,湖北省航业局在蕲州港大码头设木质趸船1艘,停靠汉口至武穴、汉口至蕲州班轮。1938年8月,蕲州房屋大都被日机炸毁。码头趸船尽遭毁损,仅有日本"小樱丸"号小轮停靠在港。1941年,该船沉没,由"华鹿"轮接替,为日军运送军火物资和运出土特产等。1944年,日伪蕲春县政府购置小轮"蕲州丸"航行蕲州至汉口之间。抗日战争胜利后,国民政府鄂东游击挺进军进入蕲州,委派码头理事长管理码头事务。港口货运木帆船渐恢复到200余只,汉口至九江、汉口至蕲州、汉口至武穴客轮航线复航。

(三)设施与生产能力

蕲春县港下辖的管窑港区包括茅山作业区和管窑作业区;蕲州港区包括八里、蕲州、扎营港3个作业区。有各类码头泊位37个,其中在运营的货运泊位有21个,占用岸线长度3694米,年通过能力425万吨;客运泊位有2个,占用岸线长度80米,设计年通过能力16万人次;均为浮码头(占49%)或斜坡式码头(8%),主要集中在岚头矶和蕲州镇附近,最大靠泊能力5000吨级。全县港口水域面积210万平方米,陆域面积152.55万平方米,港区拥有各类库场面积22.68万平方米。

近年来,蕲春港旅客吞吐量一直在0.7万人次左右;蕲春港货物吞吐量主要集中在蕲州港区的蕲州作业区、八里作业区和扎营港作业区。随着长江船舶向大型化、系列化、多用途方向的发展,蕲春港到港的2000~3000吨级船舶的数量和比例逐步增大,到港船舶大型化趋势明显。主要港口企业湖北鸿运达矿业有限公司在茅山作业区拥有1个3000吨级配套码头,以满足原料和产品的运输,主要从长江下游港口进口铁矿石,所产铁精粉运往长江沿线钢铁企业,通过能力100万吨。

蕲州港区　蕲州港位于长江中游北岸蕲春县蕲州镇,与黄石市阳新县隔江相望。溯江而上33.5公里达黄石港,167公里抵武汉港;沿江东下38.5公里至武穴港,84公里至九江港,距吴淞口909公里。公路北上26公里抵漕河(蕲春县城)连接柳界线干线,蕲州港是全县水陆运输的枢纽。港区平均水位14.79米,最高水位24.94米(1954年8月19日),最低水位8.87米(1961年2月4日)。港区河床底质为砂质,平均流速为1.5米/秒,无冰封冻,四季通航,为鄂东地区天然良港。港区范围上自牛皮垴泵站,下至新港闸钓鱼台,岸线长4200米,水域面积126万平方米,陆域面积42万平方米。到1985年,港区有仓库41座(其中物资部门35座)计1.48万平方米,堆场11处计6.18万平方米;码头泊位19个,最大靠泊能力4000吨级,码头前沿平均水深5米。

八里港区　八里港区位于蕲春县南部,国营八里湖农场境内,溯江而上28公里达黄石市,顺江东下89.5公里抵九江市,南与阳新县隔江相望,北距县城漕河镇21公里,为20世纪70年代建的港口。港区自然条件优越,河床底质为泥沙,长江平均水位14.81米,最高水位24.96米,最低水位8.89米,枯水期码头前沿水深6米,平均流速1.7米/秒,江面宽阔,水势平稳,无冰封冻,为天然良港。

港区所在地八里湖农场,是蕲春县农、工、商系列发展基地,有工厂、公司20余家,供销社,个体服务行业90余家,交通便利。1987年4月,八里湖砖瓦厂建码头1处。1992年8月,个体业主王成香建汽渡码头1处。1995年3月,蕲州装卸总公司设浮式码头1处。1996年8月,经黄冈市交通局批准,由县航管所施工,建斜坡道钢引桥浮式码头1处。八里港陆域水域范围,上自蕲河出口之双沟,下至龙凤寺,全长5500米,港区陆域面积20万平方米,水域面积40万平方米。

港区有码头5处,其中斜坡式4个;泊位5个,靠泊能力3000吨级1个、2000吨级2个、1000吨级1个、500吨级1个;汽车渡口1处,仓库1座,堆场2个,总面积2.4万平方米,另有简易露天堆场面积2.8万平方米;有装卸工人30个,均由附近砖厂职工组建。港口主要装卸设备有40×10米和25×7米钢质趸船各一艘,20×4米和20×5米钢质桥2座,主要装卸工具有机动车6辆,挖掘机1台、装卸机1台。八里泄区是蕲春境内原矿石集散基地。

茅山港区　茅山港区位于彭思镇茅山村(原茅山镇,2001年划归彭思镇),顺江下距管窑镇9公里,距蕲州镇21公里,溯江上与浠水县毗连,南与黄石市一江之隔,东北沿公路38公里即县城漕河镇,为县西南之门户,是彭思、横车、株林等地物资的吞吐咽喉。茅山港区面积40万平方米,其中陆域面积12万平方米,水域面积28万平方米,码头7处,岸线总长6000米,泊位8个,靠泊能力2000吨级3个、1000吨级5个,除长航客运码头(停用)和黄石轮渡码头为浮式码头外,其他均为斜坡式码头。仓库堆场共3座,总面积8800平方米。

1985—1995年,茅山港商品贸易日趋兴旺,来港客货运输船舶日渐增多,黄石至小池客轮、黄石至蕲州轮渡亦停靠该港。彭思砖瓦厂、茅山石粉厂、散花轮渡均在此建码头,株林蛇纹石矿和横车灵虬山石英矿等矿产原料大都通过茅山港运往上海、广州等地。1997年后,随着茅山境内陆路运输的发展,铁路通车,水运港口企业停产或改制,茅山港口业务逐渐淡薄,粮食码头、石油码头、长航客运码头、砖瓦厂码头相继停用。

管窑港区 管窑港区位于管窑镇岚头矶(原岚头矶港)。港区岸线上至瓮坛港,下至叶湾,全长8500米,港区陆域面积17万平方米,水域面积34万平方米。仓库、货场4座,总面积7000平方米;码头8处,即管窑造船厂码头、管窑水厂取水码头、岚头矶过江渡口码头、岚头矶工艺陶器厂码头、管窑长航码头、岚头矶轮渡码头、管窑装卸码头、双沟船厂码头;泊位9个,靠泊能力1000吨级7个、500吨级2个,简易浮式码头2个,简易斜坡道码头6个。出口货物以蛇纹石、石粉为主。1994年6月,黄冈地区交通局批准新建岚头矶综合码头,投资132万元。1996年,综合码头建成,靠泊能力1000吨。1997年,西岚公路被国家列养,全线改造为沥青路面。2000年,西岚、黄黄、沿江公路相继畅通,长航客运、黄石轮渡相继停航,粮食、工艺、石油、木材等码头停用。2015年,蕲春管窑港综合码头项目加快推进。

扎营港区 位于蕲州镇西南扎营港村,东与武穴市黄家村毗邻,南临长江,与阳新黄颡口隔江相望,西距蕲州镇5公里,为1989年建设的新港。港区平均水位14.78米,最高水位24.87米,最低水位8.8米,枯水期码头前沿水深9米,江面宽阔,水势平顺,向无封冻。

扎营港上起新港闸,下至武穴市大法寺鲍家林,全长6800米,港区总面积10万平方米,其中陆域面积6.5万平方米,水域面积3.5万平方米。至2011年,扎营港有码头2个,即周湾码头和水厂取码头,泊位2个,其中周湾码头为斜坡码头,最大靠泊能力2000吨级,最小靠泊能力1000吨级;货场面积1500平方米,简易堆场面积2000平方米。港口有装卸搬运工30人,均以村组织劳力承担,主要装卸工具有板车10辆、机动车10辆、吊车1台。

表3-2-1-5为2007年蕲春港港口普查数据情况一览表。

2007年蕲春港港口普查数据情况一览表 表3-2-1-5

港区名称	港口经营人名称	泊位代码	泊位名称	泊位主要用途	设计靠泊能力(吨级)	码头机械化程度	2007年吞吐量(万吨)	通过能力(万吨)	备注
茅山港区	蕲春县港航管理所	001-00	茅山综合码头	通用散货	1000.00		0.00	0.00	停用2年
蕲州港区	蕲春县港航管理所	003-00	蕲阳客渡码头	客货	500.00		0.00	0.00	
扎营港区	周湾鑫洲装卸公司	001-00	周湾码头	通用散货	1000.00		1.00	1.00	

六、黄梅港

(一)地理位置

黄梅港地处长江下游北岸,东邻安徽省宿松县,南与江西省九江市隔江相望。上起李英,下至段窑,岸线长58.86公里,共有小池港区、刘佑港区、二套口港区、新开港区、李英港区5个港区。

(二)港口沿革

黄梅港小池港区亦称小池口,为历史上著名的临江古驿。唐代改为临江驿。明代定名小池口。明永乐年间(1403—1424年),小池与九江隔江,以舟楫往来,水上通途已开,小池口落户人家日增,商贾云集。明末清初,小池口已有渡船60余只,主要有黄梅与德化两船帮。清咸丰十一年(1861年),英法联军在九江市圈定租界,九江港被辟为通商港埠,外轮靠泊九江,小池渐为三省七县通衢要道,水运发展较快。清光绪二年(1876年),南京商人常仁和来小池开糟坊和南货店,黄梅县巨商夏雪冷来此开"礼记"米行,本地商人徐良柏也陆续经营南货店、布店、药店、糟坊以及砖瓦窑,小池初具港口商镇雏形。

民国初期，港埠进出货物剧增，"世袭御篓"萧姓（亦称水帮）篓行难以承担装卸搬运业务，于是出卖24条"扁担权"给本镇骆、王等姓市民，骆、王以48条扁担形成"德化帮"。1918年，黄梅县上乡农民夏和发、余德友等30余人来小池东街片挑"篓行"，形成"旱帮"即"黄梅帮"，码头装卸搬运业务仍以水旱帮为主。1927年，安徽、广州商人在小池建徽广会馆，置木渡船3只办义渡，每只载重18~20吨，在江边（今小池供销社）建义渡亭（候船室），免费渡客。1934年，汉口—九江班轮定期对开，来往均靠小池，小池港建简易码头一处，设趸船一艘，是为长途客运班轮停靠小池港之始。至1938年7月，小池口已有民船114只，轮渡2处：义渡1处，同济轮渡公司1处。抗日战争胜利后，小池港渐恢复客货运输。

1949年4月18日，小池解放，小池船民全力以赴支援中国人民解放军渡江。渡口设在今粮食储运站油库、交通闸、新华窑厂等处，每天渡运千余人，前后3个月胜利完成渡江任务。船民船工荣获中国人民解放军某渡江部队赠给的"支前功臣""渡江先锋""渡江模范"等锦旗20多面。

1951年6月，小池成立渡口工会，"建国"轮仍担任轮渡。10月，汉口—九江、黄石—九江2条客轮航线复航。1952年同济轮渡公司购"建群"轮代替"建国"轮。1951年码头进行民主改革，1952年8月成立小池搬运工会，1953年初改为小池搬运站。1956年9月以后，"建始"轮与"建群"轮对开九江—小池渡运。1963年成立黄梅县轮渡客运站（1970年更名轮渡站），小池轮船站（今小池港务站）于1959年购买199平方米候船室1座，1960年设置1艘24米木质趸船代替原租用的民船趸船。

1978年，小池港被列为重点建设港口之一。1980年添置15米皮带机3台、自动上煤机1台、5立方米自动装载机1台，建高水位码头1座与40米水泥趸船及12米钢引桥和斜坡配套成粮食作业线。1981年添置40米水泥趸船配套构成散装货物作业区。1985年，黄梅港有码头8座，即煤炭专用码头、港务站货运码头、轮渡客运码头、木材专用码头、砖瓦厂码头、粮油专用码头、清江口码头、龙感湖农场转运码头。港区上起新华砖瓦厂，下抵清江口，长2000米，有5条装卸作业线。

1996年对黄梅港进行港口普查，港口自然岸线长5.18公里，码头总延米1184米，泊位24个，最大靠泊能力1000吨级，最大起重能力3吨，年货物吞吐量166.8万吨，旅客周转量906万人次。2013年5月，由湖北省长江产业投资集团有限公司和小池城投公司联合投资2.58亿元兴建的小池滨江综合码头开工，该码头设计有5000吨级综合泊位2个，年设计吞吐量为120万吨。该码头平台长265米，宽28米，通过2座引桥与后方陆域衔接，上、下游引桥长度分别为580米、550米，宽度均为9米；码头设有3个件杂货堆场和1个重件堆场，面积约20140平方米，2个件杂货仓库，面积约6060平方米。2015年11月，小池滨江综合码头工程通过湖北省交通运输局、省港航管理厅竣工验收。

（三）设施与生产能力

黄梅港有客运、件杂、散货、综合、石化、工作船等泊位共50个，其中营运泊位44个，客运码头核定通过能力为35万人次/年、货运码头核定通过能力为222万吨/年，泊位占用岸线总长度4365米，库场总面积为12.83万平方米。

小池港区 小池港区位于湖北省东部边缘重镇小池镇，长江下游北岸，地处鄂、皖、赣三省交界处。港区上起横坝头，下至九江长江大桥下游代家营，东邻安徽省宿松县，南与江西省九江市隔江相望。沿港区公路北上50公里至黄梅县城接柳界干线，内河沿东港北上可连通华阳水系，水陆交通便利。港区无冰封冻史。港区最高水位22.90米（1954年7月13日），最低水位6.56米（1929年3月28日），平均水位13.59米。港区自然岸线全长7.83公里，主要承担矿建材料、金属矿石、粮食等大宗货物的中转及运输服务，现有综合、件杂、散货、工作船及客运泊位27个，泊位占用岸线长度2420米，库场总面积为6.19万平方米。货运泊位核定通过能力为143.8万吨/年、客运泊位核定通过能力为29万人次/年。2005年该港区货物吞吐量87.7万吨，旅客周转量22.20万人次。近年来，受河势变迁影响，港区部分水域枯水期淤塞，部分码头只能进行季节性作业，现有状况无法满足运量增长需求。2013年3月16日，小池港区滨江综合码头开工建设,新建5000吨级综合泊位2个,年设计吞吐量为120万吨。建设相应的道路、堆场、仓库等生产、辅助生产建筑,配备相应的装卸、运输机械设备和供水、供电等设施。占用岸线268米,总投资为2.58亿元。滨江综合码头已于2015年建设完成。

二套口港区 二套口港区位于黄梅县分路乡,上起游家洲与新开港区相连,下至横坝头接小池港区,自然岸线全长10.72公里。港区目前仅有2个码头泊位,核定通过能力为20万吨/年,泊位占用岸线总长度120米。受港池水域条件影响,二套口综合码头泊位一直处于闲置状态,只有石油码头发挥功能。

新开(六咀)港区 新开港区位于黄梅县新开镇,上起横河口与李英港接壤,下至游家洲与二套口港区相连,自然岸线全长15.66公里。现有9个码头9个泊位,泊位占用岸线长度565米,库场总面积为1.6万平方米,港区码头泊位核定通过能力为20.0万吨/年、客运泊位核定通过能力为5万人次/年。港区码头主要由新开镇镇办企业投资建设,企业码头、公用码头各占一半。汪家洲、单家洲2个码头受水域条件制约,季节性作业,码头规模小、通过能力低。企业码头白沙洲1窑码头、白沙洲2窑码头、蔡家渡窑场码头受企业规模制约,码头通过能力偏小。

李英港区 李英港区位于黄梅县西部蔡山镇,上起李英村与武穴市龙坪镇接壤,下至横河口与新开港区相接,自然岸线全长13.21公里。位于长江副航道内,是黄梅港最上游的港区。现有4个码头6个泊位,泊位占用岸线长度660米,库场总面积为2.84万平方米,港区码头泊位核定通过能力为32.0万吨/年,港区常年水深2~3米,由于出口处河道淤积影响,枯水期只能通行300~500吨级船舶。港区码头主要是附近李英村、庙湾村等村办、镇办企业、个人投资建设并运营,大部分码头形式是简易自然岸坡式,少数泊位配备有机械设备,装卸作业主要靠人背肩扛。目前泊位虽多但规模不大,随着港区进出口货物动量的增长,港区现状已不能满足动量增长的需求,少数码头企业正自筹资金进行自然岸坡硬化、堆场道路硬化,配备装卸机械设备,提高码头通过能力。2005年该港区货物吞吐量19.4万吨。

刘佐港区 刘佐港区位于黄梅县刘佐乡,是黄梅港长江沿岸最下游的一个港区。上起代家营与小池港区相连,下至段窑接安徽宿松复兴,港区自然岸线全长11.44公里。港区主要承担港区矿建材料及木材的物资中转运输服务,现有客运、件杂、散货、木材专用码头及石油专用码头泊位共6个,泊位占用岸线总长度600米,库场总面积为1.5万平方米,货运泊位核定通过能力为6.2万吨/年、客运泊位核定通过能力为1万人次/年。港区年货运吞吐量不大,2005年该港区货物吞吐量为3.8万吨、旅客周转量为0.4万人次。2012年,小池港区开始建设综合码头,有2个5000吨级的泊位,年吞吐量为120万吨,2015年11月通过竣工验收。

七、支流、内湖港口

支流、内湖港口开埠多在明清时期,以清末民初发展最为兴盛。"五水"上游如倒水的七里坪、檀树岗,举水的黄土岗、福田河、浮桥河,巴水的木子店、胜利(滕家堡)、僧塔寺、平湖、三里畈、上巴河,浠水的雷店、杨柳垸、石镇、金铺,蕲水的大同;广济内河上源的梅川,黄梅河上源的城关,梁子湖上源的涂镇均为竹簰、木船上溯港埠,这些港埠街市皆依水路而发展。支流内湖中上游港口往往又是水陆交会之地,红安、麻城、新洲、浠水、罗田、英山、蕲春、广济(原县城在梅川)、黄梅等县城关无一例外,皆是依水兴港,依港建镇。至新中国成立前夕,因历经战争摧残,航道条件逐渐恶化,经济凋敝,这些自然状态的港口渐趋萧条。

新中国成立后,人民政府大力发展交通,支流、内湖港口一度恢复活力。20世纪60年代,支流上源相继修建水库,截留了水源,内湖各港则随着"围湖造田"运动而逐渐缩小水面,港区条件恶化,加之公路运输迅速发展,客货弃水行陆,各水系上中游港口先后萎缩废止。20世纪70年代,白莲河、大同、浮桥河等大中型水库库区水路运输虽然有了新的发展,但港口规模不大,设施简陋,多数港口随着支流内河航道的萎缩而逐渐冷落萧条,至20世纪70年代末,大部分港口处于封闭状态而废止。

至1985年,以水库而兴的港口尚有白莲河水库(浠水)、大同水库(蕲水),举水的新洲城关、大埠(长江干、支流合一的港口),巴水的长孙堤、浠水的六神港等支流港口以及尚未枯萎的广济内河的内湖港,黄梅河的孔垄、独山、龙感湖,梁子湖的樊口、梁子等处内河港口。这些港口港区大多狭窄,设施简陋(多数港口只有简便的一两艘客货趸船),运输和装卸大多数是靠船舶抵岸直接上下货物,直接起坡到点,无须囤储、中转。黄冈市(地区)港口"六五"至"十二五"期码头建设情况如表3-2-1-6~表3-2-1-12所示。

黄冈地区港口"六五"和"七五"期码头建设一览表　　　　表3-2-1-6

序号	码头名称	地理位置	建设时间（年）	设计规模（万吨）	投资额（万元）	泊位数（个）	最大靠泊能力（吨级）	库场面积（千平方米）	结构形式
1	黄州煤码头	黄州	1989—1990	20	450	1	3000	26	斜坡式
2	得胜码头	团风	1990—1995	30	220.24	1	1000	5.5	斜坡式
3	周湾码头	圻州镇	1989—1990	2	15	1	1000	2	斜坡式
4	巴河综合码头	巴河镇	1990—1991	15	40	2	500	2.4	斜坡式
5	兰溪矿石码头	浠水兰溪镇	1985—1986	20	37.7	1	1000	15	斜坡式
6	红卫闸码头	刘佐	1990—1991	30	20	1	1000	30	斜坡式
7	八一闸码头	龙坪	1989—1990	15	23.6	2	1000	4.75	斜坡式
8	二套口码头	二套口	1988—1991	30	160	1	1000	18.78	斜坡式
9	黄州综合码头	黄州	1989—1991	30	510	1	5000	21.24	斜坡式

黄冈地区港口"八五"期码头建设一览表　　　　表3-2-1-7

序号	码头名称	地理位置	建设时间（年）	设计规模（万吨/万人次）	投资额（万元）	泊位数（个）	最大靠泊能力（吨级）	库场面积（千平方米）	结构形式
1	黄州轮渡客运码头		1992—1994	500	230	1	1000		斜坡式
2	八里湖矿石码头	蕲春	1994—1995	30	120	1	3000	20	斜坡式
3	小西门码头	蕲州	1994—1995	20	114	1	1000	15	斜坡式
4	田镇东风建材码头	武穴	1992—1993	30	300	1	3000	10	斜坡式
5	龙王庙煤码头	武穴	1994—1995	20	190	1	1000	10	斜坡式
6	小池清江口矿石码头	黄梅	1993—1994	30	286	1	1000	20	斜坡式
7	龙坪八一闸码头	武穴	1991—1992	15	50	2	1000	10	斜坡式
8	散花货运码头	浠水	1995—1996	15	50	1	1000	20	斜坡式
9	黄州煤码头	黄州	1991—1992	50	600	1	3000	30	斜坡式

黄冈地区港口"八五"跨"九五"期码头续建一览表　　　　表3-2-1-8

序号	码头名称	地理位置	建设时间（年）	设计规模（万吨）	投资额（万元）	泊位数（个）	最大靠泊能力（吨级）	库场面积（千平方米）	结构形式
1	兰溪煤码头	浠水	1995—1997	20	153	1	1000	8	斜坡式
2	散花综合码头	浠水	1995—1996	20	250	1	1000	10	斜坡式
3	蕲州南门综合码头	蕲春	1995—1997	20	200	1	1000	20	斜坡式
4	小池交通闸码头	黄梅	1995—1997	20	280	1	1000	10	斜坡式

黄冈市港口"九五"期码头建设一览表　　　　表3-2-1-9

序号	码头名称	地理位置	建设时间（年）	设计规模（万吨）	投资额（万元）	泊位数（个）	最大靠泊能力（吨级）	库场面积（千平方米）	结构形式
1	盘塘化工码头	武穴	1996—1997	30	350	1	1000	8	斜坡式
2	团风综合码头	团风	1997—1999	20	300	1	1000	10	斜坡式

黄冈市港口"十五"期码头建设一览表

表 3-2-1-10

序号	码头名称	地理位置	建设时间（年）	设计规模（万吨）	投资额（万元）	泊位数（个）	最大靠泊能力（吨级）	库场面积（千平方米）	结构形式
1	二里半码头	武穴	2005	30	350	1	3000	20	斜坡式
2	武穴港一码头扩建	武穴	2006	20	1161	1	3000	10	斜坡式

黄冈市港口"十一五"期码头建设一览表

表 3-2-1-11

序号	码头名称	地理位置	建设时间（年）	设计规模（万吨）	投资额（万元）	泊位数（个）	最大靠泊能力（吨级）	库场面积（千平方米）	结构形式
1	黄州港唐家渡港区装卸综合码头	黄州港	2008	75	2000	2	5000	6	浮式
2	武穴港武穴件杂货码头	武穴港	2009	70	16000	2	5000	13.5	高桩
3	黄州港新港国盛综合码头	黄州港	2010	235	8000	4	3000	8	浮式
4	武汉新港唐家渡港区楚江综合码头	黄州港	2010	275	38000	4	5000	10	高桩+浮式
5	蕲春港八里港区汽车渡口战备码头	蕲春港	2010	80	4000	2	5000	15	浮式+斜坡式
6	武穴港盘塘港区通顺综合码头	武穴港	2010	120	3000	3	500	2	浮式

黄冈市港口"十二五"期码头建设一览表

表 3-2-1-12

序号	码头名称	地理位置	建设时间（年）	设计规模（万吨）	投资额（万元）	泊位数（个）	最大靠泊能力（吨级）	库场面积（千平方米）	结构形式
1	武汉新港唐家渡港区中粮综合码头	黄州港	2012	180	5000	2	5000	12	高桩+浮式
2	武穴港田镇港区亚东水泥码头	武穴港	2012	350	7000	3	1500、3000、5000	15	高桩+浮式
3	黄梅港小池港区滨江综合码头1号、2号泊位	黄梅港	2013	120	26000		5000	12.5	高桩
4	黄州港张家港区祥宏物流综合码头	黄州港	2014	325	39000		5000	8	高桩+浮式
5	武汉新港唐家渡港区临港新城综合码头	黄州港	2013	470	59639	4	5000	16.7	高桩
6	武汉新港唐家渡港区禹杰综合码头	黄州港	2013	395	31000	3	5000	9.3	高桩+浮式
7	蕲春港蕲州港区扎营作业区龙全建材综合码头	蕲春港	2013	80	3800	1	3000	10	浮式
8	蕲春港蕲州港区八里作业区红灯建材综合码头	蕲春港	2013	395	37000	3	5000	8	高桩+浮式
9	武穴港田镇港区洪阳湖作业区祥云综合码头	武穴港	2013	300	15000		5000	9	高桩+浮式
10	武穴港田镇港区马口建工业园综合码头	武穴港	2014	450	24000		3000(5000)	9	高桩+浮式
11	黄州港唐家渡港区钟家湾综合码头	黄州港	2014	375	38400	3	5000	10	高桩+浮式
12	团风港罗霍洲港区物流园综合码头	团风港	2014	200	26000	2	5000	7	高桩
13	武汉新港张家湾港区晨鸣林纸一体化综合码头	黄州港	2014	480	6000	4	5000	15	高桩
14	蕲春港管窑港区物流综合码头	蕲春港	2014	300	26000	2	5000	10	高桩
15	浠水港散花港区滨江新区综合码头	浠水港	2015	500	60000	4	5000	18	高桩
16	武穴港田镇港区牛关矶综合码头	武穴港	2015	270	23000	2	5000	10	高桩

第二节　港口生产

一、装卸搬运

（一）装卸搬运工人

港口装卸搬运业史称"箩行"，即主要用扁担、箩筐挑运货物。相传明永乐皇帝朱棣路过小池，封赐

24名萧姓农民以"御笭",自此他们专揽小池港搬运业务。清光绪年间(1875—1908年),在长江及其支流和湖区港口陆续出现了以挑扛货物上下船舶的行业,形成最早的码头搬运业。码头搬运工人主要是城镇无业者和无田产的农民,起初是干些零星的挑扛活,并无组织,作业地点也不固定,货主招之即来,被称之为"脚伕""驮伕""挑伕""挑笭的",武穴等港埠还有蔑称为"驮脚佬",这些工人是当时社会上最底层的劳苦人民。

清末民初,随着港埠发展,码头工人不断增多,并以亲朋、同乡、同姓等各种关系集结于码头,形成地域性的行会。与此同时,当地豪绅、地痞或大姓望族头面人物见有利可图,插手控制行会,成为头佬、把头。

水路码头主要有"笭行"与"驮行",有的港口包括"车行"(手推车)和"轿行"。有的一个码头有几个行,也有一个行占几个码头。多数港口以笭行为主,按码头、货种划分作业范围(如民国初年鄂城港有粮食码头、棉花码头、竹木码头),互不干扰、侵占。把头不参加劳动,负责业务联系、收取和分发力资,从中剥削。但行会均受当地政府及商会管辖。

1926年,国民革命军北伐进入鄂东,帮助码头工人成立了码头公会,武穴港还成立趸船小工公会,推选董事长,组织纠察队,行会、头佬一时销声匿迹。1927年国民大革命失败后,形势逆转,头佬、把头返回港口统治。

新中国成立后,各港搬运工人在中国共产党和人民政府的领导下,先后成立了搬运工会,宣布码头归集体所有,选举工人代表领导生产。但最初也有不少把头混入工会,继续欺压工人。1951年6月,城镇港口码头开展民主改革,黄冈专署派工作组到各港口,协助当地人民政府开展工作,并以武穴港为全区码头民主改革的试点。全区港埠码头的民主改革于1952年上半年基本结束,涌现出一批先进分子,选举产生了新的搬运工会。民主改革后,兰溪、蕲州、武穴、小池4港还成立了港政委员会,各地相继成立搬运站,装卸搬运工人大都为集体所有制企业职工。1976年后,沿江大部分搬运站随着生产的发展,更名为装卸公司或装卸运输公司。至1985年,全区有交通装卸运输企业9个,有职工2494人。

20世纪90年代,装卸搬运行业经营效益逐年下降,部分企业处于间歇性停业状态。21世纪初,根据国家有关企业改制的文件精神,装卸搬运行业各企业进行集体资产置换、经营机制置换、职工身份置换,职工与原公司解除劳动关系合同,全员进社保。

(二)装卸搬运运价

清末民初,港口装卸搬运并无统一力资,搬运力资由货主与搬运工随意议定。民国时期,各港码头形成行会组织,有关力资事宜由头佬与货主议定。

新中国成立初期,各港搬运力资仍沿袭自由议价形式,与中南财经委员会1951年拟定的搬运力资比较,最高的超过中南区标准的167%,最低超过43%,平均超过81%。沿江各站搬运工人月平均收入高的达81元,低的47元,高于城镇手工业工人的平均收入水平。1952年1月,黄冈专署财经委员会及黄冈专署工会办事处共同制定了全区统一力资暂行办法,将全区搬运站划分为3个类型:沿长江的阳逻、大埠、团风、黄州、巴河、兰溪、武穴、小池按力资标准执行,平原地区的新洲、浠水、梅川、漕河按力资标准的95%计算,英山、罗田、麻城等山区县按力资标准的90%计算。

1953年2月,鉴于当时力资规定的搬运工作范围不够明确,某些规定不够合理,特别是搬运力资基数偏低,超过基数距离附加率又偏高,黄冈专署财经委员会对全区装卸搬运力资进行了第二次调整,以四至五等货为例,力资总水平平均降低45%。

1954年7月和1955年11月,黄冈专署财经委员会对搬运力资又进行了两次调整。按货物搬运难易和货物价值的不同,由六级改为三级;为照顾支流、山区码头货少,不致过多地影响工人收入,其力资改减为加成形式,红安、胜利两县(胜利为巴水上游集镇,1952年设胜利县,1955年撤销,其地域仍归罗田县所辖)城关按一、二、三等货力资标准分别加成25%、20%和15%;英山、罗田、麻城县城关分别加成20%、15%和10%;大埠街搬运距离短,加上劳力过多、货源不足,亦按力资标准分别加成20%、15%和10%。1955年,上述力资加成地区缩小为英山、罗田、红安、麻城4县城关,各等货均加成10%。此时,鉴于搬运站已开始使用手推车和板车代替人力搬运,车运力资应低于人力挑运,按各地码头道路情况,规定黄州、团风、阳逻、麻城、宋埠、小池等港口按力资标准的85%计费,新洲、黄梅、蕲州、浠水按力资标准的90%计费。

1958年8月,黄冈专署针对当时力资计算规定某些不具体的问题,如车船不衔接的作业计费问题,货物分等不尽合理问题,难搬运的物资如石灰不应列为最低等级等问题,对搬运力资进行了第五次调整。货级由三个等级改为二等,手推车、板车搬运货物计费标准重新调整为:黄州、团风、阳逻、麻城、宋埠、小池、蕲州、兰溪等港口按力资标准的80%计算;黄梅、新洲、浠水、武穴等港口按力资标准的85%计算;龙坪、漕河、鄂城、樊口等港口按力资标准的90%计算。调整后的力资水平继续下降,200米距离搬运一等货每吨为1.20元,较1955年的2.16元降低45%,二等货每吨为0.76元,较原来的0.86元降低12%;120米上(下)车船一等货每吨价为0.96元,较原来的1.70元降低44%,二等货每吨价为0.6元,较原来的0.76元下降13%。

1974年6月,黄冈地区革命委员会根据《湖北省装卸搬运和陆路民间运输运价规则》,制订了黄冈地区力资调整实施细则。除货级按全省规定由原二级恢复为三级外,考虑到城镇道路均已改善,将板车运输的4个计费标准合并为一个计费标准;并调整了不合理的计费规定,轻泡货物由按实重计费改为衡量换算计费;此外,对每个作业项目的作业内容都有具体说明,避免理解不清,执行各异;简化计费项目,原来16个计费项目43个收费标准改为14个项目19个收费标准。此次力资总水平经测算,与调整前比较上升了1.85%。

1984年5月,地区物价局、交通局共同对装卸搬运运价费率再次调整,原有14个作业项目中,7项的费率适当调高,同时新增一个项目。综合加权平均测算,新价上升17%。表3-2-2-1为黄冈地区1984年地区装卸搬运运价费率表。

黄冈地区1984年地区装卸搬运运价费率表 表3-2-2-1

类别	代号	作业项目		单位	附加距离	费率(元)		
						一级	二级	三级
装卸	1	装卸车		吨	50米	0.60	0.75	0.90
	2	装卸船		吨	50米	0.90	1.10	1.35
搬运	3	起运价		吨	50米	0.45	0.55	0.65
		分运段行价	50~300米	吨	每50米	0.15	0.20	0.25
			301~1000米	吨	每100米	0.10	0.12	0.16
			1001~3000米	吨	每100米	0.06	0.07	0.08
			3000米以上	吨	每100米	0.05	0.06	0.07

续上表

类别	代号	作业项目	单位	附加距离	费率(元) 一级	二级	三级
搬运	4	码堆	吨		0.10	0.13	0.15
搬运	5	上(下)高	吨	1.5米以上	0.20		
搬运	6	上(下)楼	吨	每层	0.30		
搬运	7	过磅(秤)	吨		0.20		
搬运	8	灌缝包	吨	10米	0.65		
搬运	9	解倒包	吨	10米	0.35		
搬运	10	灌(倒)油	吨	5米	0.80		
搬运	11	汽车捆绑	吨		0.10		
搬运	12	揭盖油布	吨		0.30		
搬运	13	竹木检布	吨	5米	0.50		
搬运	14	竹木出水	吨	10米	0.30		
点工计时	15	普通工	时/人		0.5		
点工计时	15	技术工	时/人		0.7		

注：①一车多点装(卸)，按全车装(卸)吨位增收50%装(卸)车费。②两车相距1.5米以上30米以内，共计收一个半装(卸)车费；超过30米的，按实际作业项目分别计费。③载重在300吨以上(含300吨)的船，其装(卸)车费按本项费率增收20%。④车船相互交接，其间隔距离在50米以内的共计收一个半装(卸)船费；间隔距离超过50米，则按实际作业项目分别计费。⑤两船过载(过档)，两船相靠作业，按装(卸)船费率100%计收；两船间有垫档船的(包括趸船)，按150%计算。

1990年4月5日，黄冈地区行政公署物价局、交通局发出地价字〔1990〕20号、地交字〔1990〕41号文件《关于调整装卸搬运运价的通知》，对全区装卸搬运运价进行调整。通知指出，区内现行装卸搬运运价是1984年制定，由于客观情况的变化，装卸运输成本不断增加，绝大部分装卸搬运企业长期亏损，为了有利于装卸搬运队伍的稳定，结合黄冈实际，调整搬运运价费率，将装卸车基价调为1.5元/吨，将装卸船基价调为2.00元/吨。

表3-2-2-2和表3-2-2-3分别为黄冈地区1990年4月5日调整后和黄冈市1996年12月25日调整后的装卸搬运运价费率表。

黄冈地区1990年4月5日调整后装卸搬运运价费率表　　　　表3-2-2-2

类别	代号	作业项目		单位	附加距离	费率(元) 一级	二级	三级
装卸	1	装卸车		吨	30米	1.50	1.90	2.25
装卸	2	装卸船		吨	50米	2.00	2.50	3.00
搬运	3	起运价		吨	50米	0.80	1.00	1.20
搬运	3	分运段行价	51~300米	吨	每50米	0.30	0.40	0.50
搬运	3	分运段行价	301~1000米	吨	每100米	0.16	0.20	0.24
搬运	3	分运段行价	1001~3000米	吨	每100米	0.12	0.15	0.18
搬运	3	分运段行价	3001米以上	吨	每100米	0.08	0.10	0.12
搬运	4	码堆		吨		0.25	0.30	0.35
搬运	5	上(下)高		吨	每1.5米高	0.40		
搬运	6	上(下)楼		吨		0.50		
搬运	7	过磅(秤)		吨		0.30		
搬运	8	灌缝包		吨	10米	0.65		
搬运	9	解倒包		吨	10米	0.35		
搬运	10	灌(倒)油		吨	5米	1.00		
搬运	11	汽车捆绑		吨		0.20		
搬运	12	揭盖油布		吨		0.40		
搬运	13	竹木检布		吨	5米	0.60		
搬运	14	竹木出水		吨	10米	0.40		
点工计时	15	普通工		时/人		1.00		
点工计时	15	技术工		时/人		1.20		

黄冈市1996年12月25日调整后装卸搬运运价费率表　　　表3-2-2-3

类别	代号	作业项目		单位	附加距离	费率(元)		
						一级	二级	三级
装卸	1	装卸车		吨	30米	3.00	3.50	4.00
	2	装卸船		吨	50米	3.50	4.00	4.50
搬运	3	起运价		吨	50米	1.30	1.60	2.00
		分运段行价	51~300米	吨	每50米	0.50	0.60	
			301~1000米	吨	每100米	0.26	0.32	0.40
			1001~3000米	吨	每100米	0.20	0.25	
			3001米以上	吨	每100米	0.13	0.16	0.20
	4	码堆		吨			0.50	0.60
	5	上(下)高		吨	每1.5米高			
	6	上(下)楼		吨			1.00	
	7	过磅(秤)		吨			0.50	
	8	灌缝包		吨	10米		1.00	
	9	解倒包		吨	10米		0.50	
	10	灌(倒)油		吨	5米		1.50	
	11	汽车捆绑		吨			0.40	
	12	揭盖油布		吨			0.70	
	13	竹木检布		吨	5米		1.00	
	14	竹木出水		吨	10米		0.30	
点工计时	15	普通工		时/人			2.50	
		技术工		时/人			3.00	

注：以上费率为中准价，允许在中准价的基础上上下浮动10%。

（三）装卸搬运工具

清末民初时期，"箩行"码头工人的典型工具是"一条扁担两只箩筐"，装卸搬运包装货物（粮包、盐包、棉花包）则在头肩披一块5尺长的蓝布扛包。20世纪30年代，少数港口平地搬运和短途运输出现手推独轮车。

新中国成立后，全区装卸搬运作业第一步是实现车子化。1952年，全区11个县共成立44个搬运站或搬运组（包括非港口的搬运站），搬运工具除扁担、箩筐外，还有手推独轮车（俗称红车）538辆、板车165辆。1956年，兰溪搬运站置胶轮板车50辆，以改善工人生产条件，提高搬运效率。团风搬运站于1955年自制150米滑板，1956年安装皮带运输机3台，随后又安置3台板车牵引机，自制人拉胶轮大板车12部（总载重量6吨）。1957年底，各港共有手推车1359辆、胶轮板车147辆、木轮板车132辆。

第二步是改革装卸工具和操作方法。小池搬运站创造出短棍背元丝快速装卸法、深舱插板法、一列式滚油过磅法；鄂城搬运站创造运重大件平板滚龙千斤摇绞法、土平台装卸法；兰溪搬运站工人赵可法创造滑运重件法；樊口搬运站朱长生造出帆布滚龙运输机和木质起重机。1958年，各港口搬运站开展"技术革新"和"技术革命"（简称"双革"）。10月，全区以兰溪搬运站为试点，初步实现"四化一消灭"，即装卸起重吊车化、上坡链板缆车化、平地运输车子化、下坡溜具化，消灭肩挑背扛。1958年12月，湖北省黄冈专署在兰溪港召开了装卸工具技术革新和技术革命现场会，各港搬运站共革新工具47种4815件，工效提高1~20倍。1959年，巴河搬运站修筑轻便轨道108米，自制链板机及帆布运输机3台，增强搬运力量。1958—1959年,兰溪搬运站开展装卸搬运工具改革,共革新工具10种60余件,人均日装卸量由5.5吨提高到10吨,成为全省地方港口的先进单位。

1960年春,中共湖北省委交通工作部召开的以装卸搬运为中心的工具改革会上,提出了"工具改革与码头建设并举"的方针。到1960年底,全区累计新修简易码头13个、永久性码头1个、扩大货场2.2万平方米。鄂城、兰溪两港还拆除了江边房屋,增修货场2万平方米,同时各港还进行了装卸搬运机械系列化工作,在新旧码头与机具配套方面共有系列化码头9个、机械化码头19个、半机械化码头34个、土码头23个。

1964年,黄冈专署交通局在蕲州召开的沿江10港轮船站站长与搬运站站长联席会上,围绕"快装快卸"这一中心议题,提出"土洋结合,大小并举"和"一切经过试验,因地制宜,讲求实效"的方针,要求把工具改革重点放在上下坡、进出舱、起重、装卸、堆码等环节上,从而把工具改革引向讲求实效方面。到1965年底,阳逻、团风、黄州、鄂城、蕲州、武穴、小池等港口购置汽车和三轮机动车各4台、拖拉机1台、自制起重绞车7台、起重机1台、缆车及牵引机各2台,木质链板机大部分更新为皮带机。武穴搬运站修建斜坡式码头1个,开始使用机械装卸重件,工效比人力提高5倍。1965年,武穴搬运站添置板车137辆、牵引机及绞车各1台、滑板7块(总长60米),港口作业实现了半机械装卸。

1974年,兰溪港新置24米水泥趸船2艘、皮带运输机14台(总长280米)、活动吊车2台(起吊能力共3吨)、牵引机3台(总长200米)、板车116辆、汽车2辆(计5吨),卸一艘600吨级驳船的货需时由5天降到2.5天。武穴港拼装土汽车5辆,自制了水泥趸船、4吨重的吊车和抓斗机,解决了散装物资装出舱问题。据1971年统计,全区共有革新项目60多种400多件。1973年,湖北省民间运输管理局在抓"小机上船"之后又抓"小机上车",组织各港装卸职工代表到襄阳、沙市、宜昌、黄石、云梦等地参观,蕲州搬运站等企业"小机上车"的经验,在全区进行了推广。到1974年9月,全区共有三轮机动板车90辆,每辆造价950元,可提高生产效率4~5倍。

1975年,湖北省根据全国港口会议精神,把装卸机械化列为港口重点会战项目之一,将黄冈地区的阳逻、鄂城、兰溪、蕲州4个港口定为全省第一批装卸机械化会战的重点港口,武穴、团风、黄州、巴河、龙坪、小池等港则为地区装卸机械化会战的重点港口。当年4月,黄冈地区交通局和民间运输管理处组成工作组,到蕲州、兰溪两港具体协助搞试点工作。1977年底,小池、武穴、蕲州、兰溪、巴河、黄州、团风、阳逻8个港口共建造和购置35~40米水泥趸船11艘、钢引桥7座(115米)、各种吊车15台(52.5吨)、皮带机26台(350米)、电抓斗8台、散装上料机5台、四轮机动车23辆、拖斗9辆、机动板车29辆,装卸机械化程度达40%~60%,运输机械化程度达50%~60%。

1978—1979年,黄州、小池被省定为第二批装卸机械化会战重点港。黄冈地区交通局采取集中领导、集中技术力量、集中材料、集中资金的措施,要求改进一项,成功一项,巩固一项。黄州搬运站经过75天奋战,在黄冈县机械厂的协助下,仅投资1.2万元,制成2.5吨汽车吊1台。小池搬运站首先解决了生产急需的吊车,又在黄梅县轻工业局的支持下,制成翻斗车5台。

1981年,全区港口大型装卸机械达到127台件,有19条机械作业线。1982年,扩建桥口和余家巷码头,开辟货场6650平方米,两个码头连成一片,配备20吨起重吊车1台、平板缆车2台,形成一条机械作业线,共投资19万元。1983年,巴河装卸运输公司(前身巴河搬运站)投资3万元在江口码头修建混凝土斜坡路面100米和货场800平方米,配备吊车、缆车各1台、趸船1艘以及发电设备,同时用石料整修一条2000米路面连接巴河街市。1985年,全区港口装卸搬运机械达354台件(不含鄂州市、新洲县),其中起重机械27台,最大起重能力15吨;输送机械156台,长2208米;装卸搬运机械164台、专用机械7台。长江主要港口装卸工具已基本机械化,但小港口和支流、内湖港口仍没有完全淘汰肩挑背驮的落后作业方式。

1986—1990年,港口市场日益繁荣。蕲州装卸公司机修厂自己设计生产组装载重1~2吨三轮机动板车26台,购汽车起动机1台,用于陆地重货物装卸。1986年初,蕲州港口装卸运输工具改革逐步成龙配套:蕲州钢厂码头建成煤、铁、砂运输作业线,矿石码头建成蛇纹石运输作业线,二里湖码头建成木材运输作业线,牛皮坳水泥厂码头建成水泥、煤、砂运输作业线,轮渡码头配置趸船、跳趸、钢引桥,以利行人,新建汽车轮渡码头1处。1988年,将码头进行改造,神牛农用车开上趸船装卸货物。1990年10月,在湖北拖拉机厂购置5台1815牌农用车投入蜈蚣嘴码头生产,实现装卸机械化,港口吞吐量达115万吨,年产值100万元。

进入21世纪,随着市、区经济的发展,招商引资力度不断加大。经营港口码头的民营企业采取招商引资的办法,吸纳社会资金的投入,逐步改善码头基础设施条件,提高机械化程度,增强港口吞吐能力。

武穴市盘塘港区江昌建材贸易码头购置趸船、吊机、铲车等设备。华新水泥田镇综合码头是武穴历史上最大的招商引资项目,也是华中地区最大的水泥生产基地的配套项目,建设了一条年产8000万条水泥袋的生产线、一个新兴的磷石膏废料处理厂和6座自卸码头。

黄冈亚东水泥专用码头主要由桩台、引桥、皮带机廊道组成。码头桩台采用直立式结构,桩台长91米,宽14米,码头上下游均设系缆墩,与桩台之间用16.5×1.5米钢引桥连接。皮带机引桥通过装船机与桩台连接,出口皮带机廊道长约13米,宽4米,人车引桥宽7米。码头前沿装船采用1500吨/小时直线轨道摆动式装船机,水平输送采用带式输送机。

表3-2-2-4为1985年黄冈地区、鄂州市、新洲县主要港口装卸运输企业概况。

1985年黄冈地区、鄂州市、新洲县主要港口装卸运输企业概况　　表3-2-2-4

企业名称	职工人数	主要运输工具								装卸机械(台)	货运		装卸量(万吨)	全年营业总收入(万元)	利润总额(万元)	固定资产(万元)	
		拖轮		驳船		货车(辆)	客车(辆)	挂车(辆)	人力车(部)		万吨	万吨公里				原值	净值
		艘	马力	艘	吨												
合计	2494	1	240	2	700	330	2	93	464	179						2339	1326.5
黄冈团风装卸公司	128					18				2	4	74.2	20.5	38.1	-3.2	71.4	38.4
浠水巴河装卸公司	93					6				20	1.9	72	21	33.2		47.7	27.2
浠水兰溪装卸公司	260					7				11	1.4	111	43	68.4		139.9	57.2
蕲春蕲州装卸运输公司	367	1	240	2	700	19			154	19	3.7	58.7	45	132.7	5.5	181.7	103.1
广济武穴装卸运输公司	253					12			110	19	2.3	84.4	30.8	62	1.4	105.4	61.8
黄梅小池搬运站	397					41		9	5	5	4.7	204	51	59.2	-0.6	112.3	52.6
黄州装卸运输公司	257					36		9		14						157.2	100.7
鄂州市装卸运输公司	414					187		71		80	113.8	4054	42.8	1369.4	115.9	1438.2	821.9
阳逻装卸公司	325					4	2	4	195	5	1.1	90.4	35	84.7	4.6	85.2	63.6

注:货车含简易机动车和拖拉机。

二、港口装卸量

新中国成立初期,码头搬运工人组织起来恢复港区生产,至1957年实现搬运车子化(胶轮板车、独轮车)。港口吞吐量从1950年的8400吨上升到11.87万吨。20世纪50年代末期,港口依靠工人群众自力更生,掀起"土洋结合"的装卸搬运工具改革高潮,其时年吞吐量超过50万吨的有阳逻、鄂城、兰溪3港。阳逻港地处要冲,是新洲、麻城、红安等县及豫南部分县物资中转港,1959年吞吐量达到65.5万吨。1963年武穴搬运站港口吞吐量增至33.5万吨,出口粮、棉、油及非金属矿产约11.5万吨,进口建材、化肥、食盐、农药及日用品等约22万吨。1966年下半年,"文化大革命"的影响波及港口。1970年以后,港口生产逐渐恢复正常。1975—1978年,全区开展装卸机械化会战,码头机械作业程度普遍提高。1981年,港口货物吞吐量突破100万吨,比1949年增长约22倍。1985年,黄州港年吞吐量突破39万吨,其中进口24.5万吨,主要为煤炭、石油、矿建材料,出口17.5万吨,以粮食、红砖为主,旅客发送量5万人次(长途客运)。1985年,武穴港年吞吐量163.3万吨,其中进口18.1万吨,主要为煤炭、化肥,出口145.2万吨,以粮食、矿建材料为主,旅客发送量164万人次。1986—1990年,国家对原计划经济全面放开,鼓励国营、集体、个体一齐上,港口市场繁荣。1986年初,蕲州港吞吐量达115万吨,年产值100万元。1996年,黄州港年吞吐量39万吨,其中出口22.4万吨,旅客吞吐量289万人次,其中出口135万人次(主要为过江轮渡客运量);武穴港年吞吐量183.91万吨,其中出口125.2万吨,旅客吞吐量142.6万人次,其中出口69.34万人次。2000年,巴河港区全年货物吞吐量500万吨,其中99%为黄砂。2000—2006年,货运吞吐量呈升降交替的态势,主要原因是受航道条件限制,水位不足,中枯水期1000吨以上船舶无法进出港。

进入21世纪,港口吞吐量逐年增加,但多以出口为主。如武穴港2000年港口吞吐量460.6万吨,其中出口406.2万吨,占88.2%;2005年吞吐量481.34万吨,其中出口335.7万吨,占69.74%。2010年以来,武穴港的吞吐量总体呈现增长态势,年均增长速度达到24.05%。其中,2011年港口吞吐量略有降低,2012年又呈现跨越式增长,吞吐量达到919.19万吨,比2011年增长2.27倍。从2012年全港分货类吞吐量统计看,武穴港货物吞吐量以矿建材料和水泥为主,其占全港吞吐量的比例分别为74.50%和15.49%,合计占全港吞吐量的89.99%;其他件杂货和化肥农药分别占6.86%和2.37%,合计占全港吞吐量的9.23%;此外,煤炭及制品、石油天然气及制品、木材、非金属矿石和粮食吞吐量占比为0.78%。

从长江江汉客轮停开以来,武穴市的客运量逐年下降。到2001年之后,武穴市港口年客运吞吐量基本稳定在20万人次左右,进口量和出口量相当,主要为过江轮渡的运量。

黄州港2000年港口吞吐量为28万吨,其中出口24.9万吨,以矿建材料为主,其次为粮食和非金属矿石。2005年,黄州港年货物吞吐量达49.5万吨,全为矿建材料出口量;旅客吞吐量为80万人次,其中出口35万人次,主要为过江轮渡客运量。2007年,港口年吞吐量已突破200万吨,其进出口货物种类主要为建筑材料、金属矿石、煤炭、粮食、化肥、石油以及部分工业产品。

2007—2013年,蕲春港货物吞吐量(不含水上过驳的黄砂吞吐量)由98.42万吨增长至135.92万吨,年均增长速度达到5.53%,其中2009年、2010年和2013年货物吞吐量较上年略微回落。蕲春港进出口货物主要以矿建材料、非金属矿石等大宗散货为主,其吞吐量的增长速度逐步放缓;件杂货类各货种吞吐量增长迅速,其增长速度逐步增大。2013年,蕲春港进出口货物量以矿建材料和非金属矿石为主体,占全港吞吐量的比例分别为50.57%和43.32%,合计占全港吞吐量的93.89%;金属矿石和煤炭及制品分别占3.36和0.84%,合计占全港吞吐量的4.2%;此外,水泥、木材、化肥及农药、粮食和其他件杂货占比为1.91%。从货物包装形式来看,蕲春港进出口货物主要为大宗散货,约占全港吞吐量的98.09%,主要是本地非金属矿石、矿建材料的输出;件杂货的吞吐量仅占全港吞吐量的1.91%,主要为木材、水泥、粮食以及其他件杂货。从进出口构成看,出口1309334吨,占95.83%,主要有非金属矿石、矿建材料、金属矿石、木材、粮食和其他等;进口49871吨,占4.17%,主要有煤炭、水泥、非金属矿石和化肥等。蕲春港以非金属矿石和矿建材料的干散货出口运输为绝对主导,件杂货运输极少,进口量极少。

2010年,黄冈全市完成港口吞吐量1830.20万吨。2012年,黄冈市内河港口货物吞吐量为2521.36万吨。2014年,黄冈市内河港口吞吐量为4008万吨,其中出口3611.63万吨。2015年,黄冈市内河港口吞吐量为5058.5万吨。

表3-2-2-5为1985—2014年黄冈主要港口货物吞吐量统计表,表3-2-2-6为2015年黄冈市六大港口生产情况统计表。

1985—2014年黄冈主要港口货物吞吐量表统计表(单位:万吨)　　　　表 3-2-2-5

港口	1985年	1996年	2000年	2005年	2010年	2014年
黄州港	60	39	28	495.5	94.00	459.90
蕲州港	103.5		17	44.87	48.60	341.98
武穴港	163.3	183.91	460.6	481.34	79.90	102.9
黄梅港	60.1	44.35	17.5	135.2		

2015年黄冈市六大港口生产情况统计表　　　　表 3-2-2-6

名称	码头泊位(个)			2015年货物吞吐量(万吨)			
	合计	生产用	非生产用	合计	液体散货	干散货	件杂货
合计	326	262	64	3995.92	9.81	3725.94	260.17
团风港	4	2	2	53.53	0	53.53	0
黄州港	68	59	9	684.16	0	662.67	21.49
浠水港	42	33	9	990	0.11	988.91	0.98
蕲春港	49	36	13	490.03	0	490.03	0
武穴港	99	79	20	1428.2	0	1193.2	235
黄梅港	64	53	11	350	9.7	337.6	2.7

第三章 客货运输

第一节 运输工具

一、传统工具

(一) 竹簰

竹簰亦称竹筏,是最古老的浅水运输工具。竹簰制式视航道条件而有大小宽窄之别,形状则大同小异。黄冈地区扎簰所用的楠竹主要来源于江西宜春、安徽宿松以及湖南湘西等地。

制作竹簰须选周长约46.2厘米以上的楠竹。第一道工序:先削去竹表青皮,在楠竹大头顶端两侧各凿5厘米直径小孔(称为穿鼻眼),每节下端一指处钻一小眼(称为水眼),以利于加工安全和排除溢水;第二道工序:将已削去青皮的楠竹放在火上烤黑,预备做排头的楠竹梢从165厘米处起翘,以利挡浪破水前进;第三道工序:用桐油调和石灰粉制成油灰封闭水眼,然后涂抹桐油1~2遍,晾干;第四道工序:每块簰用32~35根(蕲水河竹簰18根)楠竹平排进行绑扎,用一根长横梁(杉木)绑扎簰头,共须绑扎13~17道横梁,绑扎物均为竹篾,绑扎好的一块簰与另一块簰首尾相接成为"一对",两对竹簰连接在一起称为"一吊"。一吊竹簰前两块簰称为头簰,簰头起翘以利挡浪破水前进;后两块簰称为摆簰或游簰,设架棚(拱棚)作为簰民吃饭歇息的场所。每吊簰长约8.3米,宽约5米,可载重6~6.5吨。

竹簰每年夏季小修一次,立秋前大修一次。小修,是将簰拆散后逐根捅开灰眼,摇出竹中积水,重新绑扎;大修则要逐根检查,更换破损楠竹,并将所有楠竹涂抹桐油,然后重新绑扎。竹簰一般可使用3~4年。

(二) 木帆船

宋元时期,黄州、蕲口、蕲州是木帆船的主要停泊地点。南宋陆游《入蜀记》载:"居民繁错,蜀舟泊(蕲口)岸下甚众。"

明清至民国时期,黄冈地区除专用于漕运的漕船外,民用运输船种类主要有艑子、鸦艄、航划等。

艑子 以其体型比较扁浅而得名。原系湖南建造,由湘江运货顺江而下,就地转卖,渐成为黄冈地区沿江港口主要船型。船长、舱浅、舷宽,长约20米、宽3.5米、深0.5米,宜载笨重货物。

鸦艄 系从孝感一带传入的老式木帆船,以其尾艄线形略似乌鸦而得名。货舱口窄、肚宽,船身呈葫芦状。这种特殊线形主要是为应对关卡按桅舱宽度计税而设计制造的。鸦艄船有大小之分,大的载重30~40吨,小的载重5~7吨。

航划 船型特点是首尾翘起,吃水浅。载重1~3吨,一人即可驾驶,既可驶帆,也可划桨。

小平头驳船 首尾平直,尺水可行,遇阻滞搁浅还可扒沙滑行,常见于举水、倒水、巴水、浠水等支流河口段,用于转驳货物。

长船 别名菜瓜船、鳅鱼船,底平、腰窄、身长,吃水浅,易过滩,常航行于巴水、浠水下游,冬季水枯则出长江,以扬帆航行于武汉至黄石之间。

肚咀鼓 一种单人操驾的小船,载重1~2吨,以巴水最多。有风时以篙代桡,挂晒蓬(船上遮阳布)借风力前进,无风则一人站在后艄撑篙行驶。艄尾横梁有一圆孔,停泊时,将篙自圆孔插入河中,即可将船固定,无须抛锚,故又名"独脚姑(舟)"。

"八面风" 该船系巴河叶氏祖业,仅有1只,建造于民国初期,载重28吨,有风即可扬帆行驶,特别是逆风"打戗"灵便,故称"八面风"。1957年曾被列为优良船型推广,1962年报废。

接艄 船身扁平,外形似鸦艄,但头尾比鸦艄略翘。多在支流、湖区航行,大接艄亦可行驶于长江。

达早 与艑子相似,仅艄部较尖窄,操作灵活,也用作渔船。

巴斗 船身中部凸出像计量用的"巴斗",故名。船身较肥短,舱深口窄,一般是双桅,以武穴巴斗船较出名。

倒扒子 又称湘壳子船,系从湖南湘江水系传入,载重15~30吨。枯水季节在支流顺流航行,不满载时,习惯以船尾朝前行驶,并以桨代舵,因而得名。

此外,还有排合划、畈划、舟秋子、同子壳、浮艄子、三眼、兔儿、辕纳等名称的小划船。这些小船或作为"脚划"(即平时系于大型木帆船尾后供船员上岸使用),或在支流、湖区小渡口作客渡船用,也有用作渔船的。

早期木帆船制造工艺是继前人所传,均无图纸。1956年,武穴修船合作社对木帆船进行船型改良,特点是前方后圆,减少水阻力,航速快;航行时易于掉头转弯;腰舵宜宽,追横风有档力,使舵调动灵活。1960年4月,广济县造船厂自行设计了第一艘木质拖船,命名为"广机2"号(后改称105轮),能自载货20.6吨,并可拖带200余吨。是年,建造木驳15艘,计900吨。

(三) 邮船与两改船

1949年前,武穴港有一种邮船,以传送官府、客商信件为主,兼运货物,俗称"信货船",主要航行于武穴至九江之间,大的载重10~15吨,小的载重7~8吨。

1958年,交通部对木帆船提出了"一清两改"("一清"即清舱上岸,组织无劳动能力的老年船民和儿童上岸定居,"两改"即改良船型和改良工具)的方针。在改良船型方面,经过对比鉴别选优,实行"大修大改,小修小改",重点是改良吃水深而操作笨重、舱深口窄、多舱而装卸不便、首尾翘窄、稳性差,不便拖带的船型。先对艑子、鸦艄、长船、达早、巴斗5种船型进行三改,即改多舱为少舱,改尖底为平底,改窄口为宽口。继而在全区全面发展为七改,即窄底改宽底、尖底改平底、小舱改大舱、深舱改浅舱、翘艄改平艄、笨重固定拱棚改为轻便拱棚、鱼咀舵改为将军舵(可以升降,便于脱浅)。淘汰了宝庆船、鱼鹰子等落后船型。至1959年,共改良木帆船353只,计4560吨;船型由60多种减为30多种,航速一般提高15%~30%,载重量增加10%~20%。此外还仿照明轮船试制脚踏翻水板以推进船舶,但因劳动强度大,且易损坏,未投入实际应用。

1960年,全区对木帆船船型进行了普查(表3-3-1-1)。选取阻水小、载重大、易过浅滩、操作安全、便于装卸、适于顶拖的优良船型11种,包括巴河接艄、黄梅板艄、广济长撮、新洲艑子和大埠、团风、鄂城、兰溪、蕲州等地的驳船,确定长江以驳船、接艄为主,支流港区以艑子及浅水驳为主,分别做出标准船型设计,逐步普及优良船型。

1960年黄冈专署专业木帆船船型普查统计表 表3-3-1-1

船型名称	只数	吨位	船型名称	只数	吨位
合计共33种	2083	19044	3.鸦艄	408	3336
1.驳船	267	7916	4.巴斗	267	2365
2.接艄	45	908	5.艑子	185	1337

续上表

船型名称	只数	吨位	船型名称	只数	吨位
6.麻阳子	1	45	20.达早	45	264
7.荆帮船	1	14	21.丝纲子	1	12
8.黄艄子	2	60	22.长撮	130	310
9.鱼鹰子	17	98	23.撑杆	47	105
10.宝庆船	1	51	24.平杆	18	54
11.府船	2	71	25.四早	3	7
12.草船	1	43	26.划船	286	701
13.湖南艑子	1	22	27.离平船	20	51
14.漆板子	2	29	28.板艄子	90	209
15.湖南平船	2	21	29.鹋儿船	16	39
16.倒扒子	2	57	30.利皮	7	19
17.航船	48	481	31.鸦尾子	4	25
18.辰船	1	8	32.扒胡	5	16
19.放划	156	361	33.达腰	2	9

20世纪60年代开始,木帆船维修所需木材供应日益紧张。1966年3月,黄冈专署交通局在全区民间运输工作会议中提出"水泥代木修造船"。1970年9月,浠水县巴河船厂试用水泥修补木船,一经传开,各地纷纷仿效,进而从小补应用到大部位的挖腐、换件,直至船壳全部套抹(俗称"穿大褂")。

（四）挂桨机船

1958年,在大搞技术革命的号召下,各港社纷纷试制木机民船,又称脚踏翻水板船。同年5月,武穴江新社参照"江天"号大轮的翻水板形式设计制造出翻水哥德巴赫装置,安装在2.5吨过江渡船上,初次试航费时费力,便告停航。5月底,由广济县航管站出面,购回旧汽车发动机2台,并在本县购买汽车发动机3台,分别安装在"广济1""广济2""广济3"号拖轮上。1960年,长江木帆船运输公司附属船厂首次自行设计和建造广济县第一艘拖轮,定名为"广济2"号。主机为上柴4135型柴油机,80马力(约58.8千瓦),可自载货物20.6吨,同时拖带木船300吨。

20世纪70年代后,"小机上船"实现木帆船由人力、风力推进变为机械动力推进,特别是1971年国产小型柴油机定型产品批量生产后,"小机上船"率先在支流、湖区以及水库库区得到推广应用。其中190型挂桨机尤为适合在10吨左右的木帆船上安装。挂桨机是主机、舵、推进器三位一体的综合机械,特点为体积小、重量轻,安装简便,机驾合一,操作灵活,遇有浅滩、沙埂还可以将整机提起,适航于水浅滩多的支流、湖区。此类小机船空载航速12公里/小时,满载航速8公里/小时。10~30吨的木帆船多采用290型和2105型柴油机,另配推进器和舵系装置。至1973年,全区有小机、挂桨机的木帆船达45艘,"小机上船"对小型木帆船改造起到了推动作用。1978年以后,随着机动船和钢质船数量的逐年递增,原有木帆船逐渐被钢质驳船代替。

二、现代客轮

（一）普通客轮

清咸丰八年(1858年)十一月,英国特使额尔金由上海乘洋轮"狂怒"号及4艘护卫舰上溯长江抵汉,此为黄冈地区所辖长江段江面第一次出现轮船。同治十二年(1873年),中国第一家官督商办的招商局轮船"永宁"号(载重240吨)首航沪汉线,这是第一艘中国轮船出现在黄冈地区长江段的江面上。此后,外商华商竞争长江航线,轮船时增时减,但这些都是进入黄冈地区的"客籍"轮船。在"客籍"轮船竞相发展的影响下,黄冈、蕲春、浠水、黄梅、鄂城等县均有当地绅士或商人购置或租赁轮船。至1949年,全区共购置轮船39艘,其中以客轮为多数,船舶动力大多是蒸汽机,功率和吨位都不大,船舶质量较差。

新中国成立后,长江船舶船型的发展大致经过3次重大变化。20世纪50年代的运输船舶,绝大多数是烧油蒸汽机船,航速每小时20公里左右,续航能力一般为80小时;20世纪60年代改烧渣油,航速每小时25公里左右,续航能力提高到100小时;20世纪70年代后期,逐步向内燃机船舶过渡。1954年建成的客货船"民众"号,是新中国成立后第一艘我国制造的大型柴油机客货船,经过改型,成为长江第一代新型客船。20世纪60年代,武汉长江轮船公司投入长江航行的客船,船身长不足百米,固定客位700余个;20世纪70年代投入使用的客船,船身长为108米,固定客位增至1186个;20世纪80年代投入使用的新型客船,船身长达113米,固定客位1434个。

地方船舶不断更新换代。1954年9月,黄梅小池东港第一、第二2个互助合作组(16户)请工自建客轮,该县物资部门特拨日产24马力(约17.65千瓦)动力机2台予以支持。1955年春,他们又吸收11户组成先进运输合作社,同年9月客轮建成,命名为"先进"轮,航行黄梅小池至孔垄一线。该轮有78个客位,航速10公里/小时,每日4个航次,完全代替了原来117只划船的客运。该轮为新中国成立后黄冈自建的第一艘客轮。1958年,湖北船厂设计制造了一批"跃进"号长江区间客货轮。为满足水上客运量迅速增长的需要,该轮的设计达到载客量大而阻力小、稳定性好的特点,使客船建造技术上了一个新台阶。1960年,蕲春县张塝区政府新建54马力(约39.7千瓦)、15吨位、80客位客货轮一艘,开辟大同水库库区客运航线。1969年,湖北船厂为黄梅县交通局设计制造了"团结"号双体船,用于江西九江至湖北小池口之间的运输。1970年,长轮青山船厂制造了一艘"东方红117"号双体船,用于长江区间班轮,该双体船甲板面积大,载量多,转向灵便。1975年建成的"江汉1"号大型客货船,成为20世纪70—80年代途经长江黄冈水域的汉申客运航线上的主力船型。

20世纪80年代,航行长江的客轮由中小型向大中型、由普通型向高档豪华型发展。1985年,长江航运管理局经营的长江干线长途客运船舶基本实现"机驾合一"。一般常规客船或旅客旅游兼用船,客位数在300~600人之间,新建造的客轮在舒适性方面已有较大改进。1985年建成的"江汉57型"客货船,是第一艘双尾节能船型,在快速性方面获得成功,被认为是长江上的第三代新型客船。1994年7月,武汉长江轮船公司投资建造快速、全封闭、双尾型"江汉21"号客轮由武汉首航上海。该客轮为长江第四代客轮,总长89.5米,宽14.4米,主机功率2400千瓦,机舱设于船尾部,载客764人;客舱设二、三、四3个等级,备有中央空调、闭路电视系统及各种文化娱乐设施,航速达33公里/小时,往返武汉至上海仅需4天。

(二)豪华游轮

随着长江流域经济和其他运输方式的发展,长江客运船型向长途旅游舒适化、区间短途高速化方向发展,各种星级豪华系列旅游船纷纷投入长江航线营运。

1979年,长航局将原"昆仑"号客轮按国际标准改装成长江上第一艘豪华型旅游船,并于1980年投入旅游营运。1983年,航行于武汉至上海并途经黄冈的豪华游轮武汉扬子江游船有限公司的"扬子江"号建成,客位190个,功率3088千瓦,总长84.6米,宽16.8米;1991年,该公司建造的"总统1"号船航行于重庆至江阴航线,客位196个,功率2640千瓦,总长90米,宽16.8米。1997年,武汉恩佩斯游船有限公司的"黄鹤"号投入重庆至上海航线营运,客位154个,功率2160千瓦,总长91.30.6米,宽16.4米。

进入21世纪,长江游轮向星级化发展。游船分为国内三星级游船、四星级涉外游船、五星级涉外豪华游船以及超五星级涉外豪华游船。"世纪钻石"号是新世纪系列于2008年打造的长江上最早一批超五星级豪华游轮。它是长江游轮中首次采用浮动地板以及静音技术来达到减振降噪的豪华游船,让游客有更加舒适的游轮体验。

"总统旗舰"号是2011年下水的一艘在硬件以及服务标准上突破传统观念的超五星级游轮,在设计上结合现代的先进技术及欧式古典的审美观念。

长江黄金系列自2011年"黄金1"号下水以来,2012年上半年接连有4艘超五星级豪华游轮下水运行。"长江黄金1"号是长江上第一艘万吨级超五星级邮轮,从船的外观到游船娱乐设施都有着很大的创新之处,直升机停机坪、大型双层影剧院、儿童乐园、高尔夫球场、环行赛车道、台球室、步行街等都是其创新之处。"长江贰"号的创新之处在于它是长江游轮中第一艘也是目前为止唯一一艘拥有室内恒温游泳池的超五星级豪华游轮,其在服务、旅游休闲性及环保上,比之前的长江游轮也有了很大的改进。

"皇家公主"号游轮是长江上唯一一艘由德国建造的五星级游轮,全船设有标准间、单人间和豪华套间,卫星电话、卫星电视、卫生设施一应俱全,宽敞的西餐厅和典雅的中餐厅为游客提供美味佳肴,游客在船上享受吃、住、行、游、娱、购为一体的全方位服务。

"皇家公主"号游轮

(三)高速客船

20世纪80年代后期,高速客船被引进到长江营运中。高速客船一种为水翼飞船,一般客位为135~145个,航速65~75公里/小时,为普通客船的4~5倍;另一种为快艇,一般客位为12~50个,航速35~45公里/小时,具有灵活方便、快捷的特点。1996年,鄂东车渡公司开展水上快客业务,引进3艘12客位的快艇,2001年3月全部更新为19客位,仅此项年收入就达100万元(时运价调整为:客轮1.5元/人次,快艇3元/人次),当年营运收入创历史最高,达520万元,其中快艇150万元,占营运收入的28.8%。

三、现代货轮

据资料统计,民国初期,聚集在武穴港的中外轮船公司共有16家,共计63艘客货轮。1912—1938年,进入武穴港增加有英国的亚细亚煤油公司,油轮2艘,总吨位1277吨;日本戴生昌轮船局(该公司由台湾商户创办,后为日本船商接手经营),进入船舶2艘,计2875吨;鸿安商轮公司(原系英商开办,后又由虞恰卿转买接办),3艘计6697吨;大通仁记航业公司进入船舶4艘,计4303吨。1914年始有"江顺"号客轮及安合轮船局的2艘货轮泊靠武穴。至1949年,先后进入武穴港的国内外航运公司计有68家,船舶123艘,总吨位147644吨。

表3-3-1-2为新中国成立前外国货轮停靠武穴港统计表。

新中国成立前外国货轮停靠武穴港统计表　　　　　　　表3-3-1-2

国　别	公司名称	艘　数	总　吨
英国	太古洋行	11	32747
英国	鸿安商轮公司	3	6697
英国	怡和洋行	7	21931
日本	大阪商船会社	13	28662
英国	麦边洋行	2	8802
德国	美最时洋行	3	5046
英国	亚细亚煤油公司	2	1277
美国	美孚洋行	2	1277
日本	戴生昌轮船公司	2	2875
总　计		45	109.314

20世纪50年代,长江上航行的驳船多为100~300吨级,有的木驳只能装40多吨,千吨级船极少。到20世纪80年代后期,武汉长江轮船公司的驳船全部是铁质驳,最小的是300吨级货驳,中等的是1000吨级驳,大的有2000吨级分节驳。分节驳上配有自动连接锁,使船只编队作业简化,大大加快了运力的周转。新中国成立初期的拖轮,功率一般在183.9千瓦(250马力)左右,小拖轮只有11千瓦(15马力)左右,到1957年才有367.7千瓦(500马力)的"7字头"拖船出现。"7字头"蒸汽拖船,曾在20世纪60年代和70年代起到主力军作用,它与后来的1470千瓦(2000马力)蒸汽机拖轮(又称"00"号拖船)成为长江直达专线运输的主要动力。20世纪90年代,武汉轮船公司曾经占有主力作用的蒸汽机拖轮全部退役,被1941.7千瓦的(2640马力)内燃机推船所取代。1941.7千瓦(2640马力)的拖船一次可拖运货物1.6万吨,4413千瓦(6000马力)的推船一次可推运货物3.2万吨。

1956年9月,黄梅县东方红运输社筹建拖轮,安装日产24马力(约12.65千瓦)汽油机2台,可拖带120吨木帆船,在东港内从事货运,此为黄冈专署自建的第一艘拖轮。1957年冬,鄂城县城关水运社在13吨木帆船上安装南京产16马力(约11.8千瓦)操舟机,航速为普通帆船的5~6倍,为本地区第一艘以木帆船改造的机帆船。1967年,由于木材紧缺,广济县造船厂利用长江上捞起的旧铁堑成条状,经电焊连接成肋骨及骨架,其余部分仍为木材。船舶建造进入铁木结合时期,先后建有"轮渡1"号、"黄拖183"拖轮及机驳等船舶。1969年,广济县建筑公司响应上级"大造水泥船"的号召,首次试制水泥船,随后兴起水泥船建造热潮。水泥船建造分2种:一种是钢丝网水泥船,另一种是钢筋混凝土水泥船。

1976年,国家钢材供应好转,全区出现大造钢质船舶的热潮。1979—1980年,全区水运企业共贷款近600万元,加上企业折旧基金和修理基金,集中力量发展钢质拖轮和驳船,同时开展机型标准化、系列化建设,全区船舶机型由原12个系列逐步确立了以135、160为主的4个系列,淘汰了陈旧落后机型。根据全区黄砂运输批量大、装载快、运程远的特点,船舶吨级一般都超过了湖北省制订的300吨级限制,新洲城关航运公司1982年自建货轮最大的达820吨。到1985年底,全区(含鄂州市和新洲县)专业水运企业拥有机动船275艘,37089马力(约27278.9千瓦),15498吨位,5834客位;非机动船378艘,105170吨位;其中钢质船吨位占90%。与此同时,多数新造的拖轮、货轮配备了罗经、液压舵、电动绞关等设备。

全区在发展轮驳船过程中,有3次节油技术活动。首先是1973年兴起的"热油进缸"节油技术活动。这种节油技术是在船舶主机上安装一个简易装置,利用柴油机排气管的余热,将燃油加温,使其黏度变小,易于雾化,以充分利用柴油的热能。经测试,平均每千马力小时可节油7.5~8.3公斤。到1974年2月,全区安装热油进缸装置的船舶达117艘,7902马力(约5811.9千瓦),分别占船只和马力总数的67.6%和79.7%。但时隔不久,船员们感到操作不习惯,且相应地增加了维修工作量,这种节能活动逐渐被中止。

1980年上半年,船用柴油机惯性增压技术经验在全区推广。它是根据机型的不同,在进气口装上一根长1~2米的进气管和一个稳压箱,利用空气在管中流动的惯性和波动效应,增加进气量和提高缸内的压力,改善燃烧状况,达到提高功率效率、降低油耗的效果。通过实船试验,可提高航速8%~10%,但缺点是启动机器困难。当时的10个水运企业共有柴油机274台,17522马力(约12877千瓦),其中适宜安装增压装置的有191台,13831马力(约10172.7千瓦),到同年6月止已安装82台,5954马力(约4379.2千瓦),但没有在全区机动船上得到普及。

1984年10月,湖北省航运管理局在老河口市召开的全省航运系统推广船舶柴油掺水技术工作会议后,全区确定先在团风、浠水、蕲春、广济、黄梅县的5个水运企业进行推广,有6艘机动船舶(8台主机,1005马力,约合739.2千瓦)安装柴油掺水装置。据团风、武穴2艘120马力(约88.26千瓦)货轮的反复测试,掺水率为15.2%~18.9%,节油率达9.6%~12.3%。1985年3月,湖北省航运管理局在武穴召开全省航运系统节能总结表彰会议,认为武穴轮船公司的掺水装置具有结构紧凑、体积小、重量轻、安装方便、使用维修简便等特点。

20世纪90年代,按照《湖北省优秀船型推广应用管理办法》,推广甲板驳船标准化。逐步淘汰部分质量差、吨位小、不适应现代运输的船舶,按航道等级标准和航区特点开发性能好的定型船舶,如江海直达船、件杂货和集装箱船、高速船、散货专用船、液化气船等,形成多船种、多航区、多用途、多功能的运输框架。1990年,黄冈民用船舶1559艘,全部实现钢质化,江海直达货轮也落户黄冈。1991年3月,武穴市轮船总公司建成散装沿海货轮"黄鹤6"号并投入运营,船长46.15米、载货量526吨,主机功率164千瓦;1998年,新增4艘钢质矿驳,船舶保有量增至65艘、28860吨,主机功率6068千瓦,年货运量达72万吨;2002年2月,新建1艘载重2500吨货轮"振武"号,3月投入运营。地方船舶运力结构发生了较大的变化,船舶向大型化、标准化方向发展,以1000~3000吨级货船取代过去的100~300吨机驳及一顶两驳900吨级船队。

2006年,湖北省交通厅出台《湖北省船舶发展政策引导资金管理办法(试行)》,引导标准化船型发展,有效促进辖区内水运企业船舶结构优化升级。海铭星(集团)有限责任公司下属开阳星造船有限责任公司与中船总武昌船舶重工集团联合,建造武汉国裕集团2艘12400吨散货轮和出口日本4艘11000吨散货轮,首次开创了地方水运企业承造万吨巨轮的先河。随后相继承造出口德国2600吨系列干货船9艘、菲律宾2000吨系列散货船2艘和3180吨轮2艘,以及国内油轮、化学品船、浮船坞、取水泵船等大小船舶20余艘。

2010年,财政部、交通运输部联合颁发《长江干线船型标准化补贴资金管理办法》。同年12月27日,湖北省港航局在黄冈市召开湖北省长江干线船型标准化工作推进会及旧船拆解现场会。为加大推动这项工作的力度,当年申报的2艘拆解船舶已按程序进行拆解,补助资金已按期到位。2011年申报了10艘船舶的拆解,其中7艘已拆解完成。2012年拆解改造老旧船舶11艘,完成船舶更新改造投资1.8189亿元,发放补助资金422.69万元。到2015年,黄冈地区全社会拥有内河航运机动船舶631艘,运力达90.1万载重吨。

四、特种专用船

随着水运货种结构的进一步变化,生活物资大都通过公路运输,水路主要承担大宗生产资料的运输,大体由液体散货、干散货、件杂货3类构成。为了适应货种结构的变化,长江黄冈区间出现特种专用船。

卤水专用船 该船结构强度、稳定度满足A、B、C级航区要求,货舱防腐性强,其舱面还可以满足运输散杂货要求,能够一船多用。

液化气船 1997年12月,由武汉长茂液化石油气运输公司建成的第一艘浅水肥大型LPG(液化石油气)专用运输船"长茂1"号投入营运。该轮总长70.93米、型深3米,主机功率404千瓦,航速16.4公里/小时。全船设2个液货舱,分别安装有2个直径6.3米、长18.13米、容积500立方米的卧式液化罐,可以运载丙烷、丁烷及相应的石油化工液体产品。

化学品船 1992年,由长江船舶设计院设计,黄冈江北船厂建造"川维821"化工用品船,用于装载冰醋酸等化工产品,采用整体重力式全不锈钢液货舱。

集装箱船 2005年11月,武汉长海集装箱航运有限公司建造的5000吨级245吨标准箱江海直达船"长海东湖"号首航成功,该船可同时装载冷藏集装箱。

表3-3-1-3为黄冈1949—2015年水运工具数量统计表。

黄冈1982—2015年水运工具数量统计表

表 3-3-1-3

年份(年)	客船 艘	客船 客位(个)	货船 艘	货船 吨位	货船 千瓦	拖船 艘	拖船 千瓦	驳船 艘	驳船 吨位	帆船 只	帆船 吨
1982	29	6095	147	12294	7063	95	10326	406	63371	101	745
1983	28	5709	139	14179	7691	96	12478	394	79234	52	385364
1984	17	3620	95	8649	4676	62	8951	218	57338	43	364
1985	20	4582	92	8585	4459	64	10073	202	63811	39	338
1986	20	4582	90	8573	4371	67	11675	213	78767	38	338
1987	18	3220	83	8559	4300	67	11675	213	78767	38	60
1988	19	2794	91	9662	4842	70	12131	217	86161	12	339
1989	26	6534	91	10152	4788	73	12236	221	91064	38	
1990	26	6424	89	9873	4668	75	12924	221	92429		
1991	23	6134	81	10329	4775	75	13401	219	95449		
1992	23	6134	81	10329	4775	75	13401	219	95449		
1993	41	8080	455	15579	35044	101	10743	400	139212		
1994	18	6430	63	10664	4165	57	2785	163	79086		
1995	18	6430	422	37708	15972	228	27646	322	104933		
1996	18	6730	423	43609	16868	225	24351	304	111689		
1997	18	6730	368	42134	16903	188	26125	304	111689		
1998	26	6830	417	42437	17718	217	25961	278	97046		
1999	26	6830	412	41983	17540	215	25961	280	97530		
2000	26	6830	411	45253	17738	215	25961	280	97530		
2001	26	6830	415	49073	19922	215	25961	281	97730		
2002	25	6342	416	51573	19882	215	25961	281	97730		
2003	25	4498	368	66794	25013	209	20262	225	102046		
2004	14	979	399	142955	51108	174	23543	200	102150		
2005	26	3732	366	167681	57925	73	10393	122	71137		
2006	14	2494	279	164718	49279	80	11231	89	54488		
2007	8	1089	318	195419	59483	98	14074	109	68966		
2008	11	1747	422	240524	78252	124	18487	147	95761		
2009				237656	85000	90	15000	119	77444		
2010				93519	38904	42	6668	58	38005		
2011				566290	194532	55	11045	77	62690		
2012				848425	231273	52	3750	80	87825		
2013				636	880465	215610	51	13740	69	82955	
2014				637	897393	216281	51	12817	49	71926	
2015				590	833826	203731			44	69695	

注：1987年以前的动力为马力数，表中已将其换算为千瓦。

第二节 旅客运输

一、长江客运航线

(一) 长途航线

汉口至上海航线，航程共1102公里，其中黄冈境内240公里。清咸丰十一年(1861年)，美商琼记洋行"火箭"号轮首航,随后各中外官商轮船企业纷纷派轮船参与此航线营运。外轮停靠武穴、蕲州、黄州等港的主要有英国太古洋行(1869年起)和怡和洋行(1877年起)、日本大阪商船会社(1898年起,后并为日清汽船株式会社)、德国美最时洋行(1899年起)的"美大""美顺"和"美利"3艘轮船也停靠武穴;我国商轮主要有轮船招商局和大达、宁绍、三北、鸿安等轮船公司,芜湖的泰昌轮船局也先后有4艘轮船航行安庆至蕲州、武穴之间。据资料统计,民国初期,聚集在武穴港的中外轮船公司共有16家,共计63艘客货轮。武穴港年客运量已达10万人次,营业收入达12.7万元。1914年始有"江顺"号客轮及安合轮船局的2艘货轮泊靠武穴。

　　1935年,湖北省内河航轮管理局在武穴设东区营业所。当时有3条航线,即汉口至上海、汉口至南京、汉口至九江班轮在武穴港定点停靠,还有武穴至九江、武穴至黄石、武穴至通山3条短途航线,年客运量达10万人次,货运量为10万吨。

　　据1936年湖北省建设厅《全宗三十一》载:"查武穴有招商、三北、宁绍、太古、怡和与日清公司大轮,及湖北省内河航轮管理局小轮往来停泊。"

　　1938年7月1日,日机轰炸停泊在武穴港的中国"咸宁"号和"长宁"号军舰,大阪趸船、太古趸船亦被炸沉。同月,武穴警察局在撤离前,用炸药将招商铁质趸船炸沉;利济趸船公司的3艘趸船亦尽毁,公司遂停业、解体;汉武江新轮趸公司亦停业,将趸船撤离武穴港。武穴沦陷前,当局实行沉船封航,驻守武穴的国民党军队在江面布雷80枚,各处商轮从此不靠武穴,武穴港仅有少数木帆船营运。在武穴沦陷期间,仅有日本"小樱丸"号小轮1艘不定期航行武穴至汉口和武穴至九江、安庆之间,"小樱丸"号于1941年在湛家矶沉没,由"华鹿"号日轮替代。1942年,美机将日驳"登光丸"号炸沉于下关江中,将日本汽油驳船1艘炸沉在上关江中。

　　抗日战争结束后,民生公司的"民权"号轮船于1945年12月9日复航,首次泊靠武穴。同年,商办汉武江新轮趸公司复业,改名为汉武江新鄂东轮趸联营公司,在上关江边安置木质趸船1艘。1946年,湖北省航业局重新设置武穴营业所。1947年5月,善后救济总署湖北分署调拨来1艘铁船代作趸船,泊位在原太古码头。

　　1948年12月,商办鄂东轮趸票局成立,在下河街正码头设置木质趸船1艘,停靠上水小轮;汉武江新鄂东轮趸联营公司的趸船则停靠下水小轮。从1945年底至1949年初,停靠武穴的小轮除有民生公司的船只外,还先后有湖北省航业局的汉口至九江航班轮船、泰昌轮船公司的九江至武穴航班轮船、商办阳新班轮武穴至阳新航班轮船。1949年初,国民党军队为阻止中国人民解放军渡江南下,实行劫船锁江,不仅禁止各处轮船进入武穴港,还将武穴所有民船强行集中到江南岸码头镇,遂使武穴港水运完全停顿。至1949年,先后进入武穴港的国内外航运公司计有68家,船舶123艘,总吨位147644吨。这些商船大多是客货兼运,外国洋行及本国招商局有商轮以货运为主,航线为上海至汉口、南京至汉口线;国内其他各轮船公司及商号的商船以客运为主,航线为汉口至九江、汉口至安庆等。

　　1950年,"江安"轮复航汉口至上海航线。此后,汉申航线有"长航"大型客班轮每日上下水各一班,往返周期7天(20世纪50年代末缩短为5天),在黄冈境内主要停靠武穴港。

　　1951年10月9日,长江九江办事处组建的武穴港挂牌营业。"江顺"号客轮停航,后首航武穴。当年完成客运量15000人次;1952年客运量上升到25000人次;1953年客运量创46224人次的新纪录;1954年客运量增加到50009人次;1955年客运量达到50069人次;1956年客运量猛增到137979人次。

　　1971年,汉申线增加副班客轮,每日在武穴港停靠一班。1978年,长航武汉分局增加汉口至南京定期客班轮,同时还增开汉口至上海的客运快班轮,每班上下水均在武穴港各停靠一次。

　　长航局从1975年开始全部更新客轮,1978年新辟汉口至南京航线,1985年还有2艘大型双尾客轮分别投入汉沪、汉渝航线,当年又增加汉申、汉宁间快班客船。1985年7月2日,武汉长江轮船公司在鄂城港增设大型客班轮停靠点,汉口至南京、宜昌至南京航线的客班轮每日上下水均在此停靠。1985年,武穴港客运吞吐量达194.44万人次,因武穴港是小港口,舱位定额很少,舱位票每天"一票难求"。每年春运客流量日高峰达到5000~6000人次,候船室内外人山人海,旅客大都来自黄梅县、蕲春县、阳新县、瑞昌县和武穴本地外出务工者。尤其是新春开年的双日子,散席都无法买到。很多出行者被迫滞留(港口称"压港")在候船室席地而卧,等到第二天才能离港。

1990年,长江轮船总公司在湖北区间增加跨省和省内客运航线9条,计16个班次,途经黄冈区间的有汉口至黄石至武穴、汉口至团风航线。停经武穴港客运码头的大轮航线6条,其运行情况如表3-3-2-1所示。

大轮在武穴港客运码头班次运行情况表　　　表3-3-2-1

航　　线	运 行 班 次	各班次航向
汉口—上海	每日一班	上、下水轮船各1班
汉口—南京	每日一班	上、下水轮船各1班
汉口—九江	每日一班	上、下水轮船各2班
宜昌—南京	每日一班	上、下水轮船各1班
汉口—黄石—武穴	每日一班	上、下水轮船各1班

1994年以后,宜昌以下长江客运进一步萎缩,航线缩短、客运量下降,长江黄冈区间的短途客运线相继停航。1997年8月10日,武汉长江轮船公司停开汉口至九江航班。面对客运市场疲软现状,1999年11月,武穴港客运总站主动出击,开拓市场揽客源。他们改变传统坐门售票的方式,积极与厂矿学校、社会团体和行政事业单位联系,上门售票争取客源,并根据客源情况,积极争取轮船公司增靠武穴至赤湖区间客轮,开辟武穴至九江的客车联营,每日发班4趟,填补了武穴港客运市场水陆联营的空档。20世纪90年代末,随着人们生活水平的不断提高,生活节奏也相应发生变化,长江普通客运受到时效差的制约,加上铁路客运多次提速、高速铁路及动车组开通、公路高速路网的快速建设、民航运输业的发展,致使长江普通客运客源锐减45%。1999年,武穴港出口旅客仅14.3万人次。

2001年10月,由于巨额亏损,长航集团武汉客运公司退出经营了128年之久的汉申客运航线(清招商局"永宁"号1873年首开武汉至上海航线,新中国成立后由长航武汉客运公司经营了50多年),随后又相继退出汉九、汉宁、汉渝等客运航线,专注于货物运输建设。10月10日,长航集团宣布:"今天,'江汉59'号轮从汉口发往上海,这是汉申班的最后一班船,从此长航集团在该航段的航班永久撤销。"10月13日上午10时,"江汉59"号轮拉响了沉重的汽笛,像往常一样驶离了上海十六铺码头。这是上海至武汉航线的最后一个航班,运行了50多年的"上海—武汉"航线宣告正式停航。10月31日,长航集团武汉客运公司所属"江申117"号轮完成申通(南通)线最后一个航次,11月15日退出宜昌以下长江客运市场。2002年10月,长江轮船总公司武汉公司宣布退出普通客运市场。

2003年,因"非典"的侵袭,武汉至南京、上海、宜昌方向的普客运输全面停航。是年4月25日,武汉港至九江、南京、上海、重庆的普通客运全线停航,成为长江普通客运"历史性的结语"。2004年4月,武汉港客运站联手九江港客运站、长航轮总江山公司试开通武汉港至九江的旅游航线,因客源不足,仅一个月即停航。至2005年,黄石轮船公司有客船6艘、1295个客位,经营黄石至蕲州、黄石至黄州短途旅客运输。据统计:2010年,黄冈水路运输客运量247万人;2015年,黄冈水路运输客运量降至零。

(二)中短途航线

汉口至阳逻航线　航程32公里,黄冈境内3公里。清末民初,开始由阳逻港木帆船中的下帮(潘家墩)20只木帆船承担客运。1934年始有轮船客运。抗日战争胜利后,由阳逻籍陶氏二兄弟购日本船"武和"轮(300客位)经营,后又增一艘客轮(船名不详)。新中国成立后至1952年6月由新洲县政府建设科接管,1953 年省航运局有"红安""咸宁""蕲州"3 艘轮船专营此线。1954 年客运量达 10 万人次。后为武汉市轮渡公司航线。

汉口至葛店航线 航程 47 公里。1934 年 3 月至 1935 年间由湖北省航业局开辟,中途停靠武昌、叶家洲 2 处,1938 年停航。1951 年曾由湖北省航运局复航,中途停靠曾家巷、青山、阳逻、龙口等处。后为武汉市轮渡公司航线。

汉口至团风航线 航程 73 公里,黄冈境内 45.5 公里。1934 年农历二月二十八日首次开辟该航线。1936 年客班班次增多,汉口中心轮船局的"太平"号由汉口至团风隔日一航班。1938 年由于日军侵占后停航。1947 年复航,有一艘客班轮(71.42 吨),中途停靠阳逻、葛店、华容、赵家矶等码头,新中国成立前夕停航。

汉口至鄂城航线 航程 97 公里,黄冈境内 56.5 公里。1914 年江安轮船局的"江安"轮和刘云记的"保生"与"保清"两轮首次开辟该航线。此后,同安新轮船公司的"同乐""同福"轮、同安轮船局的"同安"轮、庆记轮船局的"鸿宝"轮、江安轮船局的"新汉安"轮、和记轮船局的"慎裕"轮、汉松轮船局的"保瑞"轮、慎怡昌轮船局的"同裕"轮、大昌轮船局的"保和"轮、富记轮船局的"瑞泰"轮和华安轮船局的"华安"轮计 10 余艘轮船相继行驶该航线,但航班不定期,兼营货运,中途一般停靠阳逻、葛店、团风、赵家矶等码头。1938 年,该航线中断。1945 年日本无条件投降后,私营轮船业惠远、仓汉、复兴三公司经营此航线。1954 年,湖北省航运局以"保康"轮重新恢复此线。1965 年,长江航运移交长航后此航线取消,纳入汉口至九江航线。

汉口至黄州航线 航程 92.5 公里。清光绪十五年(1889 年),清军提督刘维桢购置小客轮首辟汉口至黄州航线。其后又增加 2 艘小轮,以此航线为主,班期不定,一周甚至一月航行一趟,中途停靠西河铺、团风等地,兼营货运。1914 年,江顺轮船公司的"江顺"轮行驶该线。1917 年,利济公司的"保安""保汉"与"康济"三轮和全鄂公司的"保清""云龙"(武昌至黄州)两轮以及森记公司的"江安"轮开始航行于此线,途中停靠阳逻、团风、西河铺等地。1938 年航线中断,此后再未恢复。

汉口至黄石航线 航程 134 公里。1914 年,安合轮船局的"利湘"与"壁源"两轮航行此线。1951 年,湖北省航运局复航,1953 年起先后由"沙洋""岳口"两轮对开,还有私营轮局的"瑞安"隔日一班往来其间。后统交由长航经营管理。1966 年后,该航线始定为每日上下水各一班,在黄冈停靠阳逻、葛店、叶家洲、泥矶、团风、西河铺、三江口、鄂城、黄州、燕矶、巴河、兰溪等港。

汉口至蕲州航线 航程 167 公里,黄冈境内 138.5 公里。1943 年由"蕲春丸"号(99.14 吨、200 客位)首辟。1945 年日本无条件投降后,"蕲春丸"号失踪。同年 11 月,"蕲春丸"号寻回后更名为"新蕲春"号,行驶汉口至蕲州和武穴一线。1946 年,因该船被武汉水上警察局扣压而停航,此后未见复航。

汉口至武穴航线 航程 206 公里,黄冈境内 177.5 公里。1916 年,汉记轮船局的"汉云"号轮船(43.5 吨)首辟。该航线私营轮局较多,最多达 44 家,客轮为 49 艘,商轮基地多设在汉口,以武穴为终点。至 1938 年日本侵入后中断。1945 年日本无条件投降后,湖北省航业局于次年在武穴设置营业所,恢复汉口至武穴航线,有"建鹤""建嘉""建随"和"建应"4 艘轮船往来停靠。新中国成立前夕,南京国民政府军队封江设防,该航线再度停航。新中国成立后,汉口至九江航线通航后取代了该航线。

汉口至九江航线 航程 251 公里,黄冈境内 222.5 公里。此航线为途经黄冈地区客运量最大的小型客班轮航线。民国初年,湖北省商轮永安公司将汉口至武穴航线延伸至九江,因鄂、赣两省港埠有隙难以维持。新中国成立后,此航线先由复原、中新等私营轮船局正式开通。1954 年 9 月,公私合营荆江轮船公司并入民生轮船公司后,建立每日对开的汉(口)九(江)线定期航班。1956 年后归并长航经营管理。此后至 1985 年,航线班次均较固定,航行周期为 4 天,每日上下水各一班,途经黄冈阳逻、团风、黄州、鄂城、燕矶、巴河、兰溪、茅山、岚头矶、蕲州、黄家山(1975 年后设置)、田家镇、武穴、龙坪、小池等 15 处港口码头。

黄州至武穴航线 航程113公里。1958年由黄冈专区交通局"安陆"轮开辟,1959年停航。

黄州至团风航线 航程22公里。1952年黄冈专区交通科所属"联达""胜利"两轮开辟该航线。1956年上半年由湖北省航运局接管。1968年,黄冈县黄州航运站以"阳新"轮(80马力约58.8千瓦、157客位)航行此线,1977年因亏损而停航。

鄂城至黄石航线 航程37公里。鄂城至燕矶段航线,新中国成立前即有城关和燕矶的木帆船经营客运,1968年鄂城城关水运社配置一艘25马力(约18.4千瓦)、80客位小客轮航行此线。燕矶至黄石段航线,1966年由燕矶民船社用一艘25马力(约18.4千瓦)、20吨载重量的机驳经营。1970年6月,燕矶民船社与鄂城城关水运社合并,两段航线合为一段,并改用80马力(约58.8千瓦)、190客位的客轮航行,中途停靠点为池湖港、燕矶、观音港、团山、戴家洲江中大队,每日往返一次。2005年改由鄂州市第一航运公司经营,每日2班。

黄州至黄石航线 航程41公里。1983年9月由浠水县轮船公司"嘉鱼"轮(270马力约198.6千瓦、400客位)开辟此线,由于与长航的汉九、汉石2条航线竞争失利,1984年11月停航。2005年,黄石轮船公司再开黄石至黄州短途旅客运输航线。

兰溪至黄石航线 航程14.5公里,1966年由兰溪公社运输站"黄民客"10号轮(60马力约44.1千瓦、42吨、150客位)开始经营,2005年改由一艘135马力(约99.3千瓦)、411客位的客轮航行,每日2班。

蕲州至黄石航线 航程34公里。1972年1月,蕲州航运社从江西购回350客位客轮一艘,每日从蕲州至黄石往返一次,中途停靠岚头矶、三洲、源口、茅山、散花。1个月后停航。20世纪70年代中期,黄石市轮渡公司开始经营此航线,每日2班,中途停靠茅山、源口、岚头矶、双沟等地。至2005年,黄石轮船公司仍有客船6艘,1295个客位,经营黄石至蕲州、黄石至黄州短途旅客运输,旅客吞吐量162万人次。

武穴至小池航线 亦称武浔线,航程48公里,1963年由湖北省航运局开辟,有"石首""当阳"和"黄陂"三轮航行。沿途停靠江北的龙坪、李英、蔡家渡、陆家咀、小池。1965年移交长航后停开。

游轮航线 进入21世纪,长江普通客运萎缩,豪华游轮逐渐兴起,途经黄冈区间的有上海港至重庆港(9天)航线、武汉港至上海港(4天)航线、重庆港至上海港(7天)航线。

二、湖泊、支流、水库航线

汉口至仓子埠航线 自长江进武湖,航程54公里,黄冈境内25.5公里。1915年仓子埠商人王家崇租轮船一艘首辟。1921年,仓子埠人卢福田、林子俊各租一轮继航此线,进而挤垮王家崇,联合成立仓汉轮船聚义公司。1931年被徐源泉兼并后改为仓汉轮船局,以"仓兴"和"仓汉"两轮专营客运,1938年因日本进犯而停业。1946年复航。新中国成立后,仓汉轮船局被湖北省航运局接管,此航线每年只在5—11月丰水季节通航。1958年因武山湖不能通航而停开。

汉口至金牛航线 航程190.5公里,黄冈境内150公里。1916年佑渊轮船公司的"寰泰"轮(载重36.59吨)首辟。此航线自长江进樊口长港至梁子湖区周围鄂城、武昌、大治三县部分集镇,每年4—11月丰水季节通航。1918年,宝泰轮船局的"通和"轮、安记轮船局的"同裕"轮和聚隆轮船局的"聚福"轮,1920年,尊记轮船局的"美达"轮都投入该线营运。1924年樊口建节制闸,航线自此中断。

樊口至金牛航线 航程92.5公里。1926年7月,金牛镇商会董事长贺庸仆创办金樊小轮公司,并以"汉元"轮航行该线,沿途停靠路口、夏家沟、六十口、东沟、磨刀矶、梁子镇、胡瓢咀、熊家码头、但家咀、港口等地。1927年停航。此后直到1950年,马昌湖船民集资建"群众"号客轮一艘,航行樊口至涂镇。同年10月,汉口的群众轮船公司派"群众1"号、"群众2"号两艘客轮(共172客位)经营樊口至金牛航线,并在樊口、金牛设轮船站。1955年,群众轮船公司并入省航运局,其2艘轮船交给鄂城樊口木帆船中心管理站,改名"鄂梁1"号、"鄂梁2"号,与鄂城县交通科建造的"鄂梁3"号客轮共同行驶樊口至梁子湖区(涂镇)的运输。1977年梁子湖磨刀矶建节制闸,又使樊口至梁子湖航线隔断,此后航线分为樊口至磨刀矶和磨刀矶至梁子湖两段,每日各有一班客轮行驶。由于公路汽车客运的发展,轮船客源减少,处于勉强维持状态。

武穴至辛潭铺航线 航程85公里,黄冈境内12.5公里。清末宣统年间(1909—1911年),武穴上关民船在每年汛期航行此线,1937年改为轮船行驶,自富池口入富水经阳新、排市到辛潭铺。1938年日本入侵后中断。抗日战争胜利后,1947年湖北省航业局恢复此线。1964年上半年,阳新县交通局以"富水1"号轮船航行此线,后省航运局将此航线收归省营。富池大闸兴建后,航线分为2段,"汉川"轮("东方红234"号)专航富池至阳新;"天门"轮("东方红236"号)、"江陵"轮("东方红237"号)两轮航行富池至武穴,每日各一班,于1974年3月27日停航。

广济内湖航线 新中国成立前,广济内湖客运均由木帆船承担,且客货兼顾,航线不固定,复线较多,无法一一考证。新中国成立后主要有2条航线,一是武穴至仓头埠航线,经西港进入武山湖至仓头埠,全程16.5公里,1971年开始由当时新桥民船社(后合并于今武穴轮船公司)一艘26客位小客轮航行,中途停靠团山桥、朱连咀、也字咀等地,1977年增加25客位小轮一艘,1982年5月又增加钢质客驳2艘,共80客位,由客轮拖带,每日往返一次,1985年平均日客运量为200人次。二是官桥至童司牌航线,全程15公里,1973年10月1日由广济县航运公司(今武穴轮船公司)"广客1"号小客轮(20马力约14.7千瓦、50客位)首辟,每日往返一次,中途停靠连城桥、王胜祖、城塘桥、万丈湖(须驶进汊河)等处,1979年该船增加客位至80人,目前平均日客运量约100人次。

黄梅河龙感湖航线 航程20公里。1954年,东港第一、第二互助组联合组织起来,自请工匠在小池建成一艘木质"先进"轮(78客位)开辟小池至孔垄的航线。1968年由黄梅东方红运输社"黄梅客4"号、"黄梅客5"号航行此线,两轮均为80马力(约58.8千瓦),共有363个客位,每日两轮对开,往返4班次,中途停靠甘露、徐港、王埠、邓渡、龙感湖总场(邓渡处分汊到龙感湖总场)。由于农副业船舶剧增,广揽旅客,1985年该轮停航。

黄梅河严家闸至独山航线 航程24.5公里。1968年由黄梅县后湖运输社(后并入黄梅县航运公司)"黄梅客6"号轮(60客位)航行此线,每日往返2个班次,日客运量约100人次,中途停靠大源湖口、长沙咀、庙林咀等地。

麻城浮桥河水库航线 该水库建于1959年,中水位水域面积39.5平方公里。1967年浮桥河航运站新建一艘30吨、45马力(约33.1千瓦)、载客75人的客轮,首辟库区机动客运航线,兼营货运。1968—1969年,共建小型木质机动客货船5艘,其中1艘客船20马力(约14.7千瓦)、81客位,另2艘客船计65马力(约47.8千瓦)、156客位,主要航线为水库副坝至垸店,全程24公里,中途停靠料棚、林店、"五七"干校等处。后因库区四周公路客运发展较快,库区水运难以维持,1978年浮桥河航运站撤销,航线同时中止。

蕲春大同水库航线 该水库于1960年建成,张塝区政府新建54马力(约39.7千瓦)、15吨、80客位客轮一艘,往返于大同至河铺、大桴之间,1962年客运量达10万人次。1970年4月,客轮正式移交蕲春县交通局,1973年增建24马力(约17.65千瓦)、7吨、40客位的客货轮一艘,每日对开。后因库区周围的田桥公路建成通车,库区客运量逐渐减少,两轮入不敷出,于1976年停航。

除上述主要航线外,长江还有蕲州至小池、黄石至小池、刘佐(段窑)至九江、新开(陆家咀)至九江、李英至九江、蔡渡至九江、伍洲至黄石等短程航线,以及白莲河库区大坝至株林、绿阳等处客运航线。改革开放以来,乡镇水运企业和水运个体户纷纷自建或购置小型客轮,参与或新辟客运航线,但大都不稳定,营运不利则转向货运或撤销。

三、客运基础设施

(一)武穴港客运设施

享有"百年老港""深水良港"之誉的武穴港,是长江上的重要客运码头。新中国成立后,武穴港第一座候船室沿用原鄂东轮趸票局房屋,趸船的泊位设在正码头(即后来的长航武穴港3号码头)。九江港务局从九华门码头移来2艘吨位不一、水尺悬殊的铁趸连成一体,中间夹一跳趸作垫档船,总长60米。又以一艘木驳船(1002号驳载重1000吨)停于江边作为仓库。

武穴港客运

1951年10月9日,武穴站挂牌营业。1953年,武穴港整修码头石阶,并敷设缆车轨道。长航九江港务局调拨一艘1000吨级的趸船来武穴港,拆除原拼装式趸船。汉九班小轮主要停靠武穴汉武江新轮趸公司的趸船,该趸船设施陈旧简陋,旅客安全无法保障,广济县人民政府于1954年9月29日令其停业。1954年,开始砌港湾驳岸,翌年5月竣工。同时,兴建200平方米候船室一座。1957年,长航局将1000吨级的趸船调往宜昌,从黄石港调来一艘长61.3米、宽10.8米、吃水8米的双层钢制趸船,泊于长航武穴港3号码头。从此,武穴港有了大轮专用码头和趸船。这是一艘建造于1933年的钢制趸船,以适应大型客班轮靠泊。

1965年1月,武穴港口重新归长航统一管理。是年,候船室迁址重建,面积407平方米。1966年,长航武穴港兴建2号码头,铺筑50×7米水泥斜坡,配木质趸船一艘,作为汉九班客轮专用码头。

1970年,长航武穴港2号码头开始使用水泥趸船。1972年,长航武穴港3号大轮码头安装28×2.8米钢引桥,并盖有玻璃瓦遮棚,方便旅客乘船进出码头。1978年,武穴港务局添置了4部长航无线电厂生产的DH-5无线电话,用于调度室与富池站、田镇站和港作船间的通信联系,并可经九江港长江301无线电话接力机,接转长航有线电话,沟通各港。1979年10月,湖北省无线电管理委员会批准武穴港无线电话正式成为港口通信设施,划定频率,限于蕲州至九江间通话。1982年,港口通信设备更新,装备美国D72A型、上海GDB-4型甚高频和恩施711固定式双工无线电话,甚高频电话杆长12米,设于六楼顶部,覆盖半径大于50公里,担负港船之间通信联络,抗干扰性强,音量清晰,接转迅速、正确。

1982年10月7日,武穴港新候船室通过竣工验收。新候船室实际建筑总面积2489平方米,内分候船大厅958平方米、小卖部44平方米、办公室1487平方米。1990年,武穴港口客运量达到200万人次,候船室急需新建扩容。交通部长航局又投资建起一座3073平方米的客运综合办公大楼。长航内部电话100门数字式程控交换机直通武汉和全线25个港口,武穴港口通信实现初步现代化。

2008年5月,武穴港务公司(原港务局)的三八闸港区2.46万平方米堆场和2325平方米的仓库,经市政府协调,堆场、码头泊位转让给海铭星(集团)有限责任公司。原长航港务局4号、5号码头泊位被长江洪水期的淤泥深埋5~6米而报废,海铭星(集团)有限责任公司在附近筑挡水墙,建3个水泥斜坡道,作为船舶舾装码头。长航武穴港务局改制为港务公司,成为经营实体后,原有的3艘港作船(总功率为845.25千瓦),皆因该公司无力经营,先后于2012年底前全部卖掉。原长航港务局的3号码头、2号码头也于2012年先后拆除。原长航港务局武穴本埠的5个码头仅存1号码头出租给个体经营鲜鱼馆,另有一条趸船出租给亚东水泥厂装卸作业。

(二)田镇港客运设施

1950年,田镇民间集资购置木趸船停靠小班轮。次年,趸船因超载沉没。1951年,田镇港港口业务归交通部长航局九江办事处武穴(中心)营业站管理。旅客可在田镇港务站购票乘船,上游可直接到达富池、蕲州、鄂州、黄州、团风、阳逻、武汉,下游可抵达武穴、龙坪、李英、小池、九江。

1965年,交通部长航局在田镇建设103.5平方米候船室一座。1972年,长航武穴港务局田镇港务站在广济县建筑船厂购买水泥趸船,用于停靠汉九班客轮。

1980年,长航武穴港务局在田镇重建候船室,候船室面积扩大到240平方米。

(三)龙坪港客运设施

1951年9月,长航局九江办事处组建武穴、南昌、湖口、鄱阳4个县级营业站,龙坪作为长航武穴站的营业分站,主要经营客运,兼营旅客随身携带的零担散货。

1970年,交通部长航局在龙坪兴建了230平方米候船室,码头铺筑长35.2米、宽7米水泥斜坡,两项目分别投资9000元;建职工宿舍60平方米,投资2000元。1975年,该站又将木质趸船更换为长40米、宽9米、吃水2.3米的水泥趸船,并配有长24米、宽3米的钢引桥,提高了旅客上下船的安全性。

1976年,由于龙坪港站对面的新洲以西鸭儿洲的这一段航道,即武穴水道与新洲水道的进出口逐年淤塞,龙坪港因此碍航,水道闭塞,无法通航,客货运输逐渐衰落。

四、客运票价

(一)木帆船客运票价

清代以前,木帆船客运价格为双方面议,视其船舶大小、航程远近、供求情况而定。清末外国商轮进入长江后,武穴港初无趸船,客货上下轮船由"洋棚"用"洋划"(亦是木帆船)接送,"洋划"票价每人收5~10枚铜钱;民国初期收费1角(清末以来使用的银辅币,10角等于1银元)。

清末至民国初期,阳逻港船帮中的"下帮"木帆船经营的阳逻至汉口客运,航程32公里,每人收费3角,其后新洲县城关至大埠(航程315公里)木帆船客运也是每人3角,如兼带货运则每人1元2角。

(二)轮船客运票价

清末,美国旗昌轮船公司商轮首先在长江取得了客货运输的垄断地位,开始由汉口至上海客票每张高达白银75两。之后各国商轮减价竞争,旗昌轮船公司于1871年10月21日广告称:武穴至上海票价为"九八规元"12两2钱,至镇江8两2钱,至仪征7两8钱,至南京7两2钱,至芜湖5两8钱,至大通4两2钱,至安庆3两2钱,至九江1两,至汉口3两;以上价目乃上等客位,次等减半。

此后,中外商轮相继开辟黄冈境内航线,其票价全无标准,各不相同,一个公司内部也不统一,甚至一艘轮船同一等级舱位票价亦不尽相同,都是"酌情"涨跌,以揽客牟利为目的。太古洋行轮船在武穴降价售票,低于华轮7成。1931年,该公司武穴至汉口客票价一等每人银元10元,二等2.4元,三等1.8元,四等1.2元。据1937年《湖北省年鉴》载,轮船一般分有一、二、三、四等舱位等级,另还有特等舱和仆票(散席)。轮船招商局的"江顺""江华""江安"与"江新"等大型客轮的特等舱,武穴至上海55元(法币,下同),至汉口16元,至黄石12元,至黄州14元;黄州至上海66元,至汉口和黄石均为9元。而仆票武穴至上海为4元,至汉口、黄石、黄州均为2元;黄州至上海为5元,至汉口和黄石均为2元。特等舱是仆票价的4~14倍。同为招商局的轮船,同等级客票价因船的大小相差1~2倍。

1926年,黄鄂商轮总公司与戴生昌轮船公司杀价竞争,戴生昌轮船公司将武穴至九江从票价每位7角降至1角,双方还向旅客赠送香烟或毛巾、折扇、牙粉等物,以招揽旅客,达到挤垮对方的目的。武穴港"洋划"接送旅客收取渡费外,民国初期由轮船另付"洋棚"手续费,在总票额内提取一成。1945年底,江武江新鄂东轮趸联营公司在武穴设置趸船,从客票价上加收趸船费,武穴至汉口每票加收5%,被《华中日报》披露后停收。团风港于1927年筹资设趸船,每张旅客票中加收1~300文钱,名曰"趸船费",1931

年增至1角。1934年湖北省建设厅指令"团风趸船由本厅航政处备价购买,停止向乘客抽取趸船费",方才免去票价中"趸船费"部分。

1947年,国民政府交通部以函示湖北省航业局,将汉口营业处所属之各短航客运价从3月15日起照原额增加50%,本地区客运价由原每人每公里56元(法币,下同)提高到84元,下水8折。武穴至九江50公里,每张上水票价5100元,下水4100元。同年8月30日,上水又涨至8900元,下水7200元。

1950年3月,根据全国航务、公路会议提出"薄利多运"的原则,长航船舶上海至汉口票价为:特等54.09万元,头等37.74万元,三等17.24万元,四等13万元(旧人民币)。湖北省人民政府亦迅速整顿了300总吨以下小客轮短航客运价。1950年5月5日起执行的湖北省内河小轮客运价每人每公里上水117元(旧人民币,下同),下水97元。

1953年,湖北省交通厅内河航运管理局公布客运价目表(包含3%保险费)。

1958年,长航修订所属轮船客运票价,客运分上、中、下游3段计算票价,上游又分上水和下水。航行基价(人公里)分别是上游上水0.0264元,上游下水0.0198元,下游0.0092元;并实行递远递减,100公里以上,每100公里递减5%,800公里以上不递减;中游0.0122元。

省航船舶按省航运价计费,本地区航线票价平均高出长航15%。武穴至汉口大轮票,长航散席2元,三等席3.85元;省航散席3元,三等席5.61元,在价格上长航占优势。

1981年10月20日,长航再一次调整客运票价,主要是调整二等及以上舱位票价,增订五等卧铺票价,武穴至汉口五等卧票为2.60元,较原五等散席有所提高。1983年12月1日,交通部颁发长江客运新票价,长航所属客票基价有所提高。全地区地、县所属小客轮票价则一直沿袭1957年湖北省人民委员会(57)鄂办交字1904号文件之规定,汉口至九江段均按短航(五等座席)基价计算。但以后支流、湖泊、水库发展起来的轮船客运,票价没有统一规定。

1984年1月1日,湖北省物价局、交通厅联合颁发《湖北省水路客运运价规定及计算办法》,黄冈地区长江航段,停泊基价每人0.10元,航行基价50公里以内每人公里0.015元,超过50公里,每50公里递减10%。支流小河短途客运航线统一执行此规定。

1991年8月8日,湖北省交通厅以鄂交财〔1991〕198号文件《调整客运附加费征收标准实施意见》,规定了水运附加费的征收对象和范围。在1994年3月1日起执行的新《湖北省水路旅客运价规则》中,客运基价(中准价)调整为停泊基价每人0.80元。等级票价级差系数:普通散席为1,四等、三等、二等、一等卧铺分别为1.56、2.184、5.2416、10.8432。企业可根据情况在50%的幅度内上下浮动,自主确定票价。高等级旅游客船和高速客船,其票价实行市场调节价,由经营者定价,报省物价、交通部门备案。

2001年5月开始,水运价格全面放开,水上客货运输价格由水运企业根据经营成本和市场供求自行确定。

第三节 货物运输

一、普通货运

(一)漕运

历朝历代利用水道转运粮食至京都或其他指定地点。装运漕粮的船称漕船,驾漕船的船工称漕丁、漕伕。黄冈地区漕运最早见诸史籍则在明清时期。蕲州是明代湖广漕粮交兑四大水次(码头)之一。除漕船运输外,境内尚有簰运漕粮。明成化二十二年(1486年),罗田知县徐泰用竹簰试运漕粮至巴河镇取

古代漕运图

得成功。自此,竹簰成为支流山区漕粮外运的主要工具。清光绪二年(1876年)《罗田县志》载,明代以来鄂东北山区罗田、英山、麻城、黄安以及安徽霍山等皖西地区漕粮因"盘绕崇山,隔大江数百里,舟楫不通,既不可以船装,又不能以担负,仓厫远寄蕲水巴镇,转运全仗山涧竹簰,积雨则冲激难防,积晴则沙淤莫措"。1920年《英山县志》载:"河道来源太近,不能行舟,只有竹簰编竹为之,每对可载六七千斤,东河(浠水主源)上至杨柳湾(水涨时可至过路滩);西河(浠水河上源支流)上至金家铺(水涨时可至石头镇),顺流而下至蕲水(今浠水县)之兰溪,进出口货物恒利赖之。即太邑之北乡,霍邑之西乡,其货物亦多取道于此。共计营簰业者不下千余人,利何如之。"清代,黄州、蕲州是湖北省漕运要津,蕲州漕粮初在蕲河中游漕河(现漕河镇)边起运至长江,再转运京都。湖北漕船有头、二、三帮,本地区黄冈县漕粮由头帮兑运;武昌(今鄂州市)、蕲水(今浠水)、罗田等县漕粮由二帮兑运;蕲州、广济、黄梅等州县漕粮由三帮兑运。康熙、乾隆年间,湖广漕船有926艘,嘉庆十七年(1812年)减至358艘,其中湖北180艘,每帮60艘。清代,湖北有南漕、北漕之分,北漕运往北京,由漕船在各自卫所集中装载沿江而下经大运河北上,南漕运往荆州供驻兵用粮。《湖北通志·经政志》载,康熙三十九年(1700年),奏准黄州府属之黄梅、麻城、黄安(今红安)三县额征南粮,每石折征银7钱,并明示自次年永运改折,勒石垂久。黄州府属州县,每年额征北漕正耗米49114.05石,额征南漕正耗米61858.47石,除黄梅、麻城、黄安三县南漕20618.25石改征银两外,实征南漕41240.22石。

清代末期,铁路和轮船运输相继兴起。清同治十三年(1874年),漕粮全部改折征银,至此长达2000年历史的漕运宣告结束。

(二)生活物资运输

清代以前,粮食除漕运外,调剂转运外省外县仍占很大比重。晚清漕粮改折征银后,本地区输出的粮食、棉花、油料沿长江各港埠运销外地,山区腹地诸县则以竹簰、小木帆船沿支流、湖泊辗转至长江港口再换装大木帆船,运至皖、赣、苏、沪、浙一带。

食盐运输仅次于粮食,主要是淮盐,由江苏真州(今仪征)经下游水路输入。清道光年间(1821—1850年),湖北额配盐年达4亿斤,黄州港为湖北四大转销地(黄州、汉口、沙市、襄阳)之一。其时淮盐为官督商销,盐船组成船纲,每船载1000~3000引(约合17~51吨),后改为小船每船500~2000引(约合8.5~34吨),也有利用回程漕船带盐者。清咸丰年间(1851—1861年),太平天国运动建都南京,占据长江下游一带,淮盐运输受阻,乃实行"川盐济楚",以沙市为主要集散地。太平天国运动失败后,淮盐仍为主要来源。清同治十一年(1872年),清政府确定武昌、汉阳、黄州、德安(今钟祥)四府专销淮盐,"淮盐之地不销川,川销之地可销淮"。清末民初,本区淮盐以"入楚第一门户"武穴为鄂东集散地,建有公和、复和、恒记三大盐仓。汉口以下至黄梅各州县均由武穴转销,由竹簰或小木船从倒水、举水、巴水、浠水、蕲水、梁子湖、广济内河、黄梅河等支流湖泊转运至山区和湖区各地。当时,巴河有竹簰360吊,可上溯至滕家堡(今胜利镇);浠水有竹簰240吊,沿东西河分别上溯至草盘和石镇;蕲水有竹簰1630吊,年运量达2万吨,可上溯至大同;举水竹簰可上溯至福田河、张广河、浮桥河等上游源头河流,倒水竹簰可上溯至七里坪,两条支流竹簰也各有百吊左右。1938年日本入侵鄂东以前,竹簰运输淮盐兴旺。

茶叶运销早在唐代由官府实行征税、管制、专卖。北宋时在蕲口设有"茶榷"。除本地区英山、蕲春、罗田、麻城等地茶叶外,还有大量江南茶叶由江洲(今九江)集中转至蕲口经销,蕲口年茶税额达26500贯

(旧时用绳索穿钱,每1000文为1贯)。南宋末期,蕲口被毁。

棉花、布匹运输历来也是大宗货种。麻城、黄安、黄冈、新洲土花布出口运输量较大,明清时期阳逻手工织布业兴旺,民国时期每年销售达400万匹,由阳逻经水路运至汉口,再辗转运至广东。

木材运输主要是从湖南、江西和湖北省内鹦鹉洲、白沙洲等地由竹木排流放至阳逻、大埠、马驿滩、团风等地集中销售。倒水、举水出口处的大埠马驿滩,与武汉的鹦鹉洲、白沙洲,并称三大木材集散地,常年积木材2万立方米以上。运销路线一是经倒水、举水溯流而上至黄安(今红安)、麻城,二是销往南京、镇江、上海等长江下游大港。

晚清至新中国成立前,本区各县进口均以纱布(进口细纱、洋布)、食盐为主,煤油、火纸、食糖、百货等次之;出口则以土布、茯苓、皮油、药材等土特产为主。

新中国成立初期,货种及流向变化不大。据湖北省交通厅《交通运输经济调查资料汇编》载:团风、鄂城、巴河、兰溪、蕲州、武穴6个主要城镇调出调入物资,1952—1955年各年运量为31万吨、27万吨、19万吨和24万吨,其中水运为30万吨、26万吨、17万吨和22万吨,分别占六城镇各年水陆路总运量的96.6%、96%、89%和92%。水路货物品种中以粮食为大宗,占水路运量的32%~50%,土特产占9%~12%,花纱布(含棉花)占3%~8%,木材占1%~7%(1954年占18%)。当时木帆船作为水路货物运输的主力,1952年参加荆江分洪建设工程承担水泥、石料的运输。1958年调集5000吨木帆船参加支援襄阳地区种子运输,担任沙洋至汉口段的循环接运。20世纪60年代,水路运输比重逐年下降,货种结构也开始产生变化,矿建材料占32%,粮食占16%,农副土特产品占9%,煤炭占6%,其他物资等占37%。

20世纪90年代,大量进口高效化肥农药,影响了国内磷肥及农药的生产销售。粮食部门增加了议价转平价的粮食计划数,控制了议价粮出境量,粮食出境量也逐年减少。

进入21世纪,随着经济的发展和人民生活水平的提高,水运货种结构进一步变化。据2015年统计,黄冈货物吞吐量5058.5万吨,其中粮食运量22.8万吨,仅占总运量的0.45%。表3-3-3-1为2010—2015年黄冈市内河运力运量统计表。

2010—2015年黄冈市内河运力运量统计表　　　　　表3-3-3-1

年份(年)	机动船舶		货运量/货物周转量	
	机动/货船(艘)	吨位	万吨	万吨公里
2010	563/489	776063	1497	419998
2011	588/533	442519	1652	576796
2012	579/527	753058	1955	702261
2013	677/626	783610	2134	800185
2014	688/637	897393	3250	1670516
2015	590/581	756904	3706	1858069

(三)生产资料运输

苎麻运输在清末民初时盛极一时,鄂、皖、赣三省有10余县所产苎麻均从水路集中武穴,由武穴麻行收购,外国洋行再用轮船运销国外。武穴每年苎麻出口量达30万捆,约与汉口相等。1927—1928年,武穴麻业最盛,年销850~3070吨,日商日清公司曾以专轮在武穴装麻直航日本神户、大阪。

抗日战争结束后,停靠武穴的船只较战前数量大减,吨位都在150吨以下。1946年,武穴港货物出口量为3万吨,1948年仅为2万吨。1949年初,国民党军队为阻止中国人民解放军渡江南下,实行劫船锁江,不仅禁止各处轮船进入武穴港,还将武穴所有民船强行集中到江南岸码头镇,遂使武穴港水运完全停顿。

1949年以来,水路货物品种中仍以粮食为大宗,生产资料如花纱布(含棉花)仅占3%~8%,木材占

1%~7%(1954年占18%)。1952年参加荆江分洪建设工程黄冈木船主要承担水泥、石料的运输。1954年,全区水上运输业共运送抗灾物资121万吨,其中运输土石方114.95万吨,占总运量的95%。

20世纪60—70年代,黄冈水运业主要从事黄砂运输。20世纪80—90年代,黄冈水运业主要承担粮食、煤炭、化肥、石油的运输。

进入21世纪,水运货种结构进一步变化,生活物资大都通过公路运输,水路运输主要承担大宗生产资料的运输。至2015年,黄冈货物吞吐量4681.95万吨,大体由三类构成,一类液体散货11.74万吨,占0.25%,其中原油11.74万吨;二类干散货4478.12万吨,占95.65%,其中非金属矿石474.7万吨,占10.14%,矿物性建筑材料3875.3万吨,占82.77%;三类件杂货192.09万吨,占4.10%,其中粮食仅22.8万吨,占总运量的0.49%。表3-3-3-2为2010—2015年黄冈市内河港口分货类吞吐量统计表。

2010—2015年黄冈市内河港口分货类吞吐量统计表(单位:万吨)　　表3-3-3-2

年份(年)　货类	2010	2011	2012	2013	2014	2015
货物吞吐量	1812.6	1876.04	2439.4	2823.95	3903.9	4681.95
1.液体散货	2.30	7.81	11.4	14.91	55.93	11.74
其中:原油	0.30	2.14	3.06		34.9	11.74
成品油	1.10	1.30	2.06	10.61	20.87	
液化、天然气及制品	0.9	4.37	6.28	4.3	0.16	
2.干散货	1680.6	1707.7	2230.81	2696.68	3801.38	4478.12
其中:煤炭及制品	7.50	10.53	12.83	27.08	36.73	53.2
金属矿石	22.5	21.04	50.52	35.28	28.09	73.5
散水泥	0.60	0.46	0.97	2.02	144.5	1.42
非金属矿石	28.60	50.54	38.65	67.33	162.83	474.7
矿物性建筑材料	1621.40	1625.13	2127.84	2564.97	3429.23	3875.3
3.件杂货	129.7	160.53	197.19	112.36	46.59	192.09
其中:钢铁	5.00	4.54	2.21	2.42	1.52	0.2
粮食	0.4	0.96	25.42	0.79	0.1	22.8
化肥	15.70	29.18	25.24	13.28	30.37	50.86
水泥	108.60	125.85	144.32	95.87	14.6	118.23

二、江海直达运输

1988年,湖北地方航运部门开始开办江海直达运输。1989年,湖北省交通职工技术协会、省航务局联合组成江海直达货船课题研究组,加强港澳直达货船研究。

1988年9月,武穴市轮船公司决定调整运力结构,开辟江海联运直达运输,并与江州造船厂签订沿海货轮建造合同。同年11月,武穴市轮船公司与武穴市造船厂合并,合并后的武穴市造船厂成为武穴市轮船公司附属船厂,该厂开始自行建造海轮。

1989年6月,公司开始分期分批选送有经验、有文化的内河船员到武汉河运专科学校、上海救捞局培训中心等培训单位学习海船驾驶技术。1990年春,又组织船员上宁波海船出海实习,以适应海船运输生产生活(1991年后的海船船员实习在本公司海轮上进行)。至1991年春,参加培训的18名海船船员均取得相应海船适任证书或"四小证"任职资格证书,待令迎接新海轮开航。1991年3月,公司独家所有的"黄鹤6"号散装沿海货轮在武穴市造船厂下水并投入营运。该轮钢质,总长46.15米,总吨343吨,主机功率164千瓦,船舶登记号为140401864,船籍港武汉,船舶经营航线为长江宜昌至上海和华东、华南沿海。1992年11月,新增经营香港、澳门航线。"黄鹤6"号轮由武穴港装运湖北的粮食到广东汕头、深圳港,从武汉转运煤炭到福建厦门,从黄石装运华新水泥到浙江温州和广东汕头等港。一般情况下,自黄石到温州,载货出江、空船返港,往返航行时间约15天,每月2个航次;自黄石到汕头,载货出江,回头带瓷砖等货返港,往返航行时间约20天。"黄鹤6"号营运期间实行承揽货物运输,以航次计算营运收入。

1992年,在邓小平南方谈话精神推动下,国民经济快速发展,湖北省内建材、粮食、石英石等物资流向东南沿海及海南省,江海直达货运量大于运力的矛盾日益突出,运输价格上涨,比1991年同期上升约30%。1992年11月,"黄鹤6"号新增香港、澳门航线。1993年5月,武穴市轮船总公司与招商船舶运输(蛇口)有限公司合资建造的"广济"号轮船在武穴市造船厂下水。"广济"号是集装箱、散货多用途沿海货轮,钢质,总长73.87米,总吨位1216吨,主机功率808千瓦,1800载重吨,88吨标准箱,船舶登记号400100163,船籍港深圳;船舶经营航线为Ⅱ海区,从事以深圳为主的港澳航线运输。"广济"号船舶造价人民币850万元,据双方于1992年11月18日签署的《合作投资协议书》,武穴市轮船总公司投资450万元,占股份53%,招商船舶运输(蛇口)有限公司投资400万元,占股份47%。"广济"轮22名海船船员均由公司外派船员劳务并管理,首航由黄石装运水泥到汕头。之后,"广济"轮从事香港至内地之间外贸进出口集装箱轮货物运输,按月计收承租人租船租金。

1993年,"广济"轮固定航行广东汕头至香港;1994年固定航行福建马尾至香港。1995年12月,武穴市轮船总公司与上海长洋航业有限公司合资建造的"长洋1"号、"长洋2"号集装箱海轮,在武穴市造船厂下水。每艘海轮总长64.76米,总吨位930吨,主机功率410千瓦,970载重吨,54吨标准箱,"长洋1"号船舶登记号为040102614,"长洋2"号船舶登记号为04102615,船籍港为上海;固定港口上海至宁波北仑支线集装箱班轮货物运输。因上海长洋航业有限公司出资人民币200万元,占该公司总投资20%份额,故"长洋1"号、"长洋2"号各配备17名海船船员,均由武穴市轮船总公司外派船员以出租劳务形式管理。1996年固定航行广东湛江至香港,1998年固定航行广西防城至香港。定航线期间,根据承租人货源情况,每年临时航线有香港至广州、深圳、连云港及长江江阴等地港口。

1998年固定航线为广东汕头至香港。1999年4月,"黄鹤6"号轮由于船小,又不适应集装箱运输需要,货源难揽,连年亏损,故出售转让。2001年后,"广济"号固定航线以到深圳为主,兼运华东、华南沿海各港的业务。2002年7月,"长洋1"号、"长洋2"号轮出售转让。2003年7月,"广济"号出售转让。至此,武穴市轮船总公司于1993年设置的武穴市海运公司(二级法人,注册资金620万元)拥有海运船舶4艘,总功率1854千瓦,4266载重吨,196吨标准箱,拥有海船技术船员54人。后期,由于单船较小,从事沿海航运安全系数较低,加之业务难于承揽,遂于2003年末撤销海运公司,海运船舶逐步出售,而持有海船证书的技术船员数十人被沿海航运公司聘用,长年为华东、华南沿海运输服务。2004年4月,武穴市轮船总公司改制民营,更名为武穴市海铭星(集团)有限公司,其所属的上海长洋航业有限公司主营中国沿海运输、江海直达集装箱运输,兼营劳务资源开发、商贸服务。至2014年,黄冈水路货运总量3250万吨,其中海运188万吨,海运量占货运总量的5.78%。

三、大件运输

1987年12月12日,黄冈地区利用武穴市轮船公司500吨级浮船坞,在鄂州市汽渡码头利用中国汽车总公司武汉分公司大型车组装载武穴市变电站大型变压器(自重163.8吨),通过过渡跳板连接上船,浮船坞由拖轮牵引至武穴港后,又通过临时跳板,车组自行上岸,变压器安全运抵工地,节约费用40多万元。此举开创省内地方航运企业大件运输之先河。

2002年2月24日,武汉轮船公司承运的长江三峡第一台水轮发电机组设备,由所属的"长江22038"

号轮拖载编队从上海发航至宜昌。10月27日,该公司所属22013轮推顶有发电设备的甲21003驳由上海出发,11月15日安全抵达长江三峡工程重件码头。其中仅水轮机组的转轮单件重量就达430吨,这在长江运输史上尚无先例。

四、专项运输

(一)防汛抢险救灾

1954年6—8月,长江流域阴雨连绵,江水陡涨,洪峰超过历年最高纪录,阳逻港最高水位达到29.73米(1954年8月18日),武穴港最高水位达23.14米(1954年7月30日)。特大洪汛危逼江堤,为保证沿江主要干堤,全区船民、簰民投入紧张的防汛斗争,武穴港有8名船民在江堤即将溃口时献出船只,装土沉船堵口保堤(后折价偿还)。由于水势过猛、水位过高,7月,广济、黄梅等县干堤相继溃口,堤内堤外,一片汪洋。黄梅县长江港船民协会主席黎章森在大堤溃口后,表示"家中的财产没有人命要紧",毅然带领广大船民进行抢救灾民工作。据统计,仅黄梅县民船抢救、转移灾民达187850人。全区水上运输业在防汛救灾过程中,投入民船2532只,竹簰2797吊,船簰民工15292人次,共运输土石方114.95万吨、防汛器材1.48万吨、救灾稻草4.82万吨,总共运输量为121万吨(不包括农用船只运输量25.69万吨,抢救转移灾民32.71万人次)。广济、黄梅、黄冈等县民船受到表扬,279名船簰工人被评为模范。其中,全区民船运往灾区的粮食为106297吨,食盐18562吨,建筑材料239934吨,肥料4015吨,布匹2447吨,植物油3054吨,其他物资101050吨,水路运输量在全区水陆路运输总量中占89.7%。

1983年,黄冈地区遭受严重洪水灾害,长航局武汉分局投入船舶57艘、3.2万吨,运送粮食、煤炭、化肥石油等物资达10万吨,及时抢救几百万亩受灾农田,保障了受灾地区人民的生活物资供应。

1996年入汛后,黄冈相继遭受5次特大暴雨袭击,全市交通系统受灾严重,损失惨重。全市交通系统先后投入干部职工1万多人次,调度船舶482艘计18787吨位,801客位,汽车3200辆,运送物资42.5万吨,抢运抢险人员和灾民8万多人次。黄冈市交通局受到市委、市政府荣记集体二等功的嘉奖,1名同志受到省委、省政府荣记一等功,3名同志荣获三等功。

1998年,长江流域发生百年一遇特大洪水灾害,过境洪峰8次,高水位持续时间长,沿线堤坝管涌、民垸溃口,险象环生,严重威胁沿线群众的生命财产安全,水路防汛运输时间紧、任务重。黄冈市交通部门及时调运抗洪抢险人员及防汛物资,完成市防指直接下达调度车船任务32次,调车396台次,调船15艘次。全市交通系统调船达860艘次,运送防汛抗洪物资4.6万吨,送运转移灾民及抢险人员6万人次。组织船舶转移黄州区叶路洲灾民,协助排除市区反修闸排灌站险情,加固煤炭闸口,及时妥善解决黄冈辖区长江渡运禁航问题。

1999年7月20日,长江武穴水位攀升至23.37米,超过1954年水位,武穴港成立防汛抢险突击队,40名队员日夜驻守码头、闸口等险要地段,做到防守到位、责任到人。武穴港还调动2艘拖轮、3艘货船、1艘快艇迎战特大洪水。港区候船室、售票厅、客运进出通道和港口办公楼全部受淹,从客运码头到武穴市交通闸的交通干线长达300米,浸水深达3米,武穴港及时布置,做到水涨跳高、跳升架稳。8月中旬水位退后,武穴港党政工团领导带领76名生产自救队员,现场拆除路障,清除淤泥,全面恢复港口生产。

(二)支援丹江口水利工程建设

1958年9月,汉江丹江口水利枢纽建设工程动工,黄冈专署从沿江8县1市11个港口(含大冶、阳新2县)先后抽调木帆船98艘计1670吨,船员和带队干部475人,前往丹江口工地参加水上运输,被编为汉江丹江口工程局物资供应处水上运输团黄冈营(各县为连),主要担任砂、石、水泥运输任务。1959年完成砂、石运量94910吨、货物周转量2372750吨公里,完成浮桥土方运输333吨。1960年下半年,机构改为丹江口交通局水运大队黄冈队（下分4个分队），此时有大小船只73艘，总吨位1228.2吨，人员447人，当年完成货运量175752.32吨、货物周转量1593205.98吨公里，船舶出勤率达95%。由于汉江航道条件较差，运输砂、石过堰坝时需用拖拉机拖曳，船舶损坏较严重，有的船只报废或损坏后就地变卖。同年8—10月，有2名船员不幸失足落水淹死。1961年6月，支援丹江口水利工程建设运输任务完成，黄冈专署所属船舶和人员全部撤回。

（三）黄砂运输

黄砂运输

黄冈长江及5条支流河床黄砂丰富。1954年长江特大洪汛过后，船箪为了克服运输淡季困难，在支流河道中开始自挖自运自销少量黄砂，被称为"货不够、黄砂凑"。1955年运输淡季持续时间长，浠水县巴河、兰溪两港船箪运销黄砂3万吨，两河附近农民也参与其中，在浅水处挖砂、挑砂。当时挖砂方式是在船桅上系以篾捞，一人将篾捞插入砂中，一人将捞绳上拉，每捞百余斤，称"打砂"。也有船员身着水衣（一种胶深靴与雨衣裤连在一起的防水服）站在水中，持锹捞砂甩入船舱。20世纪60年代，随着航运机械作业和拖带运输的发展，运输能力扩大，浠水县巴河、兰溪两港水运合作社负责人在当地航管部门的配合下，携带黄砂样品到长江沿线城镇向建筑部门宣传。由于黄砂颗粒均匀，耐压力强，很快就赢得了用户的欢迎，运销区域逐渐扩展到上起武汉、下至上海的沿江各城市。1966年，巴水、浠水两河黄砂销量达34万吨，占巴河、兰溪两港总货运量的65%。

20世纪70年代开始，长航武穴港务局在推动武穴港区长江黄砂生产运输销售方面发挥了重要的推动作用，港务局积极发挥干线港口货源组织、运力调度、通信服务等管理职能。为组织好武穴港辖区黄砂生产、运输，武穴港务局于1980年和1981年，先后正式向长江海事和长江航道部门申请设立盘塘锚地、下关锚地和油轮锚地，为大批的长航航行船队编队作业、过驳、宿夜、避风、扎雾、加水、加油、船舶物料供应、船员生活补给服务。

武穴港务局于1979年11月首次在长江狗头矶采砂，1980年7月，首次引进江苏运输船队，运输黄砂1800吨。全年产运黄砂28万吨，创收20万元，成本5万元。因率先在长江开采黄砂，积累了一定的利润。据长航武穴港务局统计科统计，1985年武穴港通过长航船舶运输货物吞吐量达到163.3万吨，其中进口18.1万吨，主要是煤炭、化肥，出口145.2万吨，以非金属矿石、矿建材料（含江砂采挖）、粮食为主。武穴港务局与武汉长江轮船公司共同组织武穴至上海、南通、江阴、高港等地的黄砂运输专线实现产、运、销一条龙服务。武穴港务局劳动服务公司利用长航运力调度和黄砂开采优势，代理黄砂经营业务，年销售黄砂21.9万吨，营业额达10余万元。1986年，武穴港务局完成货运量66.7万吨、货物周转量227.35万吨公里，实现利润205万元。

20世纪80年代，地方水运转为以黄砂为主的矿建材料运输。1981年（不含长航、省航在本地区运量）的粮食运量，只占总运量的1%，化肥、农药也只占总运量的3.6%，木材占总运量的1.1%，而以黄砂为主的矿建材料占总运量的80.8%。此后，矿建材料运量上升势头不减，1985年矿建材料运量占全区水路总运量的88.9%，其他如化肥和农药、非金属矿石、粮食分别占1.2%、1.5%和2.8%。同年3月，蕲春县港航管理部门组织浙江沿海船舶进港装运水泥1.05万吨到温州、苍南、象山、海门、宁波、平阳等地，开辟地方船舶江海直达运输业务。为改变落后的人工挖砂方式，兰溪港率先于1973年9月试制成功1艘链斗式机械挖砂船，日挖产量达600吨，并直接装船，减少了小船转驳环节，降低了成本。1981年，兰溪港挖砂船发展到5艘，年产砂能力达100万吨，运输船舶相应地由1972年的2178吨发展到4598吨，其中钢质、水泥船占65.3%。

由于挖砂船经济效益显著,全区有砂源的港口都建造了挖砂船,挖砂水域由数米深的支流小河扩展到长江水深20米以内的水域,与此同时又发展了抓斗式挖砂船。巴水、浠水、蕲水、举水及长江的牯牛洲水道的牯牛洲、蕲春水道的蕲春湾、鲤鱼山水道的黄连洲、武穴水道的泥湾、九江水道的鳊鱼滩等都成为黄砂生产基地,巴水挖砂船多达30余艘。1984年,黄冈市水运公司利用巴河黄砂资源,与团风航运公司联营联运,运销上海黄砂3.5万余吨。公司与长江下游5省1市计30余县镇码头建立业务联系,基本形成黄砂产、运、销一条龙的生产态势。到1985年,黄冈、浠水、蕲春、广济(今武穴市)4县共有链斗式和抓斗式挖砂船57艘(链斗式45艘、抓斗式12艘),年产砂能力达2800万吨。

据湖北省交通规划设计院1986年4月《鄂东巴水、浠水、蕲水航运开发调查综合报告》载,"三水"可供开采黄砂静态储量6.5亿吨,其中浠水砂层厚度8.66~18.75米,平均厚度12.9米,储量2亿吨(浠水城关公路桥位钻探资料);巴水砂层厚度8.31~19.31米,平均厚度13.2米,储量3.4亿吨(上巴河公路桥位钻探资料);蕲水砂层厚度6~10米,储量1.1亿吨。

黄砂资源的开发促进了地方水运企业的发展。全区水运企业的固定资产由1975年的1531万元增加到1985年的4466.5万元(不含新洲县、鄂州市9个企业的3494万元);全员人均产值由1979年的2529元增加到1985年的7006元。由于黄砂批量不受限制,装卸快,200吨级以上船舶不断发展,武穴、蕲春、浠水、黄梅、罗田的5个水运企业,1985年共有57个船队、近4.1万吨运力投入长途黄砂运输,水路货运平均运距由1978年的72公里增加到1985年的295公里,以黄砂为主的矿建材料运量占全区水路货物总运量的88.9%。

20世纪90年代初,黄砂装卸由于借助生产基地便利条件,由挖砂船采挖黄砂直接上驳船。1990年完成矿建材料运输606.6万吨。湖北全省对重点采砂区采取联合经营、集中管理、加强检查等措施,但由于城乡民用住宅建设有所增加,鄂东南一部分挖砂船下移到江西、安徽,本省运往华东的黄砂减少。1991年,黄冈地区黄砂运量比上年减少3.1%。以后,黄砂运量逐年减少,至2001年,长江黄砂禁采,运输企业效益开始下滑,一批小吨位船只被出售。

表3-3-3-3为黄冈市(地区)1980—2015年客货运量、周转量统计表。

黄冈市(地区)1980—2015年客货运量、周转量统计表 表3-3-3-3

年份(年)	专业企业数	客运量(万人)	旅客周转量(万人公里)	货运量(万吨)合计	其中:海运量	货物周转量(万吨公里)合计	其中:海运调转量
1980	18						
1981	20						
1982	22	337.44	2846.64	429.9		82714	
1983	22	379.88	3171.4	447.45		106756.34	
1984	12	237	2021	282.6		65916	
1985	10	324.7	2365	297.9		87792	
1986	10	695	5773	307		101506	
1987	10	654	5277	349.6		115546	
1988	11	693.6	5608	397.4		143018	
1989	13	913.6	8295	360.4		140986	
1990	13	866.5	7966	295.2	1	132886	
1991	13	843.5	7222	342.4	0.3	144667	186
1992	14	950.1	7378	362.6		146646	

续上表

年份(年)	专业企业数	客运量(万人)	旅客周转量(万人公里)	货运量(万吨) 合计	其中:海运量	货物周转量(万吨公里) 合计	其中:海运调转量
1993	11	898.7	7071	341.38	1	137686	1627
1994	7	803.3	5863	268.5	5.3	124211	4400
1995	11	685.9	5164	588.8	1.8	164161	3424
1996		589.7	4206	453.6	4.4	164860	6893
1997		604.3	4502	467.1	0.6	162174	1140
1998		526.8	3736	36.8	0.5	122671	878
1999		532.2	3726	470.2	0.2	147060	338
2000		431.1	2900	572.9	6.5	154915	3629
2001		368.8	2432	616.1	4.9	151202	4878
2002		303.1	1934	584.8	1.4	138870	2644
2003		143.9	1024	537.9	1.4	120320	5170
2004		101.8	608	673.8	8.5	14484	11864
2005		110	550	1140.2	10.2	163727	6378
2006		135	675	1156.6	8.8	177741	6205
2007		116	580	1398.5	9.3	271185	4201
2008		2	74	1308	12	375124	4495
2009				1304	18	349425	22679
2010				1491	6	415799	4199
2011				1652	54	576796	37791
2012				1782	173	616886	85375
2013				2134		800185	
2014				3250	188	1670516	78160
2015				3706		1858069	

注:1984年以前包括新洲县、鄂州市两地企业数据。

五、货物运价

黄冈地区木帆船运价最早的资料见于元代《元典章·户部·船只》,其中记载"如雇船只先支脚价(即运价)"。元世祖至元二十九年(1292年),"蕲州、黄州运粮,下水千舫(斤)百里,脚价'中统'钱六钱,后增加一倍为一两二钱"。明清时期,漕运以加耗与轻赉银两,付于漕船以为运费,湖广每丁(运粮旗丁)每年支行粮三石,月粮九石六斗,并规定允许旗丁自带土宜(即土特产之类私货)。淮盐运销在明清两代亦是官督商销,运价由官府控制,一般每包(清代每包约86市斤)每百里最多不过银四分四厘。其时,民间木帆船运货以面议定价方式为多,无统一价格。清末至北洋政府时期,各轮船公司自订运价,时而竞争杀价,时而签订"利益均享"之约。

1934年湖北省建设厅航政处和交通部汉口航政局成立后,始对运价实行管制,颁发统一运价,对货运实行客票加倍收费办法,每吨货按客票上下水各收5倍,对米、面粉、麦、杂粮、糖、盐6种生活物资特准半价,花生、香烟2种轻泡货物实行加半收费,100吨以上大宗货物运价另订。抗日战争胜利后,据1947年《长江区客货运价表》载,货物运价分两种形式:一是通常不加泡载的货,基数为每吨每公里上水0.046元(法币,下同),下水0.037元,如武穴至汉口上水每吨10.07元,下水每吨8.10元。二是以货物等级按客运票价翻倍计价,头等货每吨按照客票价5.5倍、二等货按5倍、三等货按4倍收费。头等货主要是海产、皮货、广货、香烟、上等药材等,二等货主要是瓷器、土纱、土布、普通药材、烟叶、生牛、(羊)皮、矿产品、杂货、茶叶、苎麻、植物油等,三等货主要是粮食、食盐、糖、竹木器、柴炭、烟煤、水泥等。

新中国成立后,水路运价开始得到统一管理。1950年3月,根据全国航务、公路会议提出的"薄利多运"原则制定运价。7月,长江航线运价由长江区航务管理局统一管理,统一后货运价格平均降20%左右。

1952年1月,黄冈专署财委会根据中南财委会统一运资的有关规定,对全区支流竹簰、划船货物运价做了规定:不分上下水和长短途,竹簰、划船运输每百华里百市斤运价分别为大米9斤和8斤(米价按起运地粮食部门二机米当天批发价折款),以此为运费计算标准;如3吨以上帆船在内河运输,其超过3吨部分,则按1951年11月湖北省航运管理局颁布的长江木帆船运价计算。

1953年,经交通部内河航运总局批准,长江各港实行统一费率。1953年2月,黄冈专署颁布了《黄冈专区运输力资规定暂行办法》,规定3吨以下之划船,行驶长江25公里以内的运价:5公里以内每吨运费2万元(旧人民币,下同),6~10公里21万元,11~15公里23.3万元,16~20公里25万元,21~24公里27.5万元,25公里28.375万元,超过25公里者按省定长江运价计算;对支流竹簰运价(除蕲水仍为9斤米外)每百华里百市斤其运价为大米8斤,同距离同重量划船运价为7斤大米,黄梅河龙感湖、梁子湖等支流湖泊划船,均按长江运价计算;在支流10华里内短途驳运费每百市斤大米一斤。此外,为解决船只装运轻泡货物不能按核定吨位足载的问题,视货物泡量大小、占用舱容多少,分别按货物种类规定了加泡标准。

1954年,湖北省人民委员会颁布《湖北省民船运输管理试行办法》,明确制价原则:深水低于浅水,长江低于内河,主流低于支流,长途低于短途,下水低于上水,易航低于难航;制价权限为长江、汉江运价由省制定,支流运价由地区制定。1955年2月15日,黄冈专署财委会调整并公布了全区内河民船运价,除改进了不合理的计算方法(如运距越远运价越高,30公里上水比长江高183%,60公里高286%)实行固定基价加吨公里单价外,其费率在原每百华里百市斤7斤米的基础上,调整为20公里第一段上下水分别降低15%和20%,第二段上下水分别降低5%和10%,第三段不升不降;60公里第一段上下水分别降低37.5%和42.5%,第二段上下水分别降低27.5%和32.5%,第三段上下水均降低22.5%。同年10月28日,黄冈专署财委会修订了《黄冈区民船运输货物衡量计重加成办法》,并在全区支流试行。同年12月5日,执行省航运局批准的全区支流竹簰运价,统一了计算方法,费率标准亦有所降低。

1959—1960年,全区连续遭受自然灾害,运输受到影响,加之船用维修原材料紧张,价格上涨,大部分民船合作社入不敷出,故1962年对全区支流民船、竹簰运价进行了调整,价格水平较1955年有所上升,对保证船员基本收入、巩固集体经济和完成国家运输任务起了一定的作用。1957年11月11日,《湖北省木帆船管理办法》公布,第四章规定"长江汉江的运价由省航运局拟定,报省人民委员会批准",县境以上河流由县航管站拟定,报县人民委员会批准,并报专署及省航运局备案。

1961年7月,湖北省交通厅公布的《湖北省木帆船运价计算规则》中规定:黄冈地区境内跨县(市)的支流运价,由专署交通局拟制,报专署批准,县的河流湖泊的运价由所在县交通局拟制,报专署批准下达执行。为使运价得到正确贯彻执行,还建立了不定期的审价制度;对错收的费用进行退补外,并按"三严""五不准",即严格执行规定的运价标准、等级、加泡率,严格执行计算规则,严格遵守运价批准程序,不准自由议价、抬价、压价,不准随意包船,不准擅自改变等级、加泡率,不准乱加杂费,不准使用非法票据,建立了管价制度。

1963年,鄂交字23号文件《湖北省运输市场管理办法》制定"三统"管理办法。水运市场开始实行"三统"管理,即统一货源、统一运价、统一票证。根据全省第一届交通会议决定,为保障船民生活及其再生产能力,对民船运价采取保护政策。

1964年,随着整个国民经济形势的好转和水运条件的改善,原支流运价存在的弊端暴露出来,如与长江的长短途里程划分界线不统一,固定基价标准各异,在发生干支流直达运输时,3吨以内按支流运价,超过部分按长江运价,计算复杂;部分河流运价高于或低于其他运输工具,不利于充分发挥水运优势等。根据专署物价委员会意见,对全区支流船篾运价进行了全面整顿,并由专署于同年公布执行。调整后的价格水平一般低于当时执行价,但仍略高于1955年的水平。1965年1月,专署物价委员会鉴于部分支流黄砂运量的增加,从降低黄砂生产成本、支援国家建设出发,将民船、竹簰在15公里以内的短途驳运黄砂运价一律按该河流民船、竹簰运价标准9折计算。同年3月,省人民委员会批准交通厅制定的《湖北省木帆船运价计算规则》,货物分25级,第25级最低,机帆船按木帆船运价9折计算。

1976年1月,省计划委员会颁布省交通厅制定的《湖北省水路货物运价规则(试行)》,统一了全省轮船、帆船运价计算办法,运价河级分为25级,第25级最高;货物等级由25级改为8级制,第8级最高;帆船运价高于轮船10%~15%,20马力及以下机动船和20吨及以下驳船运价按帆船计算。据此,黄冈地区革委会对全区支流湖泊运价河级进行了较大的调整,将全区原有的20个航段79个吨公里单价改靠为8个河段13个吨公里单价,29类货物改靠为8个货物等级,最大比差由400%降为300%。据重点测算,改革后的价格水平下降近6%。

1977年1月19日,湖北省革委会修订《湖北省水路货物运价规则》,通知调整运价率、调整货物运价等级、重量换算标准。各地交通部门继续把水运管理作为"三统"管理的重要工作来抓。

1983年,交通运输进一步实行放宽搞活的方针,多层次、多渠道、多形式经营方式和运输格局相继出现,除国家重点物资以及抢险、救灾、军用物资运输外,其他物资运输实行市场调节,允许各种运输企业自行承揽货源,自行结算运费,允许运价在规定幅度内上下浮动,允许货主择优委托承运单位。同年12月,湖北省物价局、交通厅联合颁布《湖北省水路货物运价规则》和《湖北省水路客运运价规定及计算办法》,其成为运价管理主要依据,据此规定"统一领导,分级管理"的原则,黄冈地区主管境内跨县、市支流小河(湖泊、水库)的运价河级标准(包括省委托的跨省、地、市、州运价河级)及其费率和船舶出租费率;各县市交通主管部门主管该县市范围内的支流小河(湖泊、水库)的运价河级标准及其费率和船舶出租费率。统一运价管理促进了地方航运事业的发展,特别是促进了鄂东大宗货源——黄砂跨省运输的发展和乡镇个体、联户的兴起。

1984年1月,湖北省物价局、交通厅根据国务院调整水运运价精神,修订了《湖北省水路货物运价规则》,将货物等级由8级改为10级,并按重量或体积择大计费。运价级差以第1级为100,依次递增,7级货为220,8级货(列名外货物)为125,9级、10级货低于1级,分别为85、60;由于木帆船已基本淘汰,取消了帆船运价,运价河级相应简化为10级。同年3月,黄冈地区物价局、交通局对全区提驳费、支流运价河级做了补充规定:在10公里内短途提驳运价,按现行运价减成计费(1公里按10公里每吨单价减成30%,2~5公里减成20%,6~10公里减成10%),超过10公里者按重新托运计费;因航道变化,航行困难,黄梅后湖河级由6级调为7级,广济内湖由8级调为9级,其余不变。同年11月,对部分轻泡程度较大而价值较低的货物,在按体积计费方法上做了调整,降低了这些货物的运费。

1987年12月,湖北省物价局、省交通厅根据省航务局调查意见,对货物运价做一次微调,同时对《湖北省水路货物运价规则》做了一定修改:规定运价浮动幅度应由地市州交通局会同物价局确定,上浮幅度不得超过20%。

1990年3月15日,经国务院批准,由国家物价局和交通部颁布《关于下达提高水运货物运价的通知》,长江水运货物运价和港口费平均提高35%。6月4日,湖北省物价局、交通厅修订《湖北省水路货运价规则》,货物仍分为10级,但级差率调整,运价有不同程度提高,取消上水、下水之分;支流(湖泊、水库)运价由10级简化为5级,地区内跨县市支流由地区定级,县内支流由县定级。1990年的新运价,测算运价水平提高21.7%。

1991年,湖北省物价局、交通厅鄂价重〔1991〕71号文件《关于加强水路货物运价管理》的通知称:当前,国家对地方水运实行指导性计划管理,运价由省规定,允许一定范围内浮动。不能视为市场议价,各行其是。严禁以刹价方式争取货源。

1995年6月27日,湖北省物价局、交通厅颁发新的《湖北省水路货物运价规则》。文件指出,货物仍分为10级,级差率调整,7级货为217,8级货为125。支流、湖泊、水库的中准价为航行基价,分三档0.15/吨公里、0.20/吨公里、0.28/吨公里;各地市州根据航道条件选择档次;计划运输实行国控指导价,可以在20%幅度内浮动;非计划货物运输按市场调节价计费。

为适应社会主义市场经济要求,充分发挥价格杠杆对水运市场资源配置作用,经国务院批准,国家计委、交通部联合发出通知,放开水运客货运输价格。从2001年5月起,水运价格全面放开,水上客货运价格由水运企业根据经营成本和市场供求自行确定。

第四节 渡 运

一、古代人行渡运

(一)渡口设置

夏商时期,长江黄冈段上已有舟渡存在。西周康王、穆王的南征伐越与获取"南金",在黄冈境内长江上设有津渡。春秋战国时,黄冈腹地是楚人用兵吴越的主要陆上通道,江南铜绿山铜矿的大量开采北运,使南北沟通的津渡得到发展。据《鄂城县简志》载:春秋战国时期,伍子胥离楚奔吴时,在鄂邑(今鄂州市)小东门外长江边三段巨石上,被渔夫接渡。此三段巨石长约百步,高达五六丈,后被称为接渡石(后又讹作节度石)。又据《浠水县地名志》载,位于浠水县兰溪和巴河之间的伍洲,也是伍子胥投奔吴国路经此地的渡口,后定名为"伍洲",是本地区最早的渡口。

秦汉三国时期,津渡设施随着大规模的军事活动进一步发展,长江沿岸的阳逻堡因吴国抗拒曹魏的攻击遂成阳逻渡,沿江还建有团风、赤鼻(今黄州赤壁)、巴河、兰溪、蕲州、武穴、清江口(今小池)等渡口。

魏晋南北朝,黄冈境内"巴蛮人"活动频繁,一方面封建政府采用军事校蛮行动,维护其统一地位,另一方面采用"夷市"南北通商,从而促进了今黄州与鄂州间津渡的发展。南朝齐安郡西经团风、李坪驿至阳逻驿沿途均有津渡设施,齐安与阳逻渡作为长江上的南北交通要津,还配置了红船(帆船),齐安至希川(今浠水)在巴水上设有津渡,兰溪驿在长江上也设有津渡。

唐宋时期,黄冈腹地"榷茶"闻名于世,朝廷实行专卖,同时各地商贾竞相销售,渡口设施又进一步便利于商茶的外运。

元初,注重沿江的水驿交通,在阳逻置驿,发展阳逻上下的津渡设置。

明代,为加强府境内的交通,大力发展以驿道为主体的陆路交通网,从而促进了府境内的渡口设置。黄冈县(今黄州区、团风县)设置的渡口有府前大江渡、果子滩渡、三江口渡、团风口渡、团风史霸渡、街埠渡、阳逻渡、巴河渡、盘石渡、双溪渡、赤脚山渡、窑埠潭渡、张家店渡、松湖霸渡、感化河渡、旧州渡、桥潭渡、柴埠湖口渡,共计18处。麻城县设置的渡口有县前河渡、高安河渡、白果河渡、浮桥河渡、岐亭河渡、白塔河渡,共6处。黄陂县设置的渡口有鲁台河渡。蕲水县(今浠水县)设置的渡口有县溪渡、兰溪渡、青蒿渡、六神港渡、巴河渡,共5处。英山县设置的渡口有石头咀、金家铺、四顾墩、三义渡、南义渡、两河口、东门河等20处。其后,罗田、蕲州(今蕲春县)、广济(今武穴市)、黄梅等县也设置了陆路交通所需渡口。

黄州府津渡就分布而言,有的设置在长江港口,也有的设在内河和湖泊处;既有驿道上的渡口,也有一般陆路交通要道上的渡口。就渡期而言,有常年渡,亦有季节渡。所谓季节渡,分冬季渡和夏季渡,即冬季不脱鞋袜而过渡者,夏季涨水而过渡者。按其渡口的渡用工具分,可分为渡划和帆船,帆船多用于长江渡口。黄州府所设的齐安水马驿和阳逻水马驿,就是渡口与驿站的统一,在水马驿处,设置红船(帆船),配有船夫。在对渡口的管理上,又分有公田渡、义渡和官渡。

黄州府境内驿道设置后,凡驿道上的渡口,基本由官方管理,配有帆船、舟、楫和专职渡工。黄州至江夏驿道上的渡口有府前大江渡、团风渡、盘石渡和阳逻渡。黄州至麻城县驿道上的渡口有高安河渡和白果河渡。黄州至黄梅县驿道上的渡口有巴河渡、六神港渡、蕲水(今浠水县)渡、兰溪渡、西河驿渡和大河渡。江夏(今武昌)至麻城驿道上的渡口有岐亭河渡和浮桥河渡。清代以前,英山县有石头咀、金家铺、达士渡、四顾墩、三义渡、南义渡、两河口、东门河桥渡等津渡20处。

清代,因水灾暴发,驿道损坏严重,黄州府(今黄冈市)对境内驿道进行局部调整,其中黄州至江夏(今武昌)驿道,由原在阳逻渡口,改经由黄冈县西河铺,南渡长江至武昌县(今鄂州市)三江口,因而增置西河铺渡口,黄梅经孔垄至清江口(今小池)驿道,增置白湖渡和清江口(今小池)渡口。

(二)渡运形式

民间渡运 唐代,长江流域各州县设置津渡十余处,其中蕲州江津渡口有渡船一只、渡伕六人。《唐律》规定:"其津济之处,应造桥航及应置船筏而不造置,及擅移桥渡者,杖七十,停废行人者,杖一百。"

罗田县县前河上长春渡(位于今老东门水文站至河东街处),亦称官渡,是山区古渡口之一。《罗田县志》载:"东出来青门涉官渡河,曰:河东街,盖英霍之孔道也。"相传抗金名将岳飞在南宋绍兴年间(1131—1162年)率师过此,收金兵降卒李成部万余人,并于长春渡下面五显庙栽两株柏树,后世称为"长春宋柏",又名"长春双柏",清初毁于兵火。后长春渡口处建有社庙,名官渡河社庙,并建有候船屋,清末改为义渡,民国年间渡船失修停废。

清光绪十年(1884年)《黄州府志》记载:"府辖八县黄冈(含新洲)、蕲春、浠水、麻城、黄安(今红安)、罗田、广济、黄梅共有渡口115处。"

清末民初以前,渡运工具全是木质渡船或竹簰。官渡的渡船较一般民渡的船只大,船上除篷帆外还装有木拱棚以遮阳避雨。清末至民国期间,黄冈境内长江航段所设渡船船型以航划和艑子为主,吨位多数在1~5吨,单桅帆,无风时以人力划桨;3吨以下渡船1~2人驾驶,3~5吨则由2~3人驾驶。支流、湖泊渡船船型则多为鸦艄划子。蕲水、倒水、举水、巴水、浠水等支流部分渡口则以竹簰为渡运工具,英山县渡口全部使用竹簰,新中国成立后直到20世纪60年代才由木船代替竹簰。1985年,蕲水关溪河渡口仍采用一吊竹簰渡运,额定乘客6人,是全区尚存的一处竹簰渡口。

官渡与义渡 官渡是清代以前官府设置的专为过往官员和递铺传递公文差使服务的渡口,有的也渡民众百姓。每渡配置渡船1~2只,渡伕1~6名,渡伕每月饷银少则数串,多数3两5钱,以其渡运难易而定,渡船维修及工具添置由官府承担。据清光绪十年(1884年)《黄州府志》载:樊口官渡有渡船一只、渡伕两名,每名渡伕每月银1两2钱7分8厘。兰溪官渡设渡船一只、渡伕两名,经费由官府供给。巴水上土司港官渡,渡船一只,渡伕两名,负责传递巴水驿公文差使,每月渡伕只给钱2串400文。还有黄安县(今红安县)倒水河上南门河、蕲州至黄颡口、罗田县长春渡、南关河渡等多处官渡。清代末年,全区有官渡16处,占全区渡口总数的13.9%。

义渡是因旧时当地官员、绅士、寺院庙宇或大姓宗族捐募而设立的,渡船及渡伕耗费均由捐募的田课支付,过渡者皆免费。义渡以红安、麻城、罗田、英山四县为多。新中国成立前,英山县42处渡口多数为义渡,在渡口多有勒石铭文。据《英山县志》记载:最早的是建于清乾隆十年(1745年)的人道渡亦称义洲渡,是浠水河上游东西河口的义渡,黄冈境内长江航段渡口中以阳逻义渡和小池(至九江)义渡影响较大。阳逻义渡是由阳逻培心堂设置,小池义渡由徽广会馆(安徽人和广东人)于1918年创立,定名义渡局,局址设于九江西门口,并在小池口商人陈文嘉家(今小池服务所)设义渡办事处,以3艘木船(每只载重约18~20吨)每月定时横渡九江至小池口之间,在两岸码头还设有义渡亭,供乘客候船歇息。乐利河渡昔称落翎河渡,位于县城东南27.5公里处西河(白莲河之一段)上,为鄂、皖交通要津,曾为官渡,置有红船、红艇。清代,英、罗两县仕民捐资共建,亦称落翎河义渡。1934年始建桥梁,自此桥渡交替。新中国成立后建永久性中桥代渡。

新昌河渡位于县城北42.5公里处新昌河上,是通皖、豫要津。原为官渡,清代改为义渡,常为林、鄂二姓捐资。清同治九年(1870年),知县蔡炳荣谕徐东坦等将徐先溢远祖所施乌云寨等处水田15亩(1万平方米),随田山在内一并捐入此渡,以助渡资。此渡河宽水浅,桥渡交替,春夏摆渡,秋冬搭桥。同治年间(1862—1874年),还有林宗旺等捐修亭房,收购桥板,夏天就此施茶。1936年建木桥一座。新中国成立后桥渡交替。

二、现代旅客渡运

(一)长江渡运

1928年,小池港的同济轮渡股份公司从南昌租赁"新光"轮行驶小池至九江,是为全区最早使用轮渡的渡口。1952年5月,黄冈专署交通科在黄州至鄂城渡口设置渡轮。1963年后,黄冈境内长江航段各主要渡口先后使用了机动渡船。1969年,黄梅县小池轮渡站新建钢质双体轮渡船投入小池至九江渡运,该船双体双机,定额828客位,时为全区最大的渡轮,也是全区唯一的双体船。1971年后,全区各主要渡口新增设了候船室和趸船、跳趸、跳板等码头设施,渡船也由机动驳或拖轮等非客轮船型逐步更新为客轮船型,并固定了航班,定时渡运,使渡口逐渐走向正规。进入20世纪80年代,长江渡口全部实现了渡运机动化。乡镇农村各支流、湖泊以及大、中型水库的渡口亦开始使用机动客船。至1985年,黄冈地区、新洲县已有机动渡口59处(缺鄂州市乡镇渡口数),机动客轮104艘,13059客位,3372马力(约2478千瓦),分别占渡口、渡船、客位总数的17%、23.5%、68%。其中交通专业旅客渡口6处,见表3-3-4-1。

1985年黄冈地区交通专业旅客渡口情况表　　　表3-3-4-1

渡口名称	渡船状况				平均日渡量(人)	经营单位
	艘	船体材质	客位(人)	马力(匹)		
合计	11		4300	1845		
黄州轮渡	2	钢	847	255	6300	鄂州市轮渡公司
田镇渡口	1	钢	120	20	500	武穴轮船公司
武穴渡口	1	钢	530	240	5000	武穴轮船公司
龙坪渡口	1	钢	120	20	300	武穴轮船公司
小池渡口	2	钢	1428	540	15000	黄梅小池轮渡站
	2	钢	970	640	10000	黄梅县航运公司
阳逻渡口	2	钢	285	130	1800	新洲县阳逻航运公司

1993年5月,黄州轮渡公司与市港航工程处等单位共同创办鄂东车渡公司,1995年,由国家拨付专项工程款150万元,企业自筹200万元,完成了轮渡码头的改扩建工程,结束了轮渡靠自然坡岸和汛期迁移码头的历史。1996年开展水上快客业务,引进3艘12客位的快艇。1998年,经省航运局与黄冈、鄂州两市交通主管部门、航管部门多次协调,黄州轮渡公司与鄂州第二航运公司签订一项合作经营项目,避免了两家公司的恶性竞争,成为湖北省跨行政区划渡运航线有偿使用的一个尝试,开创湖北省航运企业联运的新形式。据1999年出版的《湖北渡口专辑》载,黄冈境内长江旅客渡口24处。表3-3-4-2为1999年黄冈境内长江渡口登记信息。

1999年黄冈境内长江渡口登记表　　表3-3-4-2

序号	渡口名称	渡口起点	渡口止点	渡船(艘) 机动	渡船(艘) 非机动	人渡(万人次)	船员(人)	设渡单位
1	黄州轮渡	黄州	鄂城	6		295	27	黄冈交通局
2	张家铺	张家铺	团风			25	1	黄州区堵城镇
3	扁担洲	扁担洲	团风			30	1	
4	西河二	西河	团风	1		20	1	
5	东漕渡	东漕	团风	1		39.2		团风镇罗霍洲村
6	管窑河	对岸		6		1.1	6	蕲春管窑镇
7	三渡河	对岸		1		1.8	1	蕲春三渡乡
8	八河里	对岸		1		0.6	1	蕲春八里河湖镇
9	刘河	对岸			1			蕲春刘家河镇
10	散花镇	散花	黄石	12		150	4	浠水散花镇
11	田镇	田镇	老渡口	1		23	5	武穴市轮船公司
12	武穴轮渡	武穴	码头镇	1		172.8	11	
13	盘塘	盘塘	富池镇	1		23	4	武穴田镇
14	龙坪	龙坪	新洲	2		28.8	5	武穴龙坪新洲村
15	蔡西	东坝	港西	1		14.4	1	
16	小池	小池	九江	12		430	110	黄梅小池镇轮渡公司
17	横坝头	横坝头	九江	1		8	4	黄梅小池镇
18	段窑	段窑	江洲	1		1.2	2	黄梅刘佐乡
19	黄湾	黄湾	江洲	2		2.5	4	
20	六家咀	六家咀	大树	3		2.4	6	黄梅新开镇
21	白沙洲	白沙洲	大树	2		2.2	4	
22	蔡家渡	蔡家渡	徐湾	4		3	6	
23	横口河	老周闸	赤湖	2		1.8	4	
24	游洲	游洲	关湖港	1		3	2	

(二)主要客运渡口

武穴客运轮渡　位于原装卸公司码头,紧临原武穴港务局客运大楼,长江北岸航道里程839公里处,主要从事湖北省武穴市至江西省瑞昌市长江两岸之间水上旅客渡运业务。

武穴轮渡起源于1954年的木帆船摆渡。当年,武穴船民接手旧社会的"帮头"细河帮与跑河帮把持的武穴红石矶渡口(开阳星船厂内)和正码头渡口。其中,红石矶渡口专营至码头镇渡口航线;正码头渡口专营瑞昌码头镇金丝村的下匡口和上匡口以及下巢3个渡口。1956年2月,武穴江新民船运输合作社成立江新四社,经营渡口为红石矶(称下渡口)至瑞昌码头镇。在红石矶渡口渡运武穴至码头镇的来往客货,每艘渡船每次可载客10人,平均日渡运量400人次。正码头(称上渡口)归搬运公司所有,不再经营渡口业务。1958年8月,武穴江新社购回一台450型16马力(约11.8千瓦)汽油机,作为操舟机渡船,这是武穴渡口首次使用操舟机船渡运旅客,不久因缺燃油停航,重新使用木帆船摆渡。1963年,武穴船民协会欲淘汰木帆船,改用80马力拖轮(153号轮)渡运旅客,渡口则由红石矶迁于塘门口(现开阳星造船公司厂区江边),设较为正规的轮渡码头。1964年,武穴社在轮渡口处新建候船室1处。1965年,码头镇渡口购置1艘机动渡船。武穴、码头镇轮渡双方商定轮流渡运,每2个月一轮换。1967年,武穴社在广济县造船厂新建一艘320客位、120马力(约88.26千瓦)的木质渡轮,于1968年建成下水,取代153号轮渡运。1970年,国家在瑞昌兴办"三线"工厂,该渡口客运量激增,平均日达2000人次,每逢节假日轮渡均要加班加点渡运。为了方便旅客上、下渡口，换上水泥趸船，并加设了水泥桥墩，旅客进出渡口安全性得到进一步保障。

1980年，广济县航运公司自行建造一艘240马力（约176.5千瓦）的双层渡轮，客位530个，另有机帆船一艘，渡运条件改善。1986年2月，航运公司为加强渡口管理，实施旅客上下船分道措施。1986年7月11日，渡口换用长26米、宽7.40米、深1.70米的水泥趸船，并配置长21米、宽3.0米钢引桥一座。1970年至1987年2月，该渡口共进行过4次整修，斜坡降低坡度使斜坡道延至水沫线以下0.5米始边，满足趸船系泊和桥墩、引桥的安置，杜绝影响乘渡安全死角。为确保渡口靠泊安全，1999年初，公司将渡口码头旁边的黄砂装卸专用码头迁移至上关龙王庙货场，使轮渡水域更加满足快艇安全靠泊条件。2002年春季，因渡口码头前沿淤塞趸船搁浅，遂增加一节长15米、宽3.0米钢引桥，在两节钢引桥之间加设钢质浮桥趸（跳鼓）。2006年，轮渡进一步向高速船运方向发展，为加强轮渡的安全管理，将普通轮渡与高速船靠泊实行分离，公司新建一艘长10米、宽3.20米、深1.15米的钢质趸船，紧泊在水泥趸船下游，作为高速船的专用泊位。

2008年10月10日，武穴轮渡渡口正式定位于武穴正码头（原装卸码头），由于该码头原系武穴市装卸公司的化肥、石英砂等杂货装卸码头，市政府为支持开阳星造船公司改扩建工程，2007年将此码头调整作为武穴轮渡码头。该码头斜坡道以混凝土灌注，长75米，宽6米。码头趸船安全设施完备，同时可供高速快艇停靠。

武穴客运轮渡拥有"武穴6"号17座位豪华快艇、"武穴轮渡8"号180座位客班轮各一艘，并配有400多平方米轮渡候船室和专用码头趸船，日运送旅客可达2000余人次。实现渡运安全率100%，多次被湖北省交通厅授予"文明渡运窗口"等荣誉称号。

盘塘渡口 盘塘客运渡口，习惯称为盘塘渡口，是村办企业，1950年始创。主要停靠阳新县富池镇渡口。20世纪70年代，盘塘渡口是全省的"一面红旗"。1984年，盘塘村委会投资近10万元，新建一双机双桨、载客80人的钢制渡船，结束了木质渡船的历史。1993年修建水泥码头，新建30多平方米候船室一间。据1993年全区乡镇渡口安全管理会议资料记载：盘塘渡口航行18万个航班，70万公里，运送旅客310万人次，货物3万余吨。

龙坪渡口 龙坪渡口设置在龙坪防洪大坝闸口外江边，位于长江新洲北槽水道，航道里程826.6公里处。新洲渡口设置在新洲上北河头一带，自然坡岸渡口，南北两岸运距约2.2~5公里。渡口始建于1954年11月，时由12艘渡船组成横江互助组，主要从事龙坪至新洲客货渡运。

1956年2月，龙坪外江（相对于内湖称"外江"）成立江华民船运输合作社（简称江华社）。1959年，广济县长江木帆船公司在龙坪镇闸口外建平房1栋3间，88平方米，作为轮渡候船室使用。1967年，该渡口首次使用45马力（约33.1千瓦）64客位机渡船，并在龙坪江边安置一木船作为趸船供渡船停靠。1976年，广济县长江水运公司改用40马力（约29.42千瓦）70客位铁木结构客渡船过渡。1986年10月，武穴市轮船总公司新建的一艘12千瓦、120客位钢质客渡船投入渡口客运，取名"龙坪轮渡"。

1992年12月28日，因新洲村客渡船参与渡口客运并垄断客源，武穴市轮船总公司终止龙坪至新洲渡口客运航线。"龙坪轮渡"调往田镇渡口。此后，该渡口由新洲村自主经营至今。新洲村投资建造一艘"新洲一"号钢质渡船，客货混装。龙坪一侧的岸边建有百余米长的水泥斜坡，为九江海事局出资援建。2009年，新洲村在龙坪闸口附近建有一间候船室，为新洲渡客候船旅客提供更好的服务。

田镇渡口 田镇至阳新老渡口村渡运航线历史悠久。1949年前，一直由老渡口村村民在田镇至老渡口之间摆渡。1949年8月，田镇街与老渡口船民协商，协议双方共同摆渡，收入平均分摊。1954年10月，田镇港船民组成水上互助组，经营田镇渡口客货渡运。1956年2月，田镇外江成立江安民船运输合作社（简称江安社）后，渡口有一艘3吨位的木帆船，安排渡工2人从事渡运。对岸老渡口村也有一艘3~4吨的木帆船渡运，两岸渡船渡运实行对开。

田镇渡口设置在武穴市轮船总公司田镇办事处门前码头，位于长江搁排矶水道北岸，航道里程857公里处。1972年，广济县长江水运公司在该渡口首次使用一艘80马力（约58.84千瓦）、45载重吨的木质机驳渡运。翌年,阳新老渡口村也购一艘机驳投入渡运。自此双方协商确定,轮班渡运,每班2个月。1974年,长江水运公司投资重建田镇轮渡码头,扩宽码头斜坡路面,混凝土灌注的斜坡码头自最低水位水沫线以下0.5米处始边,能满足客渡船在不同水位期顺岸靠坡系泊。

1982年,田镇江安社撤销,广济县航运公司在旧楼原址新建3层楼房1栋,建筑面积541.5平方米,底层大厅作为候船室使用。南岸老渡口码头设在阳新县老渡口,以自然坡岸停靠,两岸渡口运距1.3公里。1992年12月29日,公司调"龙坪轮渡"(主机功率21千瓦,120客位)到田镇渡口取代"武穴机3"号(两船船员对调过户)渡运。1993年5月13日,将"龙坪轮渡"报经市港航部门同意,更名为"武穴轮渡2"号,从事田镇渡口客运。之后"武穴轮渡2"号经营权四易其手。

2003年4月19日,"武穴轮渡2"号出售给原公司职工夏晓华等4人(已与公司解除劳动关系),同时,夏晓华等4人又将"武穴轮渡2"号挂靠公司经营(因个人无渡口经营资质),公司仍保留渡口码头、设施及经营资质权益。2003年10月,夏晓华等4人又将"武穴轮渡2"号出售给田镇街个体户郑女士,因她无资质经营,只好挂靠公司经营。2004年,为加强水上客运安全管理,经港航部门和田镇办事处协商同意,将"武穴轮渡2"号经营资质转让给田镇办事处管理。

小池渡口 黄梅港小池亦称小池口,为历史上著名的临江古驿。唐代改为临江驿。明代定名小池口。明代永乐年间(1403—1424年),小池与九江隔江,以舟楫往来,水上通途已开,小池口落户人家日增,商贾云集。明末清初,小池口已有渡船60余只,主要有"黄梅""德化"两船帮。清咸丰十一年(1861年),英法联军在九江市圈定租界,九江港被辟为通商港埠,外轮靠泊九江,小池渐为三省七县通衢要道。1927年,安徽、广州商人在小池建"徽广会馆",置木渡船3只办"义渡",每只载重18~20吨,在江边(今小池供销处)建义渡亭(候船室),免费渡客。1928年,小池港的同济轮渡股份公司从南昌租赁"新光"轮行驶小池至九江,是为全区最早使用轮渡的渡口。至1938年7月,小池口已有民船114只,轮渡2处:义渡1处,轮渡1处。

1951年6月,小池成立渡口工会,由"建国"轮担任轮渡。1952年,同济轮渡股份公司购"建群"轮代替"建国"轮。1956年9月以后,"建始"轮与"建群"轮对开九江至小池渡运。1963年成立黄梅县轮渡客运站(1970年更名为轮渡站),小池轮船站(今小池港务站)1959年购买199平方米候船室1座,1960年设置1艘24米木质趸船代替原租用的民船趸船。

1969年,黄梅县小池轮渡站新建钢质双体轮渡船投入小池至九江渡运,该船双体双机,定额828客位,时为全区最大的渡轮,也是全区唯一的双体船。1985年,小池有小池轮渡站和黄梅县航运公司两家经营的交通专业旅客渡口,共有钢质船体渡船4艘、2398客位,平均日渡量25000人次。1999年,小池渡口有小池镇轮渡公司经营的小池至九江航线,年渡运430万人次;小池镇经营的横坝头至九江航线,年渡运量8万人次。至2015年,仍有黄梅县横坝头运输有限责任公司经营小池至九江旅客运输。

(三)支流渡运

新中国成立前,全区支流、湖泊、水库渡口都是小型木质渡船和簰筏,每年霜降后到次年清明前,搭有人行木便桥,清明后撤除,涨水时用木船摆渡。渡口大部分由乡、塆捐田组建,渡工报酬赖收租谷或收渡费。新中国成立后,对渡船和便桥的修缮与更新由县地方财政扶持。1954年,红安县首届人民代表大会第一次会议决议:"人行木便桥和渡船按照政府扶持、群众自办、就地取材的精神逐步恢复和修建,以适应生产发展,便利行人。"1956年,全县有渡口17处,渡船18艘。

20世纪70年代后期,因船破而造成的重大沉船事故频频发生。1981年,新洲县人民政府在总结占家河渡口沉船死人重大事故后,县财政拨款1.5万元,由阳逻船厂设计建造小型钢质渡船16艘以更新旧木质渡船。钢质渡船每艘2.5吨,载客20人。黄冈地区行署以黄政〔1981〕72号文批转地区交通局《关于推广新洲县以钢质渡船代替木质渡船经验的报告》,在全区各县推广。至1985年,全区拨专款用于建造钢质渡船资金达24.41万元,235处渡口的305艘渡船,有163艘由钢质渡船代替,大大提高了安全系数。至1985年,黄冈地区乡镇渡口共339处,其中黄冈县39处、浠水县52处、蕲春县17处、广济县15处、黄梅县21处、红安县30处、麻城县41处、罗田县7处、英山县8处、鄂州市66处、新洲县43处。

1986年,湖北省人民政府发布《湖北省乡镇渡口管理办法》,黄冈乡镇渡口逐步纳入交通行业管理。水运管理部门推广"以钢代木"改造渡口船。1988年3月,湖北省交通厅责成省航务局戴帽奖励红安县渡口船更新资金1万元,以表彰该县作为全省渡船加速钢质化、渡口安全管理先进单位。同年10月省交通厅为了统一全省钢质渡船的船型,补贴黄冈地区7万元资金,用于建造钢质机动渡船7艘,其中150客位1艘、60客位2艘、30客位2艘、15客位2艘、分别配给武穴、麻城、黄冈、英山、浠水、蕲春、罗田7县市。1986年和1988年,红安县财政从以工代赈款内拨3万元,加上省交通厅给予的渡口安全奖励1万元与地区给予的0.5万元,用于添置钢质渡船与维修船只。1989年,全县设渡口35处,有钢质渡船37艘(其中机动船3艘),有证渡工40人,日渡运量7000人次。

2005年,湖北省港航管理局、地方海事局制定并颁发了《湖北省达标渡口建设管理实施方案》,按照"以交通部农村渡口改造政策为支撑,以地方人民政府扶持为保障,以近年来乡镇渡口达标为参照"的原则实施达标渡口建设管理。同年10月,黄冈市港航管理局经报市交通局同意,确定辖区7个县市共12个渡口项目为首批改造建设项目,其改造主要内容含改造候船室、码头、道路、渡船以及警示标志等安全设施。投资资金总造价240万元,其中中央专项渡口达标资金120万元、地方自筹120万元。

2006年12月,中央追加40万元渡口改造资金,省市县亦追加自筹50万元,共90万元,用于本市增加黄州区、罗田县、红安县、麻城市各一处渡口改扩建项目。随着渡口改造项目的逐步完工,市港航局、地方海事局组织了渡口达标建设工程验收专班,按照《湖北省渡口达标建设工程验收暂行办法》,专班对全市达标渡口进行了统一验收。

2007年,全市进一步开展了渡口达标建设,10个县市区共有57处渡口先后完成达标项目建设。总建设资金达560万元,其中中央补助资金280万元、各地方政府自筹280万元。2008年,有40处渡口列入达标建设。2009年,有31处渡口列入达标建设。5年中,全市投入渡口改造资金3000万元,完成渡口达标144处。截至2012年,全市10个县市区共有163处渡口达标。

(四)各县内湖水库渡口

广济内湖渡口 历史上,广济县有大小湖泊32处。新中国成立以前,广济县内湖渡口比较繁荣的有栗木桥渡口、仓头埠渡口、郑公塔渡口。当时,栗木桥渡口有帆船40余艘计200吨,出赤东湖进入长江,往来于武汉、鄂城、蕲州等地。

1955年10月—1956年2月,武穴、龙坪、田镇和上、下湖区组建民船运输合作社。其中涉及内湖的合作社有田镇江安社,经营合作范围包括下窖、田镇、马口、扎营港(原为广济县所辖,现行政隶属蕲州镇)、盘塘、龚垄6个内湖渡口。至1963年,内湖共有渡口11个。

1972年,港航监督部门对经营武穴内湖客运航线的新桥、新港民船运输社进行整顿、规范,是年,这两家民船社各建造了20马力(约14.71千瓦)、客位25~50人的机动轮船,投入武穴至仓头埠航线运输,并于官桥大港工程竣工后,开辟了官桥至童司牌的客运航线。1975年,湖区木划渡口有23个:武山湖2个、百米港7个、荆竹水库3个、梅川水库3个、仙人坝水库3个(因统计疏失,还有5处不详),渡船43艘计63吨、550客位。

1979年,内湖航道普查,内湖通航里程94公里,列管渡口中长江有4个,内湖有17个。1983年,广济县有渡口19个,渡船26艘计93吨位,516马力(约379.52千瓦),19个渡口分别为:荆竹水库渡口、百元水库渡口、梅川水库绿林渡口、大金水库插箕垱渡口、仙人坝水库朱树岭渡口、武山湖程家林渡口、官桥大港杨明望渡口、湖南畈渡口、伊家桥渡口、董家山渡口、刘常渡口、百米港的蔡西渡口、长江的田镇机渡、武穴轮渡、龙坪机渡、盘塘机渡、新洲机渡、6214机渡、黄沙渡等。

经过1991年的整顿,武穴市乡镇渡口整顿验收统计有15家合格渡口,分别是:绿林渡口、荆竹渡口、龟山渡口、刘常渡口、张仲七渡口、陈家埒渡口、伊家桥渡口、湖南畈渡口、杨明望渡口、程家林渡口、蔡西渡口、龙坪新洲渡口、盘塘渡口等。不合格的砌石渡口、新洲南河渡口待办取消手续。属乡管渡口1个,村管渡口8个,村民小组管理的渡口4个。

1993年8月,港航监督部门对龙坪、新洲31户船舶所有人因违章、证照不齐问题,进行处理。其中12户被立即取缔,19家停航整改。1994年元月至5月,对四望镇陶墩村、周笃村和大金镇草鞋岭村、也字咀村、和继胜村、程继胜村、库咀村,石佛寺镇武山寨村、胡大村、董山村等22户无证无照从事客货运输及非法载客船舶采取停航措施。1994年5月,对新洲村32户无证照小机动(3~14千瓦,1~80吨位)船以及农场、朱河、龙坪上街的4艘(2.2~29.4千瓦,1~60吨位)无证照船舶,分别采取立即取缔、停航检验、整改等监管措施。1994年6月,江水猛涨,内湖水位较高。内湖港航监督站对郑公塔向垮塆、郭大塆,石佛寺武山寨,大金镇程继胜、草鞋岭、也字咀,四望周笃、陶墩村等21户(1~4吨)小机船采取停航措施。

1996年5月27日,武穴市政府批准:鉴于京九铁路在伊家桥开通铁路桥,取消伊家桥渡口;取消张仲七渡口营运性质和列管,仅作为农用渡口存在,留村自行管理。2001年9月,武穴市开展打击取缔"三无""野渡"船舶活动,解除船舶动力17艘,拆除滚装装置"野渡"5艘。2008年,航管站主管部门对内湖张仲七、朱奇武、武山寨、程家林4个渡口进行改造,实现渡口建设达标。2010年,武穴市申报田镇、盘塘、荆竹3个渡口达标和"武穴轮渡8"号、"新洲渡2"号渡船的改造,并于当年完成渡口达标和渡船改造任务。2011年,改造渡船2艘,新建造1艘。至2015年,武穴市境内有内湖水库渡口2个。

罗田县水库渡口 罗田境内有罗田河、天堂(新昌)河、胜利河、泗泊河、白莲河五大河流,共计502条支流,总长2209.5公里。1951年,罗田境内有常年渡口22个。1961年全县有渡口65个,渡船65艘,载重50.2吨。随着公路的发展,河流渡口逐年减少。1973年渡口普查时,全县有公渡5个,农村渡船28艘。同时,水库渡口不断增多。1975年,全县有白莲河、天堂东跨马墩、长冲坂、芝东安河、紫檀冲、董家畈、夏家铺、花石桥、凤凰关、方家山、叶家圈、三官殿、双河口、响水潭等15处水库置有渡船。1981年,开始出现私人渡口和个人渡口,至1985年,全县有渡口17个,各类船舶755艘。1989年,经县政府批准,部分农副业船只交乡镇管理。经交通部门验收合格、发给经营许可证的公渡渡口有9个,分别是白莲河5个、天堂水库1个、响水潭水库1个、紫檀冲水库1个、平湖义渡1个。2005年8月,罗田县财政、交通部门共同投资从鄂州船厂购回客渡船6艘,载客66人,分别投放到白莲河、天堂、响水潭等水库渡口使用。

白莲河水库渡口 1960年建成,与罗田、浠水、英山3县边境衔接。1963年5月,县财政局拨款1万元,由匡河水运社购铁木结构机动船一艘,48千瓦,载重25吨,载客100人,1963年进出物资近10万吨。1964年,有副业船218只,竹簰70吊,机动船1只,从业人员258人,交通部门主营傅家庄至英山洪家庄、戴家畈至英山许家畈等3个渡口。1965年,取消交通专业经营,渡口运输由当地农副渡船接替。1982年,古庙河公社新造机动船1艘,核定吨位6吨,50客座,承运白莲河至古庙河一带旅客,驾驶员工资由县财政局拨付,免费公渡。1985年,白莲河水库罗田辖区有公渡5个,渡船14艘,日均旅客运量210人次,货运量7.31吨。至1998年,白莲河库区仅保留竹山至刘家湾一条航线,属交通部门列管,建有候渡棚1个。

天堂水库渡口 1969年竣工。1970年,县交通局在此设航运组,并设渡开航,有木帆船2艘。1971年,又购置机动船1艘,15千瓦,97座,核定载重量10吨,经营大地坳至九资河和龚家坳至管养处之间的客货运输,年均客运量5600人次,货运量200余吨。1976年撤销航运组,渡口运输交由大地坳和九资河公社经营。1981年又由县财政局、交通局、水利局共同投资3.2万元,新造钢质机动船1艘,载重6吨,客位35座,经营客运。到1985年,天堂水库共有各种机动船10艘,年均客运量10万人次,年均旅客周转量80万人公里。1990年,该库有机动船10艘,年均客运量10万人次,年均旅客周转量80万人公里。

响水潭水库渡口 响水潭水库位于大崎乡境内,1972年3月建成。1980年全县渡口普查时有渡口3个,渡船3艘,分别经营黄土岭至柴家河、西城岗至响水湾渡运。1990年后,仅保留交通部门列管的项家河至西城岗渡口1个,木质机动船5艘。

荆竹渡口 位于蕲春、黄梅、武穴交界处,太平山脚下的荆竹水库始建于1961年,为原库区里的7个村各自配置2~3艘木船的民间渡口。1978年,地方政府为加强领导、统一管理,确保渡运安全,便纳入乡镇企业管理。广济县交通局和太平乡政府分别于1980年和1985年添置2艘钢质船,建造一栋200余平方米的候渡室。受益于横岗山旅游开发,1992年,荆竹渡口运送旅客120万人次,渡运货物40万吨。1993年创利润5000余元。

大同水库渡口 渡址在蕲春县大同水库拦水坝西侧,是1960年随大同水库建成后的新建渡口。为方便库区人民交往,先由张塝区,后由县交通局在库区所设的客货轮运输船承渡。建库当年,有54马力、25吨、30座的客货轮一艘,以后逐年增加,到1973年,水库计有各种船只达74艘。1976年10月,绕水库大坝西侧的大同至田桥公路建成通车,公路沿线客货运输大都由水路转为陆路,客船停业。1984年秋,大同何铺村何福华购买12马力(约8.83千瓦)、载重7吨、36客位的渡船一艘在库区进行渡运,日平均渡运60人次。

花园水库渡口 渡址在蕲春县东北部花园乡境内。1970年花园水库竣工后,当地生产大队经营的农副业木划船在库区进行渡运。主要航线为水库大坝至转蓬桥5.5公里,花园场至小冲粮站(小山湾)2公里,花园至龙泉寺2公里,鲇鱼地至康冲2公里,全年通航里程11.5公里。

1977年,沿水库右侧的花园至黄赵公路通车,库区水运客货运量锐减,库区仅存渔业船和一只划渡。1982年,农副业运输船又逐渐增加,至1985年,有机动渡船2艘,24马力(约17.65千瓦)、9吨、53客位,日平均渡运240人次,属鲇鱼地乡集体所有,个人承包经营。

浠水内河水库渡运 《浠水县志》载:"蕲在万山之中,三水环绕其间,支流漫衍,港涧相错,而未病涉,岂不赖有津梁哉。"1954年调查显示,全县有津渡37个,其中河流29个(浠水河12个、巴水河17个),江渡8个。1965年,全县出现第一艘江渡机船。1988年统计,全县有渡口72个,其中长江12个,巴水河25个,浠水河17个,湖库18个;渡船94艘、2640客位,其中机船56艘、2041客位。

三、军事渡运

1942年,中共鄂城县委先在黄冈县长圻寮建立长江交通站,又联合鄂城县池湖港船民佘植富建立池湖交通站。此后3年多时间,该交通站用木渡船接送中共党政干部和八路军、新四军指战员往返长江南北数百趟,计2万多人次。规模最大的一次是1945年2月19—23日,中国共产党领导的八路军120师三五九旅4000余人组成的南下支队挺进鄂东与新四军五师会合后,一部分在长圻寮至池湖一带由佘植富组织渡船乘夜渡江,另一部分3000多人在2月23—24日于蕲春县扎营港处以100艘木帆船横渡长江。

1949年5月,中国人民解放军第四野战军12兵团先后在本地区渡江南进,上自团风、下至小池,主要渡江点13处,据不完全统计,支援大军渡江的有船(簰)2000多艘(吊),船工3120多人。15—16日,中国人民解放军第四野战军组织蕲州和黄颡口两岸300余艘渡船计500多名船工,在蕲州至新塘一线渡运部队,场面壮观。15—18日,第四野战军12兵团在团风三江口、黄州一线组织木帆船900余艘,渡运三昼夜;巴水河簰工驾驶30多吊竹簰积极为中国人民解放军某部从上游三里畈向长江运送粮草物资。在鄂城县沿江的熊湾、黄家矶、白浒镇、赵家矶、泥矶、樊口、城关、池湖等处,水上交通站佘植富积极协助解放军,串联船民,组织木帆船100多艘驶向北岸接应解放军渡江,三个昼夜完成任务。在黄梅县长江上自二套口下至小池口,中国人民解放军第四野战军某部集结300余艘船约500名船工,包括同济轮渡股份公司大小船90多艘(最大12吨,最小3吨)和"茂昌"号小轮,于5月12日开始渡江,3天后为避免敌机轰炸,将渡江时间改为每日早晨4时至8时和下午4时至8时,前后达一个月时间。中国人民解放军48军司令部、政治部,143师司令部、政治部及黄梅渡江指挥部,赠给小池船民"渡江模范""渡江英雄""水手先锋"等20多面锦旗,给250名渡工和船民颁发了渡江"光荣证"。广济县武穴渡江点运送解放军某部侦察兵驶向南岸第一船的是武穴镇下港船民宋洪兴,随后各渡船纷纷参加,连续六昼夜胜利完成渡江任务。

解放战争中长江渡船支援中国人民解放军渡江南下,其渡费均以大米计酬。浠水县支援渡江的船工在渡江训练期间,每人每天3斤大米,正式渡江每人每天4斤大米。据武穴老渡工座谈,在广济县参加渡江的渡工报酬是每人每天一块银元。

第四篇　铁路运输

黄冈境内的铁路建设始于1958年。当年11月,蕲春县采取国家投资、集体摊派、民工建勤方式动工修筑双沟至高新铺铁路。该铁路沿赤东大堤北上,全长26公里,经过一年多的建设,于1960年停建。该铁路国家共投资14.34万元,耗费碎石1.8万立方米、钢材900吨、枕木2000立方米,工程停建后,已建工程报废。

1991年,合肥至九江铁路开工建设,途经黄梅县,1995年建成通车;1993年,京九铁路及麻武联络线开工建设,1996年建成通车,途经麻城、团风、黄州、浠水、蕲春、武穴、黄梅7个县(市、区),黄冈境内全长229.1公里。两条铁路相继通车,结束了黄冈境内无铁路交通的历史。2005年,合武铁路开工建设,途经麻城、红安两县市,2008年建成通车;2009年,武汉至黄冈城际铁路开工建设,途经黄州区,2014年建成通车。2014年1月28日,西起武汉京广线滠口站、东至黄冈京九线黄州站,全长80.39公里的江北铁路通过《中国铁路总公司、湖北省人民政府关于新建武汉新港江北铁路林四房至黄州段初步设计的批复》(铁总办函〔2014〕1031号),其中黄冈境内长20.678公里,于2014年6月18日正式动工。至2015年底,黄冈境内共有合九铁路黄梅至九江41.8公里、京九线麻城至九江229.1公里、麻武联络线麻城至武汉45.3公里、合武线麻城至武汉95.7公里、武冈城际葛店至黄冈17公里计5条铁路经过,境内铁路长428.9公里。

黄冈铁路运输与中国铁路同步实施了6次大面积提速。1997年4月1日,低速行驶几十年的中国铁路实施第一次大面积提速,全国旅客列车平均旅行速度提升到54.9公里/小时。汉口至徐州、武昌至汕头客车改由京九铁路运行,实现了货运班列客车化、价格收费公开化,提高了直达列车比重,减少了货物列车改编作业,加快了车辆周转,提高了作业效率。1998年10月1日,中国铁路实施第二次大面积提速,全路旅客列车平均旅行速度提升到55.16公里/小时。1999年10月10日,中国铁路实施第三次大面积提速,重新分类和调整了列车的等级和车次;全国铁路实行联网售票,全国列车平均旅行速度提升到60.3公里/小时。京九线此次调图提速实施以货运为主调图方案,提速后,湖北区间列车平均旅行速度提升到140公里/小时以上。2007年4月18日,中国铁路实施第六次大面积提速,在提速干线开行动车组列车,使得旅客列车速度可达200~250公里/小时。货运方面,在既有提速干线开行速度120公里/小时、载重5000吨货运重载列车。自此之后,中国铁路终结在既有线上再提速,并着眼于建设高速客运专线,使其最高速度达到350公里/小时。为适应新建线路开通运营和运输资源的变化,不断优化运输组织,拓展运输能力,满足市场需求,2014年,武汉铁路局全年调整列车运行图16次,优化武石、武冈城际开行方案。2015年,武汉铁路局进行了7次运行图调整,新增黄冈东至利川跨线动车,进一步扩充局管内客车的辐射范围。黄冈铁路客货运输快速发展,客运量增加、货运组织改革、现代物流建设稳步推进,安全基础建设不断深化,铁路建设和科技创新取得新进展,代表世界一流先进水平的新型动车组、大功率机车、通信信号、无砟道等技术大量应用。铁路在黄冈综合运输中的地位和作用进一步提升。

第一章 路线桥隧

第一节 路　　线

一、京九铁路黄冈段

京九铁路北起首都北京西站，跨越京、津、冀、鲁、豫、皖、鄂、赣、粤九省市的98个市县，南至深圳，连接香港九龙，全长2553公里（含天津至霸州联络线77公里和麻城至武汉联络线91公里）。该铁路在麻城西张店由河南新县进入黄冈境内，途经麻城、团风、黄州、浠水、蕲春、武穴、黄梅7个县（市、区），由九江长江大桥进入江西，黄冈境内全长229.1公里。其中：麻城市境内57.6公里，途经西张店、顺河集、王福店、罗铺、南湖办、浮桥河（水库）、浮桥河（镇）、中馆驿、铁门岗、白果10乡镇（办、库）；团风县境内26.1公里，途经淋山河、方高坪、回龙山3镇；黄州区境内7.2公里，途经陈策楼镇；浠水县境内36.4公里，途经竹瓦、朱店、麻城、清泉、丁司垱5乡镇；蕲春县境内33.9公里，途经横车、漕河、清水河、赤东4乡镇；武穴市境内36.5公里，途经四望、大金、石佛寺、龙坪4乡镇（办）；黄梅县境内29.5公里，途经蔡山、孔垄、王埠、小池4乡镇；龙感湖农场境内1.8公里，途经严家闸分场。

京九铁路黄冈段于1993年1月30日在麻城破土动工，1995年9月14日贯通。该段由中国铁路工程总公司所属第一、第四、第五工程局、电化局、铁四院承包公司和郑州铁路局武汉铁路工程总公司负责施工，完成工程量3500万立方米土石方（含合九线和麻武联络线），累计完成投资40亿元。黄冈境内沿线共征收土地1415万平方米，拆迁房屋18.68万平方米。1997年4月1日，进入全国铁路货运联网。区段运行初期由南昌铁路局管辖，2005年铁道部将京九线河南淮滨至湖北蔡山线路划归武汉铁路局管理。2005年5月，武汉铁路局对京九线河南淮滨至湖北蔡山段370公里三显示设备自动闭塞进行四显示自动闭塞改造，9月28日，"三改四"自动闭塞改造工程竣工投入使用，工程总投资1.7亿元，区间跟踪时间由9分钟缩短至6分钟。2008年8月6日，京九铁路电气化改造工程在京九沿线的5个铁路局管段的霸州、聊城、章丘、麻城、阜阳车站同时动工，该工程总投资76亿元。截至12月底，湖北段完成投资8亿元，占总投资286221万元的28%。主要工程完成情况：接触网工程立杆6001根，277条/公里；路基工程完成土石方304.91万立方米，占设计的88.75%；特大、中型桥完成814.15延米（特大桥631.63延米），公跨铁5061.07顶平方米，小桥完成117延米，加固桥梁35座；麻城站改造工程开工4个，完成路基土石方25.77万立方米，涵洞57延米，地道107平方米，站台墙980米，人行天桥40延米；通信工程完成光缆敷设231.1条公里；涵洞工程已开工149处，完成3116.83顶延米。2012年12月17日，京九铁路电气化改造全部完工，改造后的京九铁路可满足开行双层集装箱列车及动车条件。

二、京九铁路麻武联络线

京九铁路麻武联络线起自麻城，止于京九线横店站，全长81公里，是连接京广、京九两条干线和麻城、武汉两地的联络线。该联络线黄冈境内全长45.3公里，其中：麻城市境内30.6公里，途经宋埠、歧亭2

镇；红安县境内14.7公里，途经八里湾、太平桥、觅儿寺3乡镇。全线设宋埠、红安、甘露寺、黄陂4个车站。

麻武线为单线，1993年1月30日与京九铁路同时动工兴建，1994年12月25日铺架贯通，1996年9月1日开通。2008年8月，该铁路纳入京九铁路电气化改造工程，与京九铁路同时进行电气化改造。电气化改造完工后，可与京九铁路一样满足开行双层集装箱列车及动车条件。

三、合九铁路黄冈段

合(肥)九(江)铁路是联系华东、中南地区的路网一级干线，全线北起合肥，依次经过安徽肥西、舒城、庐江、桐城、怀宁、潜山、太湖、宿松及湖北黄梅，南至江西九江，总长320公里。其中安庆支线全长40.7公里。合九铁路是国家"八五"重点建设项目，由铁道部和安徽省共同投资28.87亿元建成，2002年5月28日正式通过国家竣工验收。合九铁路原本为地方铁路，于2009年收归国有。

合九铁路黄冈段，自黄梅县停前镇进入黄冈境内，途经停前、杉木、黄梅、濯港、白湖、孔垄6乡镇，黄冈境内长41.8公里。1991年5月4日动工，1994年12月31日铺轨进入黄梅，1995年2月24日全线贯通，1995年7月1日开始货物分流。

四、合武铁路黄冈段

合武铁路东起安徽合肥，西至湖北武汉，是"四纵四横"快速客运网和沪汉铁路通道组成部分。自汉口车站引出，经麻城、金寨、六安，进入合肥车站，全长357公里，其中湖北段全长151公里。在麻城三河由安徽省金寨县中穿大别山进入黄冈境内，途经红安进入武汉市黄陂区，黄冈境内全长95.7公里，其中麻城81公里，红安14.7公里，涉及12个乡镇。合武铁路客运专线是沪汉蓉快速铁路的组成部分，由铁道部和地方政府合资建设，其主要技术标准为：双线Ⅰ级铁路，设计区段旅客列车速度250公里/小时，开始运营速度为200公里/小时，限制坡度6‰，最小平曲线半径5400米，电力机车牵引，牵引质量4000吨，自动闭塞，满足开行双层集装箱列车要求。

该工程于2005年6月18日动工。黄冈境内共征地475万平方米，拆迁1.062万平方米。其中：麻城征地369.5万平方米，拆迁86427平方米；红安征地105.47万平方米，拆迁19855平方米。湖北段由合武铁路湖北公司管理。合武铁路湖北段工程全年完成投资6.3亿元，占全年投资计划的100%，累计完成投资6.4亿元，占总投资43.64亿元的14.7%；隧道开工4座，路基土石方完成176万立方米，特大桥开工9座、完成1450延米，大中桥开工15座、完成1912延米，涵洞开工159座、完成18座。天兴洲长江大桥正桥工程全年完成投资7.8亿元，占全年投资计划的100%，累计完成投资10.4亿元，占总投资279422万元的37.2%。

2008年11月26日，合武铁路黄冈段竣工试运行。黄冈境内设麻城三河站、麻城北站、红安站，其中麻城北站为二级站。设计近期每天到发旅客列车58对，平均每25分钟发一趟列车，远期每天到发旅客列车80对，平均每20分钟发一趟列车。运行速度200公里/小时，武汉至合肥行程需2.5小时。

五、武冈城际铁路

武汉城市圈，又称"1+8"城市圈，是指以武汉为圆心，包括黄石、鄂州、黄冈、孝感、咸宁、仙桃、天门、潜江周边8个城市所组成的城市圈，武汉为城市圈中心城市，黄石为城市圈副中心城市。城市圈的建设，涉及工业、交通、教育、金融、旅游等诸多领域，是湖北人口、产业、城市最为密集的地区。武汉经鄂州至黄石、武汉至咸宁、武汉至黄冈、武汉至孝感4条城际铁路共同构成武汉城市圈城际铁路。由东南西北4个方向的6条放射状骨干线网、8条延伸线及环线组成，总建设规模约1190公里。

武黄城际铁路是武汉城市圈内一条连接武汉市与黄石市、黄冈市的快速城际铁路。线路起自武昌站,止于黄石大冶北站,全长97公里,桥梁和隧道所占比例为71%。行驶于城际铁路上的列车设计速度为200公里/小时及以上,直达运行时间为26分钟。该工程估算投资169.1亿元,建设工期2.5年。其中,至黄冈段线路从武汉至黄石城际铁路葛店南站引出,在鄂州市段店镇三江口附近跨黄冈长江大桥后进入黄州区,经黄冈站,最终抵达黄冈东站,直达运行时间28分钟,建设工期4年。2009年3月22日,武汉城市圈武汉至孝感、黄石、咸宁和黄冈共4条城际铁路的开工仪式在武汉市东湖新技术开发区流芳火车站举行。时任湖北省委书记罗清泉宣布4条城际铁路开工。

武汉至黄冈城际铁路全长约61.1公里,其中黄冈段17公里。控制性工程黄冈长江大桥为公铁两用长江大桥,公铁合建段长2566米。武冈城际铁路(含黄冈长江大桥)概算总投资为67.96亿元,由铁道部和湖北省共同投资建设,项目建设单位为湖北城际铁路有限责任公司,委托运营管理单位为武汉铁路局。大桥、城际铁路分别于2010年3月1日和4月29日开工建设,2013年11月24日全线轨道铺通,于2014年6月18日正式通车。

六、江北铁路黄冈段

武汉新港江北铁路黄冈段是京广、京九的联络线,位于长江以北,西起武汉市黄陂区京广线滠口站,东至黄冈市京九线黄州站。铁路正线全长80.39公里,联络线长9.29公里,其中滠口站引入武汉北编组场上行疏解线长6.61公里,黄冈站引入京九上行联络线长2.68公里。线路设计速度为120公里/小时,年运载能力6300万吨,按照国家Ⅰ级铁路标准建设,工期2.5年,全线实行电气化。工程分为两段建设,其中一期工程(黄陂区滠口至新洲区香炉山段)为新增建二线并对既有线升级改造,二期工程(香炉山至黄州段)为新建线路。沿线分布有滠口(既有)、五通口、香炉山、林四房、大埠站、团风东、黄州(既有)共7个车站。线路途经武汉市黄陂区、新洲区,以及黄冈市团风县、黄州区,濒临阳逻港、古龙港。该工程是武汉新港地区唯一的铁路集疏运通道,既可以实现铁、水、公、空多式联运,又可使区域经济与京广、京九铁路大动脉相连,对整个湖北的物流和经济发展有巨大的推进作用。

2009年7月15日,根据《关于新建武汉新港江北铁路项目建议书的批复》(铁计函〔2009〕1194号)、《关于新建武汉新港江北铁路滠口至香炉山段可行性研究的批复》(铁计函〔2009〕1222号)等文件精神,成立武汉新港江北铁路有限责任公司。公司于2010年5月27日取得工商管理营业执照,同年7月7日挂牌,开始负责新港江北铁路工程建设和经营管理工作。公司股东由中国铁路武汉局集团有限公司(原武汉铁路局)、武汉新港建设投资开发集团有限公司、武汉市黄陂区城建投资开发有限公司、武汉阳逻经济开发区建设开发有限公司、华能武汉发电有限责任公司、武汉新能实业发展有限公司、黄冈市城市建设投资有限公司组成。本段黄冈市需要筹集全部投资额的50%,即4.99亿元,另外50%资金由项目公司按1∶1的比例申请国内贷款。黄冈市政府第36次常务会确定了市本级、黄州区、团风县分别筹集40%、30%、30%的资本金。2013年9月,黄冈市向铁路总公司出具了4亿元资本金承诺函。黄冈市城投向江北铁路公司上缴了1000万元股本金。市政府成立了武汉新港江北铁路工程前期工作领导小组,市长陈安丽任组长,市委常委、常务副市长崔永辉和副市长张社教担任副组长,领导小组办公室设在市交通运输局,黄州区、团风县也组建了相应的项目专班。2014年1月28日,发布《中国铁路总公司、湖北省人民政府关于新建武汉新港江北铁路香炉山至黄州段可行性研究报告的批复》(铁总计统函〔2014〕148号)和《中国铁路总公司、湖北省人民政府关于新建武汉新港江北铁路林四房至黄州段初步设计的批复》(铁总办函〔2014〕1031号)。

项目分两期建设,一期工程滠口至香炉山段17.3公里为既有线改造,投资13.55亿元,于2009年9月开建,2013年底竣工验收;二期工程香炉山至黄州段65.772公里,估算投资38.59亿元。二期工程分为

2段,第一段香炉山至新洲区林四房段长22.844公里,为新建双线铁路,投资约21.34亿元;第二段从林四房至黄州段长42.928公里(武汉市与黄冈市分界点为举水河),为新建单线铁路,投资约19.35亿元。第二段工程中,武汉境内正线长22.25公里,投资约9.7亿元;黄冈境内正线长17.998公里,联络线长2.676公里,总长度为20.676公里,房屋拆迁量约58849平方米,征地面积约75.47万平方米,投资约9.974亿元,其中黄冈团风县境内房屋拆迁量约58849平方米,征地面积约75.33万平方米,黄州区境内无房屋拆迁量,征地面积约1367平方米。

七、黄冈至黄梅铁路

黄冈至黄梅铁路是国家规划高铁"八纵八横"京港(台)通道中京九客运专线的重要组成部分,自武汉至黄冈铁路黄冈东站引出,经浠水、蕲春、武穴、黄梅,与安庆至九江铁路相连,全长122公里,估算投资147亿元。黄冈至黄梅铁路建设是推动大别山革命老区振兴发展的需要,是辐射带动武汉城市辐射圈与皖江城市群协同发展的有力抓手。2015年,黄冈市交通运输局积极争取该项目纳入国家规划启动建设,完成项目预可行研究、工可和设计招标,被中国铁路总公司纳入2016年第三批次启动前期工作安排,以中国铁路总公司为主导推动前期工作。2016年12月,项目被中国铁路总公司、湖北省确定为2017年开工建设的重要铁路项目。2017年2月7日,中铁第四勘察设计院集团有限公司组织工作专班进驻黄冈,全面开展黄冈至黄梅铁路项目工可设计阶段补充勘测工作。项目于2017年10月开工。

第二节 桥　　隧

一、特大桥

(一)九江长江大桥

九江长江大桥是京九铁路和105国道跨越长江的钢梁结构双层公铁两用桥。该桥上层为公路桥,全长4460米,行车道宽14米,两侧各有2米宽人行道;下层为双线铁路桥,全长7675米。该桥正桥钢梁1806米,共11孔,10个水中墩,最大跨径为216米,两岸各一座桥头堡。大桥由北向南为2联3×162米连续桁梁,1联(180+216+180)米柔性拱刚性桁梁,1联2×162米连续桁梁;宽12.5米,桁高16米,加劲腿高分别为14米、16米,三大拱矢高分别为24米、32米、24米。正桥钢梁采用高强度钢材15锰钒氮钢,最大板厚达56毫米,工厂焊接组成杆件,工地连接螺栓为直径27毫米高强度35钒硼钢螺栓。全桥钢梁重量为3万吨。铁路引桥南岸有35孔,北岸有109孔,合计144孔,均为跨径40米的无砟无枕预应力钢筋混凝土简支箱梁,每孔2个单箱。公路引桥南岸有33孔,北岸有32孔,合计65孔,均为跨径40米的预应力钢筋混凝土T形梁,每孔8片。

九江长江大桥

该桥由铁道部大桥工程局勘测设计院设计,从1972年开始,大桥局第二工程处和第五工程处分驻北岸、南岸相对施工。1973年12月26日,正桥水中桥墩基础开始施工,分别采用钢筋混凝土沉井基础、浮运钢沉井钻孔桩基础、钢板桩围堰钢筋混凝土管柱基础和双壁钢围堰钻孔桩基础4种类型。深水基础首创双壁钢围堰钻孔桩基础施工在7号桥墩成功,随后在6号、5号、3号桥墩相继采用,不受长江水位变化影响,汛期照常施工,缩短了工期,创造了一个枯水季建成一个深水桥墩的新纪录。桥下基础施工中,使用直径 2.5 米反循环旋转钻机,用泥浆套、空气幕帮助下沉沉井,该技术在我国建桥史上是第一次使用。1979 年底正桥墩台建成,1986 年两岸铁路、公路引桥基本完成。1989 年 5 月,正桥钢梁安装工程开工。架设方法是两岸各用一台起吊能力为 35 吨的拼梁吊机,自岸边逐孔悬臂拼装,直到最大主孔 216 米的跨径中央合龙。国外有起吊能力为 3000~5000 吨的大型浮式起重机,可用来架梁,但这种浮式起重机开不进内河。大桥建设者采用一大型吊索塔架,用前后斜拉索来减少悬臂孔、锚孔安装应力,实现整跨 162 米、180 米全悬臂安装。双层吊索塔架高 52.43 米,重 933.98 吨,内索承受力 1200 吨,外索承受力 800 吨,是大跨径钢梁架设的关键设备,由大桥船管处制造,1990 年 6 月在北岸拼装完毕。6 月 28 日,开始 162 米跨径钢梁悬臂拼装。至 1990 年末,北岸完成正桥 5 孔钢梁架设;南岸第十一孔钢梁设膺架 4 座,在膺架上拼梁 72 米,再悬臂拼出 54 米到达第十号桥墩。1992 年 5 月 18 日 8 时 40 分,大桥合龙成功。是年 8 月 9 日,完成三大钢拱合龙。1994 年 10 月,铁路大桥通车。

(二)孔垄特大桥

孔垄特大桥位于京九线阜九段黄梅县境内,中心里程京九线 K1280+449(KD607+175.64)。桥全长 1740.3 米,为双线(12+3×32+2×20+95×16)米预应力钢筋混凝土简支梁桥,共 100 个桥墩 2 个桥台。其中 2 个桥台及 13~15 号墩、79~82 号墩采用钢筋混凝土管桩,其余为钢筋混凝土方桩。桥墩类型分别为双线双柱矩形墩,单线钢筋混凝土圆形墩及双线圆端形墩,桥台为双线耳墙式,在 13~15 号墩处跨越 105 国道,采用 2 孔 20 米低高度梁通过,在 79~82 号墩之间跨越邢港河为六级航道,采用 3 孔 32 米钢筋混凝土后张梁通过。该桥自阜阳台起至 80 号墩为左右二线共墩台,自 81 号墩起自 100 号墩范围左右线分离,顶帽间距由 1~27 厘米渐变。孔垄特大桥混凝土圬工数量大,其设计强度标号分别为 150 级、200 级、250 级和 300 级等多种,工序复杂,施工较为困难,特别是跨越邢港河地带,基础在河中开挖深度达 5 米以上。

该桥共有 12 米先张梁 2 孔,16 米先张部分预应力梁 190 孔,20 米低高度后张梁 4 孔,32 米后张梁 6 孔,其中 32 米后张梁购自株洲桥梁厂。该桥自阜阳台开始至 79 号墩之间的 16 米及 12 米钢筋混凝土梁,使用五处自制的 2 台架梁门式起重机架设,在桥梁右侧铺设运梁轨道,由运梁平车将梁推运到所架墩台一侧,再用架梁门式起重机架设至墩台顶帽之上。跨越 105 国道的 2 孔 20 米梁及 79 号墩以南的 32 米及 16 米梁由"胜利 130 型"架桥机从九江台方向开始依次向北架设,左右二线一次架设成功。该桥由铁四局五处承担施工,下部工程由该处 2 个工程段承担。大桥于 1993 年 9 月 20 日开工,1994 年 6 月 23 日全桥主体竣工。

(三)蕲水特大桥

蕲水特大桥位于京九线阜九段湖北省蕲春县境内,中心里程 K1210+116。该桥为双线 16 孔 32 米预应力钢筋混凝土梁桥,全长 546 米。桥基础为直径 1.0 米钻孔桩,桥台 11 根,桥墩 8 根;圆端形墩身,耳墙式桥台。该桥位于直线平坡,仅两桥台位于坡道上,双线的线间距为 4.0 米。蕲水为六级航道,通航桥孔顶部高程不低于 27.11 米,通航孔净宽 22 米,单孔通航。该桥于 1993 年 4 月 25 日开工,1994 年 6 月 2 日完成主体工程,1995 年 4 月由铁四局新运处架梁铺轨通过。

该桥由铁道部第四设计院勘测设计。基础全部为钻孔桩,采用冲击孔施工,桩径 1.0 米,142 根,桩总长 2952 米。墩身采用整体组合钢模,桥台采用木模,混凝土机械搅拌和捣固,小型翻斗车运送,1 吨卷扬机提升。墩台身表面光滑,未出现蜂窝麻面等不良情况。桥竣工后,线条清晰,轮廓分明,桥面系顺直,经实测检查,尺寸、水平、跨径均符合设计及规范规定。该桥主要工程量有基坑开挖土方 5498 立方米,围堰筑岛 13676 立方米,钻孔桩 142 根、2952 米,灌注混凝土 3912.2 立方米,钢筋 91.2 吨,32 米预应力钢筋混凝土梁32孔,双侧人行道及栏杆535.7延米,避车台14个,检查设备(围栏、吊篮、检查梯)17座,护轮轨1106.6延米,助航标志及防护设备2处,电缆槽1638延米,浆砌片石553.6立方米。

(四)黄冈长江大桥(详见第一篇第三章)

黄冈长江大桥位于湖北省黄冈市黄州区唐家渡上游位置,上距阳逻长江大桥约37公里,下距鄂黄长江大桥约17公里,是集城铁、国铁、高速公路三位为一体的公铁两用长江大桥,也是当时(2014年)世界上主跨最长的公铁两用长江大桥。

黄冈公铁长江大桥投资24.93亿元,大桥铁路部分由铁道部和湖北省合资建设,公路部分由地方招商引资建设。于2010年2月8日开工建设,2014年6月16日正式通车。黄冈长江大桥建设创造了长江公铁桥梁施工23项新纪录:仅用128天完成2座主塔墩62根直径3米钻孔桩,创造了长江建桥史上基础施工的新速度;仅用23个月,从围堰到主塔封顶施工完成,创造了公铁两用斜拉桥主塔施工新速度;仅用29个月,从围堰下水到主桥合龙,创造出世界同类桥型主体工程建设新速度。

(五)路口特大桥

路口特大桥位于黄冈市黄州区路口镇,斜跨106国道,是武汉至黄冈城际铁路重点控制性工程,全长5963.76米。2011年4月12日提篮拱顺利合龙,2011年11月12日竣工。

该提篮拱桥由中铁十六局集团有限公司承建,总跨径112米,桥面宽17.8米,梁高2.5米,主墩采用承台桩基础,系梁为整体箱形梁,拱肋采用悬链线线形,横截面结构为哑铃形钢管混凝土,拱肋在横桥向内倾9°形成提篮式,吊杆布置采用尼尔森体系,为黄冈市的地标性建筑之一。

在建设过程中,中铁十六局集团有限公司应用CAD(计算机辅助设计)技术,在计算机中建立与大地坐标系一致的三维立体模型,计算出拱肋各观测控制点及各吊杆钢套管的三维空间坐标,现场采用2台高精度的全站仪和2组测量人员同步进行观测控制,相互校核,利用直接反射技术实现了免棱镜测量,保证了测量精度。经复核,提篮拱桥合龙横向误差为2毫米、纵向误差为3毫米、高程误差在5毫米以内,完全满足高速铁路施工规范和设计要求。

(六)举水河特大桥

举水河特大桥位于京九线阜九段麻城市境内,中心里程为京九线K1093+087。全桥长1117.1米,为(924+27×32)米后张梁桥,计35个桥墩2个桥台。全桥除阜阳台和1号墩位于曲线上外,其余墩台均在直线上。该桥为双线桥,桥梁为后张法预应力混凝土梁,计144片,两台为耳墙式桥台,35个墩均为圆端形桥墩。全桥基础为250号直径1.0米钢筋混凝土钻孔桩,上设2米厚的250号钢筋混凝土承台。两台均设置11根钻孔桩,梅花形布置;桥墩均设置8根钻孔桩,排列形布置。钻孔桩桩长12~20米;墩台身为150号混凝土,墩高2.0~7.5米。梁为简支梁,固定支座设于下坡端,平坡段设于九江端。曲线上墩台按扇形布置。该桥钻孔桩是重点,工作量占全桥的60%,钻孔桩施工自1993年5月到1994年4月,历时12个月。大桥于1995年建成通车。

(七)巴河特大桥

巴河特大桥位于黄冈市黄州区境内,为京九线阜九段重点工程,施工里程为DK486+852.11(统一里程为京九线K1159+908)。桥跨布置为20×32米后张法预应力钢筋混凝土梁+2×40米半穿式栓焊钢桁梁+7×32米后张法预应力钢筋混凝土梁,全长977.92米,2个桥台28个桥墩。阜阳侧、九江侧两端分别位于半径1500米和1200米的圆曲线上,中间为夹直线,夹直线长670.34米。桥上线路为平坡及5.3‰的坡度,线间距4~4.28米。除阜阳端桥台为明挖基础,其余均为250号钢筋混凝土钻孔桩,150号混凝土圆端形墩身,200号钢筋混凝土托盘、顶帽、双线耳墙式台。桥面人行道采用角钢支架,通信、信号和电力电缆槽分别设在人行道栏杆外侧。固定支座设于九江端。设计勘测单位为铁道部第四设计院。大桥于

1993年4月动工,1995年11月竣工。1996年开通后,河流对基础冲刷比较严重,2002年对该桥预应力混凝土进行横向加固;2003年3月对大桥13~24号墩进行加固。

(八)麻武疏解线特大桥

麻武疏解线特大桥位于麻城火车站南头,桥梁全长1783.61米。桥跨布置为54×32米简支梁,单片梁重139.3吨,以1×32米简支梁跨越京九铁路。建设单位武汉铁路局麻城工程建设指挥部,设计单位中铁第四勘察设计院集团有限公司,施工单位中铁电气化局集团有限公司。于2008年8月6日开工建设,2009年12月20日竣工。

二、大桥

合九铁路黄冈段在黄冈境内建有桥涵312座,其中大桥5座731.6米,中桥6座452.9米,小桥、涵洞301座3780.45米。京九线共有铁路大桥27座,详见表4-1-2-1。

京九线铁路大桥一览表　　　　　表4-1-2-1

序号	线别	桥梁名称	中心里程	全长(米)	建成年份(年)
1	京九线	西张店桥	K1049+768(泗店—西张店)	436.8	1995
2	京九线	建航桥	K1025+138(西张店—罗铺)	111.0	1995
3	京九线	颜家边桥	K1055+819(西张店—罗铺)	357.7	1994
4	京九线	朝阳店桥	K1059+679(西张店—罗铺)	306.7	1994
5	京九线	郑家湾桥	K1061+124(西张店—罗铺)	284.5	1994
6	京九线	河上谭桥	K1068+054(西张店—罗铺)	210.7	1994
7	京九线	残月桥	K1078+482(罗铺—麻城)	161.1	1994
8	京九线	毛家河桥	K1084+412(罗铺—麻城)	353.4	1994
9	京九线	沙河桥	K1121+389(新洲—淋山河)	343.8	1996
10	京九线	沙河分洪桥	K1122+414(新洲—淋山河)	307.3	1995
11	京九线	新屋湾桥	K1133+231(淋山河—黄州)	104.2	1996
12	京九线	张家烈桥	K1137+317(淋山河—黄州)	112.4	1996
13	京九线	程家湾桥	K1146+275(淋山河—黄州)	211.6	1995
14	京九线	枪树咀桥	K1151+034(淋山河—黄州)	155.1	1995
15	京九线	胡家榨桥	K1162+314(黄州—朱店)	235.2	1994
16	京九线	浠水桥	K1181+313(朱店—浠水)	422.0	1995
17	京九线	饶远铺桥	K1189+692(浠水—横车)	309.3	1995
18	京九线	蕲水分洪桥	K1211+845(横车—蕲春)	211.4	1994
19	京九线	汪林桥	K1219+359(蕲春—栗木)	157.0	1994
20	京九线	关沙河桥	K1229+472(蕲春—栗木)	126.0	1996
21	京九线	陈其湾桥	K1244+448(栗木—武穴)	192.0	1996
22	京九线	大金河桥	K1249+409(栗木—武穴)	126.0	1996
23	京九线	百米港桥	K1259+957(武穴—蔡山)	125.6	1996
24	京九线	毛墟桥	K1261+457(武穴—蔡山)	107.8	1996
25	京九线	坝里墩桥	K1277+593(蔡山—孔垄)	107.84	1996
26	京九线	王大人桥	K1278+300(蔡山—孔垄)	124.4	1996
27	京九线	严家闸桥	K1289+105(孔垄—小池)	205.9	1996

三、隧道

(一)大别山隧道

大别山隧道西出口位于麻城市三河口镇饶家畈村,东出口位于麻城市木子店镇洗马河村,全长

13.256公里,设计速度为250公里/小时。

合武铁路控制性工程大别山隧道于2008年开通,时为国内已开通运营的最长的单洞双线铁路客运专线隧道,其长度及工程规模居世界单洞双线高速铁路隧道前列。其优质高效的建成效果,使我国成为继日本、意大利等国之后,又一个系统掌握单洞双线特长隧道修建技术的国家。该工程具有地质条件复杂、涌水量大、开挖断面大、主体结构耐久性要求高等特点,是合武铁路最长的、控制工期的隧道工程。大别山隧道设置斜井2座,辅助坑道比例为6.5%,这一指标在国内特长铁路隧道中最低,也居于世界前列。

(二)新庙岗隧道

新庙岗隧道位于京九线阜九段DK383+056处,中心在京九线Kl056+266.9湖北省麻城市境内。全长252米,隧道进口里程DK382+930,出口里程K383+182,在直线4.5‰上坡,最大埋深60米。

该隧道地质情况属大别山区的构造侵蚀低山,山间各地地层岩性为第四系全新统冲积层,黏沙土、砂砾石。地下水为潜水,埋深1~3米。山坡地层岩性为第四系中上更新统残积岩黏性土,含碎石。下伏基岩为元古界片麻岩、片岩及中条期、燕山期花岗岩,节理发育,地下水为基岩裂隙水,不发育,局部断裂,裂隙水量较丰富。抗震设防烈度为Ⅵ度。

该隧道由铁道部第一工程局四处四队担任施工,于1993年5月1日开工,1994年12月15日主体完成,历时604天。衬砌类型,Ⅱ、Ⅲ类围岩为曲墙仰拱断面,Ⅳ类围岩采用直墙式衬砌。衬砌周围局部露空处采用浆砌片石嵌补;并在边墙基础岩性变化处分别设沉降缝,缝内填塞沥青麻筋,洞内单侧每隔30米设避车洞一个,共计16个,全洞设双侧水沟和电缆槽。

在DK383+141.5~160.2段的拱部开挖和DK383+083.4~100.4段的下半断面开挖施工中,由于岩层节理发育,发生坍方。经研究决定,拱部先喷锚,然后回填50厘米厚混凝土,其余回填片石压浆;边墙背后坍方先喷锚,其余回填混凝土。在进出口洞门端墙施工中,将原计浆砌片石改为30厘米厚混凝土预制镶面,使洞门更加美观。该隧道与颜家边大桥共用一座100吨的高山水池供工地用水,一座2×84千瓦变电站供大桥和隧道工程用电。整座隧道建筑几何尺寸正确,主体结构稳定,混凝土捣固密实,无蜂窝麻面和露筋现象,全部工程无加固补强措施。竣工后经自检,自评为优质样板工程。

第二章 客货运输

第一节 站　　点

一、京九铁路站点

京九铁路境内共设站点15个,依次经过西张店站、罗铺站、麻城站、周铁岗站、团风站、黄州站、朱店站、浠水站、横车站、蕲春站、栗木站、武穴站、蔡山站、孔垄站、小池口站。其中,按车站性质分,麻城站为区段站,孔垄站为联轨站,其余13个均为中间站;按车站功能分,有客货两用站7个,客运站8个;按车站规模分,有二等站2个,三等站3个,四等站10个。从西张店站至蔡山站原隶属于南昌铁路局麻城车务段,2005年5月划入新成立的武汉铁路局麻城车务段,今为中国铁路武汉局集团有限公司麻城车务段管辖;孔垄、小池口站隶属于南昌铁路局九江车务段,今为中国铁路南昌局集团有限公司九江车务段管辖。

(一)麻城站(二等站)

麻城站于1996年9月开办临时运营,位于麻城市黄金桥开发区,为京九线K1086+756处。按技术作业为区段站,按业务性质为客货运站。主要承担客货运业务及办理京九线、麻武线客货列车到发,部分货物列车编解及技术作业。麻城站为一级二场、二等区段站,是京九铁路湖北境内规模最大、等级最高的一个站。站内设正线2条、到发线7条、调车线6条、迂回线1条、货物线2条、联络线3条、车辆站修线2条、机车走行线1条;有旅客候车室612平方米、客票房32.4平方米、行包房及仓库187.2平方米。一号旅客站台长475米、宽32米,面积9326平方米;二号旅客站台长475米、宽9米,面积4275平方米;一、二号站台各设长300米、宽9米的雨棚2处,面积合计5400平方米。货3线高站台面积4050平方米,货4线高站台面积5127.2平方米,共计9177.2平方米。信号联锁设备为6502型电气集中联锁,京九线两端为ZPW-94型双线双向自动闭塞,横店方向为单线64D型半自动闭塞。隶属中国铁路武汉局集团有限公司麻城车务段管辖。

(二)黄州站(二等站)

黄州火车站始建于1994年,位于黄冈市城东16公里,坐落在黄州区杨鹰岭。建站时隶属南昌铁路局,自2005年5月15日起划归武汉铁路局,由中国铁路武汉局集团有限公司麻城车务段管辖。黄州火车站征用土地约45.73万平方米,其中旅客站房面积1950平方米,一次最大聚集600人。货站是阜九段装卸设备最先进的站场之一,货物占地面积11.07万平方米,并配备38吨大型门式起重机1台。

黄州火车站

2009年10月,黄冈市与武汉铁路局合作,投资2.12亿元对黄州火车站进行改扩建,新建站房总建筑面积1万平方米,最多可容纳2500人;新建2.44万平方米无站台柱雨棚,8米宽的旅客进、出站天桥各1座;新增1条到发线。2010年6月完成站场全部改扩建工程和站房主体结构工程,11月完成站房装饰装修及设备安装调试,12月交付使用。自2011年9月7日起,黄州火车站由原来的三等站升为二等站。

(三) 浠水站(三等站)

位于浠水县清泉镇南城,为三等客货站,占地面积266133平方米,建筑总面积25752平方米,其中房屋面积9309平方米、场地建筑面积16443平方米、旅客站房面积1524.8平方米,一次最大聚集人数500人;货场占地面积10万平方米。该站建于1996年,设有线务工区、信号工区、铁路派出所、客运站、货运站等机构。隶属中国铁路武汉局集团有限公司麻城车务段管辖。

(四) 蕲春站(三等站)

位于蕲春县漕河镇枫树林村,为三等客货站,建于1996年,中心里程为K1213+366,北京方向与横车站距离为12.4公里,九龙方向与栗木站距离为20.3公里。旅客站房1180.20平方米,一次最大聚集400人;货场占地面积10万平方米。按技术性质分为中间站,按车站功能分为客货运站。站内设有客货运输站、候车室、办公楼及生活区。隶属中国铁路武汉局集团有限公司麻城车务段管辖。

(五) 武穴站(三等站)

位于武穴市石佛寺镇胡家垄村,为三等客货站,建于1996年,中心里程为K1251+520。站区征用土地面积30万平方米,设有客运站、货场,客运设计7股道,已建成营运5股道,预留2股道。站房总面积585平方米,其中候车室400平方米,可容纳400名旅客,行包房37平方米,仓库150平方米。车站有2个站台,4条货运线。1996—2012年,进出货物作业能力为70万吨/年,远期规划(2013—2025年)达到140万吨/年。1996年9月—2005年5月,武穴站属南昌铁路局九江车务段;2005年5月15日,武穴站划归武汉铁路局麻城车务段管辖,隶属于中国铁路武汉局集团有限公司麻城车务段。2007年,武穴站由四级站升级为三级站,站内设有工务区、电务工区、供电工区、派出所等专业部门。

(六) 栗木站(四等站)

位于武穴市两路乡栗木镇,隶属中国铁路武汉局集团有限公司麻城车务段管辖。车站建于1996年,按技术性质分为中间站,按车站功能分为非客货运站。车站为四等站,主要办理京九线列车通过、到发作业。

(七) 蔡山站(四等站)

位于黄梅县蔡山镇,为四等客运站,建于1996年,中心里程为K1268+998。2005年由南昌铁路局九江车务段划归武汉铁路局麻城车务段管理,今为中国铁路武汉局集团有限公司麻城车务段管辖。北距武穴站17.432公里,南距孔垄站12.5公里。设计客流量为50人次/日。站区占地面积12.51万平方米,其中站前广场面积约为8667平方米。进站道路1条1800米。站内设有线路、车务、工务、信号、电力值班点和公安警点,主要负责京九线列车通过、到发业务,管辖正线16公里,桥梁22座(其中大、中桥各1座,小桥20座),涵洞86座,道岔12组。每天接发车约130列,其中客车约62列。进站道线4股,每股长800米。

(八) 孔垄站(四等站)

位于黄梅县孔垄镇,建于1996年。隶属中国铁路南昌局集团有限公司九江车务段,中心里程为K1283+384,京九、合九线在此交会。北距蔡山站14.38公里,南距小池口站12.9公里,上距濉港站15.7公里。站区占地面积12.31万平方米,其中站前广场面积1万平方米,站房面积2600平方米,候车室面积392.10平方米。设计客流量50人次/日,一次最大集聚100人。进站道路1条2869米。站内设有线路、车务、工务、信号、电力班组和公安警点,管辖京九正线13.594公里,合九正线15.588公里,到发线11.568公里,站线6.182公里;道岔正线55组,到发线11组,其他站线8组;正线曲线48条32.005公里。进站道线5股,其中正线1股1060米,到发线4股4200米。接发客车近期39对,远期37对;接发货车近期40对,远期40对。每天接发车次约150列,其中货车约80列。1996年开通客运至今,年均旅客发送量1.8万~1.9万人次。

(九)小池口站(四等站)

位于黄梅县小池镇,建于1996年,距小池镇城区6公里,隶属中国铁路南昌局集团有限公司九江车务段,中心里程为K1296+286,北距孔垄站12.9公里,南距九江站13.48公里。车站旅客站房面积620.10平方米,一次最大聚集200人;货场占地面积12万平方米,其中仓库10间732平方米。进站道线5股,总长4750米;其中货物线2股,货1线长140米,货2线长290米。车站设有工务站、电务站、电力工区、装卸队和公安警点,管辖正线13.48公里,到发线4750米,货物线430米。每天接发车次约160列。该站吞纳规模设计为日客流量400人次,年货运量40万吨。1996年9月1日,南昌至麻城582次客车首次停靠该站。此后,每年日均发送短途旅客50~60人;每年月均发送货物3000吨,到达货物5000吨。

(十)西张店站(五等站)

位于麻城市西张店乡,是京九铁路进入湖北省境内后的第一站,建于1996年,隶属中国铁路武汉局集团有限公司麻城车务段管辖。

(十一)罗铺站(五等站)

位于麻城市罗家铺乡,建于1996年,隶属中国铁路武汉局集团有限公司麻城车务段管辖。

(十二)周铁岗站(五等站)

原名白果站,位于麻城市白果镇,建于1996年,隶属中国铁路武汉局集团有限公司麻城车务段管辖。

(十三)团风站(五等站)

原名淋山河站,位于团风县淋山河镇,建于1996年,隶属中国铁路武汉局集团有限公司麻城车务段管辖。

(十四)朱店站(五等站)

位于浠水县竹瓦镇石洞村,建于1996年。占地面积9万平方米,建筑总面积10726平方米,其中房屋建筑面积2106平方米,其他建筑面积8620平方米。隶属中国铁路武汉局集团有限公司麻城车务段管辖。

(十五)横车站(五等站)

位于蕲春县横车镇,建于1996年,隶属中国铁路武汉局集团有限公司麻城车务段管辖。

二、麻武联络线站点

京九铁路麻武联络线红安、麻城境内各设1个站点,均为中间站,原隶属于郑州铁路局武汉铁路分局孝感车务段,2005年5月划入新成立的武汉铁路局麻城车务段管辖,今为中国铁路武汉局集团有限公司麻城车务段管辖。

(一)红安站(三等站)

位于红安县八里湾镇,旅客站房面积1298.80平方米,一次最大聚集400人,货场占地面积12万平方米。建于1996年。隶属中国铁路武汉局集团有限公司麻城车务段管辖。

(二)宋埠站(四等站)

位于麻城市宋埠镇,建于1996年,隶属中国铁路武汉局集团有限公司麻城车务段管辖。

三、合九铁路站点

合九铁路黄梅县境内设3个站点,均为中间站,隶属中国铁路上海局集团有限公司合肥车务段管辖。

(一)黄梅站(三级客货两用站)

位于黄梅镇茨林村,中心里程为K254+172,上行22.556公里到安徽省宿松站,下行10.04公里至濯港站。进站连接公路2条3768米,站内道路全长800米,宽4米。站区占地面积19.094万平方米。其中,候车室面积450平方米,一次最大聚集480人;站前广场4000平方米;露天货场6000平方米;储运仓库696平方米;货场站台1677平方米。进站道线5股,其中正线1股849米,到发线2股1787米,货物线2股786米,牵出线1股234米。接发客车近期6对,远期7对;接发货车近期7对,远期5对。客运一号站台长410米、宽6.5米,二号站台长478米、宽9米。设计年货运量25万吨,日客流量400人次。车站设有线路工区、电力工区、信号工区、行车班组、货运班组和公安派出所,管辖正线12公里,道岔11组,曲线6条2588米,桥梁10座923.8米,涵洞83座1497.22米。自1996年开通客运以来,每年旅客发送量日均约160人次,到达量日均约200人次。货运于1996年10月1日并入全国铁路运输网,此后,年均货物发送量约2.2万吨,到达约11万吨。湖北省黄梅县火车站隶属中国铁路上海局集团有限公司合肥车务段管辖。

(二)濯港站(四级客货两用站)

位于濯港镇柳埂村,隶属中国铁路上海局集团有限公司合肥车务段管辖,中心里程为K264+212,上行10.04公里至黄梅站,下行15.7公里至孔垄站。进站道线3股2566米,其中正线1股842米,到发线2股1724米,货物线1股272米。设计吞吐规模为客流量50人次/日,货物运输量5万吨/年。站内设有线路、电力、信号、行车、货运和公安值班点。管辖正线18.7公里,到发线2.07公里,站线0.388公里;道岔6组,其中正线4组,到发线2组;曲线8条5294米;桥梁10座1167.52米,涵洞49座793.54米,看护道口7处。近期接发客、货列车各6对,每天接发车次约22列,主要办理列车交汇业务。

(三)水码站(初为四级客运站)

位于停前镇,隶属中国铁路上海局集团有限公司合肥车务段管辖。1998年撤销站建制改为区间工区。站区占地面积4.56万平方米,其中站前广场面积约为6667平方米。管辖正线11公里,曲线7条3865米,桥梁1座43.4米,涵洞80座1239.07米,看护道口1处,监护道口4处,设计客流量为50人次/日。

四、合武铁路站点

合武铁路麻城市境内设2个站点、红安县境内设1个站点,隶属中国铁路武汉局集团有限公司麻城车务段管辖。

(一)麻城北站(二等站)

位于麻城市金通大道北端,属沪汉蓉快速铁路线上的中等规模车站,是六安到武汉区间内的最大站,设计近期为4股道,2个站台。麻城北站站房由铁四院设计,总建筑面积为5400平方米,站房面积为3962平方米,可同时容纳1200名旅客候车。车站于2009年4月交付使用,每天停靠往返武汉、上海区间的动车组10趟,可通达武汉、上海、合肥、南京、六安、镇江、常州、昆山、无锡等城市。从麻城到上海只需约5个小时,从麻城到武汉只需约50分钟。隶属中国铁路武汉局集团有限公司麻城车务段管辖。

(二)红安西站(四等站)

位于红安县八里湾镇,与麻汉联络线红安站"两站合一",共用候车室。在站前广场新设站位和到发线2条,新建基本站台(长400米)、中间站台、地通(长6米)各一座,以及综合维修工区。隶属中国铁路武汉局集团有限公司麻城车务段管辖。

(三)三河站(五等站)

位于麻城市三河口镇,隶属中国铁路武汉局集团有限公司麻城车务段管辖。

五、武冈城际铁路站点

武冈城际铁路是武汉城市圈内一条连接武汉市与黄冈市的快速城际铁路,全长35.99公里(含大桥),自武汉至黄石城际铁路葛店南站引出,在鄂州市段店镇三江口附近跨黄冈长江大桥进入黄州区。该城际铁路在黄冈市境内全长17.6公里,设有黄冈西(禹王)、黄冈(路口)、黄冈东(路口新华村)3个车站,线路最高速度为250公里/小时。

(一)黄冈西站(中间站)

位于团黄公路以西250米禹王办韦家凉亭村,距市中心约5公里。车站为落地布置,铁路站房建筑规模为2500平方米,设计最高集聚人数为300人。隶属中国铁路武汉局集团有限公司武昌东车务段管辖。

(二)黄冈站(中间站)

位于城东新区路口镇路口村106国道旁,距市中心约7公里。车站为高架布置,铁路站房建筑规模为2500平方米,设计最高集聚人数为200人。隶属中国铁路武汉局集团有限公司武昌东车务段管辖。

(三)黄冈东站(始发终到站)

位于路口镇新华村(与陶店乡交界处),距离市中心12公里,距县道戚孙公路250米。车站为落地布置,站房建筑规模为4000平方米,设计最高集聚人数为600人。黄冈东站预留向黄州火车站方向延伸条件。隶属中国铁路武汉局集团有限公司武昌东车务段管辖。

第二节 运 输

一、客运

1996年9月1日,京九铁路全线通车,在麻城站举行通车仪式,南昌至麻城582次客车开通。9月2日9时38分,从北京开往香港九龙的首列105次直快列车到达黄州站,结束了黄冈市无铁路客运的历史。同年9月20日,北京至深圳105次首发旅客列车经过黄州,客运量为125人。之后,黄州进出旅客列车逐年增加。1997年,为适应提速需要,对设备进行了更新改造,郑州至武昌间客运机车全部换型为SS8型电力机车;更换提速道岔,拆除非法道口。1998年购置新型空调客车,旅客流量达到190万人次;1999年,黄冈境内客运量为224万人次,比1998年增长23%,其中发送旅客107万人次,到达旅客117万人次。

2000年,沿线麻城、宋埠、红安、黄州、浠水、蕲春、武穴、黄梅、小池9个站全年旅客周转量达到276万人次,比1999年增长23.2%,其中发送旅客130万人次,到达旅客146万人次;麻城站旅客周转量近90万人次,居全市第一位。2001年,麻城、宋埠、红安、黄州、浠水、蕲春、武穴、黄梅、小池9个站客运量达311.6万人次,比2000年增长13%,其中发送旅客147万人次,到达旅客164.6万人次;麻城站旅客周转量达

90万人次,居全市第一位。1997—2001年,铁路客运量由105万人次增至311.6万人次,年均增长39.4%;货运量由47万吨增至168.2万吨,年均增长51.6%。

2002年,麻城、宋埠、红安、黄州、浠水、蕲春、武穴、黄梅、小池9个站客运量369.2万人次,比2001年净增57.6万人次,增长幅度18.5%;麻城站客运量达116万人次。

2003年,全市铁路客运量达500万人次,为1997年的4.76倍。

2004年,麻城、宋埠、红安、黄州、浠水、蕲春、武穴、黄梅8个沿线站点客运量达到550万人。

2005年,全年全市客货运量较历年有较大幅度上升,麻城、宋埠、红安、黄州、浠水、蕲春、武穴、黄梅8个站点,共完成客运量601万人。麻城车务段通过开展"树标塑形"和"牵手大别山、亲情伴你行"活动,不断提高服务质量,强化营销意识;共开行10列旅游专列,发送旅客7188人次,创收206.3万元;全年完成旅客发送量327万人次。

2006年,全年全市客货运量增长较快,麻城、宋埠、红安、黄州、浠水、蕲春、武穴、黄梅8个站点,共完成客运量621万人次。麻城车务段大力发展异地票65196张,票款收入714.3万元,开行旅游专列9列,旅客发送收入达393.2万元。

2007年,全年黄冈境内京九线麻城、红安、黄州、浠水、蕲春、武穴等站客货运量均有新增长,客运量达645万人次。

2008年,全年黄冈境内京九线麻城、红安、黄州、浠水、蕲春、武穴等站共计客运量710.5万人次。麻城车务段拓宽客运市场,组织增开客车,扩大客运能力,8月20日,争取路局支持开行麻城经汉口至荆门N347次双层空调快速列车。

2009年,麻城车务段利用合武线新增能力和3次大调图有利时机,加强市场营销,优化客运组织,客运量持续较大幅度增长,共完成客运量511.3万人次,完成年度计划505万人的101%,同比增长2.1%。

2010年,麻城车务段充分运用各项激励机制,拓展运输市场份额,优化售票组织,积极运输高附加值、远距离货物(旅客),加大本局票额、异地票和卧铺票售票力度,提高单车(单人)收益率;抓好无票旅客进站源头和到达无票旅客、携带品超限超重查堵,发送旅客513万人次。

2011年,麻城车务段贯彻落实路局运输工作会议精神,坚持"全员加压,深度营销,挖潜扩能,增运增收"的工作思路,优化运输方案,提升服务质量,保证旅客走得顺畅,货物走得快捷,为增运增收创造条件;加强收入预算管理,将经营目标层层分解到车站、班组,建立全员经营业绩绩效考核机制。

2012年,麻城车务段抓住春运、"五一"小长假、"十一"黄金周、调图和广州大运会召开的有利时机,开展"跑机关、走企校、入社区、下乡镇、联社团、扩窗口、进站车、上媒体"营销活动,全力以赴增运增收;利用好"三减两免"货运营销和运价下浮政策,克服因货运调价、京九电化附加费、装卸费调价对货源产生的影响,抓好辐射吸引区货源。

2013年,进行客票系统整治,优化客票电路,敷设光缆,建立客票备用通道,更换老旧协议转换器,确保了春运期间客票系统的正常运用;在数调系统整治方面,建成管内第1对佳讯4KFAS主系统冗余功能,实现合武FAS主系统与武黄FAS主系统同城冗余热备。

2014年6月18日,武冈城际铁路正式通车。武冈城铁长65公里,每天开行动车8对,全程最快43分钟。武昌东车务段抓住武石、武冈城际开通与东线动车组加密开行的机遇,充分利用各种宣传媒体和平台,宣传高铁动车城际列车的安全、速度、服务,向旅客重点推介京广高铁、武九动车和城际列车的联乘接续方案,培育中高端市场。全年发售高铁动车票125万张、城铁车票250万张,同比分别增长48.9%和28.8%,乘高铁和城际列车出行的旅客占比达到41%。

2015年,武汉铁路局进行了7次运行图调整,新增黄冈东至襄阳、宜昌、利川跨线动车,进一步扩充局管内客车的辐射范围。截至2015年12月31日,武汉到黄冈城际铁路开行列车12对,占可研报告规划近期开车数量35对的32.3%,发送旅客315.93万人次,上座率为63.50%。

2015年,麻城车务段抓好调图及元旦、清明、五一、端午、中秋、国庆等假日经济,利用各种宣传媒体和平台,及时发布动车组开行、车票预售延长、自动购票取票等利好信息,吸引更多客流。主动联系地方政府、旅游节主办方洽谈营销宣传方案,在景区搭建铁路产品展示台,开展以"乘坐高铁赏樱花,五脑仙山是我家"为主题的系列营销活动,将高铁便捷的客运信息向社会深度发散,吸引众多游客关注。全年发送旅客675.6万人,客运收入70290万元。

武汉至黄石、武汉至黄冈城际铁路售票方式有6种,旅客均可采取,售票方式为:电话订票、12306互联网购票、12306手机客户端购票、自动售票机购票、车站售票窗口购票和代售点购票。

武冈城际铁路票价:

黄冈东—武汉:一等座26元,二等座22元。

黄冈—武汉:一等座24元,二等座20元。

黄冈西—武汉:一等座22元,二等座18元。

黄冈东站到黄冈、黄冈西、华容东、葛店南、左岭、花山南、武汉站的动车,折后一等座票价分别是6元、6元、10元、14元、17元、20元、26元;折后二等座票价分别是5元、5元、8元、12元、14元、17元、22元。表4-2-2-1为黄冈至武汉城际高速具体信息表。

黄冈至武汉城际高速具体信息表　　　　　　　　　　表4-2-2-1

车次类型	发站到站	发时到时	运行时间	里　程	参考票价(元)
C5602 城际高速	黄冈—武汉	07:43—08:17	34 分钟	61 公里	一等座24.0,二等座20.0
C5604 城际高速	黄冈—武汉	09:14—09:52	38 分钟	61 公里	一等座24.0,二等座20.0
C5610 城际高速	黄冈—武汉	13:08—13:51	43 分钟	61 公里	一等座24.0,二等座20.0
C5612 城际高速	黄冈—武汉	14:47—15:31	44 分钟	61 公里	一等座24.0,二等座20.0
C5614 城际高速	黄冈—武汉	16:23—17:01	38 分钟	61 公里	一等座24.0,二等座20.0
C5618 城际高速	黄冈—武汉	18:31—19:15	44 分钟	61 公里	一等座24.0,二等座20.0
C5620 城际高速	黄冈—武汉	20:24—20:58	34 分钟	61 公里	一等座24.0,二等座20.0

二、货运

1996年9月1日,京九铁路全线通车。1996年,黄冈境内有客、货站20个,设计近期年发送货物181万吨,到达货物314万吨。其中,黄州货运站是阜九段装卸设备最先进的站场之一,货场占地面积约7.73万平方米,并配有38吨大型门式起重机1台。1996年累计货物吞吐量17850吨,其中发送货物13970吨,主要品种有石英砂、铁砂、黄砂、铁矿、磷石矿、粮食、棉花以及农药、棉纱、阳极糊、竹地板等;到达货物3880吨,主要品种有煤炭、木材、钢材、化肥、机械、服装等。货运量较大的是蕲春、黄州两站,货物吞吐量分别为6050吨、4800吨。1997年4月1日,进入全国铁路货运联网。全市8个站开通货运,货物吞吐量47万吨,其中发送货物24.6万吨,到达货物22.4万吨。1998年,货物到发量突破100万吨,全市铁路客货运量在1997年基础上上了一个新台阶。南昌铁路局相继增加投资1000万元,新建黄州站货物线200米,配置36吨门吊1台;麻城站、蕲春站、武穴站、小池口站等新建仓库1966平方米,硬化货场10500平方米,新增货物线600米。1999年,黄冈境内货运量136万吨,比1998年增长26%,其中发送货物60万吨,主要品种有粮食、油料、木材、矿石等;到达货物76万吨,主要品种有煤炭、化肥、建材等。2000年,全年货物吞吐量156万吨,比1999年增长15%,其中发送量73万吨,到达量83万吨。同时,开展集装箱运输业务,当年发运集装箱229个。浠水站货运量39万吨,列全市第一。

2001年,全市铁路货物吞吐量168.2万吨,同比增长7.8%,其中发送量83.7万吨,到达量84.5万吨。

麻城、黄州、蕲春、浠水4站发运集装箱543个。黄梅货运量40.3万吨,列全市第一。1997—2001年,铁路客运量由105万人次增至311.6万人次,年均增长39.4%;货运量由47万吨增至168.2万吨,年均增长51.6%。

2002年,全市铁路货运量185.6万吨,比2001年净增17.4万吨,增幅10.3%。其中发送量87.8万吨,到达量97.8万吨,浠水站货运量46万吨。通过铁路对外输出的产品品类有所增加,其中从麻城站进站装车品种达30多种,大宗工农业产品有大米、面粉、木材、铁精粉、石材、黄砂、气门、离合器、传动轴、棉纱、毛巾、旅游鞋、蜂蜜等。

2003年,全市货运量达100万吨,为1997年的4.06倍。

2004年,全市货运量280万吨。

2005年,全年全市客货运量较历年有较大幅度上升,完成货运量360万吨。麻城车务段紧紧抓住客货运输需求旺盛和生产力布局调整的良好机遇,大力挖掘运输经营潜力,全年完成旅客发送327万人,货物发送262.6万吨,运输收入35030万元,同比增长3%、19.8%和13.6%;装卸收入2627.1万元,多经收入1195.6万元。

2006年,全市货运量385万吨。麻城车务段全年完成货物发送量280.5万吨,完成年度计划的100.8%;静载重61.8吨/车,货运收入完成14555.9万元,完成年度计划的100.6%。

2007年,全市完成货运量378万吨。麻城车务段按照"突出安全,以客为主,挖潜扩能,增运增收"的工作思路,坚持货运高附加值、远距离日分析,采取各种手段挖潜扩能,增运增收,完成货物发送量295.4万吨,为年度计划的100.1%;货物装车47.469车,为年计划的100.8%;货运收入完成13865.3万元,运输收入共完成38877.0万元。

2008年,全市完成货运量362万吨。麻城车务段坚持货运高附加值、近距离日分析制度,采取各种手段挖潜提效,扩能增收。全年完成货物发送量316.6万吨,为年度计划313万吨的101.2%;货运收入完成18157.06万元,运输收入共完成46927.36万元。

2009年,麻城车务段货运组织工作落实"三进"战略,新增中驿电厂路企直通点,始发直达列车开行比重增长10%,达到26.6%;新建战略装车点,发送量占总运输的21%;加强货源组织,实现了货物发送和货物收入多补少欠;完成货运量315.3万吨,完成年度计划305万吨的103.3%;运输收入完成50395万元,完成年度计划48720万元的103.7%,同比增长7.5%。2010年,麻城车务段加强行包、货物检查力度,全面完成各项运输经营指标。

2011年,麻城车务段将客货运量指标纳入车务段和车站两级资产经营责任制及客货运工效挂钩考核。加强运输组织,充分运用各项激励机制,拓展运输市场份额,积极运输高附加值、远距离货物(旅客);全年发送货物352万吨,超计划22万吨;装车55232车,超计划3346车;完成运输收入67847万元。

2012年,麻城车务段全力以赴增运增收;利用好"三减两免"货运营销和运价下浮政策,克服因货运调价、京九电化附加费、装卸费调价对货源产生的影响,抓好辐射吸引区货源。全年发送货物489.7万吨,超计划99.7万吨;完成运输收入84188万元,超计划5428万元。

2013年,麻城车务段以货运组织改革为契机,深入开展客货营销,把提高服务质量作为吸引旅客货主、扩大市场份额的有效举措。根据现代资讯快捷的特点,充分利用信息化平台,创新货运办理方式,为货主提供便捷服务。优化资源配置,拓展市场营销,转变营销方式,变"坐等上门"为"上门揽货",组建货运营销队伍,建立运作机制,完善激励手段,以粮食、金矿、矿建、钢铁、化肥、集装箱等货源为重点,努力提高货物发送量。2013年货物发送399万吨;旅客发送631.2万人次,完成年度计划的104.3%;运输收入完成10.26亿元,完成年度计划的103.4%,同比增长17.4%。

2014年,麻城车务段继续实施货运组织改革,加快装车业务办理透明化,实施全面敞开受理和一口价收费,全程物流运输和快运货物运输展现新的生命力,货运稳住了下滑态势,逐步缩小亏欠幅度。全年完成运输收入10.52亿元,其中货运收入5.82亿元,发送货物363.63万吨。

2015年,麻城车务段加强营销队伍建设,优化营销管理体制,推出营销奇兵周掀慰等一批新的营销明星;推动现代化物流建设,建立面积市场的服务点、快运办理站和接取送达车队,形成深度融入市场的现代物流链条。全年实现运输收入9.19亿元,完成装车29646次,发送货物178.9万吨;装卸收入2086.77万元,货运收入178.9.5万元。

2014年,武冈城铁开通运营,黄冈西、黄冈、黄冈东3站划归武昌东车务段管理。2014年,武昌东车务段面对货运组织改革带来的新任务、新要求以及物流运输市场的新变化,大力推进货运组织改革。按照"前店后厂"的模式和"一体化"管理的要求,推进货运组织改革。成立货运营销科,组建3个货运营销分中心、26个货运营销部,制定12个工作方案和管理办法,与100多家厂矿企业签订运输协议。2015年,引入"互联网+"概念,推进现代物流建设,采取传统营销和互联网营销相结合的方式,积极稳大宗、抢百货、促转型,拓展货运物流市场,全年共完成大宗货源装车27万车,日均装车739车。

第三章 铁路管养

第一节 运营管理

一、麻城车务段

麻城车务段于1996年6月1日成立,隶属上海铁路局南昌分局,8月8日隶属新成立的南昌铁路局,管辖京九线淮滨至蕲春间共20个车站。1998年升为副处级单位。2003年12月9日,接管宁西线潢川北至祖师庙间8个车站和1个线路所。2005年5月15日,划属武汉铁路局(2017年更名为中国铁路武汉局集团有限公司),同时接管南昌局九江车务段的蔡山、栗木、武穴站;是年10月28日升为正处级单位。2006年3月17日,接管麻武线宋埠、红安、甘露山、黄陂站。2007年11月29日,在麻城与宋埠间K9+927处增设中驿站。2008年11月25日,接管合武线三河站至喻家线路所(3站1所),12月31日正式开通运营。2011年8月11日,所辖横店东站划归汉西车务段。2013年,根据货运组织改革要求,成立麻城车务段货运营销分中心,管辖37个车站:二等区段站1个(麻城站),二等中间站3个(潢川、黄州、麻城北站),三等站9个(蕲春、浠水、武穴、红安、淮滨、新县、光山、商城、固始站),四等站6个(团风、栗木、蔡山、中驿、红安西、泗店站),五等站18个(横车、周铁岗、新洲、三河、西张店、罗铺、黄陂、宋埠、潢川北、台头、吕店、泼河、江家集、祖师庙、甘露山、谌老营、李集、传流店站),线路所2个(K828、喻家线路所)。2015年,先后关闭江家集、祖师庙、李集车站、828线路所和谌老营站,下辖33个车站、1个线路所、12个客运站(麻城北和红安西办理高铁客运业务)、14个货运站。管辖车站分布在京九线、宁西线、麻武线和沪蓉线,跨越鄂豫两省,运营里程667.9公里,其中电气化铁路567.9公里。沪蓉客运专线、京九线为自动闭塞计算机联锁,麻武线为半自动闭塞计算机联锁,宁西线为半自动和计轴自动站间闭塞互用继电联锁;行车指挥系统宁西线、麻武线采用TDCS(列车调度指挥)系统,沪蓉客运专线采用CTC(列车调度集中指挥控制)系统。固定资产原值6.648亿元,净值4.007亿元。

近几年,麻城车务段深入开展客货营销,把提高服务质量作为吸引旅客货主、扩大市场份额的有效举措。将"以人为本、旅客至上"的服务理念在各个岗位具体化,倾力打造"清兰亲情服务台"等品牌服务,使之成为旅客货主认可、职工群众自觉践行的行为准则。抓好服务标准的完善和落实,建立符合新形势要求的服务标准体系,加强客货服务工作的规范化、标准化。根据现代资讯快捷的特点,充分利用信息化平台,创新客票信息发布、客运服务、货运办理方式,为旅客货主提供便捷服务。

麻城车务段以创建节约型站段为目标,强化科室、车站负责人成本控制第一位责任人的意识,将量化支出控制目标分解到班组、岗位,实行全员成本控制。严格执行大额资金使用经集体讨论决策、联签、动态报告和监控的规定,优先安排安全生产预算资金,及时分析成本支出状况,动态把握,以收定支,确保重点,杜绝预算外支出项目。积极推进节能环保工作,应用节能减排新技术新设备,减少电费和水费支出。充分发挥办公网和视频会议系统功能,大力压缩办公费、会务费、出差费等支出。加强空调、计算机、汽车等各种设备设施的维护和保养,努力降低维修成本。全年实际用煤247吨,比年度计划节约17.6%;实际消耗柴油137.82吨,比年度计划节约31.09%;实际消耗汽油36.54吨,比年度计划节约8.7%;全年实际用电449.88万千瓦时,比年度计划节约0.02%;全年用水660612吨,比年度计划节约9.5%。

2014年1月启动武穴站货场改造;4—12月完成麻城站货场导示牌更新改造,安装37个现代化的导向标识,方便货主办理货运业务;6月启动车务段指挥中心建设;12月完成蕲春站货场改造,启动浠水、商城站货场改造。2015年全年实现运输收入9.19亿元;完成货运装车29646车,发送货物178.9万吨,货运收入21628万元,装卸收入2086.77万元;发送旅客675.6万人,客运收入70290万元;完成货车停时14.6小时/次。

至2015年末,内设10个科室:办公室、党群工作办公室、劳动人事科、计划财务科、客运营销科、货运营销科、安全技术科、信息技术科、职工教育科、安全生产调度指挥中心,有职工1269人。

二、武昌东车务段

武冈城际铁路黄冈西、黄冈、黄冈东3站隶属于武昌东车务段管辖。

武昌东车务段成立于1969年,管辖武(昌)大(冶)线、铁(山)黄(石)线、铜(录山)大(广山)线3条线路16个车站。1958年7月武大铁路开通运营初期,沿线车站由汉口车务段管理。1960年成立武汉局黄石办事处,接管黄石、下陆、新下陆3站,其他车站交由武昌车务段管辖。1962年武昌、孝感车务段合并,再次成立汉口车务段,武大铁路各站复属其管辖。1989年6月,大(冶)沙(河街)线开通,与武大线相接,更名为武(昌)九(江)线;大冶站以东的大箕铺、浮屠街、阳新、大老铺、西

武昌东车务段

河村、枫林6个车站隶属武昌东车务段。1996年9月26日,武昌车务段机关迁至鄂州,易名为鄂州车务段。2004年11月,咸宁车务段整建制并入鄂州车务段,武昌北站整建制并入武昌东车站。2006年3月17日,鄂州车务段整建制并入武昌东站,成立新的武昌东车务段。2009年12月26日,(北)京广(州)高速铁路武(汉)广(州)段开通运营,管内新建乌龙泉东、咸宁北、赤壁北站划归武昌东车务段管理。2011年6月,路局撤销装卸公司,武昌东车务段接管所属车站装卸业务。2013年6月,实施货运组织改革,将原中力物流武东、武南分公司、武黄公司的物流人员和资产划归武昌东车务段,武昌东车务段同时成立武昌东、武昌南、黄石3个货运营销分中心和东线、武南、武东3个劳动服务公司。2013年12月28日,武(汉)咸(宁)城际铁路开通运营,咸宁南、咸宁东、横沟桥东、贺胜桥东、山坡东、土地堂东、乌龙泉东、纸坊东、普安、庙山、汤逊湖、南湖东12个城际站划归武昌东车务段管理。2014年6月18日,武石、武冈城际铁路开通运营,花山南、左岭、华容南、鄂州东、花湖、黄石北、大冶北、葛店南、华容东、黄冈西、黄冈、黄冈东12个城际站划归武昌东车务段管理。2015年5月19日,鄂州北站开通运营,划归武昌东车务段管理。该段共管辖京广线余家湾至蒲圻,武九线南湖至西河村及铁灵黄、铜大支线,武汉枢纽南北环线,京广高铁乌龙泉东至赤壁北,武咸城际铁路南湖东至咸宁南,武石城际铁路花山南至大冶北,武冈城际铁路葛店南至黄冈东,穿越武汉、咸宁、鄂州、黄石、黄冈5个地区,线路营业里程707公里。下辖70个车站、2个货运营销分中心和3个劳动服务公司,其中,客货运营业站33个、编组站2个、高铁站3个、城际站24个。31个客运站(含5个既有线客运站、2个高铁站、24个城际站)合计有候车厅49个,总面积42498平方米,行包仓库4座,总面积1804平方米,营业厅4个,总面积308平方米,客运站台77座;有29个货运站,货场总面积545139平方米,专用线(专用铁路)77条。固定资产原值8.55亿元,净值5.73亿元。

至2015年末,内设13个科室:办公室、党群工作办公室、劳动人事科、计划财务科、安全科、技术科、

客运科、货运装卸科、物流科、货运营销科、职工教育科、集体企业管理办公室、安全指挥中心;下辖121个生产班组,有职工3201人。

三、合肥车务段

主要管辖淮南线(戴集站—裕溪口站)、宁西线(长安集站—叶集站)共30个中间站,线路里程308公里。其中,淮南线巢湖站和宁西线六安站、叶集站3个车站办理客运业务,客流覆盖面主要包括巢湖市四县一区和六安市五县三区。合九铁路黄梅县境内设3个站点,隶属中国铁路上海局集团有限公司合肥车务段管辖。

武汉动车段检修车间

四、武汉动车段

2007年2月27日成立武汉铁路客运专线动车组检修基地筹备组;4月14日成立客运专线动车组检修基地建设指挥部,与动车组检修基地筹备组实行一个机构两块牌子。2008年10月成立武汉铁路局武汉动车基地,负责武汉至广州客运专线新建武汉动车段工程项目。2009年7月,成立综合部(党群工作部)、计划财务部、人力资源部、安全管理部、动车技术部、局驻基地验收室、调度室、建设指挥部和检修车间、质检车间、设备车间、供应车间、动车运用所;10月运用板块首先建成投入运营,保障12月26日武广客运专线顺利开通。2009年11月18日,将武昌客车车辆段管理的汉口动车组运用所整体移交武汉动车基地,同时将动车基地动车组运用所易名为武汉动车组运用所。2011年11月,武汉动车基地更名为武汉动车段。

武汉动车段占地面积142万平方米,建筑面积19.27万平方米,总投资26.87亿元,其中设备投资12.5亿元。由存车场、检查库、临修库、不落轮镟修库、转向架检修库、架车及调试库、部件检修库、车体检修及油漆库、材料库、综合楼及其他辅助设施组成,是全国率先建设的四大动车组检修基地之一。满足各型动车组一、二级检修、临修、客运整备及存车要求,满足CRH2型动车组三、四、五级检修。配属动车组151标准组,其中CRH2A型动车组37组,由武汉开行上海(合武客专)、咸宁(武咸城际)、大冶(武黄城际)、黄冈(武冈城际)、福州、厦门、宜昌东方向;CRH5A型动车组31组,由武汉开行襄阳、十堰、宜昌东、成都东、重庆北方向;CRH380AL型动车组33列66标准组,CRH380A型动车组19组,由武汉开行广州南、深圳北、北京西、太原南、西安北、宁波、青岛、上海、宜昌东方向。固定资产原值309.75亿元,净值240.48亿元。

2015年,武汉动车段累计走80399356千米。完成动车组一级修29288组;二级修2589组;轮对镟修8816条,空心轴探伤27308根轴;LU探伤9008条;三级修自主修动车组修竣130标准组。三级修成本转列外局动车组43组,全年完成检修外局动车组目标值。

至2015年末,内设10个科室:办公室、党群工作办公室、劳动人事科、计划财务科、技术科、安全科、职工教育科、调度科、总务科、武装保卫科;下设7个车间:动车检修车间、动车转向架车间、武汉动车组运用所、汉口动车组运用所、质检车间、设备车间、动车综合车间。在册职工1891人。

第二节　养护机电管理

一、麻城工务段

麻城工务段于1996年9月成立,隶属南昌铁路局,管界跨鄂豫两省,机关设在湖北省麻城市车站路。

2005年5月14日前,管辖京九线303.3公里(20个车站)、宁西线100.2公里(8个车站、1个线路所),全长403.5公里;其中二等区段站1个(麻城)、二等中间站1个(潢川)、三等站2个(淮滨、黄州)、四等站21个、五等站3个、线路所1个。2005年5月15日,根据铁道部《关于调整京九线、宁西线铁路局间管界划分的通知》文件精神,麻城工务段划归武汉铁路局管理,接管了九江西车站管辖的蔡山、武穴、栗木3个车站。全段共管31个车站、1个线路所,管辖里程为京九线369.7公里、宁西线100.2公里。2006年3月17日,将原江岸工务段管辖的麻武联络线划归麻城工务段管理;2008年12月接管合武铁路三河站至喻家线路所;2009年增设红安线路车间;2012年增设潢川桥隧车间,2013年潢川桥隧车间更名为麻城重点维修车间;2014年增设红安线路车间。

2006年,麻城工务段完成大修维养790.05公里、补充道砟90232立方米,清挖翻浆3260孔,完成麻武线21组提速道岔更换施工,大机养50.65公里,铺设无缝线路74公里,站线P43换轨P50轨6.016公里,埋设防牛桩4公里,进一步提高了麻武线设备质量。完成京九、麻武、宁西线10个站货场6840根木枕更换混凝土枕,强化了站货场设备质量。

2007年,在全段推进"零误差、零缺陷"的精细养修理念,开展设备攻坚,将京九线正线时速160公里区段的13个车站的245只普通高锰钢岔心更换为贝尔岔心,配合完成大机维修517.3公里,同步调整曲线超高51条,无线线路焊接完成202头,焊接打磨3765处。

2008年12月,接管合武线三河站至喻家线路所,主要担负管内线路、道岔、桥梁、隧道、渠涵大维修任务。管辖范围为京九线北起淮滨站外K907+300南至蔡山站外K1277+000,宁西线西起潢川北站K699+900东至祖师庙外K800+400,麻武线K0+525~K77+500,麻武联络线K0~K3+479;沪蓉线K663+595~K788+200处,黄陂货联线K0~K2+100,红安联络线K0~K0+786,共计1369.702公里线路、660组道岔(其中正线道岔411组,到发线道岔109组),桥梁309座/118089米,隧道15座/21668米,涵渠3660座/79091米。主要担负段管内线路、道岔、桥梁、隧道、渠涵大维修任务。2015年末,固定资产原值84.62亿元,净值71.96亿元。

在合武线工期提前、工程还没竣工移交的情况下,举全段之力,克服交通极为不便、食宿极为艰苦等困难,在1个多月的时间内,投入3000余人、百台各类机械设备,展开合武大会战。联调联试期间,完成对全线加强捣固调整平纵面3遍;利用CPⅢ网对线路进行测量并精确定位;对7332个焊缝进行探伤和打磨;胶结接头76处,钢轨焊接266处,处理重伤48处;几何尺寸全面排查和精整、线路上砟、整理道床外观达标等任务。对合武线的职工进行电气化区段作业知识、200~250公里/小时区段养修规则有关内容、高速区段养修作业技能和电气化安全知识培训,使干部职工了解电气化区段的作业安全注意事项,掌握作业技能及方法。通过高标准定位,强化责任意识,经过39个昼夜奋战,合武线管段于12月7日一次性试验成功,达到了时速250公里目标值,并在12月26日合武全线拉通试验中取得轨检车均分0.52分、优良率100%、无Ⅱ级以上超限;动检车均分47.92分、优良率63.56%、无Ⅲ级超限的较好成绩。

2009年,开展京九线集中整修大会战等数轮设备攻坚战活动,完成京九线潢川、光山、新县、麻城、黄州等站以及麻武线更换混凝土枕4673根;完成站场设备整治道岔130组,驼峰道岔扣改弹5组,补充轨距拉杆350根,小半径曲线安装轨撑2000个,小半径曲线整修15公里;完成道床边坡清筛80公里;完成更换曲磨轨道近19.5公里。

2010年,麻城工务段以大型站场、客车到发线、站专线为重点,加大专项资金投入,合理安排使用设备,站场设备得到进一步改善。沪蓉线(250公里/小时区段)共检测948公里,优良946公里,优良率99.79%;沪蓉线(汉口引入区段)共检测61公里,优良61公里,优良率100%;京九线共检测19980公里,优良19318公里,优良率96.69%;宁西线共检测900公里,优良885公里,优良率98.33%;麻武线共检测544公里,优良506公里,优良率93.01%;合武线优良率始终保持100%。麻武线、宁西线动态检查成绩也处于稳步提升状态,实现设备质量均衡提升。

2011年,该段以"内实外美"为主线,按照更高的标准和要求,精益求精,京九线提速安全标准线建设成果进一步巩固提高,合武线高速区段设备质量始终保持在全路前列;坚持自我加压,同步提升宁西线、麻武线基础质量,将提速线路养修标准引入非提速线路,使非提速线路设备质量实现新的突破;以大型站场、客车到发线、站专线为重点,加大专项资金投入,合理安排使用设备,站场设备得到进一步改善。

2013年,该段牢固树立"严检慎修"理念,重视结构补强,推行设备病害分级管理,提高现场作业和施工质量,切实减少无效劳动、重复劳动,最大限度保证作业有效性和针对性。全面推行工电联合整治,强化客车径路及站专线检查整治,推进股道设备升级,严格执行交通运输部280号文件,落实设备"三全"检查制度,规范日、周、月生产计划管理,有效解决无生产计划、生产计划与生产任务不能有效衔接等问题。扎实推进养修体系建设,探索线路变化规律,开展线路设备整治攻关,推行线路设备单元修、重点修、专业修、天窗修、集中修,建立设备整治质量追踪评价考核机制,确保设备质量和轨道结构双达标,京九、合武、宁西、麻武设备质量全面均衡提升。2013年,京九线轨检车优良率99.46%,宁西线、麻武线轨检车优良率100%,合武线动检车优良率100%。年底路局平推检查,均分、TQI值都得到较大改善,平推检查成绩优良。

2014年,麻城工务段增设红安线路车间。全段全年线路大机捣固753.1公里(京九线660公里、麻武线33.1公里、潢川线路变化整治60公里),道岔捣固157组,线路大机打磨594.86公里(京九线515.86公里、麻武线40公里、宁西线39公里),道岔大机打磨155组,中机捣固172.8公里,卸风动356车,高边43车,应力调整完成60段累计38.62公里。线路大修:配合大修换轨32.548公里,配合大修换枕3.99公里(其中更换桥枕145根),道岔及夹直线换填32组,路基换填0.6公里,桥面换砟0.9公里,股道换轨14公里,更换曲磨轨14.825公里。日常维修:线路单元保养158.2公里,重点保养正线道岔302组,扣件复紧及涂油286.8公里,扣件综合整治54.65公里,抽换轨枕982根,零星清挖翻浆1180孔,更换基本轨57根、尖轨33根、辙叉69个、护轨23根,胶结绝缘95副,焊补辙叉107组,P43扣件改造3000套,木枕道岔垫板改造760套,更换木枕234根。合武线维修:线路大机捣固41.72公里,线路大机打磨254公里,道岔大机打磨27组,预埋件整治336个,道岔人工打磨8组,轨道车卸砟3200立方米,更换胶结绝缘2副,更换失效FC弹条316个。探伤:钢轨人工探伤4668.237公里,焊缝人工探伤109631处,道岔人工探伤5334组,可动心轨探伤128组。机械设备维修及加工:检修机具仪器1699台次,焊修镐头360把,加工大拉耙210把,加工九齿叉110把。桥梁综合维修38座,涵渠修养230座,隧道保养2座。重点进行对桥梁圬工修补、人行道步行板整修制换、人行道栏杆围栏除锈油漆、支座清污加油、护锥裂纹修补、涵渠清淤和整治明桥面线路等工作。共完成人行道支架除锈油漆2526个,圬工梁体露筋修补1717处,整修、铺换人行道步行板4913块,圬工梁体修补565处,梁体泄水孔整修540个,护轨整治麻武线1698米/8座、京九线14034米/23座,人行道栏杆除锈油漆2306平方米,标志刷新1492处,枕木腻缝286根,更换高强度螺栓60颗,支座锚栓加油326个,钢梁桥桥枕更换86根。

2015年,麻城工务段全年完成线路大机捣固703.7公里,道岔大机捣固196组,线路钢轨打磨324.8公里,道岔大机打磨119组,大机边坡清筛89.1公里,更换道岔5组,道岔换填30组,股道清筛2条。合武线完成道岔打磨31组,线路T4A检查420公里,桥梁完成104座,更换扣件820个,标准化道岔18组,标准化曲线11条,轨道车卸砟1800立方米,预埋件整治56个,更换重伤轨20根。桥梁综合维修49座/6938.68米,涵渠修养188座,隧道保养2座/5872.68米。

至2015年末,段设10个科室:办公室、党群工作办公室、安全科、线路技术科、桥隧技术科、劳动人事科、计划财务科、职工教育科、材料科、安全生产指挥中心;下辖13个车间,其中8个线路车间、2个桥隧车间、1个综合机修车间、1个重点维修车间、1个检伤车间,设68个班组(工区);有职工1351人。

二、武汉高铁工务段

根据武汉铁路局《关于成立武汉高铁工务段、襄阳车辆段及调整相关单位机构编制的通知》，武汉高铁工务段于2015年7月17日正式成立，将信阳工务段驻马店西客专线路车间和武汉桥工段武汉客车专长线路车间、武汉线路车间、天兴洲大桥桥梁车间整体划交武汉高铁工务段管辖。负责京广高速铁路、武冈城际铁路上下行K0+000~K35+911等相关线路的工程设备维修管理工作。

至2015年末，段设8个科室：办公室、党群工作办公室、计划财务科、劳动人事科、安全科、线路技术科、桥隧技术科、职工教育科；下辖6个生产车间。

三、麻城电务段

麻城电务段建于1996年6月，段址在湖北省麻城市黄金桥开发区西南1.5公里处。管辖京九线淮滨至蔡山复线377.1公里、麻武联络线4公里，共计381.1公里。担负23个站2场的通信、信号设备的养护维修任务和报话服务。2005年5月18日，南昌铁路局南昌电务段麻城、潢川车间移交武汉电务段管辖。

武汉电务段管辖京广线孝感至蒲圻、京九线西张店至蔡山、武九线武昌至西河村、汉丹线汉口至吴家山、麻武线麻城至姜家线路所等共993.797公里，104个站（场）的信号设备。负责合武线三河至喻家线路所、中继7至中继11等共154.119公里，4个站（场）的信号设备；京广高铁孝感北至赤壁北329.287公里，10个站（场）的信号设备；武咸城际87.426公里，4个站的信号设备的维修管理工作。设备维修工作量为76862.877组换算道岔。2015年末固定资产总值29.17亿元，净值9.66亿元。

近几年，武汉电务段开展高铁、客运专线ZPW-2000轨道电路及防雷整治；完成武广线、合武线、汉宜线各站备用电缆贯通调查整治及接地环境整治；完成武汉站普速场普客线1号大桥、高普联络线1公里电缆槽道整治及65个区段的电容安装方式补强和区段设备整治；完成新改进的法式道岔稳定器更换工作；对管内高铁客专机械室空调进行全面维护；完成武咸城际静态验收及各站联锁试验工作，完成武汉动车段二期工程施工配合和管内调度集中、列控、联锁等相关软件换装施工配合工作。

2014年，在高铁设备方面，主要根据高铁设备维护特点，对常见设备缺点和薄弱环节进行专项整治，做好基础性防护和补强工作。在总公司和路局的协助下，制定并落实动车ATP、无线超时等惯性故障整治方案，提高设备运用质量。根据生产实际和安全需要，开展列车占用丢失报警、道岔、区间设备、电缆、机械室、驼峰设备等10余项设备专项整治，从根本上解决设备存在的问题。开通武石、武冈城际13个新站，完成软件升级改造任务32站；配合完成武汉枢纽C2拉通、武石武冈城际铁路新线开通、合武汉宜列控区间占用逻辑检查；配合完成广铁集团沪昆、贵广RBC改造等任务；圆满完成LKJ数据换装26版，累计换装4503台次，完成动车组LKJ数据换装8版，累计换装1094台次。

2015年，主要做好京广、京九集中修及动车段调车防护系统开通，城际线CTC网络安全加固软件升级和调图配合，合武、汉宜信号设备双电源冗余整治等重点工作。

至2015年末，段设9个科室：办公室、党群工作办公室、劳动人事科、财务计划统计科、安全科、信号技术科、信息技术科、职工教育科、材料科；下辖23个生产车间；有职工1971人。

四、江岸机务段麻城折返段

2005年5月18日，南昌铁路局向塘机务段麻城折返段及麻城救援列车移交给江岸机务段；12月9日，信阳机务段并入江岸机务段；2006年撤销车队，形成段、车间、班组三级管理格局。2009年6月6日，江岸机务段由江岸转车路搬迁至武汉北。

机务段注重提高机车运用质量，重点在日常控制、专项整治和技术攻关方面下功夫。在日常控制方面,严格落实"4+1+X"质量控制模式,即盯死走行部、受电弓、制动机、大部件4个关键,做好机车数据下载分析,消除季节性转换带来的规律性故障项点。在专项整治方面,按照季节性转换特点,集中开展复合冷却器、空调滤网等专项治理活动。按照机车倾向性故障特点,集中开展高压绝缘互感器、机车轴承检测更换等专项治理活动。结合典型事故案例,集中开展生活辅助设施、防火等专项整治活动。2013年在技术攻关方面,集合全段技术力量,联合生产厂家开展技术攻关,梳理出26个质量攻关项目,共消除10个故障项点,针对16个暂时无法消除的质量隐患,制定落实过渡措施,防控机车破故。2015年,积极适应修程修制改革变化,建立HX机车C1至C3级修理标准,配套自动过分相、主断路器等备品试验区,抓好HX型机车入检修。

至2015年末,江岸机务段设13个科室:办公室、党委办公室、劳动人事科、计划统计科、财务科、职工教育科、安全科、运用科、技术科、设备科、质检科、材料科、武装保卫科;下辖8个生产车间。

五、麻城通信段

1996年6月1日建段,原属南昌通信事业部。2005年6月,由中国铁通武汉铁路通信中心接管。2007年9月,更名为中国铁通集团有限公司武汉通信段。2009年12月15日,按照铁道部和中国移动通信集团公司协议,由中国铁通集团有限公司湖北分公司整体划归武汉铁路局管理,为局直管运输站段。2010年3月25日,武汉铁路局将武汉通信段、襄樊通信段和武汉高铁段整合组建成新的武汉通信段。

武汉通信段主要担负着武汉铁路局管内京广、京九、焦柳、汉丹、襄渝、武九、宜万、宁西、孟宝铁路和京广、合武、汉宜高铁等12条干线和武麻线、铁黄线、鸦宜线等7条支线共计4559公里,以及244个站场、37个运输站段、局机关和其他铁路单位的铁路通信设备维修养护任务。深入开展大通道、无线车载等11项安全专项整治,优化重要行车电路,整治广播等行车设备隐患,综合防雷(地线)整治,电源设备整治,无线弱场补强;大修整治通信铁塔、无线漏缆、漏缆电杆、道口电台等工作。升级改造换装CIR设备,机车车次号功能升级。开展基础传送网优化,构建武汉枢纽传输核心环网络,建设完成武汉枢纽2个中兴10G平面环、2个华为10G平面环传输网络,形成洪山、汉口、武汉、武昌、调度楼客专、普速6个主干节点、CTC配套机房、信息配套机房、核心网、列调配套机房、应急配套机房、老调度工区等分支节点的4个10G传输平面环。解决重要业务的双径路保护,提高枢纽内各项业务的接入能力,为铁路信息化打下良好基础。提升沿线传输接入能力,借助更新改造项目,完成京广南线18个站传输接入层的改造更新工程,京广北线UM71传输项目、襄渝线传输扩能改造项目相继实施,提升京广线、襄渝线、焦柳线传输网的安全性、可靠性和接入能力。开展线路整治,共整治骨、局干光缆衰耗点21处,迁改汉丹线双绕线光缆18公里,整治京九线淮河大桥破损桥槽4公里。改善监控手段,对管内13个车间130个未装动环的站点进行补装恒业动环设备,对京九、武九、武汉北、襄渝、汉丹、宜万、合武等线环监设备存在的约177个问题进行专项整治,将武汉北地区30个站点动环系统进行整合,提升远程监控能力。开展重要业务电路网络优化,完善保护通道,完成管内CTC、TDCS、客票、数调4种业务假保护清查,以物理环保护与传输时隙保护相结合,提升电路可靠性。

2013年,畅通监测通道,完善武南、宜昌、信阳、漯河、麻城等信号微型计算机监测系统,完成武汉电务段咸宁车间分析中心配套通道建设,配合实施武汉电务段指挥中心建设工作。抓好完成红外、会议改造,配合车辆处完成169处红外业务音频改数据网工程,将6处红外电缆通道改为光缆通道,重新敷设5处会议系统电缆和5处隐患严重的地区电缆。开展武汉北CIPS光缆径路埋设标桩,按照35米/根的标准埋设,提高武汉北CIPS光缆的安全性。强化防灾系统维护,健全4条高铁线防灾网管系统,探索建立管内防灾系统的日常维护模式,推进管内防灾设备缺陷整治,完成13个站点的UPS故障整治、4处网络通道整治、1处网管终端整治、2处风雨配电优化整治、15个基站的标签整治、2个站的路由器整治,提高设备质量水平和养修能力。对合武防灾系统进行工电联合试验,逐站进行检查,克服问题18处,开通异物点32处。优化数据网核心层,在新建调度楼工程中,将局数据核心设备从武汉站搬迁至调度楼,利用洪山地区强大的传输、光缆资源,优化核心层至外局、局内汇聚层网络路由间的物理跳接点,同时释放出从武汉站至洪山间1.25G的数据带宽,既优化网络结构、减少故障点,又合理地使用传输资源带宽。优化数据网络汇聚层,利用局京广线核心层传输10G改造及省干西环波分优化工作,升级既有数据网核心层至漯河、信阳、随州等10处数据汇聚层间带宽。结合局内其他专业各类工程对局内部分小站数据网交换机进行补强,进一步扩大数据网在局内的覆盖面积。优化数据网接入层,将总公司会议系统、电力监控系统、局时间同步系统、局179处红外探测数据系统、局内各货运站场视频系统接入数据网络,满足各部门对信息化网络的需求。

2014年,武汉通信段完成智能网开启基于位置呼叫限制功能施工。通过3年多的精心筹备,在13个铁路局配合下,圆满完成铁路GSM-R区段基于位置呼叫范围限制功能施工和京九线基于位置呼叫限制数据(DA值)的修改工作,使GSM-R网络具备解决GSMR区段列车车次号重复调度通信受阻问题的条件,为全路GSM-R调度通信业务的稳定运行提供更可靠的保障,受到铁总的通报表扬。提升报所窗口服务能力。对铁道部每年组织的创建达标电报所的活动高度重视、积极行动,对管内电报所全面进行达标整治,做到外美内实,在年底铁道部组织的电报所达标验收评比活动中,江岸、汉口、武北3个电报所被评为"优秀电报所"。全年通信故障93件,总延时313小时57分00秒,平均延时3小时22分33秒;上年同期共发生故障156件,总延时500小时24分00秒,平均延时3小时12分28秒。故障总件数同比增加63件,总延时同比增加10小时5分,平均延时同比减少186小时27分。面对经营指标压力大、任务重、铁路基建投资萎缩的不利环境,克服通信外委工程收入减少的压力,确保存量市场,努力开拓新的收入增长点。特别是利用路局站段信息化建设的契机,加大服务创收的力度,积极与移动、电信等运营商合作,增加代维收入,一手抓开源、一手抓节流,基本实现全年生产经营收支平衡。

至2015年末,武汉通信段设9个科室:办公室、党群工作室、劳动人事科、有线技术科、无线技术科、信息技术科、安全调试科、计划财务科、职工教育科;下辖23个生产车间;有职工1562人。

六、麻城给水电力段

1996年6月1日建段,8月31日接管京九线北起河南淮滨、南至湖北小池口的386公里正线的水电设备,高低压线路1241.862公里(其中高低压电缆236.429公里),给水管路87.059公里,变(配)电所8个。下设蕲春水电领工区、潢川水电领工区、麻城电力领工区、麻城给水领工区和麻城综合检修车间。

2005年5月,麻城水电段划属汉口供电段。2006年2月9日,撤销汉口、襄樊供电段特种设备检测站和武汉装卸运输公司起重机械检验站,成立武汉局特种设备检验检测站,委托汉口供电段管理;是年3月17日,与信阳供电段合并成立武汉供电段,其给水业务分别移交信阳、武汉房地产公司。2011年11月28日,成立信阳供电段,武汉供电段所辖豫南地区供电设备划交其管理。

武汉供电段管辖京广、京九、武九、汉丹、麻武、长荆、南环线以及京广高铁、沪汉蓉客专、武咸城际等多条干支线。担负京广线陆家山站(不含)到蒲圻至茶岭区间、麻武线麻城站至横店站等多条干支线供电设备运用、管理和检修任务。管辖营业里程2565.485公里,其中接触网设备4699.885条公里,牵引变电所亭92座,电力设备23514.03换算公里,10kV及以上配电所57座,自闭贯通线路5503.27公里,低压配电所256座、箱式变电站545座、轨道作业车75台。固定资产原值47.42亿元,净值21.05亿元。

2014年,武汉供电站接触网系统完成管内分段绝缘器更新改造30套,纯铜承力索更换40.204条公里,武客技部分设备大修,武汉动车段253套弹簧补偿装置改造,合武、汉宜铁路驱鸟器更新改造,武广高铁三项工程改造。电力系统完成2014年沿线生产班组和文明和谐站区电力增容改造、咸宁配电所更新工程等。变电系统完成江岸西变电所高压母线大修、京广线武蒲段牵引变电所综自系统适应性改造等任务。

至2015年末,武汉供电段设10个科室:办公室、党委办公室、安全调度科、劳动人事科、供电技术科、职工教育科、计划财务科、材料科、质量检查科、武装保卫科;下辖17个生产车间;有职工2766人。

七、江岸车辆段

2005年4月26日,南昌铁路局管辖的麻城列检所、红外线维修所整建制划交江岸车辆段管理,统一管理局管内铁路货车检修。

江岸车辆段主要担负铁路货车入段厂修、段修、辅修、运用维修和铁路货车临修改造等任务。安全责任范围纵跨鄂、豫两省,覆盖京广线、京九线、汉丹线、焦柳线、孟宝线、宁西线、麻武线、武九线、襄渝线、长荆线、合武线、汉宜线等13条干线,责任区段全长约3600公里。全段定检设厂修台位18个,年厂修能力1200辆;段修台位58个,年段修能力18000辆;临修台位125个,年辅修、临修能力46000辆;年组装货车轮对6000对,年组装客车轮对1600对,年检修货车轴承11000套对,担负铁路局管内每年2110万辆到达、始发、中转货物列车的检查维修和运行安全监控任务。机械动力设备总量2366台,有THDS(红外线轴温探测系统)286台、TFDS(货车运行故障动态图像检测系统)27台、TPDS(货车运行状态地面安全监测系统)5台、TADS(货车滚动轴承早期故障轨边声学诊断系统)8台、AEI设备(车号自动识别设备)136台、THDS列检复示设备10台、AEI列检复示设备15台。固定资产原值13.93亿元,净值6.55亿元。

至2015年末,江岸车辆段设15个科室:办公室、党群办公室、安全科、调度统计科、劳动人事科、技术科、职工教育科、计划财务科、材料科、质量检查科、武装保卫科、爱车经营管理办公室、自备车经营管理办公室、离退休管理办公室、集体企业管理办公室;下辖12个生产车间;有职工3421人。

第三节　安全与房产管理

一、安全管理

2005年5月15日,铁道部将南昌铁路局管理的京九线河南淮滨至湖北蔡山段、宁西线潢川至叶集段划归武汉铁路局管理,撤销麻城、潢川北分界站,管界内所有铁路单位全部移交武汉铁路局管理。同日,武汉铁路公安局成立,下设武汉铁路公安处、襄阳铁路公安处、麻城铁路公安处。

(一)麻城车务段

麻城车务段贯彻落实总公司、铁路局运输安全工作会议精神,推进"安全风险管理年"和标准化班组建设,树立"三点共识",落实"三个重中之重"要求,以动车组、旅客列车安全为重点,开展安全大检查、调车安全和劳动安全专项整治、"打非治违"等活动。按照"管理规范化、作业标准化"要求,进一步深化安全基础建设,强化问题追踪整改,落实干部安全生产责任制考核,狠抓接发列车、调车作业、劳动安全、施工安全、应急处置等安全关键作业环节的盯控,进一步提高安全管理水平,确保车务段安全基本稳定。

2008年,麻城车务段针对济南铁路局胶济线"4·28"特大事故反映出来的突出问题,根据路局要求,结合车务段工作实际,及时规范调度命令核对、签收、传递管理,规范施工运统46登销记填写格式,建立干部盯岗要号消号制度。制定《关于规范行车设备施工登记簿——运统46(施工)登记格式的通知》《关于重新公布〈麻城车务段防溜工作实施细则〉的通知》《关于公布〈麻城车务段调度命令核对、签收、传递管理办法〉的通知》和《麻城车务段施工日计划、运行揭示调度命令、施工调度命令管理办法》等管理制度和考核办法。坚持奖优罚劣原则,全年查处违章违纪1121件,罚款3.1万元,奖励标准化作业职工35950

元。查改安全隐患238个,促进了安全生产有序稳定发展。截至2008年12月31日,实现连续安全生产4505天。

2013年以来,麻城车务段推进"1862"安全管理体系建设,强化安全基础。突出高铁和客车安全,重点完善安全风险管控机制,落实安全逐级负责制,坚持日检查、月考核、季评估制度。以"安全风险管理大家谈"和"普速车站专项整治"活动为契机,围绕加强行车设备、调车作业、旅客乘降、防火防爆、施工、恶劣天气等安全风险控制内容要求,加强现场盯控和包保,加大检查和对规对标力度。抓好京九线两次固定设备集中修期间施工安全专项整治活动,抓好清明小长假、五一、暑运、中秋小长假、国庆、春运、两会等季节性安全工作。全年消灭责任客车和一般C类及以上事故、作业人员责任伤亡事故、责任路外相撞事故、责任火灾爆炸事故。截至2015年12月31日,实现安全生产7061天。

(二)武昌东车务段

武昌东车务段从管理源头入手,对现行的规章、制度和办法分析清理,修订完善车务段、车站两级安全问题挂牌督办机制、深入现场抓安全工作机制、安全目标管理机制、安全重点风险控制机制、安全问题预警机制、安全责任考核机制。结合车务段货运组织改革、安全生产指挥中心投用和武咸城际铁路开通带来的机构调整、岗位变化情况,对车务段各级机构、各个岗位的安全职责、各站的站细和城际站的管理规章进行全面清理,完成数千项技术规章、管理制度、岗位工作标准和流程、应急处置办法、工作台账的修、补、立、废工作。加强安全风险管理责任制考核,定期将各站、各科室人员现场检查量化写实情况,特别是对夜查、添乘检查、视频录音回放情况进行检查,纳入管理人员月度安全评估考核,督促各级干部落实安全管理责任和现场盯控检查写实要求。利用每周安全对话会、月度安全分析会、安全通报等形式,着重进行点评分析,对不落实的人和事进行考核,避免干部下现场流于形式。按照"三等及以上车站职工每人每月对规对标鉴定不少于2次,四、五等车站不少于5次"的要求,定期开展一线岗位对规对标检查,培养职工良好作业习惯。对安全管理存在重大问题的车站和不落实的人和事进行重点帮促,全年下发安全预警26份,安全整改通知书489份,对6名安全管理责任落实不力的干部进行调整。强化安全关键卡控,紧盯高铁和客车安全、行车安全、劳动安全、施工安全、调车安全、路外和道口安全等关键,按照"落实规章制度一丝不苟,落实岗位责任一丝不苟,严密组织一丝不苟,动态控制一丝不苟"的要求,在京广南线和武九线大范围施工和集中修、武咸城际铁路开通运营、4次调图、春运和节假日旅客运输等重点时期,细化领导包保、干部盯控、岗位互控、重点检查等措施,督促各级干部严格落实添乘检查、跟班作业、现场驻点和明察暗访的责任,解决突出隐患问题,增强安全关键的防控能力。2013年,共组织350名管理干部下现场跟班2400人次,添乘650人次,检查发现和解决各类问题2500件次。

2014年,武昌东车务段牢固树立"三点共识",落实"三个重中之重"要求,以行车安全、人身安全、施工安全、季节性安全和反恐防暴等为重点,深入开展安全"大反思、大检查、大整治""安全风险大家谈"和安全专项整治活动,强化安全"三化"建设,消灭责任一般D类及以上事故,确保了运输安全基本稳定。一是坚持"反复抓、抓反复",加强安全风险教育,"安全是饭碗工程"的意识得到强化。坚持"小题大做",借势造势,运用安全形势教育、典型案例教育、违章违纪分析等有效载体,持续开展全员安全形势任务教育和安全生产法制教育、典型案例学习和事故剖析分析,增强干部职工的紧迫感和危机感。二是坚持"规范管理、强基达标",持续推进"三化"建设,"1862"安全风险管理体系基本建成。大力推进"三化"建设,分系统修订完善100多个安全管理规章及考核办法,建立安全分析、安全对话、安全预警、挂牌督办、排头抓尾等常态化安全管理机制,"1862"安全管理体系基本建成并发挥良好作用;抓住新技规、行规、行细颁布执行的契机,积极开展整章建制和站细修订工作,强化职工业务技能培训,干部职工的技能素质得到提升。三是坚持"排头抓尾、典型引路",强化干部安全管理责任制落实,干部执行力得到加强。坚持每周对各站、各科室重点工作推进落实情况进行督查督办,每月对干部下现场检查量化写实情况进行排头抓尾,督促管理人员落实安全责任,全年共组织82名管理人员下现场跟班984人次,添乘1968人次,检查发现和解决安全隐患问题2359件次;探索安全生产的规律,总结推广"邻站透明法",增强施工安全保障;发挥典型引路作用,对防止事故有功人员以及技能竞赛活动中获奖人员等先进典型奖励88人次,奖励金额15万元。定期剖析现场安全生产情况,对安全管理存在重大问题的车站和不落实的人和事进行重点帮促,全年下发安全预警24份、安全整改通知书458份。定期开展一线岗位对规对标检查,培养职工良好的作业习惯,全年共开展岗位对规对标检查2315人次,对安全管理责任落实不力的干部及时调整,干部执行力得到增强。四是坚持"盯关键、控过程",持续强化安全关键和重点卡控,一批安全突出问题和隐患得到解决。紧盯客车安全、行车安全、人身安全、施工安全、调车安全、季节性安全、反恐防暴等关键,按照"落实规章一丝不苟,落实责任一丝不苟,严密组织一丝不苟,动态控制一丝不苟"的要求,细化领导包保、干部盯控、岗位互控、重点检查等措施,督促各级干部严格落实添乘检查、跟班作业、现场驻点、明察暗访的责任,解决突出隐患问题,增强安全关键点的防控能力。

(三)武汉供电段

武汉供电段推进管理规范化、作业标准化,落实安全风险管理体系,完善接触网、电力、变电、配电、轨道车五大工种一日标准化作业流程和各项目作业指导书,以图文并茂的形式制作班组安全生产图板、阅示台等。强化供电专业核心安全风险控制,加强"五表一卡""六控"机制;以预防松、脱、卡、磨、断及几何尺寸超标等为目标,排查高铁接触网隐患问题,建立高铁车站应急值守点,强化高铁安全风险控制;加强应急保障风险控制,分线路、分线别、分区域完善相关应急预案,确保应急预案的实时有效性;组织单项应急演练,提高车间、工班应急处置能力。明确GYK监控检索分析量化标准,推行接触网作业车驾乘人员一次乘务作业关键风险控制表,强化GYK和行车安全分析,加强作业现场卡控;在营业线施工安全监控方面,按照"一处一表"要求,抓好施工安全现场防护日志的填写,确保施工现场安全风险关键点卡控到位。

(四)麻城工务段

麻城工务段以安全生产指挥中心建设为契机,抓住安全重点,强化计划管理及现场控制。严格执行作业计划审批制度,加强现场作业抽查,有效掌控全段安全重点。严格执行问题分析制度,加大问责处理力度,针对发生的问题,由主管科室连夜组织分析,形成深度分析报告并严格追责,做到问题件件有分析、有处理、有通报、有整改、有追踪、有考核。认真抓好标准化建设,按照"一三三四"的思路,有序推进标准化建设工作。"一三三四"即为一个规划,标准化建设推进规划;三个关键,加强关键作业人员管理,加大现场作业过程控制,完善流程、强化应急处置;三本书,《中机捣固车作业指导书》《钢轨探伤作业指导书》和《有砟客专线路工作业指导书》;四个重点,标准化例会制度、企业文化建设、持续改善活动、典型示范作用。

2015年,推行安全风险管理,在延续安全预警、排头抓尾、安全对话等典型做法的基础上寻求创新,推行安全积分、全员防洪、七项制度、CD类违章违纪扣罚金额返还、从问题及信息中寻求共性研判风险等管理创新手段,实现安全生产管、控一体化管理,为安全生产平稳有序提供保障,顺利实现安全年。其安全管理的方法在总公司安全工作会上交流推广至全路。

二、房产管理

1996年6月1日,麻城房建段成立,管辖京九铁路淮滨桥至小池口375公里线路内的25个车站及潢川、新县、麻城、新洲、黄州、浠水、蕲春7个铁路地区的房屋建筑物的管理及大维修任务。1998年10月,麻城房建段撤销,并入南昌房建段,另设麻城综合经营管理部,下设3个维修领工区。2005年5月18日,南昌铁路局南昌生活管理中心所属麻城公寓整建制移交武汉公寓段,其他生活机构整建制移交武汉铁路生活服务总公司。2005年6月21日,武汉局撤销武汉铁路生活服务总公司、武汉公寓管理段和襄樊公寓管理段,成立武汉生活服务公司,对外称武铁生活服务有限责任公司。2005年,麻城车务段投资450万元对淮滨、潢川、麻城、黄州站台进行花岗岩装修,共装修5.3万平方米,投资62.4万元对京九、宁西线各站办公场所进行整修;铁路局投资180万元在京九线安装远程监控设备。

麻城工务段安全生产作业

2011年6月10日,武汉铁路局撤销武汉房地产公司、武汉生活服务公司、武汉铁路旅游公司,将其直接服务运输生产的房建设备管理和维修、土地监察管理及房管业务、生产生活供水及管网设备维护、乘务员公寓服务、局内职工疗养和职工制服采供业务整合成立武汉房建生活段,为局直属运输辅助单位。

武汉房建生活段担负着京广高铁、合武、汉宜客专、京广、京九、武九、武康等线站房、站台风雨棚、给水、公寓(单身公寓)设施、设备维护管理任务。管辖普速铁路京广线、京九线、武九线、武麻线、南北环线等主要干线铁路及其支线,高速铁路京广高铁、沪汉蓉客运专线及武咸、武石、武冈城际铁路,共计1690余公里;管辖铁路运输房建设备6189962换算平方,住宅房屋及附属设备2215203换算平方,共计管辖房建设备8405165换算平方,其中高铁、客专及城际铁路房建设备1874386换算平方。

三、规划管理

至2007年,黄冈境内有京九、合九、武麻3条铁路线,铁路营运里程达到316.2公里,区域内铁路网密度为1.812公里/百平方公里,高于全省平均水平0.42公里/百平方公里。

为更好发挥铁路在综合运输中的作用,黄冈市交通局在《黄冈市综合交通发展规划(2008—2020)》中提出打造连通大武汉的"三干四支四专"铁路运输网规划。"三干"即京九、武合、合九3条铁路干线;"四支"即武麻铁路联络支线、京九与武九铁路连接支线、江北铁路阳逻至黄冈大桥连接线、京九铁路麻城站与合武铁路麻城北站连接线;"四专"即黄冈火电厂专线、武穴田镇工业区支线、麻城大别山火电厂专线、浠水粮库专线。进一步提升京九、武合、合九铁路的运输效率,建设黄冈长江大桥与京九铁路、武九铁路连接线,提升铁路集疏运规模,建设武汉至黄冈城际铁路,强化黄州铁路枢纽的中心地位,为黄冈接受武汉辐射形成强有力的支撑。加快京九铁路复线电气化改造,以及麻武联络线、合九铁路黄梅复线电气化改造,新建江北铁路阳逻至黄冈大桥连接线、京九铁路麻城站与合武铁路麻城北站连接线和4条专用线。优化铁路网络结构,提升集疏运功能。

2015年,市铁路办正式移交黄冈市交通运输局,黄冈市交通运输局成为全省首个统筹铁路发展职能的市州一级交通部门。市交通运输局积极争取黄冈至黄梅铁路项目纳入国家规划并启动建设,被铁总纳入2016年第三批次启动前期工作安排。

第四节 建设单位

一、湖北城际铁路有限责任公司

由武汉铁路局和湖北省联合铁路投资有限公司分别作为铁道部、湖北省人民政府的出资者代表出资设立。公司于2009年5月24日挂牌成立,注册资本50亿元,双方各占50%,首期各出资5亿元。公司管理范围为湖北城际铁路及相关专用线。经营范围为铁路工程建设、客货运输以及物资供应、服务代理、地产开发和物业管理。

2014年6月18日上午,武汉铁路局、湖北城际铁路有限责任公司承建的武黄、武冈城际铁路建成开通。7时整,武汉至黄石首趟和谐号动车组列车C5501次从武汉站驶出,开往大冶北站;7时13分,武汉至黄冈东站的C5601次列车平稳驶离武汉站,开创国内同一地域首次同时开通2条城际铁路的先河。

根据国家深化铁路改革的要求,铁路总公司逐步从地方铁路投资中退出。湖北省用持有的沪汉蓉等国家铁路的股份与铁路总公司置换,获取对城际铁路的绝对控股权。2014年12月22日,武汉铁路局与湖北省铁路投资公司在武汉签署湖北省城际铁路股权置换协议。协议生效后,湖北省铁路投资公司拥有湖北城际铁路有限责任公司绝对控股权,湖北省开始自主运营城际铁路。股权置换协议签订后,虽然资产全部归属湖北省政府,但是鉴于湖北城际铁路有限责任公司还不具备实际管理城际铁路运输经营的条件,城际铁路公司仍然负责城际铁路的资产和铁路建设管理工作,运营管理仍由武汉铁路局(今为中国铁路武汉局集团有限公司)负责。

二、武汉新港江北铁路有限责任公司

武汉新港江北铁路有限责任公司是原铁道部授权武汉铁路局与武汉新港建设投资开发集团有限公司、武汉市黄陂区城建投资开发有限公司、武汉阳逻经济开发区建设开发有限公司、华能武汉发电有限责任公司、武汉新能实业发展有限公司和黄冈市城市建设投资有限公司共同出资组建的合资铁路公司。公司于2010年5月27日取得企业法人营业执照,并挂牌成立,注册资本2亿元。主要负责建设和经营新港江北铁路和相关专用线。

面对经济下行、贷款审批程度复杂、市场融资困难情况,公司加强与各股东联系,催收资本金,加大银行贷款协调力度,积极探索融资渠道。2014年末新港一期资本金全部到位。二期项目贷款事宜先后与农业银行黄冈支行、中信银行、进出口银行等联系,与开发银行达成初步贷款意向。二期资本金在武汉市、黄冈市政府全额承诺后,对当年下达3亿元建设任务资本金进行分批落实,年末黄冈市政府已到位3000万元。截至2014年底,溠口至香炉山段完成建设投资10.86亿元,其中:施工总承包单位开累验工计价7.82亿元,建设单位负责的征地拆迁验工计价1.83亿,贷款利息及其他费验工计价1.21亿元。对各施工单位的工程预付款和验工计价款,严格按照文件规定,认真审核、及时拨付,确保工程资金的供应。

第五篇　改革与机构设置

相传明永乐皇帝朱棣路过黄梅小池,封赐专揽小池港搬运业务的24名萧姓农民为"御篓",即为黄冈最早有记录的交通运输组织。

1928年10月,湖北省建设厅鉴于黄梅县城关至小池口公路的孔(垄)清(江口)段省道的修筑与管理,在鄂东设立了鄂东省道工程处,这是湖北省在鄂东设立的第一个负责公路兴建和勘察的公路机构,标志着鄂东公路建设管理机构初步建立。1930年10月,湖北省鄂东路管理局成立,主要负责管理汉(口)麻(城)柳(子港)界(子墩)等公路的养护业务和营运业务。1932年4月,湖北省建设厅在鄂东设立汉(口)黄(安)(今红安)工程处,负责黄陂、麻城、黄安、罗田等县干支新建及已通车公路的改建工程;是年,鄂东省道工程处撤销,其业务并入鄂东路管理局兼管。1933年3月,湖北省道管理局在鄂东设立第一和第三工程处;6月,汉宜、鄂东路管理局合并,成立汉宜鄂东路管理局,并在鄂东设立鄂东养路工程处,负责改善汉口至麻城公路;9月,广济县(今武穴市)成立筑路委员会,由县长周朗秋负责对广(济)武(穴)路进行改建。1935年,湖北省公路工程处在鄂东设浠团、黄广等工程段,负责浠水至团风、黄梅至广济等公路的新建和改善工程。1936年10月,湖北省公路工程处在鄂东增设阳蕲工程段,负责阳新至蕲春公路的新建工程。1937年2月,湖北省公路管理局在宋埠设立第一养路区,管理长江以北、平汉以东的通车线路;9月,湖北省建设厅对各线路的施工机构做了变更,并在鄂东设立鄂东北工程处。1945年8月下旬,为适应复员运输的需要,湖北省公路管理局在黄陂设立鄂东北工务总段,负责汉(口)小(界岭)干线公路的修复。1946年,湖北省公路管理局在浠水设立鄂东南工程总队。

民国时期,官方水运机构建立。1926年10月,国民革命军北伐攻克武汉三镇(今武汉市)后,新成立的湖北省政务委员会决议取消江汉关理船厅,设航政局司水运管理工作。1927年,湖北省航政局设武穴派出所,办理帆船登记、给照事务(次年改称办事处,兼司小轮查验)。1930年2月,江汉关江务部门配备一艘巡轮驻泊樊口,负责该航段浅水道航标维护。1931年,新洲仓子埠人、国民党第10军军长徐源泉创办仓汉轮船局,经营仓子埠至汉口客运。1935年,湖北省建设厅设立内河航轮管理局,除经营轮船运输外,管理本省商轮,下设区域营业所和办事处;东区营业所设在武穴。1945年抗日战争胜利后,湖北省航业局恢复武穴营业所。在此期间,区乡、保甲等机构曾对沿江各港的木帆船进行过一次编队组编。

中华人民共和国成立后,随着交通事业的发展,公路路政、运输市场、安全、港口、航政、码头及城市客运市场等各项管理逐步健全,管理机构相继建立。1978年以来,中央一系列改革开放政策推动交通运输业快速发展;政企分开,加强行业管理,多渠道多元化筹集交通建设资金,实行投入产出目标责任制,放开运输市场,支持多家办交通。交通行政管理和行业管理机构在改革中不断完善,形成较完善的交通管理体系。进入21世纪,交通管理开始迈入规范化、制度化、科学化、法制化轨道,并由粗放管理向依法管理方向转变。交通体制机制机构相应实行一系列改革,形成以交通运输局为主导,相关管理单位为支点,覆盖全市水陆交通运输业的管理体系。至2015年,黄冈市交通运输局下属11个县(市、区)交通运输局,9个局直单位,即黄冈市公路管理局、黄冈市港航管理局、黄冈市道路运输管理局、黄冈市交通物流发展局、黄冈市城市交通客运管理处、黄冈交通学校、黄冈市交通基本建设质量建设监督站、鄂黄长江公路大桥超限监测站、鄂黄长江公路大桥路政安全管理处。

第一章　交通机构改革

第一节　交通体制机制改革

一、投融资体制改革

20世纪80年代以前,湖北交通建设投资仅靠交通独家经营。20世纪80年代中后期开始探索多元化、多渠道、多方办交通的投融资改革,变部门独家办交通为全社会合力办,全省交通建设筹资渠道拓宽。形成"以政府投资为主导,以企业融资为补充,以银行信贷为支撑"的湖北交通GEB投融资平台。

1984年,国务院制定出台了"贷款修路、收费还贷"政策。"八五"期间,黄冈开始探索多渠道多元化筹集公路建设资金的新路子。一方面积极争取国家和地方财政投资,专用单位集资贷款等,保证干线及专用线路的建设;另一方面采用集资、贷款的办法,修建一部分公路、桥梁、轮渡码头,然后向过往车辆收取通行费,用于偿还集资和贷款;继续坚持"民工建勤、民办公助"和"以工代赈"等办法,动员群众修路;对沿江经济比较发达的5个县,实行集资和民工建勤以及国家给予适当补助的办法,对4个贫困山区县市,积极疏导专项资金渠道。1990年10月18日,由黄冈地区公安处与黄冈县交通局联合成立的新港路过境收费站(站址为新港路与106国道交会处)收取公路通行费,偿还公路建设贷款。

"九五"期间,黄冈公路建设进一步推进筹资、投资体制改革。在筹资方面,继续用好民工建勤、民车建勤、以工代赈、以资代劳、股份合作等政策,增加对交通建设的投入,按照公路建设的社会公益特点,将公路建设推向全社会。1996年4月11日,黄冈地区专员倪德新、副专员罗爱德等领导与香港中银集团、金鹰集团、集利实业有限公司就鄂黄长江大桥、三杨公路等项目进行谈判,并签订项目意向书。11月8日,由黄冈市商业银行组织银团贷款修建鄂(州)黄(冈)长江大桥协议正式签字。鄂黄长江大桥银团贷款由黄冈市工商银行、市农业银行、市中国银行、市建设银行4家国有商业银行组成,银团贷款总额为6亿元人民币,4家商业银行各投资1.5亿元,从1997年开始,分4年完成。到2000年,每家银行分别投入3000万元,贷款期限为8年,年利率12.42%,由承贷方用收取的过桥费作为还款资金。由黄冈鄂黄大桥开发公司承贷,黄冈市交通局担保,市财办、市人行为鉴证单位。1998年12月,经国家、省、市相关部门同意,转让黄上公路收费权,由黄冈市路桥工程建设总公司与香港国力发展有限公司合作成立黄冈国力公路发展有限公司。2000年1月18日,经湖北省人民政府批准,黄冈国力公路发展有限公司依法取得黄上公路经营权,经营期限为20年。2000年3月21日,原黄冈市黄州东门收费站移交黄冈国力公路发展有限公司管理,并正式运行。根据公司章程,合作经营期间前8年由香港方经营管理黄冈国力公路发展有限公司,后12年由双方按每4年为期限交替管理。

2002年5月,鄂东长江公路大桥项目由华银集团出资54.61%,湖北省交通厅公路管理局出资38.39%,湖北省投资公司和黄石市城市建设投资开发公司各出资3.5%,组建鄂东长江公路大桥有限公司。4家投资信体有企业、有部门、有省里、有地方。这是湖北省在交通特大工程项目中,首次试水"多元化投资管理"模式。湖北大广北高速公路项目由中国葛洲坝集团股份有限公司独家投资建设,2004年4

月正式成立湖北大广北高速公路有限责任公司,2006年8月15日开工建设。2014年6月正式通车运营的黄鄂高速公路项目,采用BOT(基础设施特许权)+EPC(投资、设计、施工、运营一体化招标)模式,由黄冈市会同鄂州市人民政府通过招商引资方式筹资建设,湖北省联合发展投资有限公司为投资人,湖北省路桥集团有限公司为施工总承包人,湖北黄鄂高速公路有限公司为项目法人,负责项目的实施。

黄黄高速公路经营有限公司经湖北省人民政府批准,于2003年4月25日颁发中华人民共和国台港澳侨投资企业批准证书,批准号为"外经贸鄂审字〔2003〕4502号",合作经营年限为20年。黄黄高速公路经营有限公司由湖北省高速公路集团有限公司和香港福德路桥投资有限公司合作组建,于2003年4月28日取得了湖北省工商行政管理局颁发的企业法人营业执照,注册资本24800万元,实收资本24800万元,公司主营业务范围为经营管理黄黄高速公路及所属的公路附属设施。

2013年4月3日,湖北省交通投资有限公司与黄冈市人民政府签订鄂黄长江大桥资产移交协议,鄂黄长江大桥的资产移交湖北省交通投资有限公司。2013年8月12日,湖北省交通投资有限公司批准同意成立湖北省交通投资有限公司鄂黄长江公路大桥有限公司,作为湖北省交通投资有限公司的子公司。

二、交通管理体制改革

新中国成立初期,黄冈境内运输企业以私营运输业户为主。1956年,社会主义改造完成之后,运输企业由国营经济"一统天下"。20世纪60年代,黄冈境内开始出现集体非交通专业运输组织,由于公路运输严格实行"三统"管理,非交通运输组织一般不准承担社会物资运输。

改革开放前,交通实行政企合一管理体制。交通体制改革第一斧即简政放权,政企职能分开,将兼有行政职能的运输企业从管理机关中分离出来;交通体制改革第二斧即开放运输市场和支持多家办运输企业;交通体制改革第三斧实行投入产出目标承包责任制。

1982年,根据交通部"放宽、搞活交通运输"的指示精神,黄冈地区取消过去一些违背现行政策的"禁令",拆除了不利于搞活交通的"岗卡",积极引导各个层次的运力协调发展。1984年,湖北省人民政府发出《关于进一步搞活公路运输的通知》,要求缩小指令性计划范围、扩大指导性计划和市场调控范围。接着省市交通部门又连续推出了一系列放宽搞活运输市场的措施。第一步大力发展农村交通运输,支持农村集体、个体和联户经营运输业和装卸搬运业;第二步对公路货运市场取消交通运输企业按省、地、县三级区域分工规定,取消对商业、粮食、外贸、供销、物资、林区和建筑等部门汽车跨行业运输的限制,取消厂矿企业自备货车不准营业性运输的限制,取消按月向交通部门报送托运计划的规定,鼓励国家、集体、个人一齐上;第三步进一步放开公路客运市场,提出鼓励货运企业、城建旅游部门、厂矿企业、乡镇企业和个体联户经营公路客运的"五条措施",同时根据价值规律的杠杆作用,积极稳妥地对运价进行了调整。1984年1月1日,长江干线港口成建制移交给地方,实行地方政府与交通部双重领导,以地方领导为主。在"三放"过程中,交通部门在职能上推进"两个转变",即由抓直属转向抓全行业,由直接抓生产事务转向间接宏观调控。1992年10月,湖北省交通厅厅长王连东在全省交通工作会议上与各地、市、州的专员、市长、州长签订了"八五—九五"期间承包责任书。"十五"时期,全省交通管理体制和运行机制变"部门交通"为"社会办交通",变"大包干"为"资金跟着项目走、项目跟着规划走"。2008年12月18日,湖北省交通厅与各市州党委政府在汉举办了"合力办交通,同心促发展"座谈会,会上黄冈市人民政府与省交通厅签订共建协议。根据协议,黄冈市政府负责组织项目前期工作专班,全力加强高速公路项目前期工作、招商引资及建设管理,确保良好的交通发展环境。"十二五"以来,湖北省高速公路建设进一步深化由"以省为主"转向"以市州为主"的建设和投融资体制改革。2009年12月28日,麻竹(麻城至竹溪)高速公路麻城至红安段控制性工程开工,这是黄冈市第一条以市州为主建设的高速公路项目。项目投资商为天津国泰恒生实业发展有限公司。2012年11月8日,黄冈市人民政府举行麻城至武穴高速公路开工仪式,麻城至武穴高速公路工程项目建设法人为湖北省交通投资有限公司。湖北省交通投资有限公司组建湖北交投麻城至武穴段高速公路建设指挥部,并授权其在建设期间行使项目法人职责。2012年2月后新开工的高速公路项目均以市州政府为主体进行招商引资。

三、行政管理机构改革

新中国成立后,市级交通行政管理机构几经改革发展,逐步建立健全。1951年,黄冈专员公署设立建设科,内设交通股,主管全区交通行政管理和运输业务工作,从此,交通管理有了专门管理机构。1953年12月,黄冈专署设立交通科。1958年,改革公路运输管理体制,湖北省公路运输管理局将各地公路运输管理局下放专署领导。1958年3月,成立专署交通局。1970年4月,成立黄冈地区革命委员会交通邮政管理局。1978年11月,黄冈地区革命委员会交通邮政管理局撤销,设立黄冈地区交通局。

20世纪80年代,为适应改革的需要,交通管理机构进行了相应调整。1985—1986年,建立健全行业管理机构,组建了地县公路运输管理局(所),80%以上的区(乡镇)建立了交通管理站。1988年2月2日,湖北省黄冈地区编制委员会以黄编〔1988〕8号文件印发《关于调整内部机构的批复》,同意地区交通局以黄地交字〔88〕3号文《关于调整局机关内部机构的报告》,撤销运输科、安全科,设立运输安全科、计划财务科、企业管理科。同年6月,湖北省黄冈地区编制委员会以黄编〔1988〕43号文件同意地区交通局内设审计科,其人员编制内部调剂解决。1988年9月17日,湖北省黄冈地区行署交通局以黄地交字〔1988〕174号印发《关于地区交通局运输科与公路运输管理局合署办公有关问题的通知》,指出:为了加强水陆交通运输管理和公路运输行业管理工作,根据省交通厅意见,经行署编委批准,地区交通局运输科与地区公路运输管理局合署办公,实行一门两牌。合署后的主要职责是负责全区水陆运输管理和公路运输行业管理。公路运输管理部门的编制仍维持不变。工资关系及原设科室建制不变,工作上接受同级交通部门和上级业务主管部门的领导,实行统筹安排,独立设账。在运输管理和公路运输规费征收上对交管站实行业务领导。公路运输行业管理的各项规费的征收统一归口到公路运输管理部门。实行单独立账、统一票证、统一报表,加强管理。汽车运输管理费、汽车维修管理费全部由各县(市)运所直接征收。拖管费、民管费可委托交通管理站负责征收,凡委托交通管理站负责征收的,由运管部门按费收种类下达征收计划,交通管理站应对运管所负责。使用运管部门发放的征费票证按月向运管所报送财务报表和全额上解各项受委托征收的费款,不得坐支、挪用、截留。运管所应对各委托交管站实行责任目标管理,并根据完成计划的情况实行奖惩,调动征费人员的积极性。客运附加费的征收及上解仍按原规定不变。公路运输管理局在财务上仍然保持相对的独立。运管部门所收取的管理费,是公路运输行业管理的事业费,除按规定上交的部分外,全部由运管部门掌握使用,其财务收支情况接受上级主管部门和财政审计部门的监督检查。严格控制人员编制,要根据工作任务的大小,实行定编、定岗、定员。各县(市)运管所一般配备12~14人,最多不能超过16人,富余人员可安排到交管站从事运输管理工作。

1996年5月,撤地建市,黄冈地区行政公署交通局更名为黄冈市交通局。为了进一步理顺交通内部机构设置和管理职能,更好地服务于经济建设,黄冈地区交通局组织局直有关单位负责人到孝感、宜昌、鄂州3市考察地改市后交通机构设置情况,结合黄冈交通的实际,就地改市后交通内部机构设置提出2套初步方案。第一方案为:地改市后,黄冈地区交通局更名为黄冈市交通局,同时撤销黄州市交通局,分设黄州区交通局、团风县交通局,其债权、债务和人员原则上一分为二;黄冈地区公路养路费征稽处更名为黄冈市公路养路费征稽处,同时撤销黄州市公路养路费征稽所,在黄州区内设置黄冈市公路养路费征稽处黄州直属所,在团风县设置团风县公路养路费征稽所,两所人员在地区征稽处和黄州市征稽所调剂解决,职能不变,编制仍执行省编委文件;黄冈地区公路运输管理处更名为黄冈市公路运输管理处,同时撤销黄州市公路运输管理所,在黄州区设置黄冈市公路运输管理处黄州直属所,在团风县设置团风县公路运输管理所,两所人员在地区运输管理处和黄州市运输管理所调剂解决;黄冈地区公路总段更名为黄冈市公路总段,同时撤销黄州市公路段,按新划行政管辖区域组建团风县公路段和黄州区公路段;黄冈地区航务管理局、黄冈地区港航监督处更名为黄冈市航务管理局、黄冈市港航监督处,同时撤销黄州市航务管理所、黄州市港航监督所和黄州港区航务管理所、黄州港区港航监督所,分设团风县航务管理所、团风县港航监督所和黄州区航务管理所、黄州区港航监督所。第二方案为:地改市后,黄冈地区交通局更名黄冈市交通局,同时撤销黄州市交通局,分设黄州区交通管理站、团风县交通局,其债权、债务和人员原则上一分为二;黄州区交通管理站党组织、行政关系归口黄州区委、区政府领导,业务关系隶属黄冈市交通局领导,其业务分管黄州区公路段、黄州区航务管理所、黄州区港航监督所和区辖内的乡镇交管站;黄冈地区养路费征稽处、黄冈地区公路运输管理处、黄冈地区公路总段、黄冈地区航务管理局、黄冈地区港航监督处机构设置与一方案一样,设置不变。从有利于交通建设发展的角度,推荐选择了第一方案。

1999年4月1日,根据黄冈市机构编制委员会黄机编办〔1999〕8号文件精神,成立黄冈市交通基本建设质量监督站,履行全市公路、水运工程质量监督管理;参与全市公路、水运工程建设市场管理;对全市重点公路、水运工程建设项目的工程质量、施工安全、监理及试验检测工作进行直接监督、检查和质量鉴定等职能。

2010年7月,黄冈市交通局更名为黄冈市交通运输局,增加承担协调服务铁路、邮政工作职责。调整后主要职能职责包括:贯彻执行国家和省关于交通运输行业的方针、政策和法规,研究拟定全市交通运输行业的发展战略、规划、政策性措施和规范性文件并组织实施;指导全市交通运输行政执法和行业有关体制改革工作;负责全市机关运输行业管理,指导县(市、区)交通运输主管部门的工作;承担协调服务铁路、邮政等工作;承担涉及全市综合运输体系的规划协调工作;承担物流市场有关管理工作;承担交通运输行业统计工作;负责全市道路、水路运输市场监管;制定有关规定、制度,监督实施有关政策、准入制度、技术标准和运营规范;指导全市城乡客运及有关设施的规划和管理工作;负责城区公共客运、出租车的行业管理;承担地方水上交通安全的监督管理;负责全市公路、水路建设和养护市场监管;监督实施公路、水路工程建设和养护有关政策、制度和技术标准;组织公路、水路工程及其设施的建设、养护和管理;组织协调公路、水路有关工程建设和工程质量、安全生产监督管理工作;拟定全市公路、水路固定资产投资规模和建设项目,编制年度计划,按市政府规定权限审查、审批交通固定资产投资项目;组织协调全市交通规费征收、使用的监督管理工作;指导全市公路、水路运输应急管理工作,调控重点物资和防汛救灾、春运等客货的运输,指导干线公路网的运行监测,负责全市自主建设高速公路统一管理,承担国防动员和交通战备有关工作;指导全市交通运输信息化建设,指导全市交通运输行业科技、环保、节能减排工作;负责全市公路、水路对外经济技术合作,推动行业技术进步;为大企业提供"直通车"服务。2014年,黄冈市委〔2014〕4号专题会议纪要决定,铁路建设所有事项交由市交通运输局负责,其目的主要是理清实权,集中力量,冲刺推进全市铁路建设发展,加快黄冈铁路重点项目的规划和建设。

2015年8月6日,黄冈市铁路经济建设办公室在黄冈市交通运输局挂牌,全市铁路建设发展职能和组织机构正式成建制划转至交通运输部门。市交通运输局负责编制全市"十三五"综合交通运输规划,实施快速铁路、高速公路、干线公路、通村公路、枢纽客运、现代物流及绿色水运"七大重点工程",致力于黄冈综合运输体系的完善。

第二节 交通行业管理机构改革

一、公路管理机构改革

1951年9月3日,黄冈专员公署召开第一次交通会议,县人民政府成立修建委员会负责公路建设。

1958年,在"全民大办公路"的口号下,黄冈各县成立公路修建指挥部,兴起大办公路热潮。1959年8月,湖北省交通厅黄冈养路总段成立,实行行政属地方、业务属湖北省交通厅的双重领导,下辖黄冈、新洲、宋埠、罗田、英山、浠水、鄂城、阳新8个养路分段,各分段下设固定道班。1965年1月,湖北省交通厅黄冈养路总段更名为湖北省交通厅公路管理局黄冈养路总段。

1964年9月23日,湖北省交通厅决定将蕲春、黄梅、广济3县自收自养的公路收回由湖北省交通厅公路管理局统一养护管理,其人员、机具、房屋、设备等移交给黄冈养路总段接管,分县设段、设站,实行干支合一管理。1965年8月26日,时任湖北省省长张体学在麻城召开公路桥梁会议,部署以黄冈专区为试点在全省掀起大办公路桥梁建设,并与黄冈专区、各有关县委和湖北省公路管理局的负责人交换意见,研究在黄冈专区试行公路行业机构改革,实行统一领导、分级管理模式。

1966年2月11日,中共湖北省交通厅政治部下达了《关于在黄冈专区试行公路干、支机构合一的函》,规定:专一级公路养护总段仍保留不变,对干、支线公路实行统一管理;县一级干、支养路机构合并,人员力求精干,行政工作以地方为主,业务、技术以湖北省公路管理局为主。该函还规定黄冈专区自4月1日起,对全区10个县管养的1777.35公里(其中干线690.22公里,支线1087.13公里)全面实行干、支养路机构合一,分级管理。全省以黄冈专区作为干、支合一的试点。

1970年,全省公路实行干、支合一管理,养路总段改称公路总段。1986年7月7日,黄冈地区编制委员会明确黄冈地区公路总段为副县(处)级机构,仍为交通局直属事业管理单位,担负全区公路管养和建设的任务。该段机关原设办公室、工会、政工科、工务科、财务科、机务材料科、路政管理科、科研室和设计室9个科室。根据交通管理体制改革的要求和健全内部管理机制、强化管理职能的原则,1989年黄冈地区编制委员会同意将公路总段机关科室做适当调整,调整后的科室设置为办公室、工会、政工科、劳资科、养护科、工程科、审计科、机务材料科、路政管理科、设计室和科研室。

长期以来,全省公路行业实行"统一管理、分级负责、条块结合、以块为主"的计划管理模式,黄冈公路管理机构业务上受湖北省公路管理局垂直管理,人事、党务属地管理。公路系统存在着人员急剧膨胀、事企不分、管养不分、养护资金缺口巨大、公路养护投入不足等诸多矛盾。按湖北省公路管理局统一部署,黄冈公路系统从"九五"后期开始进入以减员增效和事企分离、管养分离为突破口,以市场化、企业化、社会化为目标的改革阶段。1988年10月中旬,湖北省公路管理局在崇阳县召开公路养护经济责任制座谈会,要求公路系统把开展"以路为主、多种经营、以路带富、以富补路、增产创收"的工作作为战略决策来抓。为使公路工作适应改革的需要,黄冈地区公路总段请示交通局,成立黄冈地区公路物资综合服务公司。该公司为公路总段二级企业性质单位,实行独立核算、自负盈亏,除承担全区公路部门各项物资供应外,兼营化工建材、机电设备、五金交电、百货副食等商品。同时可安排机关富余人员从业,有利于机关"消肿",节省行政经费,减轻机关负担,体现机关服务宗旨。

20世纪90年代以来,公路管理机关推行"三定",即定员、定岗、定责;施工、养护与机关剥离,成为独立法人,并进行现代企业制度改制;公路部门建立事企分开的公路养建管理体制,公路行业加快养护生产、施工建设、第三产业与管理机关的分离,除机关、路政保留事业编制外,公路施工、养护、收费、渡口、科研、检测等单位退出事业单位序列,员工全部进行身份置换,成为企业员工。各段组建养护处,实行企业化管理,独立核算,工程施工单位按项目法人运作,参与市场竞争对外承接工程;加快走施工企业的横向联合道路。黄冈市路桥工程建设总公司彻底与管理机关分离,成立独立法人企业,真正走上"自主经营、自负盈亏、自我积累、自我约束、自我发展"之路。同时建立交通建设市场服务机制,黄冈市公路总段成立公路建设管理办公室,对全市公路建设项目履行登记、项目报建、开工报告、招投标等职能。

2004年8月12日,黄冈市人民政府办公室印发《黄冈市市属交通事业单位机构改革方案》。该方案将黄冈市公路管理局所属的公路车辆通行费东门收费站、公路规划勘测设计院、路桥工程处改为企业;黄冈市公路管理局仍为相当于副县(处)级事业机构,业务范围依据国家有关法律、法规、规章规定,受本级交通行政主管部门委托,负责全市公路规划、建设、养护、路政管理、收费公路管理和公路行业信息管理,指导和管理县级公路段的业务工作。

2009年8月26日,黄冈市机构编制委员会调整黄冈市公路管理局内设机构,设立黄冈市公路路政支队。批准撤销黄冈市公路管理局路政科,将路政科加挂的黄冈市路政支队单设,并更名为黄冈市公路路政支队,为黄冈市公路管理局所属相当于科级事业机构。由此,黄冈市公路管理局内设机构由8个调减为7个。黄冈市机构编制委员会批复设立黄冈市江北公路管理站,为黄冈市公路管理局所属相当于科级事业机构,负责江北一级公路养护和车辆通行费征收管理等工作。

2011年9月21日,黄冈市机构编制委员会对各县(市、区)公路管理机构主要职责内设机构和人员编制进行批复,同意各县(市、区)公路段统一更名为公路管理局。

二、道路运输管理机构改革

新中国成立初期,道路运输车辆由所在单位自行调度使用。1953年,公路运输纳入国民经济计划,湖北省成立交通厅公路运输管理局,统一领导全省陆路运输。1955年,黄冈专署成立运输指挥部,各县相继成立相应机构,运输调度归口运输指挥部。1958年,贯彻"全党全民办交通"的方针,改革公路运输管理体制,湖北省公路运输管理局将所属各地公路运输管理机构下放所属地专员公署领导。1959年,由于运力分散,重点运输不能保证,湖北省交通厅收回下放的运输管理机构,实行省、地双重领导,以省为主。1964年1月,省公路运输管理局成立湖北省运输市场管理办公室,2月1日开始执行《湖北省运输市场管理试行办法》,对全省参加营运的非公路部门的汽车实行"三统"(统一货源、统一运价、统一票证)管理。各地、县汽车站为"三统"管理的执行机构,各地、县车辆监理所、管理站为"三统"管理的监督执行机构。同年,将专、县交通部门汽车收归省有,省公路运输管理局改称省汽车运输管理局,黄冈地区成立汽车运输分局。1966年"文化大革命"开始后,专、县两级运输指挥部瘫痪。1971年,湖北省革命委员会决定,将汽车分局下放地区,从此结束了全省统一经营的局面。

1979年4月,黄冈地区行政公署通知,凡从事流通过程的客货运输、装卸搬运、各种专业和非专业车、船、拖拉机等运输工具和劳动力,均属"三统"范围。同年,各县撤销运输指挥部,成立运输市场管理办公室,运输调度改归运输市场管理办公室。

1984年,湖北省人民政府下发鄂政发〔1984〕114号文《关于进一步搞活公路运输的通知》。在运输市场"开放搞活"的方针指导下,取消运输市场的"三统"管理,实行自主营运,但客运线路必须经交通部门批准,严格按线路、班次挂牌运行。1985年2月1日,黄冈地区行政公署黄政文〔1985〕6号文件批复,同意交通局成立地区公路运输管理局,为交通局二级单位。各县运输市场管理办公室撤销,标志着"三统"管理机构的结束,地方公路运输管理机构开始建立健全。

1988年4月,全区公路运输管理系统开展定员、定编、定岗、定责的"四定",要求各县公路运输管理所原则上只配备所长、副所长各一名;公管所人员(包括所领导)具体配备为,400台管运汽车以内,每100台汽车可配备管理人员3人,超过400台管运汽车,每增加100台管运汽车可增加1.5个管理人员。为了保持各公管所领导和专业人员的相对稳定,调进和调出人员,须征得地区公路运输管理局同意,新增管理人员须具备交通部颁发的《公路运输管理部门工作条例》中第七条的条件;各公管所超余人员由交通局根据实际情况进行调整,对于难以调整出去又不适应管理工作的人员,组织他们兴办第三产业。

1989年4月26日,湖北省交通厅通知地(市)县公路运输管理部门一律与交通局实行一门两牌合署办公。1991年10月31日,黄冈地区机构编制委员会黄机编〔1991〕93号文件,将黄冈地区公路运输管理局由正科级升为相当副处(县)级机构,同时更名为黄冈地区公路运输管理处。1995年3月2日,湖北省交通厅〔1995〕65号文件规定,全省公路客运附加费、公路货运附加费改由公路养路费征稽部门征收,黄冈地、县公路运输管理机构于当月底将"两费"征收业务一并移交给地区公路养路费征稽处、所。

1996年6月,黄冈撤地建市,黄冈地区公路运输管理处更名为黄冈市公路运输管理处。1996年4月,黄冈地区公路运输管理处内设黄冈地区汽车综合性能检测站。1997年11月9日,黄冈市人民政府办公室发布〔1997〕182号文《关于加强全市机动车驾驶员培训行业管理工作的通知》,将全市驾校和机动车驾驶员培训的管理职能移交给公路运输管理部门,市公路运输管理处组建机动车驾驶员培训管理办公室(简称驾管办)。1999年11月12日,黄冈市机构编制委员会办公室黄机编办〔1999〕73号文件批复,同意设立驾驶员培训管理科(简称驾管科)。

2003年5月26日,黄冈市机构编制委员会办公室黄机编办〔2003〕23号文件通知,同意黄冈市公路运输管理处更名为黄冈市道路运输管理处。2004年10月26日,黄冈市编制委员会、市交通局联合下发黄机编办〔2004〕19号文《关于做好全市道路运输管理系统定编员工作的通知》,黄冈市道路运输管理处核定为三类道路运输管理处,基础编制为30人,调整编按全市车辆总数的3‰,调整编为22人,合计定编52人。

2011年10月17日,黄冈市机构编制委员会发文,将黄冈市道路运输管理处更名为黄冈市道路运输管理局。更名后,单位级别不变,机构编制不变,隶属关系不变。其主要职能职责为:维护运输市场秩序,提供运输管理保障,从事道路客运经营许可与资质管理、道路货运经营许可与资质管理、出租汽车经营许可与资质管理、汽车维修经营许可与资质管理、汽车检测经营许可与资质管理、道路运输服务经营许可与资质管理、道路运输从业人员资质管理、汽车驾驶员培训经营许可与资质管理、客货运站规划与建设管理、道路运输经营监督与违章经营处罚、道路搬运装卸经营许可与资质管理。

三、水路运输管理机构改革

黄冈地区的航运管理,可远溯至战国时代。楚怀王颁给鄂君启的"舟节",记载其商船队数量及航线,沿途凭舟节可免税收放行,是为最早的一种水运管理形式。历代王朝有专管漕运的机构,官府统制的盐茶运销和官设的水驿站,也有专门的管理法规。晚清轮船运输兴起后,相应产生了近代航政管理,由海关兼管。

新中国成立后,人民政府交通主管部门首先设立水运管理机构,并随着交通运输事业的发展而多次改革、调整。

20世纪50年代初期,在船舶定港定线运行的基础上,对货源开始实行统一管理和计划运输。1953年9月,省民船联合运输社改为省航运局民船运输处,对木帆船运输业实行"统一领导、分区管理、条块结合、运管合一"的方针,黄冈民船联运分社随即改为湖北省黄冈专区民船运输管理处。1956年4月1日,设立湖北省内河航运管理局黄冈专区管理处。1957年8月,湖北省航运管理局黄冈专区轮船办事处成立,由省航运管理局直接领导;专区设湖北省航运管理局黄冈专区木帆船管理处,负责全区有关木帆船方面的人事、运输业务、财务、安全监督、航道建设、支流运价、社会主义改造、技术改革等工作。1958年3月,黄冈地委决定将专署交通科、轮船办事处和木帆船管理处合并成立湖北省黄冈专署交通局,各基层木帆船管理机构下放给各县交通局管理。同年8月仍设轮船办事处,属省航运管理局和专署交通局双重领导,办事处和各港轮船站共有职工44人。1961年,各县相继成立了港航监督站。1963年,湖北省交通厅设立民间运输管理局,黄冈专署交通局仍保持民间运输管理科。

改革开放以来,运输市场出现"有路大家行车,有水大家行船"的多元化趋势,出现各部门、各地区、各行业一起干,国营、集体、个人一起上的局面。水运市场封闭的管理方式被打破,"三统"管理取消,港口面向社会开放,一视同仁为社会船舶提供服务,航区限制和地区分割被打破,江海直达、干支直达和跨省市客货运输发展,形成以公有制水运企业为主体,多层次、多成分、多种运输方式一起上的新格局,运输市场形成"百舸争流、千帆竞发"的繁荣景象。1980年3月,黄冈地区民间运输管理处、港航监督所合并为湖北省航运管理局黄冈地区分局,对全区的航运、航政、航道、港口业务,实行统一管理。港航监督所是分局的职能部门,对外行使航政职权,黄冈地区港航监督所下设港航监督站5个、检查站1个、港航监督4个、港航监督分站10个。为适应改革发展需要,确保全区水上运输安全,1988年4月,黄冈地区港航监督所向地区交通局、航务管理局请示,要求按地区交通局黄地交安〔1984〕103号《关于交通监理、港监人员增编的通知》文件精神,地区港航监督所应编人员18人,配齐人员编制,以利开展工作。1988年12月,黄冈地区行政公署交通局以黄地交字〔1988〕223号印发《关于港航监督与航务管理机构分设的通知》,提出:根据省交通厅鄂交安〔1988〕358号、交安〔1988〕359号《关于港航监督与航务管理机构分开办公的通知》精神,经研究黄冈地区县市港航监督与航务管理机构分设(包括县、市)站分站从1989年1月1日起分开办公,各司其职,机构分开后名称不变。

1985年,交通部以交河字〔1985〕1337号和湖北省人民政府鄂政函36号联合批复了湖北省交通厅和长江航务管理局《关于长江干线湖北省境内港口、站点交接事宜的协议》。1987年11月6日,经国务院批准,国家经委、交通部又下发交河字〔1987〕795号文件指出:今年拟先将武汉港和湖北省境内港口下放给地方。1988年3月21日,湖北省黄冈地区行政公署交通局以黄地交字〔1988〕52号印发《关于长航港口下放接收问题的请示》,要求本着"就地下放、易地管理,政企分开、一城一港"的原则,全区所辖长航港务局、港务站一律由当地县、市政府接收,同时成立长航港口下放接收领导小组,由局长刘品刚和地区航务局副局长陈祥安负责此项工作。为了理顺港口管理,搞好港区统一规划,加快基础设施建设,根据一城一港的原则,1988年7月17日,黄冈地区行政公署交通局以黄地交字〔1988〕141号文件,批复设立黄冈县航务管理站团风港口码头管理所,团风港区交由交通部门统一管理,实行"统一规划,积极发展,体制不变,业务归口"的管理办法;原团风镇及村、队组建的码管所予以撤销,有关港口管理业务全部属团风航务管理分站领导;同时在团风航务管理分站内相应设立港务股;在分站的直接领导下,行使码管所的职责,即港区码头及航道管理、港区规划设计及港务费征收业务。

此期间,地区航务管理局直属单位也相继进行了改革。1985年3月,成立黄冈地区航务管理局船员培训中心。1988年,黄冈地区交通局筹建地区交通学校,船员培训中心人财物一并转入地区交通学校。1985年10月成立的黄冈地区水上运销服务公司,1989年上半年改为港航物资经营部。年底因亏损严重停业。1991年12月1日成立黄冈地区港航工程处,承担港口、航道建设和维护,同时兴办第三产业。代表航务管理局对港口、航道规划、设计、施工行使管理职权(1998年9月成建制划并港埠公司)。

1996年5月,黄冈撤地建市,黄冈地区航务管理局、黄冈地区港航监督处随之更名为黄冈市航务管理局和黄冈市港航监督处。原黄州市航务管理所、港航监督所一分为二,成立黄州区、团风县航务管理所、港航监督所。

2000年12月,黄冈市航务管理局更名为黄冈市港航管理局。2003年4月,黄冈市港航监督处更名为黄冈市地方海事局。黄冈市港航管理局、黄冈市地方海事局,一门两牌,合署办公。作为黄冈市交通水运主管业务部门,依据国家有关法律、法规、规章规定,在本级交通行政部门的领导下,负责全市港口、航道的规划、建设、保护和水路运政管理、安全监督、船舶检验、规费征收与稽查及其他有关工作,统一管理全市航运、航政、航道和港口,指导县级海事及港航管理机构业务工作。

2005年,根据国务院办公厅《关于转发交通部水上交通安全监督管理体制改革实施方案的通知》(国办发〔1999〕54号)和交通部《关于印发〈湖北省人民政府关于水上交通安全监督管理体制改革的协议〉的通知》(交人劳发〔2001〕155号)精神,湖北省人民政府决定于2005年4月30日前全面完成全省长江干线水上交通安全监督管理体制改革工作(简称水监体制改革)。黄冈市水监体制改革依据有关文件精神,确定全市沿江6个县(市、区)地方海事处及市地方海事局等7个划转单位共153名人员分别划转至长江海事局、黄石海事局、九江海事局。

水监体制改革以后,长江海事局与地方海事局业务范畴和工作职责有了相应的调整和变更,长江干线归属长江海事局管辖水域,自2005年5月1日零时起,地方海事局不再在该水域从事水上安全执法,其船舶登记管理、船员管理按交通部和湖北省政府签订的协议办理。黄冈市港航管理局、黄冈市地方海事局,为副县(处)级事业单位,一门两牌,合署办公。

四、车辆监理及公路规费机构变革

1950年,交通部颁发《汽车管理办法》,明确交通监理部门的职责,省地县三级交通监理机构逐步建设健全。1952年7月,湖北省公路管理局监理科在黄冈专署浠水县设车辆管理站。同年,成立湖北省公路厅监理所,并委托本地区兰溪、罗田2个汽车站代办车辆管理业务。

1956年7月13日,宋埠车辆监理站与湖北省公路运输局江北分公司宋埠管理处合署办公。岁末,改设为车辆监理股,隶属于宋埠管理处领导。1957年6月13日,湖北省公路管理局决定撤销宋埠车辆监理股,改设宋埠车辆监理所,直属省公路管理局领导。同年8月,接省公路管理局通知,成立黄冈县团风车辆管理站。同年,全省交通工作会议决定按行政区划设立地、市级车辆监理所,县设车辆管理站,实行上下一条线、人财物统一垂直管理,行政隶属当地交通运输局领导,实行"双重领导"。1958年,湖北省交通厅公路管理局宋埠车辆管理所更名为黄冈地区车辆监理所,行使安全管理和征收公路养路费职能。1979年8月,全省统一交通监理体制,再次强调实行双重领导、三级管理,业务管理范围原则上以行政区域为准,检查站属车辆管理站的派出单位,在管辖区域内行使车辆管理站的职权。

1980年6月,成立湖北省车辆监理处,为全省公路交通车辆监理的领导机构,从省公路局机关的一个职能部门升格为省交通局直接领导并具有独立编制的省交通局二级单位。黄冈地区设地(市)监理所1个,县市管理站10个,检查站2个。总编制86人,其中地区所13人。

1985年4月2日,国务院发布国发〔1985〕50号文《关于发布〈车辆购置附加费征收办法〉的通知》。次年3月12日,湖北省机构编制委员会发出通知:车辆购置附加费征收工作,由公路养路费征收单位承办,但对外可使用车辆购置附加费征收办公室名称。湖北省机构编制委员会下达黄冈地区车辆购置附加费征收人员编制15人,组建了地区和10个县级车辆购置附加费征收办公室。地区车辆监理所和各县车辆管理站的公路养路费征收科、股,均与车辆购置附加费征收办公室合署办公,实行一门两牌。1986年10月7日,国务院发文通知,决定将全国城乡道路交通管理工作统一由公安部门负责。同年10月14日,交通部发出通知,要求贯彻国务院决定,做好监理体制改革和移交工作,各级交通监理机构与建制划归公安部门。根据湖北省交通厅、公安厅关于道路监理管理体制交接事项的协议书,黄冈地区和各县市交接工作全面展开,并于1987年底移交完毕。交接后业务范围为:公安部门负责城乡道路安全宣传教育、交通指挥、交通事故处理、车辆检验、驾驶员考核与发证;公路路产路权仍属交通部门负责管理。车辆办理入籍、过户、变更业务时,公安部门应令车主至交通部门缴费,未缴费前,不办理车辆牌证等手续。1988年1月30日,湖北省黄冈地区行政公署交通局以黄地交字〔1988〕25号文印发《关于地区养路费征收稽查所机构设置的批复》,同意地区养路费征收稽查所设立三科一室,即财务科、养路费征收稽查科、车辆购置附加费征收稽查科、办公室,以适应公路运输管理体制改革后养路费征收稽查任务的需要。按照湖北省交通厅鄂交办〔1988〕369号文件要求,1988年12月3日,湖北省黄冈地区行政公署交通局以黄地交字〔1988〕207号文件,同意黄冈地区公路养路费征收稽查所更名为黄冈地区公路养路费征收稽查处。

2008年12月18日,国务院下发《关于实施成品油价格和税费改革的通知》(国发〔2008〕37号),从2009年1月1日起,实施成品油价格和税费改革,取消公路养路费、航道养护费、公路运输管理费、水运客(货)运附加费等六项收费。自2009年1月1日起,黄冈市公路规费征收稽查处终止征收公路养路费、客货运附加费业务。2010年4月2日,根据省编办、省财政厅、省人力资源和社会保障厅、省交通运输厅鄂编办发〔2009〕80号文件精神,撤销黄冈市公路规费征收稽查处,设立黄冈市物流发展局。

第二章 交通行政管理机构

第一节 市级交通行政管理机构

一、黄冈专员公署交通局

1949年5月,黄冈地区全境解放并成立黄冈专员公署(以下简称专署),未设专门的交通运输管理机构,只是明确由刘文龙、张仿勋两位同志负责处理一些交通运输方面的临时性事务。同年6月,专署设立实业科,1951年1月改为建设科,内设有交通股,主管全区交通行政管理和运输业务工作。

1953年12月,黄冈专署设立交通科。1958年3月,专署决定将交通科、轮船办事处和木帆船管理处合并为专署交通局,设行政科、运输科、工程科、民管科。1959年1月,撤交通局并设黄冈专署交通运输管理局和黄冈专署交通建设管理局,交通运输管理局局长袁正启、交通建设管理局局长赵卫青。专署交通运输管理局设行政科、运输科、民管科、计财科、机料科;专署交通建设管理局设行政科、工程科、水陆安全监理科。同年9月,两局又复合并为专署交通局,设行政科、运输科、工程科、民管科。

二、黄冈地区革命委员会交通邮政管理局

1966年"文化大革命"开始,专署交通局陷入瘫痪。此后,先后由地区"抓革命、促生产办公室"工交组、地区革委会筹备处工交组、地区革委会生产指挥部工交组主管全区交通工作。1968年秋成立黄冈地区交通局革命领导小组;1969年11月,领导小组撤销。1970年4月,黄冈地区革命委员会交通邮政管理局成立,同年9月改称黄冈地区革命委员会交通局,下设邮政局。1973年12月,邮政局从交通局划出,与电信局合并设立邮电局。

三、黄冈地区行政公署交通局(黄冈地区交通局)

1978年11月,黄冈地区革命委员会交通局撤销,同时设立黄冈地区交通局,1980年7月改称为黄冈地区行政公署交通局,内设办公室、计财科、运输科、安全科、企业管理科、审计科、政工科、纪检监察室等科室。

四、黄冈市交通运输局(黄冈市交通局)

1996年5月,黄冈撤地建市,黄冈地区行政公署交通局更名为黄冈市交通局,内设办公室、政工科(挂离退休人员管理科牌子)、综合计划科(挂科技科牌子)、财务科、运输科、安全监督科(挂应急办公室牌子)、审计科、政策法规科、建设管理科。2010年7月更名为黄冈市交通运输局,万章热、刘新华等先后任局长。2014年12月,黄冈市交通运输局领导班子调整,由周银芝任局长。

至2015年底,黄冈市交通运输局机关内设9个职能科室,即办公室、政工科(挂离退休人员管理科牌

子)、综合计划科(挂科技科牌子)、财务科、运输科、安全监督科(挂应急办公室牌子)、审计科、政策法规科、建设管理科;局直单位9个,即黄冈市公路管理局、黄冈市港航管理局、黄冈市道路运输管理局、黄冈市交通物流发展局、黄冈市城市交通客运管理处、黄冈交通学校、黄冈市交通基本建设质量建设监督站、鄂黄长江公路大桥超限监测站、鄂黄长江公路大桥路政安全管理处。2015年8月6日,黄冈市铁路经济建设办公室在黄冈市交通运输局挂牌,全市铁路建设发展职能和组织机构正式成建制划转至市交通运输局。

表5-2-1-1为黄冈交通行政管理机构历任领导名录。

黄冈交通行政管理机构历任领导名录 表5-2-1-1

机构名称	姓名	职务	任职时间	备注
黄冈专员公署交通科 (1951.12—1958.3)	欧少伦	副科长	1951.12—1954.1	
	郝富武	副科长	1954.1—1956.3	
	刘文龙	副科长	1955.3—1958.3	
	姚尚平	副科长	1956.7—1956.9	
	袁正启	科长	1957.4—1958.3	
黄冈专员公署交通局 (1958.3—1959.1)	袁正启	局长	1958.3—1959.1	
	赵金	副局长	1958.3—1959.1	
	王天修	副局长	1958.3—1959.1	
	刘文龙		1958.3—1959.1	
黄冈专员公署交通运输管理局 (1959.1—1959.9)	袁正启	局长	1959.1—1959.9	
	赵金	副局长	1959.1—1959.7	
	王天修	副局长	1959.1—1959.9	
	刘文龙	副局长	1959.1—1959.5	
黄冈专员公署交通建设管理局 (1959.1—1959.9)	赵卫青	局长	1959.1—1959.9	
黄冈专员公署交通局 (1959.9—1966.5)	袁正启	局长	1959.2—1962.6	
	赵卫青	局长	1964.2—1966.5	
	王天修	副局长	1959.9—1964.4	
	刘文龙	副局长	1959.9—1966.5	
	赵金	副局长	1961.3—1961.11	
黄冈地区革命委员会 交通邮政管理局 (1970.4—1971.9)	王久经	召集人	1970.5—1971.9	
	王本涛	召集人	1970.5—1971.9	
	吴高祥	召集人	1970.5—1971.9	
	蔡林校	召集人	1970.5—1971.9	军代表
黄冈地区革命委员会交通局 (1971.9—1978.11)	王久经	局长	1972.3—1978.11	
	王本涛	副局长	1972.3—1978.4	
	吴高祥	副局长	1972.3—1978.11	
	刘品刚	副局长	1972.3—1978.11	
	黄青竹	副局长	1972.6—1974.5	
	董长宝	副局长	1972.7—1978.11	
	刘文龙	副局长	1973.2—1978.11	
	左建文	副局长	1976.5—1978.11	

续上表

机构名称	姓名	职务	任职时间	备注
黄冈地区(行政公署)交通局 (1978.11—1996.5)	王久经	局长	1978.11—1979.12	
	王本涛	局长	1980.4—1987.3	
		副局长	1978.11—1980.4	
	张庆胜	代理局长	1987.6—1987.11	
		局长	1987.11—1995.8	
	操尚银	局长	1995.8—1996.5	
	吴高祥	副局长	1978.11—1986.12	
	董长宝	副局长	1978.11—1982.4	
	刘品刚	副局长	1978.11—1991.8	
	刘文龙	副局长	1978.11—1984.2	
	左建文	副局长	1978.11—1984.2	
	贾文章	副局长	1979.3—1984.2	
	王长久	副局长	1982.2—1987.11	
	谭千成	副局长	1984.2—1987.3	
	彭声钧	副局长	1987.6—1991.1	
	戴友志	副局长	1987.11—1991.8	
	刘召泰	副局长	1991.8—1996.5	
	王广发	副局长	1991.8—1996.5	
	杜光荣	副局长	1991.8—1996.5	
	刘新华	副局长	1995.8—1996.5	
	余炳章	纪检组长	1987.12—1992.5	
	肖理	总工程师	1993.8—1996.5	
	左建文	顾问	1984.2—1990.11	
黄冈市交通局 (1996.5—2010.7)	操尚银	局长	1996.5—2002.11	
	万章热	局长	2002.12—2008.6	
	刘新华	局长	2008.6—2010.7	
		副局长	1996.5—2008.6	
	刘召泰	副局长	1996.5—2003.12	
	王广发	副局长	1996.5—1999.9	
	杜光荣	副局长	1996.5—2002.11	
		副书记	2002.11—2010.7	
	高华强	副局长	1999.9—2001	
	张明清	副局长	2003.2—2010.6	
		纪检组长	1996.5—2003.2	
	王银生	副局长	2003.2—2010.5	
	吴秀梅	副局长	2003.12—2010.6	
	周银芝	副局长	2009.3—2010.6	
	张建设	纪检组长	2003.2—2009.2	
	黄文浩	纪检组长	2009.12—2010.7	
	肖理	总工程师	1997.5—2010.5	
	柯平飞	总工程师	2010.5—2010.7	
	万继平	工会主任	2004.2—2010.5	

续上表

机构名称	姓名	职务	任职时间	备注
黄冈市交通运输局 （2010.7—）	刘新华	局长	2010.7—2014.12	
	周银芝	党组书记、局长	2014.12—	
	杜光荣	党组副书记	2010.7—	
	张明清	副局长	2010.7—2011	
	吴秀梅	副局长	2010.7—2015.3	
	周银芝	副局长	2010.7—2014.12	
	王正高	副局长	2010.5—	
	郑志武	副局长	2010.12—	
	黄文浩	纪检组长	2010.7—	
	高华强	班子成员	2011.2—2013	
	柯平飞	总工程师	2010.7—	
	邵百坤	工会主任	2011.1—	
	肖理	调研员	2010.7—2013.2	
	吴秀梅	纪检组长	2015.3—	
	江明	党组成员、副局长	2015.2—	

五、黄冈市铁路经济建设办公室

黄冈市铁路经济建设办公室成立于1996年7月9日。根据国家大部制改革趋势和我国铁路建设工作的需要，2014年，黄冈市委〔2014〕4号专题会议纪要决定，铁路建设事项交由市交通运输局负责，其目的主要是集中力量，全力推进全市铁路建设发展，加快黄冈铁路重点项目的规划和建设。

2015年，黄冈市铁路经济建设办公室正式移交黄冈市交通运输局，率先在全省建立公铁水综合运输协调管理体系，成为全省首个统筹铁路发展职能的市州一级交通运输部门。2015年8月6日，黄冈市铁路经济建设办公室在黄冈市交通运输局挂牌，全市铁路建设发展职能和组织机构成建制划转至市交通运输管理部门。

第二节 县（市、区）交通行政管理机构

一、黄州区交通行政管理机构

1949年，黄冈县人民政府实业科配2名干部主管交通工作。1950年10月，更名为建设科，仍有2名干部主管交通工作。1952年1月，在建设科内设交通股。1954年1月，县人民政府下设交通科，配3名工作人员。1957年1月，由于县政府易名，随之改为人民委员会交通科（1955年10月随县政府由团风迁至黄州）。1958年1月，改为交通局，下设人事股、运输股、民管站、会计室。1959年1月，改为交通运输管理局，股室未变。

1960年，交通运输管理局改为交通局。1970年1月，成立黄冈县革命委员会交通局，下设办事组、政工组、业务组、会计室。1973年7月，交通局下设办公室、政工股、业务股、民管站、港监站、会计室。1978年12月，增设安全保卫股和工会。1981年1月，改为黄冈县人民政府交通局，股室未变。1982年8月，增设民间运输管理股。1984年5月，业务股和民管股合并，改为生产股。1987年3月，增设工程股和计财股。1987年7月，鄂州市交通局黄州区分局及其所管辖6个企事业单位成建制移交黄冈县交通局。1988年9月，生产股更名为企业管理股。1988年12月，设立监察室，撤销纪检组，配备纪检委员。1989年3月，增设交通运输管理股。1989年11月，设立局纪律检查委员会。1990年5月，增设审计股。

黄冈交通运输志

1991年1月,随着黄冈县撤县建市,黄冈县交通局更名为黄州市交通局,股室未变。1993年4月,局纪委、监察室合署办公。1996年5月,随着撤地建市暨区县分设,原黄州市交通局随之改为黄州区交通局,股室未变。1997年5月,交通局内设机构调整为一室五股:办公室、政工股、财务股、审计股、交通管理股、生产安全股。1997年10月,设立黄州区交通稽查队,与交通管理股合署办公。1997年12月,增设离退休干部管理股,与政工股合署办公。1999年11月,撤销黄州区交通稽查队。2002年5月,交通局内设机构调整为办公室、政工股(加挂老干部管理股牌子)、财务审计股、交管股(加挂法制股牌子)、交通工程生产安全股(加挂科技股牌子)。2010年9月,黄州区交通局更名为黄州区交通运输局,内设机构调整为办公室、政工股(挂离退休人员管理股牌子)、财务审计股、运输管理股(挂政策法制股牌子)、安全监督股(挂应急办公室牌子)。至2015年,内设机构未变。

表5-2-2-1为黄州区交通行政管理机构历任领导名录。

黄州区交通行政管理机构历任领导名录　　　　表5-2-2-1

机构名称	姓名	职务	任职时间	备注
黄冈县人民政府实业科 (1949.5—1950.10)	黄烈文	副科长	1949.5—1950.10	
黄冈县人民政府建设科 (1950.10—1954.1)	林祥德	科长	1950.10—1950.12	
	阮子元	科长	1953.1—1954.1	
	刘晓康	副科长	1951.1—1952.12	
黄冈县人民政府交通科(1954.1—1957.1)	易耀林	科长	1954.1—1957.1	
黄冈县人民委员会交通科(1957.1—1958.1)	李仁	科长	1957.1—1958.1	
黄冈县交通局(1958.1—1959.1)	李仁	局长	1958.1—1959.1	
黄冈县交通运输管理局(1959.1—1960.1)	张荣	局长	1959.1—1959.12	
黄冈县交通局(1960.1—1967.12)	何恩波	副局长	1960.1—1967.12	
黄冈县交通局革命领导小组(1968.1—1969.2)				
黄冈县革命委员会交通局(1970.1—1981.1)	何恩波	局长	1972.5—1974.7	
	陶汉文	局长	1974.8—1981.1	
黄冈县交通局(1981.1—1991.1)	陶汉文	局长	1981.1—1981.6	
	曾宪舜	局长	1982.3—1984.2	
		副局长	1981.5—1982.3	
	王智明	局长	1984.2—1986.9	
		副局长	1981.11—1984.2	
	陈仲山	局长	1986.11—1991.1	
	王克	副局长	1983.1—1984.2	
	李玉章	副局长	1983.1—1984.2	
	周秋华	副局长	1983.2—1984.2	
	袁新民	副局长	1984.2—1991.1	
	龙华忠	副局长	1984.2—1991.1	
	汪友元	副局长	1986.3—1991.1	
	施绪南	副局长	1990.4—1991.1	
	熊柏松	副局长	1990.3—1991.1	

续上表

机构名称	姓　名	职　务	任职时间	备　注
黄州市交通局 （1991.1—1996.5）	陈仲山	局　长	1991.1—1991.6	
	刘安全	局　长	1991.6—1995.1	
	徐春元	局　长	1995.1—1996.5	
	袁新民	副局长	1991.1—1996.5	
	龙华忠	副局长	1991.1—1994.3	
	汪友元	副局长	1991.1—1996.5	
	殷志银	副局长	1992.1—1996.5	
	施绪南	副局长	1991.1—1995.2	
	熊柏松	副局长	1991.1—1991.3	
	倪祥华	副局长	1993.11—1996.5	
	张忠林	副局长	1994.3—1996.5	
	郑丰成	副局长	1994.5—1996.5	
黄州区交通局 （1996.5—2010.9）	徐春元	局　长	1996.5—1997.1	
	秦继凌	局　长	1997.1—2002.7	
	余国清	局　长	2002.7—2010.9	
		党委书记	2002.7—2007.11	
		党委副书记	2007.11—2010.9	
	丰　群	党委书记	2007.12—2010.9	
		副局长	1999.3—2010.9	
	汪友元	副局长	1996.5—1997.1	
	殷志银	副局长	1996.5—1999.3	
	张忠林	副局长	1996.5—1998.4	
	孙志刚	副局长	1997.1—2006	
	饶国政	副局长	1998.4—2009.8	
	陈中原	副局长	2002.8—2007.8	
	何裕聪	纪委书记	2002.11—2009.12	
		副局长	2007.11—2010.9	
	林敏坤	副局长	2006.6—2010.9	
	张　明	副局长	2006.6—2010.9	
	刘志强	工会主席	2006.8—2010.7	
	桂博文	纪委书记	2009.12—2010.9	
黄州区交通运输局 （2010.9—）	余国清	局　长	2010.9—2011.1	
		党委副书记	2010.9—2011.1	
	丰　群	党委书记	2010.9—	
		副局长	2010.9—2015.1	
	吴　丹	党委副书记、局长	2011.1—	
	何裕聪	副局长	2010.9—	
	桂博文	纪委书记	2010.9—2015.5	
		党委委员	2010.9—	
	林敏坤	副局长	2010.9—2012.9	公路段长
	张　明	副局长	2010.9—2013.10	
	丁秋生	工会主席	2011.1—2015.1	
		武汉新港建设管理办公室主任	2015.1—	
	曾佑林	总工程师	2011.1—	
	吕仁斌	副局长	2013.1—	
	王宇兵	副局长	2013.12—	
	陈方俊	纪检组长	2015.5—	
	秦爱香	工会主席	2015.5—	

二、团风县交通行政管理机构

1996年,黄冈撤地建市,成立团风县。1996年4月,成立团风县交通局筹备组,设办公室、政工股、计财股、法制股、工程股、安全股等股室。1997年5月,团风县交通局正式成立,内设股室未变。2010年12月,县人民政府办公室以团政发〔2010〕97号文件批准成立团风县交通运输局,内设办公室、政工股、工程股(挂计划股牌子)、财务股、安全股(挂企业股牌子)、运输管理股(挂出租车管理股牌子)、政策法规股、审计股等股室。至2015年,内设机构未变。

表5-2-2-2为团风县交通行政管理机构历任领导名录。

团风县交通行政管理机构历任领导名录 表5-2-2-2

机构名称	姓名	职务	任职时间	备注
团风县交通局筹备组 (1996.4—1997.5)	郑丰成	组长	1996.4—1997.5	
	袁新民	成员	1996.4—1997.5	
	倪祥华	成员	1996.4—1997.5	
	殷文兵	成员	1996.4—1997.5	
团风县交通局 (1997.5—2010.12)	郑丰成	局长	1997.5—1998.11	
	田新亚	局长	1998.11—2004.9	
		书记	2002.5—2004.9	
	童国平	局长	2004.9—2010.11	
		书记	2004.9—2010.11	
	周书球	局长	2010.11—2010.12	
		书记	2010.11—2010.12	
	徐正清	书记	1997.5—2002.5	
	倪祥华	副局长	1997.5—2002.5	
	王正高	副局长	1997.5—2003.9	
	王新林	副局长	1997.7—2010.12	
	陈业春	副局长	1999.12—2010.8	
	童建华	副局长	2001.1—2010.8	
	吴华明	副局长	2010.8—2010.12	
	卢慧	副局长	2010.4—2010.12	
	余加旺	纪委书记	2000.2—2010.8	
	刘建安	纪委书记	2010.8—2010.12	
		党委委员	2005.5—2010.8	
	吴华明	工会主席	2002.3—2010.8	
	董劲松	工会主席	2010.8—2010.12	
		党委委员	2007.5—2010.8	
	张钦平	党委委员	2002.3—2005.9	
	张琼	党委委员	2010.8—2010.12	
团风县交通运输局 (2010.12—)	周书球	局长、书记	2010.12—2011.11	
	周建平	局长、书记	2011.11—	
	刘建安	纪委书记	2010.12—2012.3	
	余东平	纪委书记	2012.3—2013.3	
		副局长	2015.4—	
	方学坤	纪检组长	2013.3—	
	王新林	副局长	2010.12—2012.2	
	卢慧	副局长	2010.12—2012.3	
	吴华明	副局长	2010.12—2012.3	
	王仲文	副局长	2011.12—2015.3	
	袁远	副局长	2011.12—	
	何国才	副局长	2015.4—	
	董劲松	工会主席	2010.12—2014	
	张琼	党委委员	2010.3—	
	王国清	总工程师	2010.12—	

三、红安县交通行政管理机构

1954年5月设立交通科;1958年8月,交通科改称交通运输管理局。1966年5月,由"红安县抓革命、促生产办公室"管理交通工作。1968年9月,红安县革命委员会成立;1970年5月,设立红安县革命委员会交通邮政管理局。1973年12月,将交通邮政管理局分为交通局和邮电局。1981年1月,红安县革命委员会更名为红安县人民政府,交通局为其常设机构。2010年10月,改设红安县交通运输局,内设办公室、政工股、计划建设股、财务股、安全运输股、审计股、政策法规股7个职能股室。至2015年,局内设机构未变,下设红安县公路管理局、红安县道路运输管理局、红安县交通物流发展局、红安县农村公路管理局、红安县汽运总公司、红安县交通建设工程质量安全监督管理站、红安县地方海事处7个直属二级单位。

表5-2-2-3为红安县交通行政管理机构历任领导名录。

红安县交通行政管理机构历任领导名录 表5-2-2-3

机构名称	姓 名	职 务	任职时间	备 注
红安县人民政府交通科 (1954.5—1958.8)	刘 鹏	科 长	1955.11—1956.10	
	刘恒俊	副科长	1954.5—1958.8	
红安县人民政府交通运输管理局 (1958.8—1966.5)	罗坤玉	局 长	1962.5—1963.5	
	包海山	局 长	1963.11—1966.5	
	刘恒俊	副局长	1958.8—1966.5	
	朱德明	副局长	1958.8—1959.3	
	陈友良	副局长	1959.12—1966.5	
红安县革命委员会交通邮政管理局 (1970.5—1973.12)	包海山	局 长	1970.5—1973.12	
	蔡作祥	副局长	1970.5—1973.12	
	叶伯继	副局长	1970.5—1973.12	
红安县革命委员会交通局 (1973.12—1981.1)	包海山	局 长	1973.12—1978.2	
	陈洪山	局 长	1978.2—1981.1	
	叶伯继	副局长	1973.12—1981.1	
	李三龙	副局长	1975.10—1981.1	
	熊家元	副局长	1978.2—1981.1	
	刘恒俊	副局长	1979.3—1981.1	
红安县人民政府交通局 (1981.1—2010.10)	陈洪山	局 长	1981.1—1984.3	
	叶伯继	局 长	1984.3—1991.5	
	李大月	局 长	1991.5—1994.1	
	姚少华	局 长	1994.1—1997.1	
	袁佑民	局 长	1997.1—2009.1	
	占才春	局 长	2009.2—2010.10	
	叶伯继	副局长	1981.1—1984.3	
	李三龙	副局长	1981.1—1984.3	
	熊家元	副局长	1981.1—1991.4	
	刘恒俊	副局长	1981.1—1984.3	
	熊美和	副局长	1984.3—1987.5	
	石三元	副局长	1986.2—1991.4 1992.2—1994.3	
	涂琛溥	副局长	1987.6—1994.3	
	董方祥	调研员	1984.3—1993.12	
	王章功	副局长	1991.4—2007.9	
	冯华阶	副局长	1992.2—2001.12	

续上表

机构名称	姓名	职务	任职时间	备注
红安县人民政府交通局 （1981.1—2010.10）	刘志雄	副局长	1990.11—1991.4	
			1992.2—1996.1	
	王青松	副局长	1994.3—2002.12	
	龙世平	副局长	1994.7—2009.1	
	何美清	副局长	1996.1—2005.8	
	霍同生	副局长	1999.3—2001.12	
	占才春	副局长	2006.2—2009.1	
	许顺清	副局长	2000.1—2010.10	
	陈忠禄	副局长	2009.1—2010.10	
	冯兴潮	副局长	2007.12—2010.10	
	吴恒藻	工会主席	1985.12—1991.12	
	尹章福	工会主席	1994.7—1999.3	
	郑海生	工会主席	1999.3—2005.8	
	陈红良	工会主席	2005.8—2010.10	
	占才春	总工程师	2003.1—2009.1	
	戴松林	总工程师	2009.3—2010.10	
红安县交通运输局 （2010.10—）	詹才春	局长	2010.10—2014.1	
	王辉军	党组书记、局长	2014.1—	
	许顺清	党组副书记、副局长	2010.10—	
	戴立世	纪检组长	2012.1—2013.1	
		党组副书记	2013.1—	
	郑海生	纪检组长		2011.11任副主任科员，免其他职务
	胡习栋	纪检组长	2013.2—2016.6	
	陈忠禄	副局长	2010.10—2016.1	
	冯兴潮	副局长	2010.10—2015.9	
	赵全松	副局长	2013.2—	兼公路段长
		党组成员	2010.10—	
	陈红良	工会主席	2010.10—2010.12	
	林更凯	工会主席	2013.1—	
	戴松林	总工程师	2010.10—2013.2	
		党组成员	2013.2—	
	金汉春	总工程师	2013.2—2016.4	
		副局长	2016.4—	
	王玲	党组成员	2009.2—	
	秦遥	党组成员	2009.2—	

四、麻城市交通行政管理机构

1949年3月11日，麻城县人民政府成立。1950年3月，县人民政府设立实业科，负责交通事宜，未配置正副科长，定员有3人。1950年6月，实业科改为建设科，设主管交通工作人员2人。1954年8月8日，设立麻城市人民政府交通科，负责交通行政管理和运输事宜，配备干部4名。1956年1月改称麻城县人民委员会交通科。1958年7月10日，撤销交通科，成立麻城县交通运输管理局，局机关配备干部8名，下设养路、运输、会计3股。

1968年3月,成立麻城县交通革命领导小组,配备人员9名。1970年5月11日,邮政部门与交通局合并成立麻城县革命委员会交通邮政管理局。1974年2月8日,麻城县革命委员会交通邮政管理局改为麻城县革命委员会交通局。1986年8月,麻城撤县设市,麻城县交通局更名为麻城市交通局。2010年9月,麻城市交通局更名为麻城市交通运输局。至2015年,局内设办公室、政工科、计划科、财务审计科、安全监督科、政策法规科(加挂行政审批科牌子)、综合运输科、监察室共6科2室,下设麻城市公路管理局、麻城市农村公路管理局、麻城市交通物流发展局、麻城市道路运输管理局、麻城市港航海事局、麻城市交通运输局交通基本建设质量监督站、麻城市汽运总公司、麻城市白果搬运站6个事业单位和2个企业。

表5-2-2-4为麻城市交通行政管理机构历任领导名录。

麻城市交通行政管理机构历任领导名录 表5-2-2-4

机构名称	姓名	职务	任职时间	备注
麻城县人民政府实业科 (1949.12—1950.6)	许殿清		1949.12—1950.6	配备科员3人, 未配正副科长
	陈国昌		1949.12—1950.6	
	徐介白		1949.12—1950.6	
麻城县人民政府建设科 (1950.6—1954.8)	张少良	科长	1950.6—1952.3	
	许殿清	副科长	1952.3—1954.8	
	王岳中	副科长	1953.9—1954.8	
麻城县人民政府交通科 (1954.8—1956.1)	韩国栋	科长	1954.11—1956.3	
	刘中锋	副科长	1955.1—1956.1	
麻城县人民委员会交通科 (1956.1—1958.7)	刘中锋	副科长	1956.1—1958.7	未配正科长
麻城县交通运输管理局 (1958.7—1968.3)	李绍福	局长	1958.7—1960.7	
	+修中元	副局长	1960.9—1960.12	
	郑国昌	局长	1962.6—1968.3	
	吴厚春	副局长	1958.7—1959.4	
	陈吉安	副局长	1960.1—1964.5	
	张术芝	副局长	1965.11—1968.3	
	漆水珊	第一副局长	1966.9—1968.3	
麻城县交通革命领导小组 (1968.3—1970.5)	张术芝	组长	1968.3—1970.5	
	程玉贵	副组长	1968.3—1970.5	
	郑家阶	副组长	1968.3—1969.1	
麻城县革命委员会交通邮政管理局 (1970.5—1974.2)	申自洪	第一召集人	1970.5—1972.2	刚成立交通邮政管理局时, 局主要领导干部称为召集人
		局长	1972.12—1974.2	
	郑国昌	第二召集人	1970.5—1972.4	
		副局长	1972.4—1974.1	
	郭世仪	第三召集人	1970.5—1972.6	
	徐守谦	局长	1972.4—1972.12	
	何正炎	副局长	1972.4—1974.2	
麻城县革命委员会交通局 (1974.2—1981.4)	申自洪	局长	1974.2—1978.4	
	程时族	党委书记	1974.7—1979.6	
		局长	1979.6—1980.1	
	张桂峰	局长	1980.1—1981.4	
	刘中锋	副局长	1974.2—1981.4	
	汪正奎	副局长	1975.2—1980.2	
	吴德光	副局长	1979.12—1981.4	

续上表

机构名称	姓名	职务	任职时间	备注
麻城县交通局 （1981.4—1986.8）	张桂峰	局　长	1981.4—1986.8	
	何正炎	副局长	1981.4—1982.12	
	吴德光	副局长	1981.4—1984.4	
	刘立治	副局长	1982.10—1986.8	
	黄景辉	副局长	1984.3—1986.8	
麻城市交通局 （1986.8—2010.9）	张桂峰	局　长	1986.8—1989.7	2007年12月—2009年4月局长空缺，由党委书记褚新华主持工作
	邱勇前	党委书记、局长	1989.7—1996.1	
	江建良	党委书记、局长	1996.2—2000.4	
	蔡家华	党委书记、局长	2000.4—2002.12	
	温世超	党委书记、局长	2002.12—2006.12	
	刘德才	局　长	2006.12—2008.12	
	褚新华	党委书记	2003.10—2010.9	
	严志峤	局　长	2009.2—2010.9	
	刘立治	副局长	1986.8—1994.3	
	黄景辉	副局长	1986.8—1996.12	
	邓成义	副局长	1991.1—1994.12	
	彭勤惠	副局长	1991.1—1994.3	
	周训蒙	副局长	1994.3—2000.12	
	陶能松	副局长	1994.3—2009.12	
	章永珺	副局长	1994.1—2006.12	
	胡德和	副局长	1993.1—2006.12	
	熊双燕	副局长	2006.12—2010.9	
	余仲华	副局长	2006.12—2010.9	
	邹功兵	副局长	2010.10—2010.9	
	史克勤	副局长	2011.3—2010.9	
麻城市交通运输局 （2010.9—）	严志峤	局　长	2010.9—2013.9	
	褚新华	党委书记	2011.5—2011.11	
	崔利新	党委书记、局长	2013.9—	
	熊双燕	副局长	2010.9—	
	余仲华	党委副书记、副局长	2010.9—	
	梅济海	纪检组长	2010.9—2013.12	
	陈宽顺	纪委书记	2013.1—2015.4	
	来亮	纪检组长	2015.4	
	邹功兵	副局长	2010.9—2015.9	
	史克勤	副局长	2010.9—	
	章德馨	副局长	2011.5—	
	载福正	工会主席	2011.3—	
	刘兴旺	总工程师	2012.3—	
	曾文	党委委员、公路段长	2014.7—	

五、罗田县交通行政管理机构

1949年3月27日，罗田全境解放。1950年，罗田县人民政府设立建设科，配专职干部1人，专管交通工作。1953年，建设科改名建设计划科。1954年12月，成立交通科，编制3人。同时，以交通科为主，成立运输计划委员会，由罗田县财委会领导工作。1955年7月，胜利县撤销，原胜利县交通科并入罗田县交通科,编制由3人增至5人。1958年,撤销交通科建制,成立政、企合一的交通运输管理局。1961年,撤销交通运输管理局,设立罗田县交通局。1966年,临时新设"抓革命、促生产"领导小组,负责管理交通工作。1968年4月30日,经黄冈地区革命委员会批准,成立罗田县交通局革命委员会。1970年,县交通局、邮政局合并,成立罗田县革命委员会交通邮政管理局。1974年,撤销罗田县革命委员会交通邮政管理局,恢复罗田县交通局。2010年9月,罗田县交通局更名为罗田县交通运输局。至2015年,局内设办公室(安全法制股)、人事监察股、行政审批股(运输管理股)、综合计划股(工程建设管理股)、财务审计股4股1室,下设罗田县公路管理局、罗田县交通建设工程处、罗田县交通物流发展局、罗田县道路运输管理局、罗田县城市客运管理办公室、罗田县道路运输管理稽查大队6个直属单位。

表5-2-2-5为罗田县交通行政管理机构历任领导名录。

罗田县交通行政管理机构历任领导名录 表5-2-2-5

机构名称	姓名	职务	任职时间	备注
罗田县人民政府建设科 (1950.5—1954.12)	郑立成	科长	1950.5—1952	
	田广	科长	1953—1954.11	
	夏魁	副科长	1951.10—1952	
	张景炎	副科长	1954.11—1955.10	
罗田县人民政府交通科 (1954.12—1958)	郭树蕃	科长	1955.10—1956	
	刘念帮	副科长	1957.8—1958	
罗田县交通运输管理局 (1958—1961) 罗田县交通局 (1961—1966)	成维世	局长	1958—1959.11	
	张福贵	局长	1959.11—1968.4	
	叶晋之	副局长	1959.7—1961.3	
	成维世	副局长	1961.11—1968	
罗田县交通局革命委员会 (1968.4—1970)	张福贵	主任	1968.4—1970	
	芦声远	副主任	1968.4—1971.4	
	陈建钊	副主任	1968.4—1970.5	
罗田县革命委员会交通邮政管理局 (1970—1974)	汪锡光	第一召集人	1971.7—1972.6	
		局长	1972.6—1974	
	熊毓南	第二召集人	1971.7—1972.6	
		副局长	1972.6—1974	
	陈耀山	副局长	1972.6—1974	
	匡少和	副局长	1974.7—1974	
	周福辉	副局长	1972.10—1974	
罗田县交通局 (1974—2010.9)	汪锡光	局长	1974—1977	
	张福贵	局长	1977.2—1978	
	周福辉	局长	1978—1984.6	
		副局长	1974—1978	
	周之汗	局长	1984.3—1987.4	
	丁周国	局长	1987.4—1991.5	
	史恒舟	局长	1991.5—1992.6	
		副局长	1987.4—1991.5	
	王兆乔	局长	1992.6—1999.2	
	阎福金	局长	1999.2—2008.9	
	曹志辉	局长	2008.9—2010.9	
	匡少和	副局长	1974—1978	
	熊毓南	副局长	1974—1978	

续上表

机构名称	姓名	职务	任职时间	备注
罗田县交通局 (1974—2010.9)	史　旦	副局长	1974.11—1976.11	
	李会武	副局长	1977.2—1979	
	陈国勋	副局长	1978.12—1984.5	
	廖太元	副局长	1979.2—1984.6	
	肖显扬	副局长	1979.3—1980.12	
	黄永安	副局长	1981.3—1987.4	
	郑应东	副局长	1981.8—1994.3	
	乐一生	副局长	1989.10—2001.12	
	王仲书	副局长	1991.7—1998.3	
	徐继中	副局长	1992.5—1998.3	
	朱树华	副局长	1993.3—2001.12	
	熊三槐	副局长	1993.12—1998.3	
	潘新桥	副局长	1996.4—1998.3	
	郑　耿	副局长	1998.3—2005.5	
	胡佳助	副局长	2001.12—2005.5	
	阎德胜	副局长	2001.12—2007.3	
	黄新亚	副局长	2001.12—2009.12	
	潘新桥	副局长	2005.5—2010.9	
	朱卫兵	副局长	2005.5—2008.12	
	丁丽君	副局长	2007.4—2010.9	
	雷德成	副局长	2008.12—2010.9	
	陈海军	总工程师	2007.4—2010.9	
罗田县交通运输局 (2010.9—)	曹志辉	局　长	2010.9—2011.12	
	郑　耿	局　长	2011.12—	
		党委书记	2015.11—	
		党委副书记	2011.12—2015.11	
		党委成员	2010.9—2011.12	
	朱卫兵	党委书记	2010.9—2011.12	
	何晓刚	党委书记	2011.12—2014.1	
	李　强	纪委书记	2010.9—2012.4	
		党组成员	2012.4—	公路管理局局长
	蔡忠良	纪委书记	2012.4—2015.6	
	方丛富	副局长	2011.12	
	潘新桥	副局长	2010.9	
	丁丽君	副局长	2010.9	
	雷德成	副局长	2010.9—2014.1	
	陈海军	总工程师	2010.9—2010.12	
		副局长	2011.1—	
	汪先峰	总工程师	2011.3—	
	丁国满	工会主席	2010.9—2012.4	
	史继云	工会主席	2013.3—	

六、英山县交通行政管理机构

1950年,英山县人民政府设立建设科。1954年2月9日,设立英山县人民政府交通科,主管公路养护、交通安全、水陆民间运输和装卸搬运。4月,英山县人民政府设立运输计划委员会,具体负责运输计划管理、货运物资平衡。1958年6月,英山县人民政府交通科改为交通运输管理局。1967年,英山县成立"抓革命、促生产"指挥组工交小组,主管交通局日常工作。1968年12月,县革命委员会将交通局、县储运公司、养路段、商业局、农机公司等单位的汽车合并,成立英山县革命委员会汽车队,属县革委会领导。1970年8月,县成立运输指挥部,主管运输市场调节、物资计划平衡和运输工具调度。1970年10月,成立英山县革命委员会交通邮政管理局。1973年1月,英山县革命委员会交通、邮政分开,设立英山县革命委员会交通局、邮电局。1981年,各级革命委员会取消,恢复英山县交通局。2010年8月,英山县交通局更名为英山县交通运输局,内设6个职能股室:办公室、人事监察股、财务审计股、综合计划股、安全法制股、运输管理股,对五项职能进行了调整,将原县交通局的职责、原县建设局的指导城市客运的职责整合划入县交通运输局,并承担协调服务邮政等工作。至2015年,内设机构职能未变。

表5-2-2-6为英山县交通行政管理机构历任领导名录。

英山县交通行政管理机构历任领导名录 表5-2-2-6

机构名称	姓名	职务	任职时间	备注
英山县人民政府建设科 (1950—1954.2)	胡向荣	副科长	1950.3—1951.11	
	程行富	科长	1953.3—1954.2	
英山县人民政府交通科(1954.2—1958.6)	程行富	科长	1954.2—1958.6	
英山县交通运输管理局 (1958.6—1970.9)	蔺聚读	支部书记	1958.6—1960.8、 1963.1—1964.6	
	王占顺	支部书记	1960.9—1961.12	
	方超瑜	支部副书记	1962.1—1962.12	
	程行富	支部副书记	1963.1—1964.6	
		支部书记	1962.1—1962.12、 1964.7—1971	
		局长	1968.9—1972.2	
	霍自珍	副局长	1960.8—1961.5	
	董怀庆	副局长	1966.1—1969	
英山县革命委员会交通邮政管理局 (1970.10—1973.1)	吴树松	支部书记	1971—1973.3	
		召集人	1970—1973.1	
	占建忠	召集人	1971.8—1972.9	
	段茂松	(未行文)	1971.3—1972.2	
英山县革命委员会交通局 (1973.1—1981)	吴树松	总支书记	1973.4—1981.6	
	程行富	总支副书记	1973.4—1981	
	余少英	总支副书记	1973.4—1977.1	
	伍耀华	总支副书记	1975—1981	
	袁国光	总支副书记	1973.8—1974.9	
	黄干生	总支副书记	1976.6—1984.4	
	吴树松	局长	1973.1—1982.8	
	程行富	副局长	1973.1—1981.1	
	余少英	副局长	1973.1—1977.1	
	伍耀华	副局长	1973.10—1982.12	
	袁国光	副局长	1973.5—1974.9	
	黄干生	副局长	1976.6—1984.4	
	肖步何	副局长	1978.6—1982.12	
	涂奎	副局长	1978.11—1980.6	

续上表

机构名称	姓　名	职　务	任职时间	备　注
英山县交通局 （1981—2010.8）	余敬仲	局　长	1981.10—1984.3	
		总支书记	1985—1991	
	朱光辉	局　长	1984.3—1995.8	
		总支书记	1995.9—1997.8	
	方超瑜	副局长	1979.1—1985.4	
		总支副书记	1984.1—1985.1	
	马习之	副局长	1984.3—1985.12	
	周振华	副局长	1988.11—1997.7	
	王瑞恒	副局长	1989—1994	
	方正明	纪检组长	1991.12—2003.2	
	袁锡平	总支书记	1994.1—1995.8	
		局　长	1995.9—2004.7	
	刘方远	局　长	2004.7—2009.12	
	徐　飞	局　长	2010.1—2010.7	
	段　炼	副局长	1994.1—2007.6	
	王建之	工会主任	1995—1999	
	胡承保	总支书记	1997.6—2002.7	
	郝福生	副局长	1997.6—2009.12	
	方金林	副局长	1997.8—2010.8	
	田树昌	总工程师	1998.1—2005.8	
		副局长	2005.9—2007.6	
	韩　章	工会主任	1999.4—2003.1	
	刘佳升	党组书记	1999.12—2006.11	
	刘华中	纪检组长	2003.8—2010.7	
	余胜球	工会主任	2003.8—2010.8	
	陈敬环	党组书记	2006.11—2009.12	
	余　勇	副局长	2007.6—2010.8	
	黄　威	副局长	2007.6—2010.9	
英山县交通运输局 （2010.8—）	徐　飞	局　长	2010.9—2012.9	
		党组书记	2010.8—2012.9	
	王　曙	党组书记	2012.9—2014.9	
		党组副书记	2012.9—2015.3	
	余　勇	局　长	2012.11—	
		党组书记	2015.8—	
	刘　袁	纪检组长	2011.1—2011.9	
	杨　平	纪检组长	2013.10—2015.3	
	黄　辉	纪检组长	2015.3—	
	方金林	副局长	2010.8—2015.3	
	袁建国	副局长	2012.9—	
	查耀坤	副局长	2013.5—	
	王　勇	党组副书记	2015.3—	
		副局长	2015.3—	
	余胜球	工会主任	2010.9—	
	王　欣	总工程师	2013.5—	

七、浠水县交通行政管理机构

1949年5月15日,浠水县人民政府设建设科。1950年6月成立浠水县人民政府交通科。1952年11月交通科并入建设科,内设交通股,1954年2月复设交通科。1958年7月设立浠水县人民委员会交通运输管理局。1964年8月改称浠水县人民委员会交通局。1968年2月成立浠水县交通局革命委员会。1970年1月,交通、邮政两局合并,成立浠水县革命委员会交通邮政管理局。1973年9月,交通、邮政两局分设,设浠水县革命委员会交通局。1981年3月,更名为浠水县交通局。2010年10月,浠水县交通局更名为浠水县交通运输局,内设企业管理股、办公室、政工股、财务审计股、安全管理股、政策法规股、工程计划股、运输管理股。至2015年,浠水县交通运输局内设办公室、政工股、财务股、工程股、法制股、企业管理股、安全股、运输管理股、监察室,下设浠水县公路管理局、浠水县农村公路管理局、浠水县港航管理局(地方海事处)、浠水县道路运输管理局、浠水县交通物流发展局、浠水县城市交通客运管理所、浠水县交通学校。

表5-2-2-7为浠水县交通行政管理机构历任领导名录。

浠水县交通行政管理机构历任领导名录 表5-2-2-7

机构名称	姓名	职务	任职时间	备注
浠水县人民政府建设科(1949.5—1950.6)	徐文煌	科长	1950.2	
浠水县人民政府交通科(1950.6—1952.11)	吴厚友	主任科员	1951.2—1952.11	
浠水县人民政府建设科交通股(1952.11—1954.2)	夏滁凡	办事员	1952.11—1954.2	
浠水县人民政府交通科(1954.2—1958.7)	龙顾三	科长	1954.2—1958.7	
浠水县人民委员会交通运输管理局(1958.7—1964.8)	龙顾三	局长	1958.7—1958.12	
	龙顾三	副局长	1958.12—1964.6	
	李杰	副局长	1959.6—1964.8	
	彭华学	副局长	1958.7—1959.11	
	赵春发	副局长	1958.7—1959.11	
	肖学元	工交支部交通小组指导员	1958.7—1960.8	
	周雄	交通工业党支部书记	1961.1—1963.12	
浠水县人民委员会交通局(1964.8—1968.2)	李杰	局长	1962.8—1968.2	
	李杰	书记	1964.1—1968.6	
	王汉云	副局长	1964.8—1968.2	
浠水县交通局革命委员会(1968.2—1970.1)	王汉云	主任	1968.2—1970.1	
	姚端明	副主任	1968.6—1970.1	
	董尚清	副主任	1968.6—1970.1	
浠水县革命委员会交通邮政管理局(1970.1—1973.9)	汪奇	召集人	1970.1—1972.11	
	董元美	召集人	1970.1—1972.11	
	邢金润	召集人	1971.10—1972.11	
	邢金润	副局长	1972.11—1973.9	
	董元美	局长、书记	1972.11—1973.9	
	叶健	副局长	1972.11—1973.9	
	叶健	书记	1972.12—1973.9	
	汪奇	副局长	1972.11—1973.9	
	汪奇	书记	1972.12—1973.9	

续上表

机构名称	姓名	职务	任职时间	备注
浠水县革命委员会交通局 （1973.9—1981.3）	汪奇	书记、副局长	1973.9—1974.1	
	李杰	局长	1974.1—1981.3	
		书记	1974.6—1984.2	
	邢金润	副局长	1973.9—1974.3、 1975.5—1981.3	
		副书记	1974.6—1984.2	
	叶健	副局长	1973.9—1974.1	
	王汉云	副局长	1974.1—1975.3	
	李书庆	副局长	1974.1—1974.12	
	裴振才	副局长	1974.1—1974.12	
	龙顾三	副局长	1979.3—1981.3	
浠水县交通局 （1981.3—2010.10）	李杰	局长	1981.3—1984.2	
		副书记	1984.2—1987.7	
	邢金润	局长	1984.2—1997.1	
		副局长	1981.3—1984.2	
		书记	1984.2—1988.12	
	叶宏顺	局长	1997.1—2000.2	
		党委书记	1997.1—2003.3	
	吴金林	局长	2000.2—2007.3	
		副书记	2000.2—2007.3	
	严国平	党委书记	2003.3—2007.5	
	孙楚明	局长	2007.3—2010.10	
		副书记	2007.3—2010.10	
	潘钢柱	党委书记	2007.5—2010.10	
	龙顾三	副局长	1981.3—1981.6	
	张明	副局长	1984.2—	
	刘亦义	副局长	1984.2—1985.10	
	夏福世	副局长	1985.10—2003.5	
	郭中平	副局长	1987.2—1988.12	
	徐学斌	副局长	1989.9—2005.9	
	余克智	副局长	1991.12—2000.12	
	余让清	副局长	1994.4—2003.5	
		党委副书记	1994.4—2003.5	
	潘志敏	副局长	1999.3—2007.2	
	罗火元	副局长	1999.3—2007.2	
	高建中	副局长	2001.5—2008.4	
	胡汉东	副局长	1992.8—2003.5	
		党委副书记	2003.5—2007.9	
		总工程师	2003.5—2007.9	
	刘剑	工会主任	2005.12—2008.7	
		副局长	2008.4—2010.10	
	郭春风	副局长	2005.12—2010.10	
	何光雄	副局长	2007.3—2010.10	
	郁金桥	副局长	2008.4—2010.10	
	苏顺泉	工会主任	2001.12—2005.9	
	周学华	工会主任	1992.8—2001.11	
	张杰	工会主任	2008.7—2009.12	
		党委委员	2009.12—2010.10	
	邱凌志	工会主任	2009.12—2010.10	
	李佳才	纪委书记	1999.3—2009.9	
	杨泽新	纪委书记	2009.10—2010.10	
	吴辉	总工程师	2008.7—2010.10	

续上表

机构名称	姓　名	职　务	任职时间	备　注
浠水县交通运输局 （2010.10—）	孙楚明	局　长	2010.10—2011.12	
		党委副书记	2010.10—2010.12	
		党委书记	2010.12—2011.12	
	夏志坚	局　长	2011.12—	
		党委副书记		
	潘钢柱	党委书记	2010.10—2010.12	
	陈邦林	党委书记	2011.12—2015.11	
	邱　钢	党委委员	2012.12—	
		纪检组长		
	何光雄	副局长	2010.10—2012.8	
	郁金桥	副局长	2010.10—	
	张成彬	副局长	2011.9—	
	郭春风	副局长	2010.10—	
	刘　剑	副局长	2010.10—	
	杨泽新	纪委书记	2010.10—2013.1	
	吴　辉	党委委员	2010.10—	
		总工程师		
	张　杰	党委委员	2010.10—2011.12	
	邱凌志	工会主任	2010.10—2013.12	
	陈金桥	工会主任	2013.12—	

八、蕲春县交通行政管理机构

新中国成立初期，交通运输由县人民政府实业科代管，继而由建设科（工商科）分管，建设科内配有交通干事1人。1951年11月，蕲春县人民政府成立交通运输委员会。1953年4月，蕲春县交通运输委员会撤销，交通行政业务统一由建设科直接办理。1953年下半年，蕲春县人民政府正式成立交通科，配有干部2人。1956年1月，改称蕲春县人民委员会交通科。1958年，交通体制改革，交通科改为交通运输管理局。1964年，蕲春县交通运输管理局改称蕲春县交通局。1967年5月，成立临时"抓革命、促生产领导班子"。1968年3月，成立蕲春县交通局革命领导小组。1970年5月，县交通局、邮电局合并为交通邮政管理局。1972年10月，县交通、邮政机构恢复分设；11月，成立蕲春县革命委员会交通局。1981年11月，蕲春县革命委员会交通局更名为蕲春县交通局，设有办公室、政工股、业务股、工会。1982年6月，局内增设安全股、财会股。1984年4月，局内机构调整为办公室、劳动人事股、生产计划股、监察保卫股、财会股、工会、设计室。

2010年7月12日，县委办印发蕲办发〔2010〕10号文《蕲春县人民政府机构改革实施意见》，组建蕲春县交通运输局，增加承担协调服务铁路、邮政工作职责。至2015年，蕲春县交通运输局内设办公室、政工股、计划财务股（加挂审计股牌子）、政策法规股、运输安全股、建设管理股（加挂综合交通股牌子）、治保股、监察室、群众工作站、计生办和女工委11个股室；直属正科级事业单位蕲春县农村公路管理局、副科级事业单位蕲春县交通物流发展局、蕲春县公路管理局、蕲春县道路运输管理局、蕲春县港航管理局，以及正股级事业单位蕲春县汽车客运管理站和蕲春县交通基本建设质量监督站；下辖蕲春县江海航运总公司、蕲春县交通石材厂2个企业单位；代管蕲春县齐丰交通发展投资有限公司。

表5-2-2-8为蕲春县交通行政管理机构历任领导名录。

蕲春县交通行政管理机构历任领导名录　　　　表 5-2-2-8

机构名称	姓　名	职　务	任 职 时 间	备　注
蕲春县人民政府交通科(1953—1955.12)	顾焕新	科　长	1954.2—1955.12	
蕲春县人民委员会交通科(1956.1—1958.6)	顾焕新	科　长	1956.1—1958.6	
蕲春县交通运输管理局 （1958.7—1964.7）	顾焕新	局　长	1958.7—1964.7	
	徐富山	副局长	1958.9—1959.6	
	董雪廷	副局长	1958.9—1961.12	
	姚济法	副局长	1963.6—1964.7	
蕲春县交通局 （1964.8—1967）	顾焕新	局　长	1964.8—1966.8	
	姚济法	局　长	1966.10—1967.4	
		副局长	1964.8—1966.9	
交通局"抓革命、促生产领导班子" （1967.5—1968.3）	姚济法	负责人	1967.5—1968.3	
蕲春县交通局革命领导小组 （1968.3—1970.5）	姚济法	组　长	1968.4—1970.4	
	张吉安	副组长	1968.4—1970.4	
蕲春县革命委员会交通邮政管理局 （1970.5—1972.10）	高冠三	局　长	1970.5—1972.10	
	赵礼锁	副局长	1970.5—1972.10	
	陈顺思	副局长	1970.5—1972.10	
	郑辉科	副局长	1970.5—1972.10	
蕲春县革命委员会交通局 （1972.11—1981.11）	高冠三	局　长	1972.11—1980.12	
	陈顺思	副局长	1972.11—1980.12	
	郑辉科	副局长	1972.11—1974.11	
	张吉安	副局长	1973.2—1980.12	
	刘剑飞	副局长	1974.11—1980.12	
	张国兴	副局长	1974.11—1976.7	
	郭成祥	副局长	1976.7—1980.12	
	罗克竑	副局长	1978.6—1980.12	
蕲春县交通局 （1981.11—2010.7）	高冠三	局　长	1981.1—1984.3	
	高容生	局　长	1984.3—1996.2	
		总支书记	1985.4—1985.12	
	甘应涛	局　长	1996.2—2008.1	
	刘安武	局　长	2008.11—2010.7	
	陈军	党委书记	2008.4—2010.7	
		副局长	1996.2—2008.4	
	陈顺思	副局长	1981.1—1984.4	
	张吉安	副局长	1981.1—1992.1	
	刘剑飞	副局长	1981.1—1984.4	
		总支书记	1984.5—1985.3	
	郭成祥	副局长	1981.1—1981.7	
	罗克竑	副局长	1981.1—1984.7	
	胡宝玉	副局长	1984.3—1985.3	
		总支副书记	1985.4—1985.12	
	李汉生	副局长	1984.3—1985.12	
	张绪学	副局长	1985.4—2010.7	
	苏菊生	副局长	1986.6—1990.11	
	许海舟	副局长	1987.8—1996.2	

续上表

机构名称	姓名	职务	任职时间	备注
蕲春县交通局 （1981.11—2010.7）	王志金	副局长	1987.5—1998.7	
	岑金焱	副局长	1992.1—1999.10	
	刘国平	副局长	1992.1—2000.6	
	陈谦	副局长	1992.8—2010.7	
	甘应安	副局长	1992.8—2010.7	
	余春生	副局长	1999.9—2005.6	
	骆炎华	副局长	1996.2—2005.6	
	叶仕祥	副局长	2001.5—2010.7	
	康小阳	副局长	2008.4—2010.7	
	李先明	纪委书记	1999.9—2010.7	
蕲春县交通运输局 （2010.7—）	刘安武	局长	2010.7—2011.11	
	陈中华	局长	2011.12—	
		副局长	2011.11—2011.12	
	陈军	党委书记	2010.7—	
	李先明	纪委书记	2010.7—2013.2	
		党委副书记	2013.2—	
	陈君屏	纪检组长	2013.2—	
	叶仕祥	副局长	2010.7—	
	张绪学	副局长	2010.7—2011.10	
	陈谦	副局长	2010.7—2011.10	
	甘应安	副局长	2010.7—	
	康小阳	副局长	2010.7—	
	文玉生	工会主任	2011.6—	
	张国忠	总工程师	2010.7—2011.6	
	余清	总工程师	2011.6—	
	王德贤	党委委员		

九、武穴市交通行政管理机构

1951年3月5日，广济县人民政府建设科内设交通股，配备干部3人。1954年3月，成立广济县交通科。1958年7月，交通科与民船管理站、汽车站、武穴搬运站合并，成立广济县交通运输管理局。1962年5月，改称交通局，原内设机构维持不变。1968年5月，组建广济县交通局革命领导小组，负责交通管理工作。1970年1月，县交通局与县邮政局合并，组建广济县革命委员会交通邮政管理局。1972年9月，县直机关撤局建科，撤销交通邮政管理局，设立广济县革命委员会交通科。1975年3月16日，广济县交通科更名为广济县革命委员会交通局。1981年3月，恢复广济县交通局。1987年12月，随着广济撤县设市，广济县交通局更名为武穴市交通局。1997年、2002年、2010年黄冈市交通局连续进行了3次机构改革。前两次改革仍沿用"交通局"名称。其中，在2002年改革时，市交通局由市政府组成部门改为市政府工作部门；两次改革都对内设机构做了适当调整。2010年8月，武穴市交通局更名为武穴市交通运输局，局机关设办公室、政工科（挂离退休人员管理科牌子）、监察室、综合计划科（挂科技科牌子）、运输科、财务科、审计科、安全监督科（挂应急办公室牌子）、政策法规科、建设管理科（挂农村公路管理办公室牌子）等10个职能科室。至2015年，内设机构未变。

表5-2-2-9为武穴市交通行政管理机构历任领导名录。

武穴市交通行政管理机构历任领导名录

表 5-2-2-9

机构名称	姓名	职务	任职时间	备注
广济县建设科交通股（1951.3—1954.3）	饶济川	股长	1952.3—1954.3	
广济县交通科 （1954.3—1958.7）	孙玉峰	副科长	1954.3—1956.7	
	张丑亥	副科长	1956.7—1958.7	
广济县交通运输管理局 （1958.7—1962.5）	孙玉峰	副局长	1958.7—1959.2	
		局长	1959.2—1962.5	
	张良和	副局长	1959.1—1961.1	
	冀树梅	副局长	1960.3—1962.5	
广济县交通局 （1962.5—1968.5）	孙玉峰	局长	1962.5—1968.11	
	冀树梅	副局长	1962.5—1962.9	
	库锡尧	副局长	1962.7—1964.2	
广济县交通局革命领导小组 （1968.5—1970.1）	孙玉峰	组长	1968.11—1970.1	
	康玉堂	民兵代表	1968.11—1970.1	
	项普贵	群众代表	1968.11—1970.1	
广济县革命委员会交通邮政管理局 （1970.1—1972.9）	康玉堂	主要负责人	1970.1—1972.9	
	齐文元	负责人	1970.1—1972.9	
广济县革命委员会交通科 （1972.9—1975.3）	康玉堂	科长	1972.9—1974.2	
	孙玉峰	科长	1974.2—1975.3	
	齐文元	副科长	1972.9—1974.2	
	吴定武	副科长	1972.9—1975.3	
	张广玉	副科长	1972.9—1975.3	
	申新潮	副科长	1974.7—1975.3	
广济县革命委员会交通局 （1975.3—1981.3）	孙玉峰	局长	1975.3—1981.3	
	申新潮	副局长	1975.3—1981.3	
	张广玉	副局长	1975.3—1980	
	吴定武	副局长	1975.3—1977	
	饶展	副局长	1975.3—1981.3	
	石燕	副局长	1979.11—1981.3	
	吕承彪	副局长	1980—1981.3	
	曾瑾	副局长	1980—1981.3	
广济县交通局 （1981.3—1987.12）	孙玉峰	局长	1981.3—1982.12	
	曾瑾	局长	1983.1—1984.1	
		副局长	1981.3—1982.12	
	吕承彪	局长	1984.1—1985.1	
		副局长	1981.3—1982.12	
		副局长	1983.1—1983.12	
	张在龙	局长	1985.2—1987.12	
		副局长	1984.2—1985.1	
	申新潮	副局长	1981.3—1984.1	
	饶展	副局长	1981.3—1984.1	
	石燕	副局长	1981.3—1985.1	
	张国平	副局长	1984.2—1987.12	
	陶华杰	副局长	1985.2—1987.12	
	毛承玉	副局长	1985.5—1987.12	

续上表

机构名称	姓 名	职 务	任职时间	备 注
武穴市交通局 （1987.12—2010.8）	张在龙	局 长	1988.1—1997.7	
	郭保林	副局长	1990.6—2005.10	
	程裕民	副局长	1989.4—1997.7	
	桂大祥	副局长	1992.6—2002.10	
	毛承玉	副局长	1988.1—1993.12	
	陶华杰	副局长	1988.1—1993.12	
	张国平	副局长	1988.1—1988.12	
	张元春	局 长	1997.7—1999.9	
	陈 锋	局 长	1999.9—2003.2	
	杨远平	局 长	2003.2—2005.1	
	张美基	局 长	2005.1—2010.8	
	文卫武	副局长	1994.2—2005.1	
	伍延福	副局长	1994.3—2002.10	
	郭长春	副局长	1997.12—2002.10	
	郑和忠	副局长	1997.12—2002.10	
	杨永刚	副局长	2005.10—2010.8	
	吴有三	副局长	2001.2—2005.10	
	向又贵	副局长	2005.2—2009.12	
	周少红	副局长	2005.10—2010.8	
	高小胜	副局长	2009.12—2010.8	
	范保生	副局长	2005.10—2010.8	
	陈瑞山	总工程师	2005.8—2010.8	
	吕灿华	副局长	2005.10—2010.8	
武穴市交通运输局 （2010.8—）	张美基	党组书记、局长	2010.8—	
	陈瑞山	党组副书记	2010.8—	
		总工程师	2010.8—2012.8	
	张慧平	纪检组长	2010.8—	
	周少红	副局长	2010.8—2015.12	运管所所长
	高小胜	副局长	2010.8—2013	港航局局长
		党组成员	2013—	
	范保生	副局长	2010.8—2015.12	征稽所所长
	吕灿华	副局长	2010.8—	
	项国盛	副局长	2012.5—2015.12	公路段段长
		党组成员	2010.8—2012.5	
	李志方	副局长	2012.5—	
	刘 川	副局长	2013.6—	
	胡筱武	党组成员		
	徐 瑜	党组成员		

十、黄梅县交通行政管理机构

1954年5月，黄梅县人民政府设立交通科。1956年3月，改称黄梅县人民委员会交通科。1958年7月，称黄梅县交通运输管理局。1959年10月，称黄梅县交通局。1968年5月，成立黄梅县交通局革命领导小组。1969年4月,改称黄梅县革命委员会交通局。1970年1月,成立黄梅县革命委员会交邮局。1970年5月,改称黄梅县革命委员会交通邮政管理局。1972年7月,复称黄梅县革命委员会交通科。1975年3月,称黄梅县革命委员会交通局。1980年6月,称黄梅县交通局。

2010年8月,更名为黄梅县交通运输局,内设办公室、政工股、工程股、财务股(挂审计股牌子)、运输安全股、政策法规股(挂规费征收股牌子)6个职能股室。至2015年,内设机构未变。下辖黄梅县公路管理局、黄梅县道路运输管理局、黄梅县交通物流发展局、黄梅县港航管理局(地方海事处)、黄梅县农村公路管理局、黄梅县城市客运管理所6个事业单位。

表5-2-2-10为黄梅县交通行政管理机构历任领导名录。

黄梅县交通行政管理机构历任领导名录　　　　表5-2-2-10

机构名称	姓名	职务	任职时间	备注
黄梅县人民政府交通科 (1954.5—1956.3)	梅达山	副科长	1954.5—1955.9	
	程玉培	副科长	1955.3—1956.3	
黄梅县人民委员会交通科 (1956.3—1958.7)	张斌	科长	1956.9—1958.7	
	程玉培	副科长	1956.3—1957.11	
黄梅县交通运输管理局 (1958.7—1959.10)	张斌	局长	1958.7—1959.1	
		副局长	1959.2—1959.10	
	刘松山	副局长	1958.8—1959.4	
黄梅县交通局 (1959.10—1968.5)	贾振华	书记	1959.11—1962.11	
	田见德	局长	1961.6—1962.2	
	张万春	局长	1962.12—1968.5	
	张斌	副局长	1959.10—1963.12	
	洪运飞	副局长	1966.2—1968.5	
	袁仕俊	副局长	1966.11—1967.11	
黄梅县交通局革命领导小组 (1968.5—1969.4)	陈济民	组长	1968.5—1969.4	
	桂华生	副组长	1968.5—1969.4	
	卢传福	副组长	1968.5—1969.4	
黄梅县革命委员会交通局 (1969.4—1970.1)	洪运飞	副局长	1969.4—1970.1	
黄梅县革命委员会交邮局 (1970.1—1970.5)	王文祥	局长	1970.2—1970.5	
	洪运飞	副局长	1970.1—1970.5	
	睦连士	副局长	1970.1—1970.5	
黄梅县革命委员会交通邮政管理局 (1970.5—1972.7)	洪运飞	书记	1970.11—1972.7	
	孙灿宇	副书记	1970.11—1972.7	
	王文祥	局长	1970.5—1971.4	
	洪运飞	局长	1971.5—1972.7	
	洪运飞	副局长	1970.5—1971.4	
	孙灿宇	副局长	1970.9—1972.7	
	张万春	副局长	1971.9—1972.7	
	张润泉	副局长	1971.10—1972.7	
黄梅县革命委员会交通科 (1972.7—1975.3)	张万春	书记	1973.5—	兼
	张润泉	副书记	1973.5—	兼
	洪运飞	科长	1972.7—1973.5	
	张万春	科长	1973.3—1975.3	
		副科长	1972.7—1973.3	
	孙灿宇	副科长	1972.7—1975.3	
	张润泉	副科长	1972.7—1975.3	

续上表

机构名称	姓名	职务	任职时间	备注
黄梅县革命委员会交通局 （1975.3—1980.6）	张万春	书记	1975.3—1979.11	兼
	王先德	书记	1979.11—1980.6	兼
	张润泉	副书记	1975.3—1980.6	兼
	洪运飞	副书记	1979.5—1980.6	兼
	张万春	局长	1975.3—1979.11	
	王先德	局长	1979.11—1980.6	
	孙灿宇	副局长	1975.3—1978.11	
	张润泉	副局长	1975.3—1980.6	
	胡本炎	副局长	1975.8—1979.1	
	谢胜超	副局长	1978.9—1980.6	
	洪运飞	副局长	1978.11—1980.6	
黄梅县交通局 （1980.6—2010.8）	王先德	书记	1980.6—1984.3	兼
	陈火松	书记	1984.3—1986.11	兼
	钱维雄	书记	1994.12—1996.3	
	姚成功	书记	1997.6—2003.5	
	卢胜民	书记	2003.5—2010.8	
	洪运飞	副书记	1980.6—1984.3	兼
	张国豪	副书记	1984.4—1986.3	兼
	洪金星	副书记	1994.12—2000.5	
	梅祥宗	副书记	2000.5—2001.6	
	金国庆	副书记	2001.6—2007.3	
	鲁峰	副书记	2007.3—2010.8	
	张国豪	纪检组长	1984.6—1986.3	兼
	李新文	纪检组长	1986.8—1986.10	
	张雄虎	纪委书记	1994.12—1999.5	
	张亚良	纪委书记	1999.5—2004.3	
	石建中	纪委书记、组长	2004.3—2009.9	
	张申红	纪委书记、组长	2009.9—2010.8	
	顾正贵	工会主任	1994.12—1996.5	
	程蔡民	工会主任	1996.5—2001.5	
	程雄	工会主席	2007.5—2009.9	
	丁福生	工会主席	2009.9—2010.8	
	王先德	局长	1980.6—1984.3	
	陈火松	局长	1984.3—1991.1	
	陈光坤	局长	1991.2—1994.3	
	洪金星	局长	1994.12—2000.5	
	梅祥宗	局长	2000.5—2001.6	
	金国庆	局长	2001.6—2007.3	
	鲁峰	局长	2007.3—2010.8	
	洪运飞	副局长	1980.6—1986.9	
	张润泉	副局长	1980.6—1982.6	
	谢胜超	副局长	1980.6—1994.6	
	张国豪	副局长	1982.2—1986.3	
	石旺民	副局长	1982.5—1984.3	
	张继生	副局长	1984.3—1986.11	

续上表

机构名称	姓名	职务	任职时间	备注
黄梅县交通局 （1980.6—2010.8）	钱维雄	副局长	1986.9—1994.3	
	张继生	副局长	1994.12—1999.4	
	程春松	副局长	1994.12—1999.5	
	蔡耀光	副局长	1994.12—2003.6	
	董泽国	副局长	1994.12—2003.6	
	王银龙	副局长	1995.8—1999.5	
	李定军	副局长	1995.8—2009.8	
	吕伟雄	副局长	1995.8—1997.4	
	刘耀军	副局长	2003.5—2007.3	
	张亚良	副局长	2004.3—2010.8	
	石天球	副局长	2005.4—2010.8	
	石东明	副局长	2008.2—2010.8	
	石建中	副局长	2009.9—2010.8	
	聂时新	总工程师	2007.4—2010.8	
黄梅县交通运输局 （2010.8—）	卢胜民	书记	2010.8—	
	鲁峰	副书记、局长	2010.8—	
	张申红	纪委书记、组长	2010.8—2012.12	
	汪亚明	纪委书记、组长	2012.12—	
	丁福生	工会主席	2010.8—2011.4	
	乐正二	工会主席	2011.12—	
	张亚良	副局长	2010.8—	
	石天球	副局长	2010.5—2011.4	
	石东明	副局长	2010.8—2011.11	
	石建中	副局长	2010.8—	
	桂国发	副局长	2011.4—	
	聂时新	副局长	2012.1—	
		总工程师	2010.8—	
	赵丽	总工程师	2011.12—	

十一、黄冈市交通运输局龙感湖分局

1986年1月，组建湖北省国营龙感湖农场交通科。1994年1月，交通科更名为湖北省国营龙感湖农场交通局，下设黄冈地区公路运输管理处龙感湖农场公路运输管理所，行政隶属龙感湖农场领导，业务上接受黄冈地区行署主管部门指导和监督。1997年12月，更名为黄冈市龙感湖管理区交通局。2005年11月，在全省国营农场机构改革后，正式挂牌黄冈市交通局龙感湖分局，下设黄冈市龙感湖公路管理段、黄冈市龙感湖公路规费征收稽查所、黄冈市龙感湖道路运输管理所3个副科级事业单位和龙感湖交通管理站直属单位。2009年12月，正式更名为黄冈市交通运输局龙感湖分局。

至2015年，分局内设工程计划股、质量监督站、安全股、财务股、办公室共3股1室1站。下设黄冈市龙感湖公路管理局、黄冈市道路运输管理局龙感湖分局（含客运管理所）、龙感湖管理区交通物流发展局、龙感湖管理区农村公路管理局、龙感湖港航海事处等5个直属单位。

表5-2-2-11为黄冈市交通运输局龙感湖分局历任领导名录。

黄冈市交通运输局龙感湖分局历任领导名录　　　　表 5-2-2-11

机构名称	姓　名	职　务	任职时间	备　注
湖北省国营龙感湖农场交通局 （1994.1—1997.12）	王文品	局　长	1994.1—1997.12	
	余玉生	副局长	1994.1—1997.12	
	陈思洲	副局长	1994.1—1997.12	
	江中淦	副书记	1994.1—1997.12	
黄冈市龙感湖管理区交通局 （1997.12—2005.11）	王文品	局　长	1997.12—1999.3	
	余玉生	副局长	1997.12—1999.3	
	陈思洲	副局长	1997.12—1999.3	
	江中淦	副书记	1997.12—1999.3	
	刘建新	局长（书记）	1999.3—2001.3	
	余玉生	副局长	1999.3—2003.3	
	王任年	局长（书记）	2001.3—2003.3	
	严友生	副局长	2001.3—2003.3	
	蔡锦钢	局　长	2003.3—2005.11	
	王　飞	总支书记	2003.3—2005.11	
	严友生	副局长	2003.3—2005.11	
黄冈市交通局龙感湖分局 （2005.11—2009.12）	潘映红	局　长	2005.11—2009.12	
	王　飞	党总支书记	2005.11—2006.10	
	徐先军	副局长、总支书记	2006.10—2009.12	
	陈建华	副局长	2005.11—2009.12	
黄冈市交通运输局龙感湖分局 （2009.12—）	潘映红	局　长	2009.12—2011.2	
	彭正凯	局　长	2011.2—2014.2	
	徐先军	副局长、总支书记	2009.12—2015.3	
		局长（总支书记）	2015.3—	
	陈建华	副局长	2009.12—2015.3	
	张海平	副局长	2015.3—	
	陈　刚	总工程师	2009.12—	

第三节　乡镇交通管理站

一、交通管理站历史沿革

交通管理站是全国交通行政管理的五级机构,县市级交通主管部门的派出机构和乡（镇）级主管交通的职能部门。黄冈境内乡镇交通管理站前身为始建于 1958 年的民管站,逐步过渡为交通管理站。

1954 年 5 月 21 日,湖北省人民政府主席李先念签发省人民政府令,颁发《湖北省陆路民间运输工具组织管理试行办法》,对民间运输工具采取"地方领导、群众经营,面向农村、沟通乡镇"的方针。1957 年 6 月 21 日,省公路厅根据省人委 1191 号文件指示,增设民间运输工具管理科,1963 年 6 月撤销,设立民间运输管理局。黄冈专区在交通局内设民间运输管理处,各县设有民间运输管理站或交通站。县、区、社都有 1 名副县长、副区长、副社长分管民间运输工作。1967 年,黄冈地区有区（镇）交管站 63 个,交管站人员 102 人。至 1986 年 12 月,黄冈地区交通局组织抽样和书面调查,全地区有 119 个区镇,共建立交管站 113 个,基本上实现了一区一镇一站,全地区共有交管站正式职工 376 人;全区九县（市）一农场,除麻城县交通局和交管站由财政发工资外,其余的县交管站只能靠收费养人。

区（镇）交管站的职能:一是在区公所领导下,做好运输计划,组织货源和运输工具调度;二是对散布在城镇和农村的个体运输业加强管理;三是对外来车辆统一配载;四是组织衔接运输,解决短途运输中急待解决的问题;五是管理运价,贯彻政府有关政策、法令;六是征收管理费,按运费收入的0.5%提取,用于交通管理站管理干部的行政业务开支。

1988年1月,根据有关精神,乡(镇)征稽站与乡(镇)交通运输管理站(以下简称交管站)合并办公,属乡(镇)政府和县市交通局双重领导,以县市交通局为主,党团组织属乡镇领导。一乡(镇)设一交管站,也有因地制宜一个交管站负责几个乡(镇)的交通管理工作。交管站与乡(镇)公路养路费征收稽查站实行一门两牌,合署办公。

1988年,湖北省交通厅颁发《湖北省乡(镇)交通管理站工作暂行规定》,对交管站职责范围及五大管理职能进行了明确。主要工作职责为:乡村道路建设与规划,乡(镇)道路运输管理,乡(镇)道路路政管理,乡(镇)道路、水路运输安全管理,乡(镇)交通规费征收。

1992年,黄冈地区辖有9个县(市)1个农场,212个建制乡镇,设交管站141个。

1996年,黄冈市辖11个县(市、区)共有206个行政建制乡、镇、场、办事处,120个乡镇交管站,其中一乡(镇)一站52个,多乡(镇)一站68个,共有交管人员1060人。

2009年1月,国家实行燃油税改革,交管站人员相继转岗,部分交管站成建制整体转型,从事农村公路建管养工作。

二、乡镇交通管理站设置

(一)黄州区

1984年3月22日,随着设区建乡行政区划的变更,原有15个公社交通站、南湖交通站、砂子岗交通检查站、黄州搬运管理站和团风搬运管理站共19个单位,调整更名为9个区、3个镇交通站、南湖交通站、砂子岗交通检查站、黄州搬运管理站和团风搬运管理站,共计16个单位。1984年10月17日,黄州搬运管理站成建制移交鄂州市交通局。1987年7月18日,鄂州市交通局黄州交通管理站成建制交回黄冈县交通局,更名为黄冈县交通局黄州交通管理站。1996年5月18日,因撤地建市和区县分设,各交通站和稽查站相应调整更名为:黄州区赤壁交通管理站、禹王交通管理站、东湖交通管理站、路口交通管理站、陶店交通管理站、陈策楼交通管理站、堵城交通管理站、南湖交通管理站及黄州路口公路养路费征收稽查站。2003年6月18日,撤销黄州区赤壁交通管理站、禹王交通管理站、东湖交通管理站,"三站合一"设立黄冈市黄州区交通管理总站,为副科级事业单位,并受黄冈市交通局委托代管路口、陶店、陈策楼、堵城、南湖等交管站及路口公路养路费征收稽查站。2005年,经省政府批准,路口养路费征收稽查站又迁回砂子岗。2005年11月4日,根据乡镇综合配套改革文件精神,黄州区区域性设置5个交通管理站:三办交通管理总站、路口交通管理站、陈策楼交通管理站、堵城交通管理站。2009年7月10日,设立黄州区乡村公路管理股,为正股级事业单位,与黄州区交通管理总站一门两牌,合署办公。

(二)团风县

1996年4月成立团风县交通局筹备组,下辖团风、淋山河、方高坪、回龙、马曹庙、上巴河、总路咀、但店、贾庙、王家坊、溢流河11个交通管理站。2005年5月,对各交通管理站进行合并,设立团风、淋山河、标云岗、但店、枣树店5个交通管理站。2012年3月,根据国家税费改革和省市农村公路管理体制改革的要求,市县编委批复成立团风县农村公路管理局,原5个交通管理站人员全部并入县农村公路管理局。

(三)红安县

1979年9月,成立红安县城关地区交通运输管理站。1984年12月,城关地区交通运输管理站撤销,随后相继成立城关镇、城关区、七里坪镇、八里湾镇、上新集镇、觅儿区、高桥区、永河区、华河区、二程区交通管理站。1988年11月22日,增加高丰岗、两道桥、紫云乡3个交通管理站。2001年,红安县机构编制委员会红编〔2000〕4号文同意乡镇交通管理站随乡镇建制设置,共设置11个交通管理站,为交通局的二级单位。11个交通管理站分别是:城关镇交通管理站、杏花乡交通管理站、七里坪交通管理站、华家河镇交通管理站、上新集镇交通管理站、二程镇交通管理站、高桥镇交通管理站、觅儿寺镇交通管理站、八里湾镇交通管理站、太平桥镇交通管理站、永佳河镇交通管理站。

(四) 麻城市

1958年,由民管站逐步过渡到交通管理站。1960年建立了福田河交通管理站;1961年11月又设立了白果、宋埠交通管理站;1963年设立了城关、阎河交通管理站;1964年设立了铁门、张广河交通管理站。1983年,张广河交通管理站随着撤区而撤销,该区境业务由三河交通管理站担负。1984年增设熊家铺交通管理站。之后,先后撤销了熊家铺、乘马、闵集、宋埠凉亭、罗铺交通管理站。至2008年,有城区一站、二站、三站、中一、宋埠、铁门、歧亭、白果、夫子河、南湖、阎河、三河、龟山、张家畈、木子店、王福店、福田河、顺河、盐田河、黄土岗20个交通管理站。2012年8月,设立麻城市农村公路管理局,为麻城市交通运输局所属副科级事业单位。下设麻城市农村交通运输执法队和城区、宋埠、龟山、乘马岗、白果5个农村公路管理站。

(五) 罗田县

1979年11月,成立罗田县运输市场管理办公室,下设城关、三里畈、胜利、平湖、九资河、白庙河、骆驼坳、石桥铺8个交通管理站。1985年,增设大崎、大河岸、古庙河3个交通管理站。1992年,交通管理站划归公路运输管理所管理。1994年4月,交通局成立运输股,交通管理站收归交通局直接管理。2003年4月,交通管理站实行撤并,按罗田经济区域设站,只保留凤山、大河岸、三里畈、骆驼坳、河铺5个交通管理站。其余的大崎、胜利、九资河、白庙河、石桥铺划归所辖站区,设立办事处。

(六) 英山县

1981年5月,成立城关、南河、杨柳、草盘、石镇5个交通运输管理站。2005年,成立英山县交通局交通管理站,下设南河、温泉、金铺、草盘、杨柳5个交通管理站,撤销原石镇交通管理站。2009年1月1日,国家实行燃油费改税,原交通管理人员待岗,等待转岗安置。2010年12月下旬,原交通管理站待岗人员统一划转到县乡公路管理局,经法律法规培训,竞岗考试。2011年1月,分流人员全部到位。

(七) 浠水县

1964年5月,鉴于白莲河水库船舶运输涉及浠水、罗田、英山3县,地区交通局乃设直属站,名为黄冈地区浠水白莲河木帆船管理站,由浠水、英山各配1人组成,委托浠水县交通局代管。1965年8月,管理站下放浠水县交通局领导,更名为浠水县白莲河交通站。1982年,更称白莲镇交通管理站。

1980年4月,巴河、兰溪交通站划出航务及人员成立航管机构后,站仍按原称。1982年7月,全县按公社、镇行政区划配置交通管理站时,更名为巴河公社交通管理站和兰溪公社交通管理站;另增设城关镇交通管理站和竹瓦、汪岗、团陂、大林、蔡河、洗马、里店、十月、巴驿、朱店、华桂、松山、关口、绿杨、余堪、策湖16个公社交通管理站,包括白莲镇交通管理站,合计20个。

1984年3月,全县设区建乡,改按区镇配置交通管理站15个,其中镇站5个:城关、散花、白莲、巴河、兰溪;区站10个:望城、巴驿、竹瓦、汪岗、团陂、关口、蔡河、绿杨、洗马、马垄。1986年秋,全县撤区建乡,改按乡镇配置交通管理站。1988年,设乡镇级养路费征收稽查站,与交通管理站一门两牌,计26个,其中镇站14个:清泉、白莲、巴河、兰溪、散花、马垄、巴驿、竹瓦、汪岗、团陂、蔡河、洗马、关口、丁司垱;乡站12个:麻桥、朱店、西河、松山、华桂、三店、大林、胡河、堰桥、绿杨、余堰、六神。

2003年,随着乡镇机构改革合并为13个交通站。2009年7月,浠水县交通局交管股及13个乡镇交通站与原县乡村公路段合并成立新的乡村公路管理段。2011年3月,更名为农村公路管理局,下设5个乡镇交通管理站,职能发生根本转变,主要从事农村公路养护。

(八)蕲春县

1963年11月,在张塝、青石、刘河、狮子、横车、彭思、赤东等区建立7个交通管理站。1964年10月又成立潜河交通管理站。1986年,局辖蕲州、八里湖、赤东、清河、刘河、青石、张塝、大同、狮子、株林、横车、彭思、茅山、管窑14个交通管理站,均为县交通局派出机构;另有黄土岭、马畈、向桥、大公、檀林,县政府批文成立交通管理站,但未设站。1993年1月,原局派出机构14个交通管理站人员、规费管理,划归县运管所管理。

1996年3月,交通管理站归口县交通局管理。县交通局增设交通管理股,负责下设14个交通管理站的人员、规费征收管理工作。2003年10月,根据交通管理股业务量增大和人员发展,为加强管理,经局研究,报县批准,交通管理股更名为蕲春县交通管理总站,为副局级单位。2006年12月,乡镇交通管理站由12个撤并为7个。2011年1月,更名为蕲春县农村公路管理局。2014年由副科级升格为正科级事业单位。

(九)武穴市

1962年1月,原广济县设有8个区镇交通管理站。1987年设有武穴、梅川、龙坪、田家镇、四望、石佛寺、花桥、余川、大法寺9个乡镇交通管理站。1990年增设两路、万丈湖农场2个交通管理站,次年辖区变动,2个管理站并入梅川龙坪管理站。1992年阳城交通管理站更名为大法寺交通管理站,郑公塔管理站并入花桥管理站,全市武穴、石佛寺、花桥、余川、梅川、四望、大法寺、田镇、龙坪9个交通管理站一直沿袭至2004年。

2006年3月,成立武穴市交通管理总站,与1994年成立的交通稽查大队一门两牌。总站对全市5个交通管理站实行统一管理。2012年5月,经市机构编制委员会批准,成立武穴市农村公路管理局(挂武穴市交通管理总站牌子),下设梅川、余川、石佛寺、龙坪、田镇5个交通(农村公路)管理站。每个站定编8人,计40人。

(十)黄梅县

1970年11月18日,在全县12区同时设立交通管理站,各站配备专职干部2名(站长、会计各1人)。1975年,随着撤区并社,全县交通管理站增设至16个(小池、王埠、刘佐、新开、蔡山、分路、孔垄、濯港、城关、大河、苦竹、五祖、杉木、停前、独山、长岭)。1988年4月,撤区建乡,行政区域变更,全县交通管理站增设至20个(小池、王埠、刘佐、新开、蔡山、李英、分路、张河、孔垄、白湖、濯港、城关、大河、王枫、苦竹、五祖、杉木、停前、独山、长岭)。养路费征收稽查站与交通管理站合署办公,一门两牌,交通监理权移交公安部门,交通管理站主要职责转变为负责"四小车辆"的规费征收工作。1996年,全县交管站减少至13个(小池、新开、蔡山、分路、孔垄、濯港、城关、大河、苦竹、五祖、杉木、停前、独山),职能不变,隶属不变。

2005年10月,全县13个乡镇交通管理站合并为5个,人员由205人减至40人,实行划片管理,分别是:城关交通管理站(负责黄梅镇、濯港镇、大河镇),孔垄交通管理站(负责孔垄镇、蔡山镇、新开镇),小池交通管理站(负责小池镇、分路镇、刘佐乡),五祖交通管理站(负责五祖镇、停前镇、柳林乡、苦竹乡),独山交通管理站(负责独山镇、下新镇、杉木乡)。主要负责所辖乡镇的"四小车辆"的规费征稽工作和交通行业管理。2009年1月,在国家开展燃油税费改革后,交通管理站征费职能取消。2011年9月,成立黄梅县农村公路管理局,为副科级事业单位,内设3个职能股室,5个乡镇交通管理站划转黄梅县农村公路管理局管理,主要职能是负责农村公路的养护、管理工作。

(十一) 龙感湖区

龙感湖交通管理站,成立于1982年,由龙感湖交通科直接领导,是龙感湖农场交通管理职能部门,下设2个分站,负责全场拖养费征收,征稽员13人。1988年4月,撤区建乡,养路费征收稽查站与交通管理站合署办公,一门两牌。1994年8月,交通科更名为交通局,农场交通管理站分为场直、沙湖、寒湖3个交通管理站。1997年3个站又合并为1个站。2012年7月5日,交通管理站更名为龙感湖管理区农村公路管理局。

第三章 行业管理单位

第一节 公路管理机构

一、鄂东公路管理机构

1928年10月,湖北省建设厅在鄂东设立了鄂东省道工程处,主要负责鄂东地区兴建工程的筹备和勘察黄陂经麻城、夫子河、团陂、蕲水、梅川、清江口(今小池口)的省道干线,这是湖北省在鄂东设立的第一个负责公路兴建和勘察的公路机构。

1930年10月,湖北省道鄂东路管理局成立,主要负责管理鄂东汉口至麻城、柳子港至界子墩等线的养护业务和营运业务。

1932年,鄂东省道工程处撤销,其业务并入鄂东路管理局兼管。同年4月,湖北省建设厅在鄂东成立汉(口)黄(安)工程处,负责修建黄陂、麻城、黄安(今红安县)、罗田等县干支新建及已通车公路的改建工程。8月,湖北省建设厅又在蕲水(今浠水县)组建武英工程处,负责新建黄梅、广济(今武穴市)、蕲水、蕲春、英山等县公路,同时兼管本地区已通车公路的改建任务。

1933年3月,湖北省道路管理局在鄂东设立第一和第三工程处,负责修建鄂东地区公路,其中:第一工程处设立4个分段,即麻城分段(麻城至浠水)、浠广分段(浠水至广济)、黄广分段(黄梅至广济)和麻界分段(麻城至小界岭);第三工程处负责人为李林森,主要负责修建麻城至团风、中途店至中馆驿公路。4月1日,汉(口)小(界岭)公路黄(陂)麻(城)段归并汉宜路管理局管理。6月,汉宜、鄂东路管理局合并,成立汉宜鄂东省道管理局,并在鄂东设立鄂东养路工程处,负责改善汉口至麻城公路。

1935年,湖北省公路管理局成立后,为统管全省运输和养护业务,在全省设立9个养路区,其中第一养路区负责鄂东地区。同年,湖北省公路管理局为新建和改善公路工程,成立了湖北省公路工程处,下辖10个施工单位,其中在鄂东设有浠团工程段(浠水至团风)、黄广工程段(黄梅至广济);后因阳新至蕲春公路开始兴工,1936年,湖北省公路工程处又在鄂东增设阳蕲工程段。

1937年2月,湖北省公路管理局下属机构变动,养路工作设5个养路区,其中第一区驻宋埠,管养长江以北、平汉(今京汉)铁路以东的通车线路,但不久,由于南京沦陷,日军溯江而上,湖北省政府决定撤销湖北省公路管理局。

1938年1月,湖北省建设厅成立湖北省公路工程处,在公路新建及改建方面设12个工程段,其中:在鄂东设有浠团(浠水至团风)、团柳(团风至柳子港)、汉麻路麻黄(麻城至黄安)、武田、界黄(武穴至田家镇至界子墩至黄梅)4个工程段。9月,湖北省建设厅对鄂东各线路的施工机构做了变更,并在鄂东设有鄂东段工程处,处下设黄麻工程段、团柳工程段,但时间不长,随着鄂东沦陷,这些施工机构相继撤离。

1946年1月,恢复成立交通部公路总局,也恢复成立了湖北省公路管理局,并在鄂东设立鄂东北段工务总段。11月,汉(口)小(界岭)公路移交交通部公路总局第二区公路管理局接管。

1948年初,国民政府成立鄂豫皖3省"清剿"区公路督修委员会,加强督修通往大别山区公路的抢修工作。湖北省公路管理局为抢修广水至宋埠、兰溪至滕家堡2条公路,也设立2个抢修工程总队,受鄂豫皖3省"清剿"区公路督修委员会的直接监督,施工所需材料和经费,均由"督委"直接拨发。与此同时,柳(子港)界(子墩)公路奉命移交国民政府交通部公路总局第二区公路管理局接管,撤销鄂东北段工务总段,成立鄂东工务段,负责修复和养护鄂东地区的支线公路。但8月以后,鄂东很多线路因战争而中断交通,湖北省公路管理局又将鄂东工务段改组为工程总队,同时撤销分段一级机构,并在鄂东设立第一工程总队。

1949年1月,湖北省建设厅将第一、第二两个工程总队与汉口运输总站及鄂东运输段合并,成立汉口办事处。

1950年初,中南公路局率先在汉(口)麻(城)公路上设立汉(口)李(家集)、李(家集)麻(城)2个工务段,开展汉(口)麻(城)公路路面的铺设及其养护,加强对临时桥梁、过水路面的维修加固和改善,并决定组织测量队对麻(城)小(界岭)公路的修复进行测量。1951年春,中南公路局设汉潢公路处,着手修复麻(城)小(界岭)公路。

二、黄冈市公路管理局

1959年8月,湖北省交通厅黄冈养路总段成立,实行行政属地方、业务属湖北省交通厅的双重领导,下辖黄冈、新洲、宋埠、罗田、英山、浠水、鄂城、阳新8个养路分段。1963年5月9日,黄冈专员公署批准湖北省交通厅黄冈养路总段设人事秘书股、养路工程股、计财股、工程汽车队。

1964年9月,湖北省交通厅批准湖北省交通厅黄冈养路总段接收管养蕲春、黄梅、广济3县管养的公路干线及主要支线,并增设政治处。

1965年1月,湖北省交通厅黄冈养路总段更名为湖北省交通厅公路管理局黄冈养路总段。9月,中共湖北省委决定:鄂城、阳新两县划属咸宁专区管辖,鄂城和阳新养路分段随同移交。10月,黄冈专署批准湖北省交通厅公路管理局黄冈养路总段成立工程队,并正式接管黄州汽渡码头。

1968年1月24日,黄冈地区养路总段建立革命委员会。1968年11月17日,将黄冈地区养路总段更名为黄冈地区公路总段,内设行政股、工程股、机械队、汽车渡口管理所。1975年8月,黄冈地区交通局批准黄冈地区公路总段增设机料股。1979年6月,湖北省公路管理局将武昌油池移交给黄冈地区公路总段代管。12月,鄂城县从咸宁地区划归黄冈地区,并增鄂城市,与县并治,鄂城县、市分别设立县、市公路段,一并属黄冈地区公路总段管辖。

1981年1月,黄冈地区编制委员会批准将黄冈地区公路总段内部机构调整为办公室、人事劳资科、工程科、机务材料科,增设科研室、养护科、计划财务科,将机械队更名为工程队。1983年7月,黄冈地区公路总段增设路政管理科。10月,新洲县公路段移交武汉市管辖。同期,黄冈地区公路总段进行内设机构调整,将养护科、工程科合并为工务科,计划财务科改为财务科,路政管理科改为路政绿化科,人事劳资科改为政工科,设立总工程师室。1986年7月7日,黄冈地区编制委员会明确黄冈地区公路总段为副县(处)级机构。1987年10月13日,成立黄冈地区公路总段机械队、劳动服务公司,保留工程队。1989年3月15日,黄冈地区机构编制委员会批准黄冈地区公路总段内部机构设办公室、劳动人事科、审计科、计划财务科、路政绿化科、工程科、机务材料科、养护科、科研设计室。

1996年4月,黄冈撤地设市,黄冈地区公路总段亦更名为黄冈市公路总段。1998年12月,黄冈市机构编制委员会批复,黄冈市公路总段更名为黄冈市公路管理局,并将内部机构设为办公室、政工科、工资福利保险与离退休人员管理科、路政绿化科、养护科、工程科、公路车辆通行费征管科、计划财务科、审计科、机务材料科,并设立工会、监察室。直属事业单位有黄冈市公路规划勘测设计院、公路车辆通行费东门收费站;局直企业有黄冈市公路工程建设总公司。

黄冈交通运输志

2000年3月2日,黄冈市交通局党组以黄交党〔2000〕28号文件批复,黄冈市公路管理局内设机构为10个科室、2个事业单位,即:办公室、政工科、计划财务科、审计科、工资福利保险与离退休人员管理科、养护科、工程科(加挂公路建设市场管理办公室牌子)、路政绿化科、机务材料科、公路车辆通行费征管科(加挂公路车辆通行费征稽所牌子);直属事业单位为公路规划勘测设计院、公路车辆通行费东门收费站;纪检、监察机构和工会、共青团组织按有关规定设置。

2004年8月12日,黄冈市人民政府办公室以黄政办发〔2004〕90号文件,明确黄冈市公路管理局仍为相当于副县(处)级事业机构,内设办公室、政工科、工程技术科、养护科、财务审计科、通行费征收管理办公室、路政科(加挂黄冈市路政支队牌子)、计划统计科8个科室。

2010年11月9日,黄冈市机关编制委员会以黄机编办〔2010〕72号文件,同意黄冈市公路管理局增设建设规划科、政策法规科。至此,黄冈市公路管理局内设机构由8个调整到10个。

表5-3-1-1为黄冈公路管理机构历任领导名录。

黄冈公路管理机构历任领导名录 表5-3-1-1

姓　　名	性　别	出生年月	文化程度	职　　务	任职时间
肖桂森	男	1923	高　小	副总段长、总段长、革委会主任、党支副书记、党支书记、工会主任	1959.8—1984
李道友	男	1922	高　小	党支书记	1963.10—1969
陈熔和	男	1945	中　专	革委会副主任	1968.1—1969(未到职)
周汉卿	男	1932		革委会副主任	1968.1—1970
叶文顺	男	1927	初　中	党支部书记、总支副书记	1973.4.10—1983
陈子英	女	1934.8	高　小	党支部、总支副书记	1974.7—1984
廖　凯	男	1929.9	中　专	党支部、总支副书记	1976.1—1984.7
陈炳卿	男	1928	初　中	党支部、总支副书记	1978—1982
张雪来	男	1928	初　中	总段长、党支委员	1980—1984
谭干成	男	1940.4	大　学	副总段长兼党总支书记	1981.4—1985
肖　理	男	1953.1	大　专	总段长、党总支委员	1984.7—1987.3
				副总段长、党总支委员	1987.4—1992.1
程润华	男	1951.3	中　专	副总段长	1984.7—1987.3
毛征服	男	1947.2	中　专	副总段长、党支、党委委员	1984.7—1999.3
				总工程师	1999.3—2004.12
李　明	男	1952.3	中　专	党总支书记	1985.5—1987.3
袁希炎	男	1936.12	初　中	党总支书记	1987.3—1991.12
				总段长	1987.3—1995.9.1
				党委书记	1991.12—1995.7.7
熊长江	男	1957.9	中　专	党支副书记	1987.3—1989(兼)
周日新	男	1940.1	中　专	副总段长	1990.5—1999.3
王遂涛	男	1942.9	中　专	党委副书记	1990.7—2000.1
龙其保	男	1943	大　学	总段长	1995.7—1998.12
				党委书记	1995.7.7—2001.12.
				局长、党委书记	1998.12—2001.12
吴炎清	男	1940.1	中　专	副总段长	1995.1—2001
彭克武	男	1954.10	大　专	局长、党委书记	2002.6—2006.12

续上表

姓　名	性　别	出生年月	文化程度	职　务	任职时间
童少东	男	1954.12	大专	党委副书记	2000.1.29—2013.12
柯平飞	男	1963.4	大学	副局长	2002.9—2010.5
				党委委员	2002.9—2010.5
刘泰山	男	1966.11	大学	副局长	2004.12.23—2007.3.26
				党委委员	2004.12.23—2007.3.26
骆祖文	男	1964.2	大学	副局长	2001.6.1—2010.1.20
				党委委员	2001.6.16—2010.1.20
余保国	男	1964.10	大学	总工程师	2004.12.23—2010.1.20
				党委委员	2004.12.23—2016
				副局长	2010.1.20—2016
王正高	男	1964.4	大学	局长	2006.12—2010.5.9
				党委副书记	2006.12—2010.5.9
鲍克宏	男	1964.3	研究生	党委书记	2006.12—2010.5.9
				局长	2010.5.9—2016.7
				党委副书记	2010.5.9—2015.5
倪红玲	女	1970.9	大专	党委书记	2010.5.9—2016.7
				局长	2016.7—
左毅	男	1962.9	大专	副局长	2007.3
				党委委员	2007.3
王洪武	男	1966.9	大学	副局长	2010.1
				党委委员	2010.1.20—
王新国	男	1964.12	大学	副局长	2009.11
				党委委员	2009.11
胡秀全	男	1967.8	大学	总工程师	2010.1.20—
				党委委员	2012.5
吕海龙	男	1970.10	大专	工会主席	2013.3
				党委委员	2013.3

三、黄冈市汽车战备渡口管理处

黄冈汽车战备渡口管理处主要负责战时和特殊情况下军事运输畅通、渡口工程设施及渡运设备的维护和保养。

黄冈汽车战备渡口是106国道跨长江的交通要道,属平战结合、军地两用的长江大型公路专业汽车渡口。1965年竣工通航,由黄冈地区养路总段管理,时名黄州汽车渡口管理所。

1984年10月,成建制移交鄂州市公路段管理。2000年5月19日,又成建制移交黄冈市交通局,由鄂黄长江公路大桥开发公司管理,同年6月4日正式挂牌,渡口机构更名为黄冈市汽车渡口管理处。

2001年,经湖北交通战备办公室批准,停止渡运业务,保留黄冈市汽车管理处机构。2003年属鄂黄长江大桥管理局直属科级事业机构。2005年,经湖北省交通战备办公室批复,同意利用部分渡运设备异地渡运,在鄂黄长江公路大桥上游18公里处的黄州区禹王办杨家湾设置新汽车渡口。

2011年8月19日,黄冈市机构编制委员会批复黄冈市汽车战备渡口管理处正式成立,属于正科级事业单位,核定财政全额事业编制20名。至2015年,黄冈市汽车战备渡口管理处有职工98人,其中,在职职工26人,退休职工72人。

四、湖北省交通运输厅黄黄高速公路管理处

1998年11月,经省编委批准成立湖北省黄黄高速公路管理处(以下简称黄黄管理处),属厅直属正处级事业单位。黄黄管理处实行一级核算,二级管理,主要职责是负责黄(石)黄(梅)高速公路收费、养护、路政管理和经营开发工作。

2003年4月,成立湖北黄黄高速公路公司,具体负责黄黄高速公路全线收费管理、养护管理、受交通厅路政办委托的路政日常管理工作。2010年1月15日,湖北黄黄高速公路公司复为湖北省交通运输厅黄黄高速公路管理处。

2014年,湖北省编办批复为公益二类事业单位,管辖位于鄂东境内的G50/G70福银高速公路、黄黄高速公路、G42S武英高速公路、G42麻武高速公路、G45大广北高速公路、S38黄鄂高速公路、九江二桥北接线、九江二桥湖北段和鄂东大桥散花所,总里程558公里,呈"丰"字形连接鄂、皖、赣、豫4省,拥有省际出口6个。至2015年底,下设21个管理所、2个服务区管理所、3个养护管理站和3个信息监控分中心。另有湖北省高速公路路政执法总队派驻的路政执法支队,下设7个巡逻大队、1个治超大队和1个九江二桥巡逻中队。管理处现有职工1000余人,设置办公室、政工科、人事劳动科、计划财务科、收费稽查科、工程养护科、资产管理科、路政管理科、后勤服务中心、信息监控中心共10个职能部门。

五、各县(市、区)公路管理机构

(一)黄州区公路管理机构

1952年,黄冈县成立黄冈县护路队,是黄冈县(今黄州区、团风县)最早的专业公路养护机构,配专职干部3人。1959年8月,黄冈县干、支公路分管,干线为黄冈县养路工区,工区设在方高坪,隶属湖北省交通厅黄冈养路总段领导,下设3个道班;支线为黄冈县养路工程段,直属黄冈县交通局领导,段址设在标云岗,段下以行政区设养路队,共有9个养护队和1个基建队。1964年,黄冈县养路工区改称黄冈县养路分段。1966年干、支线管理合并,定名为黄冈县养路段,业务归湖北省交通厅公路管理局黄冈养路总段,行政属黄冈县交通局领导。1972年10月,黄冈县养路段更名为黄冈县公路段。1991年1月,撤销黄冈县设立黄州市,黄冈县公路段更名为黄州市公路段。1996年4月,黄州市撤销,设黄州区和团风县,黄州市公路段更名为黄州区公路段。

2004年6月20日,设立黄冈市黄州区超限运输检测站(黄州区砂子岗超限检测点)。2008年底,经省人民政府特批将该站升级为部级超限检测站,是全省设立的部级超限检测站之一。至此,黄州区公路段行政机构设有1室6股,即综合办公室、政工股、财务股、审计股、法制安全股(路政大队)、养护绿化股、工程机料股;下属3个公路养护管理站(砂子岗养护管理站、禹王养护管理站、长江养护管理站),1个收费站,1个超限检测站,1个路桥公司。

2013年,黄州区公路段正式挂牌更名为黄州区公路管理局,下设办公室、政工科、工程技术科、养护科、财务审计科、安全科、政策法规科、路政大队、治超站9个科室、队、站。

(二)团风县公路管理机构

1996年4月,黄州市撤销,设黄州区和团风县。5月8日,团风县公路管理段成立,设办公室、政工股、审计股、路政股、养护股、工程股、工会,在团风县得胜大道55号租用两层民房办公。1997年8月8

日,团风县公路管理段段部迁至团风县临江铺村。

2003年11月25日,设立团风方高坪车辆通行费收费站。2005年,上巴河公路超限车辆检测站成立。2009年4月30日,方高坪车辆通行费收费站停止收费。2010年3月1日,方高坪车辆超限超载检测站(原车辆通行费收费站改)成立。

2012年11月23日,根据黄冈市机构编制委员会办公室以黄机编办文件批复,团风县公路管理段更名为团风县公路管理局。局机关下设办公室、政工科、工程技术科、养护科、财务审计科、安全科、政策法规科、路政大队、治超站9个科室、队、站。

(三)红安县公路管理机构

1952年3月,红安县人民政府建设科组建公路养护组。1953年6月,红安县公路养护组改名为红安县公路养护工程队。1961年7月,红安县公路养护工程队更名为红安县养路段,下设10个道班。1964年,红安县养路段隶属湖北省交通厅黄冈养路总段,下设12个道班、2个桥涵工程组、1个工具维修组、1个22人的专业护林组。

1972年12月,红安县养路段更名为黄冈地区红安县公路段,增设行政组、财务组、工程组,下设25个道班、3个技工班、1个机械班、1个苗圃班。1975年,黄冈地区红安县公路段21个道班分片组建4个养护队,原机械班改为机械队,实行单独核算。1980年1月,红安县公路段设生产、财务、政工办公室,撤销4个养护队。1981年,设置了办公室、行政股、养护工程股、计划财务股、机料安全股4股1室,下设26个道班、1个机械队、1个工程队。1984年,新增设路政绿化股。1996年,改名为黄冈市红安县公路段。1998年,红安县公路段工程科分解为工程队和机务材料供应站,新增设劳动服务公司,段内设有7科1室,即财务科、审计科、政工科、路政科、养护科、收费科、办公室和工程监察科。

2009年3月24日,内设机构有办公室、工会、政工股、团委、财务股、审计股、工程监管股、路政大队、养护中心、收费站、鄂东公路工程有限责任公司、煤气站、预制厂、超限站。

2011年9月21日,红安县公路段更名为红安县公路管理局,下设办公室、政工科、工程技术科、养护科、财务审计科、安全科、政策法规科、路政大队、治超站9个科室、队、站。

(四)麻城市公路管理机构

1950年初,中南公路局率先在汉(口)麻(城)公路上设立李(家集)麻(城)工务段,负责管养汉(口)麻(城)公路的日常性养护,随即设立宋埠养路工区,开展汉(口)麻(城)公路路面的铺设及其养护,加强对临时桥梁、过水路面的维修加固和改善。1953—1956年,宋埠养路工区隶属黄陂公路段管辖。1956年7月,麻城县人民委员会交通科批准,成立麻城县养路班,负责地方一般支线公路抢修恢复和养护工作。1959年8月,湖北省交通厅黄冈养路总段宋埠养路分段成立,下设固定道班。1959年10月,麻城县成立养路队,属县交通局管辖。1960年,麻城县成立养路队更名为麻城县养路工程段。

1966年4月,湖北省交通厅黄冈养路总段宋埠养路分段与麻城县养路工程段合并,成立麻城县公路管理段。1967年5月,麻城县公路管理段革命委员会成立。1968年5月,复为麻城县公路段,内设政办室、财务股、生产股、机械队,下设8个养护队、2个苗圃班、1个预制场。

1990年10月,麻城市机构编制委员会批准设立麻城市公路段,为副科级单位。1994年,麻城田畈收费站由麻城市交通局移交至麻城市公路段归口管理。1996—2005年,内设机构调整,先后设立养护处、工程机械队、公路实业总公司、监察室、科研设计室、质量监理站,撤销工程股、公路工程机械二队(撤销麻城市公路工程公司,其人员合并到路桥处)。2005年5月11日,路桥处、养护处、工程机械队、公路工程机械二队、公路实业总公司合并,成立麻城市宏远路桥工程有限公司。

2012年4月26日,麻城市公路段更名为麻城市公路管理局。局机关下设办公室、政工科、工程技术科、养护科、财务审计科、安全科、政策法规科、路政大队、治超站9个科室、队、站；下辖麻城市宏远路桥工程有限公司、麻城市顺达公路工程检测站2个局直单位。麻城市宏远路桥工程有限公司下设养护处、路桥处、机械处，其中养护处下设1个机械养护中心、18个公路养护管理站。

（五）浠水县公路管理机构

1959年8月，湖北省交通厅黄冈养路总段浠水分段成立，下设固定道班。1967年春，湖北省交通厅公路管理局黄冈养路总段浠水分段革命委员会成立，1970年3月撤销，称黄冈地区浠水养路段。1984年11月，更名为浠水县公路段。

2012年9月，浠水县公路段正式更名为浠水县公路管理局，业务隶属黄冈市公路管理局管辖，主要承担公路养护、公路建设、公路管理、公路超限运输治理、公路行业信息管理及应急保畅等职能。下辖公路路政执法大队、迅达路桥公司、质检站、卫生所4个二级单位和麻桥、分流、三台、关口、洗马、马垄、泉塘、三店、方铺、丁麻10个公路养护管理站（组）及清泉机械养护管理站。

（六）罗田县公路管理机构

1950年5月，罗田县人民政府设立罗田县人民政府建设科，公路建设和养护隶属建设科管辖。1954年12月，建设科改名为交通科。1958年，交通科改为交通运输管理局；同年，中共罗田县委批准成立罗田县养路队。1959年8月，湖北省交通厅黄冈养路总段罗田分段成立，下设13个养护道班。1966年，湖北省交通厅黄冈养路总段罗田分段养路队与罗田县养路队合并，成立罗田县养路段，实行干、支线合一管养。1968年11月，罗田县养路段革命委员会成立。1974年，恢复罗田县公路段。至1982年，罗田县公路段增设办公室、政工股、生产计划股、机料股，段直属单位有工程队、机械队，下设4个养护队、41个道班、1个苗圃、1个油池。1989年，罗田县公路段升为副局（科）级单位。

2011年9月，黄冈市机构编制委员会办公室批复罗田县公路段更名为罗田县公路管理局，下设办公室、政工科、工程技术科、养护科、财务审计科、安全科、政策法规科、路政大队、治超站9个科室、队、站。

（七）英山县公路管理机构

1954年2月，英山县人民政府组建英山县人民政府交通科。1959年4月，英山县养护工程队成立。1960年，英山县养路段成立。1972年11月，更名为湖北省黄冈地区英山县公路段。1987年，英山县乡镇公路段成立，实行两块牌子一套班子合署办公，由原正股级升为副局级单位。1996年黄冈地改市后更名为黄冈市英山县公路段。2002年12月18日，英山县县乡公路管理局分离。2004年11月，机关实行"三定"工作，内设机构也随之精简到2股1室1大队，即财务审计股、工程养护股、综合办公室、路政大队。

2011年9月，黄冈市机构编制委员会办公室批复英山县公路段更名为英山县公路管理局，下设办公室、政工科、工程技术科、养护科、财务审计科、安全科、政策法规科、路政大队、治超站9个科室、队、站。

（八）蕲春县公路管理机构

1955年，蕲春县成立第一个养路班。1956年6月，蕲春县养路班改为养路工程队。1964年，蕲春县养路段成立，道班增加至9个。1965年，干、支线公路养护机构合并，改称蕲春县养路分段，共有道班20个。1968年，蕲春县养路分段革命委员会成立。1972年，蕲春县养路分段改称蕲春县公路段。1986年，蕲春县公路段内设办公室、劳动从事股、财务股、养护股、工程技术股、路政管理股，下属31个道班。1986年，增设监察保卫股。1987年，路政管理股撤销，设立路政绿化股。1990年，劳动人事股更名为政工股。1990年6月，经中共蕲春县委、县政府研究批准，蕲春县公路段为副局级单位。1996年4月，设立公路养护处、工程处、通兴路桥公司、企业办公室，31个基层道班改为设12个养护工区。

2001年3月—2003年，路政绿化股更名为路政股，养护处更名为养护公司，工程处更名为工程公司，通兴路桥公司更名为通兴路桥工程有限公司,企业办公室更名为实业公司,技术监察股更名为工程股。同时成立工程检测站、工程监理站,将养护工区更名为养护管理站。养护公司组建为蕲春县通畅公路养护有限公司,与公路段实行管养分离,负责全县公路养护工作。

2011年9月,蕲春县公路管理段更名为蕲春县公路管理局。2013年5月正式更名挂牌。局机关设有办公室、财务审计股、政工人事股、计划养路工程股、法制安全股、群众工作室、女工委、党办、计生办、团总支10个职能股室;下辖蕲春县通兴路桥工程有限责任公司、蕲春县通畅公路养护有限公司、路政大队、超限检测站、蕲春县通强公路工程质量检测有限公司、养护机械管理站6个直属单位。

(九)武穴市公路管理机构

新中国成立初期,广济县成立建设科,公路养护工作由建设科代管。1949—1958年,广(济)武(穴)线由养护队养护。1958年9月,养护队改名为广济县交通运输管理局养路工程段,下设梅川、花桥、官桥3个工区。1961年3月,拆除3个工区,设立7个正规养护道班、1个基建队。

1964年10月,干支线分家,干线由黄冈养路总段分管,改名为广济养路分段;县管养路段命名为县养路工程段。1966年4月,干支线合一。1972年10月,改称为湖北省黄冈地区广济县公路管理段。1987年10月,广济县撤县建市,12月3日,湖北省黄冈地区广济县公路管理段改名为湖北省黄冈地区武穴市公路管理段。1993年1月14日,武穴市机构编制委员会明确武穴市公路管理段为副科(局)级全民事业单位,内设办公室、工程股、养护股、机料股、路政股、计财股。

2011年9月21日,黄冈市机构编制委员会办公室批复武穴市公路管理段更名为武穴市公路管理局,下设办公室、政工科、工程技术科、养护科、财务审计科、安全科、政策法规科、路政大队、治超站9个科室、队、站,人员编制221人。

(十)黄梅县公路管理机构

1954年4月,黄梅县人民政府设立交通科。1955年10月,中共黄梅县委成立黄梅县公路修建委员会,为常设机构,办公地点设在交通科。1956年5月,黄梅县政府交通科成立黄梅县交通科养路队。1958年,取消养路队,成立养路工区,旋即撤销,恢复养路队建制;7月,交通科改为交通运输管理局。1959年10月,黄梅县交通运输管理局改为黄梅县交通局,养路队隶属黄梅县交通局工程股直接领导。直至1962年2月,养路队隶属关系一直未变。

1964年9月30日,湖北省交通厅发出关于调整蕲春、黄梅、广济3县养路机制的通知,决定将养路队改为养路段。人事、资产均由黄冈养路总段接管,行政仍属交通局管辖,实行地、县两级双重领导。1965年,黄梅县养路段改为黄冈养路总段黄梅县养路分段。1967年9月,黄梅县养路段革命委员会成立。1972年12月5日,黄梅县养路段改名为黄冈地区黄梅县公路段。1981年,黄冈地区黄梅县公路段设4股1室1队,即政工股、计财股、工程股、路政股、办公室和机械队。相继设立上下养路片,养路队数目时有变更。后有1处灰石场、3个苗圃等附属单位,养路道班23个。2003年,实行管养分离,成立公路段养护中心;养护管理实行拆班建站,设养护管理站9个。

2012年3月,根据黄冈市机构编制委员会办公室批复黄梅县公路段正式更名为黄梅县公路管理局。局内设办公室、政工科、工程技术科、养护科、财务审计科、安全科、政策法规科、路政大队、治超站9个科室、队、站;下辖时通路桥工程建设有限公司、公路养护中心、工程质检站、小池收费站、烟铺治超检测站及10个养护管理站。

(十一)龙感湖管理区公路管理机构

1976年,龙感湖管理区交通科筹建龙感湖公路养护段。1997年3月,黄冈市龙感湖公路管理段正式成立,并于同年12月18日正式挂牌,下设综合办公室、财务室。1999年,黄冈市龙感湖公路管理段增设养护工程股、路政股。2008年,黄冈市龙感湖公路管理段增设政工股(挂靠财务室),路政股更名为路政大队。

2011年9月,黄冈市机构编制委员会办公室批复龙感湖公路管理段更名为龙感湖公路管理局,下设办公室、政工科、工程技术科、养护科、财务审计科、安全科、政策法规科、路政大队、治超站9个科室、队、站。2012年11月,根据黄冈市机构编制委员会办公室批复,黄冈市龙感湖公路管理段正式更名为黄冈市龙感湖公路管理局,并于同年11月正式挂牌。

第二节 道路运输管理机构

一、运输指挥部

1953年,湖北省成立交通厅公路运输管理局,统一领导全省陆路运输。1955年,黄冈专署成立运输指挥部,各县相继成立相应机构。

1958年,贯彻"全党全民办交通"的方针,改革公路运输管理体制,湖北省公路运输管理局将各地公路运输管理机构下放所属地专员公署领导。1959年,由于运力分散,重点运输不能保证,湖北省交通厅收回下放的运输管理机构,实行省、地双重领导,以省为主。1964年1月,省公路运输管理局成立湖北省运输市场管理办公室,2月1日开始执行《湖北省运输市场管理试行办法》,对全省参加营运的非公路部门的汽车实行"三统"(统一货源、统一运价、统一票证)管理。各地、县汽车站为"三统"管理的执行机构,各地、县车辆监理所、管理站为"三统"管理的监督执行机构。同年,将专、县交通部门汽车收归省有,省公路运输管理局改称省汽车运输管理局,黄冈地区成立汽车运输分局。

1966年"文化大革命"开始后,专、县两级运输指挥部瘫痪。1971年,湖北省革命委员会决定,将汽车分局下放地区,从此结束了全省统一经营的局面。1972年,地县恢复运输指挥部。

二、运输市场管理办公室

1979年11月29日,湖北省革命委员会、交通局制定《湖北省运输市场管理暂行办法实施细则》,规定:凡属运输市场管理范围的客货运输、装卸搬运,都必须由省、地、市、县交通局实行"三统"管理,即统一运输计划、统一运力调度、统一运价票证。"三统"办公室按照统筹兼顾、全面安排、优先支农、保证重点、减少空驶、合理运输的原则,平衡审批运输计划,办理运输业务手续。农村社队组织的副业运输队、装卸队,由大队申请,公社同意,市、县交通局批准发证,承担农村短途运输、装卸搬运业务。城镇组织的运输队、装卸队,按工商行政管理部门的有关规定办理登记,领取证照手续。由交通运输管理部门统一安排,纳入"三统"管理。各县撤销运输指挥部,成立运输市场管理办公室。

1984年,湖北省人民政府下发鄂政发[1984]114号文《关于进一步搞活公路运输的通知》。在运输市场"开放搞活"的方针指导下,取消运输市场的"三统"管理,实行自主营运,承托双方可以直接挂钩,即承运方可以自找货源,托运方可以择优托运,互相建立信誉往来,开展运输竞争。1985年2月,黄冈地区成立公路运输管理局,同地区交通局合署办公,各县运输市场管理办公室撤销。

三、公路运输管理局(处)

1985年2月1日,黄冈地区行政公署黄政文[1985]6号文件批复,同意交通局成立地区公路运输管理局,为交通局二级单位,内设办公室、汽车运输科、民间运输科、计财科。2月4日,黄冈地区行署交通局下发黄地交运字[1985]18号文件,通知各县交通局,抓紧成立各县公路运输管理所,已成立了运输管理所的县,抓紧配备领导班子和工作人员。4月1日起,全省统一实行新的公路运输管理体制。1986年9月,黄冈公路运输管理局正式设立,行政隶属黄冈地区交通局领导,业务接受湖北省公路运输管理局领导,负责公路客货运输服务业、装卸搬运、汽车维修行业管理,以及站场建设等相关业务。1989年4月26日,湖北省交通厅通知地(市)县运输管理部门一律与交通局实行一门两牌合署办公。黄冈地区下辖麻城市、武穴市、黄冈县、红安县、罗田县、英山县、浠水县、蕲春县、黄梅县9个县市,有运管人员211人,定编人数160人,其中运管处20人、各县所140人,管理技术人员141人、工勤人员19人,增减比例为-24%。

局领导深入客运一线检查工作

1991年10月31日,黄冈地区机构编制委员会黄机编〔1991〕93号文件,将黄冈地区公路运输管理局由正科级升为"相当副处(县)级"机构,同时更名为黄冈地区公路运输管理处。1995年3月2日,湖北省交通厅〔1995〕65号文件规定,全省公路客运附加费、公路货运附加费改由公路养路费征稽部门征收,黄冈地、县公路运输管理机构于当月底将"两费"征收业务一并移交给地区公路养路费征稽处、所。

1996年6月,黄冈撤地建市,黄冈地区公路运输管理处更名为黄冈市公路运输管理处。1996年4月,黄冈地区运输管理处内设黄冈地区汽车综合性能检测站。1997年11月9日,黄冈市人民政府办公室发布〔1997〕182号文《关于加强全市机动车驾驶员培训行业管理工作的通知》,将全市驾校和机动车驾驶员培训的管理职能移交给公路运输管理部门,市公路运输管理处组建机动车驾驶员培训管理办公室(简称驾管办)。1999年11月12日,黄冈市机构编制委员会办公室黄机编办〔1999〕73号文件批复,同意设立驾驶员培训管理科(简称驾管科)。

2003年5月26日,黄冈市机构编制委员会办公室黄机编办〔2003〕23号文件通知,同意黄冈市公路运输管理处更名为黄冈市道路运输管理处。2004年10月26日,黄冈市编制委员会、市交通局联合下发黄机编办〔2004〕19号文《关于做好全市道路运输管理系统定编员工作的通知》,黄冈市道路运输管理处核定为三类道路运输管理处,基础编制为30人,调整编按全市车辆总数的3‰,调整编为22人,合计定编52人。

2011年10月17日,市机构编制委员会发文,将黄冈市道路运输管理处更名为黄冈市道路运输管理局。更名后,单位级别不变,机构编制不变,隶属关系不变。其内设机构为办公室、政工科、计财科、政策法规科、运输管理科、技术综合科、驾驶员培训管理科、基建与审计科、稽查科、安全科、监管科。

表5-3-2-1为黄冈市道路运输管理机构历任领导名录。

黄冈市道路运输管理机构历任领导名录 表5-3-2-1

机构名称	姓名	职务	任职时间	备注
黄冈地区公路运输管理局 (1985.2—1986.8)	杜炜	副局长	1985.2—1986.8	主持工作
	肖永郯	副局长	1986.3—1986.8	
黄冈地区公路运输管理局 (1986.9—1991.10)	秦建英	局长	1986.9—1991.10	
		支部书记	1990.3—1991.10	
	杜炜	副局长	1986.9—1991.10	
	肖永郯	副局长	1986.9—1991.10	

续上表

机构名称	姓 名	职 务	任职时间	备 注
黄冈地区公路运输管理处 (1991.11—1996.6)	秦建英	主 任	1991.11—1996.6	
		支部书记	1991.11—1996.6	
	肖永粼	副主任	1991.11—1996.6	
	吴新华	副主任	1992.5—1993.8	1993.9 调出
	汪建国	副主任	1992.5—1996.6	
黄冈市公路运输管理处 (1996.6—2003.5)	秦建英	主 任	1996.6—1997.4	1997.5 调出
		支部书记		
	周 勇	主 任	1997.5—2002.12	2003.1 调出
		总支书记		
	肖永粼	副主任	1996.6—1997.4	1997.5 退休
	汪建国	副主任	1996.6—2002.12	
		副主任	2003.1—2003.4	主持工作
		主 任	2003.4—2003.5	
	佘建民	副主任	1997.12—2003.5	
	喻绿化	副主任	2002.5—2003.5	
	左 毅	总支副书记	2002.5—2002.12	2003.1 调出
	张晓年	工会主席	1998.5—2002.12	
黄冈市道路运输管理处 (2003.5—2011.10)	汪建国	主 任	2003.5—2011.10	
	黄义德	总支书记	2005.12—2011.10	
	佘建民	副主任	2003.5—2009.10	
	喻绿化	副主任	2003.5—2011.10	
	刘泰山	副主任	2007.3—2010.5	2010.6 调出
	陈 雄	副主任	2010.1—2011.10	
	张 阳	副主任	2010.11—2011.3	2011.4 调出
	黄 敏	副主任	2011.5—2011.10	
黄冈市道路运输管理局 (2011.10—)	汪建国	局 长	2011.10—2013.3	
	游 伟	局 长	2013.7—2016.7	
	黄义德	总支书记	2011.10—	
	喻绿化	副局长	2011.10—	
	陈 雄	副局长	2011.10—2013.7	2013.7 调出
	黄 敏	副局长	2011.10—	
	程向阳	副局长	2013.9—	

四、各县(市、区)道路运输管理机构

(一) 黄州区道路运输管理机构

1979年,设立黄冈县运输市场管理办公室(简称"三统"办公室),下设团风运输市场管理站。1985年7月16日,经黄冈县人民政府办公室批复,撤销黄冈县运输市场管理办公室和团风运输市场管理站,设立黄冈县公路运输管理所,直属交通局领导。1991年1月8日,黄冈县改为黄州市,黄冈县公路运输管理所更名为黄州市公路运输管理所。1996年5月,黄冈撤地建市,撤销黄州市,设立黄州区,更名为黄州区公路运输管理所。2005年7月11日,黄州区公路运输管理所更名为黄州区道路运输管理局,其机构性质、级别及隶属关系不变。2008年10月,黄冈市黄州区机构编制委员会黄州机编文〔2008〕40号文件批复,黄冈市黄州区道路运输管理所为黄冈市黄州区交通局所属相当于副科级事业机构,内设办公室、财务

股、法制安全股、维修驾管股、运输管理股5个职能股室,核定自收自支编制53名,其中所长1名、副所长2名。2015年7月,黄冈市黄州区机构编制委员会黄州机编文〔2015〕14号文件批复,将黄冈市黄州区道路运输管理所更名为黄冈市黄州区道路运输管理局,内设机构不变。

(二)团风县道路运输管理机构

1996年5月,黄冈撤地建市,设立团风县,成立团风县公路运输管理所。2005年,改称道路运输管理所,在岗运管人员37人,内设办公室、稽查股、财务股、运政管理股、科技维修股等职能股室。2008年1月17日,团风县机构编制委员会团机编〔2008〕1号文件批复,县道路运输管理所内设办公室、财务股、稽查队、运管股、费收股。2013年8月22日,团机编〔2013〕62号文件批复,团风县道路运输管理所更名为团风县道路运输管理局,内设机构不变。

(三)红安县道路运输管理机构

1984年11月,成立红安县公路运输管理所,为自收自支、独立核算的副科级事业单位,隶属县交通运输局,业务主管单位为黄冈市公路运输管理局。2005年6月,更名为红安县道路运输管理所。2012年12月31日,经县编委研究同意,更名为红安县道路运输管理局,主要工作职能为:负责本县境内道路旅客运输经营、道路货物运输经营、道路运输站(场)经营、机动车维修经营、机动车驾驶员培训、城市出租、城市公交、机动车综合性能检测、汽车租赁、装卸搬运、道路运输代理、货运配载信息服务、仓储理货、商品车发送等管理工作。机关内设办公室、财务股、公路运输管理股、稽查股、驾驶员培训和维修管理办公室、安全法规股、监察室、城市客运管理办公室(正股级),定省编28人,县编8人。

(四)麻城市道路运输管理机构

1985年1月,成立麻城市公路运输管理所,属市交通局直属副科级事业单位。2005年,改称道路运输管理所,有在岗人员43人,内设客运股、运政综合股、出租车股、计财股、货运股、综合办公室职能股室。2015年10月,麻城市机构编制委员会麻编发〔2015〕61号文件批复,将麻城市道路运输管理所更名为麻城市道路运输管理局,内设办公室、财务股、法制安全股、行政许可股、稽查股、科技信息股、客运管理股、综合股。

(五)罗田县道路运输管理机构

1979年11月,根据《湖北省运输市场管理暂行办法》规定,经黄冈地区批准,成立罗田县运输市场管理办公室。1985年1月20日,罗田县经济委员会罗经〔1985〕4号文件批复,将湖北省罗田县运输市场管理办公室更名为罗田县公路运输管理所,内设办公室、财务股、业务股、稽查股、维修股。1985—2011年,无重大机构设置和职能职责变化。2012年9月,罗田县机构编制委员会罗机编〔2012〕43号文件批复,将罗田县公路运输管理所更名为罗田县道路运输管理局,内设办公室、计划财务股、运输管理股、运政稽查股、维修驾培股、政策法规股。

(六)英山县道路运输管理机构

1985年2月,成立英山县公路运输管理所,为县交通局所属副科(局)级事业单位。2005年,更名为道路运输管理所,有在岗运管人员31人,内设道路运输管理股、市场监管股、办公室职能股室。2011年4月,英山县机构编制委员会英机编〔2011〕7号文件批复,英山县道路运输管理所内设办公室、财务股、政工股、安全法制股、运输管理股、稽查股、维修驾培股。2011年4月,英山县机构编制委员会英机编〔2011〕8号文件批复成立英山县城市客运管理办公室,为道路运输管理所下属股级事业单位。2014年4月,英山县机构编制委员会英机编办〔2014〕6号文件批复英山县道路运输管理所增设运政执行室。2014年9月,英山县机构编制委员会英机编办〔2014〕55号文件批复,英山县道路运输管理所更名为英山县道路运输管理局,内设机构不变。

(七)浠水县道路运输管理机构

1985年2月28日,浠水县人民政府撤销浠水县运输市场管理办公室,批准成立浠水县公路运输管理所。2005年,更名为浠水县道路运输管理所,有在岗运管人员38人,内设运输股、计财股、运政执行室、执法队、维修法制股、驾培安全股、办公室等职能股室。2006年,依据《中华人民共和国道路运输条例》和《湖北省道路运输条例》,对本辖区的道路客货运输经营、道路运输相关业务(包括站场经营、机动车维修经营、机动车驾驶员培训)行使行政许可、监督检查、行政处罚及强制措施,负责运管费征收。2015年,内设办公室、计财股、运输管理股、法制股、机动车维修管理股、安全股、驾驶员培训管理股、运政执行室、执法一队、执法二队、区间运输股。

(八)蕲春县道路运输管理机构

1985年1月10日,成立蕲春县道路运输管理所。2005年,道路运输管理所有在岗运管人员50人,内设运输管理股、计财股、科技股、办公室、综合股。2012年8月,蕲春县机构编制委员会蕲机编〔2012〕31号文件批复,将蕲春县道路运输管理所更名为蕲春县道路运输管理局,下设机动车综合性能检测站、蕲北执法队、城市客运管理办公室、货运市场监管股、客运市场监管股、维修股、驾培股、安全股、监察室、人劳股、车站运政执行室、办公室、计财股、政策法规股、运输管理股。

(九)武穴市道路运输管理机构

1979年12月2日,根据省革命委员会鄂革〔1979〕136号《湖北省运输市场管理暂行办法》,经县革命委员会批准,成立广济县运输市场管理办公室。由县交通局及所属单位抽调5人办公,实行黄冈地区运输市场管理办公室和县交通局双重领导。1985年2月25日,根据县政府广政办〔1985〕14号文件通知,将广济县运输市场管理办公室更名为广济县公路运输管理所。1987年12月,随着广济撤县建市,更名为武穴市公路运输管理所。1990年5月14日,根据省机构编制委员会鄂机编〔1989〕25号文件精神,经武穴市委、市人民政府批准,市公路运输管理所明确为相当于副科级事业单位。2002年9月,更名为武穴市道路运输管所。2012年9月,市机构编制委员会武编〔2012〕65号文件批复,将武穴市道路运输管理所更名为武穴市道路运输管理局,内设办公室、财务股、运输股、基建股、驾培维修管理股、政策法规股、安全股、稽查股;下设武穴城区、梅川、花桥3个稽查中队。

(十)黄梅县道路运输管理机构

1985年1月29日,成立黄梅县公路运输管理所。2005年9月26日,经县编委批复,黄梅县公路运输管理所更名为黄梅县道路运输管理所;12月8日,经黄梅县交通局批复,内设计划财务股、运输管理股(加挂出租客运管理办公室牌子)、综合管理股(加挂安全管理股、驾驶员培训管理办公室牌子)、运政稽查股、法制股(加挂运政投诉处理中心牌子)、运政执行室。2008年12月26日,县编委审定通过《黄梅县县属交通事业单位机构改革方案》,明确黄梅县道路运输管理所为副科级自收自支事业单位,核定47名事业编制,内设办公室、法制股、计划财务股、运输管理股、运政稽查股、运政执行室等7个职能股室,下设副股级事业单位小池运输管理站。2012年,根据黄梅县机构编制委员会《关于黄梅县道路运输管理所更名的批复》(梅编〔2012〕1号)文件精神,将黄梅县道路运输管理所更名为黄梅县道路运输管理局,在原7个股室基础上增设政工股。经县编委批复成立黄梅县道路运输管理局运政执法大队,为正股级事业单位,财政差额拨款。小池道路运输管理站更名为黄梅县小池道路运输管理所,为正股级事业单位。

(十一)龙感湖管理区道路运输管理机构

1993年4月6日,龙感湖道路运输管理所成立。2005年,运管所有在岗人员4人,负责本辖区客货运输、机动车维修、运输服务业等管理。2012年,经市机构编制委员会办公室黄机编〔2012〕110号文件,更名为黄冈市道路运输管理局龙感湖道路运输管理所。2015年,以黄交〔2015〕62号报市编委将黄冈市道路运输管理局龙感湖道路运输管理所更名为黄冈市道路运输管理局龙感湖分局,属黄冈市交通运输局龙感湖分局的二级单位。

第三节 水路运输管理机构

一、新中国成立前的水运管理机构

清代以前各朝代掌管航运的部门,一般附设在水利、盐、铁、漕粮管理机构之中。战国时代,楚怀王颁给鄂君启的"舟节",记载其商船队数量及航线,沿途凭舟节可免税收放行,是为最早的一种水运管理形式。清代黄州府设监兑通判官一人,黄冈地区有"黄州卫"和"蕲州卫",各设千总一人。

清同治元年十一月十二日(1863年1月1日),汉口正式开关通商,在汉口设立江汉关,并在武穴(今武穴市)设总卡。主管海关税务司由一名英国人担任扦子手(即检查员)在总卡专司稽查。清光绪十七年(1891年),武穴总卡擢升为武穴分关。同年6月发生"武穴教案",武穴分关扦子手英人柯林持刀恫吓民众,被民众击毙后,分关扦子手改由中国人充任。

武穴分关职掌船舶进口课税。轮船每航次需验船牌、船照、舱口单(货物单)和海关总牌;不报关者不准入港,不领关牌不准报关。关牌须载明船主姓名、籍贯、船名、船式(型)、水手人数等。牌费为关银(纹银)10两,以后每年换关牌,新牌费2两。还有港务和航政管理,如航标灯台、瞭望楼以及码头的设置、处理船员滋事等都由分关职掌。

清政府在光绪初年曾设立武汉江防府武穴分府,负责水上稽查、警戒、缉捕、堤防、水利等事宜,辛亥革命后撤销。

1926年10月,国民革命军北伐攻克武汉三镇(今武汉市)后,新成立的湖北省政务委员会决议取消江汉关理船厅,设航政局司水运管理工作。航政局在全省主要港口武穴等5处分设派出所,办理帆船查验、注册、执照、旗牌,并收取照、旗、牌等费。1928年,省航政处先后在武穴、团风2港设船舶查验、注册给照办事处和小轮查验事务所,后于1932年11月撤销。1935年,湖北省建设厅设立内河航轮管理局,除经营轮船运输外,管理本省商轮,下设区域营业所和办事处;东区营业所设在武穴。1938年,日军入侵,营业所等机构被撤销。1945年抗日战争胜利后,湖北省航业局恢复武穴营业所,但业务始终未能开展。在此期间,区乡、保甲等机构曾对沿江各港的木帆船进行过一次编队组编。

二、新中国成立后的民间运输管理机构

1949年9月,湖北省人民政府航政局成立。1950年6月,省航政局派员来黄冈、大冶两专署,组建湖北省帆船运输公司黄鄂分公司;同时,省航政局派驻黄鄂帆船管理事务所,进行帆船运输组织与船舶查验管理工作。同年10月,省帆船运输公司撤销黄鄂分公司,于1951年6月成立黄(冈)大(冶)联运站。联运站直辖团风、樊口、巴河、兰溪、富池口等帆船运输组,对于新洲、宋埠、阳逻、金牛、黄石港、仓埠等帆船运输组,除业务管理外,将其移交地方政府领导。同年9月机构整顿后,在长江南岸设大冶联运站,北岸设黄冈联运站,并在沿江及主要支流的黄州、新洲、大埠、团风、巴河、兰溪、武穴、蕲州、小池等地设立运输组。

1951年11月,湖北省帆船运输公司改为湖北省民船联合运输社,黄冈联运站改为黄冈专区分社,分社以下设团风、新洲、宋埠、兰溪、蕲州、龙坪、阳新、鄂城8个支社和黄州、大埠、阳逻、巴河、武穴、小池、樊口、金牛、保安、沩源口、富池口、龙港12个运输组。

1953年9月,省民船联合运输社改为省航运局民船运输管理处,对木帆船运输业实行"统一领导、分

区管理、条块结合、运管合一"的方针,黄冈民船联运分社随即改为湖北省黄冈专区民船运输管理处,下设7个中心站、12个港站,职工共计108人。此时由黄石调来黄冈专区的黄鄂检组,交由专区民船管理处领导,除负责船只丈检外,增加了海事处理、航道疏浚、风讯传递等工作。1955年根据地域特点,将下设机构调整为武穴、团风、大畈(通山县境)3个直属站,樊口、巴河、兰溪、新洲、阳新、小池、蕲州7个中心站和11个分站,以及13个工作组,职工共计129人。

1956年4月1日,设立湖北省内河航运管理局黄冈专区管理处,处内设主任室、政治协理室以及秘书、港航监督、运输、财务供应、航道5个股。处以下设鄂城、兰溪、蕲州(含茅山组)3个一等站;黄州、新洲、阳逻、巴河、武穴、小池(含孔垄组)、阳新、樊口8个二等站,团风、大埠、源口、漕河、田家镇、龙坪、黄梅、富池口、排市(含龙港组)、通山(含大畈组、燕厦组)、葛店、金牛等13个三等站和西河、仓子埠、六指店、红安、浠水、罗田、平湖、英山、黄颡口、武穴内湖、陆家咀、大冶12个工作组,职工共计205人。

1957年8月,湖北省内河航运管理局黄冈专区轮船办事处成立,由省内河航运管理局直接领导;专区设湖北省内河航运管理局黄冈专区木帆船管理处,负责全区有关木帆船方面的人事、运输业务、财务、安全监督、航道建设、支流运价、社会主义改造、技术改革等工作。处以下仍按原水系和业务繁简设立木帆船管理站、组。全区木帆船管理机构职工定编为91人。

1958年3月,黄冈地委决定将专署交通科、轮船办事处和木帆船管理处合并成立湖北省黄冈专署交通局,各基层木帆船管理机构下放给各县交通局管理。同年8月仍设轮船办事处,属省航运管理局和专署交通局双重领导,办事处和各港轮船站共有职工44人。1961年,各县相继成立了港航监督站,全区配备港航监督人员共27人。

三、黄冈市港航管理局、地方海事局

1963年,湖北省交通厅设立民间运输管理局,黄冈专署交通局仍保持民间运输管理科。1972年11月,黄冈地区交通局成立水运、陆路民间运输和装卸搬运的专管机构——黄冈地区民间运输管理处,定编15人;同时,成立黄冈地区港航监督所。1979年4月,黄冈地区港航监督所与民间运输管理处分署办公。沿江新洲、黄冈、浠水、蕲春、广济、黄梅6个县港航监督机构亦同时与当地民间运输管理站分开,红安、麻城、罗田、英山4县交通局内各定编1名港航监督员专管水运安全。全体港航监督人员开始统一着装。

1980年3月,黄冈地区民间运输管理处、港航监督所合并为湖北省航运管理局黄冈地区分局,对全区的航运、航政、航道、港口业务实行统一管理。港航监督所是分局的职能部门,对外行使航政职权,定编30人。

1986年6月,湖北省航运管理局黄冈地区分局更名为湖北省黄冈地区航务管理局。其时,航务管理局机关内设1所(港航监督所)、1室(办公室)、3科(运输科、计财科、港航科);下属二级单位有港航工程挖泥船队。局下辖沿江黄州市、浠水县、蕲春县、武穴市、黄梅县,改称航务管理所和港航监督所。红安、麻城、罗田、英山仍只在县交通局内设1名港航监督员。

1991年12月,黄冈地区港航监督所更名为黄冈地区港航监督处。

1996年5月,黄冈撤地建市,黄冈地区航务管理局、黄冈地区港航监督处随之更名为黄冈市航务管理局、黄冈市港航监督处。原黄州市航务管理所、港航监督所一分为二,分别成立黄州区、团风县航务管理所、港航监督所。

2000年12月,黄冈市航务管理局更名为黄冈市港航管理局;2003年4月,黄冈市港航监督处更名为黄冈市地方海事局。黄冈市港航管理局和黄冈市地方海事局,一门两牌,合署办公。局内设办公室、政工科、审计科、计财科、运输科、港航科、航政安全科、船检科、监督管理科9个科室,下辖二级单位港航工程处。

2005年4月30日,根据湖北省人民政府关于全面完成全省长江干线水上交通安全监督管理体制改革工作(简称水监体制改革)的有关精神,黄冈全市沿江6个县(市、区)地方海事处及市地方海事局7个划转单位共153名人员分别划转至长江海事局、黄石海事局、九江海事局,其中市局划转15人(含2名退休人员)。

水监体制改革以后,长江海事局与地方海事局业务范畴和工作职责有了相应的调整和变更,长江干线归属长江海事局管辖水域,自2005年5月1日零时起,地方海事局不再在该水域从事水上安全执法,其船舶登记管理、船员管理按交通部和湖北省政府签订的协议办理。黄冈市港航管理局、黄冈市地方海事局,为副县(处)级事业单位,一门两牌,合署办公。

2013年9月,湖北省船舶检验处黄冈检验所更名为黄冈市船舶检验局。至2015年,黄冈市港航管理局、地方海事局、船舶检验局实行一门三牌,一套班子,合署办公。市局机关下设2个二级正科级单位,即黄冈市港航工程处、黄冈市新港建设管理办公室。市局机关内设11个职能科室,即政工科、计财科、运输科、审计科、港航科、安全监督科、船舶船员科、船舶检验科、政策法规科、综合审批科、办公室。全市港航海事系统下设团风、黄州、浠水、蕲春、武穴、麻城、黄梅7个港航管理局(所)、地方海事处;龙感湖管理区、白莲河工程管理局设立海事处;红安、罗田、英山3县设有海事安全管理人员。

表5-3-3-1为黄冈水路运输管理机构历任领导名录。

黄冈水路运输管理机构历任领导名录　　　　表5-3-3-1

机构名称	姓名	职务	任职时间	备注
湖北省帆船运输公司黄鄂分公司(1950.6—1950.10)	孙宝元	负责人	1950.6—1951.10	
湖北省帆船运输公司黄大联运站(1951.6—1951.9)	刘晓哲	负责人	1951.6—1951.9	
湖北省帆船运输公司黄冈联运站(1951.9—1951.11)	林祥德	负责人	1951.9—1951.10	
湖北省民船联合运输社黄冈专区分社(1951.11—1953.9)	林祥德	经理	1951.11—1953.9	
	李道友	副经理	1951.11—1954.3	
	李斌	副经理	1953—1953.9	
湖北省黄冈专区民船运输管理处(1953.9—1956.4)	林祥德	主任	1953.10—1957.4	
	张位三	副主任	1953.10—1957.7	
	王鹏	副主任	1955.2—1956.3	
湖北省内河航运管理局黄冈专区管理处(1956.4—1957.8)	王鹏	副主任	1956.4—1957	
	秦威	主任	1957.4—1957.7	
	刘品刚	副主任	1956.5—1957.7	
	赵金	政治协理员	1956—1957.7	
湖北省内河航运管理局黄冈专区木帆船管理处(1957.8—1958.3)	王天修	主任	1957.11—1958.2	
	刘品刚	副主任	1957.8—1958.2	
黄冈地区民间运输管理处、黄冈地区港航监督所(1972.11—1980.3)	汪文歧	主任	1976.11—1980.4	
	周长勇	副主任	1973.11—1979.9	
	缪英	副主任	1973.11—1980.4	
	郭扬宏	副所长	1973.3—1980.4	
湖北省航运管理局黄冈地区分局、黄冈地区港航监督所(1980.3—1986.6)	汪文歧	局长	1980.4—1984.6	
	王念兹	局长	1984.6—1986.6	
	郭扬宏	副局长	1980.4—1982	
	缪英	副局长	1980.4—1984.6	
	邹邦华	副局长	1980.4—1984.6	
	周见潮	副局长	1980.4—1984.6	
	陈祥安	副局长	1984.6—1986.6	
	汪建国	副局长	1984.6—1986.6	

续上表

机构名称	姓　名	职　务	任职时间	备注
湖北省黄冈地区航务管理局、黄冈地区港航监督所 （1986.6—1991.12）	王念兹	书记、局长	1986.6—1991.12	
	陈祥安	副局长	1986.6—1991.12	
	汪建国	副局长	1986.6—1992.5	
	马启利	副局长	1990.3—1993.4	
	钱绍军	所长	1986.6—1991.12	
湖北省黄冈地区航务管理局、黄冈地区港航监督处 （1991.12—1996.5）	王念兹	书记	1986.6—1991.12	
	陈祥安	书记	1993.7—1996.5	
		局长兼处长	1991.12—1996.5	
	钱绍军	副局长兼副处长	1991.12—1996.5	
	张建中	副局长	1993.4—1996.5	
	陈振武	副局长	1993.4—1996.5	
	万继平	副局长	1994.10—1996.5	
	马启利	工会主席	1993.4—1996.5	
湖北省黄冈市航务管理局、黄冈市港航监督处 （1996.5—2000.12）	陈祥安	书记局长兼港监处主任	1996.5—2000.1	
		总工程师	2000.1—2000.12	
	钱绍军	副局长兼港监处副主任	1996.5—2000.12	
	张建中	副局长	1996.5—2000.12	
	陈振武	副局长	1996.5—1999.12	
	马启利	工会主席	1996.5—1998.5	
	万继平	副局长	1996.5—1997.12	
	吴兴波	副书记、副局长	1997.12—2000.12	
	易志彪	工会主席	1999.3—2001.3	
湖北省黄冈市港航管理局、黄冈市港航监督处 （2000.12—2003.4）	张望生	书记、局长兼港监处主任	2001.3—2002.11	
	吴兴波	副书记、副局长	2000.12—2003.4	
	钱绍军	副局长兼港监处副主任	2000.12—2003.4	
	张建中	副局长	2000.12—2003.4	
	陈祥安	总工程师	2000.12—2001.12	
	易志彪	工会主席	2001.3—2003.4	
湖北省黄冈市港航管理局、黄冈市地方海事局 （2003.4—2011.1）	吴兴波	书记、局长兼地方海事局局长	2003.4—2011.1	
	钱绍军	副局长兼地方海事局副局长	2003.4—2005.4	
	张建中	副局长	2003.4—2004.12	
	易志彪	工会主席	2003.4—2005.10	
	丁金元	副局长	2004.12—2011.1	
	童建国	副局长	2004.12—2007.3	
	何俊全	副局长	2007.3—2010.2	
	郭卫兵	副局长	2007.3—2011.1	
	程益	副书记	2008.11—2011.1	
	吴明霞	总工程师	2010.1—2011.1	
	曹兴旺	副局长	2010.11—2011.1	

续上表

机构名称	姓名	职务	任职时间	备注
湖北省黄冈市港航管理局、黄冈市地方海事局（2011.1—）	彭嘉新	书记、局长兼地方海事局长	2011.1—	
	丁金元	副局长	2011.1—	
	郭卫兵	副局长	2011.1—	
	程益	副书记	2011.1—	
	吴明霞	总工程师	2011.1—2014.9	2014.10调出
	曹兴旺	副局长	2011.1—	

四、各县（市、区）水路交通管理机构

（一）黄州区港航管理机构

1984年10月，黄州镇与鄂城市合并成立鄂州市，黄冈县港航管理站黄州分站移交鄂州市。1986年8月16日，黄冈县港航管理站更名为黄冈县航务管理站。1987年7月18日，鄂州市航务管理处黄州航务管理站交回黄冈县航务管理站，更名为黄冈县航务管理站黄州分站。1987年9月25日，增设黄冈县港航监督站长孙堤分站、黄冈县港航监督站团风分站。1989年1月1日，港航监督与航务管理机构分设为黄冈县航务管理站和黄冈县港航监督站。1989年11月6日，黄冈县航务管理站升格为黄冈县航务管理局，为副局级单位。1990年3月23日，黄冈县航务管理局下设的黄州分站、长孙堤分站、堵城分站、团风分站更名为黄冈县航务管理局黄州航务管理站、长孙堤航务管理站、堵城航务管理站、团风航务管理站。

1991年1月8日，因撤县建市，黄冈县航务管理局更名为黄州市航务管理局，黄冈县港航监督站更名为黄州市港航监督站。1991年1月22日，撤销黄州市航务管理局，恢复航务管理站，为股级单位。1991年3月1日，黄州市航务管理站与黄州市港航监督站合并，实行一套班子、两块牌子，保留黄州市港航监督机构编制和级别。1991年5月9日，黄州市航务管理站黄州分站成建制移交给新成立的黄州市港务管理局。1991年5月，黄州市航务管理站、黄州市港航监督站改为黄州市航务管理所、黄州市港航监督所。1994年，黄州市港务管理局下设的黄州市黄州港区航务管理所、黄州港区港航监督所归口黄州市航务管理所，并恢复黄州市航务管理站。1996年5月18日，因撤地建市暨区县分设，更名为黄冈市黄州区航务管理所、黄州区港航监督所。1997年5月28日，黄州区航务管理所、黄州区港航监督所明确为副科级单位。

2001年9月20日，黄州区航务管理所更名为黄州区港航管理所。2003年11月12日，黄州区港航监督所更名为黄州区地方海事处与黄州区港航管理所，仍然是一个机构，两块牌子，其隶属关系、机构性质、级别、人员编制不变。

2005年，水监体制改革，黄州区港航海事所划转固定资产6.7万元，以"鄂海巡0409"号玻璃钢艇替代移交。

2015年7月11日，黄州区港航管理所（黄州区地方海事处）更名为黄州区港航管理局，加挂黄州区地方海事局、黄州区船舶检验处牌子，实行一个机构、三块牌子，增加船舶检验管理工作职责，其他事项不变。

（二）团风县港航管理机构

1996年前团风航管站隶属黄州市交通局管辖。1996年5月18日，团风县成立，同年成立团风县航务管理所、港航监督所，隶属团风县交通局管辖，2000年更名为团风县港航管理所、团风县地方海事处。团风县港口实现了一城一港。至2015年底，内设7个职能股室，即办公室、财务股、法制综合股、航政股、运输股、港政股、团风站。

(三)浠水县港航管理机构

1950年6月,始建湖北省帆船运输公司黄(冈)大(冶)联运站兰溪运输组。1951年9月,称黄冈联运站兰溪运输组。1953年10月,改称黄冈区民船运输管理处兰溪中心站。1956年7月,巴河、兰溪民船管理站与省航运局巴河、兰溪轮船站合并,称湖北省航运管理局黄冈区管理处兰溪(一等)站、巴河(二等)站。1957年9月,轮船与民船机构仍然分设,称省内河航运管理局黄冈专区木帆船管理处兰溪站、省内河航运管理局黄冈专区木帆船管理处巴河站。1958年5月,巴、兰两站下放县管,称浠水县人民委员会交通局兰溪木帆船管理站、巴河木帆船管理站。7月,兰溪木帆船管理站、轮船站、汽车站、搬运站合并成立(所有制不变)县交通运输管理局兰溪交通运输管理站;巴河木帆船管理站、轮船站、搬运站合并(次年5月复原),成立县交通运输管理局巴河交通运输管理站,1959年5月,改称兰溪交通站,9月,县运输公司成立,设兰溪、巴河分公司,与兰溪、巴河交通站一门两牌。1961年6月公司撤销后,兰溪交通站改称兰溪木帆船管理站,1966年8月,巴河交通站改称巴河木帆船管理站。

1961年8月,成立巴河、兰溪港航监督站,与巴河、兰溪木帆船管理站一门两牌。1968年春,局属兰溪木帆船管理站、黄砂管理站,联合成立站革命委员会;随后成立巴河木帆船管理站革命委员会。1970年撤销革命委员会各站,仍复原称。

1975年春,成立县港航监督站,与兰溪交通站一门两牌;同时撤销巴、兰港航监督站,设立县港航监督站巴河检查站。1979年3月,增设散花检查站。1979年4月,县港航监督站与交通站分开设立,直属交通局领导。

1980年3月,成立县港航管理站,县站设兰溪,下设巴河、散花2个分站。1985年10月,1972年成立的兰溪码头管理所和1984年成立的巴河、散花码头管理所并入港航管理站。1986年更名为浠水县航务管理站。1992年10月,实行所站分设,浠水县航务管理站升格为浠水县航务管理所,明确为副科级单位。2002年4月,长航双重领导的港务局下放地方。2004年,浠水县航务管理所更名为浠水县港航管理所,在巴河、兰溪、散花3个港区分别设立了浠水县港航管理所巴河站、兰溪站、散花站。至此,浠水县港口实现了一城一港。2015年,浠水县港航管理所更名为浠水县港航管理局,下设3站同时更名为浠水县港航管理局巴河所、兰溪所、散花所,内设办公室、航政股、船检股、运输股、财务股、法制股、港航股、工会8个职能股室。

(四)蕲春县港航管理机构

1951年5月,经县工商科同意,在蕲州港成立县民船业公会。12月,设立湖北省民船联合运输社黄冈专区分社蕲春组,接管了县民船业公会。1952年8月,湖北省确定对民船实行分片领导,将蕲春组改称蕲春支社。1953年10月,更名为湖北省内河航运管理局黄冈专区民船运输管理处蕲州站。1954年,改称湖北省黄冈专区民船运输管理处蕲州中心站,当年成立县船、排联运管理站,业务隶属蕲州中心站领导。1955年8月,蕲州中心站下辖漕河站(亦称漕河航管站,其前身为县船、排联运管理站,系当年6月由县移交中心站)和茅山工作组。原所辖沩源口、武穴、小池等站、组分别交归专区民管处及阳新、小池中心站领导。1956年4月,蕲州民船中心站与蕲州轮船站合并为湖北省内河航运管理局黄冈专区管理处蕲州站。1957年7月,轮船、民船机构又实行分设。民船管理机构改称湖北省内河航运管理局黄冈专区木帆船管理处蕲州木帆船管理站。1958年8月,交通体制改革,木帆船管理机构下放到县,蕲州木帆船管理站和蕲州汽车分站、蕲州搬运站、蕲州轮船站4站合并为县交通运输管理局蕲州站。

1961年7月,木帆船管理机构称蕲州木帆船管理站,增设双沟、茅山分站和岚头矶工作组;12月,设蕲州港航监督站。1963年6月,将蕲州港航监督站改称蕲春县交通局港航监督站。1968年2月,改名为蕲州木帆船管理站革命领导小组。1973年,港航监督站的行政、财务实行归口领导,与航运管理站分开办公。1980年4月,航运管理站与港航监督站合并为蕲春县港航管理站,原港监站职能不变,对外两块牌子,下设茅山分站和岚头矶、双沟、扎营港3个工作组。到1985年末,港航管理站内设办公室和港监、安全、业务3股,下属茅山分站和岚头矶、双沟2个工作组及码头管理所。

1992年4月30日,按照蕲机编〔1992〕39号文件要求将两站更名为蕲春县航务管理所、港航监督所,明确为副局级,两所实行一套班子、两块牌子,机构性质不变。2002年4月1日,更名为蕲春县港航管理所负责全县港口的行政管理,具体包括港口规划管理、港口岸线管理、港口建设管理、港口安全管理、港口经营管理。蕲春县港航管理所内设办公室、计财股、运输股、船检股、港航股、航政股和工会,下辖茅山、管窑、八里、蕲州和扎营港5个港航管理站。2003年7月29日,按照蕲机编〔2011〕11号文件要求将两所更名为蕲春县港航管理所、蕲春县地方海事处,两所实行一个机构、两块牌子,机构性质、规格、人员编制不变。2011年11月23日,按照蕲机编〔2011〕89号文件要求将两所更名为蕲春县港航管理局与蕲春县地方海事局,合署办公,其机构级别、隶属关系不变,负责全县港口的行政管理,内河海事管理。内设办公室、计财股、运输股、船检股、港航股、航政股、法规股、政工股和工会,下辖茅山、管窑、八里、蕲州和扎营港5个港航管理站和一个执法队。

(五)武穴市港航管理机构

武穴市港航管理局是由最初的民船管理站发展演变而来的。1950年6月,广济县人民政府设置武穴船民管理站、广济县内湖船民管理站,两站均设在武穴镇(现武穴办事处)。同年8月,武穴船民管理站改属黄冈地区交通局民船管理处,并更名为武穴木帆船管理站。1953年,武穴成立了广济县民船管理站。1954年,上述两站合并成立武穴航运管理站,隶属县交通科,并在田镇、龙坪、郑公塔、仓头埠、武穴大桥等地设分站。1958年7月,成立武穴木帆船管理站;9月,撤销武穴航运管理站。1959年4月1日,成立广济县交通运输管理局港航监督站。1964年4月,将武穴木帆船管理站、广济县港航监督中心站机构整合,成立广济县交通局民间运输管理站,负责水陆运输市场的管理工作。武穴木帆船管理站保留,陆运以广济县民间运输管理站管理为主,水运以武穴木帆船管理站管理为主。1965年,武穴港移交长航。1966年,武穴港务站升格为武穴港务局。

1970年12月,广济县交通局与邮政局合并,成立广济县交通邮政管理局,原县交通局民间运输管理站随之更名为广济县交通邮政管理局民间运输管理站。1971年,武穴木帆船管理站更名为武穴航务管理站,与广济县港航监督站合署办公。县航务管理站与县港航监督站分开办公。

1980年3月,县航务管理站更名为广济县港航管理站,与县港航监督站合署办公。1985年6月,县码头管理所与县港航管理站合并,组建新的湖北省广济县港航管理站。除长航的码头由武穴港务局管理外,县内各企业单位的码头均由航务管理站进行管理。1986年8月,广济县港航管理站更名为广济县航务管理站,与县港航监督站合署办公。1987年12月,随着广济撤县建市,广济县航务管理站、广济县港航监督站分别更名为武穴市航务管理站、武穴市港航监督站。1989年1月,市航务管理站与市港航监督站分设。1991年,市航务管理站与市港航监督站合并,实行一个机构、两块牌子的管理体制。1992年8月,航务、港监两站分别更名为武穴市航务管理所和武穴市港航监督所,仍然实行一个机构、两块牌子的管理体制。

2001年5月,市航务管理所更名为武穴市港航管理所,机构级别、性质和人员编制维持不变。2002年4月1日,原双重领导的武穴港务局下放地方,由武穴市港航管理所负责全市港口的行政管理。2003年8月,市港航监督所更名为武穴市地方海事处,与市港航管理所仍实行一个机构、两块牌子的管理体制。

2007年9月,武穴港务局实行政企分开,改制为武穴市港务有限公司;港口行政管理职能交武穴市港航管理所,同时,其机关有20名工作人员随职能划转调入。2008年1月,市港航管理所更名为武穴市港航管理局。2010年6月28日,根据市机构编制委员会武机编〔2010〕23号文件批复,市地方海事处更名为武穴市地方海事局,管理体制不变。

2013年2月,武穴市人民政府办公室关于印发《武穴市港航管理局主要职责内设机构和人员编制规定的通知》(武政办发〔2013〕10号),明确武穴市港航管理局加挂武穴市地方海事局、武穴市船舶检验处、武穴市武汉新港建设管理办公室牌子。2015年,局内设办公室、政工人事科、财费审计科、港航科、运输科、航政安全科、船舶检验科、政策法规科、新港建设管理科9科1室,下辖田镇、洪阳湖、盘塘、武穴、龙坪5个港航所,2个副科级单位(港航执法大队、内河海事处),1个港口应急救援服务中心,管理武穴市兴航船务有限公司、水路运输代理公司2个经营实体。

(六)黄梅县港航管理机构

1956年4月1日,湖北省内河航运管理局黄冈专区管理处设黄梅为三等站。1961年,专员公署鉴于水上事故频繁,缺乏专人管理,向沿江8个县(黄梅、广济、蕲春、阳新、浠水、黄冈、新洲、鄂城)人民委员会发出《关于恢复水上安全组织机构调回港航监督员的通知》,黄梅县成立港航监督站。1979年4月1日,地区港航监督所与民间运输管理处分署办公,黄梅县港监机构亦同时与当地民间运输管理站分开。1988年11月,湖北省交通厅鄂交安〔1988〕359号文件《关于长江沿线港航港监与航务管理机构分开办公的通知》要求,黄梅航务管理站和港监(船检)站实行分开办公,机构分开后各司其职,同属同级交通局领导,业务管理以上级主管部门为主。1993年2月,黄梅县航务管理站与黄梅县港航监督所合并,实行一个机构、两块牌子的管理体制,其机构性质、级别、人员编制、隶属关系不变。

2001年6月,黄梅县编制委员会办公室梅编办〔2001〕15号文件要求,黄梅县航务管理站更名为黄梅县港航管理所,其隶属关系、机构性质、级别、人员编制仍然不变。2003年11月,黄梅县编制委员会办公室梅编办〔2003〕26号文件要求,黄梅县港航监督所更名为黄梅县地方海事处,与黄梅县港航管理所仍实行一套班子、两块牌子的管理体制,其机构性质、级别、人员编制、隶属关系不变。2005年,黄冈市水监体制改革,依据有关文件精神,确定全市沿江6个县(市、区)地方海事处及市地方海事局7个划转单位共153名人员分别划转至长江海事局、黄石海事局、九江海事局。2013年4月,黄梅县机构编制委员会梅编〔2013〕14号文件同意黄梅县港航管理所更名为黄梅县港航管理局,其机构性质、级别、人员编制、经费渠道不变。

(七)麻城市港航管理机构

2015年以前,麻城市港航管理业务由市交通运输局安全监督科承担,列管全市6个渡口和22条渡船。2015年10月,经上级批准,成立麻城市港航管理局,与麻城市地方海事处一门两牌,为隶属市交通运输局的副科级二级单位。

(八)龙感湖管理区海事处

2014年2月28日,黄冈市龙感湖管理区机构编制委员会下发龙机编〔2014〕1号文《关于设立龙感湖港航海事局的批复》,同意设立龙感湖港航所和地方海事局,为区交通分局所属副科级事业单位,共核定人员编制3人,所需人员在区交通分局内调剂解决。

(九)白莲河海事处

2013年5月28日,黄冈市机构编制委员会办公室黄机编办〔2013〕27号文件批复:设立黄冈市白莲河工程局综合执法支队,加挂白莲河工程管理局海事处,核定全额拨款事业编制8人,领导职数为1正2副。

第四节 公路费征收稽查与交通物流发展机构

一、车辆监理机构

(一)黄冈车辆监理机构

新中国成立前,黄冈境内未设立专门的车辆监理机构,当时湖北省仅在武汉设一监理所。

1949年3月11日,麻城县解放,武汉军管会公路处为监管汉小线(汉口至麻城小界岭)私车和军用运输车辆,在麻城城关和麻城宋埠镇各设1个车管站,各配监理人员1人。1951年11月,麻城车管站撤销,宋埠车管站更名为宋埠车辆监理站,移交给湖北省公路管理局车辆监理所直属。

1952年7月,湖北省公路管理局监理科在黄冈专署浠水县设车辆管理站。同年,成立湖北省公路厅监理所。省公路厅监理所委托本地区兰溪、罗田2个汽车站代办车辆管理业务。

1956年7月13日,宋埠车辆监理站与湖北省公路运输局江北分公司宋埠管理处合署办公。岁末,改设为车辆监理股,隶属于宋埠管理处领导。

1957年6月13日,湖北省公路管理局宣布:撤销宋埠车辆监理股,改设宋埠车辆监理所,直属省公路管理局领导。同年8月,接省公路管理局通知,成立黄冈县团风车辆管理站。同年,全省交通工作会议决定按行政区划设立地、市级车辆监理所,县设车辆管理站。实行上下一条线、人财物统一垂直管理,行政隶属当地交通运输局领导,实行"双重领导"。1958年8月,湖北省交通厅公路管理局宋埠车辆管理所更名为黄冈地区车辆监理所,办公地址从麻城县宋埠镇迁回黄冈地区行署所在地——黄冈县黄州镇,下辖麻城、仓子埠(今武汉市新洲区仓埠镇)、浮屠街(今阳新境内)、盛洪、大冶、鄂城、团风(已迁至标云岗)、浠水8个县级车辆管理站,承担辖区内安全管理及征收公路养路费职责。

1986年3月12日,湖北省机构编制委员会发出通知:车辆购置附加费征收工作,由公路养路费征收单位承办,但对外可使用车辆购置附加费征收办公室名称。湖北省机构编制委员会下达黄冈地区车辆购置附加费征收人员编制15人,组建了地区和10个县级车辆购置附加费征收办公室。地区车辆监理所和各县车辆管理站的公路养路费征收科、股,均与车辆购置附加费征收办公室合署办公,实行一门两牌。

(二)各县车辆管理站

黄冈县车辆管理站 1965年3月成立,配备监理人员2人,与地区监理所合署办公,具体负责黄州至上巴河、汤铺岭至砂子岗、南湖至团风等路段车辆运行的安全管理和养路费征收工作。1975年10月27日,根据黄冈地区交通局黄革交〔1975〕109号批复,撤销标云岗车管站,其人员及资产撤回黄州,合并于黄冈县车辆管理站,站址设在黄州东门(现为黄州区公安局110警舍)。

团风车辆管理站 1956年8月成立,为湖北省交通厅监理所直属单位,定编2人。1958年撤销,随之建立方高坪车辆管理站。1961年,该车辆管理站迁址到标云岗。1975年,撤销其人员与资产,与黄冈县车辆管理站合并。

红安车辆管理站 成立于1960年7月,成立时只有1名监理员,次年6月增至2人。1984年4月增编至9人。

麻城县车辆管理站 成立于1949年3月11日,于1951年撤销。1965年5月1日,根据湖北省交通厅车辆监理总所的通知,重新组建麻城县车辆管理站,定编2人。1985年时,监理人员增至10人,并组建了安全监理、费收、财务和办公室等业内机构。

罗田县车辆管理站 成立于1965年5月,定编3人。办公地址为罗田县城关南门大桥头。

英山县车辆管理站 成立于1965年5月,定编2人。办公地址为英山县汽车站。

浠水县车辆管理站 1954年,成立湖北省公路管理局浠水车辆管理站。1957年,改称为湖北省公路厅浠水车辆管理站。1958年6月,称湖北省交通厅公路管理局黄冈地区公路车辆监理所浠水车辆监理站。1973年,称湖北省黄冈地区浠水县车辆管理站。1987年7月15日,车辆管理站撤销,车辆管理移交浠水县公安局交通警察大队。

蕲春县车辆管理站 新中国成立初期,县内车辆少,有关车辆监理业务,初由湖北省黄石车辆监理所办理,交通安全由县交通、公安部门协同管理。1960年3月,成立湖北省交通厅公路管理局黄冈地区蕲春管理站。1961年,改为湖北省交通厅黄冈地区车辆监理所蕲春管理站。1963年,更名为湖北省交通厅公路管理局黄冈地区车辆监理所蕲春管理站。1964年9月,湖北省交通厅调整蕲春、黄梅、广济3县公路管养体制,将蕲春管理站交归黄冈区车辆监理所直接领导。1979年,全站人员开始统一穿着交通监理服装。

广济县车辆管理站 1961年3月9日,成立广济县交通运输管理局车辆管理站。1964年10月,更名为湖北省交通厅公路管理局黄冈地区车辆监理所广济管理站。1970年,广济车辆管理站迁址武穴城关镇庙街头汽车站旁边。1973年9月,广济车辆管理站改称广济县车辆管理站,业务由省、地领导,行政属广济县交通局管理。1978年7月,新站址迁至保康路30号。1987年7月,县交通局与县公安局举行交接仪式,将交通监理职能和车辆管理站8名工作人员移交县公安局。

黄梅县车辆管理站 1963年7月成立,站址为黄梅镇人民大道392号。1985年迁址至人民大道473号,内设车管股、财务股、养路费征收股、安全股和办公室5个机构。

二、黄冈公路规费征收稽查机构

黄冈市公路规费征收稽查处前身为黄冈地区车辆监理所。1987年7月15日,黄冈地区车辆监理业务移交给黄冈地区公安处,组建交通警察支队。交通部门保留征收公路养路费、车辆购置附加费等业务。成立黄冈地区公路养路费征收稽查所,与黄冈地区车辆购置附加费征收办公室(以下简称"车购办")一门两牌,合署办公。业务上接受湖北省交通厅征稽处指导,行政关系隶属黄冈地区交通局,为正科级事业单位。主管黄冈地区境内公路养路费、车辆购置附加费的征收、稽查工作。新成立的黄冈地区公路养路费征收稽查所,内设养路费科、车购费科、审计稽查科、财务科、办公室等机构。

1988年12月22日,黄冈地区公路养路费征收稽查所更名为黄冈地区公路养路费征收稽查处,原任所长、副所长改称处主任、副主任,下属各征稽分所也同时分别更名为××县征稽所。1991年10月,黄冈地区机构编制委员会批准黄冈地区公路养路费征收稽查处升格为副县级单位,仍属于黄冈地区交通局和湖北省公路养路费征收稽查局双重领导。

1993年12月,车辆购置附加费取消代征,改为车籍所在地处征收,具体工作由黄冈地区交通局车辆购置附加费征收办公室负责。1995年3月,根据湖北省交通厅精神,从4月1日起,原由公路运管部门征收的公路客运附加费和货运附加费移交给同级公路养路费征稽部门征收管理。黄冈地区运管部门连同费种和人员共向同级黄冈地区公路养路费征收部门移交工作人员33名。黄冈征稽部门原征两费现改成征收公路养路费、车辆购置附加费、客运附加费、货运附加费四费。1996年5月,黄冈撤地建市,黄冈地区公路养路费征收稽查处更名为黄冈市公路养路费征收稽查处。1998年5月27日,黄冈市公路养路费征收稽查处更名为黄冈市公路规费征收稽查处,其内设机构也增加为7科1室1会,即政工科、财务科、审计科、稽查科、法制科、费收科、车购费科、办公室和工会。

2004年,根据国家税务总局、交通部国税发文件精神,从2005年1月1日起,车辆购置税由交通征稽部门正式移交国税部门,黄冈市共有40人属划转范围,通过考试,正式移交国税部门39人,其中离退休人员10人。2008年12月30日,湖北省征稽局转发省交通厅《关于加强燃油税改革后交通部门安全稳定有关工作的通知》,从2009年起征稽部门停止征收公路养路费、客货运附加费业务,公路养路费改为燃油税由税务部门征收。2009年8月14日,湖北省编制委员会办公室、省财政厅、省人社厅、省交通厅《关于成品油税改革涉及征稽管理人员分流安置工作的意见》,核定黄冈征稽事业编制数216人,通过考试,全市11人移交到地税部门。

三、各县(市、区)公路规费征收稽查所

(一)黄冈市公路规费征收稽查处黄州直属所

黄州直属所成立于 1987 年 7 月,原名为黄冈县公路养路费征收稽查站。1996 年更名为黄州市公路养路费征收稽查所,负责黄冈地直及黄州市养路费、车购费、客运附加费、货运附加费的征收稽查工作。1996 年 5 月,黄州市撤市设区建县,更名为黄冈市公路养路费征收稽查处黄州直属所,属正科级单位,定编 12 人,内设机构为 2 股 2 室。稽查站点设在路口,后改为砂子岗。2000 年 5 月更名为黄冈市公路规费征收稽查处黄州直属所。2009 年定编人数为 21 人。

(二)团风县公路规费征收稽查所

1996 年,黄州市撤市设区建县,分为黄州区、团风县。同年 7 月成立团风县公路养路费征稽所,属副科级事业单位,定编 13 人,办公地址设在县城团风镇广场路。2000 年 5 月更名为团风县公路规费征收稽查所。2009 年核定编制 16 人,内设办公室、执行室、财务股、稽查队、清收清欠办公室、费收股、法制办公室 2 股 4 室 1 队,稽查站点设在方高坪。

(三)红安县公路规费征收稽查所

红安征稽所成立于 1987 年 10 月,负责红安境内公路养路费、车购费、客附费、货附费征收工作,内设机构为 3 股 1 室 1 会,即费收股、财务股、稽查股、办公室、工会。公路规费稽查站点设于省道阳福线城西出口处。2000 年 5 月更名为红安县公路规费征收稽查所,属副科级事业单位。2009 年核定编制 13 人。

(四)麻城市公路规费征收稽查所

1987 年 7 月,成立麻城县公路养路费征收稽查站及挂牌车辆购置附加费办公室,负责麻城市境内公路养路费与车辆购置附加费的征收稽查工作。1989 年更名为麻城市公路养路费征稽所。1995 年 4 月,接收由运管部门移交来客运附加费、货运附加费的征收工作,征费种类由二变四。2000 年 5 月,更名为麻城市公路规费征收稽查所,属副局(科)级事业单位。2009 年核定编制 19 人。

(五)罗田县公路规费征收稽查所

罗田县公路养路费征收稽查所成立于 1987 年 7 月,负责县内公路养路费和车辆购置附加费的征收稽查工作。1995 年,公路客运附加费与货运附加费由县运管部门移交到养路费征稽所征管,使业务由两费增为四费。2000 年 5 月,更名为罗田县公路规费征收稽查所,内设机构为 4 股 1 室 1 会,即稽查股、征费股、法制股、财务股、办公室、工会,在册职工 13 人。稽查站点设在 318 国道三里畈镇。2009 年核定编制 16 人。

(六)英山县公路规费征收稽查所

英山县公路养路费征收稽查所成立于 1987 年 7 月,负责英山境内公路养路费、客运附加费、货运附加费的征收稽查工作,为副科级事业单位。1995 年公路客运附加费、货运附加费由运管部门移交养路费征稽部门征管,增加人员 2 名。2000 年 5 月,更名为英山县公路规费征收稽查所,内设机构为 4 股 1 室,即养路费征收股、财务股、内审稽查股、车购费征收股、办公室。2004 年后变更为 3 股 1 室,即费收财务股、法制股、内审稽查股、办公室。2009 年核定编制 16 人。

(七)浠水县公路规费征收稽查所

1987年7月,浠水县公路养路费征收稽查所成立,负责浠水境内汽车养路费、车辆购置附加费征收稽查工作,属副科级事业单位。1988年,改站建所,级别不变。1995年接收由县运管部门移交的公路客货附加费征收工作。2000年更名为浠水县公路规费征收稽查所。

(八)蕲春县公路规费征收稽查所

1987年7月,蕲春县公路养路费征收稽查站成立,属交通局领导的正股级事业单位。1988年,改站建所,级别不变。1991年11月,据蕲机编〔1991〕25号文件确定为副科级事业单位。内设机构为客车征管股、货车征管股、综合征管股、内审财务股、办公室和执法审计股。稽查站点设于省道黄标线横车镇。1995年接收由县运管部门移交的公路客货附加费征收工作。2000年5月更名为蕲春县公路规费征收稽查所。2009年核定编制21人。

(九)武穴市公路规费征收稽查所

武穴市公路规费征稽所由原广济县车辆管理站发展演变而来。1987年7月,成立广济县公路养路费征收稽查站。1987年12月,随着广济撤县建市,更名为武穴市公路养路费征收稽查站。1989年12月,更名为武穴市公路养路费征收稽查所。1995年接收由县运管部门移交的公路客货附加费征收工作。1997年12月,更名为武穴市公路规费征收稽查所,属副科级事业单位。2009年核定编制17人。

(十)黄梅县公路规费征收稽查所

黄梅县公路养路费征收稽查站成立于1987年7月,属副局(科)级事业单位,加挂黄梅县车辆购置附加费征收办公室门牌。1989年更名为黄梅县公路养路费征收稽查所。1995年增添客运附加费、货运附加费的征管业务。2000年更名为黄梅县公路规费征收稽查所,内设机构为办公室、费收财务股、内审稽查股、法制股、工会1室3股1会。稽查站点设在105国道十里铺处。2009年核定编制14人。

(十一)龙感湖公路规费征收稽查所

1997年3月,龙感湖公路养路费征收稽查所成立,此前龙感湖境内公路养路费征收稽查业务由黄梅县征收稽查机构负责。2000年5月更名为龙感湖公路规费征收稽查所。为副科级事业单位,核定编制5人,内设车购费办公室、征费股、财务股、稽查股1室3股。2009年核定编制4人。

四、黄冈市交通物流发展局

黄冈市交通物流发展局属副处级行政事业单位,下辖11个县(市、区)交通物流发展局和1个直属分局,负责黄冈市交通物流发展的规划、建设和市场监管等项工作。省编办核定编制216人。

2010年,黄冈市机构编制委员会批准撤销公路规费征收稽查机构,设立黄冈市物流发展局。4月30日,黄冈市物流发展局正式挂牌成立。10月,黄冈市物流发展局更名为黄冈市交通物流发展局,为市交通运输局所属副县级事业单位。

至2015年,市交通物流发展局内设办公室、物流协调科、物流规划建设科、物流市场监管科、综合信息科、政策法规科、政工科、财务科8个科(室)。

表5-3-4-1为黄冈车辆监理、公路费收征稽、物流发展机构历任领导名录。

黄冈车辆监理、公路费收征稽、物流发展机构历任领导名录　　　表5-3-4-1

机构名称	姓名	职务	任职时间	备注
宋埠车辆监理所(1957.6—1958.8)	江良弼	副所长	1957.6—1958.8	主持工作
黄冈地区车辆监理所 (1958.8—1987.7)	江良弼	副所长	1958.8—1979.12	主持工作
	肖文章	所长	1980.1—1987.7	1987.7转公安交警
	张汉民	副所长	1981.4—1987.7	1987.7转交通征稽处
	宋志章	副所长	1984.4—1987.7	1987.7转公安交警
黄冈地区公路养路费征收稽查所 (1987.7—1988.12)	张汉民	所长	1987.7—1988.12	
	王建华	副主任	1987—1988.12	
黄冈地区公路养路费征收稽查处 (1988.12—1996.5)	张汉民	处长	1987.7—1988.12	
	张望生	主任	1991—1988.12	
	王建华	副主任	1987—1988.12	
黄冈市公路养路费征收稽查处 (1996.5—1998.5)	张汉民	所长	1996.5—1998.5	
	张望生	主任	1996.5—1998.5	
	王建华	副主任	1996.5—1998.5	
	杨正平	副主任	1996.5—1998.5	
黄冈市公路规费征收稽查处 (1998.5—2010.4)	张望生	主任	1998.5—2000.2	
	占一	主任	2000.3—2006.12	
	彭克武	主任	2006.12—2009.4	
	刘欣武	主任	2009.4—2010.2	
	王建华	副主任	1998.5—2000.1	
	杨正平	副主任	1998.5—2007.10	
	刘欣建	副主任	2000.1—2010.4	
	何俊全	副书记	2002.9—2007.3	
	何平	副主任	2005.9—2010.4	
	童建国	副书记	2007.3—2010.2	
黄冈市物流发展局 (2010.5—)	刘欣建	局长	2010.5—	
		总支书记		
	江平	副局长	2010.5—	
	余锦云	副局长	2010.10—	
	欧阳山	副局长	2013.9—	
	赵森	副局长	2014.3—	市委面向全国招录优秀人才

五、各县(市、区)交通物流发展局

(一)黄冈市交通物流发展局黄州直属分局

2010年,根据黄机编办〔2010〕47号文《关于成立黄冈市交通物流发展局黄州直属分局的批复》核定,黄州直属分局属于黄冈市交通物流发展局直属单位,相当于科级事业单位,负责市直和黄州区交通物流发展工作,核定事业编制29人,其中局长1名、副局长2名。内设8个股室,即办公室、财务股、政策法规股、市场监管股、综合信息股、规划建设股、物流协调股、监察室。2012年10月27日揭牌成立。

(二)团风县交通物流发展局

2010年12月,根据团风县团机编办发〔2010〕22号《关于同意设立团风县交通物流发展局的批复》文件精神,撤销原团风县公路规费征收稽查所,由该所原在编人员整体划转后,重新组建县交通运输局属下的副局(科)级事业单位。核定编制16人,其中局长1名、副局长2名。内设办公室、物流规划建设股、物流市场监管股、综合信息股(加挂物流信息服务中心牌子)4个股室。2011年6月24日,团风县交通物流发展局正式揭牌成立。

(三) 红安县交通物流发展分局

根据鄂编办〔2009〕80号、黄机编办〔2011〕12号和红编办〔2011〕30号文件精神，撤销红安县公路规费征收稽查所，组建红安交通物流发展分局，为行政副科级事业单位，具体负责县内交通物流发展工作。核定编制13人，其中局长1名、副局长2名。内设办公室、综合信息科、物流市场监管科、财务科等机构。2011年8月18日挂牌成立。

(四) 麻城市交通物流发展局

2011年4月，根据黄冈市机构编制委员会黄机编办〔2011〕2号《关于设立麻城市交通物流发展局的批复》和麻城市麻编发〔2011〕2号《关于设立麻城市交通物流发展局的通知》精神，撤销麻城市公路规费征收稽查所，成立麻城市交通物流发展局，为副局(科)级事业单位。内设办公室、物流市场监管股、综合信息股(挂物流信息服务中心牌子)、财务股4个股室。于2011年4月日挂牌成立。

(五) 罗田县交通物流发展局

2011年，根据黄冈市黄机编办〔2011〕12号和罗田县罗编办〔2011〕22号文件精神，撤销罗田县公路规费征收稽查所，由其原在编人员整体划转后，重新组建罗田县交通物流发展局，为副局(科)级事业单位。核定编制16人，其中局长1名、副局长2名。内设办公室、物流市场规划股、物流市场监管股3个股室。2011年8月8日正式挂牌成立。

(六) 英山县交通物流发展局

2010年，根据英山县英机编〔2010〕23号文件精神，撤销英山县公路规费征收稽查所，成立英山县交通物流发展局，为县交通运输局属下副局(科)级事业单位。核定编制16人(全为县公路规费征收稽查所在职职工整体划转而来)，其中局长1名、副局长2名。内设办公室、物流规划建设股、市场监管股、综合信息股、财务股5个股室。2011年1月11日正式挂牌成立。

(七) 浠水县交通物流发展局

2011年，根据鄂编发〔2009〕80号、黄编发〔2011〕12号、浠编发〔2011〕19号文件，撤销浠水县公路规费征收稽查所，由其原在册在编职工整体划转后，重新组建浠水县交通物流发展局，为副局(科)级事业单位。核定编制20人，其中局长1名、副局长2名。内设办公室、市场监管股、物流规划建设股、综合信息股、财务股5个股室。2011年7月18日正式挂牌成立。

(八) 蕲春县交通物流发展局

2010年，根据湖北省鄂机发〔2009〕80号、黄冈市黄机编办〔2010〕1号和蕲春县蕲机编〔2010〕59号文件精神，撤销蕲春县公路规费征收稽查所，将其原有在职职工整体划转后，成立蕲春县交通物流发展局，为县交通运输局属下副局(科)级事业单位。核定编制21人，其中局长1名、副局长2名。内设办公室(加挂政工股牌子)、物流市场监管股(加挂政策法规股、物流协调股牌子)、物流规划建设股、综合信息股(加挂信息采集队牌子)、财务股(加挂内审股牌子)、信息服务中心(正股级)6个股室。2010年4月正式挂牌成立。

(九) 武穴市交通物流发展局

2011年6月，武穴市机构编制委员会武编〔2011〕25号文件通知，成立武穴市交通物流发展局，撤销武穴市公路规费征收稽查所，人员成建制转入武穴市交通物流发展局。2011年11月正式挂牌，内设办公室、财务股、物流信息股、规划建设股、政策法规股5个股室，有干部职工17人。

(十)黄梅县交通物流发展局

2011年,根据湖北省鄂编办〔2009〕80号、黄冈市黄机编办〔2010〕59号和黄梅县梅机编〔2010〕9号文件要求,撤销黄梅县公路规费征收稽查所建制机构,整体划转原机构在编在册人员后,重新组建黄梅县交通物流发展局,为县交通运输局属下副局(科)级事业单位。内设办公室、财务股、政策法规股、市场监管股、综合信息股、规划建设股、物流协调股7个股室。2011年6月18日正式挂牌成立。

(十一)龙感湖交通物流发展局

2010年,根据湖北省鄂机编发〔2009〕80号、黄冈市黄机编办〔2010〕47号文件精神,撤销龙感湖公路规费征收稽查所,由该机构原在编人员整体划转后,重新组建龙感湖交通物流发展局,为副科级事业单位。2011年11月正式挂牌,核定编制4人,其中局长1名。内设办公室(加挂规划建设股牌子)、财务股(加挂物流市场监管股、政策法规股牌子)1办1股。

第五节 其他局直单位

一、鄂黄长江公路大桥管理局

2002年8月,鄂黄长江公路大桥管理局批准成立,与湖北省鄂黄长江大桥开发公司一门两牌,为正县级事业单位,隶属市交通局,具体负责鄂黄长江公路大桥的收费、路政、养护、安全和大桥公园、产业开发等管理工作。管理局内设办公室、政工科、财务审计科、工程养护稽查科、计划经营开发科;人员编制为30名事业编制,领导职数为1正2副,总工程师1名。2003年,黄冈市机构编制委员会办公室黄机编办〔2003〕12号文件批复设置鄂黄长江公路大桥管理局4个直属科级事业机构,即鄂黄长江公路大桥收费站,定员60名;鄂黄长江公路大桥路政安全管理处,定员10名;鄂黄长江公路大桥养护管理处,定员10名;鄂黄长江公路大桥公园管理处,定员15名。黄冈市汽车渡口管理处仍保留,作为战备渡口,单位性质、级别不变。2011年,撤销黄冈市汽车渡口管理处,设立黄冈市战备渡口管理处;同年7月,黄冈市战备渡口管理处纳入黄冈市综合财政全额预算管理。2011年6月,撤销鄂黄长江公路大桥公园管理处,设立鄂黄长江公路大桥超限检测站、鄂黄长江公路大桥监控中心。2013年4月,鄂黄长江公路大桥资产正式移交湖北省交通投资有限公司管理。根据省交投公司与黄冈市协商的意见,移交省交投公司75人,划转市交通运输局管理的路政安全管理处10人、超限检测站26人。

表5-3-5-1为鄂黄长江公路大桥管理局历任领导名录。

鄂黄长江公路大桥管理局历任领导名录　　　　表5-3-5-1

机构名称	姓名	职务	任职时间	备注
鄂黄长江公路大桥管理局 (2002.8—)	高华强	局长	2002.12—2011.1	
	吴兴波	局长	2011.1—	
	李起辉	副局长	2002.12—2006.12	
	彭嘉新	副局长	2002.12—2011.1	
	黄桥连	副局长	2006.12—2011.11	
	王峰	副局长	2012.3—	
	黄巧华	副局长	2012.3—	
	方卫东	总工程师	2002.12—2006.5	
	刘泰山	总工程师	2010.5—	

二、黄冈客运管理机构

黄冈市城市交通客运管理处前身为1988年7月成立的黄冈县黄州镇客运交通管理办公室,为黄冈县黄州镇城乡建设委员会下属单位。

1991年5月,撤销黄冈县和黄州镇,成立黄州市。黄州镇客运交通管理办公室等21个单位于1991年7月上划到黄州市,隶属黄州市城乡建设委员会。

1995年1月,黄州市机构编制委员会黄州机编〔1995〕10号文,黄州市客运交通管理办公室更名为黄州市客运交通管理处。

1997年黄州市城建委上划黄冈市。10月,黄冈市编制委员会黄机编〔1997〕23号文,黄州市客运交通管理处更名为黄冈市城市交通客运管理处,隶属黄冈市城乡建设委员会,明确为正科级事业单位。

2010年9月,黄冈市人民政府专题会议纪要《关于市城市交通客运管理处移交的会议纪要》,由原市建委管理的市城市交通客运管理处整体移交给市交通运输局管理,其人员编制和领导职数仍按黄政办发〔2004〕86号文件执行。同年4月,全市出租车驾驶员从业资格的培训管理、考试发证,出租车道路运输经营许可证和道路运输证的办理,公交车、出租车相关业务由黄冈市城市交通客运管理处负责。至2015年,黄冈市城市交通客运管理处内设7个职能科室,即办公室、稽查科、综合审批科、法制宣传科、政工科、财务审计科、投诉中心。

表5-3-5-2为黄冈城市交通客运管理机构历任领导名录。

黄冈城市交通客运管理机构历任领导名录　　　　表5-3-5-2

机构名称	姓名	职务	任职时间	备注
黄冈县黄州镇客运交通管理办公室（1988.7—1994.12）	熊彩章	负责人	1988.7—1988.9	
	黄未洲	负责人	1988.9—1989.4	
	邓明生	负责人	1989.4—1990.2	
	张三元	负责人	1990.2—1994.12	
黄州市城市交通客运管理处（1995.1—1997.10）	张三元	负责人	1995.1—1997.10	
黄冈市城市交通客运管理处（1997.10—）	余建中	主任	1998.3—2002.5	
	商炳炎	主任	2002.5—2012.3	
	游伟	主任	2012.3—2013.8	
	陈雄	主任	201.8—	
	张三元	副主任	1997.10—1998.10	
	张友正	副主任	1998.3—2013.2	
	吴荣华	副主任	2000.1—2009.10	
	周奇志	副主任	2013.2—	
	霍立新	副主任	2013.2—	
	左龙	副主任	2013.9—	

三、黄冈市交通基本建设质量监督站

1999年4月1日,根据黄冈市机构编制委员会黄机编办〔1999〕8号文件精神,成立黄冈市交通基本建设质量监督站,该站位于黄州开发区新港路古楼街1号,为科级事业单位,核定事业编制5名,领导数2名,经费自理。2012年,根据黄冈市机构编制委员会黄机编办〔2012〕85号文件,编制调整为5名。至2015年底,内设综合办公室、质量监督科、资信管理科。其主要职能为:负责全市公路、水运工程质量监督管理工作;参与全市公路、水运工程建设市场管理;对全市重点公路、水运工程建设项目的工程质量、施工安全、监理及试验检测工作进行直接监督、检查;负责贯彻执行国家和省有关工程质量的法律、法规、政策;对县市质量监督工作进行检查、指导;组织全市公路、水运工程质量的鉴定;受理对工程质量的控告、举报,并参与工程质量事故的调查、处理;对完工项目进行质量检测和质量鉴定。

表5-3-5-3为黄冈市交通基本建设质量监督站历任领导名录。

黄冈市交通基本建设质量监督站历任领导名录　　　　　　表5-3-5-3

机构名称	姓名	职务	任职时间	备注
黄冈市交通基本建设质量监督站 （1999.4—）	刘泰山	副站长	1999.4—2001.4	
	李晓东	副站长	2001.4—2004.7	
		站长	2004.7—	
	叶建国	副站长	2009.5—	

四、湖北省黄冈交通学校

湖北省黄冈交通学校是一所公办全日制省级重点普通中等专业学校,享有教育、财政、扶贫等政府部门设立的国家扶贫助学计划。湖北省黄冈交通学校前身是创建于1983年的黄冈地区航务局船员培训中心。1989年,黄冈交通局开始筹办黄冈交通学校。1990年12月,经省教委、省计委以鄂教计〔1990〕114号文件批准筹建普通中专,同年开始招生。1993年7月,省教委、省计委以鄂教计〔1993〕116号文件正式批准该校为全日制普通中专,具有独立法人办学资格。

1998年5月,省教育厅专家组对该校进行办学条件合格评估,授予"办学条件合格学校"。2000年11月,省教育厅专家对该校进行办学水平评估,授予"办学水平A级学校"。2001年5月,省教育厅专家对该校进行选优评估,授予"省级重点普通中专学校"。2009年,黄冈市委、市政府决定对黄冈交通学校等市直5所中等职业学校进行整合,组建黄冈市中等职业技术学校(集团)。至2015年,内设14个职能科室,即办公室、政工科、财务科、成教科、招毕办、保卫科、学生科(团委)、教科科、航运科、学生资助办、大专部、总务科(经营部)、工会、培训科。

表5-3-5-4、表5-3-5-5分别为学校历任正职领导与副职领导名录。

学校历任正职领导名录　　　　　　表5-3-5-4

任届	姓名	性别	职务	任职时限
第一届	王广发	男	书记	1989—1991.9
第二届	刘厚义	男	校长	1991.10—1999.1
	童建国	男	书记	1995—1999.2
第三届	彭嘉新	男	书记、校长	1999.2—2001.9
第四届	祝迎华	男	书记、校长	2001.10—2009.2
第五届	袁立新	男	书记、校长	2009.2—2015.9
第六届	刘欣荣	女	校长	2015.9—

学校历任副职领导名录

表 5-3-5-5

姓　名	性　别	职　务	任 职 时 限
刘厚义	男	副校长	1990 —1991.9
陈代南	男	副校长	1991.10 —1999.2
彭爱民	女	副校长	1991.10 —2002.7
祝迎华	男	副书记	1999.2 —2001.9
黄巧华	男	副校长	1999.2 —2001.11
刘　刚	男	副校长	1999.2 —2004
龚永胜	男	工会主席	1999.2 —2001.9
熊水田	男	副校长	2001.10 —2008.12
骆　源	男	副书记	2004.8 —2008.12
袁立新	男	副校长	2005.6 —2009.2
郑德意	男	副校长	2010.12 —
夏美锋	男	副校长	2010.12 —
夏　祥	男	工会主席	2010.12 —
汪江华	男	副校长	2014.7 —

五、鄂黄长江公路大桥路政安全管理处

2013年4月23日,因鄂黄长江公路大桥管理局改制,将原由鄂黄长江公路大桥管理局管理的鄂黄长江公路大桥路政安全管理处调整为黄冈市交通运输局管理的事业单位,成立鄂黄长江公路大桥路政安全管理处,为鄂黄长江公路大桥管理局管理的正科级事业单位,核定编制10人,实际19人,中层正、副职干部3人,党员13人。2013年9月,鄂黄长江公路大桥路政安全管理处体制改革,核定编制10人,实际10人,其中领导3人,党员9人,具体负责鄂黄长江公路大桥辖区(K8+977.5—K12+225.5)路段日常路政安全管理工作。其路政职责为:宣传、贯彻执行公路管理的法律、法规和规章;保护路产,维护路权;实施路政巡查;管理公路(桥梁)两侧建筑控制区;维持公路(桥梁)养护作业现场秩序;参与公路(桥梁)工程交工、竣工验收;依法查处各种违反路政管理法律、法规、规章的案件;联合查处辖区内公路(桥梁)的超限运输行为及法律、法规规定的其他职责。

表5-3-5-6为鄂黄长江公路大桥路政安全管理处历任领导名录。

鄂黄长江公路大桥路政安全管理处历任领导名录

表 5-3-5-6

姓　名	性　别	职　务	任 职 时 限
余建强	男	主持工作	2003.4 —2007.11
毛国胜	男	主持工作	2007.12 —2012.3
余建强	男	主持工作	2012.4 —

六、鄂黄长江公路大桥超限检测站

2013年4月,鄂黄长江公路大桥资产正式移交湖北省交通投资有限公司。2013年9月,鄂黄长江公路大桥超限检测站成立,原鄂黄长江公路大桥管理局26人划转至该站。其工作职责为对鄂黄长江公路大桥过往营运车辆实施超限检测,并查处和纠正其他违法行为。

表5-3-5-7为鄂黄长江公路大桥超限检测站历任领导名录。

鄂黄长江公路大桥超限检测站历任领导名录 表 5-3-5-7

姓　名	性　别	职　务	任 职 时 限
刘欣荣	女	党支部书记	2013.9 —
许　磊	女	站　长	2013.12 —2015.1
何黎明	男	副站长	2015.2 —

第六篇　交通管理

中国早在周朝时就设有司险,即交通监督官管理交通。楚国道路运输管理上使用符节,有关驿运的"王命传"又称"铜龙"和有关货物运输的"鄂君启节"中的"车节"。鄂君启持此节,其车、船往返长江中下游的楚国境地,享有减免税通过关卡的特权,运输一般物资全部免税;运输马、牛、羊,只纳王府税(此税归楚怀王室所有),不纳关塞税(此税归国家所有);非军事物资均可贩运。"车节"的内容反映出楚国对道路运输的管理已经开始有了章则。这些管理制度的萌芽为湖北古代道路及其运输的管理奠定了基础。

现代交通管理的基本内容是交通建设管理、路政安全管理、道路运输管理、水路运输管理及交通规费征收等。1985年以前,交通管理方式以行政手段为主,经济处罚为辅。1987年,地区交通局通过对交通基础设施计划和财务管理调查,发现各地不同程度存在管理混乱问题,发文进行了纠正。1988—1989年,黄冈地区交通局先后起草并上报行署,相继颁发了《关于加强交通规费征收稽查工作的通知》《关于做好民工车辆建勤修建养护公路的通知》《关于整顿公路运输市场的通知》《关于整顿港务费征收秩序的通知》《乡镇船舶安全管理暂行办法》等5个行业管理文件,把全区交通行业管理工作纳入法治轨道。

1989年,国家颁布《行政诉讼法》,黄冈地区交通局认真贯彻实施《行政诉讼法》,纠正行业之风,开展以整顿"乱收费、乱罚款、乱摊派、乱设卡"为重点的交通执法检查。为提高行政执法人员素质,1993年,黄冈地区和各县运管人员执法队伍经培训考试,有946人取得运政执法资格。地区中级人民法院和地区运管处成立"公路运输管理规费行政执行室"。全区交通系统开始依法治运、依法治路、依法征费。1994年,黄冈交通行政执法监督检查以《湖北省养路费征收管理实施细则》为重点,强化交通费收征稽手段,正式赋予交通费收征稽部门上路扣车、设站、挂牌管理权限,有效遏制交通规费的流失。

1997年7月3日,第八届全国人民代表大会常务委员会第二十六次会议通过《中华人民共和国公路法》,自1998年1月1日起实施。黄冈市交通局作为地方政府交通主管部门,认真履行职责,依法做好公路路产路权保护工作,依法行政,依法治路。

2000年,黄冈市交通局以黄交字〔2000〕85号文印发《黄冈市交通局行政执法责任制》《黄冈市交通局行政执法公示制》《黄冈市交通局行政执法督察制》《黄冈市交通局错案和执法过错责任追究制》4项制度文件,明确:黄冈市交通局是市政府负责全市交通系统行业管理和交通执法的部门,是代表市政府贯彻执行交通有关法律、法规和规章的主管部门;各县市区交通局是县市区政府主管交通行政执法的第一责任人,对上级交通主管部门安排和部署的执法工作按时抓落实;局直行政执法业务部门是行政执法的具体责任人,具体抓落实。2000年6月28日,黄冈市交通局贯彻落实省交通厅《关于全省交通系统推行政执法四制》精神,即执法责任制、执法公示制、错案和执法过错责任追究制、执法督察制。2002年,全市交通行政审批制度改革有序推进,为社会提供"一站式"服务窗口。

交通文明执法

2003年,黄冈交通局按照市政府法制办《关于开展行政许可规定和实施清理工作的通知》要求,组织主要涉及行政许可的公路、港航、运管部门,对1985年以来,交通部门出台的有关交通法律法规的文件和行政许可实施主体进行了清理。确定市交通局为行政机关,港航局(海事除外)、公路管理、大桥局受市交通局委托实施行政许可;运管处按照国务院《道路运输条例》规定,以自己的名义实施行政许可。市交通局主要领导与许可部门负责人签订目标责任状,明确法律责任,确保工作的严肃性。2015年全市路政案件查处率98%,结案率95%,执法文书使用率100%,无行政复议及行政诉讼败诉案件。

随着依法行政,执法监督力度加大,交通管理日益科学规范,交通管理实现由"依权管理"向"依法行政,依法治交"的转变。运用现代化的技术手段和科学的原则、方法、措施,不断地提高交通管理的效率和质量,实现客货运输安全、迅速、舒适、经济的目的,从而获得最好的社会经济、交通与环境效益,为国民经济发展,人民生活水平与出行提供高质量的服务。

第一章 交通建设与路政管理

第一节 建设管理

一、建设规划

1919年,国民政府内务部公布《修治道路条例》,之后又公布了《修治道路条例实施细则》40条,比较系统地提出公路建设技术规定。1923年,省政务厅厅长郑振玑提出以武汉为中心,修建全省干支公路与火车、轮船形成水陆联运的规划。1928年10月,湖北省建设厅鉴于省道建设不仅为交通要政重点,且与政治军事和商业各方面均有密切的关系,为加快开辟省道线路,湖北省成立鄂东省道工程处,指派工程师侯家源查勘黄陂至麻城路段,采取每测完20里即行开工的方式,线路所经之处,由各县依照《湖北省征工条例》及《修筑路基考成规则》就近征工,省建设厅委派沿线各县县长为督修委员,由专业工程人员负责督修。1932年11月,湖北省政府在汉口召开七省公路会议,对黄冈境内公路建设作出规划,汴粤干线公路是七省公路会议规划的11条干线公路之一。

抗战胜利后,湖北省政府于1945年9月通过"湖北省复员工作计划",为复员开展复路运动。从1946年8月至1948年6月,不到两年时间内,蒋介石及武汉行营不断来电催抢修鄂东公路。

中华人民共和国成立后,党和国家十分重视交通建设,第一个五年计划期间,时任湖北省省长张体学提出首先改变山区交通落后面貌,在此期间红安县建成檀树岗至七里坪14公里公路。1954年4月,湖北省人民政府发布《湖北公路民工建勤试行实施细则》;1955年11月,国务院发出《关于改进民工建勤养护公路和修建地方道路的指示》,规定每年每个劳动力义务建勤不超过5个工作日,此后成为定制。黄冈地区在部分公路均采用民工建勤、车辆建勤与义务劳动相结合的方式施工建设。1957年,第一个五年计划顺利完成。1958年,开展"全民大办交通"和大搞技术革新的群众运动,黄冈在此期间交通建设取得显著成就。1965年11月,省长张体学在麻城召开全省桥梁会议,确定采用依靠群众、勤俭建桥、国家扶持的"民办公助"的方针,并以黄冈为试点,湖北省公路管理局派技术员负责技术指导。黄冈专区和各县都成立了建桥指挥部,公路桥梁质量明显提高。

1981年,交通部颁发新的《公路工程技术标准》,将公路等级由6级简化为4个级别,新增加1个等级——高速公路;同时划定70条国道干线网,穿越黄冈境内的有首都放射南向的105、106国道,东西横线的318国道。从"六五"计划起,对公路建设贯彻"普及与提高并重以提高为主"的方针,即由数量型向质量型转变;在建设部署上施行"统筹规划、条块结合、分层负责、联合建设"的办法,大力开展以改建、新建高等级公路和大型桥梁为主的公路建设。

1988年,黄冈地区交通局制定了《黄冈地区交通运输发展规划与布局报告》。其发展规划分"三步走":近期(1990年以前),交通建设以柳介公路为重点并以柳介路为径,连接沿江13个乡镇,3年时间内全部铺成黑色或水泥路面;在确保重点的同时,实现乡镇全部通客车;水上交通建设主要是开发利用长江"黄金水道",对沿江一带业已建成的汽车渡口、港口、码头加以改造提高,逐步向机械化、半机械化过渡。

港口、码头建设,第一期重点优先于武穴、蕲州、黄州等五个小特区;河道疏浚继续治理三大水系(巴水、浠水、蕲水),使航线沿长江不断向内河延伸,利用和发挥水运优势。

"八五"以来,一批高速公路相继列入国家及省重点工程规划,105、106、318国道和省道先后列入湖北省干线路网改造计划,公路技术等级不断提高。20世纪90年代,黄冈境内第一条高速公路——黄(石)黄(梅)高速公路被列入湖北省"九五"计划重点建设工程开工建设。1993年,九江大桥公路桥正式建成通车;1995年12月,黄石长江大桥建成通车;连接鄂城、黄冈两座中等城市的鄂黄长江大桥,列入湖北省"九五"交通重点工程项目;2005年,湖北鄂东长江公路大桥(亦称黄石长江二桥)经国家发展和改革委员会批准建设,列为国家和湖北省交通重点建设项目。

"十一五"期间,黄冈交通局根据国家《武汉城市圈"两型社会"建设综合配套改革试验区建设综合交通规划》,结合黄冈实际,制定《黄冈综合交通发展规划(2008—2020)》。该规划根据国家综合交通网规划和武汉城市圈综合交通规划,结合黄冈交通现有布局,按照"突出中心、强化基础、外抓对接、内促循环、贯通扩口、上等升级、港站配套、公铁水连网"的思路,对接大武汉,沟通大长江,辐射大别山,连接县市区,构建高效便捷、安全的鄂东综合交通网。构建贯通大武汉和"一核两翼四通道"综合交通网。一核:即以黄冈长江(公铁)大桥和武汉新港黄冈大桥作业区为依托,优化区域交通网布局,改善港口集疏运条件,加快铁路发展,将黄冈打造为京九、武九两条铁路,大广、汉鄂两条高速公路连成一体的区域综合运输枢纽,着力强化并充分体现黄州在政治经济文化等方面的核心地位。两翼:即建立以麻城为支点的北部地区综合运输枢纽,构建黄冈市北部地区以铁路、公路功能为主的客货集散枢纽;建立以武穴为支点的南部地区综合运输枢纽,充分整合辖区内现有公铁水运资源,形成以黄冈市南部地区为主的公铁综合运输枢纽。四通道:武汉经黄冈至安徽合肥方向以公铁为主的综合运输通道;武汉经黄冈至江西南昌方向以公路水路为主的沿江综合运输通道;京九、大广综合运输通道;大别山旅游运输通道。

2015年,黄冈市交通运输局编制全市"十三五"综合交通运输规划,谋划交通千亿板块,实施快速铁路、高速公路、干线公路、通村公路、枢纽客运、现代物流、绿色水运"七大重点工程"。分别与安庆市、六安市、信阳市交通运输局签订《大别山革命老区交通运输发展合作协议》。在黄冈召开鄂豫皖大别山革命老区交通扶贫攻坚省际联系会,就共同规划建设一批省际通道项目,建成联动协调长效机制达成共识,共同推进大别山区域交通运输发展。至"十二五"期末,武汉市至英山县的高速公路、大庆至广州高速公路湖北段北段麻城至浠水段(湖北大广北)、武麻高速公路、九江长江公路大桥、麻(城)阳(新)高速公路、黄鄂高速公路、黄冈长江大桥正式建成通车,武汉新港黄冈作业区、武冈城际铁路、大别山旅游公路等交通基础设施建设项目按规划推进,相继建成。

二、市场管理

随着交通基础设施建设的发展,交通建设市场管理受到重视。1998年,黄冈市交通局在《关于深化全市公路行业改革实施意见的批复》中明确指出:加大公路建设市场管理,积极培育和规范公路建设市场。1999年4月,黄冈市交通基本建设质量监督站成立,参与全市公路、水运工程建设市场管理;2000年,中共黄冈市交通局党组以黄交党〔2000〕28号文件,批复市公路管理局内设机构工程科加挂公路建设市场办公室牌子。

2005年,湖北省交通厅出台《公路水运工程建设施工分包管理办法》,开展专项清理整顿。2006年,湖北省交通厅根据交通部《关于开展治理交通建设领域转包、违法分包和整顿公路水路重点工程监理专项整治工作的通知》,采取项目业主自查和交通部门重点督查的方式,深入开展治理交通建设领域转包、违法分包和整顿公路水路重点工程监理专项整治工作。通过专项整治,建设领域转包、违法分包和监理人员的不良行为得到一定程度上的遏制。各重点建设项目进一步完善管理制度,规范公路从业单位行为,培育健康有序的公路建设市场。同时认真贯彻交通部《公路工程施工招标管理办法》《公路工程施工监理招标管理办法》进一步规范交通建设市场招投标管理,营造公平竞争的交通建设环境。

2010年,黄冈市质监站实行了监理市场从业备案制和试验检测能力核验制度,加强了对交通监理和检测市场的监督与管理。加强试验检测单位资质管理,完善试验培训管理信息系统,建立试验检测单位和人员信息管理档案,并开展了重点工程试验检测能力核验等工作,继续开展质量数据打假活动。全市共有3家单位申报试验检测资质,经质监站审查,湖北省交通厅质监局现场考评,有2家取得了试验资质。据检查及档案统计,当年在黄冈市从事监理服务的单位有6家,监理人员140人。检测单位4家,检测人员78人。从此,交通建设监理和检测形成了开放竞争有序的市场。

"十二五"为期间,为进一步规范全市交通建设监理和检测市场,不断规范从业单位的质量行为,2011年,积极争取省厅质监局支持,进一步培育监理、检测市场。黄冈市科成监理公司完成丙升乙工作,博达监理公司正在进行乙升甲工作,公路设计院监理公司顺利取得丙级资质。新增麻城顺达、武穴红帆公路丙级检测资质2家。为提升全市公路监理、检测企业水平,提高企业的市场竞争能力,质监站积极组织对监理、检测企业进行不定期的诚信评价和动态考核,并要求监理、检测企业加强对工程人员的管理,将检查情况记录在案,作为年终诚信评价的参考。配合省局完成了市检测机构比对试验工作,积极组织市境内监理、检测企业人员参加公路水运工程监理工程师过渡考试和公路水运工程试验检测人员考试。从而促进了市场的繁荣和有序竞争,提升了从业单位和人员的素质,较好地提高了质量行为。至2015年,市域范围内有监理企业3家,其中公路甲级资质1家,公路丙级资质2家,试验检测企业7家,其中公路乙级检测资质3家、丙级检测资质4家。全市交通建设施工单位项目负责人和专职安全生产管理人员持证上岗率100%,特种作业工种人员持证率100%,无重特大安全责任事故。监理项目部年考核率100%;试验检测机构诚信评价率100%。

三、质量管理

交通建设工程与人们生活息息相关,工程建设质量至关重要,所谓"成也质量、败也质量"。民国时期的公路建设,大都以军事为目的,随战事需要草率建成,且时修时毁,勉强行车。

新中国成立初期,重点对公路进行修复、改建。1958年冬,黄冈全区掀起公路建设热潮。公路里程迅速增长,但在当时的形势下,过于追求速度和数量,缺乏统一规划和前期工作,技术力量和投资能力都跟不上,导致公路技术标准过低,有的只修了路基,有的修了路而未建桥涵,有的桥涵设计不当施工粗糙,造成重大损失和严重后果。1961年1月,中国共产党八届九中全会通过对国民经济实行"调整、巩固、整顿、提高"的方针,纠正了一些错误做法,公路建设从单纯追求速度转到速度质量并重。

改革开放以来,交通建设质量受到重视。对公路建设实行普及与提高相结合,以提高为主的方针,公路建设开始由数量型向质量型转变。

1979年,湖北省革命委员会交通局文件,鄂交综〔1979〕137号文印发《关于一九七九年"质量月"活动安排的通知》。8月21日,黄冈地区交通局文件以黄地交字〔79〕99号转发省交通局《关于一九七九年"质量月"活动安排的通知》。9月18日至20日,黄冈地区交通局在广济县交通局召开有各县局分管质量月活动的局长、县局质量月活动办公室负责人、已命名大庆式企业单位负责人、计划当年建成大庆式企业单位负责人、局直属各单位负责人参加的质量月活动经验交流会,把质量管理月活动落到实处。

1996年,黄冈公路总段成立公路工程检测站,先后投资100余万元,添置必要的设备。1999年4月1日,根据黄冈市机构编制委员会黄机编办〔1999〕8号文件精神,成立黄冈市交通基本建设质量监督站,负责全市公路、水运工程质量监督管理工作。经过多年的努力,黄冈市逐步建立和健全了市交通质监站、县(市)交通质监机构、乡村农民质量监督员的三级质量监管体系。市交通质监站负责对全市交通建设质量和安全进行指导和抽查,县(市)质量监督机构负责对本县农村公路建设进行全过程监管,农民质量监督员负责农村公路现场监督。

黄冈市交通基本建设质量监督站在交通建设中,认真履行行业监管职责,坚持以质量效益安全为核心,对各个工程建设项目加大监督指导协调和服务力度,保证交通建设持续健康发展。2000年2月,黄冈交通局以黄交〔2000〕134号文件印发《关于加快等级公路建设,确保公路路基工程质量的意见》,强调在公路建设中,必须加强技术指导和工程质量控制;严格工程中间验收关;强化交通质量监督部门职能。2003年,黄冈市交通局制定《黄冈市路网建设管理办法》《黄冈市县乡公路管理细则》,黄冈市成立通乡油路建设指挥部,加强项目的建设和管理。重点工程建设政府监督覆盖率保持100%,一般工程达到85%,已评定竣工工程项目合格率100%,优良率达89%。

"十一五"以来,根据国家和省相关质量监督规定、办法,结合黄冈市交通建设实际,先后出台《黄冈市农村公路质量监督管理办法》《加强农村公路质量管理的意见》《黄冈市危桥综合整治与改造实施细则》等。开展"农村公路质量年"、交通建设"诚信杯"及"安全生产年"等活动。制订了详细的活动实施方案,拟定了具体目标,明确了各方责任,加强检查督办、实施严格考核与奖惩。这一系列制度的出台及活动的实施,确保了全市干线路网及农村公路质量和安全。

"十二五"期间,切实加强三大管理工作。即加强质量行为监督,检查建设单位的基建程序是否合法,是否严格执行工程建设"项目法人制、招标投标制、工程监理制、合同管理制",质量管理制度和质量保证体系是否完善;检查施工单位的自检体系运作情况,自检频率、内业资料真实性、完整性;检查监理单位监理程序履行情况、监理旁站和巡视到位情况,质量检验评定是否客观真实,内业资料是否齐全。在对工程实体质量监督中,对工程建设的各个阶段实施现场跟踪管理,重点工程、隐蔽工程、主要结构、重点部位监督覆盖率达到100%。对施工过程质量监督以随机抽查为主,实行质量"一票否决权"。实行监理市场从业备案制,健全"黑名单"和不良业绩管理制度。完善试验培训管理信息系统,建立试验检测单位和人员信息管理档案,开展质量数据打假活动。全面实现重点工程、国省道干线、农村公路质量监督覆盖率达100%。专职安全管理人员持证上岗率达100%,特种作业人员持证上岗率达100%。

第二节　公路路政管理

一、管理体制

民国时期,湖北省设置建设厅,掌管全省交通行政事务。1928年,颁布《湖北省道管理条例》,公路路政管理的主要职责为:监护路产路权,管理非机动车辆,设立监护队与路警。1931年6月,颁布《湖北省道保护桥路奖惩暂行章程》。1933年1月,依照湖北省道管理局组织章程第21条规定,特设监护队,并颁发《湖北省道管理局监护队组织章程》,监护队属于各路管理局。

1949年5月,武汉市军管会接管湖北省建设厅所属各公路管理机构,8月改组为湖北省人民政府公路管理局,下辖监理所负责交通安全监理及路政管理工作。

20世纪80年代初,随着农村经济体制改革的深化,农村商品经济发展迅速,集市贸易日益兴旺,侵占公路的搭棚盖房、摆摊设市、堆肥堆草、打场晒粮、挖沟放水、开山放炮、挖土取砂等活动日益增多,由于公路交通量不断增大,这些活动严重影响行车安全。为加强公路路政管理,保障公路安全畅通,1982年4月2日,湖北省政府颁发《湖北省公路路政管理暂行规定》。1983年,根据国务院105号文件通知精神,黄冈地区行署和各县人民政府相继成立"公路路政管理领导小组"。

1987年,公路交通监理职能移交公安部门后,交通部门主要职能是抓好公路路政管理。1989年3月

1日,黄冈地区行署印发《关于加强公路管理保障交通畅通的通知》,6月8日,黄冈地区行署召开全区路政管理工作会议,部署路政管理工作,各县(市)人民政府重新组建了路政领导小组,推动路政管理工作。

进入20世纪90年代,路政管理实现了由单一的路政人员护管向网络式管理的转变,由面上的清理路障向拆除固定性违章建筑转变,由公路部门一家管逐步向政府、公安、土管、物价部门联合管理转变,由季节性管理向常年性管理转变。2009年11月,湖北省人民政府批准,全省普通公路共设置超限检测站106个,其中黄冈市设10个,全市各级路政管理部门依托超限车辆检测站,编织起了较为严密的治超网络。建立"政府领导、行业主导、部门联合、区域联动、综合治理"的路政管理工作机制。

2012年11月23日,为深入推进大别山红色旅游公路沿线建设秩序整治,黄冈市人民政府决定成立黄冈市大别山红色旅游公路沿线建设秩序整治工作领导小组,建立由一把手挂帅、分管领导具体负责、专班驻点主抓的组织领导机制,黄冈市人民政府印发了《关于进一步加强大别山红色旅游公路沿线建设秩序治理整顿的通告》和《大别山红色旅游公路沿线建设秩序整治示范点建设实施方案》,明确了公路所在地的县(市)人民政府是整治公路沿线建设秩序的责任主体,县(市)长是第一责任人;沿线所在的乡(镇、办)、村和国土、规划、交通、

黄冈党员示范路责任公示牌

住建、公安部门主要负责人是直接责任人,建立路段干部包保责任制,分路段设立责任公示标牌。交通公路管理部门负责公路沿线巡逻检查,联合有关职能部门对违法建设行为依法予以查处。因工作不力造成责任路段发生违法建设的,由纪检(监察)部门对相关责任人进行责任追究。

二、管理机构

1983年7月,黄冈地区公路总段成立路政绿化科,随后各县公路段也相继设立了路政绿化股。1988年,湖北省公路管理局对全省路政机构进行了首次整编,并统一了全省路政人员的着装。各地、市、州公路管理部门统一名称:路政绿化科;县(市)公路管理部门统一名称:路政绿化股。当年8月8日,黄冈地区公路总段按照《省公路局关于整编全省公路路政机构的通知》精神,开始对黄冈公路系统公路路政管理机构进行整编。整编内容包括:县市公路路政管理部门统一更名为路政绿化股;根据工作区域内的管养里程、交通量、路况的复杂性,确定路政绿化股定编人员;路政管理人员要具有初中以上文化。经整编、批准的路政管理人员,由湖北省公路管理局统一监制发放路政管理胸章和路政管理证件。

1997年,根据《湖北省公路路政管理暂行办法》的有关规定,全省路政执法人员再一次统一核编、整顿和更装。此次核定各地路政人员定编人数,综合考虑工作区域内管养里程、交通流量、路况的复杂性而定,其中以管养里程为主要参照指标。黄冈路政绿化专职人员达47人,一支初具规模的路政绿化管理队伍初步形成。其后,虽黄冈历经撤地设市,黄冈公路管理机构几经更名,但黄冈公路管理机构的路政绿化科始终没有变更。

2002年,湖北省交通厅对全省路政执法机构名称进行统一规范,在全省公路管理系统设立省、市、县三级公路路政执法机构,湖北省公路管理局设立路政总队,市(州)公路管理局(处)分别设立路政支队,县(市)公路管理局(段)分别设立路政大队,并对公路路政执法行为进行规范。2004年8月12日,黄冈市人民政府办公室印发《黄冈市市属交通事业单位机构改革方案》,依据改革方案,黄冈市公路管理局路政绿化科更名为路政科(加挂"黄冈市路政支队"的牌子)。2006年,各县市区交通局成立了专门的政策法制机构(法制股),配备了专职法律人员。为加强执法队伍建设,坚持"逢进必考"的原则。黄冈市公路

局制定《黄冈市公路路政人员管理暂行办法》，明确规定：凡新增路政人员，一律由市公路局公开组织考试，择优录用；同时加快路政中队的建设步伐，提高快速反应能力。

2009年8月26日，黄冈市机关编制委员会以黄机编办〔2009〕40号文件，同意撤销市公路管理局路政科，将路政科加挂的黄冈市路政支队单设，并更名为黄冈市公路路政支队，为黄冈市公路管理局所属相当于科级事业机构，各县（市、区）公路路政大队也先后挂牌成立。

湖北省交通运输厅高速公路路政执法总队派驻黄黄管理处路政支队，下设10个路政大队，按照一级核算、二级管理的模式，对全处人、财、物实施集中、高效、统一的区域一体化管理。

路政大队具体负责道路巡查、路产损失赔（补）偿费的追查、一般路政许可的审查、路政管理案件的查处、故障车的免费牵引、宣传并贯彻执行有关法律法规及规章制度等工作，依照法律、法规履行保护路产、维护路权的管理，进行高速公路路政执法。2015年，全市路政案件查处率98%，结案率95%，执法文书使用率100%，无行政复议及行政诉讼败诉案件。黄冈路政管理坚持"一案一评""一县一查"，以查促学，以学提质，在全省执法案卷评查中荣获第二名。

三、管理措施

（一）田路分家

1958年，随着公路的发展和全区机动车辆增加，黄冈各级地方政府把管好公路，确保人民群众生命财产安全提到重要议事日程。凡在生产工作会议上，都要安排车管所监理人员宣讲交通安全与道路安全的关系。当年，蕲春县车管所与农村文艺爱好者组成多个宣传队，自编自导自演《不要在公路堆放杂物》《在公路边放牛容易踩坏公路路基》和《在公路上设障违法》等节目进行巡回演出，收到很好的效果。湖北省交通厅专门在蕲春召开现场会，向全省推广蕲春经验。

改革开放以来，随着农村商品经济发展，集市贸易日益兴旺，侵占公路的搭棚盖房、摆摊设市、堆肥堆草、打场晒粮、挖沟放水、开山放炮、挖土取砂等活动日益增多，严重影响行车安全。1982年4月2日，湖北省人民政府颁发了《湖北省公路路政管理暂行规定》。黄冈地区行署和各县人民政府先后召开路政管理会议314次，翻印有关文件和宣传材料2万多份，出动宣传车20多辆，共清除堆肥9100多堆，清除打场晒粮1.5万余处，拆迁违章建筑430余处。

1983年10月，湖北省人民政府以鄂改发〔1983〕108号文件发出《关于认真贯彻国务院105号文件的通知》。要求结合湖北省实际情况，坚决落实好公路两侧留地范围的规定，切实搞好"田路分家"；禁止在公路上摆摊设点，以确保公路的安全畅通；对公路上的一切设施，严加保护，坚决刹住任意侵占，损坏公路设施、乱砍滥伐路树的歪风。黄冈地区行署根据国务院105号文件和湖北省108号文件精神，大力开展落实路权，清除路障，保护路产三项重点工作。这三项工作首先从田路分家着手。公路两边被农民田地侵占的部分全部要回来。该补偿的补偿；该收回的收回。到1986年，全区大多数公路完成田路分家。

1989年3月1日，黄冈地区行署印发《关于加强公路管理保障交通畅通的通知》，通知规定：禁止在国道和改建、扩建的二级公路两侧边沟外30米以内、省道20米以内、县道15米以内、乡道10米以内建房搭棚；严禁在国道、省道和改建、扩建的二级公路边沟100米以内开山炸石、取土烧窑；公路两侧边沟外3米内的场地，属公路留地范围，为公路养护取土备料之用，任何单位和个人均不得侵占或破坏；禁止乱砍滥伐公路行道树木和在公路路肩、边坡上铲草皮；严禁在公路上打场晒粮、摆摊贸易、堆放物料、放牧牲畜、积肥、制坯、挖沟、筑埂和设置路栏等。对违犯《条例》《细则》的行为，各级公安、司法、工商等有关部门要积极协助、配合交通公路管理部门查处。这是黄冈地区行署对公路路政管理印发的第一个政策性文件。7月18日，黄冈地区土地管理局和地区交通局联合发文，是交通部门为加强公路路政管理与土地管理部门联合印发的第一个部门联合性文件，为解决公路用地及管理工作提供了依据，使公路路产路权得到进一步巩固和规范。

(二) 红线控制

1987年9月,湖北省城建厅、省交通厅、省土地局下发了《关于加强公路、公路沿线城镇建筑管理的通知》,就加强公路、公路沿线城镇建筑物管理事项做了明确的规定,明确各种沿线建筑物,其边缘距公路界碑的距离为:国道不少于15米,省道不少于10米,县乡道不少于5米,在公路弯道内侧,不应有妨碍公路设计视距的建筑物,对公路沿线的建筑物,由二厅一局的基层单位联合发放许可签证,这一规定被称之为"红线控制"。通知发出后,黄冈公路部门依法处理违章建筑,追回经济损失。盗砍滥伐路树及毁坏盗窃公路设施的行为在一定范围内得到制止。

1997年7月,第八届全国人大常委会26次会议通过《中华人民共和国公路法》后,黄冈地区以宣传公路法,清除公路及公路用地范围内的各种路障为突破口,控制公路两侧的建筑"红线";1999年,《湖北省公路路政管理条例》出台后,黄冈市人民政府相应出台了《黄冈市公路路政管理办法》《黄冈市公路路政巡查规定》《黄冈市公路路产损失赔(补)偿费管理暂行办法》。2010年,为打击侵占路产路权违法行为,保护公路完好安全畅通,黄冈市人民政府出台了《黄冈市国省干线公路集中整治工作方案》和《黄冈市人民政府关于开展全市国省干线公路集中整治的通告》,明确各县(市、区)政府是集中整治责任主体,市政府法制办、公安局、交警支队安排专职人员全程参与集中整治工作。经集中整治,全市共计拆除各类违法建筑2479处53000余平方米;清除占道堆积物430多处1100余立方米;拆除未经许可的非路用标志标牌860多块,不仅路容路貌明显改观,公路通行能力明显提高,也展示了公路路政执法形象。

2011年,黄冈市公路部门争取市政府支持,联合政府、公安、交警等有关部门对公路控制区的"八乱"(乱搭、乱建、乱停、乱放、乱栽、乱埋、乱伐、乱靠)进行联合整治活动。与过境路段公路两侧经营户签订了《国省干线公路经营户责任书》,与过境路段所在乡、镇人民政府、村委会签订《护路公约》。至"十二五"期末,借助市政府联合监管平台,落实长效机制,确保国省干线公路全线无新增建房,国省干线依法依规逐步规范,从根本上解决公路两侧乱搭乱建问题。

(三) 车辆超限超载治理

21世纪初,公路路政管理在维护路产路权的同时,突出公路治超。2003年12月15日,湖北省人民政府颁发《湖北省人民政府关于加强超限运输车辆行驶公路管理的通告》,明确了超限运输的几种类型、处罚办法及路政人员的权限。规定湖北省公路管理机构可在经湖北省政府批准的交通收费站〈稽查站〉、省际国道和省道进出口路段、矿区进出口路段定点设置检测装置,对超限运输车辆进行检测。经检测属超限运输的,必须卸载才能放行,禁止只罚款不卸载。

2004年,湖北省治理车辆超限超载领导小组批准了湖北省第一批40个公路超限运输检测站,其中黄冈普通公路设站3个:浠水县超限车辆检测站,省道黄标线;麻城超限车辆检测站,106国道;红安超限车辆检测站,省道阳福线,牌坊店。通过宣传和治理,超限运输车辆由治超前的90%下降至15%以下。

2005年6月,湖北省交通厅批准了在普通公路再设置67个治超站:其中黄冈新设6个:黄州区超限车辆检测站,106国道;团风县超限车辆检测站,省道黄标线;罗田县超限车辆检测站,318国道;黄梅县超限车辆检测站,105国道;英山县超限车辆检测站,省道中大线;蕲春县超限车辆检测站,省道下蕲线;武穴市超限车辆检测站,省道蕲龙线。

"十一五"期间,黄冈形成了"政府领导、行业主导、部门联合、区域联动、综合治理"的治超长效化模式。先后建成3个部级、7个二类超限超载检测站,并率先在全省实现了联网监控;加大源头治理、法规宣传和联合执法力度,全市超限超载率控制在5%以内。

"十二五"期间,黄冈市人民政府出台了《市人民政府办公室关于建立市区治超长效机制的通知》和

《黄冈市治超领导小组关于进一步完善治理车辆超限超载长效机制的意见》,率先推行治超工作长效机制;2011年,黄冈交通公路部门联合交警在全市开展"百日治超"活动,以动静结合的集中整治,有力推进联合执法力度,在全省率先创新交警、运管、路政三位一体和路养联动治超新模式,做到防控结合,遏制反弹;率先落实周查月报、季度检查、重大事项一事一报等常态化工作方法,确保了全市治超工作态势平稳。2015年,非法超限超载运输率控制在4%;黄冈治超经验多次在全省公路工作会和路政专题会上进行交流推广。

第二章　道路运输管理

第一节　行政许可管理

一、经营许可证管理

《道路运输经营许可证》是交通部统一制发的经营道路运输的合法凭证。凡在我国境内经营道路旅客运输、道路货物运输、车辆维修、道路货物搬运装卸和道路运输服务(含物流服务、汽车综合性能检测、汽车驾驶员培训、客货运站场、客运代理、货运代办、汽车租赁、商品车发送、仓储服务、营业性停车场和其他从业人员培训等)的单位和个人,均须持有交通运输部制发的《道路运输经营许可证》。

1987年7月29—30日,黄冈地区交通局召开全区公路运政管理工作会议,会议着重研究布置在全区范围内换发"全国统一营运证",开展客运市场秩序整顿工作。1992年11月27日,交通部交政法发〔1992〕357号关于启用《中华人民共和国道路运输证》的通知,规定凡行驶在我国境内道路上的各类车辆,必须持有交通部制发的《中华人民共和国道路运输证》。黄冈从1992年12月1日起核发《道路运输证》。

2002年2月1日,湖北省道路运输管理局通知换发新版《道路运输经营许可证》和《道路运输证》。黄冈市道路运输管理处换发《道路运输经营许可证》调整职权范围:四级客货运输企业、三级汽车客货运站、化学危险品运输企业、旅游客运企业、市内跨县设立的分公司、二类维修企业、汽车租赁企业、市辖所在地区出租车客运企业、仓储、物流企业、商品汽车发送企业。各县市换发《道路运输经营许可证》调整职权范围:五级客货运输企业及个体运输业户、三类维修企业、装卸搬运企业、停车场及洗车业、四级简易客货运站、其他运输业务。《道路运输证》的换发由市运管处负责,普通货车的《道路运输证》由市运管处委托各县市运管所负责。

2002年5月8日,湖北省交通厅公路运输管理局印发《进一步推行审批制度改革历行简政放权的意见》,对国家未明确规定必须由省级运管机构办理的具体事项,一律交由市州或县市运管机构办理。《道路经营许可证》有效期一般为三年,核发时按审批权限分别加盖地(市)、县级交通主管部门道路运输管理证件专用章。2003年,黄冈市交通系统广开亲民、便民、利民之门,推行政务公开,承诺办好"六件实事",开展承诺服务,公示服务项目。运管部门取消货运车辆"未批先购"限制规定,跨地区以上客运线路,由业主直接上报审批机关;营运车辆等级评定、年度审验由县市所集中代办,不让经营者跑路;营运车辆检测深入到县市区、企业、车站等车辆集散地,上门上户检测服务;机关内部成立业务科室,集中各业务科室的所有审批业务,一点受理、一人办理、一个窗口(行政服务中心)发放证照牌。并将以前由市局许可的事项,逐步下移。2004年7月1日,《中华人民共和国道路运输条例》颁布施行,9月14日,黄冈市运管处印发道路客货运输行政许可服务指南,将原来管理审批权转变为行政许可服务。

二、开停业管理

(一)道路运输业户开停业管理

1950—1953年,黄冈按照《统一管理汽车营业办法》的规定,不论公私企业的车辆一律申请登记发给临时通行证,经检验合格发给营业执照。

1981年9月14日,黄冈地区执行湖北省交通局、湖北省工商行政管理局《关于做好交通运输企业登记发照工作的通知》,规定凡从事经营并独立核算的地方国营、城镇集体、农村社队及企业、事业单位、营业性交通运输企业都应登记。1984年5月4日,按省交通厅规定,黄冈境内凡农村个体和联户购置车辆和拖拉机,只要技术状况和驾驶人员技术条件符合规定,并在当地保险公司进行保险,工商行政管理部门已给营业执照允许经营的,与国营企业一视同仁。同年12月,黄冈开始对从事营业性运输的企事业单位、个体(联户)进行工商登记,核发全国统一营业执照和营运证。

1995年9月15日,湖北省人民政府发布《湖北省道路运输管理办法》,黄冈地区根据该办法,规定了申请经营道路运输业的单位和个人,必须向当地县运管机构提交书面开业申请和相关证明文件,领取《中华人民共和国道路运输证》后,方可正式营运。经营者停业、歇业、合并、分立或迁移经营场所、变更经营范围,应向批准开业的机关申请批准。

2002年7月4日,黄冈市运管处根据省公路运输管理局《关于减少道路运输经营者证件的通知》精神,明确对营运车辆在运行过程中应携带的证件为:《中华人民共和国道路运输证》《中华人民共和国营业性汽车驾驶员从业资格证》《公路规费缴讫证》。营业客车应悬挂客运线路营运标志,出租车应设置出租营运标志,危险品运输车辆应悬挂危险品运输标志;取消营运客车中高级合格证;取消营运客车进站证。

(二)汽车客运站开停业管理

1995年,交通部发布《汽车客运站管理规定》(2号令)。规定了开停业管理,申请开办汽车客运站须持上级主管单位或乡镇以上人民政府的证明,并提供有关资料,经批准取得《道路运输经营许可证》,并办理有关工商、税务登记手续后方可开业。要求停业的,须提前30天向原审批机关提出,经审查同意,缴销《道路运输经营许可证》,并向社会公告后方可停业。汽车站分为四级,一级站由交通部审批,二、三、四级站由省道路运输管理局审批。

(三)旅客运输开停业条件

1994年3月16日,湖北省交通厅发布《道路旅客运输管理暂行办法》,根据此规定,黄冈地区进一步明确道路旅客运输的一般条件:参营车辆应是新车或经检验证明达到一级车况等级的客车,持有效的车辆行驶证,有固定的办公场所,有经公路运输管理部门批准的客运站点;除固定资产外,须有不少于车辆价值5%的流动资金;经营一辆车的业户,除车辆本身外,须有一定的事故赔偿能力;开业时应具合法的资信证明或资金担保书;驾驶员应有有效的驾驶证;驾乘人员必须掌握与道路旅客运输有关的法律、法规和客运业务基本知识,开业前接受业务知识培训。申办道路旅客运输的企业,除达到上述条件外,还应达到企业法人规定的条件,配备熟悉客运业务的运调、安全、服务、财会、统计管理人员。

道路旅客运输开业审批程序:申办《道路运输经营许可证》;办理工商登记;领取《道路运输证》;凭《道路运输经营许可证》和《道路运输证》接受车辆级别鉴定,领取相应的车辆级别"合格证"。

(四)出租、旅游汽车客运开停业管理

1988年6月15日,建设部、公安部、国家旅游局[88]建城字35号文印发《城市出租汽车管理暂行办法》规定:出租汽车经营的停业或歇业,须于10日前向客运管理机构申报,经批准后缴销出租汽车营运证

件,向公安部门办理车辆停驶手续。办理歇业的,还须向工商行政管理部门办理注销登记手续,向公安部门办理注销登记和车辆停驶手续。

1989年12月18日,交通部发布交运字〔89〕709号制定《出租汽车、旅游汽车客运管理规定》,规定经营出租汽车、旅游汽车客运的单位,向当地县级以上交通主管部门提出书面申请,符合条件的,发给经营许可证,申请者凭经营许可证向当地工商行政管理部门申请办理营业执照,经核准取得营业执照后,由县以上交通主管部门按其注册营运车辆发给单车营运证;停业须提前一个月向原审批机关提出申请,经批准并收缴经营许可证、营业执照、营运证及未使用的票据后,方可停业。

1997年12月23日,建设部、公安部发布《城市出租车管理办法》,对出租汽车经营企业的客运车辆、资金、经营场所、管理人员和驾驶员,经营管理制度做了明确要求。申请从事出租汽车经营的企业和个体户,应向客运管理机构申请,经核准,发给许可凭证。经营者持客运管理机构核发的许可凭证,向有关部门办理营业执照、税务登记车辆牌照等手续,再由客运管理机构发给经营资格证书、车辆营运证、驾驶员客运资格证件后方可营业。办法规定从1998年2月1日起实行。

(五)货物运输开、停业管理

1993年5月19日,交通部交运发〔1993〕531号文件规定了道路货物运输业户开业技术经济条件。货物运输分为普通货物运输、零担货物运输、大件货物运输、集装箱运输、冷藏保温运输、危险货物运输、搬家运输。

1994年6月7日,湖北省交通厅发布鄂交运〔1994〕209号《湖北省道路货物运输管理暂行办法》,《办法》规定了道路货物运输的开停业条件和停业管理,符合条件者经县以上运管机构审查批准,发给《道路运输经营许可证》;经营者凭运管机构核发的《道路运输经营许可证》,到当地工商部门办理登记手续;经营者持《道路运输经营许可证》和《营业执照》,到车籍所在地运管机构领取《道路运输证》。经营者停业、歇业,应提前一个月向审批机构交回《道路运输证》和《道路运输经营许可证》。

(六)危险货物运输开停业管理

1993年12月18日,交通部交运发〔1993〕1382号文件,规定了危险货物运输的基本条件和开停业申请与审批的程序;凡申请从事营业性道路危险货物的单位,均须按规定向当地县级道路运政管理机关提出书面申请,符合条件的,发给加盖道路危险货物运输专用章的《道路运输经营许可证》和《道路运输经营证》方可经营道路危险货物运输。

(七)装卸搬运开停业管理

1989年9月15日,黄冈地区根据省交通厅印发《湖北省装卸搬运管理暂行办法》规定,明确经营装卸搬运的企业必须具备的条件为:具有与经营业务相适应的装卸运具和劳力;在申请经营的范围内,有较稳定的货源;有经营管理的组织机构、场所、业务章程和负责人;有与装卸搬运业务活动相应的自有流动资金。个体搬运人员必须具备上述前两项条件。

申请从事营业性装卸搬运的单位和个人,必须履行相关申报手续方可开业;要求停业的须提前30天向原审批机关申报后,经办理注销手续,并缴还原发的各种证照后方可停业。

(八)机动车维修开停业管理

1988年3月10日,黄冈地区行政公署交通局、工商行政管理局、物价局、标准计量局,联合印发《黄冈地区汽车维修行业管理实施办法》。办法规定:地区交通部门负责一、二类汽车维修企业《技术合格证》的发放,县(市)交通管理部门负责三类汽车维修企业《技术合格证》的发放;汽车维修企业歇业,应提前30天,按审批权限向交通管理部门提出报告,并交出《技术合格证》,再向工商行政管理部门申请办理注销手续;领取营业执照三个月不开业,或停业半年以上者视同歇业。

2002年6月,黄冈市道路运输管理处发文要求一、二类汽车整车维修业户的管理负责人、技术负责人以及检验、检测、维修价格核算等关键岗位人员应经过培训,取得行业主管部门颁布的从业资格证,持证上岗。

(九)检测站开停业管理

1991年4月23日,交通部发布《汽车运输业车辆综合性能检测站管理办法》,规定具备基本条件的检测站,经该站主管部门同意,可向省级交通厅提出认定申请,对认定合格后的检测站,由省交通厅发给《检测许可证》。1997年9月28日,《湖北省道路运输管理条例》第26条规定:汽车性能检测站须经省交通主管部门同意并取得省技术监督部门颁发的计量、认证合格证明后,方可开展检测业务。

2001年12月31日,湖北省交通厅印发《湖北省机动车综合性能检测站管理办法(试行)》,规定凡需建立检测站的申请人,须向当地运管机构提交建站申办报告、可行性报告、资信证明等相关申请材料,完成建站工作后,应向省级运管机构提出检测认定申请并提交《检测站认定申请表》等相关材料。有检测站变更名称等事项的,应向市级运管机构提出申请,报省级运管机构备案。检测站要求停、歇业的,应在停业10日前或歇业30日前向市级运管机构提出申请,报省级运管机构备案,经批准并缴销《道路运输经营许可证》后,方可停业或歇业。

2005年6月,黄冈市道路运输管理处发文,对黄冈市综合性能检测站站长、技术负责人、质量负责人、计算机控制网络系统管理员,检测员基本条件提出明确要求。

(十)驾校开停业管理

1987年,黄冈车辆监理业务移交公安,驾校由公安部门管理。

1994年5月,交通部交公路发〔1994〕441号文件《关于尽快开展汽车驾驶学校和驾驶员培训行业管理工作的通知》,要求对驾驶员培训制定开业标准和开业审批程序,并负责开业审批。1995年11月15日,交通部交公路发〔1995〕1079号文发布《汽车驾驶员培训开业条件》。

1997年10月10日,湖北省交通厅鄂交教〔1997〕574号印发《湖北省机动车驾驶员培训行业管理办法》的通知,通知对人员条件、车辆技术条件、教室、教员、大客车、大货车、教练场所等事项作了详细规定。符合条件的申请单位或个人,向所在地县运管机构提交可行性研究报告,办理立项申请,经审查同意后,逐级上报省运管机构申请立项。申请单位或个人接到立项审批通知书后,填报开业审批表,经运管机构组织验收合格后,核发培训许可证。申办者凭培训许可证向工商、税务等部门办理有关登记手续后方可开业。培训业户停业、歇业、合并。分立、迁移培训场所、变更培训范围,需提前三个月向当地运管机构提出申请,由省运管机构批准。

1998年3月18日,湖北省交通厅、省工商行政管理局、省地方税务局鄂交教〔1998〕133号文件规定,凡在地(市)县内从事机动车驾驶员培训的单位,须分别到省交通行政主管部门办理《湖北省机动车驾驶员培训许可证》,到所在地工商行政管理部门办理营业执照,到地方税务部门办理税务登记和发票领购登记后,方可从事机动车驾驶员培训业务。

(十一)运输服务业开停业管理

1994年9月,黄冈依据湖北省交通厅发布《湖北省道路运输服务业管理办法》规定了运输业的开业、歇业必须具备的条件。符合条件的申请人向经营所在地县级以上运管机构提出开业申请,领填《湖北省道路运输服务业开业申请表》,经运管机构批准同意后,到工商行政管理部门办理登记手续,领取营业执照,方可开业;经营者歇业、停业,应在30天之前向原审批机构提出书面申请,提交清理债务完结的证明,或清算组织清理债权债务的文书,经原审批机构同意后,方可办理歇业、停业手续。

三、从业资格证管理

2002年5月8日,湖北省交通厅公路运输管理局印发《进一步推行审批制度改革厉行简政放权的意见》,明确营运驾驶员从业资格认证(含原从事道路危险货物运输驾驶员的《道路危险货物运输操作证》);汽车驾驶员的《湖北省道路运输从业人员岗位资格证》和《道路商品汽车发送驾驶员上岗证》;从事危险化学品运输的装卸管理人员、押运人员上岗资格认证工作交由各市州运管处办理。汽车维修质量检验员和价格结算员资格认证;机动车综合性能检测站检验员资格认证;出入境汽车运输人员资格认证;道路危险货物运输中,除前述所涉及人员外的从业人员(包括装卸、维修作业和业务管理人员)《道路危险货物运输操作证》的资格认证;汽车驾驶员和汽车维修工技术等级岗位考核;机动车驾驶员培训教员《准教证》的发放等工作转移到湖北省道路运输协会办理。

2014年,市运管局推出从业资格证管理便民措施:将原有市级运管机构办理道路运输驾驶员诚信考核及档案管理下放到县级运管机构管理。逐步下放了9个县级运管机构(黄州、浠水、武穴、黄梅、麻城、蕲春、红安、龙感湖、英山);简化道路运输从业人员从业资格证换发、补发、变更手续,将原有市级运管机构办理换发、补发、变更手续委托给县级运管机构对道路运输驾驶员提出的申请进行初审后集中到市局代办(半个月一次),也可以由本人到市运管局申请直接办理,方便了从业人员,减少了办理业务的路途时间和费用。

2015年8月18日,黄冈道路运输管理局公布驾驶员从业资格证新规:道路运输驾驶员从业资格证超过有效期2年内可通过考试恢复;从业资格证超过有效期2年内,只需参加继续教育,通过相应理论考试即可恢复原有从业资格证;道路运输驾驶员从业资格证超过有效期180日未申请换证的将注销其从业资格证件,且无法恢复,档案也将作废。

2015年11月26日,黄冈道路运输管局公示从业资格证转入须知:凡是持有效从业资格证件,由本人申请,经原发证机关同意,并在原发证机关提取全套从业资格证档案,且档案资料齐全,方可办理从业资格证转入手续。档案必须由原发证机关密封,档案资料逻辑性合理,原发证机关相应印章齐全,考核员签字齐全,考试成绩合格,驾驶员培训、考试等资料内签名与本人签字一致,档案资料要件齐全。凡不符合以上要求的,或档案资料有破损、撕毁等情况的不予受理,退回原籍,后果自负。

第二节 客货运输管理

一、客运管理

(一)客运线路审批

1985年以前,黄冈客运实行"三统"运输,没有线路牌制度。1986年,交通部、国家经委发布《公路运输管理暂行条例》,要求从事公路客运的车辆,都要在车前右侧悬挂经营线路或区域标志。1988年,黄冈运管机构开始用厚黄板纸制作塑料封皮线路牌,印有起止地名,发给有车单位和客运车辆,要求依线路运行。1989年6月7日,黄冈地区行政公署交通局转发省交通厅鄂交运[1989]13号《湖北省公路旅客运输和客运服务业管理暂行办法》,审批客运线路实行县境内的客运线路由县级公路运输管理部门审批;跨县和省际毗邻县的客运线路,须经县级公路运输部门审查同意后,报地级公路运输管理部门审批;跨地及跨省客运线路由县、地公路运输部门逐级审查同意后,报省公路运输管理部门审批。跨省客运线路审批附卡的发放、年审、变更等审核工作一律下放由市州运管处办理,事后报省局备案;跨省加班、包车客运的审批委托各市州运管处具体受理。申请公路客运线路的单位和个人,须持公路运输部门签发的《湖北省公路客运线路批准通知单》，与指定进入的车站签订进站协议。

1994年，湖北省交通厅发布《湖北省道路旅客运输管理暂行办法》，《办法》规定了道路运输线路班次的审批原则与权限。客运线路、班次实行三级管理，一次审批。所有营运客车以《道路运输经营许可证》注册地为始发点。乡、镇、场的客车由乡、镇、场始发。所有道路客运班车必须进站经营，携带《道路运输证》，悬挂客运线路牌，依线运行。

1998年4月21日，湖北省交通厅发出鄂交运〔1998〕266号《关于加强道路客运线路审批管理的通知》。1998年12月21日，黄冈市交通局黄交〔1998〕号文件，成立道路客运线路审批小组，黄冈市交通局的文件规定：县（市、区）内的客运线路，由县（市、区）运管所审查，交县级交通审批小组审批。黄冈市跨省（市、区）线路，由县级运管所审核盖章，上报市公路运输管理处审查，提交市交通局审批小组审批。跨地线路，由县级运管所初审，报市运管处审查，由市交通局审批盖章上报。跨省线路按省交通厅文件规定执行。申请线路的经营者，凭客运线路批件，到同级运输管理部门办理线路牌手续。

2000年，黄冈市按省道路运输管理局清理核发客运线路牌的要求，加强对客运线路牌的使用和管理，落实"一车一牌"制度，以县市区为起点，建立线路牌台账、登录数据实现线路牌的样式、尺寸、规格全省统一。

2003年11月5日，湖北省交通厅道路运输管理局印发《湖北省道路客运线路行政审批工作规范》，客运线路审批实行分级审批制：省级道路运输管理机构负责跨省、跨市客运线路审批，跨市的毗邻乡镇客运线路实行备案制；市级道路运输管理机构负责本行政区域内的跨县（市）客运线路审批，跨县（市）的毗邻乡镇客运线路实行备案制；县、市、区级道路运输管理机构负责本行政区域内的客运线路审批。2004年11月22日，交通部发布《交通行政许可实施程序规定》，申请人以书面方式提出交通行政许可申请的，应当填写《交通行政许可申请书》，线路牌审批许可、发放按《行政许可法》纳入，依法管理的轨道。

（二）客运线路牌

客运线路标志牌分为班车客运线路标志牌、旅游客运线路标志牌、包车客运线路标志牌、临时客运线路标志牌、加班车客运线路标志牌5种。线路牌分为正式线路牌、临时线路牌和加班、包车标志牌。

2000年，交通部发布《道路旅客运输企业经营资质管理规定（试行）》的通知，通知将客运线路划分为四类，客运线路种类划分标准见表6-2-2-1。

客运线路种类划分标准表　　　　　　　　　　　　　表6-2-2-1

项目	甲种（跨省）	乙种（跨地区）	丙种（跨县）	丁种（县境内）
一类线路	跨省地区所在地与地区所在地之间	省内地区所在地与地区所在地之间	地区内地区所在地与县所在地之间	
二类线路	跨省地区所在地与县所在地之间	省内跨地区县所在地与地区所在地之间	地区内县与县之间	
三类线路	跨省县与县之间	省内跨地区县与县之间	地区内毗邻县之间	
四类线路	毗邻县毗邻县之间	省内跨地区县与县之间		

注：高速公路客运线路划入甲种一类。

（三）客运线路牌有偿使用

1997年10月7日，团风县公路运输管理所、黄州区公路运输管理所分别向所在地人民政府请示，拟对团风、黄州公路客运"热线"实行线路牌有偿使用的经济手段予以控制，对在线经营的客运车辆征收有偿使用金。黄州区人民政府区长蒋国平、团风县人民政府县长张永斌，团风县物价局、黄州区物价局分别签署意见表示同意。1999年9月28日，黄冈市人民政府办公室黄政办函〔1999〕36号批复同意"团黄公路客运线路经营权实行有偿使用"，有偿使用期限自1999年6月1日起至2001年5月31日止。团风、黄州客运线路在经地方政府批准有偿使用两轮（6年）后，因汉黄北线受阻而停止有偿使用。

2004年10月25日，黄冈市道路运输管理处黄运管函字〔2004〕15号对英山县运管所《关于在公路客运企业改制中能否将公路客运班线经营权当作企业无形资产进行评估转让的请示》作出复函。明确国家禁止客运班线经营权的有偿出让和非法转让；客运班线经营权不能作为企业无形资产进行评估转让。

自2004年起，客运线路经营权根据《湖北省道路旅客运输线路经营权招投标管理办法》，选择一条以上线路进行客运线路经营权招投标试点。除县域内县城至乡（镇）政府所在地的客运线路外，其他客运线路一律实行登记制，运管机构只审查其主体资格，确定其运行区域，不限制其运行线路、投入运力和开行班次数量。

二、货运管理

1953年4月，黄冈成立运输计划委员会，将粮棉油等主要物资纳入运输计划。1955年6月，撤销运输计划委员会，汽车运输计划工作由省运管局及其下属机构管理，报省交通厅审批。

1956年5月15日，湖北省人民委员会颁布《湖北省公路汽车货物运输规则实施细则》，这是新中国成立后湖北省第一个为公路运输提供的法规性依据。据此，黄冈营运货车实行调度责任制，由调度签发行车路单，以"车辆服从调度、调度服务保养"为目标，驾驶员把行车路单（路签）视为行车命令，驾驶员凭调度签发的派车单、行车路单到货场或仓库装货，裁票员凭派车单、货物运单、码单进行裁制货票。

1958年，地、县均成立运输指挥部，用行政手段统一调度运输工具、统一安排物资运输。1963年12月11日，湖北省人民委员会颁布《湖北省运输市场管理试行办法》。1964年3月，黄冈成立"三统"（统一货源、统一运价、统一票证）办公室，要求车辆在公路上行驶时，不论空载还是重载，不论是营业性运输或是运输自有物资，一律在起运地的汽车站办理业务手续，领取路单以凭单通行。空驶汽车持路单在行往路线沿途各车站停车签证，以便安排利载物资，重载车辆行经站点需停车履行签证手续，黄冈境内设有宋埠、靠山店、浠水、三里畈、鄂城、铁山、阳新等站。

1979年7月，湖北省人民政府根据国务院批转交通部关于《全国公路运输市场管理暂行规定》和《关于统一组织管理机关、企业、事业单位车辆的报告》，颁布施行《湖北省运输市场管理暂行办法》，从12月1日起，再次将厂矿企业、机关团体的自备车辆组织起来，纳入计划运输。形成省、地、县三级运输市场管理机构，实行统一运输计划，统一运力调度、统一运价的新"三统"。

1984年11月，湖北省人民政府发出《关于进一步搞活公路运输的通知》，同年，省交通厅废止"三统"管理办法，撤销三统管理机构，取消按月向所在地公路运管部门报送物资托运计划和运力计划的规定，鼓励择优托运，保护正当竞争。

1990年8月9日，黄冈开始执行省交通厅、湖北省经济委员会印发《公路货物运输管理办法》，对公路货物运输实行计划管理与市场调节相结合。1994年，湖北省交通厅发布《湖北省道路货物运输管理（暂行）办法》《湖北省公路汽车零担货物运输管理办法》等一系列与市场经济相配套的部门规章。公路货运呈现"多家办、一家管、社会办、行业管"新局面。

第三节 安 全 监 理

一、安全监理措施

1929年，湖北省国民政府颁布《管理车辆规划》，全文16条，规定各类车辆靠左行驶，超越时由右边通过，不准超载重量，并按指定地点停放等内容。1946年1月1日，湖北省公路管理实施国民政府军事委员会战时运输管理局颁布的《车辆右行之准备与实施办法》,规定各类机动车和非机动车一律改左行为靠右行驶。

1950年4月,交通部颁布《汽车管理暂行办法》,对行车安全管理做了具体规定。1958—1960年,湖北省交通厅曾大力推广蕲春县利用各种会议和文娱活动,对城乡居民进行交通安全宣传的经验。

1962年2月28日,湖北省交通厅公布《湖北省交通规定实施细则》和《湖北省公路行车违章处理办法》。1963年6月,黄冈贯彻交通部颁布的"八不走""三不拖"规定,"八不走"是:制动器不良、喇叭不响、转向机有故障不走,轮胎气压不合标准不走,客货装载不符合交通规则不走,夜间行车灯光不明不走,遇大雾、暴雨5米内视线不清不走,过桥过渡时超过桥梁或渡船载重标准不走,通过铁路未判明火车动向不走,通过水道未判明水情不走。"三不拖"是:挂车连接部位不牢固、安全防护设备不全不拖,超过挂车载重标准不拖,挂车摇摆、跑偏不拖。

1970年,湖北省公安机关军事管制委员会、省交通邮政管理局、省交通运输指挥部联合公布《湖北省公路交通管理暂行规定》。1973年,黄冈交通监理机构结合国家和省政府有关规定,制定出《安全行车十项禁令》,其内容为:严禁无牌证或有故障的车上路行驶;严禁客货混装和挂车载人;严禁车辆超载和驾驶室超座;严禁非驾驶人员开车或学员单独驾驶;严禁驾驶员无代客证的驾驶货车载人;严禁驾驶员酒后或精神疲倦开车;严禁驾驶员开"英雄车"或"赌气车";严禁行人横过马路时冒险绕行;严禁强行超车和故意不让车;严禁迫使或纵容驾驶员违章开车。1973年,驻黄州城区的地县两级管理机构,将2000余名驾驶员就近划分为24个安全联片组,其职责是每月组织片区驾驶员开展安全活动,分析安全形势、剖析事故案例,总结安全行车的经验教训等。要求活动都有记录,每年驾驶证年检必须有联片组评议记录和片长签名盖章,否则监理所不予年审。实施此法后,行车安全率大大提升。次年,地区监理机关将此方法向全区推广。各县市交通局、农机局、车管所以各公社、管理区为依托,把分散在各垸村的拖拉机、农用车驾驶员组成安全联片组,全区组成一个庞大的安全联片网。经过两年实践,全区行车事故的四项指数大幅下降。

改革开放以来,交通监理人员逐年扩编,各项安全设施逐步更新。1986年10月7日,国务院决定全国城乡道路交通管理工作由公安部门接替。1996年10月28日,黄冈市公路运输管理处根据省交通厅颁发的《湖北省营运客车挂靠经营管理办法(试行)》的规定,下发《关于规范管理挂靠营运客车的通知》,通知为明确挂靠与被挂靠双方的权利和义务作出具体规定。明确挂靠车辆列入运管部门行业安全管理,挂靠车辆发生特大行车事故,必须在24小时内报省运管局,重大、特大事故按月在安全报表说明栏内如实填报安全四项指数。

1999年9月20日,黄冈市人民政府下发《关于加强道路交通安全管理工作的通知》,通知规定:建立道路交通安全管理目标责任制,一级抓一级,层层抓落实;严禁无牌无证车辆上路行驶,把好车辆入籍、转籍、过户关,打击私自拼装车辆行为,严禁报废车重新流入社会;提高驾驶员的技术素质和职业道德水平,提高考前培训门槛,把好驾驶员队伍的"入口"关;交通公路部门要把国道、省道的山区路段作为完善道路标志、标级和安全设施的重点,控制和预防事故的发生;加强对三者责任法定保险的力度要求,对违章、违法造成重大、特大交通事故的责任人要依法追究刑事责任。

二、车辆监理

(一)交通监理工作

1935年7月,设湖北省公路管理局,掌管全省公路养护、运输、监理业务。1939—1945年,湖北省由自办交通监理工作,逐步过渡为代办交通监理工作。公路行车安全管理、交通事故的处理、公路养路费的征收等项工作,则由沿线各汽车站和公路路警队负责办理。

1947年6月12日,湖北省政府收到国民政府行政院关于批准交通部公路总局将汽车监理业务交给湖北省公路管理局办理的通知。

1950年7月15日,交通部制定《汽车管理暂行办法实施细则》,明确交通监理部门的职责:车辆管理、车辆技术检验、核发牌照、车辆登记、驾驶员管理。1950年7月,湖北省公路管理局监理科在浠水设立车辆管理站。1952年,湖北省公路局监理所委托兰溪、罗田汽车站代办车辆管理业务。1958年1月,省厅下放全省监理机构,由各地管理监理业务。同年10月,全省交通会议将下放的监理机构收回,按行政区划分设地(市)级监理所,县设管理站,实行双重领导。

1957年,黄冈境内车辆须到省公路管理局车辆监理所办理;1958年1月后到设在宋埠的黄冈地区车辆监理所办理;1964年,蕲春、黄冈、广济三县由原黄石市车辆监理所办理改回由黄冈地区车辆监理所办理。在办理车辆入户前,车主必须按国家统一制发的车辆购买证、车辆出厂合格、购买发票和调拨单,本单位介绍信连同驾驶证,到所在车辆管理站领取和填写《机动车辆检验异动登记表》后,发给车辆号牌及证照,方可上路行驶。

1971年,原由各县交通局和车站负责的征收公路养路费业务交由车辆监理所负责。1977年,经国务院批准,商业部、交通部联合发出《关于统一公路交通监理人员服装、帽徽、臂章和监理式样的通知》,1979年元旦,黄冈地区交通监理人员统一着装执行业务。同年8月30日至9月1日,省交通局召开全省交通监理工作会议,统一全省交通监理体制。交通监理工作实行双重领导,三级管理,业务范围原则上以行政区域为准,检查站为车辆监理站的派出单位,在管辖区域内行使县车辆管理站的职权。

1981年4月1日后,根据省车辆监理处要求,凡属即将淘汰的老、旧、破或耗油量过高的车辆,一律不办理异地出境手续,县内转卖也不允许。凡属报废的旧车或事故车,必须送地区或县物资局所属废旧回收公司处理,禁止转卖他人或私下维修再利用。1983年,经省人民政府批准,黄冈城区交通管理由公安部门负责。1986年10月7日,国务院发文通知,全国城乡道路交通管理工作暂由公安部门接替。10月14日,交通部发出通知,要求贯彻国务院决定,做好监理体制改革和移交工作,各级交通监理机构与建制划归公安部门。1987年7月10日,黄冈交通局与黄冈县公安局签署《关于改革道路交通管理体制交接事项的协议书》,协议规定交接后业务范围:公安部门负责城乡道路安全宣传教育、交通指挥、交通事故处理、车辆检验、驾驶员考核与发证,负责清理公路路障、公路交通标志、标线等安全设施的设置与管理。公路路产路权仍由交通部门负责管理。车辆办理入籍、过户、变更业务时,公安部门应令车主至交通部门缴费,未缴费前,不办理车辆牌证等手续。协议规定每年交通、公安共同组织2~3次交通费收大检查。

(二)汽车驾驶证核发

1933年1月,湖北省政府建设厅颁布《湖北省道管理驾驶汽车规则》,但规则未见对驾驶员考试和核发驾驶证相关规定。1935年9月,湖北省政府建设厅训令公布执行全国《各省市汽车驾驶人考试规则》,由湖北省公路运输管理部门执行考试制度,核发驾驶证。

1950年7月,交通部修订《汽车管理暂行办法实施细则》。其第三章规定:汽车驾驶员经过学科考试、桩考、路考合格后,由地、市监理所分别核发普通或职业一、二、三等驾驶证。同年开始实行驾驶员考核,考试合格后,分别发给实习、普通、职业驾驶证。1953年8月规定,大客车驾驶员必须具备1年以上驾驶经历,安全行驶2万公里以上者方准报考。1955年4月规定,军车驾驶员、军队转业复员驾驶员,须经考试合格后方可领取地方驾驶证。1958年11月,决定取消初考驾驶员桩考,加强路考,以便录取更多的机动车驾驶员。

1962年5月,湖北省交通厅决定恢复桩考。同年8月2日,湖北省交通厅决定在具有3年以上驾驶经历、连续安全行驶5万公里以上的优秀驾驶员中选拔发放《准驾代客证》,由交通监理部门核发,获《准驾代客证》后方可驾驶代客车。

1966年,废除考试制度,改由单位考试小组评议核发驾驶证。1968年恢复考试制度,科目为驾车原地掉转方向。1972年开始,拖拉机驾驶员由农机学校培训改由县车辆管理站主持考试、发证。1972年9月,试行的《湖北省城市和公路交通管理规则实施细则》中规定,驾驶证核发办法为学习驾驶员考试合格后,转入实习。实习期为3个月,实习期满,由单位或安全组,对该实习驾驶员的工作表现、交通安全情况、技术操作规程等方面作出书面鉴定,送交通监理部门审查核发驾驶证。

1997年,按照交通部规定,黄冈市人民政府办公室印发《关于加强全市机动车驾驶员培训行业管理工作的通知》文件规定:汽车驾驶员培训由交通部门负责,由公安部门考试发证。汽车驾驶员培训证照分为"四证一牌",四证是:道路运输经营许可证、学员证、结业证、准教证,一牌是教练车标志牌。

许可证是从事汽车驾驶员培训的经营者具有经营资格的凭证,是经营者申请办理工商营业执照的依据。学员证是申请驾驶培训的学员进行理论学习和实际操作的凭证。结业证是经培训考核合格后发给学员的结业证书,它分为职业驾驶员结业证和非职业驾驶员结业证两种。准教证是经培训考核合格的教员资格证书,它包括理论教员、实习教员和驾驶操作教员。教练车标志牌是教练车辆获准进行驾驶培训实际操作教练的标志。

(三)其他机动车驾驶证核发

从1958年起,将用于交通的转向盘式拖拉机纳入监理范围,驾驶员经考试合格后,由黄冈地区车辆监理所发给驾驶执照。1971年5月起,用于交通的手扶拖拉机亦纳入车辆监理范围。1976年前,拖拉机驾驶员采取跟车实习由县车管站考试发证,不定期组织考核,技术档案由地区监理所保存(注:1987年黄冈地区车辆监理所建制改为黄冈地区公安处交通警察支队)。拖拉机驾驶员由县内农机主管部门组织培训,培训合格后由县车管站进行考核,考核内容主要是交通规则、机械常识、场内驾驶、道路驾驶等,考核合格后发给执照,1978年,摩托车纳入车辆监理范围,地区车辆监理所委托邮电局举办广济县首次摩托车驾驶员培训班,经考核发给9名摩托车驾驶员执照。1980年,全地区汽车、摩托车驾驶员统一换发执照,按县分配编号。

(四)车辆变更审验

车辆年审始于1954年,1961年形成年度检审制度。内容包括技术状况和驾驶员技术和行车安全状况等,车辆检审由监理部门负责。车辆异动实行登记制度,凡出卖或购买旧车,必须持买卖双方单位介绍信或该车行驶证到交通监理部门办理车辆异动手续。

三、道路安全事故管理

1949年前,黄冈未设专门处理交通安全事故的机构,发生交通事故由各汽车站办理。

1950年,湖北省公路管理局开始设立管理站,专管交通事故处理,未设管理站的地方仍由汽车站兼管。1951年5月8日,湖北省公路管理局公布《湖北省公路汽车肇事调处小组组织暂行办法》,规定由管理站或汽车站遵照执行。黄冈按此规定,实行教育与处罚相结合,以教育为主的原则。

1972年,根据中共中央关于加强安全生产的通知精神,黄冈地区成立革命委员会交通安全委员会。1973年,黄冈地区及各县均成立由7人组成的机动车驾驶员安全监督组。1976年,黄冈地区成立安全委员会办公室,为综合性安全机构,同时撤销交通安全委员会。1980年9月,黄冈地区制定下发《交通违章与交通事故处理办法》,将事故责任划分为:全部、主要、同等、次要、一定和无责任6个档次。监理部门处理交通事故的办法有7种:批评教育、书面检讨、赔偿经济责任、警告、扣留驾驶证、吊销驾驶证、追究刑事责任等。

1987年,全国交通监理和交通安全职能划归公安部门管理。根据《中华人民共和国安全生产法》和

《中华人民共和国道路运输条例》,道路运输管理部门履行道路运输安全监督管理职能,由黄冈道路运输机构负责黄冈道路运输安全指导、监督管理。运管部门自组建以来,始终坚持安全事故查处制,凡道路运输企业发生重大安全事故,必到现场勘查,寻找事故原因,核查营运资质,倒查驾乘人员及站车技术营运状况,分析事故责任性质,会同有关部门组织救援和处理善后。1958—2015年黄冈市道路交通事故统计表6-2-3-1。

黄冈市道路交通事故统计表（单位：次/人/元） 表6-2-3-1

年份（年）	事故次数（次）	死亡人数（人）	受伤人数（人）	直接经济损失（元）	年份（年）	事故次数（次）	死亡人数（人）	受伤人数（人）	直接经济损失（元）
1958	160	36	173	52950	1989	222	148	157	143400
1959	120	40	123	46140	1990	255	167	280	219800
1960	106	12	89	45467	1991	194	134	177	142500
1961	72	29	61	37160	1992	262	186	183	504600
1962	32	22	33	24917	1993	243	204	181	347100
1963	68	16	48	24560	1994	251	231	152	529300
1964	63	10	82	20193	1995	231	235	173	766900
1965	97	22	60	20282	1996	225	195	204	764400
1966	92	22	89	25721	1997	238	229	213	608300
1967	106	34	63	27409	1998	364	272	454	983700
1968	44	22	34	14300	1999	452	222	407	500000
1969					2000	1868	302	1501	338200
1970					2001	25	12	18	22000
1971					2002	14	10	13	280000
1972					2003	5	2	5	2980000
1973					2004	8	8	5	620000
1974	377	109	365	128500	2005	8	6	4	460000
1975	437	129	425	187600	2006	6	5	22	850000
1976	369	148	275	140400	2007	7	9	5	1160000
1977	341	130	312	180300	2008	5	8	15	1250000
1978	303	150	289	118800	2009	5	7	3	1050000
1979	370	195	224	102300	2010	1	1	2	350000
1980	399	185	223	101800	2011	2	2	26	680000
1981	421	194	310	128400	2012	1	2	1	520000
1982	435	247	230	123900	2013	0	0	0	0
1983	437	224	253	192600	2014	3	8	17	2550000
1987	258	146	168	196800	2015	0	0	0	0
1988	288	181	223	246500					

第三章 水路运输管理

第一节 航道管理

一、长江航道管理

1868年,海关总税务司署下设海务司,兼理航道管理事务,海务司将沿海和长江航道管辖区域划分为北区、中区、南区,长江中游航道属南区。1872年12月,撤销海务司,分设总营造司和总巡工司,驻上海。江汉关由船钞股兼理航道事务,下设营造处、理船处、灯塔处,长江下自阳新县、上至夏口县(今武昌)的航道事务由理船处港务长负责兼办。1906年4月,总巡工司下设长江下游巡江事务处(驻九江),职掌长江姚港咀至汉口一带的航道管理事务,行政长官为巡江事务长。配备了"江星"号小轮1艘,巡视辖区航标,测量沿途航道。1911年,总税务司署规定九江、汉口两地的海关港务长所掌管的航道事务全部划归下游巡江事务处直接管理。

1950年1月27日,中央人民政府政务院作出《关于关税政策和海关工作的决定》,规定海关管理的海港、河道、灯塔、浮标、气象报道等助航设施的职责,应连同其工作人员、物资器材全部移交中央人民政府交通部或各市的港务局。10月,武汉江汉关管理的航道工作交给长江航务局。11月,海关总署海务处划归交通部,相应地在长航局设立江务处,汉口关(江汉关改名)江务科同时移交长航局江务处,自此,海关兼理了80多年的长江航道管理工作结束。长航局江务处后演变为"长江航道标志管理处""长江航道工程处"。1957年,经交通部批准改为"长江航道局",统一管理维护长江航道,黄冈境内长江干线航道由汉口航道区管理。1956年,交通部为摸清全国内河航道基本状况,有计划地开展航道建设,部署全国内河航道普查工作。1979年,交通部部署全国内河航道第二次普查工作,长江航道局负责长江干流航道普查。

1984年1月,长江航运实行体制改革,政企分开,长江航道局作为交通部长江航务管理局直属单位,扩大服务对象和服务范围。1986年,各航道区改称为航道分局,1989年又将各航道段改称为航道处。长江航道系统仍保持局、分局、处三级管理体制。1997年8月1日,对武汉航道分局改革,分别组建为长江武汉航道局和长江武汉航道工程局。

2000年,长江航道局组建长江航道救捞工程处。对长江武汉航道局进行减站增效试点,将39个航道站减为31个。2001年,救捞工程处更名为武汉长江航道救助打捞局。同年,长江航道局在全线航道维护单位减站增效,11月底全部完成。

2005年,长江武汉航道局担负长江干线"白洋—黄颡口"755公里航道维护管理。下设沙市、监利、洪湖、武汉4个航道处,管辖上至枝城,下至蕲州31个航道站。

二、地方航道管理

(一)航道普查与维护

黄冈境内长江干流以外的航道由市港航局管理。

1956年,交通部布置全国航道普查,由湖北省航运局负责长江以外河流普查。1979年,交通部部署全国内河航道第二次普查工作,由黄冈交通局组织境内除长江干流外的航道普查。

20世纪70年代,地方航道管理以举水航道的维护与治理工作为重点,围绕增设航标、疏浚浅滩、清理暗礁暗桩等进行维护。

20世纪80年代,航道管理的重点是对内河支流巴水、蕲水实施疏浚工程。1985年,省、地、县三级联合组成鄂东"三水"考察组,对巴水、浠水、蕲水进行实地考察。20世纪90年代,黄冈航道管理渐入正轨,1992年上半年,省航务局组织对全省航道行政管理人员进行培训。黄冈举办了有本辖区县市或下属单位航道行政人员参加的培训班。按交通部要求,经省交通厅审查,凡是符合上岗条件的航道行政管理人员,上报交通部颁发航道行政管理检查证及胸章。1992年3月,黄冈地区航务局组织专班技术人员对初设跨河桥梁地段水域进行勘察。1995年5月至1996年12月,黄冈按省交通厅布置进行航道定级工作。确定黄冈境内长江通航里程199公里(不属本市定级)长江支流及湖区、库区通航里程521.8公里,水路里程合计720.8公里。黄冈航务局被省交通厅表彰为航道定级一等奖先进单位。

21世纪,对跨河电线、光缆、管道的航道进行管理。2003年,根据省交通厅印发的《湖北省航道普查工作实施细则》要求,黄冈市开展第二次航道普查工作,这次航道普查是在1979年第一次航道普查和1996年航道定级的基础上进行的。经普查,全市有定级航道44条,总里程489.3公里;其中四级航道通航里程33.7公里,五级航道通航里程9公里,六级航道通航里程14公里,七级航道通航里程112.2公里,八级以下航道通航里程320.6公里。航道上有枢纽21处,桥梁75座,电线42处,管道1处,临河设施112处,浅滩1处。其中,21处枢纽中,六级航道上2处,七级航道上4处,七级以下航道上15处。具备通航功能的船闸4处,分别处在六级航道华阳河—广济内河航道和七级航道黄梅河航道上。75座桥梁中,四级航道上有桥梁2座,五级航道上有桥梁1座,六级航道上有桥梁5座,七级航道上有桥梁26座,七级以下航道上有桥梁41座。未达标的桥梁共有61座,其中,四级航道上未达标桥梁1座,五级航道未达标桥梁1座,六级航道上未达标桥梁3座,七级航道上未达标桥梁19座,七级以下航道上未达标的桥梁37座。112处临河设施中,港口码头设施62处,取水设施50处,港口设施大部分为自然坡岸式码头,取水设施均不碍航。1处浅滩,主要分布在四级航道巴水航道上的翟船山浅滩,严重影响船舶航行安全。

2009年4月25日,黄冈市发展和改革委员会《关于黄冈市纳入湖北长江经济带规划编制内容调研情况的汇报》称:适当放宽黄冈长江沿线江心洲的蓄洪限制,允许地方有条件开发。黄冈长江沿线有江心洲5处,除黄梅鳊鱼滩外,适合开发的有4处,面积达79.3平方公里,而且岸线水深条件优越,是黄冈长江沿线十分宝贵的待开发资源,沿江县市开发意愿相当强烈。现苦于受防洪等因素的制约,不能从事开发。建议省里出面协调长江水利委员会等部门,对黄冈境内的江心洲的防洪限制进行调整,允许有条件地开发,使江心洲开发成为黄冈经济新的增长点。黄冈市内河航道现状等级见表6-3-1-1。

黄冈市内河航道现状等级 表6-3-1-1

类别	航道名称	通航起止点	里程(公里)	现状等级	通航保证率(%)	备注
等级航道	巴水	金家咀—巴河口	4.6	四级	75	
		西河—金家咀	7.4	四级	50	
	浠水	六神—兰溪	11	四级	50	
	蕲水	白池—杨潭	6	五级	19	
		杨潭—双沟	9	六级	45	
	华阳河水系湖北段武穴内湖	武穴—上枫埂	70.8	七级	90	其中官桥船闸至童司牌船闸14公里为六级
		团山—仓头埠	13	七级	90	
	华阳河水系湖北段黄梅河	苗竹林—池口	68.5	七级	90	

续上表

类别	航道名称	通航起止点	里程（公里）	现状等级	通航保证率（%）	备注
等外级航道	4个湖泊	27条航线	138	八级		5个通航湖泊中，武山湖只有等级航道，无等外级航道
	13座水库	32条航线	161	八级		
			489.3			

（二）跨河桥梁的航道管理

20世纪90年代初，黄冈地区航道管理渐入正规，其时，京九（北京—九龙）铁路、合九（合肥—九江）铁路开始建设，其线路横跨黄冈地区五水以及广济内河、黄梅河。为了配合铁路建设，履行行业管理职责，1992年3月黄冈地区航务局组织专班技术人员对初设跨河桥梁地段水域进行勘察，结合部颁河流通航标准和航道等级，致函铁路设计部门——铁道部第四勘测设计院，就航道等级、通航净空、净宽等技术要求给出了明确通告：巴水四级航道、浠水五级航道、蕲水六级航道。最高通航水位分别是巴水30.93米、浠水31.2米、蕲水27.11米（以上均为黄海高程），通航孔净宽巴水60米、浠水46米、蕲水22米。通航孔位置巴、浠、蕲三水铁路桥均为单孔通航，通航孔桥墩应平均布置在河段深水线两侧。并要求桥梁设计和建设时应配置桥涵标、桥柱灯等通航必备设施。依据航道管理职责划分，黄冈地区航务局同时对广济内河、黄梅河提出通航技术要求。其中广济内河官桥大港、黄梅河西港航道属地区管理。官桥大港（即百米港）为六级航道。最高通航水位为16.27米，（以下均为吴淞结冻系），最低通航水位13.5米。通航孔为单孔跨越，通航孔净宽30米，通航孔净高6米。西港航道为七级航道，最高通航水位15.5米，最低通航水位为12.5米，要求通航孔为单孔跨越，净宽30米，通航孔净高4.5米。与此同时，黄冈地区航务管理局还对规划中的华阳水系梅济港技术标准进行了确认，其梅济港航道等级为六级，要求跨河段铁路桥设计为一孔跨越，通航水位16米，航宽40米，铁路桥址应离开新（规划）老两船闸650米。其桥墩与水流方向的偏角不得超过5°。

随着公路建设加快，跨河公路桥的通航管理逐渐成为航道管理重点。2002年，下巴河公路桥开始建设，黄冈市港航管理局、港航监督处为维护航道通行安全，与大桥施工方签订了包含航道管理在内的大桥水域航行安全维护协议。制定了维护方案，组成由黄州、浠水两县区10名航务、港监人员组成的维护专班、选调鄂监巡55号进驻下巴河大桥水域，实行全天候24小时现场监控维护。在通航管制措施中确定大桥水域上下游界限处各设两座界限标，岸边各设置通行信号标以及鸣笛标各1座，并规定大桥施工期间，施工作业水域实行单方通航，以利船舶航行安全。

2007年，按照交通部和湖北省交通厅专项整治活动的要求，黄冈市港航海事局对辖区通航河流跨河桥梁通航安全隐患问题进行排查，共排查跨河桥梁37座，其中11座桥梁通航尺度不能满足标准要求，27座桥梁没有设置助航标志，4座正在进行水上水下施工作业的桥梁未办理《水上水下施工作业许可证》，严重碍航。市港航海事局专文通知要求桥梁所属单位和建设单位按照国家规定：设置桥涵标、桥柱灯和浮标等助航设施，并负责维护管理费用；涉及水上和水下施工作业时，应向市港航地方海事局申请办理《水上水下施工作业许可证》，港航海事管理机构实施现场交通管制。当年，大广高速公路巴河大桥，丁兰线兰溪公路大桥（改建），2008年武英高速公路巴河公路桥均被航务、港监部门纳入航道管理范畴，跨河公路桥梁的通航管理渐渐走上规范化管理。

表6-3-1-2列出了黄冈市七级以上通航河流未设标桥梁基本情况。

黄冈市七级以上通航河流未设标桥梁基本情况一览表　　　　表6-3-1-2

序号	桥梁名称	所跨河流	航道现状等级	航道技术等级	桥址	净高（米）	通航孔数	净宽（米）	通航尺度是否满足标准要求	管理单位	备注
1	黄黄公路蕲河桥	蕲水	五	三	两河口	6	2	45	否	沪蓉高速公路管理公司	在维护施工
2	巴水河武英高速公路大桥	巴水河	四	三	但店镇凤凰潭村	8	2	80	是	辽宁省路桥建设总公司	
3	武英高速公路连接桥				但店镇蔡家园村	8	2	80	是		
4	上巴河大桥				上巴河村	5	2	30	否	团风县公路段	
5	大广北高速公路巴河大桥				巴水河	8			是	省大广北高速公路有限责任公司	
6	京九铁路上巴河铁路桥				上巴河	11.3	2	40	是	铁道部武汉铁路局	
7	上巴河公路一桥				巴水河	7	2	20	否		
8	举水河大桥	举水	五	五	金锣港农场	8	2	30	是		
9	沙河大桥				团风县石盘咀村	8	1	65	是	辽宁省路桥建设总公司	
10	大广北高速公路兰溪大桥	浠水	四	三	兰溪镇	8	1	50	是	湖北大广北高速公路有限责任公司	
11	京九铁路浠水桥				杨树坳	8	2	20	否	铁道部武汉铁路局	
12	浠水公路三桥				清泉镇	8	2	30	是	浠水县交通局	
13	浠水公路二桥					8	2	20	否	浠水县公路段	
14	浠水公路一桥					8	2	33	是	浠水县公路段	
15	周家咀一桥	武山湖	七	七	武穴市大金镇	3	3	6	否	武穴市交通局	
16	周家咀一桥					3	3	6	是	武穴市交通局	
17	孙家桥					3	3	6	是	武穴市交通局	
18	刘常桥	广济内河	六	七	武穴市花桥镇	4.5	1	18	是	武穴市交通局	
19	戴伯章桥					4.5	1	18	是	武穴市交通局	
20	城塘桥					4.5	1	18	是	武穴市交通局	
21	京九铁路桥					6	1	20	是	南昌铁道局	
22	长征桥				石佛寺镇	4.5	1	15	否	武穴市交通局	
23	连城桥					4	1	18	否	武穴市交通局	
24	官桥					4	1	16	否	武穴市交通局	
25	农感湖大桥				农感湖镇	4.5	1	25	是	沪蓉高速公路管理公司	
26	合九铁路桥					5.5	2	30	是	武汉铁路局	
27	105国道公路桥					1.3	2	16	否	黄梅县交通局	

（三）跨河电线、光缆、管道管理

航道管理中的管道穿越管理始见于2006年，赛洛天然气管道穿越巴水航道，管道穿越工程施工2006年6月开工，8月完工。事先赛洛天然气公司未向航道管理部门报告，擅自动工。浠水县港航管理所、地方海事处发现并督促该公司2007年7月向黄冈市港航管理局、地方海事局补交了申请。2007年11月，发现该工程管道施工与设计不符，且无法确定天然气管道下埋航道中的深度和宽度，存在重大的安全隐患。2008年3月,市港航海事局主持召开赛洛天然气管道穿越巴河航道安全隐患分析会,要求赛洛天然气公司3月15日以前提交工程勘测、施工单位、竣工验收图纸和相关材料;补办航道管理必备各种手续,通过整改达到相应的安全标准。

港航海事局进行航道管理

2007年9月,黄冈市港航管理局同意黄冈水利通信工程指挥部在浠水河兰溪河段上空架设传输光缆,净空高度要求光缆重度最低点与水面最高水位的净空不低于10米,并要求将助航设施(航标)及工程期间的航道和安全维护费用纳入工程总概算。

2008年3月,黄冈市港航管理局报经省港航管理局同意,变220千伏输电线路跨越巴水河航道。要求其输电线垂弧通航净高不小于10米,确定设计最高通航水位为23.24米(黄海高程)。输电线路必须一同跨越巴河航道,不得在航道内设置线路塔架。根据《中华人民共和国航道管理条例实施细则》的有关规定,在通航河流上兴建过河建筑物需内设助航设施并考虑线路施工期间的航道及安全维护,确定费用30万元,纳入工程总概算。

2010年1月,港航、海事现场监管人员先后发现巴水河走马岗村铁路桥下游300米,浠水河三台村下游500米和蕲水河横车镇路口村三处进行"西气东输"管道穿越航道工程施工作业。项目业主是中国石油天然气总公司。巴水河、浠水河施工方是江汉石油管理局油田建设工程公司,蕲水河施工方是河北华北石油工程建设有限公司。工程施工采用大开挖方式穿越巴水河、浠水河,采用定向钻法穿越蕲水河。巴水河开挖总长约870米,河底管线标高2.98米;浠水河开挖总长约660米,河底管线标高-0.8米,蕲水河穿越入土点距赤东支堤内脚110米外,出土点距民堤内脚104米,河底管顶设计标高-7.64米,管线水平投影全长806米。为加强航道管理,严格履行水路交通法规赋予的职责,浠水县、蕲春县港航所分别对所辖区施工单位下达了《违法告知书》,要求立即停止施工,办理行政许可手续,但该施工单位及建设方一直置之不理。2010年3月,市港航局和县所现场监管人员再次到施工现场,要求停止施工,并按《中华人民共和国航道管理条例》第三章第十四条和《湖北省水路交通管理条例》第十条规定再次下达了《交通违法行为通知书》,施工单位于3月19日报送了施工组织方案,申请办理行政许可。

第二节 营运管理

一、计划管理

1936—1948年,黄冈境内叶家洲、葛店、团风、樊口、西河、大埠、黄州、南岸(德胜洲)、鄂城、洲尾、巴河、兰溪、凤波港、下山矶、蕲春、田家镇、武穴、龙坪等处民船曾先后编组注册,以备军用。

新中国成立后,黄冈专区民船运输分社将民船组织起来定港定线发展运输。1953年,全区木帆船、竹簰走上计划运输轨道。当时计划货源满足不了运力需要,管理部门除大力组织货源外,还建立了船只进出口登记报到制度,以掌握船舶动态。为加强对运输生产的领导,黄冈专区财经委员会成立计划运输小组,蕲春、巴(河)兰(溪)、大埠、富池等地建立4个大组,大组下面分设14个小组。同年12月,"计划运输小组"改为"专区运输指挥部",在各主要港口设运输小组,掌握运输情况,制定运输计划制度。

1958年3月,黄冈专员公署交通局规定全区计划运输实行两级平衡,各县于每月20日作出运力平衡计划,申报调剂进出运力的吨位(仅指民船)。专署交通局每月 22 日召开全区统一平衡例会,综合平衡全区运力,按"小任务服从大任务,各港服从全区"。原则,调盈补缺。

1963 年 12 月 11 日,湖北省人民委员会颁发了《湖北省运输市场管理试行办法》,较系统地提出"三统"管理(即统一货源、统一运价、统一票证)。1975 年,黄冈地区交通运输指挥部颁发《关于试行水路运输市场管理几项规定的通知》,加强"三统"管理。同年 12 月,地区工业交通办公室和地区交通运输指挥部在蕲春县召开了运输市场管理现场会,根据"三统"管理的要求,地区交通运输指挥部定期向各县运输指挥部下达运输计划,保证完成中心任务和支农物资运输,照顾一般物资运输;凡是参加社会运输的船舶一律由航管站统一调度,船到港须到航管站报到并领取船舶调度通知单,凭单运货。搬运站见"单"装卸,物资部门见"单"发货;凡参加社会运输的船舶一律由航管站统一裁票,执行统一运价。

1979 年 4 月,黄冈地区行政公署颁布《关于进一步加强运输市场的"三统"管理的通知》,重申由运输管理部门综合平衡统一计划,按照先专业后副业、自运自货优先和统筹兼顾的原则,合理组织运输,并统一运价和装卸搬运力资价格,统一结算票证。

"三统"管理期间,长航武穴港务局及所辖属站的港口运输管理,由长航武汉分局主管部门下达月度货运计划,统一调度船舶,运价按交通部制定的标准执行。

20 世纪 80 年代末期,国家"对外开放,对内搞活"政策使水运事业出现了"三个一齐上"(即国营、集体、个人)新局面,水路运输市场活跃。水运由计划管理转向市场管理。

二、市场管理

明清时期对漕粮运输极为重视,特别是清政府为保证漕粮质量特制定了"交兑"及"开兑限期"等条规。交兑时监兑官坐守水次(码头)验明实米足额及米色。交兑程序规定:各州县交兑漕粮时,取米四升装两袋,印封送仓场验收。直到光绪年间漕粮改征折色(折征银两)为止。

民国时期,黄冈地区水路货物运输以民船、竹簰为主。簰、船由簰帮、船帮统管,各簰帮、船帮无明确质量管理规定。只在浠水河簰帮理事会的帮规内有一条"盗卖客货"者将在帮内受到处罚的规定,其他方面无从稽考。

20 世纪 50 年代,黄冈地区水路货运质量由承托双方就根据装运物资品种的不同,采用过磅,点件交斤,封舱,打灰印或押运等办法做好交接手续,实行包运、包交、包安全的责任制。

1961 年,为了维护与巩固粮食统购统销政策,杜绝粮食在运输途中的浪费损失,湖北省粮食厅、交通厅共同商定,凡粮运交卸后,除去定额损耗,如有溢余,除补付运费外,另按超交数量多寡,由粮方发给不同的奖金或运粮超交证书以资奖励。

改革开放以来,水运市场封闭的管理方式被打破,"三统管理"取消,港口面向社会开放,一视同仁为社会船舶提供服务,航区限制和地区分割被打破,发展江海直达,干支直达和跨省市客货运输。形成以公有制水运企业为主体,多层次、多成分、多种运输方式一起上的新格局。运输市场形成"百舸争流、千帆竞发"的繁荣景象。船舶运力迅速猛增,个体运输从无到有逐渐壮大,市场竞争日益激烈,同时也给水运市场管理带来很大难度。尤其是内湖航运、点多面广、个体、联户船舶无证违章载客和装运货物现象严重。鉴于此,黄冈航务管理部门针对市场变化,成立整顿专班,建立有效调控与现场监督管理体系,优化市场运输环境。

1982 年,在全区各港开展水运货物保险工作,并由当地港航站代办具体保险手续。同年底,为管好水路运输市场,健全货运责任制度,提高运输质量,在全区特别是跨省运输时,建立和使用货物托运计划表、货物运单、货物交接清单、质量月报等制度。

1991 年,航务管理部门开展"水路运输市场整顿"活动,针对运输市场船员私收运费、私吞票款、私拿货物、不执行规定运价、不使用规定票证、不服从港航管理,扰乱水运市场秩序、以不法手段招揽货源等违规行为,进行严格查禁。1994年,黄冈地区航务局按照交通部、省航务局布置,开展了换发《水路运输许可证》《水路运输服务许可证》《船舶营业运输证》(简称三证)年审工作。规范水路市场管理,维护水运市场秩序。

1995年,开始建立水路货运交易市场。1998年,武穴市推广应用水运市场微型计算机管理网络系统。1999年,蕲春等县市也开始推广应用。水运交易市场活动及监督管理通过微型计算机完成,各交易点联结成网,形成具有易地交易、委托结算功能的区域性统一水运交易市场。

2000年以来,相继开展整顿水运市场,对无证无照非法营运、偷漏规费、非法代理、违规停靠等行为进行查处。整顿和规范水运市场秩序,换发新版船舶营运证,下放客渡船管理权限,组织水路液货危险品运输行业专项检查等活动。2008年,交通部2号令《国内水路运输经营资质管理规定》出台,从运力规模上限制水运个体户发展,合理设置水运企业准入资质要求,鼓励水运行业集约发展、联合经营。在行业主管部门引导下,调整运力结构、整合运力资源,促进水路运输市场健康有序发展。

第三节　航政海事管理

一、船舶管理

船舶管理主要包括船舶登记、船舶检验、船舶安全检查、船舶防污管理等。

明、清时期,对漕船管理较为严格,清代黄冈、蕲水(今浠水县)、蕲州、黄安(今红安县)、黄梅、广济六县漕船分属湖广漕船三帮。为使漕船按时抵达指定水次(码头)交兑漕粮,船帮运官掌管有"水程图格"(相当现今船舶"航行日志")、逐日记载水道行程,到达目的地时将"水程图格"连同"帮票"(货运单)一起报户部查验。粮船如超过运期,运官及旗丁均遭惩罚。

1936年、1946年及1948年,曾先后对木帆船进行过登记编组,黄冈地区的叶家洲、葛店、团风、樊口、西河铺、大埠、黄州、南岸(德胜洲)、鄂城、洲尾、巴河、兰溪、风波港、下山矶、蕲州、田家镇、武穴、龙坪等处木帆船均纳入编组之列,以县为单位造册统计,载重量以石(担)为计算单位。

新中国成立初期,湖北省人民政府航政局设立"派驻黄鄂帆船管理事务所",开始对黄冈地区木帆船进行丈量登记,发放船、簰航行证。1953年,对木帆船载重量采取了"自报公议与航政机关丈验结合"的办法,并对船舶买卖、改建、报废等项船舶异动,逐步建立登记手续和审批程序。1955年6月,黄冈地区民船运输管理处、黄冈专员公署公安处联合换发专业木帆船航行证。通过换证,全区第一次划分了专、副业运输船,并对专业木帆船进行定港籍、定航线。这次核定木船载重吨位,一律以齐子米与小麦的载重量为标准。

随着机动船发展,1960年3月,专署交通局按照船舶检验分工原则正式开展机动船的检验工作。

1961年,根据湖北省交通厅交运字〔61〕第5218号通知精神,换发木帆船登记检查证及农副业船、渡口船、渔船航行证。1962年4月4日,黄冈专署交通局,发出了"关于船舶检验分工及有关问题的通知",对有关检验、技术指导、检验范围提出了明确要求。1964年2月,在全区开展了专业木帆船丈检换发证书工作。1965年5月,黄冈专署交通局针对小型机动船检验管理上存在船属单位不固定、营运性质不固定、超越航线、安全设备不全等现象,组织了对全区轮驳船全面技术普检工作:审检船舶营运种类、吨位、航区、干舷结构和稳性;对船体质量、机件设备状况进行分类排队;对缺乏的安全设备进行统计。

1971年,湖北省交通局决定在全省范围内再次进行船舶统一登记、命名、编号工作。黄冈地区交通局于1972年元月开始将专业船舶按照船舶种类分别编号,其中拖轮结合马力编号,渡口客轮以地名编号,厂矿企事业包括乡镇社队经营的船舶按县别和船舶种类编号,首两字冠以地、县简称。各县无桅的被拖驳船,也由地区统一检验发证,以船体材料结构结合吨位编号。交通部门专业船舶编号,首端冠以地区简称,非交通部门船舶冠以县名简称。专副业木帆船均由县港监站检验发证,报经地区统一编号。

1973年12月,地区革命委员会根据省革委会鄂革〔1973〕97号文件精神,成立了船舶船员换证领导小组。领导小组办公室设在地区港航监督所,各县革命委员会也成立了相应机构。随后在全区开展了船舶、船员换证工作,其中对于1972年11月至1973年初已换发新船舶证书的非机动船,这次只作技术复查,重点是加强机动船换证工作。

1974年4月,地区港航监督所根据省交通局"关于建造机动船舶审批手续的通知",明确规定新建、改建、扩建船舶,必须由本单位先提出计划任务书和设计图纸,由县港航监督站签署意见,县交通局审查。客轮、客货轮或60马力以上(含60马力)的拖轮报省交通局批准,机驳、机帆船或60马力以下的拖轮报地区交通局批准,10马力以下小船由县交通局审批;各类机动船舶的买卖、过户、转移和报废,由船舶所属单位申请,由县港航监督站、县交通局签署意见,报经地区交通主管部门批准;自1974年5月1日起,40马力以上机动船由地区港监所检验;40马力(含40马力)以下机动船由各县港监站检验。同年8月起,全区使用由省交通局统一制发的船舶新证书。

1975年2月20日,根据机动船不断增加的新情况,地区港航监督所决定将60马力(含60马力)以下机动船改由各县港航监督站检验发证,其检验费仍上交地区交通局。麻城、红安两县无专职船舶检验员,其机动船由浠水县港航监督站检验发证。黄冈县长孙堤机动船由浠水县驻巴河船舶检验员检验发证。非机动船由各县港监站检验发证,其检验费由各县自收自用。

1976年2月13日,地区交通局针对有的新建、改建、扩建船舶不送审图纸、不办报批手续、盲目发展的情况,重申了报批手续的权限和要求,即新建、改建、扩建的机动船报批手续先由船舶单位申请,由县港航监督站、县交通局签署意见,报地区交通局审批;客轮、客货轮和其他的60马力以上拖轮、机驳,报湖北省交通局批准;10马力(含10马力)以下的机动船由县交通局批准,抄送地区港航监督所备查,统一核发船名、号码。需买卖、过户、转移、报废的机动船,20马力以上船舶,必须先送计划任务书和图纸,由船舶单位申请;10马力(不含10马力)以上,报地区港航监督所批准;10马力(含10马力)以下,报县港航监督站批准;凡新建、改建、扩建的非机动船,由船舶所属单位申请,县港航监督站审查,载货吨位在30吨以下,由县交通局批准,30吨以上者报地区交通局批准,50吨以上驳、帆船,须先送计划任务书和图纸。凡无审批文件和设计图纸的船舶,各地船厂不准接受建造或改造。

1977年7月10日,地区港航监督所召开船舶检验工作会议,重新明确了船舶检验分工、发证要求,地区港航监督所负责新建、扩建、改建及购买的机动船的检验工作,并初次对60马力(含60马力)以上客轮开展年度、定期、展期检验;县港航监督站负责本县辖区内60马力(不含60马力)以下客轮和其他机动船的年度、定期、展期、特别检验,以及各种非机动船的初次、年度、定期、展期和特别检验。

1979年5月,地区港航监督所建立了船舶图纸审批手续、船舶异动等技术档案,船检人员也由1978年前的2人增至4人,能够单独完成本区所有船舶的制造检验和营运检验。沿江8县市(包括鄂城市、鄂城县)都配备1名专职检验员,经省、地培训已能够单独完成本县内所有船舶的营运检验。麻城、红安、罗田、英山4个山区县的港航监督员可以担任非机动船的丈量发证工作。

1983年上半年,地区港航监督所加强了对船舶设计、建造等环节的监督管理,对1858艘船舶进行了营运检验,船舶技术质量明显提高。1984年,地区港监所规定:已报废的各类船舶不准出售、转让;黄冈境内所属单位或个人向外地购船,必须经本港交通主管部门和港监部门批准;购船单位或个人必须持有当地港监部门的"认可"签字和合格的船舶证书,经该港管理部门重新鉴定后,方可办理入户手续,参加营运。

1985年,根据交通部"关于使用船舶检验证书簿统一格式"的通知和全省船检工作会议精神,自元月至9月底,开展换发新船舶检验证书工作。1986年,湖北省交通厅发文对全省船舶检验分工作出调整:地、市船舶检验所负责不足600马力拖(推)轮、货轮(机驳)、非机动船舶,不足200总吨的客轮和不足150马力的旅游船,船长不足30米的工程船新建、改建、扩建的审图。80马力及以上不足600马力的拖(推)轮,货轮(机驳);船长30米及以上非机动船舶;不足200总吨客轮、客货轮和不足150马力旅游船;船长不足30米的工程船新建、扩建、改建的制造检验。150马力及以上拖(推)轮,货轮(机驳)和各类客轮、客货轮、旅游船、工程船的营运检验。县(市)船舶检验站负责:不足80马力拖(推)轮,货轮(机驳)和船长不足30米非机动船舶的制造检验;非机动船舶和不足150马力拖(推)轮,货轮(机驳)的营运检验。1998年,黄冈市船检所根据国家船检局、湖北省船检处关于船舶吨位复查工作要求,在全市开展了船舶吨位复查工作。

2005年上半年,为落实长江干线水监体制改革有关海事业务分工意见及水域划界协议,黄冈市地方海事局自2005年5月1日零时起,不再在长江干线水域从事水上安全执法,沿江六县市区(团风、黄州、浠水、蕲春、武穴、黄梅)的一、二等船舶和航行长江干线水域的"四客一危"的船舶登记档案移交给长江黄石海事局。共移交各类船舶99艘,其中拖船7艘、普通货船22艘,驳船(包括汽渡驳)21艘,油船37艘,工程船2艘。

2007年、2008年,黄冈海事局连续两年组织了对长江干线客(汽)渡、高速船、一级油船以及危险化学品船舶的专项检查。2008年,黄冈市地方海事局招商引船,拓展海船检验业务,组织以局船检科为主的船检人员工作专班,对确定受理17条海船进行了资料归集和现场检验工作,使黄冈船舶运力新增182077吨,并对其船舶检验人员实行船舶检验费提取5%作为奖励基金。

2011年7月1日起,全市按要求启动内河船舶吨位复核工作。2013年9月,黄冈市编办以黄机编办〔2013〕88号批复,黄冈市港航海事局加挂"黄冈市船舶检验局"牌子,原"湖北省船舶检验处黄冈检验所"由黄冈市船舶检验局取代。2015年,黄冈市更新改造渡口渡船24艘,争取上级补助资金184万元。截至2015年年底,全市共换发新版吨位证书553份,占应换发证书船舶数量的69.2%。

二、船员管理

船员管理包括船员登记、船员培训、船员考试、船员证书管理等方面(船员培训考试详见第七章交通科技与教育)。

清代漕运制度中漕船每船配军丁两名领驾,船伕八名驾驶,每帮漕船由一名运官负责押运,同行同止。漕船的船伕亦称旗丁,有诗叹惜旗丁的景况:"国家岁转漕,何止十万伕,缚尸弃江底,死者曾无辜。"

民国时期,黄冈地区水上运输绝大多数为小吨位的木帆船和竹簰,船民以船为家,子承父业。船民多为封建行帮所控制,深受剥削和压迫。

1956年10月,根据湖北省航运管理局监督工作计划,黄冈地区在兰溪、鄂城两港开展木帆船驾长考评工作。1961年8月1日,专署交通局根据交通部及省交通厅的有关规定,开始在机动船员中核发"高级船员代职证明书"。1970年6月,省革命委员会成立换发机动车、船驾驶证领导小组,发出"关于机动车、船驾驶员和机动车辆换证的通知"。黄冈地区于同年7月相应成立了换证领导小组,8月在黄州航运站举办换证试点,随后在全区展开。

1972年,恢复机动船员考试制度。黄冈境内机动船船员技术培训考审工作由港航监督所统一负责组织,非机动船正副驾长、渡工培训考评,由各县港监站参照"湖北省木帆船驾长考评办法"办理。1977年,黄冈地区开展船舶船员年检年审工作,机动船持证船员年审由地区港航监督所办理,非机动船驾长年审由各县港监站办理。1979年10月,根据省交通局"湖北省轮船船员考试发证办法"的通知精神,全区开始机动船员的换证工作。换证的有正副驾驶364人,正副司机274人。这次换证后,地区港监所全面整理了全区机动船技术船员档案,进一步加强了船员技术档案管理工作。

1986年,黄冈地区航务管理局开始在黄州龙王山租用部队营房举办船员培训班,凡是合格者均由黄冈地区港监所统一颁发相应的《中华人民共和国船员证书》。1993年,按照交通部统一部署,开始船员适任证书换发工作。

2003年起,交通部海事局决定对航行长江干线三等以上船员实行理论全国统考;四等船员考试结合全国统考,由省地方海事局组织考试,五等船员考试由市州一级海事机构组织。2005年,水监体制改革,89名船员及档案移交给长江海事局。2008年,省局授权黄冈市地方海事局开展内河船舶船员基本安全培训的考试和发证及培训的监督管理工作。

2011年4月,黄冈市在黄冈交通学校举行内河船员适任统考计算机考试。2013年8月,省局授权黄冈市地方海事局负责黄冈、黄石一类船员的证书发证。从此黄冈具备一类、二类、三类及小型船舶培训、发证、考试资质。2015年9月,鄂州、咸宁一类船员证书也授权黄冈市地方海事局发放。2015年12月,12客位以下渡船上的渡工下放各县市区海事部门培训、考试、发证及管理。

三、港航安全管理

(一)船舶进出港口签证

古代木船行江泛海,为避风险,对行船安全十分重视,采取各种措施以保安全。尤以漕运,历代皇家视为天庾正供,国命所系,沿途督运护送,务保安全。晚清,外轮进入我国沿海、长江,国内轮运亦日益增多,航行安全管理日趋重要,咸丰八年(1858年)后,我国的航政事务由海关兼管,理船厅职掌包括水上安全维护和海事处理,但遇事多袒护外人。光绪二年(1876年),海关总署抄发九江海关拟定的《长江及沿海通商口内地船只防备轮船碰撞章程》,为我国内河最早实施的内河避碰规则。光绪五年,清廷公布《内港江河行船免碰及救护赔偿断专章》,亦提出行船避碰的要求。

中华民国成立后,交通部设置航政司,时航政仍由海关外籍税务司控制。1915年金陵关也制定《民船夜间悬灯章程》等有关长江段的安全航行章程。1928年,国民政府交通部设航政局,并收回海关部分航权,负责航业管理,船舶检丈等,当时地方内河小轮、木船安全航行管理,多由地方就地管理。

1955年,木帆船换发新航行证以后,进入黄冈境内各港口的机动船、非机动船(除国家规定免签证的各类船舶)都必须由地方港监部门签证人员对船舶进行审查提交有关技术证件及收听(公布)气象和水文情况,对违反规定的有权不予签证,视情节给予批评和处以罚款。遵照湖北省交通厅颁布的《湖北省民船航行证管理实施细则》有关规定,全区开始实行船舶进出口签证制度。1958年9月,湖北省交通厅通知废止内河船舶进出港口签证的精神,全区木帆船进出口签证工作亦同时停止。1961年6月,根据省交通厅"关于恢复船舶进出港口签证工作的初步意见",黄梅、广济、蕲春三县沿江港口首先恢复了船舶进出口签证管理工作。同年,6月和10月,专署交通局两次发文,规定全区沿江较大港口的机动船、非机动船进出港口签证工作由各县港航监督站负责,沿江小港口的船舶进出港口签证,则由各县交通局指定或委托轮船站或民船管理站办理。轮船进出小港,由民船管理站签证时,可加注"代办"字样。

1973年4月,湖北省革命委员会交通局确定全省重点签证港口38个,黄冈地区有阳逻、团风、鄂城、黄州、兰溪、蕲州、武穴、小池等8处。1976—1979年,恢复和增设浠水县散花,广济县黄家山、盘塘,新洲县挖沟、龙口,蕲春县岚头矶、双沟、六爷庙等处船舶进出港口签证点。1979年3月,地区交通局在"关于进一步加强对港航监督工作的领导的通知"中,明确了各县港航监督站和港口检查站以及签证点的设置和职责,全区除县站所在地的阳逻、黄州、兰溪、蕲州、武穴、小池6港外,另设10处检查站。至1981年年底,全区(包括鄂城县)共有签证港点33处。

1981年,地区港监所以及沿江八县(市)港监站都建立了海事技术档案。1983年,省港监总所确定长江巴东至小池的26个港口为重点签证港口,凡目的港口超过湖北省境的舰队和单船,须经上述港口的港监机关办理签证手续。1986年,调整港航监督管理体制,省对地市州,地市州对县市区分别下放一部分管理权限。加强地市州、县市两级港航部门现场监督力量,重点把好长江下游航区船舶的签证。在黄冈境小池设立监督检查站,检查过往船舶,纠正违章船舶。1989年,针对全省船舶进出港签证分布不合理和签证中存在的问题,根据"谁主管谁负责"原则进行全面整顿,全省调整设置签证站点,统一制作新的船舶进出口签证章。

1992年,湖北省港监部门派员到黄冈重点港口进行了为期1个月的值班签证工作。1993年7月1日,新签证规则实施。1996年,省港航监督局在充分调查的基础上,对全省船舶进出口签证点进行整顿,在黄梅县召开全省水路交通安全会议,对检查站工作提出具体要求,对检查站工作职责进行修改。

2005年4月30日,长江干线水监体制改革,湖北省境内长江干线水路交通管事移交给交通部长江海事局,湖北省地方海事部门不再行驶管理职权。

(二) 安全监督

新中国成立初期,主要是通过清除航障、疏通航道、进行船舶登记和进出港口签证、限制多拖超载、整顿航行秩序、加强港口监督管理等,维护航行安全,同时针对内河船舶发生碰撞、搁浅、触损、浪损、风灾、沉船等事故,深入港口、船头,以实际事例对驾机船员进行安全教育,宣讲安全注意事项。

1955年,湖北省内河航运局颁布了木帆船海损事故统计、处理分工和职权暂行办法,明确了专、县民船管理监督部门负责调解与处理的职权。1956年第二季度开始建立船舶航行安全风讯传递制度,并与黄冈气象站订立风讯联系合同。随后逐步在黄州、富池、兰溪、蕲州、团风,阳逻等6港建立了风讯信号台。同年12月在全区监管工作会议上作出不同风级的禁航决定:四级风,3吨以下船舶不得开航;五级风,5吨以上的船舶可以开航;六级风,50吨以上的船舶可以开航;七级风,所有木帆船及50吨以下轮船一律禁航。

1958年以后,随着机动船逐渐增多,机动船海损事故开始列入处理和统计上报范围。1960年,黄冈地区海事次数、伤亡人数及损失金额大幅度上升,其原因一是机动船增多,技术力量不适应。二是农副渡船、农用船、渔船事故开始列入统计上报范围。针对以上情况,黄冈专员公署在"事故通报"中明确提出,凡是装配汽油机的机动船,一律改为柴油或煤气机。装运危险品,必须通过公安或航管、监督部门检查发给准运单,明确船员职责。同年,开始建立海事档案,初为简单的"木帆船海事报告书",后又增加海事调查资料。1961年,根据湖北省交通厅对海事统计报告制度补充规定,开始执行重大事故快报制度。1962年后,复将工伤事故、机务事故、商务事故列入统计范围,但不上报。

1966—1969年,海事统计中断。1970年恢复海事统计后,地区交通邮政局根据当时有些县不按规定填写海事报表的倾向,规定各县交邮局须有专管或兼管负责海事统计工作人员,无事故也须备函说明,报表要单位和负责人签章;凡航行在江河、湖泊、水库的国营、集体企业的机动船、木帆船和参加营业性运输的农副业运输船、渡口船发生事故,船、货等损失金额在100元以上者,均属统计上报范围。地区海事管理范围规定:黄冈地区境内江河、湖泊、水库所发生的纠纷事故、外省来黄冈地区船舶之间以及与湖北省黄冈地区船舶之间发生海损事故、上级指定调查处理的海事,凡属黄冈地区境内港监部门处理的海事,均由出事地点的县市港监站受理,重大事故地区港航监督所派员参加调查处理。处理后船舶单位不服,可申诉地区港航监督所复议。1978年后,长江航运局所属船舶在长江干线发生的事故,由长江航政局所属处站调查处理。

1972年,开始恢复风讯信号台工作,次年全区11处重点港口重设风讯信号台。1974年,阳逻、团风、兰蕲、蕲州、武穴、小池等港口先后开始港口广播宣传,通报风讯。

1976年5月,由黄冈地区港航监督所发起,长江航政管理局黄石航政站、咸宁地区港航监督所参加,共同组成水上交通安全联合宣传组,由黄石航政站配备监督艇一艘,对上自阳逻下至小池的长江沿岸各港及部分支流进行安全宣传检查,历时20天。重点宣传:《长江避碰规则》《航标规范》《木帆船十不走》《渡船八不开》《危险品运输规则》《船员职务规则》非机动船操作等安全法规。1977年5月,经以上单位共同商定,再次组织水上交通安全联合宣传检查组,对两地一市(黄石市)所辖的长江港口、渡口、船舶和水运企业进行宣传检查。针对鄂、赣、皖三省毗邻地区长江水上交通安全管理的特点,成立了三省毗邻地区沿江水上交通安全联防管理委员会,制定了"鄂、赣、皖三省毗邻地区沿江水上交通安全联防管理试行办法"。按照"试行办法"中的值班制度,1979年,值班单位黄石市港航监督所因经费开支困难而未主持活动,三省毗邻地区联防活动至此中断。

1980年3月,地区港监所、长江航政局黄石航政站以及黄石市、咸宁地区港监所联合行动宣传,贯彻《内河避碰规则》,历时23天,对沿江7县1市22个港口、17处渡口进行了宣传检查,促进了《内河避碰规则》的贯彻学习。1982年3月,地区交通局组织了全区专业水运企业开展"百日无事故"竞赛活动,并制定了奖罚办法,使安全活动形式多样化。1987年,根据交通部水上监督局《关于开展内河航运水上安全大检查的通知》,省港监所印发《内河船舶安全须知》《内河船舶安全检查暂行办法》,组织开展全省船舶安全大检查。同年11月,为贯彻交通部《关于深化安全大检查决定》,省港监所在黄梅设卡检查20天,共检查湖北省航行长江下船队113个(包括单个机驳)262艘船舶,其中违章船队69个(艘)严重违章20起。

1993年,由省港监所拨款,地方港监部门添置了一批监督艇、通信设施及船舶检验设备。当年黄冈地区与黄石市进行大规模交叉检查。1995年结合"反三违月"(反违章作业、反违反指挥、反违反劳动纪律)和"安全生产"活动,狠抓现场安全检查;1996查处"三无"船舶(无船名船号、无登记证书、无船舶港籍),黄冈地县政府领导亲自发表电视广播讲话,撰写文章,扩大宣传效果,组织新闻媒体跟踪报道,使"三无"船舶无立足之地。1998年黄冈市港航监督处在全市水运系统继续开展"安全生产周""反三违月"活动。1999年,全省水上交通开展"99联合行动",湖北省港监局确定长江干线小池、武汉、江湖、宜昌4个港区为检查重点,全省共出动监督艇635艘(辆)天次,参加现场安全检查人员4533人次,共检查各类船舶2862艘,查处"三无"船舶357艘。

2000年以来,港监部门加强重点水域客渡船、客滚船、高速客船、旅游客船、危险品船(简称"四客一危")管理,深入现场开展安全检查。2004年,省交通厅、省安监局联合下发《整治鄂东地区超载运砂行动实施方案的通知》,明确要求把整顿"鄂东地区超载运砂"行动作为一项重要工作,指标纳入地方政府年终考核。黄冈市政府出台加强巴河水域采砂安全管理专项规定,采取"政府领导、交通主管、安监导督、分级负责、行政推动、分工协作、依法行政、综合治理"的整顿方针。通过整顿活动,鄂东地区严重超载船舶基本消失,巴河航行秩序基本好转,事故率和堵航率大幅降低。同年,水上集中开展巴河水域超载运砂船和"三无"船专项整治活动,船舶签证率由原来的11.4%上升至78%,挖砂船持证率由原来的17.1%上升到91.4%。省安全生产委员会对巴河的治超成果给予通报表扬。2004年2月,黄冈市地方海事局召集浠水县和黄州区海事处专题会议,确定在巴河共同组建黄冈市船舶整顿基地,对巴河水域水上安全监督实施集中(联合)管理。同年6月,湖北省安全生产委员会下发了"关于加强黄冈市巴河水域采砂、装砂、运砂安全生产专项整治工作的实施意见",实施意见对巴河黄沙产、运、销环节提出了政府统一领导,有关部门各司其职,密切合作、综合治理,从源头上把好关口,杜绝运砂船舶超载和挖砂现场不安全等现象。

2006年是长江干线水监体制改革后的第一年,全市地方海事部门开展了"水上交通安全年""水上交通安全月(六月)""水上危险品运输'百日会战'安全专项整治行动"等一系列安全检查活动,强化了地方海事监督管理,整顿了水上安全秩序。2007年元月,黄冈市地方海事局首次确定市、区、县地方海事部门7名海事调查人员为助理海事调查官,其权限为主持一般及以下等级的水上交通事故的调查工作。按规定自2006年7月1日起,未持证的海事调查人员将不能主持海事调查处理工作。

水上搜救应急演练

2010年,黄冈市地方海事局,在全市开展了"隐患排查治理回头看活动"。2011年,黄冈市地方海事局除巩固"百校千村"和"救生衣行动"成果外,还在白莲河水库开展了专项"打非治违"和"六月安全生产月"活动,对该水库内4艘非法载客的游乐船进行了强制锚泊,下达了责令停航的执法文书。

2012年,黄冈市地方海事局与黄冈市交通运输局、黄冈长江海事处等6家单位签订了"关于在巴河、浠河、蕲河等水域集中开展'打非治违'专项行动合作协议书",多次联合开展水路治超活动。同年10月10日,由黄冈市交通、海事部门主办,浠水县交通、海事部门承办的"2012黄冈市水上搜救应急演练"在浠水河水域进行。黄冈市安全委员会、黄冈市安全监督局、黄冈市应急办等部门领导现场观摩,是黄冈有史以来举行的最大的一次水上搜救应急演练活动。

2015年,黄冈市交通运输局进一步制定完善水上运输安全制度,制定打非治违、港口码头、物流运输安全、交通重点工程等专项方案12个,并开展了专项整治活动。对重点水域,经常抓、反复抓、抓反复。水上四项安全指标均控制在省厅、市政府下达的目标范围之内。

四、渡口安全管理

1958年后,农村渡口急剧增多,渡口安全管理成为港航监督部门重要工作。1960年,黄冈专署公安处、交通局联合下文,对渡口渡船技术管理做了初步规定,提出了安全措施。1963年6月1日,黄冈专署颁发"农副渡船安全管理办法"(修订草案)。次年8月,黄冈公安、交通、农业、水利等部门成立联合办公室(设在专署交通局),具体指导全区农副渡船整顿工作,各县亦相应成立办公室。

1965年,专署再次发出《关于加强农副渡船安全管理的通知》,随后在全区展开了农副渡船整顿复查和丈检发证工作。

1971年8月28日,湖北省交通局重申贯彻执行国务院批转的《渡口守则》,渡口秩序重新受到重视。1974年,黄冈地区交通、公安、水电、农业等局联合通知,对渡口船管理提出了"六定、三建立",即:定渡口航区,定船只用途,定吨位、客位、定船员、驾长、定工分报酬,定管理安全的领导;建立运输船舶生产组织,进行编组编队;建立群众性的安全组织,选举安全员,成立安全小组;建立安全生产制度。

1975年,黄冈地区革命委员会颁布了《黄冈地区农副渡船安全管理实施细则》,重点对管理职责、渡口码头

乡镇渡口船舶安全检查

设施、渡船、渡工管理、旅客守则、事故处理等做了明确规定。同年10月召开了全区农副渡船安全管理经验交流会,表彰了广济县盘塘、罗田县傅家庄、黄冈县唐家渡等先进渡口。1978年,全区开展了规模较大的农副渡(渔)船普查整顿工作,并规定副业运输船、收取运费的常年渡口和季节渡口船,由交通部门管理;专门从事渔业捞捕、养殖的渔船,由水产部门管理;凡属田间作业、打青、积肥、过河生产、捕鱼、放鸭、采莲子等农用船,由农业部门和人民公社管理;各分工主管部门要落实办事机构,要有专人负责船只丈检

发证和船员培训、考核发照、事故调查处理和船只建造、买卖、过户、报废审批等事宜。

1980年3月,地区行署针对当时渡船年久失修、破烂漏水、事故严重的情况,向各县下拨了部分木材、桐油以及维修资金,但与所需量相距较大,大部分渡船仍得不到维修。同年7月26日,新洲县占家河渡口因船只破漏,加上严重超载,发生沉船事故,淹死11人,为了吸取事故教训,新洲县政府从县财政拨出1.5万元的补助款,由阳逻船厂建造钢质渡船16只,分配到各渡口代替破烂木船。同年,黄冈地区港监所专门组织了渡口船、客轮普查整顿工作,对渡船实行"七定""四有""一落实"("七定"即定渡口、定渡船、定客货吨位、定驾长、定报酬、定运价、定领导;"四有"即渡船有定额牌,渡口码头两岸有《渡口守则》和《渡船八不开》固定宣传牌,有安全渡运制度,有船舶、船员证书和安全员;"一落实"即落实渡船维修资金和材料),并颁布了《黄冈地区渡口渡船渡工管理暂行规定》。

1981年初,地区港监所对新洲县钢质渡船图纸和实船进行了技术鉴定,认为钢质渡船在结构、自重、保养维修周期等方面胜过木质渡船,而且船体前后设有密封舱,即使船舱灌满水,也不会沉没,便于海事救助。同年8月,湖北省交通局向全省转发了黄冈地区"以钢代木"渡口船的改造经验。此后,又以渡船安全管理为中心内容,先后在广济、浠水召开了大型经验交流会,对全面推广渡口船改造和推行渡口安全管理制度起了促进作用。1983年4月5—8日,湖北省航运管理局在浠水县召开全省渡口管理工作会议,肯定了浠水县拨专款补助渡口渡船改造的做法,并在全省大力推广"以钢代木"的渡船更新改造经验。1984年8月,全区渡口安全管理工作会议在红安县召开,红安、浠水、麻城三县交通局被授予奖旗,广济县余垴公社等9个先进单位被授予奖状,并奖给红安、浠水两县钢质渡口船(价值1500元)各一只。1986年1月16日,湖北省政府发布《湖北省乡镇渡口管理办法》,3月18日,湖北省交通厅颁发《湖北省"三户"船舶管理暂行规定》,在全省开展乡镇渡口清理整顿和"三户"船舶年度检审检验工作,重新检审检验渡船和船员,达到"二证一牌一线"(即船舶证书、船员证书、船名牌、载重线)的才能参加渡运,对不符合要求的,限期整改或者取缔。

1987年,国务院发出《关于加强内河乡镇船舶安全管理的通知》,国家经委、交通部等8个部委发出《关于加强乡镇船舶安全监督管理的通告》,根据全省统一部署,开展普查整顿工作,基本摸清乡镇船舶状况。1988年3月,湖北省交通厅责成省航务局奖励红安县渡口船舶更新资金10000元,以表彰该县成为全省渡船加速钢质化,渡口安全管理先进单位。同年10月省交通厅为了统一全省钢质渡船的船型,补贴黄冈市7万元资金,用于建造钢质机动渡船7艘,其中150客位1艘,60客位2艘,30客位2艘,15客位2艘,分别调配给武穴、麻城、黄冈、英山、浠水、蕲春、罗田等7县市。

1992年12月,湖北省人民政府颁布实施《湖北省水上交通安全管理办法》,省港监局结合本省实际,制定创建标准渡口条件,下发至各地市州,开展创建标准渡口活动。1999年,乡镇船舶管理费取消,黄冈港监部门采取重新与乡政府签订安全责任书等措施,加强港口安全管理。以杜绝重大事故发生为目标,建立一整套安全管理制度,狠抓乡镇渡口达标工作。全区215处乡镇渡口基本达到标准渡口要求,取得连续14年乡镇渡口无事故的好成绩。2002年,湖北省交通厅决定用5年时间,在全省范围开始以"六定"(定责任、定渡口、定渡船、定船员、定乘客定额、定制度)为主要内容的乡镇渡口达标活动,一批多年得不到解决的渡口安全隐患得以消除。蕲春大同水库多年来10万多人仅靠9条木船出行,开展达标活动两年新建6艘钢质船,木船全部取缔,安全状况明显改善。

2005年以来,湖北省港航管理局、地方海事局制定并颁发了《湖北省达标渡口建设管理实施方案》,按照"以交通部农村渡口改造政策为支撑,以地方人民政府扶持为保障,以近年来乡镇渡口达标为参照"的原则实施达标渡口建设管理。同年10月,黄冈市港航管理局经报市交通局同意确定辖区7个县市共12个渡口项目为首批改造建设项目,其改造主要内容含改造候船室、码头、道路、渡船以及警示标志等安全设施。总投资240万元,其中中央专项渡口达标资金120万元,地方自筹120万元。2006年12月,中央追加40万元渡口改造资金,省市县亦追加自筹50万元,共90万元,用于增加黄州区、罗田县、红安县、麻城市各一处渡口改扩建项目。随着渡口改造项目逐步完工,市港航局、地方海事局组织了渡口达标建设工程验收专班,按照《湖北省渡口达标建设工程验收暂行办法》,专班对全市达标渡口进行了统一验收。至2015年,全市10个县市区共有163处渡口达标。其水域涉及全市长江支流、五水以及湖泊、内河水库。渡口达标建设使渡口特别乡镇渡口安全管理进一步规范、标准,增加了安全系数。

五、海损事故

黄冈地区辖区内海损事故近代见诸文字记载始于民国时期。1927年元月初,英国亚细亚公司油轮在长江团风江面撞沉"利济"商轮公司的"神电"号火轮,淹死数百人。同月11日,英国兵舰两艘在武穴江面开足马力并头上驶,浪高丈余,击翻沿岸泊船百余艘,淹死数人,财产损失不计其数,造成震惊中外的"一·一一"武穴惨案。

20世纪50年代,轮船海损事故不属地方统计上报范围。在此期间,发生在黄冈地区水域的轮船重大海损事故有两次,一次是1955年1月14日19时20分,民生公司"锰源轮"在蕲春县境烂泥滩附近江面触碰水中沉船而沉没,死亡25人。另一次是1957年4月26日3时20分,省内河航运局"蕲州轮"在黄冈县西河铺江面发生火灾,死亡117人。这两起事故发生后,黄冈专署及公安、交通部门负责同志参与了调查、打捞、救助、抚恤等善后工作。

20世纪70年代,相继发生过黄冈县林山河公社范家岗大队社员乘船过渡,船破漏水,超载翻沉,淹死10人;罗田县天堂水库木船翻沉,淹死11人,英山县南河公社闵河大队渡船翻沉,12人遇难等事故。

20世纪80年代,发生过湖南岳阳10号轮船队与"新洲机11"号机驳、"浠水104"轮船队三方碰撞海事;新洲县龙口闸管所开启3个闸门放水,使2艘船翻沉,9艘船损坏事故,黄冈县堵城公社扁担洲大队木帆船翻船事故;浠水县巴河水运公司(后改为浠水县第二轮船公司)浠机28号机驳在上海吴淞口锚泊区翻沉事故;黄冈县团风水运公司黄冈601号轮甲板驳船尾缆拉断而翻沉事故;黄冈县路口霸城山渡口渡工孙显祥驾驶渡船沉没事故。

20世纪90年代,发生武穴市黄岗乡个体船"广济机55"号与"老河口109"轮船队中的"2-8005"驳碰撞翻覆事故;黄冈县一航运公司"黄冈机003"号货轮翻沉事故;黄梅县王丰乡企管会承包船"黄冈付机92"号货轮遇乱水操作失误,至1人死亡事故;浠水县绿杨乡鸡鸣村在白莲河水库过渡时,船破沉没致4人死亡事故;黄梅县小池水陆运输公司"小池机3"号货轮翻沉,5人失踪事故;麻城市王福乡石河村、白石河水库、姚河水库等单位6名干部职工,乘坐木质渔船过渡,因严重超载,船只翻沉致5人死亡事故;1991年1月22日,武汉市轮船公司"武穴机1"号(240吨135HP)顶推该公司2-3029驳(234吨),装载黄砂下行至江苏省镇江市焦山水道瓜洲浅滩浮下100米处,与违章上行(走错航道、超载、船员不足等)的上海船务贸易有限公司的"金海联"海轮相撞,致使"武穴机1"号当即沉没,船上10名船员有9名失踪(死亡),一名重伤致残(双腿截肢),直接经济损失58万元;1992年3月23日,麻城市三河口水库陈家坳渡口发生重大沉船事故,死亡17人;1996年12月19日,黄州轮船公司"黄冈机54"号船队自上海装运三峡工程进口大型碎石机设备至宜昌,行至武穴水道白浮附近翻沉,死亡3人。

21世纪,黄冈富通船业有限公司黄州机37船队,在湖广水道翻沉,死亡3人;黄州机66号翻船,死亡3人;2004—2005年,黄冈籍船舶发生水上交通安全事故3件,死亡5人;2009年8月16日,长江武穴水道浠水县"鄂浠水货0727"号货轮与武穴港一艘采砂船发生碰撞事故,"鄂浠水货0727"号沉没,船上7人落水,2人救起,5人失踪。根据水监体制改革后,海事调查处理权限划分,该事故由长江海事局九江海事局调查处理。

表6-3-3-1是1986—2015年黄冈海损事故统计表。

1986—2015年黄冈海损事故统计表　　　　表6-3-3-1

年份(年)	事故件数(次)									伤亡情况(起)		事故船技术指标			事故直接经济损失(元)
	小计	碰撞	搁浅	触礁	触损	自沉	火灾	风灾	其他	受伤(人)	死亡(人)	艘数(艘)	总吨位(吨)	功率(千瓦)	
1986	23														31000.00
1987	33.5	14.5	1	2	4		1		11		3	4	535		536660.00
1988	14								14	2	9				606776.00
1989	33	20		2	3		1	1	6			2	330		1063938.00
1990	19	5		1	5		2		6		6	5	389	99	1017108.00
1991	13	4			3				6		3	1	65		309933.00
1992	11	3		2			1		5		5	2	198		397775.00
1993	9	4			4				1		14	7	765	280	588240.00
1994	8	4		1	1				2		3				345284.00
1995	7.5	3.5			1		1	1	5						580280.00
1996	9	3			1				5		6				516100.00
1997	4	3					1				1	2	520	40	497000.00
1998	2	2									1				32000.00
1999	3								3		3	1	450		44500.00
2000	6	3							3		5				157900.00
2001	2	1			1						1				257000.00
2002															
2003	3	1									4	2	329	176.3	1038000.00
2004	3	3									5	3	610	236	800000.00
2005	1.5	1.5									4	2	435	207	610000.00
2006	0														
2007	0														
2008	0														
2009	0														
2010	0														
2011	0														
2012	0														
2013	0														
2014	0.5	0.5									1				15000.00
2015	0														
合计	205	76	2	8	23	2	3	5	63	2	79	31	4626	1038.3	9444494.00

第四节　港　口　管　理

一、长江干线港口管理

新中国成立后,长江干线港口管理体制先后经历五次较大的演变,隶属关系几经变更,体制改革,机构分分合合,由来纷繁复杂。

武穴港是长江沿线重要港口之一,1951年9月成立的长江区航务局九江办事处武穴(中心)营业站,隶属长航九江办事管理。1956年10月,中共中央、国务院发出《关于改进国家行政体制的决议(草案)》,提出"统一领导、分级管理、因地制宜"的划分中央和地方行政管理的原则。交通部结合长江航运管理体制存在的问题,决定长航局短途运输船舶和部分港口下放地方经营。1958年1月1日起,蕲州、武穴港移交省航运局经营管理。实行以地方为主,长航为辅的管理体制。

1960年,武穴轮船站划归湖北省交通厅航运管理局黄冈地区轮船办事处,恢复1958年的管理范围,即负责龙坪、田镇、码头镇(江西瑞昌县)3个站业务。1964年8月17日,中共中央、国务院批转《国家经委党组关于试办工业托拉斯的意见的报告》,决定从第三季度起,在全国范围内办12个托拉斯,长航是其中之一。1964年12月6日,湖北省交通厅与长江航运公司签署《关于湖北省境内长江干线实行统一管理有关交接问题的协议书》。武穴轮船站的航线、船舶、人员及有关设施都移交给长航管理,武穴轮船站遂改名为长江航运公司武穴营业站。1966年10月,长江航运公司在湖北境内增设枝城、监利、洪湖、阳逻、武穴港务局,连同武汉、黄石、沙市、宜昌在内共九个港务局。武穴港务局辖黄家山、田镇、富池、龙坪4个港务站。

1983年3月25日,国务院批转交通部《关于长江干线体制改革的方案》(国发〔1983〕50号文件)。规定长航局管辖的中小港口下放,实行以地方为主,长航局为辅的双重领导体制。

1984年1月1日,长江干线体制改革方案开始实施,长江干线37个港口进行重大改革,形成由"中央和地方政府双重领导,以地方政府为主"的管理体制。1985年,长航局与湖北省交通厅签订湖北省内港站交接协议,武穴港务局所辖黄家山、田镇、富池、龙坪4个港务站及九江在湖北的3个站点均按行政区划下放给地市县交通局接收。在办理交接过程中,长航局认为湖北境内港口下放的一些具体问题尚需进一步研究,交接工作暂时停顿。

1987年11月6日,国家经委和交通部按照国务院文件精神上,深入推进长江港口管理体制改革,将长江干线港口成建制移交给地方,实行地方政府与交通部双重领导,以地方领导为主。港口所属公安机构、战备设施、港机厂等一并移交地方管理,并实行三年免缴利税、基本建设投资渠道不变、物资供应渠道不变的三项优惠政策。当年黄州、巴河、兰溪、蕲州港务站属盈利单位,武穴(除富池外)、小池、西河、团风属亏损单位,其中小池港务站严重亏损。1988年,黄冈地区交通局,航务管理局对辖区内长航港务局、站进行了调查摸底。黄冈沿江5县199公里长江干线上设有14个港务局、站,其中包括1个港务局(武穴港务局),2个中心站(蕲州、小池港务站)。

1991年,长航港务局站进行"政企分开"的改革,港口企业不再承担行政管理职能,与"一城一港""一港一政"的港口管理体制仍有差距。在随后港口管理中不断出现长航港务局与地方港航主管部门之间"执法主体资格"的矛盾。2001年11月,国务院办公厅以国办发〔2001〕19号文转发了交通部等部门《关于深化中央直属和双重领导港口管理体制改革意见的通知》,指出"中央与地方政府双重领导的港口全部下放至地方管理"。港口下放后原则上由港口所在城市人民政府管理的,由省级人民政府按照"一港一政"的原则自行确定管理形式。港口下放后实行政企分开,港口企业不再承担行政管理职能,并按照现代企业制度要求,进一步深化企业内部改革,成为"自主经营自负盈亏"的法人实体。

2002年2月,湖北省人民政府办公厅以鄂政办发〔2002〕16号下发了《关于长江双重领导港口管理体制改革实施意见的通知》,黄冈市长江双重领导港口管理体制改革进入实质性操作阶段。依据中央、省文件精神,改革涉及黄冈市武穴港务局及所属站点,蕲州港务站、兰溪港务站、巴河港务站(隶属黄石港务局)、黄州港务站、团风港务站(属阳逻港务局)。

武穴港经过数年协调,直到2007年9月才完成下放进程。原长航武穴港务局改制为"武穴港务运输公司",成为港口经营企业实体,原港务局行管人员中20人,本着"人随事走"的原则,转入武穴市港航管理所,自此武穴港口管理步入"一城一港、一港一政"的管理体制。

蕲州港务站、蕲春茅山港务站、兰溪港务站、巴河港务站等长航港口站点同属于长航黄石港务局。1999年,长航黄石港务局改革,实行内部政企分开,将一部分所属的港口企业从港务局剥离出去,成立了黄石港务(集团)公司。黄冈市辖区内四个港务站划转黄石港务(集团)公司。

2000年,黄石港务(集团)公司,将黄冈市辖区内四个港务站点合并成立江北分局。其后以客运为主的江北分局各站点业务日渐萎缩直至客运停航,江北分局名存实亡。长航黄州港务站,团风港务站同属于长航武汉港务局阳逻港务局。2002年4月,武汉港务局下放武汉市管理,实行政企分开,撤销武汉港务局,组建武汉港口集团有限责任公司。黄冈市辖区的黄州港务站,团风港务站随同阳逻港务局并入该公司。随着长江干线客运停航,黄州、团风两站业务活动终止。

二、地方港口管理

长航所属以外的港口属地方港航部门管理。其主要职责是:贯彻执行港口管理法规、港口规划、港口建设管理、港口经营市场管理、港口费和票据管理。

1949年,成立湖北省航政局,武穴设营业所。1951年2月,在黄冈地委领导下,开展港口民主改革,取缔封建码头势力,对木帆船实行"定港定级"。1952年,湖北省内河航运管理局黄石营业站黄鄂帆船丈检组负责在蕲春、浠水、巴河、樊口、鄂城(今鄂州市)、黄冈、新洲、红安等处开展帆船巡回丈检工作,成为新中国成立后黄冈地区第一个港航监督机构。1953年,根据湖北省交通厅内河航运管理局规定,对木帆船进行"四定"(定港、定籍、定航、定线)工作,全面实行"三统"管理(统一货源、统一计划调度、统一运价)管理体制,有效制止私营水上运输企业相互竞争和木帆船的两极分化。

1955年7月,按湖北省交通厅内河航运管理局规定,黄冈所属各港收取港务费。1956年,轮船、木帆船站合并,4月1日,设立湖北省内河航运管理局黄冈区管理处。1957年帆船管理下放地方后分开设站,港口装卸搬运属地方领导;1958年1月1日起,下放长航蕲州、武穴等港务。实行以地方为主,长航为辅的管理体制。

1960年,武穴轮船站划归湖北省交通厅内河航运管理局黄冈地区轮船办事处,恢复1958年的管理范围。专署交通局公布试行《湖北省黄冈专区港航监督工作简则》,启用"湖北省黄冈专区港航监督"专用章。1961年,专员公署鉴于水上事故频繁,缺乏专人管理,向沿江8个县(黄梅、广济、蕲春、阳新、浠水、黄冈、新洲、鄂城)人民委员会发出《关于恢复水上安全组织机构调回港航监督员的通知》,各县相继成立了港航监督站。全区配备港航监督人员共27人。

1972年9月20日,湖北省革委会决定:地区成立港航监督所,各地成立港航监督站。根据此精神,黄冈地县港航监督站进一步建立健全。1979年3月15日,黄冈地区交通局黄地交〔1979〕22号文《关于进一步加强港航工作领导的通知》:"原地、县港监所、站与航管(民管)站一起办公,从4月1日起分开办公,由地县直接领导"。地区港航监督所与民间运输管理处分署办公,定编9人,实有5人。沿江新洲、黄冈、浠水、蕲春、广济、黄梅等6个县港监机构亦同时与当地民间运输管理站分开,全体港监人员开始统一着装。

1980年3月,地区民间运输管理处、港航监督所合并为湖北省航运管理局黄冈地区分局,对全区的航运、航政、航道、港口业务,实行统一管理。

1992年6月29日,湖北省经济委员会、省交通厅印发《湖北省港口管理办法(试行)》,明确港口管理的主要职责,对港口装卸企业管理、港区的划定、港口基本建设审批程序、港务费的管理等也做了明确规定,并制定了违反《办法》规定的处罚细则,1995年4月20日,湖北省政府71号令颁布实行,地县航务管理部门加强港埠经营管理,对有执照的港埠企业进行登记,重新核发港口装卸作业证;对无执照在港口经营的企业,按程序严格审查合格的港口装卸作业证;对港口作业的机械按规定规范进行年审,确保港口安全生产。

2002年,双重领导的港务局下放地方,港口建设投资计划统一纳入湖北省地方管理。2003年8月—11月,启动武穴港黄州港编制规划。2004年,《中华人民共和国港口法》颁布实施;2006年5月1日,湖北省政府颁布修订后的《湖北省港口管理条例》实施。黄冈市交通局、港航局开始着手谋划黄州港的建设和发展,进一步编制完善《黄冈市黄州港总体发展规划》,委托黄冈市规划设计研究院进行总体设计。9月获湖北省交通厅组织的评审会通过,并由市政府转呈省政府批复。2007年11月30日,湖北省政府以鄂政函〔2007〕264号文对《黄冈市黄州港总体发展规划》予以正式批复,黄州港被纳入全省19个重要港口之一。

2008年,黄冈市人民政府以黄政发〔2008〕34号文将《黄冈市长江港口岸线管理办法》印发各县、市、区以及市直等有关单位,要求遵照执行。此后,长江港口规划,岸线使用审批,报批程序正式确定。2009年受黄冈市交通局委托湖北省交通规划设计院编制完成了《黄冈市长江岸线资源利用规划报告》,同年12月28日,黄冈市人民政府以黄冈政函〔2009〕123号文下发关于《黄冈市长江岸线资源利用规划报告》的批复,使港口管理步入一个新阶段。

2010年,为进一步规范港口经营行为,维护港口经营秩序,黄冈各港口行政管理部门加大《中华人民共和国港口法》和新颁布的《港口经营管理规定》的宣传力度。使港口经营人了解有关法规,鼓励港口加入中国港口协会,做好会员服务,加强行业自律,维护港口经营市场公平竞争秩序。2011年11月4日,武汉新港黄冈港区总规修编取得初步成果。至2015年,随着国家对长江经济带政策扶持,黄冈加快现代化港口建设,建设规模扩大,投资资金超历史,港口码头等项目快速推进。

三、港口岸线管理

2001年7月,湖北省航运局下发《关于开展港口岸线使用登记和核发〈港口岸线使用许可证〉工作的通知》,黄冈按要求开展登记发证工作。2004年,交通部第5号《关于发布港口深水岸线标准的公告》确定内河港口深水岸线的标准为适宜建设千吨级及以上泊位的内河港口岸线(含维持其正常运营所需的相关水域和陆域)。同年7月黄冈市港航管理局组织各县市港航所学习贯彻,并对港口岸线现状进行了摸底统计。

2006年3月20日,湖北省人民政府令第286号公布《湖北省港口管理办法》,其第二章中共有5条对港口岸线管理提出具体规定。港口岸线管理在港航、海事工作中地位得以确定。2008年8月,中共黄冈市委、市政府成立黄冈市长江岸线资源开发领导小组,由黄冈市委副书记,市长刘雪荣任组长,其成员包括经委、建委、交通、国土资源、规划、水利以及沿江各县市政府主要负责人。同年11月黄冈市人民政府以黄政发〔2008〕34号文印发了《黄冈市长江港口岸线管理办法》,明确了市交通行政管理部门负责全市长江港口岸线管理工作,其所属的港航管理机构具体负责对全市长江港口岸线进行管理。确定了开发利用长江港口岸线应坚持"深水深用,优岸优用,集约开发,开发利用和治理保护相结合"的原则。规定了申报使用长江港口岸线的内容程序和审批权限。自此港口岸线管理纳入规范管理的轨道。

2009年7月,为了更好充分合理开发利用长江港口岸线资源,黄冈市交通局作为主办单位委托湖北省交通规划设计院编制了《黄冈市长江岸线资源利用规划报告》,该"规划"报告了黄冈市长江岸线资源基本情况,岸线利用现状,分析了经济发展、城镇建设与布局、沿江交通概况与发展前景对岸线利用需求,提出以长江港口岸线利用规划为主体的综合发展规划,

截至2015年,已有武汉新港唐家渡港区楚江综合码头、武穴港田镇港区亚东码头、黄州港新港港区

湖北鄂海造船有限公司等企业单位申报了岸线使用请求,得到港航海事部门审批并办理了相关手续。

四、港口普查

1983年,根据交通部部署,湖北省交通厅组织全省第一次港口普查。1986年按要求对港口普查资料进行补充调查,时间截至1985年,范围扩大到长航所属各港口。至1985年,黄冈地区有大小港口38个(含1983年划出黄冈地区的鄂州市港口5个,新洲县港口4个);其中长江港口25个,支流湖泊港口13个;港区自然岸线总长187.58公里,有码头泊位285个。

1992年,按照湖北省航务管理局布置,黄冈航务管理局开展了港口基本情况调查,通过调查,基本摸清了全市港口分布、港区码头形式以及主要设施,港口装卸作业流程,港口吞吐量、货物构成及流向。1997年,交通部、国家统计局联合下发《关于进行第二次全国港口普查工作的通知》。第二次港口普查黄冈市港口20个,泊位160个,港区总面积180.2万平方米,其中陆域面积85.64万平方米,水域面积95.56万平方米。港口自然岸线总长度31.58公里,最大靠泊能力5000吨级。库场总面积43.41万平方米,码头结构形式主要为浮式和斜坡道式,装卸机械共有398台(套)。

第四章 交通规费征收

第一节 公路规费征稽

一、公路养路费

公路养路费征收,始于1930年,始称"公路通行费",1936年改称"季捐",1939年改为"公路养路费"。1947年5月1日起,实行《湖北省境内国道养路费征收暂行办法》,征收单位为省公路局各运输段的汽车站。1948年,湖北省公路管理局实施《管理行驶本省公路营运汽车暂行办法》,其中第4条规定收取商车客货运费20%的养路、运输管理费。

1950年7月,中央人民政府交通部颁布《公路养路费征收暂行办法》,同年10月省公路局设车辆管理站,对行驶在公路上的公私客货汽车、三轮机动脚踏车、畜力车开始按次征收养路费。同年,中南军政委员会颁布《中南区公路养路费征收暂行办法》,湖北省依据办法征收养路费。1953年4月1日,养路费改为按月征收,不足一月按一月计算,养路费征收机构为各县管理站、监理所和委托的县设乡镇管理站。1956年,湖北省公路厅发出通知,规定对交通部门和公私合营的营运车辆,按其营运收入总额的8%征收养路费,对其他车辆仍按月征收养路费。1957年11月,湖北省公路厅决定对行驶在县道上的畜力车征收养路费,委托县交通科设立的车辆管理站代收,收取的养路费全额上交湖北省公路厅。

1958年2月,湖北省交通厅决定暂停公路养路费按月征收,恢复按核定载重吨位、行驶里程、二等品货物运价0.288元/吨公里的7%计征。同年,黄冈行署下发《征收养路费、渡河费办法的通知》,规定征收养路费的范围,规定车型;征收标准,即:国营专业运输单位及商业、邮电、粮食等部门的汽车,除大中修时期外,其余运输时间均按每吨每月70元征费;林业、农业、渔业等部门的运输车,按专业运输单位的70%计征;汽车挂车免征养路费;军用车、行政部门的汽车自愿参加运输的,每次按营收总款的8%征费。

1959年8月,经湖北省人民委员会批准,养路费征收工作收归省管,10月,湖北省修改《湖北省征收公路养路费规定》,对厂矿、企事业单位自用车的养路费改为按月行驶3500公里计征。为了加强养路费收支统一管理、湖北省交通厅将下放养路费征收职能收回,由湖北省公路管理局承担征收养路费任务。

1960年2月,湖北省公路管理局制定《湖北省征收养路费规定实施细则》共21条,养路费下放到各地(市)管理,10%上交省交通厅,其余作为公路水毁及桥梁维修费用自行开支。1962年2月,湖北省交通厅批准并公布省公路管理局制订的《湖北省征收养路费规定实施细则》,其主要内容是:养路费按次征收的限制,县道上设站以及农业车辆免缴养路费的具体规定等。1963年5月17日,湖北省人民委员会公布《湖北省征收公路养路费规定》。1966年10月25日起,执行修订的《湖北省征收公路养路费的规定》,规定将公路渡口的渡河费与养路费合并征收,车辆过渡不用另行收渡河费,规定明确公路养路费概由省公路管理车辆监理所及下属地、县车辆监理所和县车辆管理站办理。

1979年1月1日,执行国家计委、交通部、财政部《关于整顿公路养路费路费征收标准》,对非交通部门的自用车辆及交通部门运输企业的非营业车辆,由原来每月每吨位100元降为70元计征,交通部门运输企业按营运收入总额10%计征,县汽车运输公司的车辆出省行驶时,申领公路养路费统缴证通行全国。12月10日,湖北省革委会印发中央四部委《规定》,并结合本省实际做了补充规定。明确征费机构为湖北省革命委员会交通局所属各车辆监理单位,湖北省交通局对养路费统收统支、统一管理、统一制发养路费票证。1980年5月14日,湖北省交通局印发《农林生产队、生产大队、参加营运的拖拉机、畜力车养路费征取和使用的具体办法》规定:统一征费标准,统一征费票证、拖拉机畜力车养路费由县车辆管理站委托县辖公社交通管理站代征。养路费收入实行三级分成,即省留5%,地(市)留10%,县留85%,分成金额以省入库数为准,按季终后的月份,由湖北省公路管理局逐级下拨。养路费主要用于县属社会公路养护,小桥、涵洞修建补助及征费工作必要的开支,地(市)分成由各县调剂使用。严格实行"统收统支、专款专用"的原则,不得坐支、挪用或滥用,县的使用计划均报地区批准。对不属于减免养路费的车辆,未经省交通厅批准,其他任何部门无权减免养路费。

1984年9月1日起,执行湖北省人民政府鄂政发〔1984〕73号文件《关于适当调整养路费率加快公路建设的通知》,对交通部门运输企业的营运车辆及其他部门的出租汽车,按营运收入总额,由原来10%调整为按12.5%计征。对非交通部门的自用车辆及交通部门的非营运车,由原来每月每吨位70元调整为按85元计征。1985年6月1日起,根据湖北省计委、交通厅、财政厅《关于调整公路养路费征收标准的通知》,对交通部门运输企业的营业车辆及其他部门的出租汽车,按营运收入总额的12.5%调为25%计征,对企事业单位和个体户、专业户、联户、个人的车辆以及交通部门的运输企业的非营运车辆,按核定载重吨位,每月每吨位85元调为105元计征。1986年7月1日起,经省人民政府同意,将按吨位计征养路费的车辆,征费标准由原来每月每吨位105元调整为120元。

1986年11月22日,湖北省第八届人大常委会通过并颁布《湖北省公路规费征收管理条例》,明确交通行政主管部门设置的公路规费征稽机构,负责具体实施公路规费的征收稽查工作。对偷逃、拖欠、抗缴公路规费不接受处理的,拖欠公路规费超过三个月拒不接受征稽机构处罚决定的,征稽机构可以依法暂扣车辆,并开具省交通行政主管部门制发的暂扣凭证。1988年1月1日,国务院制定的《中华人民共和国公路管理条例》正式实施。10月5日,湖北省司法厅、省交通厅联合发出《关于实行征缴公路养路费合同公证的通知》,决定在全省范围内实行公路养路费征稽合同公证制度。

1990年10月6日,经湖北省人民政府同意,省物价局、省交通厅联合发文,要求各地加强拖拉机养路费的征收和使用管理。1992年1月1日《公路养路费征费管理规定》施行。2月26日,湖北省人民政府批转《湖北省公路养路费征收管理实施细则》,黄冈地区认真组织宣传贯彻。为了把养路费征收纳入依法征收轨道。黄冈共成立交通巡回执行庭(室)5个,通过法院强制执行案件,追回长期养路费欠款。

1994年11月,黄冈地区根据省人民政府的批准,在公路路口设置公路征费稽查站9个,履行公路规费征收稽查和运政管理职责,站名、站址如表6-4-1-1。

公路征费稽查站表　　　　　　　　　　　　　　　　　　　表6-4-1-1

公路征费稽查站名	站　　址	公路征费稽查站名	站　　址
黄州市路口征费稽查站	在106国道路口	浠水县散花征费稽查站	在省道浠大公路散花镇
麻城市黄金桥征费稽查站	在106国道黄金桥	蕲春县横车征费稽查站	在省道黄标公路横车镇
罗田县三里畈征费稽查站	在318国道三里畈镇	武穴市石佛寺征费稽查站	在省道梅武公路石佛寺镇
英山县红山征费稽查站	在318国道红山镇	黄梅县孔垄征费稽查站	在105国道孔垄镇
红安县城西征费稽查站	在省道阳福公路红安县城西出口		

1996年11月22日,湖北省第八届人民代表大会常务委员会第23次会议通过《湖北省公路规费征收管理条例》。将公路养路费、车辆购置附加费、公路客运附加费、公路货运附加费和公路运输管理费的征

收纳入地方性法规的管理轨道。

2005年6月,湖北省物价局、省财政厅、省交通厅联合印发《关于调整全省公路养路费征收标准的通知》(鄂价费〔2005〕98号)文件精神,规定从2005年7月1日起,公路养路费征收标准调整为客车每月每吨210元,货车每月每吨190元。2008年11月,根据国务院《关于实施成品油价格和费税改革的通知》,财政部、国家发改委、交通运输部、监察部、审计署《关于公布取消公路养路费等涉及交通和车辆收费项目的通知》精神,从2009年1月1日起,加征燃油消费税,取消公路养路费、客运附加费、货运附加费、航道养护费、公路运输管理费等六项收费。1980—2008年黄冈公路规费征收及稽查养路费征收见表6-4-1-2。

1980—2008年黄冈公路规费征收及稽查养路费征收表　　　　　表6-4-1-2

年份(年)	计划(万元)	裁票数(万元)	完成任务数(万元)
1980			1134.6
1981			1146
1982			1311.8
1983			1554
1984			1357.4
1985			1971.1
1986			2371.6
1987	2533	2847.1	2849.0
1988	3035	3315	3325.2
1989	3525	3769.3	3781.8
1990	4000	3593.1	3550.4
1991	3872	3808.4	3804.4
1992	3860	4128.2	4058.8
1993	4670	4983.2	5000.8
1994	5130	5361.4	5400.8
1995	5440	5765.4	5727
1996	6300	6325.2	6306
1997	6804	6195.9	6804
1998	6877	5541.5	5277
1999	7152	5067.4	4756
2000	5065	5259.7	5351.8
2001	5465	5011.9	5226.9
2002	5498	4792	5338.8
2003	5499	5752.9	5956
2004	5817	6084.4	6233.9
2005	9041	9475	9422
2006	9791	缺数据	10346
2007	10346	缺数据	12057
2008	11404	缺数据	14417

二、车辆购置附加费

1985年4月2日,国务院颁布《车辆购置附加费征收办法》,决定从1985年5月1日起,开征车辆购置附加费。黄冈地区成立车辆购置附加费征收办公室。附加费征费人员由交通部门内部选调,所需经费在交通部下达征费工作经费中开支,黄冈车辆购置附加费征收人员定编为15人。

1990年,湖北省交通厅征稽局加强车辆购置附加费征收管理,贯彻执行交通部、财政部《关于全国统一启用换发新式缴(免)费凭证的通知》,黄冈地县交通征稽部门开始换发缴(免)费凭证。省交通厅〔1994〕384号文件规定从1995年起,将全省12座以下小汽车车辆购置附加费由省车购办直接征收。2000年12月20日,财政部、国家计委、交通部、国家税务总局财政综〔2000〕10号《关于开征车辆购置税取代车辆购置附加费等有关问题的通知》:从2001年1月1日起,开征车辆购置税取代车辆购置附加费。车辆购置税征收管理暂由交通征稽部门代征。2002年,国税发〔2002〕113号文件《关于做好车辆购置税费改革人员划转分流安置工作的通知》,要求做好车辆购置税征稽人员划转、分流、安置工作,划转人员纳入公务员管理。至2004年12月31日,完成车购税划转人员录用、交接以及财产移交工作,车购税停止代征。1987—2004年黄冈车辆购置附加费(税)征收情况见表6-4-1-3。

1987—2004年黄冈车辆购置附加费(税)征收表(单位:万元)　　　　　表6-4-1-3

年份(年)	车辆购置附加费(税)计划	完成任务数	备　注
1987	50	110.1	
1988	62	158.1	
1989	170	117	
1990	106	132.9	
1991	110	121.4	
1992	100	186	
1993	110	712.2	
1994	760	2398.8	
1995	1834	2739	
1996	2970	2096	
1997	3000	2118	
1998	2350	1873	
1999	1540	1812	
2000	1810	1976	
2001	1850	1682	
2002	1850	2311	
2003		2920	
2004		4397	

三、公路客运附加费

1986年5月20日,湖北省交通厅、省财政厅、省物价局联合发出《关于开征公路客运附加费的通知》。通知内容是:为了尽快改变湖北汽车客运站、点设施的落后状况,加快客运基础设施的建设,以发送和提高客运服务质量,适应公路客运发展的需要,经湖北省人民政府同意,从1986年6月1日起,开征公路客运附加费,征收标准每人公里3厘。公路客运附加费作为客运站、点设施建设专项基金,不属营运收入。1986年5月27日,湖北省交通厅颁发《湖北省公路客运附加费征收和使用办法实施细则》,规定凡在湖北境内公路从事旅客营业运输的企、事业单位、部队和个人,均应按规定向旅客代征客运附加费,湖北省交通厅是全省公路客运附加费征收和使用的主管部门,各级交通局领导下的公路运输管理部门是征收客运附加费的执行单位。1988年底,湖北省交通厅用客运附加费安排黄冈客运站点建设计划20个,其中,一级站1个(地区黄州客运站)、二级站2个(武穴和红安客运站)、乡镇站点5个、干线候车棚12个,计划拨款417万元。

1989年3月14日,黄冈地区公路运输管理局黄地公管〔1989〕5号文件《关于改革公路客运附加费征收办法》的报告记载:"1988年,全区共瞒报瞒收截留客运附加费254万元,其中地区汽运公司134万元,各县(市)120万元,1989年元月代征费额仅为28.3万元,比上年同期28.7万元下降1.39%。"黄冈地区运管局借鉴毗邻地市经验,改过去查账计征为按座位定额包干合同征收,将代征客运附加费改为属地县(市)运管所直接征收,同时实行客运附加费缴讫证制度,收到良好效果。

1989年10月28日,省运管局转发《省物价局关于补办公路客运附加费缴讫证收费标准的批复》的规定,对遗失缴讫证的车属单位和个人补发证件时,收取补办费,15座以下的车辆每证15元,15座以上至30座以下的车辆,每证30元,30座以上的车辆,每证50元。所收缴讫证补办费均作为客运附加费收入全额上交。

1991年8月15日,湖北省交通厅、省财政厅、省物价局联合发布鄂交财〔1991〕189号文件《关于调整客运附加费征收标准的通知》,从9月1日起,由原来的每人公里3厘调整为7厘。

1992年8月27日,湖北省交通厅、省财政厅、省物价局经省人民政府同意,联合发出鄂交财〔1991〕267号文件《关于调整客运附加费征收标准的通知》,决定从1992年9月20日起,将公路客运附加费征收标准调整为每人公里0.015元。调整增加的收入作为高等级公路建设和贫困山区干线公路改造的专项资金。同月,湖北省交通厅印发《关于调整公路客运附加费征收标准实施意见》,主要内容为:客运附加费(每人公里1分5厘)仍由从事公路客运的单位和个人代征,在出售的每张客票中加收;凡乘车里程在25公里以内的,客运附加费一律按3角计征,5公里以上的,按实际乘车里程计征;继续实行座位包干计征办法,黄冈每月每座100元;按查账征收的比例为:山区运价执行24.22%,平丘地区执行26.88%,对查账征收的客运单位从严掌握,如果客票收入核算不够准确,按比例计征的客运附加费又低于座位定额计征水平的,则应改按座位定额包干计征;凡有经营跨省公路客运的地区,所在地公路运输管理部门应及时与外省联系,相应提高在境内行驶里程的公路客运附加费征收标准。

1995年4月1日起,根据湖北省交通厅〔1995〕065号文件的规定,客运附加费移交公路养路费征收稽查部门征收。移交后,黄冈征稽部门以养路费为重点,以客运附加费为难点,按照省统一要求,在车辆新增异动时督促车主先缴清客运附加费后再办理入籍,异动手续,强化了征收手段,对征收客运附加费起到积极作用。2009年1月1日起,取消公路客运附加费征收。1987—2008年黄冈公路客运附加费征收统计见表6-4-1-4。

1987—2008年黄冈公路客运附加费征收统计表　　　　表6-4-1-4

年份(年)	征收实绩(万元)	年份(年)	征收实绩(万元)
1987	329	1992	1123
1988	377	1993	1759
1989	461.43	1994	1963
1990	385.67	1995	2022
1991	591	1996	2041

续上表

年份(年)	征收实绩(万元)	年份(年)	征收实绩(万元)
1997	2000	2003	2015
1998	2172	2004	2580.5
1999	1669	2005	2716
2000	1899.6	2006	3115.7
2001	1867.1	2007	3188.5
2002	1973	2008	3182.8

四、货运附加费

1991年11月20日，湖北省交通厅、省财政厅、省物价局，为加强本省交通基础设施和车船的技术改造，适应国民经济发展和进一步改革开放的需要，经省人民政府批准，决定开征公路、水路货物运输附加费，并联合发布鄂交财〔1991〕217号文件《关于开征水陆货物运输附加费的通知》。开征时间从1992年1月1日起执行。

1992年2月25日，湖北省交通厅、省财政厅、省物价局鄂交财〔1992〕043号文件，《关于颁发〈湖北省水陆货物运输附加费征收和使用管理办法〉的通知》共13条。主要内容为：凡在湖北省境内发生的水陆货物运输，其货主均应交纳货运附加费。县级以上党政机关、人民团体、学校由财政核算内经费开支的货车、从事自用生活性物资运输时，免征货运附加费，但在改变使用性质，参加营业性运输时均应缴纳全额货运附加费。货运附加费是用于交通基础建设的专项资金，不属于营业收入，"八五"期间，50%用于站场建设，"九五"期间，25%用于公路建设，25%用于站场建设。

从1995年4月1日起，根据湖北省交通厅〔1995〕265号文件的规定，改由黄冈地区公路养路费征收稽查处征收。2009年1月1日起，取消公路货运附加费征收。1991—2008年黄冈公路货运附加费征收统计见表6-4-1-5。

1991—2008年黄冈公路货运附加费征收统计表　　　　表6-4-1-5

年份(年)	征收实绩(万元)	年份(年)	征收实绩(万元)
1991		2000	453
1992		2001	453.7
1993	228	2002	452
1994	580.2	2003	307.4
1995	551.04	2004	448.5
1996	600	2005	488
1997	610	2006	
1998	654	2007	
1999	412	2008	

五、运输管理费

运输管理费的征收历史较早，1935年，湖北省公路管理局成立后，即对代办运输业务的营运商车收取手续费，1946年改为运输管理费。

黄冈交通运输志

1949年10月新中国成立后,对从事公路运输的商车均执行湖北省《统一管理汽车营业办法》由各汽车站结算运费,汽车站从运费扣取5%的运输管理费。1950年7月起,本着扶持私营汽车运输业的方针,暂时取消征收私人汽车5%的运输管理费。1957年5月18日,经省人民委员会批准,各地、市、县交通科(局)依据民间运输工具多少和业务繁简,配备运输管理人员1~2名,其管理人员的业务经费,可以从运费收入中征收0.5%的管理费解决。

1961年,湖北省交通厅对民间运输组织进行整顿,要求区、镇管理站的管理人员不占行政编制,从所属各专业运输队营运收入中提取1%~2%的费用,作为交通运输管理站的经费。1964年1月,对非专业汽车运输实行"三统"管理,规定非专业汽车从事公路营运时,由各汽车站或"三统"管理站收取业务代理费,其标准为:汽车货运为运费总额的1%,客运为2%。

1965年10月12日,湖北省交通厅贯彻交通部交民组〔1965〕第68号文件,《关于向民间运输企业提取管理费问题的几项规定》,对民间的运输管理费的费目、费率、提取对象、使用范围等事项做了具体规定:交通运输管理站向民间运输企业提取的服务费、手续费、代理业务费统一称为民间运输管理费。

1979年9月7日,湖北省革命委员会鄂革〔1979〕136号文件,印发《湖北省运输市场管理暂行办法》第9条中规定:"有关汽车运输的管理费用,可从运输收入中提取少量的管理费,其收费标准和收支办法,由省交通局和省财政局另定"。1980年4月20日,湖北省交通局、省财政局发出《关于提取汽车运输管理费的联合通知》,其主要内容是:凡汽车货物运输,均由货物起运地的交通运输管理部门开票结算运费,付给统一结算凭证,无统一结算凭证,银行不予付款,财务部门不予报销。

1985年3月21日,湖北省交通厅发出《关于公路运输管理费征收、使用等有关事项的通知》,规定:从事营业运输的客、货车和拖拉机按其营业收入的1%提取运输管理费,从事营业运输的非机动车辆和装卸搬运的单位和个人,按其营业收入的3%提取运输管理费。公路运输管理费由车籍所在地的公路运输管理部门征收。1986年8月14日,湖北省交通厅印发《关于公路运输管理费收支管理的几项规定》的通知,主要内容是:汽车运输管理费由县(市)自留80%,上交地(市)20%,留用的运输管理费应编制年度支出预算,报同级交通局审批,包干使用,超支不补、结余留用。

1991年3月9日,黄冈地区公路运输管理局发出黄地公管计〔1991〕13号文印发《关于加强费收管理和下达1991年费收计划的通知》,调整运输管理费定额征收标准,客车每月每座不得高于1.6元,货车每月每吨不得高于13元。1993年,黄冈地区交通局、财政局、物价局发出黄地交〔1993〕56号文件,《黄冈地区机动车维修行业管理费征收、使用的暂行规定》,指出:"凡在黄冈境区内从事营业性的机动车维修企业,除开业一次性收取固定资金1%的技术条件审验费外,均应按营业收入的1%向公路运输管理部门缴纳维修行业管理费,其他任何单位和个人都无权征收"。独立核算的机动车维修企业,按企业上报主管部门的会计报表按月查账征收。非独立核算的或难以计算营业收入的机动车维修企业、个体,按行业管理部门核定经营类别按月定额征收,其征收标准为:一类维修企业50人以上的,每月每人8~10元,50人以下的每月每人10~12元。二类维修企业,20人以上的,每月每人14~18元,20人以下的,每月每人18~22元。三类维修企业,每月每人20~25元。1996年1月31日,黄冈地区运管处比照客货运价上涨幅度又调整了运输管理费征收标准。载货汽车4吨以上的,每月每吨25元。40吨以下的,每月每吨30元。载客汽车15座以内的,每月每车100元。30座以内的,每月每车120吨。30座以上的,每月每座位4元。机动三轮车每月每车30元。非机动车三轮车,每月每车15元。

1997年12月23日,财政部、国家计委财综字〔1997〕170号文件《关于公布取消第一批行政事业性收费项目的通知》,其中汽车维修行业管理费被列为第15项,被取消收费,黄冈境区在1998年1月1日停止征收机动车维修行业管理费。1998年12月28日,黄冈市物价局黄价字〔1998〕239号文件关于公路出租车客运附加费和运输管理费标准的批复规定:公路出租车客运附加费按每车每月430元的标准收取,

· 466 ·

运输管理费按每车每月50元的标准收取。

2000年9月1日,湖北省交通厅、省财政厅发布鄂财规发〔2000〕711号文件《关于公路运输管理费实行全省统收统支管理的通知》,黄冈运输管理费实行统收统支、收支两条线管理,基本原则是:"统一实施、分级负责、预算管理、专款专用"。统收统支管理,明确了征收主体,进一步理顺了运输管理费征管体制。2003年12月25日,湖北省物价局、省财政厅鄂价费〔2003〕304号文件《关于全省核定公路运输管理费定额征收标准有关问题的通知》明确:对可以直接提供营业收入的营业性公路客货运输、搬运装卸单位和个人,应按营业收入的0.8%征收运输管理费,对财务和统计制度不健全、无运输台账、无车辆营运班次记录、无法提供健全财务资料等难以计算营业收入的单位和个人,可按定额收取运输管理费。货车(含农用车),按核定的载重吨位每月每吨20元计收。客车(含小轿车,不含经省政府批准的城市出租车经营权出让和转让的客运出租汽车),按车辆等级和档次划分。2004年11月12日,国务院办公厅国办发〔2004〕81号文件《关于进一步规划出租汽车行业管理有关问题的通知》规定:要严肃查处各种乱收费行为,严禁向出租车企业和司机收取运输管理费、客运管理费等已取消的费用。黄冈市各县、市、区运管部门自收到文件之日起,停止了对出租车运输管理费的征收。

2005年6月,湖北省物价局财政厅,鄂价〔2005〕78号文件,发出《关于核定全省公路运输管理费定额征收标准有关问题的通知》,黄冈市对全市公路运输管理费征收标准及相关问题做了规定:对可以直接提供营业收入的营业性公路客货运输、搬运装卸、运输服务单位和个人,按营业收入0.8%征收运输管理费。对财务和统计制度不健全、无运输收入台账、无车辆营运班次记录、无法提供健全财务资料、难以计算营业收入的单位和个人,按定额收取运输管理费。货车按行驶证核定的载重吨位每月每吨按20元计征。客车(含小轿车)按车辆等级和档次划分。高级客车按每月每座11元,中级按每月每座8元,普通客车按每月每座5元计征。卧铺客车按一铺位折合1.5座位,比照相同等级、档次客车的标准计征。其他无标准吨位的车辆参照同类车型或相似车型的装载重量核定征收。公路运输管理费定额征收标准有关问题的通知于2005年7月1日起执行。2009年1月1日起,取消公路运输管理费征收。

表6-4-1-6汇总了1987—2008年黄冈运输管理费征收统计情况。

1987—2008年黄冈运输管理费征收统计表　　　　　　　　　　　　表6-4-1-6

年份(年)	征收实绩(万元)	年份(年)	征收实绩(万元)
1987	150	1998	110
1988	182	1999	855
1989	221	2000	1003
1990	224	2001	823
1991	287.2	2002	940
1992	337.5	2003	840
1993	381	2004	885
1994	470.98	2005	860
1995	530	2006	355
1996	750	2007	413
1997	1014	2008	442

第二节　公路通行费

1939年,公路通行费改称养路费,同年8月4日,国民政府行政院颁布《公路征收汽车养路费规则》。

一、车辆通行费

20世纪80年代中后期,随着社会经济的发展,一些县市城区公路出口公路已明显不能适应社会经济发展的需要。黄冈地委、行署决定利用国家"贷款修路、收费还贷"政策,通过设立车辆通行费收费站收取通行费偿还建设贷款资金的办法,对部分城区出口公路进行全面改建。1990年10月18日,黄冈地区公安处与黄冈县交通局联合成立新港路过境收费站,随后,浠水大桥、麻城官田畈、黄梅小池等收费站相继设立。1994年6月1日,国务院印发"关于禁止在公路上乱设站卡乱罚款乱收费的通知",对具体设站收费条件、收费标准和收费期限、收费站管理等做出了明确规定。中共黄冈地委决定,通行费收费管理归口交通公路部门统一管理。1994年6月,黄冈地区公路总段正式成立黄冈地区公路车辆通行费征稽所,并相继接管了麻城官田畈、浠水大桥、红安金沙、蕲春西河驿、黄州禹王、黄梅分路、武穴石佛寺等7个收费站,实行收支两条线管理,至此黄冈"贷款修路、收费还贷"工作归口黄冈公路部门管理。

蕲春收费站

1995年1月26日,湖北省人民政府印发了"关于加强公路收费站设置和收费管理的通知",对车辆通行费收费站(点)设置的条件、收费标准、收入管理、站(点)布局和清理撤除等作出明确规定。经湖北省人民政府批准设有麻城市闵集、麻城市官田畈、黄梅县小池、蕲春县城关、红安县金沙、武穴市石佛寺、黄州市禹王、浠水大桥等车辆通行费收费站。1999年7月21日,湖北省人民政府决定对全省收费公路实行统一规范管理。

2000年8月28日,经湖北省人民政府同意,湖北省物价局、省财政厅、省交通厅联合印发了《关于调整全省收费还贷公路车辆通行费收费标准的通知》,对黄冈市的各收费站收费标准做了适当调整。2001年6月22日,湖北省人民政府办公厅印发了《关于全省公路收费站收费年限的通知》,核定了全省收费公路车辆通行费收费期限。经核定,黄冈设有非经营性公路收费站10个:黄州禹王、红安金沙、麻城官田畈、罗田栗子坳、英山温泉、蕲春城关、武穴余川、浠水白水井、浠水麻桥、黄梅小池等;经营性公路通行费站1个:黄州东门。

2004年10月26日,湖北省人民政府办公厅印发《关于全省公路收费站点核定情况的通知》,对全省各公路收费站点的收费路段、收费标准和收费年限等进行了重新核定。经重新核定,黄冈设有政府还贷性公路收费站11个:黄梅小池、麻城官田畈、罗田栗子坳、红安金沙、红安祠堂口、浠水白水井、浠水麻桥、武穴余川、蕲春城关、黄州禹王、团风方高坪等;经营性公路通行费站1个:黄州东门。

根据国务院《关于实施成品油价格和税收改革的通知》精神,2009年4月27日,湖北省人民政府决定取消全省政府还贷二级公路通行费征收,黄冈市的红安祠堂口、红安金沙、麻城官田畈、罗田栗子坳、团风方高坪、浠水麻桥、浠水白水、蕲春城关、武穴余川、武穴盘塘等10个收费站于同年4月30日24时停止收费,收费站设施自终止收费之日起于15日内相继撤除。2010年9月18日,南湖收费站禹王收费点阳枫线车道停止收费。2013年12月31日,南湖收费站禹王收费点江北路车道停止收费。2014年5月31日24时黄梅小池收费站停止收费,至此,黄冈境内政府还贷性公路收费站仅保留黄冈市南湖公路车辆收费站。

2009年3月26日,湖北省第十一届人大常委会公告第93号公布《湖北省高速公路管理条例》进一步明确:高速公路经营管理者经依法批准后可以收取车辆通行费。2013年,湖北省出台《湖北省高速公路标准化收费站建设指导意见(试行)》,完善收费站点设置,由各高速公路管理单位分别管理,至2015年黄冈境内设置高速公路收费站20个。

表6-4-2-1汇集了2001—2015年黄冈市普通公路车辆通行费收入统计。

2001—2015年黄冈市普通公路车辆通行费收入表　　　　　　　　　　表6-4-2-1

年份(年)	金额(万元)	年份(年)	金额(万元)
2001	5065.54	2009	5805.35
2002	5281.15	2010	3496.40
2003	5050.90	2011	2952.36
2004	5824.02	2012	3067.39
2005	6580.55	2013	3495.57
2006	8407.68	2014	3165.81
2007	11653.86	2015	2591.41
2008	12300.00	合计	84737.99

二、高速公路收费站

(一)大(庆)广(州)北高速公路(编号G45)

黄冈北收费站　位于G45大广高速公路2338.170公里处,收费站位置类型为主线站;收费方向为单向;入口车道9道;出口车道10道;管理单位为湖北大广北高速公路有限责任公司,经营性收费站。

乘马岗收费站　位于G45大广高速公路2338.846公里处,收费站位置类型为匝道站;收费方向为双向;入口车道2道;出口车道2道;管理单位为湖北大广北高速公路有限责任公司,经营性收费站。

麻城收费站　位于G45大广高速公路2357.661公里处,收费站位置类型为匝道站;收费方向为双向;入口车道3道,入口ETC车道1条,出口车道4条,出口ETC车道1条;管理单位为湖北大广北高速公路有限责任公司,经营性收费站。

江北一级公路收费管理区

铁门收费站　位于G45大广高速公路2371.451公里处,收费站位置类型为匝道站;收费方向为双向;入口车道2道,出口车道2条;管理单位为湖北大广北高速公路有限责任公司,经营性收费站。

团风收费站　位于G45大广高速公路2411.497公里处,收费站位置类型为匝道站;收费方向为双向;入口车道2道,入口ETC车道1条,出口车道2条,出口ETC车道1条;管理单位为湖北大广北高速公路有限责任公司,经营性收费站。

黄州收费站　位于G45大广高速公路2425.287公里处,收费站位置类型为匝道站;收费方向为双向;入口车道3道,入口ETC车道1条,出口车道4条,出口ETC车道1条;管理单位为湖北大广北高速公路有限责任公司,经营性收费站。

巴河收费站　位于G45大广高速公路2439.922公里处,收费站位置类型为匝道站;收费方向为双向;入口车道3道,入口ETC车道1条,出口车道3条,出口ETC车道1条;管理单位为湖北大广北高速公路有限责任公司,经营性收费站。

兰溪收费站　位于 G45 大广高速公路 2454.000 公里处,收费站位置类型为匝道站;收费方向为双向;入口车道 2 道,入口 ETC 车道 1 条,出口车道 3 条,出口 ETC 车道 1 条;管理单位为湖北大广北高速公路有限责任公司,经营性收费站。

(二)沪(上海)蓉(成都)高速公路(编号 G42)

鄂东收费站　位于 G42 沪蓉高速公路 692.2 公里处,还贷性质,收费站位置类型为省界主线收费站;收费方向为双向;入口车道 7 道,出口车道 10 道,出口 ETC 车道 2 道;管理单位为湖北武麻高速公路有限公司,还贷性质。

木子店收费站　位于 G42 沪蓉高速公路 698.1 公里处,还贷性质,收费站位置类型为匝道收费站;收费方向为双向;入口车道 2 道,入口 ETC 车道 1 道,出口车道 3 道,出口 ETC 车道 2 道;管理单位为湖北武麻高速公路有限公司,还贷性质,可达麻城市。

红安收费站　位于 G42 沪蓉高速公路 782.5 公里处,还贷性质,收费站位置类型为匝道收费站;收费方向为双向;入口车道 2 道,入口 ETC 车道 1 道,出口车道 3 道,出口 ETC 车道 1 道;管理单位为湖北武麻高速公路有限公司,还贷性质,可达红安县。

(三)沪(上海)渝(重庆)高速公路(编号 G50)

界子墩收费站　位于 G50 沪渝高速公路 683.697 公里处,收费站位置类型为主线收费站;收费方向为双向;入口车道 2 道,入口 ETC 车道 1 道,出口车道 10 道,出口 ETC 车道 1 道;管理单位为黄黄高速公路管理处,经营性质,可达安徽宿松县。

黄梅收费站　位于 G50 沪渝高速公路 698.742 公里处,收费站位置类型为匝道收费站;收费方向为双向;入口车道 2 道,出口车道 4 道,出口 ETC 车道 1 道;管理单位为黄黄高速公路管理处,经营性质,可达黄梅县。

花桥收费站　位于 G50 沪渝高速公路 716.368 公里处,收费站位置类型为匝道收费站;收费方向为双向;入口车道 2 道,出口车道 2 道;管理单位为黄黄高速公路管理处,经营性质,可达花桥镇。

武穴收费站　位于 G50 沪渝高速公路 727.504 公里处,收费站位置类型为匝道收费站;收费方向为双向;入口车道 2 道,出口车道 2 道,出口 ETC 车道 1 道;管理单位为黄黄高速公路管理处,经营性质,可达武穴市。

蕲春收费站　位于 G50 沪渝高速公路 757.308 公里处,收费站位置类型为主线收费站;收费方向为双向;入口车道 2 道,出口车道 2 道,出口 ETC 车道 1 道;管理单位为黄黄高速公路管理处,经营性质,可达武穴市。

黄梅南收费站

(四)杭(州)瑞(丽)高速公路(编号 G56)

鄂东南收费站　位于 G56 杭瑞高速公路 567.5 公里处,收费站位置类型为省界主线收费站;收费方向为双向;入口车道 11 道,出口车道 11 道,出口 ETC 车道 1 道;管理单位为杭瑞高速公路管理局,还贷性质,可达江西瑞昌、九江。

(五)福(州)银(川)高速公路(编号 G70)

分路收费站　位于 G70 福银高速公路 24.844 公里处,收费站位置类型为匝道收费站;收费方向为双向;入口车道 2 道,出口车道 2 道;管理单位为黄黄高速公路管理处,还贷性质,可达小池。

黄梅南收费站　位于G70福银高速公路25.188公里处,收费站位置类型为省界主线共管收费站;收费方向为双向;入口车道14道,出口车道14道;管理单位为黄黄高速公路管理处,还贷性质。可达九江、南昌。

龙感湖收费站　位于G70沪渝高速公路722.474公里处,收费站位置类型为匝道收费站;收费方向为双向;入口车道2道,出口车道2道;管理单位为黄黄高速公路管理处,经营性质。可达龙感湖农场。

三、一级公路收费站

(一)黄冈市南湖车辆通行费收费站

位于江北一级公路南湖(K40+510米处)。2005年6月20日,由湖北省人民政府批准设立,8月8日,正式开始收取车辆通行费。鉴于江北一级公路建成通车对阳枫公路禹王收费站影响较大,湖北省人民政府同意将禹王收费站移至江北一级公路与阳枫公路交会处(江北一级公路K56+400米处),并将禹王收费站的人员、债权、债务并入黄冈市南湖车辆通行费收费站,采取"一站两点"的方式进行管理。禹王收费站亦更名为黄冈市南湖车辆通行费收费站禹王收费点,收费标准不变。为避免重复收费,对在江北一级公路主线行驶的车辆实行全程一票制,即通过禹王收费点的车辆经过南湖收费站时不重复收费,通过南湖收费站的车辆经过禹王收费点时不重复收费。

(二)黄州禹王车辆通行费收费站

黄冈市南湖车辆通行费收费站禹王收费点原系黄州禹王车辆通行费收费站,位于江北一级公路与阳枫公路交会处(江北一级公路K56+400米处)。1991年12月,黄州市(今黄州区、团风县)采取上级扶持、民工(车)建勤、银行贷款等形式,率先拉开沿江公路黄州至团风路段22.6公里新建工程,1994年12月,黄州至团风二级公路全面竣工,为水泥混凝土路面。其中建设资金使用银行贷款

南湖车辆通行费收费站

1123.9万元。依照国家"贷款修路、收费还贷"政策,1992年湖北省交通厅批复,在阳枫线上设立二级公路收费站,收取车辆通行费用于偿还银行贷款,站址设在黄团路禹王段桩号K18+600米处。1994年10月18日,黄州市黄团公路收费站正式开征车辆通行费。1998年,因阳枫线团黄公路改扩建,经湖北省人民政府同意黄州禹王收费站迁移至阳枫线团黄公路K46+900米堵城街道处。2001年6月22日,湖北省人民政府组织有关部门对禹王收费站的收费年限进行核定,依据核定:黄州禹王收费站主管单位为黄冈市公路管理局,收费线路为阳枫线,收费路段为黄州南湖—团风,收费期限截至2014年。2004年10月26日,经湖北省人民政府重新核定,禹王收费站线路名称为阳枫线,收费路段为黄州—举水河大桥,收费标准为60公里以下二级公路收费标准。2005年6月,鉴于江北一级公路建成通车对阳枫公路禹王收费站影响较大,禹王收费站移至江北一级公路与阳枫公路交会处(江北一级公路K56+400米处)采取"一站两点"的方式进行管理。禹王收费站更名为黄冈市南湖车辆通行费收费站禹王收费点,收费标准不变。

2010年8月,湖北省人民政府同意撤除禹王收费点,9月18日,禹王收费点阳枫线车道停止收费。2013年12月31日,南湖收费站禹王收费点江北路车道停止收费。2014年1月,对撤站后的收费设施进行撤除。

(三)浠水白水井车辆通行费收费站

浠水白水井车辆通行费收费站位于浠(水城关)散(花)公路(K138+057)白水井处。1996年10月,

浠水至散花一级公路建成通车,全长28.34公里,总投资为12790万元。其中银行贷款7290万元。依照国家"贷款修路、收费还贷"政策,1996年12月10日,湖北省人民政府批准在浠(水城关)散(花)公路白水井处设收费站收取车辆通行费,用于偿还银行贷款。2001年6月22日,湖北省人民政府组织有关部门核定:浠水白水井收费站主管单位为黄冈市公路管理局,收费线路为浠散线,收费路段为浠水—散花,收费期限截至2017年。

2004年10月26日,湖北省人民政府对全省各公路收费站点的收费路段、收费标准和收费年限等进行重新核定。经重新核定,白水井收费站线路名称为中大线,收费路段为浠水—散花,收费路段等级为一级收费等级,收费期限截至2017年,主管部门为黄冈市公路管理局,收费标准为一级公路收费标准。

四、二级公路收费站

(一)团风方高坪车辆通行费收费站

团风方高坪车辆通行费收费站位于318国道与106国道方高坪重合路段K818+700米处。2002年12月,106国道团风至黄州沙子岗、318国道罗田新桥至团风标云岗、318国道团风段但店大桥、106(318)国道团风竹林岗至上巴河等路段改造工程先后竣工,银行贷款达8857.51万元。2003年11月25日,依据贷款修路、收费还贷政策,湖北省人民政府批准设团风方高坪车辆通行费收费站,其站址位于318国道与106国道方高坪重合路段K818+700米处。

2009年4月30日24时,依据《湖北省人民政府关于取消政府还贷二级公路收费的通知》精神,团风方高坪车辆通行费收费站停止收费,撤销收费站,收费站亭等设施随即拆除。

(二)红安县金沙车辆通行费收费站

红安县车辆通行费收费站位于宋大线K37+200米处。1994年湖北省交通厅批复宋大线红安境内改建完工。鉴于该工程使用银行贷款800万元,1994年7月22日,湖北省物价局、湖北省财政厅批准。设立红安县金沙车辆通行费收费站。1994年9月20日,宋埠至二程金沙车辆通行费收费站正式运行。1995年12月,为了配合阳福线工程改造,将金沙收费站拆除。1997年6月,阳福线改造工程竣工。1997年7月1日,金沙收费站新站征费重新启动。

金沙站

2001年6月22日,经湖北省人民政府组织有关部门调查核定:红安金沙官田畈收费站收费线路为宋大线、阳福线,收费路段为宋大线宋埠—河口、阳福线仙人坟—红安二桥,收费期限截至2016年。2003年12月28日,金沙收费站迁至宋大线K37+200米处。2004年10月26日,经湖北省人民政府重新核定,红安金沙收费站收费线路名称为宋长线,收费路段为宋埠—河口,收费路段等级为二级收费等级,收费标准为60公里以上二级公路收费标准,收费期限截至2016年。

2009年4月30日24时,红安金沙车辆通行费收费站停止收费,撤销收费站,收费站亭等设施随即拆除。

(三)红安祠堂口车辆通行费收费站

红安祠堂口车辆通行费收费站位于红安县城南阳福线K76+700米处。2003年12月28日,湖北省人民政府批准将金沙收费站迁至宋大线K37+200米处,并在红安县城南阳福线K76+700米处设红安祠堂口车辆通行费站,与红安县金沙收费站一起担负着宋大线及阳福线的建设贷款偿还任务。2004年10

月26日,经湖北省人民政府重新核定,祠堂口收费站线路名称为阳福线,收费路段为仙人坟—福田口,收费路段等级为二级收费等级,收费期限截至2016年,收费标准为60公里以上二级公路收费标准。

2009年4月30日24时,停止收费,撤销收费站,收费站亭等设施随即拆除。

(四)麻城闵集车辆通行费收费站

麻城闵集车辆通行费收费站位于闵集大桥西端岔路口处(麻新线K5+200米处)。1992年11月18日,麻(城)白(果)公路22.2公里按二级公路平丘技术标准进行改建,使用银行贷款660.4万元。1994年10月21日,湖北省物价局、财政厅批准在麻新线麻城至白果路段设闵集车辆通行费收费站收取车辆通行费,1994年11月1日,正式开征车辆通行费。

麻城闵集车辆通行费收费站

1999年12月31日,依据鄂政发〔1999〕89号文件精神,停止收费,撤除收费站,收费站亭等设施随即拆除。

(五)麻城106国道官田畈车辆通行费收费站

麻城官田畈车辆通行费收费站位于106国道(K1139+000)麻城官田畈。1991年12月,白塔河至宋埠的路基按平丘二级公路标准进行改建,1992年11月,对宋埠至新洲余家寨的路基按平丘二级公路标准进行改建。1993年6月3日,湖北省交通厅批准在106国道麻城至宋埠路段设官田畈车辆通行费收费站收取车辆通行费。执行60公里以上二级公路收费标准收费。2001年6月22日,经湖北省人民政府组织核定:收费路段为余家寨—小界岭,收费期限截至2013年。

2004年10月26日,经湖北省人民政府重新核定,官田畈收费站线路名称为106国道、318国道、中大线和长三线,收费路段为106国道小界岭—余家寨,318国道蔡家岭—隔山坳,中大线张家畈—关堰口、中界岭—女儿丘,长三线长岭关—木子店,收费路段等级为二级收费等级,收费标准、收费期限不变。

2009年4月30日24时,停止收费,收费站亭等设施随即拆除。

(六)浠水麻桥车辆通行费收费站

浠水麻桥车辆通行费收费站位于黄标线(K96+700)与丁麻线交会处。浠英公路、黄标公路丁麻复线和浠水大桥、浠水二桥、宝塔大桥等"两路三桥"建设资金银行贷款达4760万元。1993年2月13日,湖北省交通厅批准在浠水大桥设立车辆通行费收费站,收费人员在浠水公路段正式人员中内部调剂。1994年7月15日,浠水大桥车辆通行费收费站移交黄冈地区公路总段管理。

1996年7月,湖北省人民政府批准设立浠水二桥车辆通行费收费站,由于浠水大桥、浠水二桥收费站均设在县城内,且站点距黄标公路蕲春县城关车辆通行收费站未达到40公里间距,不符合设站间距要求,2000年8月,湖北省人民政府批准将浠水大桥、浠水二桥收费站合并收费,并将站址迁移至黄标线与丁麻线交会处,新设浠水麻桥车辆通行费收费站,其收费标准按501~1200米公路桥梁隧道收费标准执行。

2001年6月22日,经湖北省人民政府核定:浠水麻桥收费站收费线路为黄标线、英浠线,收费路段为黄标线浠水一、二桥,英浠线浠水段,收费期限截至2016年。2004年10月26日,经湖北省人民政府重新核定,麻桥收费站线路名称为中大线和黄标线,收费路段为中大线关堰口—浠水城关,黄标线汀斯当—麻城,收费路段等级为二级、二级桥收费等级,收费标准为60公里以下二级公路收费标准,收费期限截至2016年,主管部门为黄冈市公路管理局。

2009年4月30日24时,麻桥收费站、浠水白水井收费站停止征收车辆通行费,收费站亭设施随即拆除。

(七)罗田栗子坳车辆通行费收费站

罗田栗子坳车辆通行费收费站位于318国道(K757+050)处。1996年6月11日,湖北省人民政府批准在罗田县罗田至土桥路段设置车辆通行费收费站,2000年8月28日,湖北省物价局、湖北省财政厅、湖北省交通厅对收费标准做了适当调整。栗子坳收费站执行二级山岭重丘公路收费标准收费。2001年6月22日,经湖北省人民政府组织有关部门核定:罗田栗子坳收费站收费线路为318国道,收费路段为罗田—土桥,收费期限截至2017年。

2004年10月26日,经湖北省人民政府重新核定,栗子坳收费站线路名称为318国道和罗兰线,收费路段为318国道三里桥—新桥、隔山坳—栗子坳、罗兰线栗子坳—土桥,收费路段等级为二级收费等级,收费标准、收费期限不变。

2009年4月30日24时,栗子坳车辆通行费收费站停止收费,撤销收费站,收费站亭等设施随即拆除。

(八)英山温泉车辆通行费收费站

英山温泉车辆通行费收费站位于英浠公路英山温泉。1996年6月11日,湖北省人民政府批准在英山县张家畈至关堰口路段设置车辆通行费收费站,2000年8月28日,经湖北省人民政府同意,温泉收费站按二级山岭重丘公路收费标准收费。2001年6月22日,经湖北省人民政府核定:收费线路为英浠线,收费路段为张家畈—关堰口,收费期限截至2017年。

2002年8月31日,经湖北省人民政府批准英山温泉车辆通行费收费站停止收费,收费站亭等设施随即拆除。

(九)蕲春城关车辆通行费收费站

蕲春城关车辆通行费收费站位于黄标线蕲春县城关西河驿桥头。1994年,蕲春县三家店至蕲州21公里一级公路、三家店至清石34.3公里二级公路、西河驿至清水河10公里一级公路相继竣工通车,三项工程共计使用贷款2660万元。1994年7月22日,经湖北省物价局、省财政厅批复,蕲春县分别在西河驿至清水河的西河驿东、三家店至蕲州的走马岭、三家店至清石的芝麻山设立三个通行费收费站收取车辆通行费。

1995年,经湖北省人民政府清理,走马岭收费站、芝麻岭收费站撤除,在黄标线西河驿桥头设立蕲春县城关车辆通行费收费站。2001年6月22日,湖北省人民政府重新核定:蕲春城关收费站线路名称为黄标线和下蕲线,收费路段为黄标线东界岭—西河驿、下蕲线下界岭—蕲州,收费路段等级为一、二级和桥梁收费等级,收费期限截至2015年,收费标准为60公里以上二级公路收费标准。

2009年4月30日24时,蕲春城关车辆通行费收费站停止收费,撤销收费站,同年5月6日,收费站亭等设施拆除。

(十)黄梅小池车辆通行费收费站

黄梅小池车辆通行费收费站位于105国道(K1526+151)黄梅小池。20世纪80年代末90年代初,黄州至黄梅、黄梅分路至界子墩二级公路改建工程和105国道九江大桥北岸一级公路接线工程相继竣工。在建设过程中,黄梅使用银行贷款1600万元。1994年12月20日,湖北省物价局、湖北省财政厅批准在界子墩至大河和黄梅至小池设置车辆通行费收费站征收车辆通行费。为提高车辆通行能力,方便车主,将九江大桥接线10公里一级公路,与黄梅分路至界子墩53.57公里二级公路合计收取通行费。

2004年10月26日,经湖北省人民政府重新核定,黄梅小池收费站线路名称为105国道、黄标线,收费路段为105国道界子墩—九江大桥北岸、黄标线黄梅镇—井塘湾,收费路段等级为一、二和二级收费等级,收费标准为60公里以上二级公路收费标准,收费期限截至2016年。

2009年4月30日24时,黄梅小池车辆通行费收费站停止收费,撤销收费站,同年5月6日,收费站亭等设施拆除。

(十一)余川车辆通行费收费站

武穴市余川车辆通行费收费站第一次站址设在梅武线石佛寺路段桩号K18+600米处,1996年6月,站址迁至梅武线和黄标线的交会处(梅川登高山),站名更名为武穴市梅川车辆通行费收费站。1993年,石佛寺至梅川改建工程完工,其中使用银行贷款1041.3万元。1995年11月,黄标线东界岭至井塘弯路段改建工程竣工,其中使用银行贷款5424万元。1994年10月19日,湖北省物价局、省财政厅批复,设置梅武公路石佛寺车辆通行费收费站收取车辆通行费,站址设在武梅公路K18+600米处,靠近石佛寺公路油池。1994年12月16日,梅武线车辆通行费收费站正式征收车辆通行费。

2001年6月22日,2004年10月26日,经湖北省人民政府两次核定:武穴余川收费站线路名称为黄标线、梅武线,收费路段为黄标线井塘湾—东界岭、梅武线梅川—武穴,收费路段等级为一、二级收费等级,收费期限截至2017年,主管部门为黄冈市公路管理局,收费标准为60公里以下二级公路收费标准。

2009年4月30日24时,武穴余川收费站停止征收车辆通行费,停止收费后5日内拆除全部收费设施。

(十二)武穴市盘塘车辆通行费收费站

武穴市盘塘车辆通行费收费站位于蕲龙线(K28+300)武穴市田镇办事处盘塘村。2003年底,蕲龙线武穴境内路段二级公路改造竣工,累计贷款5961万元。2004年12月14日,经湖北省人民政府批准设立武穴市盘塘车辆通行费收费站,站址位于武穴市田镇办事处盘塘村(蕲龙线境K28+300米处)。2005年7月,武穴市盘塘车辆通行费收费站正式开征车辆通行费。

2009年4月30日24时,依据《省人民政府关于取消政府还贷二级公路收费的通知》精神,停止收费,撤销收费站,同年5月6日,收费站亭等设施拆除。

第三节 水运规费征稽

一、水路运输管理费

水路运输管理费由20世纪50—60年代的水上民间运输管理费演变而来。1950年8月,中南交通部统一规定船民运输货物征收管理费率3%,作为民船管理机关的经费来源。1952年10月21日起黄冈将费率降低1%。1954年5月20日,根据湖北省人民政府颁发的《湖北省民船运输管理试行办法》规定,黄冈地区管理费恢复按3%收取。同年根据省四届交通会议精神《湖北省民船管理费收支统一管理暂行办法》规定,黄冈地区历年结存的管理费,除留一部分作周转金外,如数上缴省航运管理局。

1958年,全区木帆船管理费下放各县自收自支,按比例包干上交专署交通局(红安、罗田、英山三个山区县不上交),专署交通局按每月管理费收入总额5%上缴省航运局。1961年元月,专署交通局制定"关于木帆船管理费征收使用的几点意见",规定各县交通局管理费自留部分的开支,其具体开支范围比例为行政管理费的60%,用于民船管理干部的工资、办公、福利、医药费等;安全宣传按4%,用于风讯设备、印刷安全宣传品、安全员训练等;会议费按10%,用于各县定期召开的船民代表会议费用等;修缮购置费按6%,用于房屋维修和小型工属具添置;事业储备金按18%,用于奖金、转业、死亡、养老、抚恤、船民特殊灾害及河道小修维护等;机动费按2%。

1961年3月,黄冈地区木帆船管理费的征收标准由3%降到2%。1962年元月1日,又遵照中共湖北省委《关于调动木帆船船队、船员积极性的八项措施》规定,管理费仍恢复为3%,其中县(市)留2%,上缴地区1%。

1979年1月,湖北省交通厅印发《关于水运管理工作的实施方案》,将水上民间运输管理费定名为"水运行政管理费"。1979年4月,地区交通局决定从5月1日起,各县按比例上交的水运行政管理费和养河费,由地区民间运输管理处管理、使用。1986年12月,湖北省交通厅颁发《湖北省水路运输管理暂行办法》,将"水运行政管理费"改称"水路运输管理费",运输管理费按经营者营运收入的3%征收。货运由货物始发港的港航管理部门征收。客运、渡运由船籍港的航务管理部门征收。

1990年7月9日,湖北省交通厅、省财政厅颁发《湖北省水路运输管理费征收和使用办法》,费率调整为2%,对难以准确反映营运收入的,各类机动船按主机定额功率每千瓦每月2.5元征收,各类非机动船按每定额载重吨每月0.6元征收。同时,省交通厅、省物价局根据交通部、国家物价局1990年122号文颁发的《港口费收规则》中"港口为船舶代理运输业务,应该收取船舶代理费"的规定,于6月2日颁发《关于收取船舶代理费的通知》,费率执行交通部长江航务管理局的标准,货运按出港运费总额的2%计收,旅客、行李、包裹按出港费的6%计收,自8月1日起实施,由各县市港航部门征收。1998年1月1日起,根据交通部、财政部有关文件精神,运输管理费的费率下调20%。1999年,实行按月征费,按月入库。

2009年,湖北省交通厅根据《国务院关于实施成品油价格和税费改革的通知》(国发〔2008〕37号)规定,从2009年1月1日起取消水路运输管理费征收。

二、航道养护费

航道养护费(以下简称航养费)是国家用于养护、整治和建设航道的专项资金,实行统一计划、统一管理,收支均按国家和省有关规定执行。1963年8月,黄冈各地市交通主管部门根据"湖北省征收养河费暂行办法"规定,在除长江、汉江以外的支流小河开征养河费即航道养护费。

1982年5月,湖北省人民政府颁发《湖北省航道养护费征收和使用规定》,自当年7月1日起实行。航道养护费征收范围由支流小河扩大到长江(交通部直属单位在长江航行的船舶和规定免征者除外)、汉江。征收对象由货方(托运部门)改为船方;费率由国营、集体水运企业船舶运费的3%提高到5%,非交通部门的船舶(含个体)按每月每马力1.5元和每吨位0.5元计征,竹木流放按每立方米公里0.002元计征。各类营运船舶参加流通过程运输量按营运收入的5%计征,由省航运局统收统支,其中用于航道养护工程费应占总支出的85%。由于航道养护改为船方负担,未纳入当时运价成本,省交通局鄂交〔1982〕177号文发出《对少数严重亏损的集体航运企业暂定缓征或减征航道养护费的通知》,黄冈地区有鄂州市、黄州、新洲的双柳航(水)运公司和罗田的水运二社减征40%(即只征运费总额的3%),黄梅县航运公司和新开运输社缓征,期限均为一年。

1985年4月,湖北省交通厅改进航养费计划管理办法,黄冈地区以1984年上解数为基数,确定支出比例为20%,增收与省航运管理局四六分成(省四地六),减收从切块资金中扣除,地区分成资金用于航道小型维护工程。

1993年湖北省人民政府颁发《湖北省航道养护费征收和使用管理实施细则》(鄂政发〔1993〕9号),规定航道养护费的征收标准实行按费率和费额两种方式计征,即:实行独立核算的水运企业的营运船舶航行长江干线的,按月实际营运收入总额的6%计征,航行于长江干线以外通航水域的,按每月实际营运收入总额的8%计征;按费率计征船舶以外的本省境内其他应缴费船舶,以及瞒报营运收入的水运企业的船舶按每月每总吨(无总吨的按载重吨)4.5元计征;竹木排筏、浮运物件,按航次每立方米2公里1分计征。

1996年1月1日至1997年12月31日。湖北省交通厅与长江航道局每年均签订代征协议,在代征范围上有所变化。1997年11月,交通部《关于执行国家计委、财政部降低交通行业部分收费标准的通知》(交通部交财发〔1997〕885号)规定,内河航道养护费收费标准从按营运收入的8%降低为6%。

2009年1月1日起,根据国家实施成品油价税费改革的精神,取消征收航养费。

三、港务费

1955年7月,湖北省交通厅航运管理局规定所属各港口收取港口费,费目有船舶停泊费、货物堆存费和港区内货物装卸费。1963年6月1日,省航运管理局黄冈办事处通知各港轮船站,轮船、钢驳停泊码头靠趸费以6小时为一期计算,每净吨一期收费0.025元,木驳、帆船每载重吨每停泊一次收费0.01元,非营运的公务船、消防船、检疫船、水上公安艇、首长交通船舶免收停泊费。

20世纪70年代,黄冈地区沿江各港先后成立码头管理所,码头费收有4个费目,即:码头使用费,按通过码头的货物吨数和货物等级,向货方征收;仓库、堆场堆放费,进出港口的货物在港区仓库、堆场堆存的,按货物数量与堆放时间,向货方计收;船舶停泊费,船舶在港区水域停泊,按吨(马力)次向船方计收;专用码头使用费,航运、装卸企业和其他厂矿企事业单位使用的专用码头,按所占水域长度,按月计收。

1985年1月,湖北省物价局、省交通厅发出通知,湖北省地方港口实行征收港务费,即对进出港口船舶征收"船舶港务费"和"停泊费",对进出港口货物征收"货物港务费",经由货主码头吞吐的货物,其港务费的50%返回给码头所有者。同年2月,省交通厅颁发《湖北省港务费资金管理试行办法》,规定港务费实行"以港养港原则,专款专用,年终结余转下年度继续使用";县(市)港航管理单位每月征收的港务费留用90%,"上交地、市、州航运管理分局(处)10%,其中地、市、州航运管理分局自留5%,上交湖北省航运管理局5%"。县(市)港务费用于港口建设、维护、港区航道疏浚和人员经费,收支计划由同级交通局审批,报送上级航运局核备。港务费中应交纳的"能源交通重点建设基金",由省、地(市、州)、县(市)三级航运管理部门分别向同级财税部门交纳。

1989年4月29日,黄冈地区行政公署通知:一个地点存在两个或两个以上港务管理部门的港口,货物管理费由航务管理部门按照谁管辖谁收费的原则,分别向通过其所辖码头吞吐的货物征收;交通部〔85〕交河字1561号通知"船舶港务费",进口由卸货(下客)的码头所属的港航管理部门征收。出口由装货(上客)的码头所属的港航管理部门征收。不靠码头、趸船或不在港区作业,不使用任何港埠设施的船舶,应视为"自然坡岸靠泊的船舶",免征船舶港务费。

1990年10月,湖北省物价局、省交通厅印发《湖北省港口费规则》(鄂交运〔1990〕310号),对船舶港务费进行了调整。即船舶港务费由每净吨0.25元调增到0.35元,拖(推)轮由每千瓦0.34元调增到0.48元;货物港务费按货物进口或出口分别征收货物港务费各一次,以重量计费的由每吨0.25元调增到0.5元,以体积计费的货物每计费吨由0.12元调增到0.25元。

1993年2月15日,湖北省交通厅、省物价局联合印发《关于调整湖北省港口费收标准的通知》,规定船舶港务费非机动船由原每净吨0.35元调整到0.55元,机动船由原每千瓦0.48元调整到0.75元;货物港务费以重量"W"计费的货物由原每吨0.5元调整到0.8元,以体积"M"计费的货物由原计费吨0.25元调整到0.4元;停泊费停靠码头、趸船的非机动船由原每净吨每日0.07元调整到0.12元,机动船由原每千瓦每日0.12元调整到0.16元,停靠浮筒的非机动船由原每净吨每日0.03元调整到0.05元,机动船由原每千瓦每日0.04元调整到0.07元。

2005年8月1日,《中华人民共和国港口费收规则(内贸部分)》颁布实施。内河港口货物港务费以重量计费的货物由0.8元/吨调整为1元/吨。

2009年3月,湖北省交通厅、省物价局下发《关于规范湖北省港口收费标准及规定的通知》,对港口收费标准进行了规范,其规定:船舶港务费:每净吨0.55元;每千瓦0.75元。货物港务费:以重量计费的货物每吨1.00元;以体积计费的货物每立方米0.5元;国标2吨的集装箱每箱3元;国标5吨的集装箱每箱6元。停泊费:生产性停泊费:每净吨(马力)每日0.06元;非生产性停泊费:码头、趸船:每净吨每日0.12元;每千瓦每日0.16元;浮筒:每净吨每日0.05元;每千瓦每日0.07元。

四、航政费

航政费是船舶检验费,水上安全监督费(船员考试费、证书工本费、换证手续费以及海损事故调查处理费)等的统称。黄冈地区航政费的收支管理体制,历经过多次变革,从1980年3月起与水运行政管理费一并核算、管理,上交湖北省航运管理局统收统支。

地方航政部门征费依据1983年中华人民共和国船舶检验局颁发《全国地方船舶检验计费规定》,该规定对船体的审查设计、安装检验及轮船安装检验标准作了具体规定。1993年4月5日,国家物价局《关于调整船舶和船用产品检验收费标准的通知》,批准颁布国家船舶检验局1993年《船舶检验计费规定》和《船用产品检验计算规定》,7月1日起在全省实行。其中规定交通部直属船舶检验机构、地方船舶检验机构实施的对中国籍的船舶法定检验,不再分设直属和地方费规,一律按新费规执行;明确规定计收审图费,船舶检验计费引入船龄系数,即船舶构造、轮机、电器装置、轮机自动化的营运检验费均要各乘以船龄系数,按产品造价的百分比计算。1993年,黄冈航政费征收入库31.3万元;1994年完成41万元,为计划的168.72%。

1998年1月1日起,船舶检验费各项收费标准降低10%。各地严格发证手续和收费标准,坚持"谁检验谁发证谁收费",确保船舶检验费征收管理到位。

2002—2003年,湖北省航运局针对部分企业、船主偷漏规费现象,加大专业水运企业征收力度,各基层站点对未缴纳规费船舶,办理签证时严格补查,防止航政费流失。

五、水路客、货运附加费

1992年3月,湖北省交通厅、省财政厅、省物价局联合发文(鄂交财〔1992〕043号)开征水路运输客、货附加费。水路运输客运附加费(简称"客运附加费"),费率为每人公里2厘,同年9月1日开始征收。1993年,湖北省人民政府以鄂政发〔1993〕9号文件《湖北省航道养护费征收和使用管理实施细则》颁布实施,湖北省交通厅、省航务管理局对各地区货物运输附加费征收计划实行"收支挂钩,比例安排,欠收抵扣"的奖惩办法的实施,水上交通建设"投入产出大包干"责任目标,以合同形式在省、地、县(市)三级航务管理部门之间展开。1995年,根据《湖北省旅客运价规则》和《关于调整水路客运票价通知》精神,客运附加费收集标准由原来的每人公里2厘改为按航线基价等级票价的9%计征。

1992年,湖北省交通厅、省财政厅、省物价局颁发《湖北省水陆货物运输附加费征收和使用管理办法》,于1992年3月15日开征水路货物运输附加费(简称"水路货附费"),征收标准为每吨公里4厘。对于难以核实货物周转量的船舶和从事非营业性运输的单位和个人,统一实行按载重吨位包干计征,机驳船、货轮4元,驳船等非机动船3~5元;外地船舶在本地区境内港口承运货物按本省规定征收;只跨越本地的过境船舶免收。黄冈地区水路货物运输附加费当年开征即实征费额达到124万元,次年1993年实征费额达到357万元,实征率为83%。

1995年,根据《湖北省旅客运价规则》和《关于调整湖北省水路运输客运票价的通知》,客运附加费由原来的每人公里0.002元改为按航线基价、等级票价的9%计征。当年由于货源不足等原因,全省货运附加费征收未完成计划。1997年,长江干线停征货运附加费。

1998年6月,停止征收客运附加费,10日,国家宣布取消湖北省水路货运附加费。

表6-4-3-1汇总了2001—2015年黄冈市水运规费征收情况表。

2001—2015年黄冈市水运规费征收情况表(单位:万元)　　　　　表6-4-3-1

年份(年)	水路运输管理费	航道养护费	港 务 费	航 政 费	合 　计
2001	353.99	483.99	1093.39	63.23	1994.5
2002	324.63	507.28	1071.63	91.42	1994.96
2003	252.37	459.98	1102.07	69.13	1883.55
2004	304.55	501.12	1305.95	73.2	2184.82
2005	340.51	537.94	2421.52	70.22	3370.19
2006	258.7	743.87	1373.9	56.34	2432.81
2007	278.71	829.26	1054.34	46.61	2208.92
2008	423.04	828.91	1212.46	46.4	2510.81
2009			1855.71	98.65	1954.36
2010			1642.5	143.13	1785.63
2011			2027.68	99.6	2127.28
2012			2142.89	78.81	2221.7
2013			2305.04	126.72	2431.76
2014			2142.93	254.48	2397.41
2015			1882.41	211.82	2094.23

注:2009年1月1日起国家实施成品油价税费改革,取消水路运输管理费和航道养护费。2015年10月1日起湖北省取消或暂停全部水运规费。客、货附加费在20世纪90年代后期已不再征收。其他年份数据不齐全。

第七篇　交通科技与教育

科技创新是转变交通运输发展方式的必然要求,是实现可持续发展的内在需要,更是引领交通科学发展的支撑保障。纵观黄冈交通发展的历程,就是科技创新持续不断的过程。

20世纪50年代初,交通科技的重点是工具改革。实行"四改两消灭"(改良牛拉车、马车、板车和土车,消灭肩挑、背驮),开展运输车子化运动和装卸工具改革,组织技术较好的铁匠、木匠进行车子化改造,改木轮为胶轮,安装滚珠轴承等,逐步改变肩挑、背驮的落后运输方式。1958年,黄冈各港口搬运站开展"技术革新"和"技术革命",推行"四化一消灭",即装卸起重吊车化、上坡链板缆车化、平地运输车子化、下坡溜具化,消灭肩挑背扛。20世纪60年代,围绕公路水毁防治、养护机具革新、松散保护层路面的铺筑,进行了大胆尝试、革新。在全区大办公路桥梁运动中,围绕新技术、新工艺,大胆进行了钢筋混凝土、钻孔灌注桩、沉井、少筋微弯板、空心板、悬砌拱、双曲拱等方面的研究,取得了丰硕的成果,在全区乃至全省推广。

20世纪70年代,通过一系列的工具革新和机动车拼装改造、更新,各类运输工具基本实现了机械化和电气化。1975年,黄冈地区的阳逻、鄂城、兰溪、蕲州、黄州、小池先后被列为全省第一、第二批港口装卸机械化会战重点港口。公路养护部门将拖拉机改装成洒水车,将普通汽车改自动卸车,不仅节约了经费,而且提高了工程效率。

党的十一届三中全会以后,全区交通科技工作在中央关于"经济建设必须依靠科学技术,科技工作必须面向经济建议"的方针指引下,交通系统的科技工作有了很大的发展。太阳能,远红外线加热沥青技术运用到公路建养中;推广应用渣油路面底层铺设石灰结构;引进旧渣油(沥青)路面再生利用技术,引进和发展了钢筋混凝土刚架拱桥。交通工业方面,相继研制出JT662A型公路客车、零担运输车、拖拉机三面自卸车、链斗式机动挖砂船、120立方米开底驳船。运输方面中引进零担和滚装运输等先进运输方式,利用武穴市轮船公司500吨级浮坞船作为过渡跳板,将重达163.8吨的大型超重变压器承接上船,并自行上岸,安全、经济、及时地将变压器运到工地,开创国内超重设备运输又一种运输方式。

进入21世纪,在公路工程设计、施工、检测评定、管理等方面的技术含量不断提高,工程质量逐年稳步提升。先后建成黄黄、杭瑞等7条高速公路,在长江黄冈段建成7座跨江大桥。在水路和公路运输中,积极推广新技术、新工艺,大力引进、开发、推动运输设备、搬运装卸设备、机具的标准化建设,适应物流服务、联合运输、集装箱运输的需要。计算机技术广泛运用于交通建设管理。大力推进交通信息化进程,推广使用全球定位系统(GPS)等各种先进技术和设备,加强对车辆调度技术的研究。实现了联网售票、异地售票,管理信息化、网络化。

中华人民共和国成立以来,各级交通部门十分重视交通职工教育与培养。20世纪50年代,在交通职工中开展"扫除文盲"教育。20世纪80年代,交通职工教育再次兴起。一方面坚持"业余为主、短期为主、自学为主"和"学历教育与岗位培训、脱产与半脱产、理论与技能操作"相结合的教学原则,开展初中文化和初等技术"双补"教育、工人中级技术培训和管理人员职务培训、技术干部知识更新、补缺教育以及职工职业道德和法制教育。同时按政策规定引进大中专毕业生和各类人才;有计划对在职职工进行各类岗位培训,实现重要岗位持证上岗;另一方面建立交通人才培训基地,以黄冈交通学校为依托,开办大中专学历教育;国家和交通部门出台多种优惠奖励政策,鼓励职工接受再教育。黄冈的麻城市、罗田县、英山县、蕲春县、红安县被列入国家级贫困县,在教育扶贫资金上给予重点扶持,充分利用交通教育扶贫政策,提高贫困地区交通职工队伍素质,为贫困地区交通事业的发展培训更多的交通专业适用人才。

第一章 交通科技

第一节 科技成果

一、公路工程技术

1955年5月,黄冈专署交通科召开首次全区公路科技干部会。20世纪50—60年代,全区公路系统科技工作者,围绕公路水毁防治、养护机具革新、松散保护层路面的铺筑,进行了大胆尝试、革新,并取得显著成就。特别是在全区大办公路桥梁运动中,围绕新技术、新工艺,大胆进行了钢筋混凝土、钻孔灌注桩、沉井、少筋微弯板、空心板、悬砌拱、双曲拱等方面的研究。在柳子港桥施工时,改变了过去沉井加T梁的老办法,基础工程采用钻孔灌注桩。在遇到岩层无法钻进时,改用板凳式桥墩方案。在桥面设计结构上,采用空心板,既节约钢材、木材,又减少安装难度。在李集大桥基础钻孔施工时,将内簧锥刀口由原来两口改为正反两口,上下两节改为整节,半节轴心改为一通到底,加快了工程进度。在改建岱家山大桥时,首次采用蒸汽打桩机打桩和插入式振捣器振捣混凝土,均获得成功。

20世纪70年代初,油路铺筑质量差、病害多是公路路面建设的老大难问题。1975年,黄冈公路总段组织专门技术人员在柳界线、广济路段试验石灰尘土底层结构获得成功,在全区推广。随后,在麻骨灰土、水泥灰土稳定砂基层、半刚性基层等课题的研究和试验上取得成功,在全区推广,从而淘汰了原始的嵌锁型结构。在各种研究项目中,河沙基层的试验研究项目,获地区科技成果奖。在研究试验路面结构的同时,对黄冈地区的公路路用材料进行研究试验,为因地制宜,就地取材,广开料源,降低成本,提高质量起到积极作用。70年代和80年代初,渣油、沥青以及水泥混凝土路面的铺筑和危桥的改造大面积铺开,总段和各县市公路段结合自己的实际,先后开展了路面结构、太阳能油池、远红外线加热沥青、阳离乳化沥青以及旧桥加固等方面的研究、试验和推广应用。1977年,黄梅县利用砂基层做油路基层结构,具有就地取材、成本低、质量高、水稳性好的优点,其经验推广到中南五省;罗田的麻骨砂灰基层,渣油掺烤胶,英山渣油掺纸浆废液等试验都取得一定成果;蕲春县修建2孔净跨6米,矢跨比1/20的混凝土箱形坦拱桥,3孔净跨10米,矢跨比1/25钢筋混凝土箱形坦拱桥,为在浅河床低路堤的地方修建拱桥,节约钢材做出示范。此期间,还狠抓公路机械革新,推行一机多用。1979年,将一台东-20拖拉机改装成翻斗自卸和洒水车,改装10台手扶拖拉机成自卸车;1980年革新62台件;1981年又改装手扶拖拉机等共116台件。

1981年1月,地区公路总段设立了科研室,这是黄冈公路系统首次设立的专业科研机构,当时有6名工程技术人员,拥有科研设备79台(件)。随后,各县市公路段相继建立了试验室。1982年2月,公路总段召开了全区公路系统科技人员大会,当年完成湖北省公路管理局下达的太阳能远红外线综合装置渣油池3套和其他革新项目64台件。1983年,开展旧油层路面再生利用试验。武全线和试验路被省公路局评为良好工程。

"七五"期间,公路总段建立了"土工""油料""石料""力学""水泥"试验室,使路面常规试验得以加强。为适应公路的发展,公路总段将科研设计室实行一门两牌,建立了湖北省黄冈地区公路工程质量检测中心,下设办公室、检测室、材料试验室,从而初步形成了以总段科研设计室为中心,以各县市公路段试验室为网络的科研体系,拥有100T、60T万能材料试验机、超声仪、水泥软炼试验仪、锯石磨石机、沥青延伸仪、针入度仪、马歇尔试验仪、经纬仪、测距仪、水平仪等各种科研仪器设备,总值达60万元。从总段到各县市公路段基本做到试验与科研相结合。进行了阳离子乳化沥青的试验、橡胶沥青刮面、沥青稀浆封层等新技术、新材料、新工艺的引进、试验和研究,成功地研究试验了太阳能油池、红外线加热沥青、旧路油层回收再利用等项目,其中:沥青旧路面回收再利用项目,获省科技进步二等奖。在桥梁方面,开展了双绞平板拱桥的施工和旧桥加固等课题的试验研究,其中旧桥加固项目获省科技进步二等奖。在养护机具技术革新方面,进行了拖斗三面自卸和手扶拖斗自卸等技术革新,并应用于生产。

　　进入"八五"期后,全区公路系统在总结"七五"期间公路养建管的基础上,做出了"科技兴路"决策,并于1992年5月召开了全区公路系统科技工作座谈会,明确了"科技兴路"是全区公路发展的必由之路的指导思想,总段和各县市公路段相继成立了科技兴路领导小组,从而把黄冈地区科技兴路推向一个新层次。1992年,在资金紧缺的情况下,总段千方百计挤出资金13万余元用于添置科研仪器设备。完成了武昌油站导热油加热系统研制和火车罐装沥青快卸研制。该项技术在火车罐车的加温方式上突破了传统的柴油燃烧器加温方法,以推广的导热油锅炉为热源,不仅功率大,加温快,热效率高,同时以煤代油,价格便宜,在减轻工人劳动,减少环境污染等方面也有很好的效果。此期间,公路总段与武汉工业大学联合开展了"公路土壤固化剂的研制与应用";1992年,协同湖北省公路管理局科研所和长沙交通学院在106国道麻城路段进行半刚性基层沥青路面典型结构的试验研究,并获得成功。该课题研究紧密结合湖北省气候、水文、地质等自然条件等实际情况,通过柔性路面的野外调查、测试、室内试验和试验路铺筑,提出了黄冈地区性半刚性基层沥青路面的设计方法和步骤以及设计参数的取值;以弹性层状体系理论为依据,提出了适合湖北省的半刚性基层沥青路面的容许回弹弯沉计算公式;解决了公路建设路面设计阶段的一系列技术问题,使路面设计工作大为简化,既加快了设计速度,又提高了设计质量。1994年6月,经湖北省交通厅组织鉴定,该项目研究成果属国内领先,并获省科技进步三等奖,成为湖北省交通科研成果推广项目。

　　"九五"期间,随着高速公路的建设,公路的设计施工水平进一步提高。在公路养护方面,推广"高等级公路养护技术研究""缩短半刚性基层养生期的应用""沥青加热技术""油路和水泥混凝土路面综合养护车";在公路管理决策方面开始推广"计算机网络信息管理系统"。全区公路系统推广应用路面管理系统(CPMS)和桥梁管理系统(CBMS)。

　　进入21世纪,在公路工程设计、施工、检测评定、管理等方面的技术含量不断提高,工程质量逐年稳步提升。先后建成黄黄、杭瑞等7条高速公路,在长江黄冈段建成7座跨江大桥。江北一级公路建设实施创优行动计划,采取大面积抛石清淤、手摆片石、回填砂、铺设土工布、打塑料插板、浇灌粉喷桩相结合的处理方案,保证软基路段施工质量。鄂黄长江大桥建设推进科技创新,在枯水季节完成水下部分,标高达到25米,在长江建桥史上创新纪录;投资155万元建起两个电控中心和中心试验室,开展了PC斜拉桥支点牵索式全液压工具式挂篮等19科研项目,10个技术攻关课题研究,得到交通部的充分肯定。2006年,在106国道建设中首创打裂压稳新技术;《水泥混凝土路面再生利用》在吉林会议上做了交流,其论文在西部科技杂志上发表;与长安大学合作开展《湖北省典型路面结构研究》;"十五"期间,《105国道湖北段混凝土路面再生利用施工技术》《转体施工桥梁的有限元结构验算及优化》被认定为湖北省重大科学技术成果。

　　"十二五"期间,公路信息化管理全面推进。路政信息管理系统全面启用,治超远程监控系统覆盖率100%;全市公路OA系统完成启用;在宋长线使用路面基层材料再生技术和大粒径沥青碎石柔性基层技术;在下蕲线和省道大巴线沥青路面维修中,推广使用《橡胶沥青同步碎石封层+稀浆封层技术》;在全市大中修工程中加大橡胶沥青的使用量;由市公路学会撰写的两篇论文《橡胶沥青同步封层技术》《全力打造生态路,打造低碳交通工程》被省公路学会收录;在麻城麻新线、胜麻线上应用大粒径沥青碎石封层技术;对不同大修路段分别采取大粒径沥青碎石基层、橡胶沥青同步碎石封层、基层冷再生、水泥路面碎石化等多项养护新技术。黄黄高速公路管理处开展"高速公路沥青路面半刚性基层预防性补强关键技术研究",黄黄高速公路水泥混凝土路面改建工程全部采用SMA结构罩面,沥青路面加铺上、中、下三个面层,全部采用改性沥青,成为湖北省高速公路建设上的一大创新。

二、公路科研项目

(一) 刘河大桥钻井技术革新

1966年5月,刘河大桥在一个桥墩的钻井施工中,由于地质复杂,鹅卵石多,导致火箭锥与钻杆脱节而掉入井下,如不取出,直接影响施工的进行。在场负责操作机械的技术人员傅良栋,通过精心设计,以猴子活动行为为原理,设计出"猴子扒树":即用直径40毫米元钢制成钩状、两边牙子,配以两套绞车,用合适的钢丝绳挂在钩上,逆转绞车、放入井下,当钩子接触到井下的火箭锥时,再顺转绞车,将火箭锥拉出。继而以容量适度的陶器罐装上炸药,配以雷管放入井下,电力引爆,继续下钻。扒树"和井下爆破工艺,获得成功,保证了钻井工程的继续施工。交通部为推广这一技术革新,曾组织中南五省交通厅的有关负责人及工程技术人员,在刘河大桥工地进行了观摩。

(二) 钢筋混凝土平坦拱桥

蕲春"三下"线张塝小杨树段(40+360)处,原系漫永路面,一遇山洪,交通中断。1976年,在此兴建桥梁。由于地势低,修片石拱桥高度不够;修钢筋混凝土板桥,钢材紧缺。面对这一情况,县公路段技术员(1982年晋升为工程师)胡平生,借鉴外地的新式桥型,结合当地实际,经过反复研究并亲自设计、绘图、组织施工,于1977年10月,建成一座长55米,4孔钢筋混凝土平坦拱桥,比钢筋混凝土板桥节省钢材65%,保证了车辆畅通。此种桥型在黄冈地区是第一座。

(三) 太阳能自动跟踪加热沥青(渣油)装置

1981年,黄冈地区公路总段开始研制太阳能自动跟踪加热沥青(渣油)装置,1982年3月完成总体设计方案,同年4月开始进行小型试验,陆续建造了3个小型太阳能灶,并进行自动跟踪模拟试验,7月下旬系统研制工程全部竣工。该装置由温度沥青池、柱装抛物面自动跟踪集热器、电热化油锅组成。油室沥青池完成预热过程(一级加热),当温度升至60℃左右时,沥青呈半流体状态进入柱状抛物面自动跟踪集热器内再次升温(二级加热),出口油量可升至120℃左右,最后流入电化油锅内升温脱水,当油

公路路面机械化施工作业

温升至160℃左右时,水质脱尽,即打开阀门放出沥青,供工程使用。沥青在该装置内加热全过程均在自流情况下完成,节省中转时间。1982年10月12日,由湖北省公路管理局组织、湖北省公路学会筑路机械委员会主持,邀请湖北省太阳能研究会有关专家赴黄柏山现场对该装置进行为期2天实测:在气温28℃、风速2米/秒,太阳辐射强度360千卡/平方米·小时条件下,沥青在集热器内停留22分钟,油温由52℃上升至110℃;太阳辐射强度减弱至90千卡/平方米·小时、风速为1米/秒时,油温仍可由54℃上升至84℃。1983年9月,湖北省交通厅在鄂城主持召开技术鉴定会。与会专家再次赴黄柏山进行现场测试,

确认该装置达到设计要求,具有明显经济效益。铺三级公路路面,以每公里用油 25 吨计,沥青或渣油加温需用木柴 25 吨或煤 12 吨,每吨耗资约 71.26 元,用该装置每吨沥青加热耗电 36~60 度,每吨沥青加热成本为 16.39 元。

(四)推广应用公路路面管理系统(CPMS)

公路路面管理系统(CPMS)是一个复杂的决策系统,涉及道路工程、工程经济、系统工程及计算机技术。它是公路养护工程师评价路网现状、分析路况性能、预测养护资金需求及优化分配养护资金的辅助决策工具。通过 CPMS 的开发及成功应用,能改变公路传统管理方式,促进实现公路养护现代化、科学化管理,使公路养护资金得到优化利用,发挥最佳社会效益。1996 年 4 月,交通部、国家经贸委联合在黄山举行了全国 CPMS 推广工作一期验收和二期推广布置会。在这次会议上,湖北省被纳入第二期第二批推广省份。根据交通部推广工作组计划安排,湖北省公路管理局制订了湖北省 CMPS 推广工作计划,并上报交通部科技司获得批准。1996—1997 年,湖北省成立了 CPMS 推广工作领导小组和工作组,湖北省公路局下发《关于在全省开展推广应用路面管理系统(CPMS)的通知》,落实工作计划、推广人员、设备、资金等。湖北省公路管理局从科研、养路费中安排部分资金,其余资金由各地市自筹或自行安排。根据"组织落实、技术培训、地市试点、经验交流、全面推广、总结验收"工作方针,湖北省选定试点单位,并组织全省各地市技术骨干力量参加交通部 CPMS 推广工作组理论培训。1997 年 4—5 月,黄冈市公路总段按省公路局要求完成县市级培训工作任务,主要培训县(市)级数据采集工作人员。6 月份以后,全面开展推广工作。1997 年推广里程为 210 公里。至 2000 年末,黄冈公路局在全市普及推广 CBMS(公路桥梁管理系统)和 CPMS(公路路面管理系统)。

(五)推广应用公路桥梁管理系统(CBMS)

公路桥梁管理系统(CBMS)是交通部公路所"七五"期开发的科技成果;该项目吸收了国内外先进的公路桥梁管理经验,是集桥梁静态动态、文档和评价等数据库,以及图形处理、模糊数学和 AHP 综合评价、费用分析及旧桥加固对策、人工智能为一体的桥梁综合管理系统。CBMSV 4.0 系统中采用 ORAACLE 关系数据库为其数据管理系统,采用 C 语言为系统主语言,开发中采用结构化设计原理,运用代码设计,图像压缩、多媒体处理等技术,研究形成包括系统编码标准、采集方法、配套的软硬件、评价理论等整套的应用技术。湖北省公路局从 1995 年开始在全省推广。黄冈公路总段按要求完成全省国、省道干线公路上桥梁数据的采集,推广覆盖面达 100%,数据准确率达 97%。

(六)公路土壤固化剂的研制与应用

1992 年 6 月,黄冈地区公路总段启动对《公路土壤固化剂的研制与应用》课题研究,在充分全面调查考察论证基础上,正式形成该课题方案报地区交通局,地区交通局上报省交通厅,经 9 月 13 日湖北省交通厅行业联合科技攻关理事会审议通过,准予立项。9 月 15 日,在湖北省交通厅、省公路管理局及地区交通局领导的支持下,又与武汉工业大学就联合开展课题签订了协议。黄冈地区公路总段以黄总〔1993〕科字 75 号"关于开展《公路土壤固化剂的研制与应用》课题经费的请示报告",课题总概算经费为 30.3 万元(其中 1993 年为 12 万元;1994 年为 4 万元;1995 年为 5.5 万元;1996 年为 8.8 万元)。地区交通局同意总段从 1989 年养路费超收分成结转资金中列支该项课题经费 7 万元,其他经费由总段向省公路管理局请示支持。

(七)粉煤灰在公路工程上的综合利用

1996—1999 年,湖北省黄黄高速公路建设指挥部在黄黄高速公路建设中开展此项课题研究。该课题紧密结合公路工程实际,根据粉煤灰容重小,能与水泥和石灰发生物理和化学反应等特性,广泛地研究了粉煤灰用于水泥路面面层、沥青路面基层、路堤和桥涵台背处理的可行性及其对公路各结构层的影响,经过课题组大量的试验研究,取得了比较理想的成果。

在水泥路面滑模摊铺混凝土中掺入12%的粉煤灰后,不仅成功地解决了水泥路面滑模摊铺施工时易出现的塌边溜角的难题,而且可以显著提高路面使用寿命,达到国内领先水平,混凝土28天抗弯拉强度达到6.27兆帕,磨耗损失每平方米0.42公斤与不掺粉煤灰的混凝土相比,抗弯拉强度提高10.6%,磨耗损失减少31.6%。

研究了二灰碎石的配合比及物理力学性能,据此优选出作为沥青路面基层的最佳配合比及集料级配,具有较高的强度和弹性模量、较小的收缩应变,与水泥稳定结构相比,可以延长沥青路面的使用寿命,减少沥青路面反射裂缝,总结了施工工艺和质量控制手段,达到国内领先水平。

创造性地用石灰粉煤灰和水泥石灰煤灰两种混合料填筑桥涵台背,一方面使台背路堤形成一个整体,在80%的密实度时就具有足够的强度承受上部荷载,同时可以降低路堤对地基的压力;另一方面易于碾压密实,用TY-14型振动压路机碾压一遍,或用15千瓦平板振捣器振压30秒,就可以使密实度达到85%以上。用此方法来处理桥头跳车,取得了理想的效果。据查新检索文件,当期国内尚未见用此方法处理桥头跳车通病的报道。

探索了用粉煤灰填筑软基段路堤并与超载预压相结合的新方法处理公路软基沉降的可行性,总结了这种方法的适用范围和施工工艺。实践证明用此方法处理软基沉降可以提高路基稳定性,减少路基沉降,与打塑料插板和袋装砂井的软基处理方法相比,减少工后深降73毫米。这种方法处理软基沉降在国内尚属首次。

黄黄公路建设指挥部紧密结合工程实际开展该课题的研究,并及时将研究成果应用于工程实践中,取得良好的经济效益。黄黄高速公路累计使用Ⅱ级以上精灰2.4万多吨,湿排灰12万多吨,节约工程投资460余万元。公路各层结构使用粉煤灰后,延长了公路使用寿命,提高了使用品质,节约了公路和车辆的维修养护费用。同时大量使用了粉煤灰,开拓了综合利用粉煤灰的新渠道,节约了电厂增加粉煤灰库容的费用和环境保护费用。该课题的研究不仅有较好的经济效益,而且有良好的社会效益,对于充分利用废旧资源和环境保护都具有重要意义。该成果总体水平处于国内领先,获2000年湖北省政府科技进步三等奖。

(八)九江长江公铁两用桥先进技术

九江长江公铁两用桥是铁路京九线和公路干线105国道上的重要桥梁。始建于1973年年底。1994年年底全桥基本建成。在九江大桥长达20年的建设工期中,大桥局充分发挥了"设计、科研、施工、制造"四位一体的企业优势,采用先进的建桥技术;创造了10多项全国第一,获国家奖励多项。

铁路桥全长7675米,钢梁跨径长达216米,是中国跨径最大的铁路、公路两用桥,也是中国最大的一座全栓焊桥梁;钢梁材料采用15锰钒氮高强度钢、56毫米厚板焊接,高强厚板居中国之首;钢梁连接采用大直径27毫米高强度螺栓,预张力30吨,第一次用于铁路桥上,为中国之最;钢梁安装采用双层吊索塔全伸臂安装跨度180米钢梁,为中国首创,具有国际先进水平;跨度216米带加劲腿桁梁跨中合龙及三大柔性拱合龙,在国内均是第一次;基础结构采用双壁钢围堰钻孔基础,为中国首创,1981年荣获国家级优秀设计奖;个别地质复杂、软弱地层的浮式箱形基础,在国内首次采用;基础施工采用泥浆套和空气幕下沉沉井50米,为中国桥梁之最,并首次用于水中基础;引桥工程中,铁路40米跨径三段式无碴无枕预应力箱梁在中国首次采用;特制箱梁架桥机吊重300吨,为中国之最。1997年,京九线九江长江

九江长江公铁两用桥施工

大桥建桥新技术获铁道部部级科技进步奖特等奖。其主要完成单位有大桥局、铁道部科研院和山海关桥梁厂。

（九）鄂黄长江公路大桥科技创新

鄂黄长江公路大桥主跨居同类型桥梁世界第三、亚洲第二，技术复杂、施工难度大，勘察设计、监理、监控、施工等单位依靠科技创新解决了种种难题。全桥开发科技创新成果23项，运用新技术、新工艺、新材料、新设备36项，发表科研论文60多篇，两个QC小组荣获"全国工程建设优秀质量管理小组"称号，创造了多项国内第一：第一次使用"三向定位船施工工艺"，搭设了长江桥梁施工中最大的钢平台；第一次使用大型钢套箱和有底钢吊箱散拼与钻孔桩同步作业工艺，平均每5天施沉1节钢围堰，有效缩短了工期；第一次在公路桥梁施工中，使用最新的DJ50-160型步履式单导梁架桥机，架设50米T梁；第一次使用"8米前支点牵索式全液压工具式挂篮"工艺，进行主梁悬浇施工。鄂黄大桥是全省第一座、全国第二座使用国家专利产品斜拉索减振装置的桥梁；是全省第二座使用塑料波纹管和真空压浆技术的桥梁。

工程建设前期课题研究：在项目工可及初设阶段，业主委托相关单位做了多项研究，其中包括：桥址区地震安全性评价、桥址河段河工模型试验水文分析计算、桥梁单墩冲刷模型试验、环保评估、通航标准论证、运用GPS全球定位系统设立了大桥首级测量控制网、国家防灾试验室对大桥进行了节段模型风洞试验、283丝斜拉索200万次疲劳试验等。

结合施工进行探索性分析：为摸清主塔锚固区受力状态和特性，进行了该区域三维光弹应力分析试验；对主塔的下中横梁与塔的交界部位和主梁控制断面进行了剪力滞后效应和局部应力分析。为摸清主塔锚固区小半径U形索张拉过程中孔道摩阻和钢绞线伸长情况，委托有关单位对主塔上塔柱环向预应力施工进行了1∶1节段模型试验。

鄂黄长江大桥建设施工现场

开展课题研究，组织技术攻关。为确保施工质量，针对鄂黄长江公路大桥自身特点，鄂黄长江大桥开发公司与施工单位联合成立课题攻关组，经湖北省交通厅立项的课题有：深水、大流速、浅覆盖层、岩溶地区大型桥梁基础施工工艺研究；深水大直径厚覆盖层玄武岩层钻孔灌注桩基础关键技术研究；PC斜拉桥前支点牵索式全液压工具式挂篮。其中，课题一获2003年湖北省科技进步三等奖；课题二获黄冈市科技进步一等奖；课题三获四川省政府科技进步三等奖、黄冈市科技进步三等奖。

在枯水季节完成水下部分，标高达到25米，创造长江建桥史上的新纪录；投资155万元，建成了电控中心，设立了多媒体平台，整个大桥科技含量较高。积极应用新技术、新设备、新材料、新工艺：桩基及主塔钢筋施工时，采用冷挤压连接和镦粗直螺纹连接技术；承台塔座，下塔肢实心段等大体积混凝土施工时采用了电子测量温控技术；购置了自动配料拌和的水上搅拌站、带布料杆的塔式起重机、进口的高压混凝土输送泵、50m-160T单导梁架桥机、大型龙门架、航工桩7号以及大型起重船；主塔锚固区预应力束采用U形束，配以塑料波纹管，为确保塔上预应力管道压浆质量，采用真空辅助压浆技术；在岩溶区大直径桩基础施工时采用护筒二次复打、大直径回转钻机全断面清水钻进一次成孔工艺；对主梁施工中的索力、标高和应力应变进行了全面控制；采用计算机控制的水上混凝土自动拌和站。

鄂黄长江公路大桥科技创新成果如下：桥址区地震安全性研究；桥址区河工模型研究；桥址区水文分析研究；桥梁单墩冲刷试验；建立高精度大桥首级施工控制网；主桥抗风性能试验与分析研究；安装HCA斜拉索抗风减振装置；主塔主梁剪力滞后效应和局部应力分析；主塔锚固区三维光弹应力分析试验；主6

号墩大流速、浅覆盖层、深水岩溶地区大直径钻孔灌注桩及承台施工技术;主5号墩深水、厚覆盖层、粉砂地区大直径钻孔灌注桩及套箱拼装施工技术;前支点牵索式、全液压工具式挂篮研究;主5号、主6号塔大体积混凝土温度裂缝控制;主桥施工监测和控制;全桥质量控制QC小组;钢筋等强直螺纹连接技术应用研究;主塔主梁高性能混凝土配合比优化设计与应用;主塔锚固区足尺节段模型试验;预应力孔道塑料波纹管及真空辅助压浆技术应用研究;全桥钻孔灌注桩成孔、成桩检测;项目法管理在鄂黄大桥的应用;大跨径PC斜拉桥桥面沥青铺装设计研究与施工控制;步履式单导梁架桥机的研究运用;283丝实型斜拉索试件疲劳性能试验及桥荷载试验。2000年,省交通厅第一次重点工程建设调度会在黄冈召开,推广了鄂黄长江公路大桥科技创新经验。

(十)深水、大流速、浅覆盖层、岩溶地区大型桥梁基础施工工艺研究

鄂黄长江公路大桥是106国道跨越长江的特大型桥梁,设计为双塔双索面PC斜拉桥,主桥为(55+200+480+200+55)米5跨连续桥,为同类型桥梁国内第二。基础为19根ϕ3000mm钻孔灌注桩,桩端入岩25~30米,水深27~35米,基础岩体从上至下依次为紫红色泥钙质岩,其充填的微裂隙呈网状发育,偶见溶洞,并有赤铁矿侵染。国内尚未有在这种大直径深水的岩溶地区钻孔桩施工的报道和资料,针对这些问题提出切实有效的解决办法。

成果内容:三向定位打桩、稳桩技术成果;在长江河道上,高架空式大型施工钢平台构筑技术成果;在灰岩、砂岩交错,岩溶裂隙发育的地层内,采用护筒跟进,清水钻进工艺施工3.0米直径大型钻孔桩成孔技术成果;采用底板散拼技术实现大型钢吊箱与其内钻孔灌注桩同步施工技术成果;大直径承台混凝土温控设计与监测成果。

效益效果及推广应用:该成果的实施,保证了鄂黄大桥在一个枯水期内将大桥6号主墩施工至黄海高程25米以上,6号主墩实际完成工期比原计划提前235天,从而为鄂黄长江公路大桥提前1年通车提供了有力保证,创造了巨大的经济效益。成果在特别复杂水文地质条件下,为特大型桥梁基桩施工提供了成功经验,也为某些特殊的深水建筑物提供了可借鉴的施工技术。在深水里构筑桩基承台,但在技术上或工期要求上难以采用常规方案时,该成果提供了成功的方案和成套的施工技术。获2003年湖北省政府科技进步三等奖;黄冈市科技进步一等奖。

(十一)PC斜拉桥前支点牵索式全液压工具式挂篮

2000—2001年,鄂黄长江公路大桥开发公司与施工单位四川路桥联合成立课题攻关组,开展PC斜拉桥前支点牵索式全液压工具式挂篮研究。直接利用本主梁的斜拉索受力以承受浇筑混凝土的重量;斜拉索在全部主梁形成前只张拉一次,挂梁行走及模板定位采用全液压控制。

主要研究内容:主梁混凝土悬浇时,采用调整拉索受力或预置水箱减载来控制主梁混凝土浇筑时挂篮的变位;设置剪力键抵抗挂篮产生的水平力;分体行走挂篮时保证稳定系数不小于2。

经济社会效益:液压控制挂篮行走和内外模装拆,每悬浇一节段可缩短工期一天;挂篮采用全封闭施工,可提高工作效率,保证施工安全,节约挂篮设计重量,钢量为浇筑梁段重量的38%~40%;直接经济效益可节约挂篮用钢110吨,节约成本132万元,缩短建设工期45天,节约资金近90万元。可作为一种常规工具,用于PC斜拉桥不同节段长度的悬浇施工。获四川省政府科技进步三等奖、黄冈市科技进步三等奖。

(十二)鄂东长江公路大桥科研项目

鄂东长江公路大桥是一座千米级超大跨径混合梁斜拉桥,于2006年8月开工建设,2010年建成通车,总投资近30亿元。工程规模大、技术含量高。大桥设计、施工面临着超大跨径混合梁斜拉桥钢混结合段等众多关键技术难度,也面临着建设世界级大型桥梁客观技术要求的严峻挑战。建设过程中,鄂东长江公路大桥有限公司组织开展了《钢混结合段安全、可靠性及耐久性能试验研究》等4项科技创新课题和《索塔锚固区施工工艺及足尺模型试验研究》等7项关键科研试验研究,攻克了大直径长嵌岩桩基施工等十大关键技术难题,形成了具有广泛通用意义的科研成果,为鄂东长江公路大桥建设提供了有力的技术支撑,参见表7-1-1-1~表7-1-1-3。

前期科研项目　　　　　　　　　　　　　　　　　　　　　　　　　　　　　表7-1-1-1

序号	项目名称	承担单位
1	桥梁通航净空尺度和技术要求论证研究	长江航道规划设计研究院
2	鄂东长江公路大桥河势及防洪影响分析	长江水利委员会水文局、武汉大学
3	鄂东长江公路大桥河工模型试验研究	长江水利委员会长江科学研究院
4	鄂东长江公路大桥工程场地地震安全性评价	武汉地震工程研究院
5	鄂东长江公路大桥工程场地土层地震反应分析	武汉地震工程研究院

实施阶段科技创新项目　　　　　　　　　　　　　　　　　　　　　　　　　表7-1-1-2

序号	项目名称	承担单位	备注
1	超大跨径混合梁斜拉桥钢混凝土结合段安全、可靠性及耐久性能试验研究	同济大学承担,中交二公局配合现场模型试验的加载等工作	2007年国家西部交通建设科技项目
2	超大跨径混合梁斜拉桥边跨PC宽箱梁耐久性能试验研究	武汉理工大学	交通部立项
3	超大跨径混合梁斜拉桥全寿命设计及全寿命周期成本分析研究	中交公路规划设计研究院	交通部西部课题立项
4	超大跨径混合梁斜拉桥结构安全综合管理系统研究及其在施工控制中的应用	西南交通大学	
5	主桥结构几何非线性分析研究	湖北省交通规划设计院	

实施阶段科研试验项目　　　　　　　　　　　　　　　　　　　　　　　　　表7-1-1-3

序号	项目名称	承担单位	备注
1	主桥基础桩基承载力试验研究	湖北省公路工程咨询监理中心和中铁大桥局股份有限公司	
2	桥址风速观测及风参数研究	武汉区域气候中心	湖北省交通运输厅立项
3	主桥结构抗风性能试验研究	同济大学、西南交通大学、湖南大学和长安大学共同承担	
4	超长斜拉索振动特性及减振措施研究	西南交通大学	
5	特大跨径斜拉桥结构稳定分析	西南交通大学	湖北省交通运输厅立项
6	斜拉索塔端锚固区足尺模型试验研究	中铁大桥局集团武汉桥梁科学研究院有限公司	湖北省交通运输厅立项
7	正交异性钢桥面铺装试验研究	重庆交通大学	

主要创新成果与应用如下:

全寿命设计理念研究　鄂东长江公路大桥首次将全寿命设计理念应用于大桥的设计和管理,研究制定了大桥结构可到达、可检查、可维修及可更换的设计方法和具体措施;研究编制了大桥耐久性设计方法及相应的养护手册;建立了大桥基本风险概率和风险损失模型,明确了风险转移的基本方法和策略,为完善我国桥梁设计理论和桥梁设计规范的修订提供了示范和指导。该项目于2008年获得中交股份科学技术进步特等奖。

宽幅混凝土箱梁综合防裂技术研究 鄂东长江公路大桥边跨PC宽箱梁宽达38米,建设者在设计中根据施工期和运营期的受力模式及其转换,完成了结构设计,并通过现场模型试验优化了预应力体系和普通钢筋的配置;在施工中采用了"支撑排架法",将临时墩桩基础嵌入弱风化基岩,确保"零沉降";提出了缓凝低水化热、低收缩、高耐久性的混凝土配合比和施工防裂工艺方案,通过宽幅混凝土箱梁综合防裂技术研究,制定了"鄂东长江公路大桥箱梁高性能混凝土及施工专用技术指南",有效指导了PC宽箱梁施工,经多次检测未发现结构性裂缝,有效解决了PC宽箱梁的防裂问题。该项目经鉴定达到国际先进水平,并被交通运输部列入2012年度国家交通运输建设科技成果推广项目。

混合梁斜拉桥钢混结合段结构构型研究 鄂东长江公路大桥首次采用了多格室传力构造,分散剪力连接器的结构形式,通过1∶1模型荷载试验和工艺试验,验证了传力构造的可靠性和工艺的可行性。并按应力相似和几何相似原理设计制作模型,测试钢混结合面滑移分布和钢混结合段混凝土内部应力分布。在工程实施过程中,有效解决了混凝土浇筑时格室混凝土密实难、易出现裂缝等技术难题。该项目获2011年度中国公路学会科学技术特等奖。

混合梁斜拉桥施工控制技术课题研究 边跨以应力线形为主,采取立模标高控制线形,中跨以线形为控制重点,采取全过程几何控制。同时确立了施工监控的数据作为健康检测的基础,真实地反映了结构在恒载作用下的结构构型和应力。主桥合拢后检测结果表明:主桥线形平顺、光滑,线形误差、主塔偏位、索力误差均满足和优于设计、监控要求。

与此同时,鄂东长江公路大桥还首次在索塔锚固区节段进行了竖向力传力机理的试验研究;探索性地在PC箱梁索梁锚固端开展除湿防腐系统的研究,这些工程技术成果的转化运用,不仅为鄂东长江公路大桥优质高效建成提供了有力的技术支撑,而且为我国斜拉桥向更大跨径发展积累了宝贵经验。

三、水运技术成果研究

(一)船用铁砂分享装置研究

湖北省航务管理局、黄冈地区航务管理局联合开展《船用铁砂分享装置研究》,该成果利用黄冈地区三水(浠水、巴河、蕲河)流域黄砂中含有大量的铁矿砂资源(铁矿砂含铁量为60%~70%)。研制出船用铁砂分离装置。该装置采用弱磁选矿原理,在磁场特性、磁系结构、分离浓度、皮带速度等方面的研究有重大突破。攻克了铁砂分离技术难题,填补了国内在挖砂船上进行铁砂分离的空白。其分离技术新颖、结构合理、操作简便,动力消耗少,达到国内领先水平。

该成果铁砂回收率达23%,每年可为国家回收铁矿砂30万吨,对综合开发、利用鄂东三水流域的黄砂、铁砂资源,促进该地区的经济发展具有很大的经济和社会效益。1995年荣获湖北省科技进步三等奖。

(二)船舶平面和小立体分段建造工艺

黄冈地区江北造船厂是地方中小型造船工业企业。1990年,推广采用船舶平面和小立体分段的建造工艺,实行专业化流水作业,以代理过去沿用的船舶整体建造方法。新工艺有利于作业面的扩展、劳动力的组织、劳动条件的改善和安全保障,提高了质量,缩短了船台周期,全员劳动生产率比过去提高了一倍。加强了采用新工艺的生产管理工作,改进和完善了生产计划体制,质量保证体系。使船厂在同行业中具备了相对的质量、价格优势,赢得用户的信任。

(三)湖北省推(拖)轮系列研究

课题为1990年湖北省交通厅下达的重点科技项目,由湖北省航务局、黄冈地区航务局共同承担,课题通过系统优化,提出"八五"期间适合湖北航运情况的推(拖)轮发展系列,指导船舶更新改造。

专家认为:《湖北省推(拖)轮系列研究》课题选题正确,研究方法、编制原则正确合理,收集资料深入广泛,所确定的系列档次符合实际,该课题作为地方推(拖)轮船舶的研究在国内尚属首次,研究成果处于国内先进水平。该系列研究所确定的各档次船型,覆盖面大、性能优良、技术先进,具有广泛的推广价值,能够为地方水运企业的船舶技术改造提供先进、优良、简优船型。课题组对系列确定的136千瓦、110千瓦两档现有的优良船型进行深化研究设计,为推广此两档船型作出较大贡献;该系列研究所提供的文档资料、图纸完整齐全。1993年,获湖北省交通厅科技进步三等奖。

(四)湖北省简优船型的推广

1997年,湖北省交通厅下达的跨年度科研成果推广项目,由湖北省航务局承担,黄冈及各地市航务局协作完成。推广项目针对湖北省船舶的技术现状,以《湖北省简优船型图册》(上、下册)为基本,发展全省优良船型,在全省全方位进行推广,加快全省船舶更新改造。1997年推广面达到全省更新改造船舶吨位的30%,以后每年按10%递增。截至2000年,全省共投入资金1.06亿元,按图册新建、改造船舶179艘,约5.02万吨位,完成省厅下达的"九五"计划期简优船型推广工作目标,使全省简优船型推广面基本上达到60%,全面提高了湖北省船舶整体技术水平。

(五)湖北省专用简优船型研究

2001年,湖北省交通厅下达的跨年度科研项目,由省港航局承担,黄冈及各地市港航局协作完成。课题的主要内容是针对湖北省水运实际情况,开展以下6种船舶系列的研究:集装箱多用途船、江海直达沥青运输船、散装水泥运输船、卤水运输船、环保型库区旅游船、其他专用运输船。

该课题于2003年12月22日通过湖北省交通厅的结题验收。专家认为:课题组推荐的5类10余艘专用船和库区旅游船,紧密结合湖北省特点,其船型优良,且经济效益好,有一定的代表性、先进性和实用性,适合在全省范围推广。课题组编辑成册的《湖北省专用简优船型图册》及技术方案方便省内水运企业和船厂建造专用船和特种运输船。

四、交通工业新技术

(一)港口装卸机械化

20世纪50年代中期。黄冈各港口装卸搬运作业推行车子化,改革装卸工具和操作方法。1957年,小池搬运站创造出短棍背元丝快速装卸法、深舱插板法,一系列滚油过磅法;鄂城搬运站创造运重大件平板滚龙千斤摇绞法、土平台装卸法;兰溪搬运站工人赵可法创造滑运重件法;樊口搬运站朱长生创造帆布滚龙运输机和木质起重机。1958年,黄冈各港口搬运站开展"技术革新"和"技术革命"(简称"双革")。10月,以兰溪搬运站为试点,初步实现"四化一消灭",即装卸起重吊车化、上坡链板缆车化、平地运输车子化、下坡溜具化,消灭肩挑背扛。1964年,黄冈专区交通局在蕲州召开沿江10港轮船站站长联席会议,围绕"多拉快卸"这一中心议题,要求工具的改革重点放在上下坡、进出舱、起重、装卸、堆码等环节上,从而把工具改革引向讲求实效方面。

1975年,湖北省根据全国港口会议精神,把装卸机械化列为港口会战项目之一,将黄冈地区的阳逻、鄂城、兰溪、蕲州、黄州、小池列为全省装卸机械化会战重点港口。小池搬运站制成翻斗车5台,各港口共投产13条机械化作业线,装卸机械化程度达40%~60%;运输机械化程度达50%~80%。

(二)铁木结合造船技术

1967年,因木材奇缺,为拓宽造船门路,广济县造船厂利用长江捞起的旧铁垫成条状,经电焊连接成肋骨及骨架;其余部分仍以木而为之,铁与木结构处均采用螺丝紧固,工艺与木质船舶相似。自此,船舶建造进入铁木结合时期。先后建有"轮渡1"号、"黄拖183"拖轮及机驳等船舶。

(三) 水泥船建造技术

1969年，由广济县建筑公司首次试制水泥船。随之，县造船厂、航运公司等单位相继批量建造水泥驳船、趸船。1970年下半年，广济县长江运输社在木材无供应渠道、船体严重失修，报废的大吨位船舶日益增多的情况下，响应上级关于"大造水泥船"的号召，委托县建筑公司兴建广济县第1艘水泥甲板驳（110吨）。1971—1978年，自建水泥甲板驳（包括委托外单位建造）12艘，1084载重吨。内湖新桥、新港运输社也先后委托县造船厂建造水泥机驳2艘，124载重吨，195马力。1977年，县造船厂为武汉分局建造了1艘时为湖北最大的水泥趸船（长65米，宽13米、深2.8米，甲板可堆货500吨），交付枝城港使用。1977—1980年，全县共新建水泥趸、驳船167艘，载货吨位达1540吨。具有可节约材料、造价低廉，与同吨位船相比，可节省钢材50%以上，木材80%，还节省桐、秀油与油漆；制造工期短，维修费用低；耐腐蚀性能好，用途广泛，除载一般货物外，还可运输腐蚀性较强的化工原料。在钢材、木材紧俏的前提水泥不愧为造船的好材料。水泥船舶的建造，在一定程度上改变了因缺木材而造成的船舶吨位日益减少的严重局面，为木质船过渡到钢质船起到了很大作用。

(四) 钢质船制造

1967年，广济县造船厂首次建造成功第一艘钢骨架、铁木结合的"武渡一"号。1968年，又试制第一艘钢质拖轮，定名"黄拖153"，后因钢材供应困难而中止。进入20世纪70年代，该厂锻压已掌握了锻造螺旋桨技术，最大锻桨可与120马力船舶主机匹配，销售于省内外。1970年开始精加工修理业务。1972年，开设锻造车间。可生产系缆桩、马口、导缆孔、锚舵机（及配件）、螺旋桨、减速器等精度较高的产品；并兼铸造铜、铝、锡、等铝合金零部件；加工最大铸造件重达1吨余。1976年，开始用剪板机下料。1977年，曾首创分段建造100吨钢质半落舱驳。1976年，国家钢材供应好转，全县出现大造钢质船舶的热潮。1977年5月，为迎接"长航"1000吨甲板驳鉴定会在广济县召开；县造船厂全员大会战，仅用一个月时间内，将长航武汉分局"大寨302"轮从放样摆墩、铺底到主结构全部安妥，创历史最好纪录，该轮长45米，宽8米、深2.8米，结构形式为钢质横骨架交替肋骨制；单底四层甲板式（主甲板以上还有三层建筑）；双桨双舵，载货300吨；主副柴油机各2台（2×124、2×24）共296马力，安有1.6吨米扭矩液压舵机及磁罗经、电动绞锚机、电子闪光器等；货舱及主甲板舱室各门和通风筒、孔口、舷窗等均为水密式。船底、外板缝都用气刨披鏨（空压机气压冲动钢鏨，此后，改用碳氢棒）。先开坡口后电焊，经X光透视拍片检查合格；甲板及上层建筑变形处，均经水火矫正光滑；轮机及其他机械设备由本厂加工，其轴系分为推力、中间、舵轴三截，经校线安装妥当；船员生活舱室设备良好，该轮自重150余吨，于1975年9月30日由两台电动卷扬机牵引下水。经"九江航政处"派员查验，制造及设备安装均合格，试航速度达18公里/小时，超过设计要求，九江航政处签发合格证书，于1979年4月30日交付使用。

(五) 建造江海客货轮

1991—1995年，武穴市造船厂积极响应"立足长江、走向海洋、开辟海上航线、实施跨国运输、发展海运事业"的发展目标。1991年3月，首次新建一艘总长46.15米，主机功率164千瓦，载货（散货）526吨，定名为"黄鹤6"号海轮。1993年，武穴轮船公司更名为武穴市轮船总公司后，与广东招商（蛇口）船舶有限公司合作，在公司所属武穴市造船厂，首次新建一艘总长73.87米，主机功率808千瓦，载货1800吨，88标准箱（集装箱）钢质多用途沿海货轮，总投资850万元，定名为"广济"号。该轮首航行驶沿海Ⅱ类海区，从事以深圳为主的港澳航线，船籍港深圳，船上22名海员均系公司海员外派。该轮的建成，揭开武穴造船历史新篇章。随后，公司与上海长洋航业有限公司合作，共同出资相继建造了2艘54标准箱海轮，总长64.76米，主机功率441千瓦，970载重吨，定名为"长洋1""长洋2"号轮。2002年2月由该厂自行设计,自行建造一艘总长76.6米,2500载重吨,122标准箱,取名为"振武"轮的钢质集散两用货轮,行驶上海至城陵矶固定航班。此外,武穴造船厂以修为主,应对长江挖砂工程船舶、运输船进江海轮、油轮等市场行情所需,先后承修过8000吨级的"霍丘918"号,5000吨级"庐山8号、宁泰号、国裕5号、华强海168号、武家嘴号、江夏号(系列5000~7300吨)、长亚2号"等江海轮和"宁清油8"号油轮及"兰鲸号、琴台2号、神鹤号"等大型豪华旅游客轮。2002年,被湖北省交通厅评定为"一级造船厂"。

(六)革新手扶拖拉机自卸装置

1981年,县公路段车队革新班张名芹,经过一年多时间的精心钻研,将全县道班的15台工农"195"12型手扶拖拉机进行了改良,全部安上了自卸装置。通过实践,原每卸一车料,需要2人卸5~8分钟,改革后不仅具有自卸能力,且在12公里的运距上,每台班的运输次数由12次提高到15次,每车承载量由0.875吨上升到1吨,而且确保了安全,减轻了工人的劳动强度。这一革新项目,为湖北省首创。

(七)长途客车试制

1987年,黄冈地区汽车修造厂开发的JT662C型长途客车试制成功,获得交通部颁发的"客车生产许可证"。1992年10月,黄冈地区经委以黄经科字〔1992〕170号文,对黄冈地区汽车修造厂下达了HQZ6970W型长途客车开发计划任务,地区交通局根据地区经委的要求又对该厂下达了《HQZ6970W型长途客车设计任务书》。明确了任务及开发期限,该厂接任务后,投入资金,组织技术力量经过3个月开发,于1993年元月试制出HQZ6970型卧铺客车样车,湖北省交通厅于1993年2月组织对该产品进行鉴定。

(八)A0100型公路厢式货车

根据湖北省交通厅鄂交技〔1987〕065号文《关于下达一九八七年交通科技重点项目计划、新技术推广重点项目和国家攻关项目研究组织工作的通知》,由地区交通局下达的"A0100型公路厢式货车设计任务书"的要求,黄冈地区汽车修造厂从1987年5月开始,组织力量进行A0100型公路厢式货车的设计和试制工作。到1988年底基本完成设计、样车的试制和检测等工作。根据交通部交科字395号,关于下达《交通部1990年公路客车新产品开发计划》的通知安排,1990年8月22日,黄冈地区交通局以黄地交〔1990〕102号文下达黄冈地区汽车修造厂研制HQK6970型公路客车的任务。要求湖北黄冈地区汽车修造厂用二汽BQ140SgA底盘进行改进设计,开发研制HQ36970新型公路客车。客车为5米轴距,在设计上考虑到车身与其他同类底盘(如EQ140SgB等)的适应性,在基本车型设计的同时,考虑到变型车,在设计上还考虑到662系列在用车的更新改造,充分沿用现有工艺、装备。以提高稳定性和舒适性,车身骨架采用异型钢管和压制件合理组合,方基调、小圆角外形,以提高车身的坚固性和经济性并体现时代感,满足运输市场需要。

(九)自浮式气门推杆专利

湖北省黄冈市红安供销社储运公司职工张长松研制的内燃机自浮式气门推杆,于1992年12月5日向国家专利局提出专利申请,申请号为ZL92244076X。国家专利局依照《中华人民共和国专利法》进行初步审查并予以公告,1993年9月26日,中华人民共和国专利局局长高卢麟签署第152637号实用新型专利证书,授予专利权,该专利属非职务发明。

该实用新型涉及的是内燃机自浮式气门推杆,特别是适用于各类顶置式气门结构的内燃机。内燃机配气结构的进排气门,正常工作时都留有一定的间隙,俗称气脚间隙。这是设计和正确装配调整所获得的。然而,这一间隙既不能太大又不能太小。太大了,气门开启和关闭时将造成很大的冲击,产生强烈的磨损和噪声,而且还减少了气门开启的时间,影响气缸充气。间隙太小了,气门又不能保证在任何情况下的可靠密封,将造成气门提前开启,降低了气缸的压缩压力,减少了发动机的输出功率,增加了油耗。以

492 型发动机为例,气门间隙处在气门脚与摇臂接触端,一般留有 0.23~0.25 毫米的间隙。以保证发动机温升后,气门与摇臂的热膨胀得到补偿,使气门彻底的落座而关闭。气门受气门弹簧的作用力很大,一般在几十公斤以上,所以气门推杆上行运动的力矩必须大于气门弹簧的压缩力矩,才能使摇臂顶开气门使之正常工作。由于发动机的转速快,摇臂与气门脚的接触工频高,且留有间隙,所以气门与摇臂之间的接触和分开转换实际上是一种冲击性碰触。尽管间隙很小,然而在大力矩高频的冲击下,气门脚处不可避免地发出强烈的噪声。而且由于此处的润滑条件不好,是靠飞溅的油雾来实现的,所以磨损严重。在实际维修中,因机件的磨损变形,塞尺也难以保证基准的间隙尺寸使之正常工作而不发响声,特别是在使用中的汽车,修理工人调整时往往是凭经验而不用塞尺测定。为了使气门脚不响,尽量将气门间隙调得小些。在实践中发现,小型载人汽车总是旨在牺牲一部分输出功率而使气门间隙调得稍小些,以求得发动机工作平静些,而载货汽车总要求气门间隙稍大一点,需要气门脚不太响并获得较大的输出功率。另外,虽液力挺柱结构可以从根本上消除气门间隙,减少冲击和噪声,工作性能良好,但结构复杂,加工精度和成本高,润滑系统的负担重,而且提高了对润滑油的质量尤其是滤清的要求。所以,一般只使用在少量的高级轿车上。

该实用新型的目的就是针对上述传统气门传动机构的缺点,而设计的一种新型的自浮式气门推杆,实现无间隙传动,消除一般推杆不可避免的冲击和噪声,减少磨损,同时保证了发动机良好的工作,获得最大输出功率。其优点是:自浮式推杆由于其自浮的作用,彻底消除气门间隙,实现了无间隙的气门传动,消除了气门组件及传动机构不可避免的冲击和噪声,有效防止了机件的磨损,同时保证了发动机最佳工况,获得最大输出功率。该专利降低油耗,设计简单,制作容易,取材方便,适合各类顶置式气门内燃机的推杆应用。

(十)发动机无润滑自动保护器专利

湖北省黄冈市红安县供销合作社联合社汽车队职工张长松设计 HHV-I 型发动机无润滑自动保护器,于 1989 年 8 月 17 日向国家专利局提出专利申请,申请号为:89208686.6,国家专利局依照《中华人民共和国专利法》进行初步审查并予以公告,1990 年 8 月 22 日,中华人民共和国专利局长高卢麟签署第 46258 号实用新型专利证书,授予专利权,该专利属非职务发明。

该实用新型涉及一种发动机无润滑自动保护器。自有汽车以来,对发动机的机油压力的监视,通常是靠驾驶员的眼睛去观察驾驶台前所设置的种类繁多的指示仪表来完成,由于驾驶员在行车途中,思想高度集中,尤其是在路途险峻、交通拥挤和赶路等紧张情况下,其注意力更是集中在汽车行驶的前方,无法顾及指示仪表,加上这些指示仪表的可靠性及精确度不是很高,又易损坏,常造成失灵或误报。实践证明,车辆发动机发生故障时,95%的车辆指示仪表是完好的。可见这些指示仪表对发动机只能起消积提示作用,而不能做到绝对安全的保护。

该实用新型的目的是针对以上传统的指示仪表的缺点,设计出一种无须驾驶员再用眼睛观察而能使发动机在无润滑的情况下自动熄火的保护器,其优点是:构造小巧简单、取材容易、安装简便、可靠性强、不易损坏;通用性强,汽车、拖拉机及其他内燃发动机都能装用;发动机装上本保护器,驾驶员无须全神贯注用眼睛去观察那些指示仪表,保证发动机安全行驶,减少交通事故。

(十一)湖北安菱汽车公司变截面钢板弹簧技改项目

黄冈交通局直属湖北安菱汽车公司(原为湖北省黄冈地区汽车修造厂)是地处湖北省麻城市的全民所有制交通工业企业,系交通部中通机械集团和中国汽车钢板弹簧行业协会成员单位,交通部定点汽车板簧生产厂。其中 NJ130 后钢板弹簧于 1986 年、1991 年连续两次获湖北省优质产品,EQ140 后钢板弹簧于 1991 年获湖北省优质产品证书,产品销往全国除西藏、台湾外的 29 个省、自治区、直辖市的 400 多家客户。

"九五"期间,湖北安菱汽车公司为适应我国汽车工业飞速发展的形势,满足市场对汽车板簧产品日益增多的需要,拟以开发变截面汽车钢板弹簧产品为发展方向,并争取扩大与中轻及轿车配套,特别是能与湖北省"百万辆"汽车产业配套的汽车变截面板弹簧技改项目。项目主要内容是:购置关键轧机及配套设备,对现有板簧生产线进行改造和扩建形成系列钢板弹簧4500吨的生产能力,其中新增变截面钢板弹簧1500吨。项目总投资3000万元,其中地方自筹(含企业自筹)900万元,申请工行贷款2100万元(其中申请国家专项贷款1600万元),含外汇110万美元。项目建成投产后,新增产值2250万元,新增利税1250万元。地区交通局于1994年1月31日在黄州主持召开了湖北安菱汽车公司变截面钢板弹簧技改项目可行性论证会,与会的省、地各位专家及代表一致认为:湖北安菱汽车公司开发变截面钢板弹簧,对增强企业在市场上的竞争力,促进企业今后的发展,提高经济效益是非常必要的,该技改项目投资合理,市场前景好,是可行的。1994年2月1日,黄冈地区行政公署经济委员会黄经技改〔1994〕18号文件《关于湖北安菱汽车公司新增变截面钢板弹簧生产线项目可行性研究报告的批复》。同意该公司在现有生产钢板弹簧的基础上新增变截面钢板弹簧生产线项目,形成系统钢板弹簧500吨的生产能力,其中新增变截面弹簧1500吨,项目总投资950万元,项目建成投产后,可新增销售收入2100万元,利润500万元,税收108万元。1996年,黄冈市交通局筹资180万元,银行贷款1450万元,落实国家专项计划贷款1450万元。

(十二)异型胶管项目

1994年12月,黄梅县汽车配件公司与国家科委投资中心达成联合开发异型胶管项目协议。项目总投资1016万元,年产异型胶管500万米,创产值8000万元,项目报国家科委申请"火炬"计划,并获预付项目定金300万元。1995年完成一期厂房建设,开始简易生产。1996年完成产值62万元。

第二节　信息化建设

一、交通信息网络工程

20世纪80年代以来,湖北省交通通信采用微波、短波(单边带)和超短波(甚高频)三种通信手段布局。短波通信以湖北省交通厅为中心,联通各地市州交通局和厅直属各业务主管部门。超短波通信以湖北省交通厅和各地市州交通局为中心,与交通公务车车载电台和县(市)交通局、乡镇交管站对讲手机联网。1989年,建成湖北省交通厅通信中心短波基地台黄冈分台。湖北省交通厅和地市州交通局采用异频全双工通信,地区和县市交通局间采用异频半双工通信,配备基地台、车台和手机。

2003年,湖北省交通厅立项建设黄冈等6市交通信息网络工程,至年底黄冈完成交通主管部门计算机局域网建设。2004年4月17日,湖北省交通厅邀请有关专家组成验收组,在黄冈市召开了"黄冈市交通信息网络工程"验收会。验收组认为:黄冈市交通局信息网络工程采用国际主流网络技术和设备,系统配置合理,网络综合能力达到设计方案提出的主要技术指标要求;布线系统标准规范,检测合格;系统功能齐全。包括内部信息共享、与省交通厅及黄冈市政府网络互联、信息发布、内部电子邮局等功能。尤其是通过网络流转的模式,实现网站信息发布和审核,填补了市、州交通局网站建设的空白。质量优良,同意验收。

2004年,黄冈市交通局以黄交〔2004〕89号文件印发《黄冈交通网站建设管理暂行规定》。交通网站建设的主要目标:宣传交通、服务社会、公开政务、开发资源、信息共享。主要栏目有:交通概况、组织机构、政策法规、行业管理、精神文明、招商引资、领导讲话、政务公告、交通新闻、信息摘要、重点工程、机关在线、滚动新闻、为你服务、相关网站、交通图片、留言簿等。

"十一五"期间,通过整合高速公路建设、运营、道路运输、路政、重点水域等视频监控系统,努力实现全市交通监控系统建设的全覆盖。2010年10月,黄黄高速公路监控图像接入全省高速公路监控系统;全市交通办公自动化系统进一步完善,交通公共服务水平有了新的提高。

"十二五"期间,加速推进信息化重大工程建设。全国高速公路信息通信系统联网工程在黄冈高速公路正常运行。电子政务建设水平不断提升,2015年,黄冈推进交通行政许可网上审批工作;仅麻城全年受理各类道路运输申请658件,依法办结631件,换发客货、维修道路运输证件538套。利用BDS监控平台的科技手段辅助管理,实现运政工作路面、平台一体化模式。同期开通"12328"交通运输服务监督电话、"黄冈交通"官方微信开通,实时提供便民信息查询,24小时受理咨询和服务投诉。全市高速公路ETC专用通道实现全覆盖并与全国联网。

二、公路信息化建设

20世纪80年代后期,黄冈公路信息化建设开始起步,使用湖北省公路局科研所配置的长城0520型微机,结合科研和生产实际编制适用的程序。至1990年末,全省公路部门推广普及PC-1500型袖珍计算机,黄冈地区公路总段建立微机室,配备长城-0520型微机投入使用。

1992年,湖北省公路管理局科研所开发"公路筑养路机械微机管理系统",将计算机系统技术和管理技术相结合,用微机进行筑养路机械管理方面的账务和有关数据处

高速公路信息化建设

理,满足现行公路筑养路机械管理工作多种需要。1994年,湖北省公路局科研所开发"湖北省公路局计算机网络信息系统"。从1995年开始,湖北省公路局在全省广泛推广运用CBMS、CPMS等科研成果,这些先进的微机管理系统先后在黄冈公路部门推广应用。

2003年,湖北省交通高速公路联网收费软件系统经过一年多的试运行,其安全性与稳定性增强。2004年,黄黄高速公路实现联网收费。2012年,黄黄高速公路车智能化交通建设上大胆尝试,在全省高速公路系统率先建设应急预警管控系统,率先启动信息管理监控中心建设,加强与气象部门合作,在高速公路建设气象站。2012年12月4日,黄黄高速公路气象站完成设备调试,成功传回第一条自动站数据,这是湖北首套专业为高速公路服务的交通气象站,信息化高速公路雏形初现。

2014年,黄黄管理处信息监控中心正式建成并投入使用,成为鄂东高速信息综合管理的大"心脏"。黄黄管理处依托智能会议系统,管理处会议费、应急成本以20%的比例逐年降低。

三、道路运输管理和公路规费征稽部门信息化建设

黄冈公路规费征稽部门信息化建设起步早、发展快,微机软、硬件更新换代快。1989年2月28日至3月3日,省征稽局在武汉召开微机征费系统规范化审定会后,黄冈地区征稽处立即组织相关人员进行了研究,制定出《微机管理办法》;当年,省公路养路费征收稽查局为黄冈地区、麻城、黄冈、浠水4个地县征稽局配备了微机,运用省交通科研所与省公路养路费征收稽查局共同研制的湖北省公路养路费征收微机管理系统,提高实征率3.4个百分点。同年6月,黄冈地区无线电管理委员会批复同意,黄冈、黄梅、麻城公路养路费稽查站配置IC-28A无线电话机各二部,配置C-150型无线对讲机3部。同年11月,省征稽局对黄冈征稽处配发微机4台。20世纪90年代前后,微机在公路养路费征收管理中得到广泛应用。1990年2月20日至3月12日,黄冈地区征稽人员参加省征稽局举办的"全省征稽系统微机培训班"。主

要课程是学习征费专用微机软件《养路费征收微机系统》,同时学习微机基本知识及微机硬件等设备安装与维护。1993年4月,地区征稽处首次开办全区微机操作员、费收主管人员参加的微机培训班,为微机在公路规费征稽工作中的运用做好准备。1994年6月,黄冈地区9个征稽所微机全部配备到位,黄冈公路规费征稽正式步入微机时代。

1990年,黄冈地区道路运输管理处购进一台286电脑,用于办公。1994年10月,英山县汽车站从武汉华工大求实科技发展公司购买微机一套专门订制候车室单色LED显示屏大屏幕,面积为1.5平方米,能显示大小不同、字体不同的广告信息,大屏幕另配有小屏显示,小屏幕能显示售票站及乘车时间等相关信息,大屏幕广告屏与小屏幕汽车站信息屏由两个软件工作平台操作控制,安装有386工作台5台,486服务器1台,联网安装系统1套,价值4万元,配有打印机4台,VPS1台,英山县汽车客运站实行微机售票利用电子显示屏服务旅客在黄冈市是第一家。

2001年10月,黄州区运管所在Internet上注册开通了黄州运政网,同时获得中国精选的权威认证。2002年7月16日,市运管处局域网建设工程顺利通过省交通厅科研所技术小组的测试,标志着全省第一家处级局域网建成,市运管处局域网共布设信息点26个,安装联网计算机10台。

2003年,湖北省运管局征稽广域网,开发"湖北省公路规费征稽信息系统""湖北省道路运政管理系统"并与各地市州联网。黄冈市运管处配备了3台新浪国强财务软件和先进的微机设备,建立了会计电算化软、硬件工作平台。7月9日,湖北省交通厅道路运输管理局鄂运管财〔2003〕160号文件,同意黄冈市运管处用计算机代替手工会计核算,同意不再用手工记账(甩账)。

2004年,黄冈市运管处、所,全面实行道路运政管理信息化,主要功能包括:经营业户的管理、营运车辆的管理、客运线路的审批和管理、运管费征收和运管费票据的管理、运政执法管理以及笔记本稽查等。驾培IC卡计时管理系统开始试点使用。

2005年,罗田万利达个体民营车站购买组装富士康计算机2台,主要用于售票服务功能,是黄冈市第一个实行计算机售票的民营车站。这一年,全市按运政管理信息系统序列号设置管理信息,运管所设置的项目为:经营许可证、道路运输证、县内线路牌等序列号信息。运管处设置的项目为:各运管所的跨县、跨市、跨省线路牌等序列号项目信息,黄冈市运管处定义跨县线路审批流程,各运管所定义县内线路审批流程。2005年8月,省运管局举办全省运政稽查骨干参加的"道路运政管理信息系统"培训班,请专业技术人员讲解和演示,为运政管理信息系统(2.0版本)操作做好准备。至2005年年底,市运管处有计算机20台,各县市运管所有计算机40台,客运站共有微机售票计算机40台,信息覆盖面形成网络,实现了机关办公自动化,提高了运作效率,节约了成本,达到了内部信息资源共享和内部公文流转协同处理。

2006年,黄冈市76台从事危险品运输的车辆全部安装GPS全球卫星定位系统。2015年,危货车辆教练车动态监控信号与公共平台成功对接,安装车载终端,利用道路车辆卫星定位系统对营运车辆进行有效监督。

水上搜救应急中心设计图

四、港航信息化建设

进入21世纪,黄冈港航海事部门按湖北省港航海事系统要求,开展"港航电子政务项目"的开发应用,根据"统筹规划、分步实施、应用主导、务求实效、互联互通、资源共享、功能完善、安全可靠"的原则,省港航海事局于2004年开始研发"湖北水路交通规费征稽管理信息网络系统"。该系统以船舶管理为核心,以船舶网上行政审批和公众服务为纽带,以港航企业、船舶、船员、港口、航道、政策法规等 9 大数据库为基础,重点规范管理业务和工作流程,严格征收政策和征收标准,整合信息资源,建设费收基础数据库,构建网络平台,建立征费票据管理,规范收费行为,加强规费征稽,严厉打击偷逃规费行为,堵塞管理漏洞,营造良好发展环境,确保水路交通规费及时足额征收入库,提高规费实征率,实现水路规费征稽科学化、信息化、规范化。2013 年,完成湖北省水上搜救应急系统二期工程建设,建设覆盖全省水上安全业务相关信息系统和资源,建立起全省各级水上机构统一、规范、高效的信息化业务平台,建成"一个数据中心、两级搜救平台、三大应用系统"为主要内容的水上搜救应急管理系统,实现对全省海巡艇和运政艇调度指挥,实现对重点航道、水域、码头以及运输船舶监测监控,构成监管手段多样化、应急反应快速化、海事管理信息化的应急体系。2015 年,黄冈市开展水上专项检查 108 次,通过手机平台,向渡口、渡船发布天气预警信息 1300 多条。

五、技术监督

(一)罗田县汽车综合性能检测站

1997 年 12 月 15 日 35 个检测参数批准通过计量认证,认证号为(97)量认(鄂)字(P1215)号,C 级站。技术领导人陈继锋。

(二)黄冈市汽车综合性能检测站

1997 年 12 月 15 日 35 个检测参数批准通过计量认证,认证号为(97)量认(鄂)字(P1216)号,C 级站。技术领导人张再甫。

(三)蕲春县汽车综合性能检测站

2001 年 3 月 26 日 33 个检测参数批准通过计量认证,认证号为(2001)量认(鄂)字(P1453)号,有效期至 2006 年 3 月 25 日。

(四)武穴市汽车综合性能检测站

2001 年 3 月 26 日 29 个检测参数批准通过计量认证,认证号为(2000)量认(鄂)字(P1454)号,有效期至 2006 年 3 月 25 日。

(五)黄冈市公路工程检测站

1994 年 7 月 5 日 12 个检测参数批准通过计量认证,认证号为(94)量认(鄂)字(P0815)号,C 级站。技术领导人谭干成。1999 年 10 月,湖北省交通厅组织考核验收组对黄冈市公路工程试验检测站乙级资质进行检查与评审,验收组认为黄冈市公路工程试验检测站组织机构、人员配备不合理、主要仪器设备不齐全,试验及办公条件、环境不理想,要求进行整改。根据省验收组要求,黄冈市公路局投入资金 30 万元,更新了万能压力机、沥青延度仪,添置了 WE2000 型压力机、沥青混合料拌和机、混凝土切片机、养护自动控制仪、RSM-24FD 浮点工程动测仪,落实了试验室,改善了工作条件。黄冈市交通局以黄交计〔2000〕107 号文件报请省交通厅对其乙级资质进行复验。2001 年 12 月 13 日,80 个检测参数批准通过计量认证,认证号为〔2001〕量认(鄂)字(P08155)通过计量认证复核换证。

(六)黄梅县公路工程检测

1998 年 11 月 23 日 1 个检测项目 75 个检测参数批准通过计量认证,认证号为(98)量认(鄂)字(P1285)号,C 级站。技术领导人李关键。2013 年 5 月 28 日,15 个检测项目 97 个参数批准通过计量认证,认证号为 2013170874P,负责人欧阳晓华,有效期至 2016 年 5 月 27 日。

(七)浠水县公路工程检测

2003 年 5 月 15 日 53 个检测参数批准通过计量认证,认证号为〔2003〕量认(鄂)字(P1567)号,有效期至2008年5月4日。

(八)黄冈市公路规划勘测设计院质量检测中心

2013年12月20日,14个检测项目125个参数批准通过计量认证,认证号为2013171736P,负责人汤贵喜,有效期至2016年12月29日。

六、交通环境保护

交通建设和交通运输具有较强的社会性和开放性。环境保护一直是国家环境保护工作的重要组成部分。1997年年底,黄冈交通局派员参加由湖北省交通厅组织的交通环保培训班,经考核合格,取得交通部和武汉市交通科技大学颁发的环保进修结业证书。1998年,黄冈市交通局在省交通厅交通环保小组组织的全省交通污染源调查考评中,获60.9分。

交通环保(生态绿化)及建筑节能工程

在1999年"六五"世界环保日活动中,黄冈交通系统利用电视台、贴宣传画、举行环保知识竞赛等多种形式开展环境保护宣传活动,增加广大职工的环保意识和社会对交通环保的理解。长江沿线治理白色污染初见成效。2010年,黄冈营运车船单位能耗下降4%,营运汽车尾气排放总量减少30%。

经交通运输部(交规划发〔2011〕363号)和湖北省交通运输厅(鄂交建〔2011〕)361号批复,黄黄高速二里湖服务区清洁能源和水资源循环利用改造工程列为交通环保试点工程,工程总投资约370万元。项目主要实施内容包括:根据环保要求,在二里湖服务区南区和北区分别修建2座污水生态式处理站,用于处理服务区内餐厅、维修间、加油站以及厕所等污水,回用水主要用于服务区绿化浇灌、卫生间及车辆冲洗等。建筑节能按照《建筑节能工程施工质量验收规范》(GB 50411—2007)划分,包括墙体节能工程、门窗节能工程、屋面节能工程、空调与采暖系统冷热源及管网节能工程、配电与照明节能工程、监测与控制节能工程等。2012年4月29日,省交通运输厅印发《关于开展2012年湖北环保世纪行活动的通知》,在全省交通系统组织开展以"保护农村环境,共建绿色家园"为主题的环保世纪行活动。根据省交通运输厅安排,黄冈交通系统积极组织,结合交通实际,开展农村公路、农村地区港口与航道、客货运站、交通物流设施等项目建设环境评价实施工作,创建生态、文明农村交通建设新局面。

黄黄管理处坚持"四个倡导",即倡导绿色办公、保护环境从我做起;倡导低碳行业,结合工作节能减排;倡导环保课堂,提升意识崇尚自然;倡导绿色消费,在全处掀起绿色环保热潮。

2012年,大力推广天然气在运输行业中使用,黄冈LNG加注站开通营运,黄冈东方集团客运公司19台客运车辆使用LNG。在全国道路客运行业开展节能减排达标竞赛中,黄冈市东方运输集团有限公司获全国道路客运行业开展节能减排达标竞赛先进企业;黄冈市东方运输集团有限公司黄州—武昌专线获全国道路客运行业开展节能减排达标竞赛先进班组称号(中国海员建设工会全国委员会、交通运输部海建工字〔2012〕80号)。2015年,围绕交通转型发展,构建绿色生态优先发展,将生态环保工作贯穿到交通发展全方位。倾力打造大别山红色旅游公路;全面推进"车船路港"低碳交通运输专项活动。大力推动船型标准化工作,对符合船舶生活污水防污改造要求的船舶组织申报。仅黄州区全年申报生活污水处理装置船舶35艘,申请国家补助140万元;全年通过"两化"平台注册规模以上企业18家,标准化排查423次,登记销号468个。

第二章 职工教育

第一节 人才培养

一、职称评定

职称评审工作是选拔培养专业技术人才的一种有效途径,搞好职称评审申报工作,有利于优化人才结构、发挥专业技术人员工作积极性。改革开放以后,职称评定工作恢复。1982年,熊春阳、胡平生获工程师职称;会计、经济、社科类技术职称评定相继开展。

1984年4月,黄冈地区公路总段为蔡呈雄、袁希炎等13人申报了经济系列企业管理和劳动工资专业技术职务。同年黄冈江北造船厂根据湖北省经委《关于在企业实行专业技术职务聘任制度的实施办法(试行)》和省职改办制定的《实行专业技术职务聘任制度的工作规范(试行)》等文件精神,组织力量认真抓了按需设岗的工作。通过对全厂专业技术人员的摸底、统计、分析,结合该厂现状及近期内事业发展的需要,制定了专业技术职务岗位设置方案。整个技术专业系列高中初级职务岗位共设岗45个,占全部职务岗位数的50%。同时,根据各项经济管理工作的需要,对另两大系列的岗位设置数也给予了充分的考虑,使技术专业、经营管理、财会统计三大系列的职务岗位设置数比例为3:2:1。1988年4月22日,黄冈地区职称改革工作领导小组、黄冈地区工程经济专业职称改革工作领导小组给各单位下达了高中级职务限额指标,由各单位职称改革工作领导小组负责统筹安排使用。1989年,根据省、地职称改革工作领导小组的统一部署和省交通厅鄂交职改字〔1987〕16、28号文件中的任职条件,经地区交通工程系列初级技术职称评委会认真评审,湖北省黄冈地区行政公署交通局黄地交〔1989〕60号文确认库春生等160位同志具备工程系列初级技术职务任职资格。1989年,湖北省黄冈地区行政公署交通局黄地交〔1989〕62号文确认工程、会计、统计、经济四个系列各层次人员技术职称任职资格。经地区企业工程系列高级职务评审委员会评审,地区人事局黄人职〔1989〕5号文件通过黄国雄、邵广文、宋国瑞、冯莲香等同志高级工程师的任职资格,经地区会计专业中级职务评审委员会评审,地区人事局黄人职〔1989〕8号文件通过张华植等10人具备会计师资格;经局会计系列初级技术职称评委会经过认真考核、评审,确认地区汽运公司程金花等86位同志初级会计技术职称任职资格。至1989年年底,黄冈地区交通直属各单位各系列各层次专业技术职务人员统计见表7-2-1-1~表7-2-1-3。

各单位各系列各层次专业技术职务人员统计表 表7-2-1-1

系列层次 单位	工程				会计				统计				经济				档案		卫生		
	计	高	中	助	员	计	中	助	员	计	中	助	员	计	中	助	员	计	助	计	中	助	员
汽运公司	43	1	8	19	15	73	3	38	32	27	3	13	11	126	90	71	45			5	2	2	1
船厂	48	2	5	21	20	7	2	1	4	4		3	1	29	4	20	5	1	1	3			3
杂修	16		4	3	9	5	2		3	4		1		21	2	9	10	1		1		1	1

续上表

系列层次\单位	工程				会计				统计				经济				档案			卫生		
	计	高	中	助	员	计	中	助	员	计	中	助	员	计	中	助	员	计	助	计	中	助	员
轮渡						2	1	1						1		1							
物贸公司														2		2							
总段	44		10	27	7	15	2	7	6	3	1	1	1	25	2	16	7	3	3	1		1	
航务局	14	2	4	5	3	2			2	3		1	2	15	4	5	8		3				
征稽处						3	1		2	1			1	6	2		4						
公管局	4		1	2	1	4		1	3	2			2	8	1		7						
交通学校	2				2									2	1		1						
合计	171	5	32	79	55	111	12	50	49	44	5	21	18	235	26	135	74	5	5	11	3	3	5

专业技术职务各系列各层次人员统计表 表7-2-1-2

系列\层次	工程	会计	统计	经济	档案	卫生
高级	5					
中级	32	12	5	26		3
助级	79	50	21	135	5	3
员级	55	49	18	74		5
合计	171	111	44	235	5	11

专业技术职务人员文化结构统计表 表7-2-1-3

系列层次\学历	工程					会计				统计				经济				档案		卫生			
	计	高	中	助	员	计	中	助	员	计	中	助	员	计	中	助	员	计	助	计	中	助	员
本科	14	5	8	1										1	1					1	1		
专科	23		14	8	1	7	1	5	1	5	3	2		50	11	30	9	1	1	1			1
中考	97		10	49	38	16	3	8	5	9	1	5	3	33	7	22	4	1	1	6	1	3	2
高中或中技	17			5	12	62	4	27	31	22		9	13	70	4	35	31	2	2	2			1
初中及以下	20			16	4	26	4	10	12	8	1	5	2	81	4	48	30	1	2				
合计	171	5	32	79	55	111	12	50	49	44	5	21	18	235	26	135	74	5	5	11	3	3	5

1991年,湖北交通系统职称改革工作转入经常化。经报请省职改办批准,湖北省交通厅组织了路桥、港航专业高级职务评委会及路桥、港航、经济、机械、中专、技校等五个专业中级职务评委会。

湖北省黄冈地区行政公署交通局黄地交〔1992〕57号文成立黄冈地区交通行业土木工程初级技术职称评审委员会,由地区交通局副局长、党组副书记刘召泰任主任委员;地区公路总段副书记、工程师王遂涛,地区航务局工程科长、工程师刘一洪任副主任委员。黄地交〔1992〕58号成立黄冈地区交通行业机械工程初级技术职称评审委员会。政工系列由省、地企业思想政治工作人员专业职务评定工作领导小组分层负责。经省企业思想政治工作人员专业职务高级评审委员会〔1992〕55号文件评审,省企业政工职评领导小组审核,地区汽运公司王道胜同志获得高级政工师任职资格。经地区企业思想政治工作人员专业职务评审委员会评审,杨正平等18位同志具备政工师任职资格。

2000年1月5日,黄冈市交通局党组黄交党〔2000〕8号文件下发《关于进一步加强职称评审申报管理工作的意见》,要求交通各单位加强对职称评审申报工作的领导,做到领导重视、程序规范、原则性强、透明度高、公开、公正、公平。交通局成立职称评审申报领导小组,由操尚银任组长,刘召泰任副组长,杜光荣、刘新华、高华强、张明清、李起辉为成员,领导小组下设办公室,负责处理日常事务,由万继平兼任办公室主任。要求申报晋升专业技术职务的专业技术人员,必须符合规定学历,资历和其他条件;对工作业绩突出的,且符合晋升条件的业务骨干,可破格晋升相应资格。市交通局每年将职称指标分配到局直单位,由各单位民主推荐审核申报;凡不符合条件,不按民主推荐、干部职工有意见的,一律不予申报。为了帮助交通职工申报职称,黄冈交通局委托黄冈交通学校举办计算机及应用初级培训班,培训局直各企事业单位具有初级以上专业技术职务和中专以上学历的专业技术人员和管理人员,学习结业考试合格由市人事局颁发统一的培训合格证,考试成绩作为职称(资格)评审的必备参考条件。

2000年,经湖北省交通厅鄂交基〔2000〕085号文件批准,黄冈市王明初、侯建新、吕寿安、夏启鳌、骆祖文、柯平飞、褚新华、刘泽宽、雷绍森、张绪学、吴启中、毛金梅、李关键、黄少林、汪先锋、赵继实计16人获湖北省第一批省专业监理工程师任职资格。经湖北省职称改革工作领导小组办公室鄂职改办〔2000〕38号文件批准,黄冈市彭世新、夏新建、张端荣获湖北省路桥港航专业高级工程师任职资格。经湖北省机械专业高级职务评审委员会评审,黄冈交通系统佘建民、徐建国、李宪章3人具备高级工程师职务任职资格。经湖北省经济贸易、劳动工资专业高级职务评审委员会评审通过,黄冈市交通局闫国和获高级经济师职务任职资格。

二、普法教育

为贯彻党中央提出的"依法治国"的基本方略,1985年以来,连续开展六次"五年规划"普法教育。普法教育的主要内容是深入学习宣传宪法,加强社会主义法治理念教育。为提高交通职工特别是各级领导干部和公务员的宪法意识,在交通职工中开展以"学法律、讲权利、讲义务、讲责任"为主要内容的公民法制宣传教育,强化权利义务相一致的观念,促进公民依法行使权利、履行义务,形成遵守法律、崇尚法律、依法办事的社会风尚。

"二五"普法期间,交通法制工作认真贯彻落实国务院《关于加强政府法制工作的决定》和省人民政府《关于加强政府法制工作的通知》。黄冈交通局派员参加了省交通厅组织的全省法制工作座谈会、法制培训班。1991年,黄冈全区举办交通法制学习班、培训班16期,参加学习人数达800余人。1991年,蕲春交通系统建立健全11个普法领导小组,购买教材3200册,上普法课20余场次,培训人员达3400多人次,在年底全县组织的"二五"普法考试中,参考率90%,及格率100%。1994年,全省交通系统"二五"普法转入考核验收阶段,黄冈交通局按要求完成交通专业法制考试考核工作,参考率达95%,合格率达88%。

1996年,是"三五"普法的第一年,黄冈市交通局以〔1996〕162号文件印发《关于在全市交通系统开展法制宣传教育的第三个五年规划》,明确三五普法的指导思想与目标、普法对象、普法内容和要求、实施方法与步骤、组织领导和保障措施。当年,全市交通系统举办法制培训班25期,全市交通系统参加培训人员1050人。重点学习行政诉讼法、行政处罚法、国家赔偿法、行政复议条例,提高交通行政执法队伍水平。1998年,全系统举办行政执法人员培训38期,培训人员2486人。1998年组织了3次较大规模的交通法律法规考试,4890人次参加了测试、考试,仅就学习"一法两例"就举办了8期培训班。

"四五"普法的重点是学习《行政许可法》《宪法修正案》《道路运输条例》等法律规章。交通部门大力开展宣传活动,组织执法培训班,树立宪法意识,依法行政意识和服务意识,交通的法制环境进一步改善,交通行政执法水平进一步提高。

2006年是"五五"普法的第一年,黄冈交通局派人参加湖北省交通厅组织的交通行政执法人员培训班,湖北省委党校、省高级人民法院、省法制办、省交通厅的专家和领导就行政许可法、行政诉讼法、行政复议法、依法行政实施纲要、交通法律法规基本知识等内容做了专题讲座,进一步提高了执法人员依法行政意识,提高了执法水平。

2011年,湖北省交通厅召开全省交通系统"五五"普法依法治理总结表彰、"六五"普法依法治理暨深入法治交通建设推进会,印发了《全省交通运输系统"六五"普法依法治理规划》。黄冈交通运输局按湖北省交通运输厅统一部署,以《公路法》《道路交通安全法》《公路安全保护条例》《湖北省高速公路管理条例》等与交通运输行业密切相关的法律法规为主要内容,持续开展"法律六进"法制宣传月等主题教育活动。2015年年底,湖北省交通厅组织对黄冈交通系统"六五"普法工作进行了检查验收。

三、岗位培训

(一)交通局局长培训

根据交通部《关于加强全国交通厅(局)长岗位培训的意见》,从1989年至1999年,湖北省交通厅共举办了13期地市县交通局局长培训。黄冈交通局按省厅要求派员参加培训。培训班开设有《马克思主义基础》《行政学概论》《运输经济学》《公路工程管理》《现代思想方法概论》《交通规费管理》6门必修课和《国内外交通概况》《经济技术学》《经济法概论》《应用文写作概论》《交通运输管理》《交通基础设施建设》《交通调研与决策》等8门专题讲座课。

1998年6月2日至7月3日,举办第11期地、县交通局局长岗位培训班,要求年龄在55岁以下,未参加前10期培训或新到任的地(市、州)、县(市)交通局正副局长(含专职正、副书记)参加,分配黄冈参训名额5人。黄梅县交通局副局长董泽国、武穴市交通局纪检书记杨永刚参加了本期培训。1999年5月5日至6月18日,1999年10月17日至11月26日在湖北省交通学校开办的两期是20世纪最后的两期交通局局长培训,为历届培训班参训交通局局长最多的两次。培训班采用"授课、研讨、实地考察"三结合的方式进行。学员经过各门功课的考试,全部获交通局局长《岗位培训证书》。

(二)交通行政执法人员岗位培训

1990年,黄冈地区运管处举办运政管理人员在岗培训,参训19人;学习内容为政策、法规和行业管理。随后,各县市区相继举办培训,全系统运政人员均参加了岗位培训。1996年,贯彻交通部《行政复议条例》,开办交通法制培训班1期。1998年,交通部教育司教成字〔1998〕061号文件下发《关于加强交通行政执法人员岗位培训工作的几点意见》,要求2000年6月以前,完成培训,对没有按当年计划参加资格性岗位培训的执法人员,不得通过年审年验,2006年6月后仍未取得"岗位培训证书"的,吊销其交通行政执法证件,由其所在单位调离执法岗位。按照交通部统一部署,1998年,省交通厅决定用三年时间,对交通系统行政执法人员普遍进行一次任职资格岗位培训,开展正规化法制教育、职业道德教育和业务知识教育。培训对象是行政执法各个门类的执法人员。全省交通行政执法人员的培训采用"分级培训,分级管理"的模式进行。省运输管理局负责道路运政、公路规费两个门类的培训;省航务局负责水路运政、航道行政、安全监督、船舶检验四个门类的培训;省公路管理局、高速公路管理局各自负责本系统路政门类执法人员的培训。培训严格按照执法门类的教学计划进行,按教学大纲组织教学,实行半军事化管理。根据交通部科教职字〔2000〕344号文件《关于印发交通行政执法人员岗位培训工作检查验收办法的通知》,2000年8月,湖北省交通厅对黄冈交通行政执法人员培训工作进行了检查。市交通局提供书面自查报告,自查的重点是领导重视、机构健全、方案完善可行、计划落实程度及送培率、培训效果等,确保三年培训目标如期完成。至"十一五"期末全市交通行政执法人员全部达到大专以上文化程度的目标。

(三)段(所、站)长培训

1979年5月,交通部颁行《公路养路质量评定暂行办法》(简称部颁标准),统一好路率标准。全区公路系统在实施部颁标准的过程中,分别举办学习班,使道班班长和记录员初步掌握了部颁标准。先后有23名公路段领导参加省公路局、地区公路总段主办的技术培训班,提高了领导干部在公路养护上的指挥能力和业务水平,促进了部颁标准的落实和养护质量的提高。

1987年,省公路管理局下发《关于加强全省公路系统"七五"期间职工教育工作的意见》,同年,以鄂路教273号文件印发《关于职工教育管理的暂行办法的通知》,确定全省公路系统职教资金来源于三个渠道:从汽车和拖拉机养路费超收分成中各提取50%;各单位自行解决一部分;省公路管理局根据各地、市、州完成任务情况补助一部分。坚持"业余为主、短期为主、自学为主"和"学历教育与岗位培训、内增与外增、脱产与半脱产、理论与技能操作"相结合的教学原则,开展初中文化和初等技术"双补"教育、工人中级技术培训和管理人员职务培训、技术干部知识更新、补缺教育以及县公路段长以上领导干部培训、职工职业道德和法制教育。4月20日,省公路运输管理局举办运管干部培训班,黄冈地县运管局(所)派员参加了为期34天的培训,并取得结业证书。

1987年7月,道路交通体制改革,为了适应新形势需要,省征稽局举办全省所、处长培训班,武穴征稽所副所长陈耀贵参加培训并在结业考试中获第一名。随后黄冈征稽所委托陈耀贵编写教材并执教,将全区所有征稽干部分两期一个不漏轮训一遍。1991年4月22日—5月28日,10月15日—11月19日,省运管征稽局在湖北汽车学校主办第2期全省运管所长和第1期全省征稽所长岗位培训班。运管所长岗位培训班共开设政治、管理学概论、管理应用文、交通经济法规、财务与统计、公路运输行业管理6门课程与2个专题讲座(公路运输行业管理和货运市场管理),黄冈地区所属运管所选送学员通过考核,领取了"岗位职务结业证"。征稽所长岗位培训班学员完成《政治理论》《政策与法规》《管理应用文》《养路费征收管理》《车辆购置附加费征收管理》《费收会计》《费收统计》《费收审计》《计算机知识》等9门课程学习与考试,并领取"岗位职务结业证"。1994年,地区运管处组织第1期客运站长培训,有11名站长获得市交通学校颁发的岗位资格证和培训结业证。

根据鄂交教〔1991〕42号文件和鄂交函〔1991〕56号精神,黄冈交通局从1992年开始,连续举办多期交管站长岗位培训班。培训对象为年龄45岁以下,具有初中以上文化程度,现任交管站长或工作骨干。主要开设课程有:交通管理和规费征收、交通概况、乡村公路、交通法规与行政管理、财会统计知识及当前形势教育。教学组织与管理由市交通局政工科指导,交通局成人培训中心具体实施。学习结业经考试合格者,颁发省交通厅"岗位职务培训证书"。黄冈交通局委托黄冈交通学校先后开办了交管、运管、公路、港航、征稽、客运、道班等"七长""七员"培训,以及交通财会、交通行政执法等岗位培训,累计培训交通干部职工10000余人。

(四)岗前转岗培训

1987年7月,交通监理工作移交公安部门后,公路养路费征收部门征费力量大为削弱,地县交通部门从内部在职职工中借调部分人员帮助征稽工作。10月,黄冈地区征稽所兴办为期一周的业务知识培训班,使新借调人员,尽早熟悉业务,尽快上岗。随后几年,地区征稽处采取多种形式,对各岗位人员进行业务技能培训。1995年4月,公路客、货运附加费移交,地区征稽处对随费种调入的30名职工集中进行了为期3天的业务培训。

1998年7月7日,省交通厅鄂路交〔1998〕365号文,转发交通部教育司《关于转发教育部〈动员培养各类学校大力开展再就业培训的通知〉的通知》,要求各地市州的交通学校承担交通系统下岗和转岗职工的培训工作。1999年,受国家税费改革影响,征稽人员思想动荡,为确保队伍稳定,全市征稽系统有80

余人参加各类专业技术培训和考试,部分职工参加了国家公务员知识培训,有60余人晋升了专业技术职称或被录用为国家干部。

2008年,国家实施燃油税改革,政府还贷二级公路收费站撤销,为有利收费站人员转岗,省公路管理局下发了《关于取消政府还贷二级公路收费人员转岗教育培训实施方案》。2009年5月18日至22日,省公路局举办了由各地市州分管领导、人事、费收、路政、养护科长及收费站长骨干参加的二级公路收费站人员转岗培训班。培训班重点是为地市州培养一支教学培训师资和相关政策宣传落实的骨干队伍。培训内容涉及燃油税改革的有关政策、法律法规、职业道德以及公路养护管理、路政、治超等业务知识。黄冈市公路局按要求派人参加了培训。培训结业后,按照"贴近工作、贴近岗位需要"的要求,对全体转岗安置人员开展专门培训,帮助收费站转岗人员在较短的时间内有效提升能力和综合素质。

(五)高速公路岗位培训

湖北省高速公路教育培训工作根据高速公路行业管理特色,先后举办公路路政执法培训、收费员上岗培训、资产管理员业务培训、道路养护培训等。

2004年,黄黄高速公路管理处在黄梅举办为期10天的收费骨干培训班,提高员工的业务技能和综合素质。组织中高层管理人员进行职业资格管理师的培训和考试。选拔部分优秀财务人员参加全国性财务培训,夯实财务管理基础。2009年11月,黄黄高速公路管理处组织了第六期新进员工岗前培训,通过对企业文化、营运费收、机电操作知识等系统培训,提高员工的业务技能。12月,公司举办"路路杯"知识竞赛,提高收费人员的业务技能水平。职能部门举办劳资知识、宣传报道、档案管理、资产管理、应急救护、计重收费、系统维护、路政执法等各类培训20余次。公司鼓励干部职工参加继续教育,有20名职工提出了继续教育申请,29名员工完成了业余高等教育学业。

四、交通教育扶贫

根据《国家八七扶贫攻坚计划》,黄冈的麻城市、罗田县、英山县、蕲春县、红安县等5个县市列入国贫县。为了更好地为贫困地区交通事业发展培养更多的交通专业适用人才,交通部每年下拨教育扶贫专项资金;湖北省交通厅按交通部要求,每年不少于1:1配套安排专项扶贫资金;各地市按不少于1:1.5进行配套安排专项扶贫资金。教育扶贫对象为列入贫困县(市)交通部门接受国民系列学历教育和参加省厅统一组织的各类培训的在职干部和职工。本着"实用、节省、方便"的原则,黄冈的教育扶贫途径一是依托黄冈交通学校;二是依托职工岗位培训。贫困地区交通部门干部职工均可报考正规化国民教育系列的大、中专学校学习,所学专业与本岗位从事的专业相关或相近。按省厅规定,凡是被市交通局正式确定为享受教育扶贫政策的学员,在进校学习时,首先由学员本人按学校规定缴纳当年学费;等学员毕业时,由学校进行综合考核,凡在学期间有3门以上学科成绩考试不及格,且补考仍不及格,或在校期间违反校纪校规被记大过以上处分而不能获得毕业证者,取消其享受教育扶贫政策的资格,所缴学费由学员自理;学习成绩合格者,凭毕业证和缴费通知收据由学校负责补还所缴学费中的扶贫补助部分;学习成绩优秀者,由学校一次性奖励300元奖学金。"九五"期间,省交通厅分配黄冈麻城市、罗田县、英山县、蕲春县、红安县等5个国贫县市享受教育扶贫生373人,其中职工大专37人,职工中专21人,电视中专35人,职工技术岗位培训280人。2000年,省交通厅下达黄冈交通学校年度交通教育补助经费计划22万元,其中部扶贫资金8万元。

第二节 工人技术培训

一、工人技术考核

1988年6月,黄冈地区交通局贯彻交通部,劳动人事部在交通行业实行技师聘任制的实施意见。明确按交通行业专业(工种)确定,如:港口装卸机械技师、服务工程技师、公路工程技师等。交通行业聘任技师的比例限额,严格控制在实行技师聘任制工种的技术工人总数的2%以内。任职条件必须属于工人编制并直接在生产岗位工作的技术工人;技工学校或其他中等职业技术学校毕业,或经过自学、职业技术培训达到同等水平;具有本工种高级工的专业技术理论水平和实际操作能力。

1992年,湖北省黄冈地区行政公署交通局黄地交〔1992〕56号文件调整黄冈地区交通行业工人技术考核评审委员会,由地区交通局副局长、党组副书记刘召泰任主任委员;地区汽车运输公司副经理、高级工程师宋国瑞任副主任委员。

根据湖北省交通厅、劳动厅有关文件精神及黄地交〔1991〕142号、〔1992〕16号等文件通知,由地区运管处和地区交通学校共同举办了3期全区交通行业汽车驾驶员和汽车修理工的高级工培训班,参加培训的汽车修理工人,汽车驾驶员119人。全体学员在培训期间刻苦钻研,认真学习,完成了规定的学习课程,通过了"应知"理论考试和"应会"技术考核,并经地区交通行业工考委考评,地区劳动局审批,44人获修理高级工证书,116人获得驾驶员高级工证书。同年9月,湖北省交通厅鄂交人〔1992〕278号文件通知,经省交通行业工考委各专业考评小组考试、考核,工考委评审,报经湖北省劳动厅批准,沙汉桥等38名同志被评为黄冈地区交通行业首批工人技师,并颁发中华人民共和国技师合格证书。

二、工人技术培训

交通系统的技术工人,经过考试合格并取得相应的技术职务方可担任相应的技术职务。汽车驾驶员考核始于1950年、1966年废除考试,改由单位"三结合"考证小组评议。

1986年3月31日,省交通厅下发鄂交安〔1986〕108号文件,为尽快解决公路客运单位驾驶员严重不足,加快交通运输的发展,对大型客车驾驶员培训作出9条规定:要求初学及增驾大型客车的驾驶员,均须在经过地、市、州车辆监理机关审批的培训单位参加集体培训后,方能办理有关手续。并对驾驶客货车学员的年龄、培训时间、培训科目、实习时间等做了规定。

1989年6月20日至9月14日,黄冈地区运管局组织两期汽车维修质量检验员培训班,参训134人,经考试全部获得湖北省汽车维修质量检验执照。1990年4月,地区

黄州城区计时培训管理系统安装布置会

交通局、标准计量局在黄州举办三期汽车修理质量检验员培训班,参训学员186人,经考试全部取得检验执照。1998年12月,湖北省汽车检验员培训班在黄冈市运通发展有限责任公司举办,参训33人,经过汽车检测技术和计量基础知识考试考核,取得平均89.53分的好成绩。

1990年,黄冈运管局先后举办了站务员岗位培训和汽车维修质量检验员岗位培训;186人通过培训获得湖北省汽车维修质量检验证书。黄冈各车站有80人参加了第1期站务员培训。1991年底,省运输管理局按照交通部颁发的《交通专业工人技术等级标准(试行)》,本着"先行试点、逐步推开"原则,在武汉、黄冈等地进行汽车驾驶员和修理工高级工技术培训试点工作。黄冈参训学员掌握本工种高级工"应知"所要求的技术理论和工艺学方面知识,达到部颁交通专业工人技术等级标准7、8级要求,并领取高级工技术等级证书。1992年,地区交通局与运管处共同兴办3期汽车驾驶和汽车修理高级工培训班,参加培训的驾驶员119人,汽车修理工44人。根据培训考核与例用相结合的原则,经地区交通行业工考委考评,劳动局批准,44人获修理高级工证书,116人获驾驶员高级证书。

1993年8月,湖北省交通厅印发确认工人技师的通知,黄冈有45人获省交通厅颁发的《中华人民共

和国技师合格证书》。是年,蕲春县运管所在县汽校举办2期汽车驾驶员、维修技工培训,参训的129人经过考试合格,获县劳动局颁发的《中华人民共和国中级技师合格证书》。

20世纪90年代中后期,道路运输从业人员岗位培训逐步系统化、制度化,规范化。1997年,市交通局制定《黄冈市道路运输从业人员技术岗位培训实施细则》,要求道路运输从业人员就业上岗、岗位转换等人员,实行先培训,后凭培训合格证书到运管处办理上岗证。取得上岗证,才能办理年度审核。

1997年12月,黄冈市政府办公室发出《关于全市道路运输从业人员培训持证上岗的通知》,有计划、有步骤对从事道路运输生产、经营驾驶、乘务、站务、维修、车辆技术检测和搬运装卸超重、运输服务等人员,进行岗位培训及考试。培训采用自学为主,集体授课方式进行。培训使用省交通厅规定的统一教材和资料。培训工作以县市区为单位,由所在公路运输部门具体实施,市处组织教材资料、督查考试、阅卷、填写湖北省道路运输从业人员技术岗位培训合格证(即上岗证),送省公路运输管理局审查,再由省交通运输厅核发统一《湖北省道路运输从业人员技术岗位培训合格证》。市县运管部门还派员参加省运管局和省道路运输协会在武汉联合举办的"道路危险货物运输管理专项培训班",为黄冈培养第一批从事道路危险货物运输行业管理业务骨干。此后,相继对从事危险货物运输驾驶员、押运员、仓储员、修理工、技术监督和检查员进行培训,并坚持考试考核和发证上岗制度。1998年,市运管处与各县市运管所共同举办驾驶员、站务员、修理培训班100期,培训从业人员7878人,一批经培训考核的从业人员获得湖北省道路运输从业人员岗位合格证。

1999年,黄冈运管部门派员参加湖北省道路运输协会机动车辆维修与检测专业委员会举办的技术管理系统微机操作人员培训、汽车综合性能检测站检测人员岗位培训,营运车辆综合性能要求和检验方法培训,并取得省运管局颁发的相关证件。黄冈道路客货运输持证率,率年审均达90%。

2001年8月,黄冈市运管处与黄冈交通学校联合举办全市持证驾校教员培训班,共202人参加学习,经考试合格报省运管局核发教员准教证。2002年11月1日,黄冈市劳动和社会保障局认定,培训中心基本符合社会力量办学条件,同时颁发中华人民共和国社会力量办学许可证和湖北省道路运输从业人员技术岗位培训合格证。市道路运输培训中心属全日制机构,培训对象为全市道路运输从业人员和在职运政执法工作者。培训方式分期分班,每月一期。培训中心有兼职教师2人,专职教师11人,管理人员3人,教室10间,计1200平方米;学员宿舍18间,租用教练场地7990平方米,教练车15台。办学层次为初、中级工,招生对象为在职职工。

三、船员培训

凡从事水路运输的船员,必须经过培训,考试合格取得船员证书方可上船。1955年,广济县首次组织船员培训考试,考试分口试和现场操作两项,及格者由黄冈地区主管部门发给证书。1957年3月,全区第一批木帆船驾长培训工作在黄州进行,随后共举办驾长培训4期,每期40~50人,共计200人左右。1960年3—9月,黄冈专署交通局在浠水县溪潭坳举办了全区第一批机动船技术船员(当时亦称"高级船员")培训班,培训驾驶员42人,轮机员50人。1961年8月1日,专署交通局根据交通部及省交通厅的有关规定,开始在机动船员中核发"高级船员代职证明书"。1963年11月,黄冈首次对机动船船员进行考试,当年有236人获发证书。1972年,对申请持证和升级船员进行考试,参考870人,合格739人。1974年,有786人参加考试,年审换证659人。1976年9月,对692名机动船员考试,有638人合格,其中首批女船员16名。1963年11月,专署交通局首次举行机动船员考试。至1964年6月,黄冈地区培训发证的木帆船驾长已达2156人。1965年年底,全区持证的机动船员有236人,其中驾驶部112人,轮机部124人。

1970年6月,湖北省革命委员会成立换发机动车船驾驶证领导小组,发出《关于机动车、船驾驶员和机动车辆换证的通知》。黄冈地区于同年7月相应成立了换证领导小组,8月在黄州航运站举办换证试点,随后在全区展开。此次换证,以强调"突出政治""思想换证"为主,并采取群众评议、单位领导审查推荐、换证领导小组批准、港监部门具体办理的方法。虽然经过培训班学习,但船员业务技术水平没有得到提高。机动船员换证的共有606人,其中驾驶部314人,轮机部292人。对非机动船驾长和农副渡船驾长换证发证工作,根据省换证领导小组换证文件精神,均由各县换证领导小组具体办理。

1972年,开始恢复机动船员考试制度,黄冈地区从3月24日起至7月2日,分片举办了7期机动船员培训考试。此次考试是按1964年《湖北省内河小型轮机船员考试办法》举行的,考试对象是1966年以来推荐任职持证的船员以及需要升级的船员。参加培训考试的有870人,录取739人,占全部培训考试总人数84%。补考93人,占11%,落考38人,占5%。

1973年下半年,根据湖北省交通局关于船舶技术普查、船员培训考试和核发船舶、船员证书的工作方案,黄冈境内机动船技术船员培训考审工作由港航监督所统一负责组织,非机动船正副驾长、渡工培训考评,由各县港监站参照"湖北省木帆船驾长考评办法"办理。经过筹备,于1974年4月在九江市举办试点学习班,随后在全区分三片开展,共举办5期,培训考试船员1395人,其中升级考试的786人,年审换证的659人。1975年进行了3期机动船员考试,每期7天。各县水库的机动船员,在麻城浮桥河举行考试。1976年9—10月,全区共举办6期机动船船员培训学习班,培训考试692人,录取638人,占92.2%。其中黄冈地区解放后第一批16名女船员取得技术证书。

1978年,根据湖北省交通局〔78〕136号文件指示精神,全区开展了船员换证工作,同时,进行本年度机动船员考试,由各县组织培训学习,地区组织考试工作组,统一命题,分期分批巡回进行闭卷考试,加大了试题难度。参加培训考试船员826人,录取423人,录取率51.4%,补考277人,落考126人。

1980年,机动船员考试仍采取各县培训,地区巡回考试的办法,按照"培训以提高为主,考试以实践为主"的原则,共举办了11期船员培训班,1237人参加考试,录取1087人,占总数87.9%。到1981年年底,全区持证船员5377人,其中机动船驾驶部1880人,轮机部1786人;非机动船正驾长1377人,副驾长334人。根据港航监督工作条例,地区港监所管理二、三等船舶的驾驶员、轮机员,四、五等船舶持证船员的技术档案。非机动船正副驾长的考核、发证由各县港监站办理和管理,沿江8县市都建立了非机动船正副驾长技术档案,山区4县也建立起渡口渡工技术档案。

1982年,根据湖北省轮船船员考试委员会《关于船员考试发证工作的通知》,全区先后举行了3期轮船船员培训考试,初考船员必须具备初中以上文化程度,并一律不准代笔,考试课目增加现场操作,总复习时不缩小复习范围。应考船员618人,其中录取303人,占49.03%。补考130人,落考169人。由于从严要求,坚持录取标准,促进了船员业务学习,提高了船员技术素质。

1983年2月,湖北省港航监督总所决定全省统一举行轮船船员考试,统一考试时间,统一命题,统一答案和评分标准。根据这一部署,黄冈地区举办了4期轮船船员培训考试,报考船员800人,录取701人,占总人数的83.6%。补考176人(27名挂机船员一次性考试不算在内),落考131人。

1984年,根据交通部《关于船员证书期满换证问题的通知》及《湖北省轮船船员考试发证办法》有关规定,地区举办了9期换证船员培训学习,参加学习的船员计2638人,其中应换证2543人,实际已换证2536人。1985年11月,全区有二、三等船长19名,轮机长11名参加省换证考试,并取得换证资格。1986年,黄冈地区航务管理局开始在黄州龙王山租用部队营房举办船员培训班,后改为船员培训中心。1987年,在船员培训中心举办两期船员培训,第一期培训船员共101人,经省港监总所考试录取三、四等船长39人、补考15人,三、四等轮机长35人、补考12人。第二期培训船员133人,经省港监总所考试录取三、四等驾驶员60人,补考7人,落考1人,三、四等轮机员57人,补考8人。凡是合格者均由黄冈地区港监所统一颁发相应的中华人民共和国船员证书。1986—1988年,录取三、四等轮船员587名。

1989年起,黄冈船员培训工作主要由黄冈交通学校承担。1989—2007年,开展一至五等内河船舶船员培训、特殊培训与等效培训等,共培训各类别内河船舶船员5000余人。2008年,开办船员培训班10期,培训总人数1163人,其中适任证书培训2期,培训人数659人。

2002年,黄冈市开展巴河水域黄砂运输市场整顿,在此期间举办培训班,146名船员通过年审换证。2003年起,交通部海事局决定对航行长江干线三等以上船员实行理论全国统考;四等船员考试结合全国统考,由省地方海事局组织考试,五等船员考试由市州级海事机构组织。2006年,共举办全国长江干线内河船员适任证书理论统考培训3期,培训船员499名。2015年黄冈交通学校组织全日制船舶驾驶、轮机管理专业中专生参加海事局适任证书理论考试和实操考试,161人参考,132人通过考试,通过率达到82%;完成29期各类船员培训,培训种类涵盖:基本安全、适任证书(一、二、三类)、再有效、单独延伸航线、特殊(危操、油操、客船、小型船、渡工)培训等,累计培训各类船员1066人;12月,经长江海事局考核评定,被授予全辖区"A级船员培训机构"证书。

四、驾校培训

(一)驾校概况

新中国成立前,黄冈境内机动车拥有量少,本土汽车驾驶员少见。新中国成立后,驾驶员来源于师带徒,跟车培训,部队复员转业,外地调入,驾培学校专业培训等途径。黄冈最早的汽车驾驶员培训是广济县汽车驾驶员培训班,始建于1958年6月。

20世纪70年代初,黄冈地区汽运公司在三里畈正式开办第一所汽车驾驶员学校。有教练车10台,专职教职工20余人。学制为一年,每期招生80名左右,毕业考试由地区监理所主考,合格者由监理所发给实习驾驶证,学校发给毕业证书。1985年后,各县陆续开办汽车驾驶员培训学校,学制缩短为2~3个月,年培训驾驶员5000~6000人,成为一个新型经济产业。

1998年,黄冈驾驶员培训工作由公安交警部门归口交通部门管理。交通部门对时有驾校和驾驶员培训情况重新调查摸底登记,纳入道路交通运输行业统一管理。

2002年12月25日,湖北省公路运输管理局对驾驶员培训学校类别进行评定,黄冈市有10所机动车驾驶员培训学校为一类,分别是:黄冈市机动车驾驶员培训学校、武穴市汽校、黄梅县汽车驾驶员学校、英山县汽车技术学校、罗田县汽车技术学校、红安县交通学校、团风县机动车驾驶员培训学校、黄冈市交通汽车学校、浠水县交通学校、蕲春县交通学校。

2004年5月,黄冈市运管处对全市12家机动驾驶员培训学校进行年度审验,按照交通部JT/T433—2000《机动车驾驶员培训业户开业条件》对驾培业户资质类别进行了初评;8月4日公布结果为5家合格、6家基本合格、1家不合格。合格的5家是:黄冈市东方汽车学校、蕲春东升机动车驾驶员培训学校、英山县汽车技术学校、武穴市汽校、黄梅县汽车驾驶员学校。基本合格单位的6家是:浠水县机动车驾驶员培训学校、麻城市机动车驾驶员培训学校、红安县汽车驾驶员培训学校、罗田县兴利汽车技术学校、团风县机动车驾驶员培训学校、黄冈平安驾驶。2005年,全市共有12家,其中民营2家,国有企业自办2家,改制1家,由主办关系变成托管关系7家,全年共培训学生14165人。

2015年,黄冈市有普通机动车驾驶员培训机构共有44户(其中一级6户、二级26户、三级12户);有道路运输驾驶员从业资格培训机构8户;道路客货运输驾驶员从业资格培训8户;危险货物从业资格培训机构1户。有机动车教练2427人(其中理论教练员140人、驾驶操作教练员2287人、有管理人员215人,其中理论教学负责人43人、驾驶操作训练负责人43人、教学车辆管理人员43人、结业考核人员43人、计算机管理人员43人);共培训83726人次(其中:培训合格人数71624人次);拥有教学车辆1906辆(其中大型客车3辆、通用货车半挂及牵引车4辆、中型客车1辆、大型货车12辆、小型汽车1886辆);有教学场地(含租赁场地)1,090,000.00平方米。表7-2-2-1为1998年黄冈道路运输管理处公告持证经营驾校登记表,表7-2-2-2为2015年黄冈驾校及培训情况表。

1998年黄冈道路运输管理处公告持证经营驾校登记表　　　表7-2-2-1

驾校名称	地址	许可证编号	法人代表
黄梅县汽车专业技术培训学校	黄梅镇黄小路119号	鄂J97001	徐建安
英山县汽车技术学校	温泉镇金石路5号	鄂J97002	王政权
罗田县汽车技术学校	凤山镇义水南路6号	鄂J97003	张德意
浠水县机动车驾驶与维修专业学校	清泉镇车站西路112号	鄂J97004	郭永平
武穴市汽校	环城路42号	鄂J97005	柯楚汉
蕲春县汽车驾驶员学校	漕河镇走马岭	鄂J97006	胡向东
黄冈市交通汽车学校	黄冈经济开发区新港路	鄂J97007	肖永刚
黄冈市公安局机动车驾驶员培训学校	黄州区红卫林(东郊路47号)	鄂J97008	宋耀正
红安县交通汽车驾驶员培训学校	红安机构路5号	鄂J97009	郑志刚
麻城市汽车学校	麻城市中驿镇	鄂J98010	谢林一

2015年黄冈驾校及培训情况表　　　表7-2-2-2

驾校名称	经营许可证编号	地址	资质类别	2015培训数（人次）
黄冈平安驾驶教学培训中心	421102500005	黄冈市黄州区黄州大道北63号	综合一级	8650
黄冈市东方运输集团有限公司驾驶员培训学校	421102500006	黄州明珠大道98号	综合一级	3229
黄冈蓝天机动车驾驶员培训有限公司	421102500004	黄冈市黄州区路口花园村特1号	综合一级	3602
黄冈市黄州区宏达汽车驾驶员培训学校	421102500003	黄州东门路176号	综合一级	10164
黄冈市怡阳机动车驾驶员培训有限公司	421102500008	黄州区东湖街道办事处长江社区	专项二级	2455
黄冈君行投资有限公司机动车驾驶员培训学校	421102500007	黄冈市黄州区赤壁一路46号	专项二级	3302
黄冈广佳汽车驾驶员培训有限公司	421102500010	黄州大道北79号	专项二级	2743
黄冈智兴盛达机动车驾驶员培训有限公司	421102500009	黄冈市南湖办事处桃园109号	专项二级	1617
黄冈市全顺机动车驾驶员培训有限公司	421102500012	黄冈市黄州区南湖路	专项三级	15
黄冈城北良友驾驶员培训有限公司	421102500011	黄州区黄州大道26号	专项三级	77
团风机动车驾驶员培训学校	421121100643	团风县城南工业园	专项二级	3258
团风县龙成道路客运有限公司机动车驾驶员培训学校	421121500006	团风县方高坪镇天燃村	专项三级	1147
团风县景程驾驶员培训有限公司	421121500007	团风县金锣港良种场	专项三级	955
浠水县华瑞机动车驾驶员培训有限公司	421125500006	浠水县清泉镇华湾村	专项二级	4556
浠水县机动车驾驶员培训学校	421125500001	浠水县清泉镇车站西路87号	专项二级	3758
浠水县恒通机动车驾驶员培训有限公司	421125500004	浠水县清泉镇十月路15号	专项三级	1976
罗田县兴利汽车驾驶员培训有限公司	421123500000	黄冈市罗田县	综合二级	3596
罗田县华联机动车驾驶员培训有限公司	421123500001	罗田县凤山镇	专项二级	2581
罗田县龙威工业汽车驾驶员培训有限公司	421123500002	罗田县凤山镇栗林咀村	专项二级	1953
罗田县机场驾校	421123500003	罗田县三里畈镇机场院内	专项三级	316
蕲春东升机动车驾驶员学校有限公司	421126500002	蕲春县漕河镇走马岭159号	专项一级	8889

续上表

驾校名称	经营许可证编号	地址	资质类别	2015培训数（人次）
蕲春长城机动车驾驶员培训有限公司	421126500005	蕲春县漕河镇十里铺	专项一级	4332
蕲春县安鑫机动车驾驶员培训有限公司	421126500007	蕲春县漕河镇京九大道	专项二级	4269
麻城市永安机动车驾驶培训有限公司	421181500002	麻城市中驿上化岗神龙大道142号	专项二级	4924
麻城市和盟机动车驾驶员培训有限公司	421181500005	麻城市孝感乡路冯家墩村	专项二级	5288
麻城市捷威机动车驾驶员培训有限公司	421181500006	麻城市金桥大道桂花桥	专项二级	4616
麻城广佳汽车驾驶员培训有限公司	421181500007	麻城市中馆驿镇官田畈村	专项二级	681
黄冈市佳旺机动车驾驶员培训有限公司	421181500008	麻城市龙池桥办事处宋家河社区交湖寨四组	专项二级	498
麻城市胜安机动车驾驶员培训有限公司	421181500009	麻城市南湖办事处五里墩社区68号	专项二级	0
红安县明骏机动车驾驶员培训有限公司	421122500008	红安县城南大道22号	专项二级	2056
红安通达驾驶员培训学校	421122500007	红安县城关镇园艺大道5号	专项二级	1718
红安县智通机动车驾驶员培训有限公司	421122500009	红安县城北李西村	专项三级	1239
武穴市永宁机动车驾驶员培训有限公司	421182500002	武穴市民主路199号	专项二级	5404
武穴市广全机动车驾驶员培训有限公司	421182100060	武穴市永宁大道48号	专项二级	2896
武穴市宏华机动车驾驶员培训有限责任公司	421182500005	武穴市蕲武公路北	专项三级	1387
武穴市弘林机动车驾驶员培训有限公司	421182500006	武穴市凤凰路1号	专项三级	680
武穴市德泰机动车驾驶员培训有限公司	421182500007	武穴市石佛寺镇胡罗玉村中心大道	专项三级	200
黄梅县振兴汽车驾驶员培训有限公司	421127500002	黄梅镇黄小路119号	专项二级	4388
黄梅国盛机动车驾驶员培训有限公司	421127500004	黄梅县小池镇涂咀村	专项二级	4828
黄梅天诚机动车驾驶员培训有限公司	421127500005	黄梅县黄梅镇东街123号	专项二级	687
黄梅鸿辉机动车驾驶员培训有限公司	421127500006	黄梅县蔡山镇王三墩村	专项三级	40
黄冈卓力机动车驾驶员培训有限公司	421103500000	黄冈市龙感湖管理区长青东路9号	专项二级	2905
英山县兴隆机动车驾驶员培训有限公司	421124530001	英山县温泉镇金石路5号	专项二级	1656
黄冈市陆友机动车驾驶员培训有限公司	421124530006	英山县温泉镇甘塘坳村	专项三级	1019

（二）重点驾校介绍

广济县汽车驾驶员培训班 1958年6月，县汽车站受交通局委托，在武穴镇河街天主堂（江堤外武穴饭店），举办全县汽车驾驶员培训班，由各农业社推荐初中文化程度的青壮年80人，另从搬运、民船站抽调10多名工人，共90名学员，由交通局长孙玉峰任班主任，车站司机毛永延、陈质兵任技术教员。1985年，县交通局从广东购回5台旧解放牌汽车，着手筹建汽车驾驶员培训学校。1986年11月，由原广济县编制委员会。（广编86年42号文件）正式批准组建"广济县汽车驾驶专业培训学校"，为市交通局下属二级单位，实行独立核算，自负盈亏，地址在武穴市环城路42号。是黄冈市创办驾校最早的学校。

武穴市永宁机动车驾驶培训有限公司 1988年，广济撤县建市后，广济县汽车驾驶员培训班更名为"武穴市汽校"，为市交通局所属独立核算、自负盈亏、经营服务型二级法人单位。仍租用市公路运输管理所三楼办公，会计、出纳在局属交通站借调，教练员在具有驾龄长、技术素质高的退伍军人中选聘，学员的招收需经文化考试合格后入校，学制半年，后改为3个月，每年办班2~3期，培训学员200余人。1989年，柯楚汉调入任党支部书记，1991王建国任校长，次年，王建国下派到石佛镇挂职，书记、校长由柯楚汉兼任。从1990年开始实行电化教学，1992年，有教练车7台，理论教员1人，操作教练员7人，训练场地都是利用城区一些空场或公路，年培训学员220人，合格率为95.5%，1996年后，在现址征地3亩，建起1栋3层办公大楼，基本满足教学与生活需要。淘汰陈旧嘎斯、解放牌教练车，更新为东风140型系列，年培训学员400~500人。年创收入100万余元。1997年末，该校拥有教练车12台，理论教员3人、操作教练员13人，年培训学员516人。2000年8月，柯楚汉病故，由副书记陈国顺接任书记兼校长。驾校有教职工40人，固定资产160万元。2003年，汽校因发展所需，在石佛寺镇征地11亩建起了专业汽车驾驶训练场5000平方米，拥有教练车18台、教学楼、宿舍楼各1栋、有职工38人，年培训学员800人。系湖北省核批的二类驾校。其办学规模跃入黄冈市同行业前列。

2007年7月，按照黄冈市交通局黄交〔2007〕13号文"关于加快全市驾校社会化办学"的进程，7月19日，武穴市企业改制领导小组对该校改制工作进行专题研究，按照"当不了职工当股东，各尽其乐、乐在其中"的思路，转变职工身份，由事业单位改制成为"武穴市永宁机动车驾驶培训有限公司"（股份制公司）。改制前有职工31人，资产171万元。改制后，返还职工交纳住房公积金30万元，实用改制资金141万元，公司设立董事会，按照全员参股，经营层控股、法人持大股的原则，职工股份占49%（股金69万元），经营层控股51%（股金71.91万元），其中：法人股占30.5%（股本21.91万元）；改制后，兴建大型汽车驾驶训练场投资500多万元，在龙里村征地30亩，用3年时间，先后完成了场地平整与混凝土硬化工程，现拥有大小教练车48辆，从事专业理论教员3人，操作教员48人，训练场地3万余平方米，年培训机动车驾驶员3500~4000人，年实现营业收入1000万元，创利近100万元。提升了培训能力，扩大了办学规模，实现了10多年来安全无事故的好成绩。2015年培训驾驶员5404人，资质类别为专项二级。

蕲春县汽车驾驶员学校 1985年4月23日，蕲春县编制办公室批准成立，为县交通局二级单位，实行独立核算，自负盈亏，由交通局副局长李汉生兼任校长。1989年5月，汽校地址迁至走马岭，与县汽车大修厂相邻，场地总面积1600平方米，其中房屋为600平方米，训练场为1000平方米。1990年5月，驾校实行电化教学，时有教职工67人，有教练车16台，有教学设备24台套，1990年12月，驾校为解决富余职工和待业青年就业问题，汽校成立劳动服务站，后因管理不善，劳动服务站自行解散。1993年，黄冈地区公路运输管理处批复，同意蕲春县汽车驾驶员学校申办中级汽车驾驶员培训班，1994年，共培训高级汽车驾驶员57人，中级汽车驾驶员192人，技师9人，1994年3月，县汽车驾驶员学校与汽运公司合并，1996年9月，县汽车驾驶员培训学校与汽运公司分离。1997年3月，驾校改为事业性质单位，11月更名为"蕲春县交通学校"。1998年3月，驾校开办大客驾驶员培训班。3月，交通学校向县教委申请办中专班，4月，县教委、县计委下达中专招生名额，对外挂理工中专招牌，首期中专班开设有汽车运用与维修，计算机应用2个专业，招生56人。1999年，学校被省交通厅公路运输管理局授予"文明驾校"。2004年4月为贯彻执行驾校必须与主管机关彻底脱钩的新精神，交通学校更名为"蕲春县东升机动车驾驶员培训学校"。2015年年培训8889人资质类别为专项一级。

黄冈市东方汽车学校 1972年，由黄冈地区汽车运输公司在"721"工人大学建立，校址在罗田三里畈。1985年3月，"721"工人大学撤销，成立黄冈地区汽车运输公司职工学校，1986年10月，学校迁址到团风镇上寨，主要培训汽车运输公司内部客货汽车驾驶员，后来开始面向社会培训大货、大客、小汽车驾驶员。1992年6月，被湖北省交通厅审定为第一批合格汽车驾驶员培训学校，并颁发《机动车驾驶员培训许可证》，1992年8月，学校迁址黄州，1993年6月，更名为黄冈地区交通汽车学校，1994年，在黄州开发区征地38.46亩筹建新校。1996年1月，学校迁入开发区。1998年，黄冈市汽车运输总公司将新校转让，学校又迁回黄州新车站。2002年，湖北省运管局核定为一类临时资质，2004年4月，更名为黄冈市东方汽车学校，拥有客货教练车42台，训练场地11亩，年培训学员1200余人。资质为综合一级。

黄冈市平安驾驶教学培训中心 建于1988年，原为黄冈地区公安处驾校。地址黄冈黄州大道北63

号。1992年6月,被省公安厅审定为第一批合格汽车驾驶员培训学校,并颁发机动车驾驶员培训许可证,2002年省运管局核定为一类资质,2000年—2001年被交通部授予"文明汽车驾驶学校"。2002年,省运管局核定为一类资质,2005年,学校有教职员工89人,固定资产1100万元,有各类教练车47辆,有教练场地19000平方米,年培训驾驶员8000余人。2015年培训驾驶员8650人,资质类别为综合一级。

黄冈市宏达驾驶员培训学校 成立于2005年8月18日,经道路运管部门行政许可,具备机动车驾驶培训资质,由宏达集团投资的一家民营性质的机动车驾驶培训学校。位于黄州东门路176号宏达驾校有教职员工35人,各类教练车18辆,教学设备40台(套),训练场地8000平方米,年培训学员700人以上,合格率95%以上。2015年,培训学员达10164人,资质类别综合一级。

英山县汽车技术学校 成立于1986年,地址在温泉镇金石路5号,成立时有教练车4辆,年培训学员100余人,2005年,学校改制更名为英山兴隆机动车驾驶员培训有限公司,有教练车17台,年培训学员800余人。2015年培训学员1656人,资质专项二级。

浠水县驾驶员培训学校 1987年5月,由县装卸运输公司创办、陈秋明为负责人,1988年5月成立浠水县汽校,校长许楚豪,1997年改名为浠水县交通学校,2004年9月更名为浠水县机动车驾驶员培训学校。

团风县汽车驾驶员培训学校 1996年黄冈撤地设市,同年4月团风县交警大队成立。交警大队开办汽训班,在团风县内从事驾驶员培训。

2001年11月,县驾协向市、县运管部门递交申办驾校的报告。2002年6月28日,市运管处以黄运管〔2002〕56号文件批准,同意成立"团风县机动车驾驶员培训学校",为三类资质,同时颁发了道路运输经营许可证。2004年8月,县交警大队根据上级有关文件精神,与驾校脱钩,对驾校进行社会化改制,县交警大队委托国资局对驾校财产进行评估拍卖,工作人员收回大队重新安排,2004年11月改制完毕。彻底脱离与团风县交警大队的隶属关系,资产和利益分配关系,2004年12月团风县驾校成为黄冈市第一所改制的社会化民营驾校。位于浠水县清泉镇车站西路87号。2005年1月,驾校投资350万元在团风城南工业园征用土地12亩,购置教练车辆,从事民营化教学经营管理。2015年培训学员3758人,资质专项二级。

麻城市驾驶员培训学校 于1987年5月在原麻城市农机学校基础上组建,1988年4月28日正式成立麻城市农机学校汽车驾驶员培训班。当时只有4台CA10B教练车。市编委批准成立麻城市汽车学校,1995年6月,明确为副局级事业单位。1997年5月开始实行电算化教学。有教职员工57人,有教练车16台,2004年5月,学校改制为全民所有制企业单位,当年培训学员556人,合格率为99.5%。

罗田县兴利汽车驾驶员培训有限公司 1984年7月1日,县交通局创办交通汽车技术学校,2001年更名罗田县兴利汽车技术学校,为事业单位并独立核算,自主经营,拥有固定资产50万元,教练车9台,教学设备6台套。2005年改制为罗田县兴利汽车驾驶员培训有限公司,资质综合二级,2015年培训3596人。

红安县通达汽车驾驶员学校 1986年8月23日,红安县交通局红交〔1996〕62号文件通知县车管站和县汽运公司,决定由汽运公司组建"红安县汽车驾驶员学校",由石三元兼任校长,配备理论技术教员5人,负责全县汽车驾驶员培训工作。根据省交通厅〔1985〕143号和省监理处〔1995〕15号文件精神。汽车驾驶员要全面实行专业学校培训的办法,县车管站从即日起,停办学习证手续。由县汽运公司拨三至五台汽车,作为汽校教练车。每期培训学员30人,学习期限不少于六个月,每个学员实际驾驶操作不少于150小时。车管站要加强技术指导,汽校要提高培训质量。汽校要逐步实行单独核算,每个学员每期收取培训费:农民个体户1500元,企事业单位1700元。费用由学员自理,1988年4月26日,红安县机构编制委员会以红编〔1988〕20号文件批复,同意成立红安县汽车驾驶员培训学校。2005年更名为红安县通达汽车驾驶员培训学校,2015年培训1718人,为专项二级资质。

黄梅县振兴汽车驾驶员培训有限公司　1985年由县交通局知青车队开办培训班,1987年1月由政府办公室42号文件批复为黄梅县汽车技术培训学校,陈国安为第一任校长,1999年,黄梅县编委批复,更名为黄梅县汽车驾驶员学校。2002年12月改为集体所有制,法人代表徐建安;2005年改制为黄梅县振兴汽车驾驶员培训有限公司,2015年培训4388人,专项二级资质。

黄梅县驾驶学校龙感湖分校　2002年元月24日,经黄冈市公路运输管理处批准,成立黄梅县汽车驾驶学校龙感湖分校,校长刘长生,分校纳入黄梅县汽校管理,黄梅县汽校负责分校的师资配置,分校自主经营自负盈亏。建校时,分校有教室一间,教师2人,有东风牌教练车一辆,学员随到随学,完成课时,进行考试,经考试合格后发给证照。2005年改制为黄冈卓力机动车驾驶员培训有限公司,2015年培训2905人,专项二级资质。

第三节　学校教育

一、黄冈地区航务管理局船员培训中心

1985年3月,为了解决船员迅猛发展,技术船员相对不足的状况,黄冈地区航务管理局报经地区交通局同意,筹备创办了以培训技术船员业务基础为主并配合港航监督部门进行持证船员考试的船员培训班。

首届船员培训初始由于无场地,培训班居无定所。1985年上半年培训班在南湖借租农校校舍开办。同年9月1日地区航务管理局与人民解放军34660部队签订合同,租用该部队位于黄州龙王山的干部家属居住场地,并在此场地自建平房两栋,加上原场地房屋,占地面积达830.83平方米。船员培训班正式开办后,共有教职员工22人,由王振球、虞香明为负责人。1988年元月,船员培训班更名为黄冈地区航务管理局船员培训中心。届时培训中心已投资15万元,拥有面积1500平方米专职教职员达17人。1988年4月,由于部队将培训中心场地转卖给黄冈师范专科学校,船员培训中心停办。从开办到停办,该培训中心共举办三、四等技术船员培训7期,总计1300余人。

1988年下半年,黄冈地区交通局将船员培训中心,人、财、物一并转入黄冈地区交通学校。

二、黄冈交通学校

湖北省黄冈交通学校是一所集普通中专、大专和本科教育于一体的全日制部省级重点学校。其前身是黄冈地区航务局船员培训中心,创建于1985年。1988年下半年筹办黄冈交通学校,1990年12月经省教委、省计委以鄂教计〔1990〕114号文件批准正式成立。学校位于黄冈市区,总投资700万元,校园占地80余亩,建筑面积31000平方米,有标准教室20间,合班教室2间,可容纳学生1200名,建有职工宿舍、食堂、锅炉房、洗澡堂等配套设施2300平方米。1993年7月21日,省教委、省计委以鄂教计〔1993〕116号文件正式批准该校为全日制普通中专。是湖北省交通系统成立的第二所全日制普通中等专业学校,具有独立法人办学资格。1993年9月15日正式举行建校庆典仪式。1998年5月,省教育厅专家组对该校进行办学条件合格评估,被授予"办学条件合格学校"。1999年,在校学生达1300余人,培训交通干部职工500余人。形成大专教育与中专教育、学历教育与非学历教育、成人教育与职业教育相结合的职教实体,构建了以学历教育为主,长短并举,以中专教育为主,短训和高职教育为补充的办学模式,呈现出"宽基础、活模式、重实践"的教育特色和"技术实用、一专多能、从业有技、升学有望"的质量特色。1999年,在黄冈市中专学校教学质量管理校行活动评比中排名第四,受到黄冈市教委表彰。2000年,学校投入资

金158万元,按办学水平A等要求添置大量图书、语言室、电子阅览室、多媒体教学等设备。11月,省教育厅专家对该校进行办学水平评估,被授予"办学水平A级学校"。2001年5月,省教育厅专家对该校进行选优评估,被授予"省级重点普通中专学校"。学校多次被市委、市政府授予市级"最佳文明单位""黄冈市职业教育先进单位"等多项荣誉称号。

2012年,学校招收各类新生382人,其中高中生63人,专、本科学历教育新生100人,全年培训各类人员1985人;学校通过内河航运中专资质验收。为迎接验收,学校采取定建设目标、定责任人、定完成时间的"三定"原则,在两个月时间内,完成4个实验室的改建、扩建和新建任务,添置一批实验设备、资料和器材;将质量体系目标进行层层分解,落实到有关科室和个人,认真准备各种核验材料。11月29日至30日,湖北省地方海事局受交通运输部海事局委托,会同长江海事局组成核验组,对学校内河船员教育(船舶驾驶、轮机管理专业)办学资质进行现场核验。2013年交通部海事局正式授予黄冈交通学校"内河船员教育机构"资质,成为长江下游唯一具备办学资质的中专学校。是年8月下旬承办"长江海事局船员质量管理征求意见暨培训教育质量座谈会",就长江流域船员培训工作和船员培训机构差异化管理办法进行深入探讨和研究,为学校内河航运专业持续发展奠定基础。2013年,学校招收新生430人,其中中专生320人、本专科学历教育110人;培训各类船员1700余人。同时加大就业安置工作力度,全年安置毕业生142人,其中中国十五冶56人,长江沿线水运企业62人,其他企业34人,毕业生专业对口率100%,安置就业率98%。2014年,学校招收各类新生270余人,其中普通中专生80余人,春秋两季航运中专生190余人;培训船员1180人,其他工种培训1000人。

2015年,根据上级部门要求和实际情况,除保留航运专业招生外,停止其他类普通中专招生宣传。全年共招收大中专新生155人,安置毕业生135人,其中中国十五冶25人、长江沿线水运企业52人、其他企业58人,毕业生专业对口率98%。

学校鼓励教师积极承担各类科研课题,先后编制完成《内河航运船舶驾驶专业教学计划》《内河航运轮机管理专业教学计划》(分别有三年制、一年制)。组织相关专业教师编写船舶驾驶、轮机管理专业课程教学大纲并实施。在省部级刊物上发表论文近10篇,其中袁立新的《内河船员教育与考试政策调整若干建议》在中国海洋学会内河船舶驾驶专业委员会上被评为全国优秀论文,并在全国学术会上交流。学校基本情况参见表7-2-3-1。

学校基本情况一览表 表7-2-3-1(1)

学校名称	创立时间	地址	占地面积(m²)	建筑面积(m²)
湖北省黄冈地区交通学校	1990.12	黄冈地区东门路25号	38668.6	23392
湖北省黄冈交通学校	1997.6	黄冈市东门路25号	38668.6	23392

表7-2-3-1(2)

名称	建筑(征地)时间(年)	建筑面积(m²)	层数
征地	1989	38668.6	
学生宿舍1号楼	1995	4398	7
学生宿舍2号楼	1998	2112	7
综合教学楼	1990	4400	5
综合实验楼	1998	890	5
综合办公楼	1995	2100	5
实习车间1	1996	200	1
实习车间2	1999	200	1

续上表

名　　称	建筑(征地)时间(年)	建筑面积(m^2)	层　　数
礼堂(一楼为食堂,二楼为礼堂)	1998	1692	2
食堂、澡堂综合楼	1998	1500	3
教工宿舍1号楼	1996	3600	7
教工宿舍2号楼	1999	2300	7
小计		23392	

三、普通中专学历教育

1990年,经湖北省教委批准创建黄冈交通学校,是一所公办全日制省级重点普通中等专业学校,享有教育、财政、扶贫等政府部门设立的国家扶贫助学计划。学校面向黄石市、鄂州市、孝感、咸宁、黄冈地区招收初中毕业生,学制4年,在校生规模为640人。1991年开始招生,当年有全日制在校学生130人,其中电视中专学生35人,职业高中班学生95人。1992年,新招全日制中专生125人。

学校开设有汽车运用与维修、公路与桥梁、机电技术应用、模具技术应用、数控技术应用、计算机技术应用、电子技术应用。拥有汽车拆装、数控加工、模具加工、路桥测量、电工电子、计算机、语音等15个现代化实验室,各类图书10万册,微机300台。学校实习车间能同时满足500人进行汽车维修、数控加工、模具钳工、微机等方面的实践操作,并在大型厂家和多家路桥公司建立了实训基地。学校与武汉理工大学、中南民族大学、湖北工业大学等大学联合办学,在校学生可套读大专或本科。2006年,在校生1200人,教职工118人,其中高级职称占专职教师总数的23%,中级职称占50%。累计为国家培养输送技术型、应用型人才近万人。2007年,完成800名在校生的教学与管理。

2008年,学校内外形势发生较大变化,初中生源呈逐年下降趋势,生源紧缺。2008年仅招收新生260余人。学校领导及时调整思路,用以就业为导向的职业教育观念来思考和解决办学中的各种矛盾。牢牢把握"教学质量""学生管理""学生就业"这三条生命线,教学上注重理论与实践相结合,突出实践操作训练,并紧扣用人单位生产技术的需要,部分专业课程按厂方提供教材、设备进行教学实训。在学生管理上严格执行"全封闭式"管理制度,并辅助以"亲情教育,情感教育"、人生价值观等一系列德教活动,提高学生的综合素质。

学校根据市场需求,把培养目标定位在工作有保障、就业有优势、创业有能力上,着力突出学生实践动手能力,面向市场培养适用型中等技能人才。使学生毕业后能上岗、能就业、能创业,学校专设有毕业生就业办公室,加大就业工作力度。2008年,先后派员考察广东、江苏、浙江、上海、福建等在内的相关企业,并邀请企业到校举行现场招聘会。加大学生顶岗实习力度,先后组织300名毕业生走上工作岗位。后来又相继与中兴通讯、摩托罗拉、上海汽车、神龙富康等30多家知名企业建立了稳定的人才供求关系,签订了人才培训协议。学生毕业前半年按厂家提供的教材安排教学与实训,毕业即上岗。学校坚持工学结合、工学交替、校企合作、产教结合的原则,积极开发校外实训基地,把教学引向生产第一线。近年来,与汽车、电子、路桥公司先后签订了校企合作合同,开办校企合作班,开始尝试产教结合的新职教模式。通过上述措施,该校毕业生大幅提升动手能力和社会适应能力,深受用人单位好评,学生就业率达100%。

在全省中职学校学生竞赛中荣获钳工比赛团体三等奖获,个人一等奖、三等奖;在汽车运用与维修技能大赛中荣获二级维护作业团体二等奖;在电子产品制作大赛荣获个人三等奖。在全省中职学校学生电子技能大赛中,该校选手荣获个人二等奖和团体三等奖;该校教师参加省电子类现场说课大赛荣获二等奖。

四、交通部电视中专黄冈工作站与定向中专班

1989年6月,经交通部、湖北省交通厅批准同意,建立了交通部电视中专黄冈工作站,开展成人脱产中专学历教育。1992年首届路桥专业35名学员经3年理论学习全部如期毕业。1993年,交通部电视中专黄冈工作站被评为二级工作站。

2009年,该校充分利用交通行业的职业教育两大优势,突出专业特色,使交通人才培养向行业延伸、向企业延伸、开办三大定向培训基地、三个定向中专班:即国家海事局船员定点培训基地+船舶驾驶和轮机管理人员定向中专班;湖北省交通厅鄂东南人才培养基地+铁路建设公司路桥专业定向班;黄冈汽车修造人才培训基地+汽车制造公司定向班。2010年3月10日,举行了黄冈市交通学校与湖北澳龙公司联合开办公路与桥梁专业定向联合办学签字仪式。11月15日,长航凤凰股份有限公司委培班在黄冈交通学校开班。

五、成人教育

1996年,黄冈市交通局黄交〔1996〕77号文件印发《黄冈交通"九五"成人教育与岗位培训计划》,要求在办好普通中专教育的同时,采取切实有力的措施,办好成人教育与岗位培训,做到普通中专与成人教育及岗位培训同步发展。力争在三年内完成黄冈交通行业十个关键岗位,十类行政执法人员的培训,基本实现持证上岗。计划在"九五"期间开办成人大专班3个,100人;开办中专班4个,培养200人,行政执法人员培训500人,关键技术培训1000人;实用技术培训200人;五年总计培训2000人。

交通学校在开展普通中专学历教育的同时,面向社会、面向基层,坚持多层次多形式开办成人教育与职后继续教育。一方面依托高校,与武汉理工大学、中南民族大学、湖北工学院联合办学,开办成人高等教育,设立了网络学习中心和成人教育函授站。开设了经济管理、土木工程、计算机科学技术、工商管理、会计、法学、工程管理、汽车服务工程、交通运输等专本科学历教育。1999年,学校建立了武汉汽车工业大学自修助考黄冈辅导站,培养大专生140人。2000年黄冈交通学校开办计算机应用、轮船船员、厂长经理、运政执法、汽车驾驶教练员、监理工程师、项目经理培训、路政执法、公务员岗位、成人学历教育班20期,培训人员1200人。

1999年,黄冈市交通局黄交字〔1999〕82号文件印发《关于全市交通系统专业技术人员计算机等级培训工作的通知》,同意在市交通学校设立党政机关干部暨事业单位专业技术人员计算机等级培训点,具体承担交通系统干部职工计算机等级培训工作。2000年8月3日至13日,黄冈市交通局在黄冈交通学校举办计算机操作及应用初级培训班。局直各企事业单位在职的具有初级以上专业技术职务和中专以上学历的专业技术人员和管理人员参加了培训,考试合格由市人事局颁发了培训合格证,考试成绩作为职称资格评审及考试的必备参考条件。

2015年,通过武汉理工大网络学院黄冈学习中心年检工作,完成2013年春秋两季武汉理工大网络教育成人本专科生毕业证办理工作。

第八篇 党群工作及精神文明建设

中华人民共和国成立前,中国共产党在黄冈这片热土上组织领导开展了各项革命活动。中华人民共和国成立初期,党领导码头工人和搬运工人,在协助政府接管官僚资本企业、废除封建把头制度、实行工矿企业的民主改革,巩固新生的人民政权方面发挥了重要作用。1955年,罗田县建设科、城关搬运站、罗田县汽车站联合建立党支部,是县级交通系统中最早成立的党组织。1958年3月,专署决定将交通科、轮船办事处和木帆船管理处合并为专署交通局,交通管理有了专门管理机构。交通行政机关党组织开始建立健全,逐步发展壮大。历届交通党组织坚持抓好党的组织建设、思想作风建设、廉政建设和干部队伍建设。工会、青年团、学会等群团组织围绕党的中心工作,在交通建设改革和发展中发挥了积极作用。

黄冈交通系统各级党组织按照"精神文明重在建设"的要求,以人为本,以活动为载体,以机关为示范,以"窗口"创建和执法队伍建设为重点,广泛开展以创建文明单位、文明系统、文明行业、文明"窗口"、文明样板路、青年文明号为载体的文明创建活动,全面推进全系统的精神文明建设。2011年12月中央精神文明建设指导委员会授予黄冈市交通运输局为全国文明单位。2015年2月,黄冈市交通运输局经复查合格,继续保留"全国文明单位"荣誉称号。

第一章 党务工作

第一节 党的组织建设

一、黄冈市直交通系统基层党组织建设概况

新中国成立初期,黄冈各县的搬运站、初级民船社相继建立了基层党支部。1955年,罗田县建设科、城关搬运站、罗田县汽车站联合建立党支部,是县级交通系统中最早成立的党组织。1956年,蕲州搬运站党支部和初级民船合作社党支部是蕲春县交通系统最早成立的党组织。1957年8月,广济县成立工交党支部。据《黄冈市志》记载,1958年年底,黄冈交邮系统共有党支部53个,党总支3个,有党员962人;1979年,黄冈交邮系统共有党支部409个,党总支28个,党委2个,党员5290人;2000年,黄冈交邮系统共有党支部585个,党总支56个,党委15个。

中国共产党黄冈专员公署交通科机关党支部成立于1958年3月,1972年7月建立地区交通局党委,1980年4月撤销,建立局党组,局机关设党总支。1996年5月改称黄冈市交通局党组。至2015年,市直交通的系统共有1个党组、1个党委、7个党总支、30个党支部,党员482名,见表8-1-1-1。

至2015年末,基层党组织建设情况　　　　　表8-1-1-1

单位	党组织名称	成立时间（年.月）	基层组织情况（个）				职工总数（人）
			党委（党组）	党总支	党支部	党员（含离退休党员）	
黄冈地(市)交通局机关	党组（党委）	1972.7	1	1	3	50	28
黄冈地(市)公路管理局	党委	1991	1	2	10	205	706
黄冈地(市)公路运输管理局	党总支	1985		1	3	56	80
黄冈地(市)港航管理局、地方海事局	党总支	2003.7		1	3	30	57
黄冈市物流局	党总支	2010.4	—	1	3	52	48
黄冈客运管理处	党支部	1988.7			1	33	43
黄冈交通学校	党总支	2005.6		1	4	29	81
质量建设监督站	党支部	2010.9			1	6	8
黄冈长江大桥路政管理处	党支部	2014.4	无	无	1	9	10
黄冈长江大桥超限检测站	党支部	2013.12			1	12	27
合计			2	7	30	482	1088

二、交通局机关党组织沿革

1953年12月,黄冈专署设立交通科,未单独建立党的组织机构。1958年3月,黄冈专署决定将交通科、地区轮船办事处、地区木帆船管理处三个单位合并成立湖北黄冈专员公署交通局,机关成立党支部,

隶属黄冈地直机关工交总支部委员会。1959年1月,黄冈专署决定将交通局分开设立黄冈专署交通运输管理局和黄冈专署交通建设管理局,同年9月,黄冈专员公署决定将黄冈专署交通运输管理局和黄冈专署交通建设管理局合并成立黄冈专署交通局,在此期间党组织仍在一个党支部。

1964年8月31日,根据中共黄冈地直党委会指示,将原专署交通局支部和专署交通局船队支部合并为专署交通局支部委员会。

1970年6月,经黄冈地区革命委员会机关整党建党领导小组同意,建立黄冈地区革命委员会交通邮政管理局临时党支部委员会。同年12月,中共黄冈地区革命委员会直属机关核心小组批复,同意建立中共黄冈地区革命委员会交通邮政管理局支部委员会。1972年7月,经中共黄冈地委同意,建立中共黄冈地区交通局委员会。

1980年4月,经黄冈地委组织部研究决定,撤销地区交通局党委,建立地区交通局党组。1981年12月,经黄冈地委组织部同意,成立地区交通局党组纪律检查组。1988年,交通局机关成立党总支,下设机关党支部;1988年9月改选,11月经中共黄冈地区直属机关委员会直发〔1988〕101号文件批复同意改选结果,由党组副书记戴友志任党总支书记。

1996年5月,撤地建市,中共黄冈地区交通局党组改为中共黄冈市交通局党组。

2010年7月,黄冈市交通局更名为黄冈市交通运输局,黄冈市交通局党组改为黄冈市交通运输局党组。

黄冈交通行政管理机构党组织历任领导名录见表8-1-1-2。

黄冈交通行政管理机构党组织历任领导名录　　　　　　　　　　表8-1-1-2

机构名称	姓名	职务	任职时间	备注
中共黄冈专署交通局支部委员会(1958.3—1966)	刘文龙	书记	—	
中共黄冈地区革命委员会交通邮政管理局临时党支部委员会(1970.6—1970.12)	王久经	书记	1970.6—1970.12	
	蔡林校	副书记	1970.6—1970.12	
中共黄冈地区革命委员会交通邮政管理局党支部委员会(1970.12—1972.7)	王久经	书记	1970.12—1972.7	
	蔡林校	副书记	1970.12—1972.7	
中共黄冈地区交通委员会（1972.7—1980.4）	王久经	书记	1972.7—1979.12	
	王本涛	副书记	1972.7—1980.4	
	黄青竹	副书记	1972.7—1974.5	
	左建文	副书记	1976.5—1980.4	
中共黄冈地区交通局党组（1980.4—1996.5）	王本涛	书记	1980.4—1987.11	
	张庆胜	书记	1987.11—1996.5	
	吴高祥	副书记	1980.4—1983.12	
	吴高祥	纪检组组长	1981.12—1983.12	
	左建文	副书记	1980.4—1984.2	
	王长久	副书记	1984.3—1987.11	
	王长久	纪检组组长	1984.12—1987.11	
	戴友志	副书记	1987.11—1991.8	
	刘召泰	副书记	1991.8—1996.5	
	操尚银	副书记	1995.8—1996.5	
	余炳章	纪检组组长	1987.12—1993.7	
	张明清	纪检组组长	1993.8—1996.5	

续上表

机构名称	姓　名	职　务	任职时间	备　注
中共黄冈市交通局党组 （1996.5—2010.7）	张庆胜	书　记	1996.5—1997.4	
	操尚银	书　记	1997.4—2002.12	
		副书记	1996.5—1997.4	
	万章热	书　记	2002.12—2008.5	
	刘新华	书　记	2008.5—2010.7	
		副书记	2003.2—2008.5	
	刘召泰	副书记	1996.5—2001.11	
	杜光荣	副书记	2002.12—2010.7	
	张明清	纪检组组长	1996.5—2003.2	
	张建设	纪检组组长	2003.2—2009.2	
	黄文浩	纪检组组长	2009.12—2010.7	
中共黄冈市交通运输局党组 （2010.7—）	刘新华	书　记	2010.7—2014.12	
	周银芝	书　记	2014.12—	
	杜光荣	副书记	2010.7—	
	黄文浩	纪检组组长	2010.7—2015.2	
	吴秀梅	纪检组组长	2015.2—	

三、直属单位党组织沿革

（一）中共黄冈公路管理机构党组织

1959年8月，湖北省交通厅黄冈养路总段成立，实行行政属地方、业务属湖北省交通厅的双重领导，未建立党的组织机构，党员隶属于地区交通局党支部；1962年10月，经地直机关党委批准建立公路总段党支部，书记李道友。1968年11月17日，经湖北省黄冈地区革命委员会批准，将黄冈地区养路总段更名为黄冈地区公路总段。1969年11月，经黄冈地区革命委员会核心小组批准，成立公路总段临时党支部，书记肖桂森；1973年4月，经地委组织部批准建立公路总段党支部；1974年7月，中共黄冈地委组织部批准建立中共黄冈地区公路总段总支委员会，下设三个支部委员会，先后由叶文顺、肖桂森、谭干诚、袁希炎任书记。1991年年底，经中共黄冈地委组织部批准，撤销中共黄冈地区公路总段总支委员会，设立中共黄冈地区公路总段党委委员会。1996年4月，黄冈撤地设市，黄冈地区公路总段亦更名为黄冈市公路总段。1998年12月24日，黄冈市交通局批准黄冈市公路总段更名为黄冈市公路管理局。党组织相应改称中共黄冈市公路管理局党委。至2015年年底，下设12个党支部（总支），共有党员205人。

（二）中共黄冈港航管理、地方海事管理机构党组织

1986年6月，湖北省航运管理局黄冈地区分局更名为"湖北省黄冈地区航务管理局"与"黄冈地区港航监督处"一门两牌，党组织设中共湖北省黄冈地区航务管理局党总支，由王念兹任书记；1996年5月，黄冈撤地建市，黄冈地区航务管理局、黄冈地区港航监督处随之更名为"黄冈市航务管理局""黄冈市港航监督处"。党组织随之更名，由陈祥安任书记；2000年12月，黄冈市航务管理局更名为"黄冈市港航管理局"，2003年4月，黄冈市港航监督处更名为"黄冈市地方海事局"。黄冈市港航管理局、地方海事局，一门两牌，合署办公。党组织称中共黄冈市港航管理局、地方海事局党总支委员会。2001年3月，由张望生任党总支书记；2003年，由吴兴波任党总支书记；2011年1月至2015年，由彭嘉新任党总支书记。

至2015年年底,下设4个党支部(总支),共有党员30人。

(三)中共黄冈道路运输管理机构党组织

1985年2月,黄冈地区成立公路运输管理局,同地区交通局合署办公。1986年9月,公路运输管理局正式分设,行政隶属地区交通局领导。1987年3月31日,局经全体党员选举产生中共黄冈地区公路运输管理局党总支委员会。1991年3月1日,经中共黄冈地直机关党委批准,秦建英任党支部书记。1991年10月31日,地区公路运输管理局更名为黄冈地区公路运输管理处,党支部随之更名。1993年4月11日,中共黄冈地区机关党委〔1993〕33号文件批准,由秦建英任书记。

2002年5月23日,经中共黄冈市委市直机关工作委员会批准,市运管处建立"中共黄冈市公路运输管理处总支部委员会",下设机关、检测站、安泰公司、离退休老干部四个党支部。周勇为总支书记,左毅为副书记。

2003年5月26日,黄冈市机构编制委员会办公室黄机编办〔2003〕23号文件通知,同意黄冈市公路运输管理处更名为"黄冈市道路运输管理处"。2005年12月2日,中共黄冈市委组织部黄组干〔2005〕127号文件通知,黄义德任中共黄冈市道路运输管理处总支部委员会书记。党总支下设3个基层党支部,有党员35人。

2011年10月,改称中共黄冈市公路运输管理局党总支,黄义德继任党总支书记。至2015年年底,下设4个党支部(总支),共有党员56人。

(四)中共黄冈交通规费征稽物流机构党组织

1974年12月,建立中共黄冈地区车辆监理所支部委员会。1987年7月,撤销黄冈地区车辆监理所,分设黄冈地区公路养路费征稽所和交警支队,黄冈地区公路养路费征稽所成立临时党支部。

1988年11月,建立中共黄冈地区公路养路费征稽所支部委员会,陈才胜任党支部书记。12月,黄冈地区公路养路费征稽所更名为黄冈地区公路养路费征稽处,党组织名称变更为中共黄冈地区公路养路费征稽处支部委员会。1994年征稽处党支部进行改选,由张望生任党支部书记。

1996年5月,黄冈撤地建市,黄冈地区公路养路费征稽处更名为黄冈市公路养路费征稽处,党组织名称变更为中共黄冈市公路养路费征稽处支部委员会。

1998年5月,黄冈市公路养路费征稽处更名为黄冈市公路规费征稽处,党组织名称变更为中共黄冈市公路规费征稽处支部委员会。

2001年5月,建立中共黄冈市公路规费征稽处总支部委员会,下设3个党支部,即处机关党支部、黄州直属所党支部、老干部党支部。

2008年12月,成品油税费改革,取消公路养路费等规费征收。2010年4月,撤销黄冈市公路规费征稽处,设立黄冈市交通物流发展局。党组织名称变更为中共黄冈市交通物流发展局(征稽处)党总支委员会,总支书记刘欣建。至2015年年底,下设3个党支部,共有党员52人。

(五)中共黄冈市交通基本建设质量监督站党支部

1999年4月,成立黄冈市交通基本建设质量监督站,未建立党组织。2010年9月,成立中共黄冈市交通基本建设质量监督站党支部,李晓东同志任党支部书记。至2015年年底,设1个党支部,有党员6人。

(六)中共黄冈地区交通学校党支部

1989年,黄冈地区交通局着手筹建黄冈交通学校。1990年9月,黄冈地委组织部任命王广发为黄冈地区交通学校党支部书记,但党支部未建立。1991年5月,成立黄冈地区交通学校党支部,支部委员会由王广发、刘厚义、虞香明三名同志组成。1996年5月,黄冈撤地建市,黄冈地区交通学校改称为黄冈交通学校,党支部名称亦改变。2005年8月,成立中共黄冈交通学校总支部委员会,下辖机关党支部、教师党支部、学管党支部、退休职工党支部。2009年,黄冈市委、市政府决定对黄冈交通学校等市直五所中职学校进行整合,组建黄冈市中等职业学校(集团)。至2015年年底,下设4个党支部(总支),共有党员29人。

2017年8月,黄冈交通学校一部分职工划转至黄冈市中等职业学校(集团),一部分职工分流至黄冈市中医院,党员组织关系相应转入新单位党组织,学校行政机构和党组织机构终止。

(七)中共黄冈市城市交通客运管理处党支部

1988年7月,黄冈县黄州镇政府设立黄州镇客运交通管理办公室,隶属黄冈县黄州镇城乡建设委员会,同年成立党支部。1990年撤销黄冈县设黄州市,次年7月,黄冈县黄州镇客运交通管理办公室即更名为黄州市客运管理办公室,划归黄州市城建委管理。1995年1月,黄州市客运管理办公室更名为黄州市客运交通管理处,隶属关系不变,党支部名称亦改。1997年10月,黄州市客运管理处上划至市建委,负责市区公共客运交通管理,隶属市建委二级单位,党支部名称亦改。2010年9月,黄冈市城市交通客运管理处整体移交市交通运输局管理,隶属市交通运输局二级单位,负责指导全市城市公交、出租车的行业发展,党组织关系亦转至市交通运输局,属市交通运输局党总支管辖。至2015年年底,设1个党支部,共有党员33人。

(八)中共鄂黄长江公路大桥路政安全管理处党支部

2013年4月23日,因鄂黄长江公路大桥管理局改制,将原由鄂黄长江公路大桥管理局管理的鄂黄长江公路大桥路政安全管理处调整为黄冈市交通运输局管理的事业单位,成立鄂黄长江公路大桥路政安全管理处,未建立党组织。2014年4月,成立中共鄂黄长江公路大桥路政安全管理处党支部,党支部书记刘海。隶属中共黄冈市交通运输局总支部委员会。

(九)中共鄂黄长江公路大桥超限检测站党支部

2013年9月,鄂黄长江公路大桥超限检测站成立,同年12月,建立中共鄂黄长江公路大桥超限检测站党支部,隶属中共黄冈市交通运输局总支部委员会。截至2015年年底,共有中共党员12名,书记刘欣荣。

四、思想建设

(一)改革开放前历次思想教育活动

1952年以前,各级党组织围绕清匪反霸、土地改革、抗美援朝等中心任务,对党员和职工进行阶级路线、共产主义思想和爱国主义思想教育。1958年5月,党的八届二中全会以后,党组织把主要精力投入在"鼓足干劲、力争上游、多快好省建设社会主义"总路线的宣传贯彻上。在全区掀起"全党全民大办交通"和大搞技术革新的热潮,全区公路水路交通建设初步发展。1961年1月,党的八届九中全会正式通过了对国民经济实行"调整、巩固、整顿、提高"的方针;交通各级党组织在上级的领导下,纠正了一些"左倾"的错误做法,克服了三年困难时期和压缩基本建设带来的重重困难,随着国民经济的好转,全区交通运输重新走上健康发展的轨道。

1963—1966年,各级党组织对党员进行形势、阶级、社会主义方向教育以及党的政策、党的基本知识和党的优良传统教育。

1978年12月,党的十一届三中全会召开,党的思想建设工作重新建立起来。交通系统党员干部积极参与"真理标准大讨论",使党的解放思想、实事求是的思想路线在广大干部中得到恢复。邓小平南方谈话后,交通各级党组织在黄冈地委领导下,掀起一轮又一轮学习邓小平理论和中共十四大精神热潮。把清除"左"的思想束缚、解放思想作为重点解决的问题,使党员干部职工又经历了一次思想大解放。

(二)改革开放以来的主题教育活动

两清学习。1988年,黄冈地区交通局党组按照从严治党的原则,组织开展两清学习和评议不合格党员工作;配合地委组织部和地区经委,对副县级以上和直属单位主要领导干部进行考察;地县两级交通管理部门和所属企事业单位分别制定保持清正廉洁的具体措施;清理干部职工违法违纪建私房,处理各类违法违纪案件和人民来信来访。

弘扬老区传统的艰苦奋斗教育活动。1997—1998年,黄冈市交通局将开展艰苦奋斗教育活动与整顿机关作风活动结合起来,集中听辅导报告,统一动员、精心组织,联系实际开展"四查四看",从局机关到直属单位,从局领导到干部职工,联系个人实际,认真进行对照检查,应查488人,实查468人,写出自查材料437人,大会发言387人,并组织了验收总结,达到自我教育、自我整改、自我提高的目的。

"三讲教育"活动。1998年11月—1999年10月历时11个半月。黄冈市交通局党组开展了"三讲教育"活动,交通局领导班子高度重视,坚持以整风精神抓"三讲"教育,以"三讲"精神抓工作,把思想发动、教育提高、走群众路线、边整边改贯穿始终,通过开展学习教育、自我剖析、征求群众意见、组织群众评议和整改,取得一定成效。局党组针对存在的问题,制定了10条整改措施,建立和完善了12项规章制度,解决了领导班子和领导干部中的一些突出问题,群众测评满意率达95%以上。

黄冈交通局组织局直单位党员培训

"三个代表"重要思想教育活动。"十五"期,黄冈市交通局党组按照党中央统一部署,积极开展"三个代表"重要思想教育活动。采取集中领导、集中时间、集中人员的方式,系统学习"三个代表"重要思想和江泽民"5.13"讲话精神,局机关党支部、局直各单位党组织分专题开展讲座,结合交通实际开展大讨论,交流学习体会,推进学习教育活动深入。在保持共产党先进性教育学习中与文明创建相结合,突出改革和发展两大主题、深入开展建设"五型交通"活动(学习型、诚信型、服务型、实干型、创新型)。成立以局长为组长的领导小组,组建四个工作专班,队伍建设专班、机关建设专班、业务工作专班、日常工作专班。2005年10月,市交通局获得"全国精神文明建设先进工作单位"称号。

(三)党员培训及"七一"表彰活动

1996年4月29日,黄冈交通发展史上第一所党校——黄冈地区交通党校成立。第一期培训班共有学员80人,其中地直交通系统入党积极分子50人,各二级单位负责人、党办主任和机关干部30人。9月3日至4日举办了第一期基层党支部书记培训班,来自局直单位的41名党组织正副书记参加了培训。1997年,在党校举办"双学"、党章、十五大精神等各类培训班12期,培训985人次。两年共举办培训班75期,受培训人员13240人次,从而提高了广大党员干部的政治思想素质。

交通局党组坚持每年上党课,开展"七一"党建工作总结表彰活动。每年对先进基层党支部、优秀党务工作者、优秀共产党员进行评选表彰。1996年,交通局党组授予中共黄冈市江北造船厂等10个单位为"先进基层党组织"称号,授予龙其保等108人"优秀共产党员"称号。1998年,表彰10个先进基层组织和100名优秀共产党员。1999年,中华人民共和国成立五十周年之际,评选表彰"百名老交通先进工作者和十名老交通劳动模范",组织老劳模事迹报告会。2000年,中共黄冈市交通局党组以黄交党

〔2000〕66号文,表彰交通局机关优秀共产党员,刘召泰、张明清、万继平、叶国期等4名机关党员干部受到表彰。2011年,为纪念建党90周年,开展了"党建回头看""争先创优""八个一"、建党90周年纪念大会、评先表彰、勤政廉政党课、发展新党员、参观重点工程、召开党员领导干部民主生活会和党员组织生活会、有奖征文、传统教育等八项活动。2012年6月28日,中共黄冈市委授予黄冈市公路管理局局长鲍克宏为"全市争先创优优秀共产党员"称号。

2014年,评选表彰先进基层党组织、优秀共产党员、优秀党务工作者及"道德讲堂"等活动合并进行,黄冈市直机关工委副书记石磊,中共黄冈市交通运输局党组书记、局长刘新华分别作重要讲话。局全体领导、机关全体干部职工合唱《没有共产党就没有新中国》。局党组成员、副局长周银芝带领与会党员重温入党誓词,市局经典诵读团诵读了习总书记"三严三实"重要论述,局机关党员干部代表李林新、田小勇交流心得体会。

2015年"七一"前夕,市交通运输局党组书记、局长周银芝为局机关全体干部职工、局直各单位班子成员讲"三严三实"专题党课。周银芝同志以《坚定不移践行"三严三实",全力推进黄冈交通发展》为题,从五个方面深刻阐述开展"三严三实"专题教育对黄冈交通运输事业发展理论指导和重大实践意义。

五、职工队伍建设

1995年下半年,交通局机关集中50天时间,进行机关作风整顿,疏导思想、理顺关系,重点抓规章制度的建立和解决机关环境脏乱差等问题,建立了13项管理制度、规范了工作行为,办了10件实事,改变了环境面貌。1996年,中共湖北省黄冈地区交通局党组黄地交〔1996〕4号文件印发《关于加强对年轻干部培养、抓好100名跨世纪人才工程建设的意见》,计划对100名35岁以下年轻干部进行跟踪培养,逐步推行选拔优秀干部的"双推双考"制度。1997年,黄冈市推行国家公务员制度。经交通局请示,1997年11月10日,黄冈市推行国家公务员制度工作领导小组黄推公〔1997〕24文批复同意:黄冈市交通局在干部选配和任命过程中,拿出三分之一以上的正科级岗位进行竞争上岗,60%以上职位进行轮岗。

"九五"期间,重点加强"三大教育",即:思想政治教育、职业道德教育和业务知识教育。开展"学决议话交通"答题竞赛,用理论指导交通实践。局机关及局直单位把开展"双学"活动与继续整顿机关作风活动结合起来,注重解决一些突出问题,并公开处理局直单位一些有违纪行为的干部职工。此期间,交通局党组进一步在全系统积极推进干部人事制度改革,按照"公开、平等、竞争、择优"原则,在局直四个单位推行干部竞争上岗和交流轮岗。

"十五"至"十一五"期间,湖北省交通厅要求开展"三学四建一创"活动,黄冈市交通局党组结合自身情况,开展"三转两强争四优"活动。2011年黄冈市交通局组织交通百名公务员"进村入户走村路、一万公里大巡访专项行动",将全市1.17万公里农村公路分解为114条路线,每名公务员负责一条路线。2011年5月,黄冈市交通局举行机关中层干部岗位公开竞争上岗,每个职位笔试前3名者进入面试,公开招聘完全在公开、公平、公正、竞争、择优的原则下进行。

"十二五"期间,黄冈交通系统开展从严治党,争当"两为"干部活动、党风廉政建设"百日行动"、干部召回问责工作、弘扬"克难攻坚、不胜不休"的黄冈交通精神等项活动。2014年,黄冈市交通运输局被评为全市党建、"双百项目"行动、安全生产、信访工作责任制考核、社会管理综合治理、法治建设目标管理、依法行政工作先进单位。被黄冈市委市政府荣记二等功,荣获人民满意公务员示范单位,在市纪委委员质询评议中获唯一全票通过单位。2015年12月,黄冈市交通局获得党建工作、党风廉政建设责任制考核、"双百"项目行动、安全生产、社会管理综合治理五个单项工作优胜单位。

第二节　纪检监察工作

一、工作机构与职责

1987年12月，经黄冈地委组织同意，成立地区交通局党组纪律检查组。1987年11月黄冈地委黄发干〔87〕56号任命余炳章为黄冈地区交通局纪检组组长。兹后由张明清、张建设、黄文浩、吴秀梅历任纪检组组长，内设纪检监察室负责日常工作。

2015年，黄冈市交通运输局纪检组长分工调整，局纪检组、监察室推行"七个一"工作法，即每月组织一次廉政学习教育；每两个月进行一次明察暗访；每季度听取一次廉政建设专题汇报；每半年进行一次落实"两个责任"工作小结；着力查办一批违规违纪案件；合力形成一批反腐倡廉理论成果；培树一批勤廉先进典型。通过广泛宣传和深入挖掘，培植树立一批叫得响、过得硬的交通勤廉典型，充分发挥他们在干部队伍中的引领示范作用。

二、廉政建设

"七五"期间，重点组织开展清查干部职工违纪违法建私房问题，制定《关于加强班子自身建设和保持清正廉洁的规定》。要求党员干部提高保持清正廉洁的自觉性，严格执行中央、省委的有关规定，坚持"八不准"：一是不准利用权力擅自减免养路费和车辆购置附加费；二是不准利用工作方便向下级和车属单位索取或低价购买土特产品，从中贪占便宜；三是不准从业经商，转手倒卖各种商品和物资，充当商业活动的经纪人；四是不准挥霍公款请客送礼；五是不准借下基层之机搞铺张浪费；六是不准任意增加会议次数和扩大会议规模；七是不准购置省政府规定停批的专控商品；八是不准参与打牌赌博和封建迷信活动，不准观看、传播淫秽录像、黄色书刊和婚丧事大操大办。

"八五"期间，认真抓党员领导干部廉洁自律教育，开始党风廉政检查；纠正行业不正之风的任务，重点治理公路"三乱"和开展文明样板路创建工作。

"九五"期间，制定加强廉洁自律的若干规定。其主要内容为"十五个不准"：不准用公款请客送礼；不准利用权力擅自减免、挪用规费，或在两费征收中乱开口子，从中收受贿赂；不准利用工作之便向下级和直属单位索取或低价购买土特产品；不准参与打牌赌博和封建迷信活动，不准观看、传播淫秽录像和黄色书刊，婚丧嫁娶不准大操大办，借机敛财；不准违反规定多占住房，不准用公款购买、建造、装修个人住房；不准用公款送子女上学；不准参加用公款支付的营业性歌舞厅等娱乐活动；不准用公车办私事；不准购置省政府规定停批的专控商品；不准玩忽职守，违法乱纪；不准参与投机倒把，经商牟利，单位个人开办第三产业；不准用公款游山玩水；不准为亲友违反政策在本部门办事；不准接受对执行公务有影响的宴请；不准拿"两费"政策作交易。提倡勤俭过年，文明过节，狠刹公款送礼风、大吃大喝风、铺张浪费风和抹牌赌博风。2000年7月纪检组对局直单位落实党风廉政责任制情况进行了检查通报，局直单位共清理出违纪多购住房14户，按市纪委批复逐一处理到位；黄冈市运管处、征稽处作为市直26个政务公开试点单位，通过在新闻媒体向社会公开承诺、设立公共墙、建立领导接待日制度、实行"一站式"服务等，全面推行政务公开。

"十五"期间，推行党风廉政责任制，深入开展"党风廉政建设宣传月"活动。落实党风廉政建设"一岗双责"目标责任制，每年年初将党风廉政建设的责任目标作为全年工作目标的重要内容，与交通工作一并层层签订目标责任书。建立了以责任制为载体的一级抓一级、层层抓落实的责任制网络。文明建设与源头治腐工作向重点工程延伸，在江北路建设中开展"三评两促创文明"活动，实行"红、黄、黑"和"个、

十、百"处罚措施。

"十一五"期间,进一步健全和完善"一岗双责"党风廉政建设责任制,层层签订责任状;落实重大事情报告制度,坚持各级领导干部公开述职述廉和聘请群众点评制度。在车站、码头、货物集散地设立举报箱、举报电话,接受服务监督;邀请行风监督员进行揭短挑刺,帮助监督。2006年,红安县交通局认真执行党风廉政责任制,落实一岗双责,坚持执行工程建设廉政合同制、纪检监察派驻制、纪检监察工作巡查制卓有成效,被黄冈市委被为先进基层党组织。2008年9月17日,黄冈市交通局组织召开新闻媒体监督座谈会,对当年交通建设重点项目前期工作(黄冈长江大桥、武汉新港黄冈作业区、长江岸线资源规划开发),以黄上路为代表的重点工程建设(大北、武英、武麻高速和鄂东长江大桥)、行业管理等情况向各家媒体代表通报。2009年,黄冈市交通系统先后开展"服务创优,从我做起"主题教育活动和文明执法教育;推行政务公开,市交通局党组先后向社会作出"优化经济发展环境,加强政风行风建设"五项承诺和加强干部队伍作风建设八项承诺;先后出台了一系列规章制度,推进交通政风行风建设。组织开展廉政文化进机关活动,组织开展廉政书法、摄影、绘画比赛。黄州区交通局孙宇明的《世路无如贪欲险》获书法一等奖;团风县交通局钱骏的《莲》获书画一等奖;黄梅县交通局王远平的《志在高山养路工》获摄影比赛一等奖。

"十二五"期间,突出"抓党建、严纪律、促发展"主题,全面落实党风廉政建设"两个责任",深入开展"廉政阳光交通"建设,建立面向社会的监督、投诉渠道,主动接受各界监督。广泛向群众征求意见和建议,通过社会公众的参与,不断提高服务水平。积极开展民主评议政风行风,按照服务承诺,对照检查。建立官方微信公众号,其中交通资讯设热点新闻、村村通客车、部门介绍、黄冈交通图、交通风采,实用查询设城区公交线、长途汽车班线时刻表、武汉至黄冈城际铁路时刻表、交通服务监督电话,微互动设一键投诉、交通社区等相关栏目,为群众排忧解难,进一步提高服务社会公众的质量。

2015年,紧紧围绕"抓党建、严纪律、促发展"主题,突出实用性和可操作性,认真编织制度"笼子",狠抓制度落实,规范权力运行。念好从严治党的"紧箍咒"。根据从严治党的新要求,制订出台从严治党"八严禁"、行风建设"八禁止"、工程项目管理"八不准"等规定,打造规范管理的"防火墙"。在全市交通运输系统开展廉政短信征集活动,营造了浓厚的"守纪律、讲规矩、作表率"工作氛围。按照《关于进一步推进市直交通运输系统党风廉政建设主体责任工作方案》,部署安排了"六个一"工作,即召开一次工作推进会、组织一次专项巡查、通报一批典型案例、进行一次集中约谈、开展一次执纪问责、组建一个工作专班。在全系统开展"全面清理整顿、规范管理服务"活动,重点开展"八个专项清理",对每个专项清理明确专门的责任领导和责任科室,限期清理规范和整改落实,严格落实"快、严、实、深"标准,进一步规范交通管理服务,推进党风廉政建设主体责任落地生根。开展交通行政审批问题清理;交通规费征收问题清理;交通涉农资金使用问题清理;交通窗口服务问题清理;交通行政执法主体资格问题清理;危桥危险路段问题清理;渡口渡船问题清理;群众信访问题清理。对局机关、局直单位来信来访情况进行全面自查,对信访矛盾纠纷和不稳定隐患情况进行全面排查,重点组织一次信访问题梳理和排查、进行一次信访通报、开展一次领导走访,化解一批信访积案,推进群众信访问题得到妥善有效解决。12月28日,黄冈市纪委常委、市预防腐败局副局长郭承宗带队对市交通运输局2015年度纪检监察工作进行了考核,市交通局党风廉政建设和纪检监察工作在市委、市纪委组织的考核中受到好评,荣获2015年度党风廉政建设优胜单位。

三、廉政教育

(一)党风廉政建设宣传教育月活动

2000年以来,每年开展党风廉政建设宣传教育月活动,交通局党组深入贯彻落实党中央、中纪委和

黄冈交通系统开展党风廉政建设宣传教育月活动

省市纪委全会精神,结合黄冈市交通运输工作实际,开展不同的主题教育活动。2011年5月,在全市交通运输系统开展"以人为本、执政为民"为主题的第十二个党风廉政建设宣传教育月活动。2014年5月,黄冈市交通运输局成功举办了主要领导讲廉政党课、学习弘扬焦裕禄精神、廉政谈话提醒活动,掀起了第15个党风廉政宣传教育月活动新高潮。黄冈市交通局党组书记、局长刘新华为干部职工讲了题为《强化纪律意识、争做遵纪楷模》的廉政党课。活动集中学习了习近平总书记《结合新的实际,大力弘扬焦裕禄精神》讲话,局领导班子成员分别结合工作实际,对照焦裕禄精神,进行了深刻认真剖析,制订了整改措施。2015年,交通运输局党组以"守纪律、讲规矩、作表率"为主题开展第十六个党风廉政建设宣教月活动。以"深入学习党章,严明党的纪律"为主题的廉政宣传月活动。以学习党章,严明纪律为主题,全面提升党员干部的思想素质,创造便民利民的服务环境。12月16日,黄冈市交通运输局举办了学习贯彻《准则》《条例》培训班。局党组书记、局长周银芝主持培训会并讲话,市纪委常委、监察局副局长李世梁作辅导报告,要求领导带头,全员参与学;要担当主体责任,践行"两为"要求;要坚持从我做起,争做执行模范,做到筑牢"高线",坚守"底线",把握"生命线",争做《准则》《条例》遵守的表率和执行的模范。

(二)廉政约谈

廉政约谈是黄冈市交通运输局党组对党员干部进行廉政教育的重要方法。2011年,对16名干部进行了警示谈话,责令一名干部退还多领的补助资金2380元。2014年,局党组书记刘新华分别与局领导班子成员、局直单位和重要科室主要负责人,局领导班子成员分别与分管科室负责人、关键岗位工作人员进行了廉政谈话提醒47人次。

每年岁末年初是"节日病"的高发期,在元旦、春节即将来临之际,为营造廉政建设"高气压",有效预防"节日病",2015年新年伊始,局新任党组书记周银芝对局领导班子成员、局直单位主要负责人进行了廉政约谈;局党组成员、纪检组长黄文浩传达了市纪委关于加强作风建设、专项治理、迎接省委党风廉政建设检查会议精神,宣读了市纪委《关于七起落实"两个责任"不力典型问题查处情况的通报》,学习了市纪委《关于进一步加强元旦、春节期间党风廉政建设的通知》,布置了市交通运输系统迎接省委党风廉政建设检查考核有关工作。2月26—28日,黄冈市交通运输局组织机关干部职工进行新春廉政集中学习,拉开了新春集中廉政学习教育序幕。集中观看《一朵美丽的倔强花》专题片、著名企业家、格力集团董事长《对自己狠一点》电视演讲、《你对日本知多少》等三部电视专题片;集中学习《习近平谈治国理政》及《人民日报》关于做政治上的明白人系列社论和党纪规章。2015年9月,局党组成员分别带领局机关科室负责人,对局直单位领导班子及成员,就落实干部召回问责和推进党风廉政建设"百日行动"进行了廉政约谈。2015年11月19日,市交通运输局召开了市直交通运输系统领导干部暨纪检监察干部警示教育大会。12月16日,市交通运输局举办了学习贯彻《中国共产党廉洁自律准则》和《中国共产党纪律处分条例》培训班。党组书记周银芝对各单位党组织和广大党员就学习贯彻《中国共产党廉洁自律准则》和《中国共产党纪律处分条例》提出了要求。2015年12月30日,局党组成员、纪检组长吴秀梅,带领局监察室工作人员,到市公路管理局就学习贯彻《中国共产党廉洁自律准则》和《中国共产党纪律处分条例》进行宣讲,并做专题辅导报告。强调在节日之际莫忘"十个严禁",切实遵规守纪;严查违规违纪问题,确保做到"三个千万不能",即用权千万不要任性,底线千万不要逾越,小节千万不要失守。

四、"廉政阳光交通"建设

2003年,黄冈市交通局以黄交〔2003〕34号文印发《关于加强交通工程廉政建设的"五条禁令"的通知》,要求全市各级交通领导干部不准插手、干预工程招投标、材料供应、全市分包及合同变更等活动。2011年,市交通局组织各县市区交通局、局直各单位纪委书记或分管纪检监察工作的领导学习考察廉政风险防控机制建设。开始强力推进"廉政阳光交通"建设,严把"三关",即严把资质关。明确规定,在工程项目招标文件中,必须标明投标单位具备的资质;施工单位参加投标,必须先出具公证部门的资质合格公证书;在评标前,组织专班对投标单位资质文件进行严格审查,如果出现未按规定提供文件或弄虚作假行为,一律取消投标资格。2013年取消了3家投标单位资格,有效打击了挂靠资质、转借资质、弄虚作假等违规现象。严把决策关。所有交通项目,推行廉政公示制,对重大决策、重要事项,适时进行公示;对重点交通项目,实行纪检监察员派驻制,要求施工单位重大决策,必须集体讨论、集中决策,并由派驻纪检监察员全程参与;对重大交通项目,邀请检察机关参加,如:麻阳高速公路实行路检联合共建廉政阳光工程,确保决策科学合理,有效预防了腐败问题产生。严把监督关。切实加强对工程项目的有效监督,对交通工程项目,严格"五制"配套和"三级质量保证体系",实行"六双制"管理,做到纪检监察员派驻制与上级纪委联系点制度同步建立、建设合同与廉政合同同步签订、质量责任与安全责任同步落实、纪检监察与审计监督同步实施、工程成本控制与阳光指数监控同步运行、工程廉政考核验收与质量竣工验收同步完成。同时,认真落实评标专家随机抽取、施工现场计量员定期轮换、工程资金拨付"六签一审"等制度,确保项目建设安全、资金使用安全、干部成长安全。

在黄冈至鄂州高速公路团风段建设中,指挥部与黄冈市检察院构建预防职务犯罪综合防线,强化监督,联合预防。对社会公布举报电话,在指挥部、监理和施工单位聘请廉政监督员,强化内部监督。

建设"阳光工程"。认真贯彻落实市政府关于对政府投资项目实行预防腐败"两案管理"的意见,对2014年10月后新审批的项目,全部按要求制订廉政预案;对新竣工项目,严格按要求落实廉政备案报告制度。同时,切实加强交通项目资金监管,对交通项目,实行廉政公示制;对重点项目,实行纪检监察员派驻制;对重大项目,与市检察院联合共建,有效防止决策失误和行为失范。局纪检组、监察室先后对沿江一级公路、全市危桥改造等项目有关招标工作进行全程监督。实行"阳光审批"。大力推行简政放权,进一步缩短审批时限,精简审批事项,推动行政审批提速、提效。市运管局将驾校的许可、培训记录审签、校外训练场核定、计时系统电子围栏的设置等权限下放至县级运管部门,方便服务群众,受到社会好评。2013年,交通局的腐败风险防控、廉政阳光工程建设等工作多次在省市会议上交流经验,并被市纪委命名为全市第一批廉政文化进机关示范单位。2014年2月在市纪委委员质询测评中唯一全票满意通过。2015年,交通运输局机关蝉联全国文明单位称号。交通系统中涌现一批勤政廉政模范。

第二章 群团组织

第一节 工 会

一、黄冈地区交通局工会工作委员会

1974年12月,黄冈地区交通局党委以黄交发〔1974〕24号文件请示地委组织部,拟成立黄冈地区交通局工会工作委员会,由董长保兼任工会工作委员会主任。1975年3月16日,黄冈地委组织部以黄组〔1975〕51号文件同意董长保兼任地区交通局工会主任,王念慈任工会副主任。1985年5月30日,地区交通局党组以黄交发字〔85〕21号文件报告地区工会办事处,根据经济体制改革和工会工作的要求,拟由王长久、余炳章、陶维群、余春生、柳学屏、张望生等六同志组成地区交通局工会工作委员会,王长久同志任主任委员。至2015年,市直交通运输系统共有工会委员会13个,会员总数837人,其中女会员数297人。黄冈交通行政管理机构历任工会主席见表8-2-1-1。

黄冈交通行政管理机构历任工会主席(主任)表　　　表8-2-1-1

工会组织	主席(主任)	任职时间	批准文号	备 注
工会工作委员会	董长保	1975.3.16—	黄组〔1975〕51号	工会组织名称随单位名称更名而更名
	王长久	1985.5.30请示	1985.5.30黄交发字〔85〕21号请示无批复	
	戴友志	1990.5.14—	黄工组〔1990〕14号	
	李启辉	1997.5.19—2002.12	黄交党〔1997〕15请示未见批复,只有文	
	万继平	2002.12	黄交党〔2002〕57号请示未见批复	
	万继平	2004.2—2010.5	黄政任〔2003〕6号	
	邵百坤	2011.1—	黄组干〔2011〕32号	

二、交通基层工会

黄冈交通系统最早的工会组织始建于1950年,当时称蕲州码头工会和漕河搬运工会小组。随后,各运输公司相继建立工会组织。1951年,湖北省总工会授予浠水县城关搬运站"模范基层工会"荣誉称号。1966年5月,工会组织遭到了严重的冲击、破坏。1973年5月6日,根据中共中央关于整顿健全工会的通知,地直交通系统召开整顿健全工会组织动员大会,贯彻中共中央颁发的〔1973〕17号文件、省委转批省工农青妇联合办公室"关于整顿和健全工会基层组织的报告"和地委整顿健全工会工作有关会议精神,决定在局直单位整顿健全工会组织,在局党委的统一领导下,由各基层党委、党支部具体抓,集中一段时间完成。局机关成立整顿健全工会领导小组,王本涛任组长,局直单位设立相应领导机构,参见表8-2-1-2。

1978年6月20日,地区交通局工会工作委员会转发省工会党组《关于整顿建设和加强工会的报告》和武汉铁路局江岸车站工会委员会《以揭批"四人帮"为纲把工会整顿好建设好》的经验,要求各单位从7

月上旬开始,集中一段时间,在各级党委的直接领导下,书记动手,工会干部全力以赴,统一行动把各级工会组织整顿好建设好。

1973年整顿健全工会组织情况 表8-2-1-2

工会组织	建立时间	批准文件	工会主任
黄冈地区宋埠汽车修配厂工会委员会	1973.6.8	黄交发〔1973〕12号	孙昌鹏
黄冈地区船队工会委员会	1973.6.11	黄交发〔1973〕13号	王汉武
黄冈地区江北造船厂工会委员会	1973.6.13	黄交发〔1973〕15号	华先来
黄冈地区公路总段工会委员会	1973.6.30	黄交发〔1973〕16号	肖桂森
黄冈地区汽车运输公司工会委员会	1973.8.4	黄交发〔1973〕22号	董锡龙
黄冈地区汽车配件公司工会委员会	1973.8.4	黄交发〔1973〕23号	吴世贤
黄冈地区车辆监理所工会委员会	1973.8.19	黄交发〔1973〕25号	张汉民

1979年9月12日,根据中华全国总工会〔1978〕127号通知精神,颁发湖北省黄冈地区汽车运输公司工会委员会、湖北省黄冈地区公路总段工会委员会、湖北省黄冈地区江北造船厂工会委员会、湖北省黄冈地区宋埠汽车修配厂工会委员会、湖北省黄冈地区船队工会委员会、湖北省黄冈地区车辆监理所工会委员会图章六枚,自1979年9月15日起启用,原有图章同时作废。

1980年3月9日,中共黄冈地区交通局委员会发出"关于加强党对工会工作领导的几点意见":要求进一步加强党对工会工作的领导,充分发挥工会在社会主义四化建设中的积极作用。1980年7月15日,地区交通局在黄州召开工会工作会议,深入贯彻学习全总九届四次常委(扩大)会议和省总工会五届二次委员扩大会议精神,总结交流局直属单位为四化立功活动开展的情况和经验,进一步动员广大职工积极投入为四化立功活动。地区汽车运输公司工会及其20个分会、地区公路总段工会及其3个分会、地区江北造船厂工会及其4个分会、地区宋埠汽车修配厂工会及其8个分会、地区船队工会、地区车辆监理所工会参加会议。航运分局未成立工会,派一名代表参加。

1999年4月,黄冈市交通局党委发出关于进一步加强工会工作的意见要求,凡是没有建立工会组织的单位要尽快把工会建立起来,行政上要为工会开展活动提供必要的场所和设施。凡是建立工会组织的企事业单位都必须依据《工会法》的规定,按全部职工工资总额的2%向工会划拨经费,并及时上缴规定的工会经费。2004年后,市交通局设行业工会,由万继平、邵百坤先后任黄冈交通运输局工会工作委员会主席。截至2015年,黄冈交通系统局直单位工会委员组织情况参见表8-2-1-3。

黄冈交通系统局直单位历任工会主席(主任)表 表8-2-1-3

工会组织	主席(主任)	任职时间	批准文号	备注
汽车运输总公司工会委员会	董锡龙	1973.8.4—	黄交发〔1973〕22号	
	吴焱卿	1987.1—1991.5	组织史	
	夏树波	1991.5—1992.1	组织史	
	张四维	1992.1—1993.6	组织史	
	周树森	1993.6—2000.3	组织史	
	刘欣荣	2000.3—2004.3	组织史	
	严俊	2004.3—2005.12	组织史	

续上表

工会组织	主席（主任）	任职时间	批准文号	备注
湖北汽车安菱公司工会委员会	孙昌鹏	1973.6.8	黄交发〔1973〕12号（第二届）	
	柳学屏	1984.10.27	黄工发〔1984〕52（第六届）	
	柳学屏	1990.11—1994.11	黄工组〔1990〕35（第八届）	
江北造船厂工会委员会	华先来	1973.6.13	黄交发〔1973〕15号（第一届）	
	余春生	1984.8—1987.3	黄工发〔1984〕29号（第三届）	
	张明清	1987.3—1992.6	组织史	
	林新佳	1992.6	组织史	
	肖玉清	1998.4.8	1998.4.8黄交党〔1998〕25号请示,未见批复（第六届）	
轮渡公司工会委员会	王汉武	1973.6.11	黄交发〔1973〕13号	
公路管理机构工会委员会	肖桂森	1973.6.30	黄交发〔1973〕16号	
	黄明新	1981.4.11	黄经干〔1981〕01号	
	周泽林	1990.4—1992.5	黄组干〔1990〕115号	
	童建国	1999.3.17—2004.12	黄组干〔1999〕55号	
	缪英福	2010.4.30—2011.6.20	黄交党〔2010〕22号	
	吕海龙	2013	黄交党〔2013〕14号	
公路养路费征收稽查处	张汉民	1973.8.19	黄交发〔1973〕25号	
市交通物流发展局工会委员会	江华	2010.5—2014.2		
	徐红	2014.2—		
黄冈道路运输管理局工会委员会	张晓年	1998.2.27	1998.2.27黄交党〔1998〕10号请示未见批复	
	熊秋洁	2014—	黄交党〔2014〕40号任工会副主席	
港航海事管理机构工会委员会	易志彪	1999.3—2005.10		
鄂黄长江大桥超限检测站工会委员会	吕乾坤	2015—	黄工组〔2014〕3号	
	马启利	1992	黄组干〔1992〕407号	
	易志彪	1999.3.17	黄组干〔1999〕55号	
黄冈市交通基本建设质量监督站工会委员会	王春红	2009.4.15—	黄交党〔2009〕25号	

三、工会活动

（一）参与改革

新中国成立前,码头搬运行业实行封建把持制度,搬运工人生活在社会最底层。新中国成立后,政务院颁布《关于废除各地码头搬运行业中封建把持制度的暂行办法》,在搬运建筑等系统开展了反封建的民主改革运动。1951年6月,黄冈行署以武穴港为试点,开展码头搬运民主改革工作;蕲春县成立水上民船工作委员会,由中共蕲春县委书记董舒任主任委员,领导开展水上民主改革。码头搬运行业相继成立合作社、搬运站,搬运站成立了基层工会,在上级工会组织领导下开展劳动竞赛,极大调动了搬运工人的劳动积极性,涌现出一批先进模范人物。当年,湖北省工会授予浠水县城关搬运站"模范基层工会"荣誉称号;1953年9月,全区民船运输业民主改革结束。

20世纪90年代,围绕交通企业改革,组织职工学习《中共中央关于国有企业改革和发展的若干重大问题的决定》,积极推动交通企业改革。教育引导职工深刻认识改革的必要性、重要性,不断增强改革的意识和大局观念,以主人翁的态度正确对待改革中出现的暂时困难和问题,为国企的改革和发展献计出力,积极协助党政领导做好企业减员增效、下岗职工基本生活保障和再就业工作。2000年,中共湖北省黄冈市交通局〔2000〕6号文件印发《关于加强工会工作的意见》进一步明确,要充分发挥职工代表大会的作用,做到凡是与职工切身利益有关的重大问题,必须提交职代会讨论。要继续贯彻市委黄发〔1997〕18号文件精神,切实抓好职工代表大会对企业基层干部的民主评议和民主监督工作,努力推进民主评议干部与干部择优录用,竞争上岗机制相结合,积极探索职工参与推荐、考察、奖惩、任免干部的制度和方法,努力推动党的"依靠"方针在企业的贯彻落实。交通企业工会要高度重视下岗职工的再就业问题,积极参与实施"再就业工程",推动各项再就业政策的落实;协助办理特困职工优惠证,努力维护职工队伍稳定。

(二)劳动竞赛

新中国成立之初,为了尽快恢复和发展国民经济,工会先后开展了创造生产新纪录、合理化建议、技术革新、先进生产者等劳动竞赛运动。

1978年10月11—21日,中华全国总工会第九次全国代表大会召开。邓小平代表中共中央、国务院致辞,明确指出工会组织的性质、地位、作用和改革的方向。1979年,各级工会组织开始恢复并建立健全,各级工会组织带领职工在全面深化改革中发挥主力军作用。

1980年3月9日,中共黄冈地区交通局委员会发出"关于加强党对工会工作领导的几点意见":明确工会工作的主要任务是:在党组织的领导下,继续广泛地深入开展增产节约及劳动竞赛;切实抓好职工的生活工作;紧紧围绕四化建设中心,进一步加强职工思想政治工作和文化技术教育,用多种方式组织职工业余学习;加强企业的民主管理,恢复和健全职工代表大会制度,发动职工选举车间、班组干部,保证工人当家作主的权利;同时加强工会财务工作,办好各项事业,适应四化建设需要。7月15日,地区交通局在黄州召开工会工作会议,贯彻学习全总九届四次常委(扩大)会议和省总工会五届二次委员扩大会议精神,总结交流局直属单位为四化立功活动开展的情况和经验。1981年8月10—11日,局工会召开了工会工作会议,要求各级交通工会继续深入广泛地开展"五讲四美"活动,把"五讲四美"活动同生产相结合,同日常思想政治相结合,同交通工作实际相结合。按照省工会印发的后勤战线竞赛条例,组织后勤人员开展各种形式的竞赛。

1985年11月13—16日,局工会工作委员会在地区汽车修造厂召开了地直交通系统工会工作会议。要求在企业"五好"建设中,继续深入开展"两爱三创"活动。结合本单位实际每年组织2~3次劳动技能竞赛活动。

20世纪90年代,组织全区交通职工开展以"五杯"竞赛为主要形式的"弘扬奉献精神,创立交通新风"活动,1990年,经湖北省交通厅和业务部门组织检查评定,全区夺杯单位达9个。1993年,黄冈地区公路总段被省总工会、省经委授予300万职工技能比武先进单位;其中黄冈地区公路总段工人洪青林获筑机装载机驾驶技术能手第五名;黄冈地区浠水公路段汪仕阶获公路道路养护技术能手第一名。1995年黄冈地区征稽处在全省微机操作比赛中获团体第二名,个人第三名;地区运管处在全省职业道德知识竞赛中获团体第一名;地区公路总段在全省技术比武中获团体第二名;地区航务局在参加全省公文评比检查中获第一名。

21世纪以来,为促进交通基础设施建设质量和服务质量的提高,根据交通部安委会、中国海员工会、公路运输工会部署,在黄冈交通系统开展优质安全船舶、班组竞赛活动。2001年,武穴市航务管理所金瑞林被中国海员工会授予第七届"金锚奖";2008年,麻城市公路段矮桥公路管理站在全国"安康杯"竞赛活动中荣获"优胜班组"称号,受到了中华全国总工会以及国家安全生产监督管理总局的联合表彰。浠水县公路段工会被省总工会表彰为2009年度"安康杯"竞赛优胜单位;2009年12月30日,麻城市公路段王立刚被交通运输部授予"全国交通技术能手"称号。市港航管理局职工刘艳荣被黄冈市妇联授予黄冈市首届"十行巾帼百佳"称号;2010年,王立刚在参加湖北省公路系统"创先争优迎国检"养护职工职业技能大赛中,荣获湖北省公路系统装载机操作一等奖。

2010年7月,黄冈长江大桥施工单位—中铁大桥局参与在长江9座在建大桥中开展的以"六比六创"为主要内容的"长江大桥"劳动竞赛活动,并于7月11日上午在黄冈长江大桥施工现场举行劳动竞赛启动仪式。2011年,在交通运输部和中国海员工会举办的第二届全国交通运输行业"厦工杯"筑路机械操作手技能竞赛中,麻城市公路管理局王立刚获"装卸机个人项目三等奖",同时在湖北省第五届职工技术大赛中获湖北省行业技术能手称号;黄冈东方运输集团有限公司总经理熊远山,被交通运输部、中国海员建设工会全国委员会评为"2011年春运农民工平安返乡安全优质服务竞赛先进个人"。2012年年底,在省交通运输厅开展的全省交通运输行业"十行百佳"评选活动,黄冈市蕲春县道路运输管理所计财股长刘晓华(运管物流)、武穴港航管理局武穴管理站站长库敬慧、黄冈市港航管理局港航科负责人梅兴旺(港航海事)、黄冈市地方海事局副局长郭卫兵(质量安全)被湖北省交通运输厅授予湖北省交通运输行业"十行百佳"荣誉称号。

2013年,湖北省文明办、省交通运输厅联合开展全省交通运输行业"十行百佳"评选活动,麻城市公路管理局宏远路桥公司机械处主任周全寿(公路)、黄州区运管所运政大厅主任张俊琦(运管物流)、浠水县港航海事处巴河站职工杨海花(港航海事)、黄冈华兴公交有限公司5路车驾驶员邱汉文(城市公交)、罗田县星光出租车公司驾驶员姚庆元(出租车)榜上有名。

2015年8月27—28日,湖北省公路管理局举办迎国检创国优"我知晓、我参与、我行动"知识竞赛。全省17个市州公路管理局和省局机关共18支代表队参加了比赛,黄冈公路管理局代表队以预赛总分第一的成绩成功入围决赛。在附加题环节脱颖而出,一举夺得决赛桂冠。湖北黄冈明天汽车销售服务有限公司驾驶员陶喜书被湖北省交通运输厅精神文明委员会授予2015年度全省交通运输行业"十行百佳"标兵(出租车)。

(三)劳模评选

20世纪50年代,黄冈就有多名交通职工荣获部省先进工作者称号。1952年,黄冈县团风搬运站生产调度员、浠水县城关搬运工人周信友被湖北省人民政府授予"省工交劳动模范"称号。1955年、1957年,浠水县巴河搬运站生产调度员丰幼山两次被黄冈地区专员公署授予"劳动模范"称号。1956年,公路职工王宜顺出席全国交通先进工作者代表大会,并获银质纪念章一枚。1959年,浠水县搬运站站长赵可发荣获"湖北省先进工作者""全国先进生产者"称号。黄冈地区专员公署授予蕲春县蕲州搬运站"装卸搬运先进集体"称号。1965年,浠水县巴河搬运站工会副主席汪宗福被黄冈地区专员公署授予"五好职工"称号,1966年又被黄冈地区专员公署授予"活学活用毛主席著作积极分子"称号。1959年,浠水县城关搬运站站长赵可发被中华全国总工会评为"全国先进生产者",参加国庆10周年天安门城楼观礼、受到毛泽东主席亲切接见。

20世纪70年代,在工业学大庆热潮中,浠水县汽车运输公司司机候绍林获交通部授予的"交通系统学大庆、学铁人标兵"称号;地区汽运公司蕲春分公司货车驾驶员张大权荣获交通部授予的"发展交通、当好先行"奖状。

20世纪80、90年代,一大批交通职工获省部级先进、劳模光荣称号。1980年1月21日,黄冈地区交通局隆重召开授发劳动模范荣誉纪念证座谈会,表彰"文化大革命"前评选为省级劳动模范的地直交通系统钱良弼、沈顺风、严得明、金霞村、陈日焕等职工,并授予湖北省革命委员会颁发的《劳动模范纪念证》。1983年2月,红安县公路段工会副主席罗业忠被中共湖北省委、湖北省人民政府授予"湖北省劳动模范"。地区汽运公司黄梅分公司货车驾驶员李松柏驾驶661型解放牌新客车(编号61126),运行5年后,各主要零部件依然完好无损,车容车貌依旧如新车,由湖北省交通厅选送参加中南五省区组织的车容、车况的评比,获得第一名,且创造了安全运行57.3万公里无大修、日行程完好率达98%以上的优异成绩,交通部于1987年、1988年连续两年授予他"劳动模范"称号,光荣出席北京天安门国庆40周年观礼。1989年,湖北省人民政府授予李松柏省级"劳动模范"称号,奖励晋升两级工资,一次性解决其全家五口人商品粮户口。1988年,红安县公路段工会主席罗业忠荣获中华全国总工会颁发的"全国五一劳动奖章"。

给"最美黄州人"颁奖

1996年,黄冈交通系统开展树立先进比武活动,全系统评出10名劳动模范、100名岗位标兵、1000名先进工作者,并组织10名劳模巡回报告团,赴全市各单位作巡回报告12场次,听众达10000多人,起到了震动交通、波及社会、树立形象,展示交通人风采的效应。其中浠水县乡村公路段段长张辉富被中华全国总工会表彰为"先进个人"。

1998年,浠水县港航管理所巴河站站长陈卫明获湖北省五一劳动奖章;麻城市宇通汽车运输股份有限公司客车驾驶员胡艮章、蕲春县汽车运输总公司客车驾驶技师童光炳获湖北省劳动模范称号;童光炳驾驶的蕲春县汽车运输总公司鄂J30083号大客车被交通部命名为全国"文明示范窗口"。为宣传交通职工的无私奉献,交通局组织了全市交通系统10名劳模巡回报告团在全市交通系统报告。

中华人民共和国成立50周年之际,黄冈市交通局党组以黄交党〔1999〕72号文件授予朱光辉等10名同志老交通劳动模范称号、王广发等92名同志老交通先进工作者称号。2000年,黄交党〔2000〕5号文件再次表彰全市交通系统老交通劳动模范:红安县交通局局长冯华阶、英山县交通局原局长朱光辉、麻城市公路段副段长胡建文、蕲春县汽运总公司客车驾驶员李俊义、浠水县巴河航务港监站站长陈卫民、罗田县交通局副主任科员王仲书、黄梅县公路段洪岭养护站站长龚协金、黄州区运管所副所长余志焱、团风县公路段淋山河管理站站长卢水秋等9名同志,并组织了劳模报告会。2000年,蕲春县汽车运输总公司客车驾驶员童光炳等被中华全国总工会授予"五一劳动奖章";2011年,周银芝被市政府授予"黄冈市劳动模范"称号。2013年4月25日,黄冈市公路管理局局长鲍克宏、麻城市宏远路桥公司经理曾文、浠水县公路管理局工程师陈金桥被黄冈市总工会授予"黄冈五一劳动奖章"。2014年4月21日,黄冈市人民政府授予麻城市宏远路桥工程有限公司养护处主任周全寿"黄冈市劳动模范"称号;2015年4月,麻城市公路管理局宏远路桥公司副总经理兼机械养护处主任周全寿被中国共产党中央委员会(中委〔2015〕246号文件)授予"全国劳动模范"称号。黄冈市交通运输局局长、党委书记刘新华被人力资源和社会保障部、交通运输部(人社部发〔2015〕38号)联合表彰为"全国交通运输系统先进工作者"称号。

(四)文体活动

黄冈交通各级工会以重大节日为契机,组织开展各种文艺体育书画摄影棋类比赛活动,以展示交通职工风采,促进交通两个文明建设的发展。

1988年,英山县公路段鸡鸣河道班女代表工袁小燕,在黄冈地区首届农民运动会上获个人武术比赛一等奖;在湖北省首届农民运动会上夺棍棒武术第一名、长拳和剑术第四名的好成绩;黄冈交通工会连续六届组织选送节目参加全省交通职工《先行颂》文艺调演。1994年,在《先行颂》文艺调演活动中,各县市经调演选送了21个节目参加地区调演,评选出一、二、三等奖,在获奖节目中选送了两个节目参加全省交通系统第二届《先行颂》文艺调演,分获一、三等奖和组织奖。其中黄冈公路总段自编自演的黄梅戏《七仙女赞公路》代表地区交通系统参加湖北省交通厅文艺调演获三等奖,后又代表全省交通系统参加省委宣传部、省总工会举办的"百家企业文化展演"文艺晚会,为全区交通系统争得荣誉。1996年,地区交通局组建黄冈交通艺术团,开展慰问演出活动,出资10万多元,培训专门人员,赴全市交通系统各单位慰问演出共12场次,观众达1万多人。黄冈交通艺术团随全市交通系统10名劳模巡回报告团到各基层单位巡回演出。

职工健身大赛

1996年,黄冈市交通局举办局直单位职工首届体育运动会,10个单位共11支代表队,500多名职工参加了男女篮球、乒乓球、拔河和赛跑4个项目的比赛。经过紧张激烈的预赛、决赛,决出了个人第一、二、三名,评出了交通学校等3个组织奖和湖北安菱汽车公司等3个风格奖及黄约生等20名优秀运动员。

1997年,黄冈交通局机关设立图书室、宣传栏。1998年,成立交通直属单位老年体协。1999年,设立篮球场、乒乓球室,新建交通门球场等,当年组织"庆七一,迎回归"专场文艺演出活动;举行了《黄冈交通五十年画册》首发仪式;开展《先行颂》文艺调演;举办大型汇报演出等活动。2003年10月16日,黄冈市交通局代表队的歌舞《心中有条路》获得三等奖,小品《路边小店》获得优秀节目奖。2004年,举办"新思路、新举措、新发展"演讲比赛和"大路飞歌"文艺调演。2006年,黄冈市交通局组织全市交通系统书画比赛。一系列活动极大丰富了职工业余文化生活,展示了交通人的风采。

2007年,黄冈市交通局以黄交〔2007〕36号文件发出《关于参加全省交通职工第五届"先行颂"文艺调演的通知》,市局成立黄冈市交通职工第五届"先行颂"文艺调演活动领导小组,党组书记万章热任组长,局交通工会主任万继平任副组长,演出活动设优秀节目奖、创作奖、组织奖各1个;对获奖的单位在建养工程项目申报和计划资金分配等方面给予优先安排。

2009年,为庆祝国庆60周年,市局举行局直单位男子篮球、乒乓球比赛等文艺活动,交通局机关代表队获乒乓球团体第一名;市公路管理局李洪乾获女子单打第一名;市交通局机关刘新华获男子单打第一名;市运管处代表队获男子篮球第一名;市公路管理局杨志生获象棋比赛第一名;市征稽处获革命红歌联唱第一名;市公路管理局、市交通学校获精神文明奖。

2011年9月,在全省交通运输职工第六届"先行颂"文艺调演活动中,黄冈市交通系统荣获组织奖,参赛作品"女儿情"获一等奖。

2012年9月13日,参加全省交通运输系统第五届摄影书画暨"公路杯""运管杯""港航杯"比赛,黄冈长江大桥项目部孙奇忠摄影作品《工地赞歌》获一等奖,黄冈市黄州区孙宇明书法作品《历代咏茶诗》获一等奖,黄梅县公路管理局郑楚林绘画作品《和谐交通》《激流勇进》《交通精神源远流长》分别荣获湖北省交通运输系统第五届职工摄影书画展三等奖和优秀奖。

2014年4月,黄冈市港航海事局召开2014年度春季职工运动会。运动会设男女拔河和男女羽毛球单打4个比赛项目,分别在局篮球场和匹克乒羽中心进行。局机关全体干部职工参加了比赛。经过3个多小时紧张角逐,分别决出了男女拔河优胜队和男女羽毛球单打前三名。

2015年6月24—26日,由黄冈总工会组织的2015年"黄冈农商银行杯"黄冈市区职工球类运动会羽毛球项目比赛在黄州圆满落下帷幕。市交通运输局选派12名选手参加了比赛。经过3天的激烈角逐,市交通运输局代表队荣获市直机关、事业单位组羽毛球混合团体赛第一名。

(五)职工之家

1981年6月,根据国务院关于在企业建立职工代表大会制度的决定精神,黄冈交通系统各企业单位,先后建立了职工代表大会(以下简称职代会)制度。工会组织担负"职代会"闭会期间的日常工作。1981年8月10—11日,局工会召开了工会工作会议,认真学习了中共中央、国务院转发的《国营工业企业职工代表大会暂行条例》,强调要抓住企业实行整顿的有利时机,推行和完善职工代表大会制度,工会要认真履行职工代表大会工作机构的任务。

1985年11月13—16日,局工会工作委员会在地区汽车修造厂召开了地直交通系统工会工作会议。这次会议传达学习了上级工会有关会议精神,现场检查、考察了地区汽车修造厂整顿工会组织,建设"职工之家"的活动;要求工会组织坚持和完善以职工代表大会为基本形式的职工民主管理和民主监督制度,全面落实职代会职责。要求建立企业业务招待费向职代会报告制度。继续开展建设"职工之家"活动,使其成为职工的"学校"和"乐园"。1999年4月,黄冈市交通局党委发出关于进一步加强工会工作的意见要求,继续深入开展"职工之家"建设活动。

2000年,中共湖北省黄冈市交通局〔2000〕6号文件印发《关于加强工会工作的意见》进一步明确,要充分发挥职工代表大会的作用,做到凡是与职工切身利益有关的重大问题,必须提交职代会讨论。2006年,蕲春县公路段被黄冈市总工会表彰为模范职工之家。2012年,浠水县公路段工会被省总工会表彰2011年度优秀职工之家。2015年,湖北省总工会鄂工发〔2015〕19号文件,命名武穴市宏森汽车运输集团为"省级模范职工小家"。

(六)女工工作及巾帼建功活动

1970年9月,兰溪水运二社安排六名女青年担任1艘20马力小拖轮的船员,该船为黄冈地区首次出现的"三八"机动船。1976年9月,全区首批19名女性机动船员取得技术证书。1982年7月,县交通局工会工作委员会内设女工委员会,下属有关单位亦相应成立女工委员会。根据黄组通〔2004〕31号文件要求,经局党组研究,成立黄冈市交通局机关妇女工作委员会,由张雅雯任机关妇委会主任。2005年11月16日,市交通局以黄交函〔2005〕54号向市妇联上报《黄冈市交通局机关妇委会组建工作情况的报告》。女工委员会在局工会委员会的统一领导下进行工作。每年按规定组织妇女身体检查,发放妇女保健费;加大女干部的作用,充分发挥女干部职工的积极性;多次举办女职工运动会,知识讲座等文体活动。1998年,召开"三八"妇女节先进女职工座谈会;1999年,根据交通部有关文件精神,在全区组织开展"优秀船员家属"和"公路贤内助活动",举办"三八"优秀妇女职工、"贤内助"座谈会;深入贯彻执行《妇女权益保护法》和妇女发展纲要,切实维护女职工合法权益和特殊利益;积极保护妇女儿童合法权益,在职工子女入学入托方面做了大量富有成效的工作。1999年,黄州区交通局率先建成一个"巾帼建功岗"。进入21世纪,一批交通"巾帼建功岗"相继建成。2009年3月8日,为纪念国际妇女共产主义运动 100 周年,市交通局举办了局直系统"美好事业,美丽人生"关爱妇女职工健康讲座。当年,黄冈市妇联、市交通局等 11 家单位联合命名表彰黄冈市首届"十行巾帼百佳",交通系统"巾帼十佳"如下:

聂　茜　鄂黄大桥管理局收费员
甘红玲　黄冈市楚通路桥工程建设公司账务部主任
刘艳荣　黄冈市港航管理局政工科副科长
漆　芳　黄冈市运管处账务科科长
苏　梅　东方运输有限公司黄州客运站站长
张俊琦　黄州区运管所窗口服务中心负责人
张　琼　团风县交通局计财股股长
王晓英　罗田客运站办公室主任
陈红武　武穴市海铭星集团有限公司党委副书记、工会主席
张永红　黄梅县公路段检测站站长

2010 年,黄冈市妇联、市文明办根据创建省级文明城市工作的总体部署,在城乡家庭中深入开展"与文明同行,建和谐社会"为主题的文明家庭创建活动,全市交通系统涌现出一大批具有鲜明时代特点的文明家庭和引领示范作用的好婆婆、好儿媳、好儿女、好邻里,有力地促进了黄冈精神文明与和谐社会建设。2011 年,市妇联、市文明办以黄妇字〔2011〕2 号文印发《关于命名表彰黄冈市文明家庭暨好婆婆、好儿媳、好儿女、好邻里的通报》,交通系统受到表彰的有:

刘新华家庭　市交通运输局　黄冈市文明家庭
库险峰家庭　市楚通路桥工程建设公司　黄冈市文明家庭
孙楚明家庭　浠水县交通局　黄冈市文明家庭
黄晓琴家庭　武穴市宏森汽车运输公司　黄冈市文明家庭
戴晓琴　　　武穴市宏森汽车运输公司　好邻里

第二节　共　青　团

一、组织机构

新中国成立后,成立中国新民主主义青年团黄冈地方工作委员会,1957 年改称中国共产主义青年团黄冈地方委员会。交通系统相继成立基层团支部。1967 年 1 月后,团组织陷入瘫痪。1970 年,黄冈全区普遍开展整团建团活动。

1972 年,黄冈交通系统开展整团建团活动,团组织进一步健全和发展。1972 年 4 月 25 日,中共黄冈地区革命委员会直属机关核心小组以黄直〔1972〕88 号文件同意建立中国共产主义青年团黄冈地区交通局汽车运输团一连支部委员会。周发金兼任书记,周传志任副书记。

1972 年 5 月 17 日,中共黄冈地区革命委员会直属机关核心小组以黄直字〔1972〕95 号文件同意建立中国共产主义青年团黄冈地区交通局支部委员会。胡干华任书记。

1972 年 5 月 18 日,中共黄冈地区革命委员会直属机关核心小组以黄直字〔1972〕96 号文件同意建立中国共产主义青年团黄冈地区公路段支部委员会。谭干成任副书记。

1972 年 8 月 19 日,中国共产党黄冈地区直属机关委员会以黄直发〔1972〕9 号文件同意建立中国共产主义青年团黄冈地区邮局支部委员会。支部委员会由谢少卿、曹绍文、杨月清(女)等人组成。谢少卿任书记。

1977年4月10日,地区交通局委员会以黄交发字〔77〕第6号文件报告地直党委,建立共产主义青年团黄冈地区江北造船厂总支部委员会,总支部委员会下设机关、船体车间、机械车间、漆木车间4个支部委员会。龙秋萍任总支部委员会书记,胡卫东、张桂娥任副书记。6月14日,黄冈地区直属机关委员会以直发〔1977〕10号文件同意建立共产主义青年团黄冈地区江北造船厂总支部委员会,龙秋萍任总支部委员会书记,胡卫东、张桂娥任副书记。

1977年4月11日,中共地区交通局委员会以黄交发字〔77〕第7号文件《关于建立共产主义青年团黄冈地区公路总段总支部委员会的报告》上报地直机关党委,总支部委员会下设机关、机械队、汽渡管理所三个支部委员会。毛征服任总支部委员会书记,周国琪、邹文斌任副书记。6月14日,黄冈地区直属机关委员会以直发〔1977〕10号文件同意建立共产主义青年团黄冈地区公路总段总支部委员会,毛征服任总支部委员会书记,周国琪、邹文斌任副书记。

1980年11月24日,中共地区汽车运输公司委员会以黄汽发〔1980〕20号报告,建立共产主义青年团黄冈地区汽车运输公司委员会,由秦建英任团委副书记。至2015年,黄冈市直交通运输系统团委1个,团支部4个。

二、共青团活动

(一)抗灾救灾与见义勇为

黄冈是有光荣革命传统的老区,青年才俊人才辈出。新中国成立初期,水运汽运工人积极参加新民主主义青年团活动。蕲州镇船民协会青年船民叶宏映,积极参加水上运输和民主改革,带头走船民互助合作道路。1953年上半年,叶宏映被船民协会评为一等工作模范,并积极申请入团。1953年6月下旬,全县普降暴雨,山洪暴发,叶宏映带头响应报名参加救灾战斗。在救灾时不幸被急旋浪卷走,英勇牺牲时年仅17岁。蕲州镇人民政府为宏映举行了追悼大会,团县委当场宣布追认叶宏映为中国新民主主义青年团员,并号召全县团员和青年向他学习。1954年5月19日,中国新民主主义青年团湖北省委授予叶宏映"光荣牺牲"奖状并追认为优秀团员。

2010年9月25日,南漳水镜运输有限公司18路车驾驶员李豪,在公交车上发现并制止3名犯罪分子行窃时被刺伤,抢救无效英勇牺牲,献出了年仅33岁的年轻生命。黄冈市交通运输局发出致全市交通青年的倡议书,号召广大交通青年向李豪学习,爱岗敬业,无私奉献,着力践行"想干事、敢干事、会干事、干成事、不出事"的"交通干部干净干事文化",实现个人价值与献身交通运输事业发展紧密结合起来,履职尽责创先进,立足岗位争优秀,用过硬的本领和一流的业绩奉献交通。

2015年6月1日,"东方之星"客轮翻沉后,黄冈交通系统全力投入搜救行动。6月2日晚上6点,此时离事故发生刚刚过去20个小时,黄冈市地方海事局彭嘉新局长火速通知局安全监督科的同志赶到位于鄂黄大桥下的长江海事局黄冈巴河搜救站,与市交通运输局领导和长江海事的同志一道进行江面巡查。为防止有幸存者或遇难者遗体漂至长江黄冈段,从6月2日上午开始,黄冈市委、市政府、市安委会、市交通运输局、市地方海事局就召开紧急会议,提前部署江面搜救和水上交通安全大排查工作。针对大风大雨等恶劣天气频发的状况,黄冈市地方海事局通过短信平台发布3次预警,将预警信息发送至每位渡工,禁止渡船开航并全面排查当地有无水毁等情况发生。黄冈市交通运输局、地方海事局启动应急救援预案,成立了由黄冈市地方海事局主要领导挂帅的16人青年巡查搜救突击队,调集2艘海巡艇、配齐救生救援设备,遇到应急情况随时待命,与长江海事局黄冈海事处联动开展24小时昼夜值守和巡查救援工作。全市海事系统累计出动海事船艇60余次,巡查搜救人员200多人次。

(二)学雷锋和青年志愿者活动

20世纪80—90年代末,各级共青团组织开展"五讲四美三热爱活动"和学雷锋青年志愿者活动。

1992年,蕲春县汽运公司团委被共青团黄冈地委评为全区青年学雷锋示范单位。1993年,蕲春县汽车运输总公司董凤鸣被评为全省学雷锋先进个人;道路运输管理所团支部书记刘晓华,率先带头成立学雷锋青年志愿者服务队,组织全体职工向身患重症和生活困难司机献爱心,向全国绿化委捐赠植树造林款,到客运站义务打扫卫生等。自2001年起,刘晓华担任了运管所青年读书小组和文明市民学校负责人,她每年都制定了学习计划,带头坚持,一丝不苟,以求真务实的学风。孜孜不倦的学习态度感染着大家,在全所上下,比、学、赶、帮蔚然成风,共青团湖北省委和黄冈市委先后推广了他们的经验。

2011年,黄冈市交通运输局认真落实中央文明委《关于深入开展志愿服务活动的意见》,决定在全市交通系统广泛开展志愿服务活动。成立志愿服务活动协调小组,负责全市志愿服务活动的总体规划、协调指导和督促检查。其中青年志愿服务工作由蔡光华任组长,要求凡在职干部职工,身体健康,有劳动能力,具有所参加的志愿服务项目及活动相适应基本技能和素质的人都成为志愿者。开展文明风尚、扶危济困、平安社区、文体环保、维护交通秩序、交通法规宣传、大型社会活动等七项志愿服务活动。注册志愿者每年参与服务时间不少于24小时。

2012年,以"喜迎十八大、争创新业绩"系列主题实践活动为载体,全系统广泛开展"学王静精神、做服务标兵"活动,邀请王静与司机面对面交流并现场示范教学,开展"文明进公交""爱心助考""雷锋车队"志愿服务等系列活动,激发了干部职工爱岗敬业的积极性,展示了城市客运行业的文明形象。

(三)"青年文明岗,青年文明号"创建活动

20世纪90年代末至21世纪,共青团工作以深化"双跨工程"发挥青年在两个文明建设中的生力军作用为主线。黄冈交通共青团组织深入开展"学邓小平理论、做跨世纪'四有'交通青年"教育活动,扎实推进创建"青年文明岗,青年文明号"活动。1997年,武穴交管站、客运公司售票厅等单位获团市委授予的"青年文明号"称号;1997年,黄黄高速公路建设指挥部被湖北省交通厅、团省委授予"青年文明号"称号;1999年,黄冈市运管处业务大厅荣获全省交通系统青年文明号称号;黄冈市公路管理局工程处主任骆祖文、黄冈市运管处办公室负责人张阳、黄冈市浠水县征稽所会计关姝容被评为全省交通系统青年岗位能手。

2000年,蕲春县运管所所长汪勇、道路运输管理所团支部书记刘晓华被共青团湖北省委、省经贸委、省劳动和社会保障厅、省财政厅联合表彰为"湖北省十大杰出青年岗位能手";2002年5月,刘晓华又被共青团中央命名为"全国优秀共青团员",并作为全省唯一代表出席了共青团中央建团80周年纪念大会,受到了时任中共中央总书记江泽民等党和国家领导的亲切接见。

2002—2003年,蕲春县汽车公司客运站建成为"市级青年文明号";蕲春县交通局团委荣获黄冈市"红旗团委";黄冈市公路管理局武昌道路油供应站荣获全省交通系统青年文明号;鄂黄长江大桥收费站荣获2004—2005年度湖北省交通系统青年文明号;蕲春县通兴路桥工程荣获2006年全省交通系统青年文明号。2005年,黄冈市港航管理局职工何裕仁被共青团黄冈市委授予"十大杰出岗位能手"称号;2009年,黄冈市港航管理局职工谈玲被省交通运输厅授予"2009年度全省交通运输系统青年岗位能手"。2010年,黄冈市交通局办公室科员广许磊被共青团湖北省委、湖北省人力资源和社会保障厅授予"2009年湖北省青年岗位能手"。

2015年9月16日,共青团浠水县委、县文明办、县交通运输局联合命名表彰交通行业"青年文明号"窗口5个、"青年文明号"车辆32台、"青年岗位能手"16名。

(四)爱国主义教育及青年读书活动

1998年举办有市局直单位100名团员、青年职工参加的纪念五四青年节,实干"九五"奉献交通,争

做新时期"四有"青年演讲报告会;2000年4月,为纪念五四运动81周年,局团委组织开展"创新与二十一世纪黄州交通青年"演讲比赛活动,涂君、殷雯、张艳萍、马敏等获奖。龙感区交通局团委创办青年读书班,组织艺术节,活跃青年文化生活。

黄冈市公路管理局开办青年读书班,为局青年干部职工学习成长提供良好平台。读书班以集体管理和学员自主管理为主,活动由青年读书班自主策划、组织、实施。为了深入挖掘培育单位先进典型,借助道德讲堂平台广泛宣传、推广和传递道德正能量。2015年3月4日,举办新年第一期道德讲堂,该期道德讲堂以"爱岗敬业、青春无悔"为主题,由歌曲、学习、故事、感悟、分享、点评六个部分组成,学习国航金凤乘务组的感人事迹,分享全市交通系统"王静式"标兵、全市公路系统十佳岗位标兵——南湖收费站收费员于觅同志在平凡的岗位上勤恳尽责无私奉献的八年时光中的工作经验和人生感悟。鼓励青年职工用辛勤的汗水和默默的奉献谱写无悔绚丽的青春,在平凡的岗位上绽放生命,为黄冈公路事业添砖加瓦。6月9日,黄冈市公路管理局青年读书班举办以公文写作讲座为主要内容的读书活动,黄冈市公路管理局党委书记倪红玲、部分局领导班子成员和局机关干部职工参加了讲座。7月22日,黄冈市公路管理局青年干部读书班学员在局党委书记倪红玲、工会主席吕海龙的带队下,一行16人深入团风县方高坪公路养护管理站开展"我是养路工"换位体验活动。他们顶着烈日、冒着高温、流着汗水,亲身体验了清扫路面、坑槽修补、割草、清灌缝等基层道班养护工作,并与路面作业队一起施工作业,处治坑槽、翻浆、沉陷等路面病害,认真完成了每项路面作业任务,亲身体验了基层养护工的艰辛,进一步增强了爱路意识和爱岗情怀。11月23日,黄冈市公路管理局举办"守纪律、讲规矩、促发展"主题演讲比赛活动,来自局机关青年干部读书班的17名同志参加了角逐。局领导班子全体成员、局机关全体干部职工和局直单位主要负责人参加。各参赛选手按抽签顺序依次上台进行演讲,纷纷围绕"守纪律、讲规矩、促发展"结合自己的本职岗位展开讨论。有的以《西游记》和"紧箍咒"进入议题,有的紧密联系公路工作谈纪律、谈规矩:"公路部门的主业是修路,守纪律、讲规矩就是修心,要心路同修";"面对纪律和规矩,要认知、认同、践行";"守纪律、讲规矩,不是胆小怕事,而是代表了责任、担当和信仰"等观点新颖,充分展示了局机关青年干部积极向上的良好精神风貌。经过激烈角逐,饶伟、黄江、李长望、张攀、王超、童琴、刘艳、秦旋力等8名同志表现突出,分别获得一、二、三等奖。

黄冈市青年文明号、岗位能手获奖名录见表8-2-2-1。

黄冈市青年文明号、岗位能手获奖名录 表8-2-2-1

年份(年)	获奖单位个人	荣誉称号	颁奖部门
1996	蕲春县公路养路费征收稽查所综合管理股	全省交通系统青年文明号	省交通厅 共青团湖北省委
1996	武穴市田镇东风建材码头	全省交通系统青年文明号	省交通厅 共青团湖北省委
1996	英山县公路段马嘴道班	全省交通系统青年文明号	省交通厅 共青团湖北省委
1997	黄黄公路指挥部综合办公室	全省交通系统青年文明号	省交通厅 共青团湖北省委
1997	黄冈市浠水县征稽所会计关姝容	全省交通系统青年岗位能手	省交通厅 共青团湖北省委
1997	蕲春县公路养路费征稽所	青年文明号	团省委 省经委 省交通厅 省财政厅 省劳动厅

续上表

年份(年)	获奖单位个人	荣誉称号	颁奖部门
1998—1999	黄冈市运管处业务大厅	全省交通系统青年文明号	省交通厅 共青团湖北省委
1998—1999	黄冈市公路管理局工程处主任骆祖文	全省交通系统青年岗位能手	省交通厅 共青团湖北省委
1998—1999	黄冈市运管处办公室负责人张阳	全省交通系统青年岗位能手	省交通厅 共青团湖北省委
2000	武穴市运管所	创建安全文明号	共青团黄冈市委
2000	蕲春县运管所所长汪勇	湖北省十大杰出青年岗位能手	共青团湖北省委、省经贸委、省劳动和社会保障厅、省财政厅
2003	蕲春县汽运总公司微机售票小组	青年文明号	共青团黄冈市委
2003	黄冈市公路管理局武昌道路油供应站	湖北省交通系统青年文明号	共青团湖北省交通委员会
2003	蕲春县公路管理局李成华	"黄冈市青年岗位标兵"	黄冈市委市政府
2004—2005	鄂黄长江大桥收费站	湖北省交通系统青年文明号	共青团湖北省交通厅委员会
2004	黄冈市江北公路建设指挥部	省级青年文明号	湖北团省委 省文明办
2005	蕲春县公路规费征稽所	五四红旗团支部	共青团湖北省委
2006	蕲春县通兴路桥工程 黄冈港航海事局证照中心 黄冈市蕲春县公路段公路路政大队	全省交通系统青年文明号	共青团湖北省交通厅委员会
2008	武穴市公路段副段长张剑	全省交通系统厅级青年岗位能手	共青团湖北省交通厅委员会
2008	团风县公路段养护工操志雄	全省交通系统厅级青年岗位能手	共青团湖北省交通厅委员会
2008	黄梅港航所分站站长李文进	全省交通系统厅级青年岗位能手	共青团湖北省交通厅委员会
2008	蕲春县公路段副段长、收费站长李亚	第三届黄冈市十大优秀青年	共青团黄冈市委
2009	黄冈江北一级公路南湖车辆通行费收费站	2008年湖北省青年文明号	共青团湖北省委员会
2009	湖北黄黄高速公路经营有限公司花桥管理所	2008年湖北省青年文明号	湖北省精神文明建设委员会
2009	路政黄黄支队五队副队长熊吉贤	2008年湖北省交通杰出岗位能手	共青团湖北省交通厅委员会
2009	黄冈港行政服务中心	2008年湖北交通青年文明号	共青团湖北省交通厅委员会
2009	黄冈市蕲春县公路段公路路政大队	2008年湖北交通青年文明号	共青团湖北省交通厅委员会
2010	市交通局办公室科员徐磊	2008年度湖北交通青年岗位能手	共青团湖北省交通厅委员会
2010	市交通局办公室科员徐磊	2009年度湖北省青年岗位能手	共青团湖北省委、湖北省人力资源和社会保障厅
2010	黄冈市黄州区道路运输管理所运政服务大厅	2009年湖北交通青年文明号	共青团湖北省交通厅委员会
2010	湖北黄黄高速公路人力资源部	2009年湖北交通青年文明号	共青团湖北省交通厅委员会
2010	黄冈市港航海事局证照中心办公室副主任谈玲	2009年湖北交通青年岗位能手	共青团湖北省交通厅委员会
2010	湖北鄂东长江大桥B项目部项目总工程师	2009年湖北交通青年岗位能手	共青团湖北省交通厅委员会

第三节　学　术　团　体

一、交通职工思想政治工作研究会

1986年6月,湖北省交通厅成立交通职工思想政治工作研究会,有公路、运管、水运等团体会员22个,研究会(组)149个。1986年4月,湖北省航务局召开全省船务系统思想政治工作座谈会,蕲春县航管站在会上介绍了加强思想政治工作的经验。9月,黄冈地区航务局也相应成立了思想政治工作研究会。

1987年5月24日,黄冈地区公路总段在英山召开全区公路系统职工思想政治工作研究会成立大会,会议讨论了"黄冈地区公路系统职工思想政治工作研究会章程",选举产生了首届理事会,制定了《黄冈地区公路系统精神文明建设规划》,标志着全区公路精神文明建设正式纳入全区公路工作的总体布局。随即各县(市)公路段也相继制订了计划、目标和措施,全区建立公路精神文明建设联系点25个,并创办了《公路政工》刊物。各县(市)公路段成立了职工思想政治工作研究小组,积极研究和探索新时期职工思想政治工作。1987年至1988年,黄冈全区交通系统在全国和湖北省内交通系统有关会议和刊物上发表调查报告或论文达25篇。

1993年12月21日,湖北省交通职工思想政治工作研究会在汉口召开了团体会员单位有关负责同志会议,会议选举产生了第三届理事会并讨论通过研究会章程。黄冈地区交通局党组副书记、副局长刘召泰当选为理事。1998年,省交通厅鄂交教〔1998〕10号文件印发《1998年精神文明工作要点》,要求围绕深化交通企业改革、交通建设养护体制改革、交通运输调整、创建文明交通行业等交通热点、难点问题组织开展调研活动,撰写和提出一些具有一定理论水平和参考价值的论文及合理化建议。黄冈交通思想政治工作研究会积极参与此项活动,经省交通厅组织专家评审黄冈市交通局撰写的《关于做好交通下岗职工工作点滴思考》获1998年度全省思想政治工作获奖调研论文特别奖;黄冈市运管处梅健《交通系统应实施综合执法》、黄冈市航务局刘祖香《水路货运基础投入的构想》、黄冈市交通局黄桥连《加快出台公路两侧土地升值政策弥补资金不足》、黄冈市航务局文玉生《盘活码头资产是航务系统港埠企业首要任务》、黄冈运管处周勇《驾驶员培训结业证实行联控管理》获全省交通"学习理论献计交通"合理化建议二等奖;黄冈市运管处汪建国《维修行业实行协会管理配件管理》获三等奖。黄冈市公路管理局龙其保、余保国《关于实施公路养建投入产出大包干政策若干问题的探讨》获全省调研论文优秀成果三等奖。2000年,经省交通厅组织专家评审,黄冈市交通局撰写的《深化投资体制改革,推进交通事业大发展》获全省交通调研论文优秀成果三等奖。

二、公路学会

黄冈公路学会是湖北省公路学会的会员单位。1995年10月20日在黄州成立,共有27个单位178名代表参会。会上通过了《黄冈公路学会章程(试行)》,民主协商产生了理事会。理事会由26人组成,常务理事20人,正副理事长10人,正副秘书长2人。理事长由交通局局长刘召泰担任,秘书长由公路管理局局长龙其保担任。下设道路工程、桥梁工程、交通工程3个专业委员会。2013年,黄冈交通学会理事长刘新华;副理事长杜光荣、肖理、王正高、鲍克安、汪建国、黄桥连;秘书长胡秀全;副秘书长汪峰;常务理事长和理事周银芝、李林新等43人,会员182人。会员证编码为E42250C,单位地址:黄冈东门路145号,法定代表人:王正高,机构代码42072517-1。

三、道路运输协会

道路运输协会是社会团体组织,黄冈市道路运输协会经市民政局批准,于2002年4月18日成立。

首届理事会选举常务理事50名,时任交通局局长为名誉会长,副局长刘新华为会长,市运管处主任周勇为副会长,副主任喻绿化为秘书长。2005年,道路运输协会有274个成立单位,有会员4067人。黄冈市、县(市)、区道路运输协会情况,见表8-2-3-1、表8-2-3-2。

黄冈市、县(市)、区道路运输协会成立情况表　　　　　　　　　　表8-2-3-1

协会名称	成立时间	业务主管单位	社会登记机关	会员数(个、人)	
				团体	个人
黄州区道路运输协会	2001.8.28	黄州区交通局	黄州区民政局	52	910
黄冈市道路运输协会	2002.4.22	黄冈市交通局	黄冈市民政局	111	34
蕲春县道路运输协会	2002.9.30	蕲春县交通局	蕲春县民政局	28	1250
麻城市道路运输协会	2002.11.18	麻城市交通局	麻城市民政局	90	762
武穴市道路运输协会	2003.10.28	武穴市交通局	武穴市民政局	18	41
英山县道路运输协会	2003.11.25	英山县交通局	英山县民政局	15	600
浠水县道路运输协会	2005.12.23	浠水县交通局	浠水县民政局	3	120
团风道路运输协会	2006.1.06	团风县交通局	团风县民政局	24	1200
黄梅县道路运输协会	2008.10.28	黄梅县交通局	黄梅县民政局	43	1500

第一届黄冈市道路运输协会会长.秘书长监事高级顾问表　　　　　　　　　　表8-2-3-2

成立时间	职务	姓名	任职时间
2002.4	名誉会长	操尚银	2002.4—2005.12
	会长	刘新华	2002.4—2005.12
	副会长	李林新	2002.4—2005.12
	副会长	汪建国	2002.4—2005.12
	秘书长	喻绿化	2002.4—2005.12
	副秘书长	张再甫	2002.4—2005.12
	副秘书长	陈雄	2002.4—2005.12

四、会计学会

湖北交通会计学会成立于1986年12月3日,时有团体会员29个。黄冈交通局为会计学会团体会员单位之一,积极参加湖北省会计学会组织的各项活动,加强《新会计法》的宣传工作,选送财务人员参加培训,组织财会人员撰写学术论文。2000年,省会计学会通过各种形式要求学会理事组织发动交通财会人员根据学会提出的《湖北省交通会计学会学术研讨提纲》,联系实际撰写论文,当年黄冈市交通系统共组织上报各类文章43篇。

"十二五"以来,黄冈交通运输局围绕新常态下交通运输财务审计工作的重点、热点、难点问题,坚持推进财务管理和审计工作的实践创新与理论创新,加强财会人员的培训学习,不断提高理论水平,每年都组织向湖北省交通会计学会推荐论文近30篇,数量和质量都居全省市州前列。2015年10月,由湖北省交通会计学会组织召开的全省第二片区交通会计学术研讨会,会上共评选了17篇优秀论文,其中黄冈市《对新形势下交通建设筹融资工作的浅分析》《浅谈对基层交通部门基本经费保障情况的几点认识》两篇论文被评为优秀论文,并推荐入选2015年会计学会学术论文专辑。

五、黄冈市交通局直属单位老年人体育协会

随着黄冈交通直属单位离退休人员逐渐增加,为活跃他们的文化体育生活,黄冈市交通局以黄交

〔1997〕191号文向黄冈市体委请示成立"黄冈市交通局直属单位老年人体育协会"。中国共产党黄冈市体委党组以黄体群〔1997〕21号文批复同意成立。该协会隶属于黄冈市老年人体育协会。其主要任务是宣传发动和指导交通各基层单位开展老年人体育活动；定期举办局直单位老年人体育比赛；协助有关部门对老年体育进行研究，承担市老年体协交办的任务；总结交流经验，表彰先进。该会的最高权力机构是会员代表大会，其具体领导机构是理事会。理事会设会长1名，副会长4~6名，理事若干名。第一届会长：刘品刚；秘书长：王宝瑞。

老年体协成立后，每年拟定老年人活动安排计划，报局长办公会审定后执行。每年举办象棋、钓鱼、门球、体育舞蹈、太极拳剑比赛。积极鼓励老年人参与健走、慢跑、骑自行车、乒乓球、台球等活动。年终组织召开表彰会议，对关心支持老年体协活动、热心参与活动，取得优异成绩的先进单位和个人进行评比表彰。

第三章 精神文明建设

第一节 组织机构

一、"五讲四美三热爱"活动委员会

1986年1月7日,为贯彻党的十二大提出的"两个文明"一起抓的战略方针,建成一支有理想、有道德、有文化、有纪律的交通职工队伍,加快全区交通系统两个文明建设步伐,抓好交通"社会窗口"行业文明单位的建设活动,服务于"三个根本好转",服务于经济体制改革,服务于"四化"建设,地区交通局成立"五讲四美三热爱活动委员会"。王本涛任主任委员、王长久任副主任委员,秦建英、马启利、毛忠良、肖文章、王念兹、李明、杜炜任委员。委员会下设办公室,秦建英任办公室主任。

二、交通系统精神文明建设协调委员会

1990年5月2日,为了推动"弘扬奉献精神,创立交通新风"活动的开展,加强对全区交通系统精神文明建设的协调和指导,成立黄冈地区交通系统精神文明建设协调委员会,隶属黄冈地区交通局党组领导。黄冈地区交通系统精神文明建设协调委员会由戴友志、袁希炎、王念兹、秦建英、陈才胜、王广发、张望生、吴照建、李林新等九位同志组成。戴友志任主任委员,下设办公室(在政工科)张望生兼任办公室主任。

三、交通局精神文明建设领导小组

(一) 文明单位创建活动领导小组

1984年12月,地区交通局成立文明单位创建活动领导小组,由王本济、王长久、谭干成、刘品刚、余炳章、胡荣基、王念兹、肖文章八位同志组成。

(二) 黄冈地区交通局精神文明建设领导小组

1995年,黄冈地区交通局成立精神文明建设领导小组,组长刘召泰;副组长:王广发、刘新华、张明清、肖理;成员:王宝瑞、童少东、毛忠良、杜炜、李林新、孙纯、吴兴波、金守文,领导小组负责具体落实和协调工作,办公室设在政工科,张明清兼办公室主任、金守文为办公室副主任。

(三) 黄冈市交通局精神文明建设领导小组

1996年6月,黄冈地改市后,市委、市政府召开的第一个全市社会主义精神文明建设工作会议。市交通局为贯彻落实全市社会主义精神文明建设工作会议精神,1997年元月22日,以黄交〔1997〕27号文成立精神文明建设领导小组,组长操尚银,副组长刘召泰、王广发、刘新华、张明清、肖理。下设办公室,办公室设在局政工科。

2000年,黄冈市交通局黄交〔2000〕66号文件印发《关于调整精神文明建设领导小组》的通知,调整

精神文明建设领导小组,组长操尚银,副组长刘召泰、高华强、张明清,成员:万继平、金守文、李林新、章兰、张红、周银芝。下设办公室,张明清兼办公室主任、金守文为办公室副主任。负责全市交通系统精神文明建设的领导和协调。

2006年4月,为进一步加强全市交通系统精神文明建设工作的指导和管理,整体推进局直单位文明创建工作制度化、规范化建设,从2006年开始,市交通局按照"依靠基层、突出重点、注重质量、讲求实效、减轻负担、宁缺毋滥"的原则,对局直单位的精神文明建设工作进行归口管理,市局统一负责局直单位精神文明创建的组织领导和考核申报工作,实行归口管理、统一申报。市交通局成立精神文明建设领导小组,对全市交通系统精神文明建设工作进行统一指导和管理,万章热局长任组长,张明清、吴秀梅、张建设、万继平任副组长。领导小组下设办公室,吴秀梅兼任办公室主任,周银芝任办公室副主任,具体负责文明创建的日常工作。

四、创建全国文明单位工作领导小组

2009年3月25日,为加强对黄冈市局机关创建全国文明单位的组织领导和工作协调,巩固创建成果,提高创建水平,市交通局决定成立创建全国文明单位领导机构和工作机构。成立市局机关创建全国文明单位领导小组。组长刘新华,副组长:杜光荣、张明清、王银生、吴秀梅、周银芝、肖理、万继平、张建设,成员:各科室负责人(张定习、邵佰坤、倪红林、李林新、张雅雯、李绍友)。工作职责:组织、指导、督查机关创建全国文明单位规划和方案的实施;安排落实建设目标和阶段性工作任务;对建设工作进度和质量进行评估和验收;协调解决工作中的重要问题。领导小组下设办公室,主任吴秀梅,成员:张定习、叶国期、李世杰、龚婷、李健、许磊,领导小组办公室设在市局办公室。工作职责:负责文明单位创建活动的组织开展,创建工作的上下联系、沟通,有关材料起草、上报,文字、图片、音像等资料的收集、整理、归档等工作;承办市直机关工委、市文明办交办的有关创建的具体事项;完成领导小组安排的工作任务。

第二节 精神文明活动

一、工业学大庆活动

1964年2月5日,中共中央发出《关于传达石油工业部〈关于大庆石油会战的报告〉的通知》,同年,毛泽东主席发出"工业学大庆"的号召。1966年,中央明确要求:"在第三个五年计划期间应争取有20%的或者更多一些的企业成为大庆式企业,在企业内部广泛开展车间之间、职工之间以五好(政治思想好、三八作风好、生产建设任务完成好、经营管理好、生活管理好)为目标的比学赶帮超活动。"至1978年党的十一届三中全会,共历时14年。其间由于"文化大革命"学大庆活动曾一度停顿。1977年5月,党中央召开了全国工业学大庆会议,提出了创办大庆式企业的六条标准,在交通部领导下,交通运输企业单位积极投入到此项活动中。当年,浠水县兰溪港水运公司、浠水县巴河港水运公司被黄冈地区革委会命名为大庆式企业;罗田县公路段被中共湖北省委、湖北省革命委员会命名为大庆式企业;1978年,浠水县汽车运输公司司机候绍林被评为交通系统学大庆、学铁人标兵,获交通部"安全优质百日赛"金质奖章。罗田县公路段和地区汽运公司蕲春分公司货车驾驶员张大权出席在大庆召开的全国工交战线工业学大庆会议,参加交通部在北京人民大会堂召开的授奖大会,分获交通部颁发的"发展交通、当好先行"锦旗与奖状。

二、"文明礼貌月"活动

1982年3月,中共中央、国务院发出开展第一个"全民文明礼貌月"的通知,黄冈交通系统干部职工

响应党中央号召,积极投入到"文明礼貌月"活动。交通管理部门从"五讲四美"入手,加强干部职工教育,干部深入一线广泛接触人民群众、服务人民群众;对体现"文明礼貌"的重要窗口,重点解决"脏乱差"问题;在全系统广泛深入开展"五讲四美""六热爱(爱党、爱社会主义、爱祖国、爱集体、爱护公共财产、爱本职工作)"和学雷锋创五好职工(道德品质好、安全生产好、业务技术好、遵纪守法好、助人为乐好)活动。公路运输行业在站务员、售票员、乘务员中大力推行文明服务、在司机队伍中推行"爱客、爱货、文明驾驶、安全服务",涌现出一大批先进典型。时任县客运站售票员的程亚玲,待旅客胜亲人,常常留心帮助有困难的旅客,一些受到她帮助过的老人称她为"好闺女",青年人称她为"好姐姐""好大嫂",小朋友称她为"好阿姨"。她跟车售票时,遇到老人、孕妇、携带婴儿的妇女上下车时,主动扶老携幼或让座。成为交通"全面文明礼貌月"活动的楷模。地区汽运总公司麻城汽车站、红安县汽车站优质文明服务,20世纪80年代先后被交通部授予"文明车站"荣誉称号。

通过"全民文明礼貌月"活动,黄冈地区交通系统职工的精神面貌发生根本变化,干部深入生产第一线的多了,团结互助的多了。1983年2月,红安县公路段工会副主席罗业忠被中共湖北省委、湖北省人民政府授予"湖北省劳动模范"。1983年蕲春县航运公司被评为先进集体、1985年浠水县望城区交通管理站被省交通厅评为先进交管站。

三、文明创建活动

(一)文明单位文明行业创建活动

1984年12月,地区交通局成立文明单位创建活动领导小组,根据湖北省委、省政府提出的文明单位八条标准,按照两个文明建设同步发展的要求,开展文明单位创建工作,制定《创建文明单位的"八好"标准》《创建文明单位五抓五治五变》和《文明公约》。1984年,地区麻城汽车站获交通部授予的"全国文明车站称号,其经验和做法收入交通部编写的《站务人员教材》一书。1986年2月1日,中共黄冈地直机关委员会命名黄冈地区交通局为1985年度文明单位。

1986年5月,全区大规模系统性的文明单位创建活动开始。根据交通部党组《关于加强交通战线思想政治工作的决定》和省交通厅制定的《全省交通系统文明单位标准》,地区交通局党组决定在全区交通系统开展创建文明单位活动,要求全区交通系统开展创建文明单位的活动要做到"两个文明"一起抓,"两个任务"一起下,"两副担子"一起挑,"两个成果"一起出,"两个实绩"一起考核。对评不上文明单位(企业)的不能被评为先进单位(企业),评不上文明职工的不能被评为先进生产(工作)者,对达到文明标准的单位由地区交通局统一命名表彰。文明单位不实行"终身制",对不合格者限期整改,再不合格者收回牌证,取消文明单位称号。确定当年25%的单位进入文明单位行列的工作目标。制定《黄冈地区交通系统文明单位标准》,包括航务系统文明港、站、公司、船队的标准、公路运输系统文明单位标准、交通工业生产文明单位标准、交通监理文明单位标准、公路系统文明单位标准。此后,各县市交通部门对照标准,一手抓物质文明、一手抓精神文明,开展"四有(有理想、有道德、有文化、有纪律)"教育,提高干部职工素质,纠正行业不正之风,强化为人民、为基层、为企业服务思想,广泛开展创建文明单位活动。

公路部门从基层道班抓起,以文明道班五条标准为准则,牢固树立以道班为家,以养护为业,为养好路为荣的思想。红安县觅儿交管站抓自身的思想作风建设,订立站长、站员工作职责,学习制度,纠正不正之风公约等站规站纪,融入管理与服务中;道路运输以公路客运单位为重点,以车站为窗口,以争创文明职工为重点;水路运输单位广泛开展"合格党员、合格团员、文明职工、五好家庭"活动。1987年元月21日,地区交通局召开全区交通系统两个文明建设表彰大会,交流经验,表彰一批文明单位,命名英山县公路段、地区汽运公司黄州车站、黄梅县小池轮渡公司等35个单位为文明单位。英山、罗田、黄冈三县获"双文明建设先进单位"称号。

各交通单位文明建设逐步向高层次发展。浠水县乡村公路管理段在全区交通系统中第一个获得省级文明单位荣誉称号。1993年,黄冈地委、行署授予该段"文明单位"称号,1994年,被省交通厅、人事局命名为"先进集体"。1994年和1996年,连续被省委、省政府命名为"文明单位"。1997年元月,市交通局制定第一个社会主义精神文明建设五年规划,确定"九五"时期奋斗目标:实现"三个大提高"(职工队伍素质有一个较大提高、行业文明程度有一个较大提高、交通行业形象有一个较大提高)。当年,黄冈市交通局机关被市委、市政府评为优秀服务单位、经济效益先进单位。1998年,黄冈交通系统广泛深入开展"四创"(创双文明建设先进单位、创文明行业、创文明窗口、创文明样板路活动)。1999年3月,黄冈市交通局与黄冈市精神文明建设委员会办公室联合发文,授予黄州区公路段等10家单位为全市交通系统双文明建设先进单位。1999年,黄冈市交通局又被评为"示范文明单位"。至"九五"期末的2000年,黄冈市交通系统已创建县级文明系统1个,市级文明单位13家,县级文明单位91家,市交通局建成省级最佳文明单位,全市交通系统行政事业单位文明单位覆盖率达到87%。2001年4月,黄冈市委、市政府命名表彰黄冈市交通系统为1999—2000年度市级文明系统。

"十五"期间,黄冈交通系统文明创建与党员先进性教育,质量管理年活动有机结合,深入开展文明路、文明示范线、文明单位、文明示范窗口创建活动,行业精神文明扎实推进。至2005年,全市交通系统共荣获省级最佳文明单位2个;省级文明单位2个;省级创建文明行业工作先进单位2个,市级最佳文明单位4个;市级文明单位14个;市级创建文明行业先进单位4个。其中江北公路指挥部被国家人事部、交通部授予"全国交通系统先进集体";市交通局获得"全国精神文明建设先进工作单位"称号。

"十一五"期间,全市交通系统开展"学'刚毅精神',创文明新风,建和谐交通"的"学创建"活动和社会主义荣辱观教育,创建档次更高,向创建全国文明单位进军,创建范围更广,延伸到基层站、所、车、船。创建了一批文明单位、示范窗口、示范线、文明路、青年文明号和岗位能手。市交通局连续两届获得全国精神文明建设工作先进单位。全系统获得2005—2006年度省级最佳文明单位2家,省级文明单位3家,省级创建文明行业工作先进单位1家,市级最佳文明单位13家,市级文明单位13家,市级创建文明行业工作先进单位4家。获得2007—2008年度省级最佳文明单位1家,省级文明单位7家,市级最佳文明单位17家,市级文明单位12家,市级创建文明行业工作先进单位3家。获得2009—2010年度省级最佳文明单位1家,省级文明单位6家,市级最佳文明单位20家,市级文明单位14家。

"十二五"期间,黄冈交通系统文明创建向更高层次推进。交通局党组制定争创全国文明单位建设规划,提出了2009—2011年在保持全国精神文明建设工作先进单位的基础上,建成全国文明单位的奋斗目标。2011年12月,中央精神文明建设指导委员会授予黄冈市交通运输局为全国文明单位。2014年,黄冈市交通运输局顺利通过全国文明单位验收;2015年2月,黄冈市交通运输局经复查合格,继续保留"全国文明单位"荣誉称号。

(二)"文明县段"与"文明道班"建设

"七五"期间,湖北省公路系统广泛开展文明县段和文明道班创建活动。黄冈地区公路系统有4个县公路段创建为"文明县段",其中:英山县公路段连续五年被湖北省公路管理局评为"文明县段"。全区146个道班创建为"文明道班",占道班总数的48.9%,其中有51个道班连续5年保持"文明道班"荣誉,有11人被湖北省公路管理局授予两个文明建设"七五"先进个人。

"八五"时期,黄冈地区公路广大干部职工发扬"团结、求实、开拓、奉献"的公路精神,以"高扬主旋律、岗位争一流"为主题,开展丰富多彩的行业精神文明建设活动,抓机关辐射、点线结合、全面发展。五年间,在行业精神文明建设方面,先后开展了开门评路、"通衢杯"竞赛等活动。英山县公路段荣获"通衢杯"竞赛三等奖,罗田县公路段获参赛奖。在全省开展的道班"双十佳"活动中,罗田县公路段石桥铺道班和英山县公路段团山河道班班长段昌伦分别被湖北省公路管理局党委授予全省十佳道班和十佳养路工称号。英山县公路段被授予地级文明单位,文明县市公路段称号。1991年,浠水县公路段跨入文明公路段之列,文明公路段覆盖率达66%,新创最佳道班6个,全优道班9个。1993年,黄冈地区公路总段被中共黄冈地区直属机关委员会命名为1992年度文明单位。英山县公路段和麻城市公路段道工汪仕阶分别被授予湖北省交通系统"双十佳"先进单位和先进个人。五年间,黄冈地区9个县市公路段和黄冈地区公路总段机关有90%分别进入地、县级文明单位;文明道班增至216个,占道班总数的80.8%,有十佳道班5个,有172人次分别受到省、地、县政府的行业主管部门的表彰。

"九五"期间,黄冈市公路系统精神文明创建结合行业特点,弘扬"铺路石"精神,先后开展了文明道班、十佳道班、星级道班、文明单位等一系列争先创优活动,增强了干部职工积极向上,争创一流,争强进位的工作热情。五年间,全市公路系统11个县市区公路段均为县级以上文明单位,黄冈市公路管理局和团风、黄州等县市公路段进入市级文明单位;有星级道班81个,其中五星级1个,四星级23个,三星级57个;有文明窗口8个,有437人次受到省、市、县政府和行业主管部门表彰。

"十五"期间,黄冈市公路系统双文明建设始终坚持"两手抓,两手都要硬"的方针,围绕交通部提出的"三学四建一创"(学习包起帆、"华铜海"轮、青岛港等先进典型,建设交通基础设施优质廉政工程、交通行政执法素质形象工程、交通运输通道文明畅通工程、交通运输企业安全效益工程,创建文明交通行业)主线不断充实新的内容,先后开展了"三个一流""五个十佳"、文明道班、十佳道班、星级道班、文明县段、文明窗口等争先创优活动,通过加强职业技能和职业道德的教育培训,树立先进典型,促进全市公路系统两个文明建设有机结合,取得了显著成绩。2001年2月1日,黄冈市公路管理局被中共黄冈市委、市人民政府表彰为2000年度市直优秀服务单位;3月,武穴市公路段(今武穴市公路管理局)被中共湖北省委、省人民政府授予1999—2000年度文明单位,这是黄冈公路系统首家荣获省级文明单位的县(市、区)公路基层单位;4月8日,黄州区公路段被中共黄冈市委、市人民政府命名表彰为1999—2000年度市级最佳文明单位;黄冈市公路管理局、团风、麻城、蕲春等3县市公路段被中共黄冈市委、市人民政府命名表彰为1999—2000年度市级文明单位。2002年4月,团风县公路段被中共湖北省委、省人民政府授予"文明单位",2003年4月,蕲春县公路管理局被中共湖北省委、省人民政府授予2001—2002年度"文明单位"。2003年6月30日,黄州区公路段被中共黄冈市委、市人民政府命名表彰为2001—2002年度市级最佳文明单位;黄冈市公路管理局,黄冈市公路管理局武昌道路油供应站和红安、麻城等2县市公路段被中共黄冈市委、市人民政府命名表彰为2001—2002年度市级文明单位;武穴市公路段养护管理站被中共黄冈市委、市人民政府命名表彰为2001—2002年度文明行业创建工作先进单位;2005年3月,团风县公路段、蕲春县公路段分别被中共湖北省委、省人民政府授予2003—2004年度"最佳文明单位""文明单位"。蕲春县公路段被黄冈市人民政府表彰为全市"十五"交通基础设施建设先进单位。

"十一五"期间,黄冈市公路系统精神文明建设,按照"公路建设塑造文明、公路养护展示文明、路政管理规范文明、行风建设延伸文明、深化改革发展文明"的创建理念,不断提升文明行业创建水平,努力构建和谐公路,促进了全市经济社会全面发展,涌现出一批成绩突出、影响广泛的先进典型。

2007年2月8日,黄冈市公路管理局、武汉通世达公路物资有限公司被中共黄冈市委、市人民政府命名表彰为2005—2006年度"市级最佳文明单位",黄州、罗田、英山、武穴、黄梅等5县市公路段被中共黄冈市委、市人民政府命名表彰为2005—2006年度"市级文明单位",江北公路南湖车辆通行费收费站被中共黄冈市委、市人民政府命名表彰为2005—2006年度"市级创建文明行业工作先进单位",江北一级公路、宋长线红安—上新集段被中共黄冈市委、市人民政府命名表彰为2005—2006年度"市级文明路"。蕲春县公路段被中共湖北省委、省人民政府授予"文明单位"。9月3日,武汉通世达公路物资有限公司和黄州、罗田、英山、黄梅、龙感湖等5县区公路段被中共黄冈市委、市人民政府命名表彰为2007—2008年度"市级最佳文明单位";江北一级公路南湖车辆通行费收费站被中共黄冈市委、市人民政府命名表彰为

2007—2008年度"市级创建文明行业工作先进单位";江北一级公路、宋长线红安段、阳枫公路、318国道罗田段被中共黄冈市委、市人民政府命名表彰为2007—2008年度"市级文明路"。2010年2月,黄州区公路段被中共黄冈市人民政府授予2009年度治理车辆超限超载工作目标考核先进单位。五年中,全市公路系统创建省级文明单位3个、市级文明单位7个(其中市级最佳5个)、县级文明单位5个(其中县级最佳4个),五星级养护管理站5个,标准化治超站5个、示范站1个;建成105国道(黄梅—小池)部级文明路1条、市级文明路4条;涌现出省、市、县级先进集体72个,省市级劳动模范、三八红旗手、青年岗位能手等个人荣誉达21人次。

"十二五"是我国进入全面建设小康社会的重要战略机遇期,为更好地发挥精神文明建设在深化改革,转变发展方式,推进公路事业跨越式发展中的保证作用。2011年5月26日,中共黄冈市公路管理局党委结合公路工作面临的新形势、新机遇、新挑战,制定并印发了《黄冈市公路系统"十二五"时期精神文明建设规划》。该规划对黄冈市公路系统"十二五"时期精神文明建设的指导思想、奋斗目标、主要任务和保障体系作了全面系统的阐述,为黄冈市公路系统"十二五"时期精神文明建设奠定了坚实的基础。

2011年4月29日,中共黄冈市委、市人民政府授予黄冈市公路管理局、武汉通世达物资有限公司和黄州区、罗田县、英山县、龙感湖区等4县区公路段为"2009—2010年度最佳市级文明单位",授予红安县公路段、麻城市公路段为"2009—2010年度市级文明单位",授予阳福线红安段、黄上公路为"2009—2010年度市级文明路"荣誉称号;8月20日,湖北省精神文明建设委员会确认团风县公路段为"2009—2010年度省级文明单位";12月9日,黄冈市人民政府授予黄冈市公路管理局和黄冈市大别山红色旅游交通示范区公路建设项目部为"先进单位"荣誉称号。

五年间,经过持续开展多层次、多形式的行业文明创建活动,黄冈市公路系统有黄冈市公路管理局和团风、蕲春、罗田、英山等4县公路管理局创建省级文明单位,有市级文明单位5个(市级最佳3个),县级文明单位5个(县级最佳4个),文明单位覆盖率100%;建成省级文明路4条,市级文明路10条,培树了全国劳动模范周全寿,并建立了劳模工作室;涌现出湖北省五一劳动奖章获得者曾文等一批省、市、县级先进集体和省市级劳动模范、三八红旗手、青年岗位能手。

(三)文明样板路创建

文明样板路创建是最具交通行业特色的文明创建活动。先后经历了标准美化路(GBM工程)到市级文明路再向省部级文明路的进档升级。

标准美化路(GBM工程)建设。GBM工程是交通部作为改善和提高现有公路技术状况,推进公路现代化的一项重要措施。1988年,黄冈地区首先在黄(梅)小(池口)、兰(溪)罗(田)等主要干线公路上实施,当年建成95公里;以后每年以50公里左右的速度递增。到1994年年底,全区共建成GBM工程标准美化路500公里。

市级文明路创建。1994年,全区交通系统开展"高扬主旋律,岗位创一流"为主题的精神文明建设创建活动,创建316国道麻城至宋埠段为"无三乱"文明样板路。1998年3月,全市交通系统开展"四创"活动,1999年3月,市交通局与黄冈市精神文明建设委员会办公室以黄交〔1999〕34号联合发文,授予黄州区上砂线7公里、团风县黄界公路团风段5公里、红安县阳福线26公里、浠水县黄标线43公里、蕲春县黄标线25公里、武穴市黄标线36公里、武穴市梅武线22公里、黄梅县黄标线11公里、黄梅县105国道15公里计9条路段为文明样板路段。2003年8月,市委宣传部、市文明办、市交通局联合发文,在全市国省道干线公路和县乡以上列养公路全面开展创建文明路活动,提高公路"建、养、管、收"水平。实现公路建养达标,路容路貌"畅、绿、洁、美";公路管理站、收费站创"三优一规范"(优美环境、优良秩序、优质服务、规范管理);路政部门规范执法,热情服务;全线无公路"三乱",社会治安和市场秩序良好;人民群众爱路护路,城乡社会经济文化协调发展,共同进步,建设文明畅通工程和文明走廊。制定2003—2006年度全市创建9条文明路:江北一级公路、黄(州)—上(巴河)线、106国道麻城段(小界岭—余家寨)、武(穴)—梅(川)线、黄(梅)—标(云岗)线、318国道团风标云岗—英山蔡家岭段、阳(逻)—福(田口)线红安段、宋(埠)—长(岭)线宋埠至上新集段、中大线英(山)—浠(水)段。创建文明路活动分市级、省级两个层次展开,县乡以上道路(含国、省道干线公路)按照先创市级文明路再创省级文明路的递进方式进行,未建成市级文明路,不能申报省级文明路。黄冈成立创建文明路领导小组,组长由市委常委、市委宣传部部长王静平担任,副组长由市交通局党组书记、局长万章热担任。2006年12月,市交通局向市文明办申请验收江北一级公路和宋(埠)—长(岭)线宋埠至上新集段为市级文明路。创建中以"建、养、管、收"为重点,以沿线城乡、有关部门和人民群众的文明创建为依托,坚持齐抓共管、整体联动,实现公路建养达标,路容路貌"畅、绿、洁、美";公路管理站、收费站达到了"三优一规范"(优美环境、优良秩序、优质服务、规范管理);路政部门规范执法、热情服务;社会治安秩序良好。

省、部级文明样板路创建。105国道黄梅段全长63.61公里,北起湖北与安徽交界处界子墩,南至与江西接壤的黄梅小池镇,途经7个乡镇、连接20个行政村,贯穿鄂东,连接赣、皖两省的国家级干线公路。2005年,105国道黄梅段被交通部确定列入创建部级文明样板路。省、市、县三级交通公路部门把105国道文明样板路创建工作作为交通公路工作中的一件大事,成立领导小组,制订《105国道创建部级文明样板路活动实施方案》,现场组建105国道路面改善工程项目指挥部,成立专班抓创建工作。黄梅县委、县政府成立公路创建指导协调专班,优化创建环境,做好协调服务。创建活动以"建、养、管、收"为重点,以沿线城镇,有关部门和人民群众的文明创建为依托,坚持齐抓共创,整体联动。105国道黄梅段创建部级文明样板路路面改善工程投资1亿元,到2006年9月底,全线63.61公里路面改善、沿线GBM工程、13座危桥加固等全面完成。建成后的105国道黄梅段行车速度比创建前平均提高约20公里/小时。2006年11月27日,交通部105国道文明样板路创建工作检查验收组现场检测和评定105国道黄梅段为部级文明样板路。江北一级公路、宋长线红安—上新集段被中共黄冈市委、市人民政府命名表彰为2005—2006年度"市级文明路"。2009年,江北一级公路、宋长线红安段、阳枫公路、318国道罗田段被中共黄冈市委、市人民政府命名表彰为2007—2008年度"市级文明路"。阳福线红安段、黄上公路被中共黄冈市委、市人民政府命名表彰为"2009—2010年度市级文明路"。"十二五"期间,在国省县乡村公路中广泛开展"公路沿线城乡环境整治"的"文明样板路"建设,2015年,105国道"畅安舒美"创建通过验收。多条农村公路创建为"农村生态文明示范路"。

(四)客运文明示范线(站)及"楚运""征稽"杯

20世纪80年代,黄冈公路运输行业在精神文明建设方面着重开展客运文明服务规范化工作。重点开展"创三优,评十佳"活动,客运服务质量明显提高。黄州、麻城、红安汽车站被交通部授予"全国文明车站"光荣称号。

20世纪90年代初,全省运管征稽系统开展"楚运杯""征稽杯"竞赛活动。1990年,英山运管所夺得首届"楚运杯";1995年,交通部表彰1993—1995年度部级文明客运汽车站、队和全国道路运输先进工作者,黄冈地区英山汽车客站,英山县汽车客站站务员程亚玲荣获文明汽车客运站和先进工作者称号;1999年,黄州一级汽车客运站在全省汽车客运站信誉等级评定中,被确定为AAA汽车客运站。

2003年3月,全市交通系统开展"文明示范线"创建活动,市交通局成立创建活动领导小组,组建工作专班,制订《黄冈市交通系统道路"文明示范线"建设计分考核标准》和《实施方案》。明确各县市区交通局结合实际确定拟创建的线路自我申报,申报的线路必须是条件初具影响面较大的国省道线路,线路里程不少于30公里。2010年7月10日,黄冈市交通局、市文明办联合下文,印发《黄冈市农村客运文明示范线创建活动实施方案》,加快推进黄冈市农村客运科学、稳定、和谐发展,改善农村交通环境,服务社会主义新农村建设,市文明办和市交通局决定,在全市深入开展创建农村客运文明示范线,荆楚新农吧活动。提升农村客运服务水平,改善农村客运发展环境,以加快农村客运科学发展为落脚点,推进农村"路站运一体化"建设步伐,建设一批农村客运文明示范线,切实提高农村客运服务社会主义新农村建设的能力和水平,使农民群众享受到安全、文明、优质、便捷的客运服务。由市文明办和市交通局联合成立黄冈市农村客运文明示范线创建活动领导小组,由市运管处具体负责日常工作。各县市区交通局成立组织领导机构和工作专班。制定黄冈市农村客运文明示范线标准。2010年,评出市级农村客运文明示范线"麻城—福田河"线路、英山"英山—百丈河"线路、黄梅"大河—大庙"线路、罗田"罗田—三里畈"线路、团风"团风—上巴河"线路、龙感湖"总场—塞湖"线路。

2011年,湖北省运管局授予黄冈农村客运文明示范线5条:黄州区"黄州—石头村"线路;浠水县"浠水巴河—竹瓦"线路;红安县"红安—七里坪"线路;蕲春县"蕲春—蕲州"线路;武穴市"武穴—黄梅"线路。2015年,在交通运输部、公安部、安全监管总局、中华全国总工会、共青团中央联合开展的2015春运"情满旅途"活动中,黄冈市东方运输集团有限公司黄州客运站被授予"先进集体"光荣称号。

(五)"四创"(文明港站、文明车船、文明班组、示范窗口)活动

1990年,湖北省交通厅鄂交教〔1990〕055号文《关于在全省交通系统开展弘扬奉献精神 创立交通新风活动的决定》,按照湖北省交通厅要求,1998年3月,全市交通系统开展"四创"活动,评选10个最佳示范"窗口"。10月,黄冈市交通局开展"讲文明、树新风"活动,树立交通行业"文明窗口"新形象,考核评选10个文明窗口、评选10台红旗车、100台文明车。1999年,黄冈市交通局、黄冈市精神文明建设委员会办公室以黄交文〔1999〕16号发文,授予黄州客运总站等9个窗口为交通系统文明窗口、鄂J-T0421等10台车为黄冈市区红旗车、鄂J-50580等80台为黄冈市文明车、毛勇等50名执法员为黄冈市区交通文明执法员。同年,省交通厅鄂交教〔1999〕100号文件《关于表彰文明港站、文明班组、文明车船、岗位标兵的通报》,浠水县公路段白水井收费站、黄州汽车站黄黄公路建设指挥部被授予文明港站;蕲春县公路段青石管理站、团风县公路段大树养护工区、黄冈市英山县汽车站售票组、黄州区航务港监所黄州站、被授予文明班组;红安县通达客运有限公司鄂J-90651、黄冈市运通责任有限公司鄂J-02385、麻城市汽车运输总公司鄂J-80736、英山县汽车客运公司鄂J-60438、武穴市汽车有限责任公司鄂J-41708、黄州区个体出租车鄂J-T0421、黄州轮渡公司1号轮被授予文明车船;2000年,黄冈市蕲春汽运公司鄂J-31400客车被评为部省厅"示范窗口"。2002年,省道路运输管理局细化"文明示范窗口"活动内涵,要求全省运管征稽系统实行"一条龙服务",并要求规范设置对外业务窗口、设立咨询服务台、岗位监督岗、意见簿等;所有窗口工作人员必须按规定着装,持证上岗、挂牌服务。10月22日,省交通厅颁发鄂交文办〔2002〕第500号文件,授予全省72个单位"全省交通系统文明示范窗口"称号,黄冈运管征稽系统中蕲春县公路运输管理所、英山县公路规费征收稽查所上榜。

文明客船、文明航线及"金锚奖"竞赛是全省航务系统开展的具有水运特点的文明创建活动。1988年,全省航务系统开展争创"文明客船"活动,在黄冈地区选择1艘客船作为试点。当年,武穴市轮船公司被省政府授予"全面提高经济效益先进单位"。1990年,全省航务系统开展"金锚奖"竞赛活动,蕲春县航运公司被交通部授予"部级优质运输单位"称号;1992年全省航务系统开展"优质服务年"活动,在武穴市召开全省船务系统经验交流会。2001年,中国海员工会授予武穴市航务管理所金林瑞第七届"金锚奖"。

2009年4月,市交通局制定《黄冈市交通系统"文明示范窗口"评选办法》。全市交通系统各级成立"文明示范窗口"建设领导小组,实行一把手负责制。"文明窗口"评选对象为全市交通系统大桥、公路、运管、征稽、港航面对社会,直接服务人民群众的段、所、港、站、车、船、客货运线路,渡口、路政管理、收费站、服务办证大厅等基层经营管理部门和单位。"文明窗口"评选标准10条,每条10分,分别为政治基础好、制度健全、环境优美、秩序优良、服务优质、管理规范、政务公开、活动丰富、廉洁规范、综合治理好。"文明窗口"实行届期制、每两年为一届。10月,市交通局印发《黄冈市交通系统窗口单位文明服务规范》,从服务环境、服务态度、服务质量、服务制度、服务纪律、仪表仪容等方面进行了规范。2009年12月,黄冈市道路运输培训中心等单位被黄冈市精神文明办授予2008—2009年度的"文明窗口"称号。

2010年10月,黄冈市交通局在全市交通收费窗口组织开展"优质服务月"活动,活动以"四比一看"劳动竞赛和"优质服务——公路通行费永恒的主题"演讲比赛为内容,实现全市交通运输收费窗口优质服务新提升。12月1日至2日。全省公路通行费"争先创优、优质服务"演讲比赛在黄冈举行;经过激烈的角逐,黄冈南湖收费站代表队左沃野演讲的《我的岗位我的家》获得二等奖;黄冈陶店收费站代表队的胡琴演讲的《真诚微笑与服务》获三等奖;黄冈南湖收费站、黄冈陶店收费站获风格奖。

历年获奖先进单位(集体)详见表8-3-3-1~表8-3-3-7。

获国家级文明单位一览表　　　　　　　　　　　　　表8-3-3-1

序号	获奖时间	获奖单位	荣誉称号	颁奖部门
1	2005—2006年度	黄冈市交通局	全国精神文明建设工作先进单位	中央文明委
2	2007—2008年度	黄冈市交通局	全国精神文明建设工作先进单位	中央文明委
3	2011—2012年度	黄冈市交通运输局	全国文明单位	中央文明委

获省部级奖励一览表　　　　　　　　　　　　　表8-3-3-2

获奖时间	获奖单位	荣誉称号	颁奖部门
1964年	浠水县兰溪水运二社	民主办社好	省人民委员会
1975年	广济县车辆管理所	全国交通安全先进集体	交通部
1977年	鄂城县装卸运输公司	大庆式企业	湖北省革委会
	鄂州县造船厂	大庆式企业	湖北省革委会
1978年	罗田县公路段	大庆式企业	湖北省革委会
	罗田县公路段	"发展交通,当好先行"锦旗	交通部嘉奖
	鄂城县装卸运输公司	科技先进单位	交通部
1979年	鄂城市第一装卸运输公司	大庆式企业	湖北省革委会
1980年	鄂城县装卸运输公司	先进企业	交通部
1982年	鄂城市第一装卸运输公司	优质运输	交通部
1983年	鄂城市第一装卸运输公司	优秀质量管理小组	交通部
	鄂城市第一装卸运输公司	优质运输先进集团	交通部
1984年	地区汽运总公司麻城汽车站	文明车站	交通部
1985年	广济县武穴轮船公司	经济效益先进单位	交通部
1987年	地区汽运总公司麻城汽车站	文明车站	交通部
	红安县汽车站被授予称号	文明车站	交通部
1988年	武穴市轮船公司	全面提高经济效益先进单位	省政府
1990年	蕲春县航运公司	部级优质运输单位	交通部
1992年	武穴市港航监督所	全国交通先进单位	交通部
1994年	浠水县乡村公路管理段	省级文明单位	中共湖北省委、省人民政府
1995年	英山县汽车客运站	1993年至1995年度文明客运汽车站	交通部
1996年	浠水县乡村公路管理段	省级文明单位	中共湖北省委、省人民政府

续上表

获奖时间	获奖单位	荣誉称号	颁奖部门
1997年	红安县汽车站	文明车站	交通部
	黄冈地区汽车运输公司黄州汽车站	文明车站	交通部
	英山县汽车站	文明汽车客运站	交通部
1996—1998年度	黄冈市江北造船厂	省级文明单位	中共湖北省委、省人民政府
	湖北省黄黄公路建设指挥部	省级文明单位	中共湖北省委、省人民政府
1998年	黄冈市交通局	省级文明单位	中共湖北省委、省人民政府
	浠水县乡村公路管理段	省级文明单位	中共湖北省委、省人民政府
	团风县公路段	最佳省级文明单位	中共湖北省委、省人民政府
	龙感湖管理区交通局	省级文明单位	中共湖北省委、省人民政府
	黄冈市公路规费征稽处	省级文明单位	中共湖北省委、省人民政府
	蕲春县公路段	省级文明单位	中共湖北省委、省人民政府
	黄冈市港航管理局	省级创建文明行业工作先进单位	中共湖北省委、省人民政府
	蕲春县运管所	省级创建文明行业工作先进单位	中共湖北省委、省人民政府
1999—2000年度	武穴市公路段	文明单位	中共湖北省委、省人民政府
2001—2002年度	蕲春县公路管理局	文明单位	中共湖北省委、省人民政府
2003—2004年度	团风县公路段	最佳文明单位	中共湖北省委、省人民政府
	蕲春县公路段	文明单位	中共湖北省委、省人民政府
2004年	黄冈市航务管理处	创文明行业工作先进单位	中共湖北省委、省人民政府
2005—2006年度	黄冈市交通局	省级最佳文明单位	中共湖北省委、省人民政府
	黄冈市公路规费征稽处	省级最佳文明单位	中共湖北省委、省人民政府
	团风县公路段	省级文明单位	中共湖北省委、省人民政府
	蕲春县公路段	省级文明单位	中共湖北省委、省人民政府
	龙感湖交通分局	省级文明单位	中共湖北省委、省人民政府
	黄冈市港航管理局	省级创建文明行业工作先进单位	中共湖北省委、省人民政府
	黄冈市交通局	全省交通行业精神文明建设先进单位	中共湖北省委、省人民政府
2005年	黄冈江北公路建设指挥部	全国交通系统先进集体	交通部、人事部
2007—2008年度	黄冈市交通局	省级最佳文明单位	中共湖北省委、省人民政府
2008年	黄冈市交通局	全国农村公路通达情况专项调查先进集体	交通运输部
2007—2008年度	黄冈市港航管理局	省级先进文明单位	中共湖北省委、省人民政府
	团风县公路段	省级文明单位	中共湖北省委、省人民政府
	蕲春县公路段	省级文明单位	中共湖北省委、省人民政府
	龙感湖交通分局	省级文明单位	中共湖北省委、省人民政府
	黄冈市道路运输管理处	省级文明单位	中共湖北省委、省人民政府
	黄冈市公路规费征稽处黄州直属所	省级文明单位	中共湖北省委、省人民政府
	黄冈市黄州区道路运输管理所	省级文明单位	中共湖北省委、省人民政府

黄冈交通运输志

续上表

获奖时间	获奖单位	荣誉称号	颁奖部门
2009—2010 年度	黄冈市交通运输局	省级最佳文明单位	中共湖北省委、省人民政府
	黄冈市道路运输管理处	省级文明单位	中共湖北省委、省人民政府
	黄州区道路运输管理所	省级文明单位	中共湖北省委、省人民政府
	团风县公路段	省级文明单位	中共湖北省委、省人民政府
	蕲春县公路段	省级文明单位	中共湖北省委、省人民政府
	黄冈市交通运输局龙感湖分局	省级文明单位	中共湖北省委、省人民政府
	黄冈市公路管理局	省级文明单位	中共湖北省委、省人民政府
2011—2012 年度	黄冈市港航管理局	省级先进文明单位	中共湖北省委、省人民政府
2012 年	武穴市港航管理局	全国交通运输行业"文明示范窗口"称号	交通运输部
	港航管理局	文明示范窗口	交通运输部
2013 年	武穴市宏森汽车运输有限公司	五一劳动奖状	省工会
	黄冈东方运输集团有限公司	2013 年春运农民工平安返乡安全优质服务竞赛先进集体	交通运输部、中国海员建设工会全国委员会
2015 年	黄冈东方运输集团有限公司黄州客运站	2015 年春运"情满旅途"先进集体	交通运输部、公安部、安全监管总局

获地厅级奖励一览表　　　　　　表 8-3-3-3

获奖时间	获奖单位	荣誉称号	颁奖部门
1951 年	浠水县城关搬运站	模范基层工会	省工会
1959 年	蕲春县蕲州搬运站	装卸搬运先进集体	黄冈地区专员公署
1965 年	浠水县兰溪水运二社	先进单位	黄冈地区专员公署
1975 年	浠水县城关搬运站	指标分解先进单位	省交通局
1976 年	浠水县兰溪搬运站	港机会战先锋	省交通局
1977 年	浠水县兰溪港水运公司	大庆式企业	黄冈地区革命委员会
	浠水县巴河港水运公司	大庆式企业	黄冈地区革命委员会
1978 年	浠水县巴河港水运公司	安全优质企业	黄冈地区革命委员会
1979 年	浠水县巴河搬运站	先进企业	黄冈地区行署
	蕲春县漕河搬运站	先进集体	省交通局
1983 年	蕲春县航运公司	先进集体、优质服务集体	黄冈地区行署
1985 年	浠水县望城区交通管理站	先进交管站	省交通厅
	广济县武穴轮船公司	企业整顿先进单位	黄冈地区行署
	黄冈地区交通局	地直文明单位	黄冈地区行署
	黄冈地区江北造船厂	地直文明单位	黄冈地区行署
1986 年	黄冈地区宋埠汽车修造厂	地直文明单位	黄冈地区行署
1987 年	黄冈地区宋埠汽车修区	地直文明单位	黄冈地区行署
1990 年	黄冈地区宋埠汽车修造厂	地直文明单位	黄冈地区行署

续上表

获奖时间	获奖单位	荣誉称号	颁奖部门
1991年	黄冈地区航务局	地直文明单位	黄冈地区行署
	黄冈地区江北造船厂	地直文明单位	黄冈地区行署
1992年	红安县汽车运输公司	地级文明单位	黄冈地区行署
	浠水县乡村公路段	地级文明单位	黄冈地区行署
	英山县公路段	地级文明单位	黄冈地区行署
	蕲春县公路运输管理所	地级文明单位	黄冈地区行署
	黄冈地区公路总段	地级文明单位	黄冈地区行署
	武穴市公路养路费征收稽查所	全省交通系统"先进集体"	省交通厅
1993年	浠水县乡村公路段	全省交通系统"先进集体"	省交通厅、人事厅
	英山县公路运输管理所	全省交通系统"先进集体"	省交通厅、人事厅
1994年	英山县公路段	全省交通系统"先进集体"	省交通厅、人事厅
	黄梅县航务港监所	全省交通系统"先进集体"	省交通厅、人事厅
1995年	蕲春县船务、港监处	全省交通系统"先进集体"	省交通厅、人事厅
	黄冈地区交通局	地级文明单位	中共黄冈市委、市人民政府
1996年	武穴市公路段	全省交通系统先进单位	省交通厅 省人事厅
	英山县汽车站	文明港站	省交通厅
	黄梅县小池收费站	文明港站	省交通厅
	武穴市刘元道班	文明班组	省交通厅
	蕲春县汽车运输总公司	全省交通运输"五好企业"	省交通厅
1997年	蕲春县汽车运输总公司	全省交通运输"五好企业"	省交通厅
1998年	黄冈市交通局	湖北省交通系统先进集体	省交通厅、省人事厅
	蕲春县汽车运输总公司	全省交通运输"五好企业"	省交通厅
1999—2000年度	黄州区公路段	市级最佳文明单位	中共黄冈市委、市人民政府
	蕲春县公路规费征稽所	市级最佳文明单位	中共黄冈市委、市人民政府
	团风县公路段	市级文明单位	中共黄冈市委、市人民政府
	麻城市公路段	市级文明单位	中共黄冈市委、市人民政府
	蕲春县公路段	市级文明单位	中共黄冈市委、市人民政府
	黄冈市公路规费征稽处黄州直属所	市级文明单位	中共黄冈市委、市人民政府
	黄冈市公路规费征稽处	市级文明单位	中共黄冈市委、市人民政府
	黄冈市公路运输管理处	市级文明单位	中共黄冈市委、市人民政府
	黄冈市公路管理局	市级文明单位	中共黄冈市委、市人民政府
	黄冈市交通学校	市级文明单位	中共黄冈市委、市人民政府
	黄冈市江北造船厂有限责任公司	市级文明单位	中共黄冈市委、市人民政府
	黄冈市汽车客运总站	市级文明单位	中共黄冈市委、市人民政府
	团风县公路段	市级文明单位	中共黄冈市委、市人民政府
	麻城市公路段	市级文明单位	中共黄冈市委、市人民政府

续上表

获奖时间	获奖单位	荣誉称号	颁奖部门
1999—2000年度	蕲春县公路运输管理所	市级文明单位	中共黄冈市委、市人民政府
	蕲春县公路段	市级文明单位	中共黄冈市委、市人民政府
	龙感湖管理区交通局	市级文明单位	中共黄冈市委、市人民政府
	黄冈市交通系统	市级文明系统先进系统	中共黄冈市委、市人民政府
2000年	黄冈市公路管理局	市直优秀服务单位	中共黄冈市委、市人民政府
	市运管处	文明单位	中共黄冈市委、市人民政府
	市运管处	市直机关优秀服务单位	中共黄冈市委、市人民政府
2001年	市运管处	"双争一建"工作先进单位	中共黄冈市委、市人民政府
2002年	黄冈市汽车运输总公司	全省交通系统"先进集体"	省交通厅
	蕲春县运管所	全省交通系统"先进集体"	省交通厅
	浠水县运管所	市级文明单位	中共黄冈市委、市人民政府
2001—2002年度	武穴市公路段	文明行业创建工作先进单位	中共黄冈市委、市人民政府
	黄冈市征稽处直属所	市级最佳文明单位	中共黄冈市委、市人民政府
	黄冈市公路运输管理处	市级最佳文明单位	中共黄冈市委、市人民政府
	鄂黄长江大桥开发公司	市级最佳文明单位	中共黄冈市委、市人民政府
	黄州区公路段	市级最佳文明单位	中共黄冈市委、市人民政府
	蕲春县公路运输管理所	市级最佳文明单位	中共黄冈市委、市人民政府
	龙感湖管理区交通局	市级最佳文明单位	中共黄冈市委、市人民政府
	黄冈市公路管理局	市级文明单位	中共黄冈市委、市人民政府
	蕲春县公路管理局	市级文明单位	中共黄冈市委、市人民政府
	黄冈市公路管理局武昌道路油供应站	市级文明单位	中共黄冈市委、市人民政府
	红安县公路段	市级文明单位	中共黄冈市委、市人民政府
	麻城市公路段	市级文明单位	中共黄冈市委、市人民政府
	黄冈市汽车客运总站	市级文明单位	中共黄冈市委、市人民政府
	黄冈市交通学校	市级文明单位	中共黄冈市委、市人民政府
	黄冈市航务局	市级文明单位	中共黄冈市委、市人民政府
	黄冈市公路管理局武昌道路油站	市级文明单位	中共黄冈市委、市人民政府
	红安县公路规费征稽所	市级文明单位	中共黄冈市委、市人民政府
	红安县公路段	市级文明单位	中共黄冈市委、市人民政府
	英山县交通局	市级文明单位	中共黄冈市委、市人民政府
	英山县养路费征稽所	市级文明单位	中共黄冈市委、市人民政府
	浠水县清泉镇交通管理站	市级文明单位	中共黄冈市委、市人民政府
	蕲春县交通局	市级文明单位	中共黄冈市委、市人民政府
	蕲春县航管所	市级文明单位	中共黄冈市委、市人民政府
	武穴市航管所	市级文明单位	中共黄冈市委、市人民政府
	黄冈市交通系统	市级文明系统	中共黄冈市委、市人民政府
	蕲春县航务港监所	文明行业创建工作先进单位	中共黄冈市委、市人民政府

续上表

获奖时间	获奖单位	荣誉称号	颁奖部门
2003—2004年度	黄冈市港航管理局	最佳市级文明单位	中共黄冈市委、市人民政府
	黄冈市高等级公路建设开发有限公司	市级文明单位	中共黄冈市委、市人民政府
	黄冈市公路运输管理处	市级文明单位	中共黄冈市委、市人民政府
	黄冈市汽车客运总站	市级文明单位	中共黄冈市委、市人民政府
	黄冈市公路管理局	市级文明单位	中共黄冈市委、市人民政府
	黄州区交通局	市级文明单位	中共黄冈市委、市人民政府
	团风县公路规费征稽所	市级文明单位	中共黄冈市委、市人民政府
	红安县公路规费征稽所	市级文明单位	中共黄冈市委、市人民政府
	罗田县公路规费征稽所	市级文明单位	中共黄冈市委、市人民政府
	罗田县交通局	市级文明单位	中共黄冈市委、市人民政府
	英山县公路规费征稽所	市级文明单位	中共黄冈市委、市人民政府
	武穴市公路规费征稽所	市级文明单位	中共黄冈市委、市人民政府
	黄梅县公路规费征稽所	市级文明单位	中共黄冈市委、市人民政府
	龙感湖管理区公路段	市级文明单位	中共黄冈市委、市人民政府
	武汉通世达公路物资有限公司	市级文明单位	中共黄冈市委、市人民政府
	麻城市运管所	市级文明单位	中共黄冈市委、市人民政府
	罗田县客运站	市级文明单位	中共黄冈市委、市人民政府
	黄梅县公路规费征收稽查所	市级创建文明行业先进单位	中共黄冈市委、市人民政府
	浠水县港航管理所	市级创建文明行业先进单位	中共黄冈市委、市人民政府
	罗田县客运站	市级创建文明行业先进单位	中共黄冈市委、市人民政府
	武穴市两路公路站	市级创建文明行业先进单位	中共黄冈市委、市人民政府
2005—2006年度	黄冈市交通学校	市级最佳文明单位	中共黄冈市委、市人民政府
	黄冈市公路规费征稽处黄州直属所	市级最佳文明单位	中共黄冈市委、市人民政府
	黄冈市公路管理局	市级最佳文明单位	中共黄冈市委、市人民政府
	黄冈市道路运输管理处	市级最佳文明单位	中共黄冈市委、市人民政府
	黄冈市大桥局	市级最佳文明单位	中共黄冈市委、市人民政府
	武汉通世达公路物资有限公司	市级最佳文明单位	中共黄冈市委、市人民政府
	黄州区交通局麻城市道路运输管理所	市级最佳文明单位	中共黄冈市委、市人民政府
	团风县公路规费征稽所	市级最佳文明单位	中共黄冈市委、市人民政府
	罗田县交通局	市级最佳文明单位	中共黄冈市委、市人民政府
	蕲春县交通局	市级最佳文明单位	中共黄冈市委、市人民政府
	蕲春县道路运输管理所	市级最佳文明单位	中共黄冈市委、市人民政府
	黄冈市龙感湖公路管理段	市级最佳文明单位	中共黄冈市委、市人民政府
	黄州区公路段	市级文明单位	中共黄冈市委、市人民政府
	黄州区道路运输管理所	市级文明单位	中共黄冈市委、市人民政府
	罗田县客运站	市级文明单位	中共黄冈市委、市人民政府
	罗田县公路规费征稽所	市级文明单位	中共黄冈市委、市人民政府

续上表

获奖时间	获奖单位	荣誉称号	颁奖部门
2005—2006年度	罗田县公路段	市级文明单位	中共黄冈市委、市人民政府
	英山县公路规费征稽所	市级文明单位	中共黄冈市委、市人民政府
	英山县公路段	市级文明单位	中共黄冈市委、市人民政府
	浠水县清泉镇交通管理站	市级文明单位	中共黄冈市委、市人民政府
	浠水县港航管理所	市级文明单位	中共黄冈市委、市人民政府
	浠水县公路规费征稽所	市级文明单位	中共黄冈市委、市人民政府
	黄梅县公路段	市级文明单位	中共黄冈市委、市人民政府
	蕲春县公路规费征稽所	市级文明单位	中共黄冈市委、市人民政府
	武穴市公路规费征稽所	市级文明单位	中共黄冈市委、市人民政府
	蕲春县交通局城关收费站	市级文明单位	中共黄冈市委、市人民政府
	江北公路南湖收费站	市级文明单位	中共黄冈市委、市人民政府
	英山县交通局	市级创建文明行业工作先进单位	中共黄冈市委、市人民政府
	浠水县交通局	市级创建文明行业工作先进单位	中共黄冈市委、市人民政府
2007年	黄冈交通系统	全省交通系统精神文明先进单位	省交通厅
2007—2008年度	黄冈市大桥局	市级最佳文明单位	中共黄冈市委、市人民政府
	武汉通世达公路物资有限公司	市级最佳文明单位	中共黄冈市委、市人民政府
	黄州区公路段	市级最佳文明单位	中共黄冈市委、市人民政府
	黄州区交通局	市级最佳文明单位	中共黄冈市委、市人民政府
	团风县公路规费征稽所	市级最佳文明单位	中共黄冈市委、市人民政府
	麻城市道路运输管理所	市级最佳文明单位	中共黄冈市委、市人民政府
	罗田县交通局	市级最佳文明单位	中共黄冈市委、市人民政府
	罗田县客运站	市级最佳文明单位	中共黄冈市委、市人民政府
	罗田县公路段	市级最佳文明单位	中共黄冈市委、市人民政府
	罗田县公路规费征稽所	市级最佳文明单位	中共黄冈市委、市人民政府
	英山县公路段	市级最佳文明单位	中共黄冈市委、市人民政府
	浠水县乡村公路段	市级最佳文明单位	中共黄冈市委、市人民政府
	浠水县港航管理所	市级最佳文明单位	中共黄冈市委、市人民政府
	蕲春县道路运输管理所	市级最佳文明单位	中共黄冈市委、市人民政府
	蕲春县公路规费征稽所	市级最佳文明单位	中共黄冈市委、市人民政府
	黄梅县公路段	市级最佳文明单位	中共黄冈市委、市人民政府
	龙感湖农场公路管理段	市级最佳文明单位	中共黄冈市委、市人民政府
	黄州区港航管理所	市级文明单位	中共黄冈市委、市人民政府
	英山县公路规费征稽所	市级文明单位	中共黄冈市委、市人民政府
	英山县道路运输管理所	市级文明单位	中共黄冈市委、市人民政府
	浠水县公路规费征稽所	市级文明单位	中共黄冈市委、市人民政府
	浠水县交通局	市级文明单位	中共黄冈市委、市人民政府
	蕲春县交通管理总站	市级文明单位	中共黄冈市委、市人民政府

续上表

获奖时间	获奖单位	荣誉称号	颁奖部门
2007—2008年度	蕲春县港航管理所	市级文明单位	中共黄冈市委、市人民政府
	武穴市公路规费征稽所	市级文明单位	中共黄冈市委、市人民政府
	武穴市交通局	市级文明单位	中共黄冈市委、市人民政府
	武穴市港航管理局	市级文明单位	中共黄冈市委、市人民政府
	黄梅县公路规费征稽所	市级文明单位	中共黄冈市委、市人民政府
	龙感湖管理区公路规费征稽所	市级文明单位	中共黄冈市委、市人民政府
	江北一级公路南湖车辆通行费收费站	市级创建文明行业工作先进单位	中共黄冈市委、市人民政府
	英山县汽车站	市级创建文明行业工作先进单位	中共黄冈市委、市人民政府
	黄梅县交通局	市级创建文明行业工作先进单位	中共黄冈市委、市人民政府
2009—2010年度	黄冈市交通运输局	优化经济发展环境"十佳"单位	中共黄冈市委、市人民政府
	团风县交通运输局	市级文明单位	中共黄冈市委、市人民政府
	红安县公路段	市级文明单位	中共黄冈市委、市人民政府
	麻城市公路段	市级文明单位	中共黄冈市委、市人民政府
	英山县道路运输管理所	市级文明单位	中共黄冈市委、市人民政府
	红安县客运站	市级文明单位	中共黄冈市委、市人民政府
	浠水县交通运输局	市级文明单位	中共黄冈市委、市人民政府
	浠水县公路规费征稽所	市级文明单位	中共黄冈市委、市人民政府
	蕲春县交通管理总站	市级文明单位	中共黄冈市委、市人民政府
	蕲春县港航管理所	市级文明单位	中共黄冈市委、市人民政府
	蕲春县交通运输局	市级文明单位	中共黄冈市委、市人民政府
	穴市交通运输局	市级文明单位	中共黄冈市委、市人民政府
	武穴市道路运输管理所	市级文明单位	中共黄冈市委、市人民政府
	龙感湖交通物流发展局	市级文明单位	中共黄冈市委、市人民政府
	龙感湖道路运输管理所	市级文明单位	中共黄冈市委、市人民政府
	黄冈市物流发展局黄州直属分局	市级最佳文明单位	中共黄冈市委、市人民政府
	鄂黄长江公路大桥管理局	市级最佳文明单位	中共黄冈市委、市人民政府
	黄冈市东方运输集团有限公司	市级最佳文明单位	中共黄冈市委、市人民政府
	黄冈市客运交通管理处	市级最佳文明单位	中共黄冈市委、市人民政府
	武汉通世达公路物资有限公司	市级最佳文明单位	中共黄冈市委、市人民政府
	黄冈市公路管理局	市级最佳文明单位	中共黄冈市委、市人民政府
	黄冈市物流发展局	市级最佳文明单位	中共黄冈市委、市人民政府
	黄州区交通运输局	市级最佳文明单位	中共黄冈市委、市人民政府
	黄州区公路段	市级最佳文明单位	中共黄冈市委、市人民政府
	麻城市道路运输管理所	市级最佳文明单位	中共黄冈市委、市人民政府
	罗田县客运站	市级最佳文明单位	中共黄冈市委、市人民政府
	罗田县公路段	市级最佳文明单位	中共黄冈市委、市人民政府
	浠水县港航管理所	市级最佳文明单位	中共黄冈市委、市人民政府

续上表

获奖时间	获奖单位	荣誉称号	颁奖部门
2009—2010年度	浠水县清泉镇交通管理站	市级最佳文明单位	中共黄冈市委、市人民政府
	浠水县乡村公路段	市级最佳文明单位	中共黄冈市委、市人民政府
	浠水县道路运输管理所	市级最佳文明单位	中共黄冈市委、市人民政府
	蕲春县公路规费征稽所	市级最佳文明单位	中共黄冈市委、市人民政府
	蕲春县道路运输管理所	市级最佳文明单位	中共黄冈市委、市人民政府
	武穴市港航管理局	市级最佳文明单位	中共黄冈市委、市人民政府
	黄冈市龙感湖公路管理段	市级最佳文明单位	中共黄冈市委、市人民政府
2012年	罗田县交通运输局	全省交通运输系统先进集体	省交通运输厅
2013年	黄冈市交通运输局	全省交通运输系统先进集体	省交通运输厅
	红安县交通运输局	全省交通运输系统先进集体	省交通运输厅
2015年	黄冈市交通运输局	全省交通运输系统先进集体	省交通运输厅

示范窗口、示范点一览表

表 8-3-3-4

获奖时间	获奖单位	荣誉称号	颁奖部门
1992年	蕲春县汽运公司团委	全区青年学雷锋"示范单位"	共青团黄冈地委
1997年	黄冈市蕲春县汽运公司鄂J30083客车	全省交通系统"文明示范窗口"	省交通厅
1999年	黄冈市蕲春县汽运公司鄂J30083客车	全省交通系统"文明示范窗口"	省交通厅
	黄石黄梅高速公路	全省交通系统"文明示范窗口"	省交通厅
1999—2000年度	黄冈市汽车客运总站	市级文明行业示范点	黄冈市委、市政府
2000年	武穴市运管所	创建安全文明号	共青团黄冈市委
2002年	蕲春县运管所	全省"交通系统示范窗口"	省交通厅
	市运管处行政服务中心窗口	"文明先进窗口"	中共黄冈市委、市人民政府
	黄冈市黄州区东门收费站	全省交通系统"文明示范窗口"	省交通厅
2003年	麻城市官田畈收费站	全省交通系统"文明示范窗口"	省交通厅
	蕲春县汽运总公司微机售票小组	"青年文明号"	共青团黄冈市委
2004年	黄冈市道路运输管理处业务室	厅级文明示范窗口	省交通厅
	蕲春县运管所	厅级文明示范窗口	省交通厅
	蕲春县港航管理所	厅级文明示范窗口	省交通厅
	黄冈市黄州区东门收费站	厅级文明示范窗口	省交通厅
2006年	鄂黄长江公路大桥管理局收费站	全省交通系统"文明示范窗口"	省交通厅
	罗田县汽车客运站	全省交通系统"文明示范窗口"	省交通厅
	浠水县港航管理所	全省交通系统"文明示范窗口"	省交通厅
	红安县公路收费站	全省交通系统"文明示范窗口"	省交通厅
2010年	黄冈市黄梅小池收费站	全省交通运输行业"文明示范窗口"	湖北省精神文明建设委员会、湖北省交通运输厅

文明路、文明示范线一览表　　　　　　　　　　　　　　　　　　　　　　　　表8-3-3-5

获奖时间	荣誉称号	具体线路
2005年	市级文明路	麻城市106国道麻城段、罗田县318国道罗田段、红安县宋(埠)长(岭)线、武穴市武(穴)梅(川)线、浠水县黄(梅)标(云岗)线浠水段、武穴市黄(梅)标(云岗)线武穴段市级文明示范线：黄州区黄(州)上(巴河)线、团风县淋(山河)黄(州)线、罗田县胜(利)罗(田)线、蕲春县蕲(州)漕(河)线
2006年	部级文明路	105国道黄梅段
	省级文明路	105国道黄梅段市级文明路：江北一级公路宋长线红安—上新集段
2007—2008年度	部级文明样板路	105国道黄梅段
	省级文明路	105国道黄梅段
	市级文明路	江北一级公路宋长线(红安段)阳枫公路318国道(罗田段)
2009—2010年度	市级文明路	阳福线红安段、黄上公路
	市级农村客运文明示范线	麻城"麻城—福田河"线路、英山"英山—百丈河"线路、黄梅"大河—大庙"线路、罗田"罗田—三里畈"线路、团风"团风—上巴河"线路、龙感湖"总场—塞湖"线路

全省客运出租车行业"文明示范车"　　　　　　　　　　　　　　　　　　表8-3-3-6

年　度	获奖单位	车号司机姓名	颁奖部门
2002年	黄冈市宏达富康出租公司	鄂J-T0200 喻友明	湖北省道路运输管局
	黄石龙洋汽贸公司武穴分公司	鄂J-T4157 朱培兴	湖北省道路运输管局
	个体	鄂J-T3045 冯小云	湖北省道路运输管局
	黄冈市宏达汽车出租公司	鄂J-T0691 詹又兵	湖北省道路运输管局
	黄冈市宏达汽车出租公司	鄂J-T0495 邹建荣	湖北省道路运输管局
	黄冈市正富综合发展公司	鄂J-T0588 万其和	湖北省道路运输管局
	黄冈市天安汽车出租公司	鄂J-T0654 熊振新	湖北省道路运输管局
	黄冈市明天实业有限公司	鄂J-T0089 夏国富	湖北省道路运输管局
	黄冈市明天实业有限公司	鄂J-T0289 黄来明	湖北省道路运输管局
	个体	鄂J-82348 赵能侦	湖北省道路运输管局
	武穴市安达出租公司	鄂J-T4072 吕友强	湖北省道路运输管局
	武穴市机电公司出租车分公司	鄂J-T4033 郭治国	湖北省道路运输管局
	红安县凯达出租车公司	鄂J-T9106 张秋娥(女)	湖北省道路运输管局
	黄冈市宏达富康出租公司	鄂J-T0852 王能华	湖北省道路运输管局
2004年	黄石龙洋汽贸公司武穴分公司	鄂J-T4157 朱培兴	湖北省道路运输管局
	个体	鄂J-T3045 冯小云	湖北省道路运输管局
2005年	黄冈市宏达汽车出租公司	鄂J-T0691 詹又兵	湖北省道路运输管局
	黄冈市宏达汽车出租公司	鄂J-T0495 邹建荣	湖北省道路运输管局
	黄冈市正富综合发展公司	鄂J-T0588 万其和	湖北省道路运输管局
	黄冈市天安汽车出租公司	鄂J-T0654 熊振新	湖北省道路运输管局
2007年	黄冈市明天实业有限公司	鄂J-T0089 夏国富	湖北省道路运输管局
	黄冈市明天实业有限公司	鄂J-T0289 黄来明	湖北省道路运输管局
	个体	鄂J-82348 赵能侦	湖北省道路运输管局
	武穴市安达出租公司	鄂J-T4072 吕友强	湖北省道路运输管局

续上表

年度	获奖单位	车号司机姓名	颁奖部门
2009年	武穴市机电公司出租车分公司	鄂J-T4033 郭治国	湖北省道路运输管局
	红安县凯达出租车公司	鄂J-T9106 张秋娥（女）	湖北省道路运输管局
	黄冈市宏达富康出租公司	鄂J-T0852 王能华	湖北省道路运输管局
	麻城市鸿昌出租汽车有限公司	鄂J-8T170 罗中元	湖北省道路运输管局
	湖北明珠运输集团有限公司	鄂J-T5668 林利芳	湖北省道路运输管局
	英山县稳得福公司服务有限公司	鄂J-T6095 余木清	湖北省道路运输管局
2010年	黄冈明天汽车销售服务有限公司	鄂J-TX130 万强	湖北省道路运输管局
	黄冈市宏达汽车出租有限责任公司	鄂J-TX077 邓安全	湖北省道路运输管局
	湖北明珠运输集团有限公司	鄂J-T5608 王潘明	湖北省道路运输管局
	蕲春时珍中发出租车有限公司	鄂J-T3058 甘才志	湖北省道路运输管局
	浠水县国庆客运有限公司	鄂J-T2353 张学政	湖北省道路运输管局

全国红旗车名单　　　　　　　　　　　　表8-3-3-7

驾驶员姓名	车属单位	车号
胡良志	黄冈地区汽车运输公司黄州分公司	44—11266车
郭斌	黄冈地区汽车运输公司黄州分公司	44—11380车
朱东山	黄冈地区汽车运输公司团风分公司	44—10627车
胡艮章	麻城市汽车运输公司	44—80634车
熊文明	红安县汽车运输公司	44—90086车
童光炳	蕲春县汽车运输公司	44—30687车
蔡得炎	浠水县汽车运输公司	44—20920车
饶锡仁	武穴市客运公司	44—40681车

第九篇　交通企业

黄冈水运历史悠久,"箩行"是最早出现的港口装卸搬运组织。新中国成立后,港口和水运企业分为长航和地方交通专业企业。地方交通专业企业中有全民所有制企业、集体所有制企业。20世纪80年代以来,黄冈水运企业经过转换经营机制、调整运输结构、建立现代产权制度、产权制度改革等发展阶段。国有、集体水运企业有进有退,逐步向民营经济转变;民营企业及个体运输户发展迅速,成为地方水运的重要力量。

1928年(民国17年),湖北省政府颁布《湖北省道管理条例》,从湖北境内开始兴办汽车运输至1949年,黄冈境内汽车运输有国办和商办两种形式。1949年后,公路运输业逐渐发展壮大。公路运输企业以交通专业为主,由国营、集体、行业车队承担。20世纪80年代,交通运输企业相继经历了企业管理体制改革、分配制度改革、经营机制改革、企业产权制度改革四个阶段。运输市场由封闭到开放,打破经济成分单一、运力不足的局面,形成"社会多家办交通,国家、集体、民营一起上"的新格局。

随着交通事业不断发展,交通工程建设施工队伍从无到有,从日常公路航道养护到交通勘测、设计、施工,逐步走向成熟。20世纪80年代,公路(港航)部门相继成立路桥(港航)工程队(处),承接重要干线公路港航设施改、扩建工程施工任务。20世纪90年代,交通部门推行企事分离,公路港航部门内设的勘测设计、建设施工、物资供应、车辆通行费收费站等单位先后改制为独立的企业。

第一章 企业改革

第一节 运输企业改革

一、企业管理体制改革

(一)企业下放

新中国成立之初,黄冈境内运输企业以私营为主。1956年社会主义改造完成以后,由国营经济统领。20世纪60—70年代,黄冈境内开始出现国有交通专业运输组织与非交通专业运输组织。交通运输实行"三统"管理,非交通运输组织一般不准承担社会物资运输。改革开放以来,运输市场逐步放开,出现国营、集体、个体运输一起上的态势。

企业下放是国有交通专业运输组织改革的第一步。

1979年,黄冈地区交通局开始对全区交通企业进行以提高运输服务质量为主要内容的12项整顿,转变过去只管运输生产,不管服务质量和产品质量的倾向。接着,扩大企业自主权,使企业成为相对独立的经济实体。1980年,湖北省交通厅提出"企业下放、管理集中、面向社会,搞活交通"的指导思想,经湖北省人民政府批准,湖北省交通直属运输企业成建制下放给所在地市;黄冈市交通局也相继将所属的汽车运输分公司和车站下放给所在县市。1984年1月1日,长江干线港口成建制移交给地方,实行地方政府与交通部双重领导,以地方领导为主。1993年3月17日,黄冈地区行政公署办公室黄政〔1993〕19号文件关于地区汽运公司所属县市分公司下放县市管理有关问题的通知指出:地区汽运公司所属县市公司(车站)于2月22日成建制下放给县市管理。为了做好地区汽运公司下放移交工作,黄冈行署成立地区汽运公司移交工作领导小组,由行署副专员陈秀泓任组长。1993年2月15日,黄冈地区行政公署专员田震亚主持召开会议,研究理顺地区汽运公司管理体制的问题。会议确定地区汽运公司所属的各县市分公司,成建制下放给县市管理。地区汽运公司的黄州一块,包括地区公司机关、黄州分公司、团风分公司、修理厂等以及在外地的营运机构,由王国瑜组织承包。其原班子成员的干部级别不变,将由承包经理重新聘用。下放给各县市的汽运分公司,其所得税留县市财政,营业税按1992年营运收入实绩计算基数,年终单独结算,由县财政上交地区。3月17日,黄冈地区行政公署办公室黄政〔1993〕19号文件关于地区汽运公司所属县市分公司下放县市管理有关问题的通知指出:根据地委、行署和省交通厅的意见,地区汽运公司所属县市公司(车站)已于2月22日成建制下放给县市管理。经黄冈地区行政公署批复,"黄冈地区汽车运输公司"更名为"黄冈地区汽车运输总公司"。3月27日,与黄冈地区交通局红安、麻城、英山、罗田、黄梅、浠水、蕲春、武穴等八个县市交通局分别签订"关于地区汽运公司所属县市分公司车站下放交接协议书"。下放、移交工作从1993年2月22日铺开。到3月27日结束,历时33天,整个工作在地委、行署、经委的领导下,在财政、国有资产管理局、劳动局、劳动保险局、劳动就业管理局、工商银行、建设银行等有关部门的配合下,下放和移交工作稳中有序,保证了行署文件精神的全面贯彻执行,保证了国有资产的完整,保证了职工队伍的总体稳定,保证了过渡期间各单位正常运输生产的进行。2007年9月长江干线黄冈境内港口完成下放,原长航武穴港务局改制为"武穴港务运输公司"。

(二) 运输主体多元化

1979年以后,公路水路运输开始出现国营、集体、个体(联户)经营一起上的局面,各个层次的运输力量竞相发展。1982年10月,罗田大河岸镇村民赵志强自购东风140五吨货车一辆,从事个体货运,成为黄冈第一个从事货运经营的个体户;黄冈市第一个从事客运个体户是黄梅县蔡山镇村民胡真民。1991年,黄冈独立核算的运输企业47个,按系统分:交通系统14个,非交通系统33个。按经济类型分:全民所有制37个,集体所有制10个。1992年7月,黄冈市最早的民营运输企业"黄冈市黄州开发区通达旅游公司"成立,由于没有主管机关,当时不给批线路,公司只好挂靠黄州开发区管委会。7月22日,湖北省人民政府办公厅文件处理编号162号《关于解决黄州至广州公路客运线路的处理意见》,时任省人民政府秘书长汪定国批示:"请省交通厅帮助联系,给予支持"。随后,黄冈市及各县市民营运输企业相继成立。至1995年,全市有客货运输经营业户913户,其中国营29户,集体62户,个体822户;客货运输经营户中有12家交通专业运输企业;有294家维修厂,其中一类23家,二类143家,三类128家。有装卸运输业户89户,其中交通专业7户。1997年,团风县成立个体运输协会,负责对民营企业及个体户监督协调管理。1997年,民营企业开始自愿联合,组成民营公司,民营运输企业规模扩大,全市有民营运输企业118个。

2003年1月24日,江苏扬州人周幸华出资3000余万元,整体购买市区公交线路经营权,组建黄冈市华兴公交有限公司。黄冈市区首次有偿出让公交线路经营权,此举是黄冈推进城市公益性事业民营化、市场化改革的大胆尝试。

通过鼓励、支持和引导非公有经济成分投资运输业,鼓励民营企业以收购、兼并、控股、租赁、联合等形式参与国有企业改制,鼓励民营经济以资产形式参与国有企业改制,鼓励民营经济以资产为纽带壮大经营规模,以培育真正的市场主体。随着民营企业兴起,港口经营业务由过去单一的搬运装卸向多种经营发展,业务范围包括矿业建材、石油燃料推行环保(保洁)等港口经营业务。

二、经营机制改革

(一) 分配制度改革

新中国成立后,运输企业工资一直实行八级工资制。

1980—1985年,黄冈水运企业推行企业内部管理机制改革,实行多种形式的承包经营责任制。一些中小型水运企业开始试行以"五定三联"为主要内容的承包经营责任制。即以船队为单位,定船员、定船吨月产值(或月营业收入)、定费用开支、定工资基金、定利润额,联系产值、利润和产值实收率进行分配;其次是百元产值或百元利润工资含量包干;再次为纯收益分配。企业对船队或部分小吨位船舶实行租赁制,按月上交一定金额等。集体水运企业实行联产浮动工资,调动职工生产积极性。江北造船厂参照目标管理的模式,推行以包工资、包消耗、联质量、联安全、联周期、联管理的"双包四联"经济责任制,通过厂部、生产科、车间三个管理层次,使职工的收入、物耗、质量、安全、周期及综合管理与其工作实绩挂起钩,彻底打破了干多干少、干好干坏一个样的"铁饭碗"。踏实干的和不肯干的收入差别拉开了档次,突出的差距可达10多倍。

1986年,国家颁布《民法通则》,规定:"全民所有制企业对国家授予它经营管理的财产依法享有经营权,受法律保护"。黄冈运输企业依法开展经营权与所有权分离的改革。黄冈地区汽车运输公司对所属分公司实行改革,改原来统收统支一级核算为三级核算,各分公司独立自主行使生产经营权、管理权、核算权,各分公司按期向公司上交汽车大修费、固定资产折旧费、利润、税金、客运附加费。黄冈地区汽车修造厂改名为安菱公司后,在内部进行劳动用工制度改革,全员实行优化劳动组合。在保证公司年度生产计划任务的前提下,对所属人员实行全员优化劳动组合,采取择优上岗,对不听从指挥调动,劳动工作态度差,工作质量次等的实行淘汰下岗的办法,彻底改变好坏一窝包的落后生产方式,形成谁干好谁上岗,干不好不上岗的格局。公司各大办公室,分厂各小组的定员,根据管理,组织生产的需要进行合理科学定员,注意过松过紧,配备适度,允许落岗人员5%~10%。1988年,各运输企业进一步推行"效益工资",把产值、利润与职工个人收入捆在一起。归纳起来大致有:上缴利润基数包干,超利全留,欠利自补;上缴利润基数包干,超欠利按比例奖惩;工资(包行车补贴)与效益挂钩,联产联利计酬;百元收入工资含量(包括补贴)包干;百元利润工资含量(包括补贴)包干;保修工人实行工资与产量、质量挂钩,全额浮动;车站人员实行工资、费用与营运收入挂钩包干等七种形式。1990年,地区运输总公司采用工资总额同上缴利润、产量挂钩浮动的办法定工资。

(二)承包经营

1987年10月,黄冈全区40家交通企业推行第一轮招标承包经营责任制,占全部59家企业的67.8%,通过签订包死基数合同,利润比基数高出16.3%。1988年,变经营者个人承包为全员风险承包。为研究和探讨承包中的新情况新问题,促进汽车运输企业承包经营健康发展。6月21—23日,黄冈地区交通局在黄州召开全区交通系统汽车运输企业承包经营座谈会。会议的中心议题是总结交流运输企业实行承包经营的经验。罗田、红安、蕲春、黄冈、英山、黄梅等县运输公司和地区汽运公司的阳逻、蕲春、罗田等分公司介绍了各自带有不同特点的承包作法,并就承包中出现的一些问题,运输行业面临的实际困难进行了分析和研讨。1988年年底,对全区40家招标企业中的38家(1家被兼并,1家被解除合同)统计,结果为:1988年公证合同利润为588.62万元,实际完成751.29万元,为合同数的139.48%,比1987年的306.33万元增长145.25%。其中:12家汽运企业合同利润为365.9万元,1988年实际完成430.88万元,为合同数的117.75%。比1987年的194.64元增长121.37%;10家水运企业合同利润为58.87万元,1988年实际完成157.48万元,为合同数的267.52%。比1987年的35.22万元增长347.13%;8家车船修造企业合同利润为111.85万元,1988年实际完成177.9万元,比1987年的111.2万元增长59.7%;8家装卸搬运企业共减亏19.76万元;38家招标企业中1987年亏损企业16家,占招标企业总数的42%,1988年减少到6家,占15%(其中5家是装卸搬运企业),减亏总额约150万元。年终兑现企业资金28家,奖励正副经理(厂长)奖金14.34万元。

1991年1月1日起至1993年12月31日,全区道路运输企业推行第二轮承包,根据《全民所有制工业企业承包经营制暂行条例》和黄冈地区《坚持完善承包经营责任制,搞好企业第二轮承包的实施意见》,发包方(甲方):黄冈地区财政局、黄冈地区国有资产管理局、黄冈地区交通局与承包方黄冈地区汽车修造厂(乙方)签订承包经营责任制,甲乙双方商定乙方实行上缴利润指标:实现利润1991年74万元,1992年84万元,1993年95万元。黄州市汽车运输公司与市交通局签订第二轮合同,其承包形式改为公司领导班子集体承包,实行"联利联酬、双包、两保、一挂"的承包经营责任制,即联经济效益、联个人报酬、包经济技术指标和精神文明建设指标、保利润、保收入指标的完成,承包集团的工资收入与企业经济效益直接挂钩。1993年,贯彻国务院颁发的《国营企业承包经营暂行条例》,黄冈全区15家汽车运输企业有14家实行承包经营,其中招标承包的12家。全区17家装卸搬运企业,有9家实行了招标承包,招标承包经营占企业总数的80%,承包经营形式主要有上缴利润基数包干、超包利润按比例奖惩。工资与经济效益挂钩,联产联利计酬,以及按百元收入工资含量包干,百元利润含量包干等形式。运输企业对汽车修理工实行工资与产量、质量挂钩,对站务员实行工资、费用与营收金额挂钩、同时实行优化劳动组合,使劳动者和经营者各自发挥聪明才智,调动了企业和职工的积极性,增强了企业活力。全区交通公路运输企业货运收入比上年增长12.6%,客运收入比上年增长10.4%,利润比上年增长8.4%。

黄冈水运企业第二轮经济责任承包,实行"八定一联一挂两包干"责任制,即:定利润、定运量、定收入、定费用、定油耗、定航行率、定安全、定出勤率,船队各项指标与船队工资总额相连,船员职务与工资基数挂钩,船舶小修及小型费用包干,事故损失包干。1993年,该公司采取"包死基数,自负盈亏,风险抵押、统收统支,确保上交"的承包方式,实行"四统四放"制度,即:统一调度、统一核算、统一收入、统一支出,下放各单位非生产性费用审批权;下放各单位在公司内部对职工的调配权;下放各单位工资和奖金分配权;下放各单位完成公司规定任务后自行销售权,当年实现利润8.98万元。

三、产权制度改革

产权制度改革是交通运输企业改革的核心。1989年1月19日,国家体改委、财政部和国有资产管理局制定了《关于出售国有小型企业产权暂行办法》。黄冈交通运输企业为实行产权制度改革、建立现代企业制度做了许多尝试。

(一)企业破产

1992年2月20日,罗田县装卸运输公司申请破产。该公司有职工72人,账面反映负债达228.3万元,资不抵债达157.3万元。经职代会讨论通过申请破产。1997年,县法院罗法经破字第002号民事裁定书裁定,公司破产程序终结。2001年3月29日,浠水县汽车运输总公司申请依法破产,该公司破产清算组及黄冈市公正拍卖公司与竞买方夏长霖签订竞买合同,12月26日经浠水县法院确认依法公开拍卖行为合法有效。这是湖北省第一个以私人全资购买的县级国有运输企业。2002年6月18日,黄冈市政府发出《关于国有企业破产有关问题的通知》,就市属国有企业破产有关问题进一步明确。

1995年以后,市场经济快速发展,水路运输竞争激烈,此后随着整个行业不景气,水运公司生产运输走入下坡路。根据湖北省交通厅有关精神,水运企业相继推行产权转让。将一些载重吨位小或效率低的船舶卖给船员,企业只收养老金、管理费和代扣税金、航养费、运管费等,产权归船员所有,自主经营。水运企业之间,实行破产、兼并、产权拍卖、以资抵债。

1995年11月28日,浠水县人民法院依法宣告长丰轮船公司破产,其破产财产由县法院向社会公开拍卖,但社会上无人认购。1996年11月底,清算组向原公司内部职工实行有偿转让,公司内部职工以入股形式集体购买。1997年3月28日,组建"浠水县华昌轮船有限责任公司",其清偿工作由新组建的公司依据法院的裁定负责到位。

1997年12月2日,浠水县轮船公司依法宣告破产,并按法定程序成立了破产清算组。破产清算组对原公司的资产、负债进行全面清算、评估。浠水县兰溪装卸运输公司属集体所有制企业,主要经营兰溪港口浠水、英山、罗田三县及邻县工农业各类物资装卸运输。1999年,浠水县兰溪装卸运输公司经职工代表大会通过,申请破产。随后变卖闲置生产设备,参照交通系统破产企业安置退休职工生活费标准,一次性处理60名退休职工生活费,每人3000元。

2002年6月18日,黄冈市政府发出《关于市属国有企业破产有关问题的通知》,对市属国有企业的破产条件、破产企业的国有土地使用权和职工住房的处置,职工的安置、职工档案移交和管理等做了明确规定,推进市属国有企业破产工作。

2000年1月5日,浠水县通裕实业公司因资不抵债宣告破产。2003年,清算组将宏达商厦抵缴了前期保险费(250万元),职工按规定应保的全部进入了养老保险。2002年,英山县客运公司负债总额达1295万元,负债比例达400%。英山县客运公司申请依法关闭。经英山县人民政府批复,同意依法关闭县客运公司,授权县交通局依法成立清算组,对客运公司进行清算,依法处置该公司国有资产。

2004年9月29日,黄冈市中级人民法院以〔2004〕黄民破字第53号民事裁定书裁定:黄冈市江北造船厂有限责任公司因经营管理不善,造成严重亏损,不能清偿到期债务。宣告黄冈市江北造船厂有限责任公司破产。2005年,按黄政办函〔2005〕22号文批准,黄州装卸运输总公司依法进入破产程序,306名职工与公司解除劳动关系合同,全员进社保。

(二) 兼并与重组

1990年,地区汽运公司拟与香港大进运输公司合办"联进汽车货运发展公司",主要开展从黄冈至武汉、湖南、广东、深圳至香港沿线的运输业务以及经深圳口岸与香港直通的运输业务。公司的最高权力机构为董事会,董事会的成员分别由双方按对等数派代表出任。公司的业务开展以后,其营运收支、财务管理、成本核算均由港方按照我国合资经营企业法实施条例的规定自行管理,同时接受董事会的监督和咨询。双方议定在合作期内,港方按每月每台车1000港元付给我方劳务费,另外按照国内有关政策和条例规定缴纳各种税费。

1991年,红安县体改办、交通局根据国家经济体制改革委员会《关于企业兼并暂行办法》,同意汽运公司兼并装卸运输公司。1992年7月2日,黄州市政府发出《关于市交通局所属汽运公司与农机局所辖的机电修理厂合并的决定》,由汽运公司整体接收机电修理厂的人、财、物,实行优势互补。汽运公司接收该厂后,投入36.61万元,搞活生产,经济效益有所好转。

1996年,为使黄冈地改市后拥有一个规模较大、实力较强、经营规范的公路运输企业,黄冈市交通局决定,黄州市汽运公司(除所属在团风镇经营单位外)成建制地合并到地区汽运总公司,组建成黄冈市汽车运输总公司。实行统一领导、统一经营、统一管理、统一核算,地区汽运总公司、黄州市汽运公司所属在团风镇的经营单位,成建制地移交团风县管理,先下放生产指挥权,保持运输、生产正常运作,后清理移交。下放移交给团风县的地、市汽运公司所属在团风镇的经营单位,其所得税留县财政,营业税按1995年营运收入实绩计算基数,年终单独结算,由县财政上交黄冈市财政。合并到地区汽运总公司的黄州汽运公司,其所得税留黄冈市财政,营业税按1995年营运收入实绩计算基数,直接上交黄冈市财政。

1998年,黄冈市交通局黄交〔1998〕103号文印发《关于进一步推进交通改革发展的实施意见》,要求建立交通企业改革机制。继续推行以产权为主线,完善交通企业股份制和股份合作制,大力实施"抓大放小",通过资本营运,强强联合,大规模开展兼并重组,搞活交通专业企业。使各交通企业资金、资产合理流动,技术、设备优势互补,盘活存量,调整结构,实现低成本、高速度扩张,形成辐射全市,参与全省、全国市场竞争的公路水路大公司、大集团。大力推行小型企业向非公有制经济转制,坚决收缩国有经济战线。小型企业改革要因企制宜,一企一策,可与优势企业重组,可采取股份合作制,可将企业整体拍卖给私营企业、国有民营等多种形式发展"混合经济",力争用3年的时间使交通企业走出困境。

1999年8月26日,武穴市汽车运输有限责任公司兼并武穴市兰盾汽车工业公司。1997年9月9日,麻城市汽车运输总公司、麻城市国有资产经营公司、麻城市万通实业有限责任公司、麻城市汽车大修有限责任公司、麻城市汽车运输总公司工会,以发起人方式,设立"湖北宇通汽车运输股份有限公司"。

2001年7月,武穴市汽车运输有限责任公司与黄冈市东方运输集团成立"武穴宏森有限公司",公司有职工775人,其中合同制职工536人、委托性合同工135人、离退休101人、军转干部退休3人。公司拥有运输车辆234台,营运线路44条,其中省际班线22条、跨地班线10条、跨县班线10条,营运线路辐射江西、安徽、浙江、江苏、福建、广东7个省市。

2001年6月25日,黄冈市依照交通部〔2000〕225号指令《关于道路旅客运输企业经营资质管理规定》的通知精神,由9家专业运输企业自愿联合组建"黄冈市东方运输集团有限公司"。8月4日,黄冈市交通局党组黄交党〔2001〕63号文件批复。同意成立黄冈市东方运输集团有限公司,下设黄冈、蕲春、武穴、黄梅、麻城、罗田、英田、浠水、黄州开发区等9家专业运输公司和6个民营运输公司,民营公司即:龙感湖旭龙公司。蕲春县四方公司、浠水都得利公司、浠水国宇公司、蕲春顺意公司、罗田腾达公司。集团有限公司与市汽车总公司实行"一门两牌",集团股本构成以市汽运总公司4039万元注册资本为主,各县市专业运输公司及6家民营企业的注册资本3500万元为辅,共计注册资本为7500万元,集团公司总资产为10860万元,注册后,各县市注册资本返回各县市,各子公司与现有运输公司仍实行"一门两牌",为独立法人单位,法人地位及法定代表人不变。经推选,东方运输集团有限公司董事长由黄冈市汽车运输总公司总经理张四维兼任。2001年9月16日,东方运输集团有限公司挂牌成立。

2002年,黄冈市执行交通部交公路发〔2000〕225号关于《道路旅客运输企业经营资质管理规定》的文件,各县市民营企业纷纷加入各县市运输集团分公司,蕲春四方公司、浠水都得利公司、浠水国宇公司、蕲春顺意公司、罗田腾达公司、龙感湖旭龙公司、黄州开发区通达公司同意加入黄冈东方运输集团。民营企业开始由粗放型经营向集约型经营方向发展,由松散型经营向紧密型经营方向转变。

(三)经营主体民营化

黄冈交通运输企业改革中,大力推进经营主体民营化,逐步使非公有制经济成为交通运输经济的主导力量。毫不动摇地鼓励支持和引导非公有制经济发展,落实"放宽、改善、鼓励"的政策。支持和引导非公有制经济投资交通运输行业。放宽市场准入限制,打破所有制界限。改善运输企业发展环境,鼓励民营经济成分脱离交通专业、依法设立企业,支持其加快发展壮大,积极引导交通专业运输企业进行民营化改造。鼓励民营资金采取收购、兼并、控股、参股、租赁、联合等形式参与国有企业改制。使企业所有制结构发生变化,使交通专业运输企业与交通主管部门和行业管理部门实现政企分开。

1994年,罗田县汽车运输总公司率先实行营运客货车辆经营产权改革,将所有客货车辆进行评估作价,产权转让给个人,实行公管私营。1996年12月15日,市汽运公司对原黄州市汽运二公司的35台车实行产权转让。1997年11月19日,红安县汽车运输总公司申请实行企业内部股份制改制,1998年4月23日,红安县交通局批复:同意红安县汽车运输总公司改制成立红安县通达运输(集团)有限责任公司。公司经济性质仍为全民所有制国有企业。

1997年9月,原蕲春县汽车总公司改制成立蕲春县汽车运输股份有限公司,成为黄冈市第一家国企业改制为股份制公司的专业运输企业。1998年11月6日,武穴市体改委批准,将武穴市客运公司改制为汽车运输有限公司,公司注册资金300万元,实收资本321.95万元。其中,国有股80.77万元。法人资本金20万元,工会职工个人股221.18万元。

1998年,市航务局为了黄州多用途码头和黄州综合码头的建设和管理,成立了黄州港埠有限责任公司,市港航工程处成建制划并港埠公司。

党的十五大提出:国有企业改革要有所为,有所不为,要有进、有退的方针。黄冈市的运输企业掀起了改制、改组的热潮,租、停、破、卖、关、并、股、合多种形式的改革。

2000年后,水运企业改革进入产权制度改革的发展时期。对具有一定规模和优势企业实行股份制改造,实现合资、合作、合伙经营等。2000年,黄冈市水运公司改变单一的黄沙运输经营格局,开赴鄂州、武汉、黄石、江阴、上海等地联系货运业务,将两艘450吨级驳船改造成150马力的机驳船,以适应水上运输发展的需要;2001年12月,公司按照黄州区政府〔2001〕34号文件精神对原水运公司实行职工股份制改造,注册成立黄冈市富通船业有限公司。

2002年2月,黄冈市江北造船厂有限责任公司出台《黄冈市江北造船厂有限责任公司深化改革实施方案》;2003年3月2日,对经劳动和社会保障局确认身份和工龄的职工,退出国有身份,应得的补偿(共计人民币:23743131元)量化成股、造册到人,上报黄冈市劳动和社会保障局审批(补偿方案作为划拨非经营性国有资产和土地使用权价值、完成工商营业执照年检工作的依据);同年6月,由江西省抚州航运有限公司和深圳市源汉船舶运输有限公司联合出资1200万元,整体收购江北造船厂有限责任公司,成立民营性质的黄冈市江北源汉造船有限公司。2008年5月武汉南华高速船舶工程股份有限公司收购了黄冈市江北源汉造船有限公司。改名为武汉南华黄冈江北造船有限公司。

2004年3月,蕲春县汽车运输有限公司实行民营化改制,改制时拥有营运车辆281台,营运线路33条,其中跨省14条,在册职工857人,离退休人员224名。改制后有200名职工自愿买断工龄,有610人由民营公司接收用工。

2004年4月,武穴市轮船总公司改制民营,更名为湖北省武穴市海铭星(集团)有限责任总公司。下设七个子公司,主要从事重庆到上海长江大宗货物水上运输,主营煤炭、矿石、黄沙等建筑材料及散装货物;长江旅客、车辆横江运输;黄沙捞采、河道清淤,航道建设和大型吹填施工工程;中国沿海运输、江海直达集装箱运输,兼营劳务资源开发、商贸服务;自行设计船舶修造,零配件加工和自营进出口业务。

2004年11月底,经黄冈市人民政府批准,黄冈市轮渡公司改制成民营企业,以336万元的价格整体出售给黄州宏达公司,拍卖资金全部用于职工安置。2005年12月5日,黄冈地区轮渡公司,黄冈地区昌泰实业发展公司,黄冈地区航务管理局合资在原"江鸿车渡联营公司"基础上组建黄冈鄂东车渡有限责任公司。公司主营长江两岸各种车辆渡运业务,兼营其他相关业务,按股东出资比例承担亏损和分享红利,公司实行董事会领导下的经理负责制。

2005年,黄冈市交通局直属4家企业改制取得突破,鄂东最大的造船企业——江北船厂,最大的轮渡公司——黄州轮渡公司全面完成民营化改造,市汽运总公司主要资产通过公开竞价拍卖,实现"三退出",公司主要业务整体移交。2005年10月12日,武穴市委印发〔2005〕第10号专题会议纪要,同意武穴市汽运公司进行产权制度改革,在1998年股份制改制的基础上,实施"两个转换",解除"两种关系",即通过产权转让,置换企业的国有身份,彻底实行资产退出国有序列,职工退出国有身份,企业退出国有经营,解除企业对政府的依附关系;通过一次性补偿,转换职工的全民身份,解除职工对企业的依附关系。英山县汽车运输总公司改制为民营,由柯益芬受336名股东的委托,以人民币860万元通过拍卖竞价购买英山县汽车运输总公司的全部资产。同年,黄冈市浠水县汽车运输总公司、黄梅县汽车运输总公司、英山县汽车运输总公司相继改制。

2005年4月26日,黄冈市人民政府〔2005〕10号专题会议纪要,研究市汽车运输总公司改制工作,2005年12月7日,黄冈市汽车运输总公司总经理刘学政与武汉宝得金属材料有限公司签订了《黄冈市汽车运输总公司资产转让合同》,转让黄州城区经营权及资产2320万元,黄冈市汽车运输总公司结束了国有企业经营34年的历史,实现了民营化改革。

2005年11月15日,黄冈市汽车运输总公司黄汽运〔2005〕038号文件,向市国资委书面报送《关于转让股份权的请示》,拟将黄冈市汽车运输总公司投入"黄冈市东方运输集团有限公司的3613.47万元"占51.5%的股份转让给叶佑华,叶佑华组成的公司使用"黄冈市东方运输集团有限公司"名称。

至2005年末,黄冈市9家国有道路运输公司(表9-1-1-1),有7家实现改制民营,实行职工退出国有身份,企业退出国有经济,资产退出国有系列,为建立产权清晰、责任明确的现代企业制度迈出了坚实的改革步伐。

2005年末黄冈市国有道路运输企业改制情况　　　　表9-1-1-1

企业名称	法定代表人	改制时间	改制方式	企业资产转让额	改制后经营性质
麻城市汽运总公司	袁宝洲	1997.9	改股份制	股金630.03万元	国有股占50.32%
浠水县汽运总公司	喻强国	2001.3	破产	730万元	民营
蕲春县汽运总公司	张泽春	2004.9	改制民营	1000万元	民营

续上表

企业名称	法定代表人	改制时间	改制方式	企业资产转让额	改制后经营性质
黄梅县汽运总公司	田国胜	2005.8	破产	2800万元	民营
武穴市汽运总公司	李宏伟	2005.9	改制民营	1000万元	民营
英山县汽运总公司	柯益芬	2005.9	改制民营	860万元	民营
黄冈市汽运总公司	刘学政	2005.12	改制民营	黄州车站及城区经营权2320万元	民营
罗田县汽运公司	余登全	未改	未改	未改	国有
红安县汽运公司	冯兴潮	未改	未改	未改	国有

注：①团风县无国有运输公司。
②黄冈市汽运总公司分块转让资产未列入。

随着改革的深入，国有、集体水运企业有进有退，逐步向民营经济转变；民营企业及个体运输户发展迅速，成为地方水运的重要力量。

2005年，武穴市长江船舶修造厂改为武穴市长江船舶修造有限公司，改制后为民营企业。2008年5月，武汉南华高速船舶工程股份有限公司收购了黄冈市江北源汉造船有限公司，改名为武汉南华黄冈江北造船有限公司。

至2015年黄冈造船企业情况见表9-1-1-2(已经改制或破产的统计到当年，并在备注注明)。

2015年黄冈造船企业一览表　　　　　　　　表9-1-1-2

名 称	地 址	注册资金(万元)	资质	职工数	年生产能力 艘数	年生产能力 载重吨	产值(万元)	利润(万元)	备注
武汉南华黄冈江北造船有限公司	黄州区汽南路241号	10000	一级Ⅱ类	170	0	0	0	0	2015年破产
湖北江润造船有限公司	黄州区汽南路238号	5000	二级Ⅰ类	103	2	13000	2000	50	
湖北华海船舶重工有限公司	黄州区禹王办新河村	20000	一级Ⅰ类	175	7	30000	130000	6000	
黄冈市安达造船有限公司	黄州区汽南路8号	500	三级Ⅰ类	32	0	0	0	0	一直未生产
武穴市开阳星造船有限责任公司	武穴河街特1号	2000	二级Ⅱ类	103	4	2000	980	60	
武穴市建达船舶制造公有限司	武穴河街特1号	2000	二级Ⅱ类	103	3	1000	200	30	
武穴市长江船舶修造公司	武穴市新街128号	1000	二级Ⅲ类	28	3	2000	2000	180	
湖北海通船业有限公司	浠水县巴河镇闻家铺村	500	三级Ⅰ类	33	16	6000	10000	300	
蕲春县利强船舶修造有限公司	蕲春县官窑镇岚头矶	500	三级Ⅰ类	32	3	1900	600	51	
蕲春县少专船舶修理有限公司	武穴市玉湖路1号	500	三级Ⅰ类	31	3	1200	500	39	
湖北袁东船舶制造有限公司	浠水县兰溪镇兰溪河口	100	三级Ⅲ类	23	3	1600	456	30	
湖北深港船业有限公司	浠水县巴河镇闻家铺村	200	三级Ⅱ类	28	6	2500	700	59	
湖北鄂海造船有限公司	黄州区汽南路	10000	二级Ⅰ类	103	4	30000	0	0	4艘半成品船停工至今

第二节 公路建养企业改革

一、推行养护经济责任制

中国共产党十一届三中全会后,随着全国农村家庭联产承包责任制的实施,公路部门也开始了自身的改革。1981年,黄冈各县公路段开始对道班实行"五定一奖赔"经济责任制,把企业管理机制引入公路部门。"七五"期间,黄冈地区公路系统在经济承包责任制方面重点实现了两个突破:一是在项目上对原来单一的公路养护经济承包责任制进行突破,对公路养护、油路新改建大中修、新改建工程、单项工程、道路机械、运输机械、机修、苗圃和多种经营等全面实行不同形式的经济承包责任制;二是对原来的养护道班经济责任制进行突破,在道班、苗圃班、工程队、机械队、石料场、预制场、渣油池、劳动服务公司等,全面实行不同形式的经济承包责任制,实行以班、路、队、点、单车、单机为单位的内部单独核算,自负盈亏。各县公路段建立段长责任制,把各项指标与段长的奖金、工资挂钩,调动公路段负责人对建好路、养好路、管好路的积极性。技术干部建立技术岗位责任制,实行定点、定线、定质量、定标准和定奖金。在内容上,由原来只包任务指标,发展到"三包""六定""五保""一奖惩",把任务、质量、投资以及工期等指标紧密地结合起来,实行优化劳动组合,实行工资部分浮动制,把工资、浮动工资、补贴和奖金挂起钩来,捆在一起。在具体做法上,由开始的君子口头协议逐步发展到以《目标责任管理合同书》和《经济承包责任合同书》形式固定下来,改变了干与不干,干多干少,干好干坏都一样的现象,调动了全体人员的积极性。

二、培育养护市场主体

随着公路养护体制和养护管理改革的不断深入,黄冈公路养护以湖北省公路养建资金投入产出大包干责任制为契机,打破了传统的公路养护管理体制,出台了《黄冈地区公路养护体制改革实施办法》,实行养护与管理机关分离,分灶吃饭,单独核算。为了培育养护市场主体,各县市公路段成立公路养护处,将相对分散、养护单一的道班合并成养护工区和养护站。养护与机关剥离后,独立核算,独立经营,对辖区列养公路组织招投标,各公路管理站竞标获得养护生产权,增强养护公司或中心的竞争实力。养护生产和管理实现了由计划经济向经济承包的转变;由优化劳动组合责任到班到人向与管理机关分离、分灶吃饭、独立核算的转变;道班工资报酬由部分浮动向工资金额浮动、效益计酬转变;养护投资由计划投资向量化质量投资转变,充分调动了公路养护职工的积极性。随着公路养护机械化程度的提高,至2000年,全市公路系统组建养护公司6个,撤并道班18个。与此同时,对养护大中修及安保工程全面实行招投标制,日常小修保养实行定额养护、计量支付,公路养护质量明显提高,职工的积极性得到了充分的发挥。

"十五"时期,黄冈公路养护继续推行养护体制改革,各县市区公路段均组建了养护公司,实行企业化管理,并逐步与机关剥离,走自主经营、自负盈亏的发展道路。武穴市公路段还积极探索和推行了"国路民养"。

三、推行"事企分离"

按照湖北省公路管理局事企彻底分开、机关实行"三定"、企业改制以建立现代企业制度、人事用工社会化、产权明确等改革目标,实现事企分开、管养分离,企业全部完成了改制并退出了事业单位序列。公路施工企业以现代企业制度改制为主要方向,引进资金,创新机制,完善体制,建立健全产权明晰、责权明确、事企分开、管理科学的现代企业制度。公路附属三产实体、公路部门下设的监理、检测、科研等机构也基本完成现代企业改制工作。1987年,由于全区交通建设工程任务重,把成立于1960年的地区公路总段工程队一分为二为两个单独核算单位,组建工程队、机械队。随着经济体制改革的不断深入和公路事业的不断发展,这两个单位在相互分离中矛盾突出,工作中难以形成拳头,为把现有施工队逐步发展为具有现代规模、技术先进、设备配本、实力较强的工程施工队伍,为发展黄冈地区公路交通,实现"冲出全省,打向国外"的目标。黄冈交通局决定将工程队、机械队合二为一,组建"黄冈地区公路总段路桥工程处"。湖北省黄冈地区编制委员会黄编〔1989〕文同意:撤销黄冈地区公路总段工程队机械队,成立黄冈地区公路总段路桥工程处。隶属地区公路总段领导,实行事业性质企业管理,经济上实行独立核算,自负盈亏。

2004年8月12日,黄冈市人民政府办公室印发《黄冈市市属交通事业单位机构改革方案》。该方案将黄冈市公路管理局所属的公路车辆通行费东门收费站、公路规划勘测设计院、路桥工程处改为具有独立法人资格的企业。2008年10月,黄冈市公路规划勘测设计院与武汉市公路勘察设计院联合成立黄冈分院,2011年,投资成立黄冈志鹏公路工程监理有限公司。黄冈市公路管理局直属单位路桥工程处与公路工程处于2000年11月合并重组为"黄冈市路桥工程总公司"。2003年,正式更名为黄冈市楚通路桥工程建设有限公司。2003年9月,黄冈市公路管理局机务材料科武昌道路油供应站更名为武汉通世达公路物资有限公司,成为真正具有独立法人资格的经营性企业单位。

四、抓好改革配套

"九五"期间,黄冈各县市公路段将人事、用工、分配"三项制度"改革落实到"目标到人、合同管理",并积极开始探索组建公路养护公司,实行公路养护公司与机关剥离。为创造一个有利的改革环境,解决职工的后顾之忧,2001年,根据湖北省公路管理局统一安排,解决了黄冈公路系统职工的养老保险问题。随后,黄冈公路系统通过自筹等办法,相应办理了医疗、失业等保险。公路职工办理"三险"后,解除了公路离退休职工的后顾之忧,减轻了公路管理机构的经济负担,为改革顺利推进创造了条件。公路部门管养分离、事企分离后,有效地调动了公路企业参与市场竞争的积极性,公路企业向自主经营、自负盈亏、自我约束、自我发展的独立企业法人转变,初步建立适应市场规律的养护运行机制,逐步适应市场经济发展的需要。随着改革逐步深入,初步缓解了养路费养人不养路的矛盾,激发了公路职工的主动性和创造性,促进了公路事业的健康发展。

第二章 道路运输企业

第一节 国有汽车运输企业

一、车务段

(一)宋埠车务段

1935年,鄂东路管理局在鄂东设宋埠车务段,管辖原鄂东路局宋埠至潢川、经扶(今新县)、广水、黄陂等线,合计公路全长764公里,设站31个,车务段有客车18辆,货车4辆。

(二)武穴独立车务分段

1929年10月,省建设厅在汉口三元里设"省道鄂东路管理局",经营汉口至麻城客货运输。1932年接管商办公路运输业务,线路延长到蕲水、兰溪、罗田。1934年7月,国民党47师浠水驻军兴办利兴汽车公司,经营浠水至兰溪、浠水至罗田的线路,有客车4辆、货车2辆。1935年7月,撤销鄂东管理局,设鄂东车务段于宋埠,同时在武穴设独立分段。管理麻城至河南潢川、中馆驿至经扶(今新县)、宋埠至广水等线。置客车8辆、货车4辆。

1940年,日伪官商合办"武汉交通股份有限公司",经营汉口至新洲和中馆驿线路客货运输,至1942年,基本停顿。1944年,浠水县城关镇易斗元与其堂弟易以梓,借资合购雪佛兰牌4座位客车1辆、利山牌30吨货车1辆多供自用。1946年1月,省公路局设鄂东运输段,同年9月,恢复汉口至麻城和黄安的客货运输,全段有车38辆。1949年,易兄弟外逃,客货车于新中国成立初由县政府接管,不久因车况低劣而报销。

二、湖北省交通厅汽车运输管理局黄冈分局

1959年8月,武汉公路运输管理局改称为湖北省公路运输管理局。9月17日,省公路运输管理局在黄州设立办事处,下隶宋埠和浠水汽车中心站。1961年3月,黄冈办事处改称黄冈总站。1964年2月,省公路运输管理局改为汽车运输管理局,黄冈汽车总站改为汽车分局。5月25日,成立梅川中心站,有车56辆。是年,宋埠22队改为25队,原省下放4队改为27队,梅川编为26队,浠水23队和鄂城(今鄂州)24队未变。

1965年9月,湖北省委决定将鄂城、阳新两县划为咸宁专署管辖,随之鄂城中心站、24队和阳新汽车站移交咸宁分局。黄冈分局下设宋埠、浠水、梅川三个中心站、4个车队、一个汽车大修厂。

(一)宋埠汽车中心站

1952年,鄂东分公司迁至黄陂县时,在宋埠建立"鄂东汽车队",时有汽车30余辆。1953年4月,鄂东分公司同汉口总站并建为"江北分公司",后更名为"江北总站",隶属湖北省交通厅运输局。1955年2月,江北总站撤销,改设樊城等5个汽车总站和宋埠等8个中心站。1956年5月,湖北省公路管理局、运输局合并为公路厅,宋埠中心站隶属汉口管理处。1958年,汉口管理处改为管理站,宋埠中心站隶属汉

口管理站。同年7月,中心站下放给黄冈专署,专署将中心站汽车下放一部分,留下的汽车成立"专署直属汽车队"。次年4月,湖北省将下放汽车收回,重设"宋埠汽车中心站",隶属省交通厅公路运输管理局黄冈办事处。

(二)浠水中心站

1957年设立,隶属湖北省公路厅汉口管理处,配有省汽车23队和直属4队,共有汽车49辆,承担浠水、罗田、英山三县客货运输。1946年,直属4队更名27队,1959年9月中心站改为隶属黄冈办事处。

(三)梅川中心站

1964年5月成立,隶属湖北省交通厅汽车运输管理局黄冈分局,配有省汽车26队,共有汽车56辆,其中派驻蕲春货车7辆、客车1辆。

(四)湖北省汽车运输公司浠水分公司

1950年2月成立于浠水,同年下半年迁麻城宋埠,更名"鄂东分公司"。时有车辆20余辆,担负黄冈、红安、麻城等县客货运输。1951年10月更名"国营湖北省汽车运输公司鄂东分公司"。1952年3月分公司迁往黄陂县。

三、黄冈市汽车运输总公司

(一)黄冈地区汽车运输总公司

前身为湖北省交通厅汽车运输管理局黄冈分局。1971年1月,黄冈分局及所属中心站、车站、汽车队移交黄冈地区革命委员会,受省地双重领导,以地为主。5月5日,地区汽车运输分局改为黄冈地区革命委员会交通邮政管理局汽车运输团。1974年,公司在新洲县阳逻镇成立汽车6队。1976年公司在黄冈县团风成立汽车7队,1980年全地区各县市相继成立汽车运输公司。1980年,咸宁地区汽车运输公司第一车队划归黄冈地区运输公司,改编为黄冈汽车8队。1984年,黄冈汽车队和鄂城、葛店、庙岭、铁山、太和5个车站划归鄂城。

1993年2月22日,根据黄冈地区行政公署办公室黄政〔1993〕19号文件关于地区汽运公司所属县市分公司下放县市管理有关问题的通知精神:地区汽运公司所属县市公司(车站)成建制下放给县市管理。3月,黄冈地区汽运公司更名为"黄冈地区汽车运输总公司"。下辖黄州客运分公司、黄州货运分公司、团风分公司、阳逻分公司、黄州汽车修理厂、油品公司、供销公司、交通汽校、劳动服务公司、武昌营业处、铁山车站等11个二级单位。

(二)黄州市汽车运输公司

其前身为黄冈县汽车运输公司。1959年,黄冈县交通局建立汽车队。1968年11月,黄冈县革命委员会将全县汽车集中,组建县革委会汽车队,1970年车队解散,抽调的车辆返回原单位,县交通局汽车队恢复。1982年,县交通局汽车队与县汽车修配厂合并,成立"黄冈县汽车运输公司"。

1990年,黄冈县撤县建立黄州市,黄冈县汽车运输公司更名为"黄州市汽车运输公司"。1996年5月18日,黄冈撤地建市,黄冈市委1号文件将黄州市汽车运输公司与黄冈地区汽运总公司合并,组建黄冈市汽车运输总公司,黄州市汽车运输公司从属于黄冈市汽车运输总公司,更名为"黄冈市汽车运输总公司黄州客运二公司",保留法人资格,办公地点由胜利街1号搬迁至黄州八一路3号市汽车总公司院内,人财物实行由总公司统一管理。

(三)黄冈市汽车运输总公司

1996年5月18日,黄冈撤地建市。黄州市汽车运输公司与地区汽运总公司合并,组建黄冈市汽车运输总公司,隶属市交通局领导。

2001年8月,总公司组建成立东方运输集团有限公司,下设黄冈、蕲春、武穴、黄梅、麻城、罗田、英山、浠水、黄州开发区等9家专业运输公司。集团有限公司与总公司实行一门两牌。

2005年12月7日,黄冈市汽车运输总公司总经理刘学政与武汉宝得金属材料有限公司签订了《黄冈市汽车运输总公司资产转让合同》,转让黄州城区经营权及资产2320万元。黄冈市汽车运输总公司结束了国有企业经营34年的历史,实现了民营化改革。

四、县属国有运输企业

(一)红安县汽车运输总公司

1958年红安县革委会汽车队成立。1971年5月25日,红安县革委会决定解散汽车队,同年又组建交通局汽车队。1981年9月,交通局成立第二汽车队,原交通局汽车队更名为交通局第一汽车队。12月26日,客货运输业正式分家。1984年7月,客车队与第二汽车队合并,成立第二汽车运输公司,9月25日,公司将第二车队修理车间改建成县汽运客运站。同年,交通局第一汽车队改名为红安县第一汽车运输公司。1986年,第一汽运公司与第二汽运公司合并,成立红安县汽车运输公司。

1995年3月,成立红安县汽车运输总公司。主要从事汽车客、货运输、出租车营运、汽车驾驶员培训、汽车维修、装卸搬运、汽车零部件销售、餐饮住宿、停车场服务、车身广告经营、液化气供应等业务。

1997年11月19日,红安县汽车运输总公司申请实行企业内部股份制改制。1998年4月23日红安县交通局批复:同意红安县汽车运输总公司改制成立"红安县通达运输(集团)有限责任公司"。改制后新设通达客运公司、公汽公司、佳运公司、汽校、修理厂、货运公司、加油站7个二级单位。公司办公地点在红安县城关镇金沙大道17号。

(二)麻城市汽车运输总公司

1958年,麻城县交通局成立"麻城县交通局汽车队"。1986年7月,麻城县撤县改市成立"麻城市汽车运输公司"。1993年2月,黄冈地区汽车运输公司宋埠汽车运输分公司成建制下放移交麻城市交通局属地管理。1994年8月麻城市政府批准,将麻城市汽车运输车辆公司与宋埠公司合并成立麻城市汽车运输总公司。设立客运公司、货运公司、京九配件公司、汽车大修厂、汽车保养厂5个二级单位。公司地址在麻城市将军路1号。

1997年9月9日,麻城市汽车运输总公司、麻城市国有资产经营公司、麻城市万通实业有限责任公司、麻城市汽车大修有限责任公司、麻城市汽车运输总公司工会,以发起人方式,设立"湖北宇通汽车运输股份有限公司"。

(三)罗田县汽车运输总公司

1958年,罗田县交通局用省厅下放的汽车组建汽车队,次年,下放车辆由省收回,车队停办。1969年,县革命委员会集中全县汽车成立县汽车队。1971年,县汽车队撤销,另成立县交通局汽车队。1983年,县交通局汽车队改为"县汽运公司"。1993年2月,黄冈地区黄政发〔1993〕1号文件,将黄冈地区汽车运输公司罗田分公司成建制移交罗田县属地管理。县人民政府批准罗田县汽车运输公司与黄冈地区罗田分公司合并,成立"罗田县汽车运输总公司",隶属县交通局领导。总公司下设客运公司、客运站、汽车配件公司、汽车大修厂4个二级经营单位。总公司办公地址在罗田县城义水北路127号。1997年11月搬迁到罗田县凤山镇万密斋大道新车站内办公。

1997—2005年,公司职工内部合伙融资购买豪华客车,相继开通罗田至广东深圳班线;罗田至福建石狮长途班线;罗田至浙江路桥、温州;罗田至福建晋江;罗田至江苏张家港班线等跨省长途班线。至

2015 年年底,罗田县汽车运输总公司拥有车辆 56 台,客线路 12 条,职工总人数 82 人。

(四)英山县汽车运输总公司

1958 年,英山县将湖北省下放的汽车和县供销社、商业局汽车组的汽车集中组建成立县交通局汽车队。次年,湖北省将下放的汽车队收回,供销社和商业局汽车组的汽车退给商业局,交通局汽车队撤销。1968 年 12 月,英山县革委会将储运公司、养路段、农机公司、商业局等单位的汽车集中起来,成立英山县汽车队。1970 年,县交通邮政管理局成立,汽车队改属交通邮政管理局管辖。1973 年 1 月,交通局单独设局,汽车队改为交通局汽车队,共有汽车 21 辆。

1984 年 5 月 30 日,英山县人民政府同意成立英山县汽车运输公司,属国营企业单位。1985 年 8 月 22 日,英山县人民政府同意重新组建英山县汽车运输公司,将下属汽车一队、二队、三队合并。公司办公地址在英山县鸡鸣路 21 号。1987 年 11 月 23 日,英山县人民政府同意撤销英山县汽车运输公司,按经营范围分别成立"英山县客运公司""英山县货运公司""英山县汽车配件公司"三个独立公司。

1996 年,英山县人民政府同意县客运公司兼并县汽车运输公司。

2002 年,英山县客运公司负债总额达 1295 万元,负债比例达 400%。3 月 20 日,英山县客运公司向交通局申请依法关闭。4 月 25 日,英山县人民政府批复,同意依法关闭县客运公司,授权县交通局依法成立清算组,对客运公司进行清算,依法处置该公司国有资产。2005 年 9 月 1 日,英山县汽车运输总公司改制为民营,由柯益芬受 336 名股东的委托,以人民币 860 万元,通过拍卖竞价购买英山县汽车运输总公司的全部资产。

(五)浠水县汽车运输总公司

1958 年,成立县交通汽车队,1981 年 7 月改建为浠水县汽车运输公司。1993 年 2 月,地区汽运公司浠水分公司移交浠水县与县汽运公司合并,成立浠水县汽车运输总公司,公司下设货运队、客运队。2001 年 3 月,公司由于经营管理不善,资不抵债 843 万元。破产清算组经评估有形资产和无形资产合计为 730 万元,以拍卖方式转让企业全部资产。改制后的民营公司名称为浠水县汽车客运总站。

(六)蕲春县汽车运输总公司

1953 年 3 月,在漕河电灯机米厂汽车组的基础上组建"蕲春县人民政府汽车站"。1958 年 8 月,改建为县交通局汽车队。1959 年车队转到漕河汽车站。1962 年改为汽车驾驶大组。1964 年 4 月,大部分汽车上调专署,余下汽车改为县交通局汽车大队,1969 年 12 月,扩建为县革命委员会汽车队。1971 年改为县交通局汽车队,1981 年 1 月改为蕲春县第一汽车运输公司。

1989 年 12 月,蕲春县人民政府批复同意一、二汽运公司合并成立"蕲春县汽车运输公司"。

1993 年 3 月,黄冈地区行署将黄冈地区汽运公司蕲春分公司下放属地管理,原蕲春县汽运公司与黄冈地区蕲春分公司合并成立"蕲春县汽车运输总公司",总公司共有职工 927 人,车辆 144 辆。总公司下设客运公司、货运公司、大修厂、配件公司、四海贸易公司等 5 个二级经营单位。1994 年公司收入和利税双双跨入"全省交通运输企业二十强"。

1996 年 5 月 7 日,蕲春县汽车运输总公司实行产权制度改革,改制后的公司名称为"蕲春汽车运输股份有限公司"。2004 年 3 月,公司实行民营化改制,改制后的名称为蕲春县东昌汽车运输有限公司。时有营运车辆 281 台,营运线路 33 条。

(七)武穴市第一汽车运输公司

其前身为 1964 年成立的湖北省汽车运输管理局梅川中心站。1971 年 5 月中心站撤销,改设广济车站(驻武穴),第 26 车队改为黄冈地区汽车运输管理局第五汽车连,连部驻黄梅。其第三行车排驻武穴;1982 年黄冈地区汽车运输公司将驻武穴第三行车排与广济车站合并成立"黄冈地区汽车运输公司广济车站",1984年7月更名为"黄冈地区汽车运输公司武穴分公司";1993年3月,武穴公司下放武穴市,更名为"武穴市第一汽车运输公司";9月12日,并入武穴市汽车客运公司。

(八)武穴市汽车运输公司

1975年由县交通局汽车队改为广济县汽车运输公司,时有汽车17辆。1987年,分置为客货两个公司。

1993年3月,黄冈地区汽运公司武穴分公司下放武穴市属地管理。9月12日,武穴汽车公司与黄冈地区汽车运输武穴分公司合并。1998年11月6日,武穴市体改委批准,将武穴市汽车客运公司改制为汽车运输有限公司。1999年8月26日,武穴市汽车运输有限责任公司兼并武穴市兰盾汽车工业公司。

2001年7月,武穴市汽车运输有限责任公司参与黄冈市东方运输集团,成立武穴宏森有限公司。公司拥有运输车辆234台,营运线路44条,其中省际班线22条、跨地班线10条、跨县线路10条,营运线路辐射江西、安徽、浙江、江苏、福建、广东等7个省市。2005年9月,武穴市汽车运输有限公司开始实行民营化改制。10月12日,武穴市委〔2005〕第10号专题会议纪要同意武穴市汽运公司产权制度改革方案,在1998年股份制改制的基础上,彻底实行资产退出国有序列,职工退出国有身份,企业退出国有经营。

(九)武穴市汽车货运公司

武穴市汽车货运公司由广济县交通局汽车队发展演变而来。1964年,从即将划归湖北省汽车运输管理局黄冈地区运输分局的县汽车运输站,留下的2辆汽车组建广济县交通局汽车队。1975年,更名为广济县汽车运输公司;1987年3月广济撤县建市,县汽车运输公司分置为客货两个公司,分别更名为武穴市汽车客运公司和武穴市汽车货运公司。1995年汽车货运公司效益逐步下滑,到2000年累计亏损184万元;2000年6月,公司申请破产,2000年11月15日,法院裁定宣告武穴市汽车货运公司破产清偿。

(十)黄梅县汽车运输总公司

湖北省运输总公司1972年在黄梅成立县汽车队,1982年8月改建为"黄梅县汽车运输公司"。1986年6月18日,黄梅县人民政府办公室梅政办〔1986〕36号文件,同意成立"黄梅县汽车客运公司""黄梅县汽车货运公司"。1993年,黄冈地区汽运黄梅分公司移交黄梅县管理,黄梅县汽运公司与黄梅分公司合并,组建黄梅县汽车运输总公司,公司办公地点在黄梅镇人民大道303号。

2004年6月29日,黄梅县人民政府梅政函〔2004〕16号批复,同意该公司依法破产。2005年6月3日,黄梅县交通局梅交字〔2005〕12号对公司破产资产处置,整体资产处置价为2800万元。8月,黄梅县汽车运输总公司改制为民营,退出了国有经营序列。

(十一)龙感湖管理区汽车运输公司

成立于1958年,原名为龙感湖农场运输队。1988年9月,黄冈地区汽车运输公司黄州分公司停开了龙感湖至黄州的客运班车,地区交通局批准由职工集资15.8万元购进3辆662型大客车。1989年7月1日,地区运管局同意农场运输队为龙感湖至黄州线路客运经营者。1989年2月10日农场决定撤销龙感湖农场运输队,组建龙感湖农场汽车运输公司。1992年,公司请示农场,将货车全部作价转卖给个人,1993年又将客运汽车全部转卖给个人,从此公司基本停止了经营。

第二节 行业车队及集体运输企业

一、行业车队

(一)红安县商业车队

1956年为马车队,1958年改称车队,1973年改为商业汽车队。1975年供销社与商业分家。1988年车队更名为供销储运公司,修理班改名修理厂。1991年实行抵押承包,1992年投资28万元与中南石化共同投资经营,中南石化负责供应油料,储运公司负责运输经营,征地6亩,建中南加油站1个,年销售额350万元,分红8万元。1995年以后,车队逐步滑坡,1999年运输业务终止,公司靠开发房地产维持。

(二)红安县七里汽车队

1958年,以红坪五队搬运队为基础组建搬运队,靠马骡车、板车运输。1974年,搬运队更名为七里搬运站,以装卸搬运和短途运输为主。1975—1976年,搬运站从各地购零部件,拼装解放CA-10货车3台,通过老红军秦忠从省要来武汉130货车1辆,从北海舰队要来1辆嘎斯51。1982年搬运站更名为七里汽车队。至1987年,车队有车辆22台,成为乡镇客运第一家。经营线路有红安至七里、七里至汉口,每日一班。

(三)英山县供销社汽车队

1954年3月,英山县供销合作社接受国营企业转交的利山牌汽车1辆,购买捷克斯洛伐克产布拉格牌3吨汽车1辆,购回波兰产红星20型载客3.5吨汽车1辆,组建县供销合作社汽车组,汽车组设在城关东门体育场。1959年更名为运输经理部,1961年恢复汽车组,1965年改名储运经理部,1975年更名为英山县供销合作社汽车队,1981年改名为英山县储运公司。1993年承包给个人后车队解散。

(四)英山县石油车队

1968年,省石油公司拨给英山县五金公司油罐车1辆。1979年,英山县石油煤炭公司在五金公司汽车组的基础上组建石油煤炭公司汽车队,实现石油产品、煤炭自运。1983年4月,煤炭业务移交给县物资局后,车队更名为英山县石油汽车队。

(五)英山县水利支队

1977年,成立英山县水利电力汽车组,1979年成立车队。1985年3月与英山县预制厂、水利工程队一起并入水利公司。

(六)英山县粮食局汽车队

1971年,城关米面加工总厂采购汽车材料,自行组装了"解放"牌载重汽车一辆。1976年年底,成立粮食汽车组。1979年3月21日,成立英山县粮食局汽车队,内设行车、修理两个小组。1985年4月,粮食局汽车队与储运股合并,成立英山县粮食局储运物资公司。

二、集体企业

(一)浠水都得利运输公司

其前身为成立于1991年的浠水县十月村机械运输队,属村办集体运输企业。1994年,村民杨去华与其他几个合伙租用十月村机械运输队的场地,共同创办了都得利公司,从事公路客运。1998年,都得利公司发展成为集客运、货运、汽车出租、汽车修理、餐饮住宿、加油服务为一体的集体企业。2003年,公司投资300万元,购买了15台洛阳宇通客车和合肥现代大型豪华客车。2004年,投资400万元购买了3台依维柯和60台富康城市出租车。拥有四个车队、两个出租车公司,拥有各种运输车辆133台,拥有营运线路8条,日发班次300个,日送旅客5000人次,年经营收入2500万元。2004年被湖北省评为"青年文明号"称号,法定代表人杨光被评为湖北省"青年文明号"和湖北省"优秀企业家"称号。

(二)蕲春县第二汽车运输公司

前身为蕲春县漕河搬运站。1985年改建为第二汽运公司,下设客车队、货车队、客运站、修理厂和装卸队。有客车9辆、货车16辆。1994年并入县汽运总公司。

(三)龙感湖旭龙汽车运输公司

1991年3月,经黄梅县公路运输管理所批准,成立龙感湖芦柴湖汽运公司,经济性质为集体所有制。当时只有二台大客车、二台中巴专营龙感湖至汉口的线路。1996年,芦柴湖汽运公司将集体资产转让,单位职工郑双全购买了公司的4台客车经营权,于9月20日在当地工商行政管理局重新注册登记成立了旭龙公司。2002年2月17日,旭龙公司参与黄冈市东方运输集团的经营。

第三节 合资及民营运输企业

一、合资企业

(一)湖北省红港运输有限公司

1992年10月16日,湖北省对外经济贸易委员会鄂经贸〔1992〕298号文件批复同意,湖北省红安县汽车运输公司与香港亿方有限公司签订的合资设立湖北红港汽车运输有限公司。合营公司的法定地址在湖北省红安县城关镇陵园大道72号,合营期限为10年。

湖北红港汽车运输有限公司的投资总额为897万元人民币。其中,红安县汽车运输公司占注册资本的51%;香港亿方有限公司占注册资本的49%。合营公司的经营范围是:湖北省至香港之间直达货物运输。董事长由中方刘志雄担任,副董事长由香港方耿江生担任。香港亿方有限公司办公地点在香港九龙宏泰道12号荣发工业大厦七楼写字楼1~2室。湖北红港汽车运输有限公司持鄂经贸资〔1992〕298号文件领取了《批准证书》,并向工商行政管理部门办理了注册登记手续。

(二)湖北通港汽车运输有限公司

1993年9月22日,黄冈地区对外经济贸易委员会批复,同意设立湖北通港汽车运输有限公司。合营公司的法定地址为湖北省黄州市新港路科技园,投资总额与注册资本为150万元人民币;经营范围为湖北境内、黄冈至广州市之间直达客运运输;营运规模为40座大客车车辆,卧铺车3辆,中巴车3辆;经营期限为10年。法定代表人殷建华。香港运通投资有限公司为黄文健、黄德华。

2000年,湖北通港有限公司参与黄冈市东方运输集团,拥有固定资产1062万元,其中客运资产732万元,拥有高中级客车22辆,其中一级客车11辆,跨省营运线路2条,跨市营运线路2条,市内营运线路4条。合资公司经营期满后,2002年10月由合资经营变为外商独资企业,由香港投资人黄文健出资,投资总额、注册资本与经营不变,有效期延至2023年10月12日。

二、民营企业及个体户

(一)黄梅县宏达客运有限责任公司

1984年3月,黄梅县胡世柏镇村民胡真民购买了一台江淮牌50座二手中巴车,经营胡世柏到小池线路,是黄冈市第一家从事个体的民营运输企业。1998年,胡真民收购一台武穴线路的车,开辟了武穴至小池的经营业务。2002年4月17日,胡真民取得有限责任公司企业法人营业执照,企业名称为"黄梅县宏达客运有限责任公司",注册资本98万元。2003年,胡真民以公司的名义,与武穴市宏森公司协商联合经营,实行对等分成,线路延伸到九江。2004年,胡真民在10辆车上安装了嵌入式车载录像,用计算机控制营收管理,是全国第四家,湖北省第一家个体户安装车载录像,用计算机全程监控营收管理的民营企业。至2015年,公司有职工46人,拥有客车23辆,客运线路6条,营运收入180万元,上缴税收5.4万元,利润4万元。

(二)罗田县腾达客运有限公司

该公司成立于1995年4月,为股份合作制形式的民营企业,工商行政管理局登记为客运民营(私营)企业。由肖胜武发起,现有员工45人,其中,股东15人,安排下岗职工30人;时有豪华卧铺车、高级小客车15辆。拥有固定资产230万元,年营收入250万元,年上缴国家税费100万元。至2015年,该公司有职工80人,拥有客车35辆,客运线路35条,营运收入800万元,上缴税收28万元,利润30万元。

(三)武穴市陆顺汽车运输有限公司

该公司位于武穴市刊江大道新城国际花园3栋201室。公司成立于2001年11月,是由库锡胜领衔,5名股东合资成立的运输有限公司,也是武穴市成立的第一家民营汽车货运企业。主要从事危险品货物运输和普通货运、装卸搬运、货物包装加工、货源信息服务、劳务派遣、车辆保险代理等业务。

(四)黄冈市大力货物运输有限公司

地处黄冈市黄州区桐梓冈村三组(1幢1单元3层302号),成立于2011年,主要经营普通货运。至2015年,该公司拥有车辆21台,客运线路35条,营运收入5万元,上缴税收0.5万元,利润3万元。

第四节 商办及股份制运输企业

一、民国商办企业

(一)武广长途汽车股份有限公司

1928年1月,国民党元老居正(广济人)倡议,由商绅解子开、胡江之、吕彦侯等人于1928年6月集股筹办广武长途汽车股份有限公司,每股金额50元(银元),股金总额为30万(银元)。公路依驿道改建,自广济梅川起,经刘元、大金、石佛寺、官桥至武穴,全程37.5公里,路基宽7米,铺设碎石,路面宽3.3米,有汽车6辆,其中有3辆货车,经营客、货运输,后为省接收。

(二)仓水窑汽车股份有限公司

1928年冬,乡绅陶塑圣、林育梅等人组织黄冈、黄安(今红安)两县商民,集股创办仓水窑汽车股份有限公司,股本总额为银元4万元。筑仓水窑简易公路路基宽8.6米,碎石路面当年竣工,分干支两线;干线从仓子埠起,经水尾嘴、高尾嘴、杨家嘴、泥埠至窑头,公路长28.8公里,支线从窑头经泥埠至水口,长8.6公里,干支线共长37.4公里。有客车4辆、货车4辆、专用车2辆。1929年1月开始营运,客货兼营,后为省接收。

(三)黄梅孔垄镇商会

于1928年(民国17年)开始经营孔小公路运输,有汽车2辆,因路况不好,经营亏损,16个月后停业。

(四)黄梅县私营惠通汽车公司

1948年成立,有烧木炭汽车1辆,车况甚差,常发生故障,当时流传一首民谣:"一车二三里,停车四五回,修理七八次,八九十人推"。

二、现代股份制企业

(一)蕲春县汽车运输股份有限公司

1996年5月,该股份有限公司由蕲春县汽车运输总公司改制而形成。是黄冈市第一家由国营企业改制为股份公司的专业运输企业。地址在蕲春漕河镇吴庄大道38号。2001年7月,为了取得二级道路营运资质,蕲春县汽车运输股份有限公司在蕲春与蕲春四方公司、顺意公司,组建晨光有限公司,加入黄冈市东方运输集团。2005年3月,蕲春县汽车运输股份有限公司又开始实行国有转民营改制。新民营公司定名为"蕲春县东昌汽车运输有限公司"。至2015年,该公司有职工710人,拥有客车336辆,线路54条,营运收入6800万元,上缴税收1100万元,利润200万元。

(二)湖北宇通汽车运输股份有限公司

1997年9月,由麻城市汽车运输总公司、麻城市国有资产经营公司、麻城市万通实业有限责任公司、麻城市汽车大修有限责任公司、麻城市汽车运输总公司以发起方式设立湖北宇通汽车运输股份有限公司,公司总股本1256.09万股,每股面值人民币1元,均为法人股,其中:麻城市汽车运输总公司占总股本的50.32%,麻城市国有资产经营有限公司占总股本的31.11%,麻城市万通实业有限责任公司占总股本的1.2%,麻城市汽车大修有限责任公司占总股本的1.37%,麻城市汽车运输总公司工会委员会占总股本的16%。公司住所在湖北省麻城市将军路1号。注册资本为1250.09万元,经营范围为汽车客、货运输、汽车修理及配件销售、蓄电池制造、销售、日用百货销售、餐饮住宿。

(三)武穴市宏森汽车运输公司

该企业的前身为武穴市汽车客运公司;1998年改制成立武穴市汽车运输有限公司,为民营企业,具有国家客运二级营运资质。公司位于武穴市武宁大道34号。有员工1217人,下设客运站、交通工业公司、长运分公司、东方旅游运输分公司、快巴分公司、交通汽车配件公司、东升货运贸易有限公司、武穴龙潭国际旅行社、汽车配件厂、天虹商场、大唐酒店、快通物流公司、物业公司和宏森巴士等14家分支企业。该公司是武穴唯一一家专业经营客运的企业,是武穴汽车站的主要用户之一。

2002年加盟黄冈市东方运输集团;2006年全面完成改制,注册成立武穴市宏森汽车运输有限公司(保留"黄冈市东方运输集团武穴宏森有限公司"牌子)。至2015年,该公司有职工1020人,拥有客车225辆,客运线路43条,营运收入2981.9万元,上缴税收148.9万元,利润61.4万元。

(四)东方运输集团有限公司

2001年6月25日,黄冈市依照交通部〔2000〕225号指令,《关于道路旅客运输企业经营资质管理规定》的精神,由9家专业运输企业自愿联合组建"黄冈市东方运输集团有限公司"。下设黄冈、蕲春、武穴、黄梅、麻城、罗田、英田、浠水、黄州开发区等9家专业运输公司和6个民营运输公司。民营公司即:龙感湖旭龙公司、蕲春县四方公司、浠水都有得利公司、浠水国宇公司、蕲春顺意公司、罗田腾达公司。集团有限公司与市汽运总公司实行"一门两牌",2001年9月16日挂牌成立,具有二级道路运输经营资质。

黄冈东方运输集团有限公司武昌专线上线营运

2005年11月15日,黄冈市汽车运输总公司黄汽运〔2005〕038号文件,向市国资委书面报送《关于转让股转权的请示》,拟将黄冈市汽车运输总公司投入"黄冈市东方运输集团有限公司的3613.47万元"占51.5%的股份转让给叶佑华,叶佑华组成的公司使用黄冈市东方运输集团有限公司名称。12月7日,黄冈市汽车运输总公司总经理刘学政与叶佑华签订了黄冈市汽车运输总公司资产转让合同。合同约定:由叶佑华按黄冈市汽车运输总公司的要求,于2005年11月16日一次性付清转让总价款2320万元。12月22日,黄冈市国有资产监督管理委员会在黄冈市汽运总公司《关于转让股权的请示》尾部签署同意。至此,东方运输集团拥有4家分公司,12家子公司,详见表9-2-4-1。

东方运输集团有限公司下属企业表　　　　表9-2-4-1

企业名称	地址	车辆（辆）	线路（条）	员工（人）	资产总额（万元）	备注
黄冈东方运输集团有限公司	赤壁大道2号	177	93	1412	8075	分公司
东方运输集团黄州客运一分公司	赤壁大道2号	59				分公司
东方运输集团黄州客运二分公司	赤壁大道2号	39				分公司
东方运输集团黄州旅游出租分公司	赤壁大道2号	27				分公司
东方运输集团团风分公司	团风县城关	44				子公司
东方运输集团阳逻分公司	武汉新洲区	8				子公司
东方运输集团黄州开发区有限公司	黄州区东风路	27	9	52	480	子公司
东方运输集团黄州安泰有限公司	黄州区宝塔路	55	13	30	460	子公司
东方运输集团浠水环通公司	浠水清泉镇	101	16	146	640	子公司
东方运输集团蕲春晨光有限公司	蕲春县蕲昌大道	183	47	980	1426	子公司
东方运输集团武穴宏森有限公司	武穴市永宁大道	115	27	416	2797	子公司
东方运输集团黄梅明珠有限公司	黄梅县人民大道	113	20	530	550	子公司
东方运输集团龙感湖旭龙有限公司	龙感湖管理区	20	4	16	220	子公司
东方运输集团英山全顺有限公司	英山县温泉镇	64	16	380	390	子公司
东方运输集团罗田连通有限公司	罗田县凤山镇	90	42	176	416	子公司
东方运输集团麻城宇通有限公司	麻城将军路	81	40	929	2224	子公司

至2015年，东方运输集团有限公司有职工360人，拥有客车225辆，客运线路43条，营运收入5491.7万元，上缴税收424.3万元，利润206.8万元。

(五) 湖北明珠运输集团有限公司

湖北明珠运输集团有限公司是黄冈市一家以交通运输为主业的多元化集团公司。所在地址：黄梅镇人民大道558号；具有国家二级道路运输经营、二级房地产开发、旅游经营和旅游运输经营资质。

湖北明珠运输集团有限公司是由原黄梅县"陆路运输总公司"改制转型为民营，2005年9月成立"黄冈市东方运输集团黄梅明珠有限公司"。经营范围由交通运输行业向房地产开发、旅游、酒店服务、广告传媒、汽车修理和物流行业扩展。于2008年9月脱离黄冈市东方运输集团有限公司，独立成立了"湖北明珠运输集团有限公司"。

湖北明珠运输集团以交通运输为主业，下设黄梅、小池、孔垄、大河、五祖、独山、濯港、城区等国家交通运输部许可的二级、四级和五级等8个汽车客运站。配备"北方、青年、宇通"等品牌的高档客车158辆。经营线路28条，辐射到华东、华中、东南、西南等16省50余个城市。至2015年，拥有车辆119辆，线路21条，年营运收入3458.78万元，上缴税收176.36万元，利润12.78万元。

第五节　出租车及公交企业

一、市属出租客运企业

(一) 黄冈明天汽车销售服务有限公司

成立于1993年9月16日，原名为明天实业有限公司。创立之初，拥有10辆上海大众出租车，1998

年出租车增至20辆，车型为红色富康。2005年车辆增至107辆。2009年11月车型更改为薄荷清东风雪铁龙，2015年公司车辆增至121辆。该公司多次被黄冈市有关部门评为"优秀民营企业"，被省交通运输厅、省工会、省文明办授予"十佳文明优质企业"。

(二)黄冈市宏达汽车出租有限责任公司

成立于1995年2月8日，原名为黄冈地区宏达工贸公司。公司第一辆车为天津"大发"，后来又相继购进了柳州"五菱"、四川"昌河"、天津"大发"三个型号出租汽车。2001年公司拆分为宏达出租车公司、宏达富康公司、宏运公司。2009年三家公司资产重组改名为黄冈市宏达汽车出租有限公司。2015年公司拥有出租汽车299辆，从业人员1000多人。曾多次被市政府、中华总工会、省文明办、省交通厅授予"工人先锋号""十佳品牌""示范班组""优秀民营企业""双创活动先进单位"。

(三)黄冈市正富综合发展有限公司

成立于1995年，初创时仅有5台面的车，到2015年公司拥有出租汽车89辆，管理人员6人，从业人员200多人。公司先后被湖北省建设厅授予"优秀出租车公司"；被省交通运输厅授予出租车省级"十佳文明优质企业"；被省工商联、劳动厅授予"再就业先进集体"；被市政府授予"优秀民营企业"；被黄冈市工商联、市质量技术监督局授予"先进企业"；被市交通运输局授予"五杯竞赛先进单位"和"王静先进班组"等光荣称号。

(四)黄冈市天安汽车出租有限责任公司

成立于1998年11月，最初营运只有几辆"昌河"牌和柳州"五菱"型车辆，2015年公司拥有出租汽车84辆，从业人员200多人。

(五)黄冈市龙感湖旭龙出租车有限公司

成立于2013年4月1日，公司第一辆出租车为北京现代伊兰特，车牌号为鄂JTC001，共有出租车10辆。2014年，购买北京现代汽车5辆，公司共有北京现代汽车15辆，公司实行单独核算、自负盈亏、统一管理，拥有出租从业人员20人。

二、县市出租客运企业

(一)红安九九汽车出租有限责任公司

成立于1999年12月1日，公司注册资金91万元，固定资产36万元，拥有各类出租车50台，拥有出租从业人员110人。

(二)红安县兴岗出租车客运有限责任公司

成立于2005年7月，位于红安县城关镇杏花大道中段。现有经营管理人员4人，公司注册司机12人，拥有出租客运汽车10辆，车辆型号统一为东风起亚赛拉图。拥有出租从业人员18人。

(三)红安县荣昌汽车出租有限责任公司

成立于2005年4月，法人代表冷安平。公司注册资金120万元，固定资产32万元，拥有各类出租车40台(其中起亚赛拉图20台，雪铁龙爱丽舍20台)，拥有出租从业人员87人。

(四)红安佳运旅游出租汽车有限公司

成立于1996年5月7日，属红安县交通局汽运总公司下属二级单位，目前有营运出租车100辆，其中悦达起亚赛拉图93台，东风雪铁龙7台，有叫车服务电台，每台出租车安装车载电台及GPS监控系统，有出租从业人员219人。

(五)麻城市星火出租汽车有限公司

创建于 2005 年 3 月,拥有营运车辆 76 台,员工 102 人,经过 10 年的艰苦创业,由当初的 34 台 1.3L 的神龙富康车型挂靠经营发展成为 1.6L 的爱丽舍油气两用车型,后又购进现代悦动款、新款爱丽舍等 3 个型号出租车 76 台。

(六)麻城屯仓出租车营运管理有限公司

成立于 2011 年 1 月 12 日,是麻城市政府重点招商引资企业,现公司合计共有车辆 66 台。企业注册资金 1000 万元,公司管理人员 5 人,从业人员 86 人。

(七)麻城市金达出租汽车有限公司

成立于 2014 年 11 月 17 日,从麻城市金达公交汽车有限公司分离组建。公司有东风雪铁龙车辆 74 辆、北京现代车辆 8 台,拥有出租车从业人员 87 人。

(八)鸿昌出租汽车有限公司

始建于 2005 年 3 月,现有车辆 78 台,其中东风雪铁龙、爱丽舍 68 台,北京现代 10 台。公司管理人员 6 名,拥有从业司机 156 名。

(九)麻城市昌盛出租车有限公司

成立于 2014 年 12 月,公司投资 710 万元用于购置 50 台车辆及出租车监控管理平台等。公司员工共 62 人,其中管理人员 7 人,驾驶员 55 人。

(十)罗田县星光出租汽车客运有限公司

成立于 2007 年 3 月 15 日,原名为罗田县运通物资发展有限责任公司星光出租汽车分公司。公司首台出租车车牌号为鄂 JT7001,后陆续购进夏利牌、吉利牌、神龙富康、新款爱丽舍、风神牌、北京现代 6 个型号出租车 100 台。2007 年 3 月 15 日更名为罗田县星光出租汽车客运有限公司。公司拥有出租车 100 台,有出租从业人员 166 人。

(十一)罗田县顺达客运旅游有限公司出租车分公司

成立于 2007 年,有出租车 50 辆,员工 80 人,其中管理人员 5 人。

(十二)英山县毕升出租车有限公司

成立于 2010 年 12 月,从 2011 年 1 月开始分别购置东风悦达起亚 91 台,东风风神 15 台,东风雪铁龙 14 台,合计有营运出租车 120 台。公司实行公车公营和公车私营相结合的承包体制,其中公车公营模式有 41 台,公车私营模式有 89 台。公司聘用专职驾驶员 130 名。

(十三)蕲春时珍中发出租车有限公司

成立于 2007 年 11 月 19 日,公司拥有 195 辆出租车,其中东风风神 120 辆,东风雪铁龙 75 辆,拥有从业人员 246 人。

(十四)蕲春昌发出租车有限公司

成立于 2008 年 1 月 8 日,公司拥有 67 辆出租车,均为东风雪铁龙,拥有从业人员 88 人。

(十五)武穴市龙洋汽车出租有限责任公司

注册于 1997 年 6 月,前身为黄石市龙洋汽车贸易公司武穴出租车公司。有东风雪铁龙、东风起亚出租车 80 辆。公司管理人员 6 名。

(十六)武穴市广物机电出租车有限公司

成立于 1998 年 5 月,有东风起亚和东风雪铁龙出租车 50 辆,管理人员 5 名。2012—2014 年连续三年在企业信誉考核中名列前茅,为促进全市出租行业发展起到了良好的带头作用。

(十七)武穴市安达出租车公司

成立于1998年5月,有东风起亚和东风雪铁龙出租车71辆,管理人员4人、专业技术熟练驾驶员98名,2004—2015年连续11年实现无重大责任交通事故。

(十八)黄梅县友联公交汽车出租有限公司

成立于2004年,是黄梅县第一家正规挂牌的出租车公司,公司首批上线车辆是30辆吉利豪情,经过14年的经营发展,公司现有东风爱丽舍车辆50辆,有出租从业人员70人。

(十九)黄梅县明珠出租车有限公司

成立于2007年7月16日,是湖北明珠运输集团有限公司的全资子公司,公司首批上线的车辆是100辆神龙富康车型,是黄梅县规模最大的一家出租车公司,在黄梅县取缔营运三轮摩托车(俗称"麻木")、规范城市公共客运市场过程中发挥了很大的作用,现有东风标致123辆,出租从业人员178人。

(二十)黄梅县御京大酒店出租车公司

成立于2005年4月,公司首批上线的车辆是50辆东风富康车型,现有东风爱丽舍车辆60辆,有从业人员80人。

三、公交企业

(一)黄冈市黄州公共汽车公司(华兴公交公司)

1976年地区汽运公司组建黄州公共汽车公司。1983年2月,黄冈县建工局组建黄州公共汽车公司,地区汽运公司的车辆和人员全部撤回。1983年末,经国务院批准,撤销鄂城市将黄州镇划归鄂城管辖,公汽公司也随之由鄂城管辖。1987年5月鄂城与黄州分开,公汽公司又归黄冈县管辖。1989年,黄州公汽公司上划市城建委管辖;2002年末,黄冈市政府决定,市公共汽车公司改制民营,公司全部资产及25年的线路经营权一次性以3000余万元卖给浙江个体民营,原黄冈市公汽公司破产,民营公汽更名为华兴公汽公司。

2003年1月24日,华兴公交公司正式成立,有干部职工近300人,公交线路12条,日均营运班次达到了1200多趟,日均客运量达8万人次。线路营运时间延长了20~30分钟,增加20多个便民换零站点,营运线路总长度达167公里,线网覆盖率达到90%,公交站点覆盖率提高40%,工作车率达到90%以上。公司内设办公室、生产科、安全科、稽查科、财务科、票款室、维修中心、IC卡服务中心。至2015年,该公司有职工280人,拥有客车142辆,客运线路16条,公交站点360个,营运收入2237万元。

(二)黄冈市东运公交公司

2014年开通,至2015年,该公司有职工226人,拥有客车131辆,客运线路7条,客运站点378个。

(三)团风县公共汽车公司

成立于1996年9月,原名为团风县环城客运有限公司,属股份合作制,办公地点在上寨街120号,经营线路有3条。1997年完成客运量8.7万人次。2000年至2001年,营运车辆调减至19辆,年完成客运量7.3万人次。2002年以后,公司又新购客车3台,加大班次密度,开通了团风至江宇庙3条班线。至2015年,该公司有职工43人,拥有客车37辆,客运线路3条,营运收入309万元,上缴税收2.04万元。

(四)红安县汽车运输公司公共汽车公司

1997年开通,有职工80人,拥有客车32辆,客运线路4条,无客运站点。至2015年,有职工132人,拥有客车51辆,客运线路6条,客运站点147个。

(五)麻城市公共汽车公司

1997年开通,有职工82人,拥有客车24辆,客运线路3条,客运站点28个。至2015年,未变。

(六)麻城市金达公交汽车有限公司

2005年开通,有职工58人,拥有客车36辆,客运线路5条,客运站点42个。至2015年,有职工84人,拥有客车64辆,客运线路9条,客运站点196个。

(七)罗田县公共汽车公司

成立于1997年11月1日,由县交通局交通物资公司下岗职工自筹资金购买6台中巴客车,成立罗田县交通公共汽车公司。县城乡建设委员会部分职工购买6台中巴客车,成立通达城市公共汽车公司。1998年车辆发展到35辆,2000年有车64辆,由于竞争激烈,为缓解矛盾,交通城建两部门协调,于2000年12月两家公司合并为一家共同经营。至2015年,该公司有职工74人,拥有客车47辆,客运线路5条,营运收入495万元,上缴税收16.21万元。

(八)英山县温泉公交客运有限公司

2012年开通,时有职工60人,拥有客车20辆,客运线路3条,客运站点45个。至2015年,有职工112人,营运车辆47台,客运站点线未变。

(九)浠水县公共汽车公司

1996年初,经浠水县政府批准,由浠水县汽车运输总公司货运公司改建成立,为汽运总公司的二级单位,实行独立核算、自负盈亏,时有营运车辆28辆,从业人员80名,有专营公汽线路5条。1999年起,车辆作价转让给个人,个人再挂靠公司名称,公司收取挂靠费。2001年,浠水县汽车运输总公司破产,由公汽公司负责人王华清等个人出资88万元,收购公汽公司全部资产及6条公汽线路经营权,组建浠水县公共汽车公司,聘用员工120人。

(十)浠水县散花镇龙州公交公司

2002年开通,为国有独资公司,有职工16人,拥有客车8辆,客运线路1条,客运站点19个。2004年改制为有限公司。至2015年,有职工22人,拥有客车11辆,客运线路1条,客运站点25个。

(十一)浠水县散花镇连城公交公司

2002年开通,该公司有职工18人,拥有客车9辆,客运线路1条,客运站点19个。至2015年,有职工22人,拥有客车11辆,客运线路1条,客运站点25个。

(十二)蕲春县公汽公司

成立于1997年1月,为县汽车运输总公司的二级单位,划定营运线路4条,汽运总公司划拨大型客车17辆,计527个座位,调配驾驶员、售票员、修理工和管理人员共85名,实行公车公营、独立核算。2000年,营运客车增至46辆,从业人员达到133人,有专营公汽线路6条,年完成客运量197.7万人次,实现利润2万元。至2015年,该公司有职工102人,拥有客车71辆,客运线路8条,营运收入514.6万元,上缴税收15.4万元。

(十三)蕲春县东昌公交公司

2004年开通,至2015年,该公司有职工289人,拥有客车69辆,客运线路8条,客运站点110个。

(十四)武穴市公汽公司

成立于1994年10月1日,经武穴市编委核准,武穴市公汽公司为市公用事业局的二级事业单位,公司租用小龙潭公园管理处门房1间办公,实行公车公营。1997年3月,公司从石首市汽车改装厂购进23

台中巴车,投入城市公共客运,2000年7月1日起,公司对残疾人实行凭证免费乘车。至2015年,该公司有职工194人,拥有客车132辆,客运线路12条,营运收入388万元,上缴税收10万元。

(十五)黄梅县公交客运有限公司

1998年开通,该公司有职工22人,拥有客车10辆,客运线路1条,客运站点15个。至2015年,有职工28人,拥有客车22辆,客运线路2条,客运站点37个。

(十六)黄梅县昌达汽车运输有限公司

2007年开通,该公司有职工28人,拥有客车10辆,客运线路1条,客运站点19个。至2015年,车辆全部报废。

(十七)黄梅县公共汽车有限责任公司

2000年开通,有职工40人,拥有客车16辆,客运线路2条,客运站点22个。至2015年,有职工68人,拥有客车27辆,客运线路2条,客运站点49个。

(十八)龙感湖公共汽车公司

成立于2003年,拥有从业人员10人,有中型客车5辆、85座位,经营线路1条,从总场至各分场。2004年完成客运量51万人次,实现利润8万元。至2015年,该公司有职工32人,拥有客车29辆,客运线路9条,营运收入150万元,上缴税收70万元。

第六节　汽车修理企业

一、国营汽车修理厂

(一)黄冈地区汽车运输总公司修理改装厂

该厂属国有修理企业,内设修理厂,1992年筹建东风汽车公司黄州技术服务站,该厂占地面积47亩,有维修厂房、车间4000平方米,拥有发动机平衡检测机、传动轴动平衡检测机、轮胎动平衡仪、发动机综合测试仪、五轮定位仪、500吨压力机等国内外先进维修机具设备共150台(套)。该站拥有职工146名,其中,高级工程师1人,中级职称专业人员11人,初级职称42人,工人技师18人,是一类汽车维修企业。

(二)黄冈地区汽车大修厂

位于麻城市宋埠镇。1955年10月,省公路运输局将设在宋埠的江北总站改建为宋埠总站,省直属第二汽车队进驻宋埠,随之建立宋埠保养场。1962年8月1日,改为湖北省交通厅公路运输管理局黄冈总站宋埠汽车大修厂,简称"宋埠汽车大修厂"。1964年修理厂更名为"湖北省交通厅汽车运输管理局黄冈分局宋埠修理厂"。1980年11月13日,更名为"湖北省黄冈地区汽车修造厂"。

1990年,黄冈地区汽车修造厂研制出国内市场较为先进的安菱牌HQZ6970型中档长途客车,被湖北省汽车维修技术基础工作部评为优胜单位一等奖。1993年7月6日,中国公路车辆机械公司确认湖北省黄冈地区汽车修造厂为申通集团的联营单位。5月4日,黄冈地区修造厂更名为"湖北安菱汽车公司"。1997年6月22日,申请将有限责任公司改为股份合作制公司。1997年7月11日,黄冈市小企业改革试点领导小组批复,原则同意湖北安菱汽车公司股份合作制改革工作实施方案,公司采取分立重组后,仍维持湖北安菱汽车公司原企业名称和性质不变,新成立的湖北安菱汽车有限责任公司,为股份合作制企业。2004年,湖北安菱汽车有限公司进行民营化改制。

(三) 麻城市汽车大修厂有限责任公司

该厂原属独立核算的国营企业,成立于1978年7月,隶属于麻城市交通局,1982年10月,该厂与麻城县汽车队合并,成立麻城县汽车运输公司,为公司下属的二级单位。1996年改制成为股份制维修企业,开始从内部修理到社会修理的过渡。1990年被批准为一类汽车维修企业。1996年12月,麻城市汽车大修厂实行股份制改制,更名为"麻城市汽车大修有限责任公司"。1998年12月,该公司与麻城市京九公司大修厂和大别山修理厂合并,完成内部修理厂走向社会的改革。

(四) 武穴市交通汽车工业有限公司

原属武穴市公安兰盾汽车保修厂。1998年,公安部门落实中央办公厅中办发〔1998〕25号《政法机关不再从事经商活动的实施方案》的通知精神,兰盾汽车保修厂与公安脱钩,改名为"武穴市汽车工业有限公司",后与武穴市客运公司合并,改名为"武穴市交通汽车工业有限公司"。该厂是武穴市一类汽车维修企业,占地面积23.5亩,建筑面积4500平方米,位于武穴市江家林路。拥有注册资金130万元,固定资产550万元。

二、民营企业及个体户修理厂

(一) 麻城市新世纪汽车修理厂

1996年3月,个体汽车维修户罗兆建在麻城工商行政管理局注册资金800元,登记成立"麻城市新世纪汽车修理厂",厂址在麻城市将军中北段,属家族式个体经营,有聘用从业人员5人。1998年修理厂升为二类资质。2001年升为一类资质。2004年,修理厂实行内部改制,名称改为"麻城市新世纪汽车维修有限责任公司"。

(二) 都得利汽车修理厂

该厂是都得利汽车运输有限公司下设的二级单位,厂址在浠水清泉镇十月路,经济性质为民营,拥有固定资产300万元。2002年1月取得二类维修资质,2005年取得一类维修资质。

(三) 蕲春县运通旅游有限公司汽修厂

该厂于2004年5月1日成立,厂址在蕲春县漕河镇蕲阳中路349号,厂房占地面积1200平方米,拥有各类维修设备50台套,为个体经济。2005年11月,汽修厂被湖北省道路运输协会定为网络施救厂。2005年该厂投资21万元,从广东粤海汽车有限公司购进"风云"牌道路清障车一辆,该车在黄冈投入使用,属先进维修救援设备,为清除高速道路运输车辆事故、故障、违章提供了服务便利和应急需求。

三、集体企业修理厂

(一) 黄冈县汽车修理厂

1970年8月,黄冈县交通局在团风上寨组建汽车修配厂。同年10月正式成立"黄冈县交通局汽车修配厂"。到1981年职工人数达到106人,有修理车间、精工间、综合车间,拥有厂房面积11500平方米,固定资产原值56万元,年大修车辆24台左右。1977年更名为"黄冈县汽车修配厂"。1982年10月县修厂与县汽车队合并,成立县汽车运输公司。

(二) 红安县供销社车队修理厂

成立于1959年,是一家集体所有制性质的一类维修企业。1988年,修理厂拥有修理厂房面积540平方米,停车场500平方米,拥有车、磨、搪、钻、检测仪表量具等整套汽车维修设备。1993年,供销车队解体,修理厂开始面向社会接纳车辆修车。2003年修理厂从一类降为二类。2004年又从二类降为三类。2005年修理厂改行从事房地产经营。

四、合资及股份制企业

(一)黄冈市明天实业有限公司

属于中法合资企业,是神龙汽车有限公司在黄冈设立的特约4S销售服务网点。1993年9月16日该公司成立,地址在黄冈市黄州区黄州大道北89号。主营东风雪铁龙、东风日产、北京现代等系列轿车销售、备件销售、售后服务及汽车出租等业务。是黄冈市最早的小轿车维修企业。具有一类汽车维修资质。被国家工商总局授予小轿车经营权企业。至2015年,有技术人员28人,设备80台,固定资产3000万元,年维修生产能力8200台。

(二)上海大众汽车黄冈销售服务有限公司

1997年8月8日成立上海大众汽车黄冈特约维修站。1999年5月,获湖北省优秀维修行业称号。2000年10月,通过ISO9002质量体系认证。

2001年11月,该公司进行股份制改造,成立上海大众汽车黄冈销售服务有限公司。2002年10月该公司通过ISO9001质量体系认证,2003年贯彻实施德国AVDIT2质量标准,时有职工37人,高级技工7人,是一类维修企业。年修车能力达1000台次。

(三)黄冈市博生汽车修理厂

1992年由黄州汽车修理厂、奥桑汽车修理厂合并成立,是汽车维护维修的二类企业,厂址位于黄冈市黄州区团黄路25号,至2015年,有技术人员25人,设备65台,固定资产360万元,年生产能力6000台。

(四)黄冈市黄州亚达汽车维修厂

1992年成立,是黄冈市财产保险和太平洋保险公司认可的肇事事故车辆维修单位,2004年取得市政府采购维修资格,厂址位于黄州西湖二路46号,占地面积1900平方米。总资产30万元,年修车量达2000台次。

(五)黄冈市黄州天伟汽车修理厂

成立于1995年,厂址位于黄州区沿江路与八一路交会处,有员工32人,有先进的"金德K8"汽车综合检测仪、多功能汽车外形修复机、全电脑控制烤漆房等先进设备,是黄冈市交警支队交通事故定点维修站,是中国平安财产保险股份有限公司、中国太平洋财产保险公司特约维修厂,是重庆长安汽车特约服务点,汽车维护维修的二类企业。至2015年,有技术人员35人,设备65台,固定资产570万元,年生产能力5600台。

(六)麻城市新世纪(兄弟)汽车维修有限责任公司

位于麻城市龙池桥将军路56号,类别二类,技术人员20人,设备73台,固定资产420万元,年生产能力4700台。

第三章 水运企业

第一节 港埠企业

一、地方港口企业

(一) 黄冈市黄州装卸运输公司

1949年前为黄州码头箩行。1950年成立黄州码头搬运工会。1952年10月更名为黄州搬运站,1979年更名为黄州装卸运输公司,位于黄州沙街。1984年,黄冈县黄州装卸运输公司成建制移交鄂州市,更名为鄂州市第三装卸运输公司,隶属于鄂州市交通局黄州分局领导,公司地址不变。

1987年6月,由于行政区划变更,公司回归黄冈县交通局管辖,名为"黄冈县黄州装卸运输公司"。1988年黄州港口装卸搬运量大幅下滑,企业走入困境,至2000年,公司基本处于停滞状态。2005年,按黄政办函〔2005〕22号文批准,黄州装卸运输公司依法进入破产程序,306名职工与公司解除劳动关系合同,全员进社保。2007年年底,法院下达破产裁决书,黄州装卸运输公司正式宣告破产。

(二) 团风县装卸运输公司

前身为1952年10月成立的团风搬运站。

1985年4月24日,团风装卸运输公司更名为黄冈县装卸运输公司。1991年1月8日,更名为黄州市团风装卸运输公司,1996年5月18日,黄州市团风装卸运输公司成建制划给团风县交通局管理,名称为团风县装卸运输公司。1987年12月,团风装卸运输公司实行公开招标承包经营。由中标人承包经营。1992年,公司建立散装服务队,并与港商签订意向书,合资兴办江海联通业务。

(三) 浠水县装卸运输公司

1980年,称浠水县城关搬运站,属集体所有制企业。1983年3月,改称浠水县装卸运输公司。1991年,装卸业务萎缩,该公司改变经营策略,由货运向陆地客运发展,开展汽车出租业务。1992年成立客运站,经营浠水—武昌、汉口的旅客运输业务。1993年8月1日,公司将12台中巴客车、1台吊车、1艘挖砂船、2艘自卸驳船实行租赁承包。

1995年7月5日,公司按照县政府城建规划要求,招商引资兴建集商贸、办公为一体的综合性大楼——宏达商厦。1998年,公司装卸搬运业务停止作业。2000年1月5日,因资不抵债,宣告破产。2003年,清算组将宏达商厦抵缴了前期保险费(250万元),职工按规定应保的全部进入了养老保险。

(四) 浠水县兰溪装卸运输公司

前身为1954年成立的兰溪搬运站。

1980年,称浠水县兰溪搬运站,属集体所有制企业。1986年春,改称浠水县交通局兰溪装卸运输公司。1986年,随着京九铁路及黄石大桥建成通车,长江江堤改造又毁坏几处码头,公司装卸生产逐年滑坡,处于半停产状况,大批职工下岗。1994年,该公司被定为全县第二批产权制度改革企业。1999年,公司宣告破产。

(五)浠水县巴河装卸运输公司

前身是1950年成立的巴河港码头工会。

1980年,称巴河搬运站,属集体所有制企业。主要经营港口货物装卸运输,其作业码头有3座:余家港码头(1992年经国家补助投资改建为综合码头)、江口码头、粮食码头。1986年春,改称浠水县交通局巴河装卸运输公司。1994年,总负债达154.6万元,在无力清偿债务情况下,法院拍卖房产用于清偿、抵偿债务。1995年3月,县交通局调整公司领导班子,经重新整合,公司职工总数86人,就业42人,主要从事港口货物搬运、第三产业经销、巴河至燕矶长江渡运,2001年因客源减少而停运。

(六)蕲春县蕲州水陆装卸运输总公司

前身为1950年4月成立的蕲州港码头工会。

1984年,蕲春县蕲州装卸运输公司更名为蕲州水陆装卸运输公司,有职工320人,1987年12月,公司实行法人代表招标经营,1988年3月,更名为蕲春县水陆装卸运输公司。1993年10月,更名为蕲春县水陆装卸运输总公司。2006年11月,装卸运输总公司改制为民营,易名为蕲春县泰丰水陆装卸运输有限公司。

(七)蕲春泰丰水陆装卸运输有限公司

位于蕲春县蕲州镇沿江大道1号,是2006年竞拍原蕲春县水陆装卸运输总公司后组建的民营公司。该公司作业港区岸线长3.6公里,码头有二里湖码头、大闸口码头、新货场码头、蜈蚣嘴码头、西门码头、南门码头。经营范围为在港区内从事货物装卸、转运、仓储、黄沙销售、短途货运、机构加工、修理。该公司经营规模为固定投资年递增200万元,固定资产市值1200万元,年港口吞吐能力100万吨,年产值递增100万元。

(八)武穴市装卸运输公司

该公司是一家以港口搬运装卸、重件起吊安装、汽车陆路运输为主,以机械加工、木材锯板、旅店服务、化工产品制造为辅的多元化集体所有制企业,隶属武穴市交通局。地址武穴市民主路62号。其前身是1951年成立的武穴镇搬运工会。1987年,更名为武穴市装卸运输公司。1993年10月,公司所属汽车队在孝感发生了重大翻车事故,损失达8万多元,使公司一度陷入困境。2000年,公司转变经营思路,变以副养主为狠抓主业发展,对仅存的五个作业点实行风险抵押承包,承包期为一年,租金按月上交。2001年,公司对主业装卸码头核心竞争力进行提升,添置浮趸一座,改造钢引桥一座,购置配套改造抓斗吊机一台,公司生产效益开始回升。

(九)黄梅县小池装卸运输公司

该公司前身为小池搬运工会,成立于1951年8月,1954年改称小池搬运站,为集体所有制企业,主要承担黄梅县港口货物装卸业务。拥有小池清江口码头、小池交通闸码头和二套口码头,年作业能力达100万吨。

1993年后,公司经营效益逐年下降,1998年公司处于间歇性停业状态。2004年,启动了改制程序,于2009年实现集体资产置换、经营机制置换、职工身份置换。小池清江口码头、小池交通闸码头资产分别处置给兆新商贸有限公司、英杰商贸有限公司,二套口码头资产移交给黄梅县交通局。至2009年,黄冈六大港口老企业所剩无几,随之民营企业兴起,港口经营业务由过去单一的搬运装卸已向多种经营发展,业务范围包括矿业、建材、石油燃料、环保(保洁)等港口经营业务。

截至2012年年底全市港口经营企业达143家。详情见黄冈市港口经营企业一览表9-3-1-1~表9-3-1-6。

黄冈市黄州区港口经营企业一览表

表 9-3-1-1

序号	证书编号	公司名称	法定代表人	办公地点	经营地域	从事业务期限(年)
1	(鄂黄冈)港经证(0014)	中国石油天然气股份有限公司湖北销售分公司黄冈水上加油站	杨伟	黄州区汽南路241号	黄州新港港区刑家湾村黄冈水上加油站	6
2	(鄂黄冈)港经证(0015)	黄冈市中振港埠有限公司	曹振兵	黄州区东湖办长圻廖社区六组新港码头	黄州新港港区长圻廖社区六组新港码头1号、2号泊位	3
3	(鄂黄冈)港经证(0016)	黄冈市前进码头服务有限公司	刘艳林	东湖办刑家湾村刑家湾	黄州新港港区刑家湾村前进码头	3
4	(鄂黄冈)港经证(0017)	黄冈市昌顺装卸码头	张莲玉	黄冈市六福湾村一组	黄州新港港区六福湾村昌顺装卸码头1号、2号泊位	3
5	(鄂黄冈)港经证(0018)	湖北雨明贸易有限公司黄冈六福湾水上加油站	刘雨明	黄冈市六福湾	黄州新港港区六福湾水上加油站	6
6	(鄂黄冈)港经证(0019)	黄冈市唐家渡码头有限公司	唐启弟	黄州区唐家渡码头	黄州唐家渡港区唐家渡码头1号、2号、3号泊位	3
7	(鄂黄冈)港经证(0020)	黄冈市禹杰物流有限公司	吴立平	黄州沿江大道新港一码头	黄州新港港区新港一码头1号、2号、3号、4号泊位	3
8	(鄂黄冈)港经证(0021)	中石化湖北黄冈石油分公司黄冈配送中心金源油库	毕锋	黄州区东湖办事处刑家湾社区二组	黄州新港港区刑家湾金源油库码头1号泊位	6
9	(鄂黄冈)港经证(0025)	黄冈市杨家湾综合码头	杨腊仙	黄州区禹王办事处唐家渡村九组	黄州唐家渡港区杨家湾黄沙转运码头1号、散货码头1号泊位	3
10	(鄂黄冈)港经证(0026)	黄冈市安达装卸运输公司	李昀晔	黄州区东湖办事处邢家湾	黄州新港港区安达装卸运输码头	3
11	(鄂黄冈)港经证(0045)	黄冈市宏达轮渡有限公司	洪建国	黄州区西湖四路堤外	黄州港汪家墩港区宏达轮渡码头	2
12	(鄂黄冈)港经证(0132)	黄冈市德裕仓港口有限公司	黄建新	黄冈市黄州区堵城镇江咀村	武汉新港唐家渡港区钟家湾综合码头1号泊位	3
13	(鄂黄冈)港经证(0081)	中国石油化工股份有限公司湖北黄冈水上加油站	朱三元	黄冈市黄州区邢家湾村	黄州区刑家湾村黄冈水上加油站码头1号泊位	6

续上表

序号	证书编号	公司名称	法定代表人	办公地点	经营地域	从事业务期限(年)
14	(鄂黄冈)港经证(0082)	黄冈长信投资发展有限公司	谭正红	黄州区益民路三台河村小区	黄州新港港区黄沙过驳作业区(坐标点1:3366560,38595213;点2:3366360,38595213;点3:3366605,38597213;点4:3366405,38597213)	3
15	(鄂黄冈)港经证(0132)	中石化长江燃料有限公司黄冈徐家湾水上加油站	万会年	黄冈市黄州区新港港区	黄州港新港港区徐家湾水上加油站1号泊位	6
16	(鄂黄冈)港经证(1636)	黄冈市祥宏物流有限公司	王从林	黄冈市黄州区沿江路11号	黄冈市沿江大道六福湾二码头	3
17	(鄂黄冈)港经证(1648)	黄冈国盛港口装卸有限公司	邓勇	黄冈市新港大道19号	黄州港新港港区国盛综合码头2号、3号、4号泊位	3
18	(鄂黄冈)港经证(6002)	黄冈楚江物流有限公司	许楚云	黄冈市黄州区十字街27号	黄冈市黄州港唐家渡港区楚江物流综合码头1号、2号、3号、4号泊位	3

团风县港口经营办(换)证一览表　　表9-3-1-2

序号	证书编号	公司名称	法定代表人	办公地点	经营地域	从事业务期限(年)
1	(鄂黄冈)港经证(0048)	团风俊和矿业有限公司	何满林	团风县得胜大道江边	团风港团风港区俊和矿业得胜二码头	3
2	(鄂黄冈)港经证(0049)	团风县大河砂业有限公司	胡少兵	团风县上巴河镇马家潭村	团风县巴河港区大河砂业码头	3
3	(鄂黄冈)港经证(0077)	武汉市华安船舶保洁服务有限公司团风分公司	张丽华	团风县团风镇沿江路34号	团风县团风港区水域	6

浠水县港口经营办(换)证一览表　　表9-3-1-3

序号	证书编号	公司名称	法定代表人	办公地点	经营地域	从事业务期限(年)
1	(鄂黄冈)港经证(0022)	湖北省黄冈石油分公司兰溪油库	李建军	浠水县兰溪镇永保村十组	浠水县兰溪港区兰溪油库码头	6
2	(鄂黄冈)港经证(0029)	中石化长江燃料有限公司黄石分公司	徐伯浔	浠水县散花轮渡下游	浠水县散花港区散花加油站	6

黄冈交通运输志

续上表

序号	证书编号	公司名称	法定代表人	办公地点	经营地域	从事业务期限(年)
3	(鄂黄冈)港经证(0030)	浠水县仁和工贸有限公司	汪涛	浠水县散花镇车站村	浠水县散花港区散花汽渡码头	3
4	(鄂黄冈)港经证(0031)	浠水县散花港口装卸运输公司	张维艳	浠水县散花镇	浠水县散花港区散花港口装卸运输公司码头	3
5	(鄂黄冈)港经证(0032)	浠水博馨建材有限公司	陈兵生	浠水县散花镇车站村	浠水县散花港区博馨建材有限公司码头	3
6	(鄂黄冈)港经证(0033)	浠水县洲洋砂业有限责任公司	杨小奇	浠水县清泉镇车站大道251-1号	浠水县兰溪港区码头	3
7	(鄂黄冈)港经证(0035)	浠水县巴河镇腾飞装卸服务部码头	左飞	浠水县巴河镇洪峰村	浠水县巴河港区腾飞装卸码头	3
8	(鄂黄冈)港经证(0036)	浠水县武顺货物港口有限公司	周武斌	浠水县巴河镇红星村	浠水县巴河港区武顺浮式起重机1号、浮式起重机2号泊位	3
9	(鄂黄冈)港经证(0037)	浠水县平安船舶服务部	涂裕清	浠水县兰溪装卸运输公司码头	浠水县兰溪港区水域	6
10	(鄂黄冈)港经证(0038)	浠水县巴河装卸运输公司	陈东平	浠水县巴河镇桥口街42号	浠水县巴河港区内河综合码头1号、2号泊位及外江装卸码头	3
11	(鄂黄冈)港经证(0039)	浠水县兰溪装卸运输公司	周丽华	浠水县兰溪镇河西街	浠水县兰溪港区矿石、煤炭、化肥、铁砂码头	3
12	(鄂黄冈)港经证(0040)	浠水县粮油中转运销公司	郭曙光	浠水县兰溪镇河西街	浠水县兰溪港区粮油码头	3
13	(鄂黄冈)港经证(0041)	浠水县散花轮渡公司	龚小英	浠水县散花镇散花村	浠水县散花港区轮渡码头	2
14	(鄂黄冈)港经证(0042)	黄冈市京海船务有限公司	涂春桂	浠水县巴河镇上窑外滩	浠水县巴河港区上窑外滩兴海装卸码头	3
15	(鄂黄冈)港经证(0046)	浠水县振泰工贸有限责任公司	李道勇	浠水县兰溪镇河东街200号	浠水县兰溪港区河东黄砂码头	3
16	(鄂黄冈)港经证(0141)	浠水县永鑫装卸服务有限公司	李道文	浠水县兰溪镇鲇鱼尾村六组	浠水县兰溪港区液碱氨水码头1号泊位	3
17	(鄂黄冈)港经证(0142)	浠水县鹅卵石贸易有限公司	吴雪兵	浠水县清泉镇袁畈村	浠水县兰溪港区鹅卵石码头1号泊位	3

续上表

序号	证书编号	公司名称	法定代表人	办公地点	经营地域	从事业务期限(年)
18	(鄂黄冈)港经证(1681)	浠水县巴河江海货物装卸服务部	孔平安	浠水县巴河镇马骑山村五组	浠水县巴河港区江海望天湖码头1号泊位	3
19	(鄂黄冈)港经证(0144)	浠水县巴河文峰建材经营部(内河)	刘军	浠水县巴河镇东寿村	浠水县巴河港区文峰建材码头内河1号泊位、外江1号泊位	3
20	(鄂黄冈)港经证(1665)	浠水佳一阳光商贸有限公司	周平	浠水县清泉镇戏台巷跃龙门右侧	浠水县巴河镇芦花村风扇手货运码头1号泊位	3
21	(鄂黄冈)港经证(1676)	浠水县巴水砂业有限公司	南晓林	浠水县竹瓦镇会龙山村	浠水港巴河港区巴水砂业码头1号泊位	3
22	(鄂黄冈)港经证(1687)	黄石市轮渡有限责任公司	谢旺秋(胡能元)	浠水县散花镇车站村	浠水港散花港区黄石轮渡码头1号泊位	3
23	(鄂黄冈)港经证(1714)	浠水县巴河鹏锦黄沙经销站	周鹏程	浠水县巴河镇西河街村二组	浠水县巴河镇精华村木鹅洲鹏锦码头1号泊位	3
24	(鄂黄冈)港经证(1680)	浠水县巴河老五建材经营部	陈文忠	浠水县巴河望天湖泵站下游芦花垱村	浠水港巴河港区老五建材经营部码头1号泊位	3
25	(鄂黄冈)港经证(1683)	浠水县兰溪长江装卸公司	袁志慧	浠水县兰溪镇永保村	浠水港兰溪港区兰溪长江装卸码头1号、2号泊位	3
26	(鄂黄冈)港经证(1678)	浠水华海货运港口有限公司	戴玉华	浠水县兰溪镇永保村	浠水港兰溪港区华海货运码头1号泊位	3
27	(鄂黄冈)港经证(1677)	浠水县滨雄挖沙运输船队	高雄	浠水县巴河镇马骑山村	浠水港巴河港区滨雄码头1号泊位	3
28	(鄂黄冈)港经证(1675)	浠水散花回风矶港口经营有限公司	涂学军	浠水县散花镇回风矶村	浠水港散花港区回风矶码头1号泊位	3

蕲春县港口经营办(换)证一览表　　　　　　　　　　　　　　　　　　　表9-3-1-4

序号	证书编号	公司名称	法定代表人	办公地点	经营地域	从事业务期限(年)
1	(鄂黄冈)港经证(0001)	蕲春县泰丰水陆装卸运输有限公司	胡贵生	蕲春县蕲州镇沿江大道1号	大闸口、新货场、蜈蚣矶、小西门	3
2	(鄂黄冈)港经证(0002)	蕲春县瓷厂	陈国新	蕲春县蕲州镇二里湖村	蕲春港蕲州港区瓷厂码头1号泊位	3

续上表

序号	证书编号	公司名称	法定代表人	办公地点	经营地域	从事业务期限(年)
3	(鄂黄冈)港经证(0003)	蕲春县港口矿产有限责任公司	王成香	蕲春县八里湖二分场外江	港口矿产公司第1号泊位、第2号泊位、第3号泊位	3
4	(鄂黄冈)港经证(0004)	蕲春县管窑水陆装卸公司	易鹏翔	蕲春县管窑镇岚头矶外江	蕲春县管窑水陆装卸公司第1号、第2号泊位	3
5	(鄂黄冈)港经证(1645)	蕲春县管窑青盛装卸站	叶佳青	蕲春县管窑镇岚头矶外江	蕲春县管窑港区青盛装卸站第1号、第2号泊位	3
6	(鄂黄冈)港经证(0006)	蕲春县彭思镇茅山装卸运输公司	叶 军	蕲春县彭思镇茅山港	蕲春县彭思镇茅山装卸运输公司第1号、第2号泊位	3
7	(鄂黄冈)港经证(0007)	蕲春县港发装卸公司	岳晓斌	蕲春县彭思镇茅山港	蕲春县港发装卸公司码头	3
8	(鄂黄冈)港经证(0008)	蕲春县蕲州扎营港鑫洲装卸公司	周青山	蕲春县蕲州镇扎营港	蕲春港蕲州港区周垸码头3号泊位	3
9	(鄂黄冈)港经证(0009)	蕲春县顺兴港口水域防污服务有限公司	高春霞	蕲春县漕河镇齐昌市场	蕲春港茅山港区至扎营港区	6
10	(鄂黄冈)港经证(0010)	蕲春县蕲州鸿明水上加油站	张亚明	蕲春县蕲州镇扎营港	蕲春蕲州港区	6
11	(鄂黄冈)港经证(0130)	蕲春县蕲州水运加油站	张军佳	蕲春县蕲州长江航道879公里处	蕲春县蕲州港区蕲州水运加油站1号泊位	6
12	(鄂黄冈)港经证(0012)	湖北鑫龙源矿业有限公司	余 伟	蕲春县蕲州镇扎营港	蕲春港蕲州港区湖北鑫龙源矿业码头1号泊位	3
13	(鄂黄冈)港经证(0013)	蕲春县蕲州扎营港磬发建材厂	张继华	蕲春县蕲州镇扎营港	磬发建材厂专用码头	3
14	(鄂黄冈)港经证(0064)	蕲春县红灯建材责任有限公司	陈学文	蕲春县八里湖外江	蕲春县蕲州港区八里作业区红灯建材码头	3
15	(鄂黄冈)港经证(0074)	蕲春龙全建材有限公司	高卫全	蕲春县蕲州镇二里湖大道	蕲春港八里作业区至蕲州作业区水域(顺江浮182号)	3
16	(鄂黄冈)港经证(6001)	湖北鸿运达矿业有限公司	王国雨	蕲春县彭思镇张滩村	蕲春港官窑港区鸿运达码头1号泊位	3
17	(鄂黄冈)港经证(1638)	蕲春军佳石油贸易有限公司	张军佳	蕲春经济开发区三渡办事处	蕲春港蕲州港区军佳码头1号泊位	3

续上表

序号	证书编号	公司名称	法定代表人	办公地点	经营地域	从事业务期限(年)
18	(鄂黄冈)港经证(6004)	蕲春县港口物流有限公司	李晓敏	蕲春县管窑镇岚头矶	蕲春港管窑港区管窑作业区港口物流有限公司码头第1号泊位	3
19	(鄂黄冈)港经证(1674)	蕲春县管窑镇华斌港有限公司	李端华	蕲春县管窑镇岚头矶	管窑港区管窑作业区华斌港有限公司码头第1号泊位	3

武穴市港口经营办(换)证一览表

表 9-3-1-5

序号	证书编号	公司名称	法定代表人	办公地点	经营地域	从事业务期限(年)
1	(鄂黄冈)港经证(0023)	黄冈配送中心武穴油库(中石化)	曹茂赋(毕锋)	武穴市武穴镇河街101号	武穴港武穴港区石油码头	6
2	(鄂黄冈)港经证(0065)	武穴市田镇钱炉建材厂	黄祖康	武穴港田镇港区钱炉村岸段上游侧	武穴港田镇港区钱炉建材厂码头	3
3	(鄂黄冈)港经证(0066)	武穴市昌源船舶服务有限公司	陈剑敏	武穴市下关村余家捋	武穴市长江打捞工程有限责任公司	6
4	(鄂黄冈)港经证(0067)	湖北晟鑫矿业有限公司	郑沛棠	武穴港田镇港区马口村岸段	武穴港田镇港区晟鑫矿业码头	3
5	(鄂黄冈)港经证(0068)	武穴市喜梅碎石厂	张喜梅	武穴港田镇港区马口村岸段	武穴港田镇港区喜梅碎石码头	3
6	(鄂黄冈)港经证(0069)	武穴市大法寺镇采石厂	吴定喜	武穴港田镇港区马口村岸段	武穴港田镇港区大法寺镇采石厂码头1号、2号泊位	3
7	(鄂黄冈)港经证(0070)	武穴市创兴矿业有限公司	陶毅兵	武穴港田镇港区马口村岸段	武穴港田镇港区上窑、下窑建材码头	3
8	(鄂黄冈)港经证(0071)	武穴市兰丰水泥有限公司	李正春	武穴港田镇街上游侧	武穴港田镇港区兰丰水泥码头1号、2号泊位	3
9	(鄂黄冈)港经证(0072)	武穴市再生资源回收公司田镇分公司	郑七珍	武穴港田镇街中游岸段	武穴港田镇港区田镇轮渡码头	2
10	(鄂黄冈)港经证(0106)	武穴市亚鑫建材有限责任公司	赵培洪	武穴市田镇办事处兰州大道3号	武穴港田镇港区亚鑫建材码头1号泊位	3
11	(鄂黄冈)港经证(0107)	武穴市新达装卸有限公司	崔永亮	武穴市栖贤路师范综合楼A栋13层1303号	武穴港田镇港区新祥瑞码头1号、2号泊位	3

续上表

序号	证书编号	公司名称	法定代表人	办公地点	经营地域	从事业务期限(年)
12	(鄂黄冈)港经证(0108)	华新水泥(武穴)有限公司	杜平	武穴市华新路1号	武穴港田镇港区华新水泥码头散水泥出口1号、袋装水泥2号、熟料出口4号、煤炭进口5号泊位	3
13	(鄂黄冈)港经证(0109)	武穴市田家镇街道办事处盘塘社区居民委员会	田三华	武穴市田家镇盘塘村	武穴港盘塘港区盘塘渡口码头1号泊位	2
14	(鄂黄冈)港经证(0110)	武穴市江工建材开发有限公司	杨文俊	武穴市田镇办事处盘塘采石场	武穴港盘塘港区江工建材码头1号、2号、3号泊位	3
15	(鄂黄冈)港经证(0111)	武穴市象山建材厂	郭熙权	武穴市田镇办事处上郭村	武穴港盘塘港区象山建材厂一码头1号泊位	3
16	(鄂黄冈)港经证(0112)	武穴市龙坪镇新洲村民委员会	王学红	武穴市龙坪镇	武穴港龙坪港区新洲轮渡码头1号泊位	2
17	(鄂黄冈)港经证(0113)	武穴市勇华装卸服务有限公司	胡福寿	武穴市龙坪八一闸西河头	武穴港龙坪港区长江精米厂码头1号泊位	3
18	(鄂黄冈)港经证(0114)	武穴市八一闸装卸运输公司	黄晓阳	武穴市龙坪八一闸	武穴港龙坪港区八一闸码头1号、2号泊位	3
19	(鄂黄冈)港经证(0115)	武穴市个体工商户游照龙	游照龙	武穴市龙坪镇八一闸	武穴港龙坪港区游照龙砂石码头1号泊位	3
20	(鄂黄冈)港经证(0117)	武穴市龙坪搬运站	朱洪应	武穴市龙坪正街	武穴港龙坪港区龙坪五一闸码头1号、2号、3号泊位	3
21	(鄂黄冈)港经证(0118)	武穴市李顶武码头大军货场	李大军	武穴市武穴办事处李顶武村	武穴港武穴港区李顶武砂场1号泊位	3
22	(鄂黄冈)港经证(0119)	武穴市李顶武码头大军货场	李大军	武穴市武穴办事处李顶武村	武穴港武穴港区大军货场1号泊位	3
23	(鄂黄冈)港经证(0120)	武穴市天朋物流有限公司	吴友恒	武穴市永宁大道36-7号楼东	武穴港武穴港区恒华码头1号泊位	3
24	(鄂黄冈)港经证(0121)	武穴市金元货运码头	胡雄杰	武穴市上河街22号	武穴港武穴港区金元货运码头1号泊位	3
25	(鄂黄冈)港经证(0122)	武穴市国安砂石码头	吴国安	武穴市兴教路1号421室	武穴港武穴港区国安砂石码头1号泊位	3

续上表

序号	证书编号	公司名称	法定代表人	办公地点	经营地域	从事业务期限(年)
26	(鄂黄冈)港经证(0123)	武穴市郑和忠木材码头	郑和忠	武穴港区吴谷英村江堤边	武穴港武穴港区郑和忠木材码头1号泊位	3
27	(鄂黄冈)港经证(0124)	武穴市长江矿业有限责任公司	梅先明	武穴市北川路70号	武穴港武穴港区长江矿业码头1号泊位	3
28	(鄂黄冈)港经证(0125)	湖北少专船舶修理有限公司	郑少专	武穴市玉湖路1号	武穴港武穴港区少专货运码头1号泊位	3
29	(鄂黄冈)港经证(0126)	武穴市武穴粮食储运站	张庆生	武穴市广济大道26号	武穴港武穴港区粮食储运站码头1号泊位	3
30	(鄂黄冈)港经证(0127)	武穴市红财黄沙经营部	张菊容	武穴市沿江大道48号	武穴港武穴港区红财黄沙经营部码头1号泊位	3
31	(鄂黄冈)港经证(0128)	武穴市刊江办事处梅府建材公司	阮灿志	武穴市刊江办事处梅府村	武穴港武穴港区梅府建材公司李顶武码头1号泊位	3
32	(鄂黄冈)港经证(0131)	武穴市民本矿业资源开发有限公司	吕文龙	武穴市西港路6号	武穴港田镇港区民本公司马口建材码头1号泊位	4
33	(鄂黄冈)港经证(0088)	武穴市通顺码头有限公司	魏彬成	武穴市田镇办事处庙塘村	武穴港盘塘港区武穴市通顺码头通顺趸1号、2号、3号泊位	3
34	(鄂黄冈)港经证(6003)	黄冈亚东水泥有限公司(专用码头)	张才雄	武穴市田镇新街13号	武穴港田镇港区黄冈亚东码头专用码头1号泊位	3
35	(鄂黄冈)港经证(1649)	武穴市兴航船务有限公司	张国兴	武穴市二里半村高湾坝外	武穴港武穴港区兴航码头1号、2号泊位	3
36	(鄂黄冈)港经证(1650)	黄冈亚东水泥有限公司2号码头	张才雄	武穴市田镇新街13号	武穴港田镇港区黄冈亚东2号码头1号、2号、3号泊位	3
37	(鄂黄冈)港经证(1651)	武穴市城东装卸运输公司	张秋娥	武穴市江堤路7号	武穴港武穴港区城东装卸码头1号泊位	3
38	(鄂黄冈)港经证(1652)	武穴市田镇村金牛湖碎石厂	舒国强	武穴市田镇沙洲村36号	武穴港田镇港区金牛湖碎石厂码头1号泊位	3
39	(鄂黄冈)港经证(1653)	武穴市田镇黄家山搬运站	江云锦	武穴市田镇黄家山容生灰沙砖厂北面	武穴港田镇港区黄家山搬运站码头1号泊位	3
40	(鄂黄冈)港经证(1654)	武穴市裕华砂场	项裕华		武穴港武穴港区裕华砂场码头1号泊位	3

黄冈交通运输志

续上表

序号	证书编号	公司名称	法定代表人	办公地点	经营地域	从事业务期限(年)
41	(鄂黄冈)港经证(1655)	武穴市河道堤防管理处	梅新书	武穴市田镇马口村	武穴港田镇港区河道堤防管理处1号泊位	3
42	(鄂黄冈)港经证(1656)	武穴市海铭星(集团)企业投资有限责任公司	舒振东	武穴市河街特一号	武穴港武穴港区海铭星汽渡码头1号泊位	2
43	(鄂黄冈)港经证(1657)	武穴市海铭星(集团)企业投资有限责任公司	舒振东	武穴市河街特一号	武穴港武穴港区海铭星轮渡码头1号泊位	2
44	(鄂黄冈)港经证(1658)	武穴市海铭星(集团)企业投资有限责任公司	舒振东	武穴市河街特一号	武穴港盘塘港区海铭星汽渡码头1号泊位	2
45	(鄂黄冈)港经证(1659)	武穴市津鑫港务有限公司	董有法			3
46	(鄂黄冈)港经证(1660)	武穴市天枢星混凝土制品有限公司	郭军义	武穴市郭应龙村28号	武穴港武穴港区天枢星码头1号泊位	3
47	(鄂黄冈)港经证(1661)	湖北祥云(集团)化工股份有限公司	胡华文	武穴市田镇办事处盘塘村	武穴港盘塘港区湖北祥云(集团)化工码头1-11号泊位	3
48	(鄂黄冈)港经证(1662)	武穴市申盛建材贸易有限公司	胡继武	武穴市田镇办事处上郭村余家冲	武穴港田镇港区申盛建材码头1号泊位	3

黄梅县港口经营办(换)证一览表　　　　　表9-3-1-6

序号	证书编号	公司名称	法定代表人	办公地点	经营地域	从事业务期限(年)
1	(鄂黄冈)港经证(0050)	黄梅县民盛贸易有限公司	郭华明	黄梅县小池镇沿江路	黄梅港小池港区船厂码头、煤炭码头	3
2	(鄂黄冈)港经证(0052)	黄梅小池汽渡码头	卢伟	黄梅县小池镇沿江路	黄梅港小池港区汽渡码头	3
3	(鄂黄冈)港经证(0053)	黄梅县鸿运装卸公司	刘任桃	黄梅县小池镇普济宫村	黄梅港小池港区鸿运装卸码头	3
4	(鄂黄冈)港经证(0054)	湖北中泰矿业有限公司装卸分公司	张水花	黄梅县小池镇清江新村68号	黄梅港小池港区中泰矿业装卸码头	3

续上表

序号	证书编号	公司名称	法定代表人	办公地点	经营地域	从事业务期限(年)
5	(鄂黄冈)港经证(0056)	黄梅县祥龙油品经营有限公司(武汉市长风石油科技开发有限公司)	田祥龙	黄梅县小池镇东港工业开发区	黄梅港刘佐港区祥龙油品码头	6
6	(鄂黄冈)港经证(0057)	个体-黄列平(西河头村码头)	黄列平	黄梅县新开镇西河头村	黄梅港新开港区西河头个体码头	3
7	(鄂黄冈)港经证(0058)	黄梅县星辰装卸公司	周文祥	黄梅县蔡山镇庙塆村	黄梅港李英港区庙塆星辰装卸码头	3
8	(鄂黄冈)港经证(0059)	个体-周保军(庙塆村码头)	周保军	黄梅县蔡山镇庙塆村	黄梅港李英港区庙塆个体码头	3
9	(鄂黄冈)港经证(0060)	黄梅县万和装卸公司	李友良	黄梅县蔡山镇李英村	黄梅港李英港区万和装卸码头	3
10	(鄂黄冈)港经证(0061)	黄梅县小池粮储码头	杨飞娥	黄梅县小池镇沿江路	黄梅港小池港区粮储码头	3
11	(鄂黄冈)港经证(0062)	黄梅县浩东装卸服务部	罗刚	黄梅县小池镇水产场村	黄梅港小池港区水产场浩东装卸1号、2号泊位	3
12	(鄂黄冈)港经证(0063)	黄梅县小池港华洪码头服务部	梅江华	黄梅县小池镇水产场村	黄梅港小池港区水产场华洪码头	3
13	(鄂黄冈)港经证(0073)	黄梅县小池滨江码头	黄克阳	黄梅县刘佐乡滨江村	黄梅港刘佐港区滨江码头	3
14	(鄂黄冈)港经证(0133)	黄梅县新开镇汪洲码头	郑灿军	郑灿军新开镇汪洲村	黄梅港新开港区汪洲码头1号、2号泊位	3
15	(鄂黄冈)港经证(0078)	黄梅县横坝头运输有限责任公司	余忠宝	黄梅县小池镇陈坝村	黄梅县小池镇陈坝村水域	2
16	(鄂黄冈)港经证(0079)	黄梅县水利物资站码头	孙敏军	黄梅县水利物资站码头	黄梅港小池镇水利物资站码头	3
17	(鄂黄冈)港经证(0080)	黄梅县仟五装卸有限公司	梅林	黄梅县小池镇普济宫村	黄梅县仟五装卸码头	3
18	(鄂黄冈)港经证(0139)	黄梅县六咀码头	张华能	黄梅县新开镇六咀村	黄梅港新开港区六咀码头1号泊位	3
19	(鄂黄冈)港经证(1663)	黄梅县蔡山镇庙垸村洪凤码头	周刚华	黄梅县蔡山镇庙垸村	黄梅港李英港区洪凤码头1号泊位	3

续上表

序号	证书编号	公司名称	法定代表人	办公地点	经营地域	从事业务期限(年)
20	(鄂黄冈)港经证(1664)	黄梅县明信建材厂	郭玉珍	黄梅县蔡山镇二号洲村	黄梅港李英港区明信建材厂码头1号泊位	3
21	(鄂黄冈)港经证(1667)	黄梅县恒泰装卸运输有限公司	李太平	黄梅县新开镇单洲村十组	黄梅港新开港区恒泰装卸运输有限公司码头1号、2号泊位	3
22	(鄂黄冈)港经证(1668)	黄梅县分路镇游洲砂场	杨汉民	黄梅县分路镇游洲村	黄梅港二套口港区游洲砂场码头1号泊位	3
23	(鄂黄冈)港经证(1671)	黄梅县兆新商贸有限公司	张仁新	黄梅县小池镇沿江路堤外	黄梅港小池港区兆新商贸有限公司码头1号、2号、3号泊位	3
24	(鄂黄冈)港经证(1672)	黄梅县英杰商贸有限公司	余相贵	黄梅县小池镇沿江路68号	黄梅港小池港区英杰商贸有限公司清江码头1号、2号泊位	3
25	(鄂黄冈)港经证(1673)	黄梅县鑫源水运有限公司	蔡正文	黄梅县小池镇陈坝村	黄梅港小池港区鑫源码头1号泊位	3
26	(鄂黄冈)港经证(1670)	黄梅县小池顺通物流配载服务中心	何芦飞	黄梅县小池镇农科所村	黄梅港小池港区顺通物流配载服务中心码头1号、2号泊位	3
27	(鄂黄冈)港经证(1780)	黄梅港刘佐港区汇通物流码头	郑灿华	黄梅县刘佐乡杨东湾村	黄梅港刘佐港区汇通物流码头1号、2号、3号泊位	3

二、长航企业

武穴港务局 前身是1951年9月成立的长江区航务局九江办事处武穴(中心)营业站。主要经营长航船舶在武穴的客货运输业务,并负责长航码头镇(江西瑞昌县)、小池(黄梅县)、田镇、龙坪、富池、蕲州(蕲春县)、兰河、巴河、团风(黄州)等港港务站业务。1955年,武穴(中心)营业站下辖的蕲州站和富池站划归鄂航黄冈地区民船运输管理处。1958年,武穴(中心)营业站改为"湖北省交通厅航运管理局武穴轮船站",负责龙坪、田镇、码头镇(江西瑞昌县)3个站业务。实行以地方为主,长航为辅的管理体制。同年9月,湖北省交通厅航运局将武穴轮船站下放给广济县交通运输局管理,下辖龙坪、田镇两站业务,不再管理码头镇(江西瑞昌县)业务。

1960年,武穴轮船站划归湖北省交通厅航运管理局黄冈地区轮船办事处,恢复1958年的管理范围。1964年12月6日,湖北省交通厅与长江航运公司签署《关于湖北省境内长江干线实行统一管理有关交接问题的协议书》。武穴轮船站的航线、船舶、人员及有关设施都移交给长航管理,武穴轮船站遂改名为长江航运公司武穴营业站。

1965年1月,武穴营业站由长航九江港务局管理。同年9月改为武汉分公司黄石办事处管辖。年底,武汉分公司黄石办事处更名为黄石港务管理局,同时管理武穴港。1966年10月1日,武穴营业站改为武穴港务局,隶属于长江航运公司武汉公司管理。

1984年1月1日,长江干线港口成建制移交给地方,实行地方政府与交通部双重领导,以地方领导为主。2007年9月完成下放。同时,原武穴港务局转型为水运经济实体,经武穴国资委批准改称武穴市港务有限公司。

2011年8月,根据国家关于县域经济民营化和国退民进的要求,武穴市港务有限公司实行民营化改制,更名为武穴津鑫港务有限公司。

第二节 运输企业

一、地市级水运企业

(一)黄冈市轮渡公司

黄冈市轮渡公司成立于1952年,隶属于黄冈市交通局,是一家主要从事黄州至鄂州对江客运的水运企业。

20世纪80年代初,时称为黄冈地区船队,设址黄州沙街4号,隶属黄冈地区交通局。1984年,实行招标经营。至80年代末期,年营运收入达40万元。1994—1999年,与市港航工程处等单位共同创办鄂东车渡公司。1996年开展水上快客业务,引进3艘12客位的快艇,2001年3月全部更新为19客位,当年营运收入创历史最高,达520万元,其中客轮370万元,快艇150万元,客运量达350万人次。1995年,完成了轮渡码头的改扩建工程,结束了轮渡靠自然坡岸和汛期迁移码头的历史,同年11月,公司办公地址由沙街迁往轮渡新码头。

2004年11月底,经黄冈市人民政府批准,改制成民营企业,以336万元的价格整体出售给黄州宏达公司。2005年更名为黄冈市宏达轮渡有限公司。

(二)黄冈市水运公司

1955年1月,黄冈县组建6个民船运输合作社。1958年合并为黄冈县航运公司并领导上巴河竹簰运输社。1961年撤销公司,恢复为5个木帆船运输合作社。1966年,上巴河竹簰运输社与在长孙堤的帆船运输组合并改称木帆船运输合作社。1980年改称黄冈县长孙堤水运公司,属交通集体所有制企业。1991年1月,更名为黄州市第二航运公司,1994年,搬迁至黄州西湖四路。1996年5月,更名为黄冈市水运公司。

2001年12月,公司按照黄州区政府〔2001〕34号文件精神原水运公司实行职工股份制改造,注册成立"黄冈市富通船业有限公司"。2005年1月,与承接人达成协议,182名职工全员办理养老保险。12月底,按照区政府规定的买断安置补偿标准逐一清算,并签订解除劳动关系合同,公司财务档案正式移交主管局,人事档案移交区劳动局,公司承债转让改制工作结束,企业实现民营。

二、县级水运企业

(一)黄州轮船公司

黄州轮船公司前身是黄州水运公司,交通集体所有制企业,主要从事水上货物运输。1982年底,有职工147人,各类船舶19只,697马力,2062吨,固定资产120万元,公司地址黄州濠沟路5号。

1988年,黄州轮船公司实行"一人承担,全员担保,资金抵押,定额上缴"的租赁承包制,当年各项经济指标均同比增长20%。1991年公司实行第二轮承包,1994年公司实行第三轮承包,生产继续保持平稳增长。此后随着整个行业不景气,公司生产运输走入下坡路。

1998年以后,市场经济快速发展,水路运输竞争激烈,公司货物运输更趋艰难。2005年,轮船公司依法破产。经区政府黄州政办函〔2005〕11号批准实施,在册职工126人,退休职工36人。其中:101人进入社保,61人买断安置。

(二)团风船业公司

原名黄州市航运公司,交通集体所有制企业,主要从事水上货物运输。1985年,公司发生两起重大的海损事故,企业元气大伤,连年出现亏损。

1988—1994年,公司相继实行三轮承包,但仍未摆脱生产日趋下滑趋势,亏损进一步增大。

1996年5月,团风县建立后,黄州市航运公司划归团风县交通局管辖。更为现名。1997年底,公司进行了内部股份制改革;1998年后,由于平垸分洪,公司堤外货场、修理设备和办公场所整体搬至堤内;到2005年11月,被迫拍卖仅有的2000吨货轮一艘,用于支付职工养老保险金,只保留3名管理人员,仅剩一块空牌。

(三)罗田县航运公司

1984年6月罗田水运一社与罗田水运二社合并成立"罗田县航运公司",属集体性质,归罗田县交通局管理。

1990年底,县航运公司共有船舶16艘,690千瓦,装载能力3.545吨,驳船9艘,载重吨2.525吨。公司下设7个船队,还有综合门市部和招待所。1993年始,企业每况愈下,1993年5月始,陆续卖船抵债。1996年又将仅有的201号船交浠水农行折款抵货,公司名存实亡。

(四)浠水县第一轮船公司

1956年10月,浠水县组建19个水上运输合作社,共中兰港9个,巴河港10个。1958年合并成立浠水县水上运输公司,1960年复改称合作社。1975年,兰溪的两社一厂(造船厂)合并为兰溪港水上运输公司;1985年3月,巴河、兰溪两港的3个水上运输公司联合成立浠水县长江轮船公司,兰溪港水上运输公司更名为浠水县第一轮船公司。1987年,总公司撤销后,仍称浠水县第一轮船公司。

20世纪80年代末90年代初,公司效益逐渐下滑,负债增加。为偿还债务,公司于1993年7月26日,有偿转让各类船舶15艘,价值290.55万元。1993年12月31日,公司一分为二,以原一社、二社分立为"浠水县长丰轮船公司"和"浠水县长顺轮船公司",其集体所有制性质及隶属关系不变。

(五)长丰轮船公司

1993年12月31日,由原县第一轮船公司分立而成,属集体所有制企业。成立时,有干部职工323人(其中:正式工194人,退休、退养职工79人,临时工50人),驳船7艘,3190载货吨;拖船3艘,挖砂船11艘;房屋2693平方米。1994年,公司被定为浠水县第二批产权制度改革企业。1995年11月28日,县人民法院依法宣告破产,其破产财产由县法院向社会公开拍卖,但社会上无人认购。1996年11月底,清算组向原公司内部职工实行有偿转让,有偿转让价为268.9万元,用于支付破产费用、退休职工养老金(4000元/人),在册职工安置费(100元/工龄年)和原公司拖欠的职工工资。内部转让价款分三年付清,公司内部职工以入股形式集体购买。1997年3月28日,组建"浠水县华昌轮船有限责任公司",其清偿工作由新组建的公司依据法院的裁定负责到位。

(六)长顺轮船公司

1993年12月31日,由原县第一轮船公司分立而成,属集体所有制企业。1994年,公司被定为浠水县第二批产权制度改革企业,年底,完成资产评估等工作。1995年11月28日,县人民法院依法宣告破产,公司的破产财产由县法院向社会公开拍卖,但社会上无人认购。1996年11月底,清算组向原公司内部职工实行有偿转让。有偿转让价为256.8万元,用于支付破产费用、退休职工养老金(3000元/人)、在册职工安置费(100元/工龄年)和原公司拖欠的职工工资。内部转让款分三年付清,公司内部职工以入股形式集体购买。1997年3月28日,组建"浠水县鸿运轮船有限责任公司",其清偿工作由新组建的公司依据法院的裁定负责落实到位。

(七)浠水县第二轮船公司

浠水县第二轮船公前身为1956年10月成立的巴河港10个水上运输合作社。1958年与兰溪港的9个合作社合并成立水上运输公司,1960年复改为合作社。1975年,巴河的三社一厂(造船厂)合并为巴河港水上运输公司。1985年3月,巴河、兰溪两港的3个水上运输公司联合成立浠水县长江轮船公司,巴河港水上运输公司更名为浠水县第二轮船公司。1988年,公司实行招标承包责任制,有船舶2594马力、11154吨位,企业固定资产原值1029万元,净值750万元,年总收入534.47万元,利润3.86万元,1992年11月12日,公司与县第二轮船公司合并为浠水县轮船公司。

(八)浠水县第三轮船公司

1983年春组建,称县航运公司,属地方财政预算外企业。1984年,企业固定资产原值354.6万元,净值347.19万元,年总收入69.23万元,利润7.57万元。1985年1月,称浠水县长江轮船总公司第三轮船公司。1987年12月,总公司撤销后,称浠水县第三轮船公司。1984年,有船舶11艘,760马力、4225吨位。1988年,公司实行招标承包责任制。1992年11月22日,公司与第二轮船公司合并为浠水县轮船公司。

(九)浠水县轮船公司

1992年11月22日成立,由原县第二轮船公司与原县第三轮船公司合并而成,公司设址巴河镇。1993年7月8日,公司推行国有资产有偿转让,共转让各类船舶38艘,计8750吨,价值1400万元,占公司总资产的30%。1994年7月14日,公司按股份制要求,改组为浠水县轮船有限公司,是该县第一批改制企业之一。公司总股本1008.4万元人民币,其中:国家股84.8万元,占股本总额8.4%,法人股773.6万元,占股本总额76.7%,个人股150万元,占股本总额14.9%。挂牌后,亏损严重,资不抵债,无法清偿到期债务,经公司职代会通过,1997年12月2日,浠水县轮船公司依法宣告破产。

(十)黄梅县轮渡公司

成立于1958年,主要从事小池到九江的旅客运输业务。1983年3月,公司租赁两艘汽渡船只经营小池至九江汽渡航线,年利润10万元;1990年,购置3艘货轮从事货运业务;1993年,九江长江大桥建成通车后,汽渡停航。2002年,受公路和铁路运输的影响,企业处于亏损状态,将3艘货轮转卖,退休职工全部进入劳动保险。

2007年由于过江渡运量连年递减,小池至九江渡运正式停航。

(十一)龙感湖航运公司

前身为1957年组建的龙感湖驻黄梅小池转运站,有木帆船2艘,从事长江运输。1980—1983年间,有机动木船、驳船1艘,957吨,年运量约3万吨,利润10万元。1984年,改称龙感湖航运公司,1991年7月,公司纳入水运专业单位管理,1993年实现利润30万元,创历史最高。1994年起,市场萎缩,效益逐年下滑,1996年,改变管理模式,实行承包经营,一直延续至2004年;2005年,公司濒临破产,所有船只变卖给职工,以公司名义从事个人经营,除保留少量留守成员外,其余职工均自谋职业。

三、现代民营企业

(一)武穴市海铭星(集团)有限责任总公司

前身为广济县航运公司,系集体所有制企业,建于1954年。1985年1月,更名为湖北武穴轮船公司;1988年1月,改称武穴市轮船公司,1993年更名为武穴市轮船总公司,2004年4月改制民营,更名为湖北省武穴市海铭星(集团)有限责任总公司。

武穴市海铭星集团公司以北斗七星而冠名,下设七个子公司,即:武穴市玉衡星船务公司:主要从事重庆到上海长江大宗货物水上运输,主营煤炭、矿石、黄沙等建筑材料及散装货物。天璇星渡运公司:主要从事长江旅客、车辆横江运输,担负武穴至瑞昌、盘塘至阳新船厂旅客和车辆过江运输业务。武穴市天玑星砂石公司:主营黄沙捞采,河道清淤,航道建设和大型吹填施工工程。上海长洋航业有限公司:主营中国沿海运输、江海直达集装箱运输,兼营劳务资源开发、商贸服务。开阳星造船有限责任公司:自行设计船舶修造,零配件加工和自营进出口业务。

企业改制后,经过一年多的运作,公司平稳过渡改制转型期,在长江水运业务下滑,运输船舶部分出售,开辟多元发展的情况下,保持了平稳发展的良好态势。至2015年,有职工180人,船舶7艘,固定资产2214万元,营业收入769万元,上缴税收52万元。

(二)蕲春县江海航运总公司

蕲春县江海航运总公司是一家以水上运输为主的专业企业,该公司位于蕲州镇蕲州大道16号。其前身为成立于1956年的7个民船运输合作社。1976年改称蕲州航运公司。1985年改称蕲春县航运公司。1994年6月5日,成立蕲春县江海航运通达股份有限公司。性质为全民所有股份制企业,其下属分公司有县汽运公司蕲春福康汽运有限公司、县江海航运公司、县水陆装卸运输总公司、县交通石材厂、县交通学校。1997年10月26日,县交通局38号文注销"湖北江海通达股份有限公司",恢复原名"蕲春县江海航运总公司"。该公司隶属于蕲春县交通局,为独立核算集体所有制性质企业。主要从事江海货物运输、黄砂开采、船舶修造业务。至2008年12月30日,由集体所有制改为民营企业,实行企业改制,离退休人员均由社会劳动保险管理,在职人员实行身份置换。

第三节 造船企业

一、修造船型种类

(一)木帆船修造

先秦时期,以鄂城(今鄂州市)为基地的造船业自西周晚期逐渐兴起,春秋战国时期,鄂君启已拥有相当规模的造船能力,大量使用和制造并三舟为一舫的方舟,成为适宜大宗货物、马、牛、羊等牲畜装载的长途运输船舶。

据《史记》所载,西汉元封五年(公元前106年)冬,汉武帝南巡长江,在当时军舟建造中心寻阳(今黄梅县西南)乘坐楼船检阅战舰。据《三国志·吴志·孙权传》记载,孙权于武昌(今鄂州市)建造大船名为"长安"号,又称"大舠",可载水军三千。

清康熙年间(1662—1722年)限定私营造船梁头(即船宽)以一丈八尺为制,船上舵师水手等以28人为限等。梁头超过尺寸,载人过数者,都要受到惩处。因此,民间造船以中小型船为多。清道光年间(1821—1850年)新洲大埠江边的马骓滩是鄂境长江航段三大木材集散地(鹦鹉洲、白沙洲、马骓滩)之一。江苏、江西鄱阳湖、河南、老河口等处船主纷纷来大埠"就木造船",挂招牌的船厂达13家。

武穴是鄂东开埠最早的港口,船舶修造业兴起亦较早。清光绪十八年(1892年),广济县吕高湾人吕志礼(浑号吕拐子)在武穴镇(今河街柴炭门市部)河滩处首设"吕恒兴"船厂,有联三式房屋2间,工匠8人。后由其子吕培富(又名吕狗尔)继承,工匠增至20余人。该厂以木业为主承接木帆船修造业务,所造最大木帆船为28吨,经营方式按工定酬。

清光绪三十四年(1908年)刘才守、刘才义两兄弟脱离"吕恒兴"船厂,在武穴镇上关开办"刘顺兴"船厂,承造最大木帆船为32吨。武穴港"太古""招商""大阪""怡和"4艘中外商轮趸船曾先后由该厂承修。

1938年日本侵略军侵占鄂东,大埠的马驿滩木排绝迹,船厂随之衰落。

中华人民共和国成立之初,"吕恒兴"船厂在武穴下关建有厂房5间,工匠和徒工共15人;"刘顺兴"船厂在武穴上关,有工匠20余人。1949年9月,大埠"邱正兴"船厂厂主邱炳南到武汉江汉船舶公司八大队工作,该船厂即自行关闭。1951年成立"巴河船厂";1952年成立"长江民船修造合作社"、大埠"向义兴"船厂,1954年武穴两家船厂组成专业互助组,浠水县兰溪工匠17人组成专业互助组,次年转为"建光造船社";1955年设立"长江木船修造厂",1956年转为修造船合作社。1956年前,蕲春县蕲州镇工匠吕礼金等19人组成互助组,1958年纳入水运企业,作为附属修船组。

1951—1958年,全区共组成16个木船修造互助组,继而合并成5个造船社,其中4个社合并转成2个合作工厂,一个转为县属集体船厂。20世纪60年代前后,黄冈专署和各县政府根据木帆船修造任务的需要,先后组建了专署直属船厂、县属船厂,以及水运企业附属船厂。

进入70年代后,木帆船修造业由于原材料来源困难,有过"铁木"结构和以水泥补修木帆船的修造工艺出现。1975年后,随着木帆船逐渐被淘汰,木帆船修造业逐渐萧条。到1985年,只有少数乡镇集体、个体船户维修木质船舶。

(二)水泥船修造

黄冈地区最早建造水泥船是新洲县大埠运输社。1965年该社在江西九江船厂参观学习后,自办一个小型水泥船厂,生产了一批水泥农用船,因难于销售,不久即转产。20世纪60年代末,钢材缺乏,提倡建造水泥船。1970年,江苏无锡召开全国水泥船会议,同年9月,浠水县巴河造船厂试制成功一艘85吨水泥驳船,同年12月,黄冈专署交通局在该厂召开现场会推广,兰溪船厂随之建造了一艘105吨水泥驳船。1971年以后,黄冈、新洲、蕲春、广济、黄梅等县船厂、各水运企业附属船厂和地区直属江北船厂纷纷添置主要设备和组织技术力量建造水泥船。

20世纪70年代初鄂城县樊口造船厂试制了一艘钢骨架的20马力水泥机动船;1971年团风船厂土法上马试制成功了载重70吨的水泥驳船,次年,又制造360吨水泥趸船和150吨水泥驳船各一艘;广济县长江运输社(现武穴轮船公司)先委托广济县建筑公司建造1艘100吨水泥甲板驳。后从1971年开始自行建造水泥船,到1978年共自建水泥驳船9艘,计790吨;另建造水泥趸船和水泥跳趸各1只;1971年浠水县兰溪船厂为适应支流航道条件而建造5吨浅水水泥驳船12艘,1972年又试制竹筋浅水水泥船。1973年9月,兰溪船厂工人郁焕成等设计建造全区第一艘水泥链斗式挖砂船。

在建造水泥船的同时,黄冈造船业学习和试用水泥修补木质船新工艺。1974年5月,黄冈地区交通局和民间运输管理处在黄梅小池召开了全区水泥修补木质船现场会,肯定小池水泥修补木质船成功经验,推广了修造工艺。此后各船厂和各水运企业都广泛地应用了水泥修补木帆船的工艺。截至1974年年底,全区共建造水泥船188艘5101.2吨,船舶类型达到10种,水泥修补木质船46艘,1544吨,90马力。1975年后,水泥船发展势头减缓,但水泥趸船仍稳步发展。

进入20世纪80年代,水泥船易破损、易老化、自重大,拖带航速慢等弊病明显暴露,与此同时,国家钢铁工业的发展,钢材供应增多,加上钢质船有水泥船不可比拟的优越性,各船厂竞相发展钢质船,水泥运输船修造进入尾声。

(三) 钢质船修造

黄冈地区钢质船修造起步于20世纪60年代后期。1971年江北船厂建造了1艘135马力的钢质拖轮,1972—1974年间在生产水泥船的同时,仍然将生产钢质船放在主要地位,1967年下半年,鄂城造船厂建造1艘钢质渡轮,命名"黄州轮渡2"号,是黄冈地区自行建造的第一艘钢质船。至1981年已建造各类型钢质船13种计41艘。

广济县武穴造船厂、鄂城县樊口船厂、黄梅县小池船厂等县属船厂在20世纪70年代后期也开始承接钢质船建造业务,并以此促进厂内设备更新和技术人才的培养。与此同时,一部分水运企业的附属船厂也以生产钢质船为企业发展的主要方向,全力以赴建造钢质船。新洲县城关航运公司附属船厂1978—1985年自造钢质船12艘,11169吨,1960马力,其中最大吨位为820吨钢质货轮,当时称为黄冈地区"船王"。广济县航运公司(现武穴轮船公司)1978年起先后建造工艺较先进的530座位双层钢质渡轮和240马力、570吨钢质货轮,链斗式钢质挖砂船以及220吨供油驳,370马力钢质拖轮,5年中该公司造船35艘,4593吨,2395马力。

二、地区直属船厂

(一) 鄂城造船厂

1958年,黄冈全区水上运输迫切需要有一个机动船生产基地。黄冈专署交通局选定鄂城樊口合作工厂为基础着手筹建,同年10月将该厂转为地方国营,全称为"湖北省黄冈专员公署交通运输管理局船舶修造厂",简称鄂城造船厂。1962年,企业归口,该厂交由黄冈专署工业局管理。1968年鄂城造船厂为湖北省公路管理局建造"向阳"号钢质拖轮。从1975年起,开始承担交通部和六机部的造船任务,其造价与工艺消耗定额纳入了《中国船舶工业总公司工业工艺消耗定额汇编》,在1980年湖北省交通局进行部分船厂质量检查评比中,获上层建筑、舾装、油漆、甲板机械单项第二名,成为黄冈地区仅次于"江北造船厂"的主要船厂。1982年该厂为长航局建造全国内河第一艘2型推进器拖轮,这是交通部重点科研项目,得到交通部科技部门的肯定。后因承担湖北省计委下达的球磨机及省军工处生产任务,由船舶制造转为重型机械制造。

江北造船厂船体车间

(二) 江北造船厂

全民所有制企业,隶属于黄冈交通局,为全区造船业的骨干企业,也是湖北省地方五大船厂之一。1971年1月,黄冈地区交通局根据地区革命委员会计委黄革计字[70]第125号文《关于新建白潭湖造船厂的批复》,在黄冈县长圻镣白潭湖排水站江堤内外动工建厂。因与江南的鄂城造船厂遥遥相对,后改称江北造船厂。

1997年8月,江北造船厂股份制改造更名为黄冈市江北造船厂有限责任公司,仍隶属于黄冈市交通局。改制后的江北造船厂开始股份合作制经营。同年船厂通过ISO9001:2000质量认证。

2001年,企业年净亏损216.2万元,总负债额达1961万元,资产负债率为77%;2002年2月,注销第一届股份合作制公司,重新注册新的有限责任公司;2003年6月,由江西省抚州航运有限公司和深圳市源汉船舶运输有限公司联合出资1200万元,整体收购江北造船厂有限责任公司,成立民营性质的黄冈市江北源汉造船有限公司。

2004年9月29日，黄冈市中级人民法院以〔2004〕黄民破字第53号民事裁定书裁定黄冈市江北造船厂有限责任公司因经营管理不善，造成严重亏损，不能清偿到期债务，宣告黄冈市江北造船厂有限责任公司破产。

三、县属船厂

（一）黄冈县造船厂

建于1965年7月，原名黄冈县团风港木帆船运输生产合作社修船厂，设址团风火王庙堤外。1976年7月迁至镇西清水厂，更名为黄冈县造船厂，能设计建造240马力的钢质拖轮和200吨级钢质甲板驳船。1984年，该厂实行两级管理，两级核算，对生产工人实行单项工程承包经济责任制，县企业整顿验收小组一次验收合格。

1988年，通过竞标，承建了葛店化工厂一艘600吨仓装液碱甲驳造船业务。1990年，建造一艘由华中理工大学海洋船舶工程系设计的千吨江海直达货轮"黄鹤9"号。1991年，黄冈县改为黄州市，随之更名为黄州市造船厂。当年，企业获省二级生产技术许可证。

1996年5月，黄冈撤地建市，黄州、团风区县分设，黄州市造船厂移交团风县交通局管辖，随之更名为团风县造船厂。1998年由于平垸行洪，船厂资产处置6万元，职工人均分得安置费580元。自此，船厂已有名无实。2005年，在册职工全部进入社保，船厂资质自动取消。

（二）浠水县第一造船厂

1980年，称巴河港水上运输公司船厂，属集体所有制企业。1983年4月，船厂脱离公司，称浠水县交通局巴河船舶修造厂。1985年1月，浠水县水运造船业归并后，称浠水县长江轮船总公司第一造船厂。1987年，撤销总公司后，该厂称浠水县交通局第一造船厂。1989年，申报省造船二级企业，经船检部门验收合格。1993年1月5日，与浠水县第三造船厂合并成立浠水县造船厂。

（三）浠水县第二造船厂（浠水县兰溪船厂）

黄冈地区最早的县属船厂是浠水县兰溪的建光船厂。1956年浠水县交通局将兰溪的建光船厂变更为"浠水县兰溪船厂"。1980年，称兰溪水上运输公司修船厂，厂址位于兰溪镇溪潭垅下首河滨，属集体所有制企业。1984年1月，称浠水县交通局兰溪船舶修造厂。1985年1月，浠水县水运、造船企业归并成立总公司时，称浠水县长江轮船总公司第二造船厂。1987年冬，船厂改称浠水县交通局第二造船厂。1989年，该船厂申报省造船二级企业，经省船检部门验收合格。1994年，该县造船行业陷入萧条，造船企业连年出现亏损。1996年5月，经评估总资产285.9万元，总负债420.04万元，资不抵债，该企业提出破产申请，因破产资产不够偿还债务及安置职工，浠水县人民法院未受理。1999年12月15日，该厂关闭，船厂资质自动取消，企业营业执照被工商部门注销。

（四）浠水县交通局第三造船厂（巴河船厂）

位于兰溪镇月亮洲长江岸边。始建于1956年，为集体所有制企业，1985年有职工118人，工业设备49台，原值22.6万元；固定资产42万元，总产值230万元；利润税金总额51万元。1993年1月5日，与浠水县第一造船厂合并成立浠水县造船厂。

（五）浠水县造船厂

1993年1月5日，由原浠水县第一造船厂与第三造船厂合并成立浠水县造船厂，属全民所有制企业。设总厂与分厂，总厂位于兰溪镇，分厂位于巴河镇。1993年5月，首次为港商建造的2000吨级出口船竣工并交付使用。1994年5月28日，承建的新加坡太龙有限公司5000吨级钢质甲板驳船竣工。该船通过了世界最具权威的船检机构——美国 ABS 船级社的检验认可。

1996年5月,船厂因资不抵债提出破产申请,因破产资产不够偿还债务及安置职工,浠水县法院未受理。同年12月,企业进行改制,该厂成立"湖北恒舟船舶工业有限责任公司"筹备组,并向全厂干部职工发布组建公告、购股方案、公司章程(草案),后因职工无人认购而流产。1999年12月15日,企业关闭,船厂资质自动取消,营业执照被工商部门注销。

(六)广济县船舶修造厂

始建于1954年,为集体所有制企业。1958年并入武穴造船社,在1961年改为广济县船舶修造厂,是本地区最早建造钢质船的船厂之一。20世纪70年代中期年产值超过100万元。年生产能力达到3000吨。自此生产任务以省航运管理局和六机部的建造船舶业务为主,并被六机部列为地方定点协作厂之一。1988年11月与原武穴市轮船公司合并,2004年4月11日改制为武穴市开阳星造船厂。

(七)黄梅县造船厂

始建于1970年,亦称小池船厂,为集体所有制企业,1985年有职工270人,其中工人187人,技术人员3人,工业设备99台,原值60.4万元;固定资产原值149.23万元。1985年后,船厂因生产任务不足,自办船队实行"以运补工"。

四、水运企业附属船厂

(一)浠水县长江轮船总公司

该公司于1983年3月成立,设址于浠水县清泉镇宪司坳街,隶属浠水县交通局,是一家集船舶营运和船舶修造于一体的集体所有制企业。下辖第一轮船公司(原兰溪水运公司)、第二轮船公司(原巴河水运公司)、第三轮船公司(原国营航运公司)、第一造船厂(原巴河水运公司)、第二造船厂(原兰溪造船厂)等五家企业。1987年12月底五家企业实行独立招标承包经营。第一轮船公司运营至1993年12月底,分为长丰和长顺两家公司,至1995年,两家公司均宣告破产。第二、三轮船公司运营至1992年11月合并为浠水县轮船公司,1994年7月实行股份制改造,更名为浠水县轮船有限公司,运营至1997年12月破产。第一造船厂经营至1993年1月,与1988年成立的第三造船厂合并,成立浠水县造船厂,运营至1995年停产倒闭,第二造船厂也于1995年倒闭。

(二)蕲春双沟船厂

1956年建成船舶修造组。1958年转为蕲州东风透支人民公社下属之船舶修造组。1961年,船舶修造组改建为蕲州造船生产合作社。1966年,造船社撤销,其人员工具分为三个专业木船合作社。1970年,三个合作社合并为蕲春县蕲州双沟造船厂。2001年3月,该船厂由双沟搬迁至蕲州上河口处。2002年,江海航运公司为保船厂资质,以年租金3000元转由船厂职工经营,2007年停产。

五、现代民营企业

(一)武汉南华黄冈江北造船有限公司

前身为建于1970年6月的黄冈地区江北造船厂。该厂位于黄冈市汽南路241号。1997年8月改制成立江北造船厂有限责任公司。2003年6月,由江西省抚州航运有限公司和深圳市源汉船舶运输有限公司联合出资1200万元,整体收购江北造船厂有限责任公司,成立民营性质的黄冈市江北源汉造船有限公司。2008年5月,武汉南华高速船舶工程股份有限公司收购了黄冈市江北源汉造船有限公司。改名为武汉南华黄冈江北造船有限公司。该公司取得了国防科工委颁发《一级二类钢质船舶建造资格》证书。公司占有长江岸线1000米,占地面积300余亩,拥有室内车间10跨,总装船台5座,分段预制平台4

座,分段堆场2座,舾装码头2座,在场人员685人,其中,高级职称40人,中级职称70人。年生产能力10万载重吨,近几年来主要产品为2万吨级以下沥青船,化学品船,成品油轮,1万立方米以下液化天然气船,各类工程船、旅游船。

(二)湖北华海船舶重工有限公司

该公司位于黄冈市沿江路789号。2010年7月7日正式挂牌成立,总占地面积100万平方米,其中生产区用地1100亩,岸线总长1500米,办公生活区占地500亩。公司注册资金为2亿人民币,总投资15亿元,兴建年产200万载重吨,生产基地被列为湖北省重点发展项目,拥有6万吨级船坞4座,3.7万吨船坞2座,2万吨级船台2座,钢结构厂房20万平方米,分别配有600吨门吊1台,300吨门吊4台,200吨门吊2台,1500吨门吊3台,配有各类行车80台。200吨大平板车2辆,300吨大平板车2辆,可联动运输600吨分段,各类大型设备齐全。公司有生产人员320人,其中专业技术人员200余人,形成独立研发,技术设计生产设计的能力,公司造船工艺采取分段建造,托盘管理,壳舾涂一体化,实现计算机造船,集配造船,实体造船三步走的现代造船工艺。造船资质为一级一类。自建立以来,该公司已建成6.4万吨级,3.9万吨无限航区散货船,3.7万吨多用途重吊船,5万立方米液化天然气船,9000吨沥青船,1800箱集装箱各一艘。

(三)湖北江润造船有限公司

该公司位于黄冈市汽南路238号,成立于2007年年底,注册资金3000万元。第一期投资8000万元,经半年时间基建,建成3座2万吨级总装船台,分别配100吨门吊,2座分段船台,长160米×宽15米,分别配1台150门吊及跨两船台100吨门吊1台,钢结构厂房两间,分别配10吨,5吨行车两台,生产人员108人,其技术人员65人。2010年具备二级Ⅰ类造船资质。2008—2009年9月建成3700m^3液化气远洋运输船一艘,2010年建成3000吨沿海运输船1艘。

(四)湖北鄂海造船有限公司

公司地址位于黄冈市黄州区东湖办六福湾村堤外。该公司建于2008年,是当年黄冈市黄州区招商引资的重点工程项目。注册资金5000万元,造船资质为一级Ⅲ类,占地面积460亩,岸线总长1000米。一期项目投资2亿人民币,建有5吨级船坞一座,2万吨级船台3座,5千吨级船台5座,分段组装场地20万平方米,生产人员350人,其中高级职称10人,中级职称40人,技术工人300人,年修量4000吨,造船量10万吨,年产值9273万元,利润1141万元。

(五)黄冈市安达造船有限公司

该公司于2008年8月成立,地址位于黄冈市黄州区东湖办事处邢家湾村,注册资金1000万元,占地面3万平方米,固定资产1878万元,企业总人数256人,其中,技术人员9人,技工71人。造船资质为三级一类。2008年修造船1680吨,产值328万元,2009年修造船11260吨,产值2252万元,2010年修造船13000吨,产值12000万元,2011年修造船6100吨,产值1221万元。2012年修造船9500吨,产值2867万元。

(六)湖北海通船业有限公司

该公司成立于2008年10月,地址位于浠水县巴河港务站旁。该公司由原浠水县船厂(已于1999年12月关闭)、浠水县红星造船厂(原巴河镇办企业)、浠水县巴水河船舶修造厂(1995年11月由浠水县造船厂下岗职工创办,私营企业)、浠水县巴河船舶修造厂(私营)组建而成,造船资质为三级一类,2009年年修量为9000吨,年造量2.1万吨,总产值1亿元。2010年年修量8000吨,年造量2.2万吨,总产值1.1亿元。2011年年修量7000吨,年造量2.9万吨,总产值1.2亿元。2012年年修量5000吨,年造量2.7万吨,总产值1.3亿元。

(七) 湖北深港船业有限公司

该公司成立于 2012 年,民营企业,位于浠水县巴河河口,固定资产 300 万元,生产人员 110 人,技术人员 8 人,资质三级二类,年修量 6000 吨,年造量 1.2 万吨。

(八) 湖北袁东船舶制造有限公司

该公司于 2011 年 10 月成立,地址位于浠水县兰溪港。占地面积 960 平方米。固定资产 370 万元,资质三级三类。年造船能力为 1 万载重吨,最大造船 720 总吨、560 千瓦,2012 年总产值 3000 万元。

(九) 蕲春县利强船舶修造有限公司

该公司系民营企业,成立于 1985 年,地址位于蕲春县管窑镇站街 47 号,占地面积 30000 平方米,固定资产 360 万元,总人数 43 人,造船资质三级三类。1989—1992 年平均年修量 3000 吨,年造量 5000 吨。1993—2002 年停业,2003 年恢复生产,至 2005 年年修量为 4000~6000 吨,年造量 800~2800 吨。

(十) 武穴市开阳星造船有限责任公司

该公司前身系广济县造船厂,始建于 1954 年,1988 年 11 月与原武穴市轮船公司合并,2004 年 4 月 11 日改制成为武穴市开阳星造船厂,系武穴市海铭星集团旗下子公司,属民营企业,厂区位于武穴市河街特 1 号。公司有员工 236 人,其中高层管理人员 5 人,厂区拥有岸线 1600 米,占地面积 36 万平方米,拥有固定资产 2.04 亿元,具备湖北省国防科工办核发的一级Ⅱ类钢质一般船舶修造经营资质,年生产能力 20 万载重吨。

1983—1986 年,武穴市造船厂被中船总列为湖北省 18 家地方造船厂家之一,是广济县交通局所属集体所有制企业,先后建造钢质趸船、驳船、拖轮、货轮、油轮、巡逻艇、挖泥工程船等 26 艘,被湖北省交通厅评定为"全省 6 家重点船厂"。1988 年 11 月,广济县造船厂与武穴轮船公司合并。合并后武穴轮船公司下设造船厂、修船厂(为轮船公司附属船厂)。1989 年修、造船厂合并成为"武穴市造船厂",隶属轮船公司管理。1991 年 3 月,首次新建"黄鹤 6"号,行驶长江 AB 级航区和华东、华南沿海及香港、澳门航线运输。1993 年,首次与广东蛇口招商船舶有限公司股份合作建造的 1 艘标箱集散两用货轮"广济"号,随后相继又建造了 2 艘 54 标准箱集装箱海轮"长洋 1""长洋 2"号。1996 年后,武穴造船厂为应对造船业低谷时期,提出"以修助造、修造并举"方针,以修船为主,先后承修过 8000 吨级、5000 吨级"霍丘 918"号、"庐山 8"号、"宁泰"号、"华强海 168"号、"宁靖油 8"号;游轮"兰鲸""神鹤"号等进江海轮和大型豪华旅游客轮。2002 年 2 月,由本厂设计自行建造 1 艘长 76.60 米、2500 载重吨、122 标准箱集散两用货轮,取名"振武"轮,行驶上海至城陵矶固定航线。2004 年 4 月 11 日,武穴市轮船总公司改制,成立武穴市海铭星(集团)有限责任公司,武穴市造船厂随之而更名为武穴市开阳星造船厂。2006 年 3 月,武穴市海铭星集团为规划扩建造船厂生产规模,又一次将造船厂更名为"武穴市开阳星造船有限责任公司",二级法人。5 月,海铭星集团在开阳星造船公司东侧"三八闸"处租用市木材公司场地,采取"筑巢引凤、招商引资"的方式,搭建现代规模化造船平台,12 月 26 日调试完毕设入使用。

2007 年 7 月至 2012 年 12 月,武穴市开阳星造船公司在边生产、边改扩建的同时与武昌造船厂合作建造了 2 艘 12400T 内贸船、4 艘出口日本 11000T 等系列散货船共 6 艘。建造出口德国 2600T 系列散货船 9 艘,建造出口菲律宾 2000 吨级散货船 2 艘,同时为江西抚州、武汉等地建造国际国内大小各类船舶共计 33 艘,6 年间共计完成工业总产值 8.639 亿人民币。

(十一) 武穴市长江船舶修造有限公司

该公司原属乡镇企业。始建于 1958 年,原为武穴区(现江刊办事处)所属企业,主要从事水运业务。1958 年从水运公司独离出来,成立广济县长江船舶修造厂。1987 年广济撤县建市,更名为"武穴市长江船舶修造厂",建厂时资金不足 10 万元。至 2005 年改制时,有固定资产 400 万元,拥有 300 吨级举力浮船坞1艘及配套完善的船舶修造设施。

2005年改制后为民营企业,改武穴市长江船舶修造厂为武穴市长江船舶修造有限公司。位于武穴市城区新街128号,主要从事船舶建造和修理业务。年修量自1999年以后逐年递增,在1000~9000吨之间。2008年以后修造并举,其资质为二级二类。年修量为9000吨,年造量为3000吨。最大造船2500吨,最大功率1560千瓦,固定资产为5000万元,年产值4500万元。2009年公司投入近3000万元资金,建造"鑫昌号"浮船坞为长江中游最大的浮船坞。2012年有5000吨级、1000吨级、300吨级、200吨级举力浮船坞各1艘;塔式起重机、浮式起重机各1台,船舶修理设备130台套完成修造船舶323艘,100万载重吨;收入2903万元,上缴税金149万元。是上至重庆下至南京,长江中下游区最大的修船基地。具备修理15000吨级以下钢质船舶能力。获湖北省国防科学技术工业办公室颁发的Ⅱ级三类钢质船舶修造资质,通过质量管理体系认证;被中国农业银行湖北省分行评定为AAA信用企业;武穴市"十强企业"。

(十二)武穴市建达船舶制造有限公司

该公司2007年4月成立,地址位于武穴市河街特1号。企业性质中外合资(新加坡),时为武穴市唯一一家中外合资现代船舶制造企业,拥有湖北省国防科工办核准的二级二类船舶生产技术资质。公司占地面积9.5万平方米,固定资产1.8亿元人民币,企业行政管理人员45人;生产人员460人,技术人员75人。年造船总量可达15万载重吨,最大造船13万吨。

(十三)湖北少专船舶修造有限公司

该公司成立于2010年4月,地址位于武穴市横坝儿西。民营企业,注册资金300万元,职工人数51人,其中行政管理人员5人,技术人员12人。占地面积1100平方米,5000吨级船台1座,1600吨级船坞1座,年修造量5万吨,最大造船3000吨级,造船资质为三级一类。

第四章 公路企业

第一节 设计施工企业

一、黄冈市公路规划勘测设计院

黄冈市公路规划勘测设计院成立于2000年,隶属于黄冈市公路管理局。具有独立法人资格,持有公路工程设计乙级资质、工程勘察专业类工程测量乙级资质和公路水运工程试验检测公路工程综合类乙级资质,主要从事公路工程规划、可行性研究、公路、桥梁、隧道工程项目勘测、设计、技术咨询,公路工程材料试验检测、工程质量检验等工作。2008年10月,与武汉市公路勘察设计院联合成立黄冈分院,具备承担公路工程设计甲级资格和工程勘察专业类岩土工程、工程测量甲级资格范围内的业务能力。2011年投资成立黄冈志鹏公路工程监理有限公司。

黄冈市公路规划勘测设计院设有两个设计室、一个质量检测中心和4个职能部门。拥有先进的GPS实时动态测量(RTK)系统、智能型全站仪及配套软件、数字水准仪、自动安平水准仪、绘图仪、激光打印机、工程复印机、大幅面扫描仪、大幅面绘图机等先进的仪器设备以及20多种工程实用软件,计算机出图率达100%。具有交通工程勘测设计、试验检测、监理等各类专业人才,其中高级工程师5人,工程专业人才占全院职工总人数的67.6%,固定资产达500万元。

黄冈市公路规划勘测设计院积极推进全面质量管理,有完善的质量管理体系,以"发展为主题、生产为中心、创新为手段、质量为保证"的宗旨,始终坚持"精心设计、优质服务、科学检测、质量至上"的企业信念,以高质量、高水平的设计成果回报社会,先后完成黄冈市境内国省道、以及县乡公路设计里程9000公里;大、中桥设计1.5万延米。荣获黄冈市优秀设计项目一等奖3个,优秀设计奖项目6个,连续多次被黄冈市建设委员会评为工程勘察设计先进单位,多次被评为黄冈市交通系统先进单位。

二、黄冈市楚通路桥工程建设有限公司

黄冈市楚通路桥工程建设有限公司前身为始建于1963年的黄冈养路总段工程队。历经50余年的改革发展,2003年正式更名为黄冈市楚通路桥工程建设有限公司。

黄冈市楚通路桥工程建设有限公司是国家公路工程施工总承包一级、公路路面工程专业承包一级和公路路基专业承包一级资质、公路养护工程施工一类及二类(甲级)资质的施工企业;公司注册资本金为20080万元;拥有大型土石方工程机械设备600台套、各种测量、试验及检测设备齐全。2000年,该公司通过了ISO9001:2000国际质量体系认证。

黄冈市楚通路桥工程建设有限公司下设第一工程分公司、第二工程分公司、第三工程分公司、第四工程分公司、第五工程分公司、第六工程分公司、第七工程分公司、机械分公司、生产经营部、工程审监部、财务部、机料安全部、中心试验室、综合办公室、工会;公司党总支下设两个支部。2015年有员工1785人,其

中高级工程师、高级经济师、高级会计师95人,一级建造师22人。

1960年8月8日,湖北省交通厅公路管理局批准黄冈养路总段成立汽车队。1963年5月9日,黄冈专员公署批准湖北省交通厅黄冈养路总段设工程汽车队。1965年10月,黄冈专署批准湖北省交通厅公路管理局黄冈养路总段成立工程队。1968年11月17日,湖北省黄冈地区革命委员会批准,将黄冈地区养路总段更名为黄冈地区公路总段,设机械队。1981年1月,黄冈地区编制委员会批准将黄冈地区公路总段将机械队更名为工程队。1987年10月13日,黄冈地区公路总段决定成立黄冈地区公路总段机械队、劳动服务公司,保留工程队。1989年,黄冈地区公路总段决定成立黄冈地区公路总段路桥工程处。2000年11月,黄冈市公路管理局直属单位路桥工程处与公路工程处合并重组为"黄冈市路桥工程总公司"。2003年正式更名为黄冈市楚通路桥工程建设有限公司。

黄冈市楚通路桥工程建设有限公司致力于公路工程建设,实力雄厚,信誉可靠,机构健全,设备先进。先后参与了武黄高速公路、宜黄高速公路、武汉天河国际机场高速公路、黄黄高速公路、京珠高速公路、甬台温高速公路、汉十高速公路、襄荆高速公路、孝襄高速公路、随岳高速公路、麻武高速公路、谷竹高速公路、河南连霍高速公路、安徽合安高速公路、河北张承高速等高速公路的建设,以及内蒙古自治区省道203线乌兰浩特至零点一级公路、白音华至霍林郭勒一级公路、省道313线兰家梁至嘎鲁图镇一级公路、黄冈市318国道、106国道、105国道改建、黄冈市江北一级公路、吉林省五桦一级公路等重点工程建设,新、改建二级公路1200多公里,一级以上公路600多公里,建成各类桥梁8000多延米,已完工程均达部颁标准,合同履行率100%,工程合格率100%。

公司连年被省、市工商管理部门授予"守合同、重信用"企业,2009—2010年度被中共黄冈市委市直机关工作委员会授予"黄冈市最佳文明单位",2011年被黄冈市人民政府授予建筑业"二十强"企业,2012年被黄冈市住房和城乡建设委员会授予湖北省"先进企业"称号,黄冈市总工会授予"工人先锋号"等荣誉称号。

第二节　公路建设企业

一、湖北黄黄高速公路经营有限公司

黄黄高速公路经营有限公司由湖北省高速公路集团有限公司和香港福德路桥投资有限公司合作组建,2003年4月25日经湖北省人民政府批准颁发《中华人民共和国台港澳侨投资企业》批准证书,批准号为外经贸鄂审字〔2003〕4502号,合作经营年限为20年。2003年4月28日取得湖北省工商行政管理局颁发的《企业法人营业执照》,注册资本24800万元,实收资本24800万元,组织机构代码为74831698—8,组织形式为有限责任公司(台港澳与境内合作),公司主营业务范围经营管理黄黄高速公路及所属的公路附属设施。

2005年12月,依据湖北省交通厅《关于办理京珠等高速公路资产负债移交手续有关问题的通知》(鄂交财〔2005〕428号)及《关于高路集团资产及负债移交有关问题的通知》(鄂交财〔2005〕575号)文件的要求,湖北省高速公路集团有限公司持有的合作公司的51%的股权被无偿划拨至湖北省交通厅高速公路管理局持有。

2011年9月,依据湖北省政府办公厅《关于印发全省省级部分交通资产划转实施方案的通知》(鄂政办〔2011〕81号)、《关于将省交通运输厅部分交通资产划转湖北省交通投资有限公司的函》(鄂财函〔2011〕351号)文件要求,湖北省交通运输厅高速公路管理局与湖北省交通投资有限公司签订黄黄公司股权类资产划转协议,并于2012年11月13日完成商务、工商等法律变更手续。

黄黄高速公路武穴管理所 于1992年成立,属于湖北省交通运输厅黄黄高速公路管理处。内设办公室、财务室、稽查室、票管室等职能科室。主要负责高速公路收费、为司乘人员服务等。有干部职工29人。

黄黄高速公路花桥管理所 于1998年12月成立,属于湖北省交通运输厅黄黄高速公路管理处。内设办公室、财务室、稽查室、票管室等职能科室。主要负责高速公路收费、为司乘人员服务等。地址地武穴市大金镇。有干部职工28人。

二、湖北大广北高速公路有限责任公司

湖北大广北高速公路是国高网 G45 大广高速的组成部分,途经黄冈市的麻城市、团风县、黄州区、浠水县和武汉市的新洲区,主线全长 147.5 公里,另建团风和浠水连接线共 19.8 公里。大广北高速公路项目投资概算 47.25 亿元,于 2003 年 9 月开始筹备,2009 年 4 月完工。

2004 年 4 月,湖北大广北高速公路有限责任公司正式成立,是中国葛洲坝集团股份有限公司全资子公司。注册资本 8000 万元。它是中国葛洲坝集团股份有限公司继襄荆高速公路之后,投资建成的第二条 BOT 高速公路项目。大广北高速隶属于中国葛洲坝集团投资控股有限公司公路事业部,公路事业部下设大广北运营中心。

全线共设收费站 9 个,由北至南分别为黄冈北、乘马岗、麻城、铁门、新洲、团风、黄州、巴河、兰溪。全线共设养护工区 2 个。其管辖范围分别是:养护一工区负责标头——新洲收费站;养护二工区负责标尾——新洲收费站。

管理机构职责:高速公路运营中心是公路事业部派驻机构,全面负责该高速公路辖段的现场事务。

三、湖北黄鄂高速公路有限公司

黄冈至鄂州高速公路是《武汉城市圈综合交通规划》中的重要交通项目,起点接已建成的大广北高速公路,终点接在建的武汉至鄂州高速公路,并与在建的武汉到黄冈城际铁路共用过江通道——黄冈长江大桥连接,路线总长 29.243 公里,其中黄冈境内主线长度 14.485 公里,黄冈境内公铁共建段 2.566 公里,同时建设黄冈一级公路连接线 6.616 公里。项目总投资 32.14 亿元。2010 年 12 月正式开工建设,2014 年 6 月正式通车运营。全线设互通式立交桥 6 处(其中枢纽互通 2 处)、收费站 4 处、管理及监控分中心 1 处、养护工区 1 处。

经湖北省人民政府批准,黄鄂高速公路项目采用 BOT(基础设施特许权)+EPC(投资、设计、施工、运营一体化招标)模式,由黄冈市会同鄂州市人民政府通过招商引资方式筹资建设,湖北省联合发展投资公司为投资人,湖北省路桥集团有限公司为施工总承包人。湖北黄鄂高速公路有限公司为项目法人,负责项目的实施。

四、湖北鄂东长江公路大桥有限公司

鄂东长江公路大桥是国家高速公路网上海至重庆(G50)、大广高速(G45)在湖北东部跨越长江的过江共用通道,是鄂东地区的重要交通枢纽。鄂东长江公路大桥(含接线),起于浠水接黄梅至黄石高速公路,于艾家湾处跨越长江,止于黄石,接武汉至黄石高速公路,路线全长 15.1 公里,其中长江大桥全长 5.88 公里,主跨 926 米,为双塔混合梁斜拉桥。鄂东大桥是以民营企业控股、国有企业参股的混合经营公司,设综合、财务、工程、经营 4 个部门,辖黄石、散花 2 个收费站。

五、湖北交投鄂黄长江公路大桥有限公司

鄂黄长江大桥是黄冈最大的基础设施建设项目之一。1998 年成立鄂黄长江大桥公司作为项目业

主,县(处)级建制,与鄂黄长江大桥建设指挥部办公室一门两牌。定事业编制50人,其中,领导设总经理1人,副总经理2人,总会计师1人,总工程师1人,部室人员45人;内设机构4部1室,即办公室、计划财务部、工程监理部、器材部、安全协调部。项目建成后转为大桥局,隶属市政府、市交通局双重领导。

2012年,根据湖北省人民政府专题会议纪要〔2012〕64号《关于于鄂黄长江公路大桥资产划转问题的会议纪要》精神。2013年4月3日,湖北省交通投资有限公司与黄冈市人民政府签订鄂黄长江大桥资产移交协议,鄂黄长江大桥的资产移交湖北省交通投资有限公司。2013年8月12日,湖北省交通投资有限公司批准同意成立湖北省交通投资有限公司鄂黄长江大桥有限公司,作为湖北交通投资有限公司的子公司。湖北省交通投资有限公司鄂黄长江大桥有限公司注册资本8000万元,主要从事鄂黄长江公路大桥营运管理、土地开发、广告、场地、过江电缆孔道出租等经营。公司位于黄冈市黄州区明珠大道8号。

湖北省交通投资有限公司鄂黄长江大桥有限公司内设综合管理部、养护部、财务审计部、运营管理部、纪检监察室等部门;下设有黄冈市鑫鸿大桥开发有限公司和湖北泽信能源科技有限公司两个子公司;建立了公司工会、共青团等组织。公司定员75人,其中领导班子成员4人。

六、湖北高发楚东高速公路有限公司

湖北高发楚东高速公路有限公司为湖北省高速公路实业开发有限公司下属子公司,成立于2011年,主要负责黄鄂高速公路团风段的建设和经营管理。湖北黄冈至鄂州高速公路团风段位于团风县境内,是大广高速与武英高速之间的延伸段,是湖北省政府授权黄冈市承建的一条地方高速公路。起点位于黄鄂高速公路黄州北枢纽互通与大广高速公路交叉,在向家园附近穿京九铁路、武汉新港江北铁路及联络线,至马曹庙镇下穿G318,接武英高速公路(总路咀互通以西)到达该项目终点,设置黄冈北枢纽互通实现交通流转换。全线设互通式立交3处(黄州北枢纽互通、马槽庙互通、黄冈北枢纽互通)、匝道收费站1处、养护工区1处(与匝道收费站合建)、监控管理分中心1处。路线全长13.285公里,概算总投资9.74亿元,总工期36个月,2012年11月正式开工,2014年底建成通车。

七、湖北交投高速公路黄冈服务区管理中心

湖北交投高速公路服务区经营管理有限公司成立于2014年1月,为湖北省交通投资集团有限公司全资子公司。以湖北省高速公路为依托,主要负责全省政府还贷高速公路服务区经营管理和沿线广告业务的经营开发等。主要业务包括高速公路服务业及服务区经营开业管理;日用百货零售、餐饮、汽车修理、美容;酒店及旅游业;场地租赁、房屋租赁、物业管理仓储、加工及配送;公路园林绿化、种养殖业等。公司下辖的黄冈服务区管理中心负责黄冈境内政府还贷高速公路服务区、停车区经营管理、经商管理、绩效考核、人员培训工作;按照服务质量招标要求选择经营单位,确保服务区诚信规范经营、安全卫生,环境面貌保持良好;负责服务区安保、环保等管理。

第三节　公路经营企业

一、武汉通世达公路物资有限公司

武汉通世达公路物资有限公司始建于20世纪60年代,原名为湖北省公路管理局武昌渣油池,隶属于湖北省公路管理局。1979年6月,湖北省公路管理局将武昌渣油池移交给黄冈地区公路总段代

管。1981年1月,黄冈地区公路总段设机务材料科,湖北省公路管理局武昌道路油供应站纳入黄冈地区公路总段机务材料科管理。1987年更名为湖北省公路管理局武昌道路油供应站。1992年,实行一门两牌,对外称湖北省公路管理局武昌道路油供应站,对内称黄冈市公路管理局机务材料科武昌道路油供应站。

2003年9月,武昌道路油供应站更名为武汉通世达公路物资有限公司,成为真正具有独立法人资格的经营业企业单位。2006年7月,为适应沥青市场的发展需要,武汉通世达公路物资有限公司在浠水兰溪新建一座4000吨的沥青储油库。

至2015年,经过几十年的发展变化,武汉通世达公路物资有限公司占地16000平方米,拥有固定资产达1000万余元,设有武昌库加工车间,浠水兰溪库加工车间,销售经营部,综合办公室,产品开发部,财审部,有职工63人。

2006年、2008年、2010年、2012年,武汉通世达公路物资有限公司被评为黄冈市级最佳文明单位。

二、黄冈国力公路发展有限公司

黄冈国力公路发展有限公司是由湖北黄冈路桥工程建设总公司与香港国力有限公司组建的合作经营企业,公司经营范围:投资、经营管理黄州至上巴河公路(起点黄州汽渡,终点上巴河,全长40.1公里,其中城区道路13公里,一级公路黄州至火车站15.2公里,二级公路火车站至上巴河11.9公里)及公路沿线附属设施及服务设施,并收取黄州至上巴河段公路车辆通行费。公司设4部1室,即综合部、征费部、财务部、养护工程部、监控室。征费部下设4个收费班组,实行四班两运转工作制。公司现有员工62人,其中经营管理层班子成员8人(总经理1名,党支部书记1人,副总经理3人,部门经理3名)。

黄冈国力公路发展有限公司原系黄冈市黄州东门车辆通行费收费站改制而成立的合作公司。20世纪80年代末,由于黄州城区至上巴河公路(黄上公路)不能适应日益发展的经济建设需要,中共黄冈地委、行署决定利用国家"贷款修路、收费还贷"政策,对黄上公路路基路面进行全面改建。路面建成后,1990年10月18日,由黄冈地区公安处与黄冈县交通局联合成立新港路过境收费站(站址新港路与106国道交会处)收取公路通行费,偿还建设贷款,隶属黄冈地区经济开发区管理。

1995年10月14日,经湖北省人民政府批准,新港路过境收费站移交黄冈市公路总段管理,站名更为黄冈市黄州东门车辆通行费收费站。1997年11月14日,东门收费站迁至黄州三台河大桥桥头西(征地8.53亩)开征收费。1998年12月,经国家、省、市相关部门同意,转让黄上公路收费权,由黄冈市路桥工程总公司与香港国力发展有限公司合作成立黄冈国力公路发展有限公司,开始筹划由公司经营和管理黄上公路,并收取车辆通行费。该项目总投资为1.358545亿元,其中,中方投资8585.45万元,占总投资额63%;外方投资5000万元,占总投资额37%。中方以原有相应路产出资,港方以现金出资。合作公司注册资本为5500万元人民币,其中,中方出资3500万元人民币,占注册资本的63.63%,港方出资2000万元人民币,占注册资本的36.36%。业务范围除收取黄州至上巴河公路(黄上公路)通行费外,并负责黄上公路全路段的投资建设、经营管理、养护等工作。

2000年1月18日,经湖北省人民政府批准,黄冈国力公路发展有限公司依法取得黄上公路经营权,经营期限为20年。2000年3月21日,原黄冈市黄州东门收费站移交黄冈国力公路发展有限公司管理,并正式运行。根据公司章程,合作经营期间前八年由港方经营管理黄冈国力公路发展有限公司,后十二年由双方按每四年为期限交替管理。

2007年8月,随着黄上公路车流量的增大和超重超载车的增加,路面被损严重,路面修补已无法保证车辆通行需要,社会各界反映强烈,路面改建刻不容缓。黄冈市交通公路部门多次与香港国力公司磋商谈判后,经黄冈市人民政府同意,中方与香港国力公司达成调整黄冈国力公路发展有限公司经营方式协议;自2007年9月至经营期满由中方负责经营管理公司。2008年11月,黄冈国力公路发展有限公司106国道东门收费站由106国道K1233+670处迁至106国道K1255+300处,站名更名为黄冈市陶店收费站。

随着社会经济的发展,为了促进城乡融合,更好地惠民利民,按照中共黄冈市委、市人民政府要求,打开城市出口道路,2014年12月31日22:00时,黄冈市国力公路发展有限公司陶店收费站停止了收费,其相关收费设施随即拆除。

人　物

自古以来,居住在长江中游北岸、大别山南麓的黄冈人民,建码头、凿航道、辟山径、修路架桥,为黄冈水陆交通运输发展艰难前行。中华人民共和国成立后,无数致力于交通运输发展的仁人志士,艰苦奋斗,前仆后继,用智慧、心血和汗水,在黄冈这片充满活力和希望的热土上,创造了无愧于时代、无愧于历史的光辉业绩,谱写了气势磅礴、可歌可泣的辉煌篇章。他们有的为交通建设发展献出了自己宝贵的生命,有的为交通事业的发展默默工作,无私奉献。交通历届领导班子和交通干部群众呕心沥血,殚精竭虑,洒下了辛勤的汗水,留下了坚实的脚印。

一、人物传(按去世时间排序)

郭鼎存

郭鼎存(1854—1932年),字焕新,广济田镇郭家冲垸人。清末贡生,擅长以口含笔写字。他潜心地方实业。光绪二十七年(1901年),倡导和主持浚通武穴西港,使内河航道畅通,又主持开通新河,使帆船候验,避风得便。辛亥革命时,率众维持武穴地方治安,拥护共和,受到武昌军政府嘉奖,并授予知事衔候补。

武穴港清末时无趸船,轮船进港、转运客货不便。宣统三年(1911年),郭与武穴商会协商,动员商户集令,亲往上海购回一艘木质趸船,长70米,上下两层,时值武昌首义爆发,一时无法商妥停泊业务,趸船搁置江中。次年,郭为此事往九江招商局洽商,招商局以"位小货寡,无停泊价值"推却。郭不气馁,以口书对联,赠太古洋行某买办,与他结好,由他引见洋行经理。郭力陈武穴开泊之利,经协商,达成在武穴停泊协议,于1912年开业,名为太古趸船,是为武穴有趸船之始,也是鄂东第一艘趸船。为适应业务需要,又成立武穴利济趸船公司,郭任董事长。由于停泊轮船,水运便利,武穴与鄂、皖、赣毗邻地区贸易得以发展,利济趸船公司与太古洋行均获利。1913年,郭在汉口民生路开办报关行。1920年,鉴于下乡农民到梅川缴纳公粮耗资太大,郭主持联名上书,请准在武穴设钱粮农组织分柜,节省大量运费。郭又捐资扩建武穴文明书院。1925年,九江招商局见武穴利济公司兴旺,约请郭在武穴设招商趸船,郭捐弃前嫌,于是年6月,又从上海购回一艘长90米的木质趸船,泊于致祥巷江岸,船上建有仓库。不久,又在正码头设置大阪趸船。1932年,郭又亲往上海购置铁质趸船一艘。

1928年,郭鼎存与县内商绅解学开共同创办广武汽车有限公司,征集股金30万元,购拼儿车6辆,货车3辆,当年11月动工修筑广武公路(梅川至武穴),次年竣工通车开创鄂东公路汽车运输先河。1932年8月郭鼎存在武穴病逝。抗日战争爆发后,日军占领武穴,利济汽车公司解体。

解继禹

解继禹(1857—1938年),名铭铎,晚以字行,广济两路解念兹湾人。解家历代咸称小康,20岁时父亲过世,分得遗产自业田80亩,稞700担(每担稞谷老秤60斤)。

解继禹早年辍学,操持祖业,还主管兴贤庄(系县内筹措教育经费的民间机构,有庄田429.35亩)收租和账务。他利用兴贤庄的积蓄和自己资财贷给一些商户,用息一分五厘至二分四厘,利息据为己有,于是资财越聚越多。光绪初年(1875年)已富甲全县。先后在两路、梅川、栗木桥、刘叶、郑公塔等地购置自业田140多亩,稞田1600多担,连同祖业每年约可收租谷20余万斤。他在解念兹建有谷仓两座,在栗木桥、郑公塔也建有谷仓。

1912年,解继禹在武穴久成钱庄当管事并入股。除经营钱庄外,还大量经营房产。先后在梅川、武穴、龙坪、九江、汉口后花楼街置有铺屋,在上海、芜湖等大中城市也购置有少量房产。至1930年,他的家产已超过百万银元。

解继禹自奉极薄,常年布衣素食。但晚年也为地方做些公益事。旧时仓头埠为梅川至武穴之要道,石路损坏,他主持立会集资岁修,商旅称便。还投资筑广武公路,助资解念兹湾建双寿井,兴义学等。

1938年,国民党当局派他出3000银元富商捐,他请求减少未准。因苦闷饮酒引起脑溢血死于汉口。

毕惠康

毕惠康(1871—1949年),字斗山,浠水抱儿石人,清末秀才。1905年留学日本弘文书院师范理化专科,参加中国同盟会,毕业后回国。历任黄州府中学堂学监,武昌理化学堂、文普通学堂、方言学堂教师,湖北省学务公所科长。辛亥革命时曾参与活动,并负责《民心报》编辑工作。1913年邑人汤化龙被选为国会众议院议长,毕主持进步党机关报《天民报》编辑,汤任教育总长,毕随任教育部佥事、科长、秘书。后任职交通部航政司,并在国立北京大学、私立中国大学兼课。

1928年回鄂,任湖北省图书馆馆长,嗣改任省民政厅秘书主任。1935年省政府主席夏斗寅聘毕充家庭教师,为其次子德功讲授中国文史。夏去职,毕亦赋闲。抗日战争初期,携二子赴恩施,任《湖北省通志·兵备》撰写工作,两届被选为省参议员。抗日战争胜利后归故里,与邑人瞿瀛、郭庆天、徐卧儒、张岳钟共同编纂《浠水县志》。后又去武汉,任省政府顾问、参议,仍兼任省通志馆编辑,1949年病逝于汉口寓所。

居 正

居正(1876—1951年),字觉生,别名梅川居士,广济县人。光绪二十五年(1899年)中秀才,光绪三十一年(1905年)赴日本法政大学学习,同时加入同盟会,开始追随孙中山。光绪三十三年(1907年)参与创建"共进会",为其起草章程。十二月辍学回国,欲参加云南河口起义,至香港得悉起义失败,乃赴新加坡,晋谒孙中山,受命与田桐药等办《中兴日报》,以"药石"笔名与保皇党《总汇报》笔战。旋赴仰光,创办《光华日报》,以"公生"笔名在华侨中鼓吹革命。宣统二年(1910年)再入日本,在中部同盟筹建会上,被推举为湖北同盟会负责人,年底返里,在广济、蕲春宣传革命,发展胡采香、居酿香等10多名同盟会员。不久,风声渐露,遂赴汉,以谭人风所付800元经费,在武昌设总机关,进行联络部署,与共进会、文学社联合筹备起义。宣统三年(1911年)9月24日,受革命党人之托,赴沪请黄兴来鄂主持起义,并采购手枪。返汉时,武昌已首义,湖北军政府成立,任顾问兼秘书。南京光复后,以湖北代表身份赴宁,选举孙中山为中华民国临时大总统,并出任临时政府内政部次长。孙中山让位后去职,同盟会改组为中国国民党,居正任上海联络部部长。1913年2月当选参议院议员。孙中山领导讨袁,居任讨袁军参议,领导上海吴淞要塞炮台作战。讨袁失败,居又东渡日本。1914年7月,孙中山在日本成立中华革命党,委其为党务部长和《民国》杂志经理。1916年初至山东,组建中华革命军东北军,任总司令,统帅东北军3万余人,于直隶、山东、山西开展护国战争,连克十余县。袁世凯卒,居正复任参议员。1919年,中华革命党改组为中国国民党,居任总务部长兼军事委员。1921年(民国10年),居任非常大总统咨议,兼理国民党本部事务。1924年,居被选为国民党第一次全国代表大会中央执行委员、常务委员。

1928年6月,居倡议,商绅解子开、胡江之、吕参等人集股30万,筹办广武长途汽车股份有限公司,公路依驿道改建,自广济县(今武穴市)梅川起,经刘元、大金、石佛寺、官桥至武穴。全程37.5公里,路基宽7米,有汽车6辆,经营客货运输。居任总经理。1929年12月,居因参加反蒋活动,被上海警备司令熊式辉告密拘捕下狱。直到1931年,"九一八"事变后获释,回上海宝山闲居。次年1月,任司法院代理院长兼最高法院院长,5月任司法院长兼中央公务员惩戒委员会委员长。1948年3月,以国民党元老身份,与蒋介石竞选总统,他自称是陪选。1949年11月去台湾后,领评议委员和监察委员衔,从事民国史料撰述,1951年11月23日逝世。

叶宏映

叶宏映(1936—1953年),1936年9月出生于蕲州镇一个贫苦船民家庭。10岁辍学后,随父母学习驾船度日,饱尝压迫剥削之苦。中华人民共和国成立后,积极参加水上运输和民主改革,带头走船民互助合作道路。1953年上半年,父亲叶立金当选为蕲州镇船民协会生产委员,青年船民叶宏映,工作出色,被船民协会评为一等工作模范,并积极申请入团。

1953年6月下旬,全县普降暴雨,山洪暴发,江水倒灌,漕河大河口、罗州械、走马岭、枫树林等4个乡不少堤坝被水冲决,两万多人陷于洪水围困。为了抢救人民生命财产,县委电话指示蕲州镇委快速动员民船到水区抢救。危急关头,叶宏映带头响应报名参加救灾战斗。6月25日早饭后,19艘救灾船分三路向漕河进发,叶宏映领先前进。当时水冷风凉,他只穿一件上衣一条裤头,争分夺秒,一路鼓励大家加快航速,提早赶到灾区。不料,船队驶出蕲州龙蜂寺后,突然狂风大作,波浪汹涌,船只颠簸难持,叶宏映虽知危险,但见风向朝北,正好利用风力加快航速,便出舱扯篷扬帆。当他全神贯注于工作之际,船身猛一倾斜,将他侧于水中,被急旋浪卷走,牺牲时年仅17岁。

叶宏映为抢救灾民英勇牺牲后,其事迹多次受到县和蕲州镇人民政府表彰,鼓舞了全县人民抗洪救灾信心。1953年7月9日,蕲州镇人民政府为叶宏映举行了追悼大会,团县委当场宣布追认叶宏映为中国新民主主义青年团员,并号召全县团员和青年向他学习。省、地报刊和县《生产救灾简报》对他的英勇事迹都做了报道。黄冈地区水运主管部门还以连环画形式宣传他的事迹。1954年5月19日,中国新民主主义青年团湖北省委授予叶宏映"光荣牺牲"奖状并追认为优秀团员。

刘恭寿

刘恭寿(1912—1975年),湖北省黄陂县(今黄陂区)人。1949年前给地主和洋行帮工,1949年参加汽车运输,1959年加入中国共产党。

刘恭寿热爱汽运工作,工作之初驾驶的"雪佛兰"汽车,该车车型陈旧,车况低劣,为多拉快跑,他设法挂1辆3吨的土拖车,与时间赛跑,生产任务一超再超。1958年的一天,车行至胡河时车后半轴断裂了,刘恭寿没有电告队部,而是自己扛了回来,晚上加班修好,第二天一早又扛去装上,往返徒步百余里。

1965年,年过半百的刘恭寿调到油库当保管员。当时铁桶盛油,批量入库,分车配给,由于手工从油桶内取油,需带着约1公升余油的桶运出再灌油回来,这已是多年做法。刘恭寿发现后深感不安,"1公升汽油意味着10几个吨公里啊!"刘恭寿决定将打气筒改作吸油器,每桶必吸,坚持数10年,累计收油10万公斤!他把每个桶的盖子、垫圈、开桶时随手拣好,坚持10余年,累计收配10万套!

1975年7月6日,刘恭寿同青工郭绪全搬倒桶油入罐,由于高温导致罐内膨胀,汽油溢出,流放罐下的油池。刘恭寿此时意识到,热油久泡罐墩易损,且易酿火灾,必须马上清除。刘恭寿先用高压油泵抽吸,不济;接着郭绪全下池用桶提。可第一桶油刚提上来就昏倒了。刘恭寿把郭绪全抱出库,为他打扇散热。待郭绪全清醒过来后,便说:"你好好休息,我下去!"郭绪全听后,抓住刘恭寿,哀求刘恭寿不要去,而此时,刘恭寿的意念中全然没有了自己,他不顾个人安危,毅然下到池底舀油,不幸中毒身亡。

袁金岭

袁金岭(1930—1975年),湖北省孝感县(今孝感市)杨店镇人。幼习农,稍大学理发。1946年1月参军,1952年赴朝参战,荣立二、三等功各1次,在战地加入中国共产党。1957年转业至浠水汽车站工作,1963年任车队副队长,1973年3月任车站副站长,多次被评为地、县先进工作(生产)者。

袁金岭在部队期间,以坚强毅力苦学文化,3个多月即摘掉文盲帽子;在车队、车站任职期间,廉洁奉公,居身俭朴,公而忘私,他人第一。1959年的一天,袁金岭跟车去兰溪,一位司机不慎碰了正在吊装机器的起吊桩,眼看倒桩砸机伤人事故即将发生,站在一旁的袁金岭,一个箭步飞奔上去,奋力以身躯抵住桩倾,化险为夷;1960年夏,县城附近一辆客车着火,袁金岭闻讯赶赴现场,冲进车厢,救出旅客;县南门河堤抢险,袁金岭背起草袋跳进急流堵漏;铸造厂失火,袁金岭奋力扑火,头被倒下的横梁砸破……在开车期间,袁金岭惜油如金,有次车进孝感距老家10里,却不肯开车回家探视。1967年10月,一位战友受生产队委托,为酬急运烤烟叶用煤,特送花生食糖,遭到谢绝;一位代办员为谋职而送母鸡糯米,亦遭拒收。袁金岭6口之家住16平方米房,却不要组织照顾;在部队带回的军衣军袄,挂包,漱口杯,多年不愿更新……1969年7月长江洪汛,袁金岭连续13天参加突击抢运兰溪港口物资,其间孩子两度病危,妻子数次急电相告,直至孩子离世时才归。而余堰乡一位孕妇难产,东干渠塌方民工被压,武汉旅客途中咳血昏迷……袁金岭则深夜飞驰全力救助。

1975年7月6日,汽车三队油库老工人刘恭寿,下到池底舀油时中毒倒下,下去施救的人们也无一人上来。有人大喊,再下去危险!此时刚吃罢午餐的袁金岭赶来,气喘未定,迅猛扒开准备下池的人们,跳进池内,施救未果,英勇牺牲。

1975年8月10日,黄冈地区汽运公司党委发出《关于开展学习袁金岭、刘恭寿两同志事迹的通知》。1975年9月26日,中共黄冈地区交通局委员会,发出《关于开展向袁金岭、刘恭寿两同志学习的通知》。

张昌藩

张昌藩(1916—1980年),湖北汉阳县(今蔡甸区)人。1916年出生,先后毕业于武汉大学和复旦大学土木系。1949年9月参加工作。1953年10月,在组建鄂城养路工程段时,任鄂城养路工程段技术副段长,并定为七级工程师。1958年被划为右派。1959年8月,黄冈养路总段成立后,张昌藩被调任为总段工程师。1962年,摘掉右派帽子。1974年后,连续四年被公路总段评为先进工作者。1977年被评为地区科技先进工作者。1979年,落实政策恢复原技术七级。1980年病故。

张昌藩任工程师期间,对工作认真负责,积极努力,不顾自己年龄大、身体弱,经常到基层,全面了解全区公路、桥梁状况,对存在的问题如实向领导反映,为领导决策提供可靠依据。与此同时,经常深入道班与养路工人同吃、同住、同劳动,共同调查研究、解决道班工人技术上的实质性问题,为公路养护处理病害,找到了有效方法。对全区每项工程,他认真审查设计,实地勘察,明确关键,提出方案;在施工中,他深入施工现场与领导、技术人员、施工人员共同研究、解决技术上的难关,使工程顺利进行。

由于张昌藩在几十年的公路工作中,一心扑在公路上,同养路工人打成一片,成为全区公路系统广大职工敬重的工程师。

王宜顺

王宜顺(1921—1980年),湖北麻城市人。他从小就酷爱学习,少年时读过高小,后因家境贫寒,生父不幸病亡,被迫辍学,并开始随人学做泥工,后又改学做木工。他勤于思考,聪颖过人,刻苦学艺,很快学会泥、木工的基本知识。

中华人民共和国成立后,他先后多次赴城关参加培训班、速成识字班学习。中华人民共和国成立初期,当选为麻城县(今麻城市)建筑工会主席。1952年,参加中南公路局恢复麻(城)潢(川)公路工程。1954年,中南公路局撤销后,他被调到河南省交通厅公路局当木工班长,这为他发挥自己聪明才智创造了条件,经过不懈努力,终于在桥梁模板安装和拆卸上标新立异,创造性地摸索出了一套提高桥梁施工质量,加快施工进度的方法。1956年4月28日,他代表河南省交通系统出席了全国交通先进生产者代表大会,并获银质纪念章一枚,俄国毛毡一床。1957年,他已是八级木工,成为预晋木工师的技术工人,在河南省交通系统出类拔萃。1958年,王宜顺回到故乡麻城参加县建筑工作。1959年,在修建浮桥河水电站时,阎恒才副县长指定他负责电站总装工作。他刻苦钻研,反复摸索和努力,终于按设计要求,安全地完成安装任务,得到阎恒才副县长和人民群众的好评。群众称他为"土工程师"。

1961年,王宜顺自愿要求到县支线养路段工作,他调到养路段工作后,很快学懂了一般力学知识和公路桥梁测设、施工等多方面的基础知识,并能举一反三,敢于创新。1963年,他带领人员进行铺(头坳)风(景区)公路改善,首次进行了水准、中桩、测角等分组分项测设,为推动麻城公路测设工作走向正规化起到了先行作用。1964年,在修建西河永久性桥梁过程中,他以聪颖的才智,深得建桥工程师的称赞。1965年以后,随着桥梁建设的全面开展,他成为桥梁设计和施工上的主要能手。繁重的工作使他因劳累过度而导致体弱、身虚、多病,然而他却把这些置之度外,一心扑在工作上。1966年,他在负责麻城东门大桥施工过程中,不分昼夜,经常起早摸黑地工作,并积极为大桥建设献计献策。

1969年,湖北省公路管理局测设队在测设闵集大桥时,决定将桥基础设计为钻孔灌注桩,而王宜顺在反复阅读桥位地质钻探资料之后,果断地向省测设队负责人提出采用"明挖基础,以利施工"的方案,因其时全省还没有明挖基础深达15米的先例。1970年,他负责设计施工的宋铁大桥,仅用10个月的时间,就顺利安全完成,该桥既坚固又美观。1971年,他担任设计和施工的白果钢筋混凝土双曲拱大桥,尚属麻城第一次试验双曲拱结构桥梁,在设计中,王宜顺在充分了解桥位地质、地形,学习双曲拱桥梁理论知识的基础上,采用了净跨达35米,矢跨比1/7的设计方案并付诸施工,引起了省、地建桥专家的关注。

1976年,由他设计、施工的黄土岗大桥,充分利用地形,进行多次经济比较,设计出了一座组合式永久性大桥,并且妥善地处理了该桥与汉(口)小(界岭)公路的路、桥立交关系,同时,突破性地以每跨40米的跨径进行设计。在该桥施工过程中,他任劳任怨,身兼多职带病坚持工作。

1980年11月17日,王宜顺因心肌梗塞,不幸在黄土岗大桥工程建设工地逝世,终年59岁。

漆少川

漆少川(1915—1980年),原名漆炳胜,黄冈贾庙人。1936年参加红军,同年加入中国共产党。1938年,为黄冈中心县委筹办党员训练班,6月任二区区委书记,在滚子河、淋山河、团风一带发展中共党组织和中华民族解放先锋队。后任独立游击五大队三营营长兼六中队队长,转战于黄冈、新洲、浠水等地,拔掉柳界公路线上两个日军据点,炸死日军12名。1940年后任中共黄冈中心县委委员,军事部长兼县游击大队长。1941年黄冈县游击大队改编为新四军五师十四旅四十一团,漆任团长,转战黄(冈)、浠(水)、罗(田)、麻(城)地区,后挺进鄂南,扩大抗日游击根据地。1943年赴鄂豫边党校学习,次年返黄冈,任黄冈军事指挥部指挥长。

抗战胜利后,漆任独二旅六团副团长兼参谋长,坚持鄂皖边游击战争。1946年回黄冈任中心县委书记,组织突围失散人员开展敌后斗争,并用"造窝子"(即建立红色村庄)办法建立区政权。刘(伯承)邓(小平)大军进入黄冈后,任鄂豫四地委委员、四专署副专员、黄冈县委书记兼军事指挥部政委,参与领导全县军民配合张体学部解放黄冈全境。

1949年,漆任中共黄冈地委委员、专署副专员,后调任湖北省交通厅汽车运输局局长、经理。1953年任湖北省农业厅副厅长兼水利局局长,1955年后历任中共湖北省水利厅党组书记、副厅长、厅长,省人民委员会农林办公室副主任兼水利厅党组书记、厅长,省革命委员会水利电力局局长,省委农村政治部副主任,省农业办公室副主任兼水利厅党组书记、厅长等职,并多年担任省防汛抗旱指挥部和省水利工程指挥部副指挥长。为省人大常委会委员,中共湖北省委候补委员、委员。

1953年2月,漆少川担任湖北省水利局局长。主持湖北水利工作后,强调要运用战略思维对湖北的水利事业进行长远和全局谋划,他的足迹跑遍荆楚大地所有江河湖泊,提出"挡得住,排得出,灌得上"的水利发展战略和目标,科学规划,在全省范围内大规模兴修各类水利工程设施,对水资源实行综合管理和合理开发利用。漆少川十分重视水资源在灌溉、供水、航运、发电、养殖等方面的综合开发利用,一再强调要一水多用,一站多能。他向李先念、王任重呈报的《对加快水电发展有关体制分工的意见》,受到高度重视和好评。在他主政湖北水利期间,大力推行水利工程建设质量和效益管理。在充分发挥防洪、供水、排水、发电效益基础上,要求每个水利工程管理单位充分利用所在地的水、土、人力、技术、设备潜力,发展种植业、养殖业、加工业等综合经营。1959年夏天,为庆祝新中国成立10周年,省委省政府在水果湖举办湖北省社会主义建设光辉成就展览,毛泽东主席参观了该展览,漆少川亲自负责水利馆的全程讲解工作,毛主席称赞他是水利建设的"土专家"。1979年,李先念、王任重同志提议他到水利部任职,负责更重要的工作,但漆少川一心想要为湖北人民完成未尽的水利事业,多做实事为荆楚人民造福,遂以年纪太大为由婉拒。1980年12月3日,重病在身的漆少川住在省二医院,上午下午还分别找咸宁、黄冈两个地区的有关负责同志到医院病房研究小水电、水利综合经营工作,晚上11时零5分逝世,享年65岁。

方中立

方中立(1916—1984年),黄安(今红安)人。1930年参加红军,1936年加入共产党。第二次国内革命战争后,历任勤务员、出纳、会计。随红四方面军参加长征,历任新四军第四支队民运科长、统战科长、团政治部主任、新四军江北指挥部供给部政治委员、军工部政治委员。1943年进入华中党校学习,结业后任新四军第五师礼(山)经(扶)光(山)指挥部政治委员、中心县委书记。军分区政治部主任、华东军政大学三大队政委、华东南下干部总队政治部主任。

1949年,调任铁路管理局墅堰工厂党委书记、铁道部机车车辆管理局副局长、湖南株洲车辆厂党委书记兼厂长、国家交通局副局长、铁道部工业总局副局长。

1981年离休,1984年病逝。

郁焕成

郁焕成(1936—1987年),浠水县散花镇人。出身于农民家庭,幼读私塾,后随兄学木工。1954年进兰溪船厂,历任车间主任、副厂长、厂长、兰溪水运二社维修组长等职,多次被评为地、县先进工作(生产)者。

20世纪60年代,兰溪水运二社逐渐由支流竹簰运输转向长江木帆船运输,并向运输机械化发展。郁焕成在社内资金短缺的情况下,因陋就简,土法上马,先后制成绞帆机、绞锚机、机动打灰锥等;接着在一无图纸二无烦啥设备情况下,仿制成用螺旋桨的小机船。

1972年春,为解决黄沙生产供不应求的矛盾,中共兰溪港口党总支决定制造机械挖砂船,加速浠水河黄沙资源开发,成立以郁焕成为首的试制小组。他们学习上海等地先进经验,并从农村龙骨水车提水原理中得到启示,试制链斗式挖砂船,试挖时效果不理想。郁焕成毫不气馁,找出症结进行修改,同年9

月 14 日第 5 次试挖时,终于挖出优质的黄沙,工班产量达 600 吨。此后黄冈地区各县纷纷仿造,挖砂船逐渐增加,黄沙产量大幅度上升,水运货源也有了保证,挖运黄沙成为一些水运企业发展的动力,同时促进了县财政收入的增加。

1983 年郁焕成因病退休,1987 年病故,终年 51 岁。

简佐国

简佐国(1915—1988 年),麻城人。1929 年参加中国工农红军,1933 年加入中国共产党,历任警卫排长、连指导员、营政委、红三十军军部作战科科长、新疆摩托部队大队长、中央考察团分团团长、中央军委警卫营政委、新四军五师江南大鄂大队大队长、中原局卫戍司令部参谋长、陕南十四支队支队长、第二野战军辎重部队一团政委。新中国成立后历任南京公路部部长、湖北省公路局副局长兼运输公司总经理、湖北省公安厅治安处处长、湖北省人民检察院副检察长、政协湖北省第四届委员会常委等职。1988 年病逝。

赵可发

赵可发(1912—1988 年),浠水兰溪镇人。1930 年进兰溪码头当码头夫、1950 年入码头工会、1954 年参加中国共产党,曾任兰溪区彭港乡农会主席、县总工会执行委员,兰溪搬站工会主席、站长、党支部书记、白莲搬运站党支部书记兼站长、兰溪码头管理所所长等职。

1959 年任兰溪搬运站站长时,带领工人改革装卸搬运工具,扩大了港口吞吐能力,1959 年被评为湖北省先进工作者,同年被评为全国先进工作者,出席北京全国财贸群英会,参加国庆 10 周年天安门城楼观礼,受到毛泽东主席亲切接见。

1975 年,赵可发调任兰溪码头管理所所长,领导全所干部职工严格按《码头管理办法》规定办事,逐步改变了码头货场脏、乱、差面貌。1980 年退休后,年近七旬的赵可发仍然一心扑在码头管理上,时常早起晚睡,义务巡逻于码头货场。1981 年 4 月 17 日清晨,不顾个人安危,与县氮肥厂焦炭的偷窃者作斗争,将盗窃者扭送兰溪水陆派出所。1988 年 2 月,赵可发因病在兰溪逝世,终年 76 岁。

汪进先

汪进先(1909—1988 年),黄安(今红安)县人。1927 年参加黄麻起义。1929 年 4 月参加工农红军,12 月加入中国共产党。土地革命战争时期,任红四方面军保卫局预审员。抗日战争和解放战争时期,历任鄂东地委常委、独立第二旅团政委、黄冈地委组织部部长。新中国成立后,历任黄石市委副书记、市长、湖北省交通厅厅长、省经委副主任、省人防办公室副主任、省第五届人大常委会委员等职。1988 年病逝。

熊世菩

熊世菩(1921—1988 年),团风县上巴河镇熊坳张家湾人。1921 年 10 月 4 日生于江西省德安县。1940 年 9 月考入重庆大学,1945 年 4 月毕业。1946 年 10 月在上海招商局永叙号、永潇号油轮从事轮机工作。1947 年 5 月在上海招商局从事修理船舶技术工作。1949 年 9 月调入上海船厂,11 月参加解放军23 军机帆大队,支援解放舟山群岛的战斗。1950 年 7 月,回上海船厂工作,历任模铸车间技术员、主任、工艺科副科长、技术科副科长。1956 年 2 月被授予工程师职称。1960 年 4 月调任上海海运局科研所工艺室主任。1961 年 12 月起,调任上海船舶运输研究所情报室主任、学术秘书室主任、科研办公室副主任。1980 年和 1985 年分别被交通部评为高级工程师、高级海洋研究员,并列入国家人才库。任上海市科学技术情报学会、上海市金属学会、上海航运学会会员,江西省德安县志编委会顾问。熊世菩受其父亲熊十力影响,学习刻苦,懂得六国语言文字,除原学英语外,根据工作需要,又先后自学俄文、日文、德文和法文,并翻阅有关外文科技资料,对模铸车间和船厂的改革和创新起了促进作用,对科研所制定发展规划和开展活动起了推动作用。熊与他人合作编译有《螺旋桨制造工艺学》《国外船用大功率中速柴油机》和《国外船用大功率低速柴油机》。编写有《日语自学教材》和《德语自学教材》。研究改革"球墨铸造工艺",并与他人合编成书出版。

熊世菩1987年10月退休,1988年4月12日病逝,终年67岁。

李庆荣

李庆荣(1904—1990年),红安太平桥人。1929年参加红军,1930年加入中国共产党,历任班长、排长、指导员、团政治处常委,红四方面军总政治部交通队队长、通讯营营长、辎重大队大队长、第二野战军二兵站站长、西南军区辎重团团长。土地革命战争时期,参加一至五次反"围剿"和二万五千里长征。抗日战争时期,完成从华北根据地护送朱德总司令到延安的任务,以后还完成同一路线运送重要物资的任务,受到朱总司令的表扬。在"百团大战"和三次大的"反扫荡"战斗中战斗在第一线。解放战争时期,参加淮海战役和进军大西南的一系列战役。1952年转业到地方,任中央交通部西南公路工程局第三施工局机运科科长、第三施工局驻昆办事处主任、云南省公路工程局监委副书记、党委副书记等职。1990年3月在昆明逝世,享年86岁。

刘雁坤

刘雁坤(1911—1992年),黄冈县(今黄冈市)贾庙乡杨家畈(今属团风县)人。小时家境贫寒,只读了两年书。15岁时跟人学石匠,由于肯学习钻研,技艺提高很快。中华人民共和国成立后,积极参加国家交通、水利建设。1957年,参加麻城县芦家河石拱桥建设,这是他参与修建的第一座石桥,桥长28米,高6米,3孔,桥型美观大方。从1972年起,先后在黄冈、新洲等县参与修建公路石拱桥20余座。所建石桥结构严谨,坚固耐用,根据科学测试,预应力超过钢筋水泥桥,多次受到上级有关部门的表扬。20世纪70年代,参加黄冈县贾庙区龙潭河石砌柱式塔(高40米,直径5米)和龙潭河单拱过水行人石砌渡槽(长30米,宽4米)及黄冈县烈士陵园烈士纪念碑的建设。刘雁坤先后收徒40余人,遍布黄冈县山区,成为建筑行业骨干。1992年,因病在家乡去世,终年81岁。

陶述曾

陶述曾(1896—1993年),黄冈孔埠(今新洲)人。青少年时期,投身辛亥革命和五四运动。1921年北京大学毕业后,担任开封工程测绘养成所的教员,蕲春振业煤矿公司经理兼工程师,广东公路局韶坪公路工程处技工,河南大学土木系主任,汉口遥堤工程善后委员会工务主任等职。抗战时期,历任琼崖铁路局测量队长,灵川干河桥工处主任,中印公路缅印抢修队工程师兼总队长。重庆国民党军事委员会工程委员副总工程师兼工务处副处长等职。抗战胜利后,出任黄河花园口堵口复堤工程总局总工程师兼堵口总段段长。1947年,任广州黄埔港工程局局长。1949年2月,他受聘任湖北省建设厅厅长。在中共地下党支持下,他利用这一职务保护武汉市建设设施。从1950年起,他连续当选全国政协第二届至第六届政协委员,全国人民代表大会代表。历任武汉长江中游工程局总工程师,武汉长江大桥设计委员会副主任,湖北省交通厅厅长,湖北省水利厅厅长,湖北省人民委员会副主席等职。在1954年抗百年不遇的特大洪水斗争中,出任武汉市防汛指挥部总工程师。1976年起,先后任湖北省政协副主席、常委,省第六届、第七届人大常委会副主任等职。他还曾任黄河水利专科学校、河南大学、武汉大学教授、中国水利学会理事、中国土木工程学会副理事长、湖北省水利学理事长、省科协副主席、名誉主席。

陶述曾作为知名土木工程专家，长期致力于水利、河港及交通工程建设。抗战时期，他组织与参加修建滇缅公路、中印公路和昆明机场等工程；抗战胜利后，主持了花园口堵口复堤工程；中华人民共和国成立后，对长江、黄河防洪和水利建设做出了突出贡献。他出任湖北省防汛总指挥部副总指挥长，挑起了江汉防洪的重担。他一上任就跑遍了江汉平原，查勘长江，汉江河势，调查堤防围垸的历史和现状，研究险工险段的防护，并且通过地质考察，指出了江汉平原堤基青沙层的普遍存在是影响堤防安全的严重隐患。在治理湖区的同时，他也在为山区丘陵区的旱灾对农业生产的巨大影响操心，同时提出了航运、供水、发电等综合利用的思路。从1956年组织府河流域规划起，连续进行了多条小流域开发规划和大中型山谷水库选点，并对效益好，开发条件优越的工程开展了前期勘测设计工作，使漳河水库、白莲河水库、富水水库等一大批大中型骨干枢纽工程得以顺利建成。在指挥工程建设中，他既是厅长，又是总工程师。在他的指导和支持下，明山水库采用了先进的连锁管柱法处理基础防渗；白莲河大坝建成了代料心墙坝，为湖北大坝建设利用当地材料开创了新经验；推广应用渠系建筑物新型结构设计和先进的施工工艺；全省水利工程建设队伍迅速成长。这期间，他为湖北水利建设解决了不少技术难题。

1976年，陶述曾被选为湖北省人大常委会副主任时已80高龄，却仍然孜孜不倦地工作。先后参加三峡选坝现场会议、国务院召开的三峡可行性报告论证会和黄河流域规划会议，多次到鄂东大别山区考察水土保持情况，撰写了多篇论文和调研报告。1993年1月19日在武昌逝世，享年97岁。

周启望

周启望（1953—1996年），男，武穴市长江打捞工程公司潜水员，共产党员。1953年10月11日出生在武穴市区西菜园，1972年5月参加工作，1975年加入中国共产党，先后担任过打捞公司的潜水组长、队长。

周启望同志自到武穴市打捞工程公司担任潜水员以来，刻苦钻研业务，工作负责、技术过硬，在历年的防汛抗灾抢险中，出色地完成了上级领导交给的任务。

1996年7月27日，黄冈市白莲河水库闸门漏水，险情严重，水库管理处急电请援市打捞公司前往排险。工程公司奉令立即组织周启望同志等4人抢险小组，赶赴白莲河库闸。为保障库闸安全，周启望同志几天来，连续10多次下水，在14米多深的水下探漏堵漏，经过几十个小时的奋力抢救，使库闸漏水险情得以缓解。为彻底堵住漏洞，清除隐患，7月24日他不顾连续下水的疲劳，再次挺身深潜堵漏，在顶堵最后一个漏洞时，因水位差加大，潜流更急，加之劳累过度，周启望同志被吸入漏洞，不幸因公殉职，享年43岁。

熊武阶

熊武阶（1946—1996年），男，汉族，生于1946年2月，1965年到麻城市公路段黄泥坳道班做临时工，1972年5月转为正式工，1973年10月入党。1996年5月8日，熊武阶在长三线4至5公里路段上修补水毁路面，因劳累过度，诱发脑溢血，不幸以身殉职。黄冈市交通局号召全系统干部职工向他学习，熊武阶的事迹在各县市区交通局进行了巡回报告。

陶维革

陶维革（1967—1996年），男，黄冈人，曾于1984年至1990年在北京武警总队国旗班服役。在国旗班，为维护祖国的尊严，他曾以惊人的毅力忍着十二指肠穿孔的剧痛，坚持站完两小时的岗。退役后的陶维革被安排到黄冈地区轮渡公司，工作之余，他常到学校、工厂宣讲国旗。1994年他不幸患上再生障碍性贫血，住进武汉同济大学附属医院。得知自己得了重病，要花几十万元，陶维革对医生说："如果治病要花这么多的钱,就不要给我治了,我所在的单位一年的收入才几万块钱,我来单位时间不长,没做多少贡献,要是治下去会拖垮单位和家庭的"。陶维革的病情一天天恶化。他知道剩下的日子不多了。但在疾病缠身的日子里,陶维革思念国旗的心情却日渐强烈。在死神向他逼近之时,他向人们表达的心愿却是:请代我看一眼国旗,请代我向国旗敬个礼。表达了他对国旗朴素的热爱。他的事迹经各级新闻媒介报道后,他的爱国敬业精神感染了社会各界群众。全国人大常委会副委员长陈慕华为其捐赠药品,中央政法委书记任建新也曾为其捐款。1995年4月20日,为了表示对这位国旗卫士的敬意,经上级领导批准,中央电视台驻武警记者站记者冷冶夫和国旗护卫队指导员谢辉带着一面天安门广场上的国旗,来到了湖北黄冈陶维革所住的医院。当国旗在陶维革面前徐徐展开,他激动地哭了。在指导员谢辉搀扶下,陶维革硬撑起身子,站立在国旗前。他的满含热泪,紧紧地把国旗拥在胸前,说了一句让在场所有的人为之动容的话——"她就像我的妈妈……",陶维革的真情感动了上苍,在医生的积极救治下,陶维革的病情稳定了。1995年10月1日清晨,当鲜艳的五星红旗在天安门广场上冉冉升起的时候,陶维革身穿旧军装,戴着白手套、胸前戴着军功章的退伍战士,满含热泪向国旗敬了一个长达2分零7秒的礼。升旗仪式结束后,陶维革在接受记者采访时说:"国旗给了我美好的青春年华,国旗拯救了我的生命,国旗把我和全国人民聚集在一起,如今,我终于圆了再到天安门向国旗敬礼的美梦,我心里的千言万语汇成一句话:国旗万岁!祖国万岁!"

回家的路上,陶维革对亲友们说:"我应该多做点事来回报社会,报答国旗。我没有什么特长,但我升过、护卫过天安门的国旗,对国旗的意义有很深的理解,只要我能活一天,就要讲一天的国旗,要让更多的人了解、热爱国旗。"他应邀到学校、工厂、机关参加升旗仪式,为武汉、杭州、广东、黄冈等省市的听众作国旗演讲报告22场,听众达5万多人。

1996年6月5日,陶维革为救一名病重想跳楼自杀的病友,导致颅内出血,医院想尽办法救治,但没有成功,逝世时年仅29岁。告别仪式上,按照陶维革生前的遗嘱,他身穿橄榄绿军装,左胸前佩戴32枚金光闪闪的国旗徽章,身上覆盖着一面鲜艳的五星红旗,右手手心里也紧紧握着一枚国旗徽章……

沈清海

沈清海(1924—1988年),安徽省怀远县人,生于1924年12月,1937年1月至1954年12月,先后任战士、通讯员、警卫员、排长、连长、大队长。1955年1月至1958年,任湖北省汽车运输局四队队长。1959年至1971年,任黄冈地区汽车运输公司鄂城中心站站长。1972年至1983年6月,任广济县汽车运输公司副书记。1978年,地委组织部批文落实沈为老红军,按副师级(行政13级)待遇。1983年10月离休。1988年7月病逝。

沈清海少年时代参加红军闹革命。在第二次国内革命战争时期、抗日战争时期,解放战争时期,不怕牺牲,英勇作战,曾立大功一次,小功两次,为解放全中国立下不朽功勋。中华人民共和国成立后,几十年来一直保持老红军本色。

王久经

王久经(1922—2002年),河北省内邱县(今内丘县)冯村乡冯村人,1922年11月出生,1945年7月参加八路军内邱县独立团,1964年5月加入中国共产党,1957年授少校军衔。1957年2月转业到地方。

1970年至1976年,担任黄冈交通局主要领导期间,领导组织了白(马石)小(岐岭)公路,宋墙至铁铺公路、夫子河至黄麻坳公路、罗田县老寺庙至胜利公路、宋埠至潘塘宋铁大桥、红安马蹄山至天台山等公路建设;组织开展油路建设大会战,全区主要公路相继铺筑油渣路面,使黄冈公路从普及到提高的一个转折;此期间,继续开展桥梁永久化建设,相继建成新洲四合庄大桥、麻城宋铁大桥竣工通车、麻城白果双曲拱大桥;同时推广建造水泥船工艺经验,在全区交通航运系统组织港口装卸机械化会战,派出工作组在蕲州、兰溪港协助开展港口装卸机械化试点工作。后任湖北省总工会黄冈地区办事处党组副书记、副主任。1985年12月离职休养,享受副地(市)级待遇。2002年12月在黄州逝世,终年80岁。

左建文

左建文(1927—2010年),1927年9月出生于湖北省应山县,1942年10月参加革命工作,1947年11月加入中国共产党。先后任战士、政治指导员、指挥部军代表、县人武部政委。1976年4月至1984年2月任黄冈地区交通局党组副书记、副局长。此期间,全党工作重点转移到"四个现代化"建设上来,黄冈公路建设呈现前所未有的全面协调发展的大好局面。20世纪80年代初,他主持对所有木桥和木面桥进行了围歼,全区消灭了木桥和木桥面桥。1981—1985年,根据中共黄冈地委振兴鄂东经济战略布置,按二级、三级公路技术标准,对柳(子港)界(子墩)线和通往沿江13镇的黄小路、武(穴)梅(川)路、巴(河)麻(桥)路、横(车)茅(山)路、团(风)方(高坪)路以及浠团路、红靠路、蔡杨路、走竹路等主要经济线路进行技术改造和扩宽。采取群众投劳,国家扶持的办法,建成区乡公路、桥梁,解决了113个乡276个村的交通出行难的问题。1981年黄冈境区11个县、实现县县社社通客车。同时,根据湖北省交通局关于开展内河航道普查的通知,地区组成航道普查办公室,对全区内河、湖泊进行普查。重视人才的培养和典型培树,在任期间,罗田县公路段被中共湖北省委、湖北省革命委员会命名为大庆式企业。红安县公路段工会副主席罗业忠被中共湖北省委、湖北省人民政府授予"湖北省劳动模范"。主持召开了黄冈地区交通公路科技会议。全区选送30名造船技术人员和6名船舶检验人员到武汉水运工程学院进修学习。

1984年2月至1990年11月任黄冈市交通局顾问。1990年11月离休,1991年1月享受副专员级待遇。2010年10月14日逝世,享年84岁。

二、人物录(按出生年月或第一次获奖时间排列)

秦 忠

秦忠,男,湖北红安县人,1917年生,1930年1月参加中国工农红军,1933年加入中国共产党。土地革命战争时期,任红四方面军第31军第93师交通队队长,参加过长征。抗日战争时期先后任八路军129师和386旅连长、129师干部轮训队政委、太行山军区第一军分区供给部政委、新四军第5师鄂南军分区供给部部长兼政委、湘鄂赣军区供给部部长兼政委。解放战争时期,先后担任中原军区干部教导团政委、第一纵队第3旅第9团政委、鄂西北军区第三军分区政治部主任。新中国成立后,先后任湖北省工业厅副厅长、省公路局党委书记、省交通厅副厅长兼党委副书记,省交通邮电局副局长兼党委副书记、省经贸委副主任等职。湖北省第六届人大常委会委员和中共湖北省纪律检查委员会专职委员。1993年离休,副省级待遇。

在那战火纷飞的年代,秦忠参加了苏区儿童团、共青团,加入了中国共产党,成为红四方面军的革命战士。历经数次鄂豫皖苏区和川陕根据地的反"围剿"斗争,参加了红军二万五千里长征。抗日战争时期,他在敌后太行根据地,抗击日军无数次的"扫荡"。解放战争时期,他参加了著名的中原突围战役,浴血奋战,迎来新中国的黎明。

新中国成立后,转业地方,参加社会主义革命和建设,长年奋斗在湖北工交战线。为湖北工交战线上的许多国家重点工程呕心沥血,付出了辛劳,取得了显著的业绩。他在交通部门任职期间,致力于发展交通基础设施,1958年至1960年,贯彻国家"依靠地方、依靠群众、普及为主"的建设方针,修建公路7000余公里,修建永久性桥梁8座。水运方面,在地方中小港掀起"土洋结合"的装卸搬运工具改革。1965年贯彻中共湖北省委"依靠群众,依靠地方,国家扶持,勤俭建桥"方针,以黄冈为试点,大打"木桥歼灭战",一年内修建大中型永久性桥梁88座,7022延米。1966年至1978年,国家安排了大批"三线"建设项目,襄(阳)渝(重庆)、焦(作)柳(州)、鸦(雀岭)官(庄)铁路;管道公路、公路路面黑色化、桥梁永久化;对一些重点车站进行了扩建和改造,改善了客运条件,缓解了汽车增加、客流量增大、车站狭窄的矛盾;水运方面对内河航道进行了浅滩耙石、炸礁、疏导治理,改善航道条件。组织地方中小港口装卸机械化会战,提高了港口机械化作业水平。无论是在战争时期还是在和平年代,他始终保持着共产党人谦虚谨慎的优秀品质,从不居功自傲。他能上能下,任劳任怨,光明磊落,无私奉献。秦忠同志说:"我穿上军装是个兵,为人民扛枪,跟着共产党,打出了一个新中国;我脱下军装还是一个兵,修路架桥,造福人民,为我们的社会主义祖国尽自己的绵薄之力。"

李松柏

李松柏,男,黄州区陶店乡人。1941年9月出生,1960年1月入伍,在某汽车团服役,1965年退伍被分配到黄冈地区汽运公司从事汽车驾驶工作。历任黄冈地区汽车运输公司黄梅分公司货车驾驶员、黄州客运一公司大客车驾驶员。1988年7月加入中国共产党。

李松柏以爱车驰名。1978年,他接一辆661型解放牌新客车(编号61126),属木地板结构。他精心驾驶,从未磕碰,每天坚持"三勤三检",从不带病行驶,下午收车,不管多晚,都坚持干帚清扫,干布擦拭,从不用水冲洗。该车运行5年后,各主要零部件依然完好无损,车容车貌宛若如新。由湖北省交通厅选送参加中南五省区组织的车容、车况评比,荣获第一名,《人民日报》《中国交通报》《湖北日报》等新闻媒体均以《爱车状元》为题,发表长篇通讯,介绍他的事迹。至1988年,李松柏驾驶的61126号大客车,累计创利30万元,且创造了安全运行57.3万公里无大修、车日行程完好率达98%以上的优异成绩。中国第一汽车制造厂组织专家对该车进行全面考查考证后收回,并另奖励他一辆新型大客车。交通部于1987、1988连续两年授予他"劳动模范"称号,光荣出席北京天安门国庆40周年观礼。1989年,湖北省人民政府授予李松柏省级"劳动模范"称号,奖励晋升两次工资,一次性解决其全家五口人商品粮户口。

至1997年退休时,李松柏安全行驶达160万公里,累计节约汽油80000多公升。

董凤鸣

董凤鸣,男,蕲春县三渡乡人。1940年8月出生,中共党员,蕲春县汽车运输公司驾驶员,2000年退休。

董凤鸣与雷锋同时入伍并在同一个连队共同生活过3年。耳闻目睹了雷锋的一举一动,立志要做一个雷锋式的驾驶员,一辈子为人民服务。1971年退伍到地方专业公司从事驾驶工作,30年来,他坚持以旅客为中心,为旅客提供优质服务,倡导"勤""灵""礼""诚"四字服务理念。他吃苦耐劳,加班加点,单车效益月月在全公司名列前茅。他遵章守纪,拾金不昧的事迹曾被传为美谈,被公司广大干部职工称为永不生锈的"螺丝钉",拧在哪里都闪光。

1981—1989年7次被县政府授予全县工交战线先进工作者和劳动模范称号,4次被地区行署授予全区安全行车标兵和安全文明先进生产者称号;1990年4月被省政府授予"湖北省劳动模范"称号,1993年3月被中共湖北省委授予"全省学雷锋先进个人"称号。

童光炳

童光炳,男,蕲春县三渡乡人。1951年9月出生,1972年10月应征入伍,中共党员,高级驾驶技师。1985年从部队转业到蕲春县汽车运输公司从事驾驶工作以来,童光炳始终把"争创第一"作为人生事业追求。他爱岗敬业,服从调度,先后驾驶过6种车型,跑遍了蕲春汽运公司30多条线路,无论开什么车,跑什么线,他的单车产值总是高居同类线同类车榜首。他时刻将国家财产和旅客的人身安全系在心头。每次出车前,他都要对车辆例行"三勤三检",行车途中,他严格遵守交通法规和操作规程。他驾驶的客车从未发生交通责任事故。在搞好行车安全的同时,他还以"爱车惜油"而著称,一有空闲就潜心钻研车辆的维护保养技术,并经常自己动手维修保养车辆。他曾创下扬州大客发动机35万公里无大修的纪录,其事迹入选《中国能工巧匠》一书。

在20多年运输工作中,他始终坚持正点发车,热情待客,语言文明,服务优质。他的车上常备有开水瓶、毛巾、晕车药、方便袋等物品,免费供旅客使用。对营运线路沿途的新老站名悉心牢记,确保每一个旅客都能准确到达目的地。21年中,他还为旅客排忧解难做好事近千件,收到感谢信480多封。他心时刻装着国家、企业和人民利益,自觉抵制"三私"和"公免"歪风,从不以驾车特权为个人谋私利,人们赞誉他为"不锈钢"。对待同车共事的乘务员,他不仅言传身教,而且要求严格。从他的车上先后培养出一批又一批优秀青年司机和乘务员。"童光炳班组"始终是蕲春汽运公司一面不倒的"旗帜"。

自1985年10月至2006年9月,童光炳安全行车180余万公里,为企业创收800多万元,创利润200多万元,节油5万余公升,13次被县委县政府授予"劳动模范""优秀共产党员"称号,9次被市交通局评为"优秀驾驶员",1991年、1994年、1995年被评为"全市最佳驾驶员",1992年被交通部、公安部联合授予"全国红旗车"驾驶员称号,1996年被湖北省交通厅、人事厅联合授予"全省交通岗位标兵"称号,1997年被省交通厅授予"文明示范客车"驾驶员,1998年、1999年,连续两年被省交通厅评为"文明窗口";1998年5月被省政府授予"湖北省劳动模范";2001年5月获得"全国五一劳动奖章";2006年3月被授予"全省十佳驾驶员"称号。

郑和忠

郑和忠,1952年2月出生,湖北武穴人。1980年任武穴市轮船总公司经理,中专文化程度。在工作中,他坚持"立足长江、发展海运、水运为主、多元经营"的方针,推行公司船舶钢质化,创新黄沙产、运、销一条龙经营渠道,开辟"广济号"江海直达货轮营运港澳航线。带领公司员工锐意进取、深化改革,组建集团公司,效益连年上升,公司固定资产由360万元发展到1994年有4000多万元。1989年公司晋升为"省级先进企业",被交通部授予"经济效益先进企业"和"优质服务先进企业"称号,多次受到部、省、地、市的表彰和奖励。郑和忠多次被省、地、市评为优秀经理和先进个人,1994年被交通部、人事部授予"全国交通系统劳动模范"称号。

陈国安

陈国安,男,1942年9月出生,黄梅县下新镇人。1960年参加工作,在后湖运输公司当工人,1969年10月调县交通局机关,1985年8月组建交通知青车队,任党支部书记,次年兼任队长,1987年1月创办驾驶员培训班,后改称黄梅驾校,任校长兼党支部书记。1991年9月经手筹建的县机动车综合性能检测站竣工营业,陈国安又兼任检测站站长,1995年1月检测站资产整体转交运管部门,陈国安改任专职检测站长。

陈国安富于开拓创新精神,他任基层领导期间,锐意改革创新。1986年首办汽车驾驶员培训班(后发展为汽校);1990年在全地区首家购进卧铺客车经营长途客运,并首个开通黄梅至广州的长途客运班线;1995年他筹建竣工的黄梅县机动车综合性能检测站是黄冈地区第一家,其中的大部分项目体现出运输事业发展的整体趋势,足见其对未来发展方向的把握能力。在管理工作中事必躬亲,身体力行,严格认真,一丝不苟,管理车站时亲自上车检票发班;管理运输时,跟车沿途考察;管理教学时,跟班学习体验。为做好工作,积累第一手资料,人称"中国企业管理干部的优秀代表"。

罗业忠

罗业忠,男,红安县高桥人。1938年5月出生,1958年参加工作,红安县公路段养路工,1973年任养护工程队长;1982年经全体职工一致推选为红安县公路段专职工会主席。

罗业忠在养护工作中,夜以继日忘我工作,参加了十几座桥梁、几百座涵洞的施工,出色完成各项任务,年年被评为"红旗手"。担任养护工程队长后,在养护里程长、路况差、料源缺的永河道班一住就是九年,使永河道班在养护质量、道班建设、职工素质三个方面一跃为全县之首。1982年,这个道班相继被省地县交通部门命名表彰为"标准道班";该班工人小组被中华全国总工会命名为"先进工会小组";罗业忠本人被湖北省和县人民政府授予"劳动模范"光荣称号。罗业忠担任专职工会主席时,正值县公路段试行养护承包改革,职工围绕要不要让"包"字进入事业单位众说纷纭,莫衷一是。他一方面动员组织职工开展劳动竞赛,狠抓路面养护;另一方面组织职工反复学习党的十一届三中全会以来一系列方针政策,使职工认识到公路改革势在必行。在推行承包制过程中,他多次与职工协商对话,改革措施方案交职代会讨论通过。公路段段长对各道班实行承包聘任;各道班职工由班长提名自由组合;对道班养护工作实行"两包一奖赔"责任制。1988年全县400多名养路工人第一轮组合掉岗10多人,经过他反复协调,全部受聘上岗。他为官清廉,不谋私利。几十年在养护一线工作,风餐露宿,他患上严重的风湿,但他没因此住一天院,1987年,组织上安排他去青岛休养,他却把机会让给了一位道班班长。他关心职工,克己奉公,努力为道班工人办实事办好事,新建改建维修道班房28栋,使职工人均住房面积达20平方米;27个道有了自己的水井,解决了道班工人吃水难问题;他协助道班与当地村组联系落实菜地,使每个道班基本做到蔬菜自给。30多年来,罗业忠先后26次出席省地县先进工作者代表大会,是湖北省公路系统资深老模范;1988年"五一"前夕,罗业忠被中华全国总工会授予"全国优秀工会工作者"称号,并荣获"五一劳动奖章"。

周全寿

周全寿,男,汉族。1973年11月出生,湖北省麻城市人,中共党员,大专文化程度,道路养护技师,现任麻城市公路管理局宏远路桥公司副总经理兼机械养护处主任。周全寿同志爱岗敬业、勇于开拓、与时俱进、争创一流、团结协作、关爱同志,多次被麻城市交通运输局和黄冈市公路管理局评为年度"先进个人";2007年9月荣获"麻城市劳动模范"、2011年4月荣获"黄冈市劳动模范"、2012年4月荣获"湖北省劳动模范"等荣誉称号。2013年12月被湖北省文明办、省交通运输厅评为全省交通运输行业"十行百佳"标兵。2015年被国务院授予"全国劳动模范"光荣称号。

周全寿1997年6月投身于麻城公路养护事业,先后从事道班工人、道班班长、养护站站长等多项技术和管理工作。无论在何种岗位、担任何种职务,他总是兢兢业业、勤勤恳恳,任劳任怨、勇于奉献。2003年,他担任白果中心养护站站长,每天早上4点就要起床扫公路、洒水,以免车辆经过时尘土飞扬、飞石伤人,平常晚上八九点才下班。遇到雨雪等恶劣天气,是道路最容易遭遇险情的时候,常常通宵工作。2012年3月,周全寿负责龟峰山4A级景区下山公路的大修养护工作。正值施工进度进入冲刺阶段时,得知岳父被确诊患了癌症,他利用晚上休息时间把岳父送到武汉中南医院后便又赶回了工地,提前14天完成了麻城市委、市政府督办的公路大修养护任务。2012年3月29日至30日,全国农村公路建设与管理养护现场会在黄冈召开,为更好地展示麻城公路建管养成果,周全寿从正月初六开始带着被子行李,吃在公路、住在公路。小到路上的一块石头、一片杂草,大到路边的护坡、水沟、土方清理等等,他都亲自动手,连续在红色旅游公路上奋战两个多月。3月29日,时任国家交通运输部部长李盛霖和全国各地的300多名观摩团成员,对麻城红色旅游公路的"畅、安、洁、美、舒"的公路环境大加赞赏。麻城市公路管理局因此还受到湖北省交通运输厅通报表彰。

  2013年春节刚过,麻城遭遇罕见的大雪。农历正月初九深夜11点,106国道小界岭路段因积雪出现严重堵车。时任机械养护处主任的周全寿接到杨柳河养护站的请求支援电话,二话没说带领十几名养护工人和大型铲雪机械,连夜奔赴现场,冒着鹅毛大雪同工友一道铲雪除冰,并免费为受困车辆驾驶员提供开水、方便面,连续奋战十几个小时直至国道安全畅通。2014年6月,周全寿负责胜麻线大修养护工作。他结合麻城人文自然景观多、干线公路沿线景点多等特点,因地制宜、因路制宜、因景制宜,在胜麻线沿线建成了7个游客观景平台,既方便了车辆错车会车,又为过往乘客提供了观赏风景和休息的场地,还增加了公路的服务功能。2014年4月,面对养护站沥青拌和设备老化,他带领技术工人连续奋战一周,终于攻克难关。在沥青搅拌设备灰尘排放口重新设计安装一个除尘加湿器,从而有效解决了灰尘的排放,仅此一项为国家节约设备更新资金15万多元。

  20年来,周全寿把自己铆固在大别山腹地蜿蜒起伏的公路线上,用朴实无华的青春书写出了最美诗行,奏响了新时期一名普通公路养护工人敬业奉献的时代强音。

三、先进人物一览表

先进人物一览表

(一)国家级奖励			
时间(年)	获奖人	获奖人单位	荣誉称号	颁奖部门
1959	赵可发	浠水县城关搬运站站长	全国先进生产者	中华全国总工会
1988	罗业忠	红安县公路段工会主席	全国五一劳动奖章	中华全国总工会
1996	张辉富	浠水县乡村公路段段长	先进个人	中华全国总工会
2000	童光炳	蕲春县汽车运输总公司客车驾驶员	全国五一劳动奖章	中华全国总工会
2001	余大华	黄冈市黄州区公路段工程队队长	全国五一劳动奖章	中华全国总工会
2006	万章热	黄冈市高等级公路建设开发公司项目经理	全国五一劳动奖章	中华全国总工会
2015	周全寿	麻城市公路管理局宏远路桥公司副总经理兼机械养护处主任	全国劳动模范	国务院
(二)省部级奖励				
时间(年)	获奖人	获奖人单位	荣誉称号	颁奖部门
1952	周信友	浠水县城关搬运	省工交劳动模范	省人民政府
1952	李子安	黄冈县团风搬运站	省工交劳动模范	省人民政府
1953	叶宏映	蕲州镇船民	优秀团员	中国新民主主义青年团湖北省委
1956	王宜顺	麻城县公路段	全国交通先进工作者	交通部
1956	周信友	浠水县搬运站	劳动模范	湖北省第一届工农业劳模大会
1959	赵可发	浠水县搬运站站长	湖北省先进工作者	省人民政府
1959	裴炎卿	黄冈汽运公司	劳动模范	全省工业交通基建财贸系统先代会

续上表

时间(年)	获奖人	获奖人单位	荣誉称号	颁奖部门
1959	库长松	广济县航运公司	劳动模范	全省工业交通基建财贸系统先代会
1959	江少华	黄冈县汽车队	劳动模范	全省工业交通基建财贸系统先代会
1959	徐召鉴	英山县公路段	劳动模范	全省工业交通基建财贸系统先代会
1959	严德明	黄冈地区江北造船厂	劳动模范	全省工业交通基建财贸系统先代会
1959	金霞村	黄冈地区汽运公司	劳动模范	全省工业交通基建财贸系统先代会
1959	钱良弼	黄冈宋埠汽车修配厂	劳动模范	全省工业交通基建财贸系统先代会
1959	陈日焕	黄冈宋埠汽车修配厂	劳动模范	全省工业交通基建财贸系统先代会
1959	沈顺风	黄冈汽运公司	劳动模范	全省工业交通基建财贸系统先代会
1964	张修龙	浠水县兰溪水运一社船员	劳动模范	湖北省人民委员会
1978	候绍林	浠水县汽车运输公司司机	交通系统学大庆、学铁人标兵	交通部
1978	张大权	地区汽运公司蕲春分公司货车驾驶员	"发展交通、当好先行"奖状	交通部
1978	夏旺平	浠水县城关搬运站队长	安全优质百日赛奖	交通部
1978	张利玉	广济县武穴装卸公司队长	安全优质奖	交通部
1978	叶宗富	蕲春县漕河搬运站队长	安全优质奖	交通部
1978	周礼友	蕲春县蕲州装卸公司一大队党支部书记	安全优质奖	交通部
1980	姜桂丰	地区汽运公司浠水三队司机	安全百日赛奖	交通部
1983	占海清	黄冈汽运公司五队	劳动模范	湖北省职工劳动模范大会
1983	罗业忠	红安县公路段	劳动模范	湖北省职工劳动模范大会
1989	李松柏	黄冈地区汽车运输公司黄州分公司客车司机	劳动模范	省人民政府
1990	董凤鸣	蕲春县汽车运输公司驾驶员	劳动模范	省人民政府
1992	王永安	黄冈地区汽车运输公司	劳动模范	省人民政府
1993	董凤鸣	蕲春县汽车运输总公司	全省学雷锋先进个人	中共湖北省委
1993	程亚玲	黄冈地区英山汽车客运公司站务员	全国交通系统先进个人	交通部
1994	郑和忠	武穴市轮船总公司	全国交通系统劳动模范	交通部、人事部
1995	张辉富	浠水县乡村公路段	劳动模范	省人民政府
1995	曹连生	黄梅县陆路运输总公司	劳动模范	省人民政府
1995	钱绍军	黄冈地区港航监督处	全国水上安全监督系统先进个人	交通部

续上表

时间(年)	获奖人	获奖人单位	荣誉称号	颁奖部门
1997	程亚玲	英山县汽车客运公司站务员	全国交通系统先进个人	交通部
1998	陈卫明	浠水县港航管理所巴河站站长	湖北省五一劳动奖章	湖北省总工会
1998	童光炳	蕲春县汽车运输总公司客车驾驶技师	劳动模范	湖北省人民政府
1998	童光炳	蕲春县汽车运输总公司鄂J30083号大客车	全国"文明示范窗口"	交通部
1998	胡艮章	麻城市宇通汽车运输股份有限公司客车驾驶员	劳动模范	湖北省人民政府
2001	余大华	黄冈市黄州区公路段工程队长	湖北省五一劳动奖章	湖北省总工会
2001	金林瑞	武穴市航务管理所	第七届"金锚奖"	中国海员工会
2004	吴兴波	黄冈市港航海事局局长	全国第二次航道普查先进个人	交通部
2002	刘晓华	蕲春县运管所青年女工	全国优秀共青团员	共青团中央
2004	郭叙文	浠水县公路段道班班长	劳动模范	湖北省人民政府
2004	万章热	黄冈市高等级公路建设开发公司总经理	劳动模范	湖北省人民政府
2005	黄　敏	黄冈市道路运输管理处稽查科长	先进个人	湖北省人民政府
2007	李金和	团风县公路段养护站站长	湖北省五一劳动奖章	湖北省总工会
2009	王正高	黄冈市公路管理局局长、高级工程师	湖北省五一劳动奖章	湖北省总工会
2012	周全寿	麻城市公路养护工	湖北省劳动模范	湖北省人民政府
2015	刘新华	黄冈市交通运输局局长、党委书记	全省交通系统先进工作者	人力资源和社会保障部 交通运输部

(三)地、厅级奖励

时间(年)	获奖人	获奖人单位	荣誉称号	颁奖部门
1955	丰幼山	浠水县巴河搬运站生产调度员	劳动模范	黄冈地区专员公署
1957	丰幼山	浠水县巴河搬运站生产调度员	劳动模范	黄冈地区专员公署
1960	吴少庭	黄冈县团风航运公司副主任	先进生产者	黄冈地区专员公署
1965	汪宗福	浠水县巴河搬运站工会副主席	"五好职工"	黄冈地区专员公署
1966	汪宗福	浠水县巴河搬运站工会副主席	"活学活用毛主席著作积极分子"称号	黄冈地区专员公署
1966	叶良英	浠水县兰溪港水运二社党支部书记	全省交通系统五好标兵	省交通厅
1973	熊学浩	黄冈地区船队大副	先进生产者	黄冈地区革委会
1979	叶宗富	蕲春县漕河搬运站队长	安全优质奖	省交通厅
1979	周礼友	蕲春县蕲州装卸公司一大队党支书	安全优质奖	省交通厅
1979	夏旺平	浠水县城关搬运站队长	安全优质奖	省交通厅
1979	龙友三	浠水县兰溪港水运公司轮机长	安全优质奖	省交通厅
1979	周世佑	浠水县巴河搬运站站长	安全优质奖	省交通厅
1979	高定兰	浠水县巴河港水运公司船长	安全优质奖	省交通厅

续上表

时间(年)	获奖人	获奖人单位	荣誉称号	颁奖部门
1990	肖昌雄	地区汽运公司黄州分公司驾驶员	"安全文明生产先进工作者"称号	省交通厅
1988	廖茂远	原蕲春县港航管理所所长	优秀航管员	省交通厅
1990	王咏梅	蕲春县汽运公司乘务员	优秀服务员	中共黄冈地委、地区行署
1991	能三怀	罗田县汽运公司经理	全省交通系统"先进个人""交通新风奖"	省交通厅、人事厅
1992	郑和忠	武穴市轮船公司党总支书记、经理	全省交通系统"先进个人"	省交通厅、人事厅
1993	李庭凡	武穴市公路养路费征收稽查所	全省交通系统"先进集体"	省交通厅、人事厅
1995	程德平	英山县公路段施工员	全省交通系统"先进个人""交通新风奖"	省交通厅、人事厅
1995	金林瑞	武穴市船务、港监所所长	全省交通系统"先进个人""交通新风奖"	省交通厅、人事厅
1996	袁国华	蕲春县汽车运输总公司车站站长	全省交通系统岗位标兵	省交通厅
1996	龚雪金	黄梅县洪岭道班班长	全省交通系统岗位标兵	省交通厅
1996	段世付	红安县阳台山道班班长	全省交通系统岗位标兵	省交通厅
1996	崔 明	黄冈市征稽处黄州直属所稽查股长	全省交通系统岗位标兵	省交通厅
1996	李金泉	浠水县巴河航务港监站站长	全省交通系统岗位标兵	省交通厅
1996	文玉生	蕲春县蕲州航务港监站站长	全省交通系统岗位标兵	省交通厅
1996	张锦武	武穴市田镇航务港监站站长	全省交通系统岗位标兵	省交通厅
1996	骆焱华	蕲春县港航管理所所长	"双十佳"先进个人	省交通厅、人事厅
1996	骆焱华	蕲春县港航管理所所长	市级劳动模范	黄冈市人民政府
1997	操俊明	蕲春县运管所所长	全省交通系统文明岗位标兵	省交通厅
1997	伍福兴	武穴市公路段刘元道班班长	岗位标兵	省交通厅
1997	胡泽旺	蕲春县公路段青石管护工区工区长	岗位标兵	省交通厅
1998	喻绿化	运管处副主任	二等功	黄冈市委、市人民政府
2002	王正高	团风县交通局副局长	黄冈市劳动模范	黄冈市委、市人民政府
2004	褚新华	麻城市公路段	黄冈市劳动模范	黄冈市委、市人民政府

续上表

时间(年)	获奖人	获奖人单位	荣誉称号	颁奖部门
2009	王正高	黄冈市公路局局长 高级工程师	湖北省五一劳动奖章	黄冈市委、市人民政府
2009	柯平飞	黄冈市公路局副调研员	黄冈市劳动模范	黄冈市委、市人民政府
2011	周全寿	麻城市公路段	黄冈市劳动模范	黄冈市委、市人民政府
2011 2012	周银芝	黄冈市交通运输局副局长	全省交通运输系统先进个人	湖北省交通运输厅
2013	鲍克宏	黄冈市公路管理局局长	黄冈五一劳动奖章	黄冈市总工会
2013	曾文	麻城市宏远路桥公司经理	黄冈五一劳动奖章	黄冈市总工会
2013	陈金桥	浠水县公路管理局工程师	黄冈五一劳动奖章	黄冈市总工会
2013	彭嘉新	黄冈市港航管理局局长	全省交通运输系统先进个人	湖北省交通运输厅
2014	周全寿	麻城市宏远路桥工程有限公司养护处主任	黄冈市劳动模范	黄冈市人民政府

四、2015年末全市交通副高以上技术人员表（截至2015年末）

2015年末全市交通副高以上技术人员表

序号	姓名	出生年月	学历	工作单位	技术职称	专业	资格下达时间	聘任时间
1	王正高	1964.4	本科	黄冈市交通运输局	高级工程师	路桥	2001.5	
2	柯平飞	1962.4	本科	黄冈市交通运输局	高级工程师	路桥	2004.2	
3	王春红	1970.3	本科	黄冈市交通运输局	高级工程师	路桥		
4	杜光荣	1956.8	本科	黄冈市交通运输局	高级工程师	路桥	2005.12	
5	高华强	1955.12	本科	黄冈市交通运输局	高级经济师	经济	2005.12	
6	肖理	1953.1	本科	黄冈市交通运输局	高级工程师	路桥	1993.3	
7	余保国	1964.12	本科	黄冈市公路局	高级工程师	路桥	2003.12	2003.12
8	胡秀全	1967.8	本科	黄冈市公路局	高级工程师	交通土建工程	2005.12	2005.12
9	刘鸿	1972.3	本科	黄冈市公路局	高级工程师	土建工程	2005.12	2005.12
10	缪英福	1960.5	本科	黄冈市公路局	高级政工师	经济管理	1999.8	1999.8
11	张汉桥	1965.9	本科	黄冈市公路局	高级工程师	土木工程	2006.12	2006.12
12	周爱平	1969.10	本科	黄冈市公路局	高级政工师	思想政治教育	2002.12	2002.12
13	邵良友	1958.9	大专	黄冈市公路局	高级政工师	行政管理	2000.12	2000.12
14	严东方	1964.1	本科	黄冈市公路局	高级政工师	土建工程	2004.4	2004.4
15	汪锋	1969.5	本科	黄冈市公路局	高级工程师	路桥	2005.12	2005.12
16	贾珂	1963.6	本科	黄冈市公路局	高级经济师	工业企业	2006.12	2006.12
17	晏庆文	1964.2	本科	黄冈市公路局	高级工程师	地图制图	2009.7	2009.7
18	贺臻	1977.4	本科	黄冈市公路局	高级会计师	金融	2003.12	2003.12
19	李洪乾	1964.6	本科	黄冈市公路局	高级工程师	法律	2005.12	2005.12
20	姜桂华	1961.6	大专	黄冈市公路局	高级统计师	统计学	2004.12	2004.12
21	骆祖文	1966.8	研究生	黄冈市公路局	高级工程师	路桥	2001.3	2001.3
22	程绍佳	1968.7	本科	楚通路桥	高级工程师	道路桥梁	2006.12	2007.1

续上表

序号	姓名	出生年月	学历	工作单位	技术职称	专业	资格下达时间	聘任时间
23	雷亮	1970.7	本科	楚通路桥	高级工程师	路桥港航	2005.12	2006.1
24	杨轶	1971.1	本科	楚通路桥	高级工程师	道路桥梁	2006.12	2007.1
25	刘汉拾	1967.4	本科	楚通路桥	高级工程师	路桥	2012.1	2012.2
26	宋海峰	1966.1	本科	楚通路桥	高级工程师	道路桥梁	2006.12	2007.1
27	邹四平	1971.8	本科	楚通路桥	高级工程师	路桥	2012.12	2013.1
28	朱勇	1977.5	本科	楚通路桥	高级工程师	路桥	2012.12	2013.1
29	库险峰	1971.10	本科	楚通路桥	高级工程师	路桥	2013.12	2014.1
30	黄伟	1978.1	本科	楚通路桥	高级工程师	路桥	2015.12	2016.1
31	熊卫平	1972.1	本科	楚通路桥	高级工程师	路桥	2012.12	2013.1
32	吴亚魁	1976.11	本科	楚通路桥	高级工程师	路桥	2012.12	2013.1
33	熊志峰	1973.12	本科	楚通路桥	高级工程师	路桥	2011.11	2011.12
34	叶丰收	1963.9	本科	楚通路桥	高级工程师	道路桥梁	2006.12	2007.1
35	包进军	1979.5	本科	楚通路桥	高级工程师	路桥	2015.12	2016.1
36	陈文斌	1964.4	本科	楚通路桥	高级工程师	道路桥梁	2002.11	2002.12
37	彭世新	1964.1	本科	楚通路桥	高级工程师	路桥	2000.2	2000.3
38	龚建平	1968.10	本科	武汉通世达公路物资有限公司	高级工程师	路桥	2010.11	
39	肖唐林	1968.5	大学	公路设计院	高级工程师	路桥	2004.12	2005.1
40	陈志勇	1977.7	大学	公路设计院	高级工程师	路桥	2012.12	2014.12
41	毛国柱	1974.9	大学	公路设计院	高级工程师	路桥	2013.12	2015.6
42	侯建新	1962.8	大专	公路设计院	高级工程师	路桥	2005.12	2006.1
43	毛征服	1947.2		黄冈市公路局退休人员	高级工程师			
44	库春生	1944.12		黄冈市公路局退休人员	高级工程师			
45	夏少文	1942.12		黄冈市公路局退休人员	高级工程师			
46	童毅敏	1956.12		黄冈市公路局退休人员	高级工程师			
47	詹正旺	1952.7		黄冈市公路局退休人员	高级工程师			
48	吕植荣	1952.10		黄冈市公路局退休人员	高级工程师			
49	涂国清	1953.9		黄冈市公路局退休人员	高级工程师			
50	陶维金	1953.3		黄冈市公路局退休人员	高级工程师			
51	李宪章	1954.9		黄冈市公路局退休人员	高级工程师			
52	吕寿安	1954.9		黄冈市公路局退休人员	高级工程师			
53	喻绿化	1963.7	专科	市运管局	高级经济师	公路管理	2004.12	2004.12
54	程向阳	1967.3	本科	市运管局	高级工程师	工程	2004.12	2013.9
55	闫永寿	1935.1	专科	市运管局	高级经济师	公路管理	1990.10	1990.10
56	孙昌鹏	1940.11	专科	市运管局	高级政工师	政工	1992.11	1992.11
57	邵广文	1944.6	本科	市运管局	高级工程师（正高）	工程	2002.10	2002.10

续上表

序号	姓名	出生年月	学历	工作单位	技术职称	专业	资格下达时间	聘任时间
58	张再甫	1950.2	专科	市运管局	高级工程师	工程	1996.2	1996.2
59	张晓年	1953.12	专科	市运管局	高级政工师	政工	1996.10	1996.10
60	佘建民	1955.6	本科	市运管局	高级工程师	工程	2000.1	2000.1
61	丁金元	1962.7	本科	市港航局	高级政工师	政工	2006.5	2006.5
63	郭卫兵	1964.8	本科	市港航局	高级经济师	经济	2006.6	2006.6
64	曹兴旺	1963.3	本科	市港航局	高级工程师	工程	1998.8	1998.8
65	钟克山	1966.4	本科	市港航局	高级工程师	工程	2006.11	2006.11
66	刘欣建	1957.10	大专	市交通物流发展局	高级会计师	会计	2003.1	2003.1
67	童建国	1957.6	大学	市交通物流发展局	高级工程师	工程	1997.5	1997.5
68	江平	1963.8	大学	市交通物流发展局	高级经济师	经济	2006.12	2007.1
69	童友珍	1963.8	大学	市交通物流发展局	高级经济师	经济	2005.12	2006.1
70	杜宏森	1963.5	大专	黄冈市交通物流发展局黄州直属分局	高级政工师	政工	2002.4	2006.7
71	李晓荣	1965.9	大专	黄冈市交通物流发展局黄州直属分局	高级讲师	讲师	2002.8	2002.9
72	李晓东	1971.5	本科	黄冈市交通基本建设质量监督站	高级工程师	路桥	2005.12	2006.1
73	周少枝	1966.12.28	本科	黄冈交通学校	高级讲师	教师	2004.12	2004.12
74	刘雪春	1962.1.19	本科	黄冈交通学校	高级讲师	教师	2001.1	2001.1
75	周莉	1968.12.26	本科	黄冈交通学校	高级讲师	教师	2003.12	2004.4
76	李普希	1968.7.21	本科	黄冈交通学校	高级讲师	教师	2003.12	2004.4
77	骆源	1967.6.25	本科	黄冈交通学校	高级经济师	经济	2010.6	2010.12
78	黄建超	1966.1.24	本科	黄冈交通学校	高级讲师	教师	2011.12	2012.4
79	汪江华	1972.11.8	本科	黄冈交通学校	高级讲师	教师	2013.12	2014.3
80	胡海燕	1973.8.6	本科	黄冈交通学校	高级讲师	教师	2014.12	2015.4
81	姚险峻	1971.12.17	本科	黄冈交通学校	高级讲师	教师	2015.11	2016.4
82	周国琪	1956.6	大学	鄂黄长江公路大桥超限检测站	高级经济师	经济		2015.3
83	丁红线	1976.10	本科	鄂黄大桥路政安全处	高级经济师	经济	2015.12	
84	曾佑林	1962.10	大学	黄州区交通运输局	高级工程师	路桥	2014.12	
85	吴后先	1963.4	本科	团风县公路局	高级政工师	政工	2005.12	2005.12
86	孙汉文	1972.8	大专	团风县公路局	高级政工师	政工	2008.1	2008.1
87	程利平	1978.1	本科	团风县公路局	高级工程师	工程	2015.12	2015.12
88	戴松林	1962.11	本科	红安县交通运输局	高级工程师	路桥		
89	曾文	1970.8	本科	麻城市公路局	高级工程师	路桥港航	2010.11	2010.11
90	彭天鹤	1968.5	本科	麻城市公路局	高级工程师	路桥	2006.12	2006.12
91	王晓丽	1970.1	本科	麻城市公路局	高级工程师	路桥	2006.12	2006.12

续上表

序号	姓名	出生年月	学历	工作单位	技术职称	专业	资格下达时间	聘任时间
92	张达成	1965.12	本科	麻城市公路局	高级经济师	道路运输	2006.7	2006.7
93	熊燕高	1963.2	大专	麻城市公路局	高级工程师	机械工程	2009.7	2009.7
94	陈德润	1962.1	中专	麻城市公路局	高级工程师	路桥	2009.5	2009.5
95	李国潮	1962.7	专科	麻城市公路局	高级经济师	道路运输	2011.12	2011.12
96	余 峰	1969.9	本科	麻城市公路局	高级工程师	路桥	2004.12	2004.12
97	梁善铸	1963.6	大学	麻城市交通运输局	高级工程师	路桥	2002.3	2002.3
98	郑 耿	1963.9	本科	罗田县交通运输局	高级工程师	路桥工程	2005.6	
99	汪先峰	1963.11	本科	罗田县交通运输局	高级工程师	路桥工程	2005.6	
100	肖忠怀	1961.11	本科	罗田县公路局	高级工程师	路桥工程	1999	2002
101	张志强	1968.12	本科	罗田县农村公路局	高级工程师	路桥工程	2004.12	2005
102	宋佑明	1968.8	本科	罗田县公路局	高级工程师	路桥工程	2009.5	2009
103	刘亮霞	1971.2	本科	罗田县公路局	高级工程师	路桥工程	2015.5	2016
104	余 勇	1968.10	硕士	英山交通运输局	高级工程师		2004.12.1	2005.8.1
105	黄少林	1961.4.9	大学专科	英山公路局	高级工程师		2003.9.1	2013.9.1
106	宁 波	1963.10.27	大学专科	英山公路局	高级工程师		2005.10.1	2013.10.1
107	熊浩勋	1959.10.27	大学专科	英山公路局	高级工程师		2006.10.1	2013.10.1
108	叶金锋	1966.1.9	大学本科	英山公路局	高级工程师		2006.6.1	2006.6.1
109	姜胜兰	1962.9.5	大学专科	英山公路局	高级工程师		2013.10.1	2013.10.1
110	汪淑英	1960.1.29	大学本科	英山公路局	高级经济师		2003.10.1	2013.10.1
111	段迁移	1961.3.23	大学专科	英山公路局	高级工程师		2005.8.1	2005.8.1
112	蒋劲松	1963.8.6	大学专科	英山公路局	高级工程师		2005.8.1	2005.8.1
113	方年生	1965.12.1	大学本科	英山公路局	高级工程师		2006.6.1	2006.6.1
114	陈秀丽	1963.9.8	大学专科	英山公路局	高级经济师		2007.7.1	2007.7.1
115	舒大宝	1963.10.15	大学本科	英山公路局	高级工程师		2007.7.1	2007.7.1
116	叶松莲	1965.12.18	大学本科	英山公路局	高级经济师		2007.7.1	2007.7.1
117	汪 红	1968.12.23	大学本科	英山公路局	副研究馆员		2009.11.1	2009.11.1
118	陈 敏	1964.6.7	大学专科	英山公路局	高级经济师		2010.1.1	2010.1.1
119	杜亚玲	1964.6.10	大学专科	英山公路局	高级经济师		2010.1.1	2010.1.1
120	王利红	1968.3	研究生	县公路局	高级工程师	路桥	2002.5	2002.5
121	冯广青	1971.6	本科	县公路局	高级工程师	路桥	2012.12	2012.12
122	陈久胜	1962.11	本科	县公路局	高级工程师	路桥	2013.12	2013.12
123	王 东	1963.5	本科	浠水县运管所	高级经济师	经济	2009.5	2009.6
124	吴 辉	1965.12	本科	交通运输局	高级工程师	路桥	2004.5	
125	邱才华	1968.4	本科	县农村公路局	高级经济师	经济	2010.5	2010.5
126	李 敏	1965.6	本科	县港航所	高级工程师	船工	2005.1	2005.1
127	宋银华	1958.7	大学	武穴市公路局	高级工程师	路桥	2009	2009
128	朱明荣	1963.1	大专	武穴市公路局	高级工程师	路桥	2009	2010

续上表

序号	姓名	出生年月	学历	工作单位	技术职称	专业	资格下达时间	聘任时间
129	胡佳望	1942.12	大学本科	黄梅县交通运输局	高级工程师	机械制造	1989.6	1989.6
130	王红桥	1975.7	高中	黄梅县公路局	高级政工师	政工	2002.4	2002.4
131	龚开国	1965.5	大学	黄梅县公路局	高级工程师	路桥	2002.5	2002.5
132	方龙华	1954.3	大专	黄梅县公路局	高级政工师	政工	1996.1	1996.1
133	李关键	1956.2	中专	黄梅县公路局	高级工程师	路桥	2008.9	2008.9
134	张端荣	1945.5		黄梅县公路局	高级工程师	路桥	1996.1	1996.1
135	朱干水	1951.10	大专	黄梅县公路局	高级政工师	政工	1998.4	1998.4
136	张定国	1967.11	本科	黄梅县港航局	高级工程师	路桥	2009.6	2014.6
137	甘小龙	1955.2	大专	黄梅县道路运输管理局	高级经济师	运输管理	2000.5	2000.6

续上表

附　录

一、重要文件选编

黄冈市人民政府研究市区出租车更新问题
专题会议纪要

〔2000〕16号

7月19日,副市长卢焱群召开会议,专题研究市区出租汽车更新工作。根据市区出租车市场发展情况,会议确定:对黄冈市区已经超过城市出租车经营权期限的出租车实行全面更新,更新车型以神龙富康和天津夏利(三厢)为主。现纪要如下:

一、要加大宣传力度,高度统一思想认识。

随着我市经济、社会的快速发展,黄冈市区规模不断扩大,城市出租车已经成为城市功能的重要内容。适时更新城市出租车不仅是方便群众、改善城市形象的需要,也是出租车行业自身发展的要求。有关职能部门要高度统一思想认识,加大宣传力度,努力为出租车企业和业主提供优质服务,确保这项工作顺利进行。

二、要加大工作力度,加快城市出租车更新步伐。

有关职能部门要密切配合,明确职责,严格依法办事,力争在8月底以前完成更新工作。联合实施分为三个阶段:

第一阶段:检测处理阶段。对城市出租车经营权已经到期的"面的"车,由交警支队提供上牌时间,市客运管理处依据到期时间,联合通知出租车业主,在8月10日以前进行一次全面检测,逾期未进行检测的,由有关部门按无证营运处理。经检测需要新的车辆,市交警支队要立即收回车辆牌照和行驶证,将《车辆更新通知单》分送市客运管理处、市工商局、市地税局、市控购办。有关部门在收到《车辆更新通知单》后,应分别收回城市客运营运证、营运执照、税务登记证和编证。出租车业主在收到《车辆更新通知单》,如需报废或交易过户的,市物资、交警部门要及时办理,提供方便。

第二阶段:指标投放阶段。更新出租车指标原则上优先原出租车业主,原出租车业主在接到《车辆更新通知单》之日起30日内,应到市客运管理处等有关部门办理更新手续,逾期不办理的,更新指标市政府收回另行处理。对更新出租车资金不足的业主,可按规定向市中行申请贷款工作,市政府鼓励未到期出租车提前更新,原经营期与新经营期可合并使用。

三、要加强组织领导,确保出租车更新工作顺利进行。

为加强城市客运市场管理,改善城市形象,市区出租车更新工作势在必行,有关部门态度要坚决,工作要积极稳妥,要通力合作,提供优惠优质服务。市建委要有一名分管领导具体抓,相关部门要确定专人,实行一站式服务,确保把这项工作抓紧抓好。

2000年8月3日

黄冈市人民政府
研究市汽车运输总公司改制工作会议纪要

〔2005〕10号

4月26日,常务副市长卢焱群、副市长吕文涛召集市法院、财政局、国资委、劳动保障局、国土资源局、工商局、经委、交通局、房管局等单位负责人会议,专题研究市汽车运输总公司改制工作。纪要如下:

一、把握原则,实行民营改制

市汽车运输总公司(以下简称公司)依据《公司法》和有关企业改革的文件,实行民营改制,企业退出国有系列,资产退出国有经营,职工退出国有身份。改制工作要体现三个原则:一是改制后组建的新公司必须保持交通运输行业性质,二是职工安置资金原则上要自求平衡,三是按照《企业国有资产监管条例》和黄政发〔2002〕12号文件规定,妥善做好职工安置和企业财产处置工作。

二、精心组织,达到三个确保

由市交通局、国资委牵头,组织企业财产清理组,摸清企业资产,界定变现资产,进一步完善公司改制方案和职工安置方案。鉴于公司点多、面广、具有公益性、高风险性的特点,改制工作要精心组织,按三先三后的步骤进行:先外围,后城区;先副业,后主业;先注销老公司,后成立新公司。达到三个确保:即确保生产经营不停,确保生产经营安全,确保企业稳定。

三、严格程序,做到规范操作

(一)公司改制方案和职工安置方案须按规定报批,并经职工代表大会讨论通过后组织实施。(二)考虑到运输行业的特殊性,新车站及运输业的出售,可按协议方式操作。(三)其他资产特别是土地的出售,一律实行挂牌公开拍卖,政府土地收益先征后返,全额用于职工安置。(四)职工安置比照黄政发〔2002〕12号文件执行。(五)市交通局、市直企业改制工作组和汽运总公司要共同做好工行债务处理工作,市社会保险局要协调解决好离退休职工医疗保险问题。

四、加强领导,搞好部门配合

市交通局、国资委要加强对公司改制工作的领导。公司领导班子要讲党性、讲原则,扎实做好职工的思想政治工作,讲明政策,争取广大职工的理解和支持。市直有关部门要大力支持汽运公司的改制工作。鉴于公司过去为地方财政作出了较大贡献,目前职工多,包袱重,困难大,有关部门对改制过程中的各项收费要予以减免,收费标准比照市直其他破产企业执行。

2005年4月26日

黄冈市人民政府关于印发《黄冈市长江港口岸线管理办法》的通知

黄政发〔2008〕34号

各县、市、区人民政府,龙感湖管理区、黄冈经济开发区管委会,市直有关单位:

《黄冈市长江港口岸线管理办法》已经 2008 年 11 月 21 日市政府第 32 次常务会议讨论通过,现予印发,请遵照执行。

二〇〇八年十二月五日

黄冈市长江港口岸线管理办法

第一条 为保护和合理利用我市长江港口岸线资源,促进沿江经济发展,根据《中华人民共和国港口法》和《湖北省港口管理办法》等法律法规和有关规定,结合我市实际,制定本办法。

第二条 本办法适用于在本市范围内从事长江港口岸线的规划、利用、管理及监督等活动。

第三条 本办法所称长江港口岸线是指本辖区长江港口内自然或者经人工改造形成的用于建设港航设施或者其他生产经营设施所占用的特定水域和陆域。

深水岸线:是指适宜建设千吨级及以上泊位的长江港口岸线,含维持其正常运营所需的相关水域和陆域。

非深水岸线:是指适宜建设千吨级以下泊位的长江港口岸线,含维持其正常运营所需的相关水域和陆域。

第四条 市交通行政管理部门负责全市长江港口岸线管理工作,其所属的港航管理机构具体负责对全市长江港口岸线进行管理。

团风、黄州、浠水、蕲春、武穴、黄梅等 6 县(市、区)港航管理部门具体实施对本地区长江港口岸线管理,并接受市港口行政管理部门的业务指导。

水利、国土资源、环保、建设、规划等相关部门按照各自的职责,协同港口行政管理部门做好长江港口岸线的规划、利用、保护等管理工作。

第五条 开发利用长江港口岸线应坚持"深水深用、优岸优用、集约开发、开发利用与治理保护相结合"的原则,市港口行政管理部门在水利、国土资源、环保、建设、规划等相关部门的配合下,组织编制黄冈市长江港口岸线布局规划,由市政府批准后实施,并报省人民政府备案。

长江港口岸线布局规划是港口总体规划的重要组成部分,应与全省港口布局规划和港口总体规划以及辖区内的城乡总体规划、土地利用总体规划、水利防洪规划等相衔接。

第六条 港航设施建设或其他生产经营设施建设,应符合黄冈市长江港口岸线布局规划和港口总体规划。

申请使用长江港口岸线,应按照建设项目的设计规模、生产能力和投资强度等因素综合考虑,确保岸线资源的有效利用。

第七条 在长江港口岸线规划区内建设港口码头或其他生产经营设施需要使用长江港口岸线的按下列程序报批:

(一)申请人向港口所在地县(市、区)港口行政管理部门提出长江港口岸线使用申请,经县(市、区)港口行政管理部门对相关资料进行审核,报市港口行政管理部门;

(二)市港口行政管理部门初审,并征求市发展改革委、水利、国土资源、环保、建设、规划等有关部门意见后报省港口行政管理部门;

(三)省港口行政管理部门组织对使用长江港口岸线的合理性进行评估;

(四)对使用港口深水岸线的,由省港口行政管理部门征求省发展改革委的意见后,报国务院交通管理部门;对使用港口非深水岸线的,由省港口行政管理部门征求省发展改革委的意见后批准。

需要临时使用港口岸线的,应向港口所在地的港口行政管理部门提出申请,港口行政管理部门提出审查意见后,报省港口行政管理部门批准。

非港口设施占用长江港口岸线必须符合港口总体规划。

第八条 使用港口非深水岸线的申请人,必须提交下列材料:

(一)长江港口岸线使用申请书,包括使用范围、使用期限、使用功能等内容;

(二)法人证明及法定代表人身份证明;

(三)由法定机构审定的有关长江港口岸线地段的五百分之一至二千分之一的地形图;

(四)法律、法规规定的其他有关材料。

申请使用港口深水岸线的,除提交上述材料外,还应当提交项目可行性研究报告或者项目申请报告。

第九条 取得许可的长江港口岸线使用人,不得改变岸线用途,不得自行转让岸线使用权。如确需改变岸线用途或转让岸线使用权,需经原批准机关审批。

第十条 取得许可的长江港口岸线使用人,自许可之日起,在两年内未开发利用和未按批准用途使用的,由批准机关注销其长江港口岸线使用许可。注销后需要使用岸线建设原项目的,必须按规定程序重新办理岸线使用审批手续。

第十一条 在临时使用的长江港口岸线范围内,不得修建永久港口设施及永久性建筑物。

港口建设或其他生产经营设施建设需要使用被批准的临时使用的岸线时,岸线临时使用人必须限期撤出。

第十二条 本办法实施前已使用长江港口岸线的单位和个人,应参照本办法第八条提供资料,申请补办长江港口岸线使用许可手续。

第十三条 长江港口岸线使用期限不超过50年。长江港口岸线使用权年限期满,岸线使用人需继续使用的,应当在使用期满30日前依法办理延续使用的许可手续。

临时使用长江港口岸线的期限不超过1年,期限届满后,临时岸线使用人继续使用的,应当在使用期满30日前办理延续使用的临时许可手续。

第十四条 长江港口岸线使用权确定后,经营人的合法权益受法律保护,其他单位和个人不得随意靠泊、装卸和堆放货物。

黄冈市人民政府关于加快全市水运事业发展的意见

黄政发〔2009〕47号

各县、市、区人民政府,龙感湖管理区、黄冈经济开发区管委会,市直各部门:

为贯彻落实《省人民政府关于进一步促进全省水运事业又好又快发展的意见》(鄂政发〔2009〕39号)和全省水运发展推进会议精神,推动武汉新港黄冈港区和我市长江岸线资源开发利用与建设,促进水运事业更好地服务地方经济发展,现提出如下意见:

一、加强认识

黄冈在全省水路交通格局中具有重要的战略地位,拥有的长江岸线占全省五分之一强,但发展不够、优势不优仍是我市水运发展面临的主要问题和最大实际。加快水运发展,发挥水运优势,对推进黄冈"两型"社会建设,加快武汉新港黄冈港区建设,推动黄冈长江岸线资源新一轮开放开发具有重要意义。各地、各有关部门要充分认识加快水运发展的重要性,切实增强紧迫感和责任感,科学规划,明确目标,强化措施,形成合力,进一步促进全市水运事业又好又快发展。

二、明确任务

按照省委、省政府"两圈一带"发展战略,进一步推进黄冈长江岸线资源开发,加快构建黄冈综合交通运输体系。到2015年,基本形成我市"三纵(巴水、浠水、蕲水)一横(长江)"的干支畅通、高等级化的航道体系。基本形成以武汉新港黄冈港区(黄州唐家渡港区、团风罗霍洲港区、黄州张家湾港区)、武穴港区为重点,以浠水散花港区、蕲春港区、黄梅小池港区为支撑的功能完善、布局合理的港口体系,全市港口吞吐能力达到2600万吨。基本形成以江海直达船为主体,结构优化、船型标准的船舶运输体系,全市船舶总运力达到60万载重吨。

三、推进武汉新港黄冈港区建设

要依据武汉新港总体规划和专项规划,加快黄冈港区"一城两园"(黄州唐家渡港区的黄州临港新城、黄州张家湾港区的张家湾产业园和团风港区的团风产业园)的详细规划编制。做好黄州港区总体规划的修编和团风罗霍洲港区的规划编制工作。推进黄冈港区码头项目、临港产业项目、物流产业园项目、集疏运通道项目的建设步伐。

四、加快长江岸线资源利用与开发

岸线资源是有限资源、稀缺资源。要坚持治理保护与开发利用相结合的原则,认真贯彻落实《中华人民共和国港口法》《湖北省港口管理办法》《黄冈市长江港口岸线管理办法》和《黄冈市长江岸线资源利用规划》,建立健全港口岸线控制制度,集约使用岸线资源,加强规划的执行管理力度,对不符合规划的建设项目由相关部门,认真清理整顿。合理规划布局生活及工业取水口,实行集中取水、集中防治水污染,节约岸线资源。科学规划,合理利用资源,积极探索岸线资源有偿使用相关办法。各级政府要围绕岸线开发,制定沿江产业发展布局规划,重点抓好港口码头、临港产业、配套基础设施的建设,实现依港兴业、以港兴城。

五、加大港航建设力度

"十二五"期间,全市规划建设港口码头24个,计划完成港航建设投入8亿元。重点开发"三水",建设12大码头。通过疏浚,提高航道等级。巴河航道23公里、浠河航道22公里、蕲河航道20公里均要按三级航道标准进行疏浚;重点建设黄冈晨鸣林浆纸一体化码头、黄冈电厂专用码头、黄州禹杰物流综合码头、黄州楚江物流码头、黄冈国盛化工码头、黄州祥宏综合码头、团风罗霍洲综合码头、浠水散花综合码头、蕲春华龙国际物流码头、武穴件杂货码头、武穴亚东码头扩建、黄梅小池综合码头等12大码头,实现我市"干支相联、水陆联运、港站配套、结构合理、货畅其流、保障有力、管理科学"的水运体系。

六、多渠道筹集港航建设资金

各地要在积极争取中央、省关于现有船舶更新改造淘汰补贴资金、交通运输部专项补助资金和省政府水运事业发展专项资金的同时,积极探索多渠道筹融资体制,通过加大财政投入、盘活存量土地、招商引资、吸引本地社会资金等形式,大力筹措专项资金,加大对水运事业建设的支持力度,加快全市港航基础设施建设。

七、打造鄂东造船基地

要着力建设和培育两区三园,即,黄州船舶工业区、武蕲(蕲春至武穴)船舶工业区,团风船配工业园、浠水船配工业园、黄梅船配工业园。打造我市中小特种船舶制造基地、修造基地和船配基地等三大基地,逐步形成"一主二辅"(造船业为主、船配业和修船业为辅)的船舶工业发展格局,加快推进造船基地建设步伐。要全面贯彻落实交通运输部、财政部、湖北省人民政府《关于发布推进长江干线船型标准化实施方案的公告》(2009年第24号),继续实施船舶运力发展政策,积极争取中央和地方船型标准化政策引导资金,加快运力结构调整和老旧船舶改造,加快推进全市运力优化升级。

八、提高安全保障

认真贯彻落实《中华人民共和国安全法》和《中华人民共和国内河交通安全管理条例》,坚持以人为本,坚持预防为主、安全第一的方针,切实落实水运企业的安全生产主体责任和政府的安全监管责任。抓好重点水域、重点船舶、重点时段和特殊天气状况下的安全监管。各级政府要建立和健全快速高效的水上应急反应体系,加大对港口、航道公用设施建设的投入力度,将水上搜救经费和水上交通安全管理经费纳入本级财政预算。

九、加强组织领导

各县(市、区)政府要全力支持全市水运事业发展,研究制定水运发展政策与规划,协调解决水运事业发展中的重大问题,把水运工作,特别是长江岸线资源的合理利用与有效管理工作纳入重要议事日程。要加强领导,科学规划,推进项目建设,加快全市水运事业发展。

二〇〇九年十二月二十二日

市人民政府关于印发《黄冈市长江港口岸线管理办法》的通知

黄政规〔2016〕5号

各县、市、区人民政府,龙感湖管理区、黄冈高新区管委会、黄冈白潭湖片区筹建委员会,市直有关单位:

经市政府第87次常务会议审议同意,现将修订后的《黄冈市长江港口岸线管理办法》印发给你们,请遵照执行。

2016年7月14日

黄冈市长江港口岸线管理办法

第一章 总 则

第一条 为保护和合理利用我市长江港口岸线资源,促进沿江经济发展,根据《中华人民共和国港口法》和《湖北省港口管理办法》等法律法规和有关规定,结合我市实际,制定本办法。

第二条 本办法适用于在本市范围内从事长江港口岸线的规划、利用、管理及监督等活动。

第三条 本办法所称长江港口岸线是指本辖区长江港口内自然或者经人工改造形成的用于建设港航设施或者其他生产经营设施所占用的特定水域和陆域。

深水岸线:是指适宜建设千吨级及以上泊位的长江港口岸线,含维持其正常运营所需的相关水域和陆域。

非深水岸线:是指适宜建设千吨级以下泊位的长江港口岸线,含维持其正常运营所需的相关水域和陆域。

第四条 市交通行政管理部门负责全市长江港口岸线管理工作,其所属的港航管理机构具体负责对全市长江港口岸线进行管理。

黄州、团风、浠水、蕲春、武穴、黄梅等6县(市、区)港航管理部门具体实施对本地区长江港口岸线管理,并接受市港口行政管理部门的业务指导。

水利、国土资源、环保、规划等相关部门按照各自的职责,协同港口行政管理部门做好长江港口岸线的规划、利用、保护等管理工作。

第二章 港口建设及岸线管理

第五条 开发利用长江港口岸线应坚持政府主导、统筹规划、严格保护、综合利用、集约开发、合理高效使用的原则。市港口行政管理部门在水利、国土资源、环保、建设、规划等相关部门的配合下,组织编制黄冈市长江港口岸线布局规划,由市政府批准后实施,并报省人民政府备案。

长江港口岸线布局规划是港口总体规划的重要组成部分,应与全省港口布局规划和港口总体规划以及辖区内的城乡总体规划、土地利用总体规划、水利防洪规划等相衔接。

第六条 港航设施建设或其他生产经营设施建设,应符合黄冈市长江港口岸线布局规划和港口总体规划。

第七条 申请使用长江港口岸线的建设项目,需由项目所在地县(市、区)政府向市政府报送开展项目前期工作申请,市政府委托市交通部门提出意见,按程序报省政府,经批准同意后,方可开展项目前期工作。

第八条 在港口规划范围内建设的桥梁、船厂以及其他跨河、穿河、穿堤、临河的管线、缆线、取水、排水等设施需使用港口岸线的项目,水利部门审批前需征得市港航部门的同意。未按规定审批占用港口岸线的,依法追究相关责任单位及其人员的责任。

港口规划范围以外的建设项目,原则上各相关职能部门按照职责分工,简化审批手续,依法规范管理。对于港口规划范围以外建设的桥梁、码头、船厂项目,水利部门审批前需征求市港航部门的意见;其他跨河、穿河、穿堤、临河的管道、缆线、取水、排水等占用岸线的公益性基础设施项目,水利部门在从严控制的前提下进行审批,并报市港航部门备案。

第九条 港口行政管理部门对申请使用长江港口岸线的,应按照建设项目的设计规模、生产能力和投资强度等因素综合考虑,组织开展港口使用合理性审查,确保岸线资源的有效利用。

第十条 经省政府同意开展前期工作,在长江港口岸线规划区内建设港口码头或其他生产经营设施需要使用长江港口岸线的,申请人应向市港口行政管理部门提出申请,市港口行政管理部门对申请使用的岸线进行现场核查,核实申请材料,征求有关部门意见后,转报至省港航管理局。

经上级批准,取得港口岸线使用证和施工图设计批复后方可开工建设。

需要临时使用港口岸线的,应向市港口行政管理部门提出申请,市港口行政管理部门提出审查意见后,报省港口行政管理部门批准。

非港口设施占用长江港口岸线必须符合港口总体规划。

第十一条 使用港口非深水岸线的申请人,必须提交下列材料:

(一)长江港口岸线使用申请书,包括使用范围、使用期限、使用功能等内容;

(二)法人证明及法定代表人身份证明;

(三)由法定机构审定的有关长江港口岸线地段的五百分之一至二千分之一的地形图;

(四)法律、法规规定的其他有关材料。

申请使用港口深水岸线的,除提交上述材料外,还应当提交项目可行性研究报告或者项目申请报告。

第十二条 取得许可的长江港口岸线使用人,不得改变岸线用途,不得自行转让岸线使用权。如确需改变岸线用途或转让岸线使用权,需经原批准机关审批。

第十三条 取得许可的长江港口岸线使用人,自许可之日起,在两年内未开发利用和未按批准用途使用的,由批准机关注销其长江港口岸线使用许可。注销后需要使用岸线建设原项目的,必须按规定程序重新办理岸线使用审批手续。

第十四条 在临时使用的长江港口岸线上,不得修建永久性港口设施。

港口建设或其他生产经营设施建设需要使用被批准的临时使用的岸线时,岸线临时使用人必须撤出。

第十五条 本办法实施前已占用或使用长江港口岸线的非法码头设施,按照《省人民政府办公厅关于印发〈湖北省治理长江干线非法码头工作方案及联席会议制度〉的通知》(鄂政发〔2016〕11号)和《市人民政府办公室关于印发<黄冈市集中整治长江非法码头工作实施方案>的通知》(黄政办函〔2016〕2号)要求,分类进行取缔、规范、提升。

第十六条 长江港口岸线使用期限按国家相关法律法规执行。长江港口岸线使用权年限期满,岸线使用人需继续使用的,应当在使用期满30日前依法办理延续使用的许可手续。

临时使用长江港口岸线的期限不超过1年,期限届满后,临时岸线使用人继续使用的,应当在使用期满30日前办理延续使用的临时许可手续。

第十七条 长江港口岸线使用人使用岸线不得有损坏堤防设施、设置碍航设施等违反法律法规的行为。

第三章 法 律 责 任

第十八条 长江港口岸线规划建设和生产经营中的违法行为,法律法规有处罚规定的,从其规定。

第十九条 违反长江港口岸线规划建设港口、码头或者其他港口设施以及未经依法批准使用长江港口岸线的,由相关部门依法予以处理。

第二十条 对未经批准使用长江港口岸线的,各级港口管理机构不予核准进行水上水下施工和许可从事港口经营活动。

各级管理部门(机构)违反本办法,玩忽职守、滥用职权、徇私舞弊的,由其所在单位或上级主管部门给予行政处分。构成犯罪的,依法追究刑事责任。

第四章 附 则

第二十一条 全市内河、湖泊、水库等水域内的港口岸线管理参照本办法执行。

第二十二条 本办法自印发之日起施行,有效期5年。

二、文史选编

依托武汉城市圈的资源优势　构建黄冈高效畅通的交通网络

黄冈市交通局　万章热

省政府把加快"武汉城市圈"的建设和发展作为今年的重点工作之一,并提出了要以市场机制为主导,政府加强规划协调,加快形成武汉与周边8个城市产业合理分工布局,资源充分流动共享,基础设施一体共建,市场流通统一开放,城市格局各具特色的局面,大大提高武汉城市圈的经济一体化水平,推进武汉城市圈的工业化、城市化、市场化、国际化进程的指导思想。省政府的这一决策对于改变黄冈落后的交通面貌,充分接受武汉城市圈的辐射功能,推动黄冈经济快速发展具有非常重要的意义,围绕武汉城市圈建设总的指导思想,经过深入调查研究,就如何构建与武汉城市圈相匹配的黄冈高效畅通交通网络做一些有益的探讨。

一、构建黄冈高效畅通的交通网络在武汉城市圈建设中的地位和作用

1. 黄冈交通网络的集散疏运功能在武汉城市圈中的地位突出。黄冈东连安徽,北连河南,南与鄂州、黄石、九江隔江相望,西与武汉相邻。境内公路通车里程2.2万公里(在册里程8340.608公里),其中国道3条(G106、G318、G105),省道18条,县道64条,乡道672条,村道5281条,境内在册里程中,等级公路里程6126.6公里,等级公路比重73.5%,路网密度为47,93公里/每百平方公里。长江黄金水道在境内里程199公里,长江沿线拥有千吨级泊位210个,内河通航里程521.8公里,全市已建成一、二级客运站9个。在交通区域地理条件上,黄冈既是京九铁路与长江交汇处的"大十字"中心,同时也处在京九沿线及长江经济带开发区的主轴线上,承东启西,连接南北,得"中"独厚,特别是随着黄黄、深阿、合汉高速公路江北一级公路的建成,以及境内国省干线等级的全面提升,武汉能够通过黄冈高效快捷的交通网络,打通与上海、南京、合肥、九江等大城市的快速通道,加快武汉城市圈内的物流、信息流、资金流的流通。黄冈交通区域地理条件在武汉城市圈建设中的地位非常突出。

2. 黄冈交通网络内的经济腹地有利于武汉城市圈建设整合资源,优势互补,实现双赢。加快武汉城市圈的建设,必须要形成以武汉为依托,以武汉周边城市为支撑的多层次物流网络体系,黄冈交通网络经济腹地内有着丰富的农副产品以及矿产资源,因交通条件的改善,必将形成规模开发深度开发。通过与武汉物流网络的对接,能够整合黄冈资源,形成运输网络,优势互补,实现双赢。

3. 黄冈交通网络的提升联网,促进了鄂东中心城市群的崛起,加快鄂东经济圈形成,增强武汉城市圈发展后劲。武汉城市圈建设目标是国际大都市,它的形成必须要有一批特色明显,聚集、辐射功能较强的中心城市群作相应的支撑,而以黄州、黄石、鄂州三市为中心的鄂东经济圈,将随着江北一级公路黄标线、阳黄线按一级公路的标准建成,鄂东三市的中心城市群地位将会得到不断提升,而成为在武汉城市圈建设现代化综合交通网络中的纽带和核心,形成集公路、铁路、水路、航空四大运输通道于一体的交通新格局,对武汉城市圈的发展壮大将起到积极的推动作用。

4. 建成与武汉城市圈相匹配的黄冈交通网络,有利于黄冈接受武汉城市圈辐射,拉动交通网络沿线经济向一体化、社会化、现代化方向发展,实现与武汉城市圈的对接。黄冈与武汉交通网络的建成,能够使黄冈老区产业带的生成和发展,更好地接受武汉城市圈的辐射,诱发沿线的外向型经济,商业及旅游业等各类产业的崛起和产业群的聚集,促进沿线经济发展的一体化、社会化、专业化,形成横贯全市,气势恢宏的新生经济带。黄冈新生经济带的建成,将以巨大的生命力,反过来更好地服务武汉城市圈的建设。

5. 黄冈交通网络的形成,加速了黄冈小城镇发展,充实武汉城市圈的内涵和品位。发展小城镇,是带动农村经济和社会发展的一个大战略,黄冈土地面积1.74万平方公里,人口713万人,乡镇场124个,交通网络的形成,能加快调整农村的结构调整,带动沿线农村非农业产值逐年增加,农民增收,生活水平逐年改善,形成沿江城镇带、大别山腹地城镇带,柳界公路沿线城镇带,推进城乡一体的进程。巨大的农村消费市场的潜力将会得到挖掘,以农民整体脱贫为标志的农村经济大发展将逐步缩短黄冈农村与武汉城市圈的差距,充实武汉城市圈的内涵和品味。

二、构建黄冈高效畅通的交通网络的发展规划

党的十六大报告提出了全面建设小康社会的奋斗目标,按照 2020 年全面建设小康社会的目标以及武汉市城市圈建设的要求,黄冈交通按照构建高效畅通的交通运输网络的目标,拟定了三阶段即近五年(2003—2007 年)、前十年(2001—2010 年)、后十年(2010—2020 年)的发展思路、形象目标和建设任务。

21 世纪头 20 年,黄冈交通发展的总体思路是以"三个代表"重要思想和党的十六大精神为指导,按照"只求所在、不求所有"的交通发展新思路和"有事多干、有水快流"的交通改革建设新要求,和"提升等级、打通瓶颈、建成网络、发挥效益"的原则,着力构建"三心三化四带"的现代化交通网络,实现与武汉城市圈以及周边省市交通运输大通道的对接,即建成以黄州、麻城、武穴三市为中心的"三心"主通道、主枢纽。实现国省干线高等级化、站场智能化、港航效益化"三化"建设目标,形成以黄黄、深阿、合汉、江北一级公路为主轴的高速公路经济带;以国、省道建成一、二级公路标准为主干的干线公路经济带;以乡镇油路建成二、三级公路标准为支脉的县乡公路经济带;以村级公路硬化为标志的村级公路经济带,所有县市要在 1 小时内能够上高速公路,2010 年以前,全市交通公路运输与国民经济的关系由基本缓解向总体适应跨越,2020 年以前由总体适应向初步现代化跨越,力争建成交通强市,为全方面推动黄冈经济发展当好先行。

1. 近五年(2003—2007 年),构建与武汉城市圈对接的交通网络。近五年全市基本形成以黄冈市区、麻城市、武穴市三市为中心,以江北一级公路国、省干线公路为主骨架,实现全市 21 条国省道全部高等级化,市级通道,部分县市区出口路一级化,乡乡镇镇通油路,村村基本通公路的干支相连,连线成网,升级配套,服务上等的交通网络。至 2007 年,全市国省干线高等率达到 100%,县级公路路面铺装率达到 95%,乡道等级化比重达到 68.6%,通村公路路面硬化率 17.7%。

主要任务:新改建一级公路 110.1 公里;新改建国省道二级公路 457 公里;新改建通乡油路 820 公里;完成道等级路改造 355 公里;完成通村公路路面硬化 1000 公里;近五年公路建设总投资 37.69 亿元。

2. 前十年(2001—2010 年),构建与武汉城市圈相匹配的黄冈交通网络。近十年全市基本形成市级通道一级化,干线公路全部高等级化,县级公路全部二、三级化,乡级公路等级化比重达到 71.28%,村级公路路面硬化比重达到 24%,全市路网结构全面改善,路面质量和服务水平大幅度提高的交通网络。

主要任务:新改建一级公路 251.11 公里;新改建二级公路 457 公里;新改建三级公路 1209 公里;新改建四级公路 670 公里;硬化通村公路路面 2000 公里。前十年公路建设完成总投资 65.8 亿元。

3. 后十年(2010—2020 年),构建服务武汉城市圈的黄冈交通快捷通道。

后十年:全市实现市级通道和县市区有一条出口路一级化,平丘区县道全部二级化,重丘区县道二级化的比重达到 60%,乡级公路等级公路比重达到 85%,村级公路路面硬化比重达 37%的高效快捷的交通通道,服务武汉城市圈的发展需求。

主要任务:新改建国省道一级公路 268.41 公里;新改建县乡道二级公路 1131 公里;新改建县乡道三级公路 580 公里;新改建四级公路 710 公里;硬化通村公路路面 2000 公里;后十年分路建设总投资 74 亿元。

三、构建黄冈高效畅通交通运输网络的政策措施

21 世纪头 20 年黄冈交通发展任务相当艰巨,黄冈交通大跨越的发展将会对武汉城市经济圈的建设

黄冈交通运输志

起到积极的推动作用,为此加快黄冈交通规划的实施是加速武汉城市圈建设的必要保证和强有力的支持,构建黄冈高效畅通交通运输网络的实施中,必须要寻求政策支持。

1. 统一规划,实现交通基础设施一体共建。黄冈市21世纪头20年的"三心四化四带"的交通发展总体规划,在建设标准和规模上武汉市应该考虑武汉城市圈的需求,做到规划统一,标准统一,建设年限统一,管理统一。按照高标准、高速度、高质量的要求,实现武汉市与黄冈交通基础设施一体共建。

2. 搭建平台,建成武汉城市圈高效的信息网络。武汉城市圈的建设蕴藏了巨大的物流市场,按照现代物流的需求,武汉市应在武汉城市圈内搭建物流信息平台,通过信息网络平台,合理配置资源,尽快扩散到周边八个地区,充分发挥现有站场和社会资源的作用,大力调整"快货""快件"运输结构,帮扶黄冈发展适应现代物流的车型,加快黄冈运输结构的调整,尽快形成高效的物流信息网络,创造良好的经济效益和社会效益。

3. 以大带小,扶持列入武汉城市圈内的交通建设项目。武汉市应对纳入武汉市城市圈规则内的交通建设项目,如红安、麻城到武汉的一级公路,阳黄线一级公路等建设项目,在建设资金上给倾斜扶持,统一落实建设,以大带小,地方以优惠政策作为配套资金,加快武汉城市圈的主骨架建设.尽快发挥建成后的效益。

4. 加强引导,实现资源和市场配置的合理流动。武汉市应加强引导,打破地区封锁和地方保护,促进统一规范的道路运输市场的形成,清理并废除带有武汉市地方封锁和行政垄断内容的法规和规章,打击以任何名义设置的各种具有歧视和阻碍平等竞争的行为,实现资源和市场配置的合理流动。如黄冈市营运车辆大量外挂武汉市的问题,造成黄冈市交通规费大量流失,冲击黄冈运输市场,武汉市应按车辆户籍所在地予以清退。

省政府作出加快"武汉城市圈"建设的决策,对加快黄冈经济发展来说是难得的发展机遇,黄冈经济融入武汉城市经济圈全面吸纳辐射,必须要以高效畅通的交通网络作支撑,因此,加快黄冈交通"三心三化四带"网络建设是推动黄冈全面实现小康社会和武汉城市圈建设的工作重点的义不容辞的责任。

构筑畅通工程　促进旅游发展

黄冈市交通局　万章热　周银芝

"十五"以来,黄冈市交通建设在市委、市政府的正确领导和各部门的大力支持下,依靠各级政府,广泛发动人民群众参与交通建设,在抓好重点工程、干线路网、通乡油路和通村公路建设的同时,转变建设理念,规范建设管理,不断加快全市旅游公路的建设步伐,全市公路建设呈现良好的发展态势。截至2004年底,境内公路总里程达到22088公里,其中:国道3条336公里,省道16条944公里,县道63条1916公里,乡道672条5092公里,村道5281条13800公里。全市公路密度达到47.4公里/百平方公里,通乡公路路面铺装率达到100%,实现了乡乡镇镇通油路,27%的行政村通油(或水泥)路,97.4%的行政村通公路。

一、加快路网建设,为黄冈市旅游经济搭建新的平台

"十五"以来,黄冈市交通设施建设为推进黄冈旅游经济作出了不懈地努力,全市交通工作紧紧围绕市委、市政府提出的"赶超全省发展水平"这一目标,坚持以科学发展观统领交通工作全局,坚持"目标上靠、重心下移"的指导思想不动摇,突出发展抓建设,实现了交通物质文明、精神文明和政治文明协调发展,特别是路网建设实现新突破。五年来,全市交通基础设施累计完成投资46.2亿元,共新建、改建一、二级干线公路702公里,通乡油路1320公里,通村油路1843公里,新增通村公路1000公里,新增46个乡镇通油路,682个行政村通油路,468个行政村通公路。交通基础设施的建设完善,为全市的旅游经济发展提供了交通设施保障,对全市旅游经济注入了活力,主要表现在:

重点基础设施项目的建设为省市旅游经济构筑出新的平台。随着鄂黄长江大桥和江北公路先后建设并投入运营,基本实现了黄冈东与安徽、北与河南,南与九江、黄石、鄂州,西与省会武汉的全面贯通,凸现出黄冈交通的区位优势,为黄冈旅游的开发构筑出全新的平台。穿越境内一条黄金水道(长江),紧邻黄冈两座机场(天河机场、九江机场),三条铁路(京九铁路、京广铁路、合九铁路),四座长江大桥(鄂黄大桥、黄石大桥、九江大桥以及即将开工建设的鄂东大桥),五条高速(沪蓉高速、黄小高速和即将兴建的武英高速、大广高速和金麻高速),大京九与长江在此"十字交叉",使黄冈呈现出"承东启西、纵贯南北、得中独厚、通江达海"的区位优势。这些重要交通基础设施的建设和主骨架网的进一步完善,为开发黄冈的红色旅游资源、自然旅游资源和人文旅游资源开发提供了广阔的空间,对加快黄冈旅游业融入周边地区及武汉城市圈的步伐,促进全省及周边地区旅游发展具有重要意义。

干线公路上等升级为市区旅游经济构筑出新平台,黄冈境内19条国省道,近五年改造完善一级公路81公里,二级公路621公里,境内干线公路实现了全面提升,达到二级公路标准。按照辖区内县市连接高速公路的"半小时快车道"和县市通达黄州的"100分钟主通道"建设思路,形成对接武汉、联通县市、沟通邻省的开放型、全方位、立体式大交通网络,全面建设全市畅通、快捷、便利的现代交通网络,串连起境内的旅游资源和人文资源经济圈,形成旅游规模效应,串出一条条如大别山生态旅游线路、红色旅游线路和佛教文化旅游等精品线路,建立完善了全市境内的旅游循环线,充分发挥出县域之间旅游经济连动作用,同时也加强了圈内的物流、信息流、资金流的流通,为繁荣市县经济提供了交通保障。

县乡公路延伸为县域旅游经济构筑出新平台。按照"打通资源路,开发旅游路,激活地方经济"的思路,近几年,改造县乡公路1320公里,其中延伸、连接各类资源的公路达846公里,使以旅游资源为重点的各种资源开发逐步形成热潮,加快了资源开发,使贫困地区资源优势得到发挥。过去由于没有路,深藏于大别山区的瑰丽自然风光难以与世人见面。随着一条条县乡公路伸进红安县的天台山,罗田县的天堂寨、薄刀峰,英山县的南武当、桃花冲,浠水县的三角山,蕲春县的太平山,黄梅县的挪步园,团风县的大崎山,麻城市的龟峰,从而使这些藏在深山人未识的旅游景点名声大振,前来观光、旅游、度假的游客络绎不绝,旅游业迅速兴旺起来,也带动了第三产业的全面发展一条条县乡公路的建设,为乡镇和县城之间的经济交流,旅游、观光开创出一条条绿色"通道",极大地促进了县域经济的发展。

通村公路的建设为乡镇旅游和经济发展构筑出新平台。近年来,在省交通厅的大力支持下,在各级政府的正确领导下,在人民群众积极参与下,黄冈市通村公路建设呈现出强劲的发展态势,到今年底,全市将累计建设通油路1843公里,实现了682个行政村通油路,建设完成468行政村通公路。通村油路的建设,极大地加快了沿线群众奔小康的步伐,繁荣乡村之间的经济交流,几十年未出门大婶、大爷也常常乘车到乡镇、县城瞧瞧,中心村和乡镇之间经济往来频繁,促进了沿线乡村旅游经济发展。

便捷、畅通的交通。促进了旅游经济发展。交通网络的形成,促进了人民群众思想观念、思维方式和生活方式的变化,促进了信息和商品的交流,促进了人员、物质、信息和资金的大流通,更促进了旅游经济发展。一条条顺畅的公路把山区与外面的大市场连接起来,带来了干部群众的思想大解放,市场意识、开放意识明显增强。山区越来越多的农民冲破小农经济的束缚,自觉掌握新的实用技术,实行科学种田,逐步改变了单一经营农业、出售初级农产品的状况,走向市场,大力发展二、三产业,开展多种经营,初步摸索出了依靠交通、依靠市场、依靠科技,实现脱贫致富的新路子。农民在享受四通八达的交通网络时,纷纷在家门口开起了农家乐一日游、采茶乐等活动。

二、履行交通职责,服务旅游经济

打造高效便捷的交通运输网络,服务地方经济,是各级政府和交通部门职责,更是全面建设小康社会和构建和谐社会的必备条件。在抓好交通基础设施的建设同时,黄冈积极地将各个交通项目与地方的经济建设结合起来,使一条条公路、一座座港口码头、一个个客运站点紧紧围绕地方经济建设服务,为地方经济注入了活力,成为经济发展的驱动器,在支持旅游经济发展方面,黄冈较好地做了以下工作:

争取资金项目支持,为旅游景区打通绿色通道。旅游经济的发展,在很大程度上需要较好的交通条件作支撑,没有畅通公路,好的旅游资源也只能深藏大山中,不为人知,更不会变成财富。黄冈有丰富的旅游资源和人文资源,在交通设施建设方面,较好地争取上级部门支持,将公路、港口、码头、站场向旅游版块延伸,不断加强各景区的交通设施建设,提升了各景区品位。5年来,为旅游公路争取投入资金6亿多元,改建、改善山区和旅游公路1300多公里,修建了一批到罗田县的天堂寨、薄刀峰,英山县的南武当、桃花冲,浠水县的三角山,蕲春县的太平,黄梅县的挪步园,团风县的大崎山,麻城市的龟山,红安县的天台山等景点公路。在2003—2005年通乡油路55个项目831公里的总规模中,有20个项目432公里是通往各旅游区的公路,旅游公路里程占总规模的52%。

将通往旅游景点的公路纳入公路项目规划,并予以同步建设。在做好交通基础设施建设规划的同时,还在全市的《旅游规划》的基础上编制出《黄冈旅游公路规划》,将通往全市景点公路与景点开发有机结合起来,做到景点开发与公路建设同步进行,以最大限度的发挥投资效益,促进旅游经济发展,促进沿线群众增收。

严格项目程序,确保工程质量。在交通设施建设上,认真履行行业监管职责,坚持以质量、效益、安全为核心,对各个项目加大监督、指导、协调和服务力度,保证了交通建设的持续、健康发展。在各项目实施中,积极坚持推行项目法人制、招投标制、监理制和合同制,严格按《招标法》的要求,优选施工队伍,做到了严把"六关",即:设计质量关、招标关、材料质量关、设备进场关、试验和检测关、验收关。建立了一套较完善"政府监督、施工监理、企业自检"的质量保证和质量巡查体系。

三、再创辉煌业绩,共创美好明天

随着经济社会的发展,旅游经济在国民经济中所占的比重越来越大,黄冈市的旅游经济将迎来一个新的发展阶段。在这个朝阳行业中,交通部门将与旅游部门同心协力,为构建和谐黄冈作出贡献。

要加大与旅游部门的衔接和合作,做大做强黄冈市的旅游事业。围绕着做大做强黄冈市的旅游产业,一是要加大对全市旅游景点及景区公路的投入,进一步扩大景区规模。二是加大对全市旅游群的公路构筑,尽快实现各地的旅游线路串通,形成旅游规模效应,实现各景点互补,将旅游业向更深、更广的空间发展。

要突出重点,高标准制定"十一五"规划。坚持科学发展观,将旅游规划与交通规划紧密结合起来,高标准制定规划,高要求执行规划,全面实施品牌战略,着力打造旅游精品,实现区域合作,创建优秀旅游城市,提升黄冈整体形象,改善旅游交通条件,提高旅游经济效益。

要创新投资融资机制,实现旅游公路投资多元化。旅游业产出高、无污染,带动能力强,就业容量大,是各地竞相发展的先导产业。要通过市场运作,启动内力,借助外力,形成多元的投资开发格局,迅速将黄冈市的旅游资源优势转化为市场经济优势,充分发挥旅游产业效能。

构建综合运输体系　完善黄冈交通网络

黄冈市交通运输局　刘新华

黄冈是武汉城市圈和湖北长江经济带的重要组成部分,也是湖北大别山革命老区经济社会发展试验区的核心,在湖北省经济社会发展格局中具有举足轻重的地位。当前正处于工业化、城市化和现代化建设快速发展的新时期。特别是随着黄冈经济的快速增长,居民生活水平的不断提升,多层次、个性化的运输需求不断增长,如何按照适度超前的原则,统筹各种运输方式发展,构建便捷、安全、高效的综合运输体系,实现黄冈交通科学发展、协调发展、可持续发展,是当前黄冈交通运输部门研究的重要课题。

一、黄冈综合运输体系现状和存在的问题

近年来,黄冈采取了一系列的措施,加大交通基础设施建设,完善各种运输方式,随着黄冈长江大桥、武汉至黄冈城际铁路、黄鄂高速公路、黄冈大道、麻武高速公路、麻竹高速公路等一批重点交通项目开工建设,全市交通运输步入全面快速发展阶段。截至 2013 年底,黄冈已初步形成公路为基础、铁路为骨干、水运相配合、管道为补充的综合交通基础设施网络。其中:公路总里程达到 2.6 万公里,公路网密度达 149.1 公里/百平方公里。形成了"两纵三横"高速公路对外快速通道(高速公路密度为 2.9 公里/百平方公里,位列全省第二,已实现县县通高速),以普通国道、普通省道为骨架的干线公路和通达程度较高、覆盖范围较广的农村公路三个层次网络;境内已通车 4 条铁路,里程合计 415 公里,铁路站场 21 个;全市内河航道总里程 497.5 公里,通航里程 462 公里,共有 6 个港口,码头泊位 317 个,最大靠泊能力达 5000 吨;全市已建成鄂黄、鄂东、黄石、九江长江大桥和九江公路大桥五个过江通道;三个国家级输气干线穿越黄冈,境内全长 281 公里。客运运力规模和通达能力也不断提高,全市班线客运、旅游客车达到 6978 辆,货运车辆达到 24790 辆,全市客运班线总数达到 855 条,全市目前有 1 个一级车站,10 个二级车站,候车亭 2164 个、招呼站 2790 个;可通车行政村的通客车率达到 95%,初步形成了内联城乡、辐射省外的客货运输网络。

尽管黄冈交通呈现出了快速发展的良好态势,但与构建现代化的综合运输体系要求相比,还存在一些薄弱环节。

一是交通基础设施规模仍然不足。全市高速公路总量仍显不足。高速公路占公路总里程比重低于中部地区平均水平,离东部发达地区平均水平还有很大差距;国省干线技术等级偏低,影响了路网的通行能力和运输效率;铁路线路还缺乏与周边地区连接的铁路干线;内河航道和岸线建设相对滞后,岸线利用率仅为 31%,水运优势尚未充分发挥。二是运输通道布局仍然不够完善。南北向综合运输通道不足,主要依靠大广京九通道。沿江经济带与大别山经济带间联系不畅,制约了沿江地区发挥辐射作用;现有 4 条过江通道交通量较大,通道负荷重,过江通道能力还有待提高;目前黄冈部分县市间还没有直接相连的快速通道,县市之间交通联系还不够顺畅。三是综合运输枢纽建设相对滞后。全市运输站场规模不足,等级偏低,没有形成枢纽站;运输站场布局未能统筹考虑,衔接不畅,未能实现"零距离换乘"和"无缝衔接"。四是各种运输方式缺乏有效衔接。交通枢纽、都市交通与交通支线之间的衔接不够顺畅,各种运输方式之间尚未形成有用的配合,运输设施缺乏统筹规划,交通资源未得到充分利用。站场物流建设滞后,铁路、水运优势尚未有效发挥,多式联运难以展开,支线航空、通用航空亟待加快推动,综合运输结构还有待优化。五是运输服务水平和效率有待提高。全市公共客运服务水平还不高,客车整体质量不高,旅游客车数量偏少,客运班线设置不够合理,城乡客运市场发展不平衡,干支冷热不均,运输能力不能满足老百姓出行需求。道路货物运输规模化、专业化、组织化程度较低,规模化、专业化的运输企业较少,货运市场缺乏有效引导和监督。

二、黄冈综合运输体系发展面临的重大机遇

当前黄冈交通正处于建设综合运输体系的最佳历史机遇期,必须抢抓机遇,全力推进综合运输体系建设。

一是抢抓国家依托黄金水道、打造中国经济升级版支撑带的重大机遇。黄冈交通将依托自身独特的区位优势,牢牢抓住依托黄金水道、打造中国经济升级版支撑带的重大战略机遇,加快构建综合运输体系,进一步加快交通基础设施建设,打通沿江大通道、铁路大通道和水运大通道,设立长江中下游综合交通运输示范区,全力推进"水陆相通、江山互连、港站配套、循环成网",实现与皖江经济带、昌九经济走廊互通互连,努力打造成为推动"中三角"(长江中游城市集群)战略实施、推进中部地区城镇化的重要战略支点。

二是抢抓国家即将实施大别山革命老区振兴发展工程的重大机遇。今后一段时期,国家将继续加大对革命老区的扶持力度,大别山革命老区经济社会发展试验区即将上升为国家战略,国家发改委正在编制大别山革命老区振兴发展工程规划,将有利于进一步凸显黄冈在大别山区域综合交通网中的枢纽地位,加速构建贯通大别山区、高效连接周边城市和旅游景区的综合运输网络,全面提升黄冈综合交通运输能力和服务水平。

三是抢抓国家扶贫开发力度不断加大的重大机遇。随着国家扶贫开发力度的不断加大,大别山区在内的11个集中连片特困地区作为新阶段扶贫攻坚的主战场,黄冈市辖区内团风等六个县市属大别山集中连片特困地区范围。同时黄冈的大别山红色旅游公路集中连片扶贫开发理念在全国进行推广,拥有成功的经验和做法,将有利于进一步发挥优势,争取国家的政策和资金支持。

四是抢抓湖北建设"祖国立交桥"的重大机遇。2012年,湖北省提出了建设"祖国立交桥",加快建设全国综合交通运输的发展战略。黄冈作为"湖北东大门",是湖北省向东连接长江三角洲地区的必经之地,将进一步加快对接武汉,连接长三角,全面提升对外运输通道能力和等级,优化运输通道结构,为湖北中部崛起"立交桥"建设发挥东联西通、南接北达的运输通道作用。

三、构建现代化的综合运输体系的思路和主要任务

构建现代化的综合运输体系,既是一项复杂的系统工程,也是一项艰巨的目标任务,必须坚持以科学发展观为指导,按照"服务鄂东、对接武汉、连接长三角、贯通大别山"的发展思路,紧密结合黄冈市经济社会发展特点和要求,构建符合黄冈特色的综合交通运输体系。

1. 树立全新发展理念,科学谋划综合体系

必须以全新的理念为先导,科学规划黄冈综合交通运输体系,使综合运输体系的建设更加符合时代的特征,更加满足经济社会发展的需要,更加满足人民群众安全便捷出行的需要。一是树立科学规划的理念。科学的规划是加快综合运输体系建设的先导,也是优化结构的依据。必须结合黄冈交通现状科学编制综合运输体系规划,从运输系统整体效益最优的角度,认真研究和解决运输结构以及运输资源合理配置的问题。我市已委托交通运输部规划研究院编制了《黄冈市综合交通运输发展体系规划》,并正在跟踪国家跨江桥隧规划、国道线位布局规划等重大规划。二是增强综合交通的理念。目前我市公路、铁路、民航、长江航运仍分属不同部门管辖,交通主管部门缺乏强有力的协调管理机制,导致综合交通运输发展协调不力、效率不高、规划不统一,成为现代交通运输发展的障碍。我市将在国家推进交通运输大部制改革的基础上,在综合交通运输协调管理方面积极先行先试,为综合交通运输体系提供体制保障。三是强化生态环保的理念。切实增强绿色发展的理念,根据黄冈建设"绿色大别山"的发展要求,在综合交通规划中注重保护生态环境,整合并充分利用既有交通资源,注重建设的实际效果和服务功能,尽最大可能节约资源能源、保护生态环境,实现可持续发展。四是坚持以人为本的理念。构建综合运输体系从交

通运输政策和规划的制定开始,就应把群众对各种交通运输服务的需要,如安全、便捷、舒适、智能、公平等要素加以全面考虑,以便利的交通为人们提供更多的机会、自由和选择,使广大群众更多地享受到交通发展的成果。

2. 完善交通运输方式,构建综合运输通道

各种运输方式没有得到充分发展,建设综合运输体系只能是空谈。必须以加快发展为主题,继续推进各种运输方式完成大发展的过程,突出加快综合运输大走廊、大通道建设,形成黄冈综合运输网络的主骨架。一是加快推进重大交通项目的建设。全力推进黄冈长江大桥、武穴长江大桥、罗霍州大桥、棋盘州大桥等项目建设,进一步增加黄冈过江通道,提高过江通达能力;积极推进黄鄂高速公路团风段、麻竹高速公路、麻武高速公路等项目建设,加快推进麻竹高速延长线、蕲太高速公路前期工作,进一步丰富黄冈"三横三纵三支连"高速公路网;加快推进武汉至黄冈城际铁路建设、做好武汉新港江北铁路前期工作,谋划京九客运专线、黄冈至安庆城际铁路等铁路干线,形成黄冈快速铁路通道。二是加快构建内河航道网。积极争取国家将黄冈港纳入国家主要港口,依托武汉新港和武汉航运中心建设,加快临港新城综合码头、小池综合码头等港航项目建设,加大举水、倒水、巴河、浠河、蕲河、华阳河等六大水系建设,提高大别山内河航道网通达和快速疏运能力,全面提升内河资源性河流航道等级,促进沿江经济的发展。三是加快完善公路交通网络。继续推进黄冈大道、沿江一级公路、大别山旅游公路支线、各县市绕城一级公路、农村公路通村达组等建设,构建内畅外联、覆盖面广的公路运输通道。重点要加强对沿江经济带和腹地区域的交通联系,通过对国省道和重要县乡道改造升级,将大别山红色旅游公路和沿江一级公路连接成网。四是加快构建综合运输通道。要以高速公路、干线铁路、城际铁路、高等级航道为主体,建设能力充分、便捷高效的"四横四纵"综合运输通道("四横"为大别山、红安至麻城、黄州至英山、沿江综合运输通道,"四纵"为武汉至红安、黄州至麻城、武穴至麻城、黄梅至英山综合运输通道)。实现与周边省份、地区的多通道、多方式、高速、大容量的交通联系。形成高效连接沿江经济带、大别山旅游经济带的"江山连通网"。

3. 构建综合运输枢纽,提升交通运输效率

综合运输枢纽,是多种运输方式实现一体化发展的关键,是实现客运零换乘、货运无缝衔接的前提,是综合运输活动的指挥中枢、客货运输组织及中转换装基地。必须把运输枢纽提高到与运输线路同等重要甚至更为重要的地位来规划和建设。一是打造"一主两副多点"的综合运输枢纽总体格局。"一主"指黄冈核心区综合运输枢纽,涵盖黄州区、团风县和浠水县的巴河镇、兰溪镇和散花镇;"两副"分别指麻城综合运输枢纽和武穴综合运输枢纽;"多点"包括红安综合运输枢纽、浠水—蕲春组合型综合运输枢纽、罗田—英山组合型综合运输枢纽、黄梅—龙感湖组合型综合运输枢纽。二是加快客运枢纽建设。打造以"零距离换乘"综合客运枢纽为主体、单一运输方式客运站为补充的"以人为本、和谐出行"的客运枢纽系统。重点打造黄冈东站综合客运枢纽和罗田大别山支线机场综合客运枢纽,构建将公路客运、城际铁路客运以及城市公交在同一空间内统筹规划、有效匹配的公铁衔接型综合客运枢纽和航空与公路交通衔接的综合客运枢纽。三是加快物流站场建设。大力推进物流站场发展,加快建设一批综合性和专业性的重大物流园区项目。建设以黄冈武汉新港楚江物流产业园为核心的公水联运型物流站场、以黄冈东站物流中心为核心的公铁联运型物流站场、以大别山现代综合物流园为核心的公路物流站场,同时以铁路站场、公路运输枢纽、内河港口等为节点,建成运行高效、组织有序的运输枢纽站场体系,推进各种运输方式的有效衔接,努力提升黄冈市的集疏运能力。

4. 加快运输无缝对接,提高综合服务能力

构建能力充分、品质优良、组织高效、安全环保的道路运输服务系统,实行交通运输的"无缝对接""零距离换乘",为百姓提供方便、快捷、安全、环保的运输条件,是构建综合运输体系的最终目的。一是

推动多种运输服务方式的协同运转。充分发挥高速公路铁路超长途客运的优势、城际铁路大运能优势、水运大宗物资运输的优势,统筹公路、水路、铁路(城际铁路)和城市公交运输协调发展,积极推进各种运输服务方式的无缝对接,重点是建设武汉至黄冈城际铁路黄冈东站换乘中心,实现铁路、公路、公交和出租车的零距离换乘和无缝对接。二是推进客货运发展多元化。大力发展包车客运、旅游客运、精品班线、商务快客、短途驳载等运输效率高、通达度深的特色客运业务,进一步丰富道路运输客运服务品种,实现多品种经营、多站点运行、多密度发班、多渠道服务。积极发展甩挂运输、滚装运输、集装箱联运等先进运输组织方式,形成高效、可靠的综合货运体系。三是推进公交城乡一体化发展。按照公交优先发展的理念,建设多层次的公共交通服务网络。加快城际间道路客运一体化发展,巩固黄冈东线联营客运公交化模式成果,积极探索黄冈城区至周边城镇、临近县市的短途客运公交化发展模式。逐步开通黄州至各县市高速直达班车。继续探索"农村班车进城,公交客车下乡"模式,建立各县城与乡镇、乡镇与村、村与村相互连接为点的农村客运网络,提高行政村班车通达率。四是完善综合运输信息服务平台。加强部门协作,整合各种运输方式信息资源,尽快建成统一的综合交通运输公共信息服务平台,加快建设全市统一的综合客运信息服务系统和综合货运信息服务系统,为百姓提供准确及时的综合出行信息服务。

[原载于《湖北交通年鉴(2014)》]

情暖大别山　共筑和谐路

黄冈交通运输局　周银芝

滚滚长江水,巍巍大别山。黄冈位于湖北省东部、大别山南麓、长江中游北岸,京九铁路中段,是武汉城市圈成员城市之一,南与鄂州、黄石、九江隔长江相望,东连安徽,北接河南,为中三角之心。如今,黄冈的交通四通八达,水路通江达海,公路南上北下,铁路横贯东西,交通扶贫工作成果开始显现。

一、神奇秀美的黄冈

造化钟灵毓秀

地理构造多样,气候温润事宜,造就了黄冈丰富的物产,尤其是农产品。因此,黄冈有湖北的"米袋子""菜篮子",大武汉的"后花园"之称,无公害绿色农产品在湖北乃至全国都叫得响。罗田是全国板栗第一县,英山是全国名茶基地县,麻城是全国秸秆养牛示范基地,蕲春是全国著名的药市和中药材之乡,红安花生居湖北之冠。境内矿产资源丰富,已探明金属、非金属矿藏50余种。其中,石英石储量2亿吨,含硅量达99.8%,居全国第一;黄砂开采量达17亿吨,是长江中下游规模最大品质最优的黄砂基地;还有花岗岩37亿立方米,大理石10亿立方米。黄冈境内有一条长江、六大水系、百多个湖泊、千余座水库,全市水资源总量为106.7亿立方米,水电资源藏量33.4万千瓦,已开发水电装机容量17万千瓦。

黄冈境内分布着4个国家级和9个省级森林公园,山水秀丽,名胜奇多,不仅有海拔1729米、号称"中原第一峰"的大别山主峰天堂寨,还有"华中第一谷"的龙潭河谷,"大别山下小黄山"的薄刀峰等奇景。境内水系交错,湖泊相连,部分地区还有丰富地热资源,其中英山温泉水质、水量号称"全国第二"。风景区浠水三角山、麻城龟峰山、英山吴家山、英山桃花冲、武穴横岗山、蕲春三江、团风大崎山、浠水斗方山等常年绿意盎然、充满生机。

文化灿烂夺目

"惟楚有材,鄂东为盛",黄冈诞生了宋代活字印刷术发明人毕昇、明代医圣李时珍等彪炳千秋的历史名人,也诞生了地质学家李四光、爱国诗人(学者)闻一多、国学大师黄侃、哲学家熊十力、文学评论家胡风、《资本论》中译者王亚南等一批国家乃至世界影响力的当代名人。这里也曾有许多流传千古的历史故事,宋代文豪苏轼在黄州作一词二赋,徐寿辉反元称帝曾在此建"天完国",李贽客居麻城讲学著书,太平军转战鄂东等。

佛教禅宗文化是黄冈文化闪耀的一颗明珠,其建筑及诗、词、歌、赋、书、画丰富多彩,交相辉映。据《广济县简志》记载:"境内大小寺庙三百余座,倍于小学之多,故广济有佛国之称。"在国内享有盛名的是黄梅四祖寺和五祖寺,四祖道信、五祖弘忍均为中国佛教禅宗奠定了重要基础,五祖弘忍被誉为"中国化禅宗创始人"。该寺是禅宗五祖弘忍于唐咸亨三年在这里结庵而得名。五祖寺既是禅宗发祥地,又是游览胜地,许多高僧、诗人和画家慕名而来,品禅论道,赋诗作画,至今仍是日本和东南亚国家佛教人士朝宗的圣地。

黄梅县是黄梅戏的故乡,曾有"一去二三里,村村都唱黄梅戏"的说法。黄梅戏传至安徽后,乃风行全国,成为国家五大剧种之一。除黄梅戏外,鄂东地方还活跃着采茶戏、文曲、东路花鼓和楚戏等民间小戏。这些剧种别具韵味,在民间广为传唱,经久不衰。民间文学、民间美术、民间歌舞、民间器乐、民间武术等也十分丰富,这种传统乡土艺术,受到广大群众的喜爱。

红色旗帜飘扬

黄冈是红色革命圣地,是中共早期建党活动的重要驻地和鄂豫皖革命根据地的中心,诞生过红十五军、红四方面军、红二十五军、红二十八军等革命武装力量,发生过"黄麻起义"、新四军中原突围、刘邓大军千里跃进大别山等重大革命史事件。为共和国的缔造,黄冈先后共有44万儿女英勇捐躯,其中5.3万人被追认为革命烈士。在这片英雄的土地上,诞生了董必武、陈潭秋、包惠僧三名中共一大代表,董必武、李先念两位国家主席,林彪、王树声、韩先楚、陈再道、陈锡联、秦基伟等200多名开国将帅。

二、坚强不屈的筑路历程

新中国成立初期,黄冈交通闭塞,人民群众生活贫苦,联通内外主要靠水路运输,但水运有极大的局限性,受季节性影响时通时断,不能直接到达目的地,需要经过多次转运。公路通车里程少且等级低,供人们出行的多是羊肠小道,致使黄冈矿产、土特产等运不出去,外面的东西也进不来,物资极为匮乏,人民群众处于温饱线以下。

苦涩难忘的出行记忆

黄冈档案馆一份建国初期召开全区各县负责人会议的历史资料显示,参会人员到达黄冈行署开会乘车乘船路线一一规定,要求一县领导和另一县领导到达某一地点集合后再合乘车或乘船到达某地,又在某地和其他地方领导集中后再合乘车到达规定之细说明当时的干部作风很实很细,从另一个侧面又反映当时交通极不发达,要经过多次的换乘,历经数日才能到达。黄冈市交通运输局副局长吴秀梅接受《中国之声》采访时说了一段话:"我第一次去武汉花了多长时间?两天。我们坐在车上都是很怕很怕。一面是悬崖,车子慢慢地像慢牛一样爬坡,我们更担心的是这个车子一不小心掉下悬崖去。"可见当时交通状况。

"要致富,先修路",是黄冈老区人民的心声,深受出行之苦的老区人民急切地盼望打通这阻碍发展的"脑梗塞"。老区人民发扬"愚公移山"的精神,祖祖辈辈不屈不挠,为能尽早打开这通往外界的道路而不懈努力。但老区多为山区,高山峻岭,深河险谷,修路谈何容易。缺资金、没技术,更没有现代化的机械,只能靠"民工建勤",大搞人海战术,修筑简易的公路。"晴天一身灰,雨天一身泥",这是新中国建立初期道路状况的真实写照。据史料记载,新中国成立初期全区仅有公路254公里,且有的通车有的不通车,能通车的也是晴通雨阻。

随后随着"大办交通"热,交通建设有了较快的发展,但仍处于粗放型发展模式,没有一条高等级公路,没有一条铁路,也就没有了加快发展的快车道,经济建设受阻,和发达地区相比仍处于落后地位。黄冈11个县市中,仍有5个县市(麻城市、红安县、蕲春县、英山县、罗田县)属国家贫困县。

康庄大道的急切期盼

老区土地肥沃,物产丰富,不少物产被评为国家地理标志。然而多年来,老百姓只能自产自销,即使吃不了用不完只能烂在地里,成为名副其实的"烂货、贱货"。被称为"遍地是金"而深埋在地底下的矿产,也得不到开发和利用。这种深在闺中无人知的窘境,主要的原因是交通不便,即使想运出去也只能靠肩挑背驮,牛拖马拉,小批量种植,小批量生产,无法形成产业链深加工。有心改变这贫穷落后现状的企业家和老板,受制于交通的不便,也只能望洋兴叹。大别山老区就像"蒙尘的宝石、带泥的黄金,未雕琢的玉",亟待开发。

改革开放后,国家提出建设小康社会的奋斗目标,沿海地区经济得到快速发展,而老区由于基础薄弱发展仍处于起步阶段。看着沿海地区的人民逐步富裕起来,而自己仍挣扎在温饱线以下,老区人民更加热切地盼望修通出山之路,将散发着大别山灵气的物产销往全国销往世界,同时也想让领略大别山奇险峻的人们到这里做客,陶冶情操,释放激情。

三、精准扶贫攻坚战

黄冈人不想让薄弱的交通阻隔了他们与世界联系的梦想,不想被薄弱的交通挡住了经济社会发展的步伐。黄冈市坚持"政府主导、交通主力、地方主抓"的工作方式,努力实现"外通内联、通村畅乡、班车到村、安全便捷"的目标,在新阶段扶贫开发中,交通行业积极作为,当好先行。

规划引领　着眼全局

加强规划研究分析。结合"十二五"交通规划、国省干线调整规划,根据区域经济社会发展的需要,对接城镇、产业布局、旅游、园区等重要专项规划,按照轻重缓急处理的原则,加强市县对接,对扶贫规划内的项目逐个分析,因地制宜,循序推进,切实保障项目能落地实施。

优化农村公路网络。对横贯7县市(其中5个国贫县)惠及230万老区人民的黄冈大别山红色旅游公路整体规划,分县实施,主线462公里建设已全面完成。黄冈市又利用部扶贫规划中的210公里县乡道项目,规划建设一批近300公里红色旅游公路支线项目,依托大别山旅游公路主线,强化对区内及邻近重要景区和主要景点的连接,优化旅游公路网络布局。支线建设将带动83个乡镇,贯穿38个景区,惠及450万人民群众,力求打造成交通扶贫精品工程。

超前谋划完善体系。抓好公路规划的同时,同步规划水路、站场物流项目,编制了大别山内河航道网规划,以发挥水运优势。建立连村通组公路项目库,"十二五"后三年片区内6县市规划建设通村公路3000公里、农村汽车停靠点2260个,构建片区内综合交通运输体系。

狠抓前期　赢得主动

成立专班。市县两级交通部门成立了前期工作专班,落实专人和专项经费,建立项目前期管理责任制,明确工作要求和措施,明确关键环节时限,确保项目前期工作责任层层落实。

突出重点。对国省道升级改造等重点项目,按照"一个项目、一套班子、一个方案、一抓到底"的工作要求,实行重点推进,通过以点带面,促进前期工作的整体推进。跨县市的由市统一推进。

创新方法。将扶贫规划中的年度路面改造项目及县乡道、乡镇等级客运站等项目工可和土地、环评、水保等相关专题,分批次统一委托资历雄厚、业务精湛的设计单位和咨询单位打捆编制,既便于统一研究项目,也便于整体推进,有效节约了项目前期工作时间和经费。

交叉推进。积极加强与相关职能部门衔接和沟通,紧盯项目前期工作关键环节及手续,倒排前期工作计划,制订前期工作时间表,交叉推进项目工可报告编制、专题研究、勘察设计、项目报批等多个环节,争取时间,赢得主动,保障项目能尽早实施。

确保质量。在工可研究(特别是线路走向上)既尊重专家意愿,又听取地方党委政府和群众意愿。不断加大前期工作研究深度和广度,着力提高交通建设项目前期工作质量。在多措并举下,黄冈片区内扶贫规划632公里国省道升级改造和大中修工程、204公里县乡道和4个县级客运站、72个乡镇等级客运站、2260个农村汽车停靠点建设等项目前期工作已全部完成。

注重衔接提升效益。连续几年组织大别山区周边省市县召开交通运输发展对接会,加强协作联动,确保项目同步规划、同期建设。就扶贫项目新增国道G220麻城段建设,多次上门与河南省对接,取得了一致意见,避免了建设断头路。加强罗田县的松宜线、九瓮线等项目与安徽六安市的对接,英山县小白线等项目与安徽安庆市的对接,麻城市中项线、张黄线和红安县阳福公路、界七线等项目与河南信阳市的对接,提高了交通连片扶贫开发的整体效益,实现了片区内交通建设同步规划、同步实施、整体联动。

政府主导　交通主力

借势发力,形成交通扶贫开发的大气场。借助全国农村公路管理与养护现场会在黄冈召开和新一轮扶贫开发的机遇,争取地方党委政府主要领导重视支持,市委书记、市长亲自挂帅抓交通建设,坚持深入交通扶贫开发建设现场调研,定期组织召开协调督办会。相关职能部门各负其责,沿线乡镇成立协调工作专班,全力以赴为交通工程建设服务,全市上下形成了齐心协力抓交通项目建设的大气场。

整合资源,建立项目资金筹措的新机制。各级政府加大税费优惠力度,采取财政拿出部分资金、采用BT模式建设、成立交通投资公司划拨土地融资等方式解决建设资金难题,各县市先后成立或正在成立交通融资平台。红安县财政拿出现金6000万元,并划拨城区部分土地、房产资源,注册资金2亿元成立交通投资公司。团风县政府分三期向建设单位供地450亩用于开发,确保了罗霍洲大桥建设顺利推进。罗田县整合发改、移民、扶贫、城建等部门资金和从土地收益金中调剂等途径统筹解决交通扶贫项目建设。全市各级政府整合部门资源支持交通扶贫项目建设,项目建设涉及的税费能免则免,不能减免的按下限收

大别山红色旅游公路

取,征地拆迁实行属地负责,"五杆"迁移由各主管部门按施工要求负责搬迁。

大干快上,开创扶贫项目建设的新局面。交通部门干部职工充分发扬革命老区的不胜不休精神、大别山红色旅游公路敢为人先、克难奋进、凝心聚力的开创精神和科学严谨、求真务实、勇于担当的求是精神,发挥交通扶贫攻坚战主力军作用,攻坚克难,主动作为,坚定完成扶贫规划目标任务不动摇。加强项目建设的组织协调、检查督办和推动实施,分项目制订实施方案,全面加快国省道升级改造、路面改造和县乡道、站场建设。目前,全市扶贫项目已有3条一级路、15条二级路、7条县乡道、1个二级客运站和13个乡镇等级客运站、连村通湾公路等项目全面开工建设,实现了县县有战场、乡乡镇镇有现场的施工场面,交通扶贫开发的高潮正在全面掀起。

完善配套　提升服务

加快农村客运基础设施建设。加大县级二级客运站改造升级、乡镇等级客运站和农村汽车停靠点建设力度,大力推进农村公路安保工程建设,在全市每个乡镇每年建设一条生态文明示范线。

完善农村客运服务网络。积极探索"农村班车进城,公交客车下乡"模式,进一步完善以黄冈城区至各县市为骨干网,以大别山旅游公路为支线,以各县城与乡镇、乡镇与村、村与村相互连接为点的农村客运网络,提高行政村班车通达率,扩大农村客运覆盖面和服务范围。2014年全市新开通农村客运班线30条。

建立农村客运长效机制。积极寻求农村客运"开得通、留得住、有效益"的发展新路径,有效解决农村群众"出行难、出行贵、出行不安全"问题,努力实现城乡公共客运服务均等化,加快推进城乡一体化进程。各县市针对当地的经济发展和自然条件的实际情况,创新城乡客运发展新思路,因地制宜地发展多种多样的农村客运经营模式。英山县根据具体情况合理搭配热线、冷线,切实解决冷线、支线和边远山区乘客出行难问题。蕲春县鼓励农村客运公司对现有农村线路进行延伸,解决一部分行政村通客车问题,对偏远山区和人口较少的行政村实行区域经营和电话预约经营的模式。罗田县将全县农村客运划分为片,以中心乡镇为节点辐射和延伸至行政村,实现片区内"村村通客车",开创全县从"点"到"片"再到"面"的区域化开通客车的模式。

虹飞大长江,龙腾大别山。交通扶贫项目的快速推进,推动了区域交通协调发展,促进了各交通方式优化布局和紧密衔接,推动了综合交通运输统筹发展,加快了老区人民脱贫致富和经济社会发展的进程。因为路通了,"人间四月天,麻城看杜鹃"的游客增多,英山、罗田的茶叶和蕲春的药材等销量提高了,老百姓的生活真正富裕了。

四、逐梦"四个大别山"

红色大别山,绿色大别山,富裕大别山,发展大别山。"四个大别山"之梦,因交通发展而变得丰富多

彩，因道路的建设而不断延展。

经过几代人的努力，黄冈交通面貌发生翻天覆地的变化，交通运输事业取得巨大成就。特别是进入21世纪，黄冈交通更是迎来跨越式发展。过去，黄冈北有天堑长江，南有屏障大别山，交通不便，导致经济发展严重滞后。如今，随着"村村通客车"工程的实施，更是让城乡进一步融为一体，乡下人进城购物，城里人下乡看风景，都不再是"奢侈之旅"，家门口乘辆车便可到达。路网四通八达，客运日趋完善，让交通不便的记忆在黄冈人心中渐行渐远。

骨架干线高速化，交通运输体系立体化，则进一步将黄冈"带"进新时代。武英高速、武麻高速公路腾越黄冈大别山直插华东、京九铁路、黄黄高速、大广高速公路飞跨黄冈长江，联通东南沿海，黄冈长江大桥、武汉至黄冈城际铁路、黄鄂高速公路更是让黄冈快速融入大武汉"半小时经济圈"。驱车行驶在黄冈各地，纵横交错、四通八达、平坦通畅的公路，宛如一条条银色的丝带，把革命老区装扮得年轻而富有朝气。

2011年，大别山红色旅游公路竣工，这条横贯大别山腹地的公路，贯穿黄冈7县市，辐射5个国家级贫困县，连接5条高速公路、3条国道、7条省道、12条县道，把沿途23个乡镇的38个景点以及三大旅游区串联在一线上。红色路（以下简称红旅游路）改变了沿线山区230万农民的生活。沿线新村新貌赏心悦目，一个个集商贸、教育、餐饮、住宿、文化、娱乐等功能为一体的农村社区比比皆是。红旅路书写了黄冈旅游的传奇，沿线7县市的旅游人数年年递增，2013年达到1180万人次，收入达到62亿元，同比增长21%。

红旅路的建设只是黄冈"畅通微循环"的一个缩影。如今，黄冈路网微循环已经形成了"153090"的经济圈。（即：从县城到高速公路入口、到火车站、到港口码头均不超过15分钟；所有乡镇上高速公路不超过30分钟；从县城到黄冈市区、武汉，以及到天河机场和九江机场均不超过90分钟。）

神奇美丽的黄冈已揭开她神秘的面纱，将美丽绝伦的容颜展现在世人面前，正以海纳百川的胸怀迎接开放，迎接美好的未来。

五、扶贫造血奔富路

漫山遍野的经济林，规划有序的新农村，崛起的工业园，直观地展示大别山的变化。黄冈集中精力打造大交通，打通扶贫攻坚"血管"；大力发展新型工业、特色农业，推进红色文化、生态旅游等产业发展，增强片区"造血"能力；提高农民增收致富能力，加大生态建设与保护力度，推进体制机制创新。

前有江，后有山，历史上大别山区的贫困，根本原因是闭塞。如今的大别山区，不仅不再闭塞，而且成为中部的交通枢纽地区之一。2014年3月，全国农村公路建设与管理养护现场会在黄冈召开。参观大别山红色旅游公路时，国家交通运输部部长李盛霖说："一条路连接7个县市，非常壮观，令人振奋！"要想脱贫奔小康，公路尽早通村庄。李盛霖部长肯定了黄冈交通扶贫经验，他指出，农村公路建设要为实现其他扶贫开发目标创造条件。

交通好带来区位优。红安县新型产业园位于觅儿寺镇，2009年起步建设，仅用3年时间，已建成面积15平方公里，共计招商项目126家，协议投资额527亿元，被誉为老区发展工业的奇迹。分析这个产业园成功因素，毗邻武麻高速公路非常关键。从觅儿寺镇上高速到武汉三环，距离42公里，20多分钟就到了。

求实效，讲长效。近年来，大别山片区扶贫开发工作也在转型中创新。整村推进、产业开发，整合资源、合力攻坚。麻城市宋埠镇谢湖村，去年被列为黄冈市整村推进扶贫开发重点村。黄冈市一名市委领导带经信委、安监局等5个单位组成工作队驻点该村，对口帮扶。工作队不满足于简单的帮钱帮物，而是培植产业，引导全村农户发展大棚蔬菜500亩。5组村民谢自然听从工作队建议，筹资发展大棚4亩。建一亩大棚需7000元钢管，政府补贴一半。一亩大棚辣椒年纯收入15000元，比过去种棉花强多了。

搬迁、培训等管长远的扶贫方式受到片区县市重视。红安县出台政策，引导农户向小集镇和社区集中，降低农村基础设施建设成本。对严格按规划建房的农户，经验收后，县政府每户奖励1万元，政府贴息三年贷款1万元，户均享受配套建设公共部分一万元。红安华家河镇阳台山新村，位于红华公路旁，清一色的小三层新楼房分外惹眼。新村上百户人家，都是近年从山里搬迁下来的。村里建有广场，有卫生室，有自来水，出门就可搭汽车。麻城龟山镇石陂村，农户从山上搬到新村后，眼界开阔了，观念变了，一部分人转移到第二、第三产业，有的办养猪场、养牛场，有的经销板栗、药材。石陂的新村呈现集镇化发展态势，成为龟山一带药材、板栗集散中心。石陂村由过去有名的贫困村一跃成为麻城全市"十强村"。

雄关漫道真如铁，而今迈步从头越。黄冈优秀的交通人用汗水，让天堑变通途，旧貌换新颜，用赤诚，用热情诠释新时代的"交通精神"，在满怀希望"十三五"，黄冈交通人将发扬"克难奋进，不胜不休"的精神，跃马加鞭，创造更加辉煌的明天。

黄冈桥梁会战

湖北素称"千湖之省",江河纵横,湖泊密布,万里长江由西向东,千里汉江从北到南,全省有大小河流1000多条,长3500多公里。由于江河、湖泊多,公路桥就多、渡口多,修建公路就增加修桥建渡的困难。

新中国成立前,湖北公路虽然有1000多公里,修建了1940多座桥梁,计2.9万米,但多系临时性质旧式木桥或少数石桥木面桥,而且质量粗劣,承重量小,跨径都在10米以下,汽车渡口设施也极端落后,都是些破旧不堪的木质渡船,靠人力撑渡,只能一次装载一两辆汽车,那时无一段好路,无一座好桥,无一只好船,没有一处机渡,没有一座永久式的公路大桥。新中国成立后,公路几经改善,因先天不足,只能勉强通车,如遇大雨,常被洪水冲毁,渡运停止,交通中断,影响公路通过能力,人民迫切要求改善公路渡口桥梁。

1959年,湖北省人民委员会决定修建汉(口)小(界岭)公路黄陂城关大桥,投资86.46万元,由省公路局设计和施工,这是湖北省公路交通部门第一次自行设计、自行施工的公路永久性大桥,通车30余年至今质量完好。

1963年,改建岱家山大桥时,省人委考虑公路局的技术力量和机械设备等问题,难以承建这样复杂的工程,计划委托铁道部大桥工程局承建。因工程造价超出设计预算20多万元,无法解决,未能达成协议,只好自力更生,由省公路局组织设计和施工。当年8月,成立大桥工程指挥部,段国杰、吕兴三担任正副指挥长。在施工技术上,第一次采用蒸汽打桩机和插入式振捣器振捣混凝土,均获得了成功,为修建大跨径公路桥梁积累了经验。

1965年,为改建湖北公路桥梁,省里下决心安排100万元(又称百万工程)集中力量改造汉小线和东西湖孟路段中小桥梁。这样做也只能完成部分桥梁的修建任务,大部分桥梁无法改建,由于资金、材料设备和技术力量等因素,全省每年只能完成一二座大桥的修建任务,桥梁建设速度缓慢,不能适应公路建设发展的需求。

1963年8月,省长张体学在随县、应山、大悟、红安等地视察,亲临第一线,耳闻目睹,深有感触。他认为要改变湖北面貌,必须搞好交通公路建设,提出"依靠地方,依靠群众,国家扶助,勤俭建桥"的方针,拟在黄冈地区率先进行桥梁修建试点,废除木桥梁会战,争取用5年时间普及全省;3年内完成襄沙公路以东、后两年改造襄沙路以西地区的公路桥梁,先建桥梁,后修大别山腹地公路。修建的原则是:"先主要干线、后支线,先大桥、后中小桥。"实行民办公助,国家只拨三材;劳动力由地方安排,每工日国家适当补助生活费,每天补助1斤粮;筑路机械和拉术力量由省交通公路部门负责抽调;工程造价,按桥长每米补助1000元,大别山腹地公路每公里补助1万元。原则方案确定后,立即在麻城召开地县和省直有关部门负责人会议,张体学同志亲自主持。会上群策群力,拥护赞同,由于地方积极性很高,地县主要负责人亲自出征挂帅,有关部门积极配合,一场大办桥梁会战迅速在黄冈地区展开。

当时,根据规划在黄冈地区修桥梁88座,总长5880米,投资588万元。实际建成93座,共长5825米。资金由省财政和公路养路费分别负担,共同落实。省公路局行动很快,立即派遣第二勘测设队任桥梁设计任务。随后又派施工二队、三队和第一工程队部分施工力量,担任技术指导工作,还抽调机务人员和筑路机械到黄冈各工地配合桥梁施工。交通厅工程处技术人员也下派到施工现场。省里对这次桥梁会战很重视,省长张体学、副省长王海山点将秦忠同志专门抓这项工程,交通厅张进先、朱国华、谭振彪为主要力量抓施工。任务确定后,黄冈地区迅速作了部署,地县两级分别成立了建桥指挥部,配备了得力班子,凡抽调参加工作的人员,一律实行"三带"(自带工资、自带办公费、自带生活用具),指挥部不支付开办费,千方百计节约每一分钱,用于桥梁建设。民工自带口粮、自带工具、自带铺板,国家只补助生活费和粮食。并动员地区县物资部门清仓查库,把库存的钢材以及修桥能用的机械设备等,调集支援工地。

在任务重、要求高、时间紧的情况下,设计人员打破框框,大胆使用青年技术人员参加设计,根据当地地质特点,因地制宜,研究桥梁方案,同区县领导、社队干部、交通公路部门共同研究,实地选定桥位,制定技术措施。如柳子港大桥的桥位。该桥原为木架木面桥,始建于1937年,新中国成立前10余年里,前后毁修9次;新中国成立后因洪水冲毁亦有4次之多。这次改建在桥位选址上,设计人员反复调查,同黄冈行署专员马友才、新洲县副县长周振华以及社队干部,到柳子港实地勘察,最后确定在原老桥上游200米处,河床较窄,施工条件好,比较理想的桥位。建成后,至今未受洪水威胁。

在制定施工技术措施方面,改变了过去沉井加T梁的老办法,基础工程采用新推广的钻孔灌注桩。在钻孔遇到岩层无法钻进时,改用板凳式桥墩方案。在桥面设计结构上,采用空心板,既节约钢材、木料、又减少安装难度,这些技术措施,不仅加快了工程进度,保证了工程质量,降低了工程造价,而且缩短了工期,显示了新工艺的优越性。

为解决施工技术力量不足的困难,他们采用以点带面的方法,如首次使用钢筋混凝土空心板工艺没有经验,先到李集大桥工地培训,边观摩、边做边学,总结经验,提高技术素质。过去一个工程队,只承担一个大桥工程任务,而在这里施工,一个工程队同时承担五六个大桥的施工任务,繁重又艰巨,他们主要依靠骨干力量,以师带徒共同协作奋战。

在施工过程中,各级领导深入工地,大力支持工程建设,帮助解决施工中难题。李集大桥基础工程开钻,由于钻具简陋,人力不足,钻孔进度缓慢。这时,副省长王海山来到工地视察,要求水下基础工程必须赶在汛期前完成。新洲县政府立即增调劳力,由1个区承担改由5个区承担,上劳力2200人。并在技术上将内簧锥刀口由原来两口改为正反两口,上下两节改为一整节,半节轴心改为一通到底等,提高了工效,加快了工程进度,为汛期前完成水下工程,创造了条件。

黄冈县几座桥梁同时施工,因材料设备不足,他们集中力量先在上巴河打歼灭战,先建好上巴河大桥。紧接着将原班人马转移到但店大桥工地,由于把握了战机,一环套一环,昼夜施工,边钻孔、边灌注水下混凝土,终于抢在洪水前,完成钻孔灌注桩任务,仅用57天,全部完成大桥工程,每米造价700多元。

黄冈地区桥梁会战,注意桥梁建设速度,还注重工程质量和造价,坚持好中求快。上巴河大桥施工中,有两根墩柱和两根工字梁,拆模后发现混凝土有空洞,坚决推倒重来,做到"百年大计,质量第一"。当时,每米1000元造价是较低的。他们除节约多项开支外,施工中精打细算,大桥建成后,剩余材料转移到中小桥工程之用,使中小桥工程迅速开工。为节约材料,当时钢材极端困难,把水泥做成块状,再做孔式桥,如柳子港、红安一桥。各工地设立了废品收拣处,工人自觉地收拣掉在地上、水中的铁件、木材、工具、水泥纸袋等,一钉一木,千方百计厉行节约。黄冈地区的桥梁会战,经过一年的艰苦奋战,共计完成大中小桥150座,长8000余米,其中大桥21座,平均造价每米为800余元,多快好省地完成了建桥任务,为湖北省桥梁建设树立了典范。

(选自《湖北道路交通大典》)

对接大武汉　建设新黄冈

刘雪荣　陈安丽

2014年6月16日,这是一个值得铭记的日子。武冈城铁在这一天正式运行,黄冈交通区位格局在这一天被再次改变。

回望2002年鄂黄长大桥通车以来,老区黄冈不再被长江天险阻隔。时光荏苒,黄冈境内贯通六条铁路,飞架七座长江大桥,纵横七条高速公路。回望2011年大别山红色旅游公路通车以来,藏在深闺的大别山美景不再被高山阻挡,"多情大别山,风流看黄冈"给了外界多少惊喜！今天,750万黄冈老区人民翘首期盼的武冈城际铁路开通,这是我们开启新梦想的又一个起点！

拥抱同城新时代。武汉,九省通衢,中部政治、经济、文化、科教、创新中心,千万人口大城市。武冈城铁,把黄冈与武汉的时空距离缩短至28分钟,实现了黄冈与长三角高速轨道交通的无缝对接,与新丝绸之路的亲密牵手,为我们打开了融入外部市场、承接高端要素、吸引战略投资的开放开发之门,必将有力促进开创战略的深入实施、推进"双强双兴"再升级,加快"四个大别山"建设进程。与大武汉一起,同构水、陆、空一体交通大枢纽,同建中部产业、物流新兴大市场,同筑长江中游城市群,同频共振,正当其时。

推进产业大发展。黄冈,湖北东大门,武汉城市圈重要成员,面积占城市圈三分之一,人口占城市圈四分之一,经济总量居城市圈第二位,正迎来振兴发展"黄金期"。武冈城铁通车,对黄冈而言,既是机遇也是挑战,唯有主动应对、积极转型、强筋壮骨、错位发展,才能化挑战为新优势。扩大对外开放。我们将主动吸收扑面而来的新思想、新观念,自觉对接新主体、新市场,加快跨江合作、跨区合作,创新大别山试验区体制机制,创优投资兴业环境,在更宽领域、更高层次推动黄冈又好又快发展。加速转型升级。坚持"四化同步"发展方向,做大新型工业,做强特色农业,做优做特现代服务业,加快推进工业化、信息化、城镇化、农业现代化进程,大力推进绿色发展、循环发展、低碳发展。深化市校合作。继续加强与在汉高校、科研院所的战略合作,深入实施人才新政"黄金十条",加快建好"一园八基地",把黄冈建成武汉科技创新的实习实训基地、科研成果转化基地、科研平台延伸基地、高新产业合作基地和人力资源的教育基地。壮大产业集群。按照"建设大园区、培植大产业、开展大招商"的思路,着力培育农产品加工、生物医药、新能源、新材料、文化旅游等新兴支柱产业,加快建设北部红色旅游带、南部沿江产业带,在长江经济带新一轮开放开发中奋发有为。

构建大城"后花园"。黄冈,英雄的土地,绿色的王国,是中部重要的生态屏障,国家粮棉油生产基地。武冈城铁通车,为黄冈"兴文"带来重大契机。这里森林覆盖率达43%,山区县高达70%,是"中部之肺"。全市有4个国家级和9个省级森林公园,4A景区10家,绿色生态美不胜收。这里文化底蕴深厚,留下6000余个遗址,1600多位名人的足迹,多种文化交织碰撞。这里孕育了40个国家地标产品,数量居全国地市之首。依托资源优势,我们把文化产业作为科学发展跨越发展的战略制高点,突破性发展文化旅游业,大力创建中国优秀旅游城市、中国名人之都、中国最具人文价值城市和教育强市,探索实施大别山生态补偿机制,走一条绿色崛起之路,让更多的人来黄冈品特色美食、赏山水美景、享新鲜空气,构建中部大城市的"慢生活后花园"。

打造新型中心城。黄冈版图面积1.74万平方公里,辖10个县市区和1个国营农场,已实现县县通高速公路。武冈城铁通车为黄冈"兴城"插上腾飞翅膀。按照高规格推动、高起点规划、大规模投入、大产业支撑的思路,加快建设新城、改造老城、提升全城,突破性推进市区城市建设和管理。以"双十支撑、两区互动"为抓手,大力推进县市城区提质扩容。以"宜居宜业、城乡一体"为目标,加快实现城镇基本公共服务全覆盖。以"跨区合作、共建共享"为平台,创新推进临江四城等重点镇建设。以"全域规划、网格管理"为方向,全面提升城镇规划建设质量和水平,把黄冈建设成为现代化大城市和湖北省区域性中心城市。

对接大武汉,建设新黄冈,我们满怀信心,豪迈出发。

(刘雪荣:中共黄冈市委书记;陈安丽:中共黄冈市委副书记、市长)

(原载于《黄冈文史第十七期》)

变化最大最快是交通

黄冈市人大常委会 方银旺

若问这几年黄冈哪些方面变化最大,你可以数出很多,例如黄冈城区道路靓了、绿地多了、楼房多了高了,农村的楼房变多了,山上变得更绿了……这些都对,但我要说,黄冈这几年变化最大最快的是交通。

从全市范围来讲,武汉到上海(汉-沪)动车的开通,让我们与合肥、南京、上海等大城市的距离更近了;武麻高速、武英高速通车,标志着我市在全省较早实现了县县(市)通高速公路的目标,从英山到武汉只需1个多小时;大广北高速公路和鄂东长江大桥通车,让我们北上南下更方便;黄冈长江大桥和鄂黄高速公路通车,实现黄冈到武汉不超过半小时的便捷。

在交通上受益最大最广的是全市农村和广大农民。"村村通"工程的实施,让广大农民圆了千百年来企盼通公路的美梦,出行和商品流通更方便,成本更低。就拿我的老家来说吧。我的老家位于大别山腹地,本来就较偏僻,又加上响水潭水库的阻隔,出门十分不便,乡亲们戏称老家像"台湾";与我们一样困难的还有相邻的西城岗村。未通公路之前,乡亲外出靠步行,出售农产品、购买生产生活资料靠肩挑臂驮,十分艰难。记得当年在武汉上大学,每次返校都是凌晨三四点钟起床,吃了早饭后步行15公里到但店赶到团风的班车,晚上再坐(武)汉九(江)班的小客船,天亮时才到武昌,算下来要熬两个夜、花30多个小时。好在那个时候年轻,不觉得很累。实施"村村通公路"工程后,继我们村通修水泥路后,邻村的西城岗村也修通了水泥路,公路从我们老家塆子过,路通到了家门口。公路通了,故乡千百年来出门靠步行、买卖东西靠肩挑臂驮的历史宣告结束了。现在从家里到武汉可以朝出夕归。公路通了,致富门路也多了。附近塆子里家家买了摩托,年轻人有时相约出门,一列长长的摩托车队,威风凛凛,成了故乡一道靓丽的风景;一些原来打算盖楼房却因为公路未通拖运建材不方便的人家也迅速行动,买砖买水泥盖楼房。还有一些人家利用国家扩大内需、给予买小型客车者补贴的机会买车跑运输,小客车一天来回跑五六趟,车主服务态度好,只要一个电话预约,就按时赶到,给乡亲们出门回家和捎带少量货物带来了极大的便利。去年在老家过春节,看到一些在外地打工发了财的乡亲,开着自己买的小车回家过年,车牌有广东、天津、浙江、江苏等地的。一些在外工作者也开车回家探亲,过去花两三天才能办完的事,如今当天就可办完。这些在过去是不可想象的。

其实,交通通畅带来的远不止是出行的便捷,它对商品生产者致富增收带来了新的门路和希望,还为对外开放和信息交流提供了新机会。这也许可以印证人们常说的那句话:要致富、先修路。

和广大读者一样,我深知,交通能够出现日新月异的变化,除了党的政策好之外,这变化凝聚着广大交通人的心血和汗水。

交通,让生活更美好

黄冈市交通运输局 李绍友 许 磊

一条条银色的钢轨在鄂东大地上穿山越水,鄂黄大桥长虹卧波横跨长江,宽阔平坦的公路上如梭的车辆风驰电掣……一系列交通公路建设工程挥洒大手笔,物畅其流的繁荣再现鄂东。回老家团风回龙山探亲的美籍华人王正本先生,情不自禁地发出这样的感慨:"黄冈你变了,大路变得宽畅了,出行变得便捷了,景色变得优美了,土地变得富庶了……"

秉承以人为本、执政为民理念,黄冈交通,焕发出蓬勃的生机与活力。

让我们回放几个在黄冈交通史上永远定格的时刻。

镜头一:2009年4月16日,大广北高速公路建成通车

2009年4月16日,第一条穿越大别山腹地的高速公路——大广北高速公路开通运营。"太好了,企业进豫入赣太方便啦!"团风县开发区的戴辉是一家钢构公司的老总。过去他的市场主要在武汉,竞争非常激烈,利润微薄。大广北开通,通往河南、江西的时间大大缩短,他已着手在这两省设立办事处。

挺进大山,何止这一条?曾被大别山脉重重阻隔的黄冈,成为高速公路建设的新亮点。从2007年至2010年间,先后建成了大广北、武英、武麻三条高速公路。如今,已通车的大广北、武英、黄黄高速公路与武麻高速公路、合武快速铁路、京九铁路一道,俨如一名疾奔的健将,踩着天梯、张开双臂,将黄冈从群山中托起。黄冈,率先在全省实现县县通高速公路。

至此,全市构建起三横一纵"丰"字形高速路网,实现了县市城区上高速、到火车站"半小时快车道",县市到黄州、到武汉"90分钟交通圈"!

200多公里的长江黄金水道,7条高速公路、6条铁路、6座长江大桥,以及贯穿7县市大别山旅游公路,一线串珠的江北一级公路,黄冈初步构建起铁路、公路、水路纵横交错的现代化交通网络!

镜头二:2009年8月31日,黄冈大别山红色旅游公路开建

"民生就是最大的政治、改善民生就是最大的政绩。"市交通运输局党组书记、局长刘新华每年都在大会上与辖内县市交通运输局长签订交通建设目标责任书,强调把解决百姓出行难视作交通部门的天职,既抓高速公路、国省道重点项目建设,又抓通县、通乡、通村、通景点公路项目建设,以实实在在的交通成果富民惠民。

一条路就是一条串满着财富和发达的五彩链。英山县杨柳湾镇水口桥村村民徐北平以种植药材为生,多年以来,他都是一条扁担、两条腿,作为自己的交通运输工具。如今,一条柏油马路铺到了这个原本闭塞的小山村,他和村民们的生活因此改变。

自2007年以来,由市交通运输局承担的农村公路建设任务连续4年全面超额完成。截至2010年,实现了100%的行政村通油路(水泥路),95%的行政村通客车、100%的乡镇渡口达标。

2009年8月31日,总投资14亿元的黄冈大别山红色旅游公路开建。它连接大别山旅游经济带三大片区和大别山南麓重要景区,全长458公里,惠及红安、麻城、罗田、英山等七县市,连通沿线38个景点景区以及22个乡镇,惠及230万群众。2011年底可实现通车。届时,车行山间,但见层峦叠嶂,灵山秀水,峰奇谷险,宛如一幅中国传统水墨画卷徐徐展开。

来自旅游部门的情况表明:2010年,全市旅游人数突破818万人次,旅游总收入达44亿元,创历史新高。"公路提速了,客源多了,市场搞活了,这要感谢交通部门为旅游业的发展创造了良好的环境和机遇。"市旅游局负责同志深有感触地说。

镜头三：2010年2月8日，黄冈长江大桥开工建设

2010年2月8日，黄冈长江大桥开工建设。黄冈老区修建跨江公铁两用桥梁的梦想，这一刻终将成真。四年之后，巨龙般的城际列车汽笛长鸣，穿越长江，呼啸而过，武黄同城时代就此开启！这是我市交通在金融危机的滚滚寒流中带给人们的巨大惊喜！

自2008年开始，局党组书记、局长刘新华同志就带领工作专班跑省进京100多次，解决50多项前期工作难题，仅用16个月，完成了黄冈长江大桥前期工作，创造了国内重点工程前期工作的"黄冈速度"。2010年总投资92亿元的黄冈长江大桥、武汉至黄冈城际铁路、黄鄂高速公路三个项目全部实现开工建设。仅用128天完成了大桥2个主塔墩62根基桩施工任务，创造了国际同类桥梁建设的新纪录。

看似水到渠成的成果，包含着交通人多少深谋远虑的前期努力！

镜头四：2010年9月18日，撤除禹王收费站

2010年9月18日晚8时，我市南湖收费站禹王收费点（俗称禹王收费站）阳枫线车道正式停止收费。这是我市交通积极落实政府还贷性二级公路收费站撤除政策，一次性撤除境内10个收费站后，克服巨大困难，为方便群众的出行、优化发展环境付出的实际行动。

禹王收费点阳枫线车道，不属于政府还贷性二级公路收费站撤除政策之列。但由于其处在城乡居民频繁使用的区域，随着黄冈市区的北扩，市民要求撤除禹王收费站的愿望十分强烈。

然而，现实情况是：撤站给交通公路部门带来的还本付息的压力是巨大的，年还息缺口资金将增至2600万元！

为更好地方便人民群众出行，在面临巨大还贷付息压力下，市交通公路部门仍然克服资金、人员安置等困难，完成收费设施撤除工作，赢来群众交口称赞。

"好风凭借力，风正一帆悬"。黄冈交通大上项目、上大项目让人了然于胸；而对于在交通系统工作17年的市交通运输局党组书记、局长刘新华来说，更印证着他在交通领域以人为本、执政为民，谋大事、干大项目辛勤耕耘的脚印。他一心扑在事业上，全心用在发展上，坚持一手抓建设管理，一手抓廉洁勤政，交通建设、行业管理和服务水平都有了新的提高。市交通运输局机关连续两届荣获"全国精神文明建设工作先进单位"，荣获2010年度市直优质服务"十佳"单位（第一名）、政风行风民主评议执法类第一名等荣誉称号，全票通过市人大工作评议，成为市人大工作评议以来首家全票通过单位。

新的时代、新的跨越。交通，让生活更美好！

撰写《罗田四十年·交通篇》有感

作者　陈佩筠

卅年建设话交通,击节高歌造化工。
南北险峰通坦道,东西碧水架长虹。
平川兀坐驰如电,峻岭盘行疾若风。
游览一周山水秀,罗田旧貌换新容。

1989年5月1日(写于跨马墩审稿会上)

撰写《罗田县志·交通篇》有感

寒窗独坐苦耕耘,经纬洪汾撰史文。
上朔秦皇驰马道,下寻民国修兰滕。
重书改革富民路,特写运输创业军。
八达四通商贸畅,城乡经济日欣荣。

注:史料记载:秦始皇修驰道于吴楚之间;兰滕:即兰溪至滕家堡公路线。

1990年9月(脱稿)

撰写《罗田县交通志》有感(二首)

一

交通建设谱新篇,探古思今话昔年。
步辇肩挑攀险路,纤拉渡摆困河滩。
怨声载道鬼神泣,饿殍遗途鸟兽馋。
抬轿送夫徭役苦,登山犹比上天难。

二

盛世山河图画妍,交通面貌换新颜。
城乡拓建高标路,客货流通市井繁。
南北衢通江汉岸,东西练接楚吴间。
凿开封闭闯天下,海角天涯任往还。

1991年10月20日(《罗田交通志》初稿审稿会前写)

作《纤夫曲》自勉

纤绳荡荡诉凄凉,走过人间地狱殇。
号子声声萦五水,船歌曲曲绕三江。
穹隆作帐怜羁客,冷月为灯照棹郎。
度尽劫波人尚健,晚来风好再征舡。

苦　吟

痴人拙笔苦耕耘,写秃毛锥哪计辛。
一盏青灯宵达旦,十年面壁病加身。
路桥事业彪青史,名利功勋记众人。
字字行行心血注,效忠司马写乾坤。

作者简介：陈佩筠(女)笔名成君、茜草,湖北罗田县人,1941年出生。从1983年至1991年10月底,从事罗田县交通(史)志编写工作达8年。先后完成《罗田四十年·交通》(市委出版)、《罗田县志·交通》(1997年版)、《罗田县交通志》主笔主编,计50余万字。1995年获"全省交通(史)志编纂工作先进工作者。"1996年于罗田县道路运输管理局退休。退休后,重拾读书写作业余爱好,个人发表文学作品计120余万字,已结集出版《雪竹临风诗文选集》《茜草吟诗词专辑》《乡韵散文集》(武汉出版社出版)。曾任县《凤山》诗词楹联学会(社)常务理事,《凤声诗刊》编委,黄冈市《东坡赤壁诗词》学会《女子诗社》副社长,《漱玉诗刊》副主编;现为县《凤山诗词学会》、市《东坡赤壁诗词学会》、省《湖北诗词学会》会员,《楚凤》女子诗社会员;黄冈市《巴河文化学会》会员,湖北省作家协会会员。

三、主要参考资料

《湖北交通年鉴》(1987—2016年)
………………………………………………………… 湖北省交通厅　1987—2016年编制

《湖北省志·交通邮电》
………………………………………… 湖北省地方志编纂委员会　1995年3月　湖北人民出版社

《湖北水运志》
………………………………………………………… 主编徐诚　1996年10月　武汉出版社

《湖北公路运输史》
……………………………………………………… 主编涂前树　1996年11月　湖北人民出版社

《湖北的交通建设》
………………………………………… 湖北省交通厅　中共湖北省委党史研究室　1997年12月

《金路——湖北省黄(石)黄(梅)高速公路》
………………………… 湖北省黄黄高速公路建设指挥部　2000年9月　湖北科学技术出版社

《湖北道路交通大典(第一卷)》
………………………… 湖北省交通厅　湖北省炎黄文化研究会　2003年5月　湖北人民出版社

《湖北省情概览》
……………………… 《湖北省志》地方志编纂委员会办公室　2005年9月　崇文书局出版

《湖北道路运输志(1990—2005年)》
………………… 湖北省交通厅道路运输管理局　湖北省公路规费征收稽查局　2009年5月

《湖北交通大事记》
………………………………………………… 《湖北省志·交通》编委会　2009年12月编制

《湖北省志·交通》
……………………………………………………… 《湖北省志·交通》编委会　2010年9月

《湖北建设志》
………………………………………… 《湖北建设志》编委会　2009年12月　湖北人民出版社

《湖北公路志(1980—2005年)》
……………………………… 湖北省公路管理局　湖北公路史志工作编纂委员会　2010年

《湖北水运志(1980—2005年)》
………………… 湖北省港航管理局、地方海事局　湖北省水运志编纂委员会　2011年11月

《"十一五"湖北交通运输史料汇编》
………………… 湖北省交通运输厅《"十一五"湖北交通运输史料汇编》编委会　2012年

《湖北桥梁》
……………… 《湖北省志》地方志编纂委员会办公室　湖北省交通运输厅　2014年1月　中国文史出版社

《湖北县情》
……………………… 《湖北省志》地方志编纂委员会办公室　2014年12月　崇文书局出版

《湖北省湖泊志》
……………………………… 《湖北省湖泊志》编纂委员会　2014年12月　湖北省科学技术出版社

《湖北交通文化》
………………………………………… 主编尤习贵　2015年1月　人民交通出版社股份有限公司

《情系扶贫》——湖北四大山区连片扶贫开发新探索
.... 主编尤习贵　2015年11月　人民交通出版社股份有限公司

《湖北省交通统计资料汇编(1974—2015)》
.... 湖北省交通运输厅各年度编印

《湖北省公路养护建设统计资料(1974—2015)》
.... 湖北省交通运输厅公路管理局各年度编印

《湖北省水运统计资料汇编(1980—2015)》
.... 湖北省港航管理局、地方海事局各年度编印

《湖北省道路运输统计资料汇编(1990—2015)》
.... 湖北省交通运输厅道路运输局、物流发展局(征稽局)各年度编印

《湖北省高速公路电子地图统计资料2016(上下册)》
.... 湖北省交通运输厅高速公路管理局2016年编印

《湖北省高速公路建设实录》
.... 湖北省交通运输厅　2018年11月　人民交通出版社股份有限公司

《黄冈市志》(上下册)
.... 湖北省黄冈市地方志编撰委员会办公室　2004年10月　崇文书局

《蕲春县交通志》
.... 蕲春县交通志编纂领导小组　1989年3月

《黄冈地区水运志》
.... 主编张明　上海社会科学院出版社　1991年5月

《浠水县交通志》
.... 《浠水县交通志》编纂领导小组　上海社会科学院出版社　1993年9月

《黄冈公路史》
.... 黄冈地区公路史编审委员会　武汉出版社　1996年12月

《罗田县交通志》
.... 主编阎福金　罗田县交通局　2006年7月

《黄州区交通志(1988—2007)》
.... 黄冈市黄州区交通局　2008年11月

《黄冈道路运输志(1991—2005年)》
.... 黄冈市道路运输管理局处　《黄冈道路运输志》编纂委员会　2011年4月

《交通让生活更美好—"我看交通这几年"有奖征文集》
.... 黄冈市交通运输局　2012年3月

《黄冈文史(第十七期)》
.... 政协黄冈市委员会文史和学习委员会　中国文史出版社　2014年12月

《武穴市交通运输志(1912—2012)》
.... 湖北省武穴市交通运输局武穴市交通运输志编纂委员会　2014年12月

《公交开出新印记》
.... 湖北黄冈华兴公交有限公司　2016年1月

索 引

说 明

一、本索引采用主题分析索引法,按主题词首字汉语拼音(同音字按声调)顺序排列;首字相同的按第二字音序排列,依次类推。

二、主题词后的阿拉伯数字表示内容所在的页码。

三、序、凡例、大事记、概述只索标题。

主题词索引

数字首

105 国道(黄冈段)　42
106 国道(黄冈段)　44
318 国道(黄冈段)　46

字母首

A

安保工程　129
安全与房产管理(铁路)　340
安全监理　435

B

巴水航道　233
白小公路(白马石至小岐岭)　64
班车客运　144
班车线路　144
毕惠康　627

C

楚国东行道　36
产权制度改革　572
长江大桥　87
长江干流航道　227
长江干流航道整治　239
长江航道管理　440
长江干线港口管理　455
长航企业　608
长江客运航线　285
长江支流航道　231
长三线(长岭关至三里畈)　52
车务段　579
车辆购置附加费　463
车辆监理　436
车辆监理及公路规费机构变革　355
成人教育　518
城市客运　196
出租车客运　210
出租车管理　213
出租车及公交企业　588
畜力车运　134
船舶管理　446
传统水运工具　278
船员管理　448
船员培训　508
船闸建设　248
创建全国文明单位工作领导小组　549
从业资格证管理　433

D

大事记 1
大巴线(大埠街至巴河) 62
大别山旅游公路主线 71
大办钢铁运输 190
大件运输 297
大桥(高速公路) 93
大桥(普通公路) 97
党群工作及精神文明建设 519
党务工作 521
党的组织建设 521
倒水航道 231
道路安全事故管理 438
道路运输 131
道路运输管理 429
道路运输管理机构 394
道路运输管理机构改革 352
道路运输管理和公路规费征稽部门信息化建设 497
道路运输协会 545
道路运输企业 579
地方航道管理 440
地方港口企业 596
地方港口管理 457
地区直属船厂 614
渡口设置(汽车) 112
渡口选介 113
渡运费(车渡) 114
渡运(旅客) 304

E

鄂君启建商道 35
鄂东长江公路大桥 89
鄂东公路管理机构 386
鄂黄长江大桥 88
鄂黄长江公路大桥管理局 413
鄂黄长江公路大桥路政安全管理处 416
鄂黄长江公路大桥超限检测站 416
二级公路收费站 472

F

附录 649
方团线(方高坪至团风) 58
房产管理(铁路) 342
非列养公路管理 118
非机动车 137
非机动车营运管理 141
方中立 631

G

概述 21
G50 沪渝高速公路黄冈段 39
G42S 武英高速公路黄冈段 39
G45 大广北高速公路黄冈段 40
G42 武麻高速公路黄冈段 40
G70 福银高速公路黄冈段 40
G4213 麻安高速公路黄冈段 41
GBM 工程 125
干支分养 116
干支合一管理 117
港口 251
港口历史沿革 251
港口生产 269
港埠企业 596
港口装卸量 275
港口管理 455
港航安全管理 449
港口岸线管理 458
港口普查 459
港务费 477
港航信息化建设 498
岗位培训 504
各县市区公路管理机构 390
各县市区道路运输管理机构 396
各县市区水路交通管理机构 403
各县市区交通物流发展局 411
高速公路 39
高速公路管养 120
高速公路桥梁 91

索引

高速公路隧道 112
高速公路收费站 469
公交客运 196
公交线路 196
公交设施 208
公交企业 591
公路客运 144
公路管养体制 116
公路绿化 126
公路管理机构改革 350
公路企业 620
公路建设企业 621
公路经营企业 623
公路建养企业改革 577
公路费征收稽查与交通物流发展机构 406
公路运输管理局(处) 394
公路路政管理 424
公路规费征稽 460
公路养路费 460
公路通行费 467
公路工程技术 483
公路信息化建设 497
公路科研项目 485
公路学会 545
公路建养企业改革 577
工会 532
工会活动 534
工人技术考核 506
工人技术培训 507
工业学大庆运动 549
共青团 541
共青团活动 541
古桥 79
古桥选介 80
古代道路 35
古代驿运 135
古代人行渡运 304
官道运输 134
广济内河航道 236
管理职责(驾培) 220

国道 42
国有汽车运输企业 579
国营汽车修理厂 593
郭鼎存 626

H

海损事故 454
航道整治 239
航道 227
航道管理 440
航道设施 245
航政海事管理 446
航道养护费 476
航政费 478
行业管理单位 386
行业车队及集体运输企业 583
行业车队 583
合资及民营运输企业 585
合资企业 585
合九铁路黄冈段 316
合武铁路黄冈段 316
合九铁路站点 326
合武铁路站点 326
合肥车务段 334
红熊公路(红安至熊河) 64
红安县交通行政管理机构 363
湖北城际铁路有限责任公司 343
湖北省交通厅汽车运输管理局黄冈分局 579
湖北省交通运输厅黄黄高速公路管理处 390
湖北黄黄高速公路经营有限公司 621
湖北大广北高速公路有限责任公司 622
湖北黄鄂高速公路有限公司 622
湖北鄂东长江公路大桥有限公司 622
湖北交投鄂黄长江公路大桥有限公司 622
湖北高发楚东高速公路有限公司 623
湖北交投高速公路黄冈服务区管理中心 623
湖泊、支流、水库航线 289
后记 693
黄州府主要驿道 37

黄冈交通运输志

华阳河水系内河航道　236
黄州港　251
黄冈国力公路发展有限公司　624
黄梅内河航道　237
黄梅港　265
黄界线(黄梅至界标)　60
黄冈专员公署交通局　356
黄冈地区革命委员会交通邮政管理局　356
黄冈地区行政公署交通局
(黄冈地区交通局)　356
黄冈地区航务管理局船员培训中心　515
黄冈市铁路经济建设办公室　359
黄冈市公路规划勘测设计院　620
黄冈市楚通路桥工程建设有限公司　620
黄梅县交通行政管理机构　377
黄州区交通行政管理机构　359
黄冈市直交通系统基层党组织建设　521
黄冈市交通运输局龙感湖分局　380
黄冈市港航管理局、地方海事局　400
黄冈公路规费征收稽查机构　408
黄冈市公路管理局　387
黄冈市交通物流发展局　410
黄冈客运管理机构　414
黄冈市交通基本建设质量监督站　415
黄冈市汽车战备渡口管理处　389
黄冈市汽车运输总公司　580
黄冈交通学校　515
黄冈市交通局直属单位老年人体育协会　546
黄冈至黄梅铁路　318
黄挪公路(黄梅至挪步园)　65
黄土线(黄陂至土岗村)　47
货运车辆　179
货运站场　181
货源流向　183
货运管理(道路)　435
货运附加费　465
货运量　186
货运站及物流服务　221
货运站场　181
货运价格　188

货物运输(道路)　179
货物运输(水路)　293
货物运输(铁路)　329

J

机动车　138
机动车营运管理　142
机动车维修　216
机动车性能检测　218
机动车检测管理　218
经营机制改革　570
集体企业修理厂　594
纪检监察工作　528
驾培管理　220
驾培收费　221
驾校培训　510
检测站设置　218
简佐国　632
建桥技术(古桥)　79
建桥资金(古桥)　79
建设管理　421
建设规划　421
江海直达运输　296
江岸机务段麻城折返段(铁路)　337
江岸车辆段(铁路)　340
江北铁路黄冈段　317
交通管理　419
交通行政管理机构　356
交通建设与路政管理　421
交通体制机制改革　347
交通管理站历史沿革　381
交通规费征收　460
交通科技与教育　481
交通科技　483
交通工业新技术　492
交通信息网络工程　496
交通环境保护　500
交通教育扶贫　506
交通部电视中专黄冈工作站与定向中专班　518

交通职工思想政治工作研究会　545
交通系统精神文明建设协调委员会　548
交通副高以上技术人员表　644
交通局精神文明建设领导小组　548
交通局机关党组织沿革　521
交通企业　567
交通企业改革　569
节假日运输　175
精神文明建设　548
精神文明活动　549
技术监督　499
军事运输　134
军事渡运　312
经营许可证管理　429
经营机制改革　570
京九铁路黄冈段　315
京九铁路站点　323
举水航道　232

K

抗日战争期间运输　139
抗洪抢险运输　191
开停业管理　430
科技成果　483
客运站(公路)　162
客运车辆　169
客运量　172
客运价格(公路)　173
客运基础设施(水路)　291
客运票价(水路)　292
客货运输(水路)　278
客货运输管理(道路)　433
客运管理(道路)　433
客运(铁路)　327
客运站点(铁路)　323
客运附加费(公路)　463
跨江建筑　250
跨省货运线路(公路)　184
会计学会　546

L

沥青路面　123
历年获奖先进单位(集体)一览表　556
廉政建设　528
廉政教育　529
"廉政阳光交通"建设　531
莲龙公路(莲花桥至龙坪)　66
列养公路管理　117
零担运输　192
芦总公路(芦柴坳至总路咀)　66
路线(铁路)　315
路面养护　121
罗兰线(罗田县界河大桥至浠水县兰溪)　51
罗田县交通行政管理机构　366
路政管理体制　424
路政管理机构　425
路政管理措施　426
旅客运输(水路)　285
旅游公路　71
旅游公路支线　73
刘恭寿　628
李庆荣　633
刘雁坤　633

M

马天公路(马蹄山至天台山)　65
麻城车务段　332
麻武联络线站点　325
麻城工务段　334
麻城电务段　337
麻城通信段　338
麻城给水电力段　339
麻城市交通行政管理机构　364
麻新线(麻城至新桥)　54
茅横公路(茅山至横车)　65
梅武线(梅川至武穴)　53
煤炭运输　192
民国商办企业　586
民营企业及个体户　585

民营企业及个体户修理厂　594
摩托车运输　193

N

泥结碎石路面　121
农村公路　74

P

培育养护市场主体　577
普通公路桥梁　97
普通公路隧道　112
普法教育　503
普通中专学历教育　517

Q

七黄公路(七里坪至黄陂站)　65
企业改革　569
企业管理体制改革　569
清初各县主要驿道　37
蕲龙线(蕲州至龙感湖管理区)　56
蕲州至刘佐沿江一级公路　63
蕲水航道　235
蕲春港　262
蕲春县交通行政管理机构　373
汽车维修行业管理　217
汽车修理企业　593
其他局直单位　413
秦汉驰道　36
桥隧(铁路)　318
全面养护　125
群团组织　532
漆少川　630

R

人行干道　35
人力运输　133
人畜驮运　134
人才培养　501
人物　626
人物传　626

人物录　636

S

S29 麻阳高速公路麻城至武穴段　41
S31 黄咸高速公路黄冈段　42
商办及股份制运输企业　586
上砂线(上巴河至砂子岗)　55
省道　47
胜麻线(胜利至麻城)　62
市属出租客运企业　588
市级交通行政管理机构　356
市场管理(交通建设)　422
市场管理(水路管理)　445
水毁修复与防治　127
水路运输　225
水路运输工具　278
水利工程运输　190
水运企业　596
水路运输管理机构　399
水路运输管理机构改革　353
水运规费征稽　475
水路运输管理费　475
水路客、货运附加费　478
水运技术成果研究　491
宋长线(宋埠至河口)　59
索引　685
思想建设　525
苏区支前运输　139
隧道(公路)　112
隧道(铁路)　321
沈清海　635

T

桃白公路(桃树至白莲河)　66
特大桥(高速公路)　91
特大桥(普通公路)　97
特殊客运　177
特殊货运　192
特种专用船　284
铁路管养　332

铁路建设单位 343
挺进大别山运输 140
团风县交通行政管理机构 362
团风港 258
投融资体制改革 347
推行"事企分离" 577
陶述曾 633
陶维革 634

W

危险货物运输 193
文明创建活动 550
"文明礼貌月"活动 549
文史选编 658
武昌东车务段 333
武冈城际铁路站点 327
武汉通世达公路物资有限公司 623
武汉动车段 334
武汉高铁工务段 337
武汉新港江北铁路有限责任公司 344
武穴长江公路大桥 91
武穴港 254
武穴至湖口河段 228
武穴市交通行政管理机构 375
"五讲四美三热爱"活动委员会 548
物流服务 222
王宜顺 629
汪进先 632
王久经 635

X

先秦道路 35
西塞山至武穴河段 228
浠水航道 234
浠水港 260
浠水县交通行政管理机构 371
下蕲线（碾下村至蕲州） 54
先进人物一览表 640
现代民间运输 137
现代客轮 280

现代货轮 282
现代旅客渡运 306
现代车辆通行费 468
现代民营企业 616
行政许可管理 429
现代股份制企业 586
县道 63
县属国有运输企业 581
县级水运企业 609
县属船厂 615
县市出租客运企业 589
县市区交通行政管理机构 359
乡镇交通管理站 381
乡道公路 74
乡镇交通管理站设置 382
新中国成立前的水运管理机构 399
新中国成立后的民间运输管理机构 399
信息化建设 496
熊许线（熊家垱至许家岭） 56
修理能力 216
修造船型种类 612
学校教育 515
学术团体 545
解继禹 626
熊世菩 632
熊武阶 634

Y

阳逻至西塞山河段 227
阳福线（阳龙口至福田口） 48
阳枫线（团风镇举水河桥至鄂黄长江大桥） 49
养护机械 124
养护机电管理 334
一级公路收费站 471
英山县交通行政管理机构 368
营运管理（水路） 444
营运管理（民间运输） 141
运输工具 137
运输管理费 465

运输辅助业　216
运输指挥部　394
运输市场管理办公室　394
叶宏映　628
袁金岭　629
郁焕成　631

Z

造船企业　612
渣油路面　122
张胜公路(张家咀至胜利)　64
支前运输　139
支援渡江运输　140
支流航道整治　240
支流、内湖港口　267
职工教育　501
职称评定　501
质量管理　423

直属单位党组织沿革　521
中项公路(中馆驿至项家河)　63
中大线(中界岭北至黄石大冶)　50
中小桥　110
专用公路　77
主要航道　228
助航设施　245
专项货运　190
装卸搬运　269
装卸搬运管理　142
组织机构　548
重要文件选编　649
主要参考资料　683
抓好改革配套　578
张昌藩　629
赵可发　632
周启望　634
左建文　636

后 记

《黄冈交通运输志》修编工作于2012年6月开始谋划、启动,至2020年12月出版,历时8年,其编纂过程可分为3个阶段。

第一阶段:2012年6—7月,为决策、部署、启动阶段。2012年6月,黄冈市交通运输局党组决定编纂《黄冈交通运输志》,并成立编纂办公室,由张定习任编纂办公室主任,退休干部杜炜具体负责前期工作。6月底,制订了具体方案和编纂提纲,并报经黄冈市地方志编纂委员会审核批准。于当年7月11日在麻城龟山召开编纂工作会议,正式启动编纂工作。随后,各县市(区)交通运输局和局直单位相继成立工作专班,启动了史志编纂工作。

第二阶段:2012年8月—2017年12月,为资料收集、串写资料长篇、征集意见、修改完善阶段。经过两年多的资料收集和准备,鉴于史志编纂工作专业性强,2015年4月,黄冈市交通运输局党组研究决定,将编纂工作外包给专业机构。2016年4月,经过两轮招标公示,湖北省交通历史文化学会获得《黄冈交通运输志》编纂及出版服务工作。湖北省交通历史文化学会组建了以王汉荣、吴新华、罗先进、周本和等同志为主要业务骨干的总编辑室,启动《黄冈交通运输志》编纂工作。2017年3月,总编辑室完成123万字的《黄冈交通运输志(征求意见稿)》,广泛征求各相关单位的意见,对相关内容进行了补充和完善,并于2017年年底完成了《黄冈交通运输志(送审稿)》。

第三阶段:2018年1月—2020年10月,为修改完善、终审验收、出版阶段。2018年1月后,各编纂单位对《黄冈交通运输志(送审稿)》进行了初审,提出了修改意见,提供了补充资料。总编辑室根据各单位意见,对志稿进一步修改完善,并于2018年5月完成评审稿。2018年7月16日,《黄冈交通运输志》评审会在黄冈召开,相关专家对志稿进行了评审,认为志稿收录的基础资料齐全,编写体例得当,主体突出,脉络清楚,达到出版要求,原则通过终审验收。随后根据专家组意见,总编辑室对志稿作了进一步修改完善,经黄冈市交通运输局审核后形成最后定稿。2019年12月,《黄冈交通运输志》交付人民交通出版社股份有限公司出版。

《黄冈交通运输志》编纂得到了黄冈市交通运输局党组的高度重视,局党组书记、局长周银芝担任编纂委员会主任,多次听取工作汇报,帮助解决修志工作中的困难和问题,在经费保障、专班人员配备上给予大力支持,并提出了具体修改意见。局党组成员、副局长郑志武、鲍克宏先后担任执行主编,参与志稿编审工作,对志书的修改完善和出版工作付出了艰辛的努力。吴秀梅、黄文浩、张定习、李绍友、曾波、夏彬等同志为志书编纂做了大量的组织协调工作。杜炜同志完成了编纂前期准备工作及部分资料收集。王汉荣、吴新华、罗先进、周本和等同志完成了志稿资料的收集整理,并撰写了资料长篇。王汉荣、吴新华负责志稿总纂。各县市区交通运输局、局直各单位和机关各科室为志书修编提供了大量珍贵的资料,并对搜集的资料进行了系统的分析整理、审核和校对。湖北省地方志办公室、省交通运输厅宣传中心、省公路管理局、省道路运输管理局、省港航管理局、省高速公路管理局、武汉铁路局等单位提供了大量相关资料。黄冈市地方志办公室对志书修编多次进行指导并提出了宝贵的意见。在此,向对《黄冈交通运输志》编纂工作给予关怀和支持的所有领导、专家学者、有关单位、各界人士及参与编修人员给予崇高的敬意和衷心的感谢!

  《黄冈交通运输志》上起石器时代,下迄2015年,涉及交通行业方方面面,时间长、跨度大,资料收集十分困难,加上编修人员水平有限,书中错漏在所难免,恳请读者批评指正。

《黄冈交通运输志》总编辑室
2020年12月